钢管混凝土桥梁

牟廷敏 等

著

上海科学技术出版社

图书在版编目（CIP）数据

钢管混凝土桥梁 / 牟廷敏等著. -- 上海 : 上海科学技术出版社, 2025. 1. -- ISBN 978-7-5478-6771-6

Ⅰ. U448.36

中国国家版本馆CIP数据核字第2024LP9322号

钢管混凝土桥梁
牟廷敏 等 著

上海世纪出版（集团）有限公司
上海科学技术出版社 出版、发行
（上海市闵行区号景路159弄A座9F-10F）
邮政编码 201101　www.sstp.cn
苏州市古得堡数码印刷有限公司印刷
开本 889×1194　1/16　印张 49.5
字数 1 430 千字
2025年1月第1版　2025年1月第1次印刷
ISBN 978-7-5478-6771-6/U·153
定价：395.00元

本书如有缺页、错装或坏损等严重质量问题，请向印刷厂联系调换

内容提要

30年来，作者带领所在单位四川省公路规划勘察设计研究院有限公司研究团队，对钢管混凝土（本书仅讨论圆形钢管混凝土）在温度、车辆、收缩、徐变、疲劳等作用下的结构受压、受弯、受剪等材料与结构力学性能开展研究，结合钢管混凝土拱桥、钢管混凝土强劲骨架成拱法的钢筋混凝土拱桥、钢管混凝土组合墩（塔）梁式桥、钢管混凝土桁梁桥等具体工程的不同结构受力状态，开展钢管混凝土桥梁计算理论、结构构造、建造工艺和质量验收标准的系统研究，取得了较为完整的研究成果。本书对上述研究成果进行了较为全面的梳理和总结，对今后钢管混凝土桥梁的持续开发和建造具有较高的参考价值。

本书可供从事桥梁工程研究、设计、施工和管理的技术人员使用，也可供土木工程相关专业技术人员参考。

主要研究人员

范碧琨　康　玲　梁　健　孙才志　田　波　刘振宇　郑旭峰　谭邦明　周孝军
王潇碧　何骄阳　宋瑞年　李　胜　李　畅　赵艺程　邹　圻　王　欢　李成君
曹发辉　倪春梅　柏灏原　龚振华　陈　明　狄秉臻　钟川剑　王　戈　李佳鑫
汪　洋　许　诺　何易修　张　翼　陈小江　周杏之　曾琼瑶　李　伟　贾怀喆

前 言

钢管混凝土力学性能特点突出,施工安装简单。我国已经建成了钢管混凝土拱桥、钢管混凝土强劲骨架成拱的钢筋混凝土拱桥、钢管混凝土组合结构墩(塔)桥和钢管混凝土桁梁桥等不同结构形式的桥梁工程,钢管混凝土桥梁成为桥梁工程重要结构形式。在工程建设过程中,结合工程难题,研究团队致力于钢管混凝土不同作用和不同荷载形式下的力学机理和连接接头疲劳寿命研究,开展了钢管混凝土桁式受压和受弯结构、钢管混凝土与钢筋混凝土复合偏心受压结构构造研究,开发了钢管加工制造、运输安装和管内混凝土灌注方法等工艺,通过建造的一座座桥梁,不断积累科研成果,推动钢管混凝土桥梁技术持续进步。

本书的研究工作始于我国第一座钢管混凝土拱桥——主跨115 m的四川旺苍东河大桥。研究团队在国家、部、省和四川交通运输等各类科技项目资助下,主要开展了钢管混凝土套箍约束效应提高承载能力研究,温度、钢管内混凝土脱空、钢管初始应力、钢管混凝土长细比等影响参数研究,钢管混凝土构件及桁式结构受弯、受压、受剪的力学行为研究,钢管混凝土与钢筋混凝土复合结构力学行为研究,建立了受压脱空容限钢管混凝土统一理论和极限承载能力计算方法、受弯桁式结构极限承载能力计算方法、钢管混凝土与钢筋混凝土复合结构极限承载能力计算方法;开展了钢管混凝土焊接相贯节点疲劳试验研究、寿命评价方法和延长使用的技术路径研究;开展了钢管混凝土结构抗震性能、耐久性能研究;开展了预应力钢管混凝土、超高强钢管混凝土力学性能研究。开发了全钢管混凝土桁式主拱结构构造准则、基于制造一体化的钢管混凝土桁式制造单元体系、管桁焊接相贯连接节点提高疲劳寿命的构造准则、钢管混凝土强劲骨架成拱法的钢筋混凝土建造工法、钢管混凝土桁式主梁及钢-混凝土组合桥面板构造准则、钢管混凝土框架式组合桥墩(塔)及与主梁(或索鞍)和承台的连接构造准则等创新技术。发明了钢管内混凝土高流动性、补偿膨胀性的高性能混凝土泵送工艺、高抛灌注工艺和梭槽浇注工艺;建立了钢管混凝土质量检查验收评定指标。

研究团队基于上述系列研究,先后建成了主跨460 m的重庆巫山长江大桥(2004年)、主跨530 m的四川合江长江一桥(2013年)、主跨575 m的广西平南三桥(2020年)、主跨507 m的四川合江长江三桥(2021年)等代表性钢管混凝土拱桥;主跨360 m的四川广元昭化嘉陵江大桥(2012年)、主跨277 m的四川磨刀溪大桥(2014年)、主跨320 m的四川广安官盛渠江大桥(2018年)、主跨280 m的四川凉山金阳金沙江大桥(2019年)、主跨260 m的四川凉山布拖金沙江大桥(2019年)以及主跨350 m的四川马边苏坝大桥(2024年即将建成)和主跨510 m的四川西宁河大桥(2024年即将建成)等代表性钢管混凝土强劲骨架成拱的钢筋混凝土拱桥;最大桥墩高度为182.5 m的四川腊八斤大桥(2012年)、最大桥墩高度为196 m的四川凉山金阳河大桥(2022年)、桥墩高度为195 m的四川卡哈洛金沙江大桥(2024年)等代表性钢管混凝土组合桥墩(塔)桥;全长1 811 m的四川干海子大桥(2012年)、全长6 430 m的四川汶川克枯大桥(2018年)和全长1 998 m的四川红原大桥(2024年)等钢管混凝土桁梁桥梁。

依托科研和工程建设成果,研究团队先后编制了 Design of concrete-filled steel tubular(CFST) hybrid structures(ISO/TC 71/WG2)、《钢管混凝土拱桥技术规程》(GB 50923—2013)、《钢管混凝土混合结构技术标准》(GB/T 51446—2021)、《公路钢管混凝土拱桥设计规范》(JTG/T D65-06—2015)、《钢管混凝土桥梁检验评定技术规程》(DB51/T 2595—2017)、《钢筋混凝土箱形拱桥技术规程》(DB51/T 1992—2015)、《公路钢管混凝土梁桥技术规程》(DB51/T 2513—2018)、《钢管混凝土桥梁焊接节点疲劳技术规程》(DB51/T 2515—2018)、《公路桥梁超高强钢管混凝土技术规程》(DB51/T 2598—2019)、《钢管混凝土桁式混合结构技术规程》(T/CECS 785—2020)、《公路钢筋混凝土拱桥设计指南》(CHTS 10122—2023)等国际、国家、行业、地方和团体标准。

本书共分6章,第1章为钢管混凝土桥梁建设和科研的绪论,第2章为钢管混凝土材料与结构计算参数、关键技术等共性研究成果,第3章为钢管混凝土拱桥相关科研成果和典型工程案例,第4章为钢管混凝土强劲骨架成拱法的钢筋混凝土拱桥相关科研成果和典型工程案例,第5章为钢管混凝土组合桥墩的大跨连续刚构桥和钢管混凝土组合桥塔的悬索桥相关科研成果和典型工程案例,第6章为钢管混凝土桁式主梁桥的相关科研成果和典型工程案例。

本书内容主要来源于四川省公路规划勘察设计研究院有限公司30年来的研究和工程建设成果;在研究过程中,研究团队得到了谢邦珠教授级高级工程师、张联燕教授级高级工程师和范文理教授等专家的指导和帮助。同时,在本书撰写过程中,引用了广西大学郑皆连院士及团队、福州大学陈宝春教授及团队、清华大学韩林海教授及团队、武汉理工大学丁庆军教授及团队等部分成果,在此一并表示诚挚感谢。

由于作者水平有限,书中难免有不足之处,敬请批评指正。

作 者

目 录

第1章 概述 ... 001

    1.1 钢管混凝土起源 ... 001

        1.1.1 钢管混凝土溯源 ... 001

        1.1.2 国内外钢管混凝土桥梁 ... 002

    1.2 中国钢管混凝土桥梁 ... 005

        1.2.1 钢管混凝土桥梁现状 ... 005

        1.2.2 钢管混凝土桥梁展望 ... 009

    1.3 钢管混凝土材料与工艺 ... 011

第2章 钢管混凝土材料与结构技术 ... 013

    2.1 钢管混凝土构件计算参数概述 ... 013

        2.1.1 材料参数对承载能力的影响 ... 013

        2.1.2 长细比对承载能力的影响 ... 014

        2.1.3 徐变对承载能力的影响 ... 015

        2.1.4 脱空对承载能力的影响 ... 017

        2.1.5 初应力对承载能力的影响 ... 018

        2.1.6 非线性对承载能力的影响 ... 019

    2.2 钢管混凝土温度影响效应研究 ... 020

        2.2.1 钢管混凝土温度效应研究背景 ... 020

        2.2.2 主要技术成果 ... 021

        2.2.3 科研成果工程应用 ... 026

    2.3 容限脱空统一理论及计算方法 ... 026

        2.3.1 钢管混凝土脱空缺陷概述 ... 026

        2.3.2 建立脱空钢管混凝土物理模型及数学关系 ... 027

        2.3.3 建立脱空成因及计算方法 ... 029

        2.3.4 开发钢管混凝土脱空承载力计算方法 ... 033

        2.3.5 脱空钢管混凝土极限承载力实用计算 ... 039

        2.3.6 脱空对钢管混凝土桥梁的影响 ... 042

        2.3.7 脱空面积、高度、弧长与承载力关系的对比分析 ... 044

2.4 大直径钢管混凝土力学性能研究 ... 046
    2.4.1 大直径钢管混凝土研究概况 ... 046
    2.4.2 大直径钢管混凝土有限元分析 ... 048
    2.4.3 模型试验研究 ... 054
    2.4.4 参数分析 ... 068
    2.4.5 研究评述与展望 ... 079

2.5 钢管混凝土 K 形节点偏心距研究 ... 079
    2.5.1 研究概述 ... 079
    2.5.2 圆形钢管混凝土截面抗弯承载力 ... 082
    2.5.3 K 形节点偏心的影响分析 ... 088
    2.5.4 主要技术结论 ... 091

2.6 钢管混凝土结构抗震性能研究 ... 092
    2.6.1 钢管混凝土抗震性能研究背景 ... 092
    2.6.2 主要技术成果 ... 092
    2.6.3 技术结论 ... 100

2.7 钢管混凝土焊接节点疲劳试验研究 ... 100
    2.7.1 研究概述 ... 100
    2.7.2 钢管混凝土节点疲劳研究现状 ... 103
    2.7.3 静载及疲劳试验设计 ... 107
    2.7.4 三维有限元仿真分析 ... 109
    2.7.5 静力试验结果分析 ... 110
    2.7.6 疲劳试验结果分析 ... 119

2.8 黏钢结构强化管接头的疲劳性能试验研究 ... 125
    2.8.1 项目概述 ... 125
    2.8.2 试验设计与过程 ... 127
    2.8.3 试验结果与分析 ... 133
    2.8.4 有限元分析 ... 154
    2.8.5 技术前景 ... 159

第 3 章　钢管混凝土拱桥 ... 161

3.1 钢管混凝土主拱 K 形组合横撑研究 ... 161
    3.1.1 技术背景 ... 161
    3.1.2 K 形组合横撑类型比较 ... 161
    3.1.3 不同横撑拱桥的受力性能比较分析 ... 165
    3.1.4 不同横撑拱桥的稳定性分析 ... 167
    3.1.5 结论 ... 172

3.2 钢管混凝土拱桥设计方法 ... 172
    3.2.1 范围 ... 172
    3.2.2 总则 ... 173
    3.2.3 材料 ... 173

####### 3.2.4 计算基本规定 ············ 178
####### 3.2.5 承载能力极限状态计算 ············ 182
####### 3.2.6 正常使用极限状态计算 ············ 193
####### 3.2.7 施工过程计算 ············ 194
####### 3.2.8 总体设计及构造 ············ 195
####### 3.2.9 附属结构 ············ 205
####### 3.2.10 防腐构造与涂装 ············ 206
####### 3.2.11 钢管混凝土徐变系数 ············ 206
####### 3.2.12 钢管混凝土本构关系 ············ 206
####### 3.2.13 钢管混凝土构件应力计算 ············ 207

3.3 钢管混凝土拱桥计算示例 ············ 208
####### 3.3.1 钢管混凝土拱桥示例选择原则 ············ 208
####### 3.3.2 四川合江长江一桥 ············ 208
####### 3.3.3 四川合江长江三桥 ············ 224

3.4 四川旺苍东河大桥 ············ 240
####### 3.4.1 工程概述 ············ 240
####### 3.4.2 桥位桥型 ············ 240
####### 3.4.3 主桥设计 ············ 241
####### 3.4.4 引桥设计 ············ 241
####### 3.4.5 施工方案 ············ 242
####### 3.4.6 科研与工程现状 ············ 242

3.5 重庆巫山长江大桥 ············ 245
####### 3.5.1 概况 ············ 245
####### 3.5.2 桥位 ············ 246
####### 3.5.3 桥型 ············ 247
####### 3.5.4 关键技术 ············ 247
####### 3.5.5 结构设计 ············ 248
####### 3.5.6 主拱安装设计 ············ 252
####### 3.5.7 主拱制造及安装工艺 ············ 253
####### 3.5.8 计算成果 ············ 254
####### 3.5.9 主要技术特点 ············ 256

3.6 四川合江长江一桥 ············ 261
####### 3.6.1 桥型方案比选 ············ 261
####### 3.6.2 关键结构技术研究 ············ 262
####### 3.6.3 技术特点 ············ 269

3.7 四川合江长江三桥 ············ 271
####### 3.7.1 工程概况 ············ 271
####### 3.7.2 桥位与桥型 ············ 274
####### 3.7.3 总体设计 ············ 275
####### 3.7.4 技术特点 ············ 278

3.8 广西平南三桥 ············ 282

3.8.1　工程概述 ... 282
3.8.2　基础资料 ... 283
3.8.3　桥型方案论证 ... 283
3.8.4　总体设计 ... 285
3.8.5　主要计算成果 ... 287
3.8.6　技术特点 ... 294

第4章　钢管混凝土强劲骨架成拱法的钢筋混凝土拱桥　300

4.1　超高强钢管混凝土受压性能研究 ... 300
4.1.1　研究背景 ... 300
4.1.2　主要研究内容 ... 302
4.1.3　工程应用 ... 315

4.2　钢管混凝土组合主拱模型试验研究 ... 316
4.2.1　试验概述 ... 316
4.2.2　组合主拱模型设计 ... 317
4.2.3　组合主拱模型试验 ... 321
4.2.4　技术总结 ... 332

4.3　超高强钢管混凝土强劲骨架成拱法研究 ... 332
4.3.1　研究背景 ... 332
4.3.2　分离式钢筋混凝土拱桥构造技术 ... 334
4.3.3　主拱外包混凝土分环、分段的技术论证 ... 345
4.3.4　主拱外包混凝土施工平台的技术论证 ... 349
4.3.5　超高强钢管混凝土技术总结 ... 351

4.4　钢筋混凝土箱形拱桥设计指南 ... 351
4.4.1　总则 ... 351
4.4.2　术语 ... 352
4.4.3　材料 ... 352
4.4.4　基本规定 ... 355
4.4.5　总体设计 ... 355
4.4.6　结构设计 ... 356
4.4.7　强劲骨架成拱法 ... 361

4.5　四川广元嘉陵江大桥 ... 363
4.5.1　概况 ... 363
4.5.2　桥位与桥型 ... 364
4.5.3　桥梁设计 ... 366
4.5.4　总体计算结果 ... 376
4.5.5　技术特点 ... 377

4.6　四川广安官盛渠江特大桥 ... 382
4.6.1　概况 ... 382
4.6.2　桥型论证 ... 383

     4.6.3 桥梁设计 ······ 384
     4.6.4 计算验证 ······ 391
     4.6.5 技术特点 ······ 402
  4.7 四川沿江高速公路西宁河特大桥 ······ 405
     4.7.1 概述 ······ 405
     4.7.2 桥位桥型 ······ 406
     4.7.3 桥梁结构设计 ······ 407
     4.7.4 主拱施工方案 ······ 411
     4.7.5 主要技术特色 ······ 411

第5章 钢管混凝土组合桥墩（塔） 414

  5.1 钢管混凝土混合桥墩（塔）技术研究 ······ 414
     5.1.1 概述 ······ 414
     5.1.2 模型设计制作与试验方法 ······ 415
     5.1.3 试验研究与有限元分析 ······ 427
     5.1.4 混合桥墩连接构造与传力性能研究 ······ 433
     5.1.5 混合桥墩混凝土腹板应力机理研究 ······ 438
     5.1.6 试验研究成果 ······ 445
  5.2 钢管混凝土组合桥墩受压模型试验研究 ······ 446
     5.2.1 概述 ······ 446
     5.2.2 模型设计与制造 ······ 447
     5.2.3 试验加载与测试 ······ 450
     5.2.4 模型试验与分析 ······ 454
     5.2.5 钢管混凝土组合桥墩有限元分析 ······ 465
     5.2.6 主要研究总结 ······ 467
  5.3 钢管混凝土组合高墩受弯模型试验研究 ······ 468
     5.3.1 概述 ······ 468
     5.3.2 钢管混凝土组合箱形正截面构造设计 ······ 468
     5.3.3 加载方案与试验过程 ······ 468
     5.3.4 模型试验结果与分析 ······ 469
     5.3.5 有限元计算模型分析 ······ 471
     5.3.6 参数研究 ······ 472
     5.3.7 技术总结 ······ 478
  5.4 钢管混凝土组合结构压弯模型试验研究 ······ 479
     5.4.1 研究背景 ······ 479
     5.4.2 偏压试件 ······ 479
     5.4.3 受弯试件 ······ 487
     5.4.4 钢管混凝土组合构件实用计算方法 ······ 496
  5.5 四川雅西高速公路腊八斤大桥 ······ 496
     5.5.1 概况 ······ 496

5.5.2　桥位与桥型 ·················· 497
5.5.3　钢管混凝土组合高墩的提出 ·················· 498
5.5.4　结构设计 ·················· 500
5.5.5　关键施工技术 ·················· 504
5.5.6　主要计算结果 ·················· 510
5.5.7　工程造价分析 ·················· 521

5.6 四川省凉山州金阳河特大桥 ·················· 523
5.6.1　概况 ·················· 523
5.6.2　桥型方案 ·················· 524
5.6.3　桥梁设计 ·················· 525

5.7 高地震烈度区悬索桥钢管混凝土桥塔研究 ·················· 531
5.7.1　桥塔结构概况 ·················· 531
5.7.2　西香高速公路泸沽湖大桥 ·················· 531
5.7.3　国道 G227 线四川盐源县黄泥梁子大桥 ·················· 531
5.7.4　四川沿江高速公路卡哈洛金沙江大桥 ·················· 533

第 6 章　钢管混凝土桁梁桥 ·················· 536

6.1 钢管混凝土拉弯模型试验研究 ·················· 536
6.1.1　单肢轴拉性能 ·················· 536
6.1.2　单肢抗弯性能 ·················· 551
6.1.3　桁梁抗弯性能 ·················· 574

6.2 钢管混凝土桁梁桥力学性能试验 ·················· 592
6.2.1　实桥测试概述 ·················· 592
6.2.2　主桁力学规律研究 ·················· 598
6.2.3　主桁偏载效应分析研究 ·················· 608
6.2.4　主桁整体刚度及计算方法研究 ·················· 610
6.2.5　行车冲击系数及其计算方法研究 ·················· 614
6.2.6　主桁力学性能对比分析 ·················· 615
6.2.7　技术总结 ·················· 616

6.3 钢管混凝土受弯构件的计算方法 ·················· 616
6.3.1　研究背景 ·················· 616
6.3.2　钢管混凝土受弯构件"容限脱空统一理论" ·················· 617
6.3.3　钢管混凝土受弯计算方法 ·················· 621
6.3.4　模型与实桥验证计算方法 ·················· 621
6.3.5　计算方法修正与试验算 ·················· 632
6.3.6　可靠度分析 ·················· 634
6.3.7　技术总结 ·················· 637

6.4 钢管混凝土梁桥计算示例 ·················· 638
6.4.1　钢管混凝土桁梁 ·················· 638
6.4.2　钢管混凝土桁式墩(塔) ·················· 651

  6.4.3 钢管混凝土组合墩(塔) ………………………………………………………… 653
 6.5 四川汶川克枯大桥主桁节点疲劳寿命评估 …………………………………………… 655
  6.5.1 评估原则 ……………………………………………………………………… 655
  6.5.2 评估方法 ……………………………………………………………………… 657
  6.5.3 评估内容 ……………………………………………………………………… 657
 6.6 四川汶川克枯大桥实桥试验研究 ……………………………………………………… 663
  6.6.1 研究概述 ……………………………………………………………………… 663
  6.6.2 B匝道桥试验方案 …………………………………………………………… 667
  6.6.3 B匝道桥疲劳试验结果与分析 ……………………………………………… 669
  6.6.4 主桁构件力学性能 …………………………………………………………… 677
  6.6.5 桥面板力学性能研究 ………………………………………………………… 691
  6.6.6 主桁力学性能研究 …………………………………………………………… 701
 6.7 四川雅西高速公路干海子大桥 ………………………………………………………… 701
  6.7.1 工程背景 ……………………………………………………………………… 701
  6.7.2 建设条件 ……………………………………………………………………… 701
  6.7.3 桥型方案 ……………………………………………………………………… 703
  6.7.4 总体设计 ……………………………………………………………………… 706
  6.7.5 技术特点 ……………………………………………………………………… 710
 6.8 四川汶川克枯大桥 ……………………………………………………………………… 743
  6.8.1 概况 …………………………………………………………………………… 743
  6.8.2 桥位、桥型 …………………………………………………………………… 745
  6.8.3 设计技术 ……………………………………………………………………… 746
  6.8.4 安装与控制 …………………………………………………………………… 760
  6.8.5 技术特点 ……………………………………………………………………… 763
  6.8.6 技术创新 ……………………………………………………………………… 766
  6.8.7 技术前景 ……………………………………………………………………… 769

参考文献 ……………………………………………………………………………………… 771

第1章

概　述

1.1 钢管混凝土起源

1.1.1 钢管混凝土溯源

1.1.1.1 钢管混凝土建筑溯源

1961年，比利时建造船坞时，采用钢管混凝土构件做桁架的立柱；法国巴黎居民区的第一座摩天大楼采用了钢管混凝土框架柱；日本、瑞士等国在输电线路塔架中也采用了钢管混凝土结构。20世纪80年代后期，泵送混凝土工艺的发展，解决了现场钢管内浇注混凝土的工艺问题，加上现代高强混凝土需用钢管约束来克服其脆性，因此钢管混凝土结构在美国和澳大利亚等国的高层建筑中得到了广泛应用。

中国从1959年开始研究钢管混凝土结构的基本性能和应用。1960年，南昌有色冶金设计研究院承担的山西省中条山铜矿尾矿输送线工程中，采用钢管混凝土设计了27 m跨度的运输桁架结构，桁架立柱为外径140 mm的钢管混凝土。1963年钢管混凝土结构应用于北京地铁车站工程，1962年江西体育馆的屋盖由跨径88 m的箱拱悬挂，箱拱采用钢管和型钢组成施工骨架，灌注管内混凝土后立模现浇混凝土成为受力的钢管混凝土结构。1972年本钢轧钢车间的刚架柱、首钢二号炉的构架柱等也采用了钢管混凝土。进入20世纪80年代，钢管混凝土又在高层建筑中得到了发展，如28层的厦门金源大厦、69层的深圳地王大厦、72层的深圳赛格广场等。随着国家经济的高速发展，钢管混凝土结构在我国的高层建筑工程、地铁车站工程中得到了广泛应用。

1.1.1.2 钢管混凝土桥梁溯源

钢管混凝土用于桥梁工程，始于1879年英国的赛文(Severn)铁路桥桥墩施工，但当时在钢管内灌注混凝土的主要目的是防锈。1901年，Sewell. J. S发表文章报道了方形钢管混凝土柱的应用情况，认为钢管内填充混凝土不仅能防锈，还能提高其刚度和承载力。此后，钢管混凝土结构在土建工程中逐渐得到重视。1907年美国Lally公司首次给出了圆管混凝土柱的安全承载能力公式，这种被称为Lally Column的圆形钢管混凝土柱在一些房屋建筑中得以应用。

根据相关资料介绍，1932—1936年，苏联圣彼得堡涅瓦河上建成了一座公路桥梁(图1-1)，该桥为三跨桥梁，两岸边跨跨度较大，为101.1 m的下承式拱桥，中间较小的跨度桥为双叶式转体桥。设计者采用规格为ϕ121 mm×5 mm、水平向10根、竖直向5根的钢管集束，横向用钢筋捆绑连接、纵向可能是通过机械方法将钢管连接在一起，再外包混凝土，形成了主拱截面尺寸径向高度为62 cm、宽度为157 cm的钢筋混凝土拱桥；使用约60年后，因外包混凝土脱落和变形增加等病害而拆除。苏联另外一座采用钢管混凝土建造的拱桥，位于乌拉尔卡缅斯克的一条单线铁路线上(图1-2)，该桥跨越伊赛特

图1-1 圣彼得堡涅瓦河大桥

图 1-2　乌拉尔卡缅斯克大桥

河,主跨约为 135 m,采用月牙形桁式两铰拱,主拱矢高约为 22 m;采用支架法施工,1939 年建成通车。此桥建成之后半个世纪内,世界上再无建造钢管混凝土拱桥和相关研究的报道。

根据调查和询问,苏联的两座钢管混凝土桥梁,主拱施工是通过在现场将钢管拱架分段预浇灌混凝土后,在满堂支架上拼装成拱。因此,钢筋混凝土主拱内的钢管混凝土不是劲性骨架,可能是把钢管混凝土当成钢筋使用,钢管混凝土拱桥没有充分发挥钢管的支架作用和钢管与混凝土间约束的共同作用,钢管混凝土施工安装优越性和共同受力的力学性能没有发挥。

1990 年,中国第一座钢管混凝土拱桥——四川旺苍东河大桥建成,该桥主拱跨度为 115 m,主拱采用 φ800 mm×8 mm 的钢管,钢管内灌注 C30 混凝土,通过钢板连接上下两根钢管,组成哑铃形截面钢管混凝土主拱,先无支架安装钢管合龙成为主拱,再在钢管内灌注 C30 混凝土,形成共同受力的组合截面结构。该桥是我国桥梁工作者在拱桥技术方面的探索,是钢管混凝土桥梁理论研究与工程实践新的突破。该桥应用钢管混凝土建造桥梁,解决了拱桥主拱高强度材料共同受力计算和主拱施工安装的两大难题,促进了钢管混凝土拱桥技术的迅速发展。

1.1.2　国内外钢管混凝土桥梁

1.1.2.1　国际钢管混凝土桥梁工程

日本 1996 年建成的青叶大桥,采用了钢管混凝土作用劲性骨架,外包混凝土形成钢筋混凝土拱桥。该桥主跨为 180 m,采用钢筋混凝土箱形主拱,两岸主拱拱脚段采用悬臂现浇施工,主拱跨中长约 57 m 为钢管混凝土劲性骨架、吊装合龙钢管后灌注混凝土,再外包混凝土形成箱形截面主拱。日本称之为劲性钢骨架外包与混凝土悬臂浇注的组合米兰主拱,建成后桥梁总体如图 1-3 所示。

图 1-3　日本青叶大桥

1966 年日本建成跨径为 126 m 的松岛桥(天草 5 号桥),其采用上承式,管径 1.8 m;建成后桥梁总体如图 1-4 所示;2006 年建成跨径为 230 m 的新西海桥,其拱肋采用了三角桁架形式,建成后桥梁总体如图 1-5 所示。

图 1-4　日本天草 5 号桥

图 1-5　日本新西海桥

法国修建了主跨 56 m 的 Antrenas 桥,主拱钢管规格为 1 200 mm×32 mm,主拱钢管内灌注混凝土,组成空间桁架组合主拱,建成后桥梁总体情况如图 1-6 所示。美国修建了跨径74 m的Dampen Avenue桥,桥宽21 m,主拱拱肋钢管规格为1 200 mm×25 mm,主拱拱脚段部分灌注混凝土,建成后桥梁总体如图1-7所示。越南、法国和捷克等国家,采用钢管混凝土作为主拱,近年来分别建成了主跨200 m的防城港大桥、主跨220 m的凯泽莱尔大桥和主跨126 m的Escudo Viaduct大桥等。

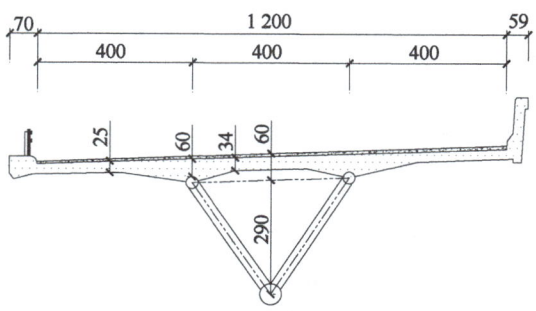

图1-6 法国Antrenas桥

(b) 成桥照片

图1-8 瑞士Lully高架桥

于下弦钢管内填混凝土,虽然自重略有增加,但提高了下弦主管节点的径向刚度、结构整体刚度和极限承载能力。我国1996年建成的广东南海紫洞大桥、2002年建成的湖北向家坝大桥等桥梁,其主梁就采用了钢管混凝土组合桁梁结构,如图1-9和图1-10所示。

图1-7 美国Dampen Avenue桥

1997年,瑞士建成了Lully高架桥,采用钢管混凝土组合桁式主梁结构形式,如图1-8所示。其桁架横断面为三角形,由2根上弦钢管、1根下弦钢管组成钢管组合桁梁形式,并通过均布于上弦杆的抗剪栓钉连接桥面板。但其主梁为钢管桁式结构,钢管内未灌注混凝土,也未见混凝土与钢管共同受力的设计方法的报道。该桥的钢管组合桁梁结构具有自重轻、施工简单,且外观轻盈美观等特点。

将钢管组合桁梁的主钢管内灌注混凝土,即可组成钢管混凝土组合桁梁。钢管混凝土组合桁梁由

图1-9 广东南海紫洞大桥

1.1.2.2 国际钢管混凝土桥梁研究

钢管混凝土结构是在劲性钢筋混凝土结构、螺旋配筋混凝土结构以及钢管结构的基础上演变和发展起来的。但在早期的应用中一般不考虑钢管与核

图 1-10　湖北向家坝大桥

心混凝土间相互作用对承载力的提高。对钢管混凝土力学性能进行较为深入的研究及推广应用,主要是在 20 世纪 60 年代后。早期钢管混凝土采用的钢管往往是热轧管,钢管的壁厚一般均较大,而且由于钢管内混凝土浇注工艺未得到很好解决,因此经济效益不明显,从而使钢管混凝土的推广应用受到一定影响。

苏联在 20 世纪五六十年代对钢管混凝土结构进行了大量研究,并在一些土建工程(如工业厂房和拱桥结构)中进行了应用。苏联对钢管混凝土轴压和偏压柱进行过较为深入的研究,如 Gvozdev 教授深刻地阐明了钢管套箍混凝土的工作机理,并成功地用极限平衡法求解了钢管混凝土轴压短柱的极限承载能力。

美国在 20 世纪六七十年代进行过大量的钢管混凝土试验和理论分析工作,并给出了钢管混凝土轴压和受弯构件设计公式。美国以研究方形钢管混凝土和圆形钢管混凝土为主,核心混凝土为素混凝土,设计规程主要有 AC 1319-89、SSLC 1979 和 AISC LRFD 94。

在欧洲,对于方形和矩形截面钢管混凝土的研究较为深入。在西欧一些国家如英国、德国和法国等,主要研究方形钢管混凝土、圆形钢管混凝土和矩形钢管混凝土结构,核心混凝土为素混凝土,或在核心混凝土中配置钢筋或型钢。目前的设计规程主要有 Eurocode 4(EC 4-1994)、德国的 DIN 18800(1997)等。

日本 1923 年关西大地震后,发现钢管混凝土结构在该次地震中的破坏并不明显,故在此后的建筑尤其是高层建筑中,钢管混凝土得到大量应用;特别是 1995 年阪神大地震后,钢管混凝土更显示了优越的抗震性能,钢管混凝土的研究进一步成为热门课题之一。日本主要研究方形钢管混凝土、圆形钢管混凝土和矩形钢管混凝土结构,核心混凝土为素混凝土或配筋混凝土,目前的设计规程有 AIJ 1997。

澳大利亚和加拿大等国家的学者则对薄壁钢管混凝土结构进行了系统的研究,目前正在编制自己的设计规程。

我国自 20 世纪 50 年代开始对钢管混凝土的基本理论进行研究,取得了丰硕的成果,大致形成了"钢筋混凝土等换理论""套箍约束理论"和"统一理论"三个理论体系。近几年相继颁布了有关钢管混凝土结构的设计与施工规程,分别与三个理论体系相对应,呈现出百花齐放的繁荣景象,但也给工程技术人员的实际应用带来了困扰。因此,尽快制定出统一的钢管混凝土结构设计与施工规范,在我国钢管混凝土结构应用越来越多的今天显得十分迫切。

中国工程建设标准化协会标准《钢管混凝土结构设计与施工规程》(CECS 28:90),依据蔡绍怀专著《钢管混凝土结构》的成果制定,主要依据钢管混凝土构件的试验结果,以经验回归方法建立计算方法;《高强混凝土结构技术规程》(CECS 104:99)增加了高强钢管混凝土的内容。国家建筑材料工业局颁布的《钢管混凝土结构设计与施工规程》(JCJ 01—1989),依据蒋家奋、汤关祚专著《三向应力混凝土》的成果制定,该规程在基本构件计算方法上借用了混凝土结构设计理论,根据钢管混凝构件的试验结果和理论分析建立计算方法。中华人民共和国电力行业标准《钢-混凝土组合结构设计规程》(DL/T 5085—1999),依据钟善桐专著《钢管混凝土结构》的成果制定。该规程所依据的基本理论视钢管混凝土为一种材料,采用统一理论,以建立在试验基础上的理论公式为主,在公式形式方面更多地借鉴了钢结构的设计理论。

早期涉及钢管混凝土的规范、标准均以房屋建筑为主,属于建设部行业标准的体系,没有钢管混凝土拱桥的专门规范,与公路桥梁或铁路桥梁规范体系要求存在差异。

1.1.2.3　中国钢管混凝土桥梁的发展

随着我国改革开放和经济发展,桥梁建设迎来了高速发展,钢管混凝土桥梁这种新型结构体系赶上了中国发展的历史机遇,各种钢管混凝土桥梁应运而生,取得了举世瞩目的成就。1990年,中国第一座钢管混凝土拱桥——主跨115 m的四川旺苍东河大桥建成后,钢管混凝土拱桥在中国得到了迅速发展。据不完全统计,1990—2020年,我国已建和在建的钢管混凝土拱桥已达460余座。回顾钢管混凝土桥梁的发展历程,大致可分为三个阶段:① 第一阶段为1990—2000年,为探索起步阶段,10年间共建成钢管混凝土桥梁约90座(包括劲性骨架拱桥4座),平均每年建成9座;② 第二阶段为2000—2015年,为推广应用阶段,15年间共建成钢管混凝土桥梁约260座(包括劲性骨架拱桥6座),平均每年建成17.3座;③ 第三阶段为2015年至今,具有国家和行业专业规范指导,钢管混凝土拱桥、钢管混凝土梁桥、钢管混凝土组合桥墩(塔)和钢管混凝土强劲骨架成拱法的钢筋混凝土拱桥全面发展应用阶段,共建成钢管混凝土桥梁约110座(包括钢管混凝土强劲骨架成拱法的钢筋混凝土拱桥7座),平均每年建成13.7座。

钢管混凝土拱桥的地域分布,1990年第一座钢管混凝土拱桥在四川建成,四川、广东、江西、江苏、浙江、湖南均进行了尝试性地修建。2000年,钢管混凝土桥梁被推广应用到21个省、自治区、直辖市,主要包括四川、浙江、江苏、福建、广东、广西、重庆、江西、湖北等地区。目前,钢管混凝土桥梁修建超过20座的地区有四川、浙江、江苏,相对较多的地区有福建、广东、湖北、广西、湖南和江西等。

钢管混凝土是一种钢-混凝土复合材料,具有高强、支架、模板三大作用,自架设能力强,较好地解决了大跨径拱桥在材料、安装、承载力及经济性等方面面临的问题,其主要优点在于:① 钢管混凝土轴心受压承载能力高。公路和城市拱式体系的桥梁,可以选择合理的拱轴线,降低主拱弯矩,以便充分发挥钢管混凝土抗压承载力高的优势而节省材料;② 钢管混凝土结构架设方便,施工快捷。修建钢管混凝土拱桥时,可以先通过缆索吊装法或转体施工法完成空钢管的架设,再以此作为支架完成管内混凝土的浇注和桥面系的吊装。由于空钢管自重小,运输和安装十分方便,从而节省施工费用;③ 与钢筋混凝土拱桥相比,浇注混凝土不需要模板,不用担心混凝土开裂等问题。

钢管混凝土结构不仅在钢管混凝土拱桥,而且在钢管混凝土劲性骨架成拱的钢筋混凝土拱桥、钢管混凝土梁桥和钢管混凝土桥墩(塔)中广泛应用。究其原因主要有以下几点:① 大规模交通基础设施建设,为桥梁发展提供了机遇期,钢管混凝土桥梁的发展为桥梁领域的创新注入了新的活力;② 中国工程师和科研人员,依托工程项目展开了联合攻关,攻克了材料、结构、工艺、装备等关键技术难题,形成了众多先进技术成果;③ 近年来,中国钢管混凝土基础理论和工程应用研究处于世界前列,为钢管混凝土结构应用于桥梁奠定了坚实的理论和工程实践基础;④ 桥梁美学需求提高,钢管混凝土桥梁是具有美学价值的桥梁形式,在我国又有深厚的应用基础,应用钢管混凝土结构的桥梁更加轻巧、美学表现力更强。

国外钢管混凝土桥梁发展基本上处于停滞状态,近30年未见有关钢管混凝土桥梁新的科研成果和工程案例。

1.2 中国钢管混凝土桥梁

1.2.1 钢管混凝土桥梁现状

根据钢管混凝土发挥材料性能、施工和营运阶段的作用,以及钢管混凝土压弯受力、钢管混凝土作为施工支架压弯受力、钢管混凝土拉弯受力和钢管混凝土框架受力等形式,分为钢管混凝土拱桥主拱、钢筋混凝土拱桥(钢管混凝土劲性骨架拱桥)主拱、钢管混凝土桁梁、钢管混凝土组合桥墩(塔)等桥梁结构构件。① 钢管混凝土压弯受力的桥梁结构代表为钢管混凝土拱桥的主拱结构;② 钢管混凝土作为施工支架受力的桥梁结构代表为劲性骨架成拱法的钢筋混凝土拱桥;③ 钢管混凝土作为拉弯构件受力的代表为钢管混凝土桁梁桥;④ 钢管混凝土框架受力的代表为钢管混凝土组合桥墩(塔)。

1.2.1.1 钢管混凝土拱桥

1990年建成的主跨115 m的四川旺苍东河大桥,引起国内学者和工程师的关注,先后对钢管混凝土拱桥开展了大量探索和研究,随着计算理论的完善和施工技术的进步,钢管混凝土拱桥的跨径和数量不断增大。各个时期具有代表性的钢管混凝土拱桥有：1995年建成的主跨200 m的飞燕式钢管混凝土系杆拱桥——广东南海三山西大桥，2000年建成的主跨360 m的飞燕式钢管混凝土系杆拱桥——广东丫髻沙大桥，2002年建成的主跨288 m的有推力上承式钢管混凝土拱桥——重庆奉节梅溪河大桥，2004年建成的主跨460 m的有推力中承式钢管混凝土拱桥——重庆巫山长江大桥（图1-11），2006年建成的主跨280 m的下承式刚架系杆钢管混凝土拱桥——湖北武汉汉江三桥，2013年建成的主跨530 m的有推力中承式钢管混凝土拱桥——四川合江长江一桥（图1-12），2020年建成的主跨575 m的有推力中承式钢管混凝土拱桥——广西平南三桥（图1-13），2021年建成的主跨507 m的飞燕式钢管混凝土系杆拱桥——四川合江长江三桥（图1-14）。

图1-13　广西平南三桥

图1-11　重庆巫山长江大桥

图1-12　四川合江长江一桥

国际标准 Design standard for concrete-filled steel tubular (CFST) hybrid structures (ISO/TC 71/WG 2)、中华人民共和国国家标准《钢管混凝土拱桥技术规范》(GB 50923—2013)、中华人民共和国行业推荐标准《公路钢管混凝土拱桥设计规范》(JTG/T D65-06—2015)、四川省地方标准《钢-混

图1-14　四川合江长江三桥

凝土组合桥面板技术规程》(DB51/T 1991—2015)、四川省地方标准《机制砂桥梁高性能混凝土技术规程》(DB51/T 1995—2015)、四川省地方标准《钢管混凝土桥梁检验评定规程》(DB51/T 2425—2017)等规范的颁布实施，标志着钢管混凝土拱桥建设进入正规化、标准化建设阶段。2018年以来，主跨超过400 m的钢管混凝土拱桥至少建成5座，钢管混凝土拱桥取得了高质量的发展。

1.2.1.2　钢筋混凝土拱桥

采用钢管混凝土作为劲性骨架合龙成拱，再外包钢筋混凝土，形成钢筋混凝土拱桥。1995年建成了主跨160 m的四川攀枝花倮果金沙江大桥（图1-15），1996年建成了主跨312 m的广西南宁邕宁邕江大桥（现蒲庙大桥，图1-16），1997年建成了主跨420 m的重庆万县长江大桥（现万州长江大桥，图1-17），此后14年，主跨大于200 m劲性骨架成拱的钢筋混凝土拱桥再无建设，2011年，主跨350 m的四川广元昭化嘉陵江大桥建成（图1-18），该桥首次提出了钢管混凝土强劲骨架成拱法,将主拱外包混凝土合龙次数减少为三环,简化了外包钢筋混凝土工艺,缩短了工期。依据钢管混凝土强劲骨架成拱方法,2016 年建成了主跨 277 m 四川磨刀溪大桥,2018 年建成了主跨 320 m 四川广安官盛渠江大桥,2019 年建成了主跨 280 m 凉山金阳金沙江大桥(图 1-19)、主跨 260 m 凉山布拖金沙江大桥(图 1-20),

图 1-18　四川广元昭化嘉陵江大桥

图 1-15　四川攀枝花倮果金沙江大桥

图 1-19　四川凉山金阳金沙江大桥

图 1-16　广西南宁邕宁邕江大桥

图 1-20　四川凉山布拖金沙江大桥

2023 年郑皆连院士主持建成了主跨 600 m 的广西天峨龙滩大桥,2024 年正在建设主跨 350 m 四川马边苏坝大桥(图 1-21)、主跨 510 m 四川新市金沙江大桥。

中华人民共和国国家标准《钢管混凝土混合结构技术标准》(GB/T 51446—2021)、四川省地方标准《钢筋混凝土箱形拱桥技术规程》(DB51/T

图 1-17　重庆万县长江大桥

图1-21 四川乐西高速公路苏坝大桥

图1-23 四川凉山金阳河大桥

1992—2015)、四川省地方标准《钢管混凝土桥梁检验评定规程》(DB51/T 2425—2017)、四川省地方标准《机制砂桥梁高性能混凝土技术规程》(DB51/T 1995—2015)、中国公路学会标准《公路钢筋混凝土拱桥设计指南》(T/CHTS 10122—2023)等标准相继颁布实施。

1.2.1.3 钢管混凝土桥墩(塔)桥

采用钢管混凝土桥墩(塔)的桥梁有主跨200 m连续刚构且最大桥墩高度157 m的四川雅安黑石沟大桥、主跨200 m连续刚构且最大桥墩高度182.5 m的四川雅安腊八斤大桥(图1-22)、主跨200 m连续刚构且最大桥墩高度196 m的四川凉山金阳河大桥(图1-23)等工程。同时,四川沿江高速公路、乐西

图1-22 四川雅西高速公路腊八斤大桥

高速公路等工程,采用钢管混凝土桥墩(塔)的连续刚构桥梁,还有5座正在建设中。其中,主跨1 030 m悬索桥——主塔高度近200 m的四川卡哈洛金沙江大桥,以及主跨1 680 m悬索桥——主塔高度超300 m的四川泸沽湖大桥,抗震设防地震烈度超过Ⅷ度,为了抗震和降低工程造价,索塔采用了钢管混凝土组合桥塔,两座大桥正在建设中。

中华人民共和国国家标准《钢管混凝土混合结构技术标准》(GB/T 51446—2021)、中国土木工程学会标准《中空夹层钢管混凝土结构技术规程》(T/CCES 7—2020)、中国工程建设标准化协会标准《钢管混凝土加劲混合结构技术规程》(T/CECS 663—2020)、四川省地方标准《钢管混凝土桥梁检验评定规程》(DB51/T 2425—2017)等标准相继颁布实施。

1.2.1.4 钢管混凝土梁桥

全长1 811 m、主要跨径44.5 m和62.5 m、桥墩最大高度为110 m、设防地震烈度为Ⅸ度的四川雅安干海子大桥(图1-24)于2012年4月建成通车,经历了重车数量超过600辆/日、四川雅安泸山"4·20"多次地震和历年冰雪冻融考验,使用状态良好;全长6 430 m、主跨跨径30 m和40 m、最大桥墩高度为35 m、设防地震烈度为Ⅸ度的汶川克枯大桥(图1-25)于2018年12月建成通车,经历了"9·20"山洪泥石流、多次超过Ⅴ度的地震考验,未发现任何病害,使用状态良好;全长1 929 m、主跨30 m、最大桥墩高度为30 m的四川红原大桥于2022年10月全幅贯通。

中国工程建设标准化协会标准《钢管混凝土桁式混合结构技术规程》(T/CECS 785—2020)、四川省地方标准《钢管混凝土梁桥技术规程》(DB51/T 2513—2018)、四川省地方标准《机制砂桥梁高性能混凝土技术规程》(DB51/T 1995—2015)、四川省地

图1-24 四川雅西高速公路干海子大桥

图1-25 四川汶川克枯大桥

方标准《钢管混凝土桥梁焊接节点疲劳技术规程》(DB51/T 2515—2018)、四川省地方标准《钢-混凝土组合桥面板技术规程》(DB51/T 1991—2015)等标准相继颁布实施。

1.2.2 钢管混凝土桥梁展望

1.2.2.1 钢管混凝土规模化应用展望

1990年四川建造了第一座钢管混凝土拱桥——主拱115 m的四川旺苍东河大桥,30多年来,我国钢管混凝土拱桥已建造超过450座,主跨超过500 m的钢管混凝土拱桥3座,最大跨度拱桥纪录已被钢管混凝土拱桥引领,其发展速度已经超过斜拉桥、悬索桥、钢筋混凝土拱桥和钢拱桥。特别是近10年来,钢管混凝土桥梁的交通运输行业、国家规范颁布实施后,钢管混凝土桥梁采用的材料、结构、工艺和装备更加成熟,建造的实体质量更高,获得了市场广泛认同。可以预测,钢管混凝土桥梁在桥型比较论证中竞争力会更突出,建设数量和规模会更大。

1995年,采用钢管混凝土代替型钢作为钢筋混凝土主拱的内部施工支架,建成了主跨160 m四川攀枝花倮果金沙江大桥,受此影响,相继建成了万县长江大桥等主跨超过200 m的钢筋混凝土拱桥6座。受主拱施工工艺烦琐影响,直到2008年的10余年内,国内再无采用钢管混凝土劲性骨架成拱法建造主拱超过200 m的钢筋混凝土拱桥。2009年,四川提出采用强劲钢管混凝土劲性骨架成拱法,将主拱外包混凝土分环次数由8次以上降低为3次以下,建成了主跨350 m的四川广元昭化嘉陵江大桥,该成拱法简化了施工工艺,缩短了工期。10余年来,采用强劲钢管混凝土劲性骨架成拱法建造了10余座钢筋混凝土拱桥,主跨510 m四川沿江高速公路西宁河大桥正在建设中、主跨600 m广西天峨龙滩大桥已经建成通车,强劲钢管混凝土骨架成拱法建造钢筋混凝土拱桥,再次赢得了行业认同,对于位于崇山峻岭的四川高速公路桥梁建设,将推动钢筋混凝土拱桥的新发展。

钢管混凝土桁梁桥,是采用钢管混凝土作为桥梁的主桁梁承重构件,从而代替型钢主桁梁承重构件。因钢管内灌注混凝土,避免了在钢管内部设置加劲构造,简化了加工、焊接等麻烦的制造工序,同时,钢管内混凝土提高了节点刚度,不需要再采用复杂的型钢节点构造。基于此,2012年,四川建成了四川雅西高速公路干海子大桥,该桥全长1 811 m、桥墩与主梁采用钢管混凝土、主要跨径为44.5 m和62.5 m;2018年,四川建成了汶川至马尔康高速公路汶川克枯大桥,该桥全长6 430 m、桥墩与主梁采用钢管混凝土、主要跨径为30 m和40 m;四川久治至马尔康高速公路红原大桥,该桥全长1 929 m、桥墩与主梁采用钢管混凝土、主跨30 m,于2022年10月全幅贯通。工程实践表明,标准跨径的钢管混凝土桁梁桥,全桥结构钢材用量约200 kg/m²、混凝土用量约为1.5 m³/m²,比预应力混凝土标准跨径桥梁节约材料,并且能实现工厂化施工;比钢结构标准跨径桥梁节约造价,且降低了加工、制造、运输和安装难度,因此,标准跨径钢管混凝土桁梁桥具有较强竞争力。

2012年建成的四川雅安腊八斤大桥,该桥为主跨2×200 m连续刚构桥,最大桥墩高度为182.5 m,采用钢管混凝土组合桥墩,代替原钢筋混凝土箱形桥墩,不仅减轻重量约32%,而且提高了桥墩延性,降低工程造价约12%,受此影响,钢管混凝土组合桥墩(塔)逐渐应用于各类桥梁的桥墩和桥塔。钢管混凝土桥墩应用于标准跨径的桥梁时，桥墩高度小于40 m时，采用钢管混凝土单肢柱作为桥墩；当桥墩高度小于70 m时，需要采用钢管混凝土桁式结构的桥墩；当桥墩高度大于70 m时，需要采用钢管混凝土桁式与组合式的混合桥墩。与钢筋混凝土桥墩相比，钢管混凝土桥墩总体与构造设计因桥位处地震烈度、桥梁宽度和地形条件而不同，但是采用钢管混凝土桥墩具有明显的技术、经济优势。钢管混凝土桥墩(塔)应用于高地震烈度区的特大跨连续刚构桥、悬索桥和斜拉桥等桥梁工程，桥墩(塔)高度大于60 m时具有明显的技术、经济优势。该类结构提高了桥梁抗震性能，避免了烦琐的模板安装与拆除，而对于标准跨径的梁桥、特大跨高墩连续刚构桥和悬索桥等工程，其数量多、规模大，钢管混凝土桥墩(塔)具有广阔的工程应用市场。

1.2.2.2　钢管混凝土拓展应用展望

2002年，由四川省公路规划勘察设计研究院承担设计，建成了主跨560 m的重庆忠县长江大桥(图1-26)，该桥桥塔采用钢筋混凝土箱形塔柱，主梁采用钢管桁式结构的加劲梁和预制钢筋混凝土桥面板的组合结构，钢管内未灌注混凝土，主梁钢材用量为2.46 t/m，与型钢主梁相比钢材用量更低。2004年，由四川省公路规划勘察设计研究院承担设计，建成了主跨200 m的重庆手扒岩大桥(图1-27)，该桥桥塔采用钢管混凝土桁式结构，主梁采用钢管混凝土桁式结构与预制钢筋混凝土桥面的组合结构，与钢筋混凝土桥塔和型钢主梁相比，减少工程造价约33%。

图1-27　重庆巫山手扒岩大桥

1996年7月，跨径组合为70 m+140 m+70 m的斜拉桥——广东南海紫洞大桥建成通车，该桥主梁采用钢管混凝土桁式结构和现浇钢筋混凝土桥面板，主梁主管内灌注预填混凝土，即主管内预先填筑粗骨料，再灌注水泥净浆，其建成后如图1-28所示，与钢筋混凝土主梁相比，减少工程投资约26%。2002年，跨径组合为70 m+3×120 m+70 m连续刚构桥梁——重庆万州大桥建成通车，该桥桥墩采用钢筋混凝土薄壁结构，主梁采用钢管混凝土桁式结构与现浇钢筋混凝土桥面板，主梁钢管内灌注自密实泵送混凝土，其建成后如图1-29所示，与预应力钢筋混凝土连续刚构相比，减轻重量约19%，减少工程投资约12%。

图1-28　广东南海紫洞大桥主梁

钢管混凝土的优越性较多，特点突出，不仅抗压强度高、刚度大，同时，抗剪强度、抗扭强度比钢筋混凝土更好，四川省公路规划勘察设计研究院将钢管混凝土作为隧道衬砌的支护结构、高边坡的抗滑桩等结构工程拓展用。随着交通土建工程建设难度越

图1-26　重庆忠县长江大桥

图 1-29 重庆万州大桥主梁

来越高、工程材料用料要求越来越节约、高原高寒公路快速建设等需求的增大，钢管混凝土应用于交通土建工程市场前景广阔。

1.3 钢管混凝土材料与工艺

钢管内混凝土一般采用自密实补偿收缩混凝土，强度等级一般为 C30~C120，其性能主要包括力学性能、工作性能、体积稳定性能和耐久性能。钢管内混凝土受外围钢管包裹，抗裂性能、抗冻性能、抗渗性能、抗碱骨料反应等耐久性能较好，劣化速度慢、使用周期长。钢管内混凝土的力学性能应满足设计要求，钢管内混凝土密闭环境下自由膨胀率应控制在 $2×10^{-4}$~$6×10^{-4}$，其稳定收敛期应小于 60 d。钢管内混凝土的工作性能是施工质量保证的重要指标，各项指标应满足表 1-1 要求。

表 1-1 自密实补偿收缩混凝土工作性能

泵送灌注时间 /h	坍落度 /cm			扩展度 /cm			U形箱填充高度 /cm	V形漏斗通过时间 /s	T_{50}/s	初凝时间 /h	终凝时间 /h
≤6	入泵 20~26	3 h：≥18		入泵 50~65	3 h：≥40		≥30 无障碍	10~25	5~20	12~18	14~20
≤10		5 h：≥18			5 h：≥40					16~22	18~24

为了实现钢管内混凝土各项性能需要，四川省公路规划勘察设计研究院的工程师根据工程实践，提出了基于额定粉体材料用量的密实骨架堆积理论，开展混凝土集料组成的调控设计；提出了基于外加剂合成技术的复配多功能外加剂调控技术。

外加剂选择应掺加高效缓凝减水剂和膨胀剂。选用的高效减水剂应具有保塑、缓凝的功能，减水率应大于 25%，且制备的混凝土拌和物含气量应小于 2.5%。选用的膨胀剂应对混凝土工作性能影响小、膨胀性能稳定，水中限制膨胀率 7 d 大于 0.05%、空气中（温度 20℃±2℃，相对湿度 60%±5%）限制膨胀率 21 d 大于 0%。

自密实补偿收缩混凝土工作性能的评价指标，应根据《自密实混凝土应用技术规程》（JGJ/T 283—2012）的性能测试方法，采用坍落扩展度法测试流动性能，采用 V 形漏斗法测试黏稠性和抗离析性，采用 U 形箱法测试自填充性。测试的混凝土工作性能指标应符合规程规定。

试验研究表明，钢管内混凝土在密闭环境下的膨胀率在 60 d 内稳定收敛，有利于施工控制和桥梁结构的稳定。当密闭环境下钢管内混凝土自由膨胀率在 $2×10^{-4}$~$6×10^{-4}$，含气量小于 2.5% 时，钢管内混凝土容易密实。如果密闭环境下混凝土中膨胀剂掺量高，自由膨胀率过大，会影响混凝土的工作性能、力学性能和结构稳定性能。

主管内混凝土一般采用泵送顶升灌注，依靠混凝土的自重而密实，因此，混凝土应具有良好的自密实性能。如果初始坍落度小于 20 cm、扩展度小于 50 cm、T_{50} 大于 20 s、V 形漏斗通过时间大于 25 s、U 形箱填充高度小于 30 cm，则混凝土的工作性能不能满足自密实性能要求；混凝土坍落度大于 26 cm、扩展度大于 65 cm、T_{50} 小于 5 s、V 形漏斗通过时间小于 10 s，则混凝土黏聚性不良，容易因离析而堵管或分层，影响钢管混凝土均匀性。工程实践表明，如果泵送顶升灌注 6 h 内完成，则宜控制 3 h 坍落度不小于 18 cm，扩展度不小于 40 cm，初凝时间 12~18 h，终凝时间 14~20 h；如果泵送顶升灌注 10 h 内完成，则 3 h 坍落度应无损失，宜控制 5 h 坍落度宜不小于18 cm,扩展度不小于40 cm,初凝时间16~22 h,终凝时间18~24 h。在泵送压力作用下,混凝土中气体会部分逸出,积聚在钢管和混凝土之间形成气膜,造成钢管和混凝土脱黏,所以应对减水剂含气量做出要求。

根据钢管混凝土桥梁建设条件,混凝土输送和灌注,可以选用泵送顶升灌注施工、直接抛落灌注施工和梭槽溜滑输送灌注施工等工艺。不同的施工工艺、不同的灌注时间、不同的环境温度等建设条件,对混凝土工作性能应有不同的要求。因此,根据工程建设特点,开展自密实补偿收缩混凝土配合比调控设计、自密实补偿收缩混凝土输送工艺设计和自密实补偿收缩混凝土输送装备开发等内容,是钢管混凝土桥梁建造的重要课题和关键技术,特别是针对桥梁就地取材的砂石材料,制备高性能的钢管内混凝土,值得根据工程建设结构和材料特点开展专题研究。

第 2 章

钢管混凝土材料与结构技术

2.1 钢管混凝土构件计算参数概述

根据国内外学者研究成果,结合团队多年来的研究成果,对钢管混凝土构件计算参数进行了归纳、整理、总结,建立了更简洁明确、计算成果安全可靠、依据计算拟定的尺寸更加经济合理的钢管混凝土构件计算参数,现对相关计算参数概述如下。

2.1.1 材料参数对承载能力的影响

钢管混凝土由钢材和混凝土两种材料组成,其承载能力受到钢材和混凝土的强度等级和截面面积的影响,并反映在含钢率、径厚比、约束效应系数等材料参数上。为保证钢管与钢管内混凝土有统一的力学性能和变形协调能力,并满足桥梁结构受力性能的需要,材料参数的选取应满足规范要求。

混凝土材料强度等级提升,将提高钢管内混凝土承载能力;钢材强度等级提高,将提高钢管混凝土截面承载能力,钢材对混凝土材料的紧箍力也有所提升。但是,单方面提升钢材或混凝土的强度等级,对于钢管混凝土承载能力提升不一定是经济有效的方式,应对钢材与混凝土材料强度等级进行匹配设计。

在钢管混凝土中采用高强度钢材和高强度混凝土有一定的优势,然而需要注意的是:采用高强度混凝土会使钢管混凝土的脆性增大,薄壁钢管的局部稳定将成为突出问题。

钢管混凝土拱桥的主拱主管外径一般大于 600 mm,钢管制作一般选用成品钢管、卷制螺旋焊缝钢管和卷制直缝焊接钢管,《公路钢管混凝土拱桥设计规范》(JTG/T D65-06—2015)中规定:"卷制焊接钢管径厚比不宜小于 40。"如果钢管径厚比值过小,钢管壁厚过厚,将导致管壁应力分布不均匀,以及钢管内混凝土所承担的荷载比例下降,其力学性能与薄壁钢管有所不同。

约束效应系数反映了钢管对混凝土约束作用的大小,以及钢管内混凝土在钢管约束作用下的强度与延性的提高程度,进而影响钢管混凝土在承载力峰值点后的不同趋势,如图 2-1 所示。

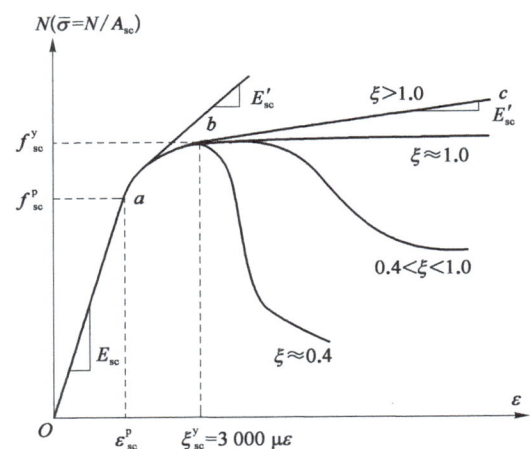

图 2-1 不同约束效应系数范围下钢管混凝土的 N-ε 曲线

当约束效应系数标准值 $\xi>1$ 时,约束效应大,混凝土纵向承载力的增大值,超过钢管纵向承载力的下降值,钢管混凝土逐渐形成强化上升阶段。

当约束效应系数标准值 $\xi\approx1$ 时,两者的纵向承载力的增大值和下降值接近,钢管混凝土出现水平塑性阶段。

当约束效应系数标准值 $\xi<1$ 时,混凝土纵向承载力的增大值小于下降值,钢管混凝土出现下降段。

当约束效应系数标准值 $\xi\approx0.4$ 时,约束效应太小,钢管混凝土不出现塑性段,曲线在约 $3\,000\,\mu\varepsilon$ 时陡然下降,随后曲线趋于平缓。

2.1.2 长细比对承载能力的影响

长细比对钢管混凝土构件承载能力的影响显著,计算钢管混凝土构件承载能力时,通常用长细比折减系数计入,并依据不同强度等级的钢材和混凝土以及长细比确定。《公路钢管混凝土拱桥设计规范》《特殊钢管混凝土构件设计规程》(CECS 408:2015)、《公路钢筋混凝土及预应力混凝土桥涵设计规范》(JTG D62—2004)、《公路钢结构桥梁设计规范》(JTG D64—2015)和《钢管混凝土结构设计与施工规程》(CECS 28:90)中关于长细比折减系数(或整体稳定性系数)的计算方法均有所不同,适用于不同的桥梁受力构件。现对五种规范计算方法,用于计算钢管混凝土长细比折减系数时的计算取值结果进行分析。

(1)《公路钢管混凝土拱桥设计规范》中,对长细比折减系数以表格形式列出,构件长细比不超过100。

(2)《特殊钢管混凝土构件设计规程》中,对轴心受压构件稳定系数采用下列公式进行计算:

$$\varphi = \frac{1}{2\bar{\lambda}_{sc}^2}\{\bar{\lambda}_{sc}^2 + (1+\varepsilon_{sc}) - \sqrt{[\bar{\lambda}_{sc}^2 + (1+\varepsilon_{sc})]^2 - 4\bar{\lambda}_{sc}^2}\} \quad (2-1)$$

$$\bar{\lambda}_{sc} = \frac{\lambda_{sc}}{\pi}\sqrt{\frac{f_{sc}}{E_{sc}}},\ \lambda_{sc} = L_0/i_{sc},\ \varepsilon_{sc} = K\bar{\lambda}_{sc} \quad (2-2)$$

式中 $\bar{\lambda}_{sc}$ ——构件的正则长细比;
λ_{sc} ——构件的长细比;
L_0 ——构件的计算长度;
i_{sc} ——构件的回转半径;
f_{sc} ——构件的抗压强度设计值;
E_{sc} ——构件的弹性模量;
ε_{sc} ——构件的等效初始偏心率;
K ——等效初始弯曲系数。对于高强钢管混凝土,K 取 $0.25\left(\frac{235}{f_y}\right)^{0.8}$,$f_y$ 为高强钢管抗压强度设计值;对其他构件,K 取 0.25。

(3)《公路钢筋混凝土及预应力混凝土桥涵设计规范》中,对整体稳定性系数以表格形式列出,见表2-1。

表 2-1 钢筋混凝土的轴心受压构件的稳定系数

$l_0/2r$	≤7	8.5	10.5	12	14	15.5	17	19	21	22.5	24
φ	1.0	0.98	0.95	0.92	0.87	0.81	0.75	0.70	0.65	0.60	0.56
$l_0/2r$	26	28	29.5	31	33	34.5	36.5	38	40	41.5	43
φ	0.52	0.48	0.44	0.40	0.36	0.32	0.29	0.26	0.23	0.21	0.19

注:1. 表中 l_0 为构件计算长度;r 为圆形截面的半径。
2. 构件计算长度 l_0,当构件两端固定取 $0.5l$;当一端固定一端为不移动的铰时取 $0.7l$。当两端均为不移动的铰时取 l,当一端固定一端自由时取 $2l$;l 为构件两支点间距离。

(4)《公路钢结构桥梁设计规范》中,整体稳定折减系数采用下列公式进行计算:

$\bar{\lambda} \leq 0.2$ 时 $\chi = 1$ (2-3)

$\bar{\lambda} > 0.2$ 时

$$\chi = \frac{1}{2}\left\{1 + \frac{1}{\bar{\lambda}^2}(1+\varepsilon_0) - \sqrt{\left[1 + \frac{1}{\bar{\lambda}^2}(1+\varepsilon_0)\right]^2 - \frac{4}{\bar{\lambda}^2}}\right\} \quad (2-4)$$

其中 $\bar{\lambda} = \sqrt{\frac{f_y}{\sigma_{E,cr}}} = \frac{\lambda}{\pi}\sqrt{\frac{f_y}{E}}$ (2-5)

$\varepsilon_0 = \alpha(\bar{\lambda} - 0.2)$

$\sigma_{E,cr} = \frac{\pi^2 E}{\lambda^2}$

式中 $\bar{\lambda}$ ——相对长细比;
$\sigma_{E,cr}$ ——轴心受压构件弹性稳定欧拉应力;
λ ——轴心受压构件长细比;
α ——参数。

(5)《钢管混凝土结构设计与施工规程》中,对于长细比折减系数采用下列公式进行计算:

当 $L_e/D > 4$ 时 $\varphi_l = 1 - 0.115\sqrt{L_e/D - 4}$ (2-6)

当 $L_e/D \leqslant 4$ 时 $\quad \varphi_l = 1 \quad (2-7)$

式中 D ——钢管的外直径；

L_e ——构件的等效计算长度。

以上五部规范针对钢管混凝土构件长细比折减系数计算方法均有不同的规定，通过选取 Q345 钢材、C80 混凝土的材料参数、直径 600 mm 和壁厚 16 mm 的钢管截面尺寸，按五部规范不同规定计算得到各自的长细比折减系数，如图 2-2 所示。

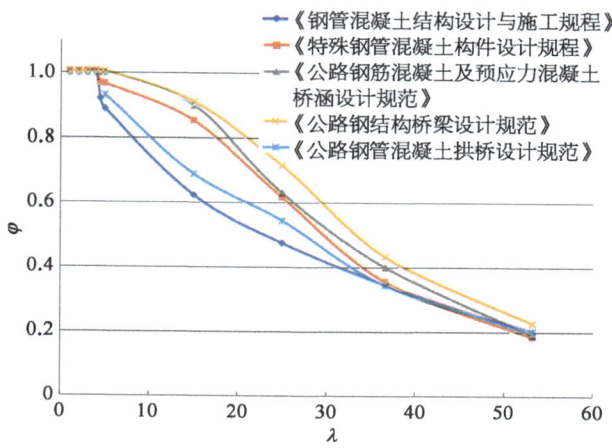

图 2-2 钢管混凝土长细比折减系数计算取值对比

对比分析以上五部规范不同规定的计算过程，《钢管混凝土结构设计与施工规程》规定须将 L_e/D 限定在 80 以下，否则其计算结果是奇异的；《特殊钢管混凝土构件设计规程》是在《公路钢结构桥梁设计规范》基础上，引入新的参数得到的，两本规范规定相近，但前者的长细比折减系数相对略小；《公路钢管混凝土拱桥设计规范》所规定的长细比折减系数计算方法，其计算结果比较适中，并且总体偏于安全。考虑到钢管混凝土桥梁设计与结构计算时，钢管混凝土构件的几何非线性影响较大，所以在计算钢管混凝土构件的长细比折减系数时，推荐采用《公路钢管混凝土拱桥设计规范》。

长细比对钢管混凝土构件的承载能力影响总体表现为长细比越大，承载能力越低。但是相对于单肢、双肢、三肢和四肢截面形式的钢管混凝土构件，长细比对其变形破坏形式的影响又有所不同。双肢截面形式，在没有面外约束的情况下，其面外刚度将低于面内刚度，致使其变形以面外变形为主，面内变形相对较小；三肢和四肢截面形式，其变形特征受长细比影响较大，对于长细比较小的情况，变形以局部变形为主，整体变形规律不明显，但随着长细比的增加，变形的整体性越发显著。

因此，单肢、双肢钢管混凝土构件，应注重横向稳定设计，特别是横向连接构造设计对钢管混凝土结构整体稳定的影响；三肢、四肢钢管混凝土结构，应同时注重纵向、横向的整体稳定性设计和计算论证。

2.1.3 徐变对承载能力的影响

随着钢管混凝土桥梁技术的发展和突破，世界最大跨径钢管混凝土拱桥——广西平南三桥已于 2020 年建成通车，该桥主拱主管直径为 1 400 mm，单根主拱管内混凝土用量为 958 m³，因此，类似大跨大直径钢管内混凝土的徐变影响已不容忽视。

目前，钢管混凝土的徐变计算方法主要有参数计算方法和分段常数计算法。

2.1.3.1 参数计算方法

四川省公路规划勘察设计研究院联合国内科研院所共同开展研究，通过对 C60 混凝土 7 d、14 d、28 d、90 d 四个龄期以及 C50 混凝土 7 d、28 d、90 d 三个龄期进行徐变、收缩试验，测得了相应的徐变收缩系数，另外，还进行了节段模型的收缩徐变试验，得到了钢管混凝土的徐变规律以及应力重分布规律，提出了两种理论分析方法。

第一种方法，以混凝土收缩徐变理论为基础，考虑钢管对混凝土收缩徐变的约束作用。其基本假定为：① 钢管与混凝土之间黏结良好，截面满足平截面假定；② 假定模型为承受恒定的轴心受压构件；③ 忽略收缩对徐变的影响。在假定条件下结合《公路钢筋混凝土及预应力混凝土桥涵设计规范》混凝土徐变系数的计算方法，考虑钢管对混凝土的约束作用，用考虑钢管约束的徐变调整系数来替代混凝土的徐变系数，计算钢管及混凝土的应力重分布规律。考虑钢管约束的混凝土徐变系数可按下列公式计算

$$\phi'(t, t_0) = \frac{\phi(t, t_0)}{1 - \frac{E_s}{E_c}[1+\rho\phi(t, t_0)]k}$$

$(2-8)$

式中 t_0 ——加载时的混凝土龄期（d）；

t ——计算考虑时刻的混凝土龄期（d）；

$\phi(t, t_0)$ ——混凝土的徐变系数，可根据《公路钢筋

混凝土及预应力混凝土桥涵设计规范》附录F取值；

k ——参数，$k = \dfrac{A_s}{A_c}$；

ρ ——参数，$\rho = \dfrac{1}{1-e^{-\phi(t,t_0)}} - \dfrac{1}{\phi(t,t_0)}$；

E_s、E_c ——钢管和混凝土材料弹性模量；

A_s、A_c ——钢管和混凝土截面面积。

利用钢管约束的混凝土徐变系数，钢管与混凝土应力重分布值按下列公式计算

压应力　　$\Delta \sigma^s = \dfrac{\sigma_0^c}{E_c} \phi'(t,t_0) E_s$　　(2-9)

拉应力　　$\Delta \sigma^c = \dfrac{\sigma_0^c}{E_c} \phi'(t,t_0) E_s k$　　(2-10)

式中　$\Delta \sigma^s$ ——钢管的应力重分布值；

$\Delta \sigma^c$ ——混凝土的应力重分布值；

σ_0^c ——加载时混凝土的应力值。

第二种方法，对于轴心受压构件，采用钢筋混凝土的分析思路来进行分析。即将钢管等效为一根处于混凝土截面中心的钢筋，设混凝土的徐变（不受钢筋约束的情况下）为 $\Delta \varepsilon_0^c$。由于受到黏结钢筋的约束，在钢筋水平处的混凝土实际徐变应变为 $\Delta \varepsilon^s$，经过推导得到：

钢管的重分布应力为

$\Delta \sigma^s = E_s \Delta \varepsilon^s = E_s (1-\alpha) \Delta \varepsilon_0^c$（压）　(2-11)

$$\Delta \varepsilon_0^c = \dfrac{\sigma_0^c}{E_c} \varphi(t,t_0) \quad (2\text{-}12)$$

混凝土的重分布应力为

$$\Delta \sigma^c = E_c (\Delta \varepsilon_0^c - \Delta \varepsilon^s) = E_c \alpha \Delta \varepsilon_0^c \quad (2\text{-}13)$$

也可得到新的考虑钢管约束的徐变系数

$$\varphi'(t,\tau_0) = (1-\alpha) \varphi(t,t_0) \quad (2\text{-}14)$$

第一种方法特点是计算钢管的重分布应力比较准确，第二种方法特点是计算钢管混凝土的混凝土徐变增量方面比较准确。总体而言，第一种方法精度更高、更可靠，因此，推荐采用第一种方法中的徐变系数进行桥梁计算分析。

2.1.3.2 分段常数计算法

通过大量模型试验，确定钢管混凝土徐变影响与轴压比的关系，提出钢管混凝土徐变折减系数。对于钢管混凝土轴压比 $e/r_c \leqslant 0.3$ 的偏压构件，将组合强度设计值乘以徐变折减系数 K_c（表2-2），表内中间值采用插入法求得。

表2-2　徐变折减系数 K_c 值

构件长细比 λ	永久荷载引起的轴心力占全部轴心力的比例/%		
	30	50	≥70
50 ≤ λ ≤ 70	0.90	0.85	0.80
70 < λ ≤ 120	0.85	0.80	0.75

当表2-2不能满足计算要求时，也可按下列公式计算：

(1) 当 $m \leqslant 0.4$ 时

$$K_c = l^{2.5m}(0.2m^2 - 0.4m + 1)[1 + 0.3m(1-n)] \quad (2\text{-}15)$$

(2) 当 $0.4 < m \leqslant 1.2$ 时

$$K_c = l(0.2m^2 - 0.4m + 1)\left(1 + \dfrac{1-n}{7.5 + 5.5m^2}\right) \quad (2\text{-}16)$$

(3) 当 $m > 1.2$ 时

$$K_c = 0.808 l \left(1 + \dfrac{1-n}{7.5 + 5.5 m^2}\right) \quad (2\text{-}17)$$

其中：$l = \xi^{0.05}$；$m = \lambda/100$；$n = (1+e/r)^{-2}$，e 为荷载偏心距，$r = D/2$。

通过对钢管混凝土构件在不同含钢率、偏心率下的徐变特性研究表明：含钢率越大，构件徐变越小；外荷载越大，构件徐变越大；偏心率越大，构件徐变越大，且在小偏心受压状态下，徐变随偏心率增大的速率大于大偏心受压状态下徐变随偏心率增大的速率；在构件截面积相同的情况下，随着含钢率的增大，徐变引起的钢管与钢管内混凝土的应力重分布影响将有所减小。含钢率、偏心率对钢管混凝土构件的徐变影响在计算公式中同样有体现：对于参数计算方法，徐变系数计算中参数 k 即含钢率的体现，k 越大，构件徐变越小；对于分段常数计算法，徐变折减系数计算公式中 l、n 也分别体现了含钢率和偏心率的影响。总的来说，在进行钢管混凝土结构

设计的时候,从徐变引起的截面应力重分布方面考虑时,应提高构件的含钢率,减少徐变效应。

2.1.4 脱空对承载能力的影响

对于钢管混凝土的脱空表现,在实验室中制备的试件与实际桥梁结构是有所不同的。实验室内研究钢管混凝土短柱的工作性能时,制作的试件短,在灌注混凝土时,将钢管杆件竖直放置,并使用振捣器将钢管混凝土振捣密实,养护时一般为竖直状态养护,所以,在实验室内能够较好地保证钢管与混凝土结合密实,即使有脱空,其量值也较小。但是,在实际工程中,钢管混凝土的钢管内灌注的混凝土方量较大,钢管可能处于竖直、倾斜和水平等状态,为确保可灌性,往往要采用高流动性自密实混凝土,同时,受到现场原材料控制、施工工艺、环境影响、组织管理等复杂因素的影响,实际工程的钢管混凝土总是存在不同程度脱空现象。因此,钢管混凝土桥梁设计计算时,考虑管内混凝土收缩导致的钢管混凝土脱空现象对承载能力的影响是更客观、更准确、更安全的要求。

通过实际钢管混凝土桥梁工程检测数据分析,钢管混凝土桥梁不同结构部位的脱空类型各不相同,各类脱空缺陷总结起来包括:局部凹陷脱空、球冠形脱空、月牙球冠形脱空、半圆周边脱空和周边脱空等,如图2-3所示。而对于钢管混凝土拱桥的主拱、钢管混凝土桁梁桥的主梁等水平和倾斜钢管混凝土,脱空缺陷主要表现为球冠形脱空和月牙球冠形脱空;对于钢管混凝土桥墩(塔)等竖直钢管混凝土,脱空缺陷主要表现为局部周边脱空。

模拟桥梁工程钢管混凝土脱空形态,经过物理模型分析研究,提出了球冠形脱空和周边脱空两种缺陷状态,并确定不同脱空缺陷量值开展模型设计和试验研究。经过脱空缺陷的模型试验研究,揭示了钢管混凝土脱空影响规律。

球冠形脱空构件的破坏过程总体上和无脱空构件较为接近,两者在达到峰值荷载前的弹性及弹塑性阶段,刚度十分接近,且达到峰值荷载前都未有明显破坏现象,超过峰值荷载后荷载下降,构件轴向变形增大,局部鼓区明显,整体挠度增大;均匀脱空构件的破坏过程则与无脱空构件有较大差别,其达到极限承载能力时,管内混凝土被压碎,荷载下降明显,随后管内压碎的混凝土和钢管内壁发生接触,在钢管对混凝土约束效应作用下,构件的荷载又缓慢回升。两类脱空构件的轴向荷载-轴向位移($N-\Delta$)曲线如图2-4所示。

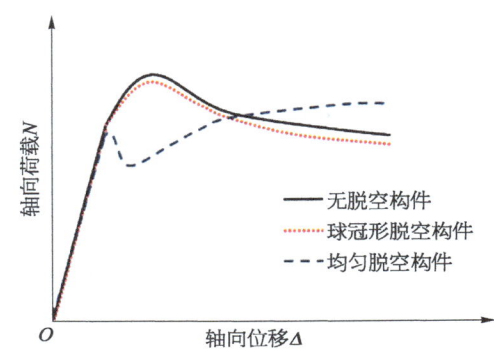

图2-4 脱空构件的轴向荷载-轴向位移($N-\Delta$)曲线

球冠形脱空对于钢管混凝土构件的初始弹性抗弯刚度的影响较小,而对于构件割线刚度的影响则较为显著;在脱空率相同的情况下,均匀脱空对于钢管混凝土构件极限承载能力和刚度的影响较球冠形脱空更为显著。

钢管混凝土脱空率的大小对钢管混凝土极限承载能力的影响是不同的,其影响规律符合高次抛物线,当钢管混凝土脱空率小于0.6%时,其对钢管混凝土刚度和极限承载能力的影响是很小的,可以忽略不计;当钢管混凝土脱空率大于0.6%时,钢管内混凝土支撑钢管的作用减弱,对钢管混凝土承载能力和刚度影响较大。

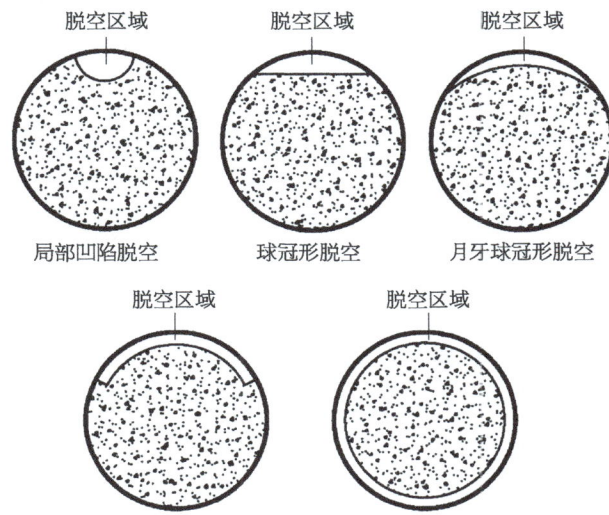

图2-3 钢管混凝土各类脱空示意

《公路钢管混凝土拱桥设计规范》规定：钢管混凝土承载能力极限状态验算时，应计入钢管内混凝土脱空影响，脱空折减系数 K_d 取值 0.95，并符合下列要求：① 当钢管混凝土球冠形脱空率大于 0.6%，或脱空高度大于 5 mm 时，应对钢管内混凝土脱空缺陷进行修补灌注；② 钢管混凝土拱圈不得出现周边均匀型脱空的缺陷。

此外，钢管混凝土脱空对承载能力的影响，还与钢管混凝土的脱空率、脱空形式、套箍系数、钢管壁厚、混凝土强度、长细比等因素有关。

2.1.5 初应力对承载能力的影响

钢管混凝土桥梁是一种典型的自架设体系桥梁，这正是钢管混凝土桥梁的优越性之一。在形成钢管混凝土桥梁之前，空钢管已被安装架设成结构，成为随后继续施工的外露支架，承受自重和管内混凝土重量，不可避免地产生钢管初始应力。通常将形成钢管混凝土结构前，空钢管中存在的应力称为钢管初应力 δ，并用 β 表示初应力占钢材屈服应力 f 的比例，即 $\beta=\delta/f$，称为初应力系数。由于钢管存在初应力，钢管混凝土工作性能发生了变化。

模型试验研究表明，初应力对钢管混凝土构件的极限承载能力和变形的影响不可忽视，特别是大跨度和高墩（塔）的钢管混凝土结构，非线性对承载能力的影响显著，在计算考虑初应力后的钢管混凝土主拱、主梁、桥墩（塔）承载能力时，其稳定系数应进行材料和几何双重非线性分析。

钢管混凝土桥梁在相同跨径、不同含钢率 α 下，钢管混凝土承载能力影响系数 K_p 随钢管初应力系数 β 的变化规律为：K_p 随 β 的增大而减小。但在相同跨径下，含钢率 α 变化引起的承载能力影响系数 K_p 差异不大。对不同的含钢率，随着含钢率增大钢管混凝土承载能力相应增大，这是由于随着含钢率的增加，钢管套箍混凝土的能力越强，同时钢管更多地承担了外力的缘故。但不论何种初应力系数，承载能力降低的趋势是一致的。根据钢管混凝土桥梁承载能力影响系数 K_p 在相同含钢率、不同初应力系数下的变化规律表明，随着含钢率 α 的增大，钢管混凝土承载能力影响系数 K_p 随初应力系数增加而减小。工程上常以钢管初应力引起的承载能力下降不超过 10% 为界限，其初应力系数 β 应控制在 0.3。

根据已有研究，选择钢管混凝土拱桥为分析对象，研究初应力对钢管混凝土主拱极限承载能力的影响，并据此建立钢管混凝土桥梁初始应力影响的计算方法。

初应力对哑铃形钢管混凝土主拱承载能力的影响与初应力系数呈正比，但降低幅度没有单肢钢管混凝土大。主拱跨径越大，承载能力影响系数 K_p 越小，即承载能力降低越小，这也是材料、几何非线性共同作用的结果。在初应力系数相同的条件下，不同跨径哑铃形主拱的承载能力随含钢率 α 增大几乎呈线性增加，这与单肢钢管混凝土的规律是一致的。钢管内混凝土不同灌注顺序对哑铃形拱桥承载能力也有影响，但对拱桥承载能力影响系数 K_p 的影响很小，可以忽略不计，且在 $\beta=0.6$ 时，$K_p \geq 0.9$。

初应力四肢桁式钢管混凝土主拱承载能力降低，其降低趋势与哑铃形拱桥相似，即与初应力系数近似成直线降低，降低幅度也没有单肢钢管混凝土大。大跨径钢管混凝土拱桥主拱承载能力影响中，几何非线性占有很大比例，初应力系数对承载能力影响不是十分显著，同时受到钢管初应力施加方式的影响，实际钢管截面应力是偏大的，因此，仍可把初应力系数控制在 0.6。在初应力系数相同的条件下，不同跨径拱桥主拱的承载能力随含钢率 α 增大几乎呈线性增加，这与单肢和哑铃形钢管混凝土拱桥的规律是一致的。

另外，通过对单肢钢管混凝土和哑铃形、四肢格构型钢管混凝土拱桥考虑钢管初应力的极限承载能力分析，应用回归分析法得到了承载能力影响系数计算公式。

单肢钢管混凝土用回归分析法求出的承载能力影响系数 $K_p=1.0-0.168\,0\beta-0.287\,5\beta^2$。回归分析后的结果与理论计算值吻合良好，除个别点误差在 5% 以外，其余均小于 5%。考虑钢管初应力对极限承载能力影响的分析计算，单肢钢管混凝土初应力系数 β 应控制在 0.3。

哑铃形钢管混凝土拱桥与单肢钢管混凝土拱桥相似，用回归分析法求出的承载能力影响系数 $K_p=1.0-0.142\,9\beta$。考虑钢管初应力对极限承载能力影响的分析计算，哑铃形钢管混凝土拱桥初应力系数 β 控制在 0.6。

四肢格构型钢管混凝土拱桥与单肢和哑铃形钢管混凝土拱桥类似,用回归分析法求出的承载能力影响系数 $K_p=0.948-0.1148\beta$。四肢格构型钢管混凝土拱桥初应力系数 β 控制在 0.6。

通过对单肢钢管混凝土构件、哑铃形和四肢格构型钢管混凝土拱桥在不同初应力系数、不同含钢率、不同跨径下的承载能力的研究表明:

(1) 初应力对单肢钢管混凝土构件承载能力影响最大,哑铃形截面次之,四肢格构型截面影响最小。

(2) 以拱桥承载能力降低控制在 10% 为界限,单肢初应力系数应控制在 0.3,哑铃形和四肢格构型拱初应力系数控制在 0.6。这也表明,目前我国钢管混凝土桥梁设计中把初应力系数控制在 0.6 是合适的,不会对钢管混凝土承载能力产生很大影响。

(3) 在开展初应力对钢管混凝土拱桥承载能力计算时,必须考虑几何非线性的影响,即应同时按材料非线性和几何非线性分析,否则结果偏大。

关于初应力的影响,《公路钢管混凝土拱桥设计规范》规定如下:钢管混凝土钢管初始应力大于 $0.35f$,且小于 $0.6f$ 时,应按以下计算公式计入初始应力对钢管混凝土极限承载能力的影响:

$$K_p = 1.0 - 0.15\omega \quad (2-18)$$

其中
$$\omega = \frac{\sigma_0}{f_{sk}}$$

式中 ω——钢管初应力度,ω 不宜超过 0.65;
σ_0——钢管初应力,取拱圈钢管截面初应力的最大值;
f_{sk}——钢材的强度标准值。

试验研究表明,初应力对钢管混凝土刚度的影响大于对钢管混凝土承载能力的影响,拱圈预拱度计算时采用修正系数。

钢管混凝土拱圈应设置预拱度,计算预拱度值为恒载累计变形、钢管混凝土徐变挠度和 1/2 恒活载挠度之和;预拱度线形考虑非线性影响后,按下列公式计算

$$\delta_s = K_y \delta_j \quad (2-19)$$

式中 δ_s——拱圈设计预拱度值;
δ_j——拱圈计算预拱度值;

K_y——预拱度非线性修正系数,主跨 50～100 m,取 1.05;主跨 100～150 m,取 1.11;主跨 150～220 m,取 1.16;主跨 220～340 m,取 1.20;主跨大于 340 m,取 1.25。

对于小跨度拱桥,未做预拱度计算时,主拱预拱度宜设置在 $\left(\frac{1}{600} \sim \frac{1}{400}\right)L$ 范围内。

选择钢管混凝土拱桥初始应力对极限承载能力影响研究,建立的计算方法,经过分析和类比试验研究,同样适用于钢管混凝土主桁梁、钢管混凝土桥墩(塔),其计算值与桥梁实测数据的均方差、离散系数等满足可靠度理论的要求。

2.1.6 非线性对承载能力的影响

钢管混凝土是钢管与混凝土构成的组合结构,两种材料强度、延性、结构机理不同,采用钢管混凝土建造的桥梁,在建设和使用过程中,叠加施工和载荷作用,存在力学性能不协调、不同步等异向分散特性。模型和实桥研究表明,钢管混凝土拱桥主拱、钢筋混凝土成拱的劲性骨架、钢管混凝土组合桥墩(塔)受压的全过程,其几何和材料非线性影响显著,根据研究现提出钢管混凝土承载能力非线性影响计算方法。

考虑到在实际工程条件中,不可避免地存在钢管初始应力和管内混凝土脱空的问题,钢管初始应力和管内混凝土脱空对钢管混凝土构件的刚度和极限承载力有影响。因此,通过理论计算和模型试验验证,基于钢管混凝土"容限脱空统一理论",对其组合弹性模量以及应力-应变曲线进行 0.85 的折减,如图 2-5 所示。另外,由于施工安装误差的存在,计算中还应引入结构"初始缺陷"对安装误差进行模拟分析。

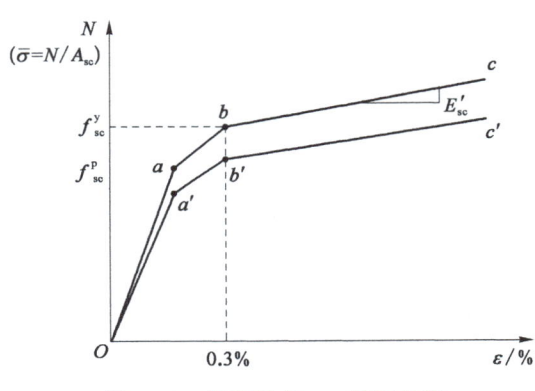

图 2-5 修正后 $\bar{\sigma}-\varepsilon$ 关系曲线

在钢管混凝土受压构件的稳定极限承载能力有限元分析中，极限荷载的确定方法不同，可能也会导致计算结果有所不同。在双重非线性分析时，可认为当材料的切线弹性模量小于或等于0时，结构被压溃，计算中断，此阶段的荷载作为极限荷载。在切线弹性模量小于或等于0计算中断之前，可能曲线已经出现"拐点"，之后的曲线出现了平坦或反转段，甚至是曲线点徘徊，如图2-6所示。根据位移-荷载曲线，可按以下几种情况来确定极限荷载（或荷载系数）：

（1）曲线转折点，当曲线经过转折点后，斜率大幅下降。曲线表明，当外荷载增加很少的情况下，钢管混凝土受压构件的位移急剧增大，说明拱实际上已经被压溃。

（2）曲线反转点，当曲线经过反转点后，位移转向反方向。当外荷载作用下，钢管混凝土受压构件上某点的位移沿一个方向移动，突然位移转向另一个方向，表明钢管混凝土受压构件出现失稳。

（3）曲线徘徊点，当曲线经过徘徊点后，荷载增加微小，位移也增加微小，在一个很小的区段内，出现很多曲线点。说明钢管混凝土受压构件已经不能继续承受更大的荷载，有限元程序反复在一个小区域内搜索有效解。

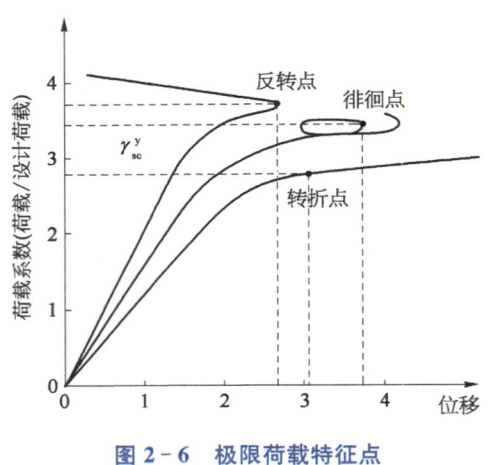

图2-6 极限荷载特征点

2.2 钢管混凝土温度影响效应研究

2.2.1 钢管混凝土温度效应研究背景

桥梁事故调查表明，设计荷载作用下垮塌的桥梁，其垮塌时间大部分集中在低温时段，因此，温度对桥梁的作用是显著的，钢管混凝土桥梁也不例外。随着钢管混凝土桥梁向大跨度、高桥墩（塔）方向发展，温度作用对桥梁结构内力影响更加突出，但温度对钢管混凝土的影响效应计算方法等内容，国内外成果报道较少。钢管混凝土桥梁设计时，没有参考依据和指导意见，设计者要么不考虑温度作用，要么借鉴钢筋混凝土结构温度计算参数，缺乏合理性与科学性，不利于钢管混凝土桥梁高质量的发展需求。因此，研究温度对钢管混凝土桥梁性能的影响，形成温度作用计算理论与计算方法具有重要的理论意义与工程价值。

钢管混凝土由钢管与混凝土组合而成，材料组成具有非均匀性，特别是钢管与混凝土发生脱空后其截面传热路径更加复杂，截面温度分布具有典型的非线性、延迟性、方向性与区域性等特征，但目前没有现成的研究方法、研究成果可以借鉴，研究路径和方法缺乏。因此，为建立钢管混凝土温度作用研究基础理论和研究方法，针对钢管混凝土主拱、主梁、桥墩（塔）和钢管混凝土组合结构温度场及温度作用计算方法等内容开展了研究，取得的主要成果有：

（1）建立了钢管混凝土温度场及温度效应理论，为钢管混凝土桥梁温度场计算、测试和分析奠定了理论基础。

（2）通过不同管径、部位、环境和不同日照条件的钢管混凝土构件截面温度分布规律研究，提出了钢管混凝土及脱空钢管混凝土的非线性温度场，建立了钢管混凝土构件截面径向温度梯度函数与曲线，为钢管混凝土温度应力分析提供了依据。

（3）通过单圆管、哑铃形、桁式主拱和主梁、桥墩（塔）钢管混凝土的温度场对比研究，提出了钢管混凝土主拱、主梁、桥墩（塔）温度场，并建立了其温度作用计算方法。

（4）通过高寒、高热环境极端条件，对钢管混凝土与钢筋混凝土的组合拱、组合墩的截面温度场测试分析，提出了钢管混凝土组合结构温度场，建立了钢管混凝土组合结构温度作用计算方法。

在国家青年科学基金项目和四川省、福建省科学技术项目的资助下开展研究，解决了钢管混凝土桥梁常用主拱、主梁、桥墩（塔）和组合结构的温度效应分析关键技术难题。研究成果支撑了《钢管混凝土拱桥技术规范》（GB 50923—2013）和《公路钢管混凝土拱桥设计规范》(JTG/T D65-06—2015)等标准的重要条款的制定,已指导了主跨460 m的重庆巫山长江大桥、主跨530 m的四川合江长江一桥、主跨260 m的四川广安奎阁嘉陵江大桥、主跨150 m的福建西洋坪大桥和雅西高速公路干海子大桥、腊八斤大桥等10余座桥梁设计计算分析。

2.2.2 主要技术成果

2.2.2.1 钢管混凝土温度场及温度效应理论的建立

在复杂的钢管混凝土截面和紊乱的环境温度作用下,温度场变化规律难以用连续函数表示,无法得到精确的解析解。通过经典热传导理论 $k\left(\dfrac{\partial^2 T}{\partial^2 x} + \dfrac{\partial^2 T}{\partial^2 y}\right) + \dfrac{\partial Q_t}{\partial t} = \rho c\,\dfrac{\partial T}{\partial t}$、有限元分析、构件初始条件、边界条件,以及对钢管混凝土构件沿长度方向没有热传导和材料各向同性的基本假定,建立了钢管混凝土构件温度场及温度效应理论,见表2-3。得到的温度场与温度效应理论经有限元分析验证,其标准差小于0.005。

表2-3 钢管混凝土构件温度场及温度效应理论

钢管与混凝土的界面		钢管混凝土外表面	
接触良好	接触不良	无日照	有日照
$\begin{cases} T_s = T_c \\ k_s\dfrac{\partial T_s}{\partial n} = k_c\dfrac{\partial T_c}{\partial n} \end{cases}$	$\begin{cases} k_s\dfrac{\partial T_s}{\partial n} = \dfrac{1}{R_a}(T_s - T_c) \\ k_s\dfrac{\partial T_s}{\partial n} = k_c\dfrac{\partial T_c}{\partial n} \end{cases}$	$-\lambda\left(\dfrac{\partial T}{\partial n}\right) = h_c(T - T_a)$	$-\lambda\left(\dfrac{\partial T}{\partial n}\right) = h_T[T - (T_a + \alpha I_n/h_T)]$

2.2.2.2 钢管混凝土和脱空钢管混凝土非线性温度场与其计算方法的提出

基于足尺模型试验温度场实测数据及有限元分析,建立了钢管混凝土截面温度场:① 钢管混凝土构件纵向温度分布均匀,符合基本假定;② 钢管表面温度与环境温度变化同步,越靠近圆心温度变化越小,温度升降较表面延迟越明显;构件直径越大内部温度变化越延迟,截面最大温差越大;③ 无日照或日照较弱时,钢管表面温度与环境温度接近且呈均匀分布;日照强烈时,钢管阳面温度高于环境温度与阴面温度。根据测试结果,建立了沿构件截面径向温度梯度函数式[式(2-20)]与分布曲线(图2-7),提出了钢管混凝土构件温度场的计算方法。

$$\Delta T = \begin{cases} T_0\left(-1.68\dfrac{y}{D} + 1\right), & 0 \leqslant y < \dfrac{D}{6} \\ T_0\left[3.8\left(\dfrac{y}{D}\right)^2 - 4.6\dfrac{y}{D} + 1.38\right], & \dfrac{D}{6} \leqslant y < \dfrac{2}{3}D \\ T_0\left(0.6\dfrac{y}{D} - 0.4\right), & \dfrac{2}{3}D \leqslant y \leqslant D \end{cases}$$

(2-20)

脱黏钢管混凝土足尺模型试件温度场实测数据

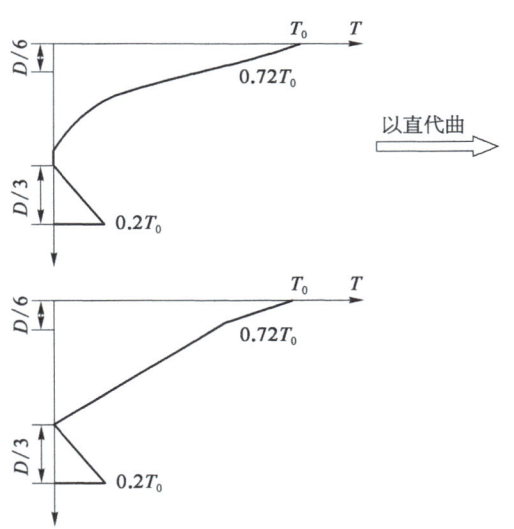

图2-7 截面径向温度梯度曲线

和有限元计算分析表明,无日照时(图2-8、图2-9),有脱黏与无脱黏构件钢管表面温度变化与气温变化趋势一致,有脱黏构件混凝土中心极值温度滞后更明显;有日照时(图2-10、图2-11),脱黏构件较无脱黏构件钢管表面温度差增大、混凝土中心处温度差减小,脱黏构件混凝土中心极值温度出现时间滞后于无脱黏构件。

钢管与混凝土脱黏后,钢管与混凝土之间的热传导由连续性导热转变成两者之间存在空气热阻的

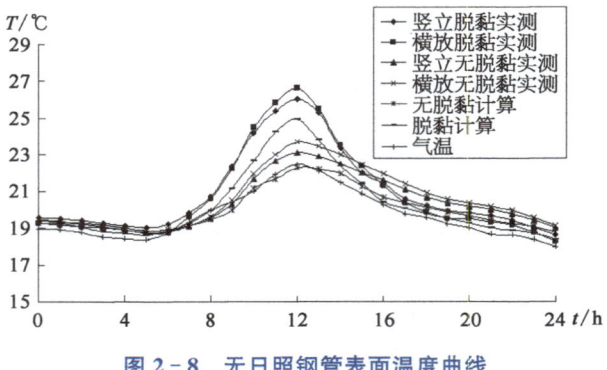

图 2-8　无日照钢管表面温度曲线

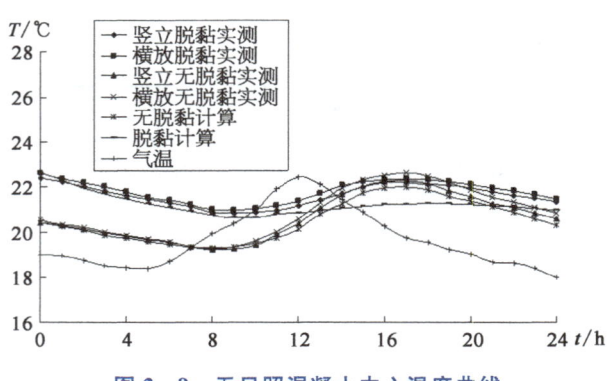

图 2-9　无日照混凝土中心温度曲线

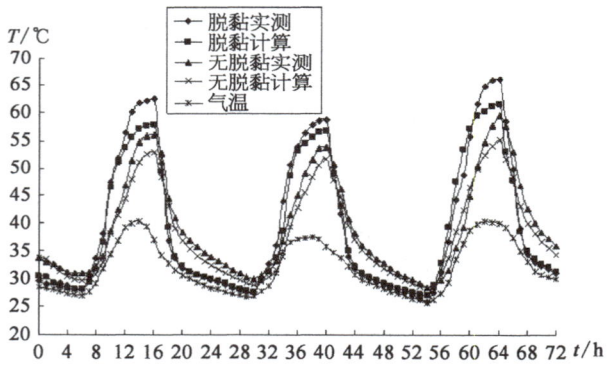

图 2-10　有日照钢管表面温度曲线

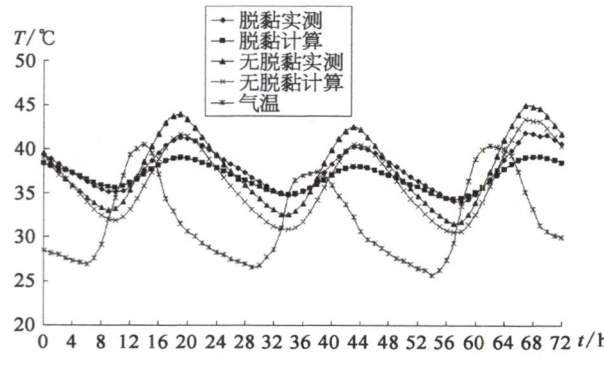

图 2-11　有日照混凝土中心温度曲线

导热,脱空间隙越大,热阻值越大。脱空间隙对构件截面温度场影响规律如图 2-12 和图 2-13 所示,钢管表面温度变化趋势与环境温度一致;脱空间隙越大,钢管表面温度变化幅度越大,混凝土中心温度变化幅度越小,极值温度较环境温度延迟越明显。

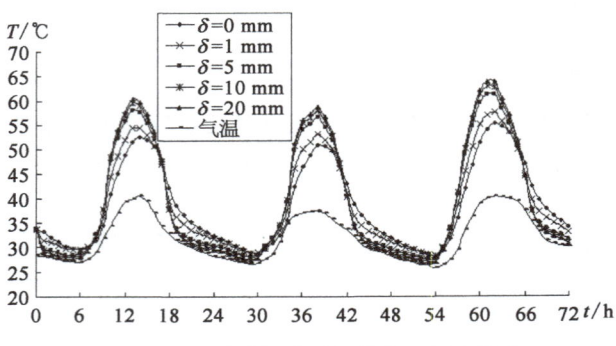

图 2-12　脱黏间隙对钢管表面温度影响

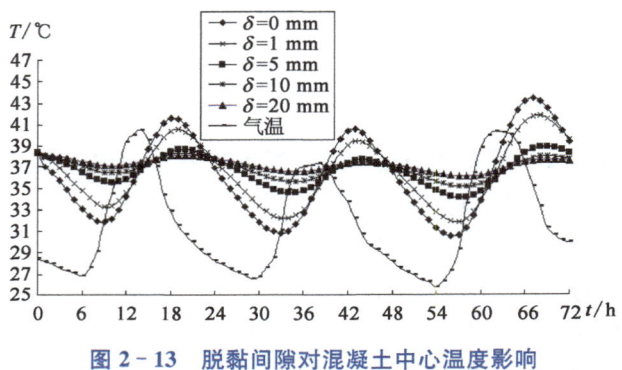

图 2-13　脱黏间隙对混凝土中心温度影响

2.2.2.3　钢管混凝土主拱、主梁、桥墩(塔)温度场与温度作用计算方法的建立

钢管混凝土桥梁结构与截面形式多样,构件布置方式不同,温度场差异大。通过单圆管、哑铃形、桁式主拱、主梁和桥墩(塔)钢管混凝土的温度场对比研究,提出了钢管混凝土主拱、主梁、桥墩(塔)温度场,建立了主拱、主梁与桥墩(塔)温度作用计算方法。

1) **主拱温度场**

通过主拱模型试验与有限元分析,揭示了单圆管、哑铃形、桁式主拱截面温度分布规律,对比了单圆管在不同主拱截面的温度场差异:① 桁式主拱各主管平均温度与截面平均温度相差小;腹杆平均温度与气温变化规律一致,主管截面总平均温度滞后于气温变化(图 2-14);② 横哑铃形两主管的竖向温度分布基本接近;③ 截面竖向温度分布中,竖哑铃形靠腹腔处温度与其余截面不同（图 2-15）；④ 主拱各类截面平均温度变化规律接近，单圆管截面平均温度均略高于其余截面平均温度（图 2-15、图 2-16）；⑤ 单圆管、桁式主拱截面的温度分布规律一致，桁式主拱按单圆管主拱截面温度场计算。

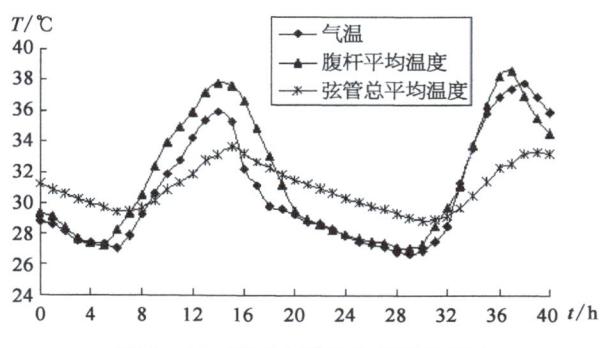

图 2-14　桁式主拱主腹管平均温度

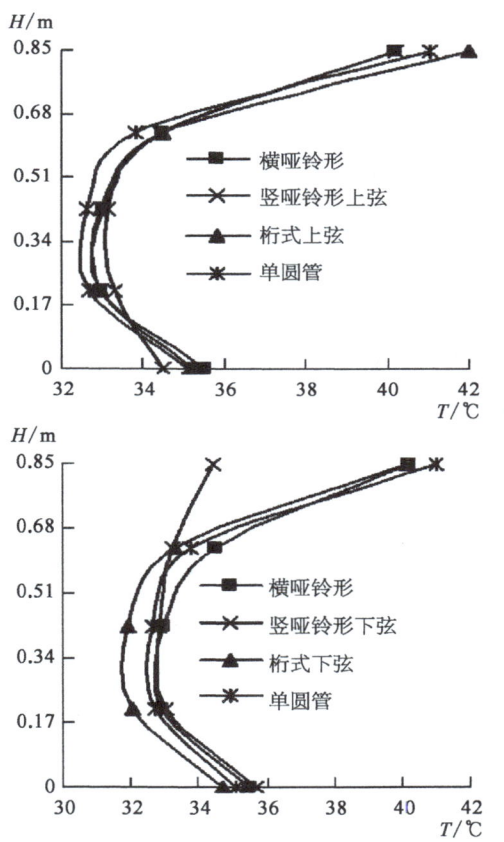

图 2-15　各类截面竖向温度分布

揭示了钢管直径与表面辐射吸收系数对截面非线性温差分布的影响规律：钢管直径大，钢管表面与混凝土中心温差大（图 2-17）；辐射吸收系数增大，钢管表面与混凝土中心温差大，且钢管表面增幅大（图 2-18）。

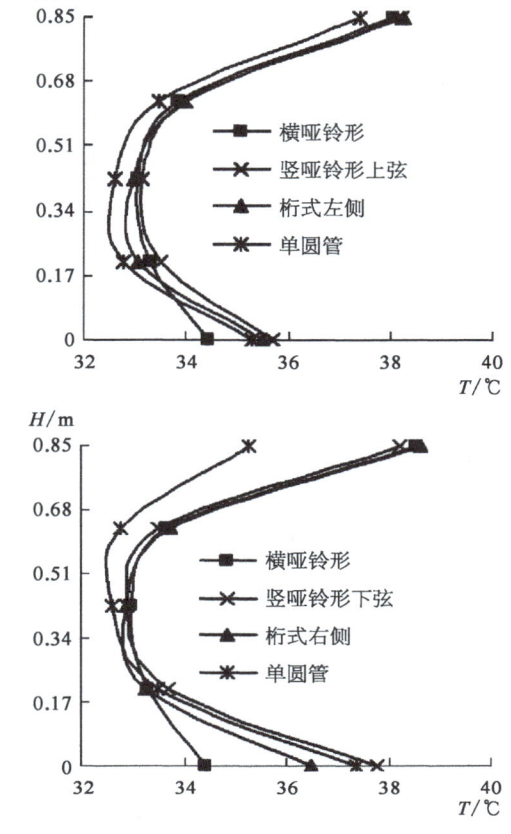

图 2-16　各类截面横向温度分布

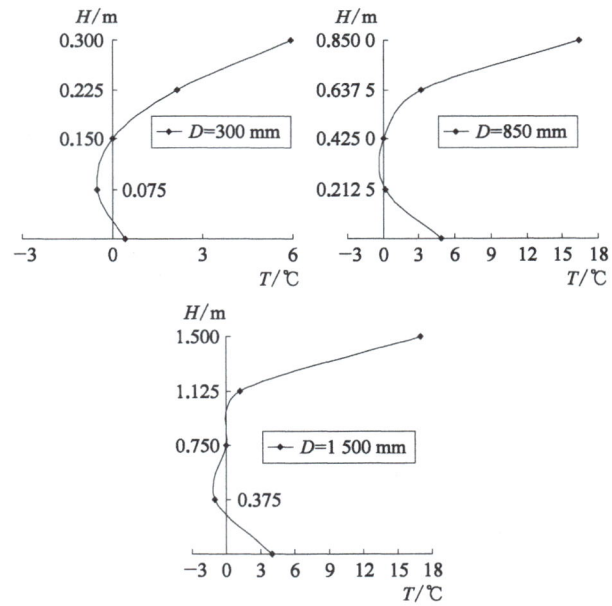

图 2-17　管径与温差分布

2) 主梁与桥墩（塔）温度场

采用钢管混凝土构件水平与竖直放置模拟主梁与桥墩（塔）进行温度场测试，得到主梁与桥墩（塔）温度分布规律：有日照时，横放与竖立试件截面温

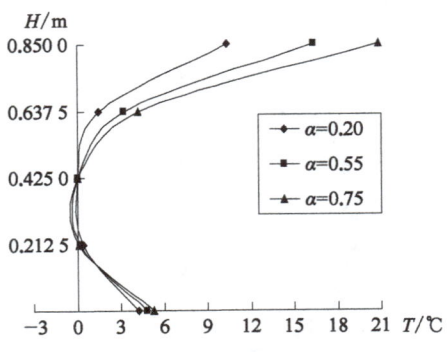

图 2-18 辐射吸收系数与温差分布

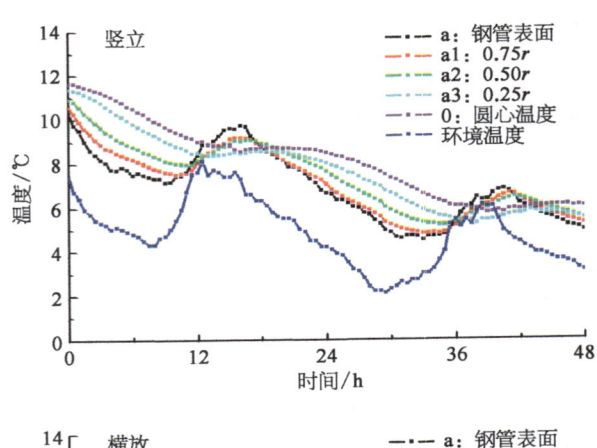

度变化规律基本相同,与环境温度变化一致,截面温度变化均具有明显的谐波特性,越靠近圆心,温度变化幅度越缓和;横放试件钢管表面和混凝土圆心极值温度低于竖立试件,最大温差高于竖立试件(图2-19)。无日照时,截面温度变化规律与有日照时相同,表面温度变化主要受环境温度影响;竖放与横放构件截面温度场一致(图2-20)。

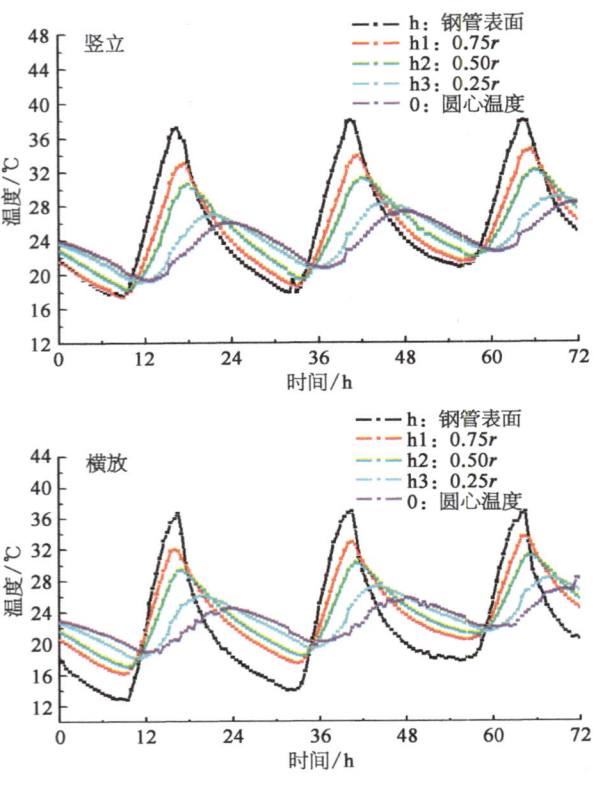

图 2-19 有日照时构件径向温度分布

相同日照时,主梁的温度峰值小于桥墩(塔)。主梁和桥墩(塔)构件表面出现最低温度的时间相同,且与气温较为接近,但主梁构件混凝土的中心温度峰值出现时间比桥墩(塔)早。

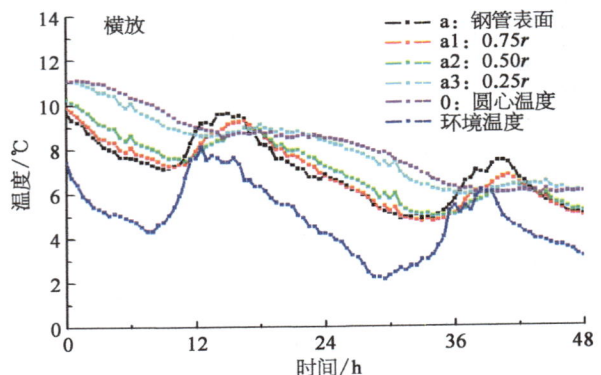

图 2-20 无日照时构件径向温度分布

3) 温度作用计算方法

(1) 主梁与主拱。主拱与主梁为桁式结构的钢管混凝土,根据试验研究,揭示了温度场的分布具有以下规律:① 计算体系温差引起的效应时,按当地最高和最低有效温度确定,温度变化值从结构合龙时起算,合龙温度为安装合龙形成超静定结构时的环境温度;② 哑铃形或桁式结构按上、下主管温差 5~8℃ 计算;③ 单管主拱(或主梁)截面温差效应的温度梯度曲线和哑铃形或桁式主拱(或主梁)上、下主管温差效应的温度梯度曲线如图 2-21 和图 2-22 所示,T_1、T_2 按表 2-4 取值。

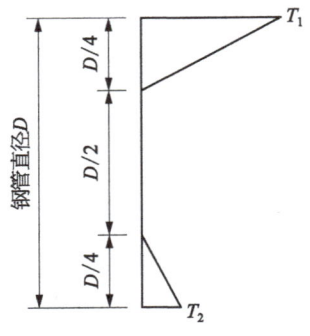
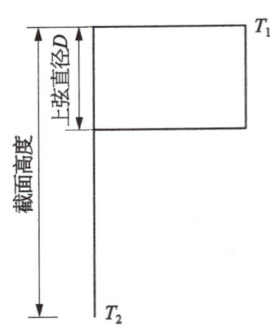

图 2-21 单管钢管混凝土　　图 2-22 哑铃形或桁式钢管混凝土结构

表 2-4　温度参数取值　　　单位：℃

钢管表面涂层	单管钢管混凝土		哑铃形或桁式钢管混凝土结构	
	T_1	T_2	T_1	T_2
深色（红色、灰色等）	12	6	8	0
浅色（白色、银白色等）	8	6	5	0

（2）桁式结构桥墩（塔）。经过不同场景实桥测试总结，钢管混凝土桁式桥墩（塔）的温度场具有以下规律：① 计算体系温差引起的效应时，按当地最高和最低有效温度确定，温度变化值从主梁合龙时的环境温度起算；② 桁式墩温度梯度，按照左右缘温差，浅色取 4℃，深色取 6℃ 计算。

2.2.2.4　钢管混凝土组合结构温度场与其温度作用计算方法的建立

钢管混凝土组合结构是以钢管混凝土为骨架、外包钢筋混凝土而形成，受外包钢筋混凝土影响，其温度场与钢管混凝土结构差异较大，因此，采取高寒和高热环境极限条件下对钢管混凝土组合拱、组合桥墩（塔）截面温度场进行测试，建立了钢管混凝土组合结构温度场和温度作用计算方法。

寒流降温时钢管混凝土组合结构温度变化规律：越靠近钢管混凝土圆心，温度变化幅度越小，随构件半径增大，圆心受大气温度影响滞后越明显（图 2-23）；腹板受寒流影响变化较大，内侧温度变化滞后外侧（图 2-24）。

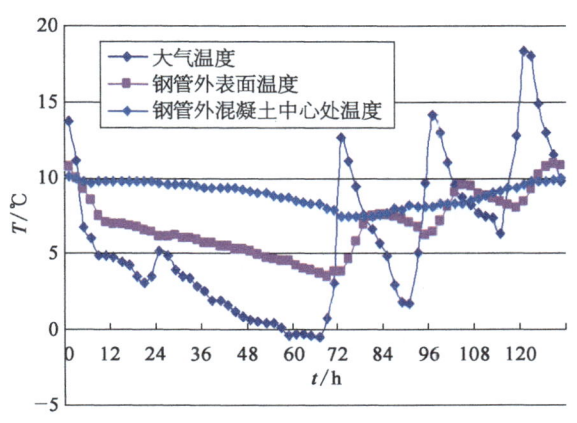

图 2-23　钢管混凝土温度曲线

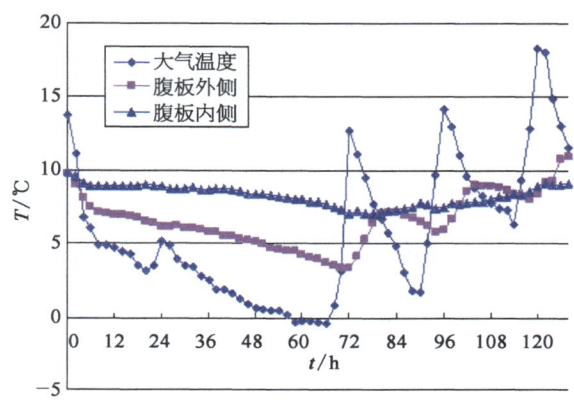

图 2-24　腹板温度曲线

度梯度曲线（图 2-25、图 2-26），建立了温度梯度函数关系式。

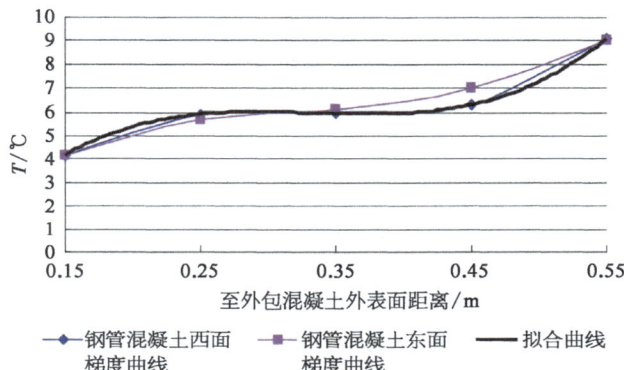

图 2-25　钢管混凝土截面径向温度分布

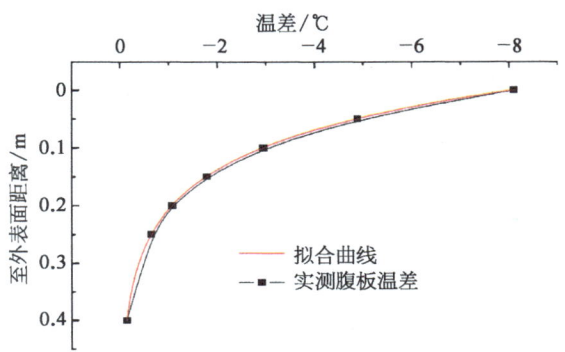

图 2-26　腹板厚度方向温差分布

钢管混凝土截面径向温度梯度函数为

$$T_x = T_0 \times \left[35.405\left(\frac{x}{d}\right)^3 - 37.942\left(\frac{x}{d}\right)^2 + 12.539\left(\frac{x}{d}\right) - 0.124 \right] \quad (2-21)$$

腹板沿厚度方向温梯度函数为

根据试验实测数据分析和论证提出了钢管混凝土组合截面径向温度梯度、截面腹板沿厚度方向温

$$T(x) = -8.1e^{-10x} \quad (2-22)$$

高热环境条件下钢管混凝土截面对太阳辐射敏感,外表面随着大气温度的变化而变化,呈现正弦曲线变化;管内混凝土中心受大气温度影响小;太阳辐射强,钢管外表面与管内混凝土中心温差大;太阳辐射弱,整个截面温度场分布较均匀(图2-27、图2-28)。

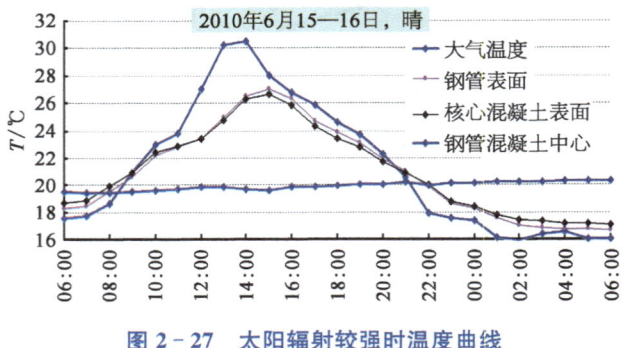

图2-27　太阳辐射较强时温度曲线

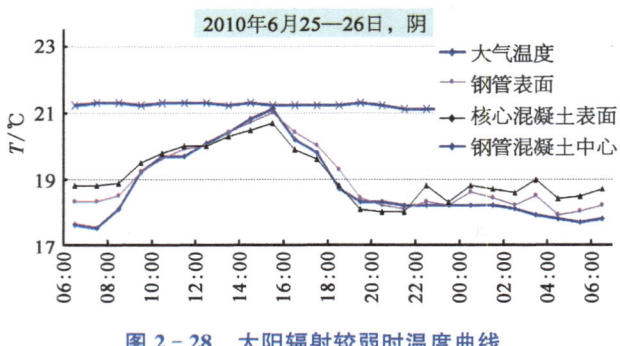

图2-28　太阳辐射较弱时温度曲线

通过试验研究与模拟计算,提出了组合结构温度作用计算方法:① 计算体系温差引起的效应时,按最高和最低有效温度确定,温度变化值从结构合龙时起算;② 组合墩的温度梯度,按照左右缘温差5℃计算。

2.2.3　科研成果工程应用

钢管混凝土拱桥、钢管混凝土组合桥墩(塔)、钢管混凝土梁桥等桥梁,采用钢管混凝土作为主拱、主梁、桥墩(塔)和劲性骨架成拱法的钢筋混凝土拱桥等结构工程,不断向桥墩(塔)更高、主梁更长、主拱跨度更大等方向发展;桥梁建设条件向高原山区和崇山峻岭的地形延伸,桥梁承受温度效应影响更加显著,充分应用研究成果指导工程建设,根据工程建设,发现温度效应影响新课题,开展深入持续研究,对完善钢管混凝土桥梁温度效应成果具有重要价值和工程意义。

2.3　容限脱空统一理论及计算方法

2.3.1　钢管混凝土脱空缺陷概述

我国钢管混凝土桥梁已建数量超过450座,最大跨度钢管混凝土拱桥为主跨575 m的广西平南三桥,最大高度的钢管混凝土组合桥墩大桥为196 m的四川凉山金阳河大桥,最长钢管混凝土桁梁桥为全长6 431 m的四川汶川克枯大桥。钢管混凝土桥梁建设初期的10年间,最突出的质量问题为钢管混凝土脱黏或脱空,早期建成的钢管混凝土桥梁,由于制备的混凝土材料流动性差、灌注泵送设备功能落后、没有先进的灌注工艺等原因,出现了严重的脱空(或空洞)等质量病害,危及桥梁使用寿命和桥梁安全,在社会上一度出现了禁止建设钢管混凝土桥梁的"呼声",相关地区的工程管理者谈及钢管混凝土桥梁也因为钢管混凝土脱空质量问题而不认同,甚至反对建设钢管混凝土桥梁,成为阻碍钢管混凝土桥梁推广的社会认同问题。

1999年以来,我国钢管混凝土桥梁科研工作者一直致力于钢管混凝土脱黏或脱空的质量控制技术研究,开发了化学自应力钢管混凝土、超高性能自密实钢管混凝土及灌注工艺等成套技术研究。但是,钢管内混凝土脱空,受混凝土材料性能、泵送设备和灌注工艺、灌注环境条件和混凝土施工管理严格程度等多因素影响,导致钢管混凝土桥梁存在程度不同的脱黏问题,为彻底攻克这一难题,投入的人力和资本极大,但效果较差。2004年以来,根据工程实际状况,作者提出了在不显著影响钢管混凝土强度、刚度的条件下,开发容许脱空缺陷的极限承载能力计算理论和方法。为此,开展了脱空缺陷对钢管混凝土性能影响研究,逐阶段分步骤解决了钢管混凝土脱空缺陷容许值及脱空质量控制技术,系统地解决了钢管混凝土灌注不密实的难题,并在科研成果支撑下,建成了类似四川合江长江公路大桥等多座影响极大的桥梁工程,逐渐获得了行业和社会的认可。

研究对象为钢管混凝土桁式桥梁结构的受压构件极限承载能力计算方法研究,如钢管混凝土桁式主拱、桁式桥墩(塔)等桥梁主体承重结构,也包括钢管混凝土与钢筋混凝土复合而成的钢管混凝土组合桥墩（塔）、钢管混凝土强劲骨架成拱法的钢筋混凝土拱桥等结构的钢管混凝土极限承载能力计算。钢管混凝土受弯、受拉构件需要依据本理论，建立适合于受拉、受弯的钢管混凝土桁式桥梁计算方法，如钢管混凝土桁式梁桥主梁等结构工程。

主要针对工程存在的脱空问题，开展了基于脱空缺陷的钢管混凝土计算理论和计算方法、超高性能钢管混凝土制备技术和大跨、高墩钢管混凝土桥梁灌注工艺等技术研究。因为钢管混凝土拱桥数量规模大、脱空缺陷的样品数量多，对于建立容限脱空钢管混凝土统一理论和计算方法更具有代表性，因此，现以钢管混凝土拱桥为研究对象开展工作。

2.3.2 建立脱空钢管混凝土物理模型及数学关系

2.3.2.1 建立物理模型

本节研究不涉及钢管内混凝土没有灌注饱满的情况，例如，因为混凝土工作性能或者泵送设备性能差、施工和工艺组织不合理等原因造成混凝土堵管、严重泌水等质量问题，造成钢管内混凝土无法灌注饱满的质量事故，出现类似情况应按照工程质量事故处理。本节研究的对象是满足规范要求的材料、设备、施工组织等条件下，钢管内灌注混凝土收缩引起的钢管内混凝土脱黏缺陷情况。

钢管内混凝土的收缩等原因，造成钢管与混凝土脱空。室内制作的试件短，灌注混凝土时将钢管竖直，并振捣密实，养护时一般也是竖直养护，能确保钢管与混凝土结合密实，即使有脱空，其量值也较小。但实际工程中，钢管构件倾斜或水平，且灌注的高度、长度和混凝土体量不同，为确保混凝土的可灌性，灌注的混凝土流动性大，用水量高，且无法进行振捣；高墩（塔）大跨钢管混凝土桥梁，主钢管直径更大，钢管内混凝土收缩量大、施工困难等因素，导致脱空值更大，影响钢管混凝土质量和桥梁安全。

因此，对脱空缺陷量值小的钢管混凝土，定性地认为没有套箍作用而承载能力低，引起建设各方十分担心和害怕。研究脱空缺陷对钢管混凝土工作性能的影响，定量地评判脱空量值对钢管混凝土约束效应影响，并提出容许钢管混凝土脱空缺陷存在大小限值，是钢管混凝土桥梁发展的基础。

通过100余座钢管混凝土拱桥、梁式桥的主钢管与混凝土调查发现，脱黏（含脱空）现象是钢管混凝土拱桥、梁桥最突出、最严重的质量缺陷，吊杆缺陷和桥面系缺陷等问题，虽然也体现得比较严重，但它们不是钢管混凝土结构本身所特有的，钢筋混凝土拱桥的吊杆等同样存在。因此，脱空体现了钢管混凝土桥梁特质，通过形成原因、对性能影响和防治措施等方面的研究，结合调查脱空资料的分析和整理，将脱空分为两类：

第一类称为混凝土性能差引起的脱空，定义为因材料性能、构造特点、施工工艺等缺陷引起的核心混凝土与钢管接触界面出现孔洞而脱离开来，称为脱空。

第二类称为脱黏引起的脱空，定义为在轴压、温度、收缩等因素作用下核心混凝土与钢管接触界面产生的拉应力或剪应力超过两者的黏结强度并脱离出一定间隙，称为脱黏。

同时，对混凝土密实度差，引起混凝土强度不足的质量问题，应按照施工质量事故处理；根据调查的钢管混凝土脱空主要成因，分类为脱空和脱黏两种类型，见表2-5。

表2-5 钢管混凝土脱黏或脱空缺陷分类

分 类	第一类脱空	第二类脱黏
呈现形状	边界出现孔洞或薄弱块，呈冠状	界面脱离出现空隙，呈月牙状
部 位	交界面、混凝土内部、管内钢构件周围的死角等	钢管内壁与混凝土交界面
方 向	径向界面或轴向界面	径向界面
范 围	局部	整体或局部
时 期	发生在施工期凝结和硬化（短期）	发生在成桥及运营阶段（长期）
成 因	混凝土泌水、气孔多、分层、早缩等	收缩、轴力、温变、徐变等
可否计算	无法计算确定脱空缺陷	通过计算确定脱空量值
影响程度	影响严重	影响较小
防 治	采用超高性能混凝土和先进灌注工艺	增加混凝土的稳定膨胀性能

第一类脱空是因为钢管内混凝土性能差，其制备技术采用普通混凝土，配置的混凝土拌和物水泥用量高、初凝时间短、泵送阻力大、坍落度损失快等，

导致混凝土无法顺利灌注,出现钢管内混凝土无法灌注饱满,脱空现象极其严重。第二类脱黏的定量判别主要表现在轴压、温升、收缩三个方面;钢管混凝土构件在轴向压力作用下会产生横向变形,由于核心混凝土与钢管分别承担的轴力及各自泊松比不同,在核心混凝土与钢管黏结界面上产生拉应力;在升温过程中,由于钢管升温快,温度高,核心混凝土温度相对低,钢管径向膨胀受两者黏结的阻碍,界面产生径向拉应力;关于混凝土的收缩作用一般将其等效为混凝土降温,即钢管温度不变,混凝土温度降低,此时界面为拉应力;当上述三者的界面径向拉应力超过核心混凝土与钢管的黏结强度时,两者将出现脱离,即发生第二类脱空。

钢管混凝土桥梁构件不同放置方式,对钢管内混凝土灌注密实性影响较大,根据桥梁用钢管混凝土结构部位,主要包括水平钢管、竖直钢管、倾斜钢管三种。通过对钢管混凝土桥梁采用敲击法、超声波法、光纤法、钻孔法等检查,判定钢管混凝土脱空缺陷主要包括局部凹陷脱空、球冠形脱空、月牙球冠形脱空、半圆周边脱空和周边脱空等。工程调查表明,局部凹陷脱空、半圆周边脱空和环向周边脱空缺陷少,而且在水平钢管、倾斜钢管混凝土中没有发现这类缺陷,在桥墩(塔)中极少发现这类缺陷存在,局部凹陷脱空缺陷仅在1994年建成的一座桥梁中发现一处,因此,钢管混凝土桥梁中,钢管混凝土脱空形式主要为标准球冠形脱空、月牙球冠形脱空(图2-3)。

2.3.2.2 建立数学模型

钢管混凝土脱空研究中,存在脱空面积率 W_A、脱空高度率 W_h、脱空弧长率 W_α 三种定义参数与钢管混凝土性能建立的关系。其定义式如下

$$W_A = \frac{A_k}{A} = \frac{R^2(2\alpha - \sin 2\alpha)/2}{0.25\pi D^2} \quad (2-23)$$

$$W_\alpha = \frac{\alpha}{\pi \times 360} \quad (2-24)$$

$$W_h = \frac{h}{D} \quad (2-25)$$

式中 W_A——脱空面积与钢管混凝土截面面积的比值;

W_α——脱空圆周的弧长与钢管混凝土圆周弧长的比值;

W_h——脱空间隙与钢管混凝土外径的比值。

脱空弧长率认为脱空缺陷对钢管混凝土承载能力和刚度的影响,只与脱空的圆周周长相关,而忽略脱空高度对钢管混凝土承载能力和刚度的影响;按照该定义,如果脱空弧长率为0.5,但是脱空高度分别为5 mm和$\frac{1}{2}D$,其对钢管混凝土性能影响一致,显然与事实不符合、不合理。同样,脱空高度率认为脱空缺陷对钢管混凝土承载能力和刚度的影响,只与脱空的高度相关,而忽略脱空周长对钢管混凝土承载能力和刚度的影响;按照该定义,钢管内混凝土如果出现凹陷或空洞缺陷,对其承载能力影响极小,这显然低估了其对钢管混凝土承载能力的影响。三种定义参数与钢管混凝土承载力关系如图2-29所示。

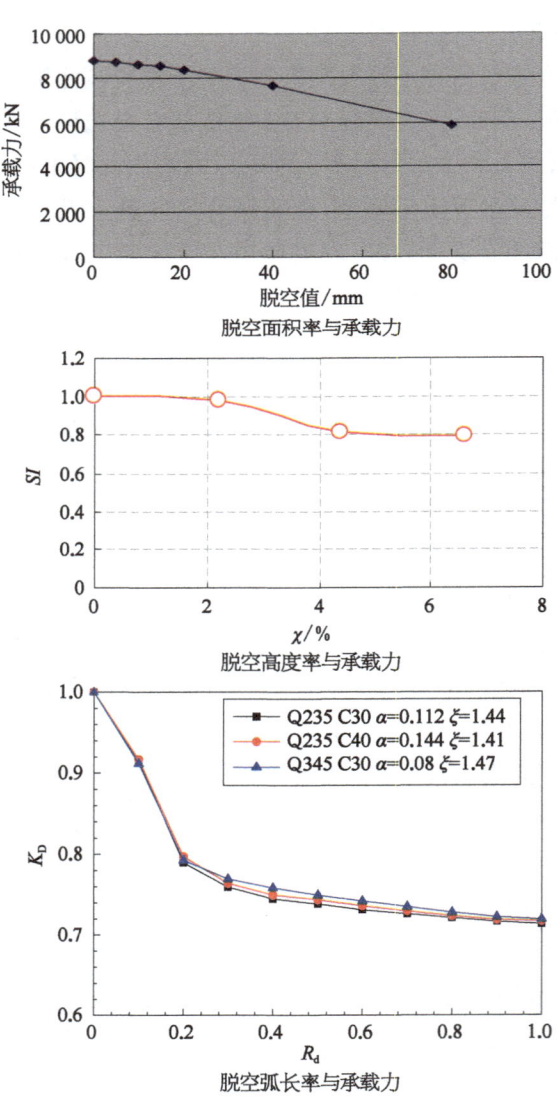

图 2-29 不同函数因子对承载力的试验曲线规律

根据上述试验分析,提出了脱空数学函数关系式为

$$N \propto f(A_k) \quad (2-26)$$

采用钢管混凝土的脱空面积率指标,建立了钢管混凝土承载能力、刚度与脱空面积的数学关系,其合理性主要体现在:① 体现了钢管混凝土约束性能,当脱空缺陷满足规定时,其约束效应是存在的;② 钢管混凝土强度与钢管混凝土组合面积成为函数关系,脱空影响也只与脱空面积成为函数关系,其数学意义是一致的;③ 钢管混凝土刚度与钢管混凝土面积相关,脱空面积的大小直接影响钢管混凝土构件的刚度,其物理意义是合理的;④ 脱空面积包括脱空周长和脱空高度两项参数,更加全面和科学。

因此,建立钢管混凝土构件脱空面积对承载能力及刚度影响关系是合理的。

2.3.3 建立脱空成因及计算方法

钢管混凝土承受轴向压力,直到钢管与混凝土泊松比一致时,钢管对核心混凝土才产生足够的紧箍力,核心混凝土才处于三向受压状态。脱空影响的机理在于延长了钢管与核心混凝土的泊松比达到一致的时间,导致钢管与核心混凝土强度达到更高的程度时,钢管对核心混凝土的套箍约束作用才能发生,此时,钢管与混凝土更接近于屈服状态,延长了钢管混凝土达到三向受压状态的时间,改变了原来的本构关系,使曲线倾斜大、峰值低。因此,脱空对承载力的影响只有通过模拟脱空后的核心混凝土本构关系曲线来迭代。

调查分析表明,造成钢管混凝土脱黏或脱空的主要原因包括:① 钢管混凝土构件的轴压作用;② 温差作用,即钢管内外的相对温差作用;③ 混凝土收缩与徐变作用;④ 水、空气、混凝土水化硬化特性和管内环境特殊性的影响;⑤ 施工质量、工艺和构造的影响;⑥ 各种成因的综合作用。

2.3.3.1 轴压引起脱空

由于钢管混凝土的钢管与混凝土泊松比不同,受压初期,将会引起钢管混凝土脱空,随着钢管与混凝土泊松比的变化一致后,其脱空才可能逐渐闭合。

1) 钢管混凝土本构关系及参数选用

(1) 混凝土本构关系,采用单轴受压应力-应变曲线的 Hognestad 表达式,通过重新定义峰值应力和峰值应变的方式构建核心混凝土的三轴应力本构方程。在定值围压作用下的圆柱混凝土轴压极限承载力与侧压力关系,采用蔡绍怀拟合的经验公式,即

$$\frac{f_c^*}{f_c} = 1 + 1.5\sqrt{\frac{p}{f_c}} + 2\frac{p}{f_c} \quad (2-27)$$

式中 f_c^*——有侧压的抗压强度;
f_c——单轴抗压强度;
p——侧压力。

围压与峰值应变的线性关系表达采用 Ansari 表达式,表示为

$$\frac{\varepsilon_{1p}}{\varepsilon_p} = 1 + \alpha \frac{p}{f_c} \quad (2-28)$$

式中 ε_{1p}——有侧压的峰值应变;
ε_p——单轴峰值应变;
α——试验系数。

三向受压混凝土的泊松比变化,采用韩林海和钟善桐教授建议的经验公式,即

$$\mu_c = \begin{cases} 0.173, & \dfrac{\sigma}{\sigma_0} \leqslant 0.55 + 0.25\left(\dfrac{f_c'-41}{41}\right) \\ 0.173 + 0.7036\left(\dfrac{\sigma}{\sigma_0} - 0.4\right)^{1.5}\left(\dfrac{f_c'}{24}\right), \\ \dfrac{\sigma}{\sigma_0} > 0.55 + 0.25\left(\dfrac{f_c'-41}{41}\right) \end{cases}$$

$$(2-29)$$

式中 σ_0——混凝土极限强度;
f_c'——圆柱混凝土轴心抗压强度。

(2) 钢材本构关系,采用钢材单轴屈服破坏全过程的二次塑流模型,屈服准则采用以应变强度表示的 Von Mises 准则。钢材的泊松比变化按钟善桐教授提出的近似线性变化式扩展得到:

$$\mu_s = \begin{cases} 0.283, & \sigma \leqslant f_p \\ 0.283 + 0.167\dfrac{\sigma - f_p}{f_y - f_p}, & f_p < \sigma \leqslant f_y \\ 0.45 + 0.05\dfrac{\sigma - f_y}{f_u - f_y}, & f_y < \sigma \leqslant f_u \\ 0.5, & \sigma > f_u \end{cases}$$

$$(2-30)$$

式中 f_p——比例极限；
f_u——破坏极限。

(3) 核心混凝土与钢管的黏结强度，包含抗剪黏结力和抗拉黏结力，选用核心混凝土与钢管之间界面的抗剪黏结强度 $\tau_u=0.45$ MPa，抗拉黏结强度 $\tau_p=0.35$ MPa。

(4) 材料参数和几何参数，核心混凝土 C50，钢管 Q345，钢管直径 $D=813$ mm，壁厚 $t=14$ mm，构件高度 $H=2\,500$ mm。计算钢管混凝土构件指标：① 钢管径厚比 $D/t=58.1$；② 近似含钢率 $\rho=4t/D=0.068\,9$；③ 精确含钢率 $\alpha_s=A_s/A_c=0.072\,6$；④ 约束效应系数标准值 $\xi=A_s f_y/A_c f_{ck}=0.773$。

2) 轴压变形计算式及解析结果

按空间轴对称问题运用弹性理论的方法，建立三维轴对称直圆筒的平衡微分方程、几何方程、物理方程，通过求解满足双调和方程 $\nabla^2\nabla^2\Psi=0$ 的拉甫(Love)位移函数 $\Psi=\Psi(r,z)$，求出圆筒内任意位置的位移和应力解答为

$$\begin{cases} u_r = \dfrac{1+\mu}{E}\left[(1-2\mu)Ar - \dfrac{B}{r}\right] - \dfrac{\mu}{E}Cr \\ u_z = \dfrac{1}{E}(Cz+D) \\ u_\varphi = 0 \end{cases}$$

$$\begin{cases} \sigma_r = A + \dfrac{B}{r^2} \\ \sigma_\varphi = A - \dfrac{B}{r^2} \\ \sigma_z = 2\mu A + C \\ \tau_{zr} = \tau_{r\varphi} = \tau_{\varphi z} = 0 \end{cases} \quad (2-31)$$

式中 A、B、C、D——待定参数；
E——弹性模量；
μ——泊松比。

钢管混凝土构件的边界条件分为是否脱空情况分别描述：

接触时：$\begin{cases} \varepsilon_z^c = \varepsilon_z^s = k \\ r=a \text{ 时}, u_r^c = u_r^s \text{ 且 } \sigma_r^c = \sigma_r^s = p \\ r=b \text{ 时}, \sigma_r^s = 0 \end{cases}$

脱空时：$\begin{cases} \varepsilon_z^c = \varepsilon_z^s = k \\ r=a_1 \text{ 时}, \sigma_r^c = p = 0 \\ r=a_2 \text{ 时}, \sigma_r^s = p = 0 \\ r=b \text{ 时}, \sigma_r^s = 0 \end{cases} \quad (2-32)$

式中 c——核心混凝土；
s——钢管；
k——钢管混凝土构件整体纵向应变，压缩为正，伸长为负；
p——核心混凝土与钢管接触面的径向应力，受压为正，受拉为负；
a——钢管混凝土构件未脱空时的接触面半径；
b——钢管混凝土构件外表面半径；
a_1——核心混凝土外表面半径；
a_2——钢管内表面半径。

采用位移增量法求解，计算得到钢管混凝土构件在轴压作用下的荷载-横向位移曲线如图 2-30 所示，图中两条曲线的参考点分别为核心混凝土外壁和钢管内壁，曲线表明：构件在弹性阶段将脱空，脱空最大值为 0.021 mm，但脱空后很快再次接触，并逐步产生递增的紧箍压应力，之后则不会再脱空。

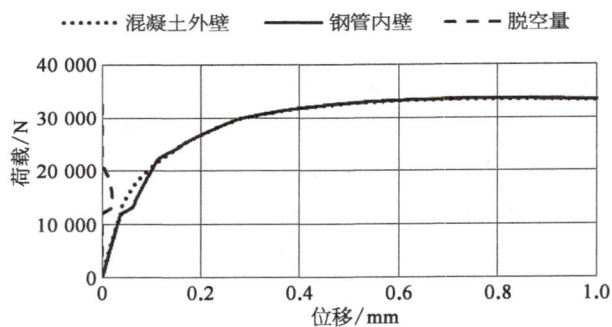

图 2-30 钢管混凝土构件轴压荷载-横向位移曲线

2.3.3.2 温度引起脱空

将温度作用看作平面应变问题，先约束构件两端平面，按平面应变问题求解端部温度应力和温度横向变形；再释放端部约束，施加与端部温度应力同大小的反方向力，同样保证钢管与混凝土的轴向变形协调，求解该轴向力作用下的构件横向变形，最后将这两部分横向变形叠加。

钢材与混凝土的线膨胀系数相近，温度均匀升降引起的横向力相对较小。而温度对钢管混凝土的作用影响主要在于钢与混凝土的传热速率，特别是

混凝土内部在某一时刻温度不均匀。虽然有相近的线膨胀系数,接触面在脱空前温度也相近,但仍然会因为温度作用明显而脱空。

热能传递有三种基本方式:热传导、热对流和热辐射。钢管与混凝土接触以及钢管内部、混凝土内部各点的热能传递属于热传导;钢管外表面与外界流动空气之间的热能传递属于热对流。脱空后钢管及混凝土的脱空间隙封闭空气的热能传递不属于热对流,脱空缝隙的空气介质对钢管混凝土的热能传递影响大,它改变了脱空前后的热能传递方式,并加剧了脱空的程度。

1) 温度变形计算式

运用弹性力学建立极坐标,表示轴对称平面应变问题的平衡微分方程、几何方程、物理方程。将温度作用视为非体力的初应变作用,可以直接积分求出圆筒内任意位置的位移和应力解答

$$\begin{cases} u_r = \dfrac{1+\mu}{E}\left[(1-2\mu)Ar - \dfrac{B}{r}\right] - \dfrac{1+\mu}{E}Fr \\ u_\varphi = u_z = 0 \end{cases}$$

$$\begin{cases} \sigma_r = A + \dfrac{B}{r^2} \\ \sigma_\varphi = A - \dfrac{B}{r^2} \\ \sigma_z = 2\mu A + F \\ \tau_{r\varphi} = \tau_{\varphi z} = \tau_{zr} = 0 \end{cases}$$

(2-33)

钢管混凝土无限长圆筒的边界条件,纵向应变 $k=0$。叠加按平面应变问题求解的温变状态方程和钢管混凝土轴压状态方程,即得三维轴对称温变状态方程。形成叠加的边界条件为:钢管混凝土端部截面轴向应力合力为0。

2) 水化稳态温度作用

钢管内混凝土水化完成后的降温过程,假定混凝土已凝结硬化,温度下降使得混凝土和钢管均收缩变形,但由于两者在水化升温过程产生了温差,收缩将不一致,界面会出现负紧箍力,可能导致脱空。水化热引起脱空按稳态导热问题求解,计算流程为:由名义水化放热量计算放热峰值时刻的核心混凝土及钢管的温度分布,再计算该温度完全降温引起的核心混凝土及钢管的温度应力,利用弹性力学求得协调变形时的负紧箍力,从而判断钢管内混凝土水化后降温时期是否引起脱空。

运用解析法求解稳态导热问题。核心混凝土采用圆柱坐标中的一维轴对称常物性有内热源的稳态导热方程,钢管则采用无内热源的导热方程,均可直接积分求解,即

$$\begin{cases} T_c(r) = A_1 \ln r + B_1 - \dfrac{1}{4}\dfrac{\dot{\Phi}}{\lambda_c}r^2 \\ T_s(r) = A_2 \ln r + B_2 \end{cases} \quad (2-34)$$

相应边界条件为

$$\begin{cases} r=0 \text{ 时}, \quad \dfrac{dT_c}{dr} = 0 \\ r=a \text{ 时}, \quad \begin{aligned} -\lambda_c \dfrac{dT_c}{dr} &= -\lambda_s \dfrac{dT_s}{dr} \\ &= \dfrac{1}{R_0}[T_c(a) - T_s(a)] \end{aligned} \\ r=b \text{ 时}, \quad -\lambda_s \dfrac{dT_s}{dr} = h_s[T_s(b) - T_f] \end{cases}$$

(2-35)

式中　a——核心混凝土与钢管接触时的界面半径;
　　　b——钢管混凝土构件的外表面半径;
　　　λ_c——核心混凝土的导热系数;
　　　λ_s——钢管的导热系数;
　　　h_s——钢管外表面与周围环境的对流换热系数;
　　　R_0——核心混凝土与钢管接触时的接触热阻;
　　　$\dot{\Phi}$——混凝土单位体积水化热的热量;
　　　T_f——构件周围环境的恒定温度;
　　　$T_c(r)$——核心混凝土沿截面径向的温度变化;
　　　$T_s(r)$——钢管沿截面径向的温度变化。

选用低热水泥,7 d 水化热为 230 kJ/kg,水泥含量 433 kg/m³,并假设水泥开始水化至混凝土硬化到足以抵抗变形的时间为 12 h,于是得到混凝土单位体积水化热的热量 $\dot{\Phi} = 230 \times 433 \times 0.277\,8 \times 8/(7 \times 24) = 1\,317\,(\text{W/m}^3)$。

钢管内混凝土降温冷缩完成后,钢管、核心混凝土的温度等于恒定外界环境温度 $T_f = 20\,℃$,则计算名义冷缩开始时刻的核心混凝土、钢管的温度值分别为 44.5℃ 和 30.0℃。计算在时间为 0.125 s 时发生脱空,相对应时刻的核心混凝土和钢管的降温为 3℃ 和 1.25℃;脱空后核心混凝土和钢管的冷缩相互

独立，各自的横向变形呈线性减小，脱空值线性增大；最大脱空量为 0.095 mm，发生在冷缩末期；横向变形过程如图 2-31 所示。

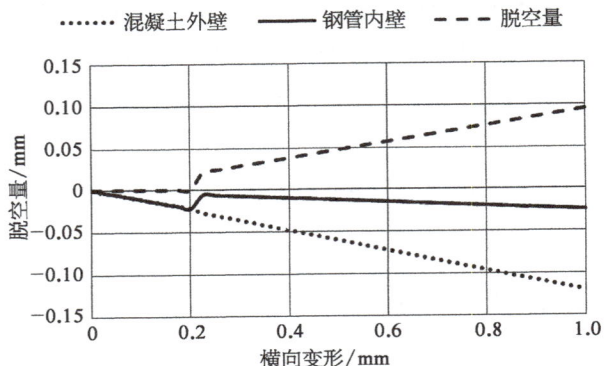

图 2-31 钢管混凝土构件水化热后期的横向变形-冷缩曲线

3) 日照非稳态温度作用

根据环境温度变化曲线按一定的时间步长变化，求每个阶段的核心混凝土平均温度与此刻环境温度的差值，再求由温差造成的应力和横向变形，判断是否脱空。脱空则由脱空量修正热阻，再进一步修正 Bi 数，重新查表得到状态数 m、n、p，由此计算下一步因环境温度变化造成的核心混凝土变温，如此重复、循环、迭代或递增得到横向变形，其过程如图 2-32 所示。

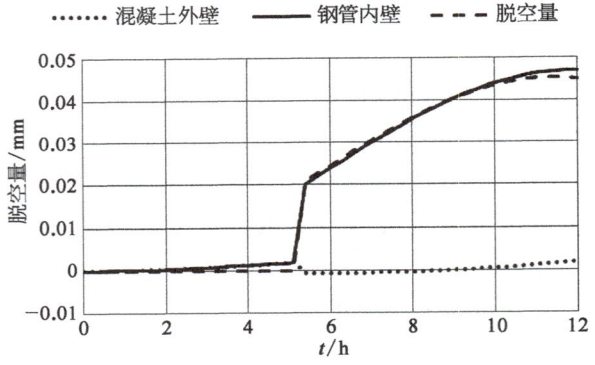

图 2-32 钢管混凝土构件日照温差的横向变形-时间曲线

钢管混凝土受日照均匀温差的影响强烈依赖时间的变化，属典型的非稳态导热问题。对非稳态导热问题求解采用拓展的集总参数法。建立适于集总参数法的导热微分方程并求解得到

$$\frac{\bar{\Pi}}{\Pi_0} = \exp(-Bi \cdot Me) \quad (2-36)$$

其中 $Bi = \dfrac{l_0 h}{\lambda}$，$Me = mFo + n$

式中 Π——过余温度，$\Pi = T - T_f$，$\Pi_0 = \Pi(t=0)$；

Bi——毕渥数；

Fo——傅立叶数，$Fo = \dfrac{\lambda t}{\rho c l_0^2} = \dfrac{a}{l_0^2} t$；

n——参数，$n = \dfrac{a(1-m)}{l_0^2} t_0$；

Me——时间特征数；

l_0——特征长度，$l_0 = V/A$；

m——表面温度系数，$m = \dfrac{\Pi_w}{\bar{\Pi}}$。

求得各时刻物体的平均温度后，即可求得物体表面、中心及任一点的温度。

日照环境温度的主要参数为峰值温差和变化规律两方面，计算取夏季昼夜温差最大值为 10 ℃，日平均气温为 25 ℃，变化过程近似采用三角函数模拟。

计算结果表明：在 $t=5.4$ h 时发生脱空，脱空后核心混凝土和钢管的膨胀相互独立，由于温度的非线性增长和脱空后等效热阻的随脱空量线性变化，核心混凝土和钢管的横向变形均呈非线性增长，且钢管增长率逐渐减小，混凝土增长率逐渐增大，脱空量的变化总体增大，并在正午温度最高时刻达到最大脱空量 0.045 mm。

2.3.3.3 收缩引起脱空

1) 参数选用

钢管核心混凝土收缩取值应满足：① 自由收缩，即径向不受钢管内壁的黏结拉应力限制，纵向不受钢管内壁的黏结剪应力和端板黏结拉应力的限制；② 养护环境既非自然通风条件，又非绝对密闭条件，而是介于两者之间；③ 径向收缩应变与纵向收缩应变应分别测定，此处认为两者相等；④ 干缩占总收缩的比例较普通混凝土小；⑤ 不考虑膨胀混凝土的膨胀效应，取核心混凝土径向和纵向自由收缩极限应变为 2×10^{-4}。

2) 收缩变形计算式及其求解结果

收缩与温度变形均属于初应变问题，两者理论计算推导相同，只要将方程中的 αT 换成收缩应变 ε_t 即可。此时

$$\begin{cases} F_c = E_c \varepsilon_t \\ F_s = 0 \end{cases} \quad (2-37)$$

代入温变状态方程中可继续求解而得到计算方程。

计算结果为：当收缩应变为 0.45×10^{-4} 发生脱空；脱空后核心混凝土继续收缩横向变形减小，但钢管在脱空后的横向变形反而增大，其原因为针对两端固结的拱结构，即使在脱空后钢管与混凝土轴向变形也是协调的，因此，混凝土收缩对钢管产生的压应力使钢管横向膨胀；脱空量因混凝土收缩和钢管膨胀增长更为明显；最大脱空量为 0.098 mm，发生在极限收缩应变处；收缩与水化热降温虽然计算方法相类似，但其变化规律和作用程度均不相同，不能近似等效处理；横向变形变化过程如图 2-33 所示。

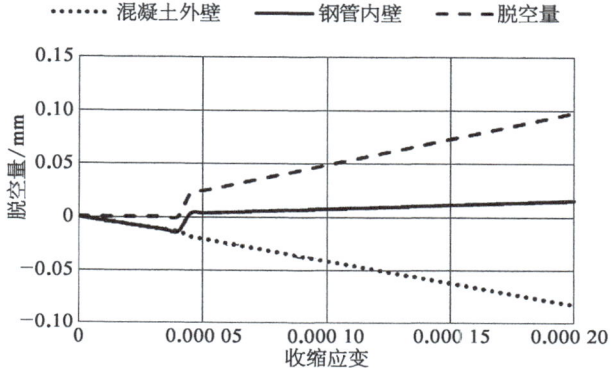

图 2-33 典型钢管混凝土构件的横向变形-收缩曲线

2.3.3.4 其他因素引起脱空

1) 材料缺陷

设计混凝土配合比工作状态差、施工组织不当而堵管等导致坍落度损失过大，混凝土泵送困难、密实度低、泌水、离析而脱空等现象，破坏混凝土的自填充性和密实均匀性。外加剂的含气量较高，钢管混凝土排气困难，在混凝土与钢管之间形成气膜而脱空。骨料的选择不当会使拌制的混凝土离析、黏聚性不好，导致混凝土在拱顶处浮浆较多，造成沉降收缩和脱空。

2) 构造与工艺缺陷

钢管混凝土锚箱、主钢管接头、钢管内加劲肋板等构造，阻碍了混凝土运动，当混凝土工作性能损失大时，将在钢管结构内形成阻碍气体流动的凹窝状气室，将空气封闭在其中无法排出，从而形成浇注死角出现脱空。

拱顶附近钢管仰角小于空气临界逃逸角，空气容易被自由表面的波浪或涌浪封住而形成气腔，待混凝土初凝时泌水上升汇集占据气腔，气泡继续向拱顶方向移动，这些泌水空间和气腔空间使得钢管混凝土脱空。

3) 管内环境特殊性

核心混凝土浇注后混凝土在封闭环境下养护，混凝土浇注过程中产生的气泡全部浮于钢管顶部内表面无法排出，造成钢管与核心混凝土的隔离，形成脱空。

封闭养护环境下膨胀混凝土可能不会产生预期的膨胀效果。原因可能是膨胀剂没有完全水化，由于核心混凝土处于封闭养生环境，导致外界不能连续地补充水泥、膨胀剂水化所需的水分，可能影响核心混凝土的膨胀性能，导致收缩而脱空。

2.3.4 开发钢管混凝土脱空承载力计算方法

2.3.4.1 脱空面积与承载力的关系

1) 理论分析与试验研究

通过钢管混凝土脱空试验与实体仿真分析，研究模型采用直径 273 mm（外径）、壁厚 8 mm 钢管，高度为 1 000 mm，钢管内灌混凝土为 C60，钢管的脱空值分别为 0 mm、5 mm、10 mm、20 mm、40 mm、80 mm，具体尺寸如图 2-34 所示。

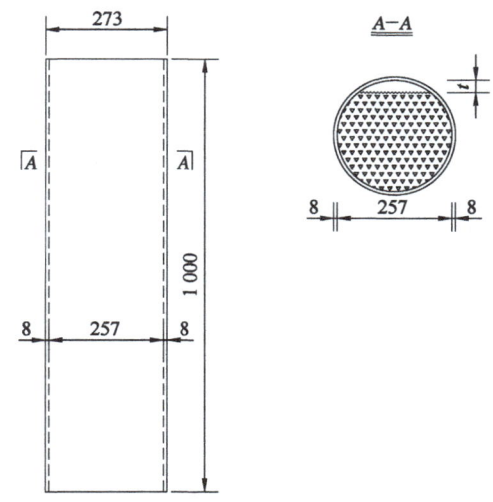

图 2-34 计算及试验模型

通过对实体试验模型的仿真分析整理，脱空值与承载力的关系如图 2-35 所示。

模型试验研究中，荷载试验采取逐步加载方式，首先试压三次，再从 0 荷载加载至试件破坏荷载，实测三组应力-应变值数据。第一组三个试件，脱空值为 0；第二组两个试件，脱空率为 1.12%；第三组两

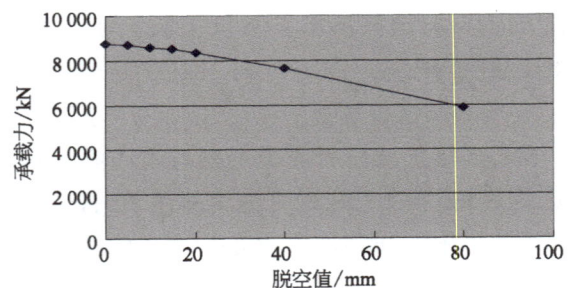

图 2-35　承载力与脱空值关系曲线

个试件,脱空率为 2.04%。

通过试验数据整理,脱空钢管混凝土的应力-应变关系如图 2-36 所示。

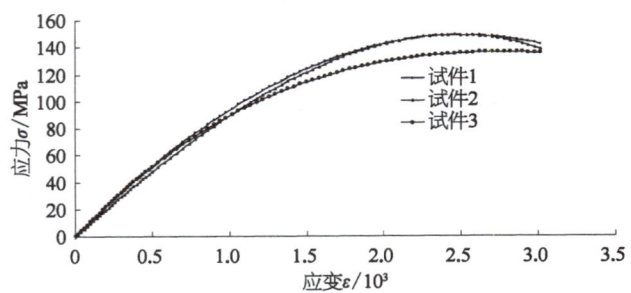

图 2-36　试件 1、2 和 3 拟合三次多项式对比关系

图 2-36 表明,相同应力对应的应变,脱空值越大,其应变也就越大,即脱空值与应变值成正比;但其极限强度与脱空值成反比。

通过试验数据整理,脱空值与承载力的关系如图 2-37 所示。

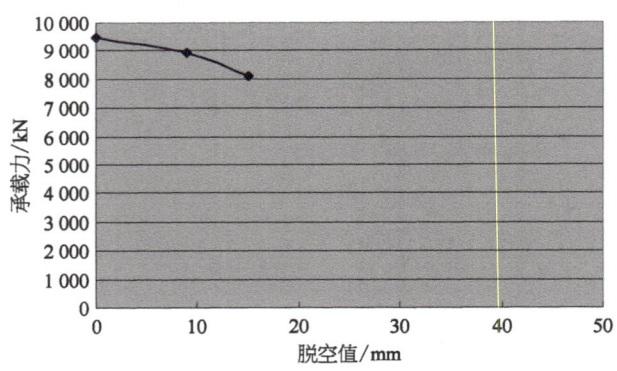

图 2-37　承载力与脱空关系曲线

图 2-37 表明,钢管混凝土短柱脱空值的大小对钢管混凝土极限承载力的影响是不同的,脱空率在某一限值范围内,脱空率对钢管混凝土极限承载力影响较小;当脱空率超过某一限值范围(本次试验极限承载力突变点对应脱空率为 1.2%)后,钢管混凝土脱空率对钢管混凝土极限承载力影响较大。

2)试验主要结论

(1)钢管混凝土脱空值的大小,对钢管混凝土进入塑性区的强度是有影响的,即脱空值越大,钢管混凝土进入塑性的荷载值就越低;脱空值越小,钢管混凝土进入塑性的荷载值就越高。

(2)钢管混凝土脱空值,对钢管混凝土极限承载能力是有影响的,即脱空值越大,钢管混凝土极限承载能力就越低;脱空值越小,钢管混凝土极限承载能力就越高。

(3)根据试验可以得出,当钢管混凝土脱空值小于 10 mm(脱空率小于 1.2%)时,其对钢管混凝土刚度和极限承载能力的影响是很小的,可以忽略不计;当钢管混凝土脱空值大于 10 mm(脱空率大于 1.2%)时,建议补充灌注钢管内混凝土脱空缺陷。

(4)试验研究成果与有限元分析结论相互验证,表明钢管混凝土柱的脱空对承载能力及变形影响的规律性是合理的。

2.3.4.2　脱空高度与承载力的关系

通过大量现场工程检测数据分析,钢管混凝土脱空有球冠形脱空和均匀脱空两种形式,如图 2-38 所示。

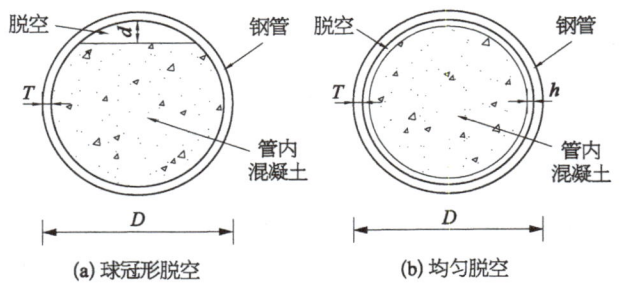

图 2-38　钢管混凝土脱空示意

试验的主要参数为:脱空类型(球冠形脱空和均匀脱空)和设置不同脱空率。通过轴心受压试件 14 根、偏心受压试件 14 根和纯弯试件 7 根共计 35 根试件脱空类型(球冠形脱空和均匀脱空)和脱空率(球冠形脱空:$X=2.2\%$、4.4% 和 6.6%;均匀脱空:$X=1.1\%$ 和 2.2%)的试验计算分析表明,球冠形脱空构件的破坏过程总体上和无脱空构件较为接近。均匀脱空构件的破坏过程则与无脱空构件有较大差别,其达到极限承载力时混凝土突然被压碎,荷载随之急剧下降,后期随着混凝土和钢管内壁发生接触

构件的荷载又缓慢回升。随着脱空率的增大,构件的极限承载力和峰值点位移均降低,荷载-变形曲线的下降段变陡,局部破坏特征变得更加明显。球冠形脱空对于钢管混凝土构件的初始弹性抗弯刚度的影响小,而对割线刚度的影响较大。在脱空率相同的情况下,均匀脱空对于钢管混凝土构件极限承载力和刚度的影响较球冠形脱空更为显著,如图2-39所示。

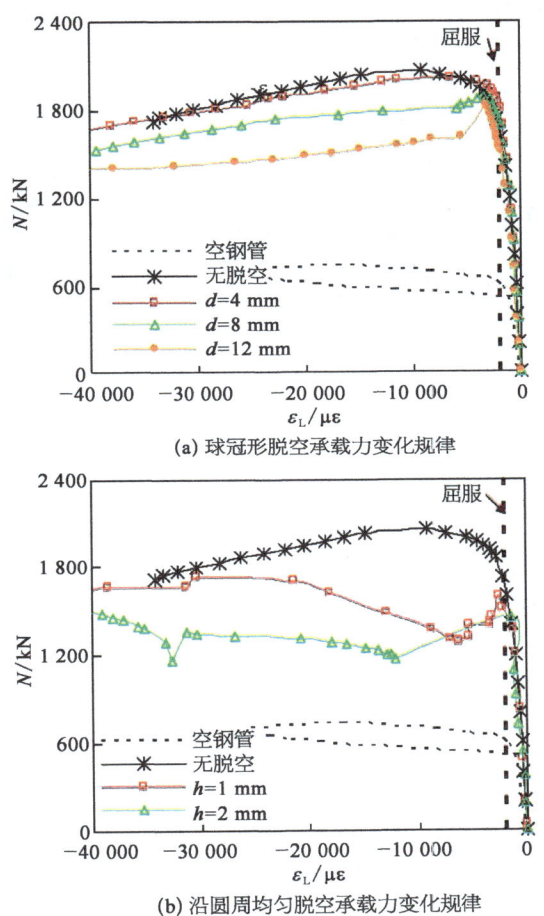

图2-39 球冠形脱空与均匀脱空对轴压承载力的影响

球冠形脱空构件的弯矩-跨中挠度关系曲线形状和无脱空构件较为接近;均匀脱空构件的弯矩-跨中挠度关系曲线形状和空钢管较为接近。

球冠形脱空和无脱空构件在峰值荷载时钢管纵向应变均已超过屈服应变。均匀脱空构件在峰值荷载时钢管还未屈服,这和空钢管构件比较相似。

试验的参数范围内,球冠形脱空构件$X \leqslant 2.2\%$时,不会对构件的承载力和刚度有较大影响,用《钢管混凝土结构技术规程》(DBJ 13-51—2003)设计此类构件可满足安全要求。

钢管和混凝土在受拉区和中截面处的接触应力随着脱空率增大而减小,而在脱空处的混凝土直到受荷后期才和钢管接触上。随着偏心率或长细比的增大,球冠形脱空对钢管混凝土构件压弯承载力的削弱程度有降低的趋势。

2.3.4.3 脱空弧长与承载力的关系

1)试验模型

试验模型为$\phi 219$ mm、L为700 mm的试件24根,设置脱空隙为3 mm,脱空为构件全长;试验取加载方式、套箍系数和脱空弧长率为主要参数。按照套箍系数的不同(分别为0.43、0.58、0.73)将试件分成3组(壁厚分别为3 mm、4 mm、5 mm)。试件分别进行轴心和偏心加载。每组4根试件,其中1根为无脱空对比试件。其余3根考虑不同的脱空弧长率(0.25、0.50和0.75)。图2-40所示为其中一组不同脱空弧长率试件横截面图。

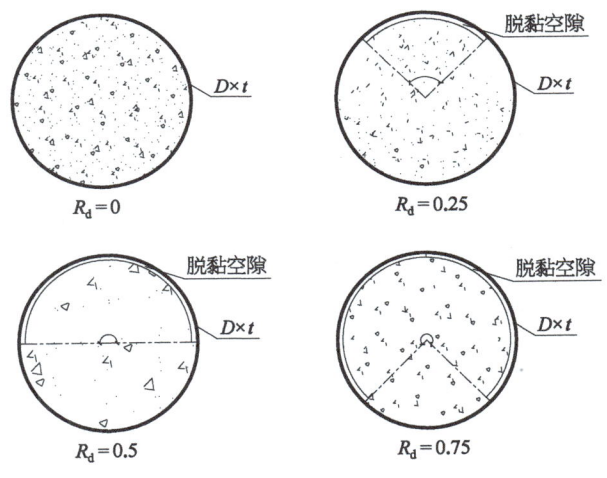

图2-40 脱空模型试件

2)试验分析

假定脱空钢管混凝土短柱极限承载力折减系数为K_D,其按下式计算

$$K_D = N_D / N_u \tag{2-38}$$

式中 N_D——脱空试件的极限承载力;

N_u——无脱空标准试件的极限承载力。

试验结果如图2-41所示,随着脱空弧长率R_d的增大,试件的脱空极限承载力折减系数K_D逐渐降低;随着套箍系数的增大,试件的脱空极限承载力折减系数K_D也逐渐降低。

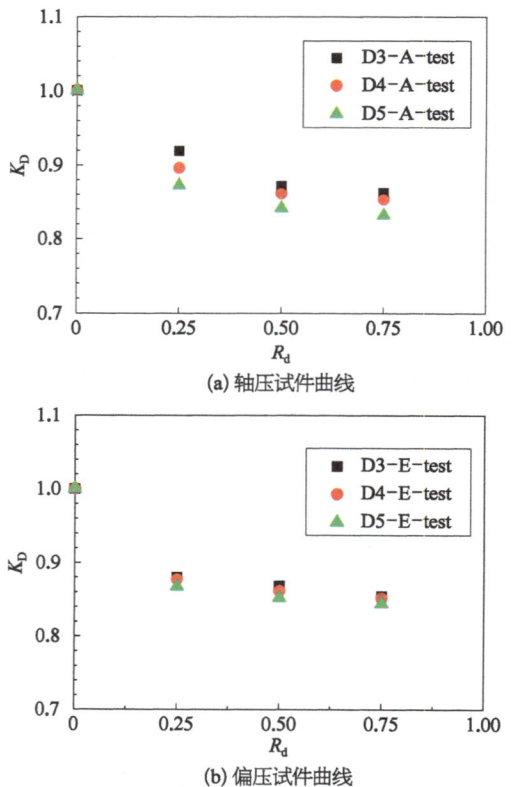

图 2-41 脱空弧长率对极限承载力折减系数 K_D 的影响

2.3.4.4 脱空对节点疲劳的影响

钢管内灌注混凝土,对桁式结构的节点疲劳寿命贡献很大,但是,当钢管内混凝土脱空后,对节点疲劳寿命是否有影响,对比开展了专题试验;试验设定脱空值为 5 mm,脱空面积小于 1.2%,对相贯 T 型、Y 型脱空钢管混凝土模型进行试验,试验模型设计如图 2-42 所示。

对不脱空和脱空模型的对比试验,试验疲劳应力幅度为 45 MPa,结合有限元计算分析表明:由于

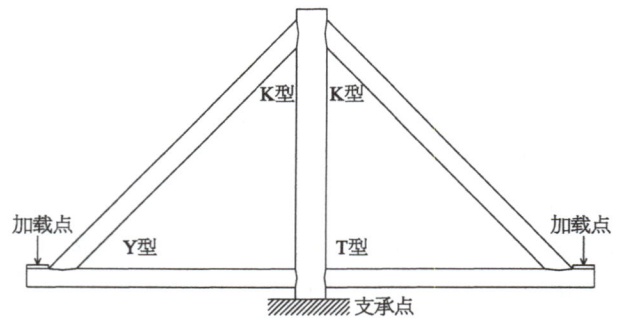

图 2-42 脱空模型疲劳试验

相贯节点的支管直径一般为主管的一半,当脱空值为 5 mm、脱空率小于 1.2%时,节点疲劳寿命大于 200 万次,与不脱空的钢管混凝土节点疲劳寿命相当。表明脱空对节点整体刚度影响小,实桥节点的疲劳寿命是有保障的。

2.3.4.5 参数影响分析

1) 参数取值

工程中钢管混凝土的钢管管径一般都大于 500 mm,钢管混凝土的脱空为 1~5 mm,而随着脱空率 A_d 增大,钢管混凝土柱的承载能力降低。参数分析中各参数的变化见表 2-6。

表 2-6 脱空钢管混凝土构件的参数变化

钢管管径 D/mm	钢管壁厚 t/mm	脱空长度 L_d	脱空宽度 W_d/mm	脱空弧长率 R_d
500	6、10、14 和 18	全长	5	0~1(0.1 为间隔)
混凝土强度 f_c	钢材强度 f_s	长细比 $\lambda = 4L/D$	偏心率 e/r	含钢率 α
C30、C40、C50 和 C60	Q235 和 Q345	12~120	0~2	0.048~0.144

2) 材料强度影响分析

脱空对钢管混凝土影响因素有脱空弧长率、钢材强度、混凝土强度和含钢率等。含钢率和混凝土强度对脱空折减系数的影响如图 2-43 所示,随着含钢率的增大,脱空折减系数减小;随着混凝土强度的降低,脱空折减系数减小。

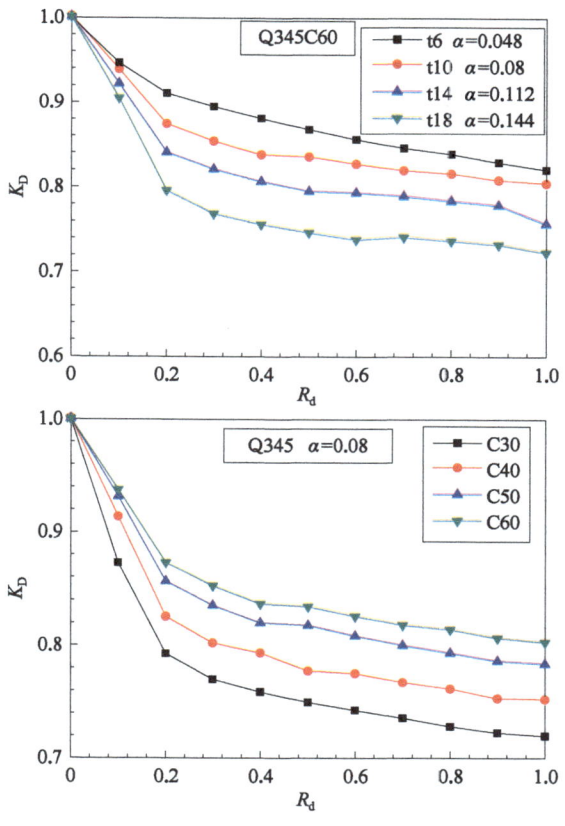

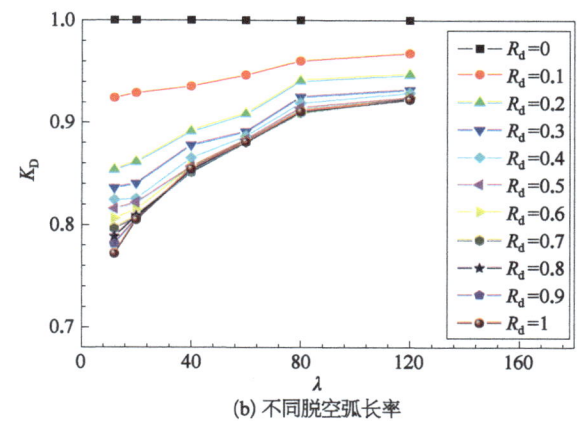

(b) 不同脱空弧长率

图 2-44 轴压长柱脱空折减系数的影响

4）偏心距的影响

当脱空区域与偏心加载位置不同时,对脱空折减系数的影响如图 2-45 所示,当偏压加载线与脱空区域同侧时,脱空弧长率对脱空折减系数影响较大,偏压加载线与脱空区域异侧时,脱空弧长率对其影响较小。

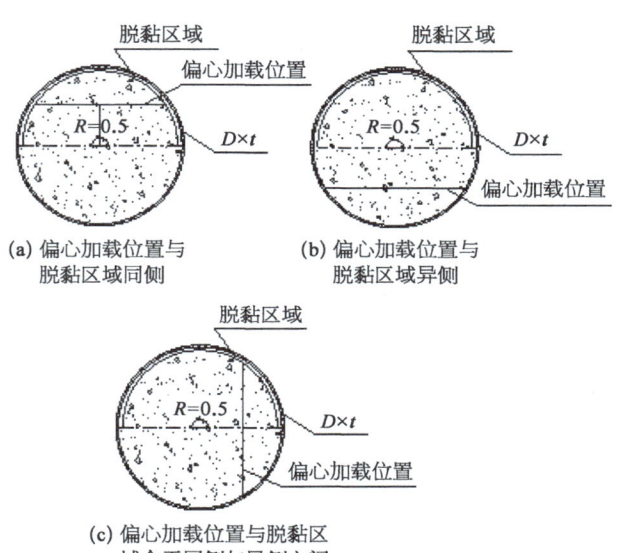

图 2-45 脱空区域与偏心加载位置

图 2-43 含钢率与混凝土强度对轴压短柱脱空折减系数的影响

3）钢管混凝土轴压长柱

长细比 $\lambda = \dfrac{4L}{D}$ 的变化范围为 20~120,如图 2-44 所示,当长细比相同时,随脱空弧长率的增大,脱空折减系数减小,且降低的幅度与脱空弧长率呈非线性的关系；脱空弧长率小于 0.5 时呈非线性下降,大于 0.5 时基本为一定值。相同脱空弧长率时,随长细比增大,脱空折减系数增大；当长细比在 20~80 时,脱空折减系数呈线性增大,当长细比大于 80 时,增长趋势变得平缓。

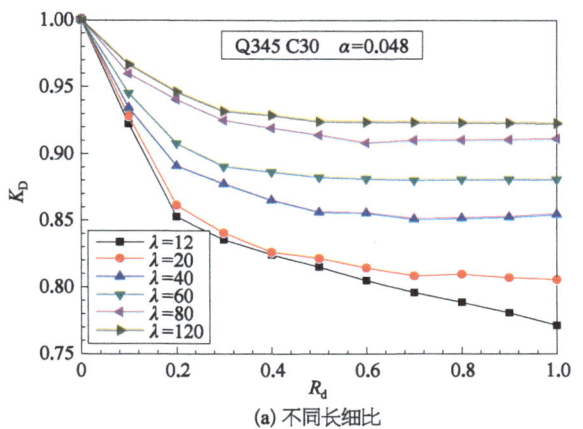

(a) 不同长细比

偏心率的变化范围为 0~2 时,脱空弧长率对脱空折减系数的影响如图 2-46 所示,当偏心率相同时,随脱空弧长率的增大,脱空折减系数减小；脱空弧长率小于 0.5 时呈非线性下降,大于 0.5 时基本为一定值。当脱空弧长率固定时,随着偏心率的增大,脱空折减系数增大。当钢管混凝土出现受拉区,脱空对构件极限承载力的影响很小。随着长细比的增大,不同偏心率下的脱空折减系数值越接近；当长细比达到 80 时,不同偏心率时脱空折减系数一致。

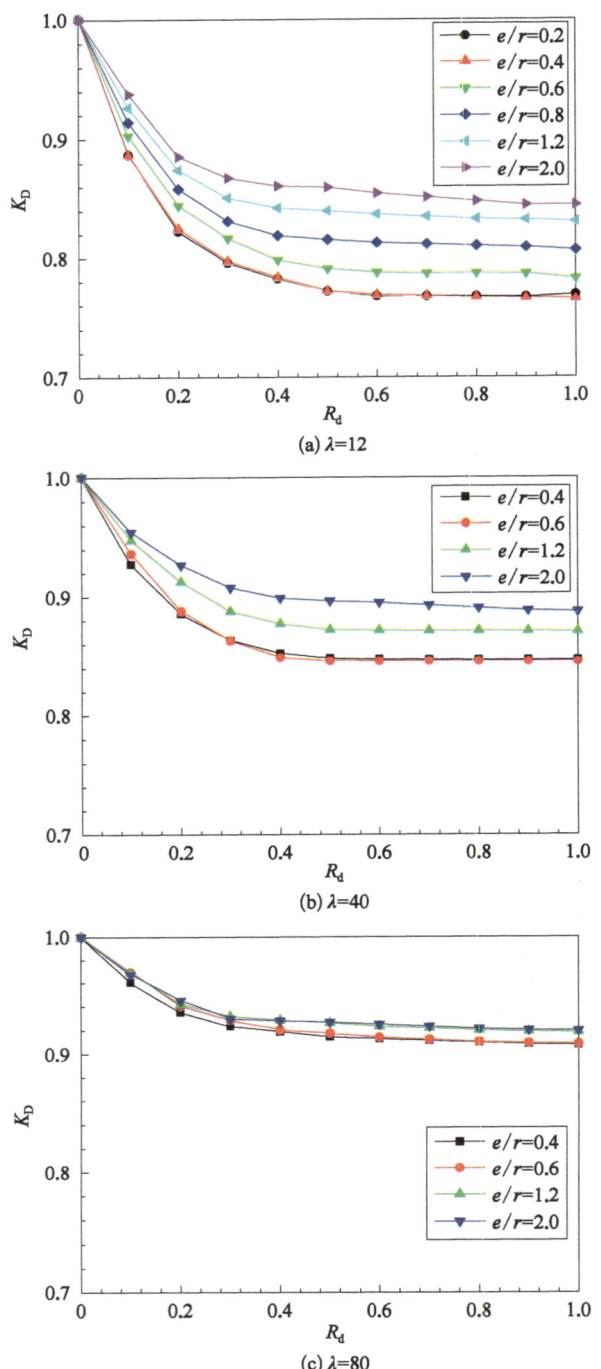

图 2-46 偏心率对偏压柱脱空折减系数的影响

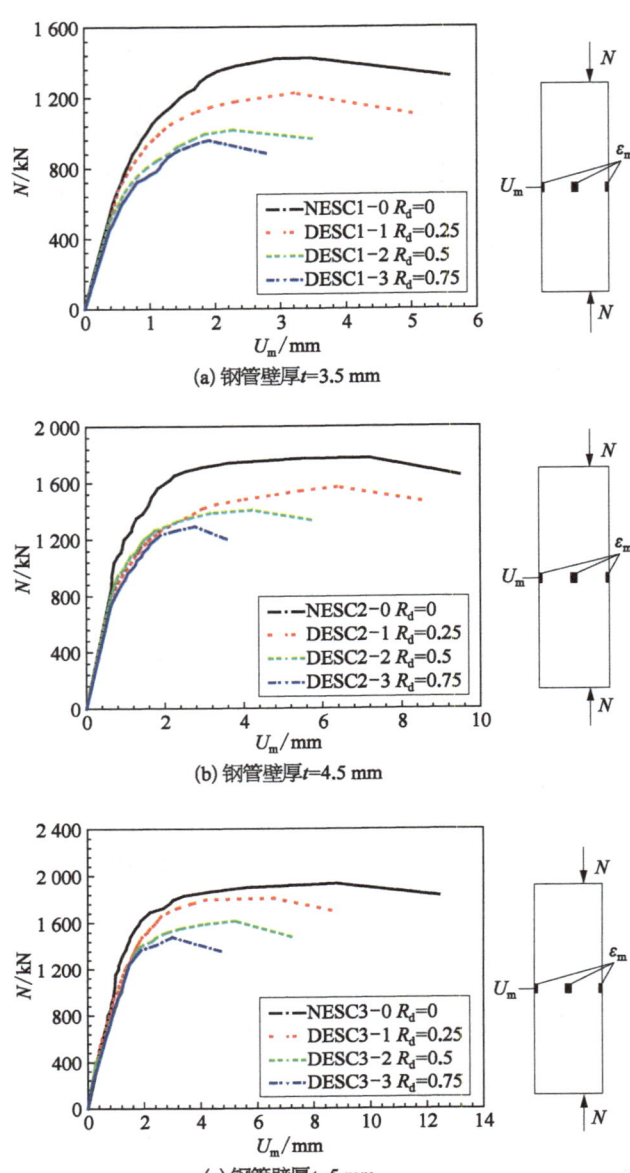

图 2-47 短柱偏压荷载 N-$L/2$ 处横向位移 U_m 曲线

表 2-7 试件极限承载力对比

试件编号	N_{ue}/kN	SI_d	DI_d
NESC1-0	1 422	1	6.47
DESC1-1	1 217	0.856	5.18
DESC1-2	1 012	0.712	2.52
DESC1-3	955	0.672	2.08
NESC2-0	1 773	1	7.43
DESC2-1	1 568	0.884	6.82
DESC2-2	1 402	0.791	3.04

5）脱空对钢管混凝土稳定性的影响

脱空试件荷载 N-$L/2$ 处横向位移 U_m 曲线如图 2-47 和表 2-7 所示，加载初期，试件 1/2 高度处横向位移与荷载成正比，加载到 70% 极限承载力时，横向位移变化值明显增大，达到极限承载力后，荷载迅速下降。试验表明随脱空弧长率 R_d 的增大，试件的极限承载力明显下降，而刚度稍有降低。

续表

试件编号	N_{ue}/kN	SI_d	DI_d
DESC2-3	1 289	0.727	2.55
NESC3-0	1 930	1	7.68
DESC3-1	1 805	0.935	7.15
DESC3-2	1 615	0.837	4.93
DESC3-3	1 480	0.767	3.45

为直观判断脱空弧长率 R_d 对试件极限承载力的影响,定义脱空强度系数 SI_d

$$SI_d = \frac{N_{ue-DESC}}{N_{ue-NESC}} \quad (2-39)$$

式中 $N_{ue-DESC}$——不同脱空弧长率试件的极限承载力;

$N_{ue-NESC}$——无脱空标准试件的极限承载力。

脱空与稳定影响如图 2-48 所示,随脱空弧长率 R_d 的增大,试件的脱空强度系数 SI_d 逐渐减低。当脱空弧长率 R_d 为 0.25 时, SI_d 降低幅度为 6.5%~14.4%;当脱空弧长率 R_d 为 0.5 时, SI_d 降低幅度为 16.3%~28.8%;当脱空弧长率 R_d 为 0.75 时, SI_d 降低幅度为 23.3%~32.8%。且随着脱空弧长率 R_d 增大, SI_d 的降低幅度有所降低。

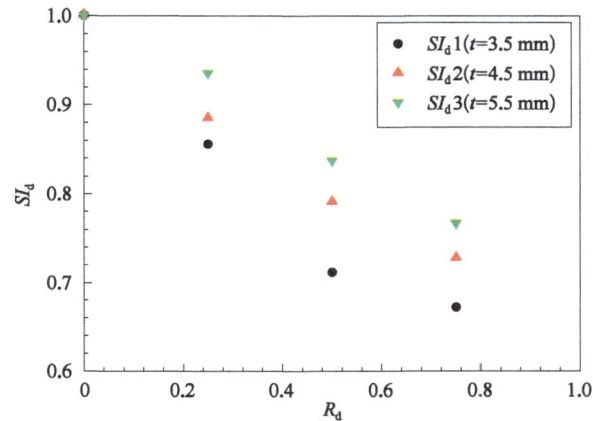

图 2-48 脱空弧长率 R_d 对试件脱空强度系数的影响

为弄清脱空弧长率 R_d 对试件延性的影响,定义脱空延性系数 DI_d

$$DI_d = \frac{U_{85\%}}{U_y} \quad (2-40)$$

其中 $U_y = U_{75\%}/0.75$

式中 $U_{85\%}$——当荷载下降到 85% 极限承载力时的 $L/2$ 处横向位移;

$U_{75\%}$——当荷载达到 75% 极限承载力时的 $L/2$ 处横向位移。

计算结果如图 2-49 所示,随着脱空弧长率 R_d 的增大,试件的脱空延性系数 DI_d 逐渐减低。同样,随着脱空弧长率 R_d 增大, DI_d 的降低幅度有所减小。

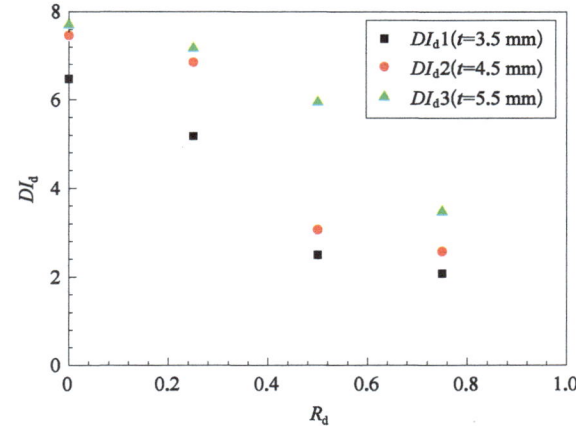

图 2-49 脱空弧长率 R_d 对试件脱空延性系数的影响

不同脱空弧长率偏心受压钢管混凝土的脱空强度系数 SI_d 和延性系数 DI_d 降低幅度显著。

2.3.5 脱空钢管混凝土极限承载力实用计算

2.3.5.1 计算的思路

假定脱空轴压折减系数 K_N,脱空弯矩折减系数 K_M,脱空钢管混凝土偏压构件的极限承载力应满足下列条件

$$\frac{N}{K_N N_u} + \frac{M}{K_M M_u} \leqslant 1 \quad (2-41)$$

考虑不同脱空弧长率影响的钢管混凝土单圆管构件极限承载力折减系数统称为 K_D,对于轴压构件, K_D 只需要考虑 K_N 的影响;而对于偏压构件, K_D 需要考虑 K_N 和 K_M 的共同影响。

2.3.5.2 脱空轴压折减系数 K_N

根据试验数据,采用回归分析拟合曲线得到钢管混凝土脱空轴压折减系数 K_N 的计算式

短柱($\lambda < 16$)

$$K_N = \begin{cases} aR_d + 1 & (0 \leqslant R_d \leqslant 0.2) \\ bR_d^c & (0.2 < R_d \leqslant 1) \end{cases} \quad (2-42)$$

其中 $a = \begin{cases} -0.574\,1\xi - 0.248\,1 & (0.29 \leqslant \xi \leqslant 1.41) \\ -0.057\,4\xi - 0.976\,6 & (1.41 < \xi \leqslant 2.78) \end{cases}$

$b = \begin{cases} -0.103\,8\xi + 0.859\,1 & (0.29 \leqslant \xi \leqslant 1.41) \\ -0.008\,8\xi + 0.725\,1 & (1.41 < \xi \leqslant 2.78) \end{cases}$

$c = -0.063 \quad (0.29 \leqslant \xi \leqslant 2.78)$

长柱 ($\lambda > 16$)

$$K_N = \begin{cases} a\exp^{(-R_d/b)} + c & (0 \leqslant R_d \leqslant 0.5) \\ a\exp^{(-0.5/b)} + c & (0.5 < R_d \leqslant 1) \end{cases}$$

(2-43)

其中 $a = 0.210\,93 - 0.001\,44\lambda$
$b = 0.118\,46 + 0.001\,22\lambda$
$c = 0.778\,48 + 0.001\,51\lambda$

图 2-50 为计入 K_N 影响的脱空折减系数实用计算值与有限元值的对比图。

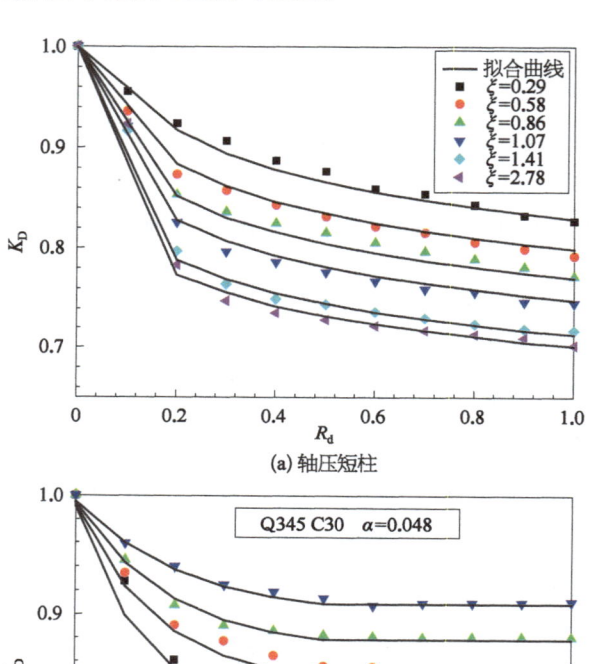

(a) 轴压短柱

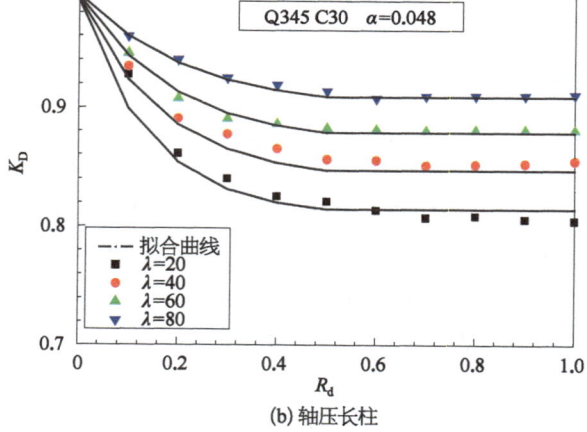

(b) 轴压长柱

图 2-50 考虑 K_N 影响的钢管混凝土轴压柱脱空折减系数

2.3.5.3 脱空弯矩折减系数 K_M

采用的钢管混凝土的 $\dfrac{N}{N_u} - \dfrac{M}{M_u}$ 相关公式，加入脱空轴压折减系数 K_N 和脱空弯矩折减系数 K_M 后，公式为

$$\begin{cases} \dfrac{1}{\varphi} \times \dfrac{N}{K_N N_u} + \dfrac{a}{d}\left(\dfrac{M}{K_M M_u}\right) = 1 \\ \qquad\qquad\qquad\qquad \left(\dfrac{N}{N_u} \geqslant 2\varphi^3 \eta_0\right) \\ -b\left(\dfrac{N}{K_N N_u}\right)^2 - c\left(\dfrac{N}{K_N N_u}\right) + \dfrac{1}{d}\left(\dfrac{M}{K_M M_u}\right) = 1 \\ \qquad\qquad\qquad\qquad \left(\dfrac{N}{N_u} < 2\varphi^3 \eta_0\right) \end{cases}$$

(2-44)

其中 $\eta_0 = \begin{cases} 0.1 - 0.245\xi & (\xi \leqslant 0.4) \\ 0.1 + 0.14\xi^{-0.84} & (\xi > 0.4) \end{cases}$

$a = 1 - 2\varphi^2\eta_0, \quad b = \dfrac{1-\zeta_0}{\varphi^3\eta_0^2}, \quad c = \dfrac{2(\zeta_0-1)}{\eta_0},$

$d = 1 - 0.4\left(\dfrac{N}{N_E}\right)$

$N_E = \pi^2 E_{sc} A_{sc}/\lambda^2$

$\zeta_0 = 0.18\xi^{-1.15} + 1$

采用回归分析拟合曲线，脱空弯矩折减系数 K_M 的计算公式为

短柱 ($\lambda < 16$)：
$K_M = x\exp^{(-R_d/y)} + z \quad (0 \leqslant R_d < 0.5)$

$K_M = \begin{cases} m + nR_d & (e/r \leqslant 0.4) \\ x\exp^{(-0.5/y)} + z & (e/r > 0.4) \end{cases}$

$(0.5 \leqslant R_d \leqslant 1)$

(2-45)

其中 $x = 0.352\,33\exp^{[-(e/r)/0.179\,69]} + 0.208\,52$
$y = -0.729\,35\exp^{[-(e/r)/0.281\,31]} + 0.871\,84$
$z = 0.633\,28\exp^{[-(e/r)/0.322\,21]} + 0.083\,2$
$m = 0.233\,57 + 1.180\,24e/r$
$n = 0.476\,86 - 0.993\,59e/r$

长柱 ($\lambda > 16$)：

$$K_M = \begin{cases} x\exp^{(-R_d/y)} + z & (0 \leqslant R_d \leqslant 0.5) \\ x\exp^{(-0.5/y)} + z & (0.5 < R_d \leqslant 1) \end{cases}$$

(2-46)

其中 $x = 0.352\,33\exp^{[-(e/r)/0.179\,69]} + 0.208\,52$
$y = -0.729\,35\exp^{[-(e/r)/0.281\,31]} + 0.871\,84$
$z = 0.633\,28\exp^{[-(e/r)/0.322\,21]} + 0.083\,2$

$e/r \leqslant 0.5$ 时，按 $e/r = 0.5$ 取值。

考虑 K_N 和 K_M 共同影响的钢管混凝土偏压构件脱空折减系数的简化计算值与有限元值的对比如图 2-51 所示。

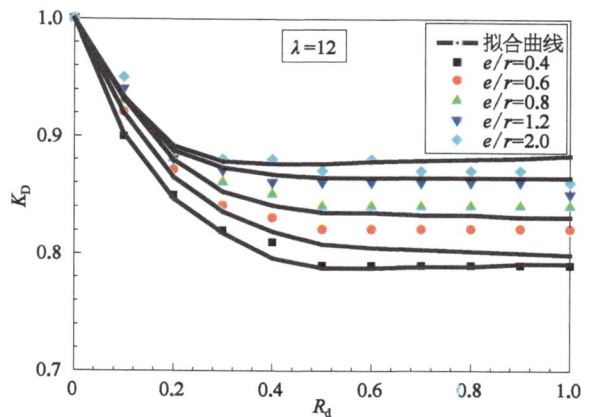

图 2-51　考虑 K_N 和 K_M 共同影响钢管混凝土偏压柱脱空折减系数

2.3.5.4　精度分析

当套箍系数变化时,脱空折减系数实用公式计算精度如图 2-52 所示,实用公式计算结果精度很好,误差小于 5%。计算精度的平均值为 0.997,均方差为 0.0001。

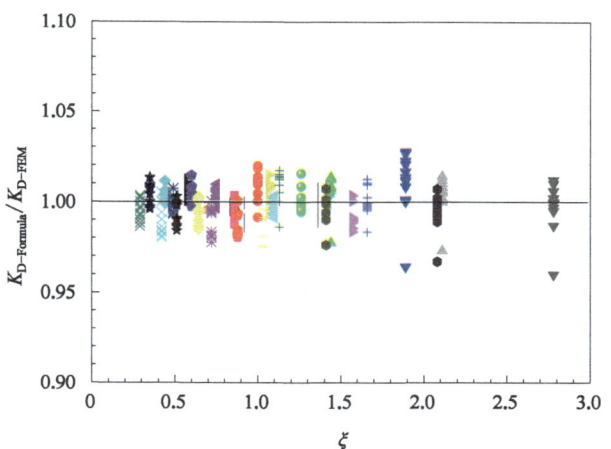

图 2-52　钢管混凝土轴压短柱脱空折减系数实用公式计算精度

钢管混凝土轴压长柱,当含钢率、钢材强度和混凝土强度改变时,实用公式计算值与有限元值分析曲线如图 2-53 所示,对比差值小于 10%。

不同长细比的钢管混凝土轴压脱空折减系数对比如图 2-54 所示,实用公式计算结果与有限元值吻合较好,误差小于 10%,且大部分值偏于安全,得到两者的精度平均值为 0.986,均方差为 0.0004。

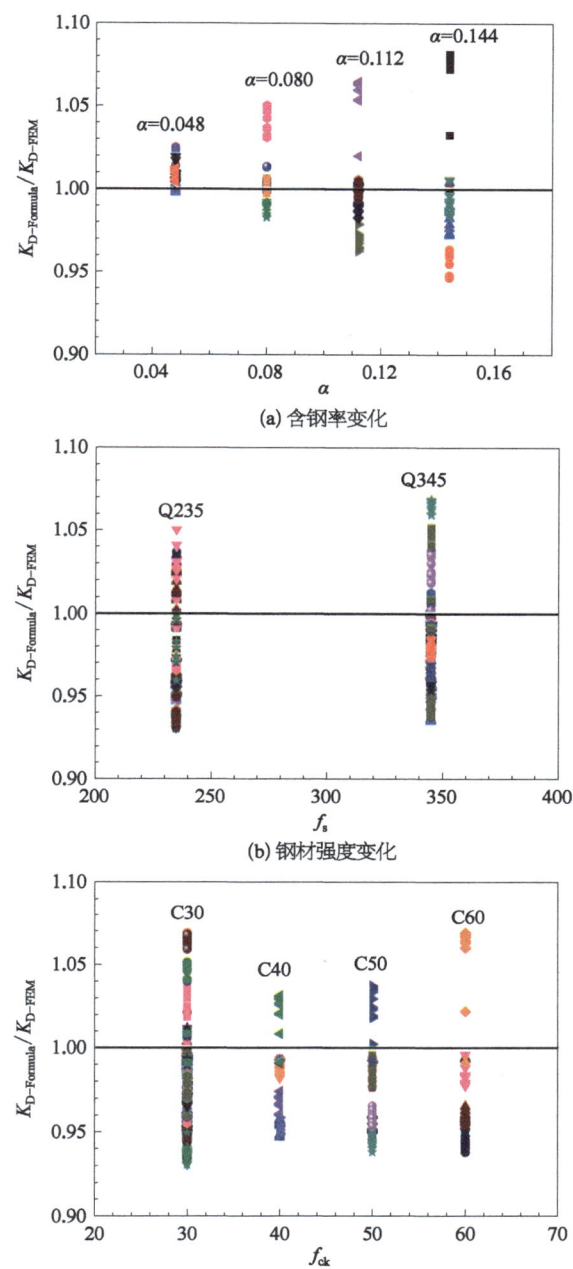

图 2-53　参数对钢管混凝土轴压长柱脱空折减系数简化公式精度影响

对于不同脱空弧长率的钢管混凝土偏压构件,当含钢率、长细比、钢材强度和混凝土强度改变时,实用公式计算值与有限元值之间的差值都不会超过 10%,如图 2-55 所示。

钢管混凝土偏压柱脱空折减系数实用计算精度如图 2-56 所示,实用公式计算结果精度很好,误差都小于 10%,且大部分值都偏于安全,计算得到平均值为 0.979,均方差为 0.001。

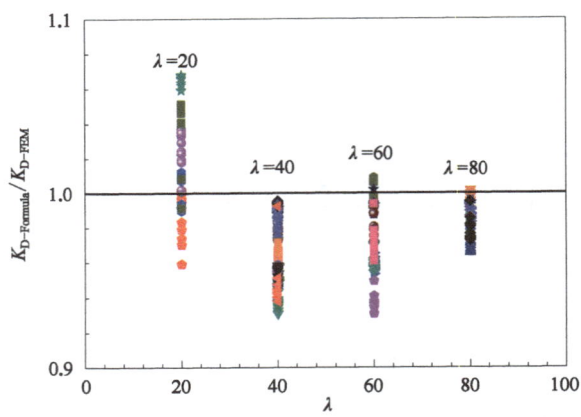

图 2-54 钢管混凝土轴压长柱脱空折减系数简化公式计算精度

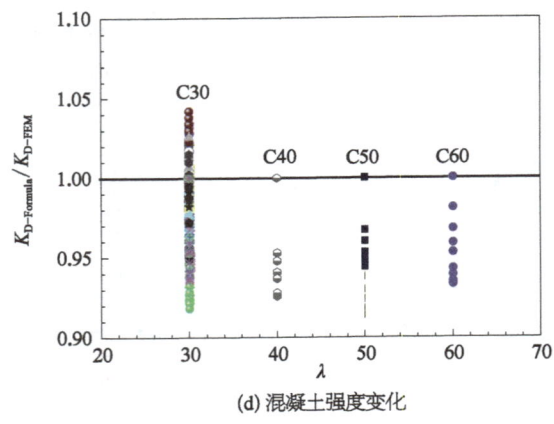

图 2-55 参数对钢管混凝土偏压柱脱空折减系数简化公式精度影响

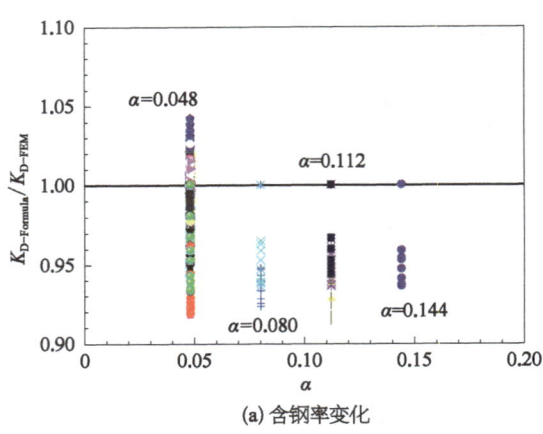

(a) 含钢率变化

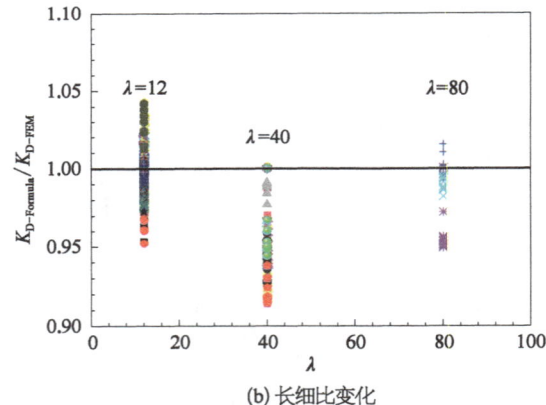

(b) 长细比变化

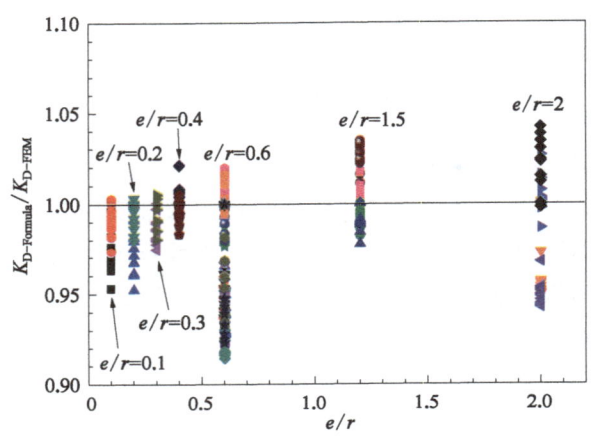

图 2-56 钢管混凝土偏压柱脱空折减系数简化公式计算精度

2.3.6 脱空对钢管混凝土桥梁的影响

2.3.6.1 脱空弧长率变化

脱空弧长率 R_d 取 0、0.25、0.5、0.667、0.75 和 1.0，脱空长度为拱肋全长脱空。脱空位置如图 2-57 所示。

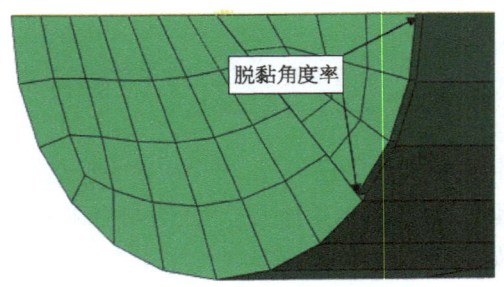

图 2-57 脱空弧长率示意

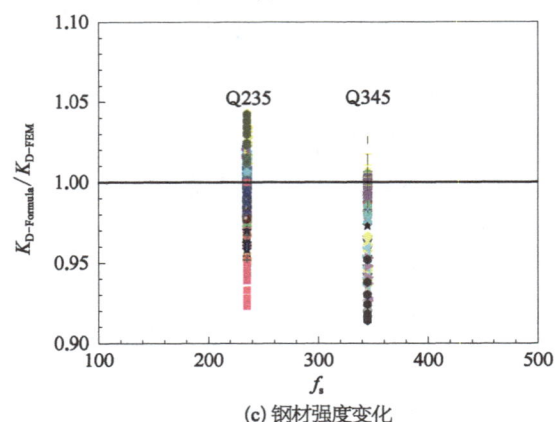

(c) 钢材强度变化

不同脱空弧长率的钢管混凝土主拱的荷载-位移曲线如图 2-58 所示，随着脱空弧长率的增大，钢管混凝土主拱的极限承载力降低。表2-8表明，当脱空弧长率在0～0.5时，脱空弧长率增大，主拱的极限承载力降低；当脱空弧长率处于0.5～1时，脱空弧长率增大，主拱的极限承载力不变化，当脱空弧长率达到1时，主拱的极限承载力又下降。

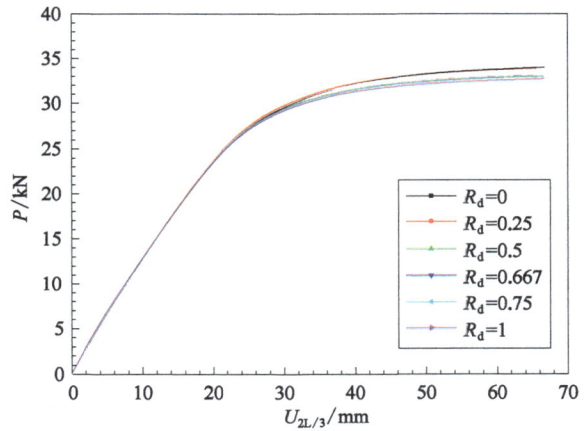

图2-58 不同脱空弧长率钢管混凝土单圆管拱荷载-位移曲线

表2-8 不同脱空弧长率钢管混凝土单圆管拱极限承载力对比

脱空弧长率	0	0.25	0.5	0.667	0.75	1
极限承载力/kN	34	33.5	32.9	32.9	32.9	32.5
有脱空/无脱空	1	0.985	0.968	0.968	0.968	0.956

2.3.6.2 脱空长度变化

脱空长度 L_d 为主拱拱顶向拱脚延伸，脱空长度取 $L/6$、$L/3$、$2L/3$ 和拱肋全长，脱空弧长率为全截面脱空，如图2-59所示。

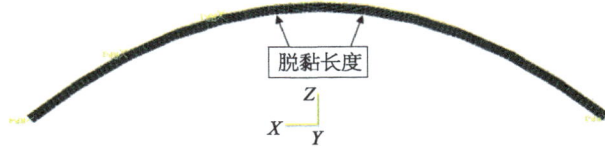

图2-59 脱空长度示意

不同脱空长度的钢管混凝土主拱的荷载-位移曲线如图2-60所示，随着脱空长度的增大，钢管混凝土主拱极限承载力降低。表2-9表明，脱空长度由0变化到 $2L/3$ 时，拱的极限承载力降低了2.4%；由 $2L/3$ 变化到全跨径时，拱的极限承载力下降了2%。

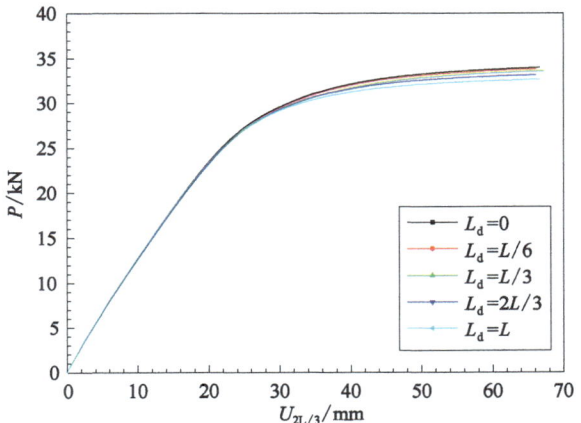

图2-60 不同脱空长度钢管混凝土单圆管拱荷载-位移曲线

表2-9 不同脱空长度钢管混凝土单圆管拱极限承载力对比

脱空长度	0	$L/6$	$L/3$	$2L/3$	L
极限承载力/kN	34	33.7	33.5	33.2	32.5
有脱空/无脱空	1	0.991	0.985	0.976	0.956

2.3.6.3 脱空位置变化

如图2-61所示，脱空弧长率取1，第一组模型主拱，脱空长度固定为 $L/6$，脱空位置分别取拱顶、$L/4$、$3L/4$ 和两个拱脚。第二组模型主拱，脱空区域的长度为 $L/3$，脱空位置取脱空位置位于拱顶的 $L/3$ 段和位于两侧的 $L/3$ 处，包括主拱四分点和拱脚。

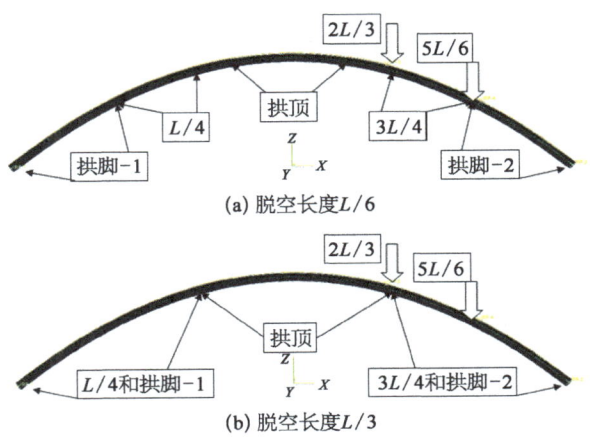

图2-61 不同脱空位置钢管混凝土主拱示意

图2-62为不同脱空位置的钢管混凝土模型拱的荷载-位移曲线，不同脱空位置对钢管混凝土主拱

极限承载力的影响不同。表 2-10 表明，当脱空区域位于 1/4 拱肋处时，对主拱极限承载力影响较大；脱空区域位于拱脚和拱顶时，对主拱极限承载力的影响一致；当脱空位置与加载点位于同侧时，主拱极限承载力小于两者位于异侧的情况；当脱空区域位于与加载点同侧 3L/4 和拱脚时，钢管混凝土主拱极限承载力下降多，与全拱脱空时的极限承载力一致。

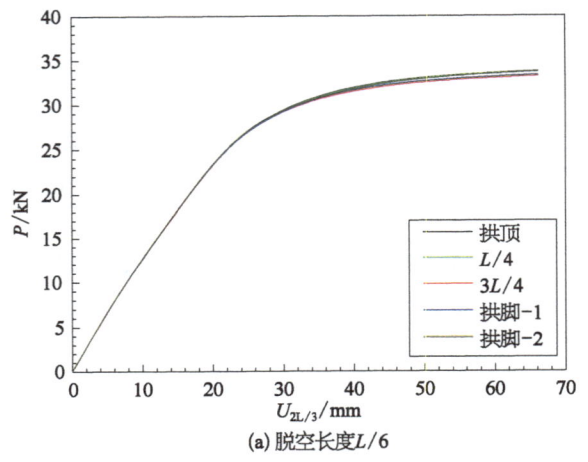
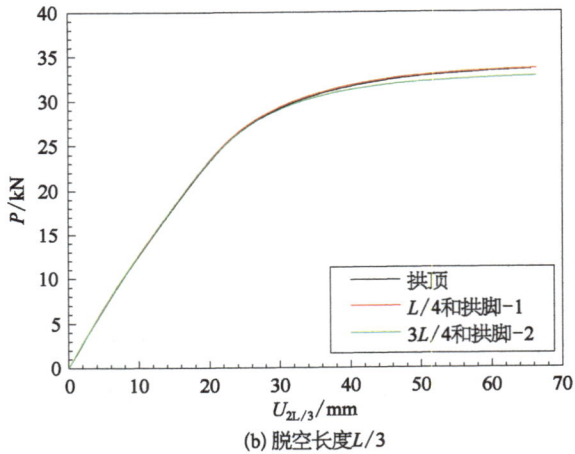

图 2-62 不同脱空位置钢管混凝土单圆管拱荷载-位移曲线

表 2-10 不同脱空位置钢管混凝土单圆管拱极限承载力对比

第一组 脱空长度 L/6	无脱空	拱脚-1	L/4	拱顶	3L/4	拱脚-2	全拱肋脱空
极限承载力/kN	34	33.7	33.31	33.73	33.16	33.66	32.5
有脱空/无脱空	1	0.991	0.980	0.992	0.975	0.990	0.956
第二组 脱空长度 L/3	无脱空	L/4 和拱脚-1		拱顶	3L/4 和拱脚-2		全拱肋脱空
极限承载力/kN	34	33.5		33.5	32.7		32.5
有脱空/无脱空	1	0.985		0.985	0.960		0.956

2.3.7 脱空面积、高度、弧长与承载力关系的对比分析

2.3.7.1 揭示了脱空与承载力的关系

脱空面积、脱空高度、脱空弧长在试验规定的参数时，其对钢管混凝土承载能力的影响规律与长细比、偏心率、含钢率、钢材强度、混凝土强度等对钢管混凝土脱空折减系数的规律是一致的，其试验结论是科学合理的，各影响曲线如图 2-63~图 2-68 所示。

因此，试验中采用脱空面积、脱空高度、脱空弧长都科学地揭示了脱空缺陷对钢管混凝土承载能力、刚度、稳定性的影响规律，其试验结果对工程技术具有指导作用。

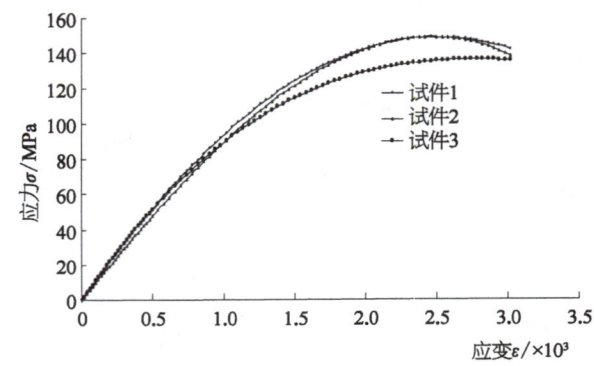

图 2-63 脱空面积对承载力的影响曲线

2.3.7.2 脱空面积与承载力的关系更准确、更全面

试验结果表明，脱空面积与钢管混凝土承载能力、刚度、稳定性等的数学关系式，与惯用的无脱空

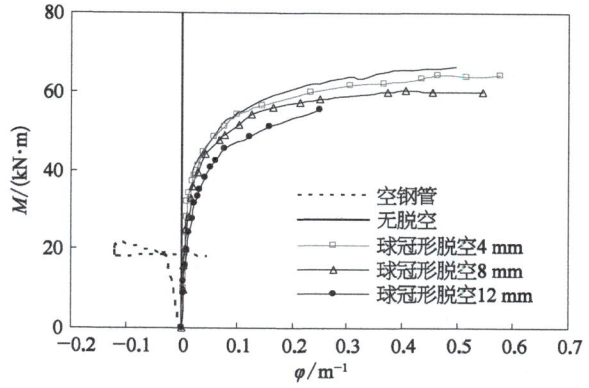

图 2-64 脱空高度对承载力的影响曲线

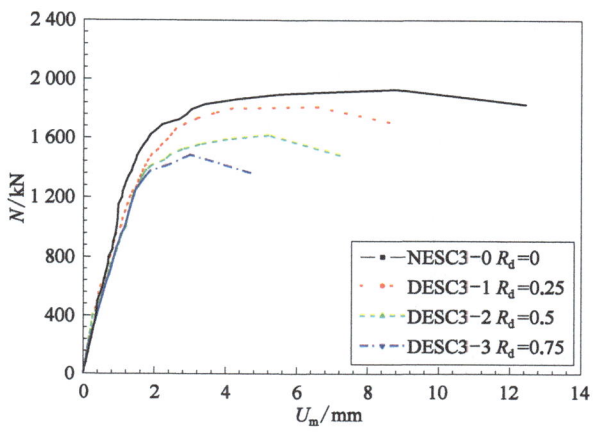

图 2-65 脱空弧长对承载力的影响曲线

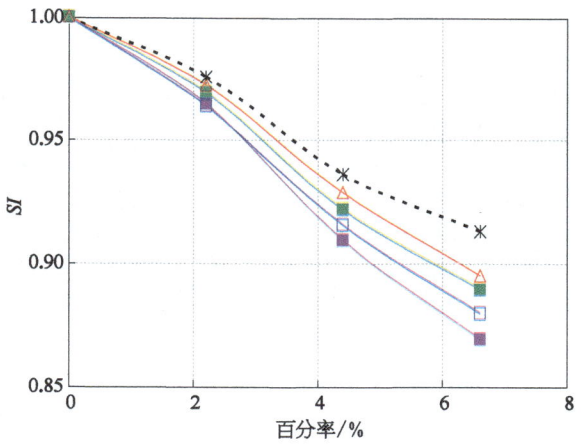

图 2-66 脱空面积、偏心率对承载力的折减影响曲线

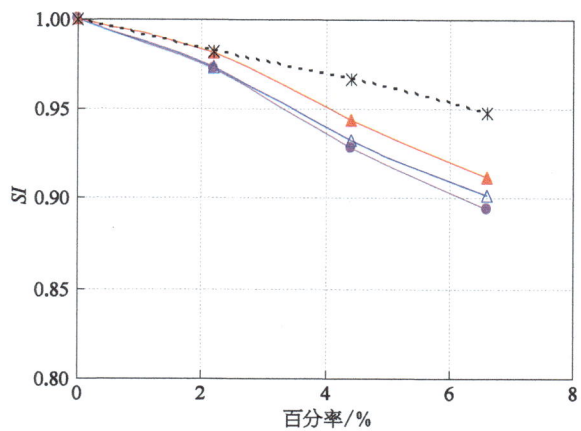

图 2-67 脱空高度、偏心率对承载力的折减影响曲线

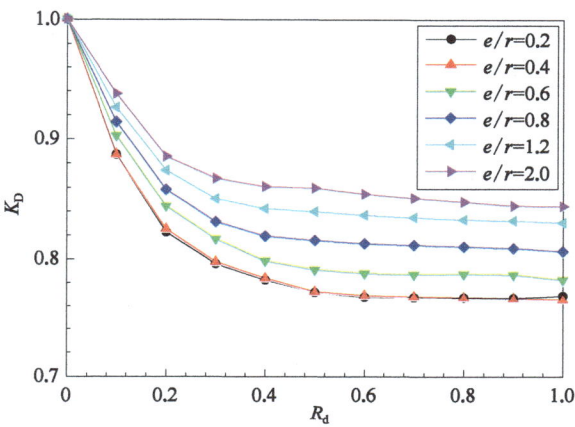

图 2-68 脱空弧长、偏心率对承载力的折减影响曲线

钢管混凝土构件承载能力、刚度和稳定性是一致的，且脱空高度和脱空弧长是脱空面积的函数关系式，脱空面积已经包括脱空高度和脱空弧长因素，因此，正如前面论证的事实，脱空面积与脱空钢管混凝土承载力的数学关系是准确、全面的。

2.3.7.3 脱空安全计算方法

调查、试验和计算论证表明，脱空面积对承载力、刚度、稳定性影响与套箍率、长细比、钢管材质、混凝土强度等影响紧密相关，为了简便、准确地确定脱空面积对钢管混凝土承载力和刚度、稳定性等影响，通过对试验数据的多因素分析和计算论证，结合受压钢管混凝土计入偏心距折减系数 φ_e 和受弯构件压力较小的情况，将受压、受弯构件承载力计算简化为

受压构件　　　$N_D = K_N N_u$　　　(2-47)

受弯构件　　　$M_D = K_M M_u$　　　(2-48)

式中　K_N、K_M——脱空面积引起的强度、刚度稳定性折减系数。

同时，考虑工程实际情况，忽略长细比、钢材与混凝土等级等次要因素，并采用包络设计法计入脱空对钢管混凝土承载力、刚度和稳定性的影响。因此，钢管混凝土脱空值的大小对钢管混凝土极限承载力的影响是不同的，当钢管混凝土脱空率小于 0.6% 时，对钢管混凝土刚度和极限承载能力的影响较小，取脱空折减系数 K_N、K_M 为 0.95，且不分桥梁

构件的部位；当钢管混凝土脱空率大于 0.6%，或脱空高度大于 5 mm 时，应对钢管内混凝土脱空缺陷进行修补灌注。

2.4 大直径钢管混凝土力学性能研究

2.4.1 大直径钢管混凝土研究概况

2.4.1.1 大直径钢管混凝土工程概况

钢管混凝土组合结构是充分发挥钢管对混凝土的套箍约束作用，使混凝土处于三向受压状态而提高混凝土强度，同时利用内填核心混凝土的支撑作用，提高钢管壁的几何稳定性，改变空钢管的失稳模态而提高结构稳定性和承载能力。图 2-69 所示为钢管混凝土轴压时应力示意。但是，有关钢管混凝土受力机理研究，钢管混凝土的钢管直径一般小于 200 mm，而大直径钢管混凝土受力机理研究成果较少，未见定性研究成果。

随着山区桥梁不断向大跨、高耸等几何尺寸发展，钢管混凝土截面尺寸也随之增大，如图 2-70 所示。

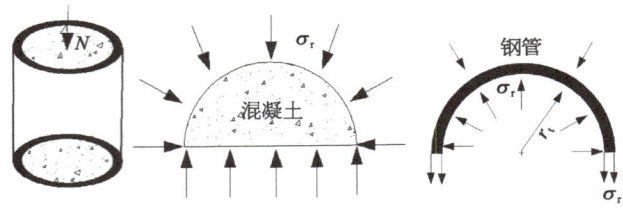

图 2-69 钢管混凝土应力示意

例如，我国第一座钢管混凝土拱桥四川旺苍东河大桥钢管混凝土截面直径为 800 mm；四川雅西高速公路腊八斤大桥组合高墩的钢管混凝土截面直径达 1 320 mm；四川合江长江一桥主拱主管截面直径达 1 320 mm；四川汶马高速克枯大桥是全国首座预应力钢管混凝土桁梁桥，桥墩钢管混凝土截面直径为 1 300 mm；四川合江长江公路大桥作为第一座达 500 m 飞燕式钢管混凝土拱桥，主拱主管截面直径为 1 300 mm；四川凉山金阳河大桥钢管混凝土桥墩截面直径甚至达到 1 900 mm，实际工程应用尺寸见表 2-11。由此可见，大直径钢管混凝土在山区桥梁建设的应用已然成为普遍趋势。

(a) 四川旺苍东河大桥

(b) 腊八斤特大桥

(c) 合江长江一桥

(d) 合江长江公路大桥

(e) 汶马高速克枯大桥

(f) 金阳河特大桥

图 2-70 大直径钢管混凝土工程

表 2-11 工程实际应用尺寸统计

类型	名称	管径×壁厚/(mm×mm)	跨度/高度/全长/m	建设情况
桥梁工程	旺苍东河大桥	800×10	115（净跨）	1991 年建成
	腊八斤特大桥	1 320×22	182.5（墩高）	2011 年建成
	合江长江一桥	1 320×34	530（主跨）	2013 年建成
	汶马高速克枯大桥	1 300×16	6 430（全长）	2018 年建成
	合江长江公路大桥	1 300×22	507（主跨）	2021 年建成
	金阳河特大桥	1 900×34	196（墩高）	2022 年建成

实际工程中钢管尺寸不断增大，已经超出现行钢管混凝土设计规范对于钢管混凝土尺寸的规定。如《公路钢管混凝土拱桥设计规范》规定钢管管径不超过 1 500 mm；《钢管混凝土结构技术规程》规定钢管混凝土管径不小于 200 mm；《钢管混凝土结构技术规范》（GB 50936—2014）规定钢管混凝土管径不小于 100 mm 等。

当前钢管混凝土规范均是基于小尺寸钢管混凝土试验研究结果提出的。钢管管径增加后，在轴压过程中钢管对核心混凝土的约束可能会减弱，钢管横向不能有效地约束核心混凝土，同一截面上不同位置处的约束作用也不一致，从而出现预估承载力过大的情况；管径增大后，钢管混凝土力学性能发生改变，破坏模式、峰值应力及对应峰值应变、横向变形系数、损伤分析以及承载力等都发生改变。目前，对于大直径钢管混凝土的研究相对较少，且不能反映与小尺寸钢管混凝土约束作用和轴压力学性能的差别。因此，开展相关研究，一方面为大直径钢管混凝土在实际工程应用提供理论支撑，另一方面为今后受力更复杂、更大直径钢管混凝土研究提供基础。

2.4.1.2 钢管混凝土受压机理研究概况

国内外学者对圆钢管混凝土试件的研究工作主要分为两种方式：一是钢管混凝土的力学性能的试验研究；二是运用有限元软件法对钢管混凝土力学性能进行分析研究。对钢管混凝土受压机理的试验研究总体规律为：① 钢管混凝土构件截面尺寸越大，极限承载力越大，管径越大，试验承载力与规范承载力计算值的比值的趋势结论不一致；② 钢管混凝土存在尺寸效应，约束效应系数越小，钢管对核心混凝土约束作用越小，尺寸效应越大；当混凝土轴心抗压强度增加时，混凝土脆性增加，钢管对混凝土的约束作用减弱，尺寸效应增强。上述相关文献资料研究试件尺寸统计见表 2-12。

由此可见，研究尺寸大部分集中在 100~200 mm，占研究尺寸收集样本的 73.2%；钢管管径尺寸小于

300 mm 的大约占整体样本的 90%,而钢管管径尺寸大于 600 mm 的还不到整体样本的 4%,钢管混凝土研究试件管径与工程实际使用尺寸相差较大。综合文献和实际工程资料,定义大直径钢管混凝土为管径不小于 600 mm 的钢管混凝土。

表 2-12 研究尺寸统计

尺寸/mm	0~100	100~200	200~300	300~400	400~500	500~600	>600
数量	22	312	47	18	4	10	13
样本占比/%	5.2	73.2	11.0	4.2	1.0	2.3	3.1

从已有资料可知,对于大直径钢管混凝土的约束效应以及力学性能方面的研究很少,仅有少量大直径钢管混凝土的研究结论,值得深入研究探讨。

2.4.1.3 大直径钢管混凝土研究内容

(1) 大直径钢管混凝土轴压力学性能研究。开展了 12 个不同直径(219~600 mm)、不同含钢率(4%~6%)的圆钢管混凝土短柱的轴压试验,据此研究钢管管径对钢管混凝土破坏模式、受压极限承载力、峰值应力、峰值应变、组合弹性模量以及钢管屈服后力学行为的影响规律。

(2) 大直径钢管混凝土约束效应研究。采用数值模拟和缩尺模型试验相结合,揭示钢管管径对加载过程中钢管和核心混凝土内力分配、混凝土不同位置处应力分布和钢管对核心混凝土的约束作用的影响规律。

(3) 大直径钢管混凝土极限承载力计算方法。根据试验数据分析,参考各类规范计算承载力并进行对比分析,建立大直径钢管混凝土轴压承载力的计算方法。

2.4.2 大直径钢管混凝土有限元分析

2.4.2.1 计算软件

采用通用有限元软件 ABAQUS 建立钢管混凝土轴压短柱的有限元模型。有限元模型中混凝土本构模型采用塑性损伤模型,考虑到核心混凝土所受被动约束的复杂性,对混凝土塑性损伤模型中的重要参数进行合理选取。对试验尺寸进行非线性计算与试验结果比较,验证有限元模型准确性,为大直径钢管混凝土轴压进行进一步参数研究分析奠定基础。

2.4.2.2 有限元模型

1) 单元类型选取

钢管的壁厚和加载端板厚度相对于核心混凝土尺寸较小,因此,钢管和加载端板均采用四节点四边形有限薄膜应变线性减缩积分壳单元(S4R),在壳单元厚度方向,采用 9 个积分点的 Simpson 积分。S4R 单元仅在几何非线性分析中考虑壳单元厚度的变化,在壳单元厚度方向应力为零,应变只考虑来自泊松比的影响。核心混凝土采用八节点线性减缩积分单元(C3D8R),有限元模型如图 2-71 所示。

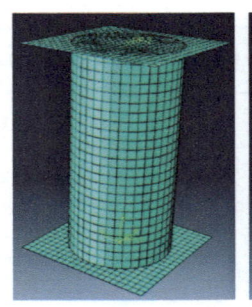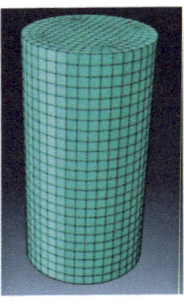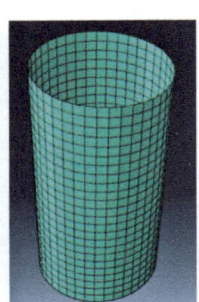

图 2-71 钢管混凝土柱有限元模型

2) 网格划分

网格划分尺寸大小对有限元计算非常重要,网格尺寸过大,有限元分析计算结果可能出现严重偏差甚至是错误;网格尺寸过小,将耗费大量的计算时间和运行空间,对计算机要求较高,同时还有可能出现计算收敛问题。因而为保证计算精度,采用映射网格划分方式,网格三向尺寸相差不大,建立网格大小为 5~40 mm 的有限元模型进行试算,结果显示,当网格尺寸小于 30 mm 之后,改变网格尺寸对有限元计算结果的影响很小,因此,有限元模型的划分网格大小选取 20 mm。

3) 材料本构关系

(1) 钢材的本构关系模型。对于建筑工程中常用钢材的应力-应变关系曲线一般分为弹性段(Oa)、弹塑性段(ab)、塑性段(bc)、强化段(cd)和二次塑流段(de)五个阶段,如图 2-72 所示。计算有限元模型,钢材弹性模量取试验测量值,弹性阶段泊松比取 0.3。图中的虚线为钢材实际的本构曲线,实线为简化的本构曲线,简化的本构关系曲线数学表达式为

$$\sigma_s = \begin{cases} E_s\varepsilon_s, & \varepsilon_s \leqslant \varepsilon_e \\ -A\varepsilon_s^2 + B\varepsilon_s + C, & \varepsilon_e < \varepsilon_s \leqslant \varepsilon_{e1} \\ f_y, & \varepsilon_{e1} < \varepsilon_s \leqslant \varepsilon_{e2} \\ f_y\left[1 + 0.6\dfrac{\varepsilon_s - \varepsilon_{e2}}{\varepsilon_{e3} - \varepsilon_{e2}}\right], & \varepsilon_{e2} < \varepsilon_s \leqslant \varepsilon_{e3} \\ 1.6f_y, & \varepsilon_{e3} \leqslant \varepsilon_s \end{cases}$$
(2-49)

其中 $\varepsilon_e = 0.8f_y/E_s$，$\varepsilon_{e1} = 1.5\varepsilon_e$，$\varepsilon_{e2} = 10\varepsilon_{e1}$，$\varepsilon_{e3} = 100\varepsilon_{e1}$

$$A = 0.2f_y/(\varepsilon_{e1} - \varepsilon_e)^2$$
$$B = 2A\varepsilon_{e1}, \quad C = 0.8f_y + A\varepsilon_e^2 - B\varepsilon_e$$

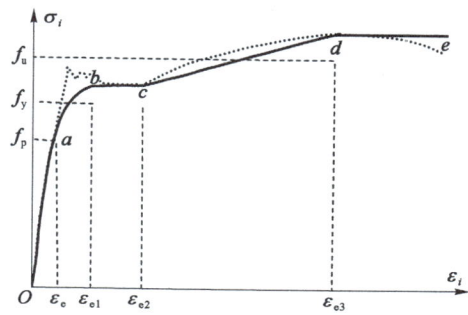

图 2-72 钢管本构关系

（2）混凝土的本构关系模型。混凝土具有不均匀性，且存在天生微裂纹，其工作性能较为复杂。原因是：钢管混凝土受力，钢管约束核心混凝土使得混凝土处于三向受压状态；同时核心混凝土的存在避免或延缓钢管的过早局部屈曲，这两种材料的相互作用使得混凝土的工作性能较为复杂。

钢管混凝土轴心受压时核心混凝土的侧压力是被动的。受荷初期，核心混凝土处于单向受压状态；随着荷载的增大，核心混凝土的纵向、横向变形不断增大，当混凝土横向变形超过钢管的横向变形时，钢管会对核心混凝土产生约束作用，此时，核心混凝土处于三向受压状态。若钢管能够提供足够的约束作用，核心混凝土本构曲线无下降段；反之，若钢管不能够提供足够的约束作用，本构曲线则会有下降段，且随着约束作用的降低，下降段切线斜率的绝对值不断增大。

核心混凝土的应力-应变关系曲线除了和混凝土本身的特性有关，还和结构的约束效应系数 ζ 有关，其计算式为

$$\zeta = \frac{A_s f_y}{A_c f_{ck}} = \alpha\frac{f_y}{f_{ck}} \quad (2-50)$$

式中 A_s、A_c——钢管横截面积、混凝土横截面积；
f_y、f_{ck}——混凝土轴心抗压强度标准值、钢材屈服强度；
α——钢管混凝土截面含钢率。

钢管混凝土约束效应系数 ζ 对混凝土本构关系的影响主要表现为：ζ 值越大，钢管提供的约束作用越强，随着变形的增加，核心混凝土应力-应变关系曲线下降段出现得越晚，甚至无下降段；反之，ζ 值越小，钢管对于核心混凝土的约束作用越小，则混凝土的本构关系曲线出现下降段越早，且下降段的下降趋势随 ζ 值的减小而逐渐增大，如图 2-73 所示。

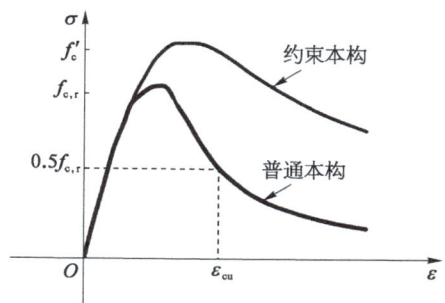

图 2-73 混凝土无约束本构与约束本构

采用刘威提出的核心混凝土应力-应变关系，具体数学表达式如下

$$y = \begin{cases} 2x - x^2, & x \leqslant 1 \\ \dfrac{x}{\beta_0(x-1)^\eta + x}, & x > 1 \end{cases} \quad (2-51)$$

其中 $x = \dfrac{\varepsilon}{\varepsilon_o}$，$y = \dfrac{\sigma}{\sigma_o}$

$\sigma_o = f_c (\text{N/mm}^2)$，$\varepsilon_o = \varepsilon_c + 800\zeta^{0.2} \times 10^{-6}$

$\varepsilon_c = (1\,300 + 12.5f_c) \times 10^{-6}$

$$\eta = \begin{cases} 2 & \text{（圆钢管混凝土）} \\ 1.6 + 1.5/x & \text{（方钢管混凝土）} \end{cases}$$

$$\beta_0 = \begin{cases} (2.36 \times 10^{-5})^{[0.25+(\zeta-0.5)^7]} f_c^{0.5} \times 0.5 \geqslant 0.12 & \text{（圆钢管混凝土）} \\ \dfrac{f_c^{0.1}}{1.2\sqrt{1+\zeta}} & \text{（方钢管混凝土）} \end{cases}$$

4）界面滑移模拟

有限元模型中所有界面法线方向的接触均采用硬接触。面-面接触一般选择刚度较大的面为主面，因此对于加端板与钢管以及加端板与核心混凝土两对接触面中均选择加端板为主面，钢管和核心混凝土均为从面。

钢管混凝土在受力状态下，由于材质本身的差别，钢管与混凝土的变形不一致，因此，研究钢管混凝土力学性能时，考虑界面切线的黏结与滑移，即模拟钢管与核心混凝土的各自变形是必须的。黏结滑移模拟采用库仑摩擦模型（图2-74），界面可以传递剪应力，直到剪应力达到临界值 τ_{crit}，界面之间允许产生相对滑移，滑移过程中界面剪应力保持为 τ_{crit} 不变。界面临界剪应力与界面接触压力成比例，且不小于平均界面黏结力 τ_{bond}（图2-75），即

$$\tau_{crit} = \mu p \geq \tau_{bond} \quad (2-52)$$

式中 μ——界面摩擦系数，钢管与混凝土界面摩擦系数的取值在0.2～0.6，综合文献的研究成果，本节界面摩擦系数取0.6；

τ_{bond}——钢管与核心混凝土之间的平均界面黏结力，本节研究的圆钢管混凝土可根据Roeder(1999)的研究成果，按下式计算

$$\tau_{bond} = 2.314 - 0.0195(d/t) \quad (MPa) \quad (2-53)$$

式中 d——核心混凝土的直径。

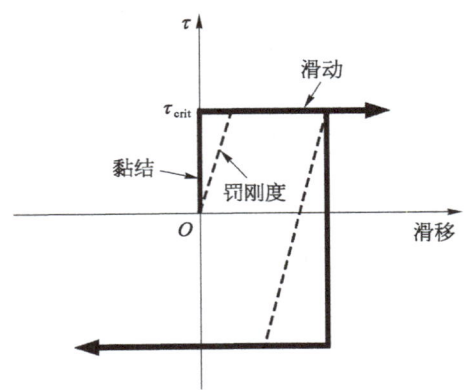

图2-74 界面剪应力与滑移

5）边界条件

本节研究的模型中，钢管混凝土位于顶部与底部两个解析刚体之间，边界条件施加在解析刚

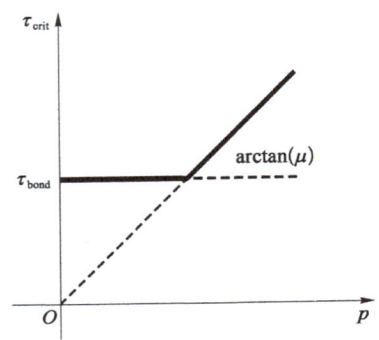

图2-75 界面临界剪应力

体中心，与钢管混凝土柱底部接触的解析刚体参考点的六个方向的自由度都固定，与钢管混凝土柱顶部接触的解析刚体参考点除加载方向外的五个方向的自由度都被固定住。加载方式通过顶部解析刚体中心参考点进行位移加载。加载在垂直于顶部截面的方向，加载位移值为试件高度的6%。

6）特征点选取及计算尺寸

为研究大直径钢管混凝土的约束作用和轴压受力性能，有限元计算参数为径厚比和钢管管径，构件与后续模型试验构件一致。径厚比为70、100和150，管径为219～600 mm，试件计算尺寸见表2-13。为避免端部效应，选取中截面为分析截面。在中截面上选取3个特征点（图2-76），①、②、③点分别为圆心、二分之一半径点、钢管与混凝土交界点，以研究截面上不同位置核心混凝土应力、应变分布和发展。

表2-13 有限元计算试件尺寸

编号	$D \times t \times L/$ (mm×mm×mm)	f_y/MPa	f_c/MPa	ζ	N_{cl}/kN
1	219×3×530	300	15	1.71	1 218
2	325×3×650	300	15	1.24	1 561
3	400×4×800	320	15	1.32	2 354
4	400×6×800	280	15	1.76	3 400
5	600×4×1 200	320	15	0.87	4 208
6	600×6×1 200	280	15	1.15	5 331

注：N_{cl} 为钢管混凝土轴压承载力有限元计算值。

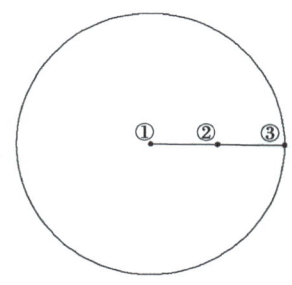

图 2-76 中截面特征点

2.4.2.3 有限元结果分析

1) 荷载-位移曲线

图 2-77 所示为有限元所有试件荷载(N_{cl})-位移关系曲线,可由图见,所有钢管混凝土试件具有相似的荷载-位移关系曲线趋势,径厚比、管径对圆钢管混凝土短柱的轴向荷载-位移趋势影响不大,加载过程分为弹性段、弹塑性段和强化段三个阶段。其他条件不变,随着试件管径增大,荷载-位移曲线弹性阶段越长,弹塑性阶段短且过渡段陡峭;随着试件径厚比增大,荷载-位移曲线弹性阶段越长,弹塑性阶段短。在加载初期,钢管混凝土试件处于弹性阶段,试件荷载-位移曲线均呈线性增长,其纵向压缩变形增长缓慢,随着加载继续,圆钢管混凝土的承载力达到极限承载力之后有较长的水平段,试件有比较长的延性段。

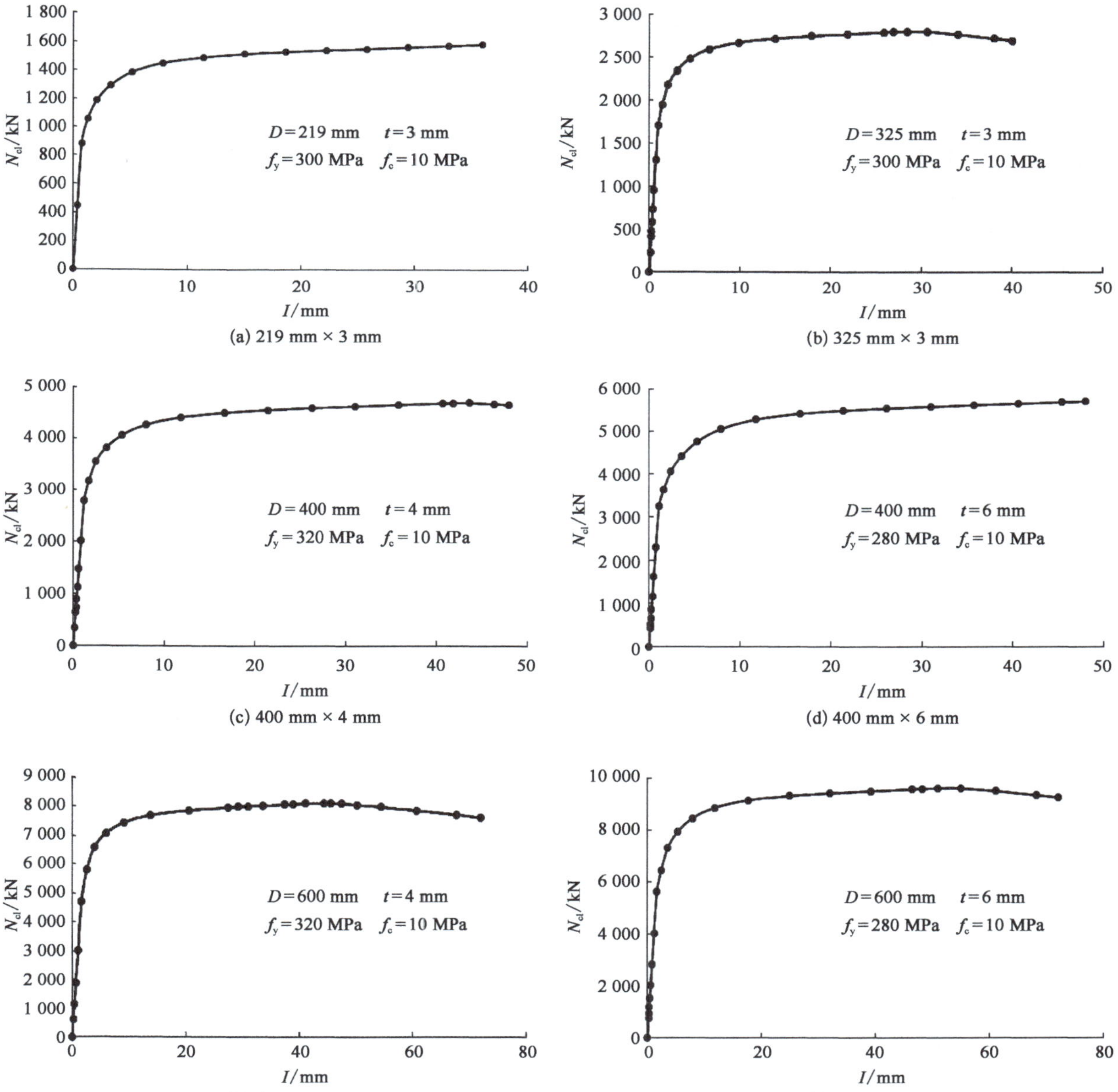

(a) 219 mm × 3 mm

(b) 325 mm × 3 mm

(c) 400 mm × 4 mm

(d) 400 mm × 6 mm

(e) 600 mm × 4 mm

(f) 600 mm × 6 mm

图 2-77 所有试件 N_{cl} 关系曲线

图 2-78 所示为钢管混凝土轴压破坏形态及应力云图。在轴压作用下，试件发生了鼓屈破坏，颜色较深的部位应力较大，特别是在试件中部位置。

2) 等效应力-应变曲线

根据钢管混凝土统一理论，采用圆钢管混凝土轴心受压时的名义压应力 $\sigma_{sc}=N_{cl}/A_{sc}$，用整体试件的纵向压应变，即核心混凝土的纵向压缩应变 $\varepsilon_c=l/L$（L 为试件高度）来研究圆钢管混凝土轴压短柱的变形性能。$\sigma_{sc}-\varepsilon_c$ 关系曲线离散性较小，是统一荷载-变形关系的表征，如图 2-79 所示，所有试件具有相似的 $\sigma_{sc}-\varepsilon_c$ 关系曲线趋势。从图中可得规律：① 随着管径增大，试件的名义应力呈现减小的趋势，且 $\sigma_{sc}-\varepsilon_c$ 关系曲线斜率增大；试件径厚比对圆钢管混凝土的 $\sigma_{sc}-\varepsilon_c$ 关系有一定的影响。② 试件直径为 400 mm 时，壁厚 6 mm 的试件比壁厚 4 mm 的试件有更大的峰值应力和峰值应力对应的应变；径厚比小的试件峰值应力及峰值应力对应的应变更大，这是因为其约束效应系数 ξ 较大时，钢管对核心混凝土起到较大的约束作用，提高了组合截面的承载能力和试件的延性。

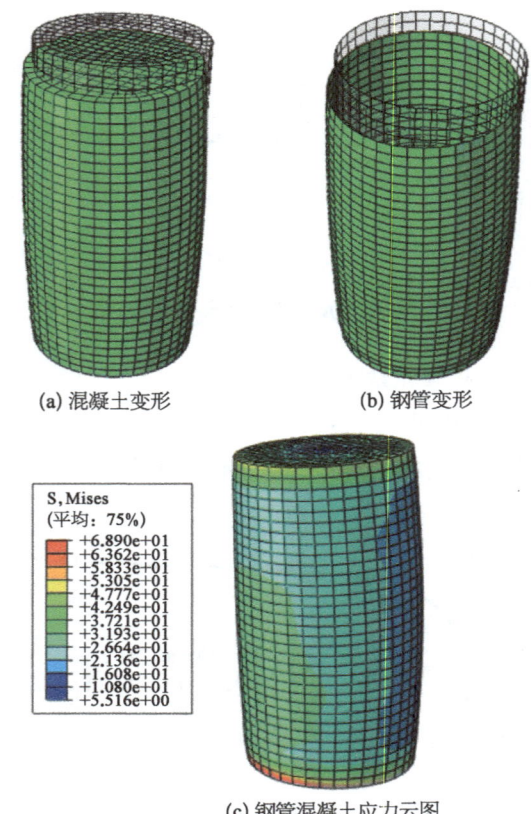

(a) 混凝土变形　　(b) 钢管变形

(c) 钢管混凝土应力云图

图 2-78 模型破坏状态及应力

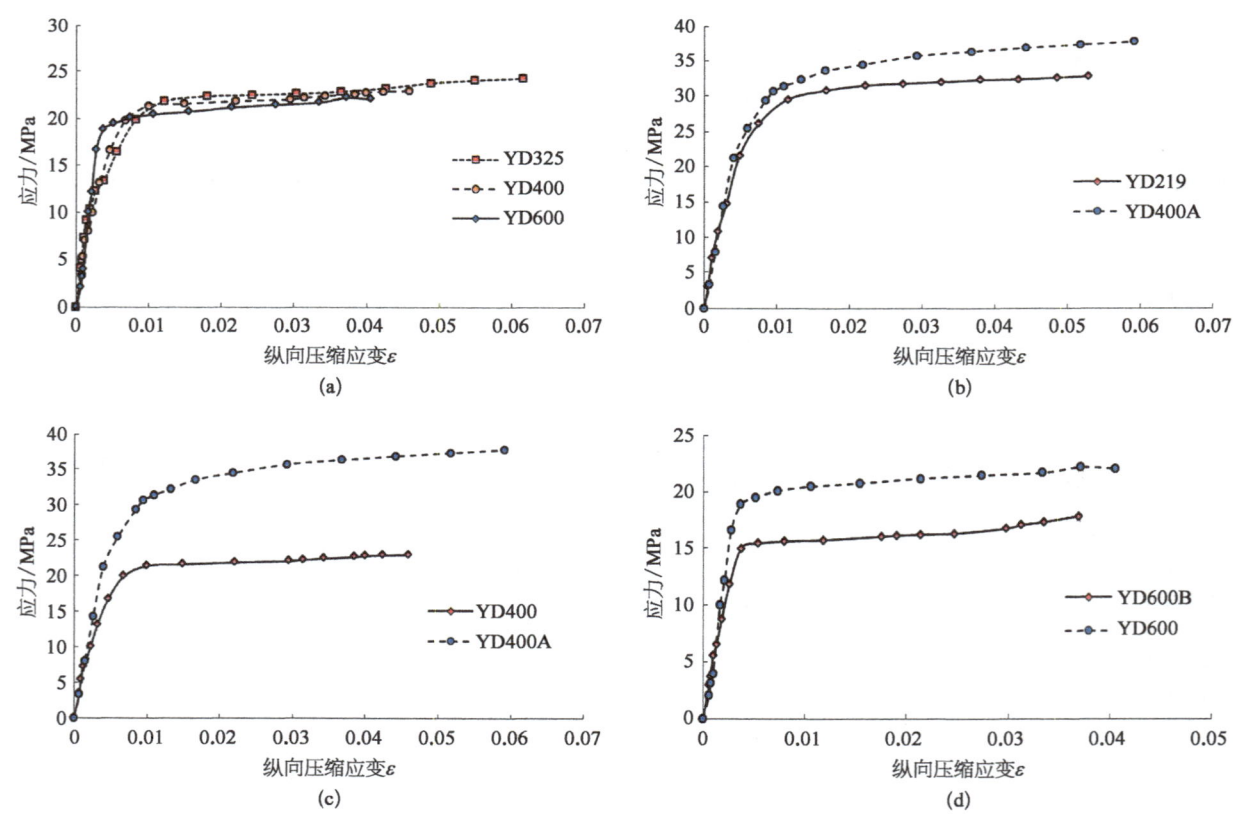

图 2-79 所有试件 $\sigma_{sc}-\varepsilon_c$ 关系曲线

3) 组合弹性模量

根据已经得到的试件在轴心受压全过程中 σ_{sc}-ε_c 关系曲线,取 $0.6N_c$ 前 σ_{sc}-ε_c 关系曲线斜率作为其组合弹性模量,所得到试件组合弹性模量见表2-14。如图2-80所示为钢管混凝土 E_{sc}-ε_c 曲线。研究表明,钢管管径越大,试件初始组合弹性模量 E_{sc0} 越大;径厚比越大的钢管混凝土试件有更小的初始组合弹性模量 E_{sc0},组合弹性模量即试件抵抗轴向压缩的刚度。

表2-14 试件组合弹性模量

试件编号	E_{sc}/MPa	试件编号	E_{sc}/MPa
YD219	22 432	YD400A	22 542
YD325	18 200	YD600	18 155
YD400	18 293	YD600B	16 832

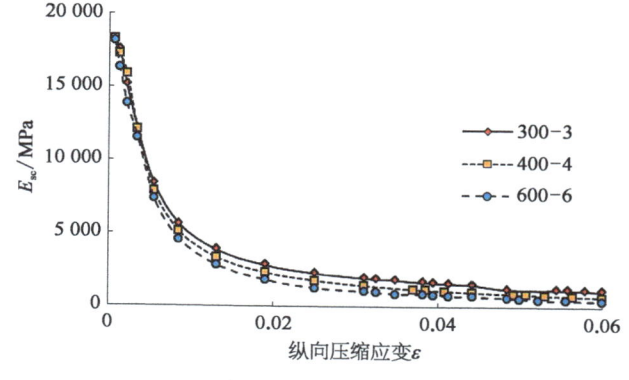
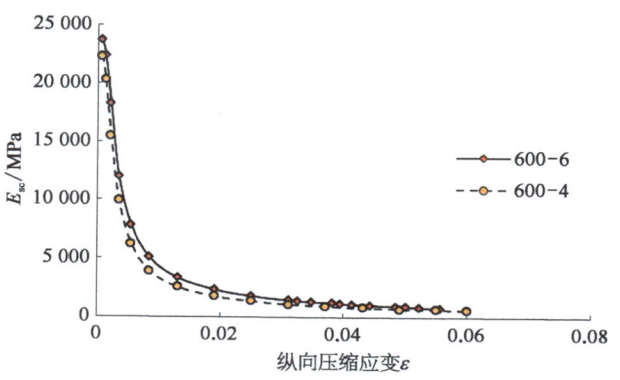

图2-80 试件 E_{sc}-ε_c 关系曲线

随着圆钢管混凝土被压缩,试件的组合弹性模量逐渐降低,随着轴向压力的施加,核心混凝土微裂纹不断变大成宏观裂纹,宏观裂纹不断拓展逐渐被压碎,试件的组合强度和刚度逐渐降低,最终失去承载能力而破坏。用弹性模量的变化来定义损伤是当前研究系统较为有效的方法,为了定量分析试件的损伤程度,引入组合损伤度 $D=1-E_{sc}/E_{sc0}$。所得到的 D-ε_c 关系曲线如图2-81所示。在试件加载初期,$E_{sc}=E_{sc0}$,$D=0$,即试件没有发生损伤。在加载末期,损伤度接近1.0,试件已经接近完全破坏。所有试件的损伤趋势相似,径厚比和管径对圆钢管混凝土的 D-ε_c 关系影响不大。从上述分析可知,E_{sc}-ε_c 曲线和 D-ε_c 曲线所揭示的其实均为钢管混凝土在轴心受压过程中,试件组合弹性模量不断退化和损伤不断积累的规律。

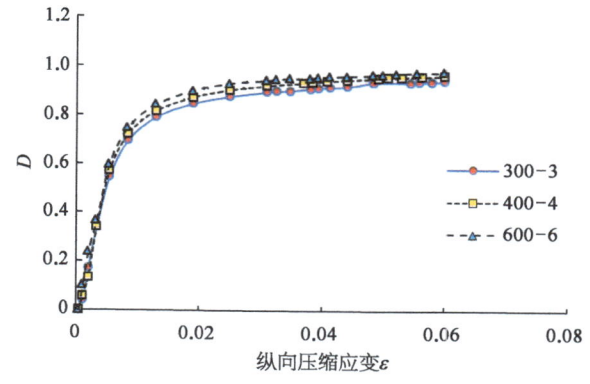
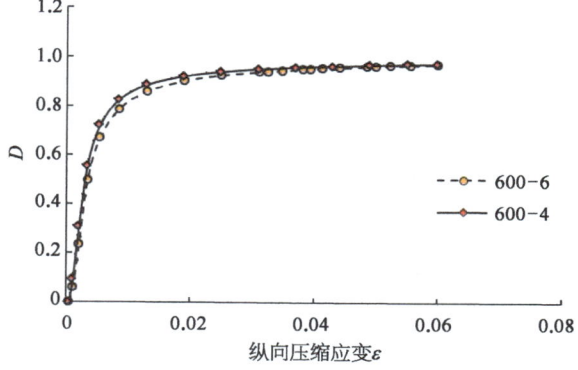

图2-81 试件 D-ε_c 关系曲线

4) 截面应力分布和发展

图2-82所示揭示了钢管混凝土特征点加载过程中应力变化情况,钢管混凝土截面上不同位置核心混凝土的应力随荷载变化不一致,在加载初期圆心点、二分之一半径点和边界点的应力变化一致,曲线呈直线增长;随着荷载的增加,曲线逐渐偏离直线,钢管开始局部屈服,这直接影响钢管对钢管-混凝土界面上特征点的约束作用,边界点的应力开始

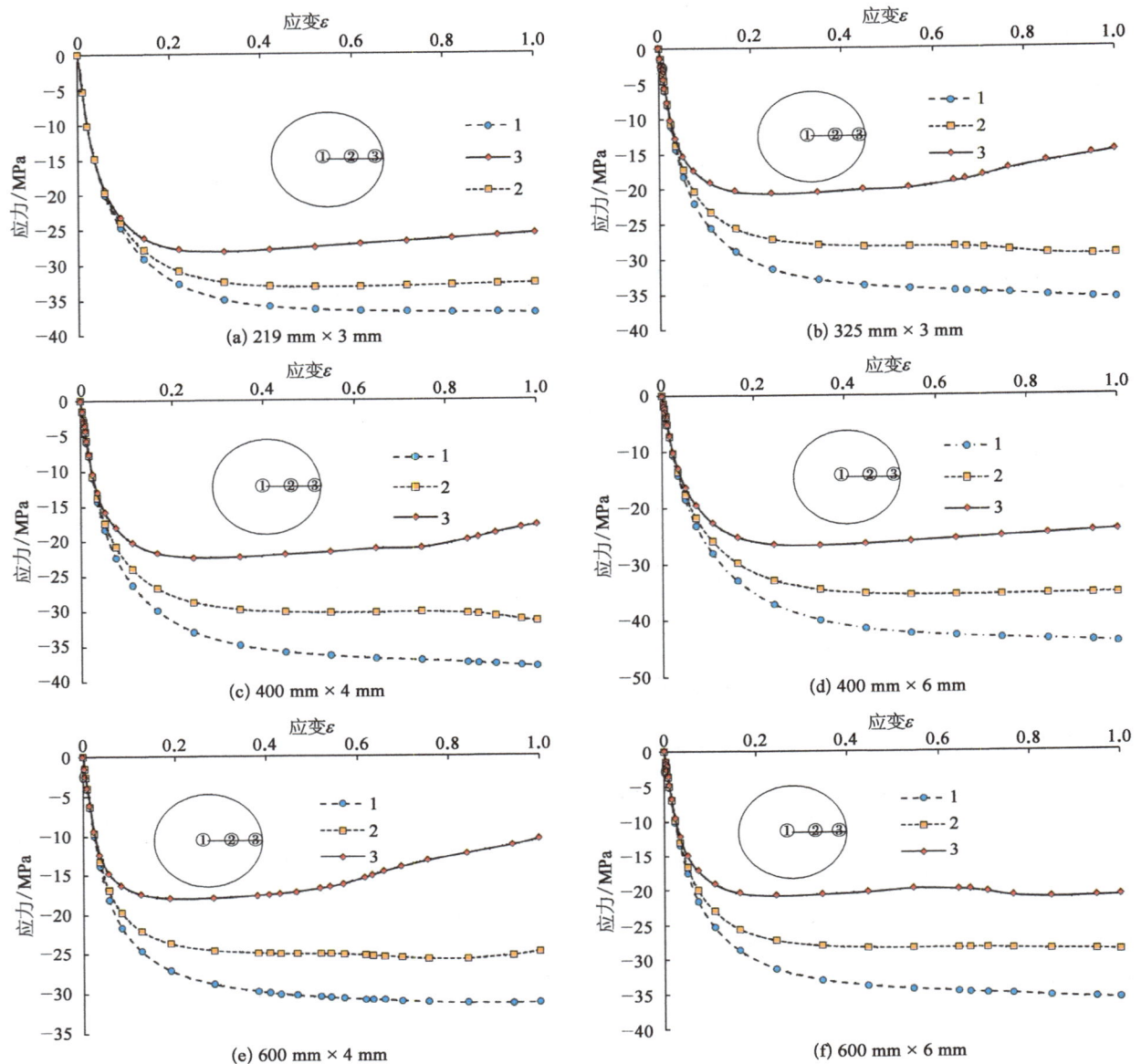

图 2-82 特征混凝土特征点加载过程中应力变化

下降,但外钢管对圆心点的约束作用仍然较好,圆心点特征点的应力仍然在增加,随着进一步加载,二分之一半径特征点的应力也开始下降,圆心点的应力基本持平或小幅度下降,且沿半径方向,由内到外特征点的应力逐渐减低。这主要是因为同截面不同位置核心混凝土受钢管约束作用不同,钢管管径越大,约束作用越弱。

图 2-83 揭示了核心混凝土特征点加载过程中应力-应变关系曲线,在加载初期,圆心点、二分之一半径点和边界点的应力-应变曲线变化一致;随着加载继续,钢管开始局部屈服,边界点的应力开始下降,钢管对混凝土截面边界点的约束作用减弱,对圆心处的约束作用继续增加。直至达到极限荷载,混凝土截面处应力基本无下降。

2.4.3 模型试验研究

2.4.3.1 试验概况

有限元计算分析表明,钢管直径增大后,钢管横向不能有效地约束核心混凝土,同一截面上不同位置处的约束作用也不一致,钢管混凝土力学性能、破坏模式、峰值应力及对应峰值应变、横向变形系数、损伤分析以及承载力等均发生改变。因此,通过大直径钢管混凝土轴压约束效应和力学性能试验研究,准确揭示钢管管径、径厚比对轴压力学性能和约

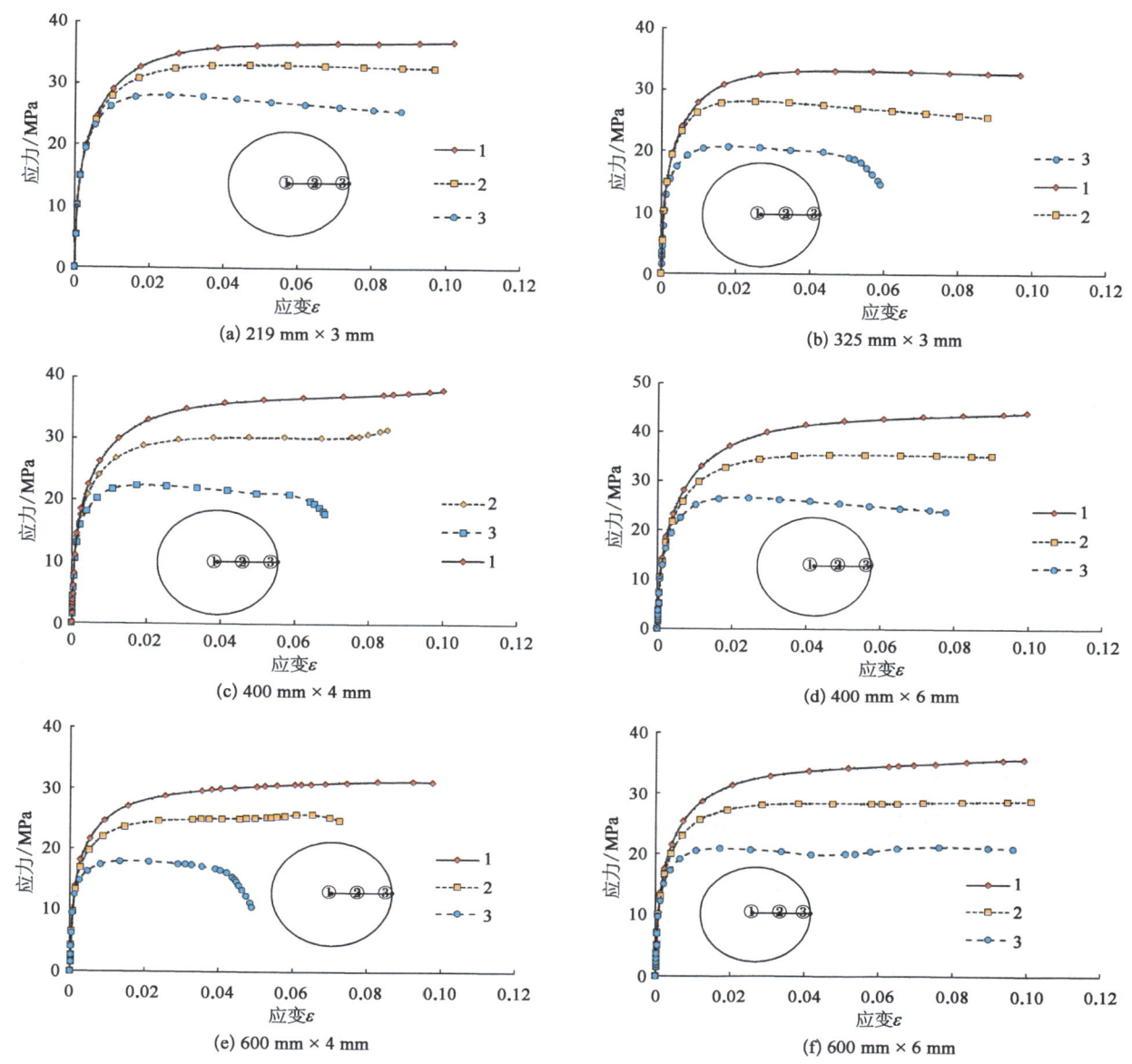

图 2-83 核心混凝土特征点应力-应变关系曲线

束效应的影响规律。① 进行 12 个不同直径(219～600 mm)、不同径厚比(70～150)的圆钢管混凝土短柱轴压试验;② 将钢管混凝土轴压承载力试验值与名义承载力公式计算值进行对比,分析研究大直径钢管混凝土极限承载力提升幅度及其影响因素;③ 将大直径钢管混凝土试验数据与有限元分析数据对比研究,建立大直径钢管混凝土受力机理和承载能力计算方法。

2.4.3.2 试验设计

1) 试件的设计及制作

钢管管径设计 4 种,分别为 219 mm、325 mm、400 mm 和 600 mm;径厚比设计 3 种,分别为 70、100 和 150。试件的长径比 L/D 为 2～2.5,钢管型号为 Q235。对比 YD325、YD400、YD600 三组试验组,探究钢管管径对钢管混凝土轴压力学性能和约束效应的影响;对比 YD400、YD400B 和 YD600、YD600B 两对试验组,探究径厚比对钢管混凝土轴压力学性能和约束效应的影响。YD219 为基础试验组,试验共 6 组 12 个试件,设计参数见表 2-15。

按照试验精度和质量要求,完成钢管混凝土试件的加工、制作、养护等工作,其主要过程如图 2-84 所示。

表 2-15　轴压试件尺寸

组　数	试件编号	径厚比	外径 D/mm	壁厚 t/mm	高度 L/mm	N_e/kN
1	YD219-1	70	218.9	2.98	530	1 235
	YD219-2		219.1	3.05	530	1 167
2	YD400A-1		400	5.97	800	3 442
	YD400A-2		400	5.99	800	3 445
3	YD325-1	100	325.1	2.95	650	1 661
	YD325-2		325	2.98	650	1 720
4	YD400-1		400	4.02	800	2 572
	YD400-2		400	3.97	800	2 574
5	YD600-1		600	5.98	1 200	5 540
	YD600-2		600	5.99	1 200	5 393
6	YD600B-1	150	600	4.1	1 200	4 186
	YD600B-2		600	4.12	1 200	4 301

注：试件命名方法为，首字母 Y 表示加载为轴压，D 表示钢管外径，阿拉伯数字表示圆钢管的外尺寸。N_e 为钢管混凝土轴压承载力试验值。

图 2-84　钢管混凝土试件前期加工制作、养护过程

2) 材料性能

(1) 钢材。试验钢板厚度分别为 3 mm、4 mm 和 6 mm，每种厚度钢板均加工 3 个拉伸试件。按照规范规定对试验钢管卷制材料进行材料力学性能测试。钢材留样尺寸如图 2-85 所示。

依照标准试验方法进行拉伸试验的钢管材料性能见表 2-16，图 2-86 为拉伸加载设备，图 2-87 为材性试件拉伸之后的破坏现象。

图 2-88 给出了各种钢管钢材性能试件的拉伸应力-应变曲线，通过钢材拉伸试验得到的应力-应变曲线分析，可以得到钢材的屈服应力 f_y 以及弹性模量 E_s。

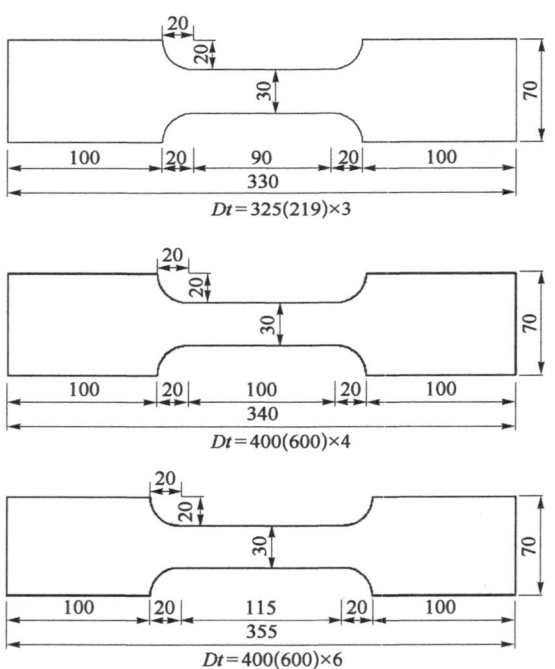

图 2-85　钢材性能试件尺寸详图

(2) 混凝土。试验所有钢管混凝土试件均采用 C15 商品混凝土统一浇注，通过强度指标和工作性能的测试确保试件质量，混凝土配合比见表 2-17。

表 2-16 钢管材料力学性能

编号	截面尺寸 $D \times t$/(mm×mm)	f_y/MPa	E_s/MPa
YD219	219×3	302	2.09×10⁵
YD325	300×3	297	2.09×10⁵
YD400	400×4	312	1.96×10⁵
YD400A	400×6	280	1.98×10⁵
YD600B	600×4	326	2.01×10⁵
YD600	600×6	283	1.96×10⁵

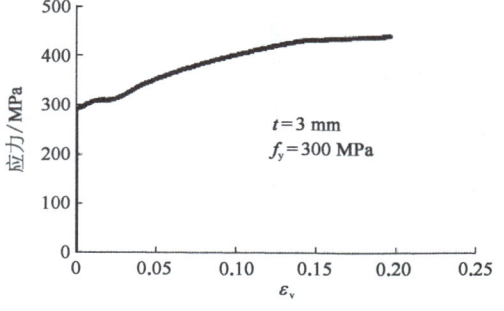
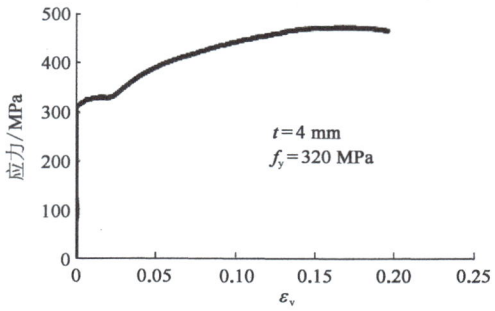
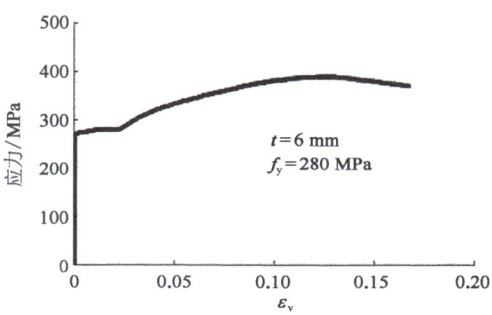

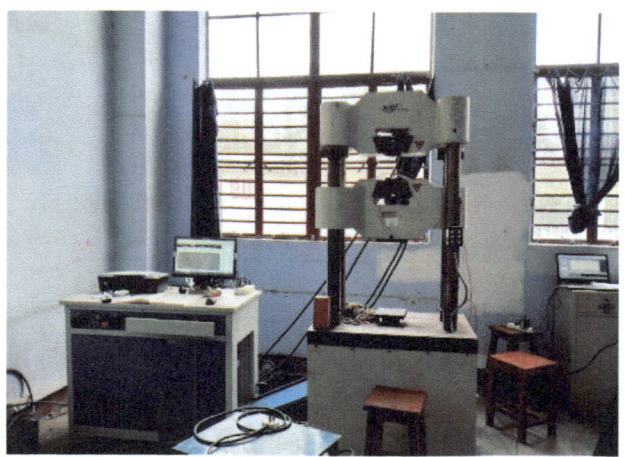

图 2-86 材性试验加载设备

图 2-88 钢材拉伸应力-应变曲线

表 2-17 混凝土配合比   单位：kg/m³

设计强度等级	水泥	粉煤灰	砂	小石	大石	外加剂	水	砂率
C15	145	85	917	298	695	1.3%	142	48%

图 2-87 材性试件破坏现象

图 2-89 混凝土材性试件

留样 2 组共 6 个 150 mm×150 mm×150 mm 标准立方体试块和 2 组共 6 个 150 mm×150 mm×300 mm 标准弹性模量试件，图 2-89 所示为混凝土材性试件。采用电液伺服压力试验机进行轴压试验，图 2-90 所示为加载设备。

图 2-90 加载设备

混凝土材料性能试验结果见表 2-18。

表 2-18 混凝土材料力学性能

试块编号	f_{cu}/MPa	$\bar{f}_{cu}$/MPa	E_c/MPa
试块组 1	15.1	15.3	11 500
	15.2		
	15.7		
试块组 2	15.2	14.8	11 855
	14.8		
	14.5		

3）试验加载方案

（1）试验设备。试验采用 2000T 液压加载系统加载。为了测量钢管混凝土在轴压作用下的应变，在试件中截面按间隔 90°位置粘贴 4 组应变片，每组包括 1 个纵向应变片和 1 个横向应变片，以测量钢管的纵向应变和横向应变；为测量轴压作用下混凝土的应变，在内部混凝土中截面上圆心点、二分之一半径点和钢管-混凝土交界点在纵、横向各埋设一个应变计，以测量混凝土的纵向应变和横向应变。为了测量钢管混凝土的压缩变形，在试件周围按间隔 90°对称布置 4 个位移传感器。位移计、应变计、应变片的布置及试件加载设置如图 2-91 所示。

（2）加载方案。试验正式加载前进行预压，预压荷载取预计极限荷载的 30%，试验采用分级加载形式，分四个阶段进行：① 荷载加至预计极限荷载的 40%，每级所加荷载值取预计极限荷载的 1/10，每级荷载加载持续时间 2 min；② 荷载加至预计极限荷载的 40%~50%，每级所加荷载值取预计极限

(a) 加载设备

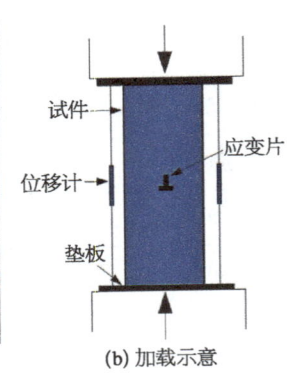

(b) 加载示意

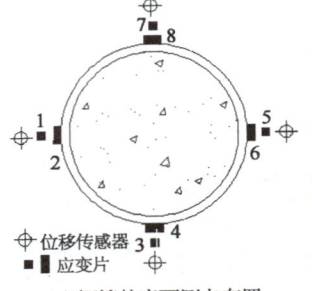

(c) 钢管外表面测点布置

(d) 核心混凝土内部应变计布置

图 2-91 加载装置与应变计、应变片布置位置

荷载的 1/20，每级荷载加载持续时间 2 min；③ 当荷载加至极限荷载的 60%~80%时，加载速度采取慢速连续加载，每级所加荷载值取预计极限荷载的 1/20，每级荷载加载持续时间 2 min；④ 当荷载加至荷载-位移曲线呈现下降趋势后改为位移控制，加载速率定为 1 mm/min 左右。

荷载的卸载准则：① 试件轴向压缩量达到试件高度的 6%；② 钢管外表面出现爆裂或焊缝爆裂；③ 试件承载力下降至极限荷载的 85%。

2.4.3.3 试验结果

1）试验受力全过程及破坏形态

完成了 6 组共计 12 个不同直径的圆钢管混凝土试件的轴压试验。在加载初期，试件处于弹性阶段，钢管表面无明显变化。随着荷载增加接近极限荷载的 60%时，试件进入弹塑性阶段，钢管表面有少量白色油漆脱落，且试件上下两端部出现局部鼓屈，试件轴向压缩变形随荷载增长而快速增加，试件整体膨胀。试验加载的荷载继续增加，钢管屈服部位逐渐增多，中部位置开始出现鼓屈，当荷载接近极限荷载时，试件内部发出混凝土破坏的响声。管径和径厚比对试件破坏模式基本无影响，试件均呈腰鼓型破坏，如图 2-92 所示。由于管内混凝土强度较低，钢管外表面有明显皱褶破坏现象。

第 2 章 钢管混凝土材料与结构技术

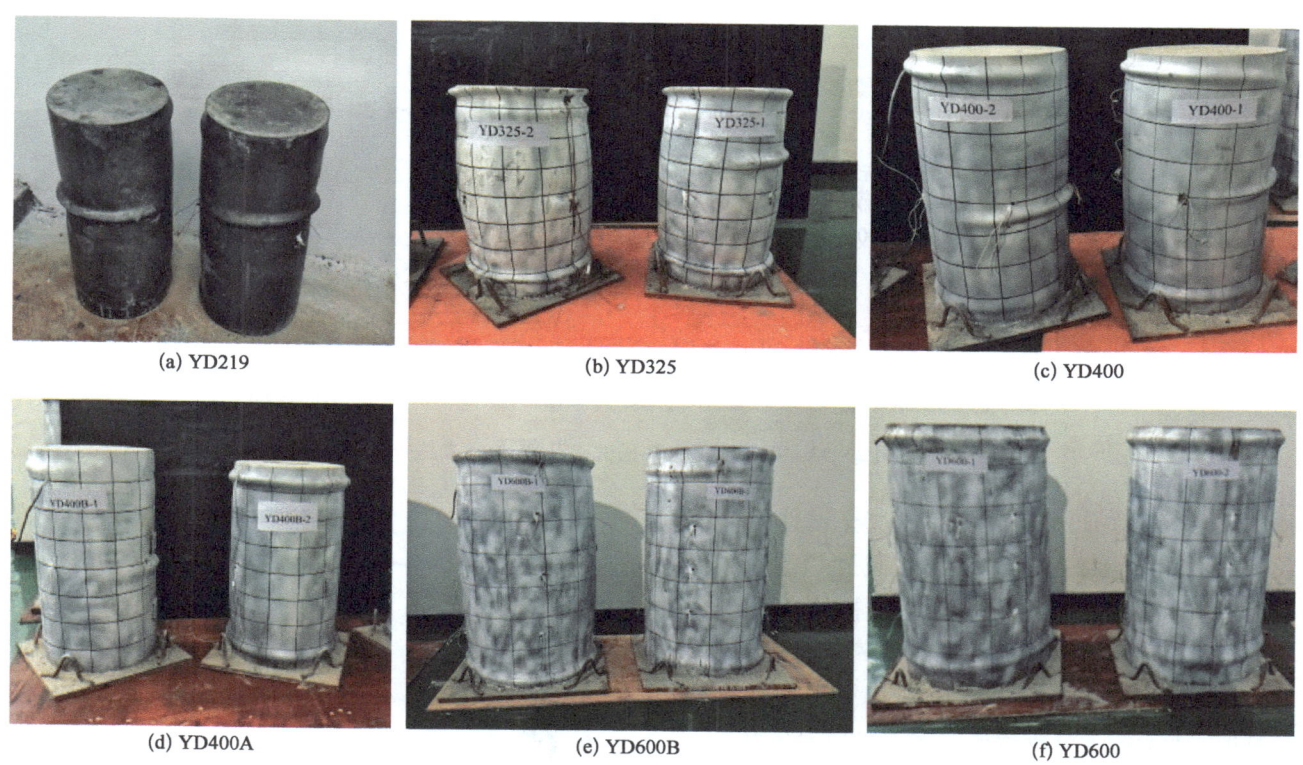

图 2-92 钢管混凝土试件的破坏形态

图 2-93 所示揭示了 12 根钢管混凝土轴压试件的荷载-位移曲线与有限元模型对比结果：① 所有试件均具有相似的荷载-位移关系，管径和径厚比对大直径钢管混凝试件的荷载-位移关系曲线趋势

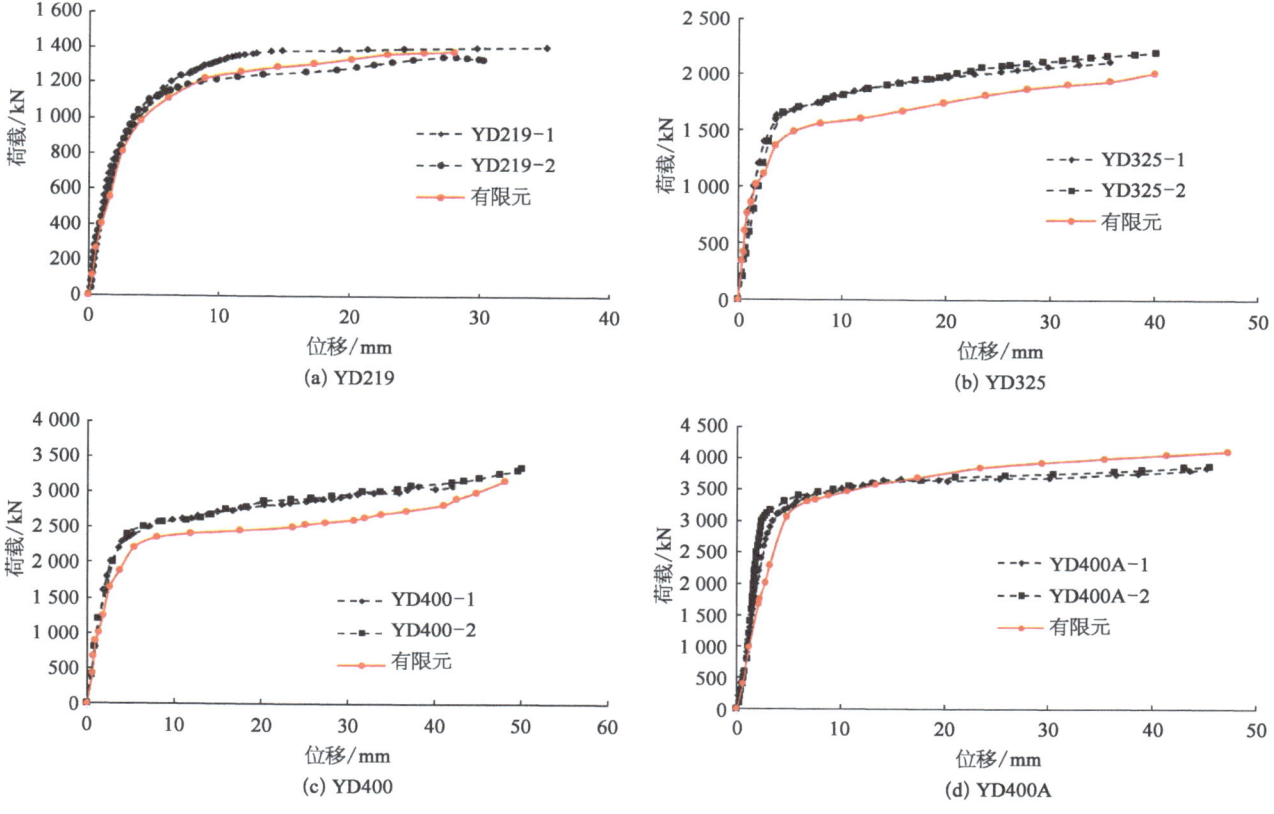

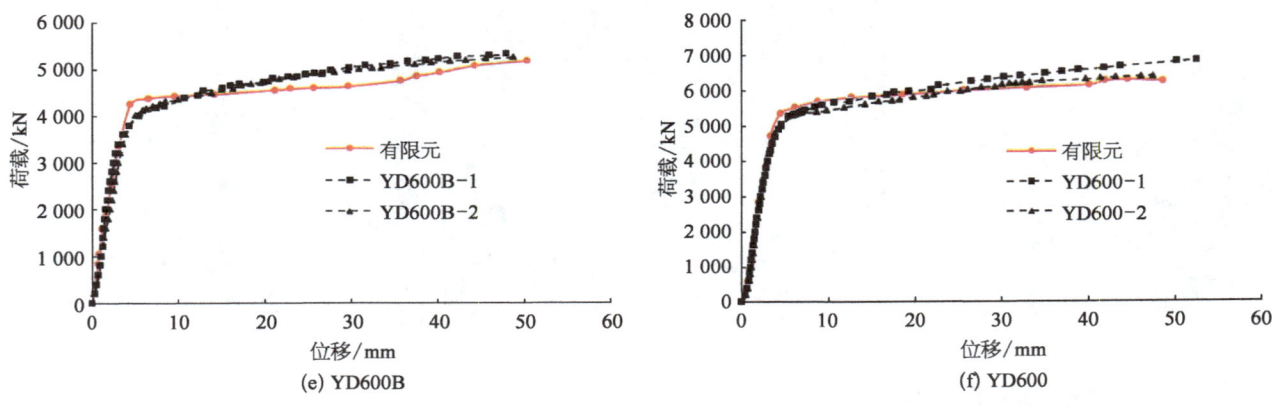

图 2-93　钢管混凝土轴压试验荷载-位移曲线

影响不大；② 在加载初期，钢管混凝土试件的荷载-位移曲线大致为一直线，直至加载到极限荷载的 60%，试件荷载-位移曲线逐渐偏离初始直线，之后荷载随着位移缓慢增长，达到极限荷载后，荷载-位移曲线趋向于水平直线；③ 试验实测钢管混凝土荷载-位移曲线与有限元分析荷载-位移曲线吻合较好。

2）荷载-应变曲线

图 2-94 所示为钢管混凝土试件的荷载-纵向应变曲线，该曲线表明钢管混凝土轴压试件力学性能稳定，相同参数的两个试件，试验数据离散性小。加载前期试件处于弹性阶段，试件的纵向压缩应变增长缓慢，荷载-纵向应变曲线呈线性变化；当荷载继续增大至 $0.6N_e$ 时，试件进入弹塑性阶段，此时钢管屈服，不能有效限制内部核心混凝土微裂缝的发展，纵向变形明显增大，试件纵向应变急速增长，此时荷载-纵向应变曲线出现明显拐点；随后荷载-纵向应变曲线一直呈缓慢增长趋势，试件呈现优异的延性性能。

3）名义应力-应变曲线

试件的名义应力为荷载除以试件的截面面积（$\sigma_{sc}=N_e/A_{sc}$），图 2-95 所示为钢管混凝土轴压试件的名义应力-纵向应变关系曲线，图中每条曲线均为各组两个相同尺寸试件名义应力-纵向应变曲线的算术平均值。

2.4.3.4 试验结果分析

1）组合弹性模量

根据钢管混凝土试件破坏过程和试件荷载-位移曲线的分析可知，加载过程中荷载在 $0.6N_e$ 前时，试件处于弹性阶段，因此，假定 $0.6N_e$ 为分界点，取

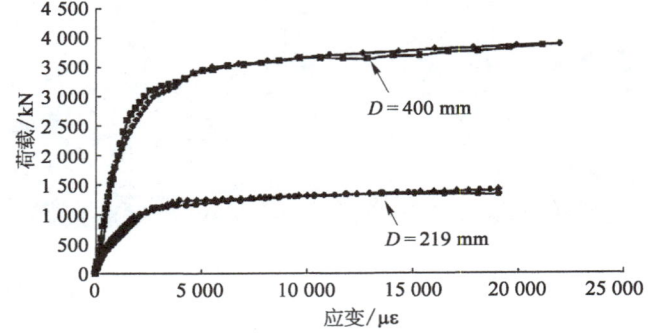

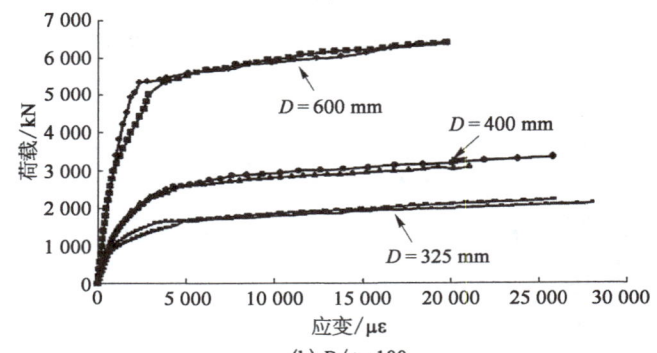

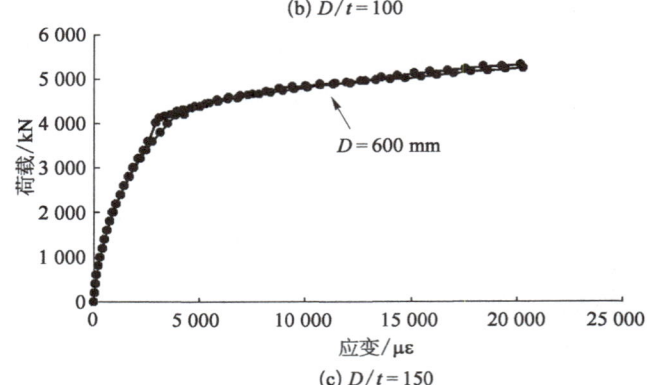

图 2-94　钢管混凝土荷载-纵向应变曲线

名义应力-纵向应变曲线段斜率作为试件的组合弹性模量，试验数据见表 2-19。

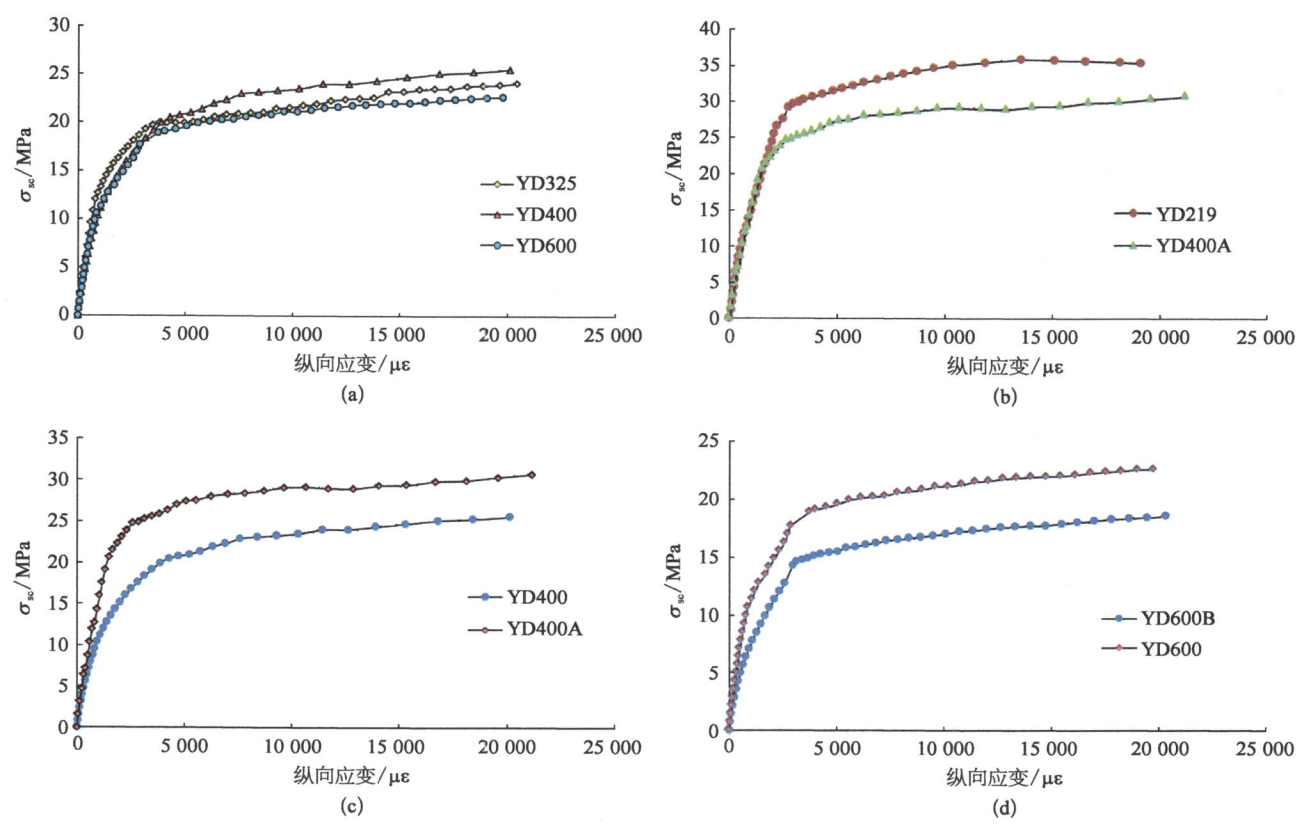

图 2-95 钢管混凝土名义应力-纵向应变曲线

表 2-19 钢管混凝土试件组合弹性模量

试件编号	E_{sc}/MPa	试件编号	E_{sc}/MPa
YD219-1	21 432	YD325-1	17 700
YD219-2	21 195	YD325-2	17 689
YD400-1	17 300	YD400A-1	22 342
YD400-2	17 120	YD400A-2	22 455
YD600-1	18 955	YD600B-1	17 100
YD600-2	18 754	YD600B-2	17 152

图 2-96 所示为钢管管径和径厚比对钢管混凝土组合弹性模量的影响规律：① 随着管径增加，试件组合弹性模量未发现单调递增或者单调递减的趋势，但整体上有增大的趋势。主要原因是：弹性模量是试件轴压弹性阶段的一种性质，在该阶段钢管与混凝土单独承受轴向压力，钢管和核心混凝土相互作用力很小。② 随着试件径厚比的增加，试件组合弹性模量呈现减小趋势，相比于试件 YD400，试件 YD400A 径厚比从 70 增加到 100，试件组合弹性模量从 21 399 MPa 减小至 17 695 MPa，这是因为钢管的弹性模量大于混凝土的弹性模量，随着径厚比的

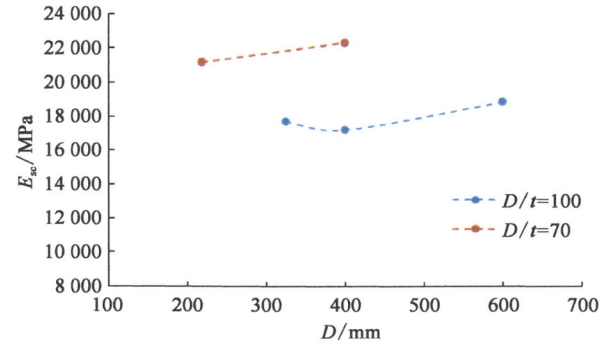 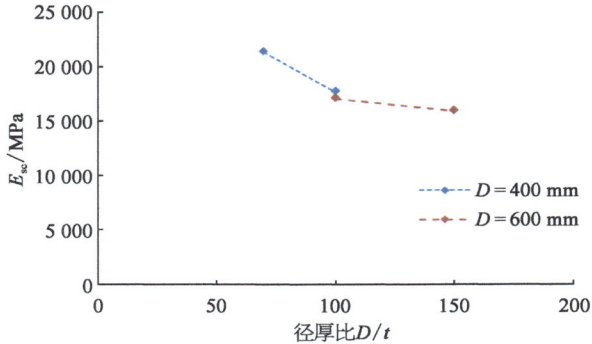

图 2-96 管径和径厚比对组合弹性模量的影响

增加,钢管面积占总面积比例减小,钢管对核心混凝土约束作用减弱。

2) 损伤分析

随着钢管混凝土在轴心受压下轴向压缩,试件组合弹性模量呈现逐渐降低趋势,核心混凝土本身存在微裂纹,随着轴向压力的增加,微裂纹继续加大,汇合成宏观裂纹,宏观裂纹不断加大,核心混凝土逐渐被压缩,试件的组合强度逐渐降低,最终失去承载能力,试件完全破坏。为了定量分析试件的损伤程度,引用文献中试件的组合损伤度 $D = 1 - E_{sc}/E_{sc0}$,E_{sc0} 为试件初始组合弹性模量(试件抵抗轴向压缩的刚度)。图 2-97 所示为钢管混凝土试件的组合弹性模量 E_{sc}-纵向应变 ε 曲线,图 2-98 所示为钢管混凝土试件组合损伤度 D-纵向应变 ε 关系曲线。

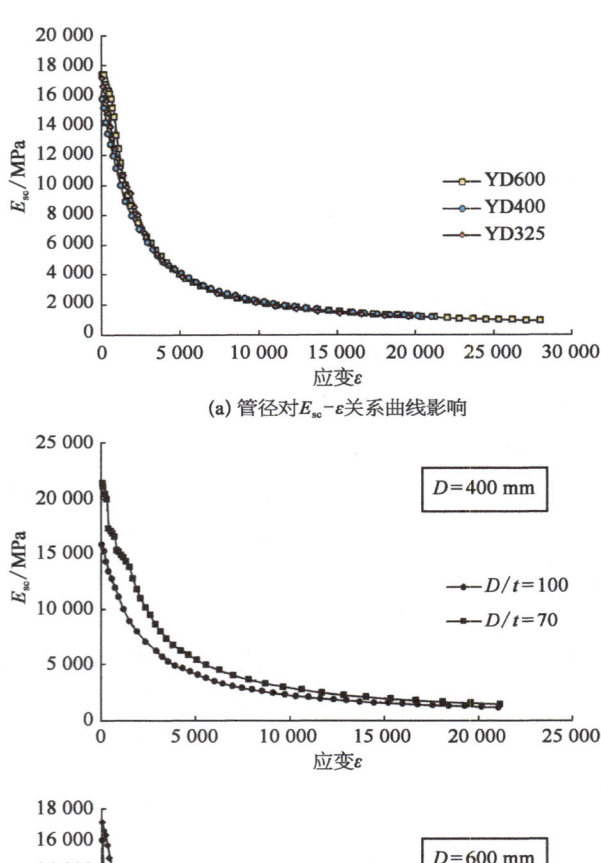

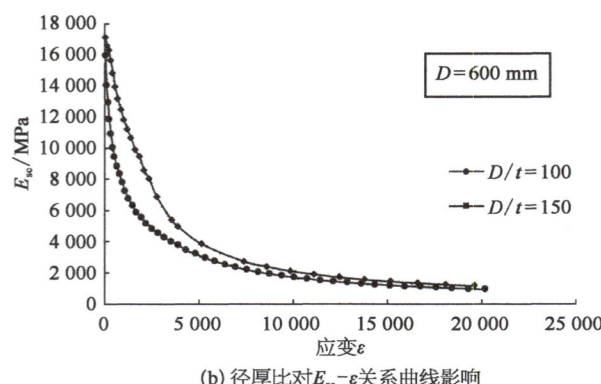

图 2-97 钢管混凝土 E_{sc}-ε 关系曲线

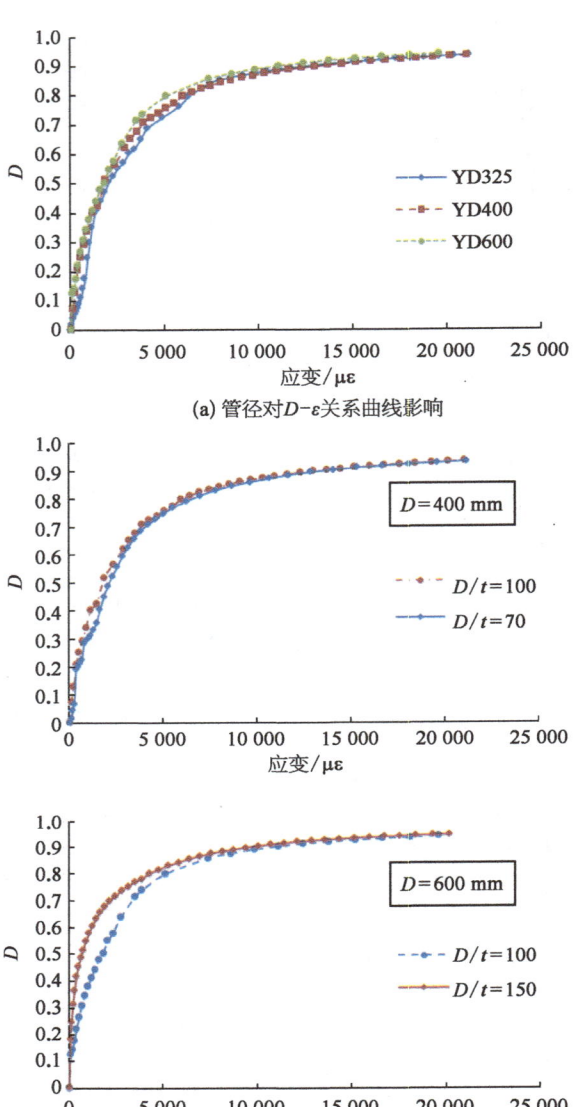

图 2-98 钢管混凝土 D-ε 关系曲线

图中表现的规律为:① 试件径厚比为 100 时,随着管径增加,钢管混凝土的初始刚度有增大趋势,刚度退化速率也随之增快;② 径厚比对钢管混凝土刚度退化有一定影响,径厚比越小,退化速率越慢。试件管径为 400 mm 时,径厚比从 100 降至 70,初始刚度从 17.1 GPa 升至 21.3 GPa。试件管径为 600 mm 时,径厚比从 150 降至 100,初始刚度从 15.9 GPa 升至 17.1 GPa,径厚比越小,退化速率越慢。

3) 钢管混凝土峰值应力和峰值应变

峰值应力和峰值应变是研究钢管混凝土轴压力学性能的主要内容之一。峰值应力 σ_e 表示钢管混凝土试件在极限荷载时截面的应力,峰值应变是钢管混凝土试件截面峰值应力对应的应变值,用 ε_e 表示。表 2-20 所列为试验中所有钢管混凝土试件的峰值应力和所对应的峰值应变数据。

表 2-20 钢管混凝土试件峰值应力和峰值应变

试件编号	σ_e/MPa	ε_e/με	试件编号	σ_e/MPa	ε_e/με
YD219-1	30.10	6 103	YD325-1	20.49	5 368
YD219-2	29.80	6 089	YD325-2	20.51	5 388
YD400-1	20.03	4 707	YD400A-1	27.40	5 077
YD400-2	19.99	4 685	YD400A-2	27.50	5 088
YD600-1	19.33	3 881	YD600B-1	14.75	3 383
YD600-2	19.40	3 945	YD600B-2	14.10	3 258

图 2-99 所示为钢管管径和径厚比对钢管混凝土峰值应力的影响,图 2-100 所示为钢管管径和径厚比对钢管混凝土峰值应变的影响。

图 2-99 揭示的主要规律为:① 管径对钢管混凝土峰值应力存在一定的影响。相同径厚比的钢管

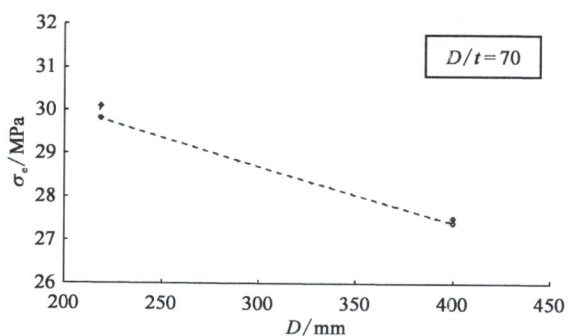

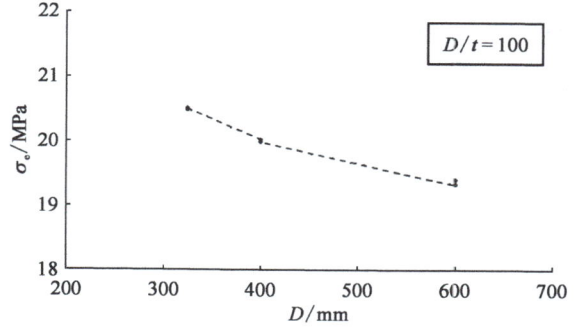

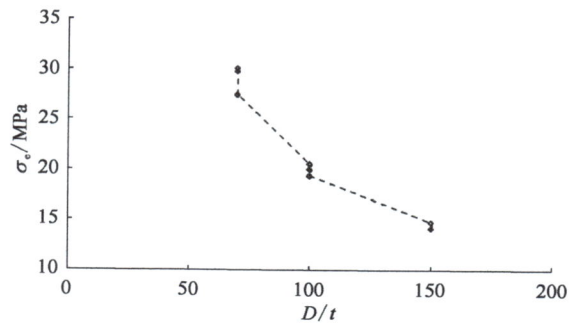

图 2-99 管径和径厚比对钢管混凝土峰值应力的影响

混凝土试件,随着试件直径的增大,其峰值应力均有减小的趋势。例如,对于径厚比均为 100 的三组试件,钢管管径由 325 mm 增加到 600 mm 时,其峰值应力从 20.5 MPa 下降至 19.33 MPa,峰值应力分别减小 5.7%。这是因为管径增加后,大直径钢管混凝土中钢管对核心混凝土的约束作用弱于同径厚比小直径钢管混凝土。② 钢管混凝土径厚比对峰值应力也存在一定的影响,随着径厚比的增加,相同直径的试件的峰值应力呈现下降的趋势。例如,对于钢管管径为 400 mm 的两组试件,径厚比由 70 增加到 100 时,钢管混凝土峰值应力从 27.45 MPa 下降至 20.01 MPa;对于钢管管径为 600 mm 的两组试件,径厚比从 100 增加至 150 时,钢管混凝土峰值应力由 19.37 MPa 下降至 14.43 MPa,其下降趋势显著。这是因为钢管混凝土中钢管的约束作用抑制了核心混凝土内部裂缝的开展,径厚比的增加,相当于减小钢管所占面积,钢管对核心混凝土的约束作用也随之减弱。

图 2-100 揭示的主要规律为:① 管径对钢管混凝土峰值应变存在一定的影响。对于径厚比为 100 的钢管混凝土试件 YD325、YD400 和 YD600,其峰值应变的均值分别为 5 368 με、4 707 με、3 945 με,随着管径的增大,峰值应变分别减小 12.3%、26.5%;② 径厚比对钢管混凝土峰值应变也存在一定的影响,径厚比越大,其试件峰值应变越小。例如,对于钢管管径为 400 mm 的两组试件,径厚比由 70 增加到 100 时,钢管混凝土峰值应变从 5 083 με 下降至 4 707 με,峰值应变减小 7.4%,这也是因为试件径厚比增加,钢管对核心混凝土的约束作用减弱,不能较好地抑制核心混凝土内部裂缝发展。

4) 横向变形系数

图 2-101 所示为名义应力-钢管纵向应变曲

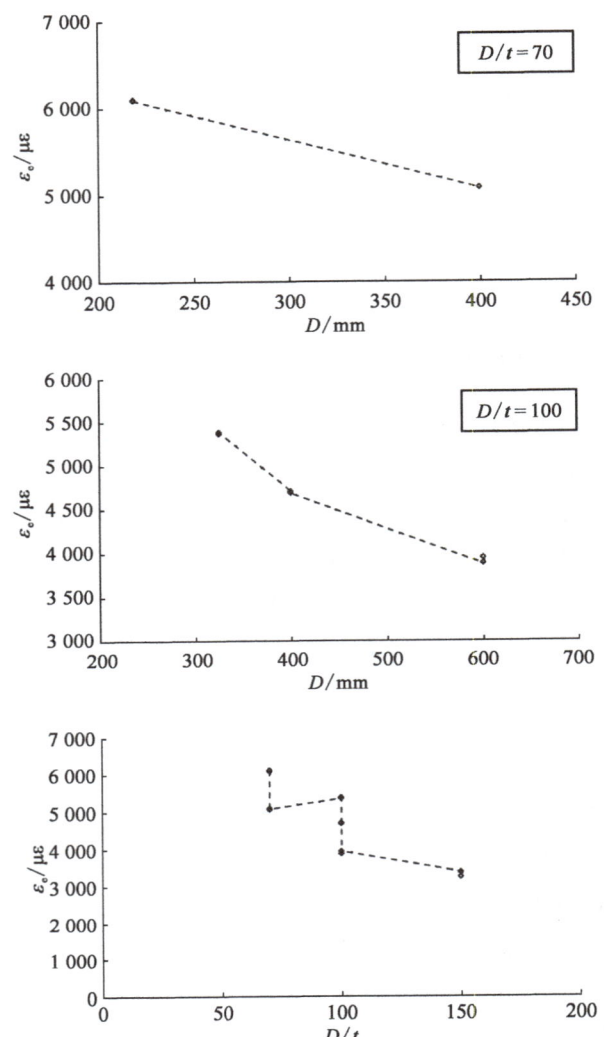

图 2-100 管径和径厚比对钢管混凝土峰值应变的影响

线、名义应力-钢管横向应变曲线以及横向变形系数随名义应力增长的变化规律。

图 2-101 揭示的主要规律为：① 在加载初期，试件的横向变形系数在 0.28～0.31 波动，接近钢材的泊松比；随后试件进入弹塑阶段，管内混凝土微裂纹发展而开始横向膨胀并挤压钢管。试件径厚比为 100 时，管径从 325 mm 增加至 600 mm，分别达到极限强度的 90%、80% 和 60% 左右时，横向应变的增长速率较纵向应变加快，横向变形系数开始增长，这是因为管径增大后，钢管对核心混凝土的约束作用减弱，混凝土受到的横向约束减弱，试件横向变形系数越早开始增长。在本试验中，试件横向变形系数变化规律受管径影响较小；② 径厚比越大，横向变形系数越早开始增长，且增长速率较缓慢。对于试件

YD600B，达到极限强度的 50% 左右，横向变形系数就出现增长，钢管对核心的横向约束作用更弱，试件横向变形系数变化规律受径厚比影响较小，随着荷载继续加载，钢管逐渐屈服，钢管不能有效约束混凝土的横向变形，致使横向应变的增加幅度较纵向应变大；达到极限荷载后，管内混凝土横向膨胀进一步加快，横向变形系数也显著增长，甚至大于 0.5，截面横向变形显著发展，在试件外壁可观察到整体膨胀和局部屈曲。

5) 截面不同位置核心混凝土应变分布

钢管混凝土截面上，不同位置核心混凝土的应变分布规律，是研究钢管混凝土约束作用的重点。图 2-102 所示为加载过程中不同位置处核心混凝土应变发展情况。混凝土纵向应变为埋设在混凝土内部的应变计实测应变值。

图 2-102 揭示的主要规律为：① 加载初期，试件处于弹性阶段，试件中截面上圆心点的应变和边界点的应变在弹性段影响不大，圆心点、二分之一半径点和边界点的纵向应变基本一致；进入弹塑性段，钢管逐渐开始屈服，中截面上圆心点、二分之一半径点和边界的纵向应变开始不均匀变化；直至加载结束各特征点的纵向应变差值越来越大；② 对于相同（相近）含钢率的三组试件，试件尺寸由 325 mm 增加到 600 mm，中截面上圆心点的纵向应变与边界点的纵向应变差值由 581 增加至 1 312，这是因为截面尺寸变大后，钢管对核心混凝土的约束作用变弱，钢管抑制核心混凝土破坏的能力减弱；③ 对于相同（相近）直径的两组试件，随着壁厚从 4 mm 增加到 6 mm，中截面上圆心点的纵向应变与边界点的纵向应变差值由 890 减小至 840。这是因为径厚比的降低增加了钢管所占面积，钢管对核心混凝土的约束作用随之增强。

6) 承载力提升幅度

钢管混凝土轴压承载力试验结果 N_e 见表 2-21，同时给出了名义承载力 N_c（不考虑钢管与核心混凝土之间的相互作用，单纯取钢管和混凝土的承载力之和），按下式计算

$$N_c = A_s f_y + A_c f_c \quad (2-54)$$

DI 为承载力提升幅度，定义为极限承载力与名义承载力的比值，即

$$DI = \frac{N_e}{N_c} \quad (2-55)$$

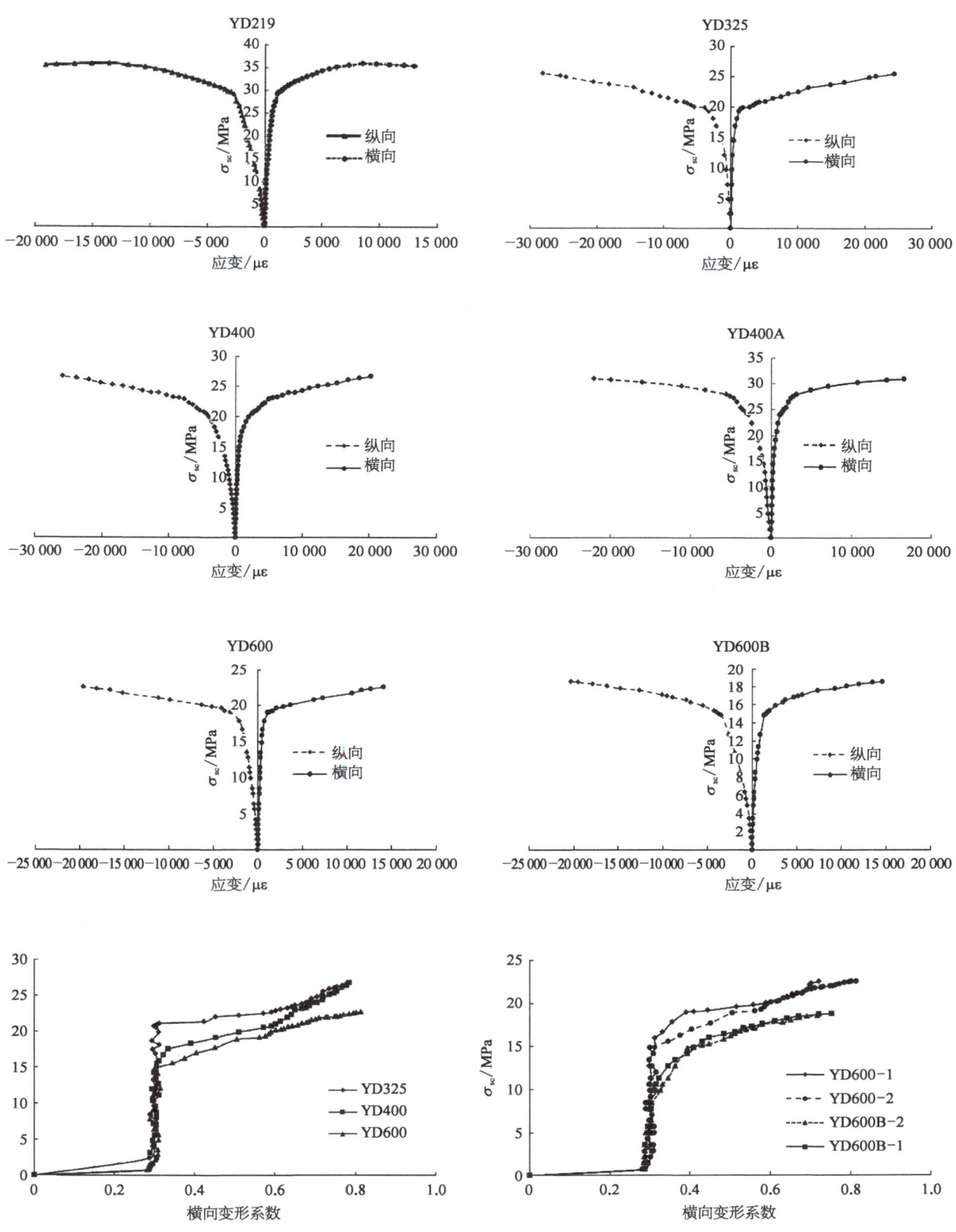

图 2-101　钢管混凝土横向变形系数

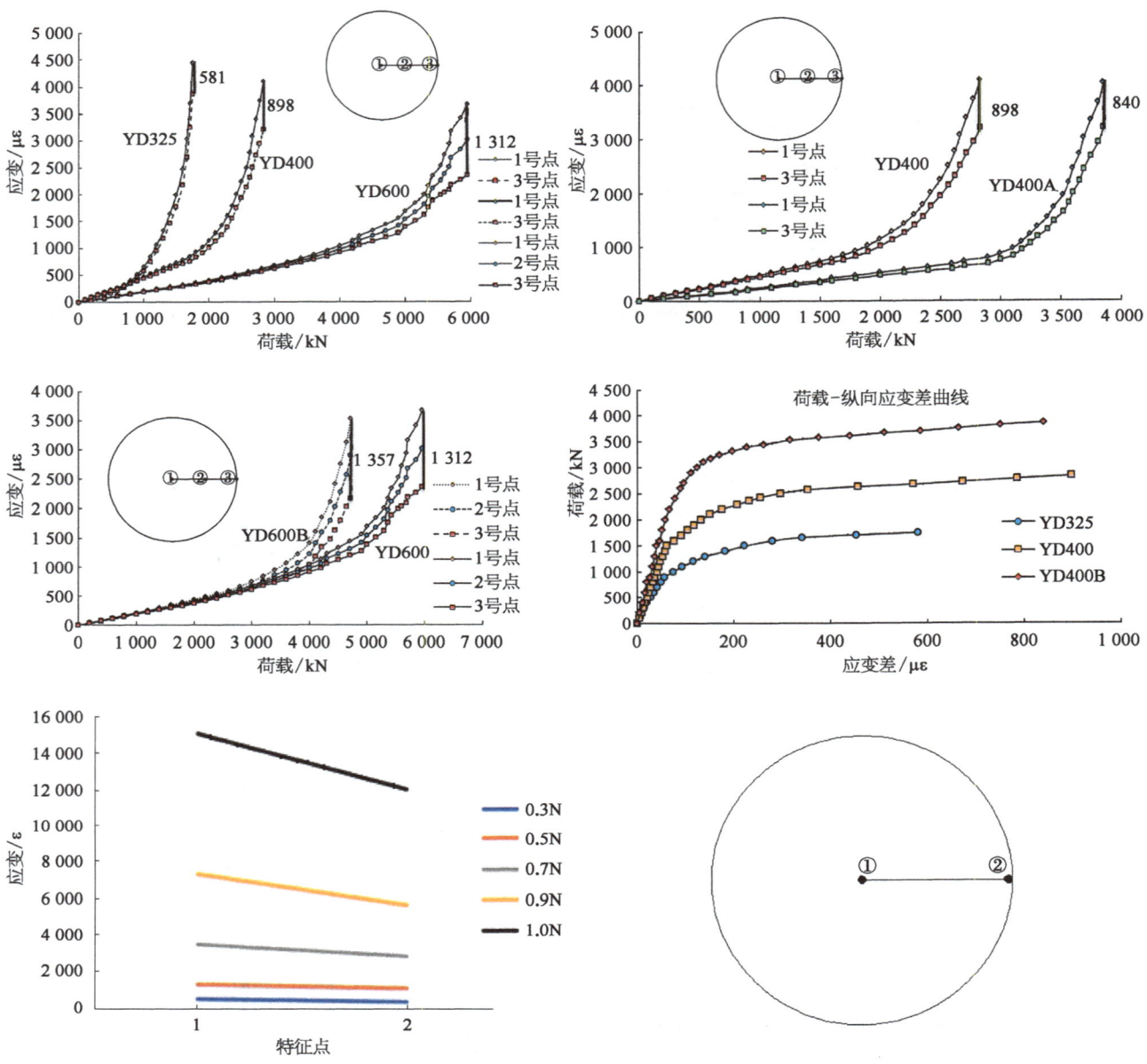

图 2-102 核心混凝土荷载-应变曲线

表 2-21 钢管混凝土轴压承载力试验结果

组 数	试件编号	$D×t×L/(mm×mm×mm)$	径厚比	N_e/kN	N_c/kN	DI
1	YD219-1	218.9×2.98×530	70	1 235	834	1.48
	YD219-2	219.1×3.05×530		1 167		1.39
2	YD400A-1	400×5.97×800		3 442	2 537	1.36
	YD400A-2	400×5.99×800		3 445		1.36
3	YD325-1	325.1×2.95×650	100	1 661	1 248	1.33
	YD325-2	325×2.98×650		1 720		1.38

续 表

组 数	试件编号	$D×t×L/(\mathrm{mm}×\mathrm{mm}×\mathrm{mm})$	径厚比	N_e/kN	N_c/kN	DI
4	YD400-1	400×4.02×800	100	2 572	1 978	1.3
	YD400-2	400×3.97×800		2 574		1.3
5	YD600-1	600×5.98×1 200		5 540	4 451	1.24
	YD600-2	600×5.99×1 200		5 393		1.21
6	YD600B-1	600×4.1×1 200	150	4 186	3 604	1.16
	YD600B-2	600×4.12×1 200		4 301		1.19

根据试验测试结果,图2-103所示揭示了管径对试件承载力 N_e 的影响规律:① 试件径厚比相等时,随着管径的增大,试件的极限承载力越高,但承载力提升幅度越小。例如,径厚比为100的钢管混凝土试件,钢管管径从325 mm 增加至 400 mm 和 600 mm 时,其试件钢管混凝土极限承载力的提升幅度由1.38分别下降到1.3和1.23。这是由于随着试件管径的增大,钢管对核心混凝土的约束作用减弱,从而使得核心混凝土微裂纹未受到有效抑制,核心混凝土更早破坏。② 随着径厚比的减小,试件的极限承载力越高,承载力提升幅度越大。例如,管径为400 mm 试件径厚比从100减小到70时,试件极限承载力提升幅度由1.3增加到1.36,直径为600 mm 的试件径厚比由150减小到100时,试件极限承载力提升率由1.17增加到1.23,这是由于试件径厚比越小,钢管对混凝土的约束作用越强,很好地抑制了混凝土的脆性破坏,试件的承载能力增加。

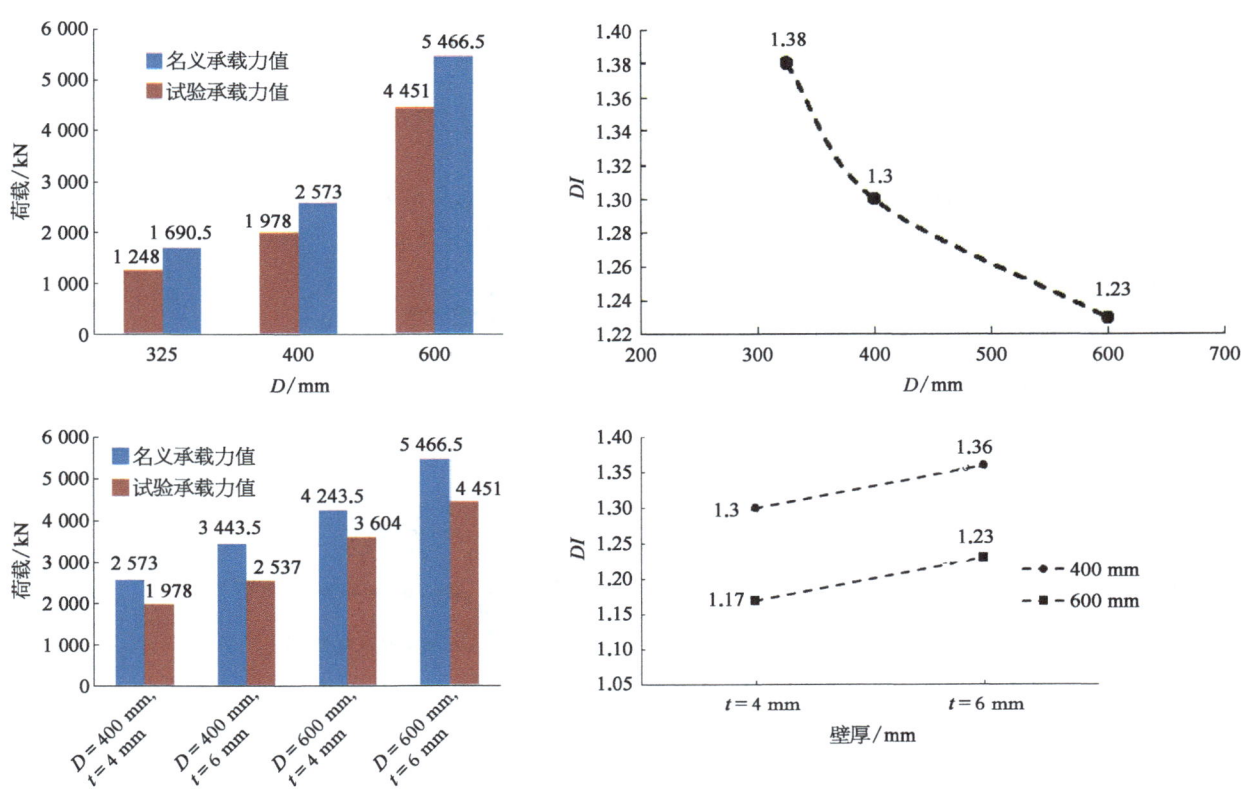

图 2-103 管径和径厚比对承载力提升幅度的影响

2.4.4 参数分析

2.4.4.1 主要目标任务

根据有限元计算分析和模型试验数据成果,对大直径钢管混凝土的力学行为和极限承载力计算公式进行探讨。主要包括:① 用有限元模型进行混凝土强度、钢材强度等试验未研究因素对大直径钢管混凝土轴压力学性能和约束效应的影响研究,同时进行更大直径的钢管混凝土的探究;② 将钢管混凝土轴压承载力试验结果与公式计算结果进行对比分析,进而对大直径钢管混凝土轴压承载力计算公式进行修正。对比规范包括EC4(Eurocode 4)、AIJ 2008、AISC 360-10、GB 50936—2014、JTG/T D65-06—2015、CECS 28:2012。

2.4.4.2 参数分析

1) 大直径钢管混凝土约束效应和轴压力学性能

有限元分析中钢材强度为Q235、混凝土强度等级为C15,径厚比$D/t=80$,试件长径比$L/D=2$,钢管管径分别为300 mm、900 mm、1 200 mm、1 500 mm和1 800 mm。有限元模型具体参数见表2-22。钢管混凝土截面上选取3个点为特征点,如图2-76所示。

表 2-22 有限元模型计算尺寸

组数	试件编号	$D×t×L/(mm×mm×mm)$	D/t	f_y/MPa	f_c/MPa	N_{cl}/kN	N_c/kN	N_{cl}/N_c
1	D300	300×3.75×600	80	235	20	3 365	2 164	1.55
2	D900	900×11.25×1 800	80	235	20	29 742	19 876	1.50
3	D1200	1 200×15×2 400	80	235	20	52 886	36 225	1.46
4	D1500	1 500×18.75×3 000	80	235	20	82 633	58 102	1.42
5	D1800	1 800×22.5×3 600	80	235	20	118 974	87 907	1.35

图2-104所示为超大直径钢管混凝土轴压荷载-位移曲线。由图可知,所有钢管混凝土试件具有相似的荷载-位移关系曲线趋势,加载过程分为弹性段、塑性段和强化段三个阶段。其他条件不变,随着试件管径增大,荷载-位移曲线弹性阶段变长,弹塑性阶段短且过渡段陡峭;随着试件径厚比增大,荷载-位移曲线弹性阶段变长,弹塑性阶段短。在加载初期,钢管混凝土试件处于弹性阶段,试件荷载-位移关系曲线呈直线,其纵向压缩变形增长缓慢;随着加载继续,圆钢管混凝土的承载力达到极限承载力之后呈现较长的水平段,原因是当圆钢管达到屈服时,圆钢管仍然能对核心混凝土起到约束作用,使得试件有比较长的延性段。

图2-105所示为加载过程中超大直径钢管混凝土应力σ_{sc}-纵向应变ε_c关系曲线。应力$\sigma_{sc}=N_c/A_{sc}$,其中N_c为轴向荷载,A_{sc}为圆钢管混凝土横截面面积。从图中可以看出:随着管径增大,试件的峰值应力呈现减小的趋势,且$\sigma_{sc}-\varepsilon_c$关系曲线斜率增大。这是由于管径增大后,圆钢管对核心混

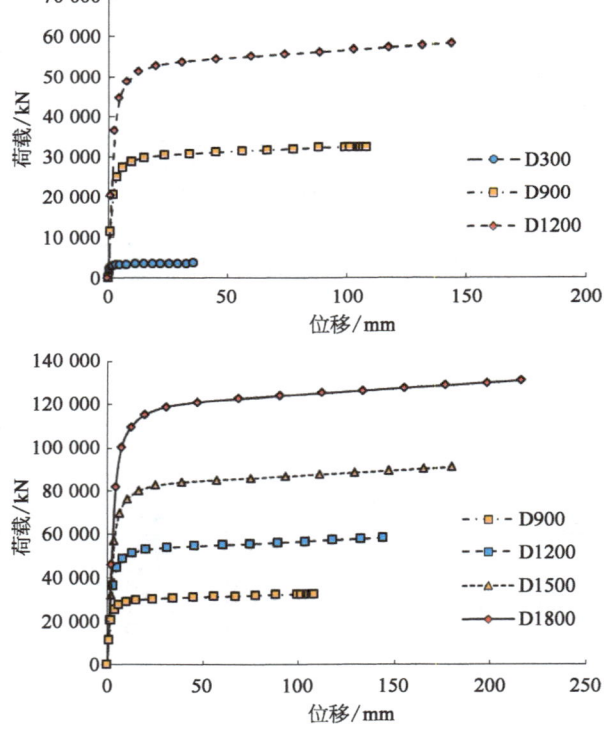

图 2-104 钢管混凝土轴压试验荷载-位移曲线

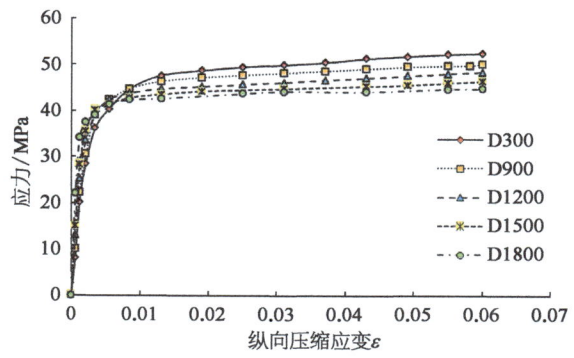

图 2-105 所有试件 σ_{sc}-ε_c 关系曲线

凝土约束作用减弱,组合截面的承载能力减弱。

图 2-106 所示为超大直径钢管混凝土试件组合弹性模量 E_{sc}-ε_c 关系曲线,图 2-107 所示为超大

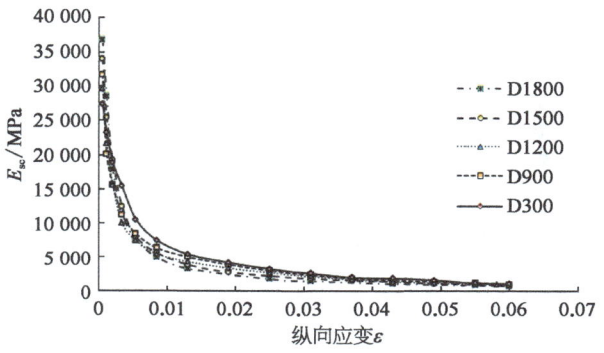

图 2-106 试件 E_{sc}-ε_c 关系曲线

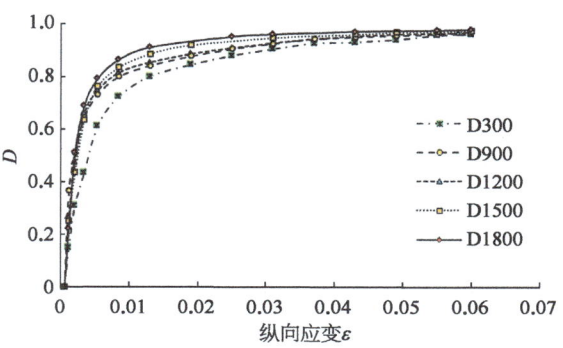

图 2-107 试件 D-ε_c 关系曲线

直径钢管混凝土组合损伤度 D-ε_c 关系曲线。从图中可以看出,随着管径增大,钢管混凝土试件的初始弹性模量 E_{sc0} 越大,且刚度退化速率越快。

图 2-108 所示为加载过程中超大直径钢管混凝土中截面不同位置核心混凝土的应力、应变发展情况。从图中可以看出,中截面上不同位置核心混凝土的应力、应变随荷载变化规律不一致,在加载初期中截面圆心点、二分之一半径点和边界点的应力变化一致,曲线呈直线增长;随着荷载的增加,曲线逐渐偏离直线,随着进一步加载,二分之一半径点的应力基本持平,圆心点的应力仍然在增加。这主要是因为同截面不同位置核心混凝土受钢管约束作用不同,越靠近钢管外壁约束作用越弱。

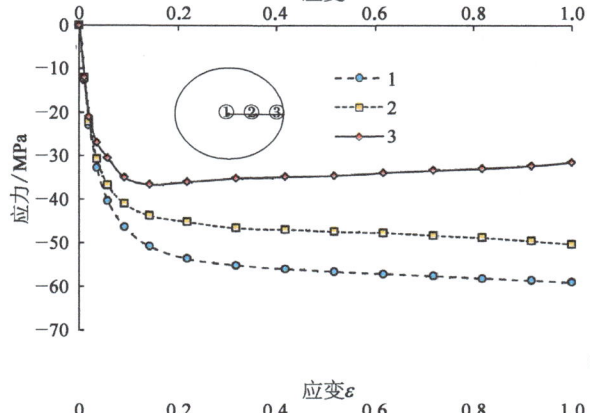

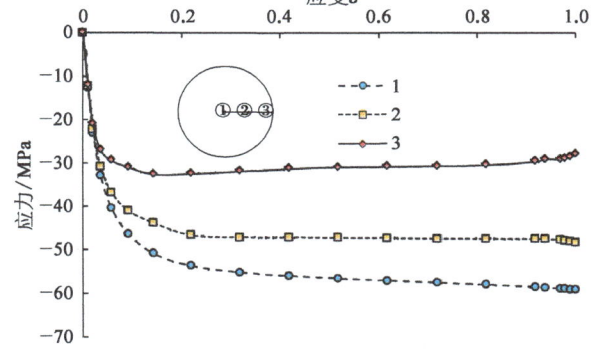

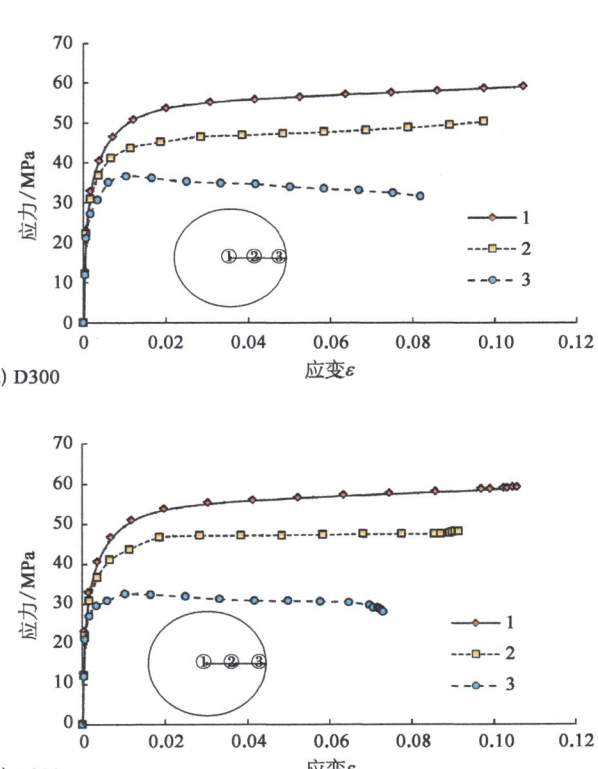

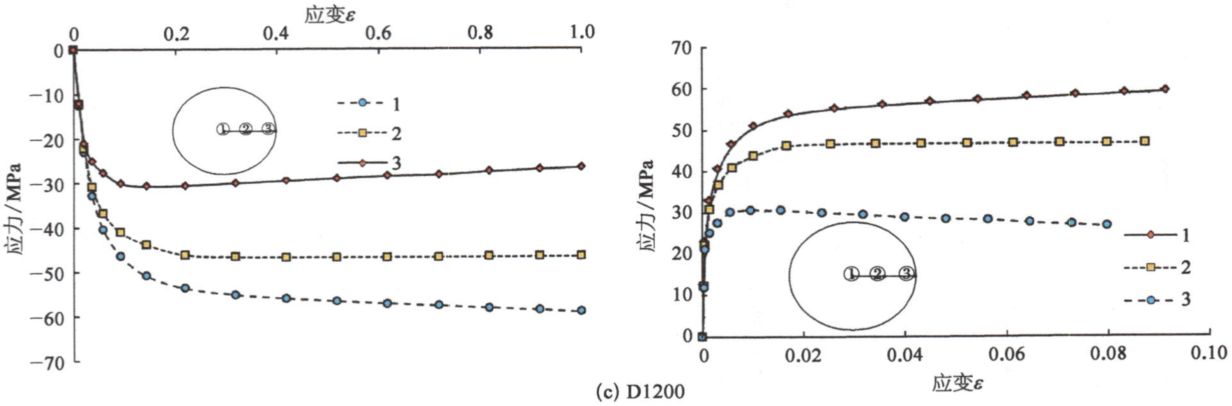

(c) D1200

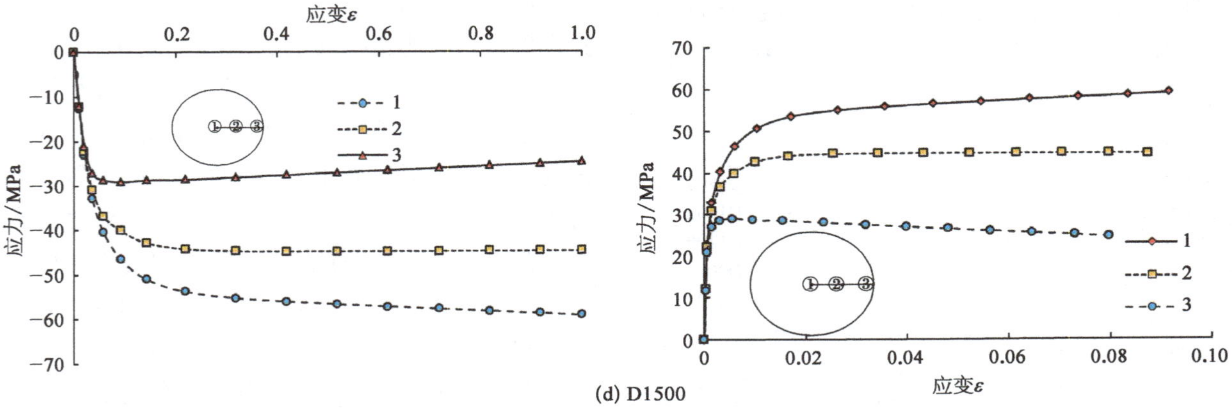

(d) D1500

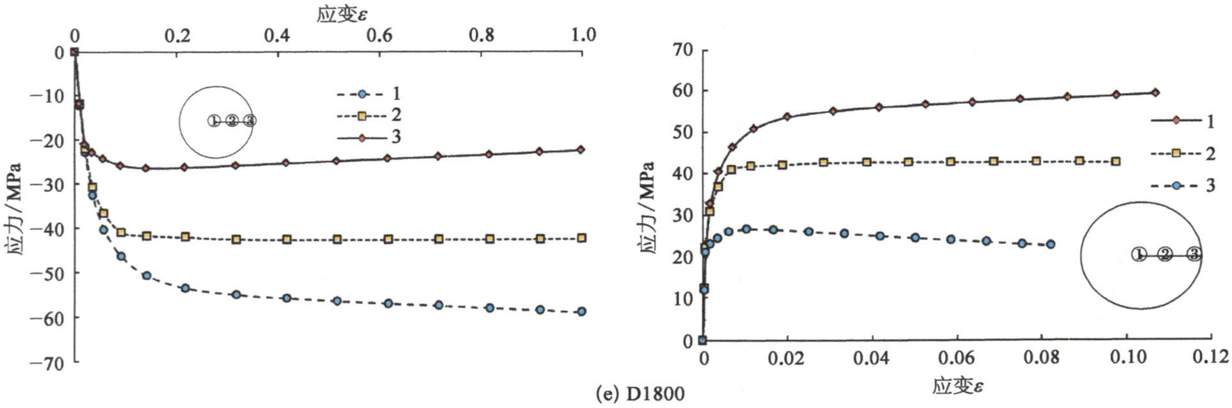

(e) D1800

图 2-108　中截面核心混凝土应力、应变变化情况

图 2-109 所示为管径对圆心点与交界点应力、应变差值的影响。随着管径增加，中截面上圆心点的应力与交界点的应力差值增大，5 种管径钢管混凝土中截面圆心点、边界点应力差值分别为 27.51 MPa、31.1 MPa、32.5 MPa、34.52 MPa 和 36.52 MPa。中截面圆心点的应变与交界点的应变差值也随管径增大而增大。这主要是因为管径增大，钢管对核心混凝土不同位置处的约束作用强弱也不同，相比之下，圆心点所受约束作用最强。

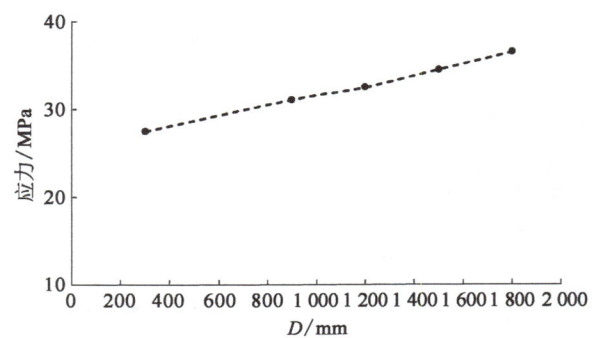

图 2-109　管径对特征点应力差值的影响

图 2-110 所示为管径对钢管混凝土轴压承载力比值 N_{c1}/N_c 的影响，由图可见，管径越大，试件有限元承载力值与名义承载力值比值越小，这是由于管径增大后，钢管对核心混凝土约束作用减弱，不能有效约束核心混凝土的横向变形，核心混凝土的强度变小，钢管混凝土总体承载能力变弱。

2) 其他因素对大直径钢管混凝土约束效应和轴压力学性能影响

重点探索混凝土强度、钢材强度和约束效应系数对大直径钢管混凝土轴压的力学性能及约束效应作用的影响。试件长径比 $L/D=2$，混凝土强度选取 C30 和 C40，约束效应系数选取为 0.71、0.9、1.21，钢材型号选取 Q235 和 Q345，试验钢管管径分别为 300 mm、900 mm 和 1 500 mm。有限元模型具体参数见表 2-23。钢管混凝土截面上选取几个点为特征点，具体如图 2-76 所示。

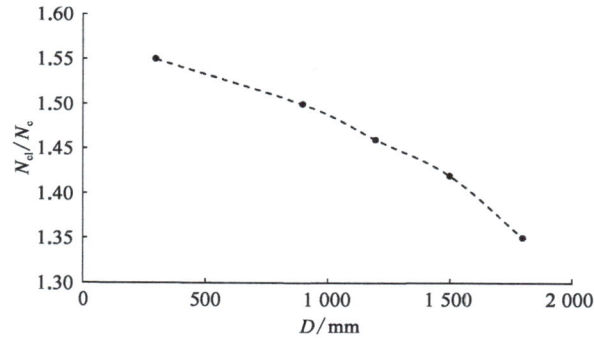

图 2-110 管径对轴压承载力比值 N_{c1}/N_c 的影响

表 2-23 有限元模型计算尺寸

组数	试件编号	$D\times t\times L$/(mm×mm×mm)	D/t	f_y/MPa	f_c/MPa	ζ	N_{c2}/kN	N_c/kN	N_{c2}/N_c
1	D300	300×3.75×600	80	235	20	0.61	3 365	2 164	1.55
		300×3.75×600	80	235	26.8	0.455	3 822	2 521	1.52
		300×3.75×600	80	345	20	1.21	4 043	2 548	1.59
2	D900	900×11.25×1 800	80	235	20	0.61	29 742	19 876	1.50
		900×11.25×1 800	80	235	26.8	0.455	34 400	23 589	1.46
		900×11.25×1 800	80	345	20	1.21	35 461	22 932	1.55
3	D1500	1 500×18.75×3 000	80	235	20	0.61	82 633	58 102	1.42
		1 500×18.75×3 000	80	235	26.8	0.455	95 577	68 525	1.39
		1 500×18.75×3 000	80	345	20	1.21	101 074	68 700	1.47
4	D300	300×5×600	60	345	20	1.21	4 765	2 920	1.63
		300×3×600	100	345	20	0.71	3 529	2 383	1.48
5	D1500	1 500×25×3 000	60	345	20	1.21	119 138	75 992	1.57
		1 500×15×3 000	100	345	20	0.71	90 155	68 086	1.32

图 2-111 所示为混凝土强度对钢管混凝土试件荷载-位移曲线影响，随着混凝土强度增大，荷载-位移曲线弹性阶段变长，弹塑性阶段短且过渡段陡峭。图 2-112 所示为钢材强度对钢管混凝土试件荷载-位移曲线影响，随着钢材强度增大，荷载-位移曲线弹性阶段变长，弹塑性阶段长且过渡段平缓。图 2-113 所示为约束效应系数对钢管混凝土试件荷载-位移曲线影响，随着约束效应系数增大，试件承载力增大且荷载-位移曲线弹塑性段曲线平缓，这是因为试件约束效应系数增加，钢管对核心混凝土的约束作用增强。

图 2-114 所示为加载过程中混凝土强度对超大直径钢管混凝土应力 σ_{sc}-纵向应变 ε_c 关系曲线影响。应力 $\sigma_{sc}=N_{c2}/A_{sc}$，其中 N_{c2} 为轴向荷载，A_{sc} 为

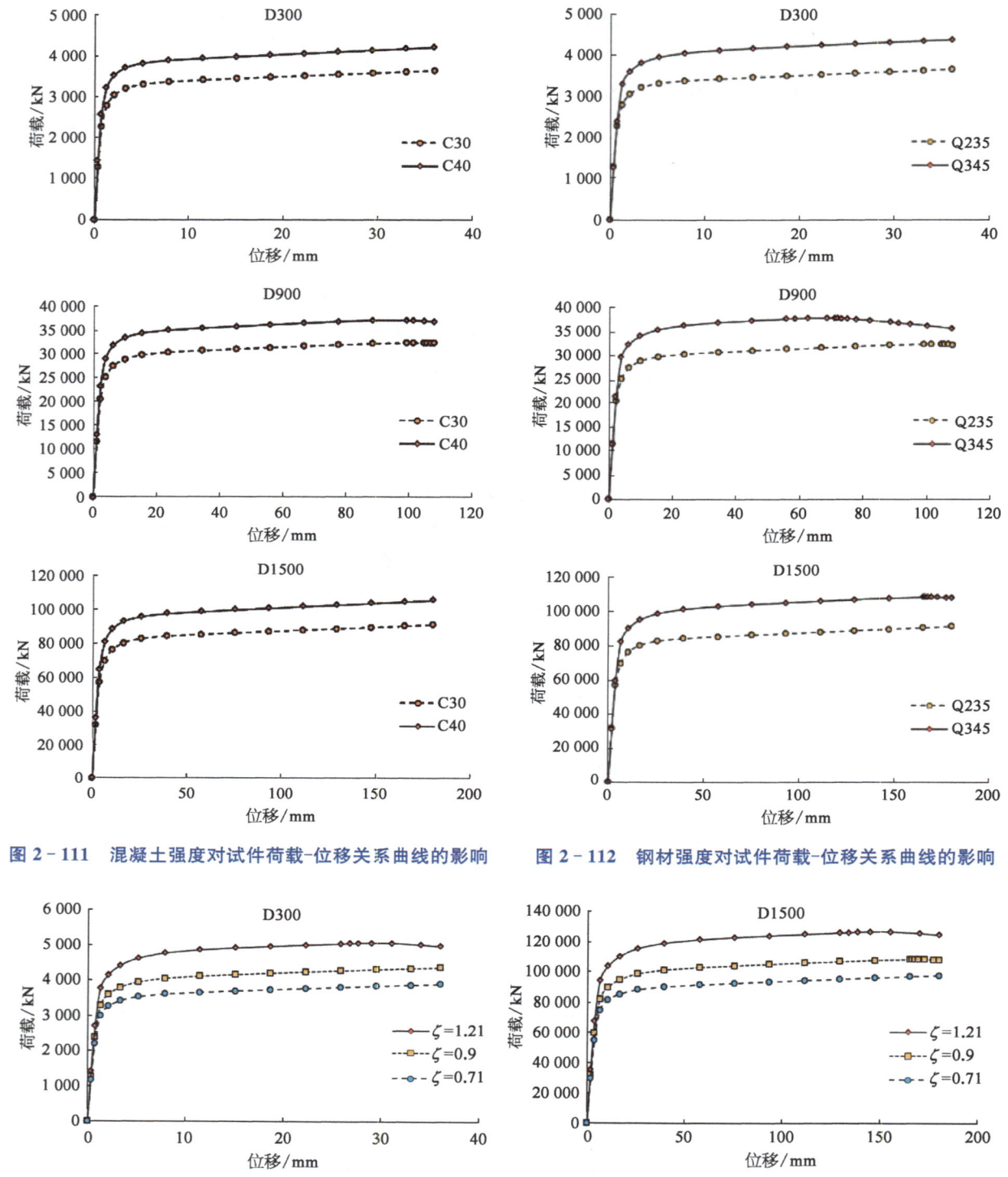

图 2-111　混凝土强度对试件荷载-位移关系曲线的影响

图 2-112　钢材强度对试件荷载-位移关系曲线的影响

图 2-113　约束效应系数对试件荷载-位移关系曲线的影响

圆钢管混凝土横截面面积。从图中可以看出：随着混凝土强度增大，试件的峰值应力呈现增大的趋势，σ_{sc}-ε_c 关系曲线斜率增大；图 2-115 所示为钢材强度对超大直径钢管混凝土应力 σ_{sc}-纵向应变 ε_c 关系曲线影响。随着钢材强度增大，试件的峰值应力呈现增大的趋势，σ_{sc}-ε_c 关系曲线斜率减小，钢管对核心混凝土约束作用加强；图 2-116 所示为试件约束效应系数对超大直径钢管混凝土应力 σ_{sc}-纵向应变 ε_c 关系曲线影响。随着试件约束效应系数增大，试件的峰值应力呈现增大的趋势，σ_{sc}-ε_c 关系曲线斜率减小，这是因为约束效应系数的增加，钢管对混凝土的约束能力加强。

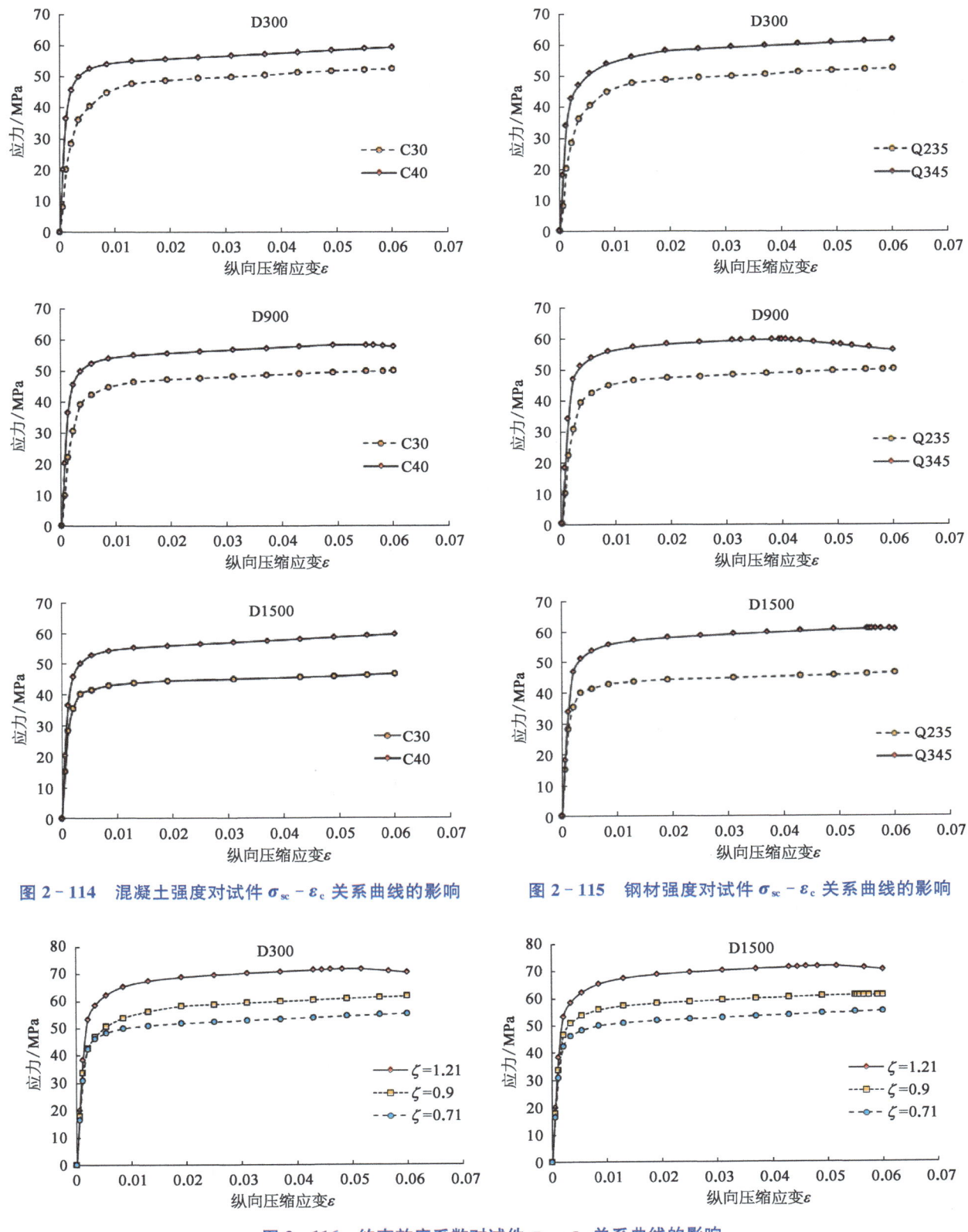

图 2-114 混凝土强度对试件 $\sigma_{sc}-\varepsilon_c$ 关系曲线的影响

图 2-115 钢材强度对试件 $\sigma_{sc}-\varepsilon_c$ 关系曲线的影响

图 2-116 约束效应系数对试件 $\sigma_{sc}-\varepsilon_c$ 关系曲线的影响

图 2-117 所示为混凝土强度对试件中截面圆心点与交界点应力、应变差值的影响，随着混凝土强度增加，特征点应力差值增大。图 2-118 所示为钢材强度对中截面圆心点与交界点应力、应变差值的影响，随着钢材强度增加，特征点应力差值增大。图 2-119 所示为约束效应系数对圆心点与交界点应

力、应变差值的影响,随着约束效应系数增加,特征点应力差值减小。例如钢管混凝土管径为 300 mm 时,3 种约束效应系数钢管混凝土中截面圆心点、交界点应力差值分别为 23.2 MPa、25.7 MPa 和 32.3 MPa。这主要是因为管径增大,钢管对核心混凝土不同位置处的约束作用强弱不同,相比之下,圆心点所受约束作用最强。

与名义承载力值比值越大。这是由于约束效应系数增大后,钢管对核心混凝土约束作用增强,可以有效抑制核心混凝土的变形,试件总体承载能力加强。

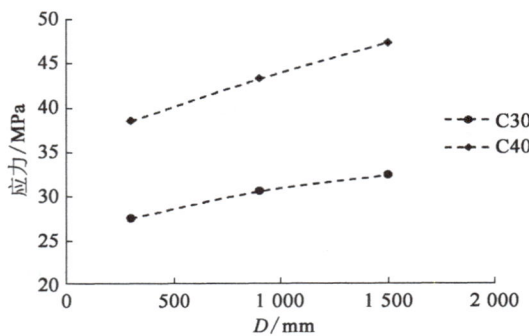

图 2-117　混凝土强度对特征点应力差值的影响

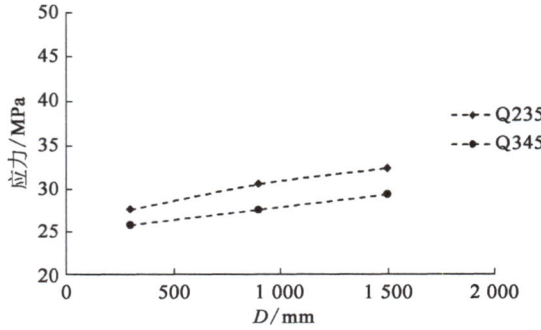

图 2-118　钢材强度对特征点应力差值的影响

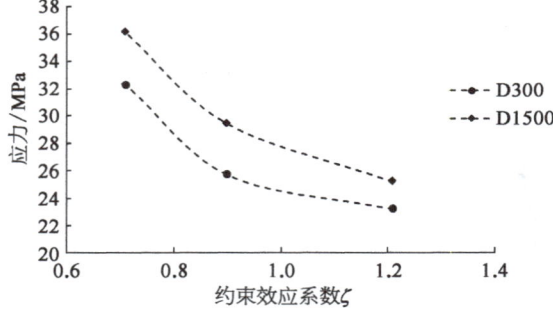

图 2-119　约束效应系数对特征点应力差值的影响

图 2-120 所示为各个因素对钢管混凝土轴压承载力 N_{c1}/N_c 的影响,由图可见,混凝土强度越大,试件有限元承载力值与名义承载力值比值越小;钢材强度越大,试件有限元承载力值与名义承载力值比值越大;约束效应系数越大,试件有限元承载力值

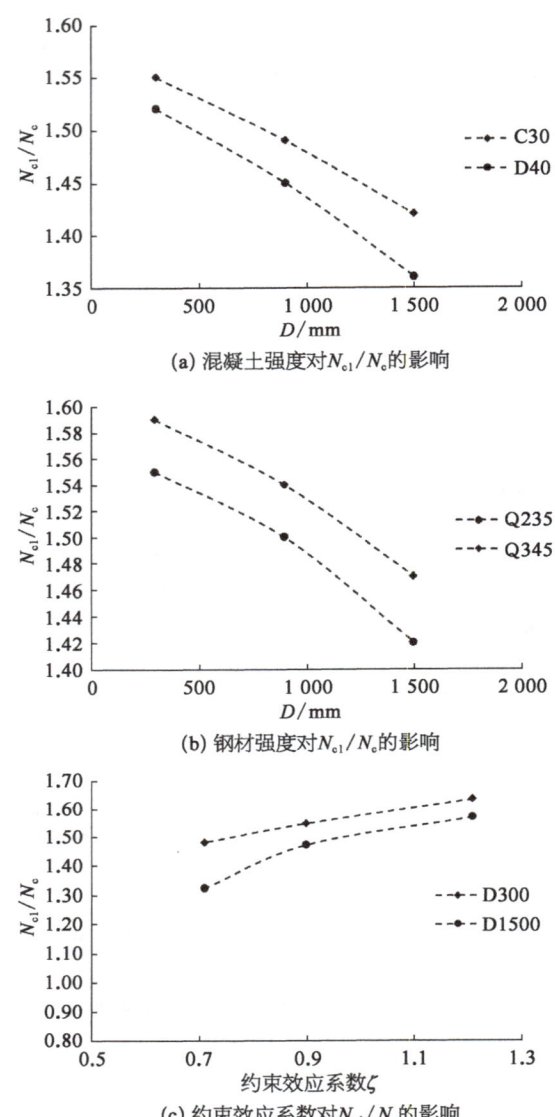

图 2-120　各个因素对 N_{c1}/N_c 的影响

2.4.4.3　承载力计算方法探讨

1) 各规范公式

(1) EC4 规范。Eurocode 4 规范考虑了钢管和混凝土的相互作用,关于钢管混凝土承载力计算公式为

$$N_{EC4} = A_c f_c \left(1 + \eta_1 \frac{t}{D} \frac{f_y}{f_c}\right) + \eta_2 A_s f_y \quad (2-56)$$

$$\eta_1 = 4.9 - 18.5\bar{\lambda} + 17\bar{\lambda}^2 \geqslant 0 \quad (2-57)$$

$$\eta_2 = 0.25(3+2\bar{\lambda}) \leqslant 1 \quad (2-58)$$

$$\bar{\lambda} = \sqrt{\frac{A_c f_c + A_s f_y}{N_{cr}}} \quad (2-59)$$

$$N_{cr} = \frac{\pi^2 (EI)_{eff2}}{L^2}; (EI)_{eff2} = E_s I_s + 0.6 E_c I_c \quad (2-60)$$

式中 I_s——钢管截面惯性矩(mm^4);
I_c——混凝土截面惯性矩(mm^4)。

(2) AIJ 2008 规范。日本 AIJ 规范通过对钢管混凝土承载力定义一个提升系数来考虑钢管混凝土的强度提升,规范计算公式为

$$N_{AIJ} = 0.85 A_c f_c + (1+\eta) A_s F \quad (2-61)$$

式中 η——应力上升系数,取 $\eta = 0.27$;
F——钢管应力强度(N/mm^2),$F = \min(f_y, 0.7 f_u)$。

(3) AISC-10 规范。美国 AISC 规范对于钢管混凝土承载力公式并没有考虑钢管与核心混凝土之间的约束作用对核心混凝土强度的提升,定义当钢管屈服时核心混凝土强度约为 $0.95 f'_c$。规范计算公式为

$$N_{AISC} = A_s f_y + 0.95 A_c f_c \quad (2-62)$$

式中 f_y——钢材屈服应力(N/mm^2);
f_c——核心混凝土强度(N/mm^2);
A_s——钢管截面面积(mm^2);
A_c——核心混凝土截面面积(mm^2)。

(4) GB 50936 规范。GB 50936 规范对圆钢管混凝土承载力公式考虑了钢管和核心混凝土的相互作用,即通过约束效应系数来表达相互作用。规范承载力计算公式为

$$N_{GB} = \begin{cases} 0.9 A_c f_c (1+\alpha\theta), & \theta \leqslant 1/(\alpha-1)^2 \\ 0.9 A_c f_c (1+\sqrt{\theta}+\theta), & \theta > 1/(\alpha-1)^2 \end{cases} \quad (2-63)$$

式中 α——核心混凝土强度等级有关系数,对小于 C50 的混凝土 α 取 2.0,C50~C80 的混凝土 α 取 1.8;
θ——钢管混凝土的约束效应系数,$\theta = \dfrac{A_s f_y}{A_c f_c}$。

(5) JTG/T D65-06 规范。JTG/T D65-06 规范中圆钢管混凝土承载力公式是以统一强度理论为基础,考虑钢管对核心混凝土的约束作用,其承载力计算公式为

$$N_{JTG} = (1.14 + 1.02 \zeta_0) A_{sc} f_{cd} \quad (2-64)$$

其中 $$\zeta_0 = \frac{A_s f_{sd}}{A_c f_{cd}}$$

式中 ζ_0——钢管混凝土的约束效应系数;
f_{sd}——钢管抗拉强度设计值(MPa);
f_{cd}——钢管内核心混凝土抗压强度设计值(MPa);
A_{sc}——钢管混凝土截面面积(mm^2)。

(6) CECS 28 规范。CECS 28 规范对圆钢管混凝土承载力公式是以极限平衡理论为基础,考虑钢管对核心混凝土的约束作用,其规范承载力计算公式为

$$N_{CECS} = \varphi_l \varphi_e N_0 \quad (2-65)$$

$$N_0 = \begin{cases} 0.9 A_c f_c (1+\alpha\theta), & 2.5 < \theta \leqslant [\theta] \\ 0.9 A_c f_c (1+\sqrt{\theta}+\theta), & [\theta] < \theta < 2.5 \end{cases}$$

$$\theta = \frac{A_a f_a}{A_c f_c} \quad (2-66)$$

式中 α——核心混凝土强度等级有关系数,对小于 C50 的混凝土 α 取 2.0,C50~C80 的混凝土 α 取 1.8;
$[\theta]$——核心混凝土等级有关的约束效应系数界限值,对小于 C50 的混凝土取 1.0,C50~C80 的混凝土取 1.56;
f_a——钢管的抗拉、抗压强度设计值(MPa);
f_c——混凝土的抗压强度设计值(MPa);
φ_l——考虑长细比影响的承载力折减系数,$L/D \leqslant 4$ 时,取 $\varphi_l = 1$,$L/D > 4$ 时,取 $\varphi_l = 1 - 0.115\sqrt{L/D - 4}$;
φ_e——考虑偏心率影响的承载力折减系数,均小于 1.0。

2) 试验结果与公式计算结果对比

表 2-24 为试件试验轴压极限承载力以及规范公式计算的极限承载力结果。从中可知,AIJ 2008、

AISC 360-10 规范承载力计算值与试验承载力值相差较大；EC4、GB 50936—2014、JTG/T D65-06—2015、CECS 28：2012 由于考虑钢管与核心混凝土的作用,规范承载力计算值与试验承载力值相差较小。随着钢管管径增大,GB 50936—2014、JTG/T D65-06—2015、CECS 28：2012 规范承载力计算值与试验承载力值差值增大。随着试件径厚比增大,GB 50936—2014、JTG/T D65-06—2015、CECS 28：2012 规范承载力计算值与试验承载力值差值增大。

表 2-24　钢管混凝土承载力试验值与规范计算值

编号	N_e/kN	N_{EC4}/kN	N_{AIJ}/kN	N_{AISC}/kN	N_{GB}/kN	N_{JTG}/kN	N_{CECS}/kN
YD219	1 235	932	792	853	1 127	1 102	1 074
YD325	1 661	1 375	1 259	1 260	1 581	1 581	1 538
YD400	2 572	2 718	1 976	2 114	2 612	2 597	2 572
YD400A	3 442	3 552	2 423	2 598	3 354	3 217	3 247
YD600	5 540	6 215	4 446	4 989	5 742	6 295	5 894
YD600B	4 186	4 985	3 769	4 025	4 657	5 168	4 867

表 2-25 为钢管混凝土承载力试验值与规范公式计算值的比值。图 2-121 分析了不同规范对于试验值/计算值随管径和径厚比的变化规律：① 随着试件管径的增加,试验轴压承载力与规范计算轴压承载力的比值呈现逐渐减小的趋势。这可能因为钢管混凝土管径越大,钢管与核心混凝土的相互作用越不同,而规范公式没有考虑相互作用的变化或者对大直径钢管混凝土的约束作用变化规律不明确；② 随着试件径厚比的增大,试验轴压承载力与规范计算轴压承载力的比值有小幅度的减小,是因钢管径厚比增大,相当于减弱钢管对核心混凝土的约束作用。

表 2-25　承载力试验值与规范计算值的比值

编号	N_e/N_{EC4}	N_e/N_{AIJ}	N_e/N_{AISC}	N_e/N_{GB}	N_e/N_{JTG}	N_e/N_{CECS}
YD219	1.33	1.56	1.45	1.10	1.12	1.15
YD325	1.21	1.32	1.32	1.05	1.05	1.08
YD400	0.95	1.3	1.22	0.98	0.99	1
YD400A	0.97	1.42	1.32	1.03	1.07	1.06
YD600	0.89	1.25	1.11	0.96	0.88	0.94
YD600B	0.84	1.11	1.04	0.90	0.81	0.86

EC4、GB 50936—2014、JTG/T D65-06—2015、CECS 28：2012 对钢管混凝土的轴压承载力的计算精度较高,能较准确地反映小直径钢管混凝土的实际承载能力,但现行规范均未考虑或不明确大直径钢管混凝土的约束作用对其承载力的影响,随着管径的增加,规范公式承载力计算有被高估的趋势。规范 AIJ 2008、AISC 360-10 未考虑钢管与核心混凝土的约束作用,计算公式相对保守,但随着管径的增加,试验轴压承载力与规范计算承载力的比值有不断减小的趋势,降低了规范的准确性。

从图表中还可以看出,承载力实测值的变化反映出相同管径的试件,径厚比越小对应的峰值承载

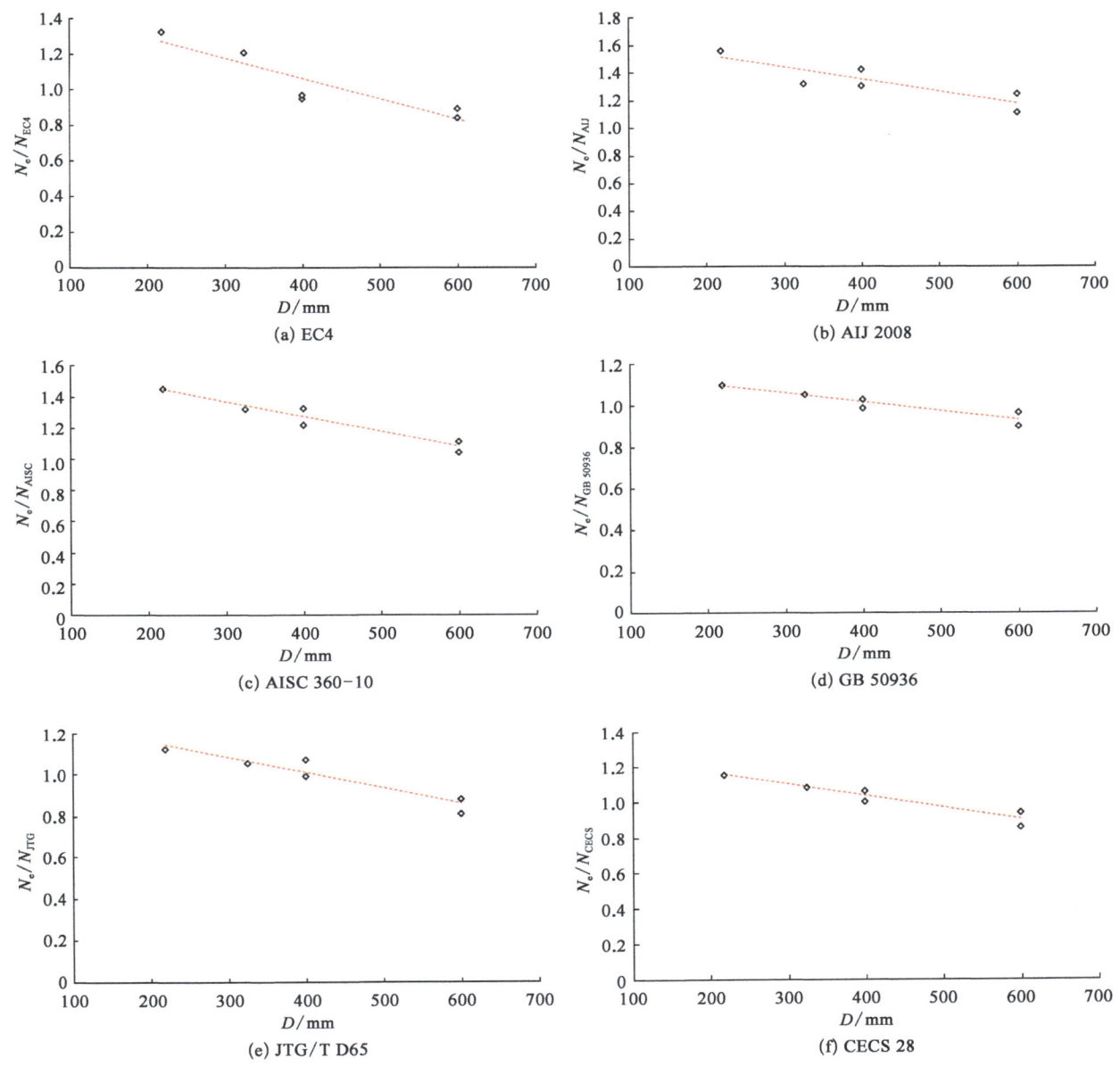

图 2-121 承载力试验值与规范计算值的比值

力越大,且试件的管径越大,径厚比对峰值承载力的影响越明显。例如,相比于试件 YD400 和 YD400A 对照组,YD600 和 YD600B 试件峰值承载力下降越明显。随着管径增大,试件承载力值实测值与计算值的比值越大,且随试件径厚比增大变化不大。试件径厚比为 100 时,YD325、YD400 和 YD600 承载力实测值较规范 CECS 28 计算值分别高 8%、0 和 −6%,实测结果较规范 JTG/TD 65-06 计算值分别高 5%、−1%和−12%。由此可见现有规范对管径大于 400 mm 的钢管混凝土承载力计算值均偏大,可能原因是一方面对大尺寸钢管混凝土未考虑尺寸效应影响,另一方面对大尺寸钢管混凝土力学性能及约束效应影响规律不明确。

3) 大直径钢管混凝土轴压承载力计算公式的修正

根据规范 JTG/TD 65-06 对大直径钢管混凝土轴压承载力计算公式,对比其他规范在直径为 400 mm 以下时更准确,对直径为 600 mm 的钢管混凝土预估轴压承载力偏差值达到 12%,因此,对规范 JTG/TD 65-06 承载力计算公式进行修正,如图 2-122 所示。试验研究的 12 根构件和有限元参数分析(300~1 800 mm)结果表明轴压试验承载力与规范承载力计算值相差较大,据此建立修正大直径钢管混凝土轴压承载力计算公式,见表 2-26。

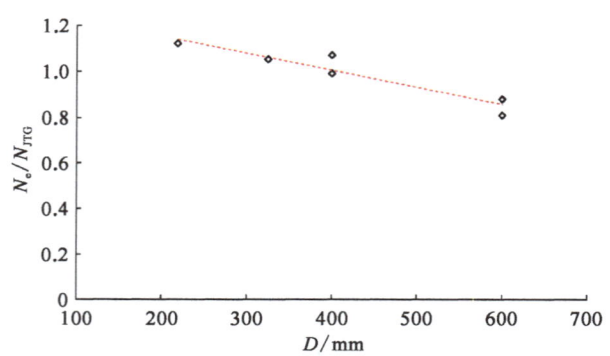

图 2-122 承载力试验值与规范计算值的比值

对于规范 JTG/TD 65-06 中承载力为 $kA_{sc}f_{cd}$，图 2-123 所示为钢管混凝土试件 k-ζ 曲线。图 2-124 所示为修正后的钢管混凝土轴压承载力计算公式计算值与试验承载力值的比值。由此可见，修正后的承载力计算公式与试验值的比值比规范 JTG/TD 65-06 承载力计算与试验比值更接近 1.0。因此，大直径钢管混凝土轴压承载力计算公式修正后为

$$N = (1.82 + 0.48\zeta_0)A_{sc}f_{cd} \quad (2-67)$$

表 2-26 有限元模型计算尺寸

组数	$D×t×L$/(mm×mm×mm)	D/t	A_{sc}	f_{cd}	ζ	N_{c1}/kN	N_{c2}/kN	N_{c1}/N_{c2}
1	219×3×530	70	37 650	10	1.73	1 235	1 156	1.07
2	325×3×650	100	82 916	10	1.13	1 661	1 612	1.03
3	400×4×800	100	125 600	10	1.29	2 572	2 497	1.03
4	400×6×800	70	125 600	10	1.76	3 442	3 414	1.01
5	600×4×1 200	150	282 600	10	0.89	4 186	4 252	0.98
9	600×6×1 200	100	282 600	10	1.17	5 540	5 384	1.03
7	300×3.75×600	80	70 650	20	0.61	3 365	3 235	1.04
8	900×11.25×1 800	80	635 850	20	0.61	29 742	31 274	0.95
9	1 200×15×2 400	80	1 130 400	20	0.61	52 886	55 963	0.95
10	1 500×18.75×3 000	80	1 766 250	20	0.61	82 633	88 120	0.94
11	1 800×22.5×3 600	80	2 543 400	20	0.61	118 974	131 842	0.90

注：N_{c2} 为修正后钢管混凝土轴压承载力计算值。

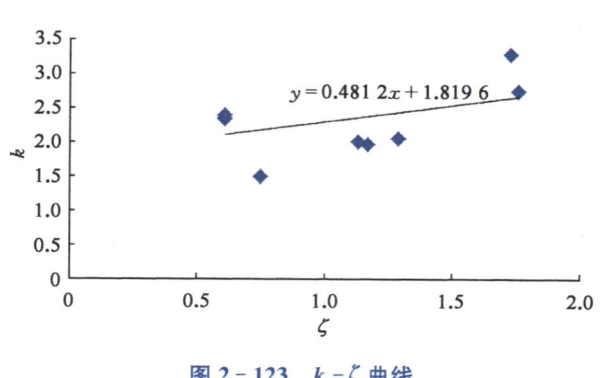

图 2-123 k-ζ 曲线

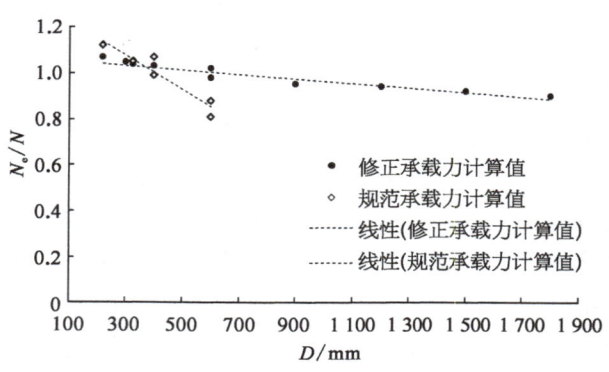

图 2-124 修正承载力试验值与规范计算值的比值

2.4.5 研究评述与展望

2.4.5.1 研究评述

通过数值模拟和模型试验的技术途径,深入研究了大直径钢管混凝土轴心受压时约束作用和力学性能,主要研究评述:

(1) 进行了6组共计12个钢管混凝土试件轴压试验。试验参数为钢管管径(219~600 mm)和径厚比(70、100、150),分析了管径和径厚比对钢管混凝土的约束作用和轴压力学性能的影响。试验结果表明:钢管管径对钢管混凝土试件轴压破坏模式、试件荷载-位移曲线趋势基本无影响,试件破坏模式均呈腰鼓型破坏,加载破坏过程均呈现弹性段、弹塑性段和塑性段三个阶段。钢管管径越大,荷载-位移曲线弹性段越长,弹塑性阶段短,反之则弹塑性阶段长且过渡平缓;试件极限承载力提升幅度越小;试件加载过程中的峰值应力及其对应的峰值应变有减小的趋势,试件的初始弹性模量越大,且刚度退化速度也越快,试件横向变形系数越早开始变化;截面上圆心点与钢管-混凝土交界点的应变差别越大且差值随管径增大而增大,即钢管对核心混凝土圆心点的约束作用强于钢管-混凝土交界点。

(2) 试验结果分析规律表明,随着径厚比的增加,试件加载过程中的峰值应力及其对应的峰值应变减小,组合弹性模量越小,刚度退化速度越快,横向变形系数越早开始变化,并且变化速度越快、同截面上圆心点的应变与交界点的应变的差值越大,极限承载力提升幅度越小。

(3) 利用有限元软件 ABAQUS 实现了对钢管混凝土轴心受压时的荷载-变形全过程关系曲线的计算。有限元结果分析表明钢管混凝土轴心受压短柱破坏形态和荷载-位移曲线几乎不受管径和径厚比影响;所有试件荷载-位移关系曲线趋势基本一致;在其他条件不变情况下,管径越大,试件的名义峰值应力及其对应的峰值应变呈现减小的趋势;管径越大,试件初始组合弹性模量 E_{sc0}(组合弹性模量即试件抵抗轴向压缩的刚度)越大,径厚比越大的钢管混凝土试件有更小的初始组合弹性模量 E_{sc0}。

(4) 有限元结果分析可知:同一截面上,不同位置核心混凝土应力、应变分布以及发展趋势不同,钢管对核心混凝土不同位置处的约束作用不同,从圆心处到选取的二分之一半径特征点直至钢管与混凝土交界点处呈现逐渐变弱的趋势。

2.4.5.2 工作展望

(1) 大直径钢管混凝土约束效应研究。本次试验钢管内混凝土强度等级较低,而实际工程钢管混凝土强度等级一般高于 C30 混凝土,因此,需要开展大直径钢管混凝土采用实际工程中混凝土强度的研究。

(2) 大直径钢管混凝土偏压、大直径钢管混凝土长柱力学性能研究。本次试验未考虑长细比、偏心受压等影响,因此,对计入钢管混凝土长细比、偏心率等多方面因素对钢管混凝土力学性能和约束作用的影响需要深入研究。

(3) 更大直径钢管混凝土试件约束效应和轴压力学性能研究。本次试验钢管直径较以往试验的钢管混凝土试件直径大很多,但也,仅为实际桥梁工程采用钢管混凝土直径规格的0.3。因此,开发试验装备,开展更接近桥梁实际工程直径的钢管混凝土构件模型试验具有重要的工程和科学价值。

2.5 钢管混凝土 K 形节点偏心距研究

2.5.1 研究概述

2.5.1.1 研究背景

钢管混凝土应用于桥梁工程,由于钢管混凝土强度高,因此,采用钢管混凝土桁式结构的桥梁构件较多,如钢管混凝土桁式结构主拱、主梁和桥墩(塔)等。钢管混凝土桁式结构一般由主管与支管直接焊接而成,但是,主管与支管的焊接节点受力复杂、组合应力水平高,往往早期失效,导致结构性能不能充分发挥。在实际应用中,通过在主管内灌注混凝土,以提高节点刚度和承载力,同时利用混凝土良好的受压性能协助主管承受压力,减小主管截面面积,并避免钢管管壁局部屈曲。钢管混凝土桁式结构抗弯刚度大、自重轻,为了充分发挥结构优势,除了用作钢管混凝土拱桥主拱,先后用于钢管混凝土桁式主梁和桥墩(塔),如重庆万州大桥、湖北秭归县向家坝大桥、广东南海市紫洞大桥、四川石棉县干海子特大桥、四川汶川克枯大桥、四川红原大桥等工程。

主管与支管之间一般采用焊接连接,焊接过程中焊接热循环会引起焊接部位局部不均匀的热塑性变形和相变,并导致焊接残余应力的存在。增大两支管间距,会在一定程度上避免焊接不利影响的相互叠加。《公路钢结构桥梁设计规范》(JTG D64—2015)第10.1.4条,以及国内外相关钢管混凝土桁式结构的相关节点规定:当主管与支管连接节点偏心满足 $-0.55 \leqslant e/d_0 \leqslant 0.25$ 时,在计算节点和受拉主管承载力时,可不计偏心弯矩影响。而增大支管间距,可能导致不满足偏心限值要求,需要完成专项计算论证。

将空心钢管结构 K 形节点的偏心距限值的规定,简单移植用于钢管混凝土结构 K 形节点,虽可使节点的局部安全储备提高,但是,钢管混凝土 K 形节点构造要求参数严格,导致构造更加复杂、加工制造难度大、建设成本更高。因此,针对钢管混凝土结构 K 形节点偏心距限值的规定进行专题研究是必要的。

2.5.1.2　空心管结构偏心距限值来源

1989 年国际焊接学会(International Institute of Welding,IIW)颁布的第一版《空心圆管节点静力强度设计指南》规定,当主管与支管连接节点偏心满足 $-0.55 \leqslant e/d_0 \leqslant 0.25$ 时,在进行节点设计时可以忽略偏心弯矩的影响。2008 年 IIW 颁布的第二版设计指南把偏心限值修改为 $e/d_0 \leqslant 0.25$。其中,受压主管必须考虑偏心弯矩的影响。如果超出偏心限值范围,支管需考虑偏心弯矩的影响。

对空心管焊接桁式结构接头的试验研究表明:不同的接头类型、载荷情况和几何参数,可能会导致不同的失效模式。一般来讲,主要有两种失效模式:主管表面塑性失效和主管冲剪破坏,如图 2-125 所示。

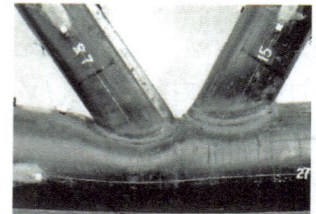
(a) 主管表面塑性失效

(b) 主管冲剪破坏

图 2-125　两种主要失效模式

在计算 K 形间隙节点承载力时(图 2-126),按照失效模式不同,分别按下式计算。

(1) 主管表面塑性失效

$$N_i = Q_u Q_f \frac{f_{y0} t_0^2}{\sin \theta_i} \quad (2-68)$$

(2) 主管冲剪破坏

$$N_i = 0.58 f_{y0} \pi d_i t_0 \frac{k_a}{\sin \theta_i} \quad (2-69)$$

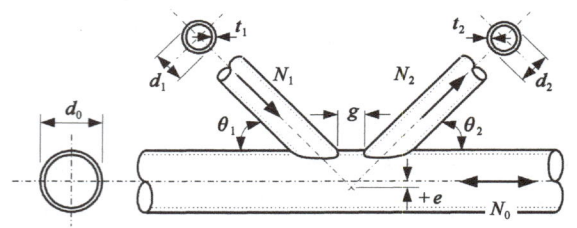

图 2-126　K 形间隙节点示意

Saidani(1998)采用杆系计算模型分析了节点偏心对矩形钢管桁式结构内力分布的影响。其设计了三种桁式结构,桁式结构 T1 偏心距 $e=0$,桁式结构 T2 偏心距 $e=-h_0/2<0$(h_0 为矩形主管高度),桁式结构 T3 偏心距 $e=h_0/2>0$。三种结构如图 2-127 所示。

计算结果表明:节点偏心对主管轴力的影响很小,节点正负偏心产生主管轴力的误差在 1% 以内,但对支管轴力影响较大,正负偏心造成支管轴力的误差可以达到 8%~15%。另外,对于桁式结构中各主管的弯矩,T1 桁式结构主管弯矩值总是在 T2、T3 桁式结构的主管弯矩值中间,近似像两种偏心情况下主管弯矩值的对称线。桁式结构整体的变形量值,受偏心的影响较小,以 T1 为基准,正偏心(T3)会使桁式结构整体变形略微增大,负偏心(T2)会使桁式结构整体变形减小。

2.5.1.3　研究路线

现行规范中关于节点偏心限值的规定,来源于空心管结构,而对于钢管混凝土节点,两者在破坏模式上已有所区别。若采用针对空心管结构偏心限值的规定,要求钢管混凝土节点存在一定的不合理性。因此,通过计算节点偏心引起的附加弯矩 $\angle M$ 与主管抗弯承载力 M 的比值,来探讨适用于钢管混凝土节点的偏心距限值。

2.5.1.4　国内外研究现状

1) 圆钢管混凝土抗弯承载力

Lu 和 Kennedy(1994)进行了 12 个方形、矩形钢管混凝土的纯弯构件试验研究。构件 D/t 为 13~37.1,混凝土圆柱体抗压强度为 40.5~47.0 MPa,构件截面长边与短边的比值为 1~1.67,同时还进行了

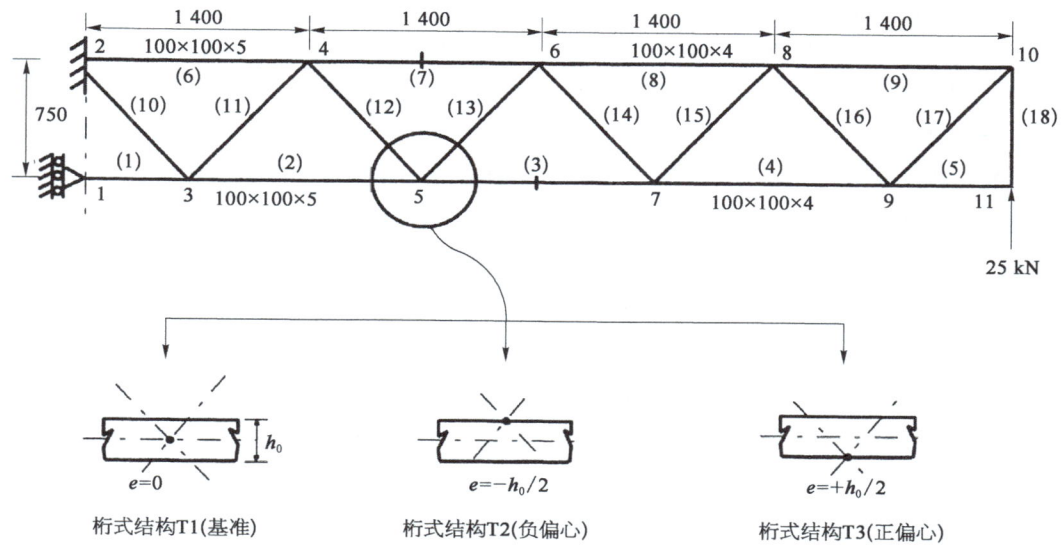

图2-127 T1、T2和T3桁式结构布置图

4个空钢管纯弯构件的对比试验。研究表明：构件在受弯过程中钢管和核心混凝土呈现出良好的共同工作特性。在钢管中填充混凝土后可使抗弯承载力提高10%～30%，构件抗弯刚度也有所提高。研究结果还表明，剪跨比变化对矩形钢管混凝土纯弯力学性能的影响不大。

Elchalakani等(2001)测试了12个圆形钢管混凝土试件的纯弯力学性能，试件径厚比12～110，基于试验研究，提出了圆形钢管混凝土纯弯构件抗弯承载力的计算方法，并将试验结果与计算结果和AISC-LRFD、EC4等规范进行对比，误差较小。

NaKamura(2004)研究了超轻砂浆填充钢管试件的抗弯性能，用轻集料混凝土和普通混凝土填充钢管，并与空钢管试件抗弯性能进行了对比。结果表明：普通钢管混凝土试件的抗弯承载力是空钢管试件的1.8倍。当填充材料超轻砂浆抗压强度小于1.0 MPa时，用其填充空钢管对试件抗弯承载力提高不大；当抗压强度大于5.0 MPa时，对试件抗弯延性性能有很大改善。且不论钢管采用何种材料填充，在抗弯过程中其截面变形基本符合平截面假定。

Kang等(2007)报道了将钢管混凝土构件用作连续梁桥主梁的试验研究及其工程应用。填充材料分普通混凝土(轴压强度27.0 MPa)与轻质加气砂浆(轴压强度8.0 MPa)，研究了填充材料强度与钢管混凝土的抗弯性能关系。结果表明，填充普通混凝土试件的抗弯承载力与延性性能均比填充轻质加气砂浆试件的高，两者的抗弯承载力相比空钢管构件分别提高了50%与20%。

钱稼茹、王刚等(2004)以管径与壁厚为参数，进行了12根圆形截面钢管高强混凝土的抗弯试验，并采用条带法对钢管高强混凝土构件的截面弯矩-曲率全曲线进行了分析。数值分析与试验结果吻合良好，在此基础上，提出了钢管高强混凝土构件截面抗弯承载力简化计算方法。

卢辉、韩林海(2004)进行了6个圆形截面钢管混凝土试件的纯弯力学性能试验，分析了弯曲变形过程中试件的刚度变化规律，并提出了圆钢管混凝土抗弯刚度计算方法。

吴颖星、于清(2005)进行了2个圆钢管约束混凝土和2个方钢管约束混凝土构件纯弯试验，研究了应变沿截面高度的变化规律，验证了平截面假定的正确性。并将试验测试构件初始抗弯刚度、使用阶段抗弯刚度与ACI、EC4和BS 5400等相关规范的计算结果进行了对比，分析了规范计算方法的实用性。

丁发兴、余志武(2006)利用数值计算对钢管混凝土构件弯矩曲率进行了全过程分析，提出了钢管混凝土抗弯极限承载力及弯矩与曲率全曲线的计算方法，并对4根钢管混凝土构件进行了抗弯性能试验，结果表明，含钢率提高能显著提高钢管混凝土抗弯性能。

王庆利、董志峰(2007)通过4个圆截面钢管混凝土受弯构件的试验研究,提出了圆截面钢管混凝土受弯构件的荷载-跨中挠度曲线可以划分为三个阶段:弹性阶段、弹塑性阶段和增强阶段,所有试件均在跨中挠度达到约 1/200 跨度时结束弹性阶段。试件的屈服与钢管的纵向受拉屈服几乎同步发生。

2) 空钢管节点、钢管混凝土节点破坏形态

(1) 空钢管节点破坏形态。矩形钢管截面(rectangle hollow section,RHS)焊接桁式结构节点的研究显示,空钢管 K 形相贯节点在不同荷载和几何参数的条件下,典型破坏形态主要有:① 主管表面塑性失效,即一根支管将主管表面压入,另一根支管将主管表面拉出;② 受压或受拉支管接头处沿支管四周主管表面冲剪失效;③ 受拉支管或焊缝的强度破坏;④ 受压支管的局部屈曲;⑤ 主管在间隙处剪切破坏;⑥ 在受压支管作用下主管侧壁屈曲破坏;⑦ 受拉支管背面主管表面局部屈曲。

一般情况下节点试验所得到的失效模式为上述几种基本破坏形态的组合。在不同受力情况和几何参数范围内,节点有最易发生的破坏形态,依据典型破坏形态,通过对设计几何参数的限制,利用更合理构造规避部分破坏形态的发生,再针对有限的典型破坏模式建立分析模型,推导节点承载力的设计计算公式。

(2) 钢管混凝土节点破坏形态。空钢管节点的主管中填充混凝土后,主管管壁受到内部填充混凝土的支撑,抵抗屈曲的能力提高,节点失效时的破坏形态不同于空钢管节点。

Sakai(2004)进行的圆钢管混凝土 K 形节点试验采用主管上加载的方式,其破坏形态为受压支管连接接头处的鼓屈破坏,表现为受压支管的屈曲。

刘永健(2007)在钢管混凝土 K 形节点试验中,节点编号 K0-C14 为主管壁受拉塑性变形破坏,节点编号 K0-C18、K2-C18、K4-C18、K4-C28 均为受压支管根部的局部屈曲破坏,节点编号 K0-C16 加载时发生偏心导致受压支管整体弯曲破坏。

Packer(1995)进行的钢管混凝土 K 形节点试验中,除一个节点是受压支管的屈曲破坏外,其余试件均发生受拉支管连接接头处主管壁的冲剪撕裂破坏。

Makino(2001)进行的圆截面钢管混凝土 K 形节点试验中两个试件分别表现为受拉支管连接接头处主管壁的冲剪撕裂和受压支管的整体弯曲破坏。

黄文金(2006)、陈宝春(2007)进行的钢管混凝土桁梁受弯试验中,主管采用空钢管桁梁试件与钢管混凝土桁梁试件的结构,破坏均由节点失效引起,但节点的破坏模式从钢管塑性失效变为冲剪破坏。

研究表明,空钢管 K 形节点的破坏形态不再成为钢管混凝土 K 形节点的典型破坏形态。例如由于核心混凝土对主管壁的支撑作用,主管侧壁的局部屈曲破坏形态不再成为典型破坏形态。同时,在节点间隙处,混凝土与钢管壁共同承担剪力的作用,由于钢管混凝土截面整体性较好,且剪切刚度大大提高,节点间隙的剪切破坏形态不再成为节点的典型破坏形态。

2.5.2 圆形钢管混凝土截面抗弯承载力

2.5.2.1 基本假定

以钢管混凝土构件受弯最不利截面为研究对象,基于以下基本假定建立钢管混凝土极限承载能力计算方法:① 平截面假定;② 受拉区混凝土对承载力贡献相对较小,可忽略;③ 构件达到极限抗弯承载力时,在最不利截面上受拉和受压区钢管达到屈服强度 f_y,受压区混凝土达到混凝土圆柱体抗压强度 f_c。

2.5.2.2 抗弯承载力计算方法

钢管混凝土构件达到抗弯承载力时,其截面应力分布如图 2-128 所示。图中 f_y 为钢材屈服强度,f_c 为混凝土圆柱体抗压强度,F_s 为拉区钢管轴力,F_{sc} 为压区钢管轴力,F_c 为受压区混凝土轴力。y_s、y_{sc} 和 y_c 分别是拉区、压区钢管和压区混凝土面积形心到 x 轴的距离,θ 为中性轴处半径与 x 轴夹角,钢管壁厚 t、外半径 r、内半径 r_0,平均半径 $r_m = (r + r_0)/2$。

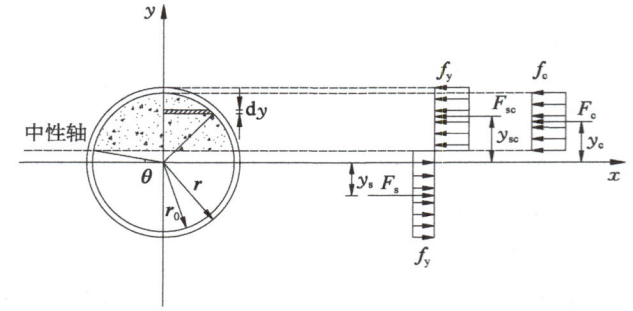

图 2-128 钢管混凝土截面应力分布

根据基本假定②,抗弯承载力 M_u 由拉区钢管承担的弯矩 M_s 与压区钢管混凝土承担的弯矩 M_{sc}、M_c 组成,M_s、M_{sc} 和 M_c 可由相应的轴力乘以受力面积形心到坐标轴的距离求得,即

$$M_u = M_s + M_{sc} + M_c = F_s y_s + F_{sc} y_{sc} + F_c y_c \quad (2-70)$$

由基本假定③可知,F_s、F_{sc} 与 F_c 可以根据材料屈服强度乘以对应的受力面积得到,即

$$F_s = f_y A_s = f_y r_m t (\pi + 2\theta) \quad (2-71)$$

$$F_{sc} = f_y A_{sc} = f_y r_m t (\pi - 2\theta) \quad (2-72)$$

$$F_c = f_c A_c = f_c r_0^2 \left(\frac{\pi}{2} - \theta - \frac{1}{2} \sin 2\theta \right) \quad (2-73)$$

根据几何性质

$$y_s = \frac{2}{3} \frac{\cos\theta}{2\theta + \pi} \frac{r^2 + rr_0 + r_0^2}{r_m} \quad (2-74)$$

$$y_{sc} = \frac{2}{3} \frac{\cos\theta}{\pi - 2\theta} \frac{r^2 + rr_0 + r_0^2}{r_m} \quad (2-75)$$

$$y_c = \frac{4}{3} \frac{r\cos^3\theta}{\pi - 2\theta - \sin 2\theta} \quad (2-76)$$

则

$$M_s = M_{sc} = \frac{2}{3} f_y t \cos\theta (r^2 + rr_0 - r_0^2) \quad (2-77)$$

$$M_c = \frac{2}{3} f_c r_0^3 \cos^3\theta \quad (2-78)$$

根据截面上力的平衡条件

$$F_s = F_{sc} + F_c \quad (2-79)$$

联立式(2-71)~式(2-73)和式(2-76)可解得

$$\theta = \frac{\pi f_c r^2}{4 f_c r^2 + 8 f_y t r_m} \quad (2-80)$$

将式(2-77)和式(2-78)代入式(2-70)中,θ 按式(2-80)计算,可得到钢管混凝土抗弯承载力计算公式

$$M_u = \frac{2}{3} r_0^3 f_c \cos^3\theta + \frac{4}{3} f_y t \cos\theta (r^2 + rr_0 + r_0^2) \quad (2-81)$$

同样地,对于空钢管(图2-129),中性轴一直位于中心处,则

$$y_s = y'_s = \frac{4(3r^2 - 3rt + t^2)}{3\pi(2r - t)} \quad (2-82)$$

可得空钢管抗弯承载力公式

$$M_s = 2 f_y A_s y_s = \frac{4 f_y t (3r^2 - 3rt + t^2)}{3} \quad (2-83)$$

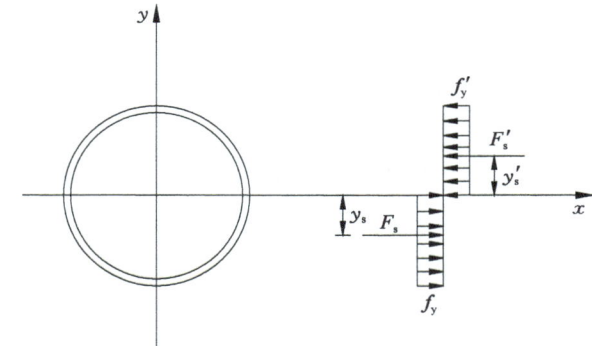

图 2-129 空钢管截面应力分布

2.5.2.3 计算结果验证

1)有限元分析

为验证上述公式的正确性,将上述公式的计算结果与公开发表论文的试验数据进行对比,并采用有限元 ABAQUS 软件分析空钢管构件的受弯力学性能进行对比,有限元模型中,钢管采用双线性模型,即弹性段(oa)和强化段(ab),如图2-130所示,其中强化段的弹性模量取为 $0.01E_s$。其余参数按试验数据给定。

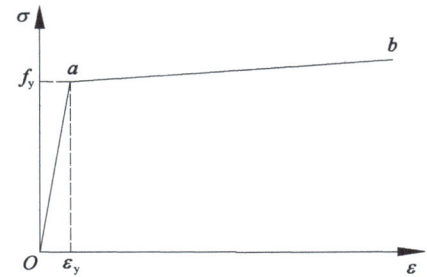

图 2-130 钢管材料本构关系

有限元 ABAQUS 软件中,提供了混凝土的弹塑性断裂模型和塑性损伤模型,用以模拟混凝土的弹塑性及非线性特性,采用韩林海(2007)所提出的考虑钢管约束效应的核心混凝土应力-应变关系模型

$$y = \begin{cases} 2x - x^2 & (x \leqslant 1) \\ \dfrac{x}{\beta_0(x-1)^\eta + x} & (x > 1) \end{cases} \quad (2-84)$$

对于受拉区混凝土,暂不考虑钢管约束的影响,偏于安全地采用下列应力-应变关系模型

$$y = \begin{cases} 1.2x - 0.2x^6 & (x \leqslant 1) \\ \dfrac{x}{0.31\sigma_p^2(x-1)^{1.7} + x} & (x > 1) \end{cases}$$
$$(2-85)$$

根据受弯构件四分点加载法建立有限元模型,采用位移加载方式进行研究。

2) 试验数据对比

(1) 第一组试验。依据韩林海课题组进行的圆钢管混凝土纯弯试验数据进行分析对比。试验测试了6根圆钢管混凝土的抗弯承载力,试件参数见表2-27。

表2-27 试件参数

序号	试件编号	D/mm	t/mm
1	CB1-1	100	1.9
2	CB1-2	100	1.9
3	CB1-3	100	1.9
4	CB2-1	200	1.9
5	CB2-2	200	1.9
6	CB2-3	200	1.9

钢管采用直焊缝卷管,钢材强度由拉伸试验确定,一组三个标准试件,按照《金属材料室温拉伸试验方法》规定的方法进行。对于圆钢管混凝土试件,测得钢材屈服强度 $f_y = 282$ MPa,抗拉强度 $f_u = 358.3$ MPa,弹性模量 $E_s = 2.02 \times 10^5$ MPa,泊松比 $\mu = 0.263$。

圆钢管中灌注自密实混凝土,混凝土配合比为水泥∶粉煤灰∶砂∶石∶水=1∶0.37∶1.77∶2.16∶0.40,减水剂掺量为1%。采用与模型试件同条件养护的立方体标准试块测试立方体抗压强度,采用150 mm×150 mm×300 mm棱柱体试块测试弹性模量。28 d 混凝土立方体抗压强度平均值 $f_{cu} = 76.7$ MPa,构件试验时的平均立方体抗压强度 $f_{cu} = 81.3$ MPa,弹性模量 $E_c = 42\,600$ MPa。

试验采用四分点加载方法,在钢管混凝土试件跨中位置的上、下表面以及截面形心处两侧各布置纵、横向应变片共4对。支座、四分点及跨中位置布置位移计,图2-131所示为纯弯曲试验装置。

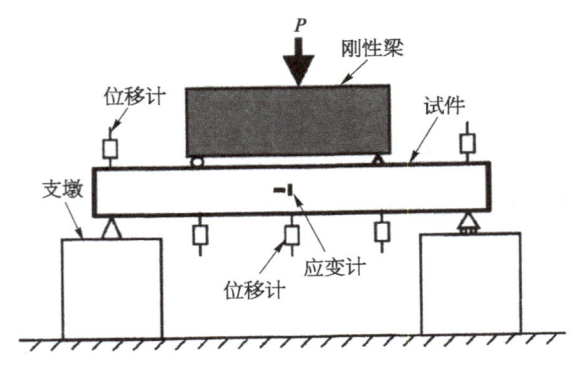

图2-131 纯弯曲试验装置示意

实测的抗弯承载力 M_u 是钢管受拉区外边缘应变 ε_{max} 达到 0.01 时对应的弯矩值。由于试验中未测试空钢管抗弯承载力,采用 ABAQUS 建立有限元模型分析相应尺寸试件的抗弯承载力,即受拉区外边缘应变 ε_{max} 达到 0.01 对应的弯矩值。

试验实测的跨中弯矩 M 与跨中位移 u 之间的关系曲线如图2-132所示。试件对应的抗弯承载

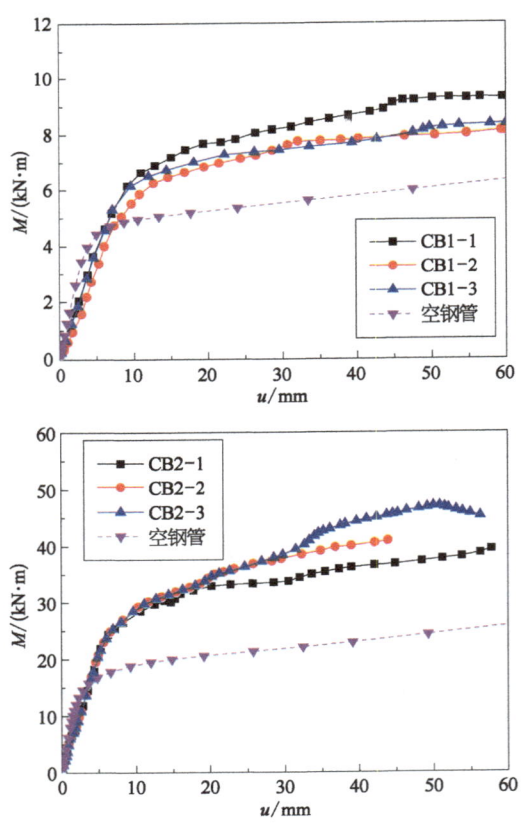

图2-132 纯弯构件弯矩-挠度曲线

力 M_u 与空钢管抗弯承载力 M_s 见表 2-28 和表 2-29。其中 M_{ue} 为试验实测值;M_{ua} 和 M_{sa} 为 ABAQUS 软件计算值;M_{uf} 和 M_{sf} 为推导公式计算值。

表 2-28 表明,采用 ABAQUS 软件和推导公式的计算结果与试验实测极限弯矩值较为接近。由于试验中未涉及空钢管抗弯承载力,因此,表 2-29 仅对比了 ABAQUS 软件和推导公式的计算结果,两者同样吻合较好。

表 2-28　圆钢管混凝土截面极限弯矩值

试件编号	M_{ue}/(kN·m)	M_{ue} 均值/(kN·m)	M_{ua}/(kN·m)	M_{ue}/M_{ua}	M_{uf}/(kN·m)	M_{ue}/M_{uf}
CB1-1	9.19	8.09	7.18	1.13	7.00	1.16
CB1-2	7.33					
CB1-3	7.74					
CB2-1	32.4	34.30	34.48	0.99	35.71	0.96
CB2-2	33.9					
CB2-3	36.6					

表 2-29　空钢管截面极限弯矩值

试件编号	M_{sa}/(kN·m)	M_{sf}/(kN·m)	M_{sa}/M_{sf}
CB1-1	5.38	5.16	1.04
CB1-2			
CB1-3			
CB2-1	22.11	21.03	1.05
CB2-2			
CB2-3			

(2) 第二组试验。钱稼茹等通过 12 根钢管高强混凝土构件的抗弯试验研究了钢管高强混凝土构件的受弯性能。钢管有 3 种不同直径和 5 种不同壁厚,试件的基本数据见表 2-30。表中 f_{cu} 为实测混凝土立方体强度;f_y 为实测钢管材料的屈服强度;f_c 为混凝土圆柱体抗压强度,取 $0.8 f_{cu}$。

表 2-30　试 件 参 数

试件编号	D/mm	t/mm	f_{cu}/MPa	f_c/MPa	f_y/MPa
CSB1	140	3.56	62	49	348
CSB3	140	3.56	66	53	348
CSB4	165	3.33	62	49	355

续表

试件编号	D/mm	t/mm	f_{cu}/MPa	f_c/MPa	f_y/MPa
CSB5	165	3.33	66	53	355
CSB7	165	4.20	62	49	351
CSB11	219	3.90	66	53	326
CSB12	219	3.90	62	49	326
CSB14	219	5.05	66	53	320
CSB17	219	5.05	75	60	320
CSB18	219	5.40	62	49	421
CSB20	219	5.40	62	49	421
CSB22	219	5.40	75	60	421

试件水平放置,两端支座为滚轴,用一个千斤顶施加荷载,通过分配梁将力施加在试件的三分点位置,使试件跨中三分之一为纯弯,如图 2-133 所示。

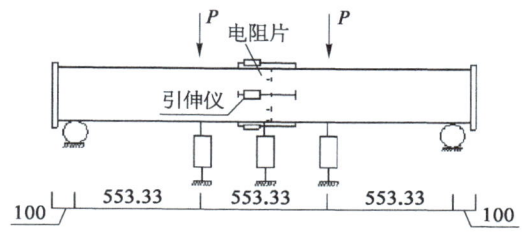

图 2-133　加载装置示意

钢管底部纵向拉应变达到 0.01 时，对应的实测弯矩值 M_{ue} 以及推导公式计算值 M_{uf} 见表 2-31。通过对比 M_{ue} 和 M_{uf} 可以看出，两者非常接近。同样，采用 ABAQUS 软件和推导公式计算的空钢管极限弯矩值也基本一致。

（3）第三组试验。Elchalakani 等进行的圆钢管混凝土纯弯试验中，设计了 12 种不同参数的圆钢管混凝土试件，试件的基本参数见表 2-32，其中 f_y 为实测钢管材料的屈服强度，f_c 为混凝土圆柱体抗压强度，试验加载装置如图 2-134 所示。

表 2-31 圆钢管混凝土和空钢管截面极限弯矩值

试件编号	M_{ue}/(kN·m)	M_{uf}/(kN·m)	M_{ue}/M_{uf}	M_{sa}/(kN·m)	M_{sf}/(kN·m)	M_{sa}/M_{sf}
CSB1	27.2	27.54	0.99	23.89	23.07	1.04
CSB3	28.0	27.79	1.01	23.89	23.07	1.04
CSB4	35.0	38.10	0.92	32.02	30.90	1.04
CSB5	37.6	38.51	0.98	32.02	30.90	1.04
CSB7	45.7	45.48	1.00	39.51	38.13	1.04
CSB11	76.5	76.01	1.01	61.66	58.83	1.05
CSB12	81.3	75.03	1.08	61.66	58.83	1.05
CSB14	98.6	91.44	1.08	77.06	73.99	1.04
CSB17	104.4	93.07	1.12	77.06	73.99	1.04
CSB18	117.3	121.98	0.96	106.10	103.75	1.02
CSB20	122.4	121.98	1.00	106.10	103.75	1.02
CSB22	120.3	124.58	0.97	106.10	103.75	1.02

表 2-32 试件参数

试件编号	D/mm	t/mm	f_c/MPa	f_y/MPa	f_u/MPa	E_s/GPa
CBC0-C	109.90	1.00	23.4	400	533	191
CBC0-B	110.40	1.25	23.4	400	533	191
CBC0-A	110.90	1.50	23.4	400	533	191
CBC1	101.83	2.53	23.4	365	469	200
CBC2	88.64	2.79	23.4	432	538	210
CBC3	76.32	2.45	23.4	415	534	218
CBC4	89.26	3.35	23.4	412	502	211
CBC5	60.65	2.44	23.4	433	508	211
CBC6	76.19	3.24	23.4	456	548	205
CBC7	60.67	3.01	23.4	408	503	204
CBC8	33.66	1.98	23.4	442	511	207
CBC9	33.78	2.63	23.4	460	568	209

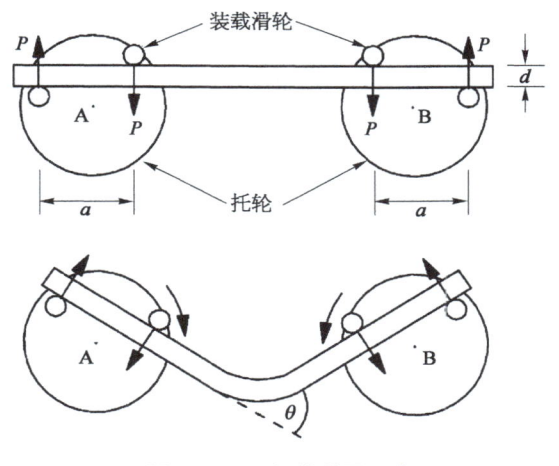

图 2-134 加载装置示意

试验测得的极限弯矩 M_{ue} 和推导公式计算值 M_{uf} 见表 2-33。除了 CBC0 的三个试件,其余试件由推导公式计算出的圆钢管混凝土抗弯承载力与试验实测值较为接近。对于 CBC0-A、CBC0-B 和 CBC0-C 三个试件,推导公式计算出的极限弯矩值与实测值有一定的偏差。CBC0-A、CBC0-B 和 CBC0-C 三个试件的径厚比(D/t)分别是 73.9、88.32 和 109.9,而其他试件的径厚比(D/t)小于 60,因此,初步推断利用推导公式计算较大径厚比的抗弯承载力时,会存在一定偏差。同时,如果在推导公式中用 f_u 代替 f_y 来计算 CBC0-A、CBC0-B 和 CBC0-C 三个试件的抗弯承载力,可得到与实测值相对较吻合的结果。

表 2-33 圆钢管混凝土和空钢管截面极限弯矩值

试件编号	M_{ue} /(kN·m)	M_{uf} /(kN·m)	M_{ue}/M_{uf}	M_{sa}/(kN·m)	M_{sf} /(kN·m)	M_{sa}/M_{sf}
CBC0-C	7.60	5.92(7.60)	1.28(1.00)	4.88	4.13	1.18
CBC0-B	9.10	7.22(9.29)	1.26(0.98)	6.14	5.96	1.03
CBC0-A	11.00	8.53(10.99)	1.29(1.00)	7.65	7.18	1.07
CBC1	11.33	10.27	1.10	9.46	9.11	1.04
CBC2	10.86	9.71	1.12	9.14	8.89	1.03
CBC3	6.92	6.07	1.14	5.71	5.55	1.03
CBC4	10.47	11.03	0.95	10.52	10.19	1.03
CBC5	3.78	3.85	0.98	3.69	3.58	1.03
CBC6	9.87	8.40	1.18	8.04	7.87	1.02
CBC7	4.75	4.34	1.09	4.22	4.09	1.03
CBC8	0.90	0.92	0.98	0.90	0.88	1.02
CBC9	1.17	1.22	0.96	1.20	1.18	1.02

注:括号内为用 f_u 代替 f_y 得到的计算值。

通过在基本假定的基础上,推导了圆钢管混凝土和空钢管抗弯承载力公式。

(1) 推导公式计算出的圆钢管混凝土截面极限弯矩值,与公开发表的试验数据相比,吻合程度较高。

(2) 因试验均未提及空钢管抗弯承载力,采用 ABAQUS 软件进行计算分析后,与推导公式计算结果进行对比,数据吻合良好。但对于空钢管,因其截面刚度较小,在受弯过程中可能存在局部变形进而导致"失圆",但在此次理论分析中未考虑此影响,因此空钢管抗弯承载力计算公式的结果应该是偏大的,应进行修正。

(3) 对于径厚比较大的圆钢管混凝土试件,推导公式计算出的结果有一定偏差,此时采用 f_u 代替 f_y 进行计算,可能会得到更吻合的结果。

2.5.3 K形节点偏心的影响分析

2.5.3.1 附加弯矩

当两支管中心线在主管上的交点偏离主管中心线时,即存在偏心 e,如图 2-135 所示。此时由偏心引起的附加弯矩为

$$\triangle M = (N_1 \cos\theta_1 + N_2 \cos\theta_2)e \quad (2-86)$$

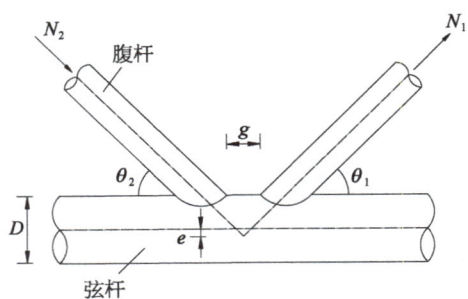

图 2-135 节点偏心示意

当结构构造和受力状况一定时,不管主管为空钢管或填充混凝土,附加弯矩值 $\triangle M$ 是相同的。现行规范只规定了空钢管的偏心距限值,没有指出适用于钢管混凝土的偏心距限值。若以附加弯矩 $\triangle M$ 与主管抗弯承载力 M 的比值($\triangle M/M$)为依据

$$\frac{\triangle M}{M_s} \Big/ \frac{\triangle M}{M_u} = \frac{M_u}{M_s} \quad (2-87)$$

即钢管混凝土抗弯承载力 M_u 比空钢管抗弯承载力 M_s 提高的倍数,可看作偏心距 e 的放大倍数。

根据计算结果,可以得出钢管混凝土与空钢管抗弯承载力的比值,列于表 2-34 中。从 M_{ue} 与 M_{sf} 的比值可以看出,对于不同混凝土强度等级、钢材屈服强度、钢管直径、壁厚等参数,主管填充混凝土后截面抗弯承载力提高程度不同,分布在 1~2 倍范围内。

表 2-34 圆钢管混凝土和空钢管截面极限弯矩比值

试验来源	试件编号	$M_{ue}/$ (kN·m)	$M_{sf}/$ (kN·m)	M_{ue}/M_{sf}
韩林海	CB1-1	9.19	5.16	1.78
	CB1-2	7.33	5.16	1.42
	CB1-3	7.74	5.16	1.50
	CB2-1	32.4	21.03	1.54
	CB2-2	33.9	21.03	1.61
	CB2-3	36.4	21.03	1.74

续表

试验来源	试件编号	$M_{ue}/$ (kN·m)	$M_{sf}/$ (kN·m)	M_{ue}/M_{sf}
钱稼茹	CSB1	27.2	23.07	1.18
	CSB3	28	23.07	1.21
	CSB4	35	30.90	1.13
	CSB5	37.6	30.90	1.22
	CSB7	45.7	38.13	1.20
	CSB11	76.5	58.83	1.30
	CSB12	81.3	58.83	1.38
	CSB14	98.6	73.99	1.33
	CSB17	104.4	73.99	1.41
	CSB18	117.3	103.75	1.13
	CSB20	122.4	103.75	1.18
	CSB22	120.3	103.75	1.16
Elchalakani	CBC0-C	7.60	4.74	1.60
	CBC0-B	9.10	5.96	1.53
	CBC0-A	11.00	7.18	1.53
	CBC1	11.33	9.11	1.24
	CBC2	10.86	8.89	1.22
	CBC3	6.92	5.55	1.25
	CBC4	10.47	10.19	1.03
	CBC5	3.78	3.58	1.06
	CBC6	9.87	7.87	1.25
	CBC7	4.75	4.09	1.16
	CBC8	0.90	0.88	1.02
	CBC9	1.17	1.18	0.99

注:对于 CBC9,$M_{ue}/M_{sf}<1$,因为 1.17 kN·m 是试验测得的抗弯承载力,而由推导公式计算的抗弯承载力 $M_{uf}=1.21$ kN·m,要大于 M_{sf}。

2.5.3.2 参数分析

为了分析不同参数对钢管混凝土和空钢管截面抗弯承载力的影响,根据 2.5.2.2 的推导公式,进行相应参数分析,以得出钢管混凝土抗弯承载力 M_u 和空钢管抗弯承载力 M_s 的比值规律。

(1) 混凝土强度等级(表2-35)。

表2-35 混凝土强度等级对抗弯承载力的影响

混凝土强度	f_c/MPa	r/mm	t/mm	f_y/MPa	M_u/(kN·m)	M_s/(kN·m)	M_u/M_s
C40	32	400	10	345	2 714.18	2 153.26	1.26
C50	40	400	10	345	2 813.42	2 153.26	1.31
C60	48	400	10	345	2 913.12	2 153.26	1.35
C70	56	400	10	345	3 013.85	2 153.26	1.40
C80	64	400	10	345	3 115.71	2 153.26	1.45

(2) 钢管强度等级(表2-36)。

表2-36 钢管强度等级对抗弯承载力的影响

钢管强度	f_y/MPa	r/mm	t/mm	f_c/MPa	M_u/(kN·m)	M_s/(kN·m)	M_u/M_s
Q235	235	400	10	64	2 388.02	1 466.71	1.63
Q345	345	400	10	64	3 115.71	2 153.26	1.45
Q370	370	400	10	64	3 282.28	2 309.29	1.42
Q390	390	400	10	64	3 415.77	2 434.12	1.40
Q420	420	400	10	64	3 616.31	2 621.36	1.38

(3) 主管半径(表2-37)。

表2-37 主管半径对抗弯承载力的影响

主管半径/mm	f_y/MPa	t/mm	f_c/MPa	M_u/(kN·m)	M_s/(kN·m)	M_u/M_s
100	345	10	64	140.06	124.66	1.12
200	345	10	64	649.79	524.86	1.24
300	345	10	64	1 613.05	1 201.06	1.34
400	345	10	64	3 115.71	2 153.26	1.45
500	345	10	64	5 246.08	3 381.46	1.55

(4) 主管壁厚(表2-38)。

表2-38 主管壁厚对抗弯承载力的影响

主管壁厚/mm	f_y/MPa	r/mm	f_c/MPa	M_u/(kN·m)	M_s/(kN·m)	M_u/M_s
10	345	400	64	3 115.71	2 153.26	1.45
12	345	400	64	3 541.84	2 570.91	1.38

续 表

主管壁厚/mm	f_y/MPa	r/mm	f_c/MPa	M_u/(kN·m)	M_s/(kN·m)	M_u/M_s
14	345	400	64	3 963.60	2 984.27	1.33
16	345	400	64	4 380.46	3 393.37	1.29
18	345	400	64	4 792.11	3 798.23	1.26
20	345	400	64	5 198.36	4 198.88	1.24
22	345	400	64	5 599.12	4 595.33	1.22

提高混凝土和钢材强度等级、增大主管半径和壁厚无疑都会使得截面抗弯承载力增加，如图 2-136～图 2-139 所示。但是，图 2-140 表明，提高混凝土强度等级、增大主管半径，有利于增大钢管混凝土截面抗弯承载力与空光管截面抗弯承载力的比值（M_u/M_s）。相反，提高钢管强度等级、增加主管壁厚，会使得 M_u/M_s 减小。

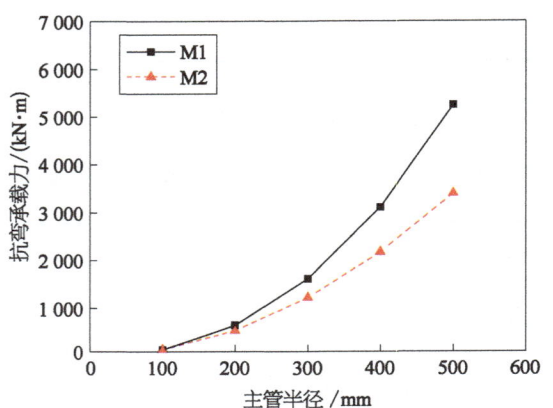

图 2-138 主管半径对抗弯承载力的影响

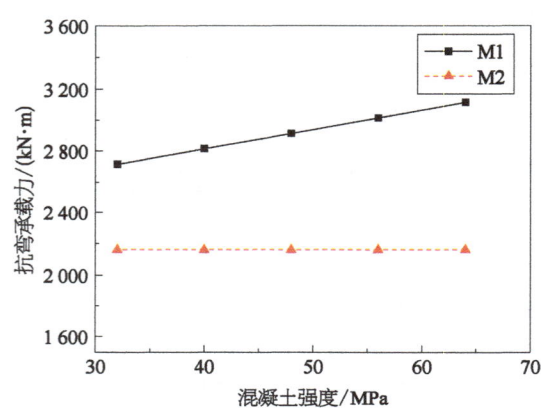

图 2-136 混凝土强度等级对抗弯承载力的影响

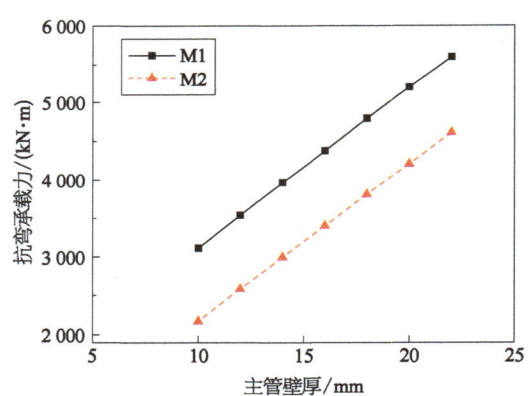

图 2-139 主管壁厚对抗弯承载力的影响

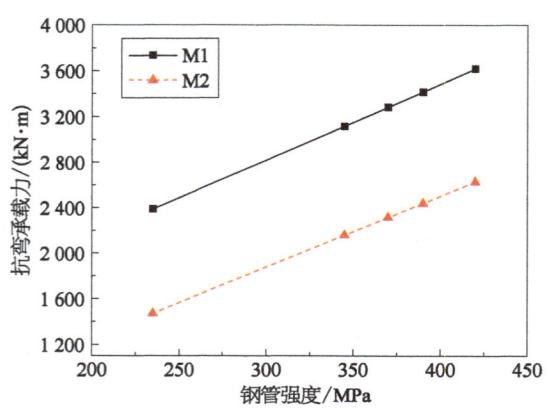

图 2-137 钢管强度等级对抗弯承载力的影响

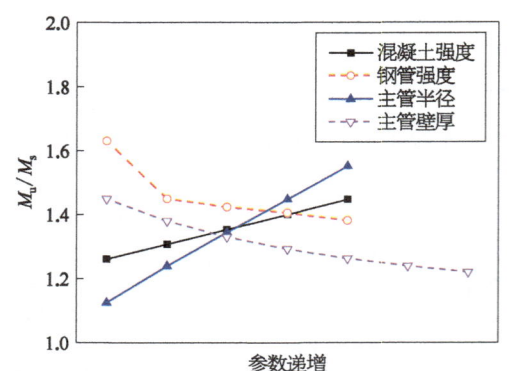

图 2-140 不同参数下 M_u/M_s 变化趋势

若定义套箍系数 $\beta = A_s f_y / A_c f_c$，将上述四种参数用 β 表示时，可以发现随着套箍系数增加，M_u/M_s 减小（图 2-141）。上述规律可以理解为钢材用得越"多"越"强"时，钢管提供的截面抗弯承载力越大，就削弱了混凝土对截面抗弯承载力的贡献。根据参数分析结果进行曲线拟合，可以得到 M_u/M_s 与套箍系数 β 之间的关系式

$$\frac{M_u}{M_s} = 1.135\,97 + 0.981\,4 \times 0.018\,2^{\beta} \quad (2-88)$$

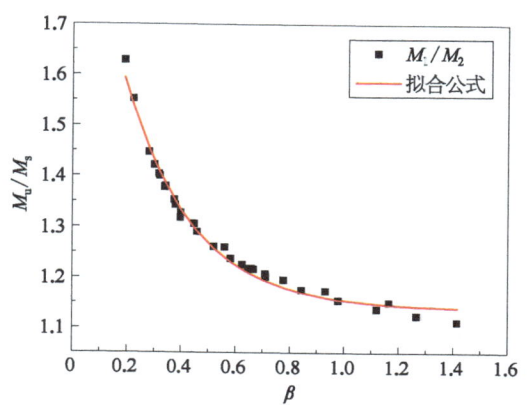

图 2-141 套箍系数 β 与 M_u/M_s 关系曲线

随着套箍系数 β 的变化，M_u/M_s 可近似按照式 (2-88) 计算。从式 (2-88) 中可以看出，不管套箍系数大小，钢管混凝土抗弯承载力 M_u 最少是空钢管抗弯承载力 M_s 的 1.13 倍。《公路钢管混凝土拱桥设计规范》中规定约束效应系数 ζ 不宜小于 0.6，其值按照下式进行计算

$$\zeta = \frac{A_s f_y}{A_c f_{ck}} \quad (2-89)$$

与项目中定义的套箍系数 β 相比，主要在于套箍系数 β 的计算式分母为 $A_c f_c$，f_c 为试验中实测的混凝土圆柱体抗压强度。一般认为 $f_c > f_{ck}$，因此，对于同批次钢管混凝土试件，套箍系数 β 要小于约束效应系数 ζ。因 M_u/M_s 与 β 成反比，所以当约束效应系数 ζ 取 0.6 时，可偏安全考虑，套箍系数 β 同样取为 0.6 代入式 (2-89)，计算可得：$M_u/M_s = 1.22$。

因此，基于空钢管 K 形节点，钢管混凝土 K 形节点偏心距限值至少可放大至 $1.13 \times 0.25D = 0.28D$，但不宜大于 $1.22 \times 0.25D = 0.305D$。

对于间隙 g，根据图 2-142 所示几何关系，可推得

$$g = \frac{\frac{D}{2} + e}{\tan \theta_1} - \frac{d}{2\sin \theta_1} + \frac{\frac{D}{2} + e}{\tan \theta_2} - \frac{d}{2\sin \theta_2} \quad (2-90)$$

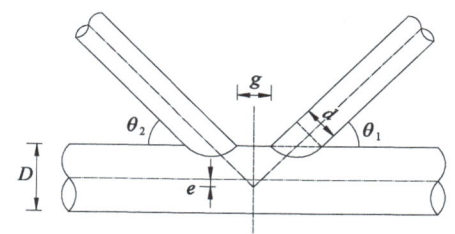

图 2-142 K 形节点几何关系

一般情况下，$\theta_1 = \theta_2 = \theta$，则

$$g = \frac{D + 2e}{\tan \theta} - \frac{d}{\sin \theta} \quad (2-91)$$

令 $e = 0.28D$，$d/D = \alpha$，则

$$g = \frac{(1.56\cos \theta - \alpha)D}{\sin \theta} \quad (2-92)$$

根据《公路钢管混凝土桥梁设计与施工指南》和《公路钢管混凝土拱桥设计规范》，d/D 宜为 0.3~0.8，主、斜支管轴线间夹角 θ 宜在 30°~60°。在满足上述要求的前提下，经计算分析可得：当 $\theta < 50°$ 时，$D > 300$ mm，可满足 $g > 80$ mm；当 $50° < \theta < 60°$ 时，$d/D \leq 0.6$ 且 $D > 400$ mm，可满足 $g > 80$ mm。

因此，通过论证，对于钢管混凝土 K 形节点的结构构造，支管间的间隙 g 值取为 80 mm，偏心距满足节点附加弯矩的限值要求。

2.5.4 主要技术结论

为了研究适用于钢管混凝土节点的偏心距限值，对圆钢管混凝土和空钢管截面抗弯承载力进行了分析对比，主要技术结论：

(1) 钢管混凝土 K 形节点偏心距限值可修改为 $e \leq 0.28D$。

(2) 钢管混凝土 K 形节点的间隙 g 最小值取为 80 mm，偏心距能满足限值要求。

(3) 通过与试验数据相比对，本节推导的用于计算钢管混凝土抗弯承载力的公式精度满足要求。

(4) 将适用于空钢管抗弯承载力的公式计算结

果与有限元分析结果进行了对比,数据吻合较好。对于空钢管,因其截面刚度较小,在受弯过程中可能存在局部变形进而导致"失圆",但在本节理论分析中未考虑此影响,因此空钢管抗弯承载力计算公式的结果应该是偏大的,需要进行修正。

(5) 当径厚比 $D/t>70$ 时,推导公式计算出的钢管混凝土抗弯承载力可能偏小,可采用抗拉强度 f_u 代替 f_y 计算。

(6) 提高混凝土强度等级、增大主管半径,可增大钢管混凝土截面抗弯承载力与空光管截面抗弯承载力的比值(M_1/M_2)。相反,提高钢材强度等级、增加主管壁厚,会使得 M_1/M_2 减小。

(7) 对不同参数,M_1/M_2 的数值在 $1\sim2$ 波动,M_1/M_2 与 β 之间为反比例关系。

2.6 钢管混凝土结构抗震性能研究

2.6.1 钢管混凝土抗震性能研究背景

钢管混凝土是一种轻质、高强、延性好的工程材料,近 30 年来用钢管混凝土建设的桥梁达 450 余座,其中拱桥最大跨度 575 m,悬索桥最大跨度 1 030 m,组合桥墩(塔)最大高度 196 m。针对钢管混凝土桥梁静力计算方法、构造设计、施工方案等技术,行业内科研院所已开展了研究。随着现代公路向地形地质复杂、地震烈度高的山区发展,桥梁规模不断挑战新高度、新跨度,面临的抗震防灾技术难度显著提升,也使轻质、高强、延性好的钢管混凝土桥梁更具竞争力。但是,钢管混凝土桥梁抗震性能与防灾技术在交通行业内研究较少。

钢筋混凝土材料延性差,结构抗震研究以强度和位移为控制指标,较少从结构刚度匹配和体系整体协调开展研究,不仅塑性铰强度低、防震挡块难以限制抗震变形,且破坏部位不可控,桥梁抗震性能差。虽然钢管混凝土材料延性好,若沿用钢筋混凝土桥梁抗震研究思路,将不能准确揭示钢管混凝土桥梁的地震破坏机理和建立防灾技术,无法体现其优良的抗震性能。因此,从材料、结构、体系三个不同维度探索钢管混凝土桥梁的抗震性能,采用调查研究、计算分析、模型试验、实桥测试和实桥监测等技术手段研究解决以下问题:① 钢管混凝土材料的抗震计算方法,与构件抗震性能匹配的节点计算方法,合理的抗震构造技术难题;② 钢管混凝土主拱、桁式桥墩(塔)、组合桥墩(塔)、复合桥墩(塔)的抗震性能、评价方法和构造设计技术难题;③ 钢管混凝土桥墩(塔)结构形式与高度的匹配标准,钢管混凝土主拱、吊索与桥面梁合理组合体系,多跨连续变刚度长联结构体系,大跨高墩抗震位移控制体系等核心技术难题。在国家、省部级项目支撑下,开展了钢管混凝土桥梁抗震性能研究和工程实践,取得的主要成果有:

(1) 研究了钢管混凝土单柱墩和墩桩节点抗震力学行为,建立了钢管混凝土单柱墩保持力的套箍约束系数和墩桩节点安全抗震极限承载力的计算方法,提出了提高节点极限承载能力的构造和钢管混凝土桥墩的构造。

(2) 研究了钢管混凝土主拱、桁式桥墩(塔)、组合桥墩(塔)的抗震力学性能,提出了钢管混凝土主拱横撑与吊索、桁式桥墩(塔)总体与细节匹配,组合桥墩(塔)节段与连接抗震合理构造。

(3) 提出了钢管混凝土桥墩(塔)高度、主梁跨度与适用桥墩(塔)形式的匹配原则,主拱、吊索、桥面梁约束抗震体系,多跨主梁与桥墩(塔)支座刚度匹配的抗震体系,多跨主梁单端桥台固结抗震体系,高墩大跨连续刚构桥纵横向抗震约束体系,实桥测试表明,钢管混凝土桥梁具有良好的抗震性能。

研究成果指导了全长 6 430 m 四川汶川克枯大桥、主桥墩高 196 m 四川凉山金阳县金阳河大桥、主跨 200 m 越南海防市防城港大桥、主跨 160 m 四川汉源兰家湾大桥等桥梁建设,桥梁最长服役时间超过 6 年,四川已建多座桥梁经历了多次大地震验证,抗震性能良好。

2.6.2 主要技术成果

2.6.2.1 建立了钢管混凝土材料抗震延性计算方法与判定标准

1) 建立了钢管混凝土材料抗震持续力计算方法

通过钢管混凝土多参数抗震模型试验(图 2-143),揭示了抗震极限强度、延性发展与衰变历程,提出了极限强度不衰减和抗震位移修正的持续力计算方法,使桥梁结构在设防地震荷载下保持弹性工作状态,实现了抗震理念由"大震不倒"到"大震可修"的提升(图 2-144)。

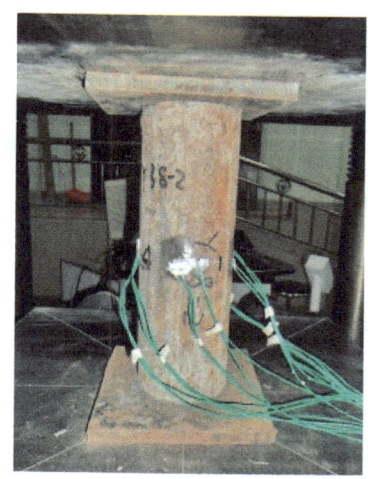

图 2-143 模型试验

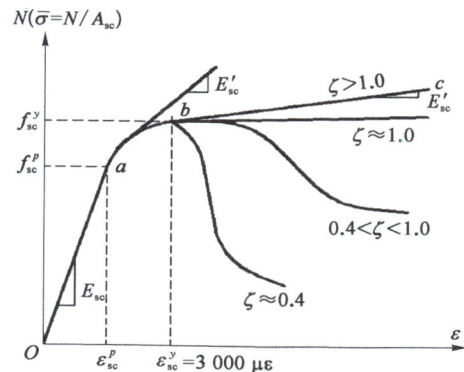

图 2-144 钢管混凝土轴压 $N\text{-}\varepsilon$ 全过程关系曲线

材料抗震计算如下：

含钢率 $\quad a_s = \dfrac{A_s}{A_c} \geqslant 12\%$

套箍约束系数设计值 $\quad \zeta = \dfrac{A_s f_{sd}}{A_c f_{cd}} \geqslant 1.31$

刚度修正系数 $\quad \delta_s = K_y \delta_j \geqslant 1.55 \delta_j$

2) 建立了管节点抗震极限承载能力计算方法

基于试验数据分析总结，通过重要性系数的调整（表 2-39），提出了地震作用时钢管混凝土桥梁构件与节点抗震极限承载能力一致的匹配计算方法：$\gamma S \leqslant R$。建立了不同地震组合作用方向抗力可靠性的计算方法。

表 2-39 地震状况结构重要性系数

构件名称	主拱	墩（塔）横撑	连接节点
组 合	0.75	0.80	0.85
单 项	1.0	1.0	1.0

3) 提出了钢管混凝土节点强健抗震构造

提出了在钢管混凝土节点主管灌注混凝土、设置带孔钢板加劲肋或栓钉等构造（图 2-145），提高节点整体结构刚度、降低应力，解决了节点与构件安全度匹配的设计技术难题。提出了钢管混凝土柱与钢筋混凝土桩的钢-混过渡节点连接构造（图 2-146），保证了位于塑性铰区的节点始终处于弹性工作状态。

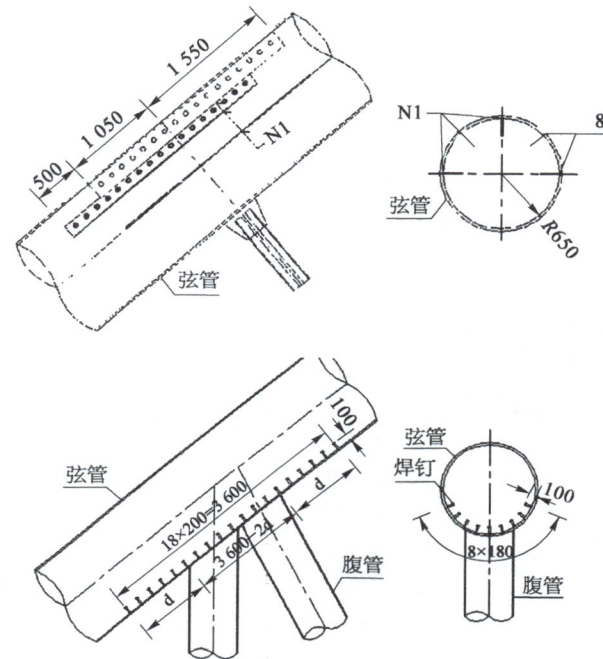

图 2-145 钢管内栓钉和加劲肋构造

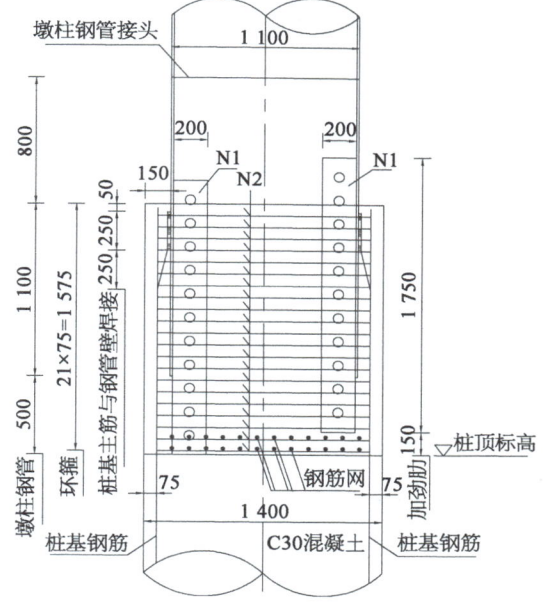

图 2-146 墩、桩连接构造

2.6.2.2 建立了钢管混凝土结构延性抗震计算方法与防灾构造技术

1) 钢管混凝土主拱抗震性能与防灾技术

(1) 通过模型与实桥试验研究(图 2-147),揭示了钢管混凝土主拱的抗震性能:① 主拱具有良好的三向抗震性能和抗震极限承载潜力。② 横向地震响应,拱顶>1/4 主拱>拱脚(图 2-148);纵向地震响应,主拱整体均匀,且振动和应力峰值小。③ 横向与纵向地震组合控制主拱安全,但横向主导,体现为横向失稳破坏;刚度大的横撑与主拱连接处应力水平高,刚度匹配的横撑,主拱振动小、连接处应力相对较低(图 2-149)。④ 钢管混凝土拱桥,主拱与悬吊桥面系振动异步,桥面梁振动小,对主拱具有减震作用,同时导致吊索与构造连接处的地震内力较大。

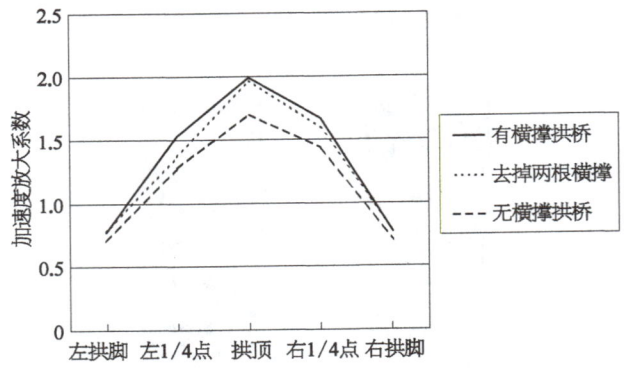

图 2-149 对横撑影响(横向 1.2g)

Z,该数学关系式表明,提篮式主拱(图 2-150)拱顶横向刚度小,横向振动剧烈,因此,高烈度地震区应采用平行主拱的结构体系(图 2-151)。② 提出了大跨拱桥主拱肋在非吊索处,采用半加劲的横隔构造(图 2-152),吊索处采用全加劲的横隔构造(图 2-153)。③ 提出了主拱组合式肋间横撑构造,使主拱受力均匀,降低了横撑与主拱连接处的地震应

图 2-147 主拱模型破坏形式

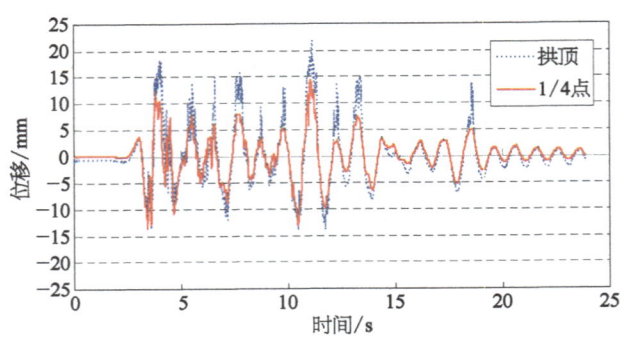

图 2-148 位移响应(横向 0.8g)

(2) 建立了系列防灾技术:① 提出了钢管混凝土主拱稳定、振动与横撑刚度的数学关系式:

$$\frac{(E_sI_s+E_sA_s)}{B}\tan\alpha \propto W, \quad \frac{(E_sI_s+E_sA_s)}{B}\tan\alpha \propto$$

图 2-150 提篮式主拱

图 2-151 平行式主拱

图 2-152 主拱横向连接系构造

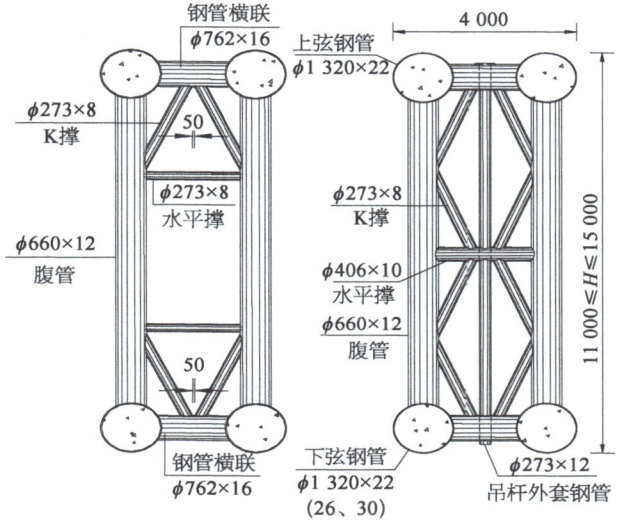

图 2-153 主拱横隔构造

力峰值,提高了钢管混凝土拱桥的抗震能力。④ 提出了吊索抗震极限承载能力计算方法:吊索索体: $1.8N \leqslant f_{pk}A_s$,吊索锚固处: $3.0N \leqslant f_{pk}A_s$。保证了吊索抗震能力安全度的一致性。

2) 钢管混凝土桁式与混合式结构桥墩(塔)的抗震性能与防灾技术

(1) 抗震性能。通过抗震性能模型试验研究,取得的主要技术成果:① 根据相似理论和测试数据,从振动加速度、位移与应力等指标验证了缩尺模型的准确性;通过有限元和模型试验对比分析,保证缩尺模型试验的可靠性。② 模型试验表明,钢管混凝土桁式桥墩(塔)墩底横撑处为地震控制截面,混合桥墩(塔)的混凝土腹板过渡段为地震控制截面,钢筋混凝土墩的墩底(塑性铰位置)为地震控制截面。③ 钢管混凝土桁式桥墩(塔)和混合桥墩(塔)各截面均处于弹性状态,振动非线性引起的减震效

果显著,抗震性能良好。

(2) 建立了防灾技术。根据钢管混凝土桥梁抗震性能研究,提出的抗震防灾技术包括:① 提出了钢管混凝土单柱式、桁式和混合式桥墩(塔)的结构构造;② 提出了钢管混凝土桁式桥墩(塔)主管与支管直径比($D/d=0.4\sim0.6$)、桁间距($H/B\approx1.0$)、墩顶最小宽度($\geqslant2.0$ m)、纵桥向变截面坡度(1:50~1:70)以及过渡段腹板设置为变宽度的构造技术;③ 提出了主管与承台通过钢管预锚段设置锚孔和带孔加劲肋板的连接构造。

3) 钢管混凝土组合桥墩(塔)抗震性能及防灾技术

(1) 地震模型试验。钢管混凝土组合桥墩(塔)抗震模型试验研究(图 2-154),取得的主要技术成果:① 纵、横桥向 E2 地震作用下,墩顶横向位移、墩底钢管应变、墩底外包混凝土应变的时程曲线(图 2-155)与实桥有限元计算结果一致,墩顶加速度的横向放大系数约为 5 倍,纵向放大系数约为 4 倍;② 在 E2 地震作用下,全截面始终处于弹性工作状态,钢管外包混凝土和钢筋混凝土腹板均未发现裂缝(图 2-156);③ 由于钢管混凝土骨架和外包钢筋混凝土极限承载能力不同,弹性阶段外包混凝土失效,骨架继续承受荷载;④ 组合高墩模型位移延性系数大于 10,钢管混凝土组合高墩具有优良的抗震性能。

图 2-154 组合式桥墩模型

(2) 建立了防灾技术。钢管混凝土组合桥墩(塔)防灾技术:① 通过结构刚度和体系刚度匹配论证,提出了采用加宽桥墩(塔)顶面横向尺寸,将主梁梁体全宽嵌于桥墩(塔)主钢管间,通过设置带孔钢

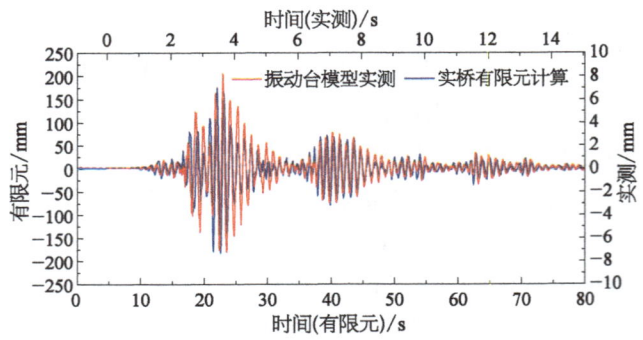

图 2-155　墩顶响应位移时程曲线(0.35g)

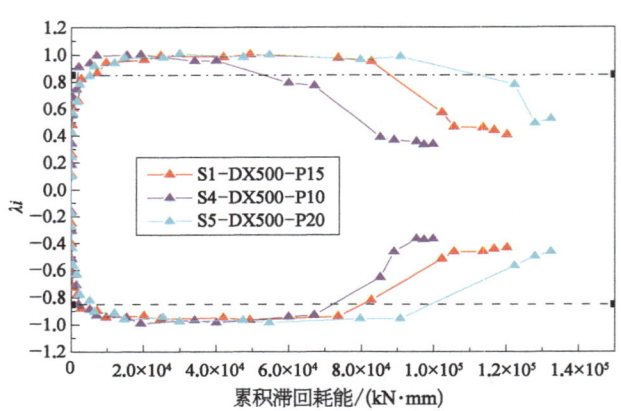

图 2-156　强度退化曲线

骨架桁梁连接主钢管,并在主梁下设置支撑强健横梁,再穿钢筋浇注混凝土,形成整体墩-梁嵌固的连接构造(图 2-157),其极限承载能力提高约 2.2 倍,实现了连接构造抗力与结构整体匹配。② 桥墩(塔)截面内力随墩高减小,为了减少超高墩墩底与墩顶的内力差,提出了主管采用变直径的钢管混凝土组合截面结构(图 2-158),应用于依托工程 196 m 超高桥墩(塔),减少地震内力差 30%。

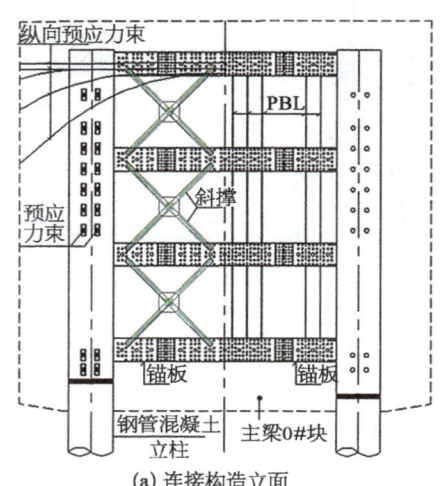

(a) 连接构造立面

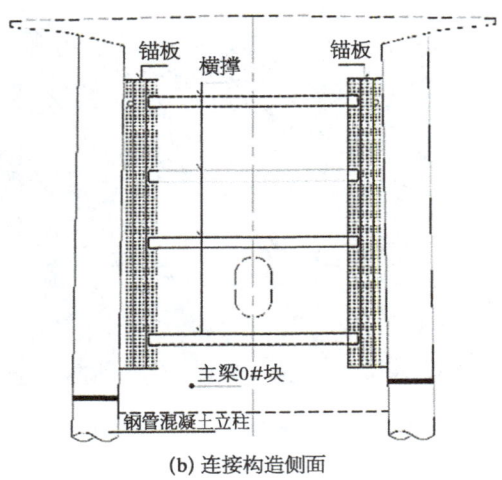

(b) 连接构造侧面

图 2-157　桥墩骨架嵌固于主梁的连接构造

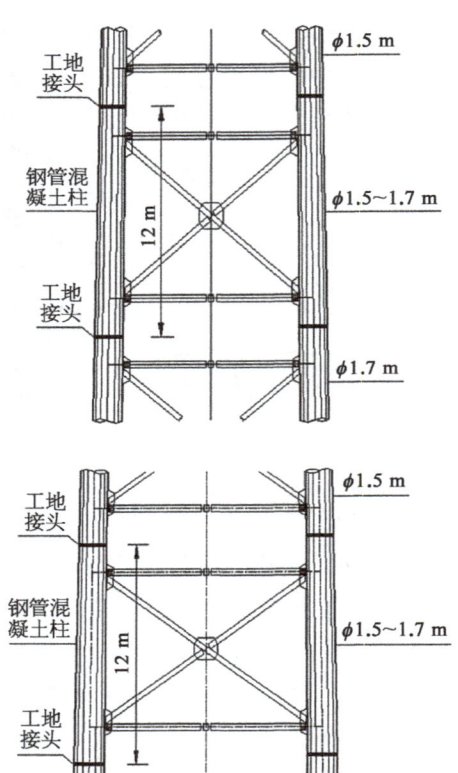

图 2-158　变截面钢管混凝土组合柱的结构

4) 发明了复合矩形钢管混凝土桥墩(塔)

(1) 提出在钢筋混凝土箱形墩内壁设置多边形钢管(图 2-159),在外表面设置竖向钢筋,焊接在钢管壁上的 U 形抗剪钢筋与外包钢筋混凝土形成组合截面共同受力(图 2-160),减小了墩身壁厚,减轻了自重,有效降低了抗震设防成本。

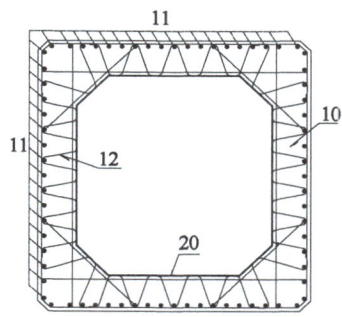

图 2-159 矩形钢管抗剪连接键

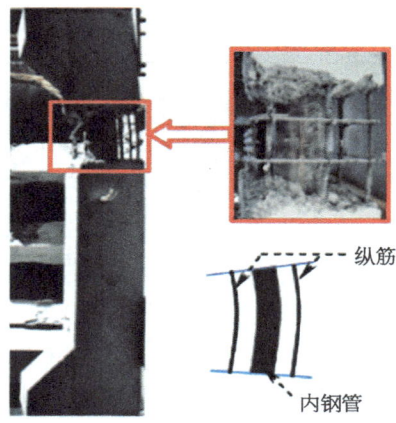

图 2-161 小偏心破坏形态

图 2-160 复合矩形钢管构造

（2）结构抗震性能，地震荷载破坏形态（图 2-161 和图 2-162）表明，复合矩形钢管混凝土桥墩（塔）为延性破坏，其力学模型如图 2-163 所示。建立了抗震极限强度计算方法。

大偏压

$$N_{sw} = \left(1 + \frac{\zeta - \beta}{0.5\beta\omega}\right) f_{yw} A_{sw}$$

$$M_{sw} = \left[0.5 - \frac{(\beta-\zeta)^2 + \frac{1}{3}(\beta_c \zeta^2)}{(\beta\omega)^2}\right] f_{yw} A_{sw} h_{sw}$$

(2-93)

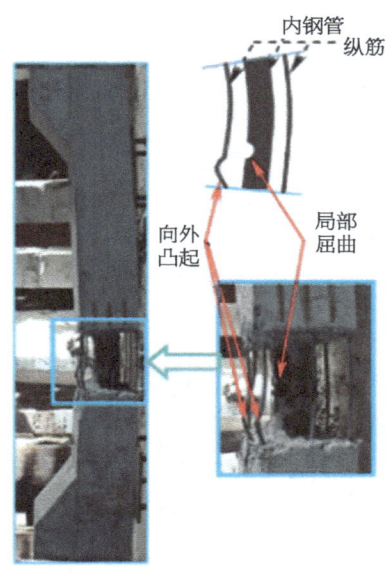

图 2-162 大偏心破坏形态

小偏压

$$N_{sw} = \left\{1 - \frac{[\beta - (1-\beta_c)\zeta]^2}{1.6\beta_c \omega \zeta}\right\} f_{yw} A_{sw}$$

$$M_{sw} = \left\{0.5 - \frac{[\beta - (1-\beta_c)\zeta]^3}{3.85\beta_c \omega^2 \zeta}\right\} f_{yw} A_{sw} h_{sw}$$

(2-94)

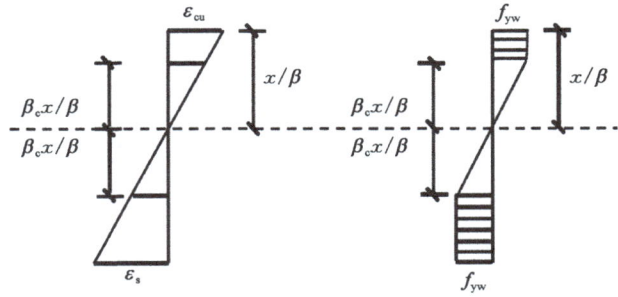

图 2-163 力学模型

2.6.2.3 钢管混凝土桥梁的抗震新体系性能研究

（1）钢管混凝土组合桥墩（塔）分类标准：提出了钢管混凝土桥墩（塔）、组合桥墩（塔）和复合桥墩（塔）推荐使用的分类标准，见表 2-40。

表 2-40 钢管混凝土组合桥墩(塔)分类标准

依据条件	依据参数	宜采用桥墩(塔)形式	备注
$N \leqslant 10\,000$ kN、$L \leqslant 80$ m	$N/H>15$	钢管混凝土单柱墩	中等跨度主梁
	$N/H=8\sim15$	钢管混凝土桁式墩	中等跨度主梁
	$N/H<8$	钢管混凝土混合墩	中等跨度主梁
$N>10\,000$ kN、$L \leqslant 80$ m	$H>60$ m	钢管混凝土复合墩	预应力简支梁
$N>10\,000$ kN、$L>80$ m	$H>80$ m	钢管混凝土组合墩	连续箱形梁

(2) 建立了钢管混凝土主拱抗震技术新体系(图 2-164):① 设置吊索水平抗震索;② 采用较大截面尺寸吊索(安全系数大于 3);③ 在交界墩上桥面梁内外边纵肋设置纵向限位减震装置;④ 在主拱与桥面梁交叉处,主拱侧面设置横向限位减震装置;⑤ 采用纵横格子梁和钢-混凝土组合桥面板的整体式桥面结构,提高了结构的整体性,减轻了自重,形成了主拱与吊索和桥面梁刚度匹配的抗震结构新体系。

(3) 建立了长联变刚度梁式桥的抗震体系(图 2-165):提出了主梁分联长度大于 200 m,使分联长度与桥墩(塔)高度匹配;采用限位弹性阻尼支座,使支座刚度与桥墩(塔)刚度匹配,形成了刚构-限位的梁式结构体系,保证了桥墩(塔)墩底抗震极限承载能力的一致,控制了桥梁振动位移,提高了桥梁抗震性能。

(4) 建立了单端约束抗震体系(图 2-166):针对山区梁式桥,靠近桥台侧的地形陡峭,同联主梁内桥墩(塔)高度差异大的特点,提出了主梁与桥台固结,并在桥面与桥台位置设置假缝,另一端主梁设置伸缩缝。为桥梁结构体系提供了均衡的刚度,抗震安全系数提高 1.6 倍。

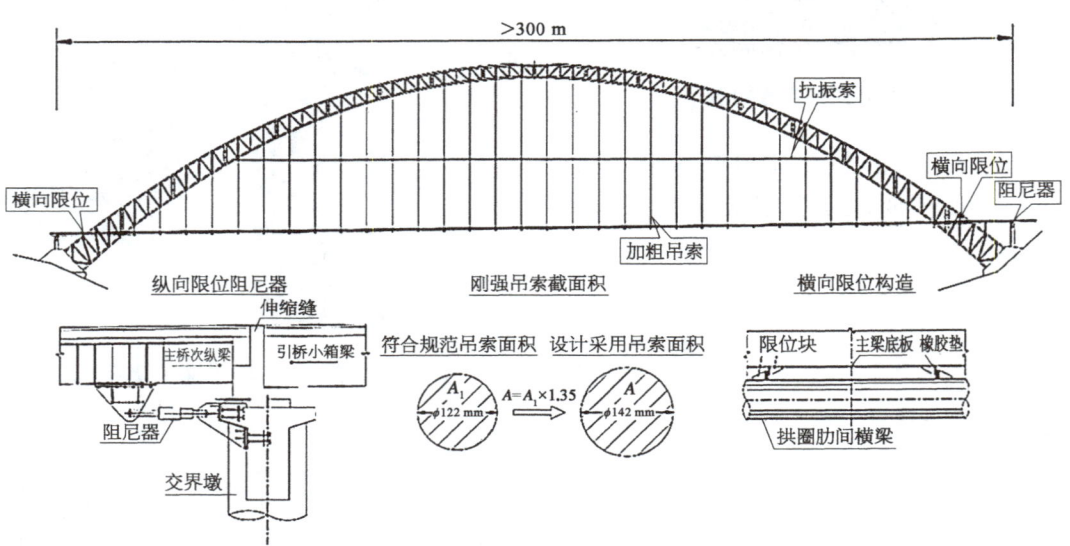

图 2-164 钢管混凝土拱桥抗震体系示意

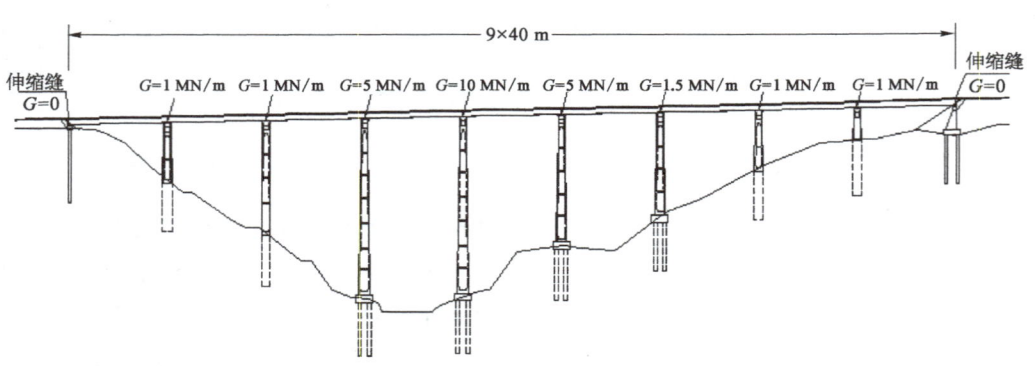

图 2-165 长联变刚度梁式抗震体系示意

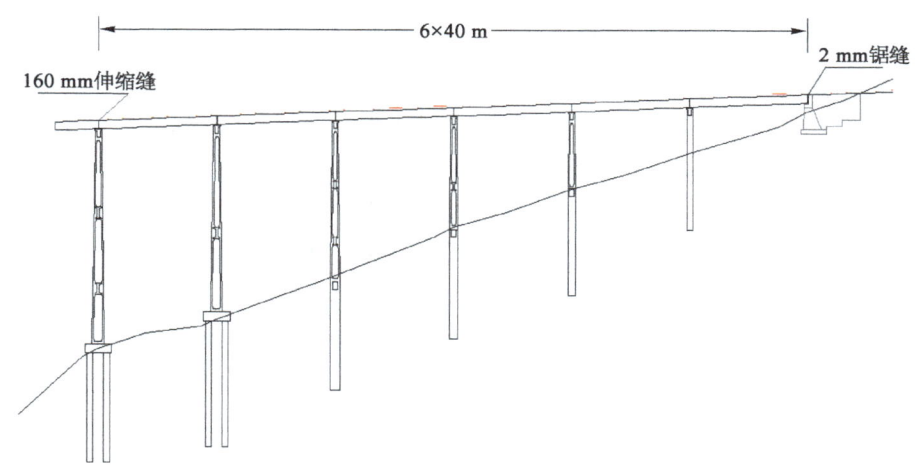

图 2-166　单端约束抗震体系示意

(5) 高墩长联窄桥抗震体系（图 2-167）：依托工程桥墩（塔）高度达 196 mm，整体联长达 661 m，跨径达 200 m，桥梁宽度仅 14 m，基本地震烈度高达Ⅷ度，为了提高桥梁抗震设计强度和刚度，提出了以下创新技术：① 横向强健性构造技术，桥墩（塔）横向设计为变宽度（$i = 80：1～60：1$），且墩顶横向尺寸大于主梁，将主梁梁体嵌于桥墩（塔）顶部；② 纵向强健性构造技术，增加桥墩（塔）纵向宽度（$1.1B～1.3B$），同时，在桥台处设置纵向阻尼器。确保桥梁体系的纵向刚度满足地震位移控制设计需要，也相应降低了桥墩（塔）纵向地震力，提高了结构安全储备。

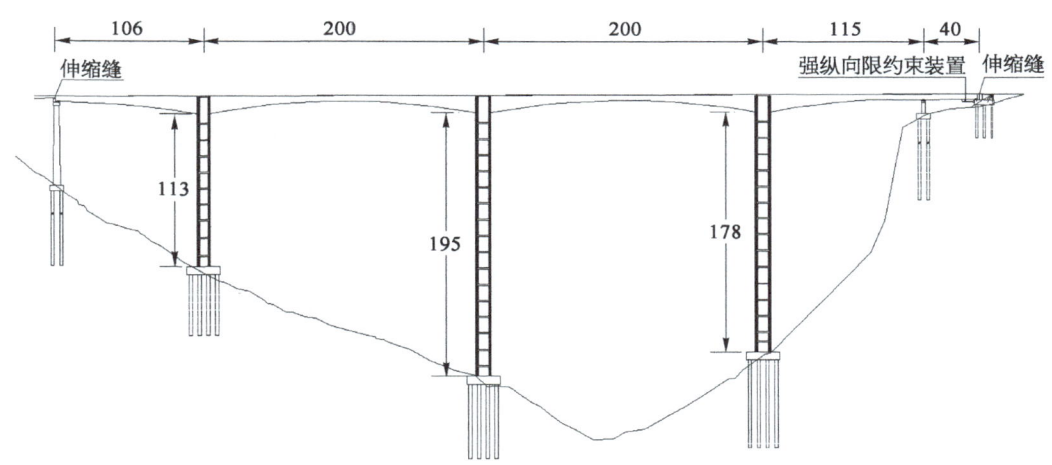

图 2-167　高墩长联窄桥抗震体系示意（单位：m）

2.6.2.4　实际工程长期监测验证

1）干海子大桥和腊八斤大桥位移实桥监测

四川雅西高速公路干海子大桥 2012 年 4 月建成通车以来，经历了 2013 年雅安芦山"4·20"7.0 级地震、2014 康定"11·22"6.3 级地震、2017 年九寨沟"8·8"7.0 级地震、2022 年泸定"9·5"6.8 级地震考验，经多次检测，干海子大桥横向实测与计算位移振动趋势一致，吻合度大于 0.92（图 2-168），并处于安全状态，没有任何损伤。同时，四川雅安腊八斤大桥经历同样地震考验，监测桥梁地震数据与计算值完全吻合，满足抗震安全要求。

2）泸定南门关大桥地震位移监测

四川泸定南门关大桥，经历了 2013 年雅安芦山"4·20"7.0 级地震、2014 康定"11·22"6.3 级地震、2017 年九寨沟"8·8"7.0 级地震、2022 年泸定"9·5"6.8 级地震考验，经多次检测，主拱横向位移实测与计算数据对比，其吻合度大于 0.90（图 2-169）。

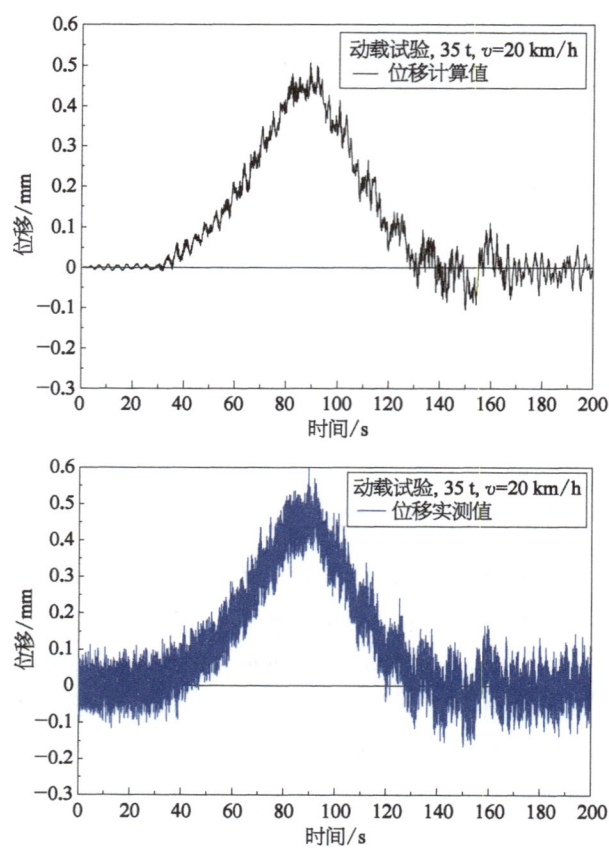

图 2-168 实桥横向计算与监测数据对比

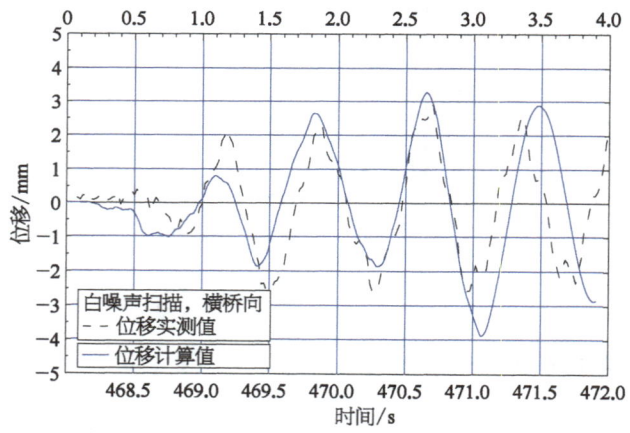

图 2-169 主拱监测与计算位移曲线对比

2.6.3 技术结论

四川地处龙门山断裂带、鲜水河断裂带、安宁河断裂带三大断裂带上，高烈度地震频发。由于地形地质复杂，桥梁占路线里程的比重高，因此，科学、经济提高桥梁抗震性能具有重要工程价值和社会价值。通过多年研究，提出采用钢管混凝土延性材料，采用钢管混凝土主拱、桥墩（塔）和主梁等延性结构，采用"共同协作抗震"的结构体系思想等技术和相关的计算方法，从材料、结构和体系等方面，解决了安全可靠、资源节约、抗震性好、建设简便等桥梁抗震难题，为高地震烈度的复杂山区和高原桥梁建设提供了技术依据，该技术在未来公路桥梁建设市场应用广阔。

2.7 钢管混凝土焊接节点疲劳试验研究

2.7.1 研究概述

2.7.1.1 研究背景

近年来，随着钢管混凝土理论研究的深化以及钢管混凝土在结构性能和施工工艺上体现出来的特点，其成为大跨度桥梁主要结构形式之一。当今，我国交通建设处在跨越式发展的新时期，已建成的钢管混凝土拱桥的数量多，跨度已突破所有钢拱桥和混凝土拱桥，主跨 575 m 的广西平南三桥已于 2020 年建成通车。以钢管混凝土桁式结构为代表的组合结构开始应用在悬索桥、连续梁桥和斜拉桥等桥梁结构中。

虽然钢管混凝土结构在桥梁中使用广泛，但作为一种新的桥型，对钢管混凝土管结构节点承载力的研究尚不充分，节点是钢管混凝土桁式结构承载能力的关键部位，也是整个结构的薄弱环节，而疲劳设计寿命研究相对滞后，国内建成的钢管混凝土桥梁中已有节点疲劳裂纹发生的工程案例（图 2-170）。

钢管混凝土结构节点中，主管与支管之间的连接形式以直接相贯连接居多。钢管相贯节点构造形式多样，典型的平面节点中有 T 形、Y 形、K 形和 X 形等。在这些焊接节点处，应力分布复杂，应力集中现象突出，加之焊接残余应力和焊接缺陷等不利因素的存在，车辆交变荷载作用下，容易引起疲劳裂纹的发生和扩展，并最终导致局部或整体结构丧失承载力。因此，焊接管桁节点的疲劳问题应引起桥梁建设者的重视。然而，对管桁结构一般简化为传统的杆梁结构进行分析，仅计算其内力和名义应力，缺乏对节点局部应力行为的认识。随着管桁结构在桥梁中的大量使用，其节点静力强度和疲劳寿命已成为管桁结构设计中的一个重要研究课题，结合四

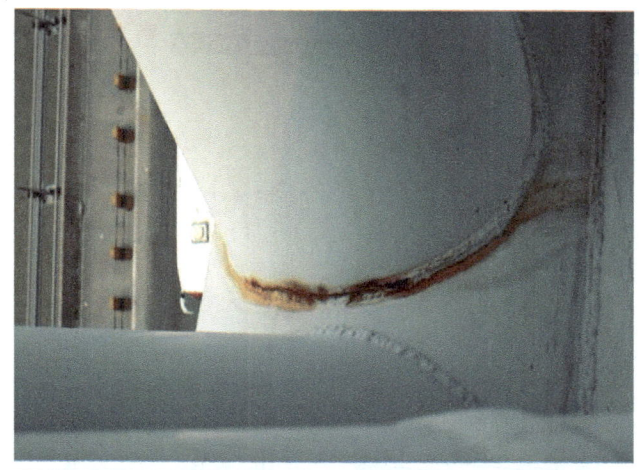

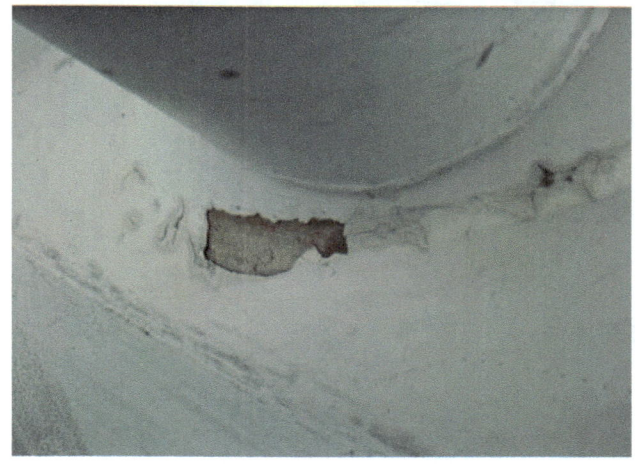

图 2-170　钢管混凝土拱节点相贯线焊缝疲劳裂纹

川干海子大桥主桁结构的受力特点,有针对性地对钢管混凝土管桁节点的承载力与疲劳性能进行试验研究。

2.7.1.2　国内外研究现状

近年来国际焊接学会(IIW)、美国焊接学会(AWS)、欧洲钢结构协会(ECCS)等针对空心管桁结构及其连接进行了试验研究,形成了配套完整的规范。日本建筑学会、土木学会、道路协会和运输省铁路局所编制的《钢管构造设计施工指针》及《钢构造物设计指针》《道路桥示方书》《铁道构造物等设计标准》均对空心管桁结构的静力及疲劳验算有明确的规定。

1994 年建造的广东南海紫洞大桥,为主跨 140 m 钢管混凝土桁梁的斜拉桥,为了保证钢管混凝土桁梁焊接节点疲劳性能,开展了专题试验研究。近 30 年来,四川省公路规划勘察设计研究院有限公司联合西南交通大学范文理教授等专家,依托主跨 460 m 重庆巫山长江大桥、主跨 530 m 四川合江长江一桥、全长 1 811 m 四川雅安干海子大桥、全长 6 430 m 四川汶川克枯大桥等工程和交通运输部西部科技项目、四川省交通运输科技项目,开展了持续研究,完成了近 200 个试件和不同应力幅度、不同焊接节点构造及参数、不同焊接初始缺陷等多因素的研究,在疲劳验算相关规范尚无规定、钢管混凝土焊接节点疲劳性能的研究资料匮乏的条件下,取得了大量数据和支撑成果,为交通运输部行业规范有关疲劳的规定提供了基础。

由于焊接管桁节点的应力分布和焊接状况等参数对其疲劳性能均有影响,因此,对其进行精确理论分析尚有很大难度。现在各国规范中所采用的疲劳强度验算公式,主要是根据典型焊接节点的疲劳试验和理论分析相结合,用数理统计方法得到的。由于试验条件和分析方法不尽相同,这些公式间还有不少差异,同时,尚需在以下几个方面做进一步探讨。

(1)钢管混凝土结构典型焊接节点的应力分布特征及热点应力集中系数的进一步研究。

(2)钢管混凝土结构典型节点疲劳寿命的试验研究,以及结构节点疲劳验算方法的确定。

(3)按疲劳寿命要求对焊接相贯管节点的焊缝设计标准、焊接工艺要求,焊缝检验标准及焊后处理规定的编制。

(4)对钢管混凝土结构焊接节点出现疲劳开裂后的修复、加固方法进行研究。

2.7.1.3　试验依托工程

四川雅安干海子大桥位于雅西高速公路石棉县境内,该桥跨越地震基本烈度 Ⅷ 度区、三条主要断裂带、不良地质构造、起伏高差达百余米的复杂地形。主梁采用钢管混凝土桁式结构,主要跨径为 44.5 m 和 62.5 m,全桥长 1 811 m,全桥主梁 36 跨分三联。下部结构采用钢管混凝土桁式桥墩和钢管混凝土混合桥墩,最大墩高约 110 m。

主梁采用空间三角形钢管桁架与钢筋混凝土桥面板形成组合体系,下弦管按钢管混凝土设计,属新型钢管混凝土桁架组合结构。主梁中心高 440 cm,节间长度 440 cm,主管直径 813 cm,支管直径 406 mm,壁厚根据受力不同变化,采用 Q345C 直缝焊接管,管内混凝土等级为 C60。桥式简图、横断面、主梁立面及下弦节点如图 2-171~图 2-174 所示。

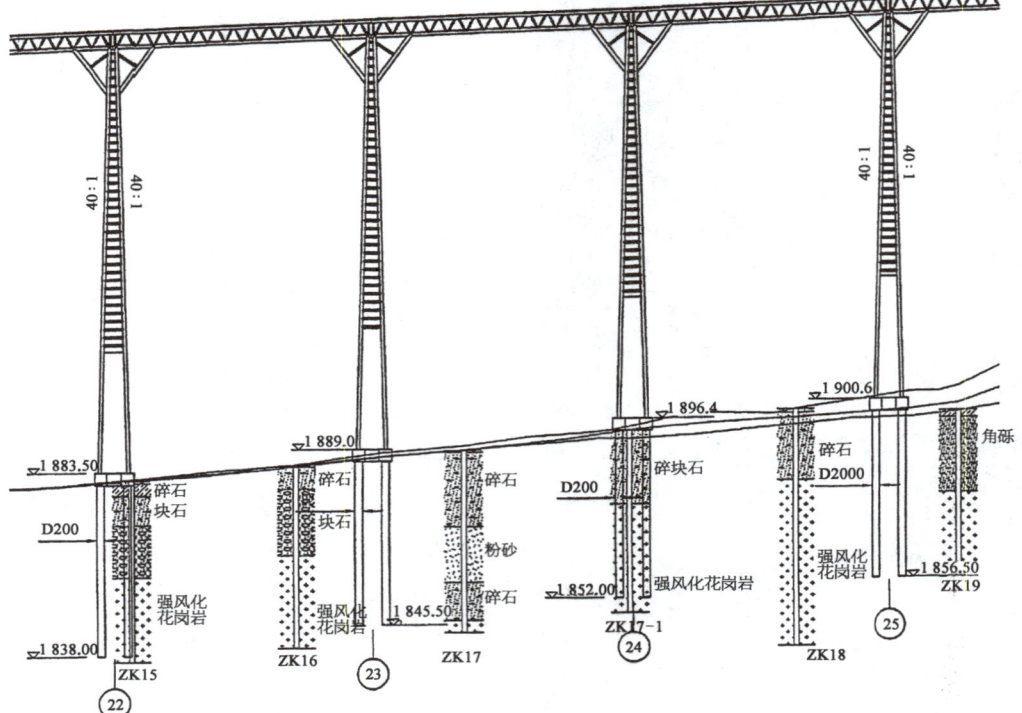

图 2-171　桥式简图(单位：cm)

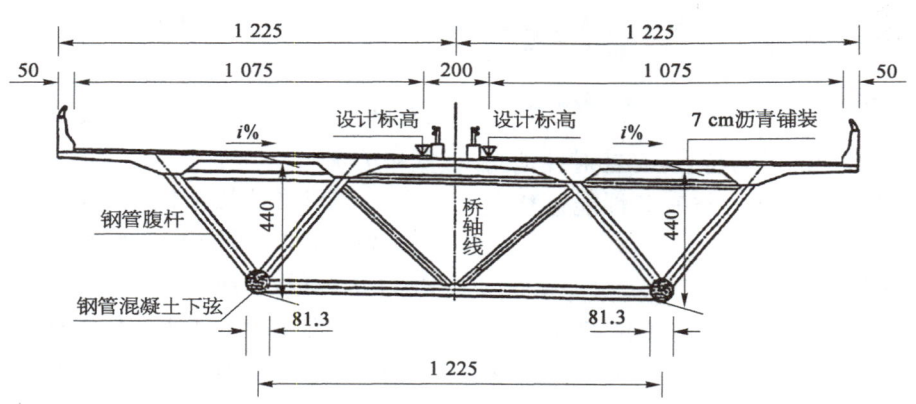

图 2-172　横断面图(单位：cm)

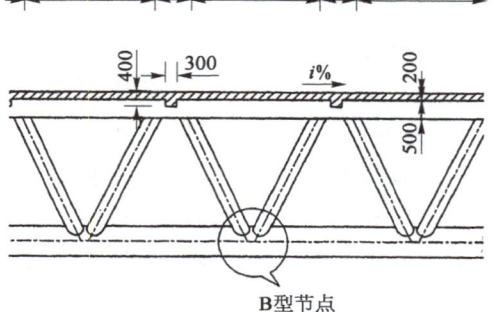

图 2-173　立面图(单位：mm)

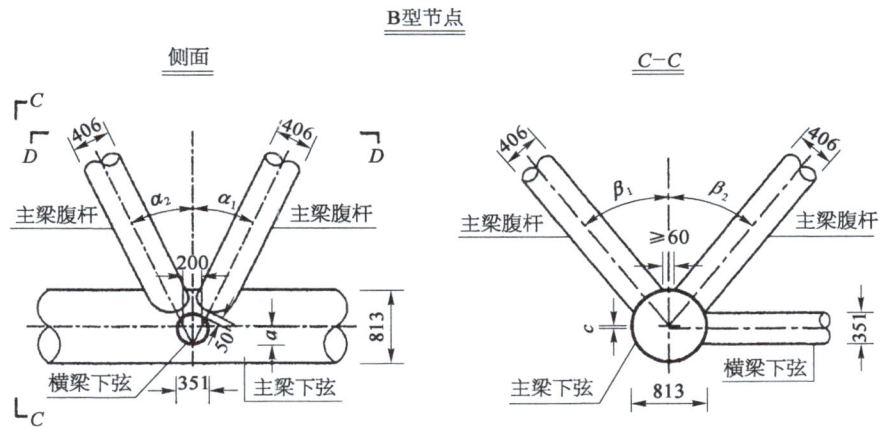

图 2-174 节点图(单位:mm)

2.7.1.4 主要研究内容

根据干海子大桥管桁节点的参数特点,模型试验研究主要针对钢管混凝土管节点。疲劳试验模型设计为 DY 型节点的三角形平面管桁架共 3 套,试验模型所用钢材与实桥相同,其杆件断面、轴线交角及节点构造与实桥相近,主要研究内容如下:

(1) 调研国内外相关类型节点的疲劳试验资料,对各国试验数据进行系统分析总结。疲劳试验数据是疲劳研究的基础,调研国内外钢管混凝土结构典型焊接节点疲劳研究的相关资料,更好地分析研究管结构的疲劳行为,为钢管混凝土桥梁结构相贯焊接节点的疲劳设计提供依据,同时为本节疲劳试验模型的设计、制造及加载等提供参考。

(2) 进行精细三维有限元数值分析。建立精细的钢管混凝土结构典型焊接节点三维有限元模型,研究焊接节点的热点应力集中系数,并与已有试验的实测值进行对比分析。探讨结构几何参数、细部构造、连接方式等对节点疲劳性能的影响。

(3) 进行 DY 型桁架钢管混凝土节点疲劳试验。疲劳模型试验是研究结构细节疲劳破坏机理及影响因素的重要途径。由于钢管混凝土管节点的疲劳强度和裂纹开展规律的研究较少,通过疲劳模型节点试验,验证实桥节点的疲劳寿命是必要的。

(4) 完善钢管混凝土节点疲劳设计方法。通过此疲劳模型节点试验研究,在验证四川雅安干海子大桥节点疲劳设计安全度的同时,可进一步完善对钢管混凝土节点承载力和疲劳寿命的系统研究;针对钢管混凝土管桁节点疲劳开裂后期修复难的特点,提出更合理的疲劳寿命判定准则。

2.7.2 钢管混凝土节点疲劳研究现状

2.7.2.1 钢管混凝土节点的应力集中

钢管混凝土桁式结构节点中,常见的有 T 形、Y 形及 K 形。T 形节点应力分布如图 2-175 所示,节点应力集中系数最高可达 20,这种应力集中将影响节点的疲劳强度,研究管节点的应力集中系数对确定节点的疲劳寿命有重要作用。

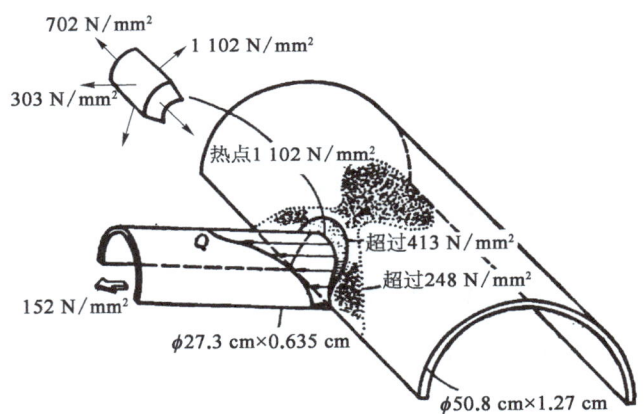

图 2-175 T 形节点的应力分布

实践表明,不能仅依赖于整体应力计算而忽略局部应力的影响,一些受循环应力的焊接管桁节点,尽管在整体设计中做了名义应力的验算,但是由于局部细节构造的几何应力集中存在,即使平均应力远小于屈服强度也可能发生疲劳破坏。对焊接管桁节点来说,因焊接缺陷的存在,应力集中更为严重,导致疲劳寿命因损伤的存在而大幅降低。

1) 钢管混凝土节点应力集中的力学原理

通常把管桁节点中的应力分成三部分,即名义应力、几何应力和缺口应力。名义应力视管为杆或梁单元,采用通常结构分析方法进行计算。几何应力是在载荷作用下,保持相邻管之间的变形相容性而引起的应力。缺口应力是由于焊缝缺陷引起的应力集中叠加而产生的,同时计入焊缝尺寸的影响。三种应力的分布示意如图2-176所示。

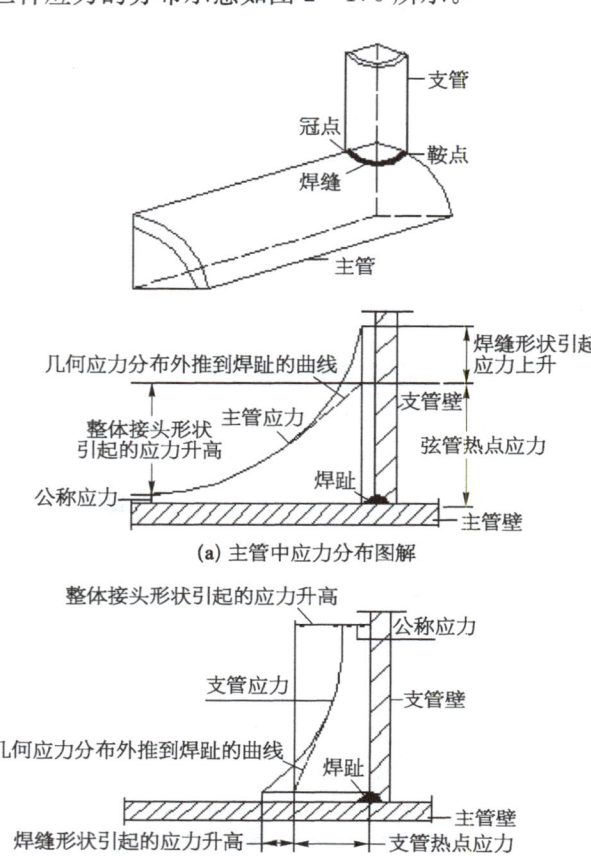

图2-176 主管和支管的应力分布

管桁节点中荷载由支管向主管进行传递,由于支管的轴向刚度大于沿相贯线处的主管的径向刚度,因此,支管沿相贯线上的轴向位移基本上是均匀的,可认为主管是支撑支管的弹性基础。而主管沿支管的轴向弹性刚度,是沿相贯线变化的,所以沿相贯线上的反作用力是不均匀分布的。在相贯线上,沿支管轴向的刚度越大,反作用力越大,每一点上的反作用力可分解为主管轴向的力和径向的力,后者是引起主管管壁弯曲应力的主要作用,前者是引起中面应力的主要作用,主管在相贯线表面上的应力是由这两种应力叠加而成的几何应力。

对于管桁节点最大几何应力位置通常在主管与支管的相贯线附近的极小区域内,处于主管一边。

发生最大几何应力的常常称为热点,相应的最大几何应力称为热点应力,用σ_G表示,相应几何应力集中系数用K_G表示,则

$$\sigma_G = K_G \sigma_N \qquad (2-95)$$

对于焊接管桁节点,由于焊缝的局部强化,焊趾产生了一个峰值弯矩,焊趾的局部几何缺陷使节点的热点位置引起了进一步的应力集中,考虑这一影响的最大应力称为缺口应力,又称局部应力,用σ_L表示。如果焊趾形状引起的应力集中系数为K_W,则

$$\sigma_L = K_W \sigma_G \qquad (2-96)$$

因为管桁节点的应力分析比较复杂,在运用S-N曲线估计管桁节点的疲劳寿命时,涉及S-N曲线中的设计应力的定义问题。世界各国对设计应力的选择与定义做了研究,认为选用热点应力(最大的几何应力)σ_G为设计应力,应力集中系数选为K_G比较合理,主要理由如下:

(1)焊接质量,焊缝形式及焊接初始缺陷造成最大局部应力σ_L的数值很不稳定;而大量的试验研究表明,σ_G值在邻近焊趾部位是稳定的,基本上按线性变化;可以很容易地用邻近的测量值直线外插得到焊趾端部的最大几何应力。

(2)由于σ_L取决于焊接质量、焊缝形状及初始缺陷等因素,即使用三维有限元法难以准确计算,而σ_G则取决于管桁节点的几何形状。

(3)从断裂力学的观点来说,局部应力σ_L只影响初始裂纹的产生,对裂纹扩展影响较小;而几何应力σ_G是对占大部分疲劳寿命的裂纹扩展阶段起着主要的作用。

国际上对从试验测得值外插求出焊趾端部的最大几何应力σ_G值的统一规定如图2-177所示,支管上σ_G由A_1、B_1或A_2、B_2两点应力数值直线外插至焊趾处得到最大的几何应力;主管上由A_3、B_3两点的应力数值外插至焊趾处得到最大的几何应力。

钢管混凝土节点处的应力分布情况不同于轴向受压钢管混凝土结构,作用在主管上的力可分解成主管的轴向力、环向力和径向力。

通过对节点处应力分析可知,主管在环向应力下会产生失圆变形,在节点处,混凝土则起着阻止钢管径向变形的作用,由于径向刚度的增加,节点处钢

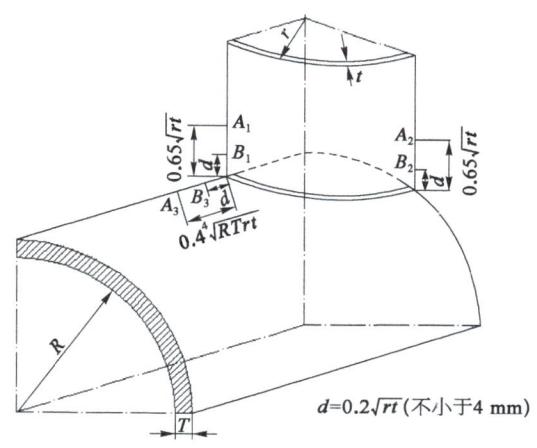

图 2-177 应变片贴片位置

管上的应力集中现象降低,最终达到提高节点疲劳强度的作用。

2) 常用的分析方法

在各种形式的管桁结构中,焊接管桁节点是由几个主、支管交汇而成的三维空间薄壁结构,应力分布复杂。从 20 世纪 50 年代至今,许多学者对其静力性能进行了研究,提出了许多有价值的研究方法,这些方法可归结为试验研究和理论分析两大类。

(1) 试验研究。采用试验方法来研究管桁节点在静载下的应力分布、极限强度及在加载过程中的变形情况,不仅能提供节点的受力行为,同时,还可根据试验结果验证计算模型,目前试验研究一般都采用钢模型。

在钢模型试验中,模型应尽可能大,经常使用的比例为 1:6~1:2.5;较小模型会给应变的测量带来困难,焊缝、荷载大小的模拟、加载装置的设计及应变片的设置等问题也需周密考虑。

(2) 理论分析。随着计算机技术的发展,开始采用非线性有限元分析管桁节点,在程序中考虑材料和几何两个非线性因素的影响,求解节点受载的全过程曲线;对钢管混凝土节点,涉及钢与混凝土两种不同材料的力学行为,其计算模型更为复杂。

3) 应力集中系数的研究

管桁节点应力集中现象,会影响节点的疲劳强度,管桁结构都是由于节点承受交变载荷引起疲劳破坏,而疲劳破坏起源于节点应力集中区的初始缺陷。因此,节点的应力集中程度对结构的疲劳分析和疲劳寿命估算起着重要作用。

对于管桁节点,载荷是由支管传给主管,由于支管与主管相连接处几何形状很不规则,管桁节点的应力集中系数就是热点应力集中系数,反映了热点应力集中的程度。它的大小与管桁节点几何尺寸、材料、焊接工艺、制造工艺和加载方式等有关。应力集中系数反映的是结构本身的特性,与外加荷载大小无关,一般认为,空心管桁节点的应力集中系数为 10~15,钢管混凝土节点应力集中系数为 4~5。

2.7.2.2 钢管混凝土疲劳研究

1) 空心钢管节点疲劳强度研究

国际焊接学会、美国焊接学会及欧洲钢结构协会对空心管桁结构及其连接进行了试验研究,形成了配套完整的规范;欧洲经济共同体在 1975—1980 年期间对各种型式的空心管桁节点模型进行了试验研究,美国和日本等也系统地对节点模型进行了疲劳试验研究。

20 多年来我国海上平台管接头研究委员会(TJCOS)就管桁节点的承载力和疲劳设计展开了有效的工作,中国船级社于 1992 年正式颁布了《海上固定平台入级与建造规范》。所有这些对钢管混凝土桥梁管桁结构的设计都有极大的参考价值。

2) 国内桥梁管桁节点疲劳的试验研究

(1) 重庆忠县长江公路大桥管桁节点疲劳试验。重庆忠县长江大桥为 560 m 悬索桥,主梁为焊接钢管桁架结构,根据依托工程主梁构造,疲劳试验模型设计为倒三角形空间管桁架,其杆件断面及轴线交角、节点内的构造按足尺模拟,桁高、节间长度、桁宽按 1:2 的简支缩尺模拟设计。该桥设计时疲劳加载参照美国 AASHTO 规范,疲劳细节分类参照美国钢结构焊接规范(ANSI/AWS D1.1—94)及欧洲钢结构协会钢结构疲劳设计规范进行;经验算,疲劳以主、支管相贯连接焊缝处应力幅控制设计;试验加载约按主、支管疲劳设计名义轴向应力幅的 1.1 倍考虑,见表 2-41。

表 2-41 忠县长江公路大桥疲劳试件加载

管	设计名义轴向应力幅 $\Delta\sigma$/MPa	试验加载应力幅 $\Delta\sigma$(理论值)/MPa	AWS 允许疲劳应力幅/MPa
上主管	32.5	14.6	26.0(曲线 ET)
下主管		37.7	
支管	21.0	23.0	

疲劳试验采用 JN-500 型疲劳试验机加载,加载点位于试验梁跨中,下限载荷 $P_{\min}=20\sim30$ kN,上限载荷 $P_{\max}=400\sim410$ kN,荷载幅 $\Delta P=380$ kN。

第一榀试验梁加载约 160 万次后,在上主管与支管相贯线趾部的焊趾处主管热影响区开裂,裂纹沿相贯线方向对称逐步扩展到鞍部,再发展到主管,整个裂纹方向与主管正应力方向成正交,加载至 200 万次,裂纹最大开展长度约 300 mm。

第二榀试验梁基本情况与第一榀相似,加载至 150 万次在同样位置处开裂,加载到 180 万次时最大裂纹开展宽度约为 10 mm,试验终止。

试验结果表明,主腹管相贯焊接处疲劳裂纹均在主管热影响区,两榀试验梁,疲劳开裂数占上弦节点总数的 35%,占下弦的 37.5%。

(2) 北盘江铁路大桥疲劳试验。北盘江铁路大桥为主跨 236 m 的上承式钢管混凝土桁式拱。其节点疲劳设计参考美国 AWS 规范及欧洲 ECCS-TC6 规范。该桥节点的构造类型多,较典型的有钢管混凝土与钢管、钢管与钢管及钢管混凝土与型钢三种类型。为验证设计,进行了少量节点疲劳试验,试件设计基本反映了上述三种连接类型。

整体模型按照几何相似,同时又满足相连构件之间直径比及壁厚比不变的条件,分 A、B 两类,实现了空管-型钢及空管-空管两种连接形式。构架采用平面结构,所有连接构造及工艺要求均同于实桥。

对 A、B 构架,斜杆名义应力幅分别为 70 MPa 和 30 MPa,均达到了 200 万次疲劳的等幅加载。

(3) 重庆巫山长江大桥疲劳试验。重庆巫山长江大桥主桥采用 460 m 钢管混凝土桁式拱,模型为 DY 型的三角形平面管桁架(图 2-178),按照主管不填充混凝土和填充混凝土分为空心管节点模型和钢管混凝土节点模型,加载点用肋板与斜支管焊接相连,实现了钢管混凝土-钢管、空管-空管及空管-肋板三种连接形式的模拟。

疲劳试验的三组钢管混凝土节点试件中,一组试件在应力幅 $\Delta\sigma=30$ MPa 的加载次数达到 300 万次未破坏;另两组试件在应力幅 $\Delta\sigma=45$ MPa,加载次数小于 200 万次前发现裂纹,裂纹均发生在肋板与支管的焊连处。试验证明节点内焊接肋板会导致节点的疲劳寿命大幅度下降。

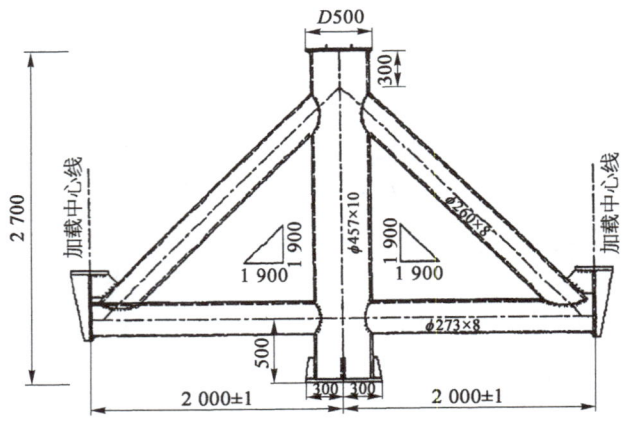

图 2-178 巫山长江大桥疲劳试验模型

(4) 交通部西部课题疲劳试验。西部课题疲劳试验研究,是继巫山长江大桥疲劳试验研究后对钢管混凝土节点的疲劳行为所进行的进一步深入研究。模型形式仍采用 DY 型的三角形平面管桁架,为了区分管-管节点疲劳破坏和管-板节点疲劳破坏,西部课题特设计了两种模型:管-板节点模型和管-管节点模型(图 2-179)。

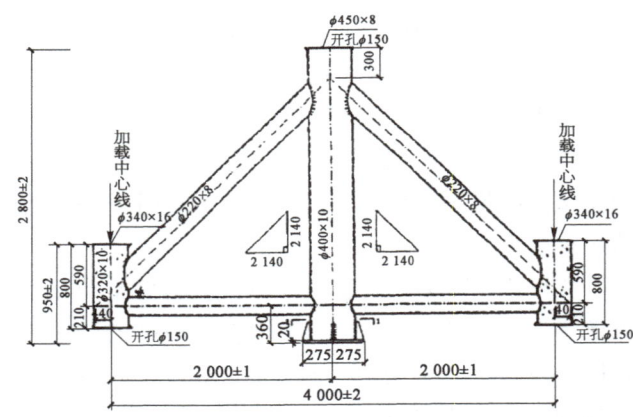

图 2-179 西部课题疲劳试验模型(管-管节点)

通过对这两种连接形式进行试验,探讨了这几种焊接接头的疲劳强度及疲劳破坏途径和形态,并得出如下结论:

① 钢管混凝土节点采用管-管相贯焊接,经焊后修磨,当应力幅为 55 MPa 时,其疲劳寿命可达 200 万次以上;当节点采用管-板焊接连接时,容许应力幅可采用 80 MPa。

② 空心管节点和钢管混凝土管节点,疲劳破坏途径和形态无差别,即裂纹起始于热点(在相贯线主管侧焊趾),沿着相贯线在主管侧焊趾延伸,并扩展到主管壁上,最终使结构丧失承载能力,管-板节点

疲劳裂纹起始于板端焊趾,最终沿焊趾发展。

③ 钢管混凝土节点按 AWS 工艺要求的部分融透相贯焊缝,管-板节点疲劳曲线可采用受剪焊缝曲线的细节,按 AWS-ET 曲线进行修正,其修正系数可取 2.0。

④ 管-管相连的钢管混凝土节点内不宜焊连任何形式的肋板。

2.7.3 静载及疲劳试验设计

2.7.3.1 模型的设计

1) 静载及疲劳试验模型的设计

四川雅安干海子大桥主桁下主管采用 Q345C 钢,$D \times T = 813$ mm $\times (18,20,22,24,28,32)$ mm,腹杆采用 $D \times T = 406$ mm $\times (8,12,14,16,18)$ mm,$\beta = d/D \approx 0.50$,管桁节点的无量纲参数见表 2-42。参考忠县长江大桥空间桁架疲劳试验,其疲劳裂纹均位于主、支管相贯线焊缝处,由主管环向应力控制。因而疲劳试验的重点在相贯线节点,作用力由支管主导。空间桁架可简化为平面构架。试验模型中所用材料与实桥相同,其中主管为 406 mm × 10 mm,支管为 203 mm × 8 mm,支管长度为 2 496 mm,加载耳管采用 350 mm × 14 mm 钢管混凝土。钢管混凝土管桁节点试验模型如图 2-180 所示,试件由武船重工加工制造,主管与支管的相贯焊缝按设计要求焊接,经过探伤和焊后修磨处理并检验合格(图 2-181)。

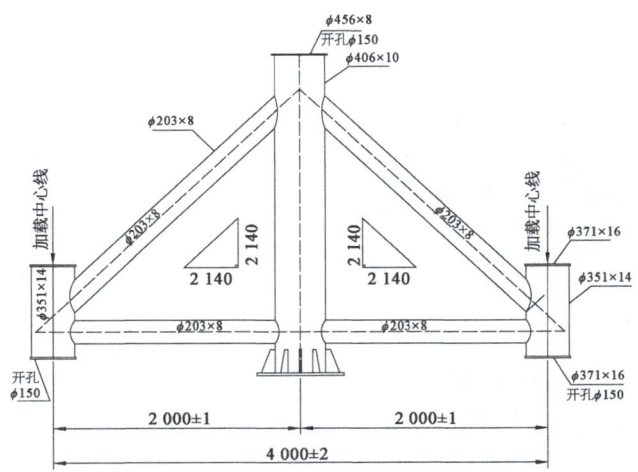

图 2-180 钢管混凝土管节点疲劳试验模型

图 2-181 钢管混凝土管节点疲劳试验

D——主管外径;
T——主管壁厚;
d——支管外径;
t——支管壁厚;
l——支管理论长度;
θ——支管与主管轴线间夹角;
$\beta = d/D$——支管外径与主管外径之比,载荷传递和主管应力分布参数;
$\gamma = D/2T$——主管外径与主管壁厚之比,主管径向刚度参数;
$\tau = t/T$——支管壁厚与主管壁厚之比,支管与主管相对刚度参数;
$\alpha = 2l/d$——支管长度与支管外半径之比,支管柔度参数。

2) 静力加载方案

管桁节点模型试验的加载采用瑞士 AMSLER P960/39-50 脉冲疲劳试验机,主管底部加约束,作动器对称施加于耳管上,如图 2-182 所示。利用荷载作为主控制参数,加载点的位移为响应参数,并在

表 2-42 试验模型管节点几何参数比较

管节点参数		$\beta = d/D$	$\gamma = D/2T$	$\tau = t/T$	$\alpha = 2l/d$	θ
四川干海子大桥	主管断面	0.50	22.50~12.70	0.44~0.75	11.30~12.50	30°~50°
试验模型		0.50	20.30	0.80	11.14	45°

针对主管填充 C50 混凝土的钢管混凝土管节点,疲劳试验模型设计为 DY 型的三角形平面管桁架共 3 件,试验模型所用钢材与实桥相同,其杆件断面及轴线交角、节点构造与实桥相近。

管桁节点模型的几何参数和符号,使用了欧洲共同体于 1981 年在巴黎召开的"国际海上用钢会议"中的有关规定:

分级加载时,进行焊趾附近的静应力分布测试,以便找出相贯线处应力分布规律。

图 2-182 耳管加载

静载分级加载从 0 kN 到 400 kN 分五级,每级停留 5 min 后进行读数,加载至 400 kN 后再分级减载,加载过程为：0→100 kN→200 kN→300 kN→400 kN→300 kN→200 kN→100 kN→0(注：具体加载数值根据模型计算结果确定)。

3) 疲劳加载方案

疲劳试验在静力试验后进行。荷载取值以使模型斜管达到结构设计名义应力幅水平约 50 MPa 为依据,根据疲劳机加载能力和疲劳裂纹发生状况做相应调整。首先进行 200 万次循环加载,在试验过程中每隔 20 万次对研究区域采用目视、放大镜和渗透液等方法探测疲劳裂纹扩展情况。如果 200 万次疲劳循环后未发现裂纹,将继续疲劳试验并增大应力幅,直至出现管壁穿透疲劳裂纹(表面裂纹长度约为 30 mm)并扩展到相当程度(约 300 mm)时终止加载。

2.7.3.2 测试方案设计

静力试验有两个目的,首先是验证有限元分析的结果,其次需要通过试验确定管节点的热点应力和应力集中系数等。

焊趾附近的静应力分布测试目的是找出相贯线处应力分布规律,应力集中系数定义为最大几何应力 σ_G 与支管的名义应力值 σ_N 的比值,为求 σ_G 值,可由图 2-183 所示的焊趾附近两点的应力值线性外推求得,因为根据试验分析,焊趾附近两点之间的应变近似于线性变化。静力试验具体过程如下：

(1) 应变片粘贴原则。确定的贴片原则为：① 无论面内、面外弯曲载荷还是轴向载荷,在围绕相贯线的四个象限内,以上半周的两个象限为主,按 30°进行等分,在每条等分线上布置标距 1 mm×1 mm 的应变片测点,实测 σ_G；② 为了校验模型安装和荷载对称情况,以及测定名义应力,在支管和主管高度的中点沿圆周均匀布置 4 个标距 2 mm×3 mm 的单向应变片。

(2) 应变片位置及编号示意如图 2-183 所示。

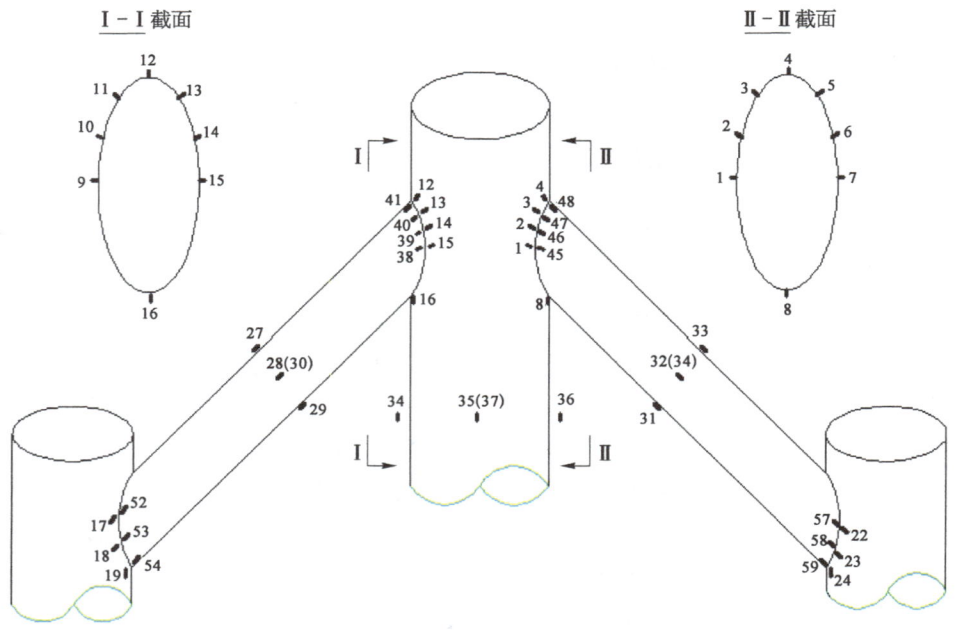

图 2-183 应变片位置及编号示意

2.7.4 三维有限元仿真分析

2.7.4.1 有限元的模拟

在用有限元对钢管混凝土节点进行分析时，采用 ANSYS 软件的实体单元建立模型。计算模型采用三维结构实体单元 SOLID45 和 SOLID65，SOLID45 用来模拟钢管，SOLID65 用来模拟混凝土。

SOLID45 单元主要用于构造三维实体结构（图 2-184），单元通过 8 个节点来定义，每个节点有 3 个沿着 x、y、z 方向平移的自由度。本单元具有塑性、蠕变、膨胀、应力强化、大变形和大应变能力，有用于沙漏控制的缩减积分选项。

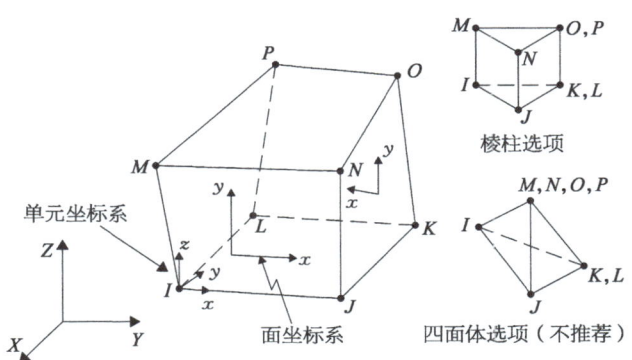

图 2-184 三维实体结构示意

SOLID65 单元用于三维实体模型，该实体模型可具有拉裂与压碎的性能。在混凝土的应用方面，可用单元的实体性能来模拟混凝土。单元具有 8 个节点，每个节点有 3 个自由度，即 x、y、z 三个方向的线位移。本单元与 SOLID45 单元（三维结构实体单元）相似，只是增加了描述开裂与压碎的性能。本单元最重要的方面在于其对材料非线性的处理，其可模拟混凝土的开裂（三个正交方向）、压碎、塑性变形及徐变。

2.7.4.2 计算力学模型及单元网格划分

模型采用实体单元 SOLID45 及 SOLID65；钢材弹性模量 $E_s = 2.1 \times 10^5$ MPa，泊松比 $v = 0.3$，混凝土材料弹性模量 $E_c = 3.45 \times 10^4$ MPa，泊松比 $v = 0.2$；主管底部的边界条件为上下平动方向约束；几何常数输入两项，主管壁厚为 0.01 m，支管壁厚为 0.008 m。在两端对称加 100~400 kN 的载荷。

对于管节点，最关心的是热点应力的大小，而管节点热点应力都发生在相贯线两侧，因此在划分单元时，围绕热点区域，在主管和支管上单元网格布置的较密，以便反映该处激烈变化的应力，如图 2-185~图 2-187 所示。

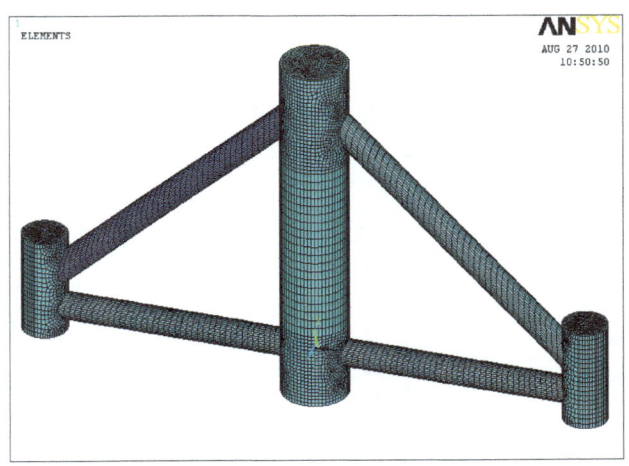

图 2-185 有限元实体单元模型网格划分

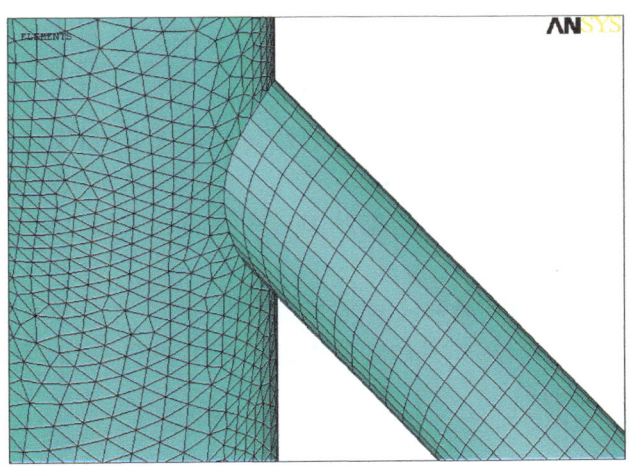

图 2-186 有限元实体模型节点相贯线处网格划分

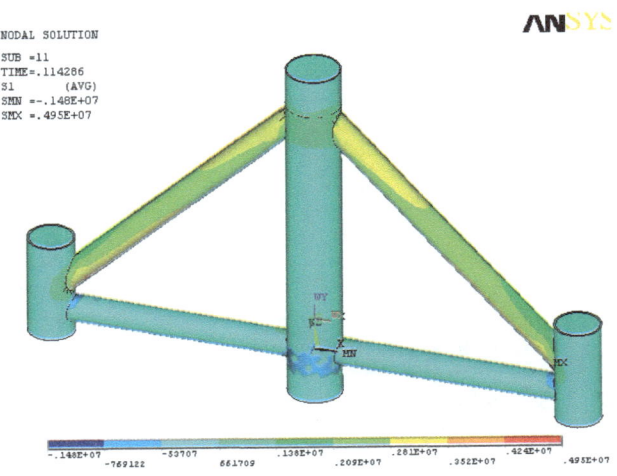

图 2-187 有限元实体模型第一主应力（单位：Pa）

整个实体模型共分 7 350 个节点,7 407 个单元。

由表 2-43 的计算结果及图 2-188～图 2-190 的曲线可知,加载的荷载与斜管应力、主管应力及耳管位移均呈线性变化。

表 2-43 有限元模型静载计算结果

荷载/kN	斜 管		主 管		加载点位移 ΔZ/mm
	轴力/kN	应力/MPa	轴力/kN	应力/MPa	
100	123.4	25.2	−178.2	−5.5	−0.75
200	246.8	50.4	−356.1	−10.9	−1.45
300	370.2	75.5	−534.3	−16.4	−2.18
400	493.7	100.7	−712.1	−21.8	−2.91

注:轴力拉力为正,压力为负;应力压应力为负,拉应力为正。

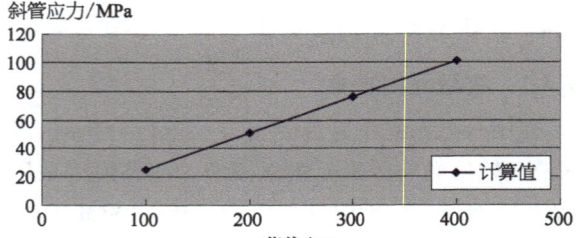

图 2-188 荷载与斜管应力关系

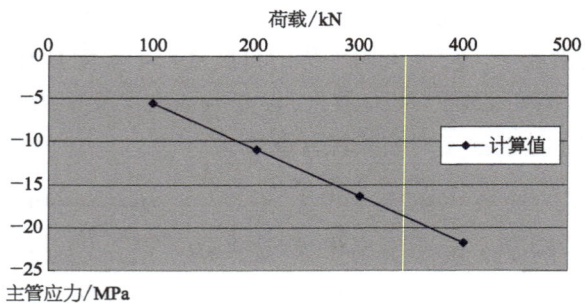

图 2-189 荷载与主管应力关系

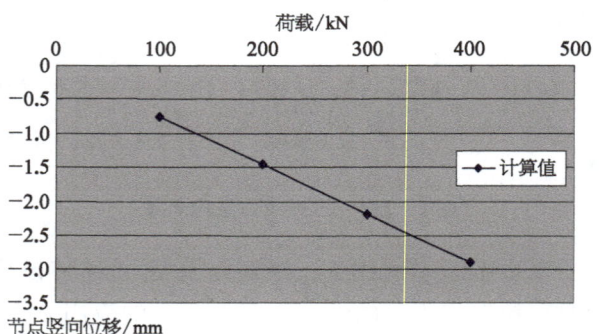

图 2-190 荷载与加载点位移关系

2.7.5 静力试验结果分析

2.7.5.1 主管及斜管应力实测

静载试验采取逐步加载方式,即从 100 kN 起,每级增加 100 kN,到 400 kN 止。试验实测了主管及斜管的应变,并根据应力-应变关系将相应的应变转换成应力。

1) 斜管轴向实测应力与计算分析

(1) 1 号试件斜管静载实测结果,见表 2-44 和图 2-191。

表 2-44 1 号试件静载实测结果

斜 管		实测应变/με				平均应变/με	斜管实测应力/MPa	
加载等级/kN		测点 27(33)	测点 28(32)	测点 29(31)	测点 30(34)		平均应力	左右均值
100	左侧	160	135	152	131	144.51	29.77	30.67
	右侧	164	162	139	148	153.25	31.57	
200	左侧	276	234	259	219	247.12	50.88	52.35
	右侧	279	277	237	252	261.25	53.82	
300	左侧	420	356	391	330	374.25	77.10	79.21
	右侧	421	420	356	382	394.75	81.32	
400	左侧	566	478	523	438	501.25	103.26	106.12
	右侧	568	565	473	510	529.23	108.97	

注:测点编号如图 2-183 所示。括号外测点号为左侧斜管测点,括号内测点号为右侧斜管测点。

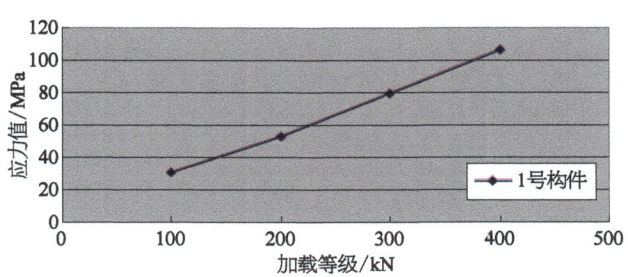

图 2-191　1号试件荷载与斜管应力关系曲线

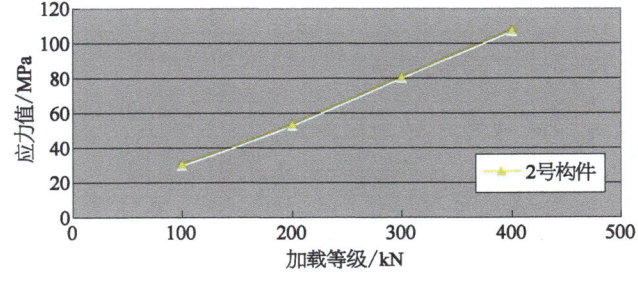

图 2-192　2号试件荷载与斜管应力关系曲线

（2）2号试件斜管静载实测结果，见表 2-45 和图 2-192。

（3）3号试件斜管静载实测结果，见表 2-46 和图 2-193。

表 2-45　2号试件斜管静载实测结果

斜　管		实测应变/$\mu\varepsilon$				平均应变/$\mu\varepsilon$	斜管实测应力/MPa	
加载等级/kN		测点27(33)	测点28(32)	测点29(31)	测点30(34)		平均应力	左右均值
100	左侧	157	134	149	123	141.50	29.15	29.77
	右侧	158	159	132	142	147.50	30.39	
200	左侧	284	240	263	218	251.25	51.76	52.79
	右侧	278	282	235	250	261.25	53.82	
300	左侧	432	366	399	330	381.75	78.64	80.31
	右侧	423	428	359	382	398.00	81.99	
400	左侧	571	486	528	440	506.25	104.29	106.35
	右侧	560	565	474	506	526.25	108.41	

注：测点编号如图 2-183 所示。括号外测点号为左侧斜管测点，括号内测点号为右侧斜管测点。

表 2-46　3号试件钢管混凝土管节点静载实测结果

斜　管		实测应变/$\mu\varepsilon$				平均应变/$\mu\varepsilon$	斜管实测应力/MPa	
加载等级/kN		测点27(33)	测点28(32)	测点29(31)	测点30(34)		平均应力	左右均值
100	左侧	145	122	134	110	127.75	26.32	26.78
	右侧	140	143	119	127	132.25	27.24	
200	左侧	287	244	265	221	254.25	52.38	53.30
	右侧	280	284	237	252	263.25	54.23	
300	左侧	433	367	397	330	381.75	78.64	80.18
	右侧	423	427	357	380	396.75	81.73	
400	左侧	579	493	532	446	512.51	105.61	107.50
	右侧	566	570	478	509	530.75	109.32	

注：测点编号如图 2-183 所示。括号外测点号为左侧斜管测点，括号内测点号为右侧斜管测点。

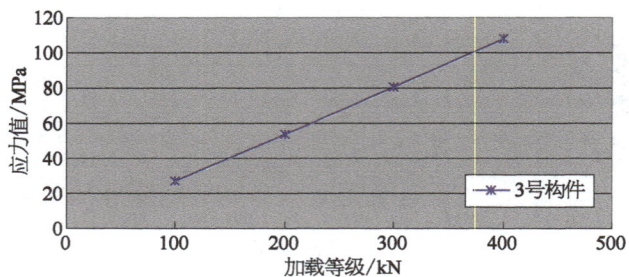

图 2-193　3 号试件荷载与斜管应力关系曲线

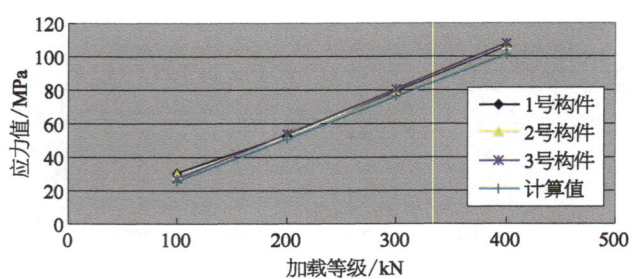

图 2-194　斜管实测应力与计算应力比较

由上述图表可知,静载试验试件荷载与应力基本呈线性递增关系,说明试件斜管在加载过程中处于弹性状态。

(4) 斜管实测应力与计算值对比见表 2-47~ 表 2-49 和图 2-194。

由表 2-47~表 2-49 比较可知,模型斜管计算应力与实测值基本吻合,且均呈线性变化。荷载分别为 100 kN、200 kN、300 kN、400 kN 时第一主应力如图 2-195~图 2-198 所示。

表 2-47　1 号试件静载实测与计算值比较

加载等级/kN	实测值/MPa	计算值/MPa	实测值/计算值
100	30.67	25.21	1.22
200	52.35	50.42	1.04
300	79.21	75.50	1.05
400	106.12	100.70	1.05

表 2-48　2 号试件静载实测与计算值比较

加载等级/kN	实测值/MPa	计算值/MPa	实测值/计算值
100	29.77	25.21	1.18
200	52.79	50.42	1.05
300	80.31	75.50	1.06
400	106.35	100.70	1.06

表 2-49　3 号试件静载实测与计算值比较

加载等级/kN	实测值/MPa	计算值/MPa	实测值/计算值
100	26.78	25.21	1.06
200	53.30	50.42	1.06
300	80.18	75.50	1.06
400	107.50	100.70	1.07

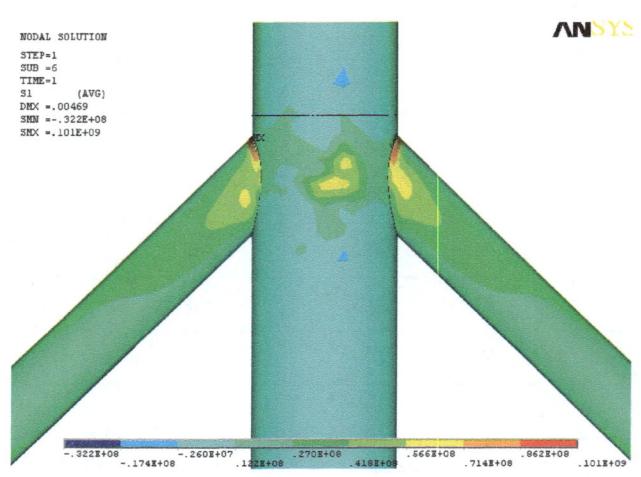

图 2-195　荷载为 100 kN 时第一主应力(单位:Pa)

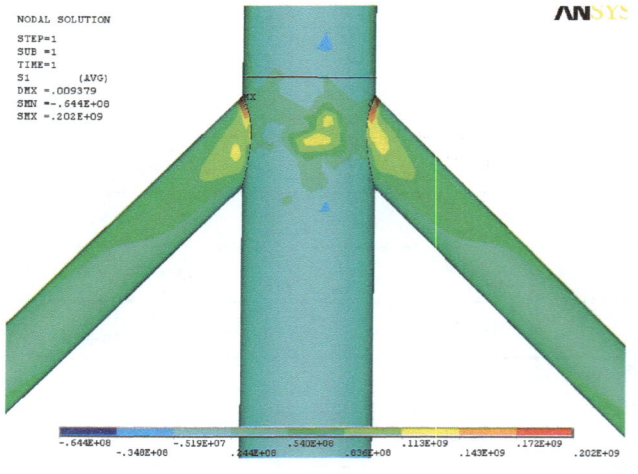

图 2-196　荷载为 200 kN 时第一主应力(单位:Pa)

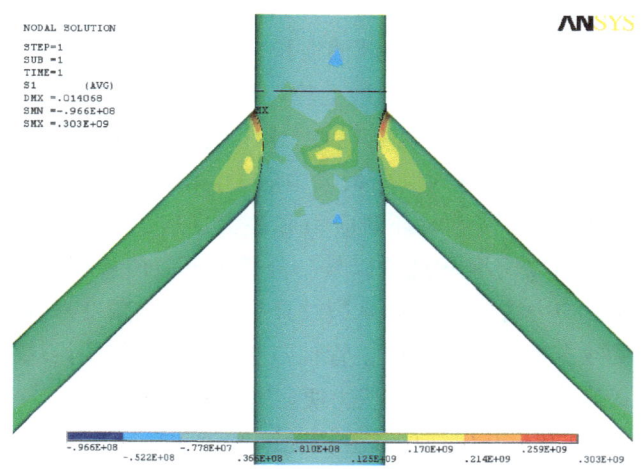

图 2-197 荷载为 300 kN 时第一主应力(单位：Pa)

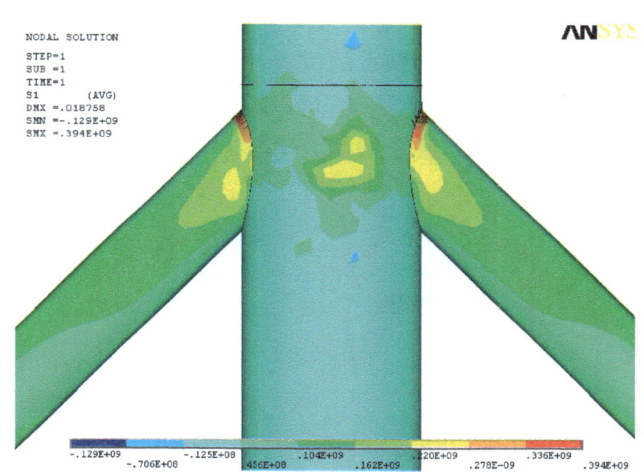

图 2-198 荷载为 400 kN 时第一主应力(单位：Pa)

2) 主管轴向实测应力与计算分析

(1) 1号试件主管轴向实测应变见表 2-50。

表 2-50 1号试件主管轴向实测应变

主管加载等级/kN	实测应变/με				平均应变/με	主管实测应力/MPa
	测点34	测点35	测点36	测点37		
100	−43	−40	−36	−34	−38.25	−7.88
200	−71	−65	−61	−58	−63.75	−13.13
300	−104	−97	−90	−86	−94.25	−19.42
400	−136	−130	−121	−117	−126.00	−25.96

(2) 2号试件主管轴向实测应变见表 2-51。

表 2-51 2号试件主管轴向实测应变

主管加载等级/kN	实测应变/με				平均应变/με	主管实测应力/MPa
	测点34	测点35	测点36	测点37		
100	−35	−35	−32	−29	−131	−6.75
200	−63	−60	−57	−54	−234	−12.05
300	−96	−93	−89	−84	−362	−18.64
400	−96	−97	−93	−106	−392	−20.18

(3) 3号试件主管轴向实测应变见表 2-52。

表 2-52 3号试件主管轴向实测应变

主管加载等级/kN	实测应变/με				平均应变/με	主管实测应力/MPa
	测点34	测点35	测点36	测点37		
100	−32	−30	−29	−27	−29.52	−6.08
200	−55	−57	−54	−52	−54.51	−11.23
300	—	−77	−70	−75	−74.10	−15.23
400		−101	−111	−96	−102.67	−21.15

(4) 主管轴向应力实测值与计算值的比较见表 2-53～表 2-55 和图 2-199。

表 2-53 1号试件静载实测与计算值比较

加载等级/kN	实测值/MPa	计算值/MPa	实测值/计算值
100	−7.88	−5.5	1.43
200	−13.13	−10.9	1.20
300	−19.42	−16.4	1.18
400	−25.96	−21.8	1.19

表 2-54 2号试件静载实测与计算值比较

加载等级/kN	实测值/MPa	计算值/MPa	实测值/计算值
100	−6.75	−5.5	1.23
200	−12.05	−10.9	1.11
300	−18.64	−16.4	1.14
400	−20.18	−21.8	0.93

表2-55 3号试件静载实测与计算值比较

加载等级/kN	实测值/MPa	计算值/MPa	实测值/计算值
100	-6.08	-5.5	1.11
200	-11.23	-10.9	1.03
300	-15.23	-16.4	0.93
400	-21.15	-21.8	0.97

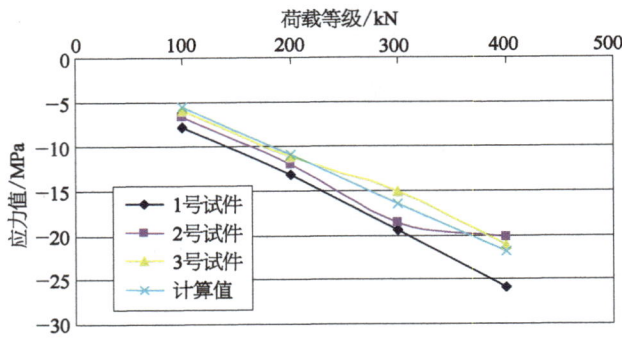

图2-199 主管实测应力与计算应力比较

从主管在不同荷载等级下实测应力与计算应力的比较可知,对钢管混凝土主管,应变片贴于钢管外壁,由实测应变反映出钢管混凝土主管的变形满足平截面变形的基本假定,混凝土和钢管之间无脱黏现象。主管轴向应力在线性加载的情况下,实测值与计算值相近,且应力呈线性变化。

2.7.5.2 主管相贯线处实测应力

管桁节点在受力时,主管相贯线上各点的应力可分解为沿主管轴向、径向、环向三个方向,由于Y节点支管与主管有一定夹角,因此相贯线上任一点的力可分解为沿主管轴向的力和环向的力,径向的力影响较小,且沿相贯线从冠点往鞍点的方向走,起主要作用的力在发生变化,对于冠点来说,轴向力是起主要作用的,而到鞍点,则环向力起主要作用,冠点和鞍点之间,则是两种力的合力,在从冠点到鞍点移动的过程中两种力此消彼长。

支管受力时,相贯线上热点在冠点上。在热点附近,轴向应力与最大主应力十分接近,但向鞍点移动时,轴向应力逐渐偏离最大主应力,相反环向应力逐渐增大,到鞍点时环向应力和最大主应力值相差无几。所以,不能单纯地以某一分量来近似衡量相贯线上的应力情况。不过,从裂纹开裂和扩展的角度来看,裂纹产生于热点,此时主管轴向应力起重要作用,裂纹扩展一定长度后,环向应力便会加速其扩展速率。

同时,从以往的试验情况来看,裂纹一般都产生于上半周,扩展到鞍点附近后,由于环向应力的作用,裂纹逐渐偏离相贯线,往主管上扩展。本次试验划分的主管相贯线象限如图2-200所示,左鞍点至右鞍点为0°~180°,冠点正好为90°。同时,由于第一主应力在冠点和鞍点的位置都分别接近于最大轴向应力和环向应力,因此,可以通过对第一主应力的考察来了解相贯线上的应力情况。

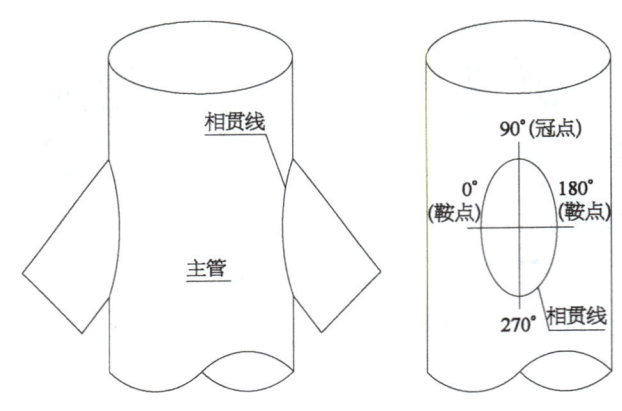

图2-200 相贯线象限划分

1) DY形节点主管相贯线处实测应力

(1) 1号试件相贯线处实测应变与应力见表2-56和图2-201。

表2-56 1号试件相贯线处实测应变与应力

测点位置		0°(左鞍点)	30°	60°	90°(冠点)	120°	150°	180°(右鞍点)	270°(根部)
100 kN	应变/με	175	269	487	573	367	284	189	-104
	应力/MPa	36.05	55.41	100.3	118.04	75.6	58.5	38.934	-21.42
200 kN	应变/με	315	482	859	1 037	661	515	378	-168
	应力/MPa	64.89	99.29	177	213.62	136.2	106.1	77.868	-34.61

续 表

测点位置		0°（左鞍点）	30°	60°	90°（冠点）	120°	150°	180°（右鞍点）	270°（根部）
300 kN	应变/με	488	767	1 315	1 619	1 078	818	595	−252
	应力/MPa	100.5	158	270.9	333.51	222.1	168.5	122.57	−51.91
400 kN	应变/με	766	1 115	1 815	2 456	1 746	559	535	−342
	应力/MPa	157.8	229.69	373.9 (345)	505.94 (345)	359.7 (345)	115.2	110.21	−70.45

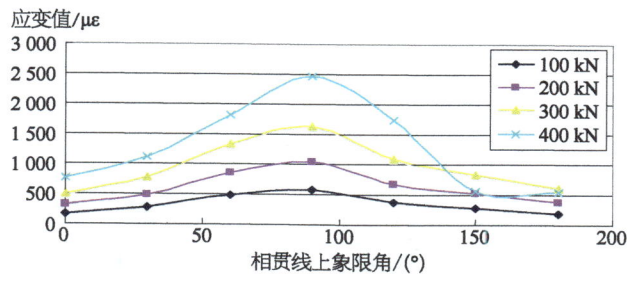

图 2-201　1号试件相贯线上实测应变

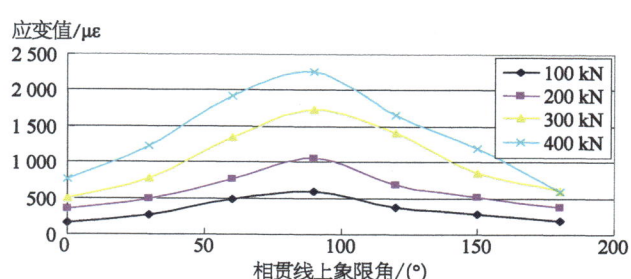

图 2-202　2号试件相贯线上实测应变

（2）2号试件相贯线处实测应变与应力见表 2-57 和图 2-202。

（3）3号试件相贯线处实测应变与应力见表 2-58 和图 2-203。

表 2-57　2号试件相贯线处实测应变与应力

测点位置		0°（左鞍点）	30°	60°	90°（冠点）	120°	150°	180°（右鞍点）	270°（根部）
100 kN	应变/με	160	260	475	588	367	274	188	−92
	应力/MPa	32.96	53.56	97.85	121.13	75.60	56.44	38.73	−18.95
200 kN	应变/με	333	478	753.4	1 045	678	508	368	−158
	应力/MPa	68.60	98.47	155.2	215.27	139.67	104.65	75.81	−32.55
300 kN	应变/με	480	761	1 325	1 719	1 393.7	838	590	−242
	应力/MPa	98.88	156.77	272.95	354.11 (345)	287.1	172.63	121.54	−49.85
400 kN	应变/με	762	1 215	1 915	2 256	1 646	579	1 185.9	−322
	应力/MPa	156.97	250.29	394.49 (345)	464.74 (345)	339.08	119.27	244.3	−66.33

表 2-58　3号试件相贯线处测点应变与应力

测点位置		0°（左鞍点）	30°	60°	90°（冠点）	120°	150°	180°（右鞍点）	270°（根部）
100 kN	应变/με	158	189	475	643	367	274	258	−92
	应力/MPa	32.89	38.73	97.85	132.46	75.60	56.44	53.56	−18.95

续表

测点位置		0°(左鞍点)	30°	60°	90°(冠点)	120°	150°	180°(右鞍点)	270°(根部)
200 kN	应变/με	321	399	860	1 285	654	512	360	−150
	应力/MPa	66.13	82.19	177.16	264.7	134.7	105.5	74.16	−30.9
300 kN	应变/με	481	761	1 325	1 875	1 077	838	590	−225
	应力/MPa	99.09	153.06	269.86	386.3 (345)	243.1	169.1	114.12	−46.4
400 kN	应变/με	760	1 224	1 911	2 097.7	1 643	575	1 244.7	850.48
	应力/MPa	156.94	250.4	394.46 (345)	432.1 (345)	339.0	119.2	256.3	175.2

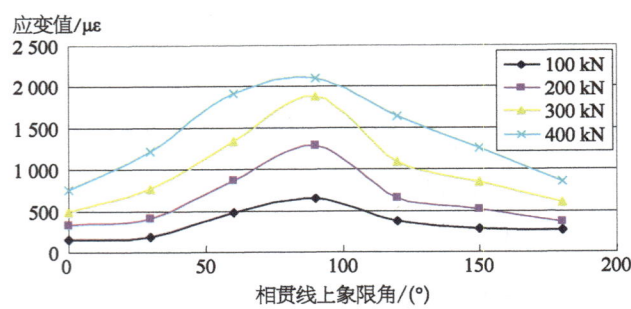

图 2-203　3 号试件相贯线上实测应变

因 Q345C 钢的名义屈服强度为 345 MPa，因此，3 个构件中的测点有部分实测应力值已大于其屈服强度值，在表格中用括号示意。

100 kN、200 kN、300 kN、400 kN 荷载时相贯线处第一主应力如图 2-204～图 2-207 所示。

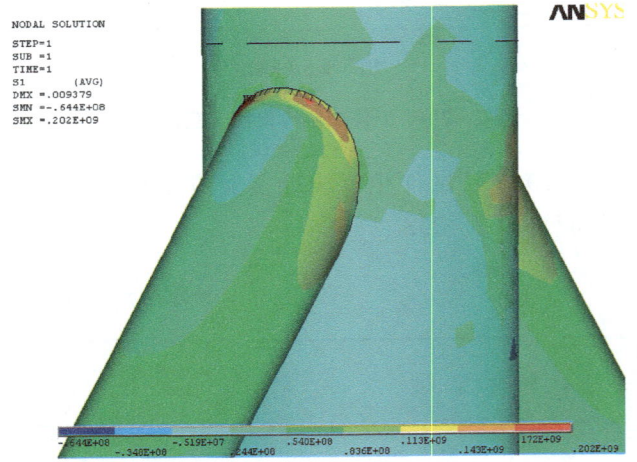

图 2-205　200 kN 荷载时相贯线处第一主应力(单位：Pa)

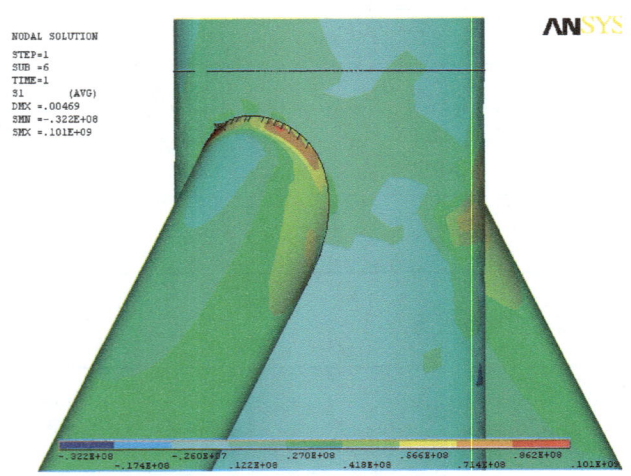

图 2-204　100 kN 荷载时相贯线处第一主应力(单位：Pa)

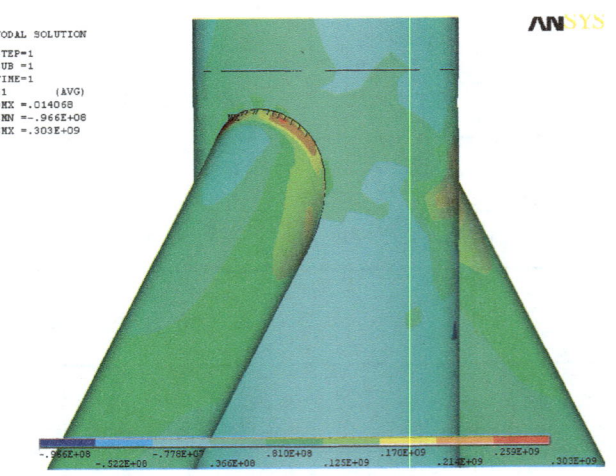

图 2-206　300 kN 荷载时相贯线处第一主应力(单位：Pa)

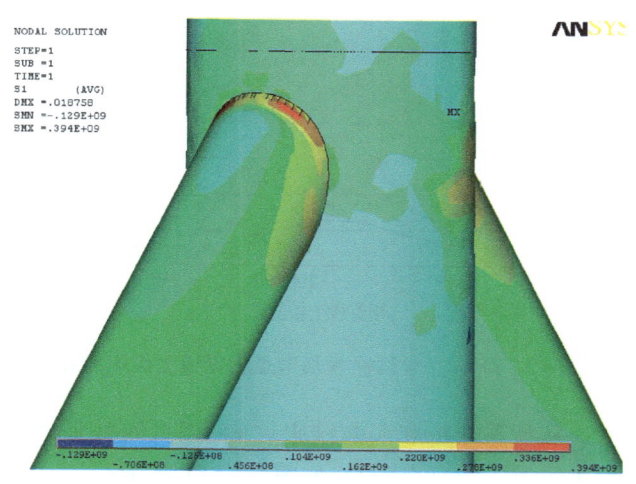

图 2-207　400 kN 荷载时相贯线处第一主应力(单位：Pa)

由计算可知,相贯线处最大第一主应力位于冠点附近。

2) N 形节点相贯线处实测应力

(1) 1 号试件 N 形节点相贯线处实测应变与应力见表 2-59 和图 2-208。

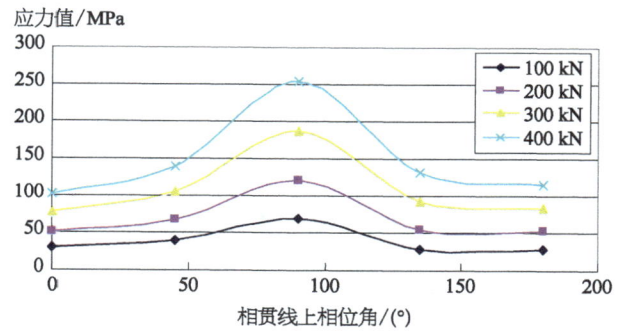

图 2-208　1 号试件 N 形节点相贯线上实测应力

(2) 2 号试件 N 形节点相贯线处实测应变与应力见表 2-60 和图 2-209。

表 2-59　1 号试件相贯线处测点应变与应力

测点位置		0°(左鞍点)	45°	90°(冠点)	135°	180°(右鞍点)
100 kN	应变/με	143	186	334	132	138
	应力/MPa	29.46	38.32	68.80	27.19	28.43
200 kN	应变/με	246	326	584	261	252
	应力/MPa	50.68	67.16	120.30	53.77	51.91
300 kN	应变/με	370	502	902	439	398
	应力/MPa	76.22	103.41	185.81	90.43	81.99
400 kN	应变/με	495	677	1 228	642	558
	应力/MPa	101.97	139.46	252.97	132.25	114.95

表 2-60　2 号试件相贯线处测点应变与应力

测点位置		0°(左鞍点)	45°	90°(冠点)	135°	180°(右鞍点)
100 kN	应变/με	82	196	311	189	102
	应力/MPa	16.89	40.38	64.07	38.93	21.01
200 kN	应变/με	146	377	529	328	186
	应力/MPa	30.08	77.66	108.97	67.57	38.32
300 kN	应变/με	228	675	802	503	297
	应力/MPa	46.97	139.05	165.21	103.62	61.18
400 kN	应变/με	307	1 008	1 084	687	422
	应力/MPa	63.24	207.65	223.30	141.52	86.93

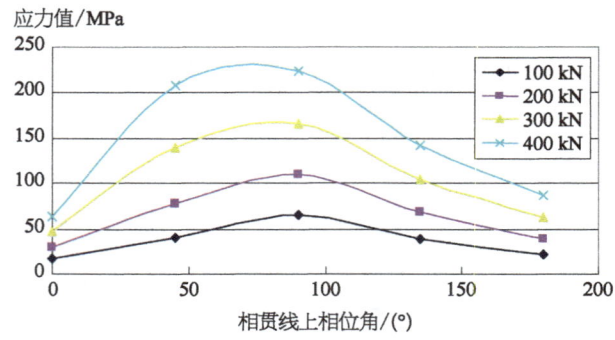

图 2-209　2 号构件 N 形节点相贯线上实测应力

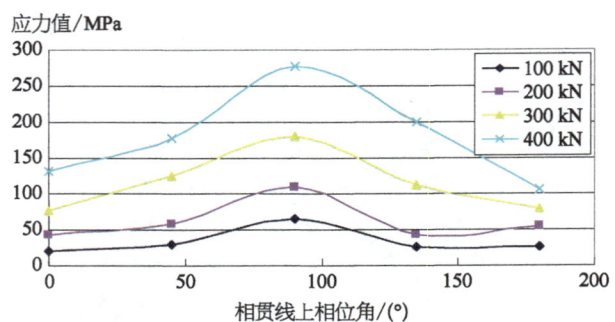

图 2-210　3 号构件 N 形节点相贯线上实测应力

(3) 3 号试件 N 形节点相贯线处实测应变与应力见表 2-61 和图 2-210。

从计算分析和实测结果可知,相贯线处最大第一主应力位于冠点附近,如图 2-211 所示。

表 2-61　3 号试件相贯线处测点应变与应力

测点位置		0°（左鞍点）	45°	90°（冠点）	135°	180°（右鞍点）
100 kN	应变/με	102.91	142.72	316.99	128.64	128.64
	应力/MPa	21.2	29.4	65.3	26.5	26.5
200 kN	应变/με	210.19	274.27	526.21	209.71	261.17
	应力/MPa	43.3	56.5	108.4	43.2	53.8
300 kN	应变/με	370.87	598.54	874.75	535.43	381.55
	应力/MPa	76.4	123.3	180.2	110.3	78.6
400 kN	应变/με	637.86	860.19	1 345.15	971.36	511.65
	应力/MPa	131.4	177.2	277.1	200.1	105.4

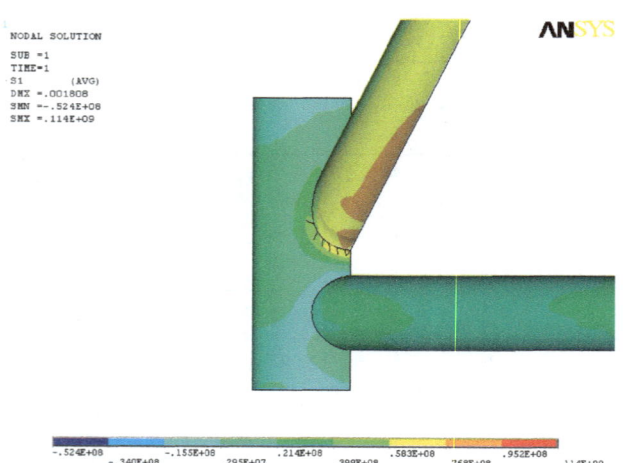

图 2-211　N 形节点相贯线上第一主应力（单位: Pa）

2.7.5.3　应力集中系数

对于管桁节点,应力集中系数 SCF 一般用相贯线处热点应力与支管名义轴向应力之比来表示。因此,通过实测斜管名义轴向应力与相贯线上热点应力,可以用不同等级荷载作用下的应力集中系数的平均值作为试件的应力集中系数。

由表 2-62 可知,3 个试件的应力集中系数分别为 4.22、4.23 和 4.79。SCF 的平均值约为 4.41。

2.7.5.4　研究的主要成果

静力加载试验数据分析表明：

(1) 在本试验的荷载加载范围以内,斜杆应力与加载大小呈线性关系,且卸载后回零良好,说明在静载的过程中,构件是弹性变化的。

(2) 对于钢管混凝土 Y 形节点来说,其热点位置在相贯线的焊趾处。热点应力在冠点处最大,从冠点向鞍点延伸的过程中逐渐减小,越过鞍点向根部,应力从拉应力转变为压应力,到根部压应力达最大值。

表 2-62 各级荷载作用下的热点应力和集中系数

构　件	1号试件			2号试件			3号试件		
	斜杆名义轴向应力/MPa	构件热点应力/MPa	应力集中系数	斜杆名义轴向应力/MPa	构件热点应力/MPa	应力集中系数	斜杆名义轴向应力/MPa	构件热点应力/MPa	应力集中系数
100 kN	30.67	118.04	3.85	29.77	121.13	4.07	26.78	132.46	4.95
200 kN	52.35	213.62	4.08	52.79	215.27	4.08	53.30	264.7	4.97
300 kN	79.21	333.51	4.21	80.31	354.11 (345)	4.41	80.18	386.3 (345)	4.82
400 kN	106.12	505.94 (345)	4.77	106.4	464.74 (345)	4.37	107.5	477.1 (345)	4.44
应力集中系数 SCF	SCF=4.22			SCF=4.23			SCF=4.79		

(3) 热点应力的有限元理论计算值要小于实测值,因为对于焊趾处的应力测量采用应变计法,而焊趾相贯线处应力突变较大,应变计的位置选择对于测量结果有一定的影响,本试验采用了外推法和直接测量相结合的测量方法,只能在一定程度上消除测量带来的部分误差。

2.7.6 疲劳试验结果分析

2.7.6.1 疲劳加载及疲劳裂纹扩展

本疲劳试验的目的在于验证典型节点在疲劳加载条件下的寿命,同时寻求疲劳裂纹的开展规律和疲劳寿命判据准则,由于试件数量有限,很难用常规 S-N 曲线等幅加载的试验方法,因而采用了变幅加载的方式。

1) 试验应力幅的确定

试件的疲劳试验是在应力循环下进行的,为了确定应力循环可以采用下列基本参数:应力循环内的最小应力 S_{min},应力循环内的最大应力 S_{max},应力脉动量(幅)$S_r = S_{max} - S_{min}$。

本次试验斜管设计名义应力幅等级不小于 50 MPa,应力幅按表 2-63 执行。

表 2-63 各构件加载应力幅及加载次数

试件	荷载幅/kN	应力幅/MPa	下限应力/MPa	上限应力/MPa	加载次数/10^4	加载总次数/10^4
1号试件	200	48.5	30.7	79.2	200	460
	300	75.5	30.6	106.1	160	
	400	106.1	18.5	124.6	100	
2号试件	300	76.6	29.7	106.3	230	335
	400	104.1	20.8	124.9	105	
3号试件	400	105.5	18.8	124.3	190	190

2) 疲劳裂纹及扩展形态

(1) 疲劳裂纹起裂源。在疲劳载荷作用下,裂纹的起裂具有一定的规律性,起裂源一般在靠近冠点附近。图 2-212~图 2-214 标出了 1 号~3 号构件起裂点的位置。

1 号试件起裂点:位于上部 Y 形节点冠点附近位置。

2 号试件起裂点:位于下部 N 形节点冠点附近。

3 号试件起裂点:3 号构件有 3 个起裂点,位于上部 Y 形节点冠点左右两侧。

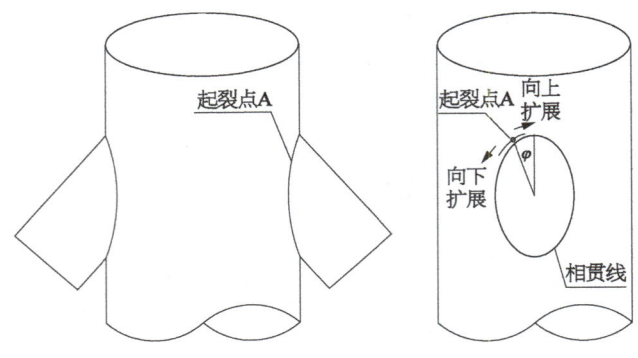

图 2-212　1 号试件起裂点示意

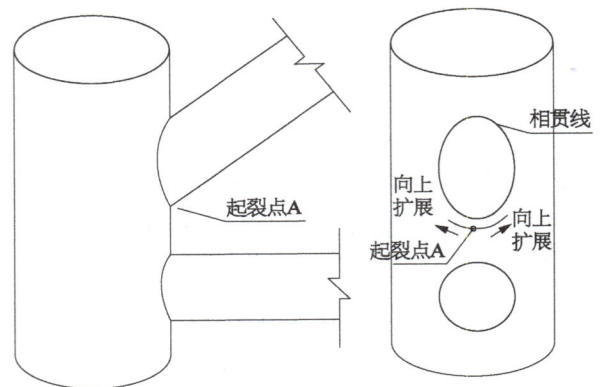

图 2-213　2 号试件起裂点示意

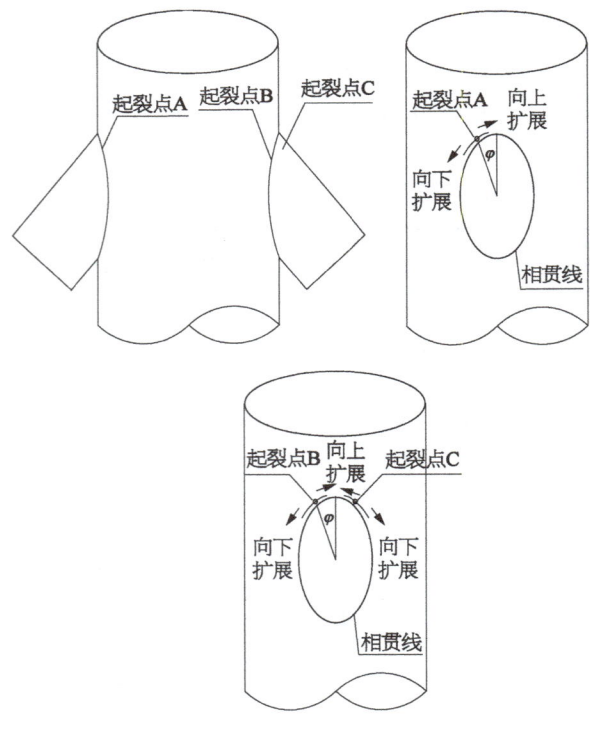

图 2-214　3 号试件起裂点示意

（2）疲劳裂纹扩展形态。

1 号试件（图 2-215）：控制斜支管名义应力幅约为 50 MPa，从零加载到 200 万次，无裂纹；应力幅提高到约 75 MPa，加载 160 万～350 万次，依然无裂纹；应力幅再次提高至约 106 MPa，加载至 405 万次，左侧主管与支管相贯线处出现裂纹，长约 10 mm，位于距冠点约 30°方向；继续加载至 460 万次，冠点左侧裂纹长度达到 120 mm，冠点右侧裂纹长度达到 95 mm，并在冠点位置贯通，裂纹总长 215 mm，试验终止。

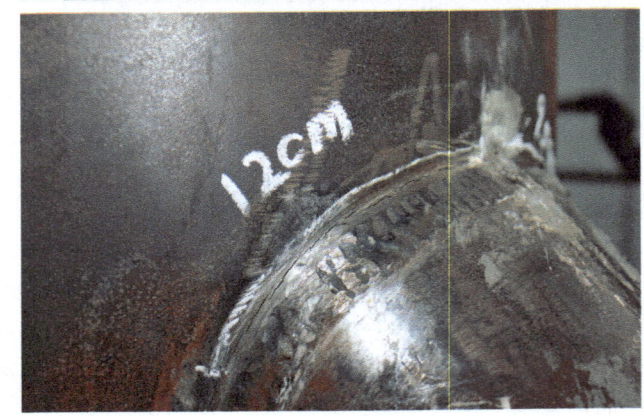

图 2-215　1 号试件裂纹

2 号试件（图 2-216）：控制斜支管名义应力幅为约 75 MPa，从零加载到 230 万次，无裂纹；提高应力幅至 104.12 MPa，继续加载，加载至 270 万次时，右侧支管与边管的下部节点相贯线焊趾处出现细微裂纹，长约 8 mm；继续加载至 335 万次，焊趾冠点左侧裂纹长度 65 mm，右侧裂纹长度 20 mm，裂纹总长 85 mm，试验终止。

3 号试件（图 2-217）：控制斜支管名义应力幅为 104 MPa，从零加载到 100 万次，无裂纹；继续加载，加载至 108 万次时，左侧主管与支管的节点相贯线焊趾处出现细微裂纹，长约 10 mm，右侧支管相贯线焊趾

图 2-217　3 号试件裂纹

图 2-216　2 号试件裂纹

冠点左侧裂纹长 14 mm,右侧裂纹长 10 mm;继续加载至 185 万次时,裂纹总长 623 mm,试验终止。

2.7.6.2　采用有限元法分析

为了寻找疲劳裂纹开展的规律性,采用有限元法对节点相贯线的热点应力分析结果的最大热点应力处作为疲劳裂纹的起裂点进行验证,结果是满意的。

1) 计算模型

根据试验结果,Y 形节点的开裂具有一定的规律性,为更好地分析这种情况,运用有限元分析中子模型的方法将 Y 形管桁节点从模型中提取出来,加以合适的边界条件,对其受力情况进行模拟分析。

依据断裂力学的裂纹类型,管桁节点相贯线一般出现 I 形裂纹,且裂纹方向大致与相贯线同向。而与 I 形裂纹有直接关系的是主拉应力的大小,因此,研究开裂点的位置应主要考察相贯线周边的 I 形裂纹。子模型网格划分及应力云图如图 2-218 和图 2-219 所示。

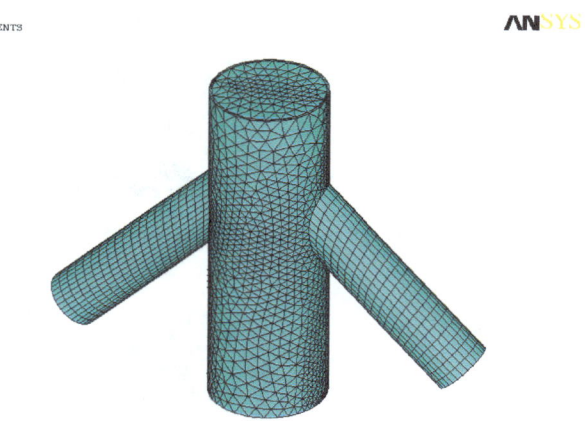

图 2-218　上部 Y 形节点子模型

从主拉应力图可以看出,Y 形节点主拉应力热点位置位于冠点附近,稍偏下方约 15°。

2) 管桁节点热点应力分析

对于 Y 形节点(T 形节点为夹角 90°的 Y 形节点),支管和主管夹角不同时,热点应力的位置是不同的,冠点与鞍点对 I 形裂纹的有效拉应力大小也不相同。对于支管与主管不同夹角的情况,分别用

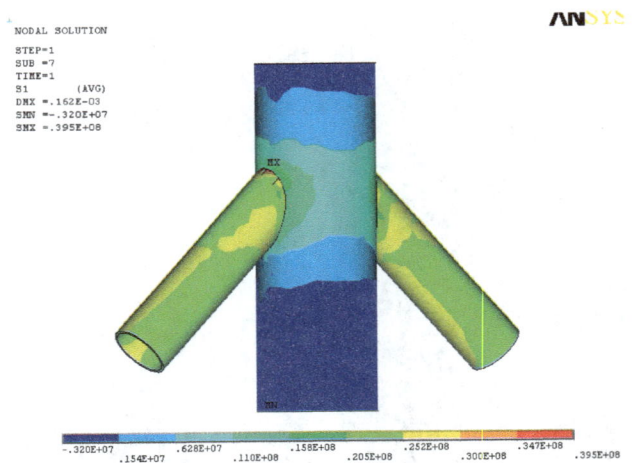

图 2-219　上部 Y 形节点子模型主拉应力

有限元软件建立模型,其夹角从 90°(T 形)到 30°不等,各模型其余参数均相等,其计算所得应力云图如图 2-220～图 2-222 所示。

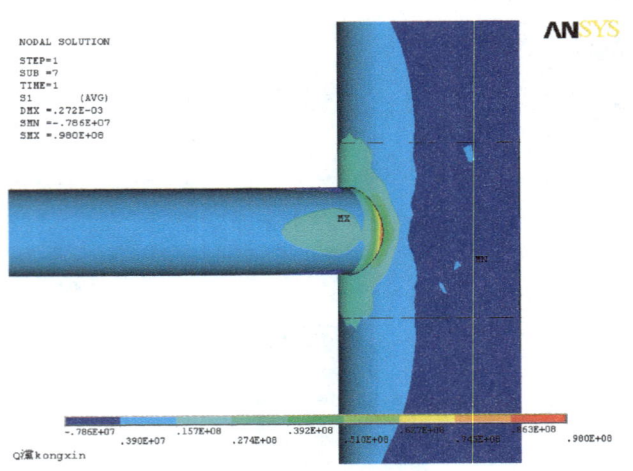

图 2-220　T 形管节点热点位置

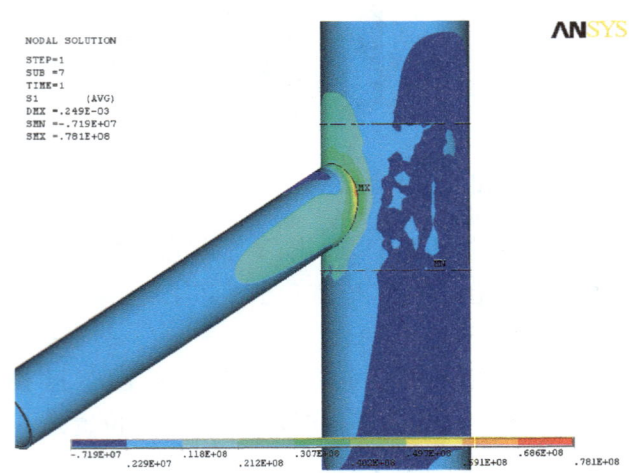

图 2-221　30°夹角 Y 形管节点热点位置

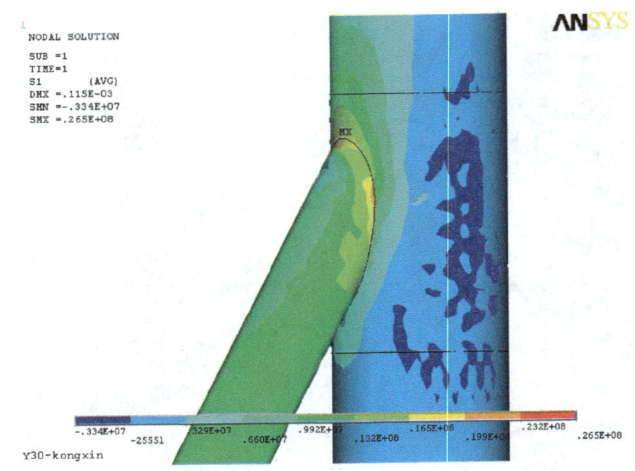

图 2-222　60°夹角 Y 形管节点热点位置

由有限元计算分析可知,随支管与主管夹角的变化,热点应力位置沿相贯线从鞍点逐渐上移至冠点。夹角越小,越靠近冠点;夹角越大,越靠近鞍点。因此,对于不同夹角的情况,热点应力位置不同,开裂的位置也有差异。

2.7.6.3　裂纹扩展及疲劳寿命

目前,对钢管混凝土节点疲劳寿命的确定,尚无标准。采用以可见裂纹长度来判据的差别甚大,同时,由于管内混凝土的约束作用,钢管疲劳开裂后的寿命还相当可观,因此研究裂纹扩展与疲劳寿命是试验的重要内容。

1）疲劳寿命判据的确定

决定管桁节点的疲劳寿命,主要依照试验中疲劳循环加载次数 N_1、N_2、N_3 的含义来表示。

N_1——可见裂纹的荷载循环数。由于没有明确规定裂纹的长度,故各记录有较大出入。挪威取表面裂纹长度为 30 mm 时的周期数,有的国家取裂纹长度为 10 mm 时的荷载循环数。从试验条件方面考虑,本试验取表面可见裂纹长度为 8～10 mm 时的周期数为 N_1 值。

N_2——裂纹穿透壁厚时的荷载循环数。在空心管节点中,当裂纹穿透壁厚以后其扩展速度加快,后期寿命很短;而在钢管混凝土节点中,因混凝土的约束作用制止了裂纹扩展,后期寿命相对较长,故不会立即破坏。由于易于准确地测量记录,因此 N_2 可作为疲劳寿命基本判据,此时的疲劳寿命裂纹长度为 3～4 倍壁厚。

N_3——终止试验的荷载循环数。由于记录标准不一,无法进行比较。参照国外标准可取裂纹长度 150～200 mm 时的荷载循环数。

实际上,当裂纹贯穿壁厚以后,疲劳寿命已很短,通常可以认为 N_2 为构件的设计疲劳寿命。

2) 疲劳裂纹的扩展形态

本次试验对 3 个构件从加载一直到终止均进行了仔细观察并记录了裂纹扩展的情况,从可见裂纹到裂纹穿透壁厚,对钢管混凝土节点开裂的后期寿命做了有效观测。

(1) 1 号试件的荷载-裂纹记录见表 2-64。

表 2-64 1 号试件疲劳裂纹发展过程一览表

试 件	开裂时荷载/kN	开裂时应力幅/MPa	加载次数/10^4	裂纹长度/mm
1 号试件	400	104.12	405	10
			416	18
			425	30
			452	70
			460	120

绘制裂纹长度与加载次数关系曲线如图 2-223 所示。

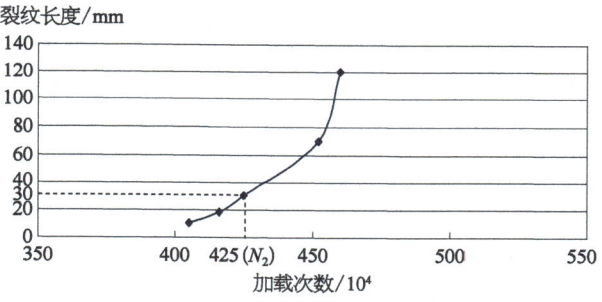

图 2-223 1 号试件裂纹扩展示意

从图 2-223 可以看出,裂纹长度达到 30 mm 时,穿透壁厚 $N_2=425$ 万次,图中明显看出后期裂纹扩展呈加速的形态。

(2) 2 号试件的荷载-裂纹记录见表 2-65。

表 2-65 2 号试件疲劳裂纹发展过程一览表

试 件	开裂时荷载/kN	开裂时应力幅/MPa	加载次数/10^4	裂纹长度/mm
2 号试件	400	106.12	270	8
			280	10

续 表

试 件	开裂时荷载/kN	开裂时应力幅/MPa	加载次数/10^4	裂纹长度/mm
2 号试件	400	106.12	295	17
			305	50
			310	55
			315	65
			335	85

绘制裂纹长度与加载次数关系曲线如图 2-224 所示。

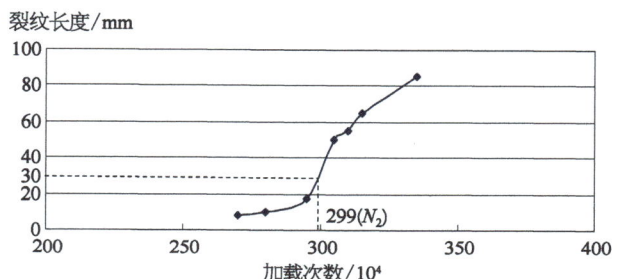

图 2-224 2 号试件裂纹扩展示意

从图 2-224 可以看出,裂纹长度达到 30 mm 时,$N_2=299$ 万次,其后裂纹扩展呈加速的形态。

(3) 3 号试件具有多个裂纹源,最后形成两个主裂纹持续开裂,其荷载-裂纹记录见表 2-66。

表 2-66 3 号试件疲劳裂纹发展过程一览表

试 件	开裂时荷载/kN	开裂时应力幅/MPa	开裂位置	加载次数/10^4	裂纹长度/mm
3 号试件	400	105.56	1	108	14
				118	54
				130	80
				144	120
				154	170
				164	215
				171	263
				183	355

续表

试 件	开裂时荷载/kN	开裂时应力幅/MPa	开裂位置	加载次数/10⁴	裂纹长度/mm
3号试件	400	105.56	2	108	10
				118	40
				130	60
				144	70
				154	110
				164	160
				171	178
				183	268
			3	108	10
				118	65
				130	85
				144	105
				154	105
				164	105
				171	105
				183	105

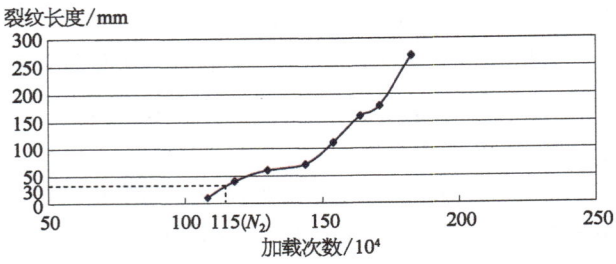

图 2-226　2号裂纹扩展情况

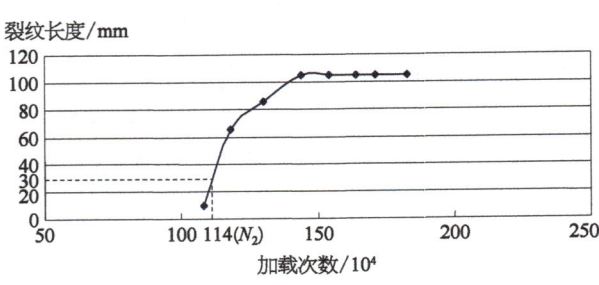

图 2-227　3号开裂源裂纹扩展情况

3）裂纹扩展的规律性

通过对试验中裂纹扩展的观察，发现一定的规律性，主要在以下几个方面：

（1）开裂的位置均在冠点焊趾附近，裂纹源分别有单源和多源两类，但最终均汇合形成主裂纹，一般深度在穿透主管壁后，裂纹便开始加速扩展。

（2）裂纹有沿相贯线向上和向下两个方向扩展的趋势，扩展的过程可分两个阶段，第一个阶段，裂缝主要向冠点方向扩展，其扩展速度要远大于向鞍点扩展的速度；第二个阶段，当裂纹向上完全延伸至冠点后，整条裂纹便加速向下扩展。

（3）疲劳裂纹穿透主管壁厚以后还有较长的裂后寿命，因而以此作为疲劳寿命判据是安全的。

2.7.6.4 疲劳寿命推算

1）疲劳加载制度

本试验采用变幅加载制度，最多为3个荷载等级，可换算成三个应力等级，应力幅 S_i 和循环次数 n_i 的关系如图 2-228 所示，$S_1=50$ MPa 等级，$S_2=75$ MPa 等级，$S_3=105$ MPa 等级，相对应的荷载循环次数分别为 $n_1、n_2、n_3$。三个试件的应力加载情况各不相同，1号试件经历了 $S_1、S_2、S_3$ 三个不同的应力等级，2号试件经历了 $S_2、S_3$ 两个不同的应力等级，3号试件只经历了 S_3 一个应力等级。

取表面可见裂纹长度为 30 mm 时的周期数为

从图 2-225 可以看出，裂纹长度达到 30 mm 时，$N_2=112$ 万次，裂纹长度为 355 mm 时 $N=183$ 万次。

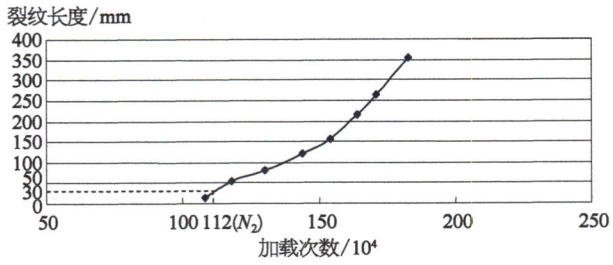

图 2-225　1号裂纹扩展情况

从图 2-226 可以看出，裂纹长度达到 30 mm 时，$N_2=115$ 万次，裂纹长度为 268 mm 时 $N=183$ 万次。

从图 2-227 可以看出，裂纹长度达到 30 mm 时，$N_2=114$ 万次。但在加载 144 万次后，扩展速度较为缓慢。

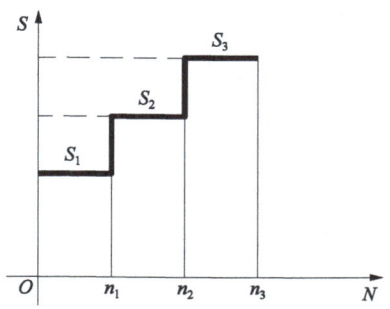

图 2-228 本次试验疲劳加载等级

试件疲劳寿命 N_2，即

$$N_2 = n_1 + n_2 + n_3 \quad (2-97)$$

式中 n_3——表面裂纹长 30 mm 时应力幅 S_3 的加载次数。

表 2-67 所示为 3 个构件达到 N_2 时的载荷历程。

表 2-67 各构件加载历程及裂纹穿透壁厚荷载循环数

试件	荷载幅/kN	应力幅 S_i/MPa	加载历程 $n_i/10^4$	穿透裂纹加载次数 $N_2/10^4$	备注
1号试件	200	50	200	425	
	300	75	160		
	400	105	65		穿透时表面裂纹长取 30 mm
2号试件	300	75	230	299	
	400	105	69		
3号试件	400	105	112	112	

2）等效寿命推算

由于采用了变幅加载的制度，疲劳寿命可按照等效损伤的原则进行任意等幅加载推算。

在变幅加载的情况下，等效寿命的计算公式如下

$$n_{eq} = \sum_{i=1}^{L} \left(\frac{S_i}{S_{eq}}\right)^m n_i \quad (2-98)$$

式中 n_i——i 级载荷的循环次数；
S_i——i 级载荷的幅值；
S_{eq}——折算幅值等级。

对钢管混凝土管桁节点来说，$m=3\sim4$，这里偏于保守的取 $m=3$。

经试算后，若取折算幅值等级为 85 MPa，即 $S_{eq}=85$ MPa，由式（2-98）可得：

1 号试件 $n_{eq}=273$ 万次
2 号试件 $n_{eq}=288$ 万次
3 号试件 $n_{eq}=211$ 万次

由此可知，3 个试件斜杆在 85 MPa 名义应力幅加载条件下，疲劳寿命均超过 200 万次。

2.7.6.5 疲劳试验结果

（1）模拟钢管混凝土节点所做的疲劳试验模型，斜管在 85 MPa 名义应力幅的加载条件下，其疲劳寿命超过 200 万次，疲劳试验结果证明该节点满足设计疲劳寿命的要求，并有较大的安全储备。

（2）疲劳裂纹开裂的位置均在冠点焊趾附近，裂纹源分别有单源和多源两类，但最终均汇合形成主裂纹，在主管上扩展。

（3）试验通过疲劳加载与裂纹扩展的全过程证明，对钢管混凝土节点来说由于混凝土的约束作用，疲劳裂纹扩展后的寿命还相当长，因而当疲劳裂纹深度穿透主管壁厚，表面裂纹长度达到 3 倍壁厚时（约为 30 mm）的疲劳失效判别准则，对于疲劳荷载作用下的节点是安全的。

（4）试验证明钢管混凝土节点在满足相贯线焊接接头质量良好，并在对焊趾做焊后修磨的条件下，疲劳强度可达到较高的水平。

（5）以钢管混凝土节点相贯线焊缝类型、焊接缺欠及焊后修磨质量差异分级，参考 AWS 和 IIW 相关规范，对其疲劳强度按 A、B 两级细节区分高、低，与前期的试验相比较，本次试验结果可定作 A 级。

2.8 黏钢结构强化管接头的疲劳性能试验研究

2.8.1 项目概述

2.8.1.1 工程背景

四川石棉干海子大桥位于四川雅西高速拖乌山北坡，该桥设计荷载公路-Ⅰ级、地震基本烈度Ⅷ度，全长 1 811 m，桥宽 24.50 m，上部结构采用 44.5 m 和 62.5 m 跨径的钢管混凝土连续桁梁桥，主桁下主管为外径 813 mm 钢管混凝土、支管为外径 406 mm

的钢管,顶板为 20 cm 厚的预应力钢筋混凝土桥面板;下部结构的高墩采用钢管混凝土组合格构桥墩,矮墩采用双柱式钢筋混凝土桥墩。该桥于 2006 年 6 月开始桥型论证,2006 年 12 月批准干海子大桥上部与下部采用全钢管混凝土桁式结构桥梁,2009 年 6 月提交施工图设计文件,2011 年 11 月 30 日完成主梁钢管桁式结构架设,2012 年 4 月建成通车。

四川汶川克枯大桥位于汶马高速公路汶川县城附近,工程包括克枯桥梁工程、桑坪隧道工程、下庄桥梁工程和附属工程,工程总长为 6 430 m。

桥梁工程采用标准跨径 30 m、40 m 的钢管混凝土简支桁梁结构,钢管混凝土主桁梁与钢-混凝土组合桥面板组成主梁结构;钢管混凝土柱式墩与钢筋混凝土桩基连接形成下部结构。该桥的技术特点:提出了桥墩、主梁、主桁、桥面板全部采用钢-混凝土组合结构,钢结构在工厂加工,现场浇注混凝土,不需要任何模板,工业化程度高,减轻重量约 45%,抗震能力强。同时,采用变刚度支座分配主梁水平内力,采用预应力钢-混凝土组合结构,关注不同类型节点极限承载能力和耐久性,提出并开发了主梁整孔架设成套设备等新技术。

桑坪隧道工程为双幅四车道分离式高速公路隧道,建筑限界采用宽 10.25 m、高 5 m。桥梁与隧道连接处,因建设条件复杂而特殊设计,隧道进出口地形陡峭,进口采用施工横洞由侧面进洞,挡墙反压高填设置施工平台进洞。出口采用设置群桩基础和钢筋混凝土平面基础,再在基础之上设置钢筋混凝土棚洞,解决了高危山体崩塌、侧面泥石流沟、底脚杂谷脑河冲刷的组合结构体系,既连接桥梁与隧道,支撑路基形成道路,又规避了灾害风险,为复杂山区桥梁与隧道接口提供了工程示范。

钢管混凝土桁梁桥的类似工程还有四川红原大桥等。该类桥梁由于具有钢结构桥的安全适用、低碳环保、施工简便等优点,同时桥梁上下部的总用钢量小于 240 kg/m²,因此具有较好的应用市场。但是,钢管混凝土焊接桁式结构,在重车反复作用下,工程师们担心焊接相贯节点的疲劳失效。对此,开展了长达 20 年的研究,对相贯焊接节点的疲劳寿命已探索出了成套技术,保证了焊接节点的疲劳设计使用寿命。但是,工程师们担心因不可控原因,造成隐藏的质量缺陷,导致节点抗疲劳寿命缩短,更换维修节点难度大、风险高、社会影响严重,因此,探索简单方便的疲劳维修方案,为钢管混凝土桁式桥梁管桁节点不可控后果提供可控的技术手段是必要的。

2.8.1.2 研究依据

H 型加劲钢板采用厚度 10 mm 的 Q235 钢板,腹板与翼板采用焊接连接,翼板与主管、受拉支管采用环氧改性胶粘贴,主桁管节点趾部和根部处、两侧趾部与过渡区交界处,各设置一对 H 型加劲钢板,并在实桥上对其中一个节点做了加强试验,如图 2-229 所示。

(a) 节点加强示意

(b) 加强点应变测试

图 2-229 实桥相贯焊接节点加强

经过计算与实测表明,设置 H 型加劲钢板后能够有效降低拉杆相贯焊缝的应力幅,并提高节点刚度,是一种有效的节点强化方案。从表 2-68 可以看出,设置肋板后,相贯焊缝应力降低了 40% 以上。

表 2-68 桥墩处设置肋板前后相贯焊缝应力对比

工况	未加肋板 平均应变/με	未加肋板 平均应力/MPa	加肋板 平均应变/με	加肋板 平均应力/MPa	应力差值百分比 $\frac{\sigma_{未加}-\sigma_{加}}{\sigma_{未加}}$/%
测试 1	233	48.1	136	28.1	42
测试 2	210	43.2	110	22.7	47
测试 3	190	39.2	105	21.6	45
计算值		65.8		38.9	41

采用 H 型加劲钢板主要目的是为受拉支管分摊活载、降低相贯焊缝疲劳应力幅,并提高节点刚度,因此,粘贴技术中使用的黏钢结构胶的抗疲劳性能尤为重要。现行国标中给出了黏钢结构胶抗剪、抗拉等力学性能参数,但缺乏耐久性参数。根据黏钢结构胶在实桥上的受力特点、所承担疲劳应力幅大小,针对黏钢结构胶的疲劳性能试验,揭示了使用黏钢结构胶在不同疲劳加载次数下应变分布状况及刚度衰减曲线等。

有限元实体模型分析中,计算 55 t 重车最不利作用下,黏钢结构胶位置 N5~N9 处(图 2-230)的主拉应力见表 2-69,表中数据为黏钢结构胶层的最大主拉应力。

表 2-69 黏钢结构胶位置的主拉应力

构件编号	N5	N6	N7	N8	N9
主拉应力/MPa	24.2	22.2	18.1	22.8	24.1

分析其中一块板上黏钢结构胶应力分布状况,沿截面拉应力呈现两端大中间小分布,结果表明黏钢结构胶主要承受弯矩作用的拉应力,其应力分布如图 2-231 所示。

2.8.2 试验设计与过程

2.8.2.1 试件设计

结合试验的主要目的,为了准确研究钢桁梁节点补强结构形式中钢板胶的疲劳性能,试件设

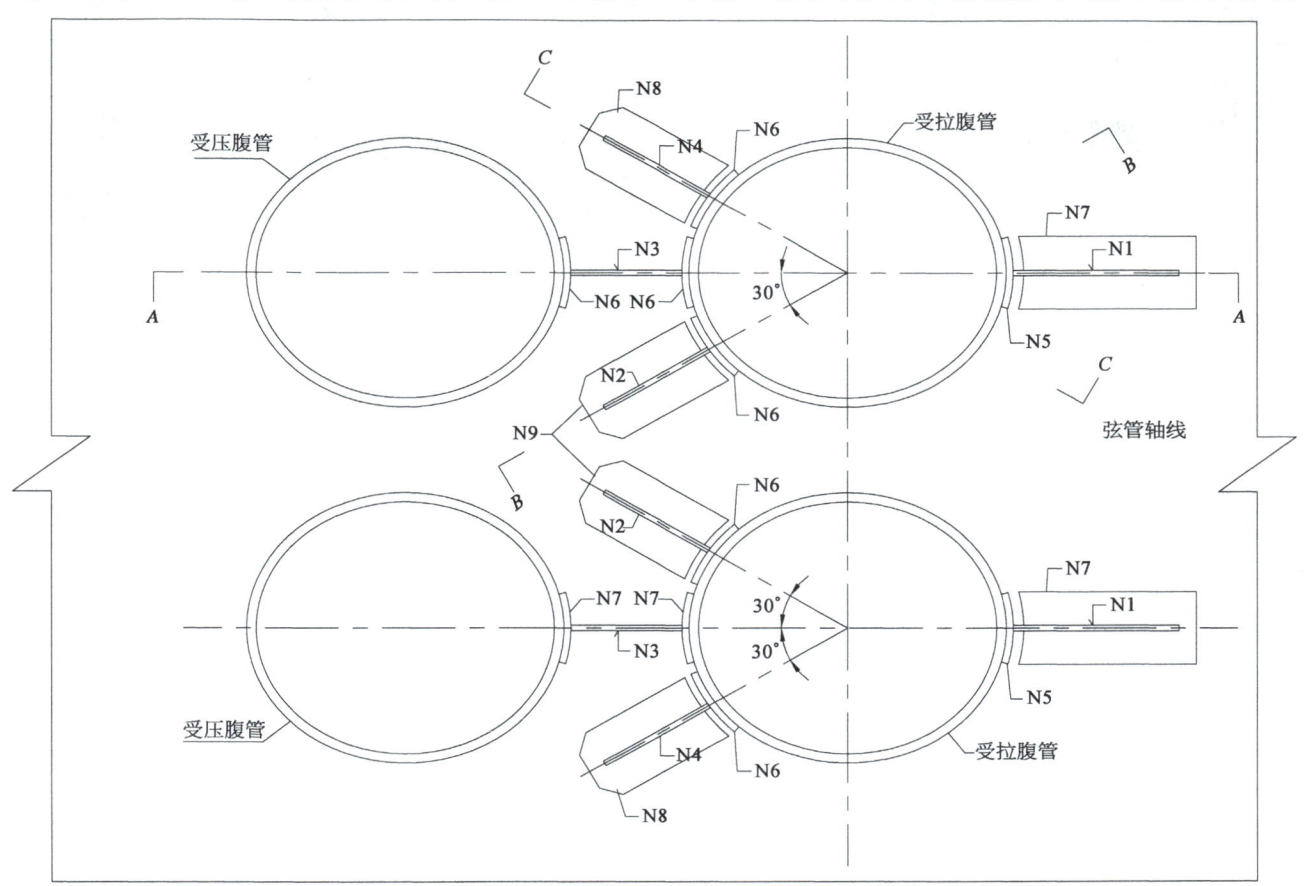

图 2-230 使用黏钢结构胶位置示意

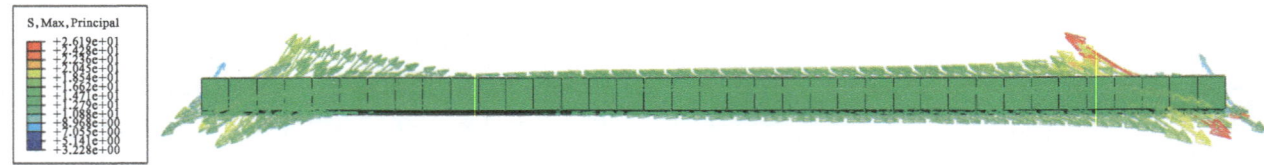

图 2-231 黏钢结构胶应力分布

计最关键的是要保证构件几何参数、黏钢结构胶的配制、黏结工艺及受力性能一致。根据受力特点——H 型钢板及胶在活载作用下主要承受拉弯作用,试验将采用同样带弧度且厚度与实桥试验所用一致(10 mm)的钢板,用黏钢结构胶黏结在一起,并在跨中黏结位置以下预留 1 cm 断口,通过加载使其受弯,使黏胶在断口处能产生较大拉应力。

1) 钢材

此次试验钢材取规格为 $\phi 402\ mm \times 10\ mm$ 的 Q235C 钢管,钢管长 500 mm,沿钢管周长分为 12 等份,切割成每份弧长为 105.2 mm 的弧形钢板。12 块弧形钢板规格均为 $105.2\ mm \times 10\ mm \times 500\ mm$,试验钢材如图 2-232 所示。

(a) 切割钢管

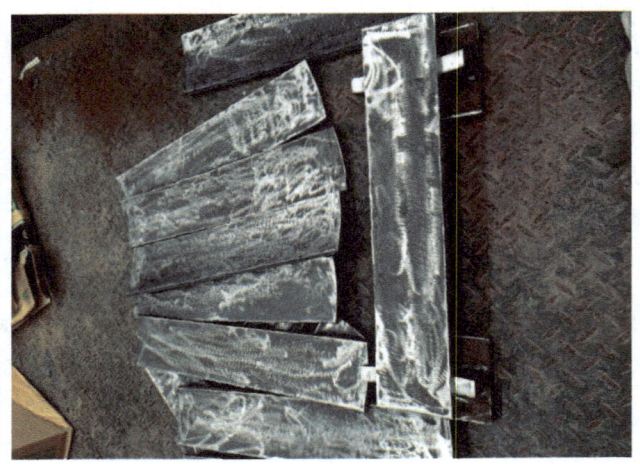

(b) 弧形钢板

图 2-232 试验钢材

2) 黏胶材料

采用环氧改性的钢板粘贴胶,通过实验表明,钢与钢抗剪强度实测 32.3 MPa(国标是 14.0 MPa),钢与钢正拉黏结实测强度 65.0 MPa(国标是 40.0 MPa),钢与钢抗拉强度实测 67.9 MPa(国标是 38.0 MPa),15℃时 2 h 就完成初凝,12 h 的强度大于 50% 实测强度。根据配合比计量配制灌注式黏钢结构胶,且应在 30 min 内使用完。

3) 试验试件

将切割好的试件每 3 块一组分四组,其中,两块钢板间距 1 cm 并排放置,由另一块钢板搭接靠黏结构胶黏结在一起。黏结形式分两类:一块单钢板黏结在另两块钢板上、断口在下,称为 a 类试件;一块单钢板黏结在另两块钢板下、断口在上,称为 b 类试件。

所有弧形钢板经过打磨、清洁、安装定位后采用封闭胶将钢件之间的所有缝口封闭,并且在钢件埋设灌浆导气孔及灌浆孔。灌注式黏钢结构胶的配置参数以及黏钢工艺与实际大桥节点强化设计保持一致,将配制好的黏钢结构胶压注入空腔内,待导气孔溢胶并确定空气排完后,才能停止灌注,试验试件如图 2-233 所示。

2.8.2.2 测点布置

1) a 类试件

a 类试件测点布置如图 2-234 所示。测点 1、3 对称布置于上钢板距边缘 3 cm 处,测点 2 布置于上钢板跨中位置;测点 4~6 与测点 7~9 对称布置于下钢板,测点 4 距支座 3 cm,测点 6 距断口 3 cm,测

(a) a类试件

(b) b类试件

(c) a类试件灌胶

(d) b类试件灌胶

图 2-233 试验试件

点 5 与测点 4、6 等距布置,间距 10.5 cm;测点 10～15 紧邻上下钢板黏结位置对称布置,测点 10、11 纵向位置与测点 4 对应,测点 12、13 纵向位置与测点 5 对应,测点 14、15 布置于断口处;测点 16 布置于跨中断口处上钢板侧面下边缘。上钢板的测点均布置于曲面上表面的最低点,下钢板上的测点均布置于曲面下表面的最低点,黏结位置处的测点布置于上钢板侧面下边缘及下钢板侧面上边缘,试件 1、2 属于 a 类试件。

2) b 类试件

b 类试件测点布置如图 2-235 所示。测点 1、3 对称布置于下钢板距边缘 3 cm 处,测点 2 布置于下钢板跨中位置;测点 4～6 与测点 7～9 对称布置于上钢板,测点 4 距支座 3 cm,测点 6 距断口 3 cm,测点 5 与测点 4、6 等距布置,间距 10.5 cm;测点 10～15 紧邻上下钢板黏结位置对称布置,测点 10、11 纵向位置与测点 4 对应,测点 12、13 纵向位置与测点 5 对应,测点 14、15 布置于断口处;测点 16 布置于跨中断口处下钢

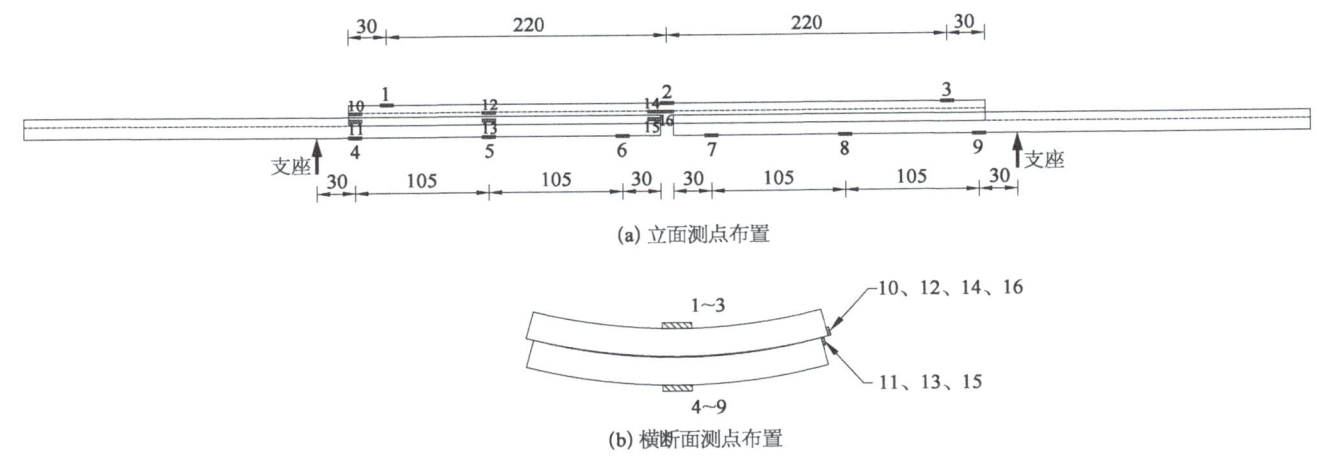

图 2-234 a 类试件测点布置

板侧面上边缘。上钢板的测点均布置于曲面上表面的最低点,下钢板上的测点均布置于曲面下表面的最低点,黏结位置处的测点布置于上钢板侧面下边缘及下钢板侧面上边缘,试件3、4属于b类试件。

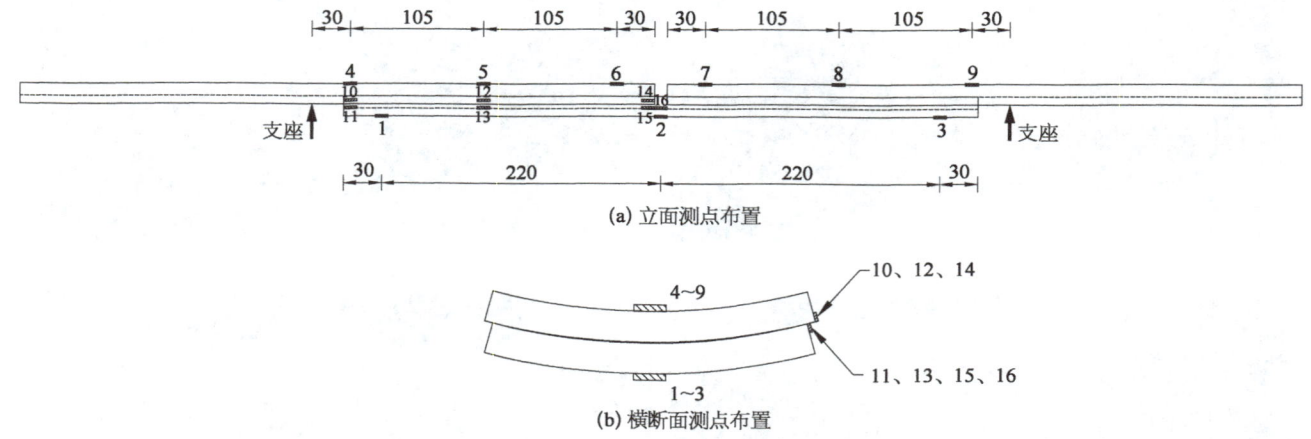

图2-235 b类试件测点布置

2.8.2.3 加载方案

1) 静力加载

a类试件1、2加载点间距10 cm,支座间距55 cm,均于跨中对称布置,如图2-236所示。

b类试件3分正反两面加载,先正向静力及疲劳加载后再反向加载;b类试件4反向加载。加载点间距10 cm,支座间距55 cm,均于跨中对称布置,如图2-237所示(正向加载是指加载点作用于凹面;反向加载是指加载点作用于凸面)。

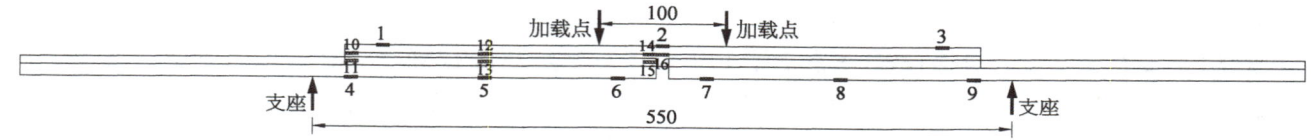

图2-236 a类试件加载位置

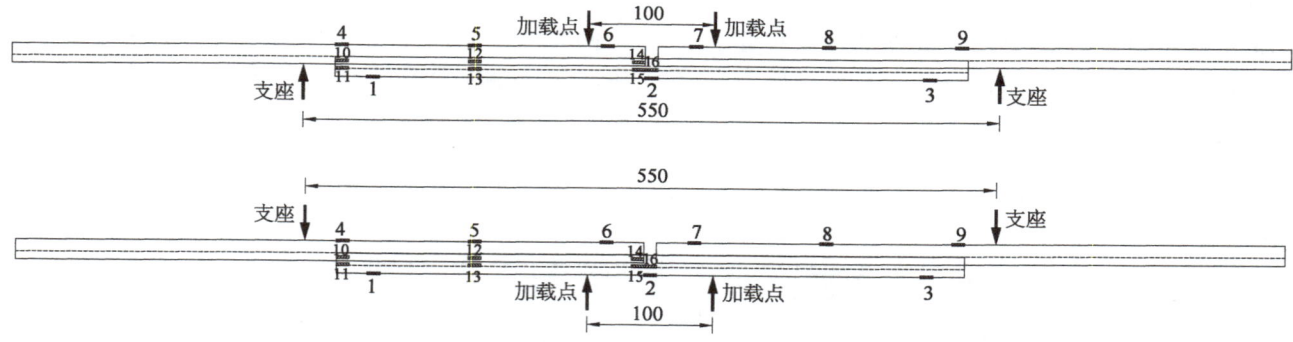

图2-237 b类试件加载位置

有限元初步计算表明,为使试件在不同荷载下跨中(附近)底钢板下缘分别能出现5 MPa、10 MPa、20 MPa、30 MPa、40 MPa、50 MPa拉应力,初步拟定试件1静力加载方案,后根据试件1加载结果做了相应调整,各试件静力加载方案见表2-70,每个试件应进行3次静载试验测试。

2) 疲劳加载

每级疲劳加载试验前后,应进行静载试验测试3次;破坏荷载试验时,1 600 N前的破坏加载级为200 N,1 600 N后的破坏加载级为600 N;各试件疲劳加载方案见表2-71,试件2～4疲劳加载方案在试件1基础上做了相应调整。

表 2-70 静力加载方案

加载次序	a类试件-加载力/N		b类试件-加载力/N	
	试件1	试件2	试件3	试件4
1	315	200	200	200
2	630	400	400	400
3	1 260	600	600	600
4	1 860	800	800	800
5	2 260	1 000	1 000	1 000
6	2 460	1 200	1 200	1 200
7	3 060	1 400	1 400	1 400
8		1 600	1 600	

表 2-71 疲劳加载方案

加载次序	试件1		试件2		试件3		试件4	
	加载力/N	加载次数/10^4	加载力/N	加载次数/10^4	加载力/N	加载次数/10^4	加载力/N	加载次数/10^4
1	0~315	10	0~1 600	10	0~1 600	1	0~1 400	1(反)
2	0~1 260	50	0~1 600	40	0~1 600	5	0~1 400	5(反)
3	0~1 860	82.5	0~1 600	70	0~1 600	10	0~1 400	10(反)
4	0~2 260	87.5	0~1 600	100	0~1 600	40	0~1 400	40(反)
5	0~2 460	93.5		破坏	0~1 600	70	0~1 400	70(反)
6	0~3 060	95.6			0~1 600	100	0~1 400	100(反)
7		破坏			0~1 600	101(反)	0~1 400	130(反)
8					0~1 600	105(反)	0~1 400	160(反)
9					0~1 600	110(反)	0~1 400	190(反)
10					0~1 600	140(反)		冻融试验
11					0~1 600	170(反)		
12						破坏		

注：试件分正、反向加载，加载次数后"(反)"表示对试件反向加载；试件4累积疲劳加载190万次后做冻融试验。

2.8.2.4 疲劳应力幅

有限元实体模型计算表明，不同加载级数对应断口处黏钢结构胶的最大疲劳应力幅值，试件3分为正向加载和反向加载，两种加载方式分别在断口黏胶处产生压应力和拉应力，4个试件各级荷载下所对应黏胶层最大疲劳应力幅见表2-72。

2.8.2.5 试验工程量

试验所用器材及数量统计见表2-73~表2-75，应变片及测试仪器如图2-238所示。

表 2-72 疲劳应力幅

加载次序	试件1		试件2		试件3		试件4	
	加载力/N	疲劳应力幅/MPa	加载力/N	疲劳应力幅/MPa	加载力/N	疲劳应力幅/MPa	加载力/N	疲劳应力幅/MPa
1	315	8.4	200	5.3	200	−6.1(7.3)	200	7.3
2	1 260	33.7	400	10.7	400	−12.1(14.6)	400	14.6
3	1 860	49.7	600	16.0	600	−18.2(21.9)	600	21.9
4	2 260	60.4	800	21.4	800	−24.2(29.1)	800	29.1
5	2 460	65.7	1 000	26.7	1 000	−30.3(36.4)	1 000	36.4
6	3 060	81.8	1 200	32.1	1 200	−36.3(43.7)	1 200	43.7
7			1 400	37.4	1 400	−42.4(51.0)	1 400	51.0
8			1 600	42.8	1 600	−48.4(58.3)		

注：试件3括号内数值表示反向加载对应黏胶层最大疲劳应力幅值，拉正压负。

表 2-73 钢 板

钢管材质	钢管型号			切割后钢板型号			重 量		
	长/mm	外径/mm	壁厚/mm	长/mm	宽/mm	厚/mm	单个重/kg	个数	合计/kg
Q235C	495	402	10	495	105	10	4.13	12	49.56

表 2-74 胶

粘 接 面 积		胶厚/mm	单个用量/mm³	个数	总量/mm³
长/mm	宽/mm				
485	105	2	1×10^5	12	1.2×10^6

表 2-75 其 他 器 材

名 称	品 牌	型 号	数 量	单 位
应变片	浙江黄岩	BX120-5AA	100	片
百分表	浙江玉环	WBD-50	4	个
应变仪	江苏泰斯特	TST3826F-L	1	台
应变数据线	国产		100	米
电脑	联想	E450C	1	台

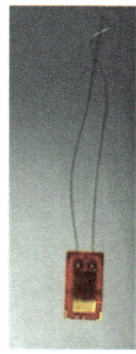

(a) 应变片　　　　　　(b) 应变仪

图 2-238　测试仪器

2.8.3　试验结果与分析

2.8.3.1　材料性能

1) 黏钢结构胶

钢板粘贴胶在国标中规定钢与钢的抗拉强度为 38.0 MPa，试验每级疲劳加载所对应黏胶层最大疲劳应力幅值与抗拉强度比值见表 2-76，表中数据说明 4 个试件黏胶层均是在高疲劳应力幅下进行的疲劳试验。

表 2-76　各级荷载对应黏胶层最大疲劳应力幅与抗拉强度比值

试件	加载次序	加载力/N	疲劳应力幅与抗拉强度比	加载次数/10⁴
试件 1	1	0~315	0.22	10
	2	0~1 260	0.89	50
	3	0~1 860	1.31	82.5
	4	0~2 260	1.59	87.5
	5	0~2 460	1.73	93.5
	6	0~3 060	2.15	95.6
试件 2	1	0~1 600	1.13	10
	2	0~1 600	1.13	40
	3	0~1 600	1.13	70
	4	0~1 600	1.13	100
试件 3（正向加载）	1	0~1 600	0.74	1
	2	0~1 600	0.74	5
	3	0~1 600	0.74	10
	4	0~1 600	0.74	40
	5	0~1 600	0.74	70
	6	0~1 600	0.74	100
试件 3（反向加载）	1	0~1 600	1.53	1
	2	0~1 600	1.53	5
	3	0~1 600	1.53	10
	4	0~1 600	1.53	40
	5	0~1 600	1.53	70
试件 4（反向加载）	1	0~1 400	1.34	1
	2	0~1 400	1.34	5
	3	0~1 400	1.34	10
	4	0~1 400	1.34	40
	5	0~1 400	1.34	70
	6	0~1 400	1.34	100
	7	0~1 400	1.34	130
	8	0~1 400	1.34	160
	9	0~1 400	1.34	190

2) 钢板

试验所用钢板为 Q235C，抗拉强度为 370 MPa，试验每级疲劳加载所对应钢板最大疲劳应力幅与抗拉强度比值见表 2-77，4 个试件钢板最大拉应力均出现在断口处。

表 2-77　钢板疲劳应力幅与抗拉强度比值

编号	最大应力幅/MPa	疲劳应力幅与抗拉强度比
试件 1	202.7	0.55
试件 2	106.0	0.29
试件 3（正向加载）	74.4	0.20
试件 3（反向加载）	146.1	0.39
试件 4	127.8	0.35

2.8.3.2 主要试验结果

(1) 试验测试了 4 个试件各级静力加载作用下,上、下钢板不同位置处的应变、黏胶层附近应变及跨中挠度,由此得到钢板及黏胶附近荷载-应变曲线,以及荷载-跨中挠度曲线。

(2) 测试了 4 个试件各级疲劳加载后,钢板、黏胶层附近应变及跨中挠度,得到循环次数-应变关系曲线,及循环次数-刚度衰减曲线。

(3) 观察得到 4 个试件各级循环次数下裂缝情况:是否出现裂缝,裂缝如何开展。

(4) 4 个试件经过 190 万次疲劳加载后将其分别冻融 12 h,继续进行疲劳加载,得到冻融后的循环次数-刚度衰减曲线。

(5) 对 4 个试件做破坏试验时,得到裂缝发展情况及最终破坏形态。

2.8.3.3 静力试验结果

1) 荷载-跨中挠度曲线

4 个试件荷载-跨中挠度曲线如图 2-239 所示。

(1) 试件 1 在 0~315 N 静载作用下跨中挠度随荷载逐渐增加,150 N 时挠度有突变,分析原因可能是未预压,支座与试件之间存有间隙,受力之后挠度计入了这部分误差,观察 0~315 N 疲劳加载 10 万次(此时与支座间隙已压实)后的跨中挠度曲线为一条直线并无突变,可佐证以上观点。

(2) 试件 2 预压后在 0~1 400 N 静载作用下跨中挠度与荷载呈线性增加,1 400 N 对应最大跨中挠度为 0.51 mm。

(3) 试件 3 预压后在 0~1 400 N 正向静载作用下跨中挠度与荷载大致呈线性增加,1 400 N 对应最大跨中挠度为 0.54 mm。

(4) 试件 4 预压后在 0~1 400 N 静载作用下跨中挠度与荷载大致呈线性增加,1 400 N 对应最大跨中挠度为 0.59 mm。

2) 荷载-应变曲线

4 个试件荷载-应变曲线如图 2-240 所示。

(1) 试件 1、2 属 a 类试件,三个曲面板的相对位置关系成品字形排列,预留的 1 cm 断口在下。对试件 1、2 静力加载,产生下侧受拉上侧受压的正弯矩,故下钢板测点 4~9 为拉应变,上钢板测点 1~3 为压应变;在试件黏胶层附近上下侧的测点满足平截面假定且受横截面弧度影响,故呈压应变,横截面上应变分布如图 2-241 所示。

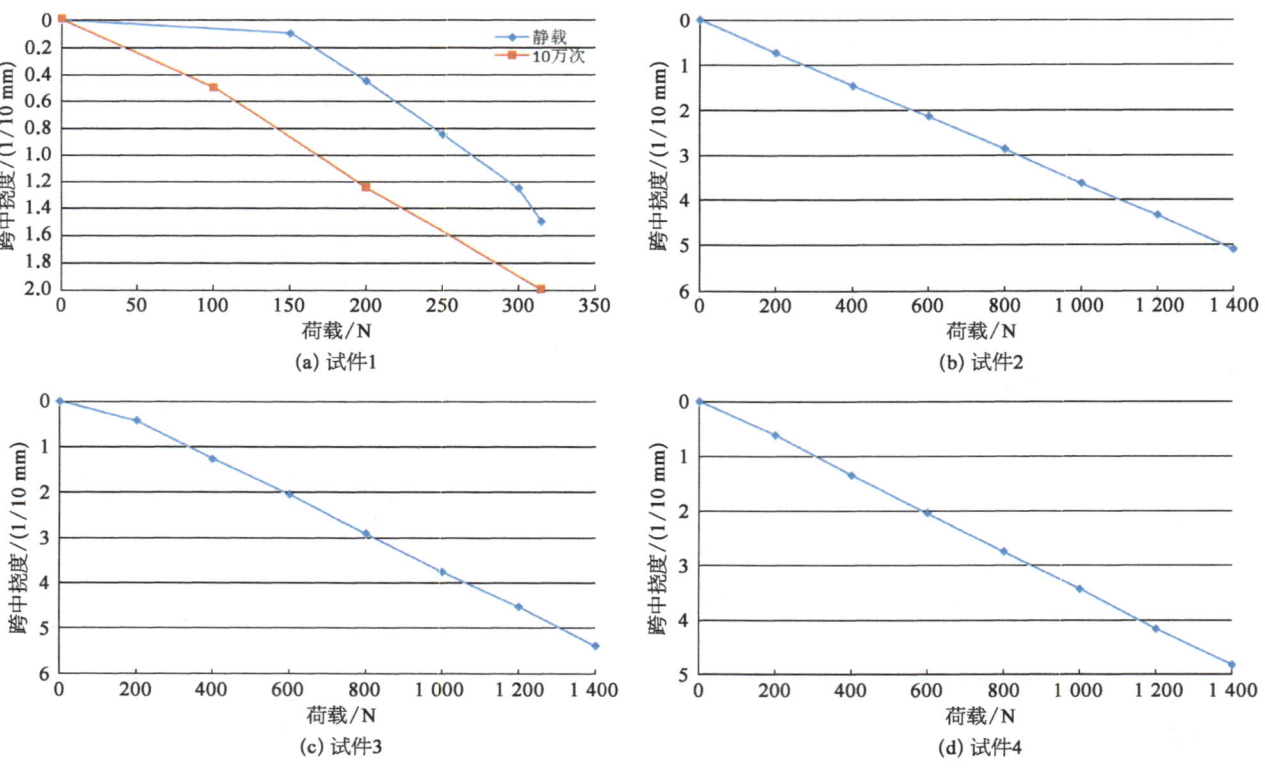

图 2-239 荷载-跨中挠度曲线

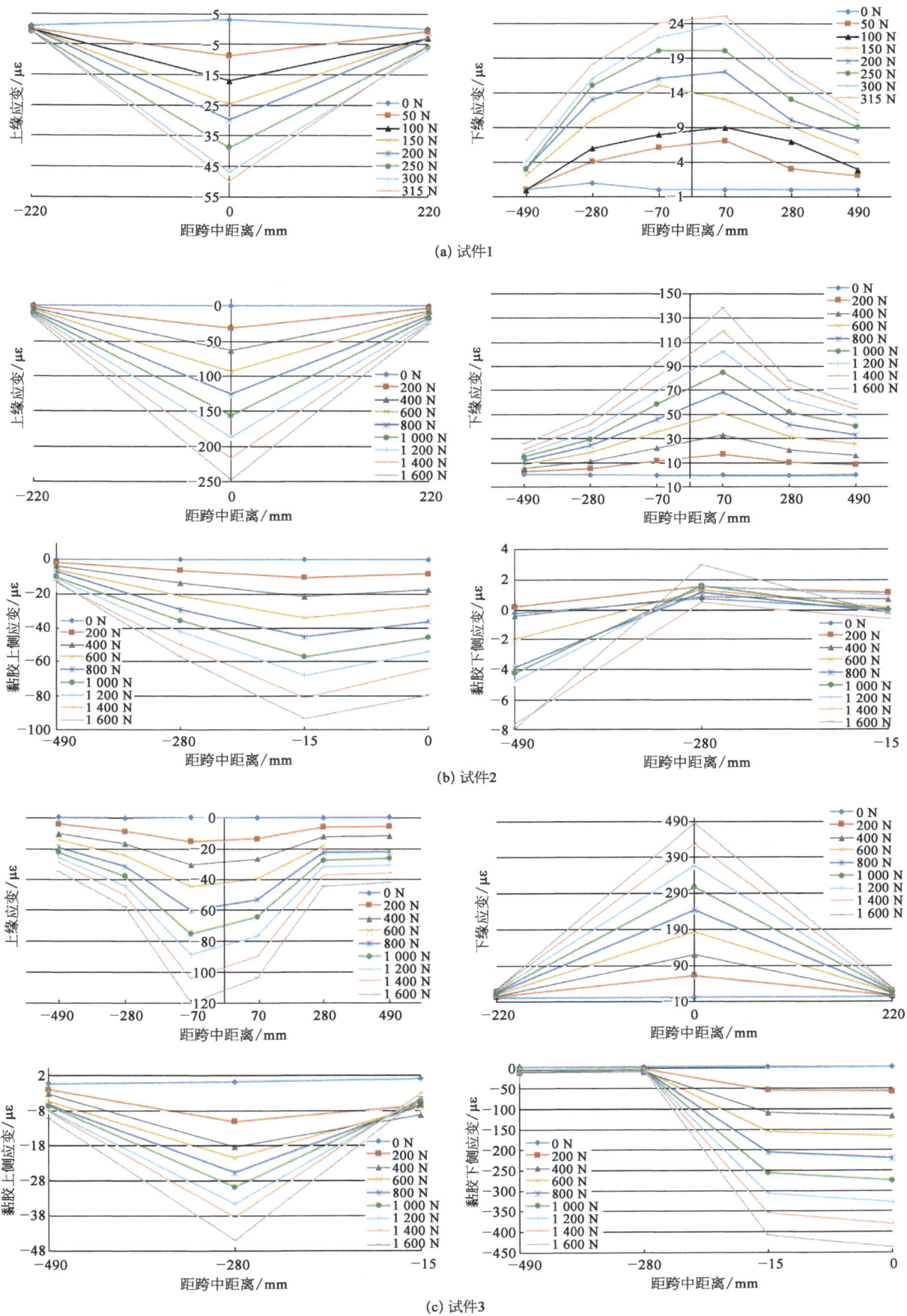

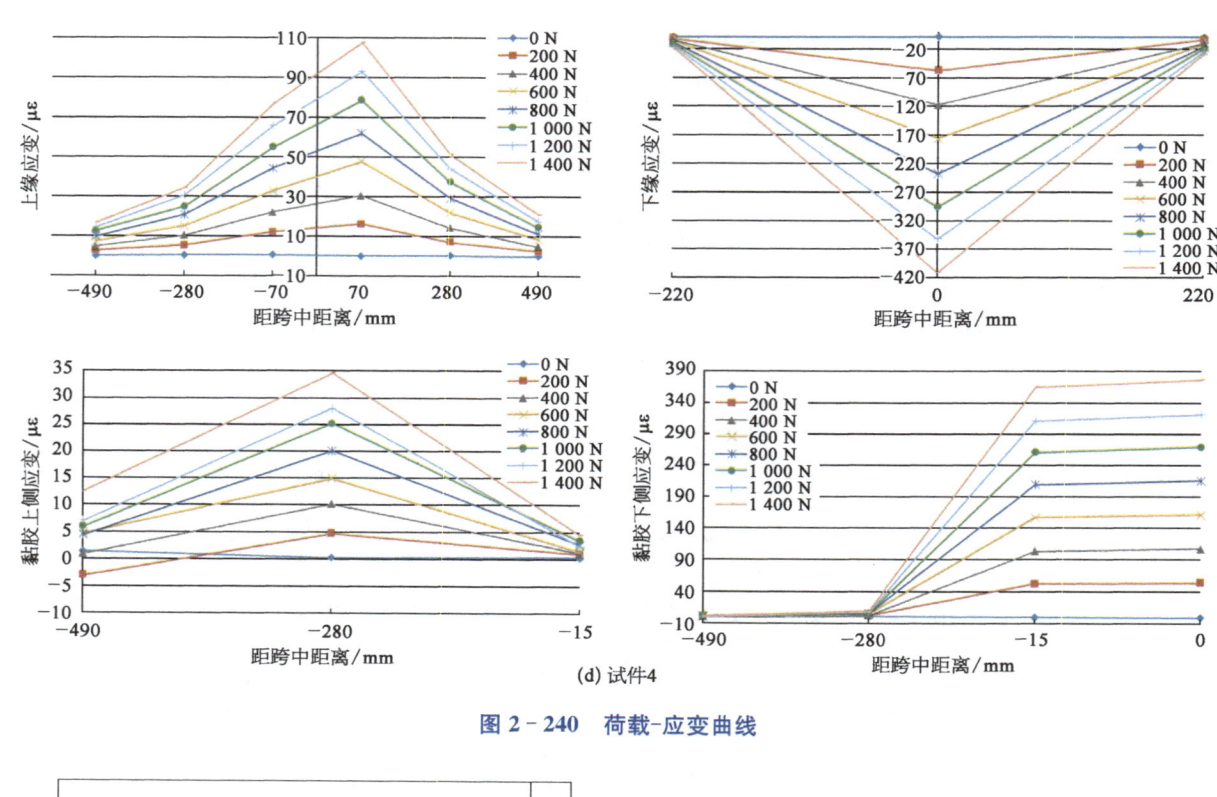

图 2-240 荷载-应变曲线

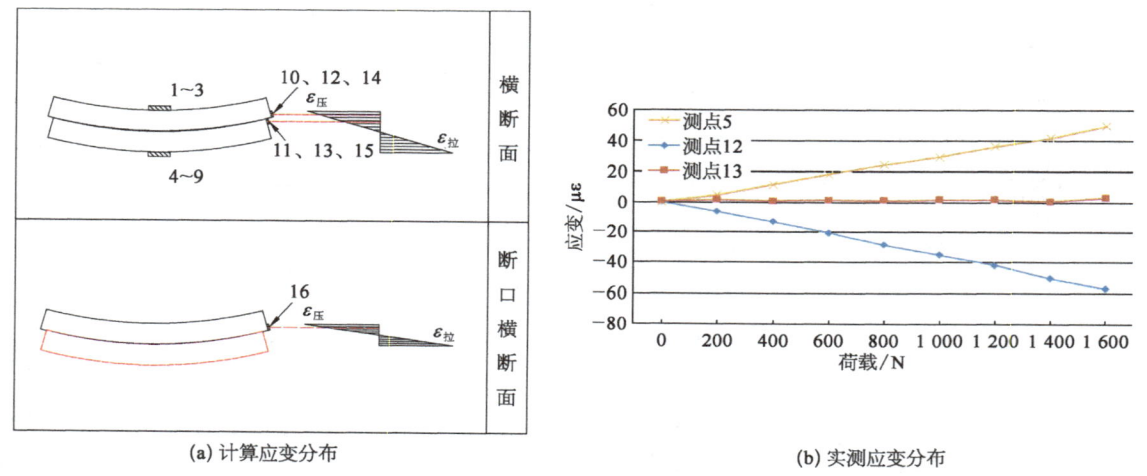

图 2-241 试件 1、2 横截面应变分布示意

(2) 试件 1、2 各测点应变随荷载增加呈增大趋势;在各级荷载作用下,上下钢板于跨中断口附近测点应变均高于其余测点;黏胶上侧测点受断口影响,应变呈先增大后减小趋势;黏胶下侧测点受断口影响,应变由压应变逐渐减小转为拉应变,再由拉应变逐渐减小转为较小压应变。

试件 3、4 横截面应变分布如图 2-242、图 2-243 所示。

3) 荷载-裂缝情况

4 个试件随着荷载增大所对应的裂缝发展情况如图 2-244~图 2-247 所示。

(1) 试件 1 在不同疲劳应力幅作用下累积 93.5 万次疲劳加载后,对其做静力加载破坏试验,肉眼观察到的裂缝于断口处黏胶层侧边缘开始发展,随着荷载的增加逐渐加宽加深,当加载力达到 7 470 N 时,试件于粘贴面完全断开。

(2) 试件 2 在相同疲劳应力幅作用下累积 100 万次疲劳加载后,对其做静力加载破坏试验,肉眼观察到的裂缝于断口处黏胶层侧边缘开始发展,随着荷载的增加逐渐加宽加深,当加载力达到 7 640 N 时,试件于粘贴面完全断开。

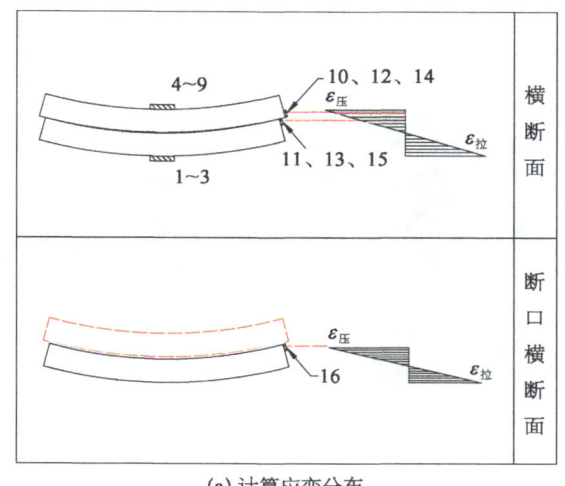 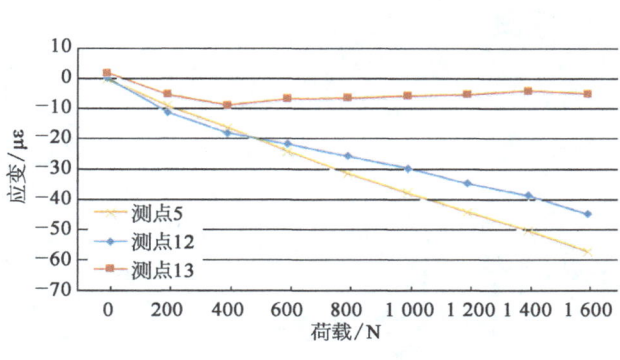

(a) 计算应变分布　　　　　　　　　　(b) 实测应变分布

图 2-242　试件 3 横截面应变分布示意

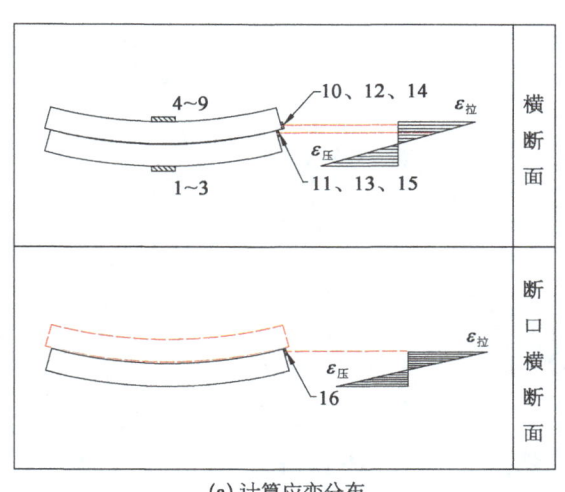 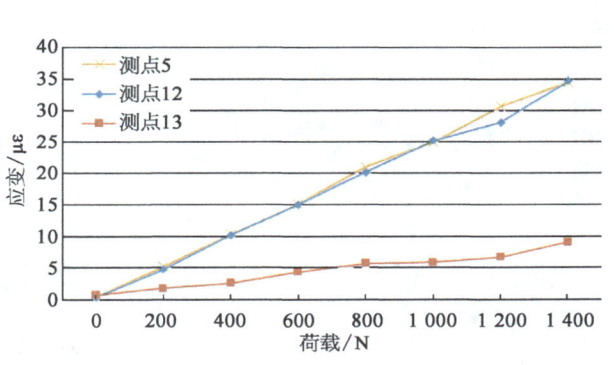

(a) 计算应变分布　　　　　　　　　　(b) 实测应变分布

图 2-243　试件 4 横截面应变分布示意

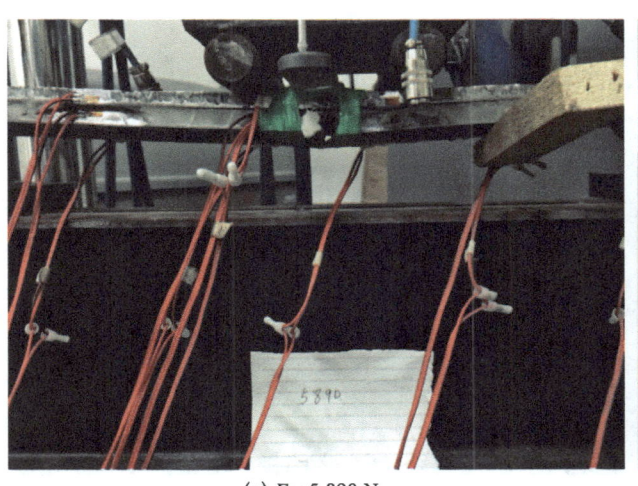 

(a) $F = 5\,890\,\text{N}$　　　　　　　　　　(b) $F = 7\,470\,\text{N}$

图 2-244　试件 1 荷载-裂缝发展

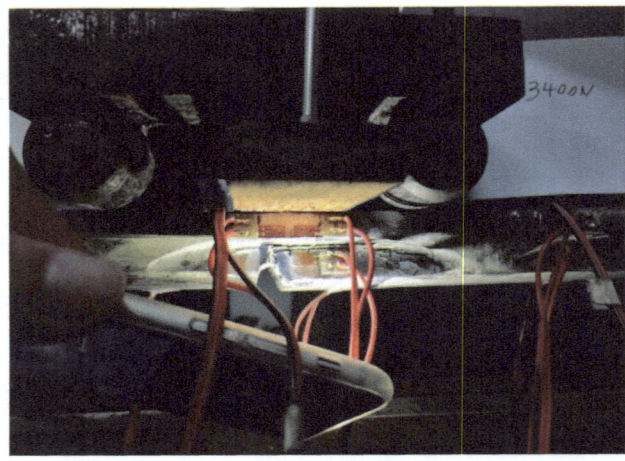
(a) $F = 3\ 400$ N

(b) $F = 4\ 540$ N

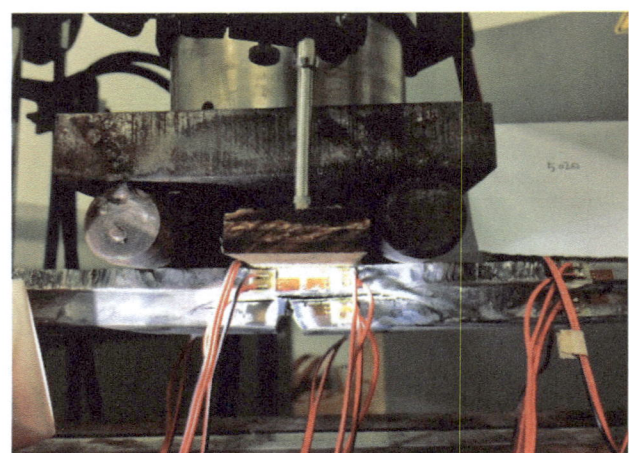
(c) $F = 5\ 020$ N

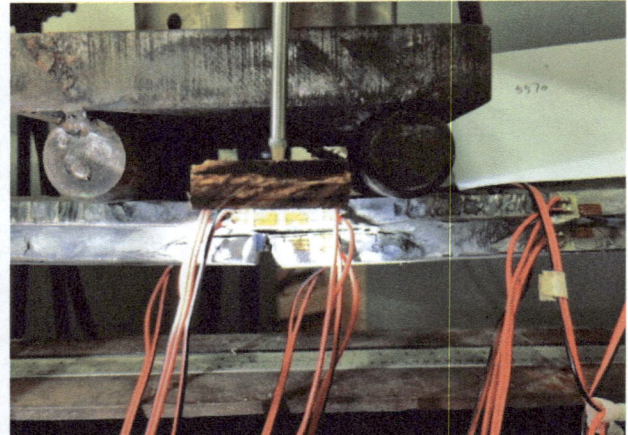
(d) $F = 5\ 570$ N

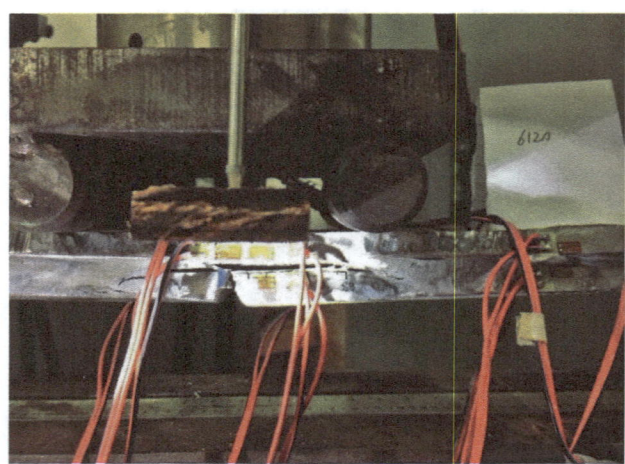
(e) $F = 6\ 120$ N

(f) $F = 6\ 680$ N

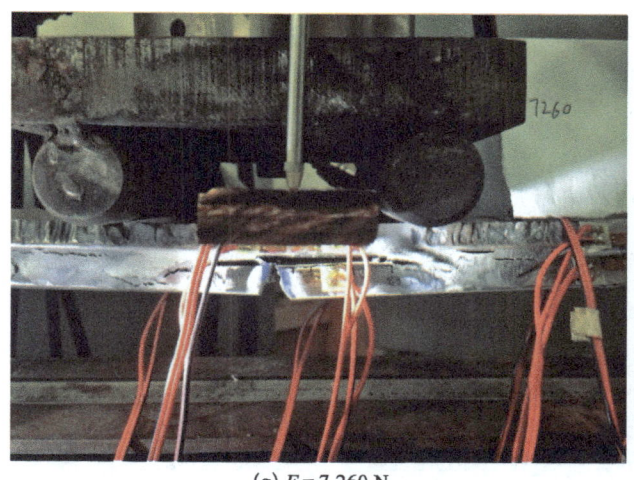

(g) $F = 7\ 260$ N

(h) $F = 7\ 640$ N

图 2-245　试件 2 荷载-裂缝发展

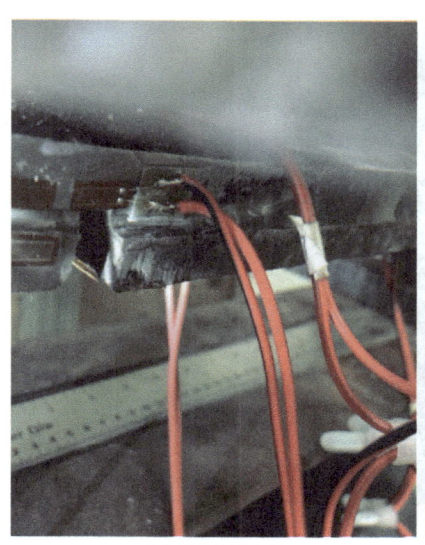

(a) $F = 2\ 200$ N

(b) $F = 2\ 800$ N

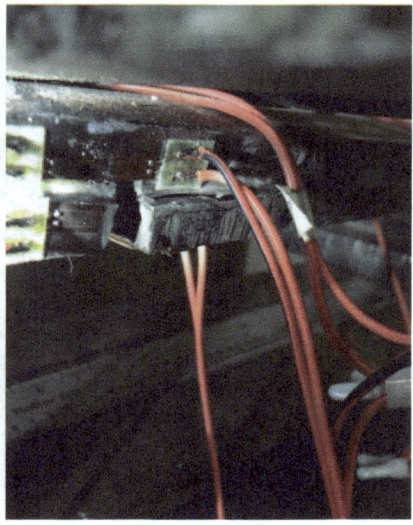

(c) $F = 3\ 400$ N

(d) $F = 4\ 000$ N

(e) $F = 4\ 670$ N

(f) $F = 5\ 540$ N

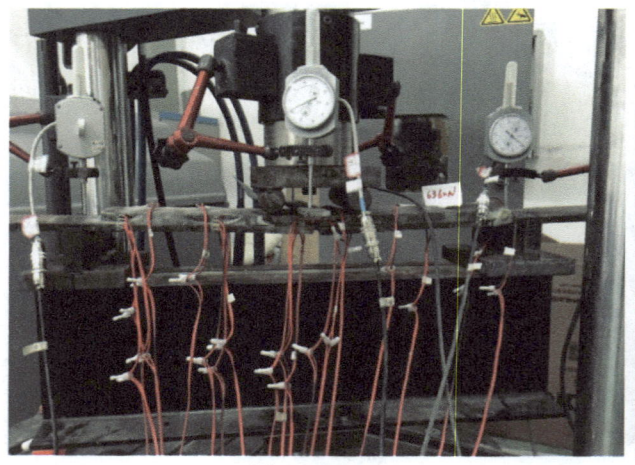

(g) $F = 6\ 360$ N

(h) $F = 7\ 210$ N

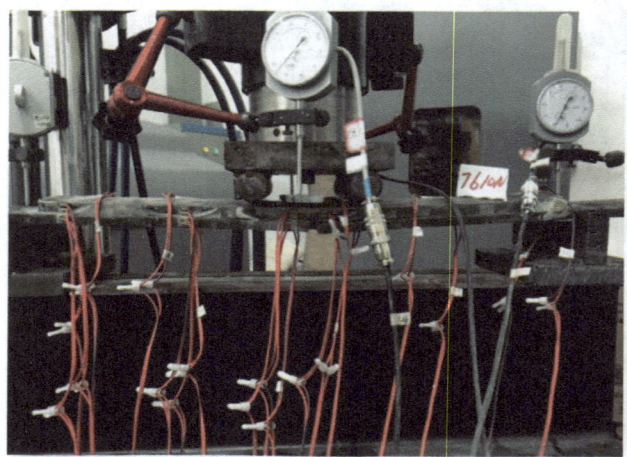

(i) $F = 7\ 610$ N

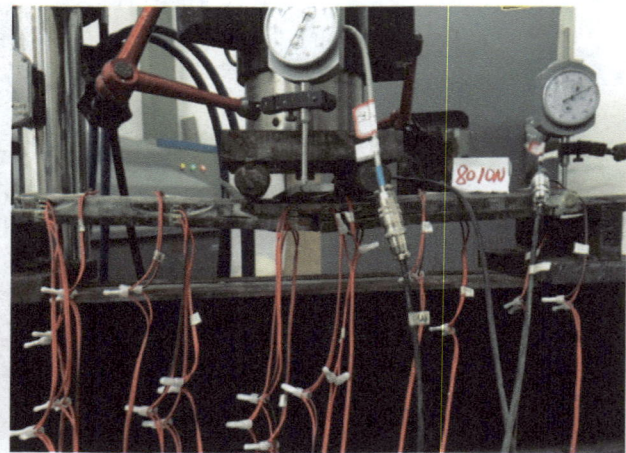

(j) $F = 8\ 010$ N

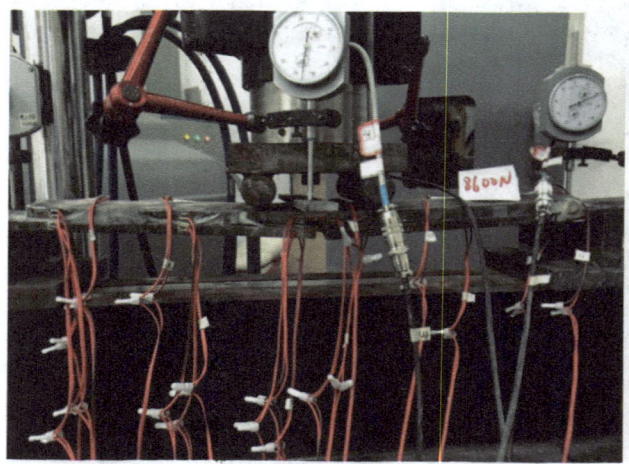

(k) $F = 8\ 600$ N

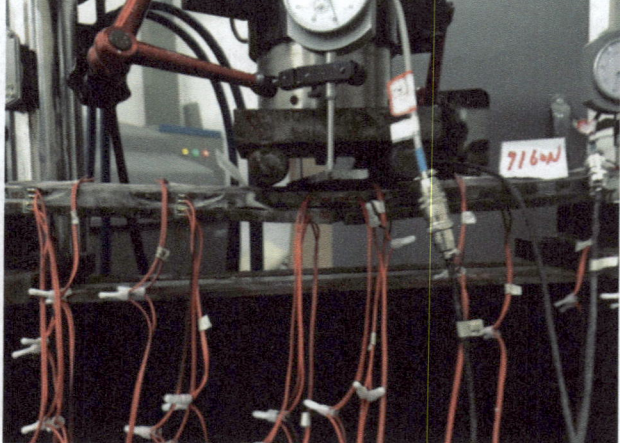

(l) $F = 9\ 160$ N

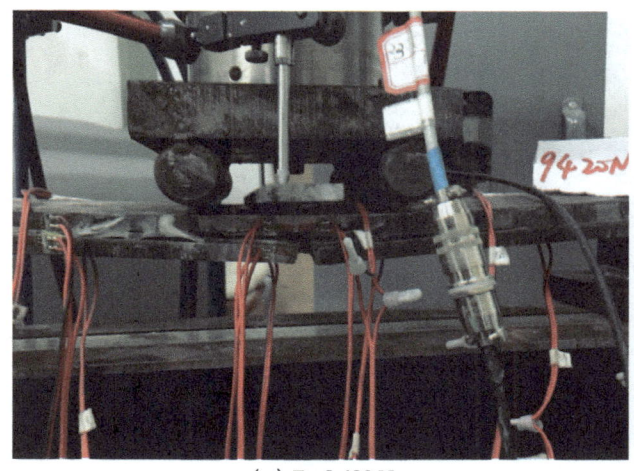
(m) $F=9\,420\text{ N}$

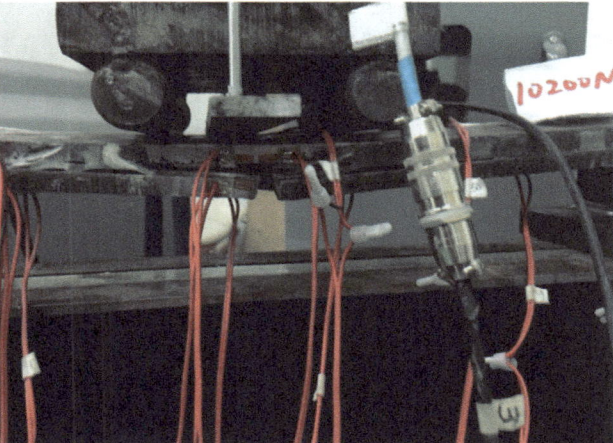
(n) $F=10\,200\text{ N}$

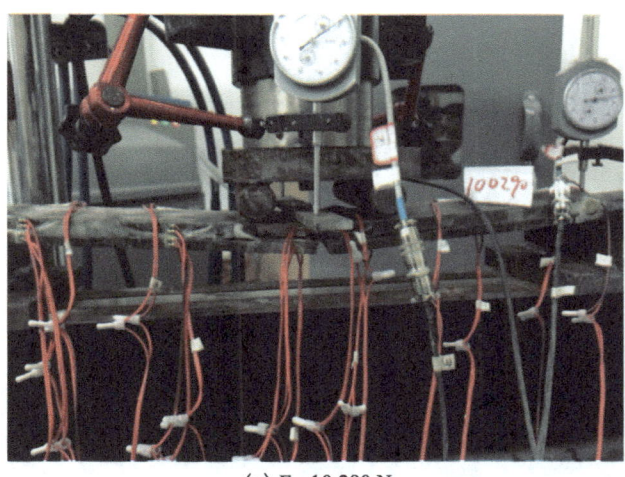
(o) $F=10\,290\text{ N}$

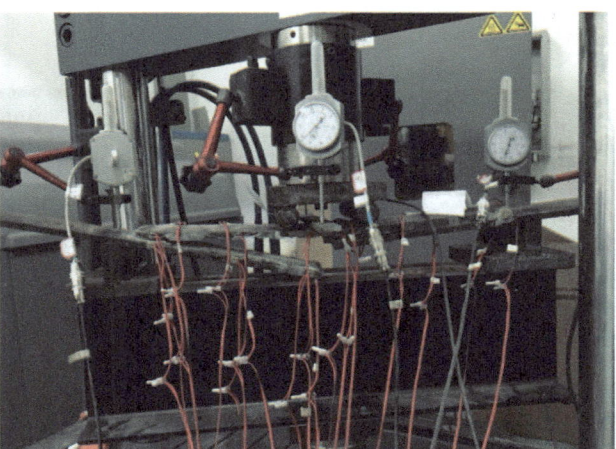
(p) $F=10\,450\text{ N}$

图 2-246　试件 3 荷载-裂缝发展

(a) $F=2\,000\text{ N}$

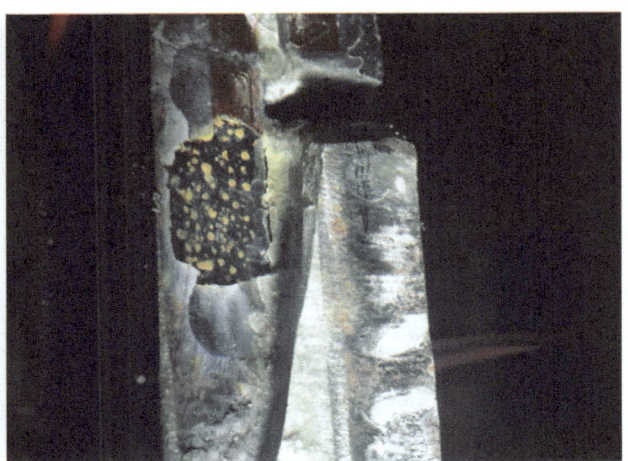
(b) $F=2\,600\text{ N}$

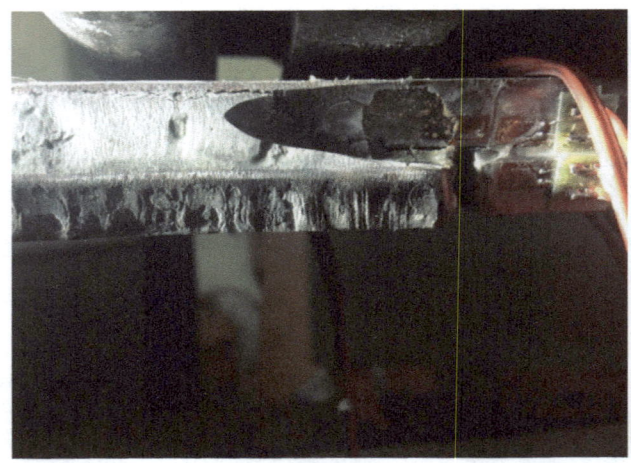

(c) $F = 3\ 200$ N

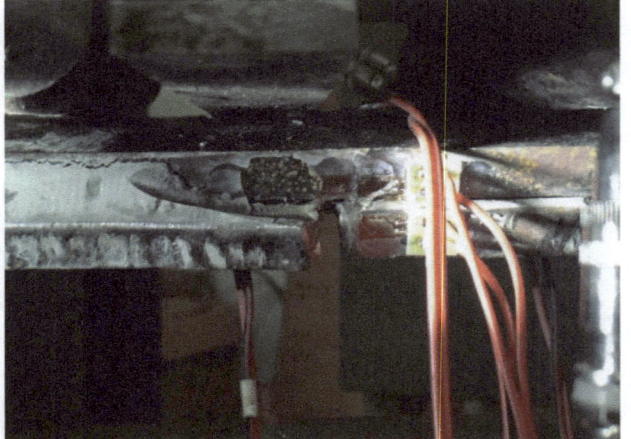

(d) $F = 3\ 680$ N

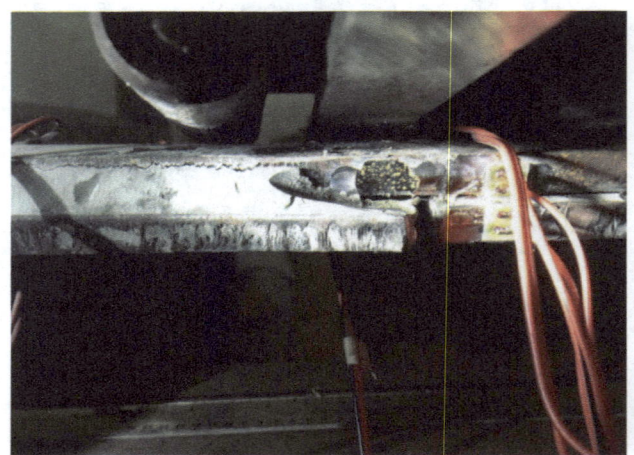

(e) $F = 4\ 150$ N

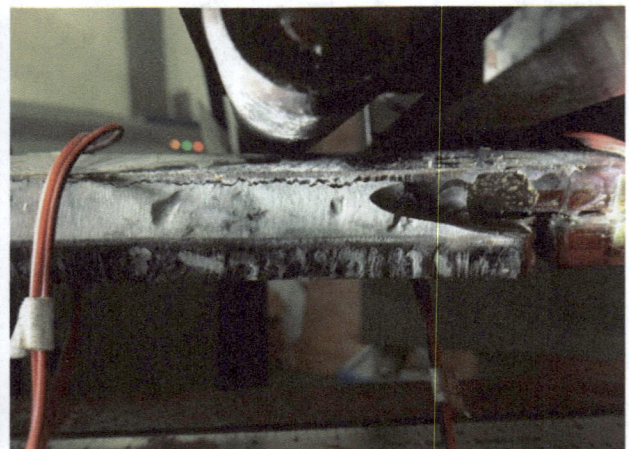

(f) $F = 4\ 590$ N

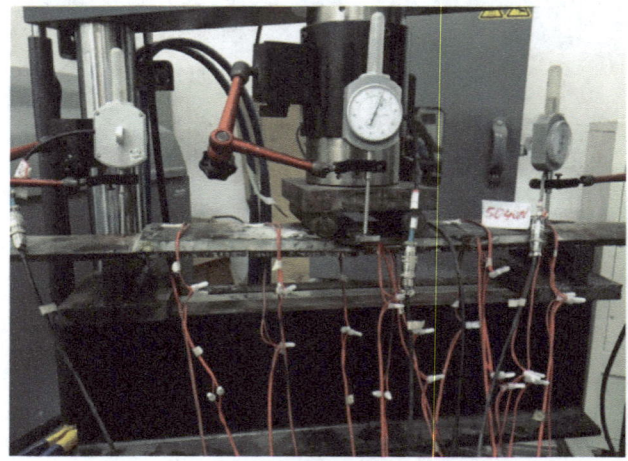

(g) $F = 5\ 040$ N

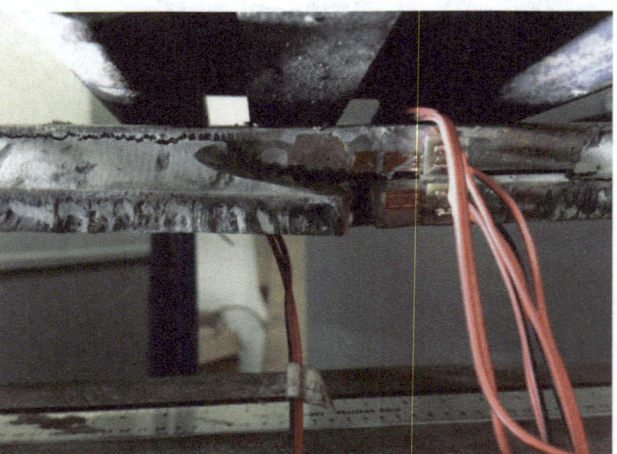

(h) $F = 5\ 600$ N

(i) $F = 7\ 380$ N

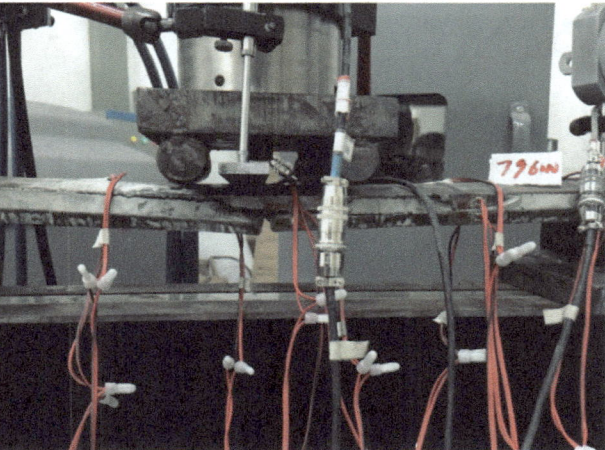
(j) $F = 7\ 960$ N

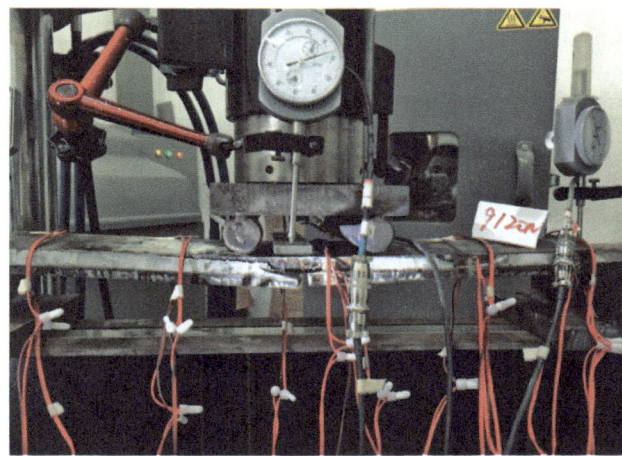
(k) $F = 9\ 120$ N

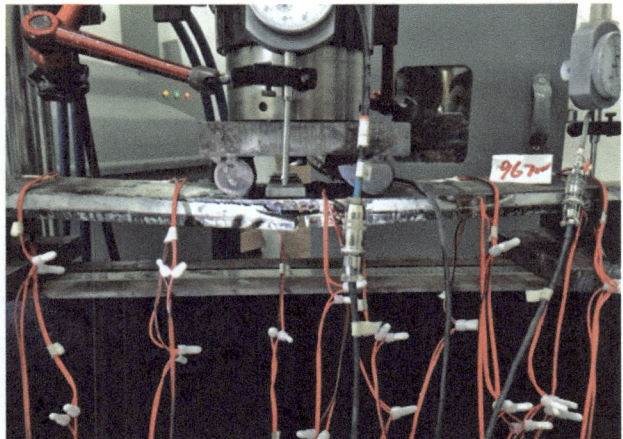
(l) $F = 9\ 670$ N

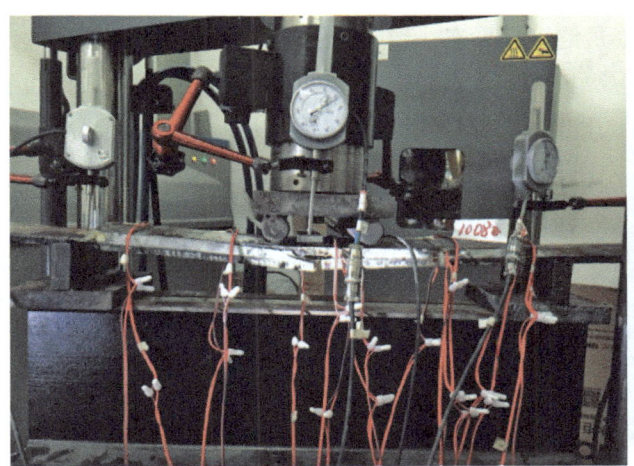
(m) $F = 10\ 080$ N

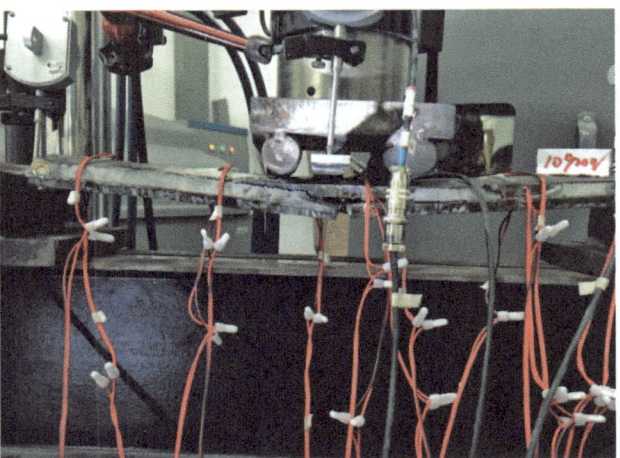
(n) $F = 10\ 920$ N

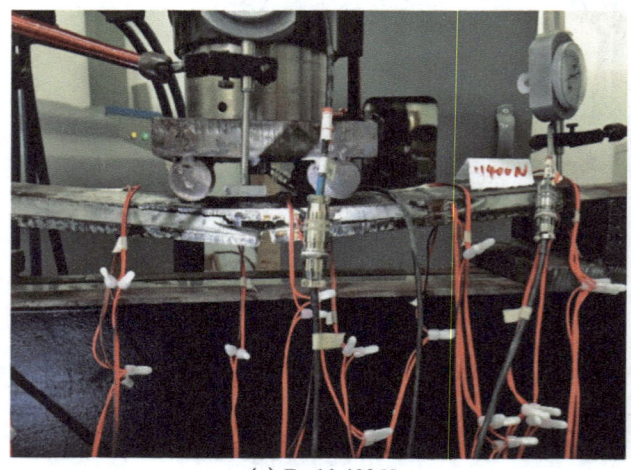
(o) $F = 11\ 400$ N

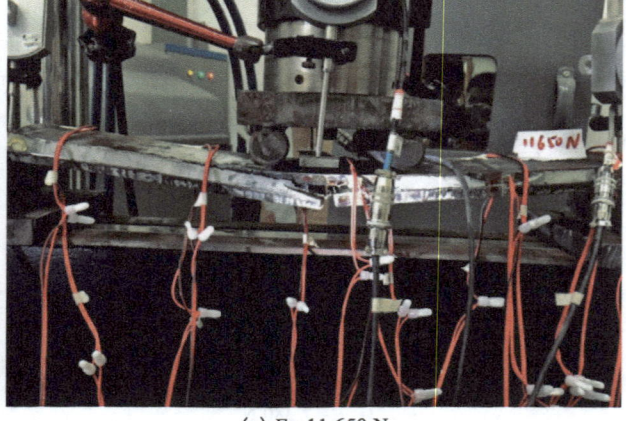
(p) $F = 11\ 650$ N

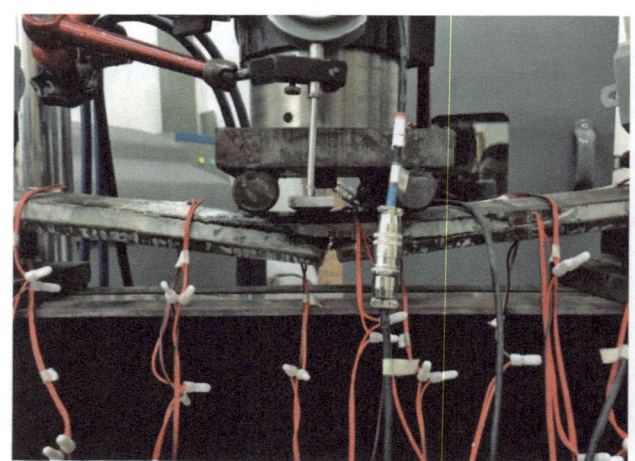
(q) $F = 11\ 810$ N

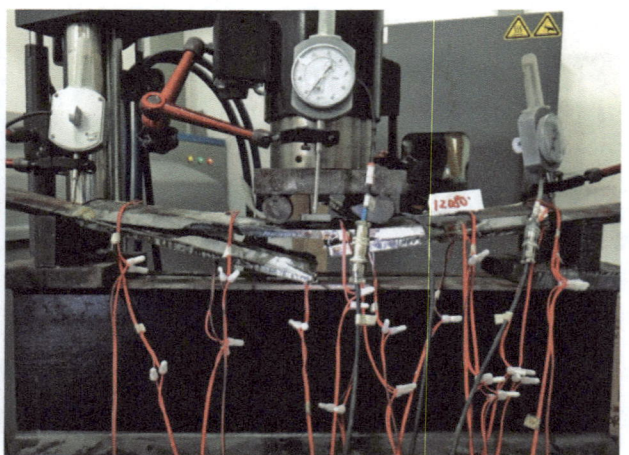
(r) $F = 12\ 080$ N

图 2-247 试件 4 荷载-裂缝发展

(3) 试件 3 在相同疲劳应力幅作用下先正向疲劳加载 100 万次,再反向疲劳加载 70 万次后,对其做静力加载破坏试验,肉眼观察到的裂缝于断口处黏胶层侧边缘开始发展,随着荷载的增加逐渐加宽加深,当加载力达到 10 450 N 时,试件于粘贴面完全断开。

(4) 试件 4 在相同疲劳应力幅作用下先疲劳加载 190 万次,经过高温加热处理后,在不同疲劳应力幅作用下累积 190 万次疲劳加载,再经过低温冷藏处理,在相同疲劳应力幅作用下做 1 万次疲劳加载后,对其做静力加载破坏试验,肉眼观察到的裂缝于断口处黏胶层侧边缘开始发展,随着荷载的增加逐渐加宽加深,当加载力达到 12 080 N 时,试件于粘贴面完全断开。

4) 试件破坏形态

静载破坏试验结果表明,4 个试件裂缝发展及最终破坏形态一致,如图 2-248 所示。

(1) 4 个试件裂缝均是从黏胶层应力最大位置开展,上下钢板沿着裂缝开展路径直至完全分离。

(2) 4 个试件破坏面平整光滑,均未出现黏胶撕裂状况。

(3) 试件 4 钢板内表面较其他 3 个试件打磨得更粗糙,相比之下试件 4 上下钢板黏结得更牢靠,静载抗破坏能力更高。

2.8.3.4 疲劳试验结果

1) 循环次数-刚度衰减曲线

4 个试件循环次数-刚度衰减曲线如图 2-249 所示。

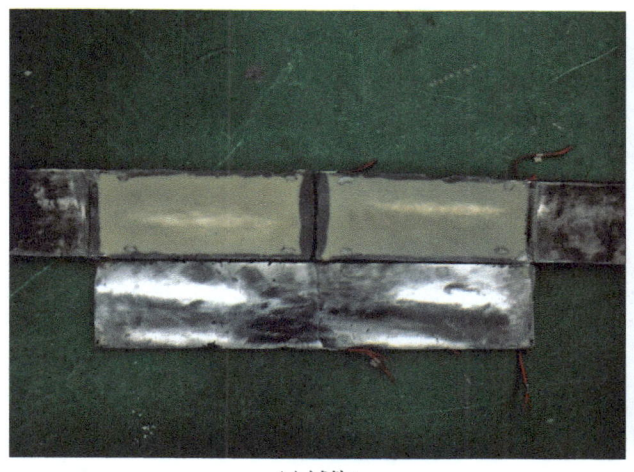
(a) 试件1

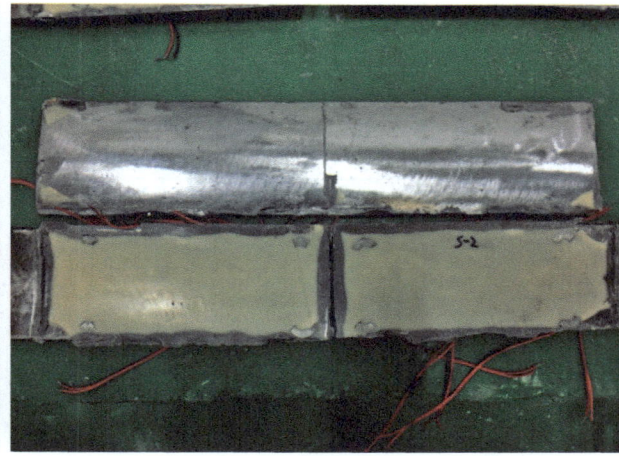
(b) 试件2

(c) 试件3

(d) 试件4

图 2-248 试件破坏形态

（1）试件 1 黏胶层最大疲劳应力幅分别为 8.4 MPa、33.7 MPa、49.7 MPa、60.4 MPa、65.7 MPa、81.8 MPa时，对应的疲劳加载次数为 10 万次、40 万次、32.5 万次、5 万次、6 万次、2.1 万次，共累积加载 95.6 万次。直至加载 62.5 万次试件出现裂缝，从刚度衰减曲线可看出，随着疲劳应力幅增加，累积疲劳加载次数增大，刚度衰减更明显。

（2）试件 2 黏胶层最大疲劳应力幅为 42.8 MPa，疲劳加载到 6.1 万次时出现裂缝，此时刚度有明显衰减，之后继续加载累积达到 100 万次。随着累积疲劳加载次数增大，刚度衰减越明显。相比试件 1，试件 2 疲劳应力幅峰值更小，刚度衰减趋势也小于试件 1。

（3）试件 3 正向疲劳加载时，黏胶层最大疲劳应力幅为 −48.4 MPa（压应力），相同应力幅下共累积加载 100 万次。从刚度衰减曲线可看出，随着累积疲劳加载次数增大，刚度衰减并不明显，黏胶层受压对疲劳性能影响不大。

此后将试件 3 反向静力加载，黏胶层产生最大拉应力为 58.3 MPa，再在相同疲劳应力幅下累积加载 70 万次（总共进行了 170 万次疲劳加载）。由于试件 3 已正向疲劳加载 100 万次，反向疲劳加载前做静力加载时出现裂缝，其刚度一开始便明显减弱，然而刚度衰减曲线表明，随着累积疲劳加载次数增大，刚度却只有略微衰减。

（4）试件 4 黏胶层最大疲劳应力幅为 51.0 MPa，相同疲劳应力幅下共累积加载 190 万次。从刚度衰减曲线可得出，随着累积疲劳加载次数增大，刚度只有略微衰减。

2）循环次数-应变曲线

4 个试件不同测点所对应的循环次数-应变曲线如图 2-250～图 2-254 所示。

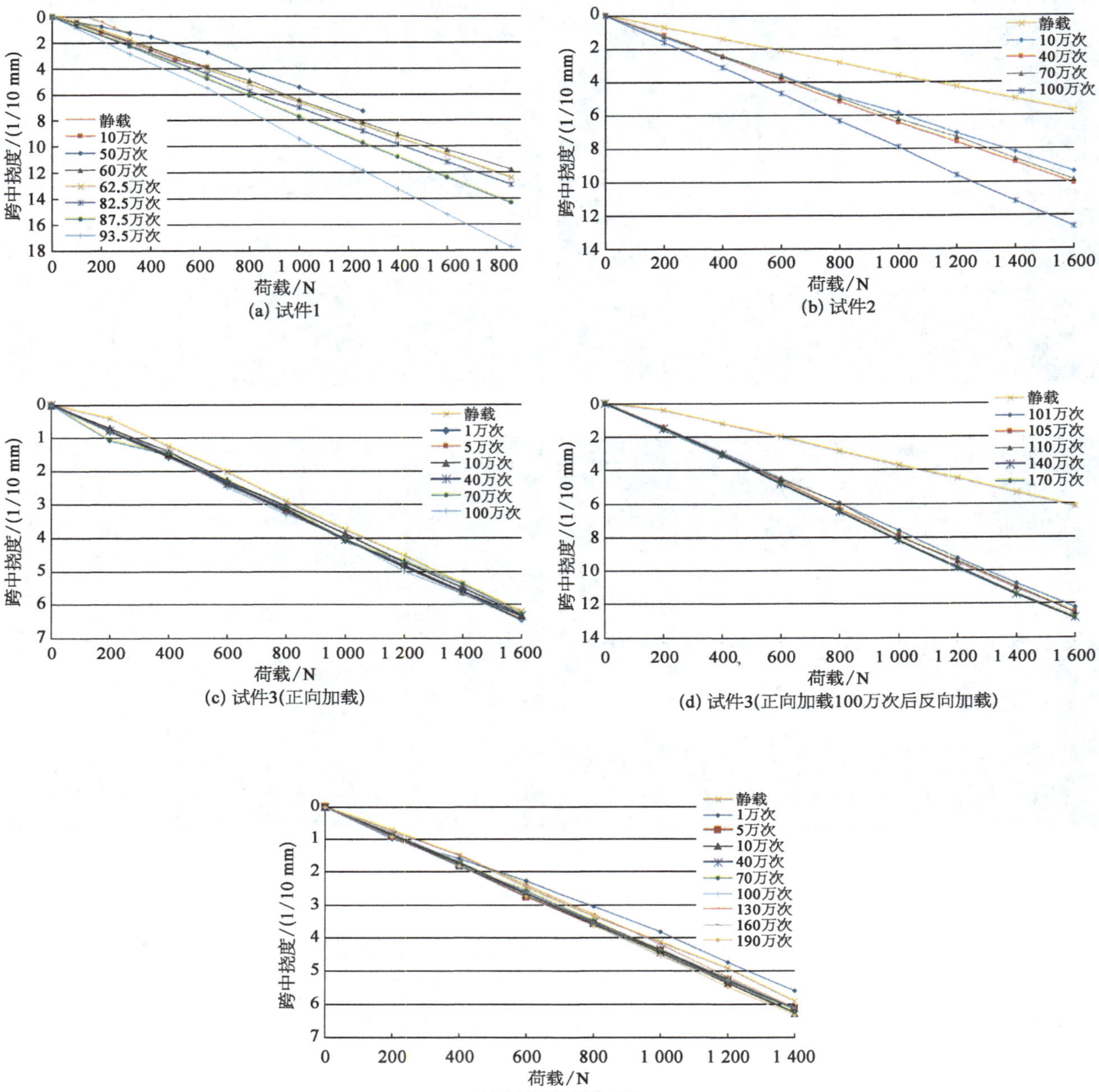

图 2-249　循环次数-刚度衰减曲线

(a) 试件1
(b) 试件2
(c) 试件3(正向加载)
(d) 试件3(正向加载100万次后反向加载)
(e) 试件4(反向加载)

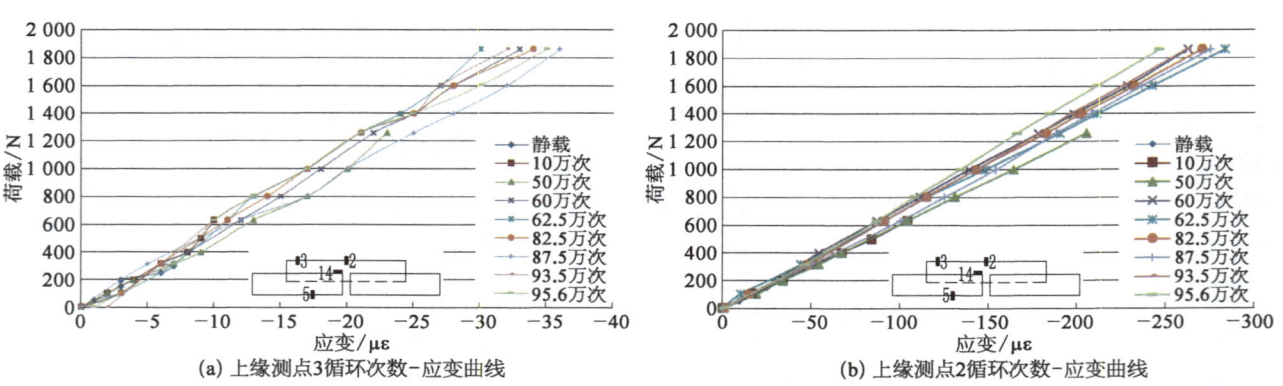

(a) 上缘测点3循环次数-应变曲线
(b) 上缘测点2循环次数-应变曲线

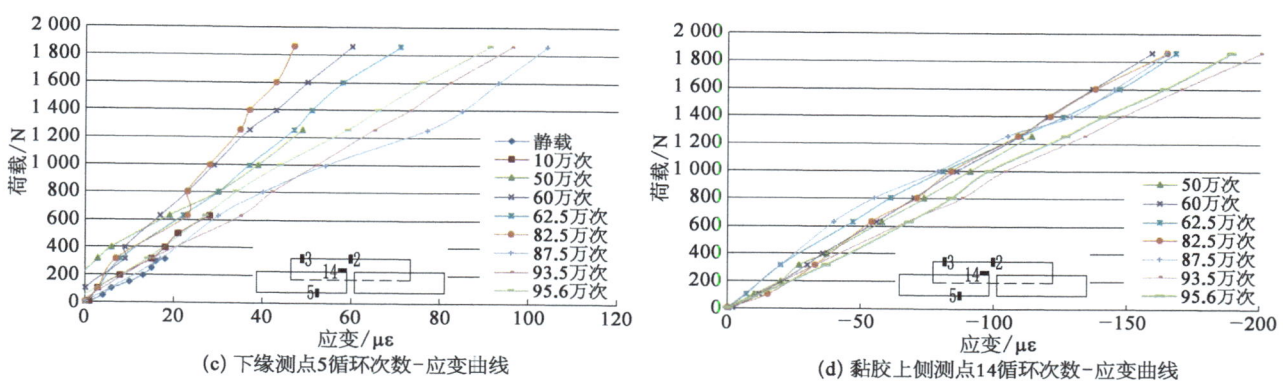

(c) 下缘测点5循环次数-应变曲线   (d) 黏胶上侧测点14循环次数-应变曲线

图 2-250 试件 1 循环次数-应变曲线

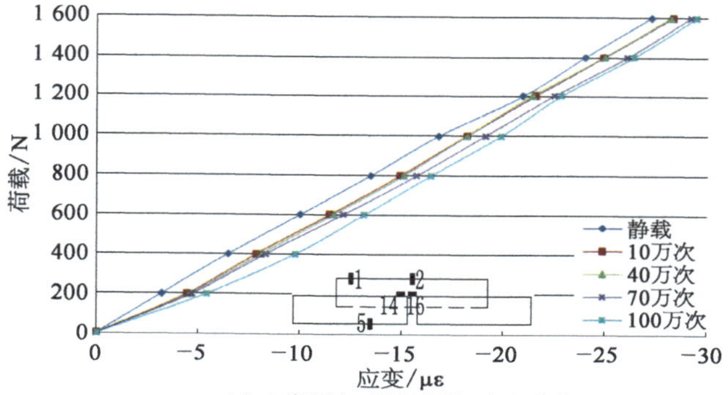

(a) 上缘测点1循环次数-应变曲线 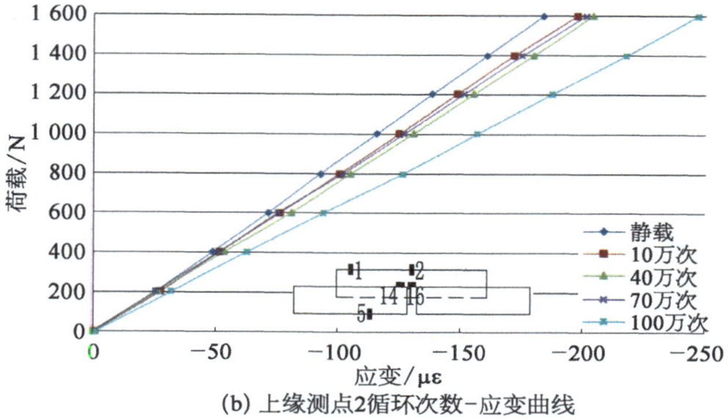   (b) 上缘测点2循环次数-应变曲线

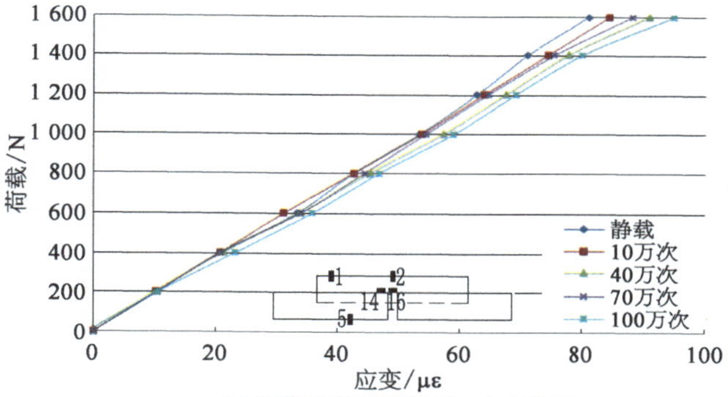

(c) 下缘测点5循环次数-应变曲线 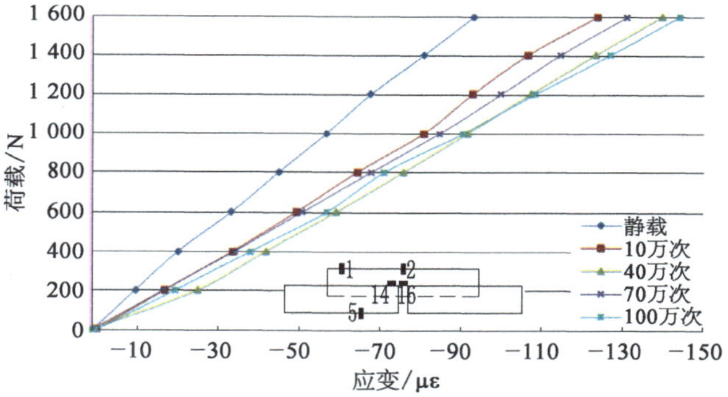   (d) 黏胶上侧测点14循环次数-应变曲线

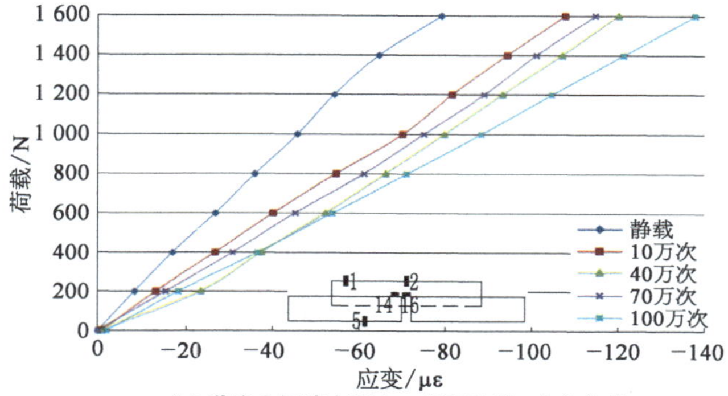

(e) 黏胶上侧跨中测点16循环次数-应变曲线

图 2-251 试件 2 循环次数-应变曲线

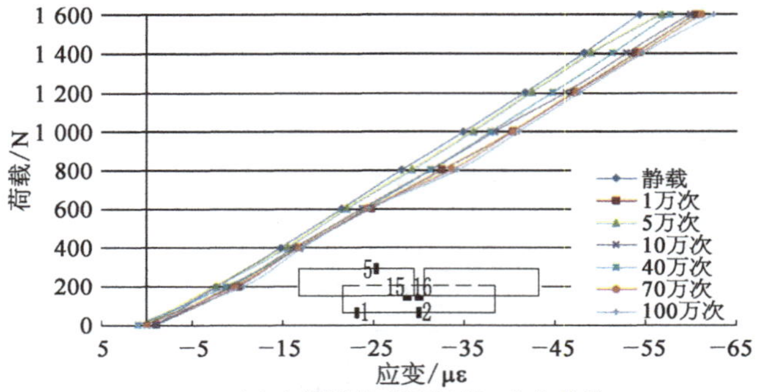

(a) 上缘测点5循环次数-应变曲线

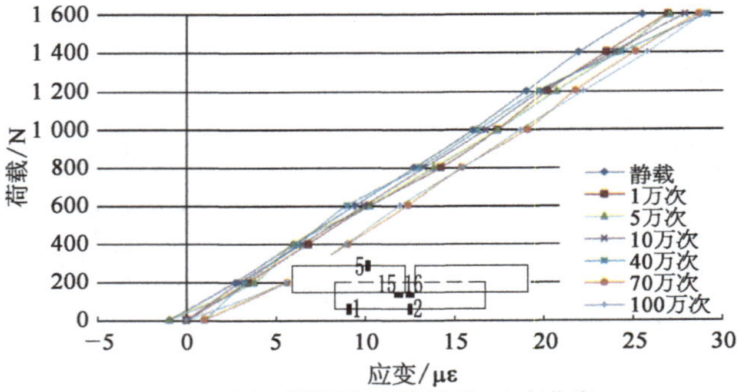

(b) 下缘测点1循环次数-应变曲线

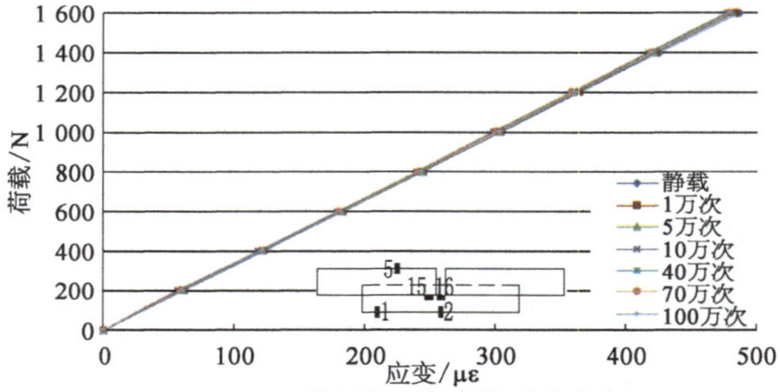

(c) 下缘测点2循环次数-应变曲线

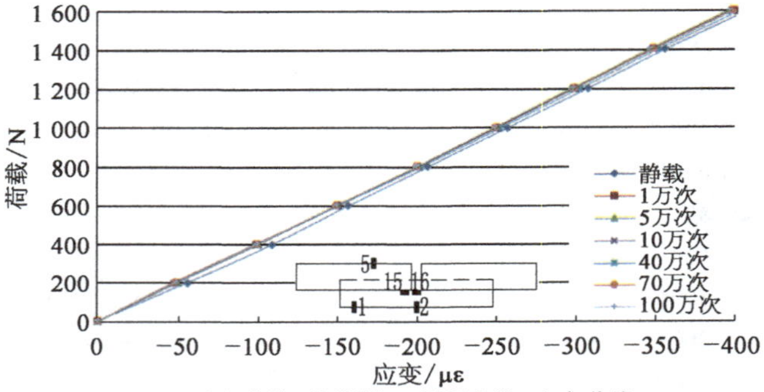

(d) 黏胶下侧测点15循环次数-应变曲线

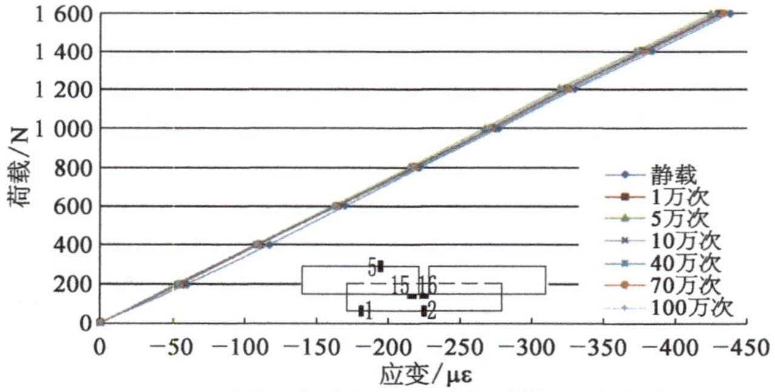

(e) 黏胶下侧跨中测点16循环次数-应变曲线

图 2-252　试件 3 正向加载循环次数-应变曲线

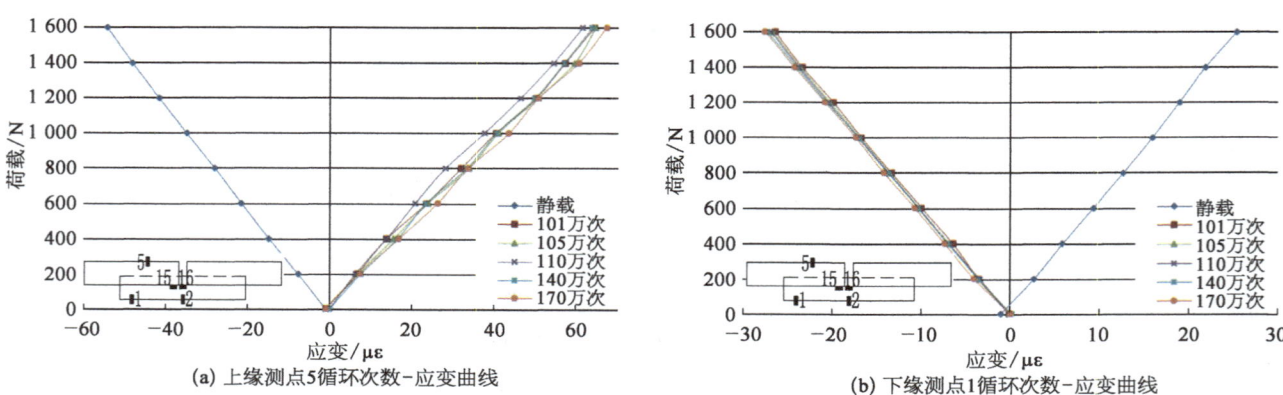

(a) 上缘测点5循环次数-应变曲线

(b) 下缘测点1循环次数-应变曲线

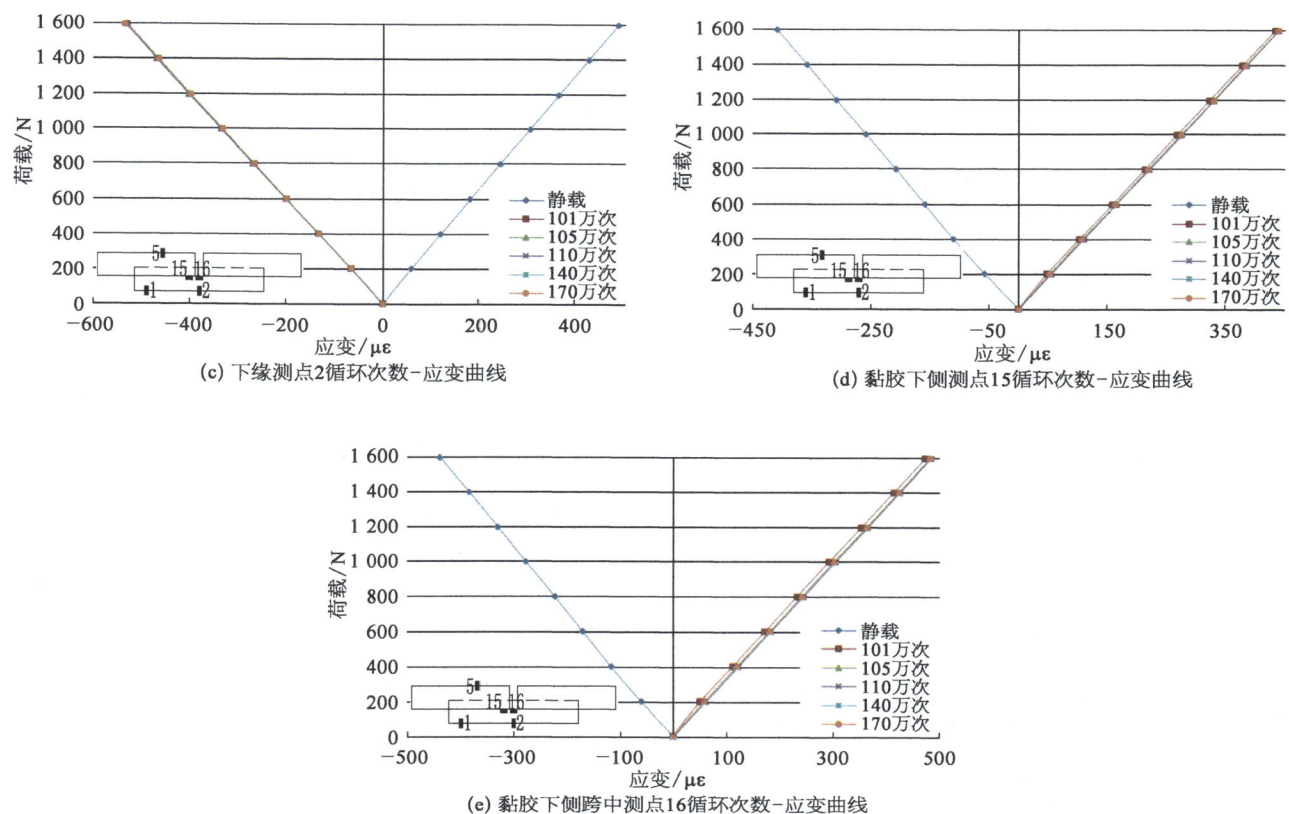

图 2-253 试件 3 正向加载 100 万次后反向加载循环次数-应变曲线

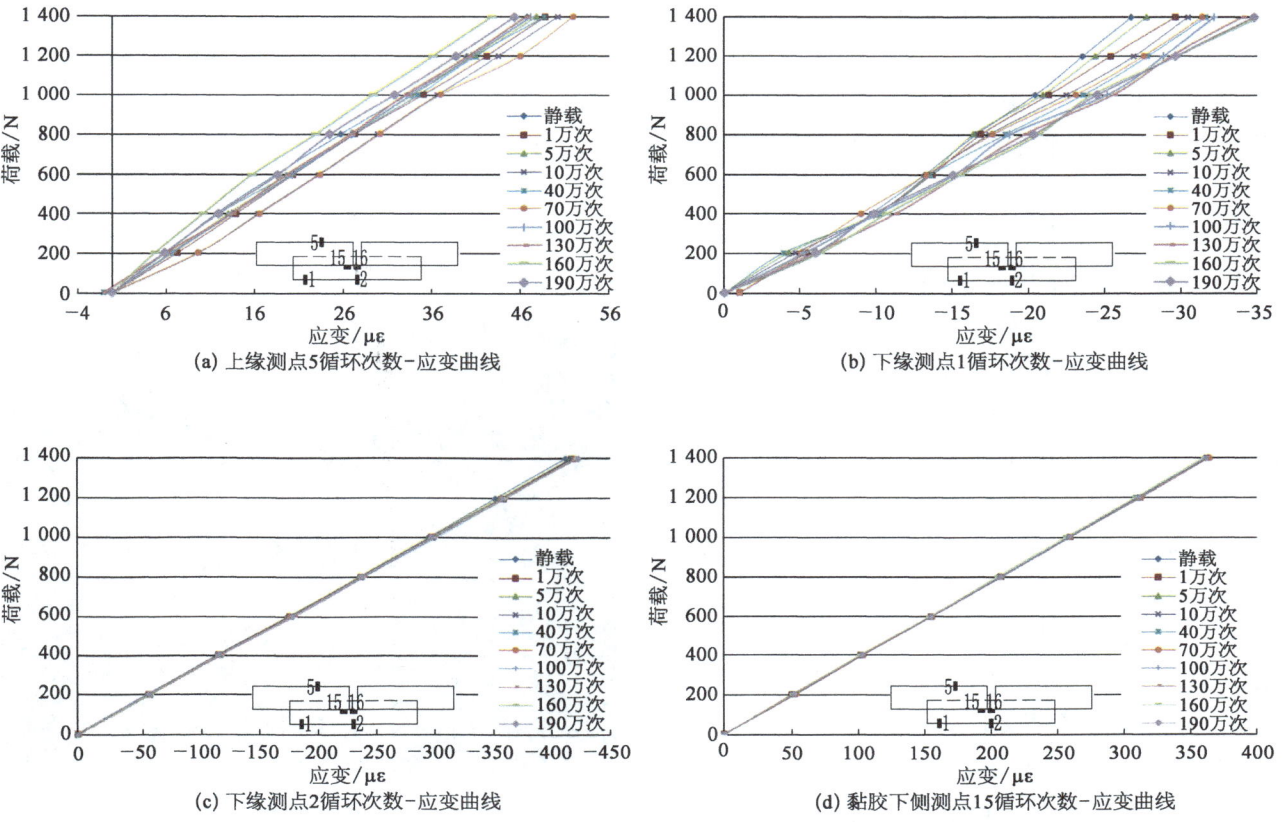

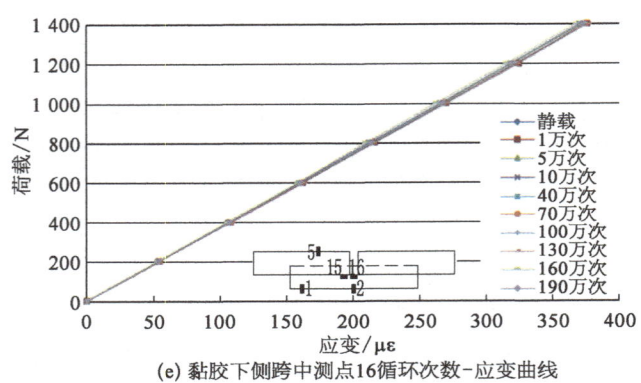

(e) 黏胶下侧跨中测点16循环次数-应变曲线

图 2-254 试件 4 反向加载循环次数-应变曲线

（1）试件 1 中测点 3、2 位于试件上钢板，加载受力产生压应变；测点 5 位于试件下钢板，加载受力产生拉应变；测点 14 位于黏胶侧面上侧，加载受力产生压应变；几个测点随着疲劳加载次数增加，应变发生变化。

（2）试件 2 中测点 1、2 位于试件上钢板，加载受力产生压应变，随着疲劳加载次数增加，相同荷载下均呈现应变增大趋势，测点 2 位于跨中，其压应变远大于测点 1，且相同疲劳加载次数下，增加幅度也大于测点 1。

测点 5 位于试件下钢板，加载受力产生拉应变，随着疲劳加载次数增加，相同荷载下呈现应变增大趋势。

测点 14、16 位于黏胶侧面上侧，加载受力产生压应变，随着疲劳加载次数增加，相同荷载下呈现应变增大趋势。

（3）正向加载时，试件 3 中测点 1、2 位于试件下钢板，加载受力产生拉应变，测点 2 位于跨中，拉应变远大于测点 1，随着疲劳加载次数增加，相同荷载下应变增量很小，测点 2 应变几乎没有改变。

测点 5 位于试件上钢板，加载受力产生压应变，随着疲劳加载次数增加，相同荷载下应变增量很小。

测点 15、16 位于黏胶侧面下侧，加载受力产生压应变，随着疲劳加载次数增加，相同荷载下应变几乎没有改变。

（4）反向加载时，试件 3 中测点 1、2 位于试件下钢板，加载受力产生压应变，测点 2 位于跨中压应变远大于测点 1，随着疲劳加载次数增加，相同荷载下应变增量很小，测点 2 应变几乎没有改变。

测点 5 位于试件上钢板，加载受力产生拉应变，随着疲劳加载次数增加，相同荷载下应变增量很小。

测点 15、16 位于黏胶侧面下侧，加载受力产生拉应变，随着疲劳加载次数增加，相同荷载下应变增量很小。

（5）试件 4 中测点 1、2 位于试件下钢板，加载受力产生压应变。测点 2 位于跨中，其压应变远大于测点 1。随着疲劳加载次数增加，相同荷载下应变增量很小，测点 2 应变几乎没有改变。

测点 5 位于试件上钢板，加载受力产生拉应变，随着疲劳加载次数增加，相同荷载下应变增量很小。

测点 15、16 位于黏胶侧面下侧，加载受力产生拉应变，随着疲劳加载次数增加，相同荷载下应变几乎没有改变。

3）循环次数-裂缝情况

4 个试件在疲劳加载过程中，裂缝均出现于试件断口处黏胶层侧面，如图 2-255 所示，出现裂缝时已加载次数及对应的疲劳应力幅统计见表 2-78。

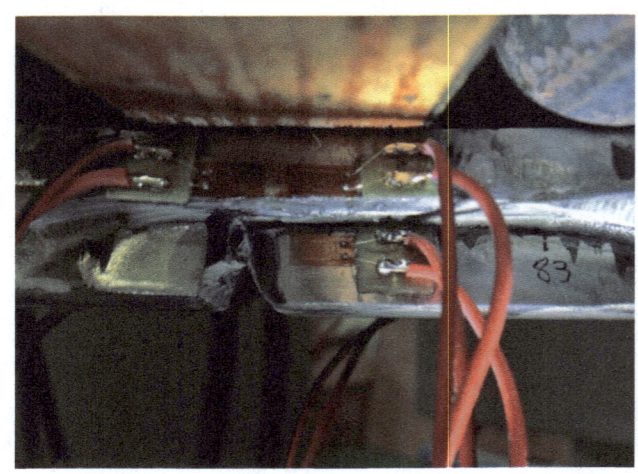

图 2-255 裂缝出现位置

表 2-78 循环次数-裂缝情况

编 号	是否出现裂缝	出现裂缝时加载次数/10^4	对应疲劳应力幅/MPa
试件 1	是	62.5	49.7
试件 2	是	6.1	42.8
试件 3（正向加载）	否		
试件 3（反向加载）	是	100	58.3
试件 4	是	320	72.8

2.8.3.5 冻融试验结果

1）加热-疲劳试验

试件 4 经过 190 万次疲劳加载试验后，放入温度为 60℃烘箱内连续加热 12 h 再取出继续做疲劳试验，如图 2-256 所示。

加热之后，疲劳加载方案见表 2-79，循环次数-应变曲线如图 2-257 所示，循环次数-刚度衰减曲线如图 2-258 所示。

表 2-79 疲劳加载方案

加载次序	加载力/N	加载次数/10^4	累积加载/10^4
1	0～1 400	1	191
2	0～1 400	5	195
3	0～1 400	10	200
4	0～1 400	40	230
5	0～1 400	70	260
6	0～1 600	100	290
7	0～1 800	130	320

图 2-256 加热试件

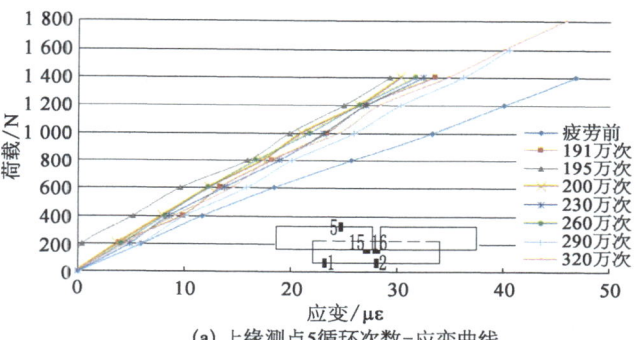

(a) 上缘测点5循环次数-应变曲线

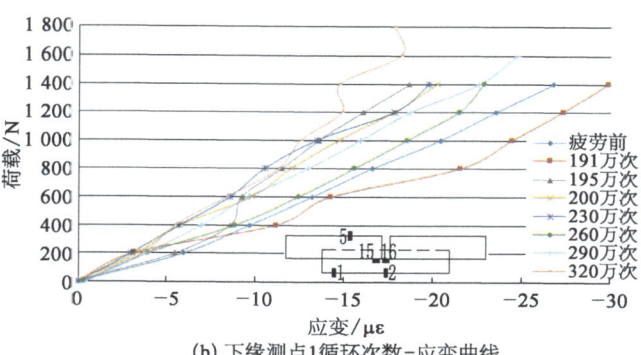

(b) 下缘测点1循环次数-应变曲线

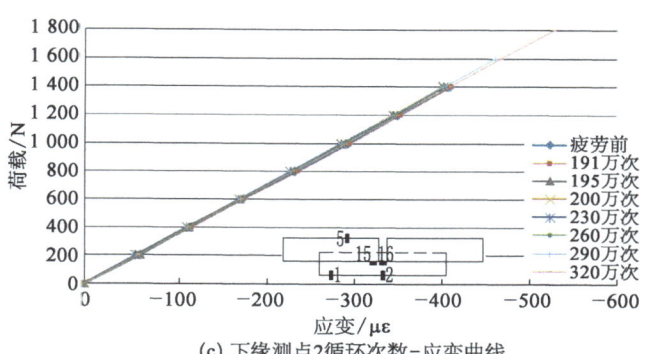

(c) 下缘测点2循环次数-应变曲线

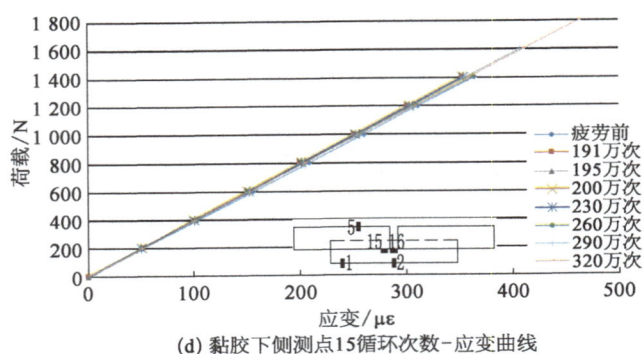

(d) 黏胶下侧测点15循环次数-应变曲线

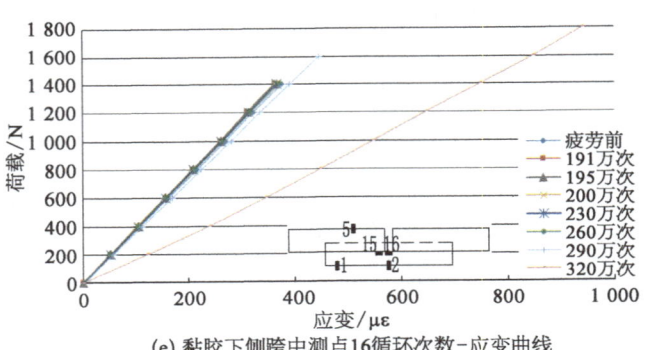

(e) 黏胶下侧跨中测点16循环次数-应变曲线

图2-257 试件4加热后循环次数-应变曲线

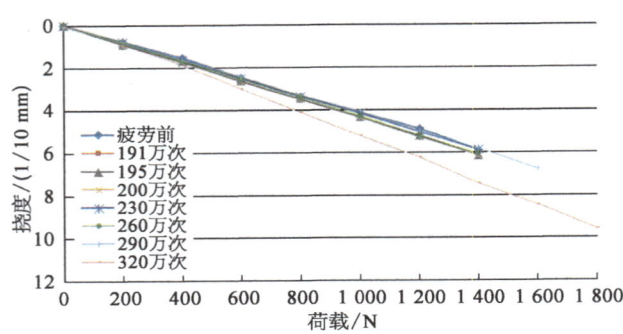

图2-258 试件4加热后循环次数-刚度衰减曲线

试件加热后的疲劳试验中，观察循环次数-应变曲线可知，除跨中测点16于累积疲劳加载290万次后，相同荷载下应变增量较大以外，其余测点应变增量很小。跨中挠度增幅于累积疲劳加载320万次后明显增大。

2) 冷冻-疲劳试验

试件4加热-疲劳试验结束后，已累积加载320万次，此后将其放入2~3℃冷藏室连续冷冻12 h后取出继续做疲劳试验，如图2-259所示。

冷冻之后，疲劳加载方案见表2-80，循环次数-应变曲线如图2-260所示，循环次数-刚度衰减曲线如图2-261所示。

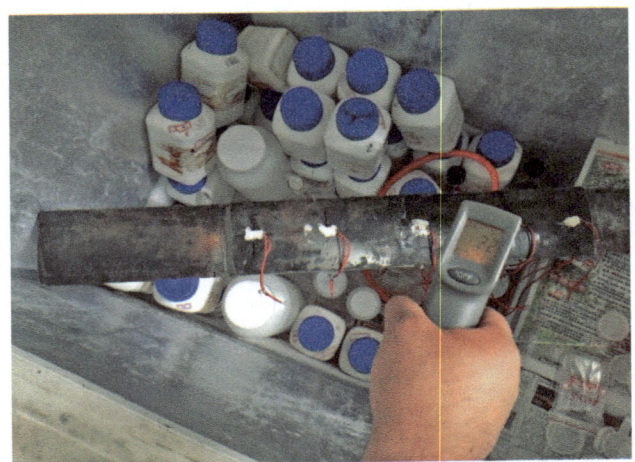

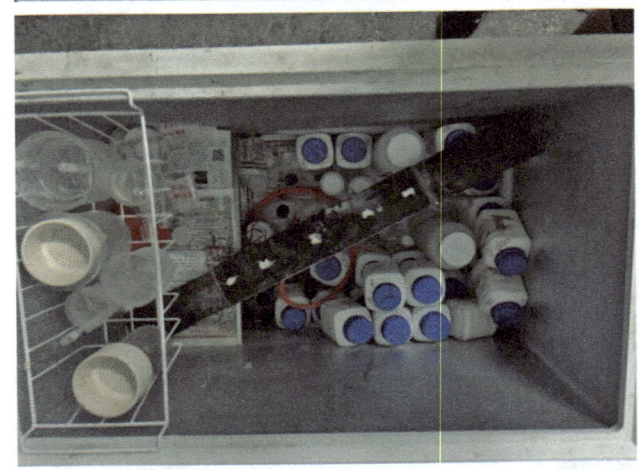

图2-259 冷冻试件

表2-80 疲劳加载方案

加载次序	加载力/N	加载次数/10⁴	累积加载/10⁴
1	0~1 400	1	321
2			破坏

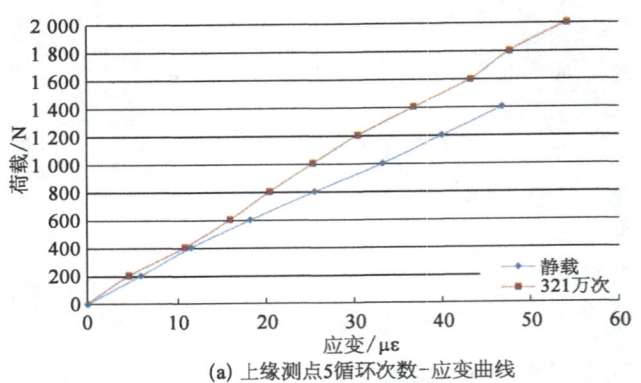

(a) 上缘测点5循环次数-应变曲线

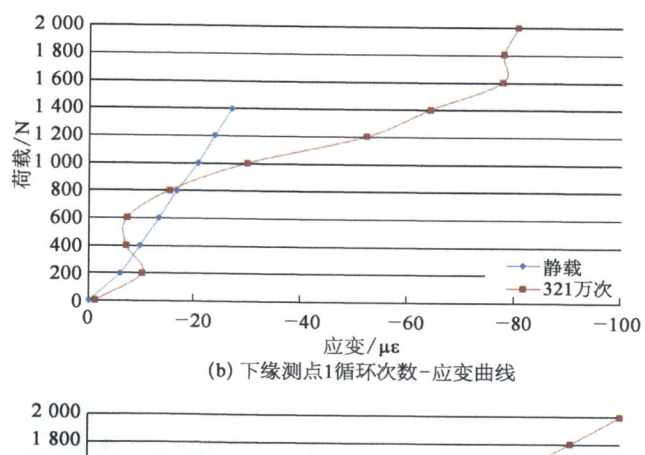

(b) 下缘测点1循环次数-应变曲线

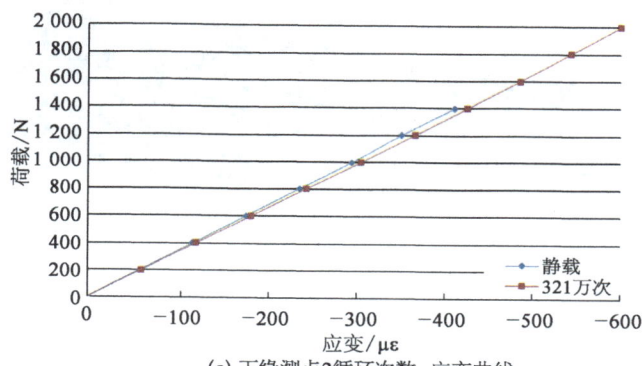

(c) 下缘测点2循环次数-应变曲线

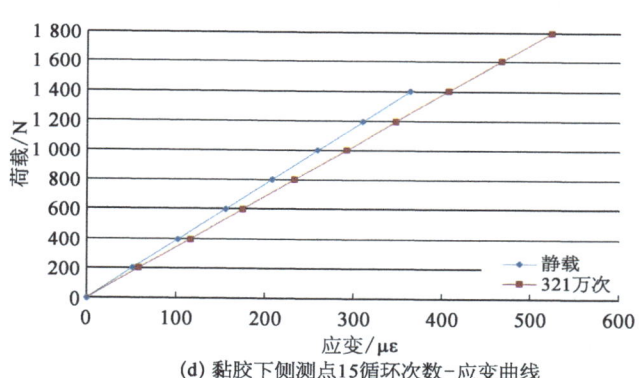

(d) 黏胶下侧测点15循环次数-应变曲线

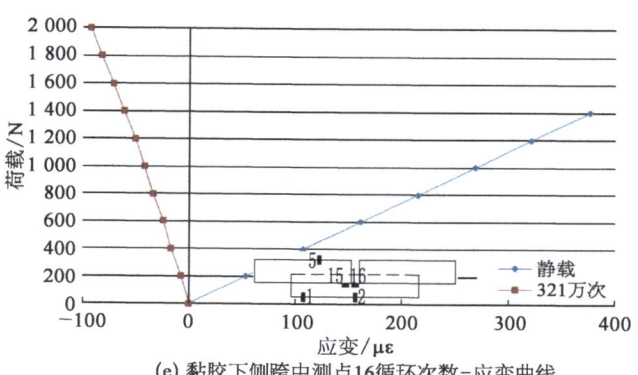

(e) 黏胶下侧跨中测点16循环次数-应变曲线

图 2-260　试件 4 冷冻后循环次数-应变曲线

试件冷处理后的疲劳试验中，观察循环次数-应变曲线可知，上缘测点 1 于累积疲劳加载 321 万次后，相同荷载下应变发生较大变化；跨中测点 16 于

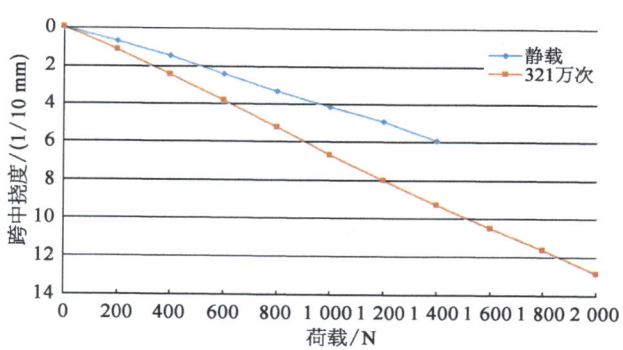

图 2-261　试件 4 冷冻后循环次数-刚度衰减曲线

累积疲劳加载 321 万次后，相同荷载下应变由最初的拉应变转为压应变；其余测点应变增量很小。跨中挠度增幅于累积疲劳加载 321 万次后明显增大。

2.8.3.6　技术总结

（1）由静载试验可知，4 个试件在加载范围内均尚处于弹性阶段，且应变分布规律满足平截面假定，与理论相符。

（2）由疲劳试验可知，4 个试件所有测点随着加载次数增加，相同荷载作用下应变均会发生不同程度变化，总体呈增大趋势；4 个试件均在较高疲劳应力幅（疲劳应力幅与抗拉强度比大于 1）作用下进行疲劳试验，由于在加工制造过程中存在差异，加载方案不同，裂缝出现时疲劳加载次数不同；每个试件在裂缝出现之后继续疲劳加载到较高次数刚度也再无明显衰减，表明裂缝开展缓慢。

疲劳应力幅越大、疲劳加载次数越多，相比而言刚度衰减会越明显，在满足试件制作、黏胶技术参数、黏钢工艺要求等条件下，将疲劳应力幅控制在一定范围之内可延长黏胶疲劳寿命，甚至实现无限疲劳循环。此次试验发现将黏胶层疲劳应力幅控制在 51 MPa，疲劳寿命明显提高，至少能保证加载 320 万次不开裂，开裂后还能继续受力，远高于实际大桥主桁节点加强中黏胶层最大疲劳应力幅 24.2 MPa 的要求。

（3）由静载破坏试验可知，4 个试件裂纹开展及破坏形态一致，黏钢结构胶与钢板完全脱离且表面光滑，表明黏钢结构胶与钢的粘接面为薄弱面，可从改善黏结工艺着手，加强黏结性，提高疲劳强度。

（4）由冻融试验可知，黏胶在高温 60℃、低温 2℃作用下，其疲劳性能并未受到太大影响。

2.8.4 有限元分析

对4个试件分别进行有限元实体分析,计算静力加载下各点应力分布,并将结果与相应静力加载实测值对比。

试件1的有限元模型及应力分布如图2-262所示,其黏胶层在荷载 $F=3\,060\,\text{N}$ 作用下最大拉应力为 81.77 MPa,最大应力分布位置位于断口处上钢板横截面中部最底缘,如图2-263所示。各级静载作用下测点应力的计算值与实测值对比见表2-81,跨中挠度计算值与实测值对比见表2-82。

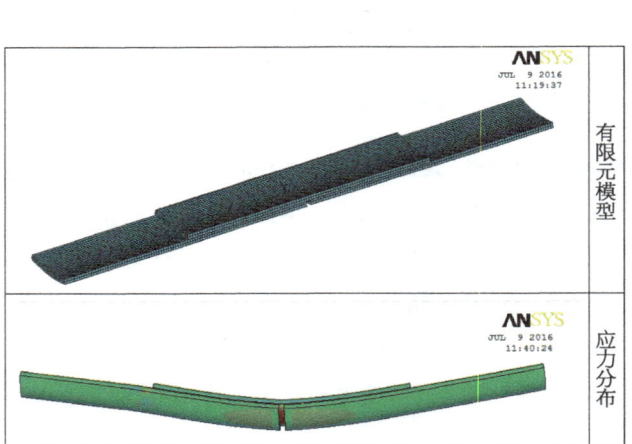

图2-262 试件1模型

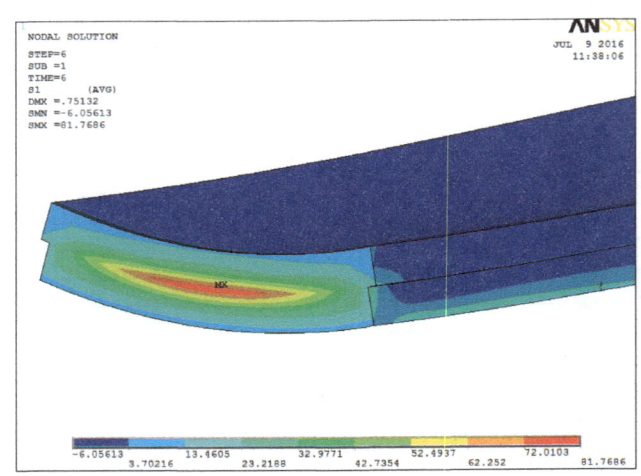

图2-263 试件1黏胶层最大应力($F=3\,060\,\text{N}$)

表2-81 试件1测点应力计算值与实测值对比

计算	N1	N2	N3	N4	N5	N6	N7	N8	N9
荷载/N	应力/MPa								
315	−0.27	−12.35	−0.72	−2.16	2.13	4.48	4.67	2.88	1.07
实测	N1	N2	N3	N4	N5	N6	N7	N8	N9
荷载/N	应力/MPa								
315	−0.21	−10.30	−1.24	1.44	3.71	4.94	5.15	3.50	2.27

表2-82 试件1跨中挠度计算值与实测值对比

荷载/N	计算值/(1/10 mm)	实测值/(1/10 mm)
315	−0.88	−1.5

试件2的有限元模型及应力分布如图2-264所示,其黏胶层在荷载 $F=1\,600\,\text{N}$ 作用下最大拉应力为 42.75 MPa,最大应力分布位置位于断口处上钢板横截面中部最底缘,如图2-265所示。各级静载作用下测点应力的计算值与实测值对比见表2-83,跨中挠度计算值与实测值对比见表2-84,两者跨中挠度曲线如图2-266所示。

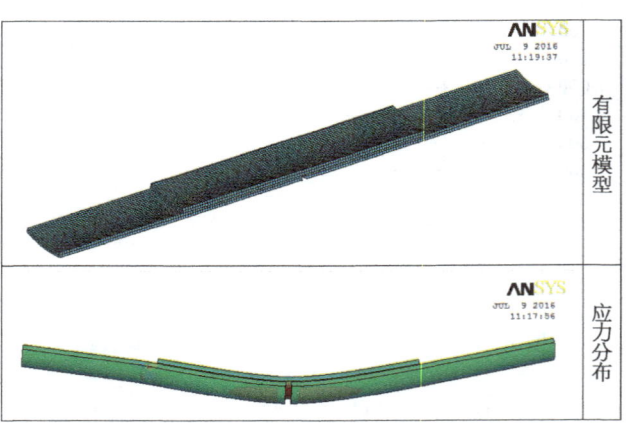

图2-264 试件2模型

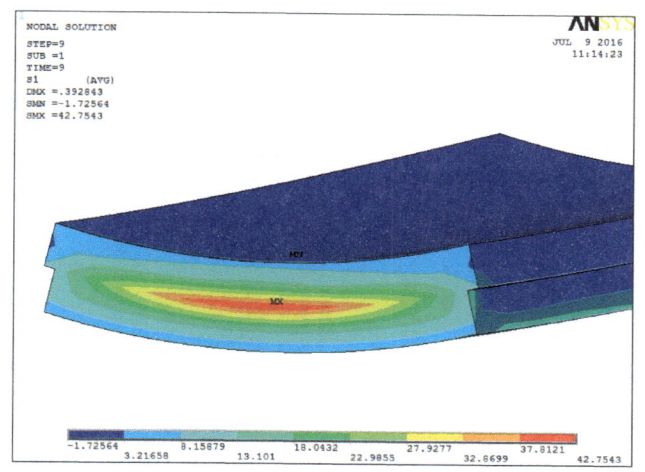

图 2-265 试件 2 黏胶层最大应力（$F=1\,600\,\text{N}$）

表 2-83 试件 2 测点应力计算值与实测值对比

计算荷载/N	N1	N2	N3	N4	N5	N6	N7	N8	N9	N10	N11	N12	N13	N14	N15	N16
							应力/MPa									
0	0.00	0.00	0.00	0.00	0.00	0.00	0.00	0.00	0.00	0.00	0.00	0.00	0.00	0.00	0.00	0.00
200	−0.17	−7.84	−0.46	−1.37	1.35	2.85	2.96	1.83	0.68	−0.23	−0.21	−1.43	0.08	−2.17	−0.01	−1.87
400	−0.35	−15.69	−0.91	−2.75	2.71	5.69	5.92	3.65	1.35	−0.46	−0.42	−2.87	0.15	−4.35	−0.02	−3.74
600	−0.52	−23.53	−1.37	−4.12	4.06	8.54	8.89	5.48	2.03	−0.69	−0.63	−4.30	0.23	−6.52	−0.03	−5.61
800	−0.69	−31.37	−1.83	−5.49	5.41	11.38	11.85	7.30	2.71	−0.91	−0.84	−5.73	0.30	−8.69	−0.04	−7.48
1 000	−0.86	−39.21	−2.28	−6.87	6.77	14.23	14.81	9.13	3.38	−1.14	−1.06	−7.17	0.38	−10.87	−0.05	−9.34
1 200	−1.04	−47.05	−2.74	−8.24	8.12	17.07	17.77	10.96	4.06	−1.37	−1.27	−8.60	0.46	−13.04	−0.06	−11.21
1 400	−1.21	−54.90	−3.20	−9.61	9.47	19.92	20.74	12.78	4.74	−1.60	−1.48	−10.03	0.53	−15.21	−0.07	−13.08
1 600	−1.38	−62.74	−3.66	−10.99	10.83	22.76	23.70	14.61	5.41	−1.83	−1.69	−11.47	0.61	−17.38	−0.08	−14.95
实测荷载/N	N1	N2	N3	N4	N5	N6	N7	N8	N9	N10	N11	N12	N13	N14	N15	N16
							应力/MPa									
0	0.08	0.03	−0.01	0.01	−0.02	−0.15	−0.09	−0.12	−0.02	0.01	−0.05	0.06	0.15	0.07	0.01	0.01
200	−0.44	−6.58	−0.73	0.50	0.95	2.28	3.41	2.07	1.62	−0.37	0.04	−1.28	0.31	−2.15	0.23	−1.74
400	−0.77	−12.89	−1.44	1.11	2.31	4.57	6.79	4.22	3.30	−0.69	−0.08	−2.75	0.19	−4.33	0.15	−3.54
600	−1.35	−19.35	−2.30	1.72	3.69	7.23	10.43	6.47	5.08	−1.21	−0.42	−4.30	0.27	−7.02	0.03	−5.57
800	−1.82	−26.01	−2.95	2.34	4.97	9.43	14.00	8.49	6.69	−1.46	−0.81	−5.95	0.24	−9.40	−0.03	−7.48
1 000	−2.32	−32.24	−3.65	2.98	6.00	11.96	17.44	10.62	8.22	−2.09	−0.88	−7.31	0.33	−11.83	−0.01	−9.50
1 200	−2.59	−38.56	−4.35	3.63	7.38	14.25	21.07	12.66	9.73	−2.29	−0.99	−8.71	0.32	−14.06	0.20	−11.22
1 400	−3.15	−44.80	−5.08	4.25	8.55	16.60	24.48	14.61	11.09	−2.79	−1.58	−10.44	0.10	−16.75	−0.13	−13.35
1 600	−3.37	−50.87	−5.30	5.35	10.16	19.20	28.48	16.00	11.99	−2.52	−1.63	−11.78	0.61	−19.25	−0.04	−16.35

表 2-84　试件 2 跨中挠度计算值与实测值对比

荷载/N	计算值/(1/10 mm)	实测值/(1/10 mm)
0	-0.08	0.00
200	-0.57	-0.73
400	-1.07	-1.45
600	-1.56	-2.15
800	-2.05	-2.88
1 000	-2.55	-3.65
1 200	-3.04	-4.35
1 400	-3.53	-5.12
1 600	-4.02	-5.83

口处下钢板横截面边缘顶部,如图 2-268 所示。各级静载作用下测点应力的计算值与实测值对比见表 2-85,跨中挠度计算值与实测值对比见表 2-86,两者跨中挠度曲线如图 2-269 所示。

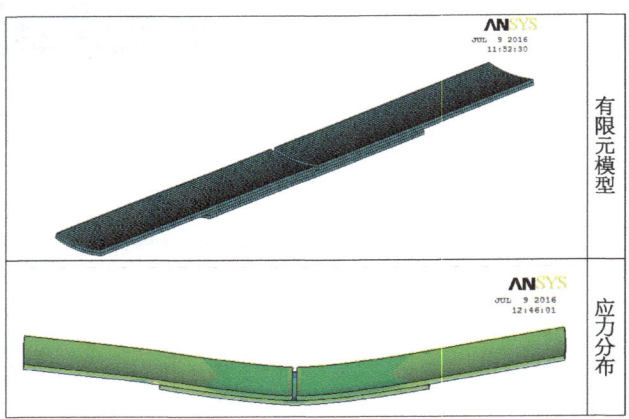

图 2-267　试件 3 模型(正向加载)

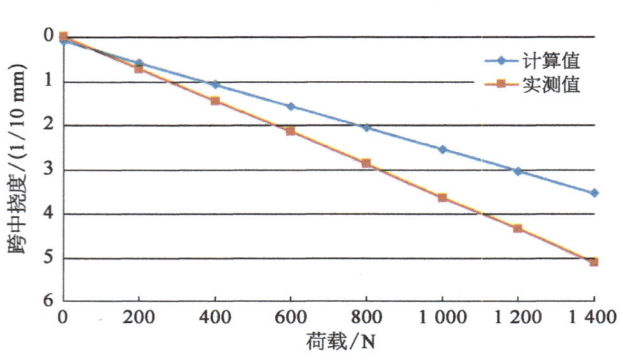

图 2-266　试件 2 跨中挠度曲线

试件 3 正向加载的有限元模型及应力分布如图 2-267 所示,其黏胶层在荷载 $F=1\,600\,\text{N}$ 作用下最大压应力为 $-48.4\,\text{MPa}$,最大应力分布位置位于断

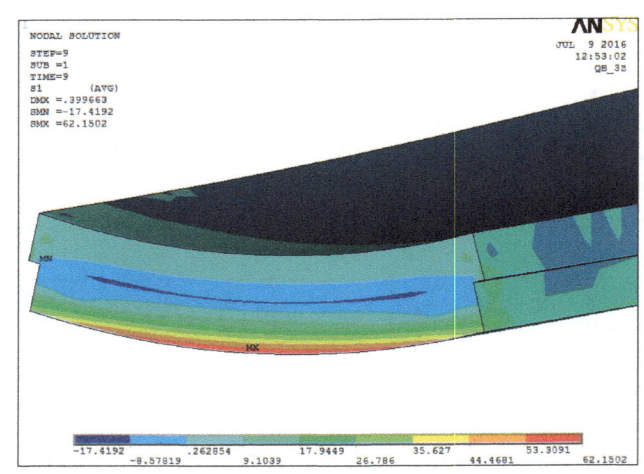

图 2-268　试件 3 正压黏胶层最大应力($F=1\,600\,\text{N}$)

表 2-85　试件 3 正压测点应力计算值与实测值对比

计算荷载/N	N1	N2	N3	N4	N5	N6	N7	N8	N9	N10	N11	N12	N13	N14	N15	N16
	应力/MPa															
0	0.00	0.00	0.00	0.00	0.00	0.00	0.00	0.00	0.00	0.00	0.00	0.00	0.00	0.00	0.00	0.00
200	-0.03	9.30	0.68	-0.04	-0.86	-1.89	-1.97	-1.18	-0.44	-0.33	0.08	-1.07	-0.19	-0.40	-9.15	-11.61
400	-0.06	18.59	1.37	-0.07	-1.72	-3.78	-3.94	-2.37	-0.88	-0.66	0.15	-2.14	-0.38	-0.81	-18.29	-23.22
600	-0.09	27.89	2.05	-0.11	-2.58	-5.67	-5.91	-3.55	-1.32	-1.00	0.23	-3.20	-0.57	-1.21	-27.44	-34.84
800	-0.12	37.19	2.74	-0.14	-3.44	-7.56	-7.88	-4.74	-1.76	-1.33	0.31	-4.27	-0.76	-1.62	-36.59	-46.45
1 000	-0.15	46.48	3.42	-0.18	-4.30	-9.45	-9.85	-5.92	-2.19	-1.66	0.38	-5.34	-0.96	-2.02	-45.74	-58.06
1 200	-0.18	55.78	4.11	-0.22	-5.16	-11.34	-11.82	-7.11	-2.63	-1.99	0.46	-6.41	-1.15	-2.42	-54.88	-69.67

续 表

计算	N1	N2	N3	N4	N5	N6	N7	N8	N9	N10	N11	N12	N13	N14	N15	N16
荷载/N	应力/MPa															
1 400	−0.21	65.08	4.79	−0.25	−6.02	−13.23	−13.79	−8.29	−3.07	−2.33	0.54	−7.47	−1.34	−2.83	−64.03	−81.28
1 600	−0.24	74.38	5.48	−0.29	−6.88	−15.12	−15.76	−9.47	−3.51	−2.66	0.61	−8.54	−1.53	−3.23	−73.18	−92.90

实测	N1	N2	N3	N4	N5	N6	N7	N8	N9	N10	N11	N12	N13	N14	N15	N16
荷载/N	应力/MPa															
0	−0.17	−0.06	−0.01	−0.02	−0.15	−0.01	−0.05	−0.08	−0.04	−0.13	0.10	−0.01	0.28	0.18	0.21	0.12
200	0.11	12.09	0.42	−0.99	−1.95	−3.25	−2.92	−1.39	−1.31	−0.50	−1.47	−2.35	−1.20	−1.42	−11.63	−12.40
400	0.97	24.57	1.02	−2.11	−3.46	−6.29	−5.51	−2.52	−2.40	−0.69	−2.20	−3.78	−1.93	−1.91	−22.55	−24.18
600	1.47	37.14	1.60	−3.05	−5.12	−9.36	−8.38	−3.88	−3.67	−1.18	−1.69	−4.52	−1.50	−1.52	−32.49	−35.03
800	2.20	49.64	2.29	−4.00	−6.59	−12.45	−11.05	−4.72	−4.62	−1.36	−1.60	−5.33	−1.44	−1.34	−42.69	−45.76
1 000	3.11	62.54	3.19	−4.67	−7.90	−15.57	−13.36	−5.78	−5.52	−1.42	−1.32	−6.19	−1.30	−1.13	−53.06	−56.97
1 200	3.81	74.88	3.90	−5.36	−9.21	−18.32	−15.87	−6.68	−6.40	−1.67	−1.03	−7.18	−1.18	−0.96	−63.37	−67.95
1 400	4.34	87.49	4.50	−6.15	−10.48	−21.59	−18.64	−7.89	−7.60	−1.77	−1.04	−8.00	−0.96	−0.72	−73.43	−79.01
1 600	4.99	100.16	5.24	−7.19	−11.91	−24.70	−21.35	−9.18	−8.71	−2.11	−0.99	−9.27	−1.17	−0.89	−84.17	−90.24

表 2-86 试件 3 正压跨中挠度计算值与实测值对比

荷载/N	计算值/(1/10 mm)	实测值/(1/10 mm)
0	−0.08	0.00
200	−0.58	−0.43
400	−1.09	−1.27
600	−1.59	−2.05
800	−2.09	−2.92
1 000	−2.60	−3.77
1 200	−3.10	−4.53
1 400	−3.60	−5.40
1 600	−4.11	−6.23

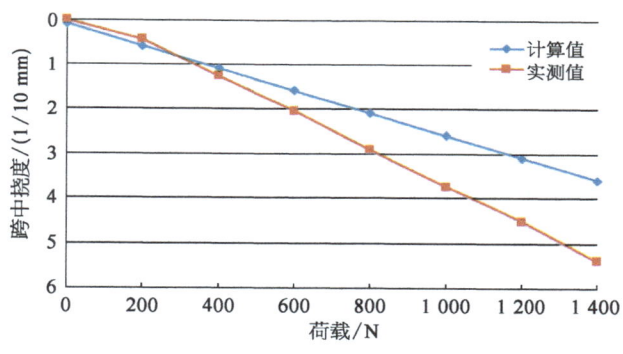

图 2-269 试件 3 正压跨中挠度曲线

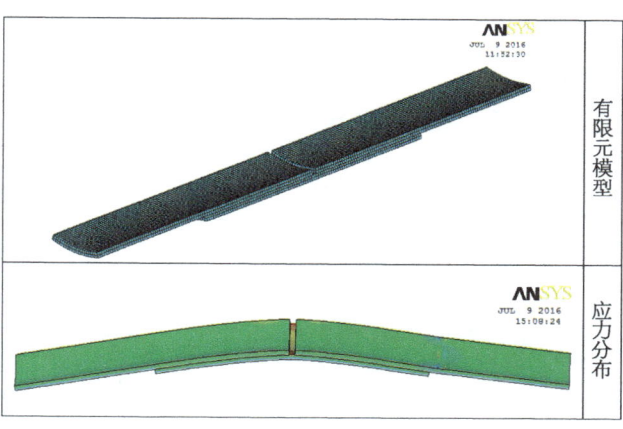

图 2-270 试件 4 模型

试件 4 的有限元模型及应力分布如图 2-270 所示，其黏胶层在荷载 $F=1\,400\,\text{N}$ 作用下最大拉应力为 50.97 MPa，最大应力分布位置位于断口处下钢板横截面边缘顶部，如图 2-271 所示。各级静载作用下测点应力的计算值与实测值对比见表 2-87，跨中挠度计算值与实测值对比见表 2-88，两者跨中挠度曲线如图 2-272 所示。

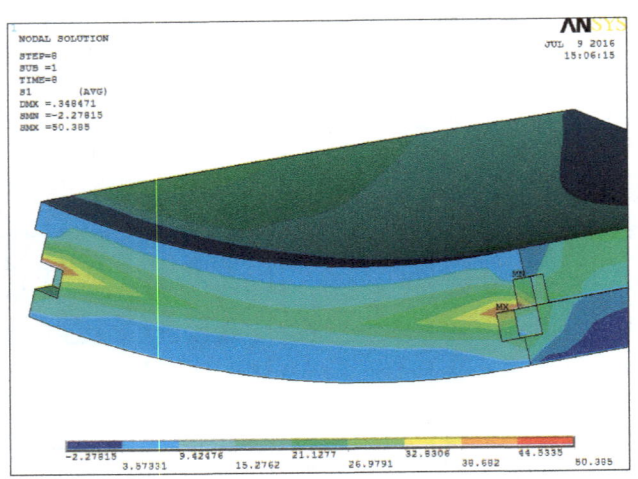

图 2-271　试件 4 黏胶层最大应力（$F=1\,400\,\text{N}$）

表 2-87　试件 4 测点应力计算值与实测值对比

计算荷载/N	N1	N2	N3	N4	N5	N6	N7	N8	N9	N10	N11	N12	N13	N14	N15	N16
							应力/MPa									
0	0.00	0.00	0.00	0.00	0.00	0.00	0.00	0.00	0.00	0.00	0.00	0.00	0.00	0.00	0.00	0.00
200	0.16	−9.29	−0.68	0.38	0.86	1.90	1.98	1.18	0.44	0.25	−0.08	1.05	0.24	0.13	9.14	11.04
400	0.32	−18.58	−1.37	0.77	1.72	3.79	3.96	2.37	0.88	0.50	−0.15	2.09	0.48	0.25	18.27	22.08
600	0.47	−27.86	−2.05	1.15	2.57	5.69	5.93	3.55	1.32	0.74	−0.23	3.14	0.72	0.38	27.41	33.12
800	0.63	−37.15	−2.74	1.54	3.43	7.59	7.91	4.73	1.76	0.99	−0.31	4.19	0.96	0.50	36.55	44.16
1 000	0.79	−46.44	−3.42	1.92	4.29	9.48	9.89	5.92	2.20	1.24	−0.38	5.23	1.20	0.63	45.68	55.20
1 200	0.95	−55.73	−4.11	2.31	5.15	11.38	11.87	7.10	2.64	1.49	−0.46	6.28	1.44	0.76	54.82	66.24
1 400	1.10	−65.02	−4.79	2.69	6.01	13.28	13.84	8.28	3.08	1.74	−0.54	7.33	1.68	0.88	63.96	77.28
实测荷载/N	N1	N2	N3	N4	N5	N6	N7	N8	N9	N10	N11	N12	N13	N14	N15	N16
							应力/MPa									
0	0.06	0.12	0.02	0.00	0.06	0.10	0.01	0.02	−0.06	0.29	0.06	0.05	0.11	0.06	−0.05	−0.22
200	−0.63	−12.10	−0.88	0.51	1.04	2.46	3.29	1.37	0.44	−0.64	0.01	0.96	0.34	0.18	10.60	10.97
400	−0.89	−24.39	−1.95	0.98	2.11	4.58	6.29	2.94	1.00	0.19	0.05	2.09	0.49	0.23	21.21	22.07
600	−1.52	−36.71	−2.75	1.44	3.07	6.74	9.77	4.45	1.63	0.95	0.09	3.07	0.85	0.28	32.16	33.17
800	−2.11	−49.06	−3.45	2.00	4.28	9.17	12.73	6.01	2.30	0.90	0.20	4.12	1.13	0.55	42.95	44.31
1 000	−2.69	−61.17	−4.38	2.54	5.11	11.29	16.09	7.67	2.96	1.21	0.21	5.19	1.17	0.70	53.52	55.34
1 200	−3.30	−72.69	−5.35	2.97	6.28	13.55	19.29	9.09	3.60	1.44	−0.14	5.78	1.34	0.48	64.00	66.19
1 400	−3.93	−84.98	−6.21	3.39	7.06	15.78	22.10	10.53	4.29	2.56	0.23	7.12	1.84	0.91	75.01	77.49

表 2-88 试件 4 跨中挠度计算值与实测值对比

荷载/N	计算值/(1/10 mm)	实测值/(1/10 mm)
0	0.00	0.00
200	-0.49	-0.62
400	-0.98	-1.35
600	-1.47	-2.05
800	-1.96	-2.75
1 000	-2.45	-3.43
1 200	-2.94	-4.17
1 400	-3.43	-4.83

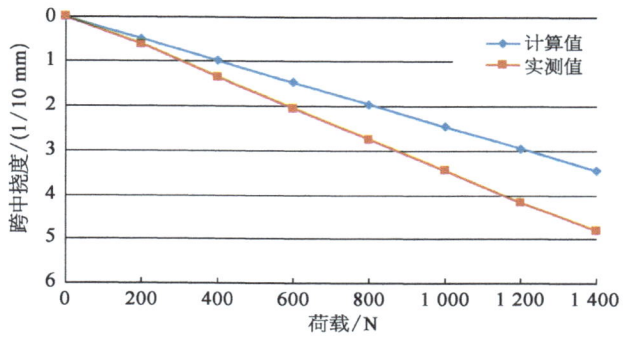

图 2-272 试件 4 跨中挠度曲线

（1）从应力对比结果可以看出，4 个试件除支座附近的测点外，其余测点计算值与实测值应力吻合较好，由此可证明计算所得黏胶层最大拉应力能在一定程度反映其实际应力水平。

（2）有限元分析中并未考虑黏胶材料刚度值，但由跨中挠度计算值与实测值对比结果可知两者差值很小，表明黏胶弹模虽远小于钢板，但黏胶层厚度较薄，并不会影响整体刚度。

2.8.5 技术前景

2.8.5.1 主要技术成果

1）试验研究技术成果

（1）静力试验应变分布状况表明，试件满足平截面假定，说明黏胶黏结能力强，使上下两块钢板完全黏合成一个整体，受力后不会产生滑移或者脱落等现象，由荷载-跨中挠度曲线可知当黏胶层最大拉应力达到 51.0 MPa 时，试件仍处于弹性阶段。

（2）疲劳性能试验是遵照实桥主桁管节点粘贴 H 型加劲钢板系列工艺流程、工艺要求、材料要求等条件下开展的，试验中完全模拟实桥黏胶受力状态开展研究。

经过计算与实测表明，实桥 H 型加劲钢板黏胶位置处活载作用下最大应力为 24.2 MPa，而试验中黏胶层疲劳应力幅均大于此值，黏胶的疲劳性能满足要求。

（3）对比计算与实测荷载-跨中挠度曲线表明，黏胶弹模远小于钢板，但使用厚度所占比例很小，整体刚度不受影响，使用黏胶技术加强节点不会影响加劲结构传力。

（4）试件 4 相比其他 3 个试件疲劳性能好、静载破坏强度高，观察破坏面表明，钢板表面打磨最为粗糙。因此，提高黏结界面摩擦系数可增强黏结力，使用粘贴 H 型加劲钢板加强节点时，在保证主桁节点安全的前提下，适度提高界面粗糙度。

（5）试验结果表明，黏钢结构胶在 2～60℃范围内使用，力学性能不受影响。

（6）该项研究成果应用在四川石棉干海子大桥节点强化设计中，已经使用六年，没有发现粘贴钢板脱黏、裂纹等病害，应力监测表明，节点各部位应力没有异常变化，粘贴强化钢板效果好。

2）长期性能研究验证

（1）2017 年完成四川石棉干海子大桥主桁梁的相贯焊接节点强化处理后，项目研究组开展了主桁梁的相贯焊接节点强化处理结构局部应力、总体变形、焊接接头焊缝性能和动力性能的长期监测和检测。同时，该桥管桁节点强化处理后，经历了 2017 年九寨沟"8·8"7.0 级地震、2022 年泸定"9·5"6.8 级地震等多次地震效应的考验，经多次检查，强化处理的接头质量可靠，没有任何缺陷发生。

（2）2017 年完全模拟实际桥梁的黏钢结构构造，制作了近 30 组模型试件，并置于实桥相同的条件下，分为 5 年和 10 年养护龄期，近来已经完成 5 年龄期的模型试件的试验研究，试验结果表明，黏钢结构的强度、疲劳性能和极限承载能力与初期的黏钢结构性能一致，没有发现任何劣化的迹象，达到了预期设计目标。

2.8.5.2 主要技术前景

（1）试验研究成果对钢管混凝土相贯节点出现

劣化和退化状态时,可以先对节点焊缝劣化和退化程度进行评估,再采用本项技术,开展针对性的黏钢结构的承载能力设计,并按照已经总结的工艺开展施工。

(2)该项技术适用于钢管混凝土拱桥桁式主拱、桁式桥墩和桁式主梁的相贯节点和对接接头等桁式管结构,不仅施工简单,而且处治投入低、对结构损伤最小、基本不影响交通运行。

(3)试件4相比其他3个试件疲劳性能好、静载破坏强度高,除了有其表面黏结能力更高外,其静置时间也最长,适逢环境温度较高,可进一步探寻黏胶材料最适宜静置温度以及加载龄期是否能进一步提高黏胶疲劳寿命。

(4)开展不同黏钢结构胶技术参数、受力特征、使用环境等条件下对应的疲劳容许应力幅总结分析,形成一个完整推广应用技术体系。

第 3 章

钢管混凝土拱桥

3.1 钢管混凝土主拱 K 形组合横撑研究

3.1.1 技术背景

钢管混凝土可以充分发挥钢材和混凝土两种材料各自的优点，在桥梁工程中得到了广泛采用。钢管混凝土拱桥作为大跨度桥梁的主要桥型之一，在我国桥梁工程实践中得到大量应用。根据统计，目前我国跨径不小于 50 m 的钢管混凝土拱桥超过 400 座，其中，主跨 530 m 的四川合江长江一桥于 2013 年建成通车，主跨 575 m 的广西平南三桥于 2020 年建成通车。对于大跨径中、下承式钢管混凝土拱桥，一般采用两根或三根桁架式主拱肋，通过横撑连成空间体系组成主拱圈，共同承受外荷载作用。主拱横撑作为连接主拱肋的重要组成，在大跨度钢管混凝土拱桥稳定中起着至关重要的作用，当拱桥的宽跨比较小时尤其明显。根据安全可靠、适用耐久、技术先进、经济合理的设计原则，主拱横撑结构设计应满足安全、施工适用、美观和经济的原则。

钢管混凝土拱桥的主拱拱肋间的横撑可以采用米字形横撑、矩形横撑、上下平面 K 形横撑和上平面 K 形横撑与间隔一根吊杆设置竖直横撑的组合式横撑等多种构造形式。但是，现有主拱横撑构造，不能同时满足安全、施工适用、美观和经济原则。为探寻更先进的横撑形式，提出了一种新型的 K 形组合空间横撑，该组合式横撑具有以下优点：① 横撑构造形式规则，变化有序，景观性强；② 材料用量少，工程造价低；③ 安装构件重量轻。该 K 形组合结构横撑如图 3-1 所示，其是在 K 形横撑的基础优化，由平面单片 K 形撑和竖向单片桁式撑组成，因此，称为 K 形组合横撑。

与应用于桁式主拱的传统横撑相比，K 形组合横撑在美观适用性、施工便利性和经济合理性方面具有显著优势。图 3-2 给出了 K 形组合横撑与 K 形、X 形、米字形横撑的效果比较。K 形组合横撑的杆件较少，使得大跨度钢管混凝土桁架拱桥具有更好的通透性，改善了过多横撑杆件引起的杂乱感和行车压抑感，提升了桥梁的美观适用性。同时，由于 K 形组合横撑取消了下弦拱肋间的横撑杆件，构造更加简洁，用料更加节约，使得其施工便利性和经济性得到了明显提升。特别是主拱横撑体量大，加工时无法与主拱匹配制造，现场安装精度较差、焊接难度大，减少横撑构件即降低了安装难度。

新型 K 形组合横撑，已应用于四川合江长江一桥（主跨 530 m）、四川合江长江三桥（主跨 507 m）、广西来宾马滩红水河大桥（主跨 336 m）、广西平南三桥（主跨 575 m）、四川犍为岷江大桥（主跨 457 m）和四川泸州车辆大桥（主跨 200 m）等重要桥梁工程。K 形组合横撑已经纳入交通运输部标准《公路钢管混凝土拱桥设计规范》的条款规定。

为明确新型 K 形组合横撑在大跨度钢管混凝土桁架拱桥稳定中的有效性，以四川合江长江三桥为研究对象，通过理论分析和数值计算相结合的形式对采用 K 形组合横撑的大跨度钢管混凝土桁架拱桥的受力性能及稳定性进行了分析，为该类横撑的规范使用提供技术储备。

3.1.2 K 形组合横撑类型比较

K 形组合横撑由 K 形横撑优化而来，根据 K 形斜撑的布置位置不同，共分为四种类型，如图 3-3 所示。图 3-3a 中的 K 形斜撑布置在主拱上弦靠近拱脚一侧，与图 3-1 中的设置相同，命名为 K 形横

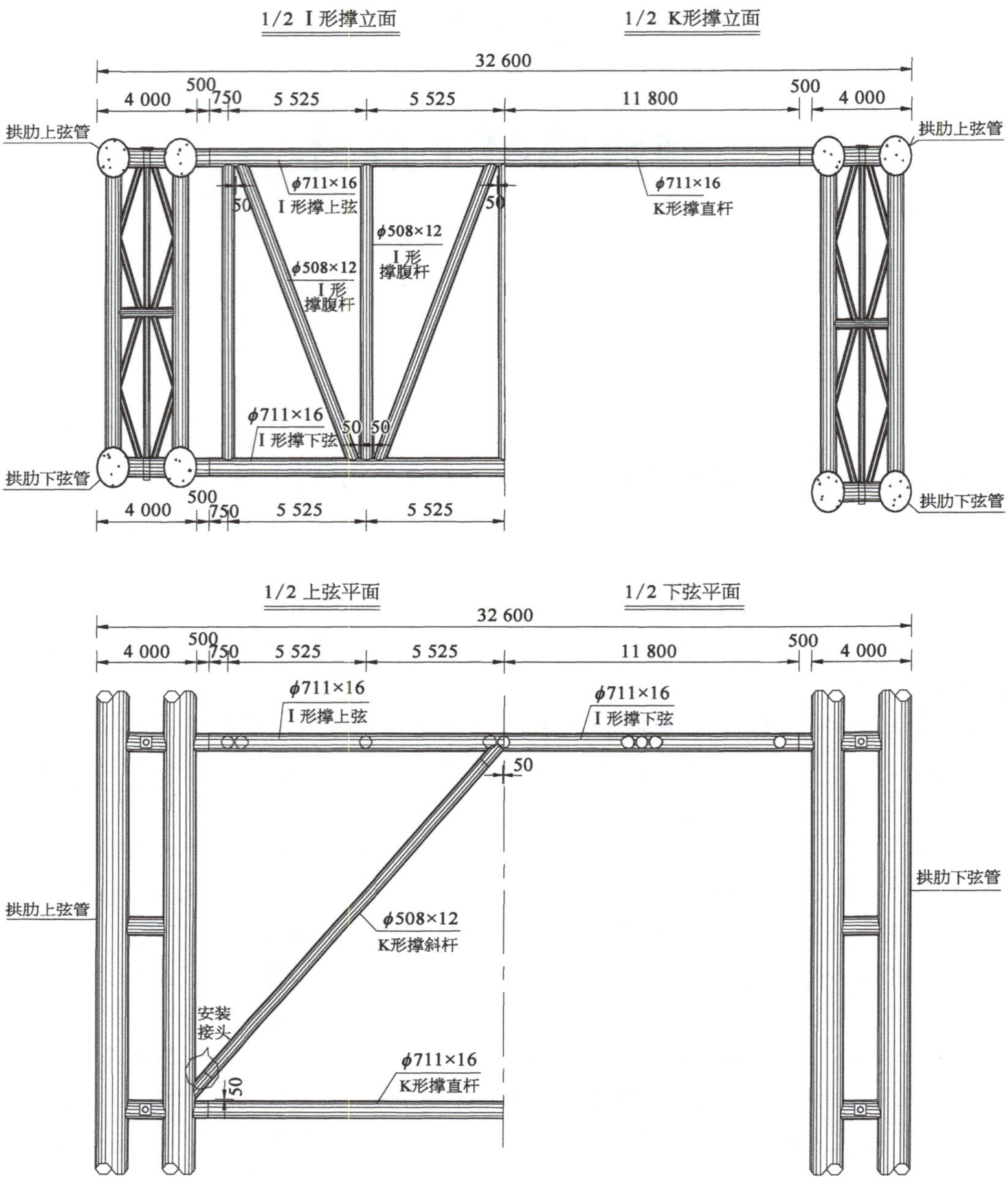

图 3-1 K形组合横撑示意

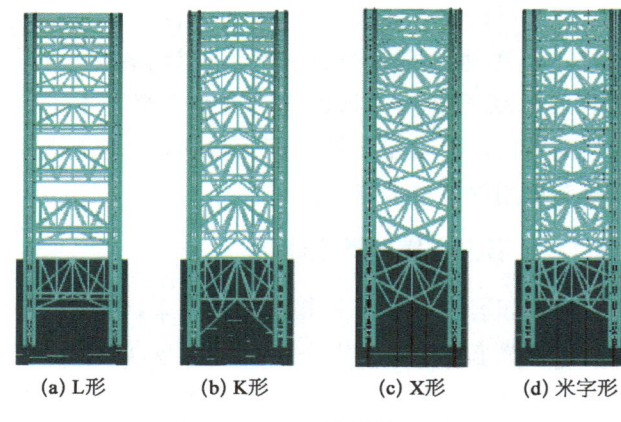

(a) L形　(b) K形　(c) X形　(d) 米字形

图 3-2 不同横撑效果比较

撑;图 3-3b 中的 K 形斜撑设置在主拱上弦靠近拱顶一侧,称为 L1 型横撑;图 3-3c 中的 K 形斜撑设置在下弦靠近拱脚一侧,称为 L2 型横撑;图 3-3d 中的 K 形斜撑设置在下弦靠近拱顶一侧,称为 L3 型横撑。

为明确 K 形组合横撑中 K 形横撑的最优位置,首先以四川合江长江三桥为研究对象,采用有限单元法对设置不同 K 形斜撑的 K 形组合横撑的大跨度钢管混凝土桁式拱桥的稳定性进行比较分析。

3.1.2.1 工程概况与有限元模型

四川合江长江三桥位于四川省泸州市合江县城

第3章 钢管混凝土拱桥

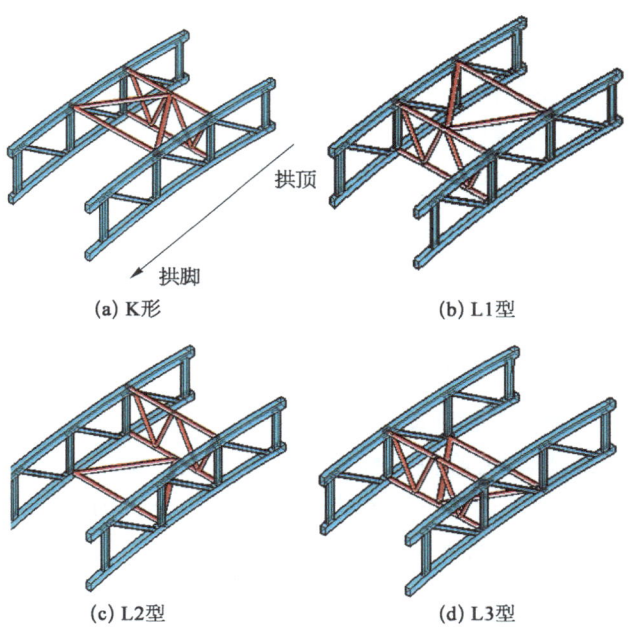

图3-3 K形横撑及类型示意

内,建设标准为行车时速60 km/h的一级公路,设计基准期为100年。该桥主桥为钢管混凝土桁式拱桥,跨径组合80.5 m+507 m+80.5 m。主桥中跨为中承式钢管混凝土矩形主拱,边跨为钢管混凝土劲性骨架外包混凝土悬臂半拱。中跨拱轴线为悬链线,拱轴系数 $m=1.5$,矢跨比为1/4。主桥标准主梁宽度为27 m,主拱肋中心距为25.3 m,采用双向6车道。两片主拱肋通过K形组合桁式横撑连接成整体,拱桥总体布置如图3-4所示。

采用有限单元法建立四川合江长江三桥有限元模型,如图3-5所示。采用的有限元程序为ANSYS,钢管混凝土主拱肋的模拟采用双单元法。其中,主拱、边拱、横撑、立柱、桥墩采用空间梁单元Beam188模拟,吊杆和系杆采用空间索单元Link10模拟,桥面板采用壳单元Shell181模拟。有限元模型中各部位的材料特性见表3-1。

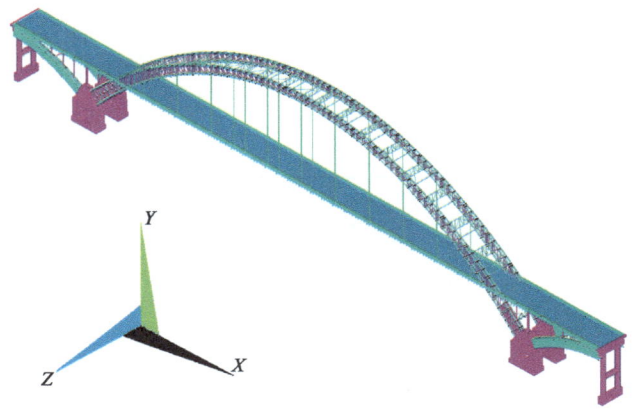

图3-5 拱桥有限元模型

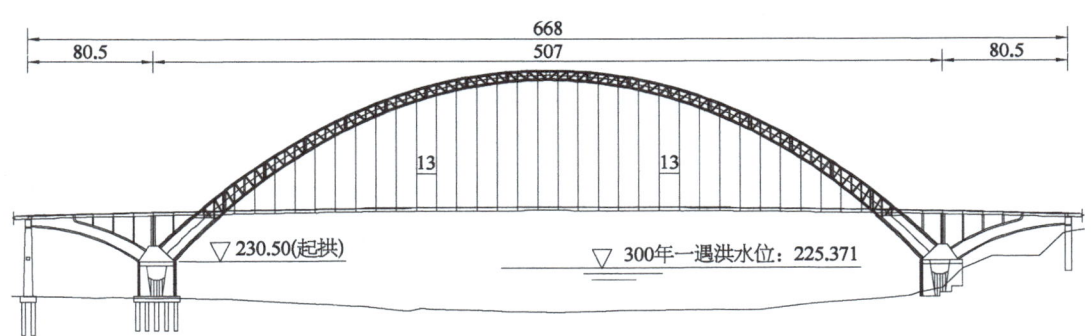

图3-4 四川合江长江三桥总体布置(单位:m)

表3-1 拱桥有限元模型主要材料特性

材料类型	弹性模量/GPa	剪切模量/GPa	密度/(kN·m^{-3})	泊松比	热膨胀系数	部　位
C70	37.0	14.8	26.0	0.2	1.0×10^{-5}	核心混凝土
C40	32.5	13.0	26.0	0.2	1.0×10^{-5}	立柱、桥墩、桥台和桥面板
C30	30.0	12.0	26.0	0.2	1.0×10^{-5}	立柱、墩台和拱脚的外包混凝土

续 表

材料类型	弹性模量/GPa	剪切模量/GPa	密度/(kN·m⁻³)	泊松比	热膨胀系数	部 位
Q345	206.0	131.6	78.5	0.31	1.2×10^{-5}	拱肋、横撑、钢格子梁和钢桥面底板
高强钢绞线	195.0	74.8	87.0	0.31	1.2×10^{-5}	吊杆和系杆

3.1.2.2 荷载工况

成桥状态作用荷载主要有结构自重、汽车荷载、人群荷载和风荷载,分析内容主要包括承载能力极限状态下主拱的内力和稳定性分析,以及正常使用极限状态下主拱的变形和应力分析。以《公路桥涵设计通用规范》(JTG D60—2015)和《公路桥梁抗风设计规范》(JTG/T 3360-01—2018)为依据,选取了四种荷载组合工况(表3-2),进行不同横撑类型的大跨度钢管混凝土桁式拱桥受力分析。此外,由于最新版《公路桥梁抗风设计规范》于2019年3月颁布实施,为了与原桥设计保持一致,分析仍然采用2004版《公路桥梁抗风设计规范》。

表3-2 荷载工况

类 型		内 容	说 明	
基本组合	组合Ⅰ	γ_0[1.2自重+1.4汽车荷载(含冲击作用)+0.75×(1.4人群荷载+1.1横向风荷载)]	汽车荷载和人群荷载横桥向满布	用于承载能力极限状态下的内力和稳定分析
	组合Ⅱ	γ_0[1.2自重+1.4汽车荷载(含冲击作用)+0.75×(1.4人群荷载+1.1横向风荷载)]	汽车荷载和人群荷载横桥向半幅布置	
标准组合	组合Ⅲ	1.0自重+1.0汽车荷载(不含冲击作用)+1.0人群荷载+1.0横向风荷载	汽车荷载和人群荷载横桥向满布	用于正常使用极限状态下的变形和应力分析
	组合Ⅳ	1.0自重+1.0汽车荷载(不含冲击作用)+1.0人群荷载+1.0横向风荷载	汽车荷载和人群荷载横桥向半幅布置	

注:$\gamma_0 = 1.1$ 为基本组合中结构的重要性系数。

3.1.2.3 K形组合横撑稳定性比较

当四川合江长江三桥分别使用图3-3中的四种横撑类型时,经有限元分析,荷载组合Ⅰ对应的主拱分支点稳定系数和极值点安全系数见表3-3。由表3-3可知,K形斜撑位置对主拱分支点和极值点稳定性均影响明显。当K形斜撑设置在主拱上弦时,主拱的稳定性要明显优于K形斜撑设置在主拱下弦时;当K形斜撑设置在靠近拱脚一侧时,主拱的稳定性要明显优于K形斜撑设置在靠近拱顶一侧时。当K形斜撑设置在主拱上弦且靠近拱脚一侧时,主拱的稳定性最好,当K形斜撑设置在主拱下弦且靠近拱顶一侧时,主拱的稳定性最差,且不满足《公路钢管混凝土拱桥设计规范》"面外分支点稳定系数应不小于4.0"的要求。进一步分析可以发现,当K形斜撑设置在主拱上弦时,设置在拱脚的K形组合横撑与设置在拱顶的L1型横撑相比,分支点稳定系数和极值点安全系数分别提高了8%和11%;当K形斜撑设置在主拱拱脚一侧时,设置在主拱上弦的K形组合横撑与设置在主拱下弦的L2型横撑相比,分支点稳定系数和极值点安全系数分别提高了6%和11%。

表3-3 设置不同K形组合横撑时拱桥分支点稳定系数和极值点安全系数比较

横撑类型	K形	L1型	L2型	L3型
分支点稳定系数	5.216	4.826	4.913	3.232
极值点安全系数	2.288	2.054	2.066	1.870

分支点和极值点稳定性分析表明，K形斜撑设置在主拱上弦且靠近拱脚一侧时为K形组合横撑的最优类型。因此，除注明外K形组合横撑均指该类型，L1、L2和L3型横撑不再讨论。

3.1.3 不同横撑拱桥的受力性能比较分析

采用K形组合横撑的大跨度钢管混凝土拱桥均为中承式，主拱肋均采用四根主管的桁式结构，主跨跨径均大于200 m。根据横撑类型应与主拱肋形式相适应的原则，大跨度钢管混凝土桁架式拱桥的横撑应采用桁式横撑。选取一字形、K形、X形和米字形4种常见的桁架式横撑类型作为比较对象，如图3-6所示。

3.1.3.1 主拱内力比较分析

研究对象为横撑与主拱肋所组成的组拼拱的受力性能，分析中不比较加劲梁和吊杆的受力，且采用基本组合中的荷载组合Ⅰ和Ⅱ，由于主拱以压弯为主，内力分析仅对主拱肋的弯矩和轴力进行分析。将表3-2中的荷载组合Ⅰ和荷载组合Ⅱ分别作用在拱桥有限元模型上，经分析不同横撑时主拱肋最

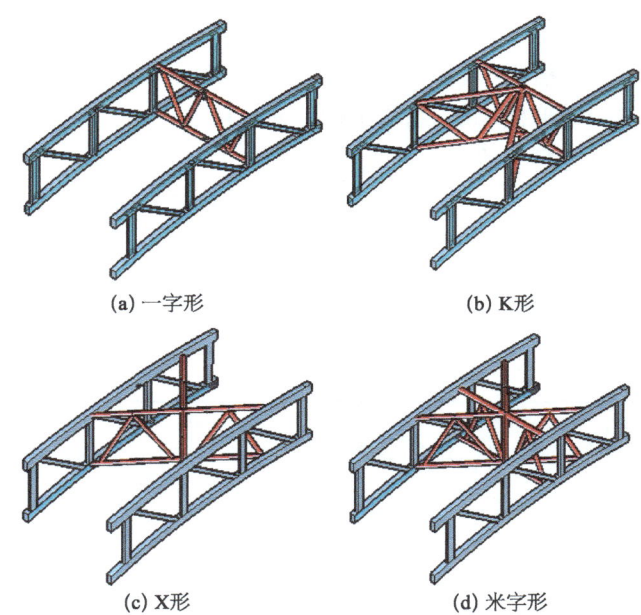

(a) 一字形　　(b) K形

(c) X形　　(d) 米字形

图3-6　常用桁架式横撑类型

不利内力见表3-4。由于一字形桁式横撑属于广义平面横撑类型，其性能与L形、K形、X形、米字形等空间横撑存在较大区别，故表3-4~表3-7中均值和变异系数的计算均未考虑一字形横撑。

表3-4　基本组合时设置不同横撑的主拱肋最不利内力比较

项　目		横 撑 类 型					均值	变异系数
		K形组合	K形	X形	米字形	一字形		
轴力 /(10^3 kN)	组合Ⅰ	44.11	44.27	44.17	44.59	44.77	44.29	0.48%
	组合Ⅱ(迎风侧半幅)	43.33	43.11	43.02	43.43	44.85	43.22	0.44%
	组合Ⅱ(背风侧半幅)	44.42	44.67	44.72	44.94	44.93	44.69	0.48%
面内弯矩 /(10^3 kN·m)	组合Ⅰ	3.23	3.43	3.81	3.79	7.44	3.57	7.95%
	组合Ⅱ(迎风侧半幅)	3.25	3.45	3.82	3.81	7.45	3.58	7.83%
	组合Ⅱ(背风侧半幅)	3.21	3.26	3.78	3.77	7.43	3.51	8.91%
面外弯矩 /(10^3 kN·m)	组合Ⅰ	2.14	2.18	2.17	2.17	3.05	2.17	0.80%
	组合Ⅱ(迎风侧半幅)	2.10	2.14	2.13	2.14	3.09	2.13	0.89%
	组合Ⅱ(背风侧半幅)	2.14	2.17	2.17	2.16	3.04	2.16	0.65%

由表3-4可以发现，当分别采用K形、X形、米字形横撑替换K形组合横撑时，四川合江长江三桥主拱内力变化趋势基本相同，仅数值存在差异。为避免重复，表3-4仅列出了设置不同横撑时主拱肋最不利主管处的最大内力。且主拱最不利主管轴力的差异很小，变异系数不到0.5%；主拱面外弯矩最不利主管对应弯矩值的变化也很小，变异系数不到1.0%；主拱肋面内弯矩最不利主管对应弯矩值的变

化相对偏大,但最大变异系数也不超过 9.0%。

分析表明,基本组合作用下设置 K 形组合横撑与一字形横撑的主拱肋主管最不利内力,一字形横撑不会显著改变主拱肋的最不利主管轴力,最大差值控制在 4.0% 以内,但对主拱肋面内弯矩和面外弯矩的影响达 40% 以上。

分析表明,除一字形横撑外,常用空间横撑类型对四川合江长江三桥主拱最大轴力、最大面内弯矩和最大面外弯矩的影响均较小。

3.1.3.2 主拱变形比较分析

主拱变形特征是钢管混凝土拱桥设计的重要指标。将基本组合中的荷载组合Ⅲ和Ⅳ分别作用在拱桥有限元模型上,设置不同横撑时主拱肋最大变形比较见表 3-5。

表 3-5 标准组合时设置不同横撑的主拱最大变形比较   单位:cm

内容		横撑类型					均值	变异系数
		K 形组合	K 形	X 形	米字形	一字形		
竖向	组合Ⅲ	30.49	30.74	30.74	30.52	29.74	30.62	0.44%
	组合Ⅳ(迎风侧半幅)	29.05	29.53	29.53	29.14	28.29	29.31	0.87%
	组合Ⅳ(背风侧半幅)	29.04	29.52	29.52	29.11	28.27	29.30	0.88%
水平	组合Ⅲ	26.31	15.83	15.83	16.12	120.00	18.52	28.04%
	组合Ⅳ(迎风侧半幅)	24.75	14.20	14.20	14.34	118.79	16.87	31.13%
	组合Ⅳ(背风侧半幅)	24.71	14.18	14.18	14.31	118.77	16.85	31.13%

由表 3-5 可知,标准荷载组合下,L 形、K 形、X 形和米字形四种空间横撑对应的主拱最大竖向变形的差异很小,变异系数不超过 1%。L 形横撑与一字形横撑相比,两者主拱最大竖向变形值的偏差不大于 3%。可见,横撑类型对四川合江长江三桥主拱竖向变形的影响很小。但对于主拱水平变形,横撑类型的影响较显著,设置一字形横撑时主拱肋的水平变形远大于设置 K 形组合横撑及其他三种空间横撑。设置 K 形组合横撑时,主拱的水平变形要大于设置 K 形、米字形和 X 形空间横撑,但要远小于设置一字形空间横撑。

分析表明,K 形组合横撑对四川合江长江三桥主拱竖向变形的影响很小,并且不会显著增大主拱的最大水平变形。

3.1.3.3 主拱和横撑应力比较分析

应力是钢管混凝土桁架拱桥受力重要控制指标。将荷载组合Ⅲ和Ⅳ分别作用在拱桥有限元模型上,设置不同横撑时主拱肋和横撑的最大应力比较见表 3-6。

表 3-6 标准组合时设置不同横撑的主拱及横撑最大应力比较   单位:MPa

项目		横撑类型					均值	变异系数
		K 形组合	K 形	X 形	米字形	一字形		
拱肋	组合Ⅲ	129.0	136.0	141.0	142.0	190.0	137.0	4.34%
	组合Ⅳ(迎风侧半幅)	129.0	133.0	137.0	138.0	191.0	134.2	3.06%
	组合Ⅳ(背风侧半幅)	129.0	138.0	142.0	144.0	192.0	138.2	4.81%
横撑	组合Ⅲ	97.2	66.7	53.4	56.6	188.1	68.5	29.17%
	组合Ⅳ(迎风侧半幅)	97.1	66.2	53.7	56.6	188.1	68.4	29.04%
	组合Ⅳ(背风侧半幅)	86.6	82.8	40.8	36.5	188.1	61.7	43.28%

由表 3-6 可知,除一字形横撑外,四川合江长江三桥主拱肋的最大应力要明显大于对应横撑的最大应力值。同时,改为 L 形、K 形、X 形和米字形空间横撑类型,对主拱最大应力的影响不明显,最大变异系数小于 5.0%;当采用一字形横撑时,主拱肋的最大应力增加较多,约为 K 形组合横撑的 1.5 倍。

横撑类型改变对横撑自身最大应力的影响较大,K 形组合横撑的最大应力要大于 K 形、X 形和米字形横撑,但是远小于钢材的抗压强度设计值 275 MPa;一字形横撑的最大应力远大于其他空间横撑,约为 K 形组合横撑的 2 倍。

分析表明,除了一字形横撑外,横撑类型对主拱肋最大应力的影响很小;横撑类型改变对横撑自身最大应力有一定影响,但 K 形组合横撑的使用不会明显改变自身的最大应力值。

3.1.3.4 主拱分支点失稳比较分析

表 3-7 对基本组合作用下设置不同横撑时四川合江长江三桥的第 1 阶分支点稳定系数进行了比较,大跨度钢管混凝土拱桥的面内刚度要显著大于面外刚度,主拱的失稳以面外失稳为主。由表 3-7 可知,横撑类型的改变对四川合江长江三桥主拱第 1 阶面内失稳几乎没有影响,K 形组合、K 形、X 形和米字形 4 种空间横撑对应的主拱面内 1 阶稳定系数的变异系数不超过 1%,一字形横撑与 K 形组合横撑的差别也不超过 1%。横撑类型对主拱面外失稳的影响较大,当设置一字形横撑时,第 1 阶面外稳定系数仅 1.18,不满足规范不小于 4 的规定。虽然设置 K 形组合横撑时主拱肋的第 1 阶面外稳定系数要小于设置其他空间横撑时,但差值不大,变异系数在 14% 左右,且最小稳定系数为 5.318,满足规范不小于 4 的规定,且有足够的安全储备。可见,在相同的疏密程度下,设置一字形横撑的钢管混凝土拱桥的稳定性太差,不能满足规范要求,因此,不再将一字形横撑列为比选范围。进一步观察表 3-7 可以发现,竖向荷载满布是拱桥分支点失稳的最不利工况,与陈宝春教授在《钢管混凝土拱桥》(第三版)中的结论相同。

表 3-7 基本组合时设置不同横撑的主拱分支点稳定系数比较

内　　容		横 撑 类 型					均值	变异系数
		K 形组合	K 形	米字形	X 形	一字形		
面外失稳	组合Ⅰ	5.318	6.530	7.260	7.258	1.180	6.59	13.90%
	组合Ⅱ(迎风侧半幅)	5.402	6.657	7.407	7.410	1.192	6.72	14.09%
	组合Ⅱ(背风侧半幅)	5.403	6.658	7.409	7.411	1.195	6.72	14.09%
面内失稳	组合Ⅰ	9.419	9.453	9.344	9.457	9.480	9.42	0.56%
	组合Ⅱ(迎风侧半幅)	9.619	9.665	9.546	9.656	9.660	9.62	0.56%
	组合Ⅱ(背风侧半幅)	9.630	9.682	9.548	9.657	9.663	9.63	0.60%

3.1.4 不同横撑拱桥的稳定性分析

根据性质不同,主拱结构存在三类结构稳定问题:分支点失稳、极值点失稳以及跃越失稳。由于跃越失稳只在受均布压力的坦拱、扁球壳中才有发生的可能,在大跨度钢管混凝土拱桥中不会发生,因此,仅考虑分支点失稳和极值点失稳。

以《钢管混凝土拱桥》中的参数为基础,结合国内外文献调研,确定了 7 个稳定性分析影响因素:横撑类型、宽跨比、主拱矢跨比、横撑间距、主拱肋截面宽高比、横撑壁厚和横撑 K 节点夹角。根据四川合江长江三桥设计资料对 7 个影响因素的合理取值范围做了界定,其值见表 3-8。

3.1.4.1 拱桥稳定性的多因素分析

主拱稳定性分析中所选取的 7 个因素开展多因素分析,多因素分析是工程技术领域广泛应用的一种数学工具,分析选用在工程中应用更广泛的正交试验设计法。正交试验设计具有"均匀分散、齐整可比"的特点,样本的选择需同时满足两个条件:① 任意一个因素的各水平均进行相同数目的试验;② 任意两个因素的水平组合进行相同数目的试验。参照相关文献给出的正交试验方法,设计了 7 因素和 4 水平组合的正交试验表。正交试验表及对应结果见表 3-9。

表 3-8　拱桥稳定性分析中的影响因素及水平范围

水平	因素						
	横撑类型	宽跨比	矢跨比	主拱肋宽高比	横撑间距/m（数量）	横撑壁厚/mm	K节点夹角/(°)
1	K形组合	0.036	0.15	0.22	20.22(20)	10	26
2	K	0.050	0.20	0.26	22.75(18)	16	37
3	X	0.064	0.25	0.30	26.00(16)	20	45
4	米	0.078	0.30	0.33	30.33(14)	25	57

表 3-9　正交试验表及试验结果

试验号	因素							分支点稳定系数	极值点安全系数
	横撑类型	宽跨比	矢跨比	主拱肋宽高比	横撑间距/m（数量）	横撑壁厚/mm	K节点夹角/(°)		
1	K形组合	0.036	0.15	0.22	20.22(20)	10	26	2.534	1.376
2	K	0.050	0.20	0.26	22.75(18)	16	37	5.523	1.779
3	X	0.064	0.25	0.30	26.00(16)	20	45	7.075	1.491
4	米	0.078	0.30	0.33	30.33(14)	25	57	6.190	1.170
5	K形组合	0.050	0.20	0.33	30.33(14)	20	45	3.946	1.476
6	K	0.036	0.15	0.30	26.00(16)	25	57	3.967	1.448
7	X	0.078	0.30	0.26	22.75(18)	10	26	5.502	2.029
8	米	0.064	0.25	0.22	20.22(20)	16	37	6.569	1.979
9	K	0.064	0.30	0.22	22.75(18)	20	57	8.677	1.99
10	K形组合	0.078	0.25	0.26	20.22(20)	25	45	6.477	1.848
11	米	0.036	0.20	0.30	30.33(14)	10	37	4.008	2.020
12	X	0.050	0.15	0.33	26.00(16)	16	26	2.759	1.772
13	K	0.078	0.25	0.33	26.00(16)	10	37	5.778	2.545
14	K形组合	0.064	0.30	0.30	30.33(14)	16	26	3.956	2.101
15	米	0.050	0.15	0.26	20.22(20)	20	57	3.476	1.29
16	X	0.036	0.20	0.22	22.75(18)	25	45	6.642	2.071
17	X	0.036	0.25	0.26	30.33(14)	16	57	5.095	1.115
18	米	0.050	0.30	0.22	26.00(16)	10	45	6.68	0.970
19	K形组合	0.064	0.15	0.33	22.75(18)	25	37	2.686	1.095
20	K	0.078	0.20	0.30	20.22(20)	20	26	4.300	1.315
21	X	0.050	0.30	0.30	20.22(20)	25	37	7.020	2.455
22	米	0.036	0.25	0.33	22.75(18)	20	26	6.017	2.474

续表

试验号	因素							分支点稳定系数	极值点安全系数
	横撑类型	宽跨比	矢跨比	主拱肋宽高比	横撑间距/m（数量）	横撑壁厚/mm	K节点夹角/(°)		
23	K形组合	0.078	0.20	0.22	26.00(16)	16	57	5.090	1.794
24	K	0.064	0.15	0.26	30.33(14)	10	45	2.951	1.979
25	米	0.064	0.20	0.26	26.00(16)	25	26	4.649	2.502
26	X	0.078	0.15	0.22	30.33(14)	20	37	2.501	2.108
27	K	0.036	0.30	0.33	20.22(20)	16	45	5.805	2.652
28	K形组合	0.050	0.25	0.30	22.75(18)	10	57	5.309	2.214
29	米	0.078	0.15	0.30	22.75(18)	16	45	2.585	1.009
30	X	0.064	0.20	0.33	20.22(20)	10	57	6.091	1.674
31	K	0.050	0.25	0.22	30.33(14)	25	26	4.000	2.130
32	K形组合	0.036	0.30	0.26	26.00(16)	20	37	4.319	2.202

下面将以表 3-9 中的正交试验数据为基础，进行分支点和极值点多因素分析。

3.1.4.2 分支点失稳多因素分析

1) 直观分析

直观分析又称极差分析，是通过比较各因素之间的极差大小来分析各因素对分支点稳定的影响。极差是指正交表中每一列因素各个水平对应的指标值中的极大值和极小值之差。以第 j 个因素为例，其相应的极差 R_j 为

$$R_j = \max\{\bar{K}_{ij}\} - \min\{\bar{K}_{ij}\} \quad (3-1)$$

$$\bar{K}_{ij} = \frac{1}{8}\sum_{n=1}^{8} K_{ij\_n} \quad (3-2)$$

式中 R_j ——第 j 个因素的极差；

K_{ij_n} ——第 j 个因素第 i 个水平的第 n 个样本值，对于本节中的正交试验 $n=1$, $2, 3, \cdots, 8$；

$\bar{K}_{ij}$ ——第 j 个因素第 i 个水平的分支点稳定系数平均值。

正交试验中，各因素的极差代表着该因素的水平波动对试验指标的影响程度，极差越大，说明该因素对指标的影响程度越大，反之则越小。大跨度钢管混凝土桁架拱桥分支点失稳正交试验中各因素的极差见表 3-10。图 3-7 进一步给出了各因素极差的对比。

表 3-10 正交试验各因素极差

水平 i	因素 j						
	横撑类型	宽跨比	矢跨比	主拱肋宽高比	横撑间距	横撑壁厚	K节点夹角
$\bar{K}_1$	4.290	4.798	2.932	5.337	5.284	4.857	4.215
$\bar{K}_2$	5.125	4.839	5.031	4.749	5.368	4.673	4.801
$\bar{K}_3$	5.336	5.332	5.790	4.778	5.040	5.039	5.270
$\bar{K}_4$	5.022	4.803	6.019	4.909	4.081	5.204	5.487
极差 R_j	1.046	0.533	3.086	0.588	1.287	0.531	1.272
最显著水平	3	3	4	1	1	4	4

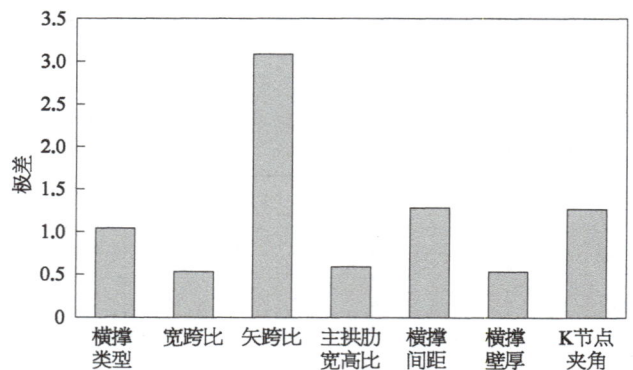

图 3-7 分支点失稳正交试验极差对比

通过表 3-10 和图 3-7 可知,主拱矢跨比对应的极差最大,即该因素对大跨度钢管混凝土桁架拱桥分支点稳定的影响最大,且明显大于其他因素。而横撑类型的极差仅为 1.046,在 7 个因素的极差中属于中等水平。分析极差对比图,可以按照影响程度从大到小将 7 个因素分为三个档次:主拱矢跨比为第一档,横撑间距、K 节点夹角、横撑类型为第二档,主拱肋宽高比、主拱宽跨比、横撑壁厚为第三档。

2) 方差分析

方差分析又称变异数分析,试验数据的变异程度由两部分构成:一部分为各因素自身水平变化导致结果指标所产生的变异,用组间差平方和 S_j 表示;另一部分为试验误差等导致结果指标所产生的变异,在单因素或者双因素的方差分析中,用组内差平方和表示,而在正交试验设计中,通过设置空白列来表示误差,故对应的方差分析,该部分用空白列的组间差平方和 S_e 表示。完成正交试验设计后,S_j 和 S_e 可通过式(3-3)和式(3-4)计算得到,即

$$S_j = t \sum_{i=1}^{r} (\bar{K}_{ij} - \bar{y})^2 \quad (3-3)$$

$$S_e = t \sum_{i=1}^{r} (\bar{K}_{ie} - \bar{y})^2 \quad (3-4)$$

式中 t——每列因素同水平的试验次数,本次试验中为 8;

r——每列因素的水平数,本次试验中为 4;

j——第 j 列因素,本次试验中 $j=1, 2, 3, \cdots, 7$;

$\bar{K}_{ij}$——第 j 列中因素第 i 个水平下的指标均值;

$\bar{K}_{ie}$——空白误差列中第 i 个水平下的指标均值;

$\bar{y}$——总数据指标均值。

方差分析的基本思想就是计算以上两部分变异并进行比较,通过假设检验确定相应因素对试验结果影响的显著性水平。由上式可以发现 S_j 越大,则该因素水平变化对结果的影响越大。S_j 和 S_e 的大小与其自身的自由度 f_j 和 f_e 有关,自由度的计算公式如下

$$f_j = r - 1 \quad (3-5)$$

$$f_T = n - 1 \quad (3-6)$$

$$f_e = f_T - \sum f_j \quad (3-7)$$

式中 f_j——S_j 的自由度,取 3;

n——总试验次数,为 32;

f_T——总自由度,为 31;

f_e——S_e 的自由度数,取 10。

获得 S_j 和 S_e 后,进行假设检验,判断各影响因素的显著性。以 j 因素为例,假设因素 j 的波动对结果影响显著,在此假设的前提下得出与 S_j、S_e 相关的统计量 F_j 服从 F 分布,具体计算公式如下

$$F_j = \frac{S_j/f_j}{S_e/f_e} \sim F_\alpha(f_f, f_e) \quad (3-8)$$

式中 α——显著性水平,一般取 0.05。

计算出 F_j 后,可以通过查 F 分布表得出与 F 值对应的检验 P 值。方差分析中认为当 $F_j < F_{0.05}(3, 10)$,即 $P > 0.05$ 时该因素的影响不显著;当 $F_j > F_{0.05}(3, 10)$,即 $P \leq 0.05$ 时该因素的影响显著。其中,$0.01 < P \leq 0.05$ 时该因素的影响显著,$0.001 < P \leq 0.01$ 时该因素的影响很显著,$P \leq 0.001$ 时该因素的影响极显著。根据上述公式对 7 个因素分别进行了数据处理,获得的大跨度钢管混凝土桁架拱桥分支点失稳的正交试验多因素方差分析结果见表 3-11。

根据表 3-11 可知,当各参数在合理的取值范围内时,主拱矢跨比是影响大跨度钢管混凝土桁架拱桥分支点失稳的最主要因素。此外,横撑间距和 K 节点夹角对主拱的分支点失稳也有显著影响。而横撑壁厚、主拱宽跨比和主拱肋宽高比对主拱分支点失稳的影响非常不显著,在合理取值范围内,以上三个因素的影响可以不予考虑。方差分析中,显著性水平取 0.05 时对应的 F 临界值 $F_{0.05}(3, 10) = 3.71$,而横撑类型的 F 值为 2.83,小于 $F_{0.05}(3, 10)$;检验 P 值为 9.3%,大于 0.05,表明在显著性水平取 0.05 的情况下,

表 3-11 分支点失稳正交试验多因素方差分析结果

方差指标	因素						
	横撑类型	宽跨比	矢跨比	主拱肋宽高比	横撑间距	横撑壁厚	K节点夹角
F 值	2.830	0.923	27.023	1.009	4.765	0.719	4.350
检验 P 值	9.3%	46.5%	0.0041%	42.9%	2.6%	56.3%	3.3%
结论	不显著	不显著	极显著	不显著	显著	不显著	显著

常用横撑类型的改变对大跨度钢管混凝土桁架拱桥分支点失稳的影响不显著。

为了比较不同因素对分支点稳定的影响,将表 3-11 中 7 个影响因素的 F 值以柱状图形式表示在图 3-8 中。同时,给出了显著性水平 $\alpha=0.025$ 时的临界值 $F_{0.025}(3,10)$。

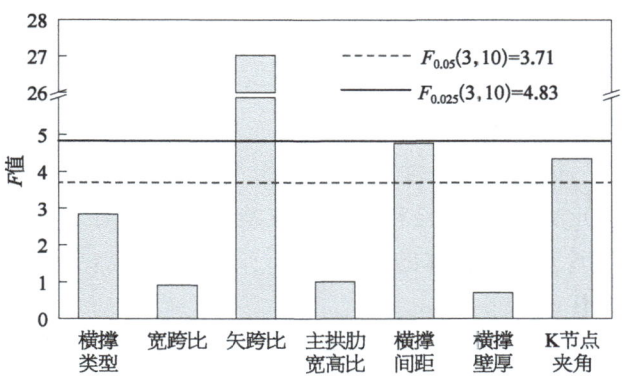

图 3-8 分支点失稳正交试验多因素方差分析 F 值比较

表 3-11 和图 3-8 分析表明,无论显著性水平取 0.05 还是 0.025,主拱矢跨比在常用范围内都是影响主拱分支点失稳的最关键影响因素。横撑类型的 F 值为 2.83,小于两种显著性水平对应的临界值 3.71 和 4.83,表明横撑类型变化对主拱分支点失稳的影响不显著。因此,各参数在合理的取值范围内时,使用新型 K 形组合横撑替代常用的 K 形、X 形或米字形桁式横撑,不会显著降低大跨度钢管混凝土桁架拱桥的分支点稳定性。

3.1.4.3 极值点失稳多因素分析

《公路钢管混凝土拱桥设计规范》5.9.2 条也指出"对于跨径大于 300 m 的钢管混凝土拱桥,使用阶段应计入几何、材料非线性影响",因此在大跨度钢管混凝土桁架拱桥有限元极值点失稳分析中,同时考虑了材料非线性、几何非线性和结构初始几何缺陷。钢材和核心混凝土的非线性本构模型分别选用

韩海林《钢管混凝土结构:理论与实践》和陈宝春《钢管混凝土偏心受压应力-应变关系模型研究》的建议公式,初始几何缺陷取主拱跨径的 1/5 000,并按照第一阶分支点失稳模态进行设置。分析中的极值点稳定安全系数定义如下

$$\varphi_u = \frac{F_d + \gamma F_c}{F_d + F_c} \quad (3-9)$$

式中 φ_u——极值点安全系数;
F_d——作用在结构上的恒荷载;
F_c——结构的可变荷载;
γ——荷载-位移曲线峰值点对应的活荷载放大倍数,即极值点安全系数为仅考虑放大活荷载的情况。

为了使极值点失稳和分支点失稳具有可比性,极值点失稳分析中的荷载工况仍采用荷载组合 I,通过荷载-位移曲线获得结构在荷载组合 I 作用下的极值点安全系数。

1) 直观分析

按照与分支点失稳相同的原理,对表 3-9 中的试验结果进行极值点失稳直观分析,得极值点极差对比柱状图,如图 3-9 所示。

图 3-9 分析表明,当各参数在合理的取值范围

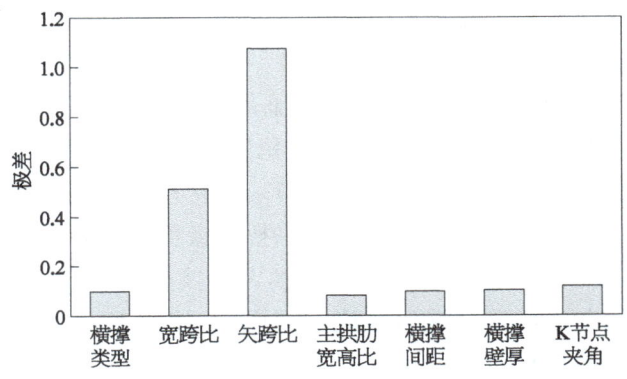

图 3-9 极值点失稳正交试验极差对比

内时,主拱矢跨比的极差最大,是影响大跨度钢管混凝土桁架拱桥极值点稳定的最主要因素,且显著大于其他因素,这与分支点稳定分析时的极差规律相同。与分支点失稳不同的是,除矢跨比外,主拱宽跨比的极差也要明显大于其他 5 个因素。横撑类型、主拱肋宽高比、横撑间距、横撑壁厚和 K 节点夹角的极差值都很小,对极值点失稳的影响不大。

2) 方差分析

按照与分支点失稳相同的分析方法,对表 3-9 中的试验结果进行多因素方差分析,得极值点失稳正交试验多因素方差分析结果见表 3-12,对应 F 值对比柱状图如图 3-10 所示。

表 3-12 极值点失稳正交试验多因素方差分析结果

方差指标	因　素						
	横撑类型	宽跨比	矢跨比	主拱肋宽高比	横撑间距	横撑刚度	K 节点夹角
F 值	1.553	30.783	135.984	0.768	1.067	1.317	2.002
检验 P 值	26.1%	0.002%	2×10^{-6}%	53.8%	40.6%	32.3%	17.8%
结论	不显著	极显著	极显著	不显著	不显著	不显著	不显著

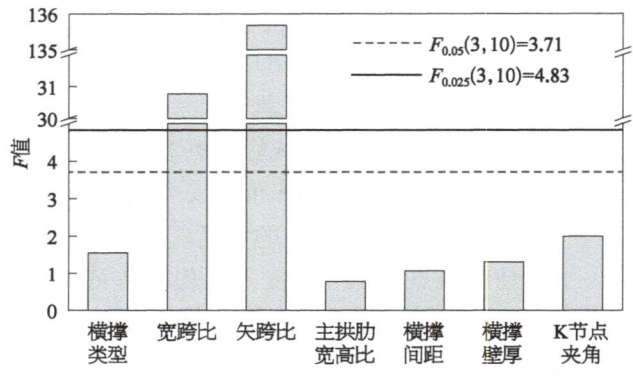

图 3-10 极值点失稳多因素方差分析 F 值比较

表 3-12 和图 3-10 分析表明,主拱矢跨比的 F 值为 135.984,远远大于其他因素,同时也大于显著性水平为 0.05 和 0.025 时的临界值,是极值点失稳最显著的影响因素。宽跨比的 F 值为 30.783,也大于显著性水平为 0.05 和 0.025 时的临界值,是对大跨度钢管混凝土桁架拱桥的极值点失稳有显著性影响的另外一个因素。其他 5 个影响因素的 F 值在 0.768~2.002,均小于 F 临界值,对大跨度钢管混凝土桁架拱桥的极值点失稳影响不显著。其中,横撑类型对应的 F 值为 1.553,对应 P 值 26.1%>0.05,对大跨度钢管混凝土拱桥的极值点失稳影响不显著。由此可以得到结论,与分支点失稳相同,当各参数在合理的取值范围内时,使用 K 形组合横撑代替常用的 K 形、X 形或米字形横撑,不会对大跨度钢管混凝土桁架拱桥的极值点稳定性产生显著影响。

3.1.5 结论

依托四川合江长江三桥为工程背景,采用有限单元法、正交试验和多因素方差分析方法对采用新型 K 形组合横撑的稳定性进行了比较研究,主要结论有:

(1) 对于 K 形组合横撑类型,当 K 形斜撑设置在主拱肋上弦且靠近拱脚一侧时,横撑在大跨度钢管混凝土桁架拱桥稳定中的效果最好。

(2) 与常用的 K 形、X 形和米字形横撑相比,使用 K 形组合横撑对主拱最大轴力、最大面内弯矩、最大面外弯矩、最大应力、竖向变形和弹性稳定性的影响均较小,仅对主拱水平变形有一定影响。

(3) 当各参数在合理的取值范围内时,使用 K 形组合横撑代替常用的 K 形、X 形或米字形横撑,不会显著降低大跨度钢管混凝土桁架拱桥的分支点和极值点稳定性。

3.2 钢管混凝土拱桥设计方法

3.2.1 范围

本节的设计方法适合于钢管混凝土桁式主拱及拱上建筑设计;同时,单肢钢管混凝土桥墩(塔)、桁式钢管混凝土桥墩(塔)设计时,也可以参考钢管混凝土主拱设计相关条款的要求执行。

3.2.2 总则

(1) 为规范和指导公路钢管混凝土拱桥设计，保障设计质量，按照安全可靠、适用耐久、经济合理、技术先进的原则，制定本细则。

(2) 本细则适用于钢管为圆形截面的公路钢管混凝土拱桥设计。

条文说明

圆形钢管对混凝土的约束力强，研究理论与构造设计技术成熟，建造的拱桥数量最多。

(3) 钢管混凝土拱桥应采用以概率理论为基础的极限状态法设计，并进行以下两类极限状态设计：

① 承载能力极限状态：对应于钢管混凝土拱桥及其构件达到最大承载能力或出现不适于继续承载的变形或变位的状态。

② 正常使用极限状态：对应于钢管混凝土拱桥及其构件达到正常使用或耐久性的某项限值的状态。

(4) 钢管混凝土拱桥应根据不同种类的作用（或荷载）及其对桥梁的影响、桥梁所处的环境条件，区分以下四种状况进行相应的极限状态设计：

① 持久状况：桥梁建成后承受自重、车辆等荷载的状况。应进行承载能力极限状态和正常使用极限状态设计。

② 短暂状况：桥梁施工过程中承受临时性作用的状况。应进行承载能力极限状态设计，必要时进行正常使用极限状态设计。

③ 偶然状况：桥梁在服役期内可能偶然出现异常的状况。应进行承载能力极限状态设计，必要时进行正常使用极限状态设计。

④ 地震状况：桥梁在遭受地震作用时的状况，在抗震设防地区应计入地震设计状况。应进行承载能力极限状态设计，必要时进行正常使用极限状态设计。

(5) 钢管混凝土拱桥设计时，应提出相应的施工方法、施工步骤和结构体系转换程序。

条文说明

拱桥的施工方法、施工步骤和结构体系转换影响到拱桥总体布局、构造设计、施工与使用安全，因此，拱桥设计时，应总体考虑拱桥施工全过程的关键技术。

(6) 施工阶段，在管内混凝土未达到设计强度前，构件的承载力、变形和稳定应按钢结构计算。施工阶段的荷载应包括钢管和混凝土等的自重、温度作用、风荷载及可能发生的施工荷载。

(7) 钢管混凝土拱桥主体结构设计使用年限应为100年，吊索、系杆索的设计使用年限应为20年，钢结构防腐涂层体系保护年限应为15年。吊索、系杆索锚固设计应满足检查、维修和可更换的需要。

条文说明

钢管混凝土拱桥主体结构包括主拱、横撑、桥面梁（板）、拱上立柱、桥墩、基础及连接结构。吊索、系杆索设计使用年限及钢结构涂层的设计保护年限低于主体结构，因此应进行吊索、系杆索的可更换设计。

(8) 钢管混凝土拱桥中的钢结构构造细节应满足完整性设计的要求。

条文说明

近年来，一些钢管混凝土拱桥在制造或服役期形成的局部缺陷，在恶劣环境中，缺陷急速恶化扩展，缩短了桥梁设计服役期甚至导致桥梁垮塌。钢管混凝土桥梁因钢管的连接主要采用焊接，并且空中安装焊接工作量大，在连接接头处可能造成钢管结构的局部缺陷，从而影响桥梁完整性，严重影响钢管混凝土桥梁寿命。

(9) 钢管混凝土拱桥设计除应符合本细则的规定外，尚应符合国家和行业现行有关标准的要求。

3.2.3 材料

3.2.3.1 钢材

(1) 钢管混凝土构件中的钢材，应根据结构的重要性、荷载特征、应力状态、连接方式、环境条件等因素确定强度和质量等级。钢材常用强度等级为Q235、Q345、Q390，钢材质量等级应根据使用环境温度选用B级以上。

(2) 钢材质量应符合现行《碳素结构钢》(GB/T 700)和《低合金高强度结构钢》(GB/T 1591)的规定。

(3) 钢管宜采用卷制焊接直缝管。当钢管径厚比不满足卷制要求时，钢管可采用符合国家及相关行业标准的螺旋焊接管或无缝钢管。

条文说明

卷制焊接直缝管制造精度高，质量可靠，成本较低。

(4) 当钢管有防止层状撕裂的需要时,其材质应符合现行《厚度方向性能钢板》(GB/T 5313)的规定。

(5) 钢材的物理力学性能指标应满足表 3-13 的要求。

表 3-13 钢材的物理力学性能

弹性模量 E_s/MPa	剪切模量 G_s/MPa	线膨胀系数 α/℃$^{-1}$	密度 ρ/(kg·m^{-3})
2.06×10^5	0.79×10^5	1.2×10^{-5}	7 850

(6) 钢管的强度设计值应满足表 3-14 的要求。

表 3-14 钢管的强度设计值

钢材强度等级	厚度/mm	抗拉、抗压和抗弯 f_{sd}/MPa	屈服强度 f_y/MPa	抗剪 f_{vd}/MPa
Q235	≤16	215	235	125
	16~40	205	225	120
Q345	≤16	310	345	180
	16~35	295	325	170
Q390	≤16	350	390	205
	16~35	335	370	190

3.2.3.2 连接材料

(1) 焊接材料应与结构钢材的性能相匹配。当两种不同强度等级的钢材相焊接时,应采用与强度较低的一种钢材相适应的焊接材料。

(2) 用于钢管混凝土构件或钢构件连接的紧固件,应符合国家关于普通螺栓、高强度螺栓、焊钉的现行相关标准。

条文说明

相关标准包括适用于普通螺栓的《六角头螺栓 C 级》(GB/T 5780)和《六角头螺栓》(GB/T 5782),适用于高强度螺栓的《钢结构用高强度大六角头螺栓》(GB/T 1228)、《钢结构用高强度大六角螺母》(GB/T 1229)、《钢结构用高强度垫圈》(GB/T 1230)、《钢结构用高强度大六角头螺栓、大六角螺母、垫圈技术条件》(GB/T 1231)和《钢结构用扭剪型高强度螺栓连接副》(GB/T 3632)。高强度螺栓的预紧力和摩擦面抗滑移系数应符合《钢结构设计规范》(GB 50017),及适用于焊钉的《电弧螺栓焊用圆柱头焊钉》(GB/T 10433)。

3.2.3.3 混凝土

(1) 钢管内灌注的混凝土应采用自密实补偿收缩混凝土,其强度等级宜为 C30~C80。

(2) 自密实补偿收缩混凝土性能指标应满足以下要求:

① 力学性能:应满足设计要求。

② 体积稳定性能:密闭环境下混凝土自由膨胀率应控制在 $2\times10^{-4}\sim6\times10^{-4}$,其稳定收敛期应小于 60 d。

③ 工作性能:其各项指标应满足表 3-15 要求。

表 3-15 自密实补偿收缩混凝土工作性能

泵送灌注时间/h	坍落度/cm		扩展度/cm		U 形箱填充高度/cm	V 形漏斗通过时间/s	T_{50}/s	初凝时间/h	终凝时间/h
≤6	入泵 20~26	3 h:≥18	入泵 50~65	3 h:≥40	≥30 无障碍	10~25	5~20	12~18	14~20
≤10		5 h:≥18		5 h:≥40				16~22	18~24

④ 外加剂选择:应掺加高效减水剂和膨胀剂。选用的高效减水剂应具有保塑、缓凝的功能,减水率应大于 25%,且制备的混凝土拌和物含气量应小于 2.5%。选用的膨胀剂应对混凝土工作性能影响小、膨胀性能稳定,水中限制膨胀率 7 d 大于 0.05%、空气中(温度 20℃±2℃,相对湿度 60%±5%)21 d 大于 0。

条文说明

自密实补偿收缩混凝土工作性能,其评价指标根据《自密实混凝土应用技术规程》(CECS 203:

2006)的性能测试方法,采用坍落扩展度法测试流动性能,用V形漏斗法测试黏稠性和抗离析性,用U形箱法测试自填充性。测试的混凝土工作性能指标应符合本条规定。

武汉理工大学的试验研究表明,钢管内混凝土在密闭环境下的膨胀率在60 d内稳定收敛,有利于施工控制和桥梁结构的稳定。当密闭环境下钢管内混凝土自由膨胀率在$2\times10^{-4}\sim6\times10^{-4}$,含气量小于2.5%时,钢管内混凝土容易密实。如果密闭环境下混凝土中膨胀剂掺量高,自由膨胀率过大,就会影响混凝土的工作性能、力学性能和结构稳定性能。

主管内混凝土一般采用泵送顶升灌注,依靠混凝土的自重而密实,因此,混凝土应具有良好的自密实性能。如果初始坍落度小于20 cm、扩展度小于50 cm、T_{50}大于20 s、V形漏斗通过时间大于25 s、U形箱填充高度小于30 cm,则混凝土的工作性能不能满足自密实性能要求;混凝土坍落度大于26 cm、扩展度大于65 cm、T_{50}小于5 s、V形漏斗通过时间小于10 s,则混凝土黏聚性不良,容易离析而堵管或分层,影响钢管混凝土均匀性。工程实践表明,如果泵送顶升灌注6 h内完成,则控制3 h坍落度宜大于18 cm,扩展度大于40 cm,初凝时间12~18 h,终凝时间14~20 h;如果泵送顶升灌注10 h内完成,则3 h坍落度应无损失,控制5 h坍落度宜大于18 cm,扩展度大于40 cm,初凝时间16~22 h,终凝时间18~24 h。

在泵送压力作用下,混凝土中气体会部分逸出,积聚在钢管和混凝土之间形成气膜,造成钢管和混凝土脱黏,所以对减水剂含气量提出要求。

(3)混凝土轴心抗压强度标准值f_{ck}、轴心抗压强度设计值f_{cd}、轴心抗拉强度标准值f_{tk}、轴心抗拉强度设计值f_{td}、弹性模量E_c应按表3-16采用。混凝土的剪切模量G_c可按表3-16中弹性模量E_c的0.4倍采用,混凝土的泊松比μ_c可采用0.2。

表3-16 混凝土强度和弹性模量 单位:MPa

混凝土强度等级		C30	C40	C50	C60	C70	C80
标准值	轴心抗压f_{ck}	20.1	26.8	32.4	38.5	44.5	50.2
	轴心抗拉f_{tk}	2.01	2.40	2.65	2.85	3.00	3.10
设计值	轴心抗压f_{cd}	13.8	18.4	22.4	26.5	30.5	34.6
	轴心抗拉f_{td}	1.39	1.65	1.83	1.96	2.07	2.14
弹性模量$E_c/(\times10^4)$		3.00	3.25	3.45	3.60	3.70	3.80

3.2.3.4 钢管混凝土

(1)钢管混凝土构件应满足下列要求:

① 钢管外径不宜小于300 mm,也不宜大于1 500 mm。

② 钢管混凝土主拱的主管壁厚不宜小于10 mm;横撑、立柱等采用钢管混凝土时,钢管壁厚不宜小于8 mm。

③ 钢管径厚比(D/T)不宜大于90,其中卷制焊接钢管径厚比(D/T)不宜小于40。

④ 含钢率a_s取值宜为0.04~0.20,其值应按式(3-10)计算。

$$a_s=\frac{A_s}{A_c} \quad (3-10)$$

式中 a_s——钢管混凝土截面含钢率;
A_s——钢管混凝土钢管的截面面积(m^2);
A_c——钢管内混凝土的截面面积(m^2)。

⑤ 约束效应系数标准值ξ不宜小于0.6,其值应按式(3-11)计算。

$$\xi=\frac{A_s f_y}{A_c f_{ck}} \quad (3-11)$$

式中 ξ——钢管混凝土的约束效应系数标准值;
A_s——钢管混凝土钢管的截面面积(m^2);
f_y——钢材的屈服强度(MPa);
A_c——钢管内混凝土的截面面积(m^2);
f_{ck}——混凝土轴心抗压强度标准值(MPa)。

条文说明

为使钢管与钢管内混凝土具有统一的力学特征和变形协调性能,为满足桥梁结构受力性能需要,钢管混凝土的含钢率、径厚比、约束效应系数等应满足规定指标要求。

(2)钢管与混凝土的强度等级匹配关系宜满足表3-17的要求。

表 3-17 钢管与混凝土的强度等级匹配表

钢材	Q235		Q345					Q390			
混凝土	C30	C40	C40	C50	C60	C70	C80	C50	C60	C70	C80

条文说明

钢管和混凝土材料的强度等级影响钢管混凝土力学性能,钢管和混凝土的强度等级科学合理"匹配",使钢管混凝土的力学性能更优良、经济性更好。

(3) 钢管混凝土设计强度应采用组合轴心抗压强度 f_{sc},f_{sc} 应按式(3-12)、式(3-13)计算。

当 $T \leqslant 16$ mm 时

$$f_{sc} = (1.14 + 1.02\xi_0) f_{cd} \quad (3-12)$$

当 $T > 16$ mm 时

$$f_{sc} = 0.96 \times (1.14 + 1.02\xi_0) f_{cd} \quad (3-13)$$

式中 f_{sc}——钢管混凝土组合轴心抗压强度设计值(MPa);
T——主管壁厚(mm);
ξ_0——钢管混凝土的约束效应系数设计值,按式(3-14)计算

$$\xi_0 = \frac{A_s f_{sd}}{A_c f_{cd}} \quad (3-14)$$

式中 A_s——钢管混凝土钢管的截面面积(m^2);
f_{sd}——钢管的抗拉强度设计值(MPa);
A_c——钢管内混凝土的截面面积(m^2);
f_{cd}——钢管内混凝土的轴心抗压强度设计值(MPa)。

条文说明

钢管壁厚大于 16 mm 的钢板卷制成的钢管,厚板效应使卷制的钢管更容易凸显钢材固有缺陷,降低钢材强度;同时,壁厚大于 16 mm 的钢管直径一般较大,而大直径钢管混凝土的约束效应差、影响因素多,根据试验成果,取钢管混凝土组合抗压强度设计值的修正系数为 0.96。

(4) 钢管混凝土弹性模量应采用组合弹性轴压模量 E_{sc}。当 $T \leqslant 16$ mm 时,E_{sc} 应按表 3-18 取值;当 $T > 16$ mm 时,E_{sc} 应按表 3-18 取值乘以 0.96 后确定。

(5) 钢管混凝土组合抗剪强度设计值 τ_{sc} 应按式(3-15)、式(3-16)计算。

表 3-18 组合弹性轴压模量 E_{sc} 单位:10^4 MPa

钢材牌号		Q235		Q345					Q390			
混凝土强度等级		C30	C40	C40	C50	C60	C70	C80	C50	C60	C70	C80
a_s	0.04	2.89	3.57	3.06	3.50	3.98	4.45	4.89	3.36	3.81	4.24	4.65
	0.05	3.11	3.79	3.31	3.74	4.22	4.69	5.14	3.62	4.06	4.49	4.91
	0.06	3.32	4.00	3.55	3.99	4.46	4.93	5.38	3.87	4.31	4.75	5.16
	0.07	3.53	4.21	3.79	4.23	4.70	5.17	5.62	4.12	4.57	5.00	5.41
	0.08	3.75	4.43	4.03	4.47	4.95	5.42	5.86	4.38	4.82	5.25	5.67
	0.09	3.96	4.64	4.27	4.71	5.19	5.66	6.10	4.63	5.07	5.51	5.92
	0.10	4.17	4.85	4.51	4.95	5.43	5.90	6.35	4.88	5.32	5.76	6.17
	0.11	4.39	5.07	4.76	5.19	5.67	6.14	6.59	5.14	5.58	6.01	6.43
	0.12	4.60	5.28	5.00	5.44	5.91	6.38	6.83	5.39	5.83	6.27	6.68
	0.13	4.81	5.49	5.24	5.68	6.15	6.62	7.07	5.64	6.08	6.52	6.93

续 表

钢材牌号		Q235		Q345					Q390			
混凝土强度等级		C30	C40	C40	C50	C60	C70	C80	C50	C60	C70	C80
a_s	0.14	5.03	5.71	5.48	5.92	6.40	6.87	7.31	5.89	6.34	6.77	7.19
	0.15	5.24	5.92	5.72	6.16	6.64	7.11	7.55	6.15	6.59	7.03	7.44
	0.16	5.45	6.13	5.96	6.40	6.88	7.35	7.80	6.40	6.84	7.28	7.69
	0.17	5.67	6.35	6.21	6.64	7.12	7.59	8.04	6.65	7.10	7.53	7.95
	0.18	5.88	6.56	6.45	6.89	7.36	7.83	8.28	6.91	7.35	7.79	8.20
	0.19	6.10	6.78	6.69	7.13	7.60	8.07	8.52	7.16	7.60	8.04	8.45
	0.20	6.31	6.99	6.93	7.37	7.85	8.32	8.76	7.41	7.86	8.29	8.71

注：当含钢率 a_s 为中间值时，E_{sc} 采用插入法求得。

当 $T \leqslant 16$ mm 时

$$\tau_{sc} = (0.422 + 0.313 a_s^{2.33}) \xi_0^{0.134} f_{sc} \quad (3-15)$$

当 $T > 16$ mm 时

$$\tau_{sc} = 0.96 \times (0.422 + 0.313 a_s^{2.33}) \xi_0^{0.134} f_{sc}$$

$$(3-16)$$

式中　τ_{sc}——钢管混凝土组合抗剪强度设计值（MPa）；

a_s——钢管混凝土截面的含钢率；

ξ_0——钢管混凝土的约束效应系数设计值；

f_{sc}——钢管混凝土组合轴心抗压强度设计值（MPa）。

（6）钢管混凝土剪切模量应采用组合弹性剪切模量 G_{sc}。当 $T \leqslant 16$ mm 时，G_{sc} 应按表 3-19 取值；当 $T > 16$ mm 时，G_{sc} 应按表 3-19 取值乘以 0.96 后确定。

表 3-19　组合弹性剪切模量 G_{sc}　　　　　　　　　　　　　　单位：10^4 MPa

钢材牌号		Q235		Q345					Q390			
混凝土强度等级		C30	C40	C40	C50	C60	C70	C80	C50	C60	C70	C80
a_s	0.04	0.86	1.01	0.91	1.01	1.11	1.20	1.29	0.97	1.07	1.16	1.24
	0.05	0.95	1.10	1.01	1.10	1.21	1.30	1.39	1.07	1.16	1.26	1.34
	0.06	1.04	1.19	1.11	1.20	1.30	1.40	1.49	1.17	1.26	1.35	1.43
	0.07	1.13	1.28	1.21	1.30	1.40	1.50	1.59	1.26	1.35	1.44	1.53
	0.08	1.22	1.37	1.30	1.39	1.49	1.59	1.68	1.36	1.45	1.54	1.62
	0.09	1.32	1.46	1.40	1.49	1.59	1.68	1.77	1.45	1.54	1.63	1.71
	0.10	1.41	1.55	1.50	1.58	1.68	1.78	1.87	1.54	1.63	1.72	1.80
	0.11	1.50	1.64	1.59	1.68	1.77	1.87	1.96	1.63	1.72	1.80	1.88
	0.12	1.59	1.73	1.69	1.77	1.87	1.96	2.05	1.73	1.81	1.89	1.97
	0.13	1.69	1.82	1.79	1.87	1.96	2.05	2.14	1.82	1.90	1.98	2.06
	0.14	1.78	1.92	1.89	1.96	2.06	2.15	2.23	1.91	1.99	2.07	2.14

续表

钢材牌号		Q235		Q345					Q390			
混凝土强度等级		C30	C40	C40	C50	C60	C70	C80	C50	C60	C70	C80
a_s	0.15	1.88	2.01	1.98	2.06	2.15	2.24	2.32	2.00	2.08	2.15	2.23
	0.16	1.97	2.10	2.08	2.16	2.24	2.33	2.41	2.09	2.16	2.24	2.31
	0.17	2.07	2.20	2.18	2.25	2.34	2.42	2.51	2.18	2.25	2.32	2.40
	0.18	2.17	2.29	2.28	2.35	2.43	2.52	2.60	2.27	2.34	2.41	2.48
	0.19	2.27	2.39	2.38	2.45	2.53	2.61	2.69	2.36	2.43	2.49	2.56
	0.20	2.37	2.49	2.48	2.55	2.62	2.71	2.78	2.45	2.51	2.58	2.65

注：当含钢率 a_s 为中间值时，G_{sc} 采用插入法求得。

(7) 钢管混凝土的线膨胀系数 α 应取 1.2×10^{-5}。

条文说明

钢管混凝土的钢管外表面直接暴露于大气中，且钢管内混凝土对钢管的轴向约束较小，因此，选用钢材的线膨胀系数作为钢管混凝土的线膨胀系数。

3.2.4 计算基本规定

3.2.4.1 一般规定

(1) 钢管混凝土拱桥应进行强度、刚度、稳定验算和动力性能分析，并应符合下列规定：

① 钢管混凝土主拱应采用静力方法计算内力和累计变形。按照极限承载能力公式，对单管主拱进行单管受压构件的强度验算；对哑铃形主拱进行组合受压构件的强度验算；对桁式主拱进行单肢和组合受压构件的强度验算。

② 钢管混凝土拱桥整体稳定与动力特性，应建立全桥空间模型进行分析，包括主拱、桥面系、吊杆、立柱、系杆等全桥各构件。

③ 计算主拱稳定安全系数，当主拱跨径大于 300 m 时，还应计入材料、几何非线性影响。

条文说明

钢管混凝土拱桥的主拱和钢管混凝土构件的强度、刚度和动力性能按本细则提出的计算方法进行验算。当计算主拱稳定安全系数时，主拱跨径大于 300 m 的钢管混凝土拱桥，材料、几何非线性对主拱稳定性能影响显著，不容忽视。

(2) 钢管混凝土拱桥的结构分析（静力、稳定、动力），可采用平面或空间有限元法。下承式刚架系杆拱桥的计算模型应包括下部结构。

条文说明

主拱与下部结构固结的下承式系杆拱桥，被称为下承式刚架系杆拱桥。由于下部结构的水平刚度对下承式刚架系杆拱桥各构件的内力、变形和稳定影响较大，因此计算模型中应包括下部结构。

(3) 钢管混凝土拱桥的承载力计算应计入钢管初应力和混凝土脱空的影响。

(4) 钢管混凝土拱桥主拱截面尺寸、主管和支管规格、拱轴线形等几何参数应综合优化确定。

(5) 钢管混凝土拱桥，当桥面梁（板）为连续结构时，桥面梁（板）内力计算应计入吊索和主拱的影响。

3.2.4.2 作用及作用效应组合

(1) 有关作用的分类、组合及结构重要性系数，应符合现行《公路桥涵设计通用规范》（JTG D60）的规定。

(2) 钢管混凝土主拱的活载冲击系数 μ，可按式（3-17）计算。当计算结果 $\mu < 0.05$ 时，取 $\mu = 0.05$。

$$\mu = \frac{18}{40 + L_0} \quad (3-17)$$

式中　L_0——主拱的净跨径（m）。

条文说明

《公路桥涵设计通用规范》(JTG D60—2015)的冲击系数采用分段函数法,建立了冲击系数与结构基频的计算方法。福州大学根据钢管混凝土拱桥实测冲击系数和频率,建立了实测冲击系数和频率的关系

$$\mu = 0.057\,36 f_0 + 0.074\,8 \quad (3-18)$$

式中 f_0——主拱一阶竖向自振频率(Hz)。

桥梁冲击系数的影响因素较多,研究难度较大,虽然研究资料较多,但尚无共识。钢管混凝土拱桥跨度大,上、中、下承式不同结构体系,其自振频率或冲击系数的相关性差别较大。几座钢管混凝土拱桥的冲击系数(采用不同计算方法和实测结果)对比见表 3-20。

表 3-20 钢管混凝土桥梁实测频率和冲击系数

桥 名	跨径/m	结构体系	频率/Hz	实测主拱冲击系数	频率法计算冲击系数	本细则计算的冲击系数	JTG D60—2015 计算的冲击系数
新桐山桥	51	下承式	2.660	0.190	0.227	0.198	0.157
新金钢桥	101	中承式	4.050	0.260	0.307	0.128	0.231
乌江二桥	140	中承式	0.742	0.089	0.117	0.100	0.050
合川嘉陵江桥	200	中承式	0.552	0.056	0.106	0.075	0.050
宜宾戎州桥	260	中承式	0.615	0.170	0.110	0.060	0.050
丫髻沙大桥	360	中承式	0.430	0.100	0.099	0.045	0.050
巫山长江大桥	460	中承式	0.146	0.180	0.083	0.036	0.050

桥面平整度对主拱冲击系数的影响显著,同时,不同结构体系、不同吊索长度、不同桥梁宽度等多种因素影响桥梁的冲击系数,导致实测冲击系数与几种不同方法计算冲击系数结果差异较大。在此情况下,为了桥梁安全和计算简便,参考国内外相关规范,本细则采用式(3-17)计算主拱冲击系数。

(3)地震效应的计算应符合现行《公路桥梁抗震设计规范》(JTG/T 2231-01—2020)的规定。

(4)计算体系温差引起的效应时,宜按当地极端最高和最低温度确定。当桥位缺乏实际调查温度资料时,可按《公路桥涵设计通用规范》(JTG D60—2015)表 4.3.12-2 取值。温度变化值应自结构合龙时起算。合龙温度应为主拱钢管节段安装合龙成拱时的环境温度。

(5)计算单管主拱截面的温差效应时,可采用图 3-11a 的温度梯度曲线;计算哑铃形或桁式主拱上、下主管的温差效应时,可采用图 3-11b 的温度梯度曲线。温度 T_1、T_2 应按表 3-21 取值。

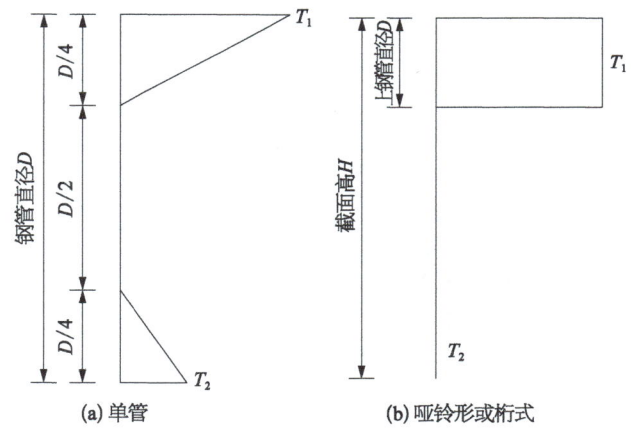

图 3-11 温度梯度曲线

表 3-21 温度 T_1、T_2 单位:℃

钢管表面涂层	单管主拱		哑铃形或桁式主拱	
	T_1	T_2	T_1	T_2
深色(红色、灰色等)	12	6	8	0
浅色(白色、银白色等)	8	6	5	0

条文说明

哑铃形或桁式主拱的温度梯度在主拱截面上的变化复杂,根据调查资料分析总结,结合相关规范对温度梯度的规定,哑铃形或桁式主拱按上、下主管温差 5~8℃ 计算。

(6) 钢管混凝土拱桥风荷载计算应按现行《公路桥涵设计通用规范》(JTG D60)和《公路桥梁抗风设计规范》(JTG/T 3360-01—2018)执行。

3.2.4.3 主拱内力计算

(1) 单圆管混凝土主拱,宜采用梁单元计算;哑铃形钢管混凝土主拱,宜采用组合构件的梁单元计算;桁式主拱可采用桁式梁单元或将主拱简化为组合构件的梁单元进行计算。

条文说明

组合构件梁单元指结构计算时,将哑铃形的主管及连接板或桁式的主管及支管视为一个梁单元进行模拟。桁式梁单元指将桁式主拱的上、下主管及支管分别视为梁单元,主管和支管以刚性节点连接。

(2) 桁式主拱组合内力计算应符合下列规定:

① 当桁式主拱按桁式梁单元建模计算时,其主拱的组合内力应按式(3-19)、式(3-20)计算。桁式主拱计算参数如图 3-12 所示。

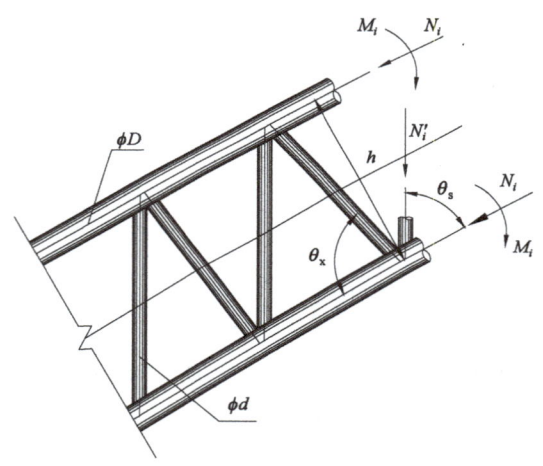

图 3-12 桁式主拱计算参数示意

组合轴力　　$N = \sum (N_i + N'_i \cos\theta)$ 　　(3-19)

组合弯矩

$$M = \Delta N \frac{h}{2} + \sum M_i + \sum N'_i \frac{h}{2} \cos\theta$$

(3-20)

式中　N_i——桁式主拱各主管轴向力设计值(kN);

M_i——桁式主拱各主管的弯矩设计值(kN·m);

ΔN——上弦主管轴向力设计值之和与下弦主管轴向力设计值之和的差值(kN);

N'_i——桁式主拱各支管的轴向力设计值(kN);

h——桁式主拱的主管重心之间的距离(m);

θ——计算截面处主管与支管轴线间的夹角(°)。

② 当桁式主拱按组合构件梁单元直接计算主拱内力时,其参数按下列要求计算。

a. 主拱组合截面抗弯惯性矩应计入支管的影响,其值按式(3-21)计算。

$$I_g = \frac{\frac{1}{2}h^2 L_0^2 A_{sc} A_f (\sin\theta_s \sin 2\theta_s + \sin\theta_x \sin 2\theta_x)}{L_0^2 A_f (\sin\theta_s \sin 2\theta_s + \sin\theta_x \sin 2\theta_x) + \frac{E_{sc}}{E_s} 4\pi^2 h^2 A_{sc}}$$

(3-21)

式中　I_g——单片主拱截面内抗弯惯性矩(m⁴);当主拱采用两片主桁时,主拱截面内抗弯惯性矩为 $2I_g$;当主拱采用两肋(四片主桁)时,主拱截面内抗弯惯性矩为 $4I_g$;

L_0——主拱净跨径(m);

h——计算截面处上弦与下弦主管重心之间的距离(m);

A_f——支管截面面积(m²);

A_{sc}——钢管混凝土组合截面面积(m²), $A_{sc} = \pi D^4/4$;

θ_s——计算截面处主管与竖支管轴线间的夹角(°);

θ_x——计算截面处主管与斜支管轴线间的夹角(°);

E_{sc}/E_s——主管组合材料与支管钢材的弹模比。

b. 桁式主拱按组合构件梁单元建模计算时,桁式主拱组合构件计算的组合面积 $\sum A_{sc}$ 为各主弦钢管混凝土面积之和。

c. 桁式主拱按组合构件梁单元建模计算时,桁式主拱组合构件计算的弹性模量 E_{sc} 为主钢管混凝土弹性模量的平均值。

(3) 哑铃形钢管混凝土主拱计算时，腹腔内的混凝土不应计入主拱截面受力，而仅计算其自重的影响。

条文说明

钢管混凝土哑铃形主拱，因为腹腔内混凝土不能采用压力灌注、混凝土收缩等因素，导致混凝土与上下弦主管、腹板无约束作用，主拱钢腹板应计入截面受力，而混凝土不能计入截面受力，只能计其自重，其计算参数如图 3-13 所示。

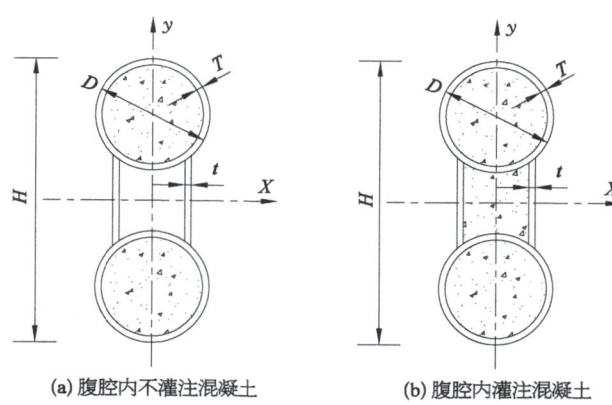

(a) 腹腔内不灌注混凝土 (b) 腹腔内灌注混凝土

图 3-13　哑铃形主拱腹腔构造示意

哑铃形主拱截面组合受力面积

$$A'_{sc} = 2A_{sc} + A_{sf} \quad (3-22)$$

哑铃形主拱截面组合抗弯惯性矩

$$I'_{sc} = 2I_{sc} + \frac{A_{sc}(H-D)^2}{2} + I_{sf} \quad (3-23)$$

哑铃形主拱截面组合抗压弹性模量

$$E'_{sc} = \frac{2E_{sc}A_{sc} + E_s A_{sf}}{A'_{sc}} \quad (3-24)$$

哑铃形主拱截面腹腔内无混凝土时的组合密度

$$\rho'_{sc} = \frac{2\rho_{sc}A_{sc} + \rho_s A_{sf}}{A'_{sc}} \quad (3-25)$$

哑铃形主拱截面腹腔内灌混凝土时的组合密度

$$\rho'_{sc} = \frac{2\rho_{sc}A_{sc} + \rho_s A_{sf} + \rho_c A_{cf}}{A'_{sc} + A_{cf}} \quad (3-26)$$

式中　A_{sc}——钢管混凝土组合截面面积(m^2)；
　　　I_{sc}——钢管混凝土组合截面惯性矩(m^4)；
　　　A_{sf}——哑铃形组合主拱截面中的钢腹板面积(m^2)；
　　　A_{cf}——哑铃形组合主拱截面中的腹腔内灌注混凝土后的混凝土面积(m^2)；
　　　I_{sf}——哑铃形组合主拱截面中的钢腹板抗弯惯性矩(m^4)。

(4) 钢管混凝土双肋拱桥横向分配系数应按"杠杆法"计算；钢管混凝土多肋拱桥，横向分配系数宜按"偏心受压法"计算，也可按"杠杆法"计算。

条文说明

钢管混凝土拱桥的双肋主拱，由于横向间距较大，横向联系较弱，主拱肋的横向分布系数应该按照"杠杆法"计算；对于多肋拱桥，由于横撑间距变短，刚度增加，横向连接作用加强，因此，宜按"偏心受压法"计算横向分配系数，偏于保守计算，也可以采用"杠杆法"计算横向分配系数。

(5) 钢管混凝土主拱徐变内力及变形计算时，徐变系数可按照 3.2.11 节计算，或按照主拱降温 15℃ 计算徐变影响。

条文说明

钢管内混凝土收缩，其对主拱内力的影响已经在钢管混凝土脱空折减系数中计入，因此，不再计算钢管混凝土收缩对主拱内力的影响。

根据不同试验研究成果，本细则提出的按主拱降温 15℃ 计算徐变影响，与按 3.2.11 节计算结果相当。

(6) 钢管混凝土等截面主拱的长细比 λ 应按式 (3-27) 计算。

$$\lambda = \frac{S_0}{i} \quad (3-27)$$

式中　S_0——主拱的等效计算长度(m)，可按表 3-22 计算；
　　　i——主拱截面回转半径(m)。

表 3-22　主拱的等效计算长度

拱 的 类 型	计算长度 S_0
三铰拱	$0.58 S_g$
双铰拱	$0.54 S_g$
无铰拱	$0.36 S_g$

注：S_g—主拱轴线长度(m)。

(7) 钢管混凝土拱桥设计时,主拱截面的偏心距宜满足下列要求:

单管主拱
$$e_0/r \leqslant 1.55 \quad (3-28)$$

哑铃形主拱
$$e_0/i \leqslant 1.70 \quad (3-29)$$

桁式主拱
$$e_0/h \leqslant \varepsilon_b \quad (3-30)$$

其中
$$e_0 = \frac{M}{N} \quad (3-31)$$

$$\varepsilon_b = 0.5 + \frac{\xi}{1+\sqrt{\xi}} \quad (3-32)$$

式中 e_0——构件截面的偏心距(m),按式(3-31)计算;
  M——构件截面最大弯矩;
  N——构件截面最大弯矩对应的轴力;
  r——钢管混凝土截面半径(m);
  i——主拱截面回转半径(m);
  h——主管重心之间的距离(m);
  ε_b——界限偏心率,按式(3-32)计算;
  ξ——钢管混凝土的约束效应系数标准值。

条文说明

主拱可通过优化拱轴系数降低弯矩,保证主拱各构件为小偏心受压构件,因此,特作本条规定。

3.2.5 承载能力极限状态计算

3.2.5.1 一般规定

(1) 钢管混凝土单管主拱应进行单管受压构件承载力验算;哑铃形主拱应进行组合受压构件承载力验算;桁式主拱应分别进行单管受压构件和组合受压构件承载力验算。

(2) 承载能力极限状态计算时,钢管混凝土拱桥的安全等级应为一级。

(3) 钢管混凝土构件承载能力极限状态计算应按式(3-33)确定。

$$\gamma S \leqslant R \quad (3-33)$$

式中 S——作用效应的组合设计值;
  R——构件承载力设计值;

  γ——桥梁结构的重要性系数。持久、短暂、偶然状况时,桥梁结构的重要性系数取 $\gamma=1.1$。地震状况时,桥梁结构的重要性系数 γ 取值应符合表3-23的要求。

表3-23 地震状况桥梁结构重要性系数

构件名称	主拱	立柱、横撑	节点连接
γ	0.75	0.80	0.85

注:当仅计算竖向地震作用时,地震状况桥梁结构重要性系数取1.0。

条文说明

通过试验研究、结合相关规范,地震荷载作用时,应根据结构各部位的易损性确定抗震调整系数的取值。

3.2.5.2 单管受压构件

(1) 钢管混凝土轴心受压构件的承载力应按式(3-34)验算。

$$\gamma N \leqslant \varphi_l K_p K_d f_{sc} A_{sc} \quad (3-34)$$

式中 γ——桥梁结构的重要性系数或抗震调整系数,按式(3-33)取值;
  N——轴心受压构件轴向力设计值(10^3 kN);
  φ_l——长细比折减系数,按表3-24取值;
  K_p——钢管初应力折减系数,按式(3-39)取值;
  K_d——混凝土脱空折减系数,按3.2.5.2节第(5)条取值;
  f_{sc}——钢管混凝土组合轴心抗压强度设计值(MPa),按3.2.3.4节第(3)条计算;
  A_{sc}——钢管混凝土组合截面面积(m^2)。

(2) 钢管混凝土偏心受压构件的承载力应按式(3-35)验算。

$$\gamma N \leqslant \varphi_l \varphi_e K_p K_d f_{sc} A_{sc} \quad (3-35)$$

其中
$$\varphi_e = \frac{1}{1+\dfrac{1.85\eta e_0}{r}} \quad (3-36)$$

$$\eta = \frac{1}{1-0.4 N/N_E} \quad (3-37)$$

$$N_E = \pi^2 E_{sc} A_{sc} / \lambda^2 \qquad (3-38)$$

式中　γ——桥梁结构重要性系数或抗震调整系数，按式(3-33)取值；

N——压弯构件轴向力设计值(10^3 kN)；

φ_l——长细比折减系数，按表3-24取值；

φ_e——弯矩折减系数，φ_e 按式(3-36)计算；

η——偏心距增大系数，η 按式(3-37)计算；

e_0——构件截面的偏心距(m)，按式(3-31)计算；

r——钢管混凝土组合截面的半径(m)；

N_E——欧拉临界力(10^3 kN)，N_E 按式(3-38)计算；

λ——构件长细比；

K_p——钢管初应力折减系数，按式(3-39)取值；

K_d——混凝土脱空折减系数，按3.2.5.2节第(5)条取值；

f_{sc}——钢管混凝土组合轴心抗压强度设计值(MPa)，按3.2.3.4节第(3)条计算；

A_{sc}——钢管混凝土组合截面面积(m^2)。

条文说明

对于单管主拱及桁式主拱的单肢构件，其材料、几何非线性影响显著；因此，单管受压构件承载能力验算时，应在弯矩折减系数 φ_e 的表达式中计入材料、几何非线性影响。根据《桥梁结构稳定与振动》(中国铁道出版社，1996年)、四川省交通科技项目研究报告《拱桥偏心距增大系数研究报告》(2011年)等资料，结合单肢钢管混凝土受力的特点，提出了偏心距增大系数计算方法。

（3）受压构件长细比折减系数 $\varphi_l(\varphi_l')$ 应按表3-24取值。

表 3-24　长细比折减系数 $\varphi_l(\varphi_l')$

钢材强度等级	混凝土强度等级	a_s	长细比 λ								
			20	30	40	50	60	70	80	90	100
Q235	C30	0.04	0.972	0.923	0.875	0.828	0.783	0.739	0.696	0.654	0.614
		0.08	0.975	0.930	0.886	0.843	0.800	0.758	0.716	0.675	0.635
		0.12	0.977	0.935	0.893	0.852	0.810	0.769	0.729	0.688	0.648
		0.16	0.978	0.938	0.898	0.858	0.818	0.778	0.738	0.697	0.657
		0.20	0.980	0.941	0.902	0.863	0.824	0.784	0.745	0.704	0.664
	C40	0.04	0.957	0.901	0.847	0.795	0.746	0.699	0.655	0.613	0.573
		0.08	0.960	0.908	0.858	0.809	0.762	0.717	0.674	0.632	0.593
		0.12	0.962	0.913	0.864	0.818	0.772	0.728	0.685	0.644	0.604
		0.16	0.964	0.916	0.869	0.824	0.779	0.736	0.694	0.653	0.613
		0.20	0.966	0.919	0.874	0.829	0.785	0.742	0.700	0.660	0.620
Q345	C40	0.04	0.961	0.911	0.860	0.811	0.762	0.713	0.666	0.618	0.547
		0.08	0.966	0.921	0.875	0.829	0.782	0.736	0.688	0.640	0.566
		0.12	0.969	0.927	0.884	0.840	0.795	0.749	0.702	0.653	0.578
		0.16	0.972	0.932	0.891	0.848	0.804	0.759	0.711	0.663	0.586
		0.20	0.974	0.936	0.896	0.855	0.811	0.766	0.719	0.670	0.593

续 表

钢材强度等级	混凝土强度等级	a_s	长细比 λ								
			20	30	40	50	60	70	80	90	100
Q345	C50	0.04	0.950	0.893	0.837	0.784	0.733	0.683	0.635	0.589	0.521
		0.08	0.954	0.903	0.852	0.802	0.753	0.704	0.657	0.610	0.539
		0.12	0.958	0.909	0.861	0.812	0.765	0.717	0.669	0.622	0.550
		0.16	0.961	0.914	0.867	0.820	0.773	0.726	0.679	0.631	0.558
		0.20	0.963	0.918	0.873	0.827	0.780	0.733	0.686	0.638	0.564
	C60	0.04	0.938	0.876	0.817	0.760	0.707	0.656	0.608	0.563	0.498
		0.08	0.943	0.886	0.831	0.777	0.726	0.676	0.629	0.583	0.515
		0.12	0.947	0.892	0.839	0.788	0.737	0.688	0.641	0.595	0.526
		0.16	0.950	0.897	0.846	0.795	0.746	0.697	0.650	0.603	0.533
		0.20	0.952	0.901	0.851	0.801	0.752	0.704	0.657	0.610	0.539
	C70	0.04	0.928	0.862	0.799	0.740	0.685	0.634	0.586	0.542	0.479
		0.08	0.934	0.872	0.813	0.757	0.704	0.653	0.606	0.561	0.496
		0.12	0.937	0.878	0.821	0.767	0.715	0.665	0.617	0.572	0.506
		0.16	0.940	0.883	0.828	0.774	0.723	0.674	0.626	0.581	0.513
		0.20	0.943	0.887	0.833	0.780	0.729	0.680	0.633	0.587	0.519
	C80	0.04	0.920	0.850	0.785	0.724	0.668	0.616	0.568	0.524	0.463
		0.08	0.926	0.860	0.799	0.740	0.686	0.634	0.587	0.543	0.480
		0.12	0.929	0.866	0.807	0.750	0.696	0.646	0.598	0.554	0.490
		0.16	0.932	0.871	0.813	0.757	0.704	0.654	0.607	0.562	0.497
		0.20	0.935	0.875	0.818	0.763	0.711	0.661	0.613	0.568	0.502
Q390	C50	0.04	0.950	0.895	0.840	0.786	0.734	0.683	0.633	0.576	0.494
		0.08	0.956	0.906	0.855	0.805	0.755	0.705	0.655	0.597	0.512
		0.12	0.960	0.913	0.865	0.817	0.768	0.718	0.668	0.609	0.522
		0.16	0.963	0.918	0.872	0.825	0.777	0.728	0.678	0.618	0.530
		0.20	0.965	0.922	0.878	0.832	0.785	0.736	0.685	0.625	0.536
	C60	0.04	0.939	0.877	0.818	0.761	0.707	0.655	0.606	0.551	0.472
		0.08	0.944	0.888	0.833	0.779	0.727	0.676	0.627	0.570	0.489
		0.12	0.948	0.895	0.842	0.790	0.739	0.689	0.639	0.582	0.499
		0.16	0.951	0.900	0.849	0.798	0.748	0.698	0.648	0.590	0.506
		0.20	0.954	0.905	0.855	0.805	0.755	0.705	0.656	0.597	0.512

续 表

钢材强度等级	混凝土强度等级	a_s	长细比 λ								
			20	30	40	50	60	70	80	90	100
Q390	C70	0.04	0.928	0.862	0.799	0.740	0.684	0.632	0.583	0.530	0.454
		0.08	0.934	0.873	0.814	0.758	0.704	0.652	0.603	0.549	0.470
		0.12	0.938	0.880	0.823	0.768	0.716	0.665	0.615	0.560	0.480
		0.16	0.942	0.885	0.830	0.776	0.724	0.673	0.624	0.568	0.487
		0.20	0.945	0.890	0.836	0.783	0.731	0.680	0.631	0.574	0.492
	C80	0.04	0.920	0.850	0.784	0.723	0.666	0.613	0.565	0.513	0.440
		0.08	0.926	0.860	0.799	0.740	0.685	0.633	0.584	0.531	0.455
		0.12	0.930	0.867	0.808	0.751	0.696	0.645	0.596	0.542	0.465
		0.16	0.933	0.872	0.814	0.758	0.705	0.653	0.604	0.550	0.471
		0.20	0.936	0.877	0.820	0.764	0.711	0.660	0.611	0.556	0.477

注：1. 当长细比位于中间值时，φ_1 可采用插入法求得。
2. 对组合构件的换算长细比折减系数 φ'_1，应按钢管内混凝土强度等级、λ_{0y} 与 λ_{0x} 和组合构件平均含钢率查表而得。

(4) 钢管混凝土构件钢管初应力折减系数 K_p 应按式(3-39)计算。

$$K_p = 1.0 - 0.15\omega \quad (3-39)$$

其中

$$\omega = \frac{\sigma_0}{f_{sd}} \quad (3-40)$$

式中　ω——钢管初应力度，按式(3-40)计算，ω 不应超过 0.65；

σ_0——钢管初应力(MPa)，取主拱钢管截面初应力的最大值；

f_{sd}——钢材的强度设计值(MPa)。

条文说明

四川省交通运输厅公路规划勘察设计研究院、福州大学、清华大学、重庆交通大学等单位研究表明，稳定折减系数、偏心距、主拱形式、跨径大小、构件长细比、含钢率和管内混凝土强度等级等因素，将综合影响钢管初应力对钢管混凝土的承载能力。因此，各研究团队分别提出了钢管初应力对钢管混凝土构件承载能力影响的计算公式。

因钢管内混凝土对钢管的支撑作用，钢管壁的局部和整体稳定性提高，稳定折减系数较大，而钢管初应力水平较低，钢管不容易出现失稳，因此，初应力度计算式可以不计稳定折减系数。主拱形式、跨径大小、构件长细比、含钢率、管内混凝土强度等级等因素，对初应力影响较小，初应力度计算式不考虑。因此，本细则拟定了钢管混凝土构件在偏心作用下的钢管最大初应力与初应力度的数学计算关系式。

当钢管最大初应力度超过 0.65 时，对钢管混凝土承载能力及变形影响较大，特对钢管初应力度提出限制值。当大于 0.65 时，应重新拟定钢管截面。

(5) 钢管混凝土承载能力极限状态验算时，应计入钢管内混凝土脱空影响，脱空折减系数 K_d 取值 0.95，并应符合下列要求：

① 当钢管混凝土球冠形脱空率大于 0.6%，或脱空高度大于 5 mm 时，应对钢管内混凝土脱空缺陷进行修补灌注。

② 钢管混凝土主拱不得出现周边均匀形脱空的缺陷。

条文说明

钢管混凝土构件常见的脱空形式主要有球冠形和周边均匀形脱空，钢管混凝土拱桥主拱管内混凝土脱空类型主要为球冠形，如图 3-14 所示。为简化计算，Ⅰ类、Ⅱ类球冠形脱空面积均按Ⅰ类球冠形计算。

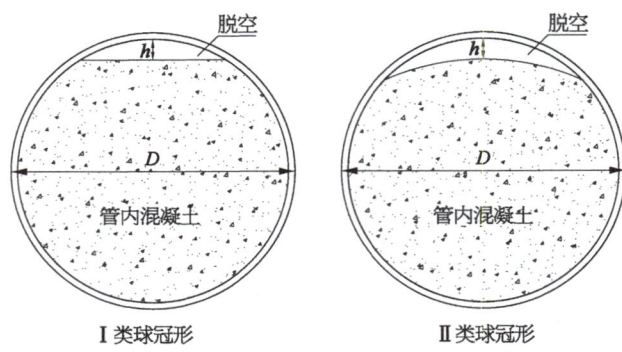

图 3-14 球冠形脱空形式

轴心受压承载力应按式(3-41)验算。

$$\gamma N \leqslant \varphi'_1 \sum (K_p^i K_d f_{sc} A_{sc}) \quad (3-41)$$

式中 γ ——桥梁结构重要性系数或抗震调整系数，按式(3-33)取值；

N ——组合受压构件轴向力设计值(10^3 kN)；

K_p^i ——单肢钢管的最大初应力折减系数，按式(3-39)取值；

K_d ——单肢钢管混凝土脱空折减系数，按3.2.5.2节第(5)条取值；

φ'_1 ——组合构件换算长细比折减系数，根据组合受压构件的换算长细比 λ_{0y}、λ_{0x}，按表3-25、表3-26取值；

f_{sc} ——单管钢管混凝土组合轴心抗压强度设计值(MPa)，按3.2.3.4节第(3)条计算；

A_{sc} ——单管钢管混凝土组合截面面积(m^2)。

① 当组合受压构件的主管截面不相同时，其换算长细比按可表3-25计算。

试验研究表明，当脱空率大于0.6%时，核心混凝土支撑钢管的作用减弱，对钢管混凝土承载能力和刚度影响较大，应补充灌注脱空缺陷。对于钢管混凝土脱空率小于0.6%，但钢管混凝土脱空高度 h 大于 5 mm 时，具备补充灌注脱空缺陷的工艺条件，因此，还规定了脱空高度限值。

3.2.5.3 组合受压构件

(1) 当等截面主拱按组合受压构件验算时，其

表 3-25 组合构件换算长细比(一)

主 管 类 别	主管截面形式	支管类别(空心管)	计 算 公 式
双管		斜支管	$\lambda_{oy} = \sqrt{\lambda_y^2 + 13.5 \times \dfrac{2.5\sum_{i=1}^{2} A_{si}}{A_f}}$
三管		斜支管	$\lambda_{oy} = \sqrt{\lambda_y^2 + 27 \times \dfrac{2.5\sum_{i=1}^{3} A_{si}}{A_f}}$
四管		斜支管	$\lambda_{oy} = \sqrt{\lambda_y^2 + 13.5 \times \dfrac{2.5\sum_{i=1}^{4} A_{si}}{A_f}}$ $\lambda_{ox} = \sqrt{\lambda_x^2 + 13.5 \times \dfrac{2.5\sum_{i=1}^{4} A_{si}}{A_f}}$

表中 λ_x ——钢管混凝土组合构件主管对 x-x 轴的长细比,$\lambda_x = L_{ox}/\sqrt{I_x/\sum A_{sc}}$;

λ_y ——钢管混凝土组合构件主管对 y-y 轴的长细比,$\lambda_y = L_{oy}/\sqrt{I_y/\sum A_{sc}}$;

A_{si} ——各主管的钢管截面面积(m^2)。

② 当组合受压构件的各主管截面相同时,其换算长细比按可表 3-26 计算。

表 3-26 组合构件换算长细比(二)

主管类别	主管截面形式	支管类别(空心管)	计 算 公 式
双管		直支管	$\lambda_{oy} = \sqrt{\lambda_y^2 + 17\lambda_1^2}$
双管		斜支管	$\lambda_{oy} = \sqrt{\lambda_y^2 + 67.5 A_s/A_f}$
三管		斜支管	$\lambda_{oy} = \sqrt{\lambda_y^2 + 200 A_s/A_f}$
四管		直支管	$\lambda_{oy} = \sqrt{\lambda_y^2 + 17\lambda_1^2}$ $\lambda_{ox} = \sqrt{\lambda_x^2 + 17\lambda_1^2}$
四管		斜支管	$\lambda_{oy} = \sqrt{\lambda_y^2 + 135 A_s/A_f}$ $\lambda_{ox} = \sqrt{\lambda_x^2 + 135 A_s/A_f}$

表中 λ_x ——钢管混凝土组合构件主管对 x-x 轴的长细比,$\lambda_x = L_{ox}/\sqrt{I_x/\sum A_{sc}}$;

λ_y ——钢管混凝土组合构件主管对 y-y 轴的长细比,$\lambda_y = L_{oy}/\sqrt{I_y/\sum A_{sc}}$;

λ_1 ——单肢钢管混凝土柱一个节间的长细比 $\lambda_1 = l_1/\sqrt{I_{sc}/A_{sc}}$;

A_s ——单根主管的钢管截面面积(m^2);

A_f ——单根支管的钢管截面面积(m^2);

I_{sc} ——钢管混凝土截面惯性矩(m^4);

I_x ——组合构件主管对 x-x 的截面惯性矩(m^4),$I_x = \sum_{i=1}^{n}(I_{sc} + b_i^2 A_{sc})$;

I_y ——组合构件主管对 y-y 的截面惯性矩(m^4),$I_y = \sum_{i=1}^{n}(I_{sc} + a_i^2 A_{sc})$;

a_i、b_i ——主管中心到虚轴 y-y 和 x-x 的距离(m);

l_1 ——柱肢的节间距离(m);

L_{ox} ——组合构件主管对 $x-x$ 的计算长度(m);

L_{oy} ——组合构件主管对 $y-y$ 的计算长度(m);

n ——主管根数。

条文说明

组合受压构件的主拱,当各主管的钢管外径、壁厚、材质以及钢管内混凝土强度等级等完全相同时,称为组合受压构件的各主管截面相同;否则,称组合受压构件的主管截面不相同。

(2) 等截面哑铃形主拱或桁式主拱,当按组合受压构件验算时,其偏心受压承载力应按式(3-42)验算。

$$\gamma N \leqslant \varphi'_l \varphi'_e \sum (K_p^i K_d f_{sc} A_{sc}) \quad (3-42)$$

式中 γ ——桥梁结构重要性系数或抗震调整系数,按表 3-23 取用;

φ'_l ——主拱组合构件长细比折减系数,应按表 3-24 取值;

φ'_e ——组合构件弯矩折减系数,对于跨径小于 300 m 的钢管混凝土拱桥,可按表 3-27 计算;

N ——偏心受压构件轴向力设计值(10^3 kN);

K_p^i ——单肢钢管的最大初应力折减系数,按式(3-39)取值;

K_d ——单肢钢管混凝土脱空折减系数,按 3.2.5.2 节第(5)条取值;

f_{sc} ——钢管混凝土组合轴心抗压强度设计值(MPa),按 3.2.3.4 节第(3)条计算;

A_{sc} ——钢管混凝土组合截面面积(m^2)。

表 3-27 弯矩折减系数 φ'_e

拱肋形式	公式条件	计算公式
哑铃形	$e_0/i \leqslant 1.7$	$\varphi'_e = \dfrac{1}{1+1.41 e_0/i}$
桁式	$e_0/h \leqslant \varepsilon_b$	$\varphi'_e = \dfrac{1}{1+2e_0/h}$

表中 i ——组合截面的回转半径(m);

h ——在弯矩作用平面内的柱肢重心之间的距离(m);

ε_b ——界限偏心率;

e_0 ——构件截面的偏心距(m)。

(3) 对于跨径大于 300 m 的钢管混凝土拱桥,弯矩折减系数 φ'_e 应按式(3-43)、式(3-44)计算。

哑铃形 $$\varphi'_e = \dfrac{1}{1+\dfrac{1.41 \eta e_0}{i}} \quad (3-43)$$

桁式 $$\varphi'_e = \dfrac{1}{1+\dfrac{2\eta e_0}{h}} \quad (3-44)$$

其中 $$\eta = \dfrac{1}{1-\varphi'_l N/N_E} \quad (3-45)$$

$$N_E = \pi^2 \sum (E_{sc} A_{sc})/\lambda^2 \quad (3-46)$$

式中 η ——偏心距增大系数,按式(3-45)计算;

φ'_l ——主拱组合构件长细比折减系数,按表 3-24 取值;

N ——主拱的轴向力设计值(10^3 kN);

N_E ——主拱的欧拉临界力(10^3 kN),N_E 按式(3-46)计算;

λ ——主拱组合截面构件的换算长细比;

E_{sc} ——钢管混凝土组合截面弹性轴压模量(MPa);

A_{sc} ——钢管混凝土组合截面面积(m^2);

e_0 ——构件截面的偏心距(m);

h ——在弯矩作用平面内的柱肢重心之间的距离(m)。

条文说明

根据《桥梁结构稳定与振动》(中国铁道出版社,1996 年)、四川省交通科技项目研究报告《拱桥偏心距增大系数研究报告》(2011 年)等资料,结合钢管混凝土拱桥的受力特点,提出了组合受压构件偏心距增大系数的计算方法。

(4) 变截面主拱,按组合受压构件计算时,应等效为等截面的组合主拱后,再按 3.2.5.3 节第(2)条、3.2.5.3 节第(3)条的规定,验算主拱 $\dfrac{L}{4}$ 截面的强度,等效截面组合主拱两端的作用力取主拱 $\dfrac{L}{4}$ 截面处的弯矩和轴力。等效截面组合主拱的参数宜按下列规定计算：

① 等效截面的惯性矩 I_{eq} 按式(3-47)计算。

$$I_{eq} = \frac{I_j}{3J} \quad (3-47)$$

其中

$$J = \frac{1}{(\sqrt[3]{I_k/I_j}-1)^2}\left[\frac{\ln(\sqrt[3]{I_k/I_j})}{\sqrt[3]{I_k/I_j}-1} - \frac{3\sqrt[3]{I_k/I_j}-1}{2(\sqrt[3]{I_k/I_j})^2}\right] \quad (3-48)$$

式中　I_{eq}——等效截面惯性矩(m^4)；
　　　J——计算参数，按式(3-48)计算；
　　　I_j、I_k——变截面组合主拱拱顶、拱脚组合截面的惯性矩(m^4)。

② 等效截面的高度 h_{eq} 按式(3-49)计算。

$$h_{eq} = 2\sqrt{i_{eq}^2 - i_i^2} \quad (3-49)$$

其中

$$i_{eq} = \sqrt{I_{eq}/\sum A_i} \quad (3-50)$$

$$i_i = \sqrt{I_i/A_i} \quad (3-51)$$

式中　h_{eq}——主拱的等效截面高度(m)；
　　　i_{eq}——等效截面回转半径(m)，i_{eq} 按式(3-50)计算；
　　　i_i——单肢主管截面回转半径(m)，i_i 按式(3-51)计算。

③ 等效长细比 λ_{eq} 按式(3-52)计算。

$$\lambda_{eq} = \frac{S_0}{i_{eq}} \quad (3-52)$$

式中　λ_{eq}——等效截面长细比；
　　　S_0——拱轴线等效计算长度(m)；
　　　i_{eq}——等效截面回转半径(m)。

条文说明

根据谢邦珠、雷作樵《变刚度直杆单元刚度矩阵及其应用》(西南公路，1993年第2期)资料介绍，结合已有工程计算经验，提出了变截面组合主拱等效截面参数近似计算方法。等代刚度 h_{eq} 是利用变截面主桁计算模型，将桁高假定为 $\alpha_0 h_i$，假定 $P=1$ 试算拱顶挠度 δ_i，直至与变截面($P=1$)拱顶 δ 相近，此时的 $h_i = h_{eq}$。

由于主拱为变截面，且主拱拱顶、拱脚截面高度取值符合本细则要求，同时，又采用空间有限元分析了主拱材料、几何非线性的稳定极限承载能力。根据《桥梁结构稳定与振动》分析，验算变截面主拱强度时只需要验算 $\frac{L}{4}$ 处的截面。

(5) 对于主跨大于300 m的钢管混凝土拱桥，主拱整体极限承载能力验算应计入材料、几何非线性影响。

3.2.5.4　轴心受拉构件

钢管混凝土轴心受拉构件承载力应按式(3-53)验算。

$$\gamma N \leqslant (1.1 - 0.4 a_s) A_s f_{sd} \quad (3-53)$$

式中　γ——轴心受拉构件重要性系数，取 $\gamma=1.1$；
　　　N——轴心受拉构件轴向力设计值(10^3 kN)；
　　　a_s——受拉构件截面的含钢率；
　　　A_s——钢管混凝土钢管的截面面积(m^2)；
　　　f_{sd}——钢材的抗拉强度设计值(MPa)。

条文说明

四川省交通运输厅公路规划勘察设计研究院、清华大学的试验研究表明，钢管混凝土轴向受拉主要由钢管承受，钢管内混凝土支撑、抑制钢管颈缩现象，使钢管处于轴向受拉和径向受压的状态，提高轴向受拉承载能力。本条提出式(3-53)是经过试验和有限元分析得出的。

3.2.5.5　受剪构件

钢管混凝土构件的抗剪承载力应按式(3-54)计算。

$$\gamma V \leqslant \gamma_v A_{sc} \tau_{sc} \quad (3-54)$$

式中　γ——桥梁结构重要性系数或抗震调整系数，按表3-23取用；
　　　V——组合截面剪力设计值(10^3 kN)；
　　　γ_v——截面抗剪修正系数，当 $\xi \geqslant 0.85$ 时，$\gamma_v=0.85$；当 $\xi<0.85$ 时，$\gamma_v=1.0$；
　　　A_{sc}——钢管混凝土组合截面面积(m^2)；
　　　τ_{sc}——钢管混凝土组合抗剪强度设计值(MPa)。

3.2.5.6　节点承载力计算

(1) 空心主管的节点承载力应按表3-28计算。

表 3-28 节点承载力（支管承载力限值）

序号	节点形式	节点承载力		适用范围
		支管受压时	支管受拉时	
1	X形节点	$N_c = \dfrac{5.45}{(1-0.81\beta)\sin\theta}\phi_n T^2 f_{sd}$	$N_t = 0.78\left(\dfrac{D}{T}\right)^{0.2} N_c$	$0.2 \leqslant \beta \leqslant 1.0$ $D/T \leqslant 100$ $d/t \leqslant 60$ $\theta \geqslant 30°$
2	T形和Y形	$N_c = \dfrac{11.51}{\sin\theta}\left(\dfrac{D}{T}\right)^{0.2}\phi_n \phi_d T^2 f_{sd}$	当 $\beta \leqslant 0.6$ 时 $N_t = 1.4 N_c$ 当 $\beta > 0.6$ 时 $N_t = (2-\beta)N_c$	
3	N和K形节点	$N_c = \dfrac{11.51}{\sin\theta_c}\left(\dfrac{D}{T}\right)^{0.2}\phi_n \phi_d \phi_a T^2 f_{sd}$	$N_t = \dfrac{\sin\theta_c}{\sin\theta_t} N_c$	

表中 N_c——支管受压时的节点承载力（10^{-3} kN）；
N_t——支管受拉时的节点承载力（10^{-3} kN）；
β——支管与主管外径之比，即 $\beta = d/D$；
θ_c——受压支管轴线与主管轴线的夹角（°）；
θ_t——受拉支管轴线与主管轴线的夹角（°）；
ϕ_n——参数，按式（3-55）计算

$$\phi_n = 1 - 0.3\dfrac{\sigma}{f_y} - 0.3\left(\dfrac{\sigma}{f_y}\right)^2 \quad (3-55)$$

当节点两侧或一侧主管受拉时，取 $\phi_n = 1.0$；
T——主管的壁厚（mm）；
t——支管的壁厚（mm）；
f_{sd}——钢材的强度设计值（MPa）；
f_y——钢材的屈服强度（MPa）；
σ——节点两侧主管轴心压应力的较小绝对值（MPa）；

ϕ_d——参数，按式（3-56）和式（3-57）计算：

当 $\beta \leqslant 0.7$ 时

$$\phi_d = 0.069 + 0.93\beta \quad (3-56)$$

当 $\beta > 0.7$ 时

$$\phi_d = 2\beta - 0.68 \quad (3-57)$$

ϕ_a——参数，按式（3-58）计算

$$\phi_a = 1 + \left(\dfrac{2.19}{1+7.5\dfrac{g}{D}}\right)\left(1 - \dfrac{20.1}{6.6+\dfrac{D}{T}}\right)(1-0.77\beta) \quad (3-58)$$

g——两支管间的间隙（mm）；

D——主管外径(mm)。

条文说明

钢管混凝土桁式拱桥的节点有 X、T、Y、K、N 形,主拱的主管内灌注混凝土,支管为空心管。空心支管与主管的连接采用相贯焊接。

主拱主管的钢管混凝土分期形成,主管内混凝土灌注前后,其节点破坏行为各不相同。主拱钢管混凝土灌注前,节点破坏为主管冲剪或塑性失效破坏,因此,需要控制支管内力的大小,保证节点的承载能力安全。

(2) 桁式主拱,其受压支管应满足下列要求:
① 受压支管径厚比宜满足表 3-29 的要求。

表 3-29　受压支管径厚比限值

钢材牌号	径 厚 比
Q235	$d/t \leqslant 40$
Q345	$d/t \leqslant 35$
Q390	$d/t \leqslant 25$

② 受压支管径厚比不满足表 3-29 要求时,其承载力应按表 3-30 的系数折减。

表 3-30　受压支管承载力折减系数

钢材强度等级	径 厚 比						
	30	35	40	45	50	60	70
Q235	1.0	1.0	1.0	0.98	0.93	0.88	0.82
Q345	1.0	1.0	0.96	0.88	0.86	0.82	0.78
Q390	0.98	0.88	0.85	0.78	0.76	0.73	0.70

注:当径厚比位于中间值时,承载力折减系数可采用插入法求得。

条文说明

主拱主管灌注混凝土后,桁式主拱节点承载力提高,节点破坏行为为支管压溃破坏,因此,需要控制支管的稳定承载力;为了避免支管受压破坏,需要控制受压支管的径厚比。当受压支管的径厚比不满足表 3-29 的规定时,应按表 3-30 的规定对受压支管的承载力进行折减。

3.2.5.7　节点及连接疲劳验算

(1) 对管-管相贯、管-板连接和管-管对接三类焊接接头的细节构造,应进行节点疲劳验算。

(2) 疲劳荷载应采用等效的车道荷载,集中荷载为 $0.7P_k$,均布荷载为 $0.3q_k$。P_k 和 q_k 应按现行《公路桥涵设计通用规范》(JTG D60)取值。疲劳荷载应加载在最不利的荷载位置,并按规定计算疲劳荷载的冲击系数作用。

条文说明

疲劳荷载采用《公路钢结构桥梁设计细则》(JTG D64)的疲劳荷载模型Ⅰ,验算钢管混凝土拱桥主拱各构件的疲劳强度;钢管混凝土拱桥的主拱仅承受整体荷载产生的疲劳问题,而没有直接承受车轮荷载作用的局部疲劳现象。

(3) 疲劳验算所采用的应力幅 $\Delta \sigma$ 应为构件在疲劳荷载作用下的名义应力 $\left(\sigma = \dfrac{N}{A} \pm \dfrac{M}{W}\right)$ 最大变化幅度,疲劳验算应按式(3-59)进行。

$$\Delta \sigma = |\sigma_{\max} - \sigma_{\min}| \leqslant [\sigma_0] \quad (3-59)$$

式中　$\Delta \sigma$——疲劳应力幅(MPa);
　　　$[\sigma_0]$——疲劳容许应力幅(MPa),按表 3-31 取值;
　　　$\sigma_{\max}$、$\sigma_{\min}$——最大应力和最小应力(MPa),疲劳荷载应计入多车道折减的影响。

对于钢管混凝土受拉构件,不计入管内混凝土的作用。

(4) 节点及连接疲劳容许应力幅应满足表 3-31 的要求。

条文说明

焊接节点的疲劳寿命取决于节点类型、节点荷载及节点的细节构造。

关于钢管混凝土节点及连接疲劳验算,国外管结构的疲劳验算均指空心管结构。根据国内钢管混凝土节点及连接疲劳试验研究成果,结合钢桥疲劳验算的通用方法,通过分析和总结,分别对不同的钢管混凝土节点及连接构造形式,提出了 $N = 2 \times 10^6$ 次等幅加载的疲劳容许应力幅 $[\sigma_0]$,同时规定了疲劳应力检算部位,方便设计者使用。表 3-31 中提出的疲劳容许应力幅限值,是根据钢管混凝土节点疲劳试验成果总结确定的。

表 3-31 节点及连接疲劳容许应力幅

类别	节点及连接构造形式	加工质量要求	疲劳容许应力幅 $[\sigma_0]$/MPa	检算部位和内容
1	T、Y、K、N相贯管节点	采用相贯线切割机开制相贯线坡口,全熔透焊缝连接。焊趾处需焊后修磨。超声波探伤B级检验Ⅰ级合格	50	非连接处支管正截面应力
2	板-管焊接节点	管-板T形接头采用坡口全熔透焊缝。节点板两端打磨匀顺,打磨范围及要求参见现行《铁路桥梁钢结构设计规范》(TB 10002.2)	80	按常规方法验算焊接接头处应力
3	受拉空心圆管对接(仅限次要杆件)	环焊缝单面全熔透对接接头,内设钢衬环	50	接头处正截面应力

注:表中的疲劳容许应力幅 $[\sigma_0]$ 为 $N=2\times10^6$ 次等幅加载的疲劳容许应力。

3.2.5.8 吊索和系杆索计算

(1) 中、下承式钢管混凝土拱桥吊索和系杆索承载能力,应按式(3-60)的要求计算。

$$N \leqslant \frac{1}{\gamma_s} f_{pk} A_s \quad (3-60)$$

式中 N ——吊索、系杆索受拉轴向力设计值(10^3 kN);

γ_s ——综合系数,不应小于表 3-32 的规定值;

f_{pk} ——吊索、系杆索抗拉强度标准值(MPa);

A_s ——吊索、系杆索钢丝的截面面积(m^2)。

表 3-32 吊索和系杆索的综合系数 γ_s

材料类别		持久状况	短暂状况	偶然状况、地震状况
吊索	钢丝、钢绞线	2.5	2.0	1.5
	钢丝绳	3.0	2.4	1.8
系杆索	钢丝、钢绞线	2.0	1.8	1.5

条文说明

中、下承式钢管混凝土拱桥吊索和系杆索的综合系数 γ_s 的取值,直接影响桥梁的安全性和耐久性。吊索一般穿过主拱和桥面梁,直接支撑桥面系,其工作环境条件最差。总结多年设计经验,规定了吊索、系杆索安全需要的最小综合系数。

(2) 选用钢丝绳作吊索时,其构造、锚固和保护技术等应按悬索桥规范关于钢丝绳吊索的有关规定执行。

3.2.5.9 主拱稳定性分析

(1) 在施工和使用阶段,应根据拱桥的结构特点、施工方法和不同工况状态,对钢管混凝土主拱的整体和局部进行弹性稳定分析。主拱弹性整体稳定系数不应小于 4.0,局部构件稳定系数不应小于主拱弹性整体稳定系数。

条文说明

钢管混凝土拱桥跨度较大,主拱构件较多,要求钢管混凝土拱桥的弹性稳定系数采用有限元分析软件等工具进行计算。弹性稳定分析通过求解特征值,得到主拱临界荷载与设计荷载的比值,即弹性稳定系数。

钢管混凝土拱桥的主拱宽跨比较小,面外刚度往往相对较低,一阶失稳模态表现为面外失稳,因此弹性稳定分析时,需要建立空间有限元模型。

钢管混凝土拱桥主拱的构件通常为细长杆件结

构,当局部构件失稳先于整体结构失稳时,导致主拱整体稳定系数大大降低,因此,局部构件稳定系数不应小于主拱整体稳定系数。

(2) 对跨径大于 300 m 的钢管混凝土拱桥,使用阶段应计入几何、材料非线性影响。

材料非线性的影响采用修正钢管混凝土主拱轴压刚度的方式计入,主拱修正轴压刚度(EA)应按式(3-61)计算。

$$EA = 0.85 E_{sc} A_{sc} \quad (3-61)$$

式中　E_{sc}——钢管混凝土组合弹性轴压模量(MPa);
　　　A_{sc}——钢管混凝土的组合截面面积(m^2)。

几何非线性影响中应计入主拱的初始缺陷,主拱最大横向偏位值应符合式(3-62)的要求。

$$\delta = \frac{L}{5\,000} \quad (3-62)$$

式中　δ——主拱最大横向偏位值(cm);
　　　L——主拱的净跨径(cm)。

计入非线性影响的主拱非线性稳定安全系数不应小于 1.75。钢管混凝土本构关系应按 3.2.12 节执行。

条文说明

主拱的稳定极限承载力分析在计入材料、几何非线性的影响时,其破坏过程为:在弹性阶段结构加载时,主拱保持一种平衡状态;随着荷载的增加,主拱的变形不断增大,当荷载达到一定值时,主拱在应力较大的区域出现塑性变形,刚度下降,变形速度加快;当荷载达到峰值时,荷载不变或增加很少,而主拱的变形仍继续增大,最终达到破坏。这一荷载峰值即为主拱的稳定极限承载力,又称为压溃荷载,它与设计荷载的比值,往往比弹性稳定系数小。

钢管和管内混凝土视为同一种材料,材料的本构关系采用"统一理论"模型。计入材料、几何非线性的影响,进行钢管混凝土拱桥主拱稳定极限承载力分析时,钢管初应力、脱空率、安装误差等非线性影响因素,可采用钢管混凝土构件组合轴压刚度的修正,并引入初始缺陷的方法实现。对钢管混凝土构件组合轴压刚度的修正,即反映钢管混凝土材料本构关系的应力-应变关系曲线进行修正。初始缺陷可采用引入屈曲分析的第 1 或第 2 阶失稳模态向量的方法模拟。

材料、几何非线性的计算方法是根据巫山长江大桥、合江长江一桥、万县长江大桥、广元昭化嘉陵江大桥等工程的主拱计算、模型试验、实桥测试成果总结而成的。

主拱计入材料、几何非线性影响的稳定为第二类稳定,实质是主拱达到极限承载能力而失稳(主拱被压溃),因此,安全系数为极限承载能力状态下的安全储备,其规定限值按式(3-63)计算。

$$\lambda = \frac{\gamma_g \gamma_c}{\gamma_b} = \frac{1.3 \times 1.25}{0.95} = 1.71 \quad (3-63)$$

式中　λ——计入几何、材料非线性的稳定安全系数;
　　　γ_g——荷载安全系数;
　　　γ_c——材料安全系数;
　　　γ_b——工作条件系数。

为了桥梁主拱结构的安全,计入材料、几何非线性影响的主拱非线性稳定安全系数(取稳定极限承载力与设计荷载效应的比值)不应小于 1.75。

3.2.6　正常使用极限状态计算

3.2.6.1　一般规定

(1) 正常使用极限状态的计算,应采用作用的短期效应组合、长期效应组合。

(2) 正常使用极限状态的计算,钢管混凝土构件应进行变形验算。钢管混凝土构件采用应力叠加法验算强度时,应按 3.2.13 节执行。

(3) 非钢管混凝土构件的应力、变形、裂缝等应按相关规范的规定验算。

3.2.6.2　主拱变形及预拱度设置

(1) 钢管混凝土主拱在车道荷载(不计冲击力)作用下的最大竖向挠度(正负挠度绝对值之和)不应大于 $\frac{L}{1\,000}$;桥面梁(板)的最大竖向挠度不应大于 $\frac{L}{800}$。

(2) 钢管混凝土主拱的变形应根据线弹性理论的方法计算。

(3) 钢管混凝土主拱应设置预拱度,计算预拱度值应为恒载累计变形、钢管混凝土徐变挠度和 1/2 活载挠度之和;预拱度计入非线性影响后,可按式(3-64)计算。对于主拱跨径小于 50 m 的拱桥,主拱预拱度宜设置在(1/400~1/600)L 范围内。

$$\delta_s = K_y \delta_j \qquad (3-64)$$

式中 δ_s ——主拱设计预拱度值(m)；

δ_j ——主拱计算预拱度值(m)；

K_y ——预拱度非线性修正系数，主跨 50～100 m，取 1.05；主跨 100～150 m，取 1.11；主跨 150～220 m，取 1.16；主跨 220～340 m，取 1.20；主跨大于 340 m，取 1.25。

条文说明

在钢管混凝土拱桥计算中，钢管混凝土施工过程的弹性模量取为终极值、钢管内混凝土"脱空"缺陷、钢管初始应力、钢管混凝土徐变、节点塑性变形、弯曲开裂和不合理的施工加载程序等原因，往往引起计算预拱度小于实际变形。经过多座钢管混凝土拱桥设计、施工经验，结合研究成果，提出了主拱预拱度非线性修正系数。

(4) 桥面梁(板)的预拱度应计入主拱、吊索及桥面梁(板)的变形。

3.2.6.3 动力特性

(1) 主拱跨径大于或等于 150 m，或宽跨比小于或等于 1/20 的钢管混凝土拱桥，应计算桥梁动力特性。当设有人行道时，宜使结构频率避开人感频率，人感频率范围可取 2.5～3.5 Hz。当有可靠研究资料和桥梁具体要求时，宜单独确定人感频率范围。

条文说明

钢管混凝土拱桥主拱的动力特性包括横向、竖向自振频率和振型，反映了桥梁的总体刚度。主拱跨径大于或等于 150 m，或宽跨比小于或等于 1/20 的钢管混凝土拱桥，主拱纵向或者横向较柔，在地震、风荷载和车辆等动荷载作用下，振动明显，影响桥梁的使用。

(2) 主跨跨径大于或等于 150 m 的中承式或下承式钢管混凝土拱桥，应按现行《公路桥梁抗风设计规范》(JTG/T D60—01)的要求，对主拱、吊索、桥面梁和施工过程进行抗风验算。

3.2.7 施工过程计算

3.2.7.1 一般规定

(1) 应按钢管节段安装成拱、主拱管内混凝土灌注、拱上结构安装三个阶段进行主拱施工过程计算。

(2) 各阶段所形成的结构体系应进行内力、稳定和抗风性能分析，并应验算体系中构件的强度、刚度、稳定和抗风性能。

3.2.7.2 主拱钢管节段安装成拱

(1) 根据桥位地形地貌、水文地质和运输条件等因素，主拱钢管节段安装可采用斜拉扣挂、转体施工、大节段提升等方法。

(2) 主拱钢管节段安装成拱阶段，应以形成的结构体系为计算模型，验算该体系中构件的强度、刚度、稳定性能和抗风性能，并应满足下列要求：

① 主拱应按钢结构进行内力计算和结构验算。

② 采用斜拉扣挂法安装主拱时，应按不同的施工阶段分别对扣索、锚索、扣塔、锚碇体系进行结构分析和强度、刚度、稳定和抗风性能验算。

③ 采用转体施工法安装主拱时，应对扣索、锚索、扣塔、转盘体系、牵引体系、锚碇体系、转体过程中主拱等构件进行结构分析和强度、刚度、稳定和抗风性能验算。

④ 采用大节段提升法安装主拱时，应对提升支架、基础、提升系统等进行结构分析和强度、刚度、稳定和抗风性能验算。

(3) 主拱安装应进行线形拟合设计，主拱合龙后应满足设计线形要求。

(4) 主拱空钢管节段制造、安装成拱的控制线形应满足下列要求：

① 主拱制造线形应为主拱设计线形与预拱度之和。

② 主拱成拱的线形应为主拱制造线形与空钢管成拱后一次落架的自重挠度之差。

③ 主拱安装线形应为主拱制造线形与节段安装线形调整值之和。

④ 节段安装线形调整值的计算应以主拱成拱理论线形为控制目标，根据安装结构体系在安装过程中主拱线形变化量，进行主拱成拱线形拟合计算，来确定节段安装线形调整值。

(5) 主拱成拱线形拟合应按下列规定计算：

① 主拱节段安装过程中的挠度 d_y 应按式(3-65)计算。

$$d_y = d_{y1} + d_{y2} \qquad (3-65)$$

式中 d_{y1}——节段安装过程中产生的累计挠度(m);

d_{y2}——解除扣索或支点产生的挠度(m)。

② 主拱节段安装线形调整值 δ_e 应按式(3-66)计算。

$$\delta_e = D_y - d_y \quad (3-66)$$

式中 D_y——主拱成拱一次落架时的自重挠度(m);

d_y——主拱节段安装过程中的挠度(m)。

条文说明

由于主拱制造、安装过程中,实际调整 δ_e 等操作存在误差,实际成拱线形与理论线形不一致,但其差值应满足设计要求。如果 $D_y = d_y$,则节段安装调整值为 0,即主拱制造线形就是主拱安装线形。但主拱制造为无应力状态下的线形,除采用满堂支架安装主拱外,其余现有安装因主拱自重作用,而应为有应力状态,故 $D_y \neq d_y$。在制造线形的基础上,加上安装调整值 δ_e,其线形变化量为 $D_y = \delta_e + d_y$,主拱合龙并解除扣索、支架后,正好是主拱成拱的理论线形。

3.2.7.3 主拱管内混凝土灌注

(1) 主拱管内混凝土应遵循两岸对称的原则一次性灌注,横向灌注顺序应遵循上下游均衡的原则。

(2) 主拱合龙后,钢管内混凝土灌注顺序应通过加载计算来确定,并符合以下规定:

① 当对主拱各主管进行初应力验算时,应只计入钢管成拱阶段及灌注管内混凝土阶段产生的应力总和;主管的最大初应力 σ_0 不应大于 $0.65 f_{sd}$。

② 主拱灌注完成后,轴线最大横向偏位不应大于 $L/4\,000$。

③ 对哑铃形主拱,腹腔混凝土的灌注应在主管内混凝土灌注完成后进行。

(3) 宜在主管混凝土达到设计强度且龄期大于 4 d 后,再灌注下一根主管。

条文说明

钢管混凝土主拱的特点之一是分阶段形成受力截面,已灌注的钢管内混凝土要参与承受后续的荷载作用,因此对初次参与受力的管内混凝土强度提出要求。

3.2.7.4 拱上结构安装

(1) 应在主拱管内混凝土全部灌注完成并达到设计强度后,再进行拱上结构安装。

(2) 拱上立柱、吊索横梁(或盖梁)、桥面梁、二期恒载的加载程序应符合下列规定:

① 主拱线形变化均衡对称。

② 在满足强度及稳定要求的前提下,主拱截面偏心距应满足 3.2.4.3 节第(7)条的要求。

3.2.8 总体设计及构造

3.2.8.1 总体设计

(1) 应根据桥位地形、地质、水文条件和使用要求,合理选择钢管混凝土拱桥结构体系。

条文说明

钢管混凝土拱桥结构体系包括上承式(图 3-15a)、中承式(图 3-15b 和 e)、下承式(图 3-15c 和 d)。中承式包括中承式推力拱桥(图 3-15b)和无推力的飞燕式拱桥(图 3-15e);下承式包括下承式系杆拱桥(图 3-15c)和下承式刚架系杆拱桥(图 3-15d)。

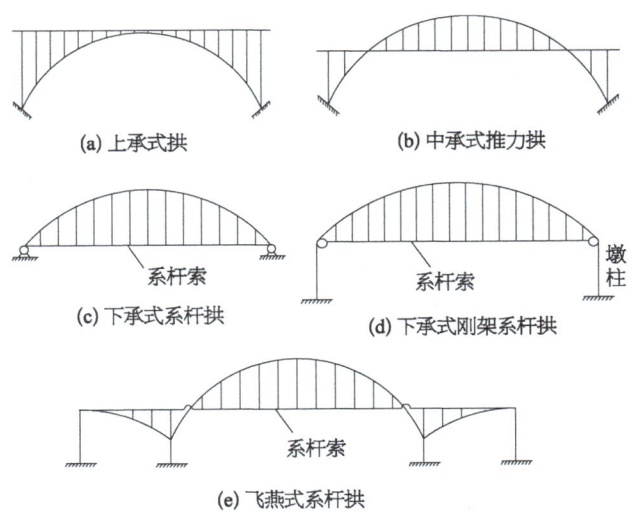

图 3-15 钢管混凝土拱桥结构体系

(2) 总体布置应符合以下规定:

① 采用单管主拱的拱桥,其跨径不宜大于 80 m;采用哑铃形截面的拱桥,其跨径不宜大于 150 m;跨径大于 150 m,宜采用桁式主拱;跨径大于 300 m,宜采用变截面桁式主拱。主拱截面形式包括单管、哑铃形和桁式(图 3-16)。

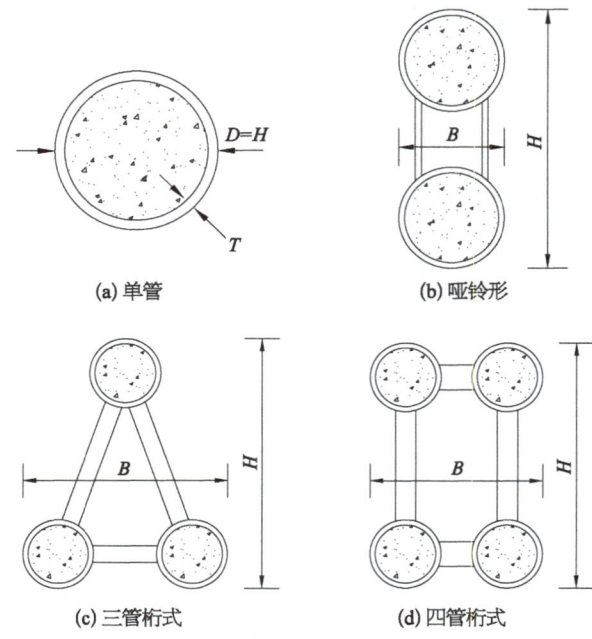

图 3-16　钢管混凝土主拱常用截面形式

② 主拱矢跨比取值范围宜为：上承式 1/4～1/6，中承式 1/3.5～1/5，下承式 1/4.5～1/5.5。

③ 拱轴线宜采用抛物线或悬链线。当采用悬链线拱轴线时，上承式的拱轴系数 m 宜为 1.2～2.8，中承式的拱轴系数不宜大于 1.9，下承式的拱轴系数不宜大于 1.5。

④ 飞燕式钢管混凝土拱桥，边跨宜采用钢筋混凝土结构。边、中跨跨径比宜为 0.18～0.30；中跨矢跨比为 1/3.5～1/4.5。

⑤ 提篮式主拱内倾角宜为 5°～10°。

⑥ 主拱的高度、宽度、主管外径，宜按式(3-67)～式(3-69)计算确定。

a. 等截面的主拱高度

$$H = k_1 k_2 \left[0.2 \left(\frac{L_0}{100} \right)^2 + \frac{L_0}{100} + 1.2 \right]$$

(3-67)

$$B = (0.28 \sim 0.45) H \quad (3-68)$$

$$D = (0.08 \sim 0.14) H \quad (3-69)$$

式中　H——主拱截面全高(m)；
　　　B——主拱截面全宽(m)；
　　　D——主拱主管外径(m)；
　　　L_0——主拱净跨径(m)；
　　　k_1——荷载系数，公路-Ⅰ级取 1.0；公路-Ⅱ级取 0.9；
　　　k_2——车道系数，2、3 车道取 0.9；4 车道取 1.0；6 车道取 1.1。

b. 哑铃形截面主拱宜为等截面，其主拱截面高度宜取 $(0.8～1.0)H$，且不宜大于 3 m；钢管直径宜取 600～1 500 mm。

c. 变截面桁式主拱，拱顶截面高宜取 $(0.6～0.9)H$，拱脚截面高宜取 $(1.4～1.6)H$。

⑦ 主拱主管壁厚不应小于 10 mm。

⑧ 中、下承式钢管混凝土拱桥，吊索和拱上立柱宜等间距布置，间距可取为 $L_0/24 \sim L_0/38$。上承式钢管混凝土拱桥拱上立柱间距可取为 $L_0/8 \sim L_0/15$。

⑨ 宜根据主拱横向布置形式，选取整体或分离式的拱座，主拱采用肋式拱时，宜选用分离式拱座。

条文说明

对于跨径小于 150 m 的钢管混凝土拱桥，所需的主拱截面尺寸相对较小，为简化构造和便于制造安装，单管或由双管组成的哑铃形主拱较为适宜。随着跨径增大，主拱的稳定及承载能力相应增大，宜采用多管桁式主拱。对于跨径大于 300 m 的钢管混凝土拱桥，主拱的拱顶与拱脚内力相差较大，采用等截面桁式主拱已经不经济合理，宜选用变截面桁式主拱。

(3) 多孔钢管混凝土下承式刚架系杆拱的系杆宜各孔独立锚固；多孔钢管混凝土上承式拱桥宜每隔 3～5 孔设置一个制动墩。

(4) 钢管混凝土拱桥采用双肋式主拱时，主拱宜布置成提篮式或平行式，桥面梁宜采用纵横梁组合体系。

(5) 对于中、下承式钢管混凝土拱桥，行车道应布置在主拱拱肋之间，行车道与吊索平面间应设置防撞护栏，人行道宜布置在主拱拱肋之外。

(6) 在结构和构件满足强度、刚度、稳定性的前提下，应确保主拱管节点、吊索和系杆索锚点、钢-混凝土组合过渡区等特殊细节构造的耐久性要求；拱座周边尚应设置防水、防冲刷、防风蚀等附属工程。

(7) 桥梁钢管结构的完整性设计由荷载、材料性能、细节构造、制造工艺、安装方法、使用环境及维护方式等多种因素确定，除满足强度、刚度、稳定要求外,还应对损伤与损伤容限提出要求。

(8) 钢结构损伤控制原则宜符合下列要求:

① 针对静力或疲劳要求选择焊缝形式,焊接应可操作和可检测。

② 构造细节设计应满足传力简洁、无死角、易于安装和维护的要求。

③ 根据荷载、环境、细节等因素,宜进行抗疲劳与抗断裂的损伤分析评估。

④ 根据钢管结构焊接应力、焊接变形与焊接收缩量的控制目标,宜确定制造和焊接工艺。

⑤ 钢管的维护应满足钢管损伤监测和维修的需要。

(9) 钢结构损伤控制技术应符合下列要求:

① 材料及焊接接头韧性和强度应采用等组配或低组配。

② 制定焊接接头焊后处理工艺。

③ 减小焊缝数量和尺寸。

④ 制定焊接接头的焊接顺序、间隙控制、预热等措施。

⑤ 控制焊接裂纹、夹渣、未熔合、咬边等缺陷。

⑥ 制定涂装工艺实施技术操作指南。

条文说明

钢管混凝土拱桥的钢管结构,从材料加工过程到服役期,不可避免地会在内部和表面发生微小损伤缺陷,在一定外部因素(荷载、温度、腐蚀等)作用下,损伤缺陷不断扩展与合并形成宏观裂纹,导致材料和结构力学性能劣化。桥梁钢管结构的完整性和损伤是相对的,损伤程度将会对结构的完整性带来影响,损伤极限则是结构的失效;损伤容限是指钢管结构在规定的使用周期内抵抗由损伤缺陷、裂纹等而导致破坏的能力。钢管结构局部损伤及损伤扩展,都可能威胁桥梁安全。

钢管结构的损伤和发展,在材料、工艺及服役过程等方面的表现为:① 材料损伤是指母材在冶炼和轧制过程中的缺陷,如非金属夹杂物,焊接过程会引发层状撕裂等;② 焊接接头处金属再结晶过程使热影响区(HAZ)的母材强度增高,塑性韧性降低,可能造成母材损伤;③ 焊接过程的裂纹、夹渣、未熔合、咬边等损伤及其短焊缝,常会导致疲劳裂纹,缩短结构寿命;④ 钢管结构中贯穿板、镶嵌、隔板等细节和焊接顺序、间隙控制、预热不当等容易引起几何

应力集中,极易引发钢管结构损伤;⑤ 钢管结构在腐蚀环境中,损伤会加速扩展,疲劳荷载作用使早期损伤很快从无害演变为有害,导致疲劳裂纹扩展,直接威胁结构安全。

3.2.8.2 主拱

(1) 单管与哑铃形主拱应符合以下规定:

① 吊索穿过主管处,主管内应设置环向加劲肋,加劲肋的数量与板厚应满足主管集中受力要求。吊索锚具宜置于主管之外。

② 哑铃形主拱,钢腹板的厚度及加劲肋设置应满足下列要求:

a. 当钢腹板计算高度与钢腹板厚度之比(h/δ)小于 50 时,可不设置竖向加劲肋。

b. 当钢腹板计算高度与钢腹板厚度之比(h/δ)为 50~140 时,应设置竖向加劲肋,其间距不应大于 2 m。

c. 当钢腹板计算高度与钢腹板厚度之比(h/δ)大于 140 时,宜选用桁式主拱。

(2) 设有斜支管的 Y、K、N 形节点构造(图 3-17)应符合下列规定:

① 主、斜支管轴线间夹角 α 不宜小于 30°。

② 斜支管轴线交点与主管轴线的偏心距 e_0 不宜大于 $0.28D$,超过时应计入偏心弯矩的影响,偏心弯矩应按式(3-70)计算。

$$M = \Delta N \cdot e_0 \quad (3-70)$$

式中 M——偏心距产生的节点偏心弯矩(kN·m);

ΔN——节点两侧主管轴力之差(kN);

e_0——支管与主管交叉的偏心距(m)。

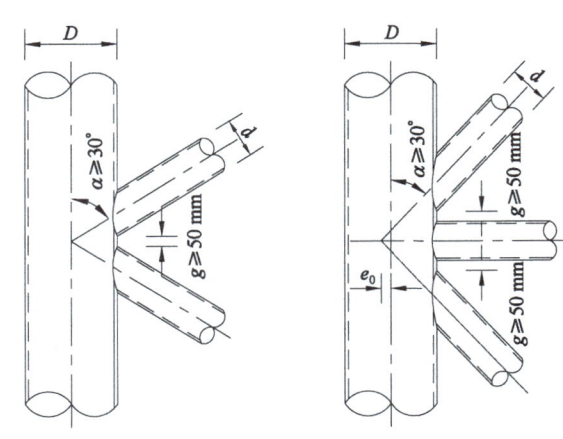

图 3-17 管节点构造参数

③ K形节点或N形节点支管间的间隙 g 不应小于 50 mm。

条文说明

斜支管一般位于主拱立面,用于连接主拱上、下主管,或主拱横撑。

(3) 设有直支管的桁式构造宜符合下列规定:
① 支管中心距离不宜大于主管中心距的4倍。
② 单根支管面积不宜小于单根主管面积的1/4。
③ 支管的长细比不宜大于单根主管长细比的1/2。

条文说明

直支管一般用于主拱桁片间主管的横向连接构造,或拱上立柱采用钢管混凝土桁式结构时,主管间距相对较小的纵桥向连接构造。

(4) 桁式构造几何参数宜符合以下规定:
① 节间间距与主桁高度之比宜为 0.5~1.5。
② 支管与主管直径比 d/D 宜为 0.30~0.80。
③ 主管径厚比 D/T 宜为 24.0~90.0。
④ 支管与主管壁厚比 t/T 宜为 0.25~1.00。

(5) 管节点及连接件的抗疲劳构造应符合以下规定:

① 桁式主拱的主管与支管同时应满足 $d/D \geqslant 0.4$、$T/t \geqslant 1.0$、$D/T \geqslant 40$ 的要求。
② 细长空管杆件长度与钢管直径之比不应大于40。
③ 支管与主管间相贯焊接节点,不应采用加劲肋板或插入式节点板的连接形式。
④ 板-管节点不应采用插入式焊缝连接支管的构造形式。
⑤ 相贯焊接的K形节点,相贯焊缝与纵、环焊缝不应相交,焊缝间净距不应小于 50 mm。
⑥ 支管相贯线和坡口应采用相贯线切割机完成,焊接接头根部间隙应控制在 6 mm 以内,焊缝宜采用全熔透焊缝形式,焊趾处应进行修磨。

(6) 焊接接头应符合以下规定:
① 焊接接头不应采用间断、超间隙和塞焊的焊缝。
② 不得选择T形或十字形焊接接头。
③ 应控制焊接缺陷、焊接应力、焊接变形、焊接收缩量,并提出相应的制造和焊接质量要求。
④ 桁式主拱的相贯连接接头,其相贯线坡口应采用相贯线切割机成型,支管全熔透焊缝坡口形式可按图 3-18 所示设置。

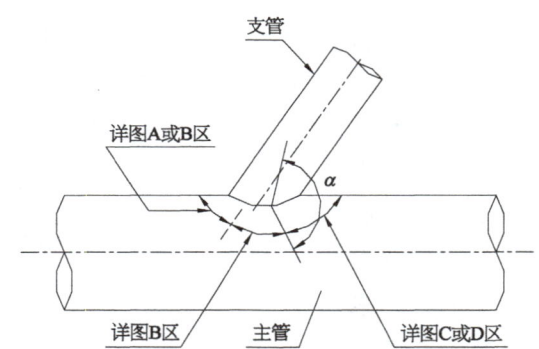

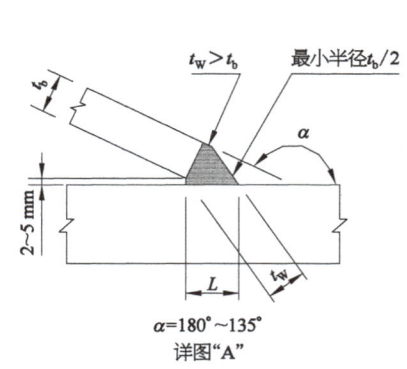

$\alpha=180°\sim135°$
详图"A"

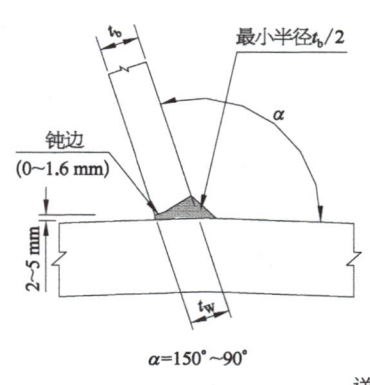

$\alpha=150°\sim90°$

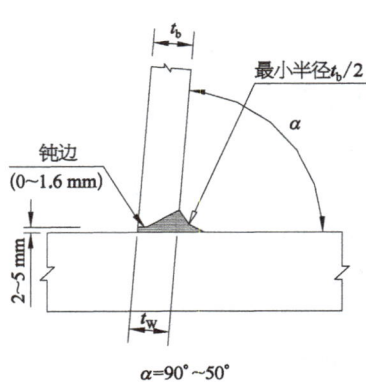

$\alpha=90°\sim50°$
详图"B"

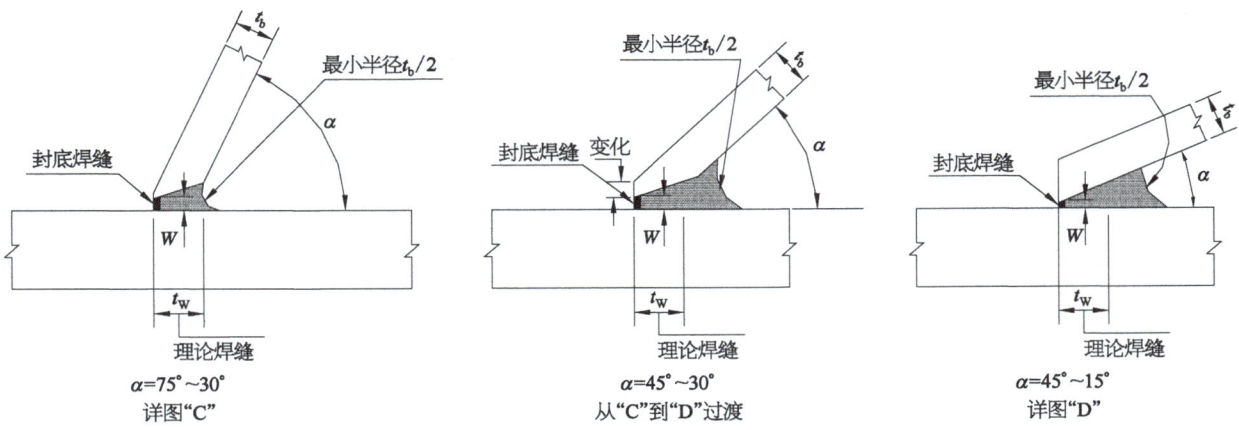

图 3-18 全熔透焊缝坡口形式

⑤ 钢管对接接头应采用全熔透焊缝,管端坡口可采用图 3-19 的形式。

⑥ 主管采用直缝焊接管时,对环焊缝、纵焊缝和节点的相贯焊缝,应按图 3-20 所示的要求避让焊缝交叉。

⑦ 焊接接头应合理配置焊缝韧性和强度,宜采用焊接材料与结构钢材强度等组配或低组配。

⑧ 相贯线焊缝的焊趾应修磨圆顺,修磨方法宜采用砂轮打磨;打磨区的修磨深度宜为 0.5～0.8 mm,修磨方位应符合图 3-21 的规定。

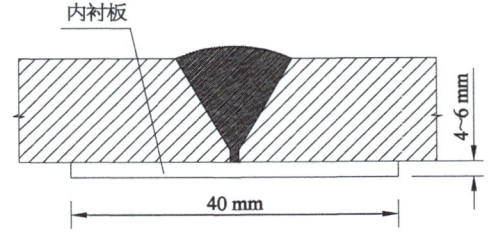
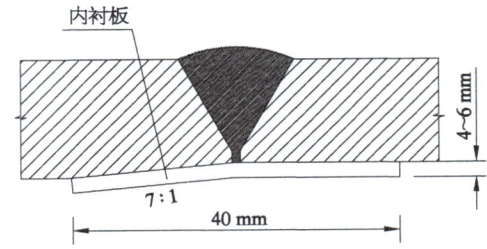

图 3-19 钢管对接坡口形式

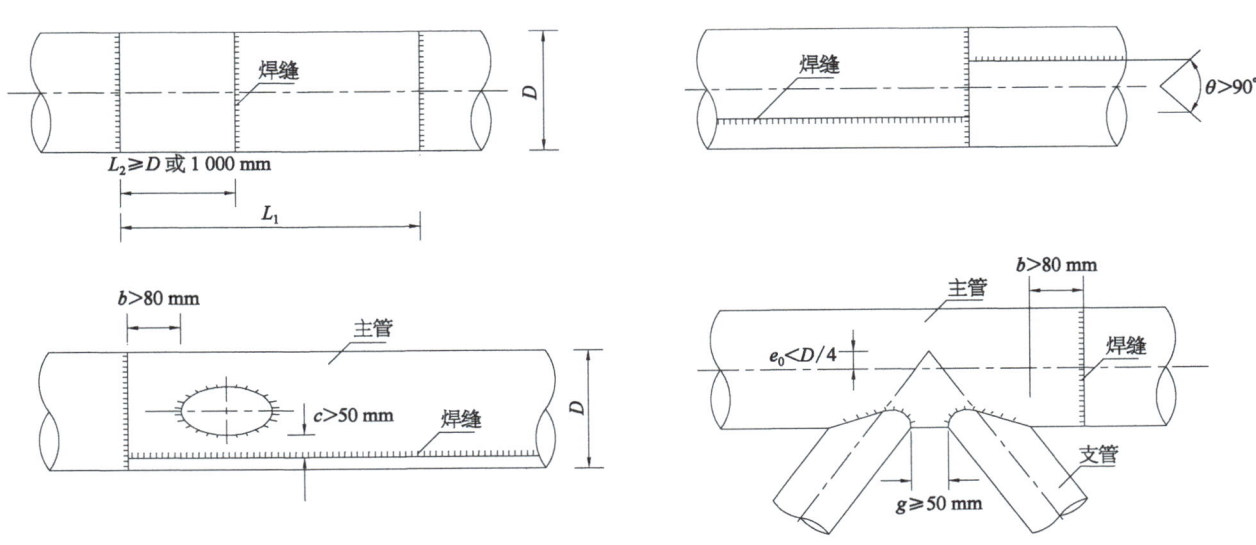

图 3-20 钢管错缝布置要求

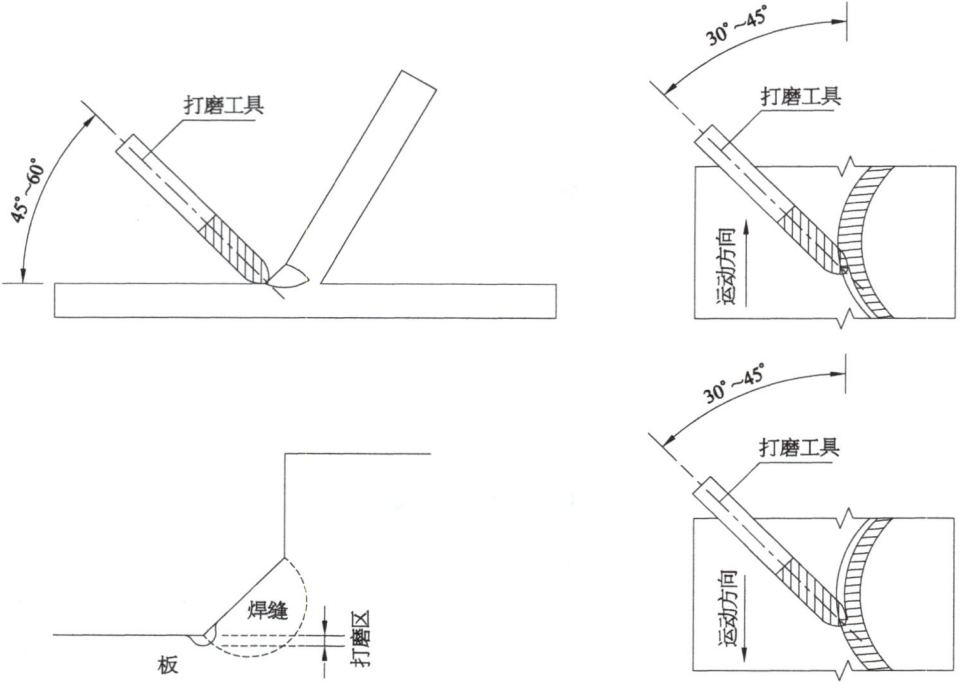

图 3-21 焊缝修磨方位

(7) 吊杆和立柱设置在主拱横向连接的直支管上时,该支管应采用钢管混凝土,且宜在支管内设置环向加劲肋,如图 3-22 所示,其加劲肋构造应满足下列要求:

① 加劲肋的板厚不应大于钢管的壁厚。

② 集中力对应位置应设置一道加劲肋,两侧加劲肋间距之和不应大于钢管直径。

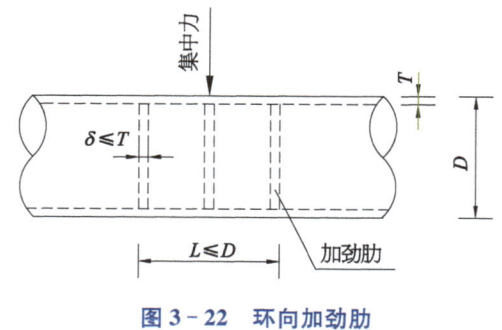

图 3-22 环向加劲肋

条文说明

图 3-22 中的集中力指吊索或拱上立柱的作用力。

(8) 主拱接头应符合以下规定:

① 主拱节段应采用焊接对接接头。当主拱主管直径大于 600 mm 时,宜采用内法兰作临时连接(图 3-23)。

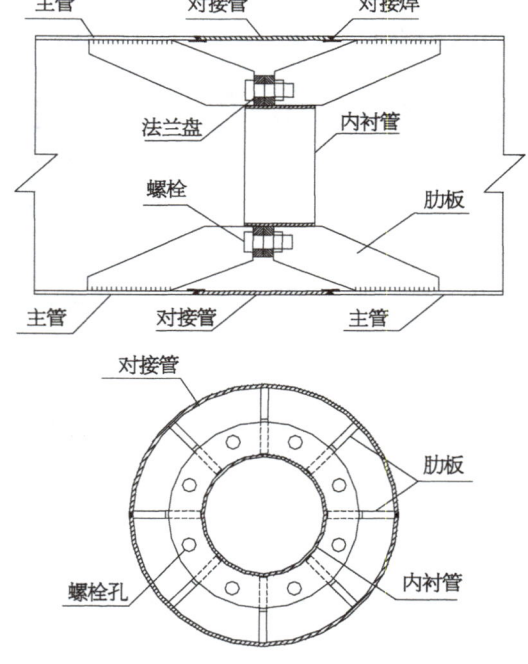

图 3-23 内法兰构造形式

② 主拱与拱座的连接构造,宜将钢管插入拱座预埋,预埋管与主拱节段宜采用焊接对接接头。预埋深度不得小于 1.5 倍主管直径,预埋钢管底部应设置承压板,其下应设置不少于 3 层钢筋网,在钢管周边应设置分布环向钢筋、焊钉或 PBL 剪力键等锚固构造。承压板与管壁间应按构造要求设置带孔加劲肋板(图 3-24)。

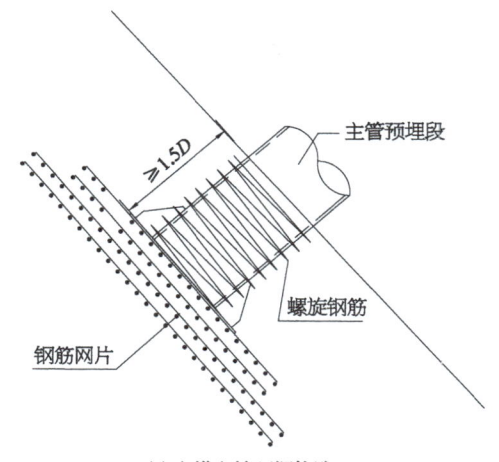

(a) 主拱主管预埋构造

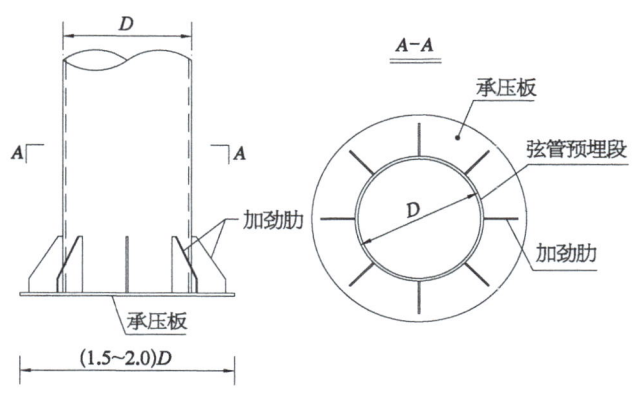

(b) 预埋主拱主管段构造

图 3-24 主拱与拱座的连接一般构造

③ 主拱施工时,可根据截面形式和结构特点的需要,主拱拱脚可设计为直接固结的连接形式,或先临时铰连接、合龙后再固结的形式。拱脚临时铰可采用转轴铰或销轴铰,其构造形式如图 3-25、图 3-26 所示。

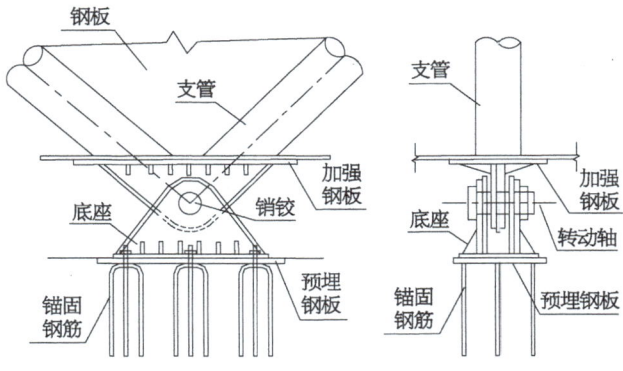

图 3-25 销轴铰一般构造示意(钢板加劲肋未示)

④ 主拱合龙连接应采用焊接对接接头。主拱合龙应快速准确对位,宜单独设置合龙段及满足瞬

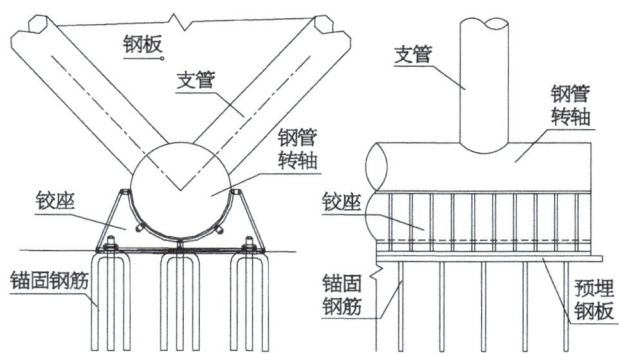

图 3-26 转轴铰一般构造示意(钢板加劲肋未示)

时合龙的构造措施。桁式主拱合龙构造如图 3-27 所示。

条文说明

为满足施工过程受力和无应力焊接的需要,当主拱主管直径大于 600 mm 时,采用内法兰作临时连接。

(9) 主拱主管在加工制造时宜采用折线形成,折线长度不应大于主拱的主桁间距和有限元计算模型的梁单元长度中的较小值。用折线代替曲线时,其主管接头位置应避开主桁的节点位置。主拱制造时不宜采用火焰煨弯的工艺。

条文说明

钢管混凝土主拱一般采用悬链线、抛物线或圆曲线。主拱钢管采用火焰煨弯的工艺弯曲成主拱时,会造成钢管椭圆度、直线度等误差增大,且工艺要求高、控制难度大,不能保证主拱钢管质量要求,故一般不宜采用。

3.2.8.3 横撑

(1) 拱肋间应设置横撑。横撑形式可采用一字形、K 形、X 形、米字形等,横撑构造应与拱肋截面相适应,截面可采用单管、哑铃形或桁式。

(2) 主拱横撑形式较多,推荐采用 K 形组合式横撑。

(3) 横撑与主拱的连接接头可以采用螺栓连接、焊接连接或栓焊连接,焊接连接接头设计应遵循焊缝少、焊接操作性强的原则。

(4) 拱脚段的横撑可采用钢管桁式结构、钢管混凝土桁式结构或钢筋混凝土结构;下承式拱的端横梁和中承式拱的肋间横梁兼作主拱横撑时,其强度和刚度应同时满足横梁和横撑的需要。

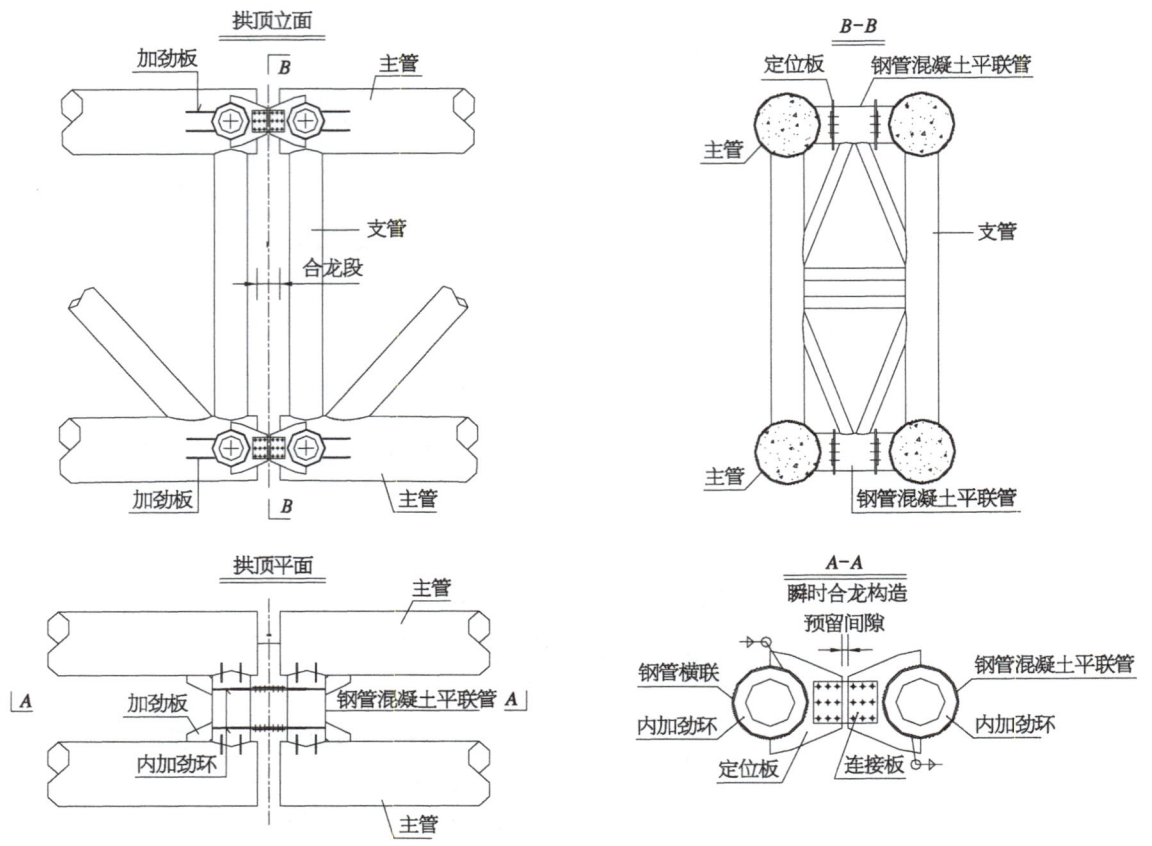

图 3-27 桁式主拱合龙段构造

3.2.8.4 拱上立柱

(1) 拱上立柱可采用钢管混凝土构件、钢构件或钢筋混凝土构件。钢管混凝土立柱宜采用单管或桁式组合柱。盖梁可采用钢筋混凝土、预应力钢筋混凝土或钢结构。

(2) 钢管混凝土立柱与混凝土盖梁连接时,伸入盖梁长度应大于 1.5 倍立柱主管外径,且不应小于 1.0 m;可采用开孔钢板和预埋锚筋等形式的钢-混凝土构造连接,如图 3-28a 所示。当采用预制盖梁时,可将盖梁底部预埋钢板与钢管混凝土立柱焊

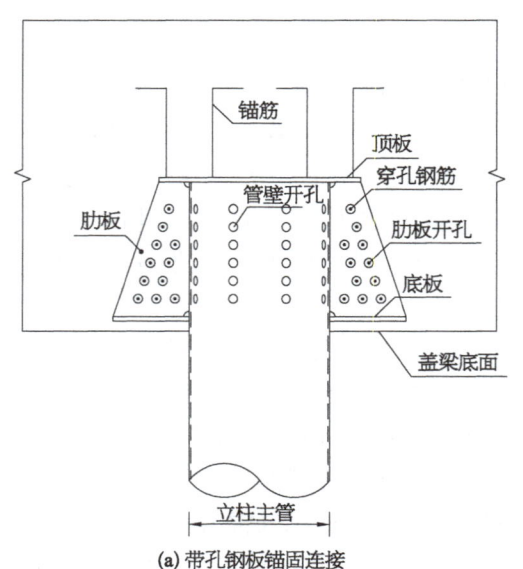

(a) 带孔钢板锚固连接

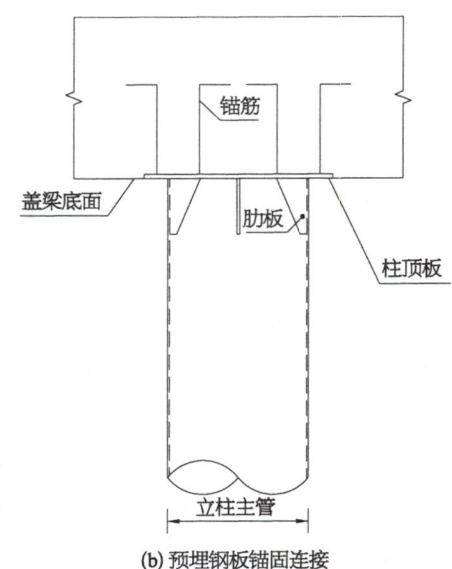

(b) 预埋钢板锚固连接

图 3-28 钢管混凝土立柱与盖梁连接构造

接连接,如图 3-28b 所示。

（3）钢管混凝土拱上立柱的柱脚分为有垫梁柱脚和无垫梁柱脚。有垫梁柱脚通过垫梁上的预埋钢板与立柱焊接连接,如图 3-29a 所示;无垫梁柱脚采用与主拱相贯焊接的方式连接,如图 3-29b 所示。

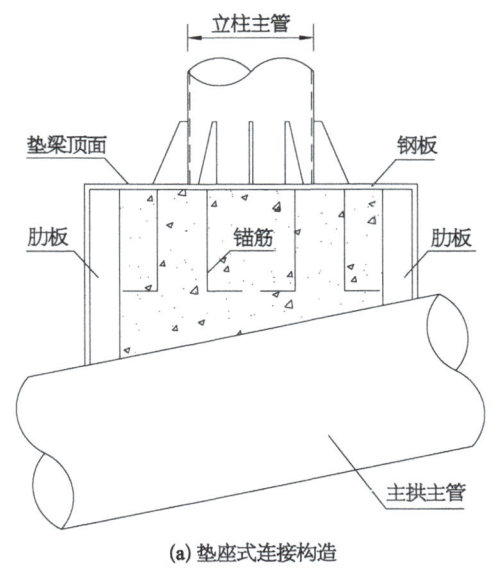
(a) 垫座式连接构造

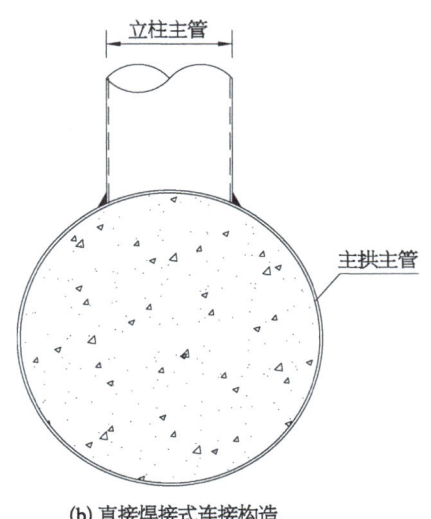
(b) 直接焊接式连接构造

图 3-29　拱上立柱与主拱连接构造

（4）钢管混凝土立柱的节段连接宜采用对焊接头,当立柱为小偏心受压时,可采用法兰盘连接。

（5）钢管混凝土墩柱与基础的连接宜采用埋入式,其埋入深度应大于 2 倍立柱钢管直径,且不应小于 1.5 m,在预埋段应设置分布环向钢筋、焊钉或开孔钢板等锚固构造。承压板直径（或边长）宜为 1.5～2.0 倍立柱钢管直径,厚度不宜小于 25 mm,如图 3-30 所示。

3.2.8.5　吊索

（1）吊索应采用平行钢丝成品索或钢绞线成品索,钢丝或钢绞线应采用环氧喷涂、环氧填充或镀锌的防腐处理。吊索应设置耐候性的防护外套。

（2）吊索锚具形式应结合拱、梁和索体构造选用,锚管的出口端应设置减振器。上下端锚具应露出结构外。

（3）吊索锚具的防腐应满足设计使用年限要求,并应设置完整的防护及排水构造。锚具防护罩构造应便于锚具及其内索体的后期检修。锚具防护罩应有配套的防腐涂装。

条文说明

调查表明,吊索上下端锚具处腐蚀严重,是因为锚具防水构造无法保证水、腐蚀气体完全不进入锚具内,一旦进入而无法排除时,将导致吊索上下端锚具处腐蚀环境恶化,加剧对锚具、吊索的腐蚀。因此,本条要求吊索锚具具有可靠的防腐措施,具有防水保护构造;同时,在锚具的较低位置处,应设置排水构造。

（4）中、下承式拱桥设计时,最短吊索的自由长度宜满足纵向位移需要。当不能满足要求时,应采用限制短吊索横梁纵向位移、横梁与桥面梁（板）间设置滑板支座、增加索体锚固端自由转动幅度等措施。

条文说明

调查表明,中、下承式拱桥的伸缩缝一般位于两岸桥台（交界墩）处,变位零点位于主跨跨中,导致两岸短吊索水平位移大,使外套钢管、锚端的弯折角度大,在较大的弯曲应力和腐蚀环境作用下,形成吊索的"应力腐蚀"而破坏。本条对短吊索进行以下处理：① 设置构造,固定短吊索的横梁与拱肋形成一体,减少横梁纵桥方向移动;② 短吊索横梁与桥面梁（板）间设置滑板支座,减少短吊索横梁纵向位移;③ 将吊索锚固于主拱上弦,加大索套管直径,增加短吊索的自由长度、降低锚固端自由转动幅度。已有工程表明,上述措施对延长短吊索的寿命具有明显贡献。

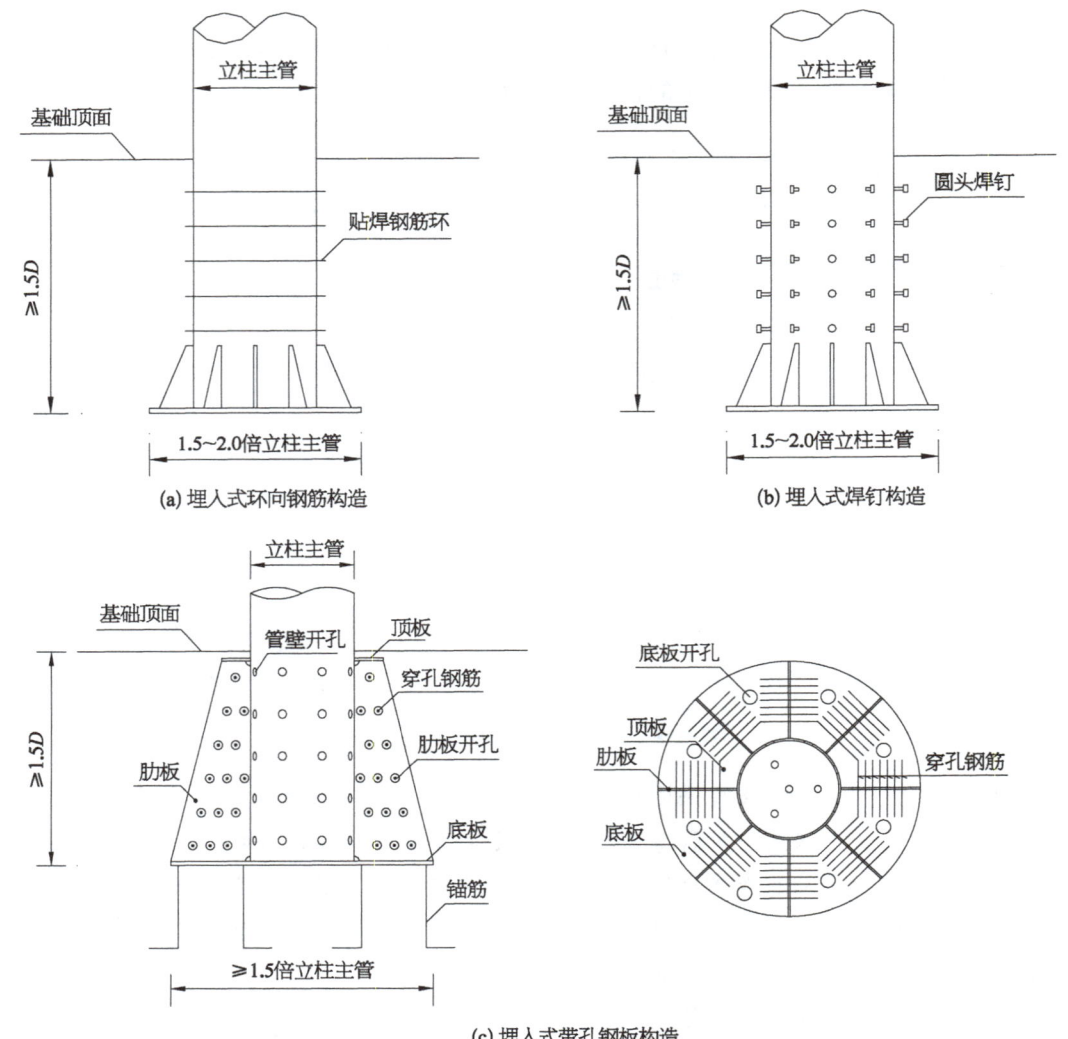

图 3-30 桥墩与基础连接一般构造

(5) 当吊索长度大于 30 m 时，在满足吊索综合系数要求的同时，宜提高吊索的抗拉刚度。

条文说明

吊索长度大于 30 m 时，吊索弹性伸长量较大，且会产生过大的竖向位移，影响行车及行人舒适度要求，故作此条规定。

3.2.8.6 系杆索

(1) 系杆索必须采用平行钢丝成品索或钢绞线成品索，其钢丝或钢绞线可采用环氧喷涂、环氧填充或镀锌的防腐处理，系杆索不应外露，应设具有耐候性的防护装置。

(2) 系杆索锚具形式应结合结构和系杆索的特点选用，锚具应露出结构外。

(3) 系杆索锚具的防腐应满足设计使用年限要求，并应设置完整的防护及排水构造。锚具防护罩构造应易于锚具及其索体的后期检修，并应有配套的防腐涂装。

条文说明

系杆拱桥的系杆极易受水等环境因素影响而严重锈蚀，为防止施工和运营过程中积水，本条除要求具有防水构造外，尚应在锚具内设置排水构造。锚具的防腐技术应可靠，保证使用年限满足设计要求，设计者应针对锚具的实际构造和相关连接构造，特别关注锚具的防腐性能设计要求。

(4) 系杆索的位置设计应综合考虑主拱结构、桥面系高程、锚固位置及更换索体的工艺要求等因素。索体支架体系的转轮宜采用非金属或长寿命耐候材料制作。

条文说明

索体支架体系的转轮,主要是保证索体在外力作用下发生位移的需要。

(5) 系杆索及锚具构造,必须满足检查、维护及可更换的需要。

3.2.8.7 桥面系构造

(1) 上承式钢管混凝土拱桥,可采用简支或连续结构体系的桥面梁(板)。

(2) 中、下承式钢管混凝土拱桥的桥面梁(板)必须采用连续结构体系,连续结构体系的主纵梁应满足2倍吊索跨度的承载能力要求。对于桥面梁(板)与吊杆横梁分离的结构体系,主纵梁应设在吊杆横梁的吊杆对应位置处。

条文说明

桥面梁(板)连续结构体系指在桥面梁的吊索横梁间设置主纵梁,形成纵桥向连续的结构体系;连续桥面纵梁在活载作用下吊点处正弯矩较大,需要加强纵梁在吊点处的正弯矩强度验算。

(3) 桥面梁(板)可采用钢筋混凝土、预应力钢筋混凝土、钢或钢-混凝土组合等结构;对于跨径大于300 m的钢管混凝土拱桥,宜采用钢或平面型钢-混凝土组合桥面板、波折型钢-混凝土组合桥面板。

(4) 平面型钢-混凝土组合桥面板和波折型钢-混凝土组合桥面板的构造应符合中国公路学会《公路桥梁钢-混凝土现浇组合桥面板技术指南》的相关要求。

(5) 当桥面单向纵坡大于2%时,应设置纵向限位措施。

(6) 中、下承式拱桥,桥面梁与主拱的间隙应满足桥面梁(板)纵横向位移的要求。

3.2.8.8 辅助结构

(1) 主拱安装的辅助体系应符合以下规定:

① 扣塔(或提升塔)宜采用型钢标准件或钢管(或钢管混凝土)桁式塔。当采用钢管混凝土桁式扣塔(或提升塔)时,其构造应符合本细则的规定。

② 扣索(或提升索)应选用钢丝绳或钢绞线。钢绞线锚固应选用低回缩量锚具。

③ 施工锚碇应根据结构特点、地形和地质条件设计。

④ 扣索(或提升索)的张拉端应设置在塔顶和锚碇处。

⑤ 主拱安装时应根据结构特点和地形条件设置抗风构造。

(2) 主拱的辅助构造应符合以下规定:

① 主拱的辅助构造不应影响主体结构的安全与耐久性。

② 主拱扣点(吊点)宜设计为永久结构,其构造、焊接工艺试验、疲劳细节构造等的质量要求应与主体钢结构相同。

③ 主拱钢管混凝土灌注孔应在结构制造时完成,且位于主管侧面,距离节点位置宜为0.6~1.0 m;拱脚灌注孔距离拱座面宜为1.5~2.0 m。灌注孔直径宜为100~150 mm,孔周边应设置加劲环板,其直径不宜小于300 mm,板厚不宜小于12 mm。封孔焊缝的焊接质量要求应与主体结构一致。

④ 主拱拱顶各主管内应设置隔舱板,隔舱板两侧应各设一个排浆管,排浆管直径应大于100 mm,高度应大于1.0 m。

条文说明

安装主拱的辅助构造包括设置在主拱上的扣点、主拱混凝土灌注孔和主拱隔仓板等。

3.2.9 附属结构

3.2.9.1 防排水构造

(1) 防排水构造应在主体结构设计时综合设计,局部构造细节不得影响结构的可维护性和耐久性,并应符合环保相关规范要求。

(2) 主体结构上易于积水处应设置相应的泄水孔,其孔径不应小于50 mm。

(3) 当桥面排水采用直排式时,出口排水不得腐蚀和污染钢结构。当采用汇集式时,泄水管孔径及数量应根据桥面汇水面积确定,排水口应设置于主体结构之外。汇集式的集水管与主体结构的连接,应适应桥面梁、主拱的变形需要。跨越桥梁伸缩缝的集水管应设置伸缩装置。

3.2.9.2 检修养护设施

(1) 检修通道的设置应满足主拱、横撑、吊索锚头、桥面纵横梁和拱梁交叉处的检测和维修需要。桥面梁宜设计专用检修车。

(2) 检修通道钢构件的焊接工艺与质量控制应

与主体结构的要求相同。

（3）在设计阶段应根据构造特点提出桥梁检查、养护、维修的技术要求。

3.2.10　防腐构造与涂装

（1）钢管混凝土拱桥中的钢构件，应针对桥址大气腐蚀环境和涂层体系保护年限，按现行《公路桥梁钢结构防腐涂装技术条件》（JT/T 722）的规定，进行防腐涂装。

（2）根据结构防腐蚀重点、工艺要求，应避免出现易于积水集污的死角、未封闭焊缝及难以实施涂装施工的不良细节。

条文说明

根据《公路桥梁钢结构防腐涂层技术条件》（JT/T 722—2008）中长效型防腐涂层保护年限15～25年的要求，必须针对构造细节，如防排水、集污死角、未封闭焊缝及难以涂装施工的不良细节等进行重点研究，确定其涂装体系防腐工艺，方能确保涂层体系保护年限。

3.2.11　钢管混凝土徐变系数

钢管混凝土拱桥内力与变形计算应计入徐变的影响。计钢管约束的混凝土徐变系数宜按式（3-71）计算。

$$\phi'(t,t_0) = \frac{\phi(t,t_0)}{1+\dfrac{E_s}{E_c}[1+\rho\phi(t,t_0)]\alpha_s}$$

(3-71)

式中　t_0——加载时的混凝土龄期（d）；

　　　t——计算时刻的混凝土龄期（d）；

　　　$\phi(t,t_0)$——混凝土的徐变系数，可根据《公路钢筋混凝土及预应力混凝土桥涵设计规范》（JTG D62）附录F取值；

　　　α_s——截面的含钢率，$\alpha_s = \dfrac{A_s}{A_c}$；

　　　ρ——参数，$\rho = \dfrac{1}{1-e^{-\phi(t,t_0)}} - \dfrac{1}{\phi(t,t_0)}$；

　　　E_s、E_c——钢管和混凝土材料的弹性模量（MPa）；

　　　A_s、A_c——钢管和混凝土截面面积（m²）。

3.2.12　钢管混凝土本构关系

钢管混凝土受压本构关系，应采用"统一理论"的全过程曲线，如图3-31所示。

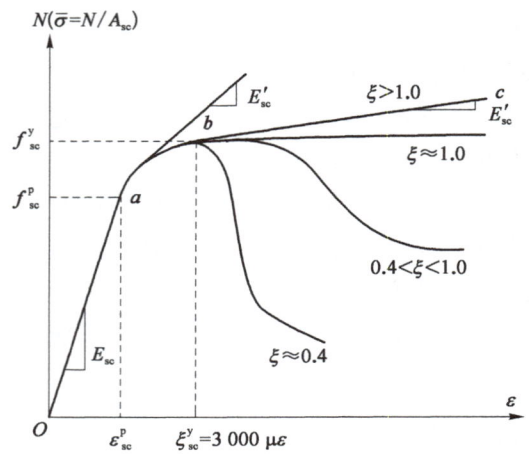

图3-31　钢管混凝土轴压 N-ε 全过程关系曲线

条文说明

钢管混凝土"统一理论"的具体内容是：把钢管混凝土视为一种组合材料，用构件的整体几何特性（全截面面积和抵抗矩等）和钢管混凝土的组合性能指标，来计算构件的各项承载力，不再区分钢管和混凝土。随着物理参数、几何参数和应力状态的改变而改变，变化是连续的、相关的。其组合应力与组合惯性矩按试验得出：

（1）导出钢材和混凝土在多轴应力状态下的本构关系数学表达式。

（2）用有限元法计算得到钢管混凝土在各种应力状态下（轴压、轴拉和受弯、受扭等）的荷载-变形关系曲线。

（3）根据上述全过程曲线，确定极限准则，定出承载力组合设计指标。

通过钢管混凝土试件的试验，得出的本构关系已包括约束力效应，因此，确定的组合设计指标含约束效应。钢管混凝土组合指标除试验确定的组合应力 f_{sc}、组合弹性模量 E_{sc} 外，还包括计算确定的组合截面积 A_{sc} 和组合惯性矩 I_{sc}。

钢管混凝土轴心受压（$L/D = 3\sim3.5$，L 为计算长度，D 为外直径）时的 N-ε 的典型全过程曲线图，纵坐标 N 是轴压荷载，也可用截面的名义应力或平均应力表示为

$$\bar{\sigma} = N/A_{sc} \quad (3-72)$$

式中 A_{sc}——截面总面积(m^2),按式(3-73)计算:

$$A_{sc} = \frac{\pi D^2}{4} \quad (3-73)$$

D——钢管混凝土钢管直径(mm)。

当约束效应系数标准值 $\xi > 1$ 时,约束效应大,混凝土纵向承载力的增大值超过钢管纵向承载力的下降值,逐渐形成强化阶段。

当约束效应系数标准值 $\xi \approx 1.0$ 时,两者的纵向承载力的增大值和下降值接近相等,就出现水平塑性阶段。

当约束效应系数标准值 $\xi < 1.0$ 时,上述纵向承载力的增大值小于下降值,就出现下降段。

当约束效应系数标准值 $\xi \approx 0.4$ 时,约束效应太小,不出现塑性段,曲线在约 3 000 $\mu\varepsilon$ 时徒然下降,随后曲线趋于平缓。钢管混凝土在应变 ε_{sc}^{y} 时基本都达到了极限状态,即钢材应力达到了屈服状态。

3.2.13 钢管混凝土构件应力计算

(1) 钢管混凝土构件作为钢管和混凝土两种材料单元,构件满足平截面假定,应采用叠加法计算各阶段累计的截面应力,并符合式(3-74)和式(3-75)的要求。

$$\sigma_s \leqslant 0.8 f_y \quad (3-74)$$

$$\sigma_c \leqslant \frac{K_1}{K_2} f_{ck} \quad (3-75)$$

式中 σ_s——钢管混凝土组合截面中钢管应力(MPa);

σ_c——钢管混凝土组合截面中管内混凝土应力(MPa);

K_1——钢管混凝土轴心受压构件的核心混凝土轴心抗压强度提高系数,K_1 可按式(3-76)计算

$$K_1 = 1 + \left[\sqrt{4 - 3(0.25 + 3.2a_s)^2} - 1\right] a_s \frac{f_y}{f_{ck}} \quad (3-76)$$

K_2——管内混凝土容许应力安全系数,可取 $K_2 = 1.7$;

a_s——截面的含钢率;

f_y——钢材的屈服强度(MPa);

f_{ck}——混凝土轴心抗压强度标准值(MPa)。

条文说明

钢管应力为各个施工阶段的累计应力、二期恒载引起的应力、温度应力以及活载、混凝土收缩、徐变应力的累加。钢管应力计算一般是将钢管混凝土构件作为钢管和混凝土两种材料单元,根据各自的材料特性和施工过程,采用有限元法叠加计算而成。钢管实际应力值一般大于理论分析值,主要是混凝土的弹性模量取值与理论取值有差异,且与混凝土收缩、徐变有关,目前缺乏这方面的系统性和连续性实测资料。此外,在工程实践中往往在没有达到设计规定的混凝土强度时,就进行后续钢管混凝土灌注,也增大了钢管的应力。为保证钢管在正常使用极限状态下处于弹性阶段,应有安全储备,规定 $\sigma_s = 0.8 f_y$。参考《钢管混凝土结构设计与施工规程》(JCJ 01-89),钢管混凝土构件管内混凝土受到钢管的约束,其轴心抗压强度将提高,因此,可取 $\frac{K_1}{K_2} f_{ck}$ 值进行控制设计。

(2) 在正常使用极限状态下,钢管混凝土构件的钢管、混凝土的应力宜按式(3-76)~式(3-79)计算。

钢管混凝土组合构件截面的组合应力和应变:

应力 $$\sigma_{sc} = \frac{N_{sc}}{A_{sc}} \pm \frac{M_{sc}}{W_{sc}} = \sigma_{sc}^{N} + \sigma_{sc}^{M} \quad (3-77)$$

应变 $$\varepsilon_{sc} = \frac{\sigma_{sc}}{E_{sc}} = \frac{\sigma_{sc}^{N} + \sigma_{sc}^{M}}{E_{sc}} \quad (3-78)$$

钢管混凝土构件钢管和混凝土的应力:

钢管应力 $$\sigma_s = \sigma_{sc} n_s + \sigma_0 \quad (3-79)$$

混凝土应力

$$\sigma_c = \left(\sigma_{sc} - \frac{2T}{D}\sigma_{sc}^{M}\right) n_c \approx \sigma_{sc} n_c \quad (3-80)$$

式中 σ_{sc}——钢管混凝土组合截面的应力(MPa);

N_{sc}——钢管混凝土组合截面形成后构件中所增加的轴力设计值(10^3 kN),即扣除计算初应力 σ_0 的内力;

M_{sc}——钢管混凝土组合截面形成后构件中所增加的弯矩设计值(10^3 kN·m),即扣除计算初应力 σ_0 的内力;

W_{sc} ——钢管混凝土组合截面外缘的抵抗矩（m³）；

ε_{sc} ——钢管混凝土组合截面的轴向线应变；

n_s ——钢与钢管混凝土组合材料弹性模量比值，$n_s = E_s/E_{sc}$；

n_c ——混凝土与钢管混凝土组合材料弹性模量比值，$n_c = E_c/E_{sc}$。

3.3 钢管混凝土拱桥计算示例

3.3.1 钢管混凝土拱桥示例选择原则

钢管混凝土拱桥在市政、公路、铁路等行业应用广泛，但公路桥梁最多；钢管混凝土拱桥承载形式有上承式、中承式、下承式，但中承式最多；钢管混凝土拱桥有推力拱桥和无推力拱桥，但推力拱桥较大，自平衡无推力拱桥计算约束较多。为了更好示范，本节选择公路行业主跨 530 m 中承式推力钢管混凝土拱桥——四川合江长江一桥和主跨 507 m 中承式无推力钢管混凝土系杆拱桥——四川合江长江三桥为示例，同时，两座桥梁均是采用交通运输行业规范执行的计算，具有较好的示例作用。

3.3.2 四川合江长江一桥

3.3.2.1 计算概述

1）材料

四川合江长江一桥是国家高速公路网成渝地区环线合江（川渝界）至纳溪段高速公路控制性工程，直接连接隆纳高速公路和江合高速公路（重庆段），并先后与 G321、S308 等道路交汇或并行，形成地区交通运输的横向快速通道。

桥区属构造剥蚀河谷地貌。重庆岸岸坡陡峭，其下临江边地形平缓，多堆积砂岩大块石，岸坡陡崖之上为地形平缓宽阔的缓坡浅丘地貌，整体坡度 5°~8°，地表多被垦为水田；成都岸岸坡陡峭，其上为坡度较小的斜坡坡麓，整体坡度 13°~15°，地表多被垦为水田或旱地。桥轴线与地面标高相对高差约 75 m，大桥所跨越长江江面宽 360~380 m，河道顺直，整体流向为从南东向北西。

四川合江长江一桥桥址，通航要求一孔跨越，可选择的桥型有拱桥、斜拉桥、悬索桥。经过计算分析，对各桥型建设、管理、维修与经济性进行比较，钢管混凝土拱桥方案桥梁刚度大，造价低，后期养护费用少，工期较短，造型美观，占较大优势，但施工风险稍大，甚至把 500 m 跨径拱桥视为禁区，经过多次专家论证、审查以及开展了国内首次桥梁风险评估，认为钢管混凝土拱桥风险可控；悬索桥方案的钢桁梁、锚碇养护难度和费用较高；斜拉桥方案的工程造价高，边中跨比小，施工平衡能力较差。最后，选择了钢管混凝土拱桥方案。

四川合江长江一桥采用中承式钢管混凝土拱桥，其桥跨布置为 10×20 m 简支箱梁+530 m 钢管混凝土中承式拱桥+4×20 m 简支箱梁。全桥布置如图 3-32 所示。该桥于 2013 年 6 月建成通车，项目建安费 2.51 亿元。

四川合江长江一桥主拱拱肋钢管、桥面格子梁采用 Q345 钢材，主拱管内混凝土采用 C60 自密实混凝土，吊杆采用 $\phi 15.2$ mm 预应力钢绞线。

按照规范规定，采用统一理论对主拱钢管混凝土材料进行模拟，相关参数见表 3-33。

表 3-33 钢管混凝土参数（统一理论）

构件尺寸 /(mm×mm)	轴心抗压强度设计值/MPa	弹性模量/MPa	抗剪强度设计值/MPa	弹性剪切模量/MPa
1 320×22	49.27	45 203	20.14	13 435
1 320×34	61.23	54 811	26.72	17 175

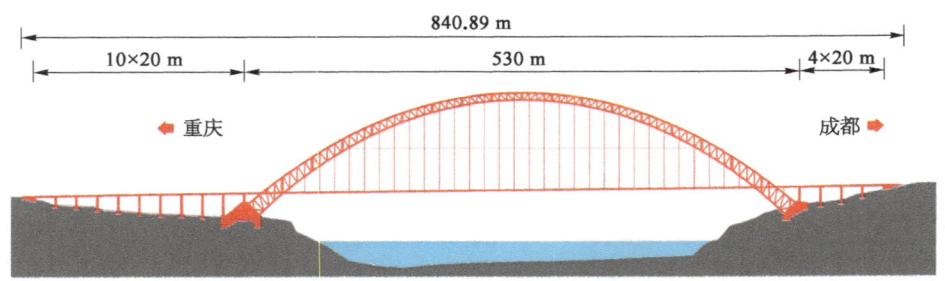

图 3-32 四川合江长江一桥全桥布置

2) 结构

四川合江长江一桥主孔跨径为 530 m(净跨为 500 m),净矢跨比为 1/4.5,拱轴系数为 1.45。主拱、桥面梁、吊杆等结构参数如下:

(1) 主拱。采用 φ1 320 mm×22(26、30、34)mm、内灌 C60 混凝土的钢管混凝土桁式弦管,腹管采用 φ660 mm×12 mm 钢管,主拱弦管通过横联钢管 φ762 mm×16 mm 和竖向两根腹管 φ660 mm×12 mm 钢管连接而构成;拱顶截面径向高 8.0 m,拱脚截面径向高 16.0 m,肋宽 4.0 m;主拱一般构造如图 3-33 所示。

(2) 内横隔。吊杆处竖向两根腹管(拱脚段为立柱处径向两根腹管)间设横隔,横隔采用 φ273 mm×8 mm 钢管和 φ406 mm×10 mm 钢管,加强拱肋横向连接。拱肋横隔构造如图 3-34 所示。

(3) 横撑。主拱拱肋中距为 28.6 m;两肋间桥面以上采用新型组合式横撑构造,即两肋间桥面以上的拱肋上弦平面设置三角形钢管横撑(图 3-35),吊杆处间隔设置竖向 I 形钢管桁架横撑(图 3-36),桥面以下的拱脚段设置径向钢管混凝土桁架横撑和下弦 X 形撑。

(4) 桥面梁。由两道主纵梁(吊杆处)、三道次纵梁、吊杆处主横梁、主横梁间设置的四道次横梁组成格子桥面梁;主、次纵横梁均采用工字形截面。格子梁上桥面板采用钢-混凝土组合结构,桥面底面钢板厚 8 mm,桥面板总厚度(含混凝土板和钢底板)为 14 cm,桥面铺装 5 cm 厚的改性沥青混凝土,在水泥混凝土和沥青混凝土间设置防水卷材(纵横梁顶面两侧各 80 cm)和防水涂料(格子梁跨中)。桥面梁构造如图 3-37 所示。

(5) 吊杆。吊杆采用 φ15.2 mm 预应力钢绞线挤压成型吊杆索体,索体自由段至锚固段,采用单元式环氧涂层和防腐油脂全隔离、摩擦式无损伤整束挤压成索,极限抗拉强度为 1 860 MPa,两端采用定型耐久性锚具,人行道以上的吊杆外套哈弗管保护和装饰。吊杆构造如图 3-38 所示。

(6) 下部结构。两岸均采用 U 形桥台,引桥桥墩基础设计为明挖扩大基础,拱座设计为分离式的钢筋混凝土拱座,重庆岸拱座较高,横向放坡成梯形结构,底宽 10 m,顶宽 7 m,宜宾岸为上下同宽 7 m,拱座均为钢筋混凝土结构,基础置于稳定的、完整的弱风化基岩上。

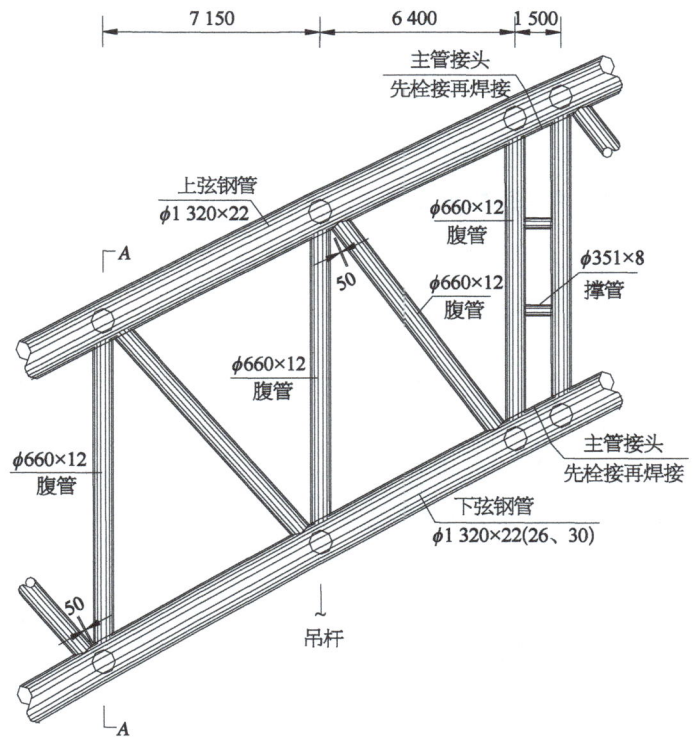
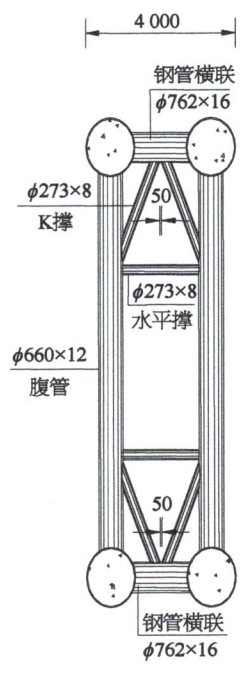

图 3-33 主拱一般构造(单位:mm)

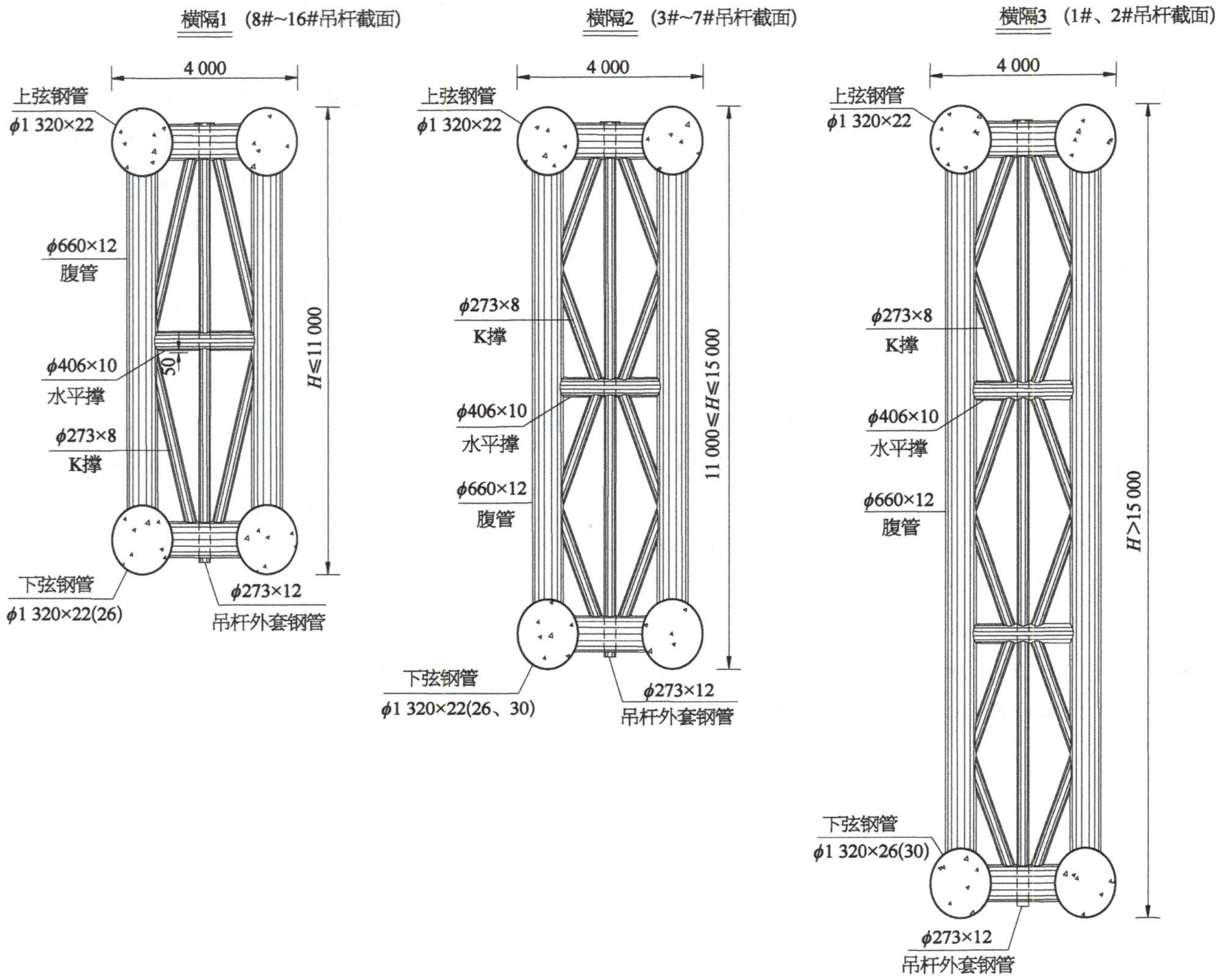

图 3-34 拱肋横隔构造形式（单位：mm）

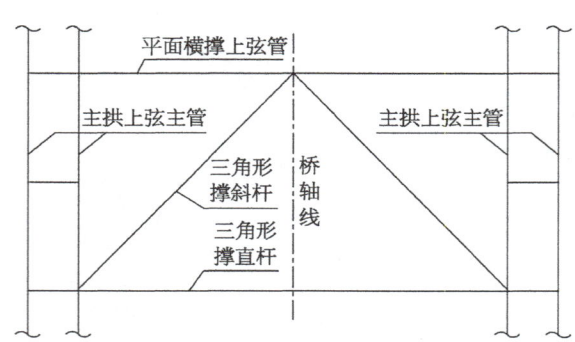

图 3-35 三角形钢管水平面撑

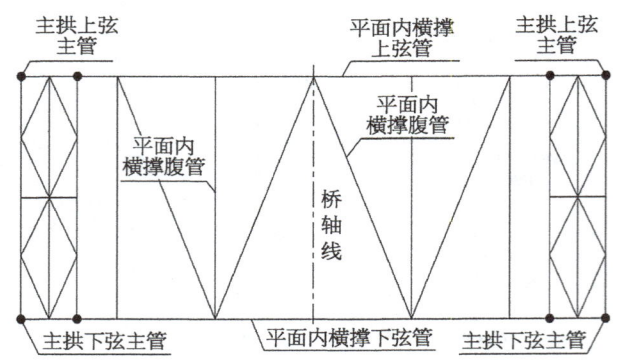

图 3-36 拱肋吊杆处平面内 I 形撑

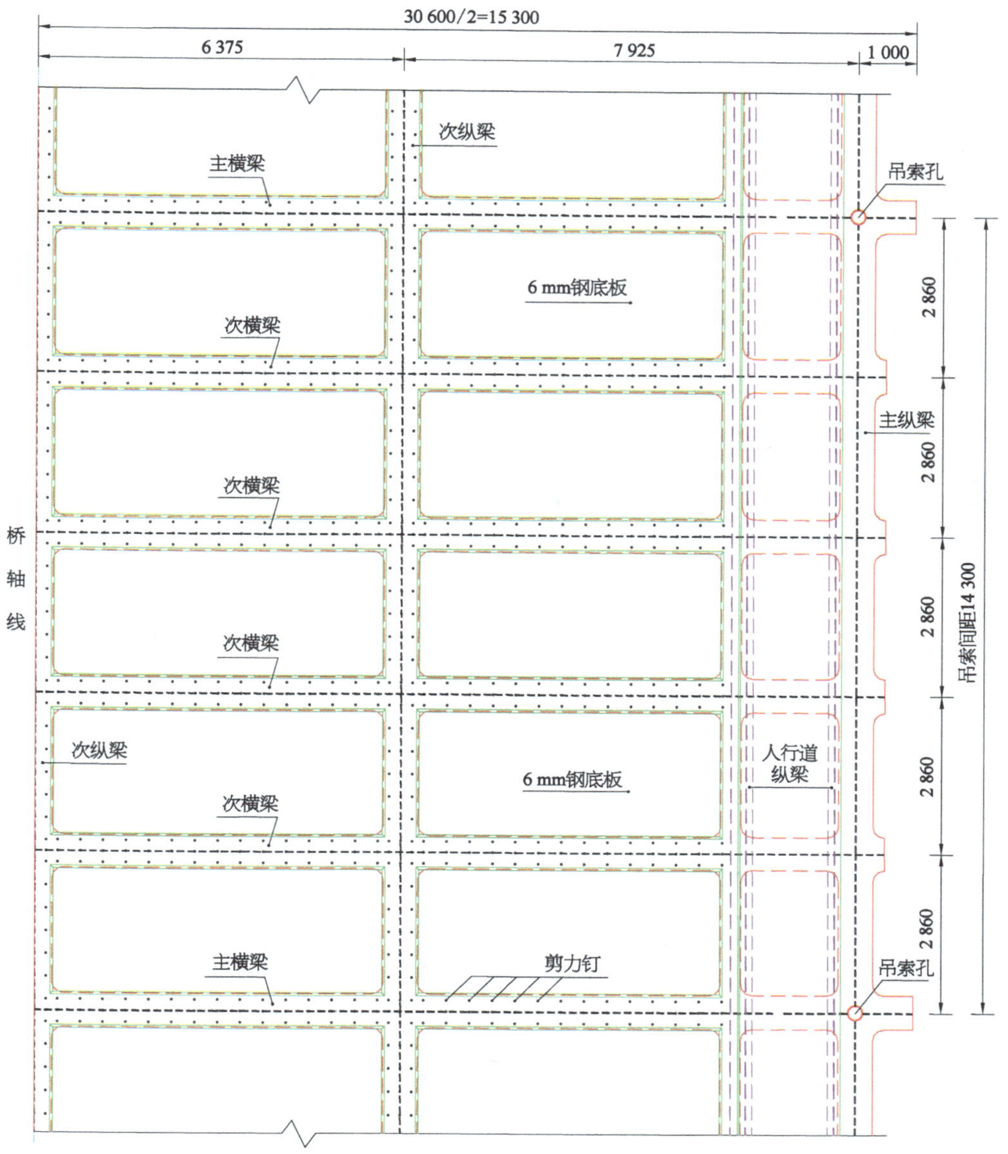

图 3-37 桥面钢格子梁一般构造示意（单位：mm）

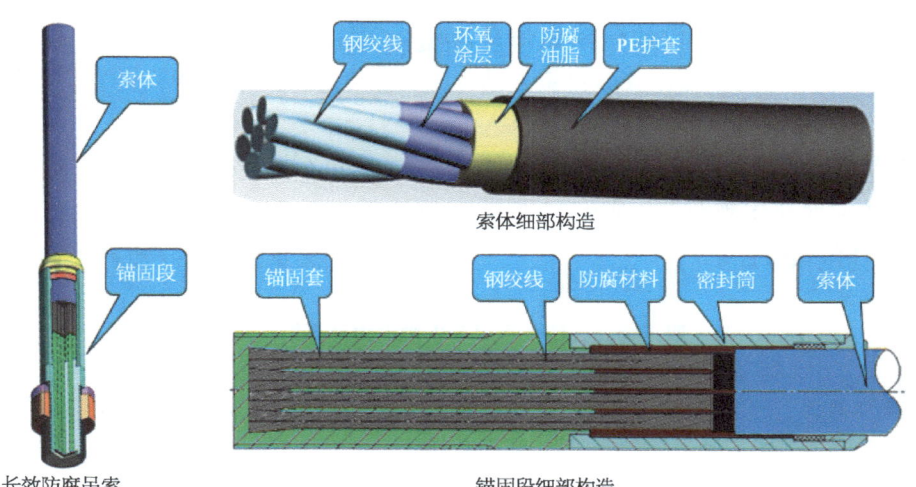

图 3-38 吊杆构造

3) 计算基本规定

(1) 一般规定。根据《公路钢管混凝土拱桥设计规范》要求,本算例进行了钢管混凝土拱桥的强度、刚度、稳定验算和动力性能分析,本桥跨度大于300 m,应计入双重(材料、几何)非线性影响。

采用 MIDAS Civil 建立三维有限元杆系计算模型对四川合江长江一桥进行分析,计算模型如图3-39所示。在计算模型中,采用梁单元模拟拱肋、纵梁结构,桁架单元模拟吊杆。

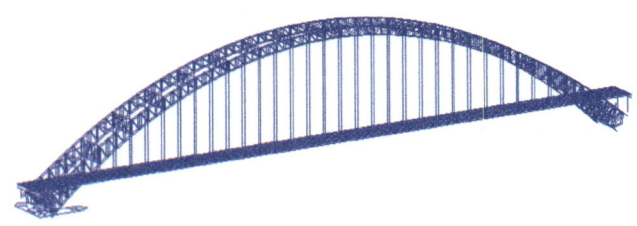

图 3-39 四川合江长江一桥有限元计算模型

(2) 计算参数。计算参数依照《公路桥涵设计通用规范》《公路钢管混凝土拱桥设计规范》规定,参数取值见表3-34。

表 3-34 计算参数取值表

参数内容	参数取值说明
活载冲击系数	0.05
体系温差	升温 30℃,降温 30℃
温度梯度	$T_1=15℃$,$T_2=0℃$
徐变内力	主拱降温 15℃考虑徐变影响

(3) 设计荷载及荷载组合。设计荷载包括自重、活载、温度荷载和混凝土的收缩徐变。自重为结构自重、二期恒载。其中二期恒载考虑桥面铺装、人行道、防撞栏杆以及桥面其他附属设施。

根据《公路桥涵设计通用规范》的规定,针对拱肋主要考虑以下几种荷载组合:

基本组合=1.2×恒载+1.4×汽车荷载+0.6×1.4×[人群荷载+升(降)温 30℃]+0.6×1.1×风荷载

短期组合=1.0×恒载+0.7×汽车荷载+1.0×人群荷载+1.0×升(降)温 30℃+0.75×风荷载

长期组合=1.0×恒载+0.4×汽车荷载+0.4×人群荷载+1.0×升(降)温 30℃+0.75×风荷载

3.3.2.2 承载能力极限状态计算

1) 主拱长细比

根据规范对主拱的偏心距要求,对单管主拱

$$e_0/r \leqslant 1.55 \quad (3-81)$$

对桁式主拱

$$e_0/h \leqslant \varepsilon_b \quad (3-82)$$

其中

$$e_0 = M/N$$

式中 e_0——组合截面偏心距;
M——组合构件弯矩设计值;
N——组合构件轴力设计值;
r——钢管混凝土截面的半径,$r=D/2=1.32/2=0.66(m)$;
h——在弯矩作用平面内的柱肢重心之间的距离;
ε_b——界限偏心率,根据《公路钢管混凝土拱桥设计规范》4.3.7 条计算。

$$\varepsilon_{b22}=0.5+\frac{\xi_{22}}{1+\sqrt{\xi_{22}}}=0.5+\frac{0.59}{1+\sqrt{0.59}}=0.83 \quad (3-83)$$

$$\varepsilon_{b34}=0.5+\frac{\xi_{34}}{1+\sqrt{\xi_{34}}}=0.5+\frac{0.94}{1+\sqrt{0.94}}=0.98 \quad (3-84)$$

四川合江长江一桥单管主拱的内力计算结果及偏心距验算原理和桁式主拱的内力计算结果及偏心距验算结果见表3-35和表3-36。

表 3-35 四川合江长江一桥单管主拱内力计算结果及偏心距验算

荷载组合	计算截面		工况	N/kN	弯矩/(kN·m)	e_0/m	e_0/r	满足规范
基本组合	拱脚截面	上弦管	最大轴力	−43 265.74	1 416.59	0.03	0.05	满足
			最大弯矩	−24 767.28	−3 369.24	0.14	0.21	满足

续 表

荷载组合	计算截面		工况	N/kN	弯矩/(kN·m)	e_0/m	e_0/r	满足规范
基本组合	拱脚截面	下弦管	最大轴力	−55 083.47	−1 734.81	0.03	0.05	满足
			最大弯矩	−43 995.24	−5 114.71	0.12	0.18	满足
	$L/4$ 截面	上弦管	最大轴力	−38 233.43	464.90	0.01	0.02	满足
			最大弯矩	−36 331.52	720.50	0.02	0.03	满足
		下弦管	最大轴力	−33 066.81	−129.52	0.00	0.01	满足
			最大弯矩	−25 340.47	399.62	0.02	0.02	满足
	拱顶截面	上弦管	最大轴力	−47 420.11	1 008.96	0.02	0.03	满足
			最大弯矩	−46 125.44	1 068.53	0.02	0.04	满足
		下弦管	最大轴力	−22 812.36	703.89	0.03	0.05	满足
			最大弯矩	−12 574.71	1 602.43	0.13	0.19	满足
短期组合	拱脚截面	上弦管	最大轴力	−36 485.35	1 660.37	0.05	0.07	满足
			最大弯矩	−20 637.41	−3 335.34	0.16	0.24	满足
		下弦管	最大轴力	−45 064.66	−742.59	0.02	0.02	满足
			最大弯矩	−33 152.36	−4 550.95	0.14	0.21	满足
	$L/4$ 截面	上弦管	最大轴力	−31 387.12	321.60	0.01	0.02	满足
			最大弯矩	−29 877.46	517.17	0.02	0.03	满足
		下弦管	最大轴力	−25 734.31	−85.69	0.00	0.01	满足
			最大弯矩	−20 769.35	258.95	0.01	0.02	满足
	拱顶截面	上弦管	最大轴力	−39 393.65	821.00	0.02	0.03	满足
			最大弯矩	−38 634.50	854.42	0.02	0.03	满足
		下弦管	最大轴力	−18 929.71	555.89	0.03	0.04	满足
			最大弯矩	−9 472.34	1 199.62	0.13	0.19	满足
长期组合	拱脚截面	上弦管	最大轴力	−34 555.09	1 506.20	0.04	0.07	满足
			最大弯矩	−21 650.41	−3 169.17	0.15	0.22	满足
		下弦管	最大轴力	−42 992.87	−515.96	0.01	0.02	满足
			最大弯矩	−31 609.05	−4 239.36	0.13	0.20	满足
	$L/4$ 截面	上弦管	最大轴力	−30 079.59	253.85	0.01	0.01	满足
			最大弯矩	−28 860.86	424.48	0.01	0.02	满足
		下弦管	最大轴力	−24 278.66	−48.62	0.00	0.00	满足
			最大弯矩	−21 213.64	183.48	0.01	0.01	满足

续 表

荷载组合	计算截面	工况		N/kN	弯矩/(kN·m)	e_0/m	e_0/r	满足规范
长期组合	拱顶截面	上弦管	最大轴力	−37 935.21	783.08	0.02	0.03	满足
			最大弯矩	−37 534.46	801.11	0.02	0.03	满足
		下弦管	最大轴力	−17 912.78	584.88	0.03	0.05	满足
			最大弯矩	−9 644.01	1 044.37	0.11	0.16	满足

注：e_0——单管截面偏心率；r——钢管混凝土的半径。

表 3-36　四川合江长江一桥主拱组合截面内力计算结果及偏心距验算（基本组合工况）

荷载组合	计算截面	工况	轴力/kN	弯矩/(kN·m)	组合轴力/kN	组合弯矩/(kN·m)	e_0/m	h/m	e_0/h	ε_b	满足规范
基本组合	拱脚截面	最大轴力	−55 083.75	−1 735.03	−152 356.36	−454 639.52	2.98	14.68	0.203	0.98	满足规范
			−51 474.84	−1 358.93							
			−24 220.11	−3 218.15							
			−21 577.66	−2 342.99							
		最大弯矩	−43 995.50	−5 114.94	−150 648.82	−164 462.85	1.09	14.68	0.074	0.98	满足规范
			−41 952.25	−4 604.20							
			−33 009.94	258.64							
			−31 691.13	948.28							
	L/4 截面	最大轴力	−24 039.87	87.60	−124 780.10	127 276.77	1.02	9.18	0.111	0.83	满足规范
			−24 607.58	102.30							
			−37 899.11	464.90							
			−38 233.54	464.90							
		最大弯矩	−25 547.44	389.97	−124 014.16	95 119.68	0.77	9.18	0.084	0.83	满足规范
			−26 328.96	366.41							
			−35 806.00	643.14							
			−36 331.76	720.52							
	拱顶截面	最大轴力	−10 385.35	1 255.28	−115 812.97	246 820.27	2.13	6.68	0.319	0.83	满足规范
			−11 247.56	1 254.31							
			−46 759.82	994.24							
			−47 420.24	1 008.96							
		最大弯矩	−11 911.24	1 551.88	−114 562.93	224 307.59	1.96	6.68	0.293	0.83	满足规范
			−12 574.62	1 602.53							
			−44 781.45	1 022.37							
			−45 295.62	1 056.17							

注：e_0——组合截面偏心率；h——在弯矩作用平面内的柱肢重心之间的距离；ε_b——界限偏心率。

2) 压弯承载力验算

(1) 单肢压弯构件验算。根据《公路钢管混凝土拱桥设计规范》对单肢钢管混凝土压弯构件(按桁式截面)承载力的规定,其计算公式为

$$\gamma N \leqslant \varphi_l \varphi_e K_p K_d f_{sc} A_{sc单管} \quad (3-85)$$

式中 γ——桥梁结构的重要性系数,按规范第5.1.3条取1.1;

K_p——钢管初应力折减系数,根据规范第5.2.4条 $K_p=1.0-0.15\omega$,钢管初应力度 $\omega=\sigma_0/f_{sd}$,式中 σ_0 为钢管初应力,规范要求 ω 不宜超过0.65;

K_d——单肢混凝土脱空折减系数,根据规范第5.2.5条,取0.95;

φ_l——长细比折减系数;

φ_e——弯矩折减系数。

四川合江长江一桥单肢构件压弯验算基本原理同示例,具体结果见表3-37。

四川合江长江一桥拱肋单管压弯验算基本组合工况下,截面验算全部通过。

(2) 组合压弯构件计算。根据《公路钢管混凝土拱桥设计规范》对组合构件压弯承载能力的规定,压弯承载力计算公式为

$$\gamma N \leqslant \varphi'_l \varphi'_e \sum (K_p^i K_d^i f_{sc} A_{sc}) \quad (3-86)$$

式中 φ'_l——组合构件换算长细比折减系数,按规范5.2.3条取值;

φ'_e——组合构件弯矩折减系数。

四川合江长江一桥组合构件均为桁式截面,压弯承载力验算结果见表3-38。

由表3-38可知,四川合江长江一桥组合构件压弯验算全部通过。

3) 节点承载力计算

根据规范对空心主管节点承载力验算要求,各条件下节点承载力见表3-39。

经有限元计算,施工阶段空管受压节点支管最大轴向压力位于拱脚截面内,轴向压力设计值为672.75 kN,对应轴向拉力设计值为225.81 kN,空管节点承载力符合规范要求。运营阶段最大支管轴压力设计值为2 311.72 kN,位于拱顶截面,承载力验算通过。

4) 节点及疲劳验算

根据《公路钢管混凝土拱桥设计规范》要求对节点及连接疲劳进行验算,疲劳荷载采用等效的车道荷载。集中荷载为 $0.7P_k$,均布荷载为 $0.7q_k$。P_k 和 q_k 按现行《公路桥涵设计通用规范》取值。

疲劳验算所采用的应力幅 D_s 应为钢结构在疲劳荷载作用下的名义应力 $\left(s=\dfrac{N}{A}\pm\dfrac{M}{W}\right)$ 最大变化幅度,验算可按下式计算

$$D_s=|\sigma_{max}-\sigma_{min}|\leqslant [s_0] \quad (3-87)$$

式中 D_s——疲劳应力幅;

σ_{max}、σ_{min}——最大应力和最小应力;

$[\sigma_0]$——疲劳许用应力幅,按《公路钢管混凝土拱桥设计规范》5.7.4条取50 MPa。

节点验算结果:有限元计算节点疲劳最小应力幅位置位于拱脚截面斜腹管,$D_{smin}=|\sigma_{max}-\sigma_{min}|=|1.54-(-1.09)|=2.63$(MPa),有限元计算节点疲劳最大应力幅位置位于拱脚截面斜腹管,$D_{smax}=|\sigma_{max}-\sigma_{min}|=|11.8-(-16.7)|=28.50$(MPa),符合规范50 MPa限值要求。

5) 吊杆计算

根据规范对吊杆及系杆索的要求,中承式钢管混凝土拱桥的吊杆强度应满足以下公式要求

$$N\leqslant \dfrac{1}{g_s}f_{pk}A_s \quad (3-88)$$

式中 N——吊杆、系杆索受轴向力设计值(10^3 kN);

A_s——吊杆、系杆索钢丝的截面面积(m²);

$\sigma=\dfrac{N}{A_s}$——吊杆应力设计值,$\sigma_{max短暂}=504.1$ MPa,$\sigma_{max长期}=446.8$ MPa;

γ_s——综合系数,依据规范,持久状况取2.5,短暂状况取2.0;

f_{pk}——吊杆抗拉强度标准值,取值1 860 MPa,$\dfrac{1}{\gamma_{s短暂}}f_{pk}=930$ MPa,$\dfrac{1}{\gamma_{s长期}}f_{pk}=744$ MPa。

四川合江长江一桥吊杆强度验算如下

$$\sigma_{max短暂}=504.1\text{ MPa}<\dfrac{1}{\gamma_{s短暂}}f_{pk}=930\text{ MPa}$$

表 3-37 四川合江长江一桥单肢构件压弯承载力验算

荷载组合	计算截面		工况	轴力/kN	弯矩/(kN·m)	T/mm	ψ	欧拉临界力/kN	η	φ_e	σ_o/MPa	ω	满足规范	K_p	f_{sc}	承载力/kN	设计值/kN	验算结果
基本组合	拱脚截面	上弦管	最大轴力	-43 265.74	1 416.59	34	0.94	1 576 961.12	1.545	0.88	118.50	0.40	满足	0.94	61.23	61 387.43	47 592.31	满足规范
			最大弯矩	-24 767.28	-3 369.24	34	0.94	1 576 961.12	1.552	0.63	118.50	0.40	满足	0.94	61.23	44 033.88	27 244.01	满足规范
		下弦管	最大轴力	-55 083.47	-1 734.81	34	0.94	1 576 961.12	1.540	0.88	120.70	0.41	满足	0.94	61.23	61 627.62	60 591.82	满足规范
			最大弯矩	-46 108.01	-3 632.60	34	0.94	1 576 961.12	1.544	0.77	120.70	0.41	满足	0.94	61.23	54 219.42	50 718.81	满足规范
	L/4截面	上弦管	最大轴力	-38 233.43	464.90	22	0.93	1 300 527.40	1.536	0.95	156.00	0.53	满足	0.92	49.27	52 249.20	42 056.77	满足规范
			最大弯矩	-36 331.52	720.50	22	0.93	1 300 527.40	1.537	0.92	156.00	0.53	满足	0.92	49.27	50 656.85	39 964.67	满足规范
		下弦管	最大轴力	-33 066.81	-129.52	22	0.93	1 300 527.40	1.538	0.98	157.20	0.53	满足	0.92	49.27	54 035.42	36 373.49	满足规范
			最大弯矩	-25 340.47	399.62	22	0.93	1 300 527.40	1.542	0.94	120.70	0.41	满足	0.92	49.27	52 479.31	27 874.52	满足规范
	拱顶截面	上弦管	最大轴力	-42 885.43	858.19	22	0.93	1 300 527.40	1.532	0.91	156.00	0.53	满足	0.94	49.27	49 927.39	47 173.97	满足规范
			最大弯矩	-35 760.5	1 177.95	22	0.93	1 300 527.40	1.532	0.86	156.00	0.53	满足	0.92	49.27	47 184.13	39 336.55	满足规范
		下弦管	最大轴力	-22 812.36	703.89	22	0.93	1 300 527.40	1.543	0.88	157.20	0.53	满足	0.92	49.27	48 477.67	25 093.60	满足规范
			最大弯矩	-12 574.71	1 602.43	22	0.93	1 300 527.40	1.548	0.64	157.20	0.53	满足	0.92	49.27	35 382.67	13 832.18	满足规范

续表

荷载组合	计算截面		工况	轴力/kN	弯矩/(kN·m)	T/mm	ψ_1	欧拉临界力/kN	η	φ_e	σ_0/MPa	ω	满足规范	K_p	f_{sc}	承载力/kN	设计值/kN	验算结果
短期组合	拱脚截面	上弦管	最大轴力	−36 485.35	1 660.37	34	0.94	1 576 961.12	1.547	0.84	118.50	0.40	满足	0.94	61.23	58 536.50	40 133.89	满足规范
			最大弯矩	−20 637.41	−3 335.34	34	0.94	1 576 961.12	1.553	0.59	118.50	0.40	满足	0.94	61.23	41 139.17	22 701.15	满足规范
		下弦管	最大轴力	−45 064.66	−742.59	34	0.94	1 576 961.12	1.544	0.93	120.70	0.41	满足	0.94	61.23	65 346.10	49 571.13	满足规范
			最大弯矩	−33 152.36	−4 550.95	34	0.94	1 576 961.12	1.549	0.63	120.70	0.41	满足	0.94	61.23	43 867.78	36 467.60	满足规范
	$L/4$截面	上弦管	最大轴力	−31 387.12	321.60	22	0.93	1 300 527.40	1.539	0.96	156.00	0.53	满足	0.92	49.27	52 656.78	34 525.83	满足规范
			最大弯矩	−29 877.46	517.17	22	0.93	1 300 527.40	1.540	0.93	156.00	0.53	满足	0.92	49.27	51 161.95	32 865.21	满足规范
		下弦管	最大轴力	−25 734.31	−85.69	22	0.93	1 300 527.40	1.542	0.99	157.20	0.53	满足	0.92	49.27	54 168.58	28 307.74	满足规范
			最大弯矩	−20 769.35	258.95	22	0.93	1 300 527.40	1.544	0.95	120.70	0.41	满足	0.92	49.27	53 186.25	22 846.29	满足规范
	拱顶截面	上弦管	最大轴力	−39 393.65	821.00	22	0.93	1 300 527.40	1.535	0.92	156.00	0.53	满足	0.92	49.27	50 458.54	43 333.02	满足规范
			最大弯矩	−38 634.50	854.42	22	0.93	1 300 527.40	1.536	0.91	156.00	0.53	满足	0.92	49.27	50 204.80	42 497.95	满足规范
		下弦管	最大轴力	−18 929.71	555.89	22	0.93	1 300 527.40	1.545	0.89	157.20	0.53	满足	0.92	49.27	48 748.31	20 822.68	满足规范
			最大弯矩	−9 472.34	1 199.62	22	0.93	1 300 527.40	1.550	0.65	157.20	0.53	满足	0.92	49.27	35 448.81	10 419.57	满足规范

续表

荷载组合	计算截面		工况	轴力/kN	弯矩/(kN·m)	T/mm	φ_l	欧拉临界力/kN	η	φ_e	σ_0/MPa	ω	满足规范	K_p	f_{sc}	承载力/kN	设计值/kN	验算结果
长期组合	拱脚截面	上弦管	最大轴力	−34 555.09	1 506.20	34	0.94	1 576 961.12	1.548	0.84	118.50	0.40	满足	0.94	61.23	58 941.77	38 010.60	满足规范
			最大弯矩	−21 650.41	−3 169.17	34	0.94	1 576 961.12	1.553	0.61	118.50	0.40	满足	0.94	61.23	42 810.37	23 815.45	满足规范
		下弦管	最大轴力	−42 992.87	−515.96	34	0.94	1 576 961.12	1.545	0.95	120.70	0.41	满足	0.94	61.23	66 548.00	47 292.16	满足规范
			最大弯矩	−31 609.05	−4 239.36	34	0.94	1 576 961.12	1.549	0.63	120.70	0.41	满足	0.94	61.23	44 241.18	34 769.96	满足规范
	$L/4$截面	上弦管	最大轴力	−30 079.59	253.85	22	0.93	1 300 527.40	1.540	0.96	156.00	0.53	满足	0.92	49.27	53 052.12	33 087.55	满足规范
			最大弯矩	−28 860.86	424.48	22	0.93	1 300 527.40	1.540	0.94	156.00	0.53	满足	0.92	49.27	51 701.29	31 746.95	满足规范
		下弦管	最大轴力	−24 278.66	−48.62	22	0.93	1 300 527.40	1.543	0.99	157.20	0.53	满足	0.92	49.27	54 476.41	26 706.53	满足规范
			最大弯矩	−21 213.64	183.48	22	0.93	1 300 527.40	1.544	0.96	120.70	0.41	满足	0.94	49.27	54 033.91	23 335.00	满足规范
	拱顶截面	上弦管	最大轴力	−37 935.21	783.08	22	0.93	1 300 527.40	1.536	0.92	156.00	0.53	满足	0.92	49.27	50 496.28	41 728.73	满足规范
			最大弯矩	−37 534.46	801.11	22	0.93	1 300 527.40	1.536	0.92	156.00	0.53	满足	0.92	49.27	50 356.22	41 287.91	满足规范
		下弦管	最大轴力	−17 912.78	584.88	22	0.93	1 300 527.40	1.546	0.88	157.20	0.53	满足	0.92	49.27	48 138.74	19 704.06	满足规范
			最大弯矩	−9 644.01	1 044.37	22	0.93	1 300 527.40	1.549	0.68	157.20	0.53	满足	0.92	49.27	37 371.22	10 608.41	满足规范

表3-38 四川合江长江一桥组合构件压弯承载力验算(基本组合)

荷载组合	计算截面	工况	轴力/kN	弯矩/(kN·m)	组合轴力/kN	组合弯矩/(kN·m)	i/m	δ	κ	S_0/m	λ_y	λ_{0y}	ψ_l	ψ_e	σ_0/MPa	ω	K_P	f_{sc}/MPa	承载力/kN	设计值/kN	验算结果
基本组合	拱脚截面	最大轴力	−55 083.75	−1 735.03	−152 356.36	−454 639.52	7.35	—	1.00	206.89	28.16	39.40	0.84	0.71	120.7	0.41	0.939	61.23	176 924.13	167 592.00	满足规范
			−51 474.84	−1 358.93											157.2	0.53	0.920				
			−24 220.11	−3 218.15											118.5	0.40	0.940				
			−21 577.66	−2 342.99											156.0	0.53	0.921				
		最大弯矩	−43 995.50	−5 114.94	−150 648.82	−164 462.85	7.35	—	1.00	206.89	28.16	39.40	0.84	0.87	120.7	0.41	0.939	61.23	216 631.86	165 713.70	满足规范
			−41 952.25	−4 604.20											157.2	0.53	0.920				
			−33 009.94	258.64											118.5	0.40	0.940				
			−31 691.13	948.28											156.0	0.53	0.921				
	拱顶截面	最大轴力	−10 385.35	1 255.28	−115 812.97	246 820.27	3.36	−0.54	0.40	40.97	12.21	25.39	0.88	0.61	120.7	0.41	0.939	49.27	127 333.33	127 394.27	满足规范
			−11 247.56	1 254.31											157.2	0.53	0.920				
			−46 759.82	994.24											118.5	0.40	0.940				
			−47 420.24	1 008.96											156.0	0.53	0.921				
		最大弯矩	−11 911.24	1 551.88	−114 562.93	224 307.59	3.36	−0.73	0.39	40.09	11.94	25.27	0.88	0.63	120.7	0.41	0.939	49.27	131 465.16	126 019.22	满足规范
			−12 574.62	1 602.53											157.2	0.53	0.920				
			−44 781.45	1 022.37											118.5	0.40	0.940				
			−45 295.62	1 056.17											156.0	0.53	0.921				

表 3-39 空管节点承载力

参照规范	节点承载力
《公路钢管混凝土拱桥设计规范》	受压空管节点承载力 4 006.14 kN 受拉空管节点承载力 3 302.48 kN
《钢结构设计规范》	受压支管节点 5 507.67 kN

$$\sigma_{max\text{长期}} = 446.8\ MPa < \frac{1}{\gamma_{s\text{长期}}} f_{pk} = 744\ MPa$$

故四川合江长江一桥吊杆强度验算全部通过。

6) 结构稳定性分析

根据《公路钢管混凝土拱桥设计规范》对主拱稳定性分析的规定,弹性稳定分析包括使用阶段计算整体稳定。经有限元软件分析,稳定系数最小值(一阶模态)为 5.063 6。规范要求整体结构的稳定系数不小于 4.0,局部稳定系数不应小于结构整体稳定系数,说明本桥弹性稳定满足规范要求。

根据规范要求,本桥需进行非线性稳定分析,其稳定极限承载力与设计荷载效应的比值不宜小于 1.75。

稳定极限承载力与设计荷载效应的比值计算见表 3-40。

表 3-40 稳定承载力计算结果

钢管混凝土弹性轴向刚度	材料本构关系	活载布置范围	引入缺陷方式	稳定极限承载能力 (极限荷载/设计荷载)
$EA = E_{sc}A_{sc}$	统一理论钢管混凝土轴压应力-应变关系曲线	活载满跨布置	1 阶屈曲向量	2.99
			2 阶屈曲向量	2.96
		活载半跨布置	1 阶屈曲向量	2.15
			2 阶屈曲向量	2.15

故本桥非线性稳定满足规范要求。

3.3.2.3 正常使用极限状态计算

1) 一般规定

《公路钢管混凝土拱桥设计规范》规定,正常使用极限状态的计算,应采用作用的短期效应组合、长期效应组合或短期效应组合并考虑长期效应组合的影响。

《公路钢管混凝土拱桥设计规范》规定,本桥在正常使用极限状态的计算时应进行变形验算。

2) 主拱变形验算

根据《公路钢管混凝土拱桥设计规范》,主拱在车道荷载(不计冲击力)作用下的最大竖向挠度(正负挠度绝对值之和)不应大于 $L/1\ 000 = 500/1\ 000 = 0.5(m)$;桥面板的最大竖向挠度不应大于 $L/800 = 500/800 = 0.625(m)$。

有限元软件采用线弹性方法计算求得主拱在车道荷载作用下的最大竖向挠度为 0.118 m,桥面板的最大竖向挠度为 0.189 m,满足规范要求。

3) 预拱度设置

根据《公路钢管混凝土拱桥设计规范》,钢管混凝土主拱应设置预拱度,计算预拱度值为恒载累计变形、钢管混凝土徐变挠度和 1/2 活载挠度之和。

经 MIDAS 软件分阶段分析,各阶段恒载+徐变累计挠度效应预拱度值 $\delta_1 = 0.785\ m$,1/2 活载效应预拱度值 $\delta_2 = 0.5 \times 0.074 = 0.037(m)$,主拱计算预拱度值

$$\delta_j = \delta_1 + \delta_2 = 0.785 + 0.037 = 0.822(m)$$

考虑非线性影响之后,按以下公式计算

$$\delta_s = K_y \delta_j = 1.25 \times 0.822 = 1.03(m)$$

式中 δ_s ——主拱设计预拱度值;
δ_j ——主拱计算预拱度值;
K_y ——预拱度非线性修正系数,取 1.25。

四川合江长江一桥最终设计预拱度为 1.25 m,大于上述设计预拱度的计算值。

4) 失稳模态

四川合江长江一桥前 10 阶的失稳模态如图 3-40 所示。

四川合江长江一桥前 10 阶的失稳以横向失稳为主,弹性稳定系数为 5.07,满足规范要求。

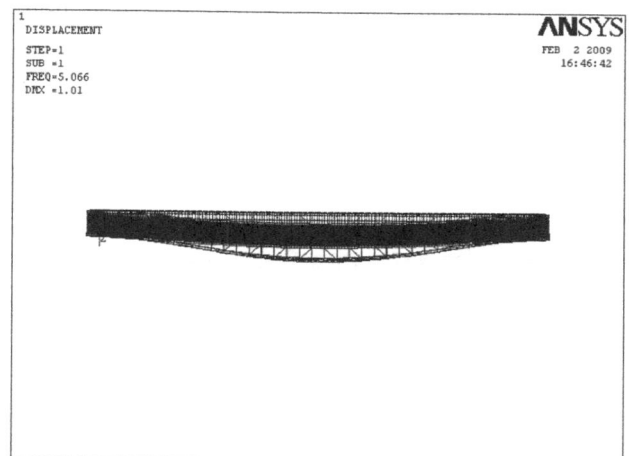

第一阶失稳

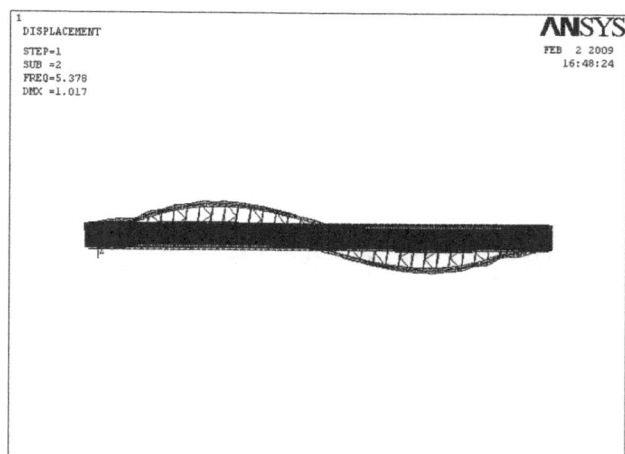

第二阶失稳

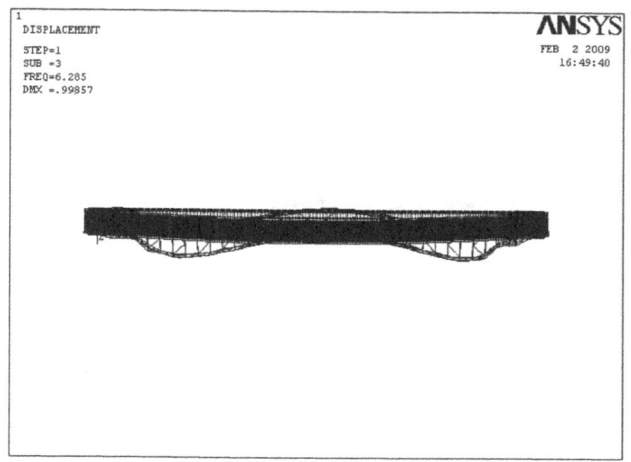

第三阶失稳

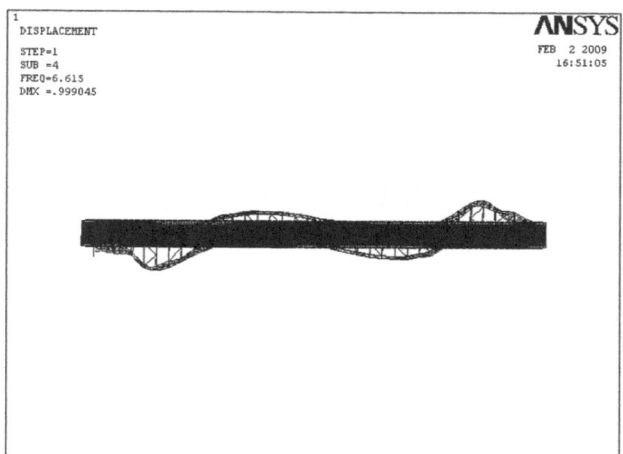

第四阶失稳

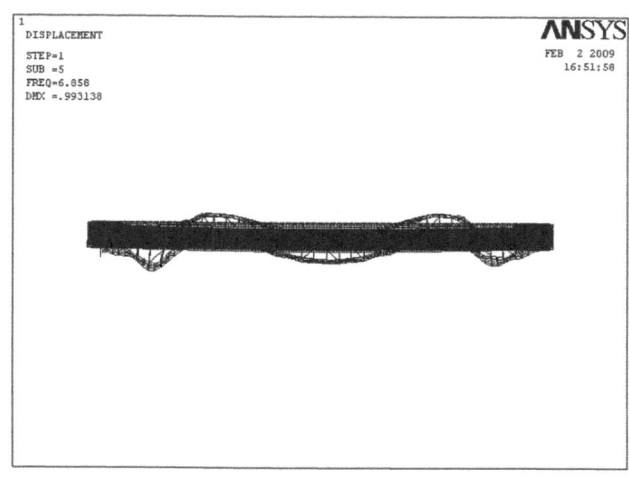

第五阶失稳

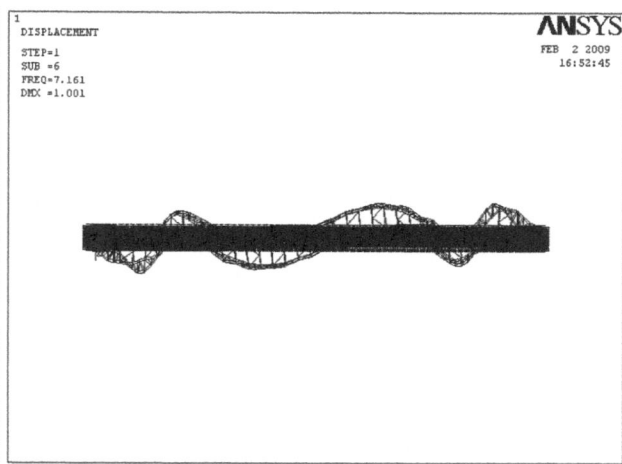

第六阶失稳

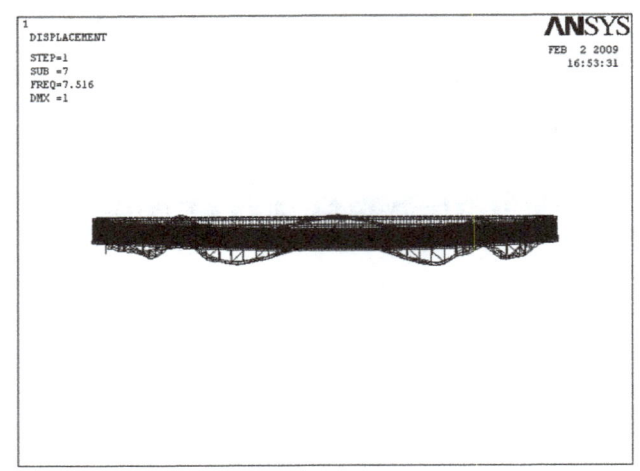

| 第七阶失稳 | 第八阶失稳 |

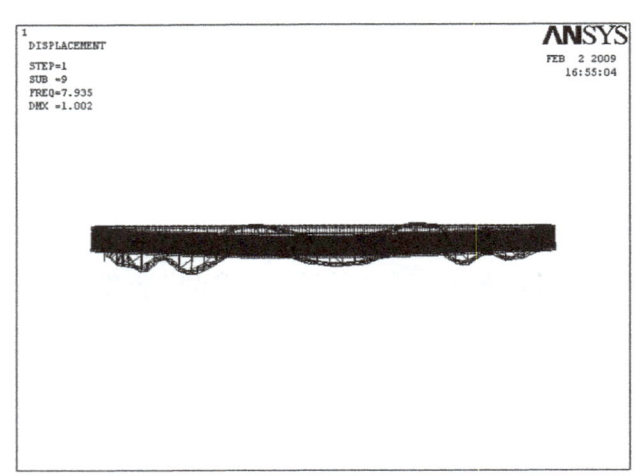 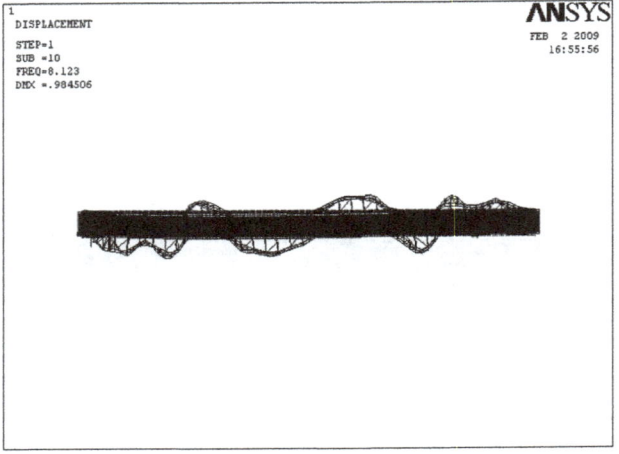

| 第九阶失稳 | 第十阶失稳 |

图 3-40　四川合江长江一桥失稳模态

3.3.2.4　施工过程计算

1) **施工过程**

施工阶段从拱圈(拱肋管内混凝土强度已经形成)合龙开始,具体施工阶段见表 3-41。

2) **主拱钢管节段架设成拱**

四川合江长江一桥钢管节段安装选用斜拉扣挂方法,模型计算同时采用了应力叠加法和统一理论两种模型。在应力叠加模型中,即对施工过程钢管和混凝土的应力进行验算,也验算使用阶段的钢管和混凝土的应力。在统一理论模型中,同时对钢管混凝土构件进行内力(承载能力)验算和强度(应力)验算。

施工阶段拱肋钢管应力验算及拱圈联系杆件钢管应力验算见表 3-42 和表 3-43。

表 3-41　四川合江长江一桥施工阶段

施工阶段	施工内容	施工阶段	施工内容
1	拱肋吊装合龙	9	灌注 8# 拱肋混凝土
2	灌注 1# 拱肋混凝土	10	灌注横联钢管混凝土
3	灌注 2# 拱肋混凝土	11	安装拱上立柱、交界墩、拱脚外包混凝土
4	灌注 3# 拱肋混凝土		
5	灌注 4# 拱肋混凝土	12	安装格子梁
6	灌注 5# 拱肋混凝土	13	浇注桥面板
7	灌注 6# 拱肋混凝土	14	桥面系等安装
8	灌注 7# 拱肋混凝土		

表 3-42　施工阶段拱肋钢管应力验算　　　　　　　　　　　　　　　　　　　　　单位：MPa

施工阶段描述	拱 肋 钢 管			
	轴向应力最大值 $\sigma = N/A$	组合应力最大值 $\sigma = N/A + M/W$	容许值	是否满足
拱圈合龙	64.0	79.5	275.0	满足
1#拱肋灌注混凝土(1#混凝土湿重)	98.4	118.8	275.0	满足
1#拱肋受力+2#拱肋灌注混凝土	100.5	120.7	275.0	满足
1~2#拱肋受力+3#拱肋灌注混凝土	123.7	146.9	275.0	满足
1~3#拱肋受力+4#拱肋灌注混凝土	124.8	147.7	275.0	满足
1~4#拱肋受力+5#拱肋灌注混凝土	143.6	166.0	275.0	满足
1~5#拱肋受力+6#拱肋灌注混凝土	143.8	165.6	275.0	满足
1~6#拱肋受力+7#拱肋灌注混凝土	158.8	180.6	275.0	满足
1~7#拱肋受力+8#拱肋灌注混凝土	159.4	181.2	275.0	满足
1~8#拱肋受力+横联钢管混凝土灌注混凝土	164.1	193.9	275.0	满足
安装拱上立柱、交界墩、拱脚外包混凝土	167.7	207.5	275.0	满足
安装格子梁	176.0	186.6	275.0	满足
浇筑第一列桥面板	181.8	192.5	275.0	满足
浇筑第二列桥面板	185.5	196.3	275.0	满足
浇筑第三列桥面板	193.5	204.4	275.0	满足
浇筑第四列桥面板	195.6	206.6	275.0	满足
桥面系、二期恒载	208.4	219.7	275.0	满足
收缩徐变完成(3 600 d)	233.8	245.7	275.0	满足

表 3-43　施工阶段拱圈联系杆件应力验算　　　　　　　　　　　　　　　　　　　单位：MPa

施工阶段描述	拱圈联系杆件钢管			
	轴向应力最大值 $\sigma = N/A$	组合应力最大值 $\sigma = N/A + M/W$	容许值	是否满足
拱圈合龙	23.6	29.5	210.0	满足
1#拱肋灌注混凝土(1#混凝土湿重)	30.4	38.3	210.0	满足
1#拱肋受力+2#拱肋灌注混凝土	30.7	38.7	210.0	满足
1~2#拱肋受力+3#拱肋灌注混凝土	39.5	50.2	210.0	满足
1~3#拱肋受力+4#拱肋灌注混凝土	39.7	50.3	210.0	满足
1~4#拱肋受力+5#拱肋灌注混凝土	45.5	63.4	210.0	满足

续表

施工阶段描述	拱圈联系杆件钢管			
	轴向应力最大值 $\sigma=N/A$	组合应力最大值 $\sigma=N/A+M/W$	容许值	是否满足
1~5#拱肋受力+6#拱肋灌注混凝土	41.3	52.6	210.0	满足
1~6#拱肋受力+7#拱肋灌注混凝土	44.1	56.2	210.0	满足
1~7#拱肋受力+8#拱肋灌注混凝土	44.0	56.2	210.0	满足
1~8#拱肋受力+横联钢管混凝土灌注混凝土	53.4	68.0	210.0	满足
安装拱上立柱、交界墩、拱脚外包混凝土	62.1	79.5	210.0	满足
安装格子梁	63.8	81.8	210.0	满足
浇筑第一列桥面板	64.6	82.9	210.0	满足
浇筑第二列桥面板	65.0	83.6	210.0	满足
浇筑第三列桥面板	66.2	85.2	210.0	满足
浇筑第四列桥面板	66.4	85.4	210.0	满足
桥面系、二期恒载	68.0	87.6	210.0	满足
收缩徐变完成(3 600天)	74.3	96.2	210.0	满足

四川合江长江一桥除了对施工阶段构件承载能力进行检算外,在主拱安装过程中也进行了线形拟合设计,满足规范中对于主拱安装的要求。

3)**管内灌注混凝土**

《公路钢管混凝土拱桥设计规范》中对管内混凝土灌注过程中主拱钢管最大初应力、拱轴线偏位等进行了严格的要求。四川合江长江一桥主拱灌注混凝土采用C60高性能混凝土,以泵压法自拱脚向拱顶,按设计的横桥向的灌注顺序和纵桥向的"三级接力灌注法"灌注主拱钢管内混凝土,灌注混凝土时分不同阶段张拉设计制定的扣索和索力。先灌注的混凝土达到设计强度且龄期大于4 d后,再灌注下一根主管,同时也对主拱初应力、拱轴线线形进行了验算,满足规范要求。

3.3.3 四川合江长江三桥

3.3.3.1 计算概述

1)**材料**

四川合江长江三桥是省道S438(现县道XE10)跨越长江的重要桥梁,亦是连接省道、泸渝高速公路与国道G353(现省道S308)的重要纽带。该桥是合江县第一座地方公路长江大桥,也是四川渡口改为桥梁的代表工程,建成后为合江县城区南北两岸提供了便捷的过江通道。

根据桥位地形情况,四川合江长江三桥的桥位处河道顺直、开阔,江面宽470~750 m,通航净空大于18 m,要求一孔跨越,可选择的桥型有拱桥、斜拉桥、悬索桥。经过技术经济比较,采用钢管混凝土拱桥工程造价低、材料消耗少,最终确定四川合江长江三桥采用(80.5+507+80.5)m中承式钢管混凝土系杆拱桥,主跨为中承式钢管混凝土拱圈,边跨为钢管混凝土劲性骨架外包混凝土拱桥;符阳路岸引桥采用20×30.0 m预应力混凝土简支T梁,开发区岸引桥采用4×25.0 m预应力混凝土简支T梁。桥梁全长约1 420 m,其中,主桥长668 m,引桥长(含桥台)752 m。全桥布置如图3-41所示。该桥于2021年6月建成通车,项目建安费3.94亿元。

四川合江长江三桥钢管混凝土构件钢管、桥面格子梁采用Q345钢材,主拱及边拱管内混凝土采用C70自密实混凝土;吊杆采用φ15.2 mm环氧喷

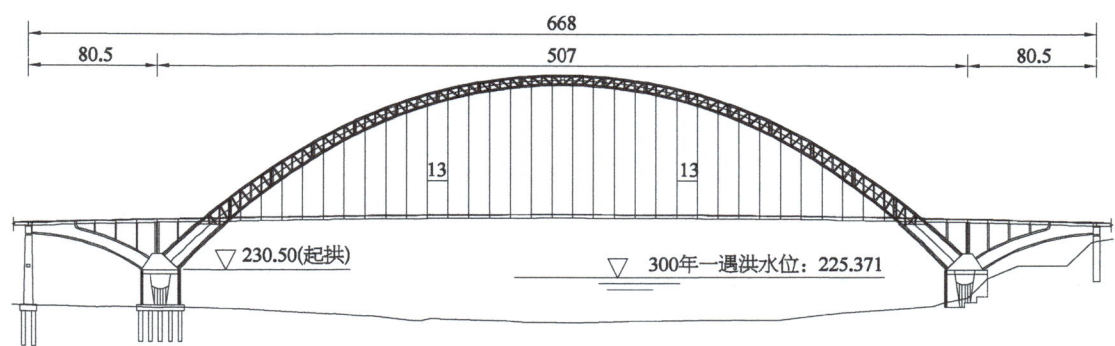

图 3-41 四川合江长江三桥全桥面布置(单位：m)

涂钢绞线挤压成型的吊杆索体，钢绞线极限抗拉强度为 1 960 MPa；系杆采用 φ15.2 mm 环氧喷涂钢绞线成品索体，极限抗拉强度为 1 960 MPa。

按照规范规定，主拱采用统一理论对钢管混凝土材料进行模拟，相关参数见表 3-44。

表 3-44 钢管混凝土参数(统一理论)

构件尺寸 /(mm×mm)	轴心抗压强度设计值/MPa	弹性模量/MPa	抗剪强度设计值/MPa	剪切弹性模量/MPa
1 300×22	53.97	49 942	20.84	14 512
1 300×26	57.95	53 200	22.93	15 702
1 300×30	62.01	56 436	25.06	17 003

2) 结构

四川合江长江三桥为跨径组合(80.5+507+80.5)m 的中承式钢管混凝土系杆拱桥，主跨为中承式钢管混凝土主拱，边跨为钢管混凝土劲性骨架外包混凝土拱桥；主孔跨径 507 m，净矢跨比 1/4，拱轴系数为 1.5。主拱、边拱、桥面梁、吊杆等结构参数如下：

(1) 主拱。采用 φ1 300 mm×22(26、30、32)mm、内灌 C70 混凝土的钢管混凝土桁式弦管，腹管采用 φ660 mm×12 mm 钢管，主拱弦管通过横联钢管(φ760 mm)和竖向两根腹管钢管(φ660 mm)连接而构成；拱顶截面径向高为 7.0 m；拱脚截面径向高为 14.0 m，肋宽为 4.0 m。吊杆和拱上立柱间距为 13.0 m，吊杆和立柱处的主拱两支管间设置横隔，加强主拱拱肋的横向联系。主拱标准节段的一般构造如图 3-42 所示。

(2) 主拱横撑。主拱肋中距为 25.3 m，主拱桥面以上主拱的上弦平面设置三角形钢管斜撑，在吊杆处的上下弦采用 I 形钢管竖撑，通过 K 形钢管斜撑与 I 形钢管竖撑构成组合式主拱横撑，其结构构造如图 3-35、图 3-36 所示；桥面以下的主拱段设置钢管混凝土组合加劲桁式横撑，包括上下弦平面各两个组合 K 撑；主拱与桥面交叉处，设置肋间横梁，支撑桥面梁兼作肋间横撑，如图 3-43 所示。

(3) 边拱及横撑。边拱采用钢管混凝土劲性骨架箱形拱肋，横撑采用型钢骨架外包钢筋混凝土形成箱形结构，边拱拱肋间，各设置一道中横撑和端横撑，边拱交界墩侧的端部设置系杆索的张拉、检修和换索平台。边拱构造示意如图 3-44 所示。

(4) 吊杆。采用 φ15.2 mm 环氧喷涂钢绞线挤压成型的吊杆索体，两端分别锚固在主拱上弦上缘和主横梁的下翼缘，钢绞线极限抗拉强度为 1 960 MPa，人行道以上 5 m 范围内的吊杆外套哈弗管保护和装饰。

(5) 系杆索。采用 φ15.2 mm 环氧喷涂钢绞线成品索体，极限抗拉强度为 1 960 MPa，每个主拱肋采用 55φ15.2 mm 的索共计 12 根，全宽桥梁系杆索共计 24 根。主桥系杆索设置于主拱肋与边拱肋对应位置的桥面纵横格子梁上，在主、次横梁上设置专用系杆索支架支撑系杆索，系杆索的两端采用定型耐久性锚具。系杆索布置如图 3-45 所示。

(6) 桥面梁。桥面梁采用钢格子梁的钢-混凝土组合桥面，桥面钢格子梁由两道主纵梁(吊杆处)、两道次纵梁与吊杆处的主横梁及三道次横梁组成；钢格子梁均采用工字形截面。钢-混凝土组合结构的桥面底面钢板厚 8 mm，桥面板标准总厚度(含混凝土板和钢底板)为 15 cm，承托处的总厚度为 26 cm；桥面铺装 5 cm 厚的改性沥青混凝土。桥面梁构造示意如图 3-46 所示。

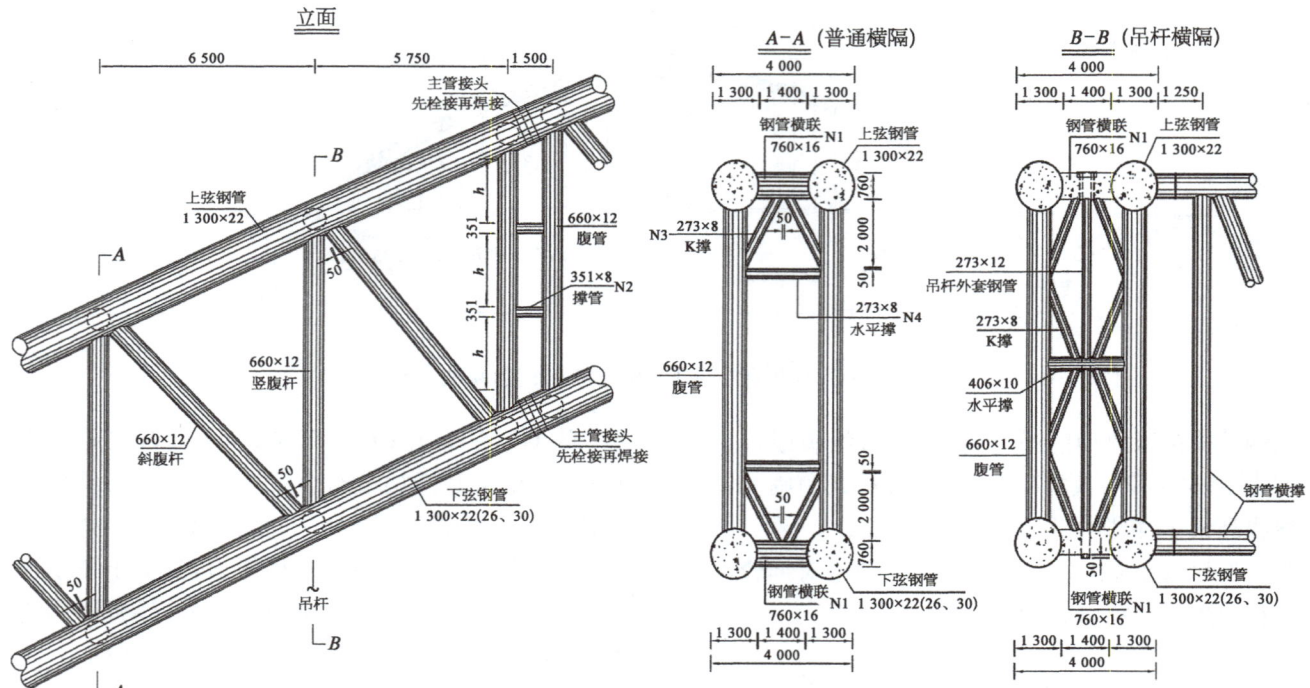

图 3-42 主拱标准节段一般构造(单位:mm)

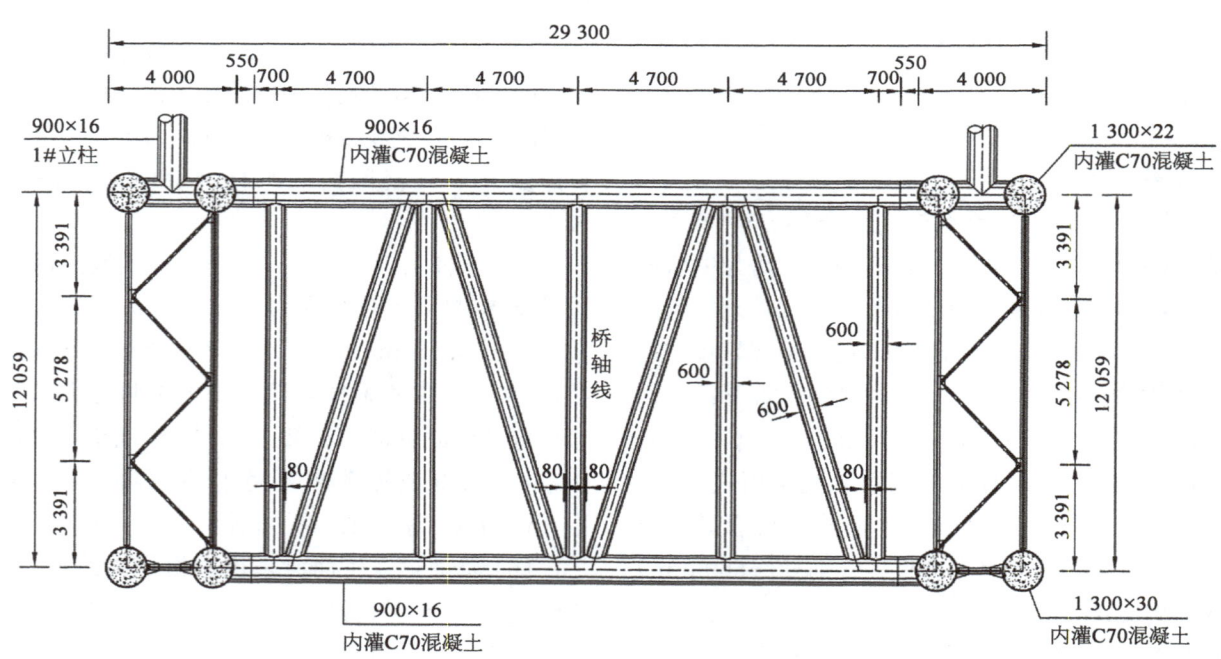

图 3-43 主拱桥面以下横撑构造示意(单位:mm)

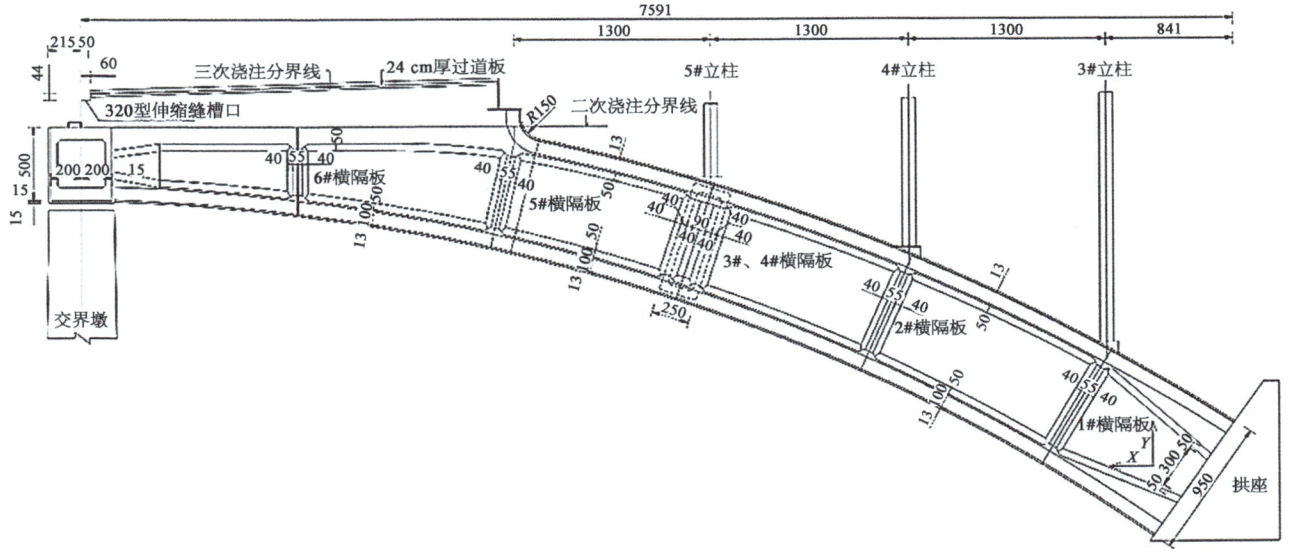

图 3-44 主桥边拱一般构造(单位：mm)

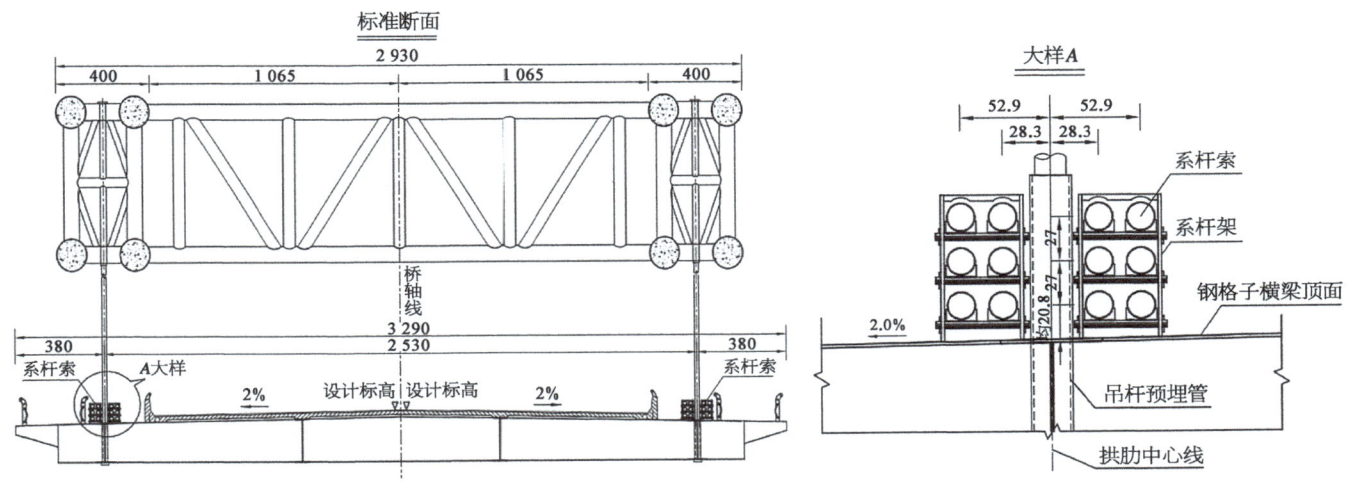

图 3-45 系杆索总体布置示意(单位：cm)

（7）主墩。符阳路岸主墩采用桩基、承台、桥墩和拱座的重力式构造，承台采用分幅式结构，承台长30 m、宽 11.25 m、高 4.5 m，采用 C30 混凝土，承台底面置于卵石层内约 2.5 m。上、下游承台间设置两道同高度的钢筋混凝土横向连接撑梁，形成框架承台结构体系；每半幅承台下设 10 根直径 250 cm 的钻孔灌注桩基，承台钢筋混凝土横向连接撑梁下各设置 2 根直径 250 cm 的钻孔灌注桩基，均采用 C30 水下混凝土。符阳路岸主桥桥墩构造示意如图 3-47 所示。

开发区岸主墩采用扩大基础、桥墩和拱座的重力式构造。桥墩采用上下游分离式的 C30 钢筋混凝土结构，每个墩长 25.10 m、宽 9.85 m；桥墩中部靠近承台处，设置泄洪孔，减少阻水面积；除桥墩前缘因地基应力较高，需要设置基础襟边外，桥墩墩身的侧面和后部与桥墩同尺寸，并与地基形成锚固结构直接嵌入基岩。桥墩顶部设置两道钢筋混凝土"拱形"横梁连接，拱形横梁内各设置两束预应力钢束。开发区岸主桥桥墩构造示意如图 3-48 所示。

3.3.3.2 计算基本规定

1）一般规定

根据《公路钢管混凝土拱桥设计规范》要求，本算例进行了钢管混凝土拱桥的强度、刚度、稳定验算和动力性能分析，本桥跨度大于 300 m，应计入双重（材料、几何）非线性影响。

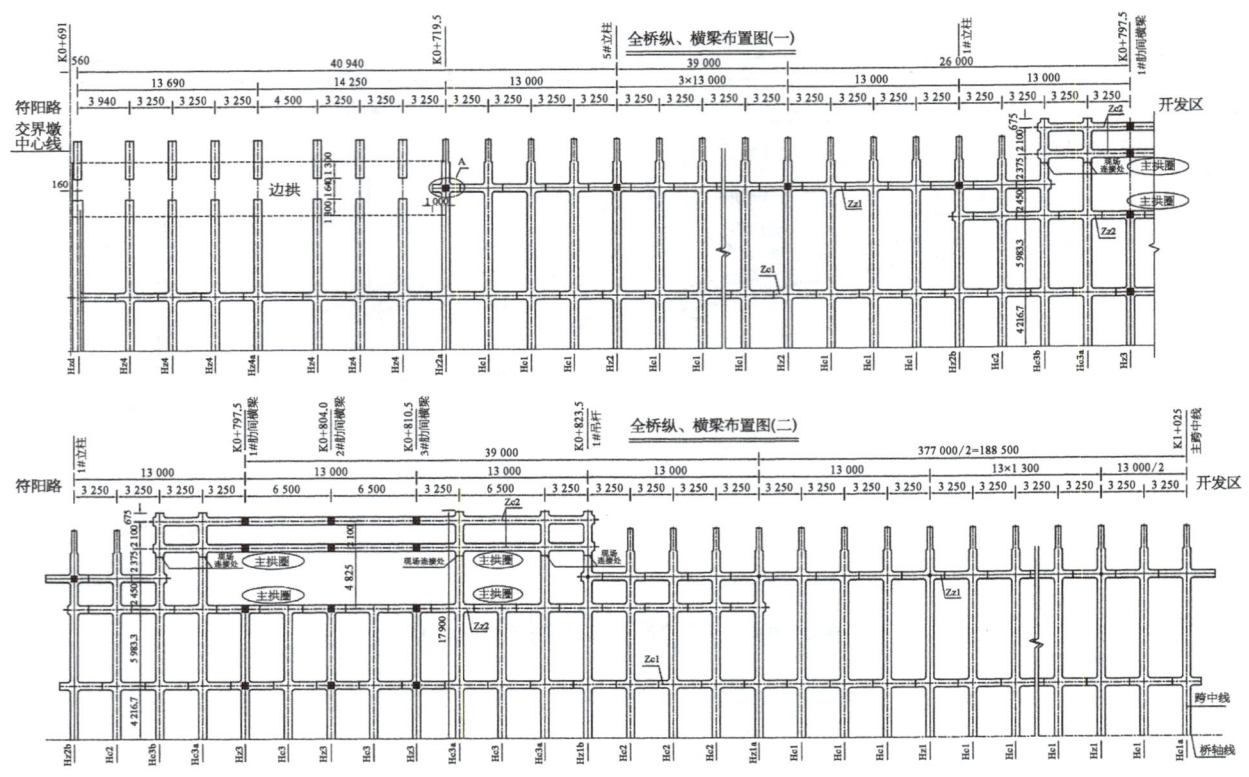

图 3-46 桥面钢格子梁一般构造示意(单位：mm)

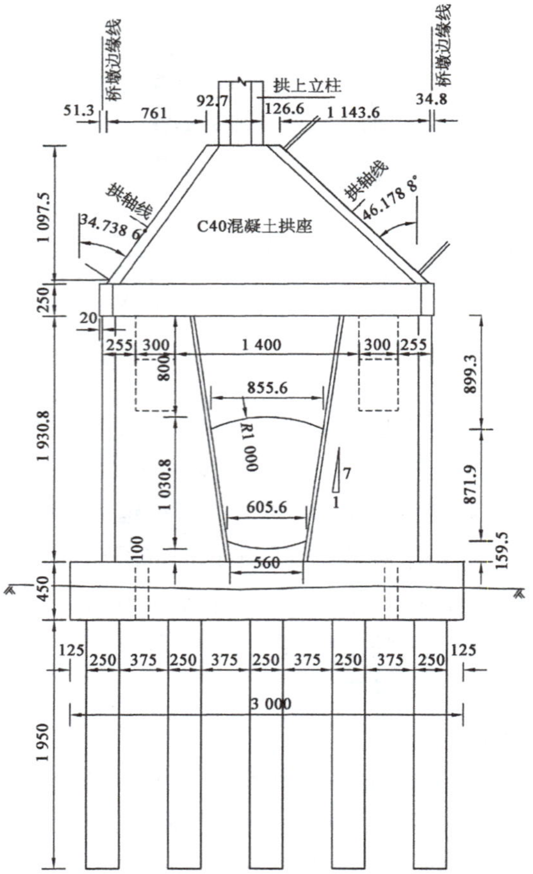

图 3-47 符阳路岸主桥桥墩构造示意(单位：mm)

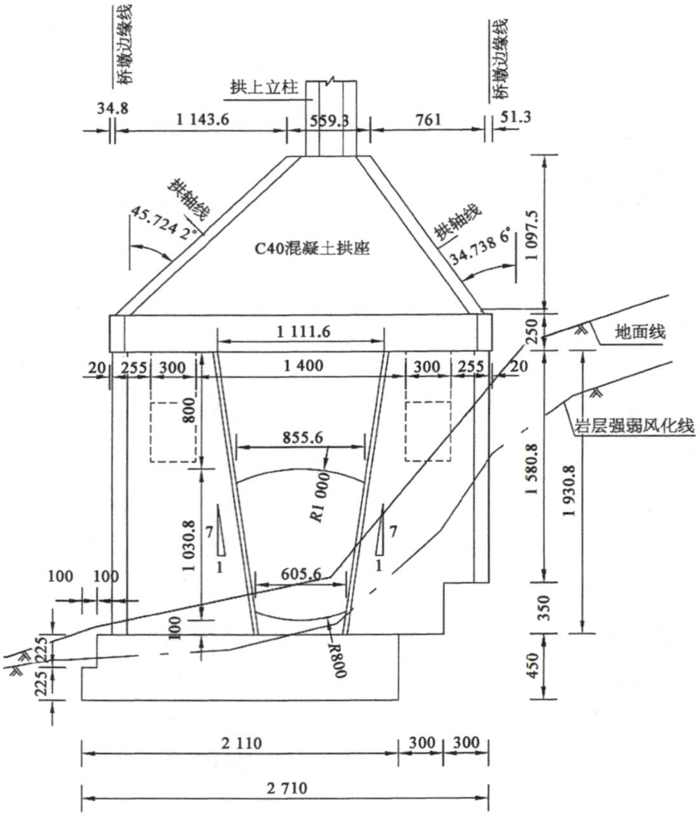

图 3-48 开发区岸主桥桥墩构造示意(单位：mm)

采用 MIDAS Civil 建立三维有限元杆系计算模型对四川合江长江三桥进行分析,计算模型如图 3-49 所示。在计算模型中,采用梁单元模拟主拱拱肋、边拱拱肋、纵梁结构,桁架单元模拟吊杆和系杆。

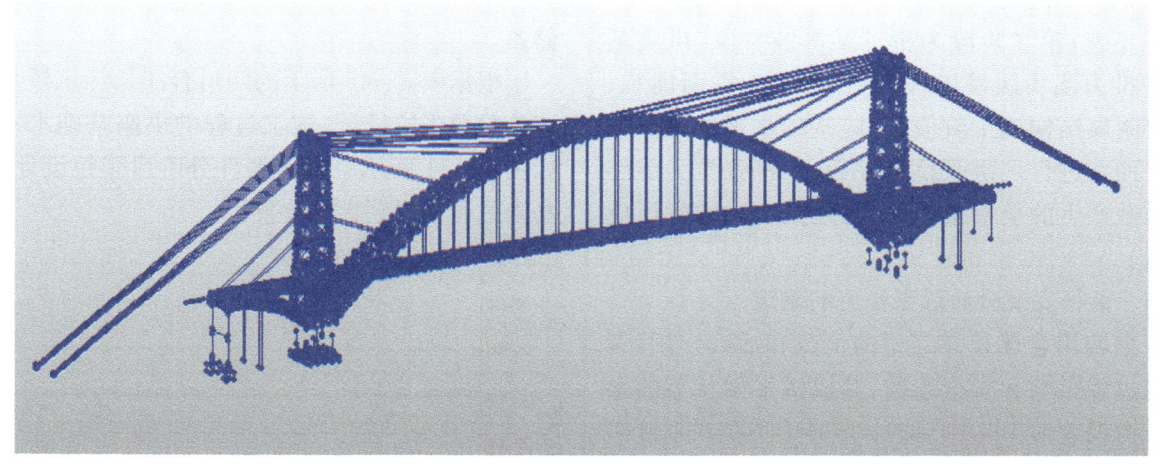

图 3-49　四川合江长江三桥有限元计算模型

2) 计算参数

计算参数依照《公路桥涵设计通用规范》《公路钢管混凝土拱桥设计规范》规定,参数取值见表 3-34。

3) 设计荷载及荷载组合

设计荷载包括自重、活载、温度荷载和混凝土的收缩徐变。自重为结构自重、二期恒载。其中二期恒载考虑桥面铺装、人行道、防撞栏杆以及桥面其他附属设施。

根据《公路桥涵设计通用规范》的规定,针对拱肋主要考虑以下几种荷载组合

基本组合＝1.2×恒载＋1.4×汽车荷载＋0.6×1.4×[人群荷载＋升(降)温30℃]＋0.6×1.1×风荷载

短期组合＝1.0×恒载＋0.7×汽车荷载＋1.0×人群荷载＋1.0×升(降)温30℃＋0.75×风荷载

长期组合＝1.0×恒载＋0.4×汽车荷载＋0.4×人群荷载＋1.0×升(降)温30℃＋0.75×风荷载

3.3.3.3　成桥平衡状态系杆张拉力的确定

四川合江长江三桥为跨径组合(80.5＋507＋80.5)m 的飞燕式钢管混凝土系杆拱桥,其为外部超静定结构,包括主拱、边拱、系杆、拱座及基础五大部分,各部分相互影响,结构设计参数众多、受力复杂,总体设计的关键在于使这五大部分形成有机的、受力合理的结构。飞燕式系杆拱桥的系杆充当纽带,将主拱、边拱、拱座连接起来,因此,系杆的张拉力直接影响成桥平衡状态。四川合江长江三桥的成桥平衡状态主要考虑因素有主拱和边拱的内力、拱座的弯矩、拱座基础的水平推力、交界墩顶的支反力等。

四川合江长江三桥的恒载在总荷载中占相当大的比重,是系杆张拉设计中需要考虑的主要荷载;其次,活载作用对拱座产生的水平推力,也需要纳入系杆张拉设计中进行考虑;同时,在系杆张拉设计时,必须考虑主拱、边拱、拱座和基础的截面参数的匹配协调,以使其截面内力合理。

根据有限元软件计算结果,四川合江长江三桥的恒载和活载对拱座基础产生的水平推力合计为 135 800 kN;考虑施工过程影响以及安全系数,成桥平衡状态系杆张拉力设计为 165 400 kN。根据成桥平衡状态系杆设计张拉力,在成桥后一次性张拉系杆,得到施工过程中的拱座基础水平推力变化如图 3-50 所示。

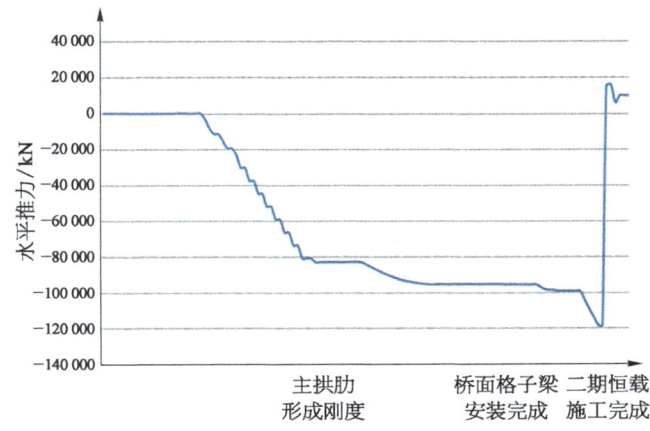

图 3-50　成桥一次张拉系杆的拱座水平推力

由图3-50可见,随着施工过程的进行,拱座基础的水平推力不断增大,呈阶段式增长:第一阶段为主拱及拱内混凝土灌注阶段,拱座基础水平推力增长迅速;第二阶段为桥道梁吊装阶段,拱座基础水平推力逐步缓慢增长;第三阶段为桥面铺装、护栏等附属结构施工阶段,拱座基础水平推力少量增长。而在进行一次张拉系杆后,系杆张拉能够平衡恒载产生的全部推力,而且还具有一定的压应力储备。

3.3.3.4 系杆安装分阶段张拉力的确定

根据四川合江长江三桥的恒载和活载作用,考虑施工过程影响和安全系数,其成桥平衡状态的系杆张拉力设计为165 400 kN。但对于飞燕式系杆拱桥,其拱座基础的水平推力、拱座基础弯矩是随施工阶段的进行而不断增大的,因此,根据施工过程的结构内力变化进行系杆张拉,通过系杆张拉力来调整拱座基础水平推力和拱座基础弯矩,以使得结构的截面设计更加经济。

系杆安装分阶段张拉力确定的原则为:以拱座基础弯矩值作为系杆分阶段张拉设计的控制指标;以拱座基础弯矩值最小,且张拉次数最少为张拉目标;并综合考虑主拱和边拱的结构受力。

四川合江长江三桥的系杆安装分阶段张拉力设计,考虑到构造细节、施工便利性和张拉风险等因素,系杆张拉分为三个阶段进行,张拉条件和张拉力见表3-45。

表3-45 四川合江长江三桥系杆分阶段张拉方案

阶 段	张拉力/kN	张 拉 条 件
第一次张拉系杆	55 133.33	主拱管内混凝土达到设计强度
第二次张拉系杆	55 133.33	格子梁安装完成
第三次张拉系杆	55 133.33	桥面板达到设计强度

第一次系杆张拉条件为主拱管内混凝土达到设计强度,该状态为主拱安装完成,将系杆索临时悬挂在拱肋下进行张拉,此次系杆张拉将拱座基础弯矩调整到-743 179 kN·m,相比最初值减小60.5%;第二次系杆张拉条件为格子梁和系杆架安装完成,系杆索置于系杆架上进行张拉,此次系杆张拉将拱座基础弯矩调整到-389 534 kN·m,相比最初值减小76.1%;第三次系杆张拉条件为桥面板达到设计强度,此次系杆张拉将拱座基础弯矩调整到681 458 kN·m,消除负弯矩并提供了一定的正弯矩储备。

根据表3-45所示的四川合江长江三桥系杆安装分阶段张拉设计,施工过程的拱座基础水平推力如图3-51所示。通过系杆分阶段张拉设计,拱座基础的受力得到大幅改善。

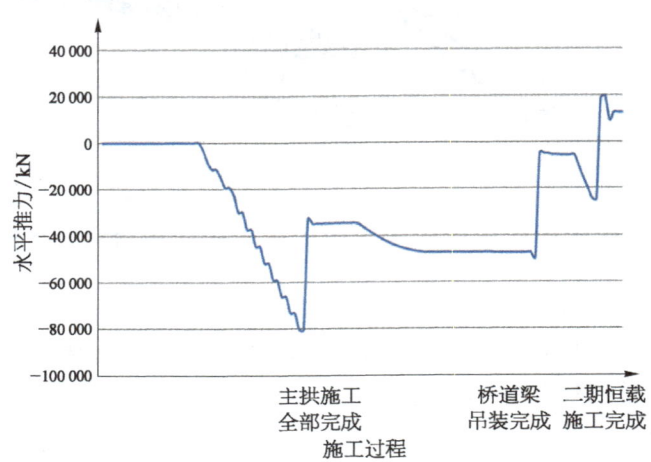

图3-51 分阶段张拉系杆拱座基础所受推力

四川合江长江三桥在成桥平衡状态下,主拱轴力全为压力,没有拉力出现;主拱的弯矩较小,且分布合理。

3.3.3.5 计算结论

根据表3-45所示的四川合江长江三桥系杆安装分阶段张拉设计,四川合江长江三桥成桥使用阶段的主拱、边拱、拱座基础计算结果如下。

1) **主拱截面验算**

(1) 主拱单肢压弯构件验算。使用阶段主拱主要截面单肢内力见表3-46。

使用阶段主拱$L/4$及拱脚截面组合主拱内力见表3-47所示。

使用阶段主拱主要截面拱肋单肢承载能力验算结果见表3-48。

(2) 主拱组合压弯构件计算。使用阶段主拱主要截面拱肋组合受压构件验算结果见表3-49。

使用阶段主拱拱脚变截面组合受压构件验算结果见表3-50。

使用阶段主拱主要截面拱肋在相应组合下的内力见表3-51。

表 3-46 使用阶段主拱主要截面单肢内力

截面位置	拱肋编号	恒载		拱肋编号	基本组合(升温)		拱肋编号	基本组合(降温)	
		轴力/kN	弯矩/(kN·m)		轴力/kN	弯矩/(kN·m)		轴力/kN	弯矩/(kN·m)
$L/8$	19033	−31 936.2	−112.2	19 033	−41 253.6	−443.3	19033	−47 371.1	−495.7
$2L/8$	18431	−26 762.5	−69.9	18 431	−39 370.8	−347.3	18431	−40 902.4	−383.0
$3L/8$	18444	−20 780.1	313.8	18 444	−31 807.0	104.2	18505	−36 220.2	322.8
拱顶	18329	−25 285.6	981.1	18 519	−35 045.3	1 018.9	18519	−38 674.4	1 166.4
$5L/8$	18824	−20 821.5	312.3	18 824	−31 855.6	102.9	18885	−36 143.1	319.2
$6L/8$	18811	−26 829.1	−72.2	18 811	−39 412.8	−348.4	18811	−41 054.3	−388.3
$7L/8$	19121	−32 016.3	−114.7	19 121	−41 269.2	−444.3	19121	−47 525.4	−501.3

表 3-47 使用阶段主拱 $L/4$ 及拱脚截面组合主拱内力

截面位置	工况类型	恒载		工况类型	基本组合(升温)		工况类型	基本组合(降温)	
		轴力/kN	弯矩/(kN·m)		轴力/kN	弯矩/(kN·m)		轴力/kN	弯矩/(kN·m)
$L/4$	N_{max}	−83 458.9	−38 565.6	N_{max}	−109 418.4	−119 331.7	N_{max}	−108 651.6	−148 037.1
	M_{max}	−83 458.9	−38 565.6	M_{max}	−109 660.1	−117 535.9	M_{max}	−108 893.3	−146 241.3
拱脚	N_{max}	−81 187.9	−360 251	N_{max}	−95 737.02	−470 219.2	N_{max}	−133 372.7	−738 493.121 5
	M_{max}	−81 187.9	−360 251	M_{max}	−93 804.16	−460 899.4	M_{max}	−131 439.84	−729 173.251 5
拱脚变截面	N_{max}	−103 885.7	−120 058	N_{max}	−145 980.0	−279 665.6	N_{max}	−148 204.5	−499 932.0
	M_{max}	−103 885.7	−120 058	M_{max}	−143 333.0	38 755.4	M_{max}	−145 557.4	−181 510.9

使用阶段主拱主要截面拱肋应力以及强度验算结果见表 3-52。

使用阶段主拱拱顶在不同荷载工况下挠度计算结果见表 3-53。

2) 边拱截面验算

使用阶段边拱外包段承载能力验算,根据《公路钢筋混凝土及预应力混凝土桥涵设计规范》按钢筋混凝土构件验算。边拱截面承载力由几部分构成,第一部分是扣除钢管混凝土的钢筋混凝土截面承载力,第二部分是钢管混凝土劲性骨架承载力。考虑到钢管面积有限,所能提供的承载力较小,验算时将该部分作为安全富余不予考虑,仅验算钢筋混凝土拱圈承载力。其结果见表 3-54。

3) 符阳岸拱座基础

符阳岸拱座基础承载能力验算,根据《公路桥涵地基与基础设计规范》进行验算。四川合江长江三桥符阳岸拱座基础设计为 24 根群桩基础,设计轴力最大值按 62 000 kN 取值,中风化砂岩及中风化泥岩单轴抗压强度按地勘报告推荐值 26.39 MPa 和 8.01 MPa 取值,得到符阳岸群桩基础中 ZK16~ZK21 钻孔位置的桩基承载力见表 3-55 和表 3-56。

$$[R_a]=c_1 A_P f_{rk}+\mu\sum_{i=1}^{m}c_{2i}h_i f_{rki}+\frac{1}{2}\zeta_s\mu\sum_{i=1}^{n}l_i q_{ik}$$

(3-89)

表 3-48 使用阶段主拱主要截面单肢承载力验算

恒 载

截面位置	γ	a_s	$\lambda = 4L_e/D$	φ_1	e_0	r	$e_0/r \leq 1.55$	N_E/kN	N/kN	η	φ_e	K_p	K_d	ξ_0	f_{cd}/MPa	f_{sc}/MPa	A_{sc}/mm²	承载力/kN	安全系数
$L/8$	1.1	0.099	22.052	0.922	0.004	0.65	是	1 292 277.6	31 936.2	1.010	0.990	0.933	0.95	0.959	30.5	62.010	1 327 323	66 568.0	1.9
$2L/8$	1.1	0.071	22.148	0.918	0.003	0.65	是	1 133 713.5	26 762.5	1.010	0.993	0.933	0.95	0.690	30.5	53.973	1 327 323	57 840.6	2.0
$3L/8$	1.1	0.071	20.559	0.929	0.015	0.65	是	1 315 634.5	20 780.1	1.006	0.959	0.933	0.95	0.690	30.5	53.973	1 327 323	56 508.5	2.5
拱顶	1.1	0.071	2.308	1.000	0.039	0.65	是	104 422 758.8	25 285.6	1.000	0.901	0.933	0.95	0.690	30.5	53.973	1 327 323	57 151.2	2.1
$5L/8$	1.1	0.071	20.559	0.929	0.015	0.65	是	1 315 634.5	20 821.5	1.006	0.959	0.933	0.95	0.690	30.5	53.973	1 327 323	56 524.6	2.5
$6L/8$	1.1	0.071	22.148	0.918	0.003	0.65	是	1 133 713.5	26 829.1	1.010	0.992	0.933	0.95	0.690	30.5	53.973	1 327 323	57 827.6	2.0
$7L/8$	1.1	0.099	22.052	0.922	0.004	0.65	是	1 292 277.6	32 016.3	1.010	0.990	0.933	0.95	0.959	30.5	62.010	1 327 323	66 554.9	1.9

基本组合(升温)

截面位置	γ	a_s	$\lambda = 4L_e/D$	φ_1	e_0	r	$e_0/r \leq 1.55$	N_E/kN	N/kN	η	φ_e	K_p	K_d	ξ_0	f_{cd}/MPa	f_{sc}/MPa	A_{sc}/mm²	承载力/kN	安全系数
$L/8$	1.1	0.099	22.052	0.922	0.011	0.65	是	1 292 277.6	41 253.6	1.013	0.970	0.933	0.95	0.959	30.5	62.010	1 327 323	65 220.0	1.4
$2L/8$	1.1	0.071	22.148	0.918	0.009	0.65	是	1 133 713.5	39 370.8	1.014	0.975	0.933	0.95	0.690	30.5	53.973	1 327 323	56 827.6	1.3
$3L/8$	1.1	0.071	20.472	0.930	0.003	0.65	是	1 315 634.5	31 807.0	1.010	0.991	0.933	0.95	0.690	30.5	53.973	1 327 323	58 402.8	1.7
拱顶	1.1	0.071	2.308	1.000	0.029	0.65	是	104 422 758.8	35 045.8	1.000	0.924	0.933	0.95	0.690	30.5	53.973	1 327 323	58 612.5	1.5
$5L/8$	1.1	0.071	20.472	0.930	0.003	0.65	是	1 315 634.5	31 855.6	1.010	0.991	0.933	0.95	0.690	30.5	53.973	1 327 323	58 410.6	1.7
$6L/8$	1.1	0.071	22.148	0.918	0.009	0.65	是	1 133 713.5	39 412.8	1.014	0.975	0.933	0.95	0.690	30.5	53.973	1 327 323	56 824.7	1.3
$7L/8$	1.1	0.099	22.052	0.922	0.011	0.65	是	1 292 277.6	41 269.2	1.013	0.970	0.933	0.95	0.959	30.5	62.010	1 327 323	65 216.0	1.4

基本组合(降温)

截面位置	γ	a_s	$\lambda = 4L_e/D$	φ_1	e_0	r	$e_0/r \leq 1.55$	N_E/kN	N/kN	η	φ_e	K_p	K_d	ξ_0	f_{cd}/MPa	f_{sc}/MPa	A_{sc}/mm²	承载力/kN	安全系数
$L/8$	1.1	0.099	22.052	0.922	0.010	0.65	是	1 292 277.6	47 371.1	1.015	0.971	0.933	0.95	0.959	30.5	62.010	1 327 323	65 267.4	1.3
$2L/8$	1.1	0.071	22.148	0.918	0.009	0.65	是	1 133 713.5	40 902.4	1.015	0.974	0.933	0.95	0.690	30.5	53.973	1 327 323	56 740.2	1.3
$3L/8$	1.1	0.071	20.472	0.930	0.009	0.65	是	1 326 840.5	36 220.2	1.011	0.975	0.933	0.95	0.690	30.5	53.973	1 327 323	57 514.8	1.4
拱顶	1.1	0.071	2.308	1.000	0.030	0.65	是	104 422 758.8	38 674.4	1.000	0.921	0.933	0.95	0.690	30.5	53.973	1 327 323	58 445.7	1.4
$5L/8$	1.1	0.071	20.472	0.930	0.009	0.65	是	1 326 840.5	36 143.1	1.011	0.975	0.933	0.95	0.690	30.5	53.973	1 327 323	57 528.0	1.4
$6L/8$	1.1	0.071	22.148	0.918	0.009	0.65	是	1 133 713.5	41 054.3	1.015	0.973	0.933	0.95	0.690	30.5	53.973	1 327 323	56 725.1	1.3
$7L/8$	1.1	0.099	22.052	0.922	0.011	0.65	是	1 292 277.6	47 525.4	1.015	0.970	0.933	0.95	0.959	30.5	62.010	1 327 323	65 252.0	1.2

表3-49 使用阶段主拱圈 $L/4$ 组合截面承载力验算

D/m	I_j/m⁴	I_k/m⁴	$(I_k/I_j)^{\frac{1}{3}}$	J	I_{eq}	i_i	i_{eq}	S_0	λ_{eq}
1.3	43.686	214.645	1.700	0.099	146.532	0.325	5.253	201.585	38.372

$L/4$																	
N_{max}	γ	a_s	λ_{eq}	φ_l	e_0	h	ξ	ε_b	$e_0/h \leq \varepsilon_b$	N_E/kN	N/kN	η	φ'_e	K_p	K_d	ξ_0	f_{cd}/MPa	f_{sc}/MPa	A_{sc}/mm²	承载力/kN	安全系数
	1.1	0.071	38.372	0.820	0.462	7.405	0.553	0.817	是	1 510 754	83 458.85 恒载	1.047	0.884	0.933	0.95	0.690	30.5	53.973	1 327 323	184 026.7	2.0
	1.1	0.071	38.372	0.820	1.091	7.405	0.553	0.817	是	1 510 754	109 418.4 基本组合(升温)	1.063	0.762	0.933	0.95	0.690	30.5	53.973	1 327 323	158 461.5	1.3
	1.1	0.071	38.372	0.820	1.362	7.405	0.553	0.817	是	1 510 754	108 651.6 基本组合(降温)	1.063	0.719	0.933	0.95	0.690	30.5	53.973	1 327 323	149 587.9	1.3

$L/4$																	
M_{max}	γ	a_s	λ_{eq}	φ_l	e_0	h	ξ	ε_b	$e_0/h \leq \varepsilon_b$	N_E/kN	N/kN	η	φ'_e	K_p	K_d	ξ_0	f_{cd}/MPa	f_{sc}/MPa	A_{sc}/mm²	承载力/kN	安全系数
	1.1	0.071	38.372	0.820	0.462	7.405	0.553	0.817	是	1 510 754	83 458.85 恒载	1.047	0.884	0.933	0.95	7.166	30.5	53.973	1 327 323	184 026.7	2.0
	1.1	0.071	38.372	0.820	1.072	7.405	0.553	0.817	是	1 510 754	109 660.1 基本组合(升温)	1.063	0.765	0.933	0.95	0.690	30.5	53.973	1 327 323	159 109.7	1.3
	1.1	0.071	38.372	0.820	1.343	7.405	0.553	0.817	是	1 510 754	108 893.3 基本组合(降温)	1.063	0.722	0.933	0.95	0.690	30.5	53.973	1 327 323	150 186.8	1.3

表 3-50　使用阶段拱脚变截面组合截面承载力验算

D/m	I_j/m^4	I_k/m^4	$(I_k/I_j)^{\frac{1}{3}}$	J	I_{eq}	i_i	i_{eq}	S_0	λ_{eq}
1.3	43.686	214.645	1.700	0.099	146.532	0.325	5.253	201.585	38.372

	γ	a_s	λ_{eq}	φ_r	e_0	h	ξ	ε_b	$e_0/h \leqslant \varepsilon_b$	N_E/kN	N/kN	η	φ'_e	K_p	K_d	ξ_0	f_{cd}/MPa	f_{sc}/MPa	A_{sc}/mm²	承载力/kN	安全系数
拱脚变截面 N_{max} 恒载	1.1	0.099	38.372	0.820	1.005	11.1	0.768	0.909	是	1510754.2	100330.09	1.058	0.839	0.933	0.95	0.959	30.5	62.010	1327323	200657.6	1.8
拱脚变截面 N_{max} 基本组合(升温)	1.1	0.099	38.372	0.820	1.708	11.1	0.768	0.909	是	1510754.2	137460.78	1.081	0.750	0.933	0.95	0.959	30.5	62.010	1327323	179402.4	1.2
拱脚变截面 N_{max} 基本组合(降温)	1.1	0.099	38.372	0.820	3.186	11.1	0.768	0.909	是	1510754.2	136431.77	1.080	0.617	0.933	0.95	0.959	30.5	62.010	1327323	147582.9	1.0
拱脚变截面 M_{max} 恒载	1.1	0.099	38.372	0.820	1.005	11.1	0.768	0.909	是	1510754.2	100330.09	1.058	0.839	0.933	0.95	0.959	30.5	62.010	1327323	200657.6	1.8
拱脚变截面 M_{max} 基本组合(升温)	1.1	0.099	38.372	0.820	0.034	11.1	0.768	0.909	是	1510754.2	137713.53	1.081	0.993	0.933	0.95	0.959	30.5	62.010	1327323	237476.5	1.6
拱脚变截面 M_{max} 基本组合(降温)	1.1	0.099	38.372	0.820	1.427	11.1	0.768	0.909	是	1510754.2	136684.52	1.080	0.783	0.933	0.95	0.959	30.5	62.010	1327323	187101.6	1.2

表 3-51 使用阶段主拱主要截面内力

截面位置	拱肋编号	恒载		短期组合①			短期组合②			长期组合①			长期组合②		
		轴力/kN	弯矩/(kN·m)	拱肋编号	轴力/kN	弯矩/(kN·m)	拱肋编号	轴力/kN	弯矩/(kN·m)	拱肋编号	轴力/kN	弯矩/(kN·m)	拱肋编号	轴力/kN	弯矩/(kN·m)
L/8	19033	-31 936.2	-112.2	19 011	-25 968.9	-211.0	19033	-38 116.0	-337.1	19 011	-25 154.9	-171.6	19 033	-31 787.8	-250.1
2L/8	18431	-26 762.5	-69.9	18 431	-30 896.1	-230.8	18431	-32 096.6	-263.8	18 431	-29 902.1	-200.8	18 431	-29 902.1	-200.8
3L/8	18444	-20 780.1	313.8	18 444	-24 796.1	388.7	18505	-28 304.2	558.2	18 444	-23 855.2	340.1	18 505	-25 184.0	354.1
拱顶	18329	-25 285.6	981.1	18 519	-27 059.7	1 083.3	18519	-30 770.8	1 216.7	18 519	-26 139.4	1 043.0	18 519	-26 139.4	1 043.0
5L/8	18824	-20 821.5	312.3	18 824	-24 834.2	388.1	18885	-28 231.2	555.4	18 824	-23 892.9	339.4	18 885	-25 166.3	353.3
6L/8	18811	-26 829.1	-72.2	18 811	-30 933.1	-231.8	18811	-32 237.7	-268.8	18 811	-29 942.2	-202.0	18 811	-29 942.2	-202.0
7L/8	19121	-32 016.3	-114.7	19 099	-26 007.3	-213.0	19121	-38 255.7	-342.4	19 099	-25 194.3	-173.7	19 121	-31 797.2	-251.3

表 3-52 使用阶段主拱主要截面应力及强度验算

截面位置	拱肋编号	恒载		短期组合①			短期组合②			长期组合①			长期组合②			钢管混凝土规格	组合轴压强度设计值 f_{sc}/MPa	是否满足
		轴向σ= N/A /MPa	组合σ= N/A+M/W /MPa	拱肋编号	轴向σ= N/A /MPa	组合σ= N/A+M/W /MPa	拱肋编号	轴向σ= N/A /MPa	组合σ= N/A+M/W /MPa	拱肋编号	轴向σ= N/A /MPa	组合σ= N/A+M/W /MPa	拱肋编号	轴向σ= N/A /MPa	组合σ= N/A+M/W /MPa			
L/8	19033	24.1	24.6	19011	19.6	20.5	19033	28.7	30.3	19011	19.0	19.7	19033	23.9	25.1	ϕ1 300×30 灌 C70 混凝土	67.6	满足
2L/8	18431	20.2	20.5	18431	23.3	24.3	18431	24.2	25.4	18431	22.5	23.5	18431	22.5	23.5	ϕ1 300×22 灌 C70 混凝土	58.8	满足
3L/8	18444	15.7	17.1	18444	18.7	20.5	18505	21.3	23.9	18444	18.0	19.5	18505	19.0	20.6	ϕ1 300×22 灌 C70 混凝土	58.8	满足
拱顶	18329	19.1	23.6	18519	20.4	25.4	18519	23.2	28.8	18519	19.7	24.5	18519	19.7	24.5	ϕ1 300×22 灌 C70 混凝土	58.8	满足
5L/8	18824	15.7	17.1	18824	18.7	20.5	18885	21.3	23.8	18824	18.0	19.6	18885	19.0	20.6	ϕ1 300×22 灌 C70 混凝土	58.8	满足
6L/8	18811	20.2	20.5	18811	23.3	24.4	18811	24.3	25.5	18811	22.6	23.5	18811	22.6	23.5	ϕ1 300×22 灌 C70 混凝土	58.8	满足
7L/8	19121	24.1	24.7	19099	19.6	20.6	19121	28.8	30.4	19099	19.0	19.8	19121	24.0	25.1	ϕ1 300×30 灌 C70 混凝土	67.6	满足

表 3-53 主拱拱顶挠度

截面位置	荷载工况	恒载	汽车荷载	人群荷载	$L/1\,000$	刚度是否满足
拱顶	挠度值/cm	41.9	8.1	2.7	48	满足

表 3-54 边拱混凝土构件验算

截面位置	基本组合			rN_d/kN	N_u/kN	是否满足
	工况类型	内力值				
		轴力/kN	弯矩/(kN·m)			
拱顶	N_{max}	−106 545.1	−25 616.5	117 199.6	150 880.0	满足
	M_{max}	−105 499.5	−24 012.4	116 049.5	153 360.0	满足
3L/8	N_{max}	−132 856.2	108 126.4	146 141.8	303 320.0	满足
	M_{max}	−131 482.5	101 682.4	144 630.8	307 450.0	满足
1#立柱下方	N_{max}	263 688.5	123 239.2	290 057.3	338 670.0	满足
	M_{max}	18 444.7	34 947.9	20 289.2	193 260.0	满足
2#立柱下方	N_{max}	−145 137.2	−141 862.4	159 651.0	306 660.0	满足
	M_{max}	−143 642.3	−145 793.5	158 006.5	302 910.0	满足
3#立柱下方	N_{max}	−152 819.1	−240 161.2	168 101.0	271 190.0	满足
	M_{max}	−124 449.9	−261 781.9	136 894.9	217 660.0	满足
拱脚	N_{max}	−156 854.5	−323 953.7	172 539.9	243 190.0	满足
	M_{max}	−121 120.3	−456 315.7	133 232.4	243 190.0	满足

表 3-55 施工阶段 ZK16~ZK21 位置桩基承载力

孔号	c_1	A_p/m^2	f_{rk}/MPa	μ/m	c_2	h_i/m	岩层	f_{rki}/MPa	R_a/kN	设计值/kN	安全系数
ZK16	0.3	4.908 739	26.39	7.853 982	0.024	2.5	细砂岩	26.39	103 862.5	43 548	2.4
						0.5	泥岩	8.01			
						1	细砂岩	26.39			
						2	泥岩	8.01			
						4	细砂岩	26.39			
						2.3	泥岩	8.01			
						4.11	细砂岩	26.39			
ZK17	0.3	4.908 739	26.39	7.853 982	0.024	4.7	细砂岩	26.39	101 851.1	43 563.7	2.3
						1.3	泥岩	8.01			

续　表

孔号	c_1	A_p/m^2	f_{rk}/MPa	μ/m	c_2	h_i/m	岩层	f_{rki}/MPa	R_s/kN	设计值/kN	安全系数
ZK17	0.3	4.908 739	26.39	7.853 982	0.024	1.3	细砂岩	26.39	101 851.1	43 563.7	2.3
						1.4	泥岩	8.01			
						2.2	细砂岩	26.39			
						1.2	泥岩	8.01			
						1.9	细砂岩	26.39			
						2.5	泥岩	8.01			
						0.62	细砂岩	26.39			
ZK18	0.3	4.908 739	26.39	7.853 982	0.024	1.9	细砂岩	26.39	98 670.96	33 884.9	2.9
						3.1	泥岩	8.01			
						2.4	细砂岩	26.39			
						0.3	泥岩	8.01			
						0.3	细砂岩	26.39			
						0.7	泥岩	8.01			
						3.3	细砂岩	26.39			
						0.7	泥岩	8.01			
						1	细砂岩	26.39			
						1.8	泥岩	8.01			
						1.12	细砂岩	26.39			
ZK19	0.3	4.908 739	26.39	7.853 982	0.024	2.7	细砂岩	26.39	90 425.73	33 531.7	2.7
						2.7	泥岩	8.01			
						0.9	细砂岩	26.39			
						4.6	泥岩	8.01			
						4.55	细砂岩	26.39			
ZK20	0.3	4.908 739	26.39	7.853 982	0.024	7.6	泥岩	8.01	108 388.6	40 498	2.7
						11.67	细砂岩	26.39			
ZK21	0.3	4.908 739	26.39	7.853 982	0.024	2.5	细砂岩	26.39	103 108.7	40 487.3	2.5
						1.8	泥岩	8.01			
						3.5	细砂岩	26.39			
						5.4	泥岩	8.01			
						4.73	细砂岩	26.39			

表 3-56　使用阶段 ZK16~ZK21 位置桩基承载力

孔号	c_1	A_p/m²	f_{rk}/MPa	μ/m	c_2	h_i/m	岩层	f_{rki}/MPa	R_a/kN	设计值/kN	安全系数
ZK16	0.3	4.908 739	26.39	7.853 982	0.024	2.5	细砂岩	26.39	103 862.5	62 484.1	1.7
						0.5	泥岩	8.01			
						1	细砂岩	26.39			
						2	泥岩	8.01			
						4	细砂岩	26.39			
						2.3	泥岩	8.01			
						4.11	细砂岩	26.39			
ZK17	0.3	4.908 739	26.39	7.853 982	0.024	4.7	细砂岩	26.39	101 851.1	62 329.5	1.6
						1.3	泥岩	8.01			
						1.3	细砂岩	26.39			
						1.4	泥岩	8.01			
						2.2	细砂岩	26.39			
						1.2	泥岩	8.01			
						1.9	细砂岩	26.39			
						2.5	泥岩	8.01			
						0.62	细砂岩	26.39			
ZK18	0.3	4.908 739	26.39	7.853 982	0.024	1.9	细砂岩	26.39	98 670.96	47 335.1	2.1
						3.1	泥岩	8.01			
						2.4	细砂岩	26.39			
						0.3	泥岩	8.01			
						0.3	细砂岩	26.39			
						0.7	泥岩	8.01			
						3.3	细砂岩	26.39			
						0.7	泥岩	8.01			
						1	细砂岩	26.39			
						1.8	泥岩	8.01			
						1.12	细砂岩	26.39			
ZK19	0.3	4.908 739	26.39	7.853 982	0.024	2.7	细砂岩	26.39	90 425.73	38 080.7	2.4
						2.7	泥岩	8.01			

续 表

孔号	c_1	A_p/m^2	f_{rk}/MPa	μ/m	c_2	h_i/m	岩层	f_{rki}/MPa	R_a/kN	设计值/kN	安全系数
ZK19	0.3	4.908 739	26.39	7.853 982	0.024	0.9	细砂岩	26.39	90 425.73	38 080.7	2.4
						4.6	泥岩	8.01			
						4.55	细砂岩	26.39			
ZK20	0.3	4.908 739	26.39	7.853 982	0.024	7.6	泥岩	8.01	108 388.6	45 651.5	2.4
						11.67	细砂岩	26.39			
ZK21	0.3	4.908 739	26.39	7.853 982	0.024	2.5	细砂岩	26.39	103 108.7	45 587	2.3
						1.8	泥岩	8.01			
						3.5	细砂岩	26.39			
						5.4	泥岩	8.01			
						4.73	细砂岩	26.39			

4) 开发区岸拱座基础

开发区岸拱座基础承载能力验算,根据《公路桥涵地基与基础设计规范》进行验算。四川合江长江三桥符阳岸拱座基础设计为扩大基础,基底内力验算分为施工阶段与使用阶段。在施工阶段,最大轴力 $N=-360\,504.15$ kN,相应最大弯矩 $M_y=-420\,699.13$ kN·m,$M_z=-103\,720.45$ kN·m。在使用阶段,正常使用极限状态的短期效应组合下(可变作用的频遇值系数均取为1.0),轴力最不利时设计值为 $N=-388\,709.41$ kN,$M_y=-935\,620.03$ kN·m,$M_z=-729\,851.6$ kN·m;弯矩最不利时设计值为 $N=-366\,005.36$ kN,$M_y=-1\,532\,239.50$ kN·m,$M_z=-909\,169.63$ kN·m;基底内力见表3-57。

根据《公路桥涵地基与基础设计规范》,基底应力 $\sigma_{max}=\dfrac{N}{A}+\dfrac{M_y}{W_y}+\dfrac{M_z}{W_z}$,$\sigma_{min}=\dfrac{N}{A}-\dfrac{M_y}{W_y}-\dfrac{M_z}{W_z}$,计算得到的基底最大应力及最小应力见表3-58。

表3-57 施工与使用阶段基底内力

阶 段		轴力 N /kN	弯矩 M_y /(kN·m)	弯矩 M_z /(kN·m)
施工阶段		−360 504.15	−420 699.13	−103 720.45
使用阶段	N_{max}	−388 709.41	−935 620.03	−729 851.60
	M_{max}	−366 005.36	−1 532 239.50	−909 169.63

表3-58 施工与使用阶段基底应力验算

阶 段	承台宽度/m	承台长度/m	承台面积 S/m²	抗弯截面系数 W_y/m³	抗弯截面系数 W_z/m³	基底最小应力/MPa	基底最大应力/MPa	抗力系数 γ_R	承载力容许值 $[f_a]$/MPa	是否满足
施工阶段	11.85	27.10	321.14	1 450.46	634.24	1.58	0.67	1.25	11.10	满足
使用阶段	11.85	27.10	321.14	1 450.46	634.24	3.01	0.59	1.25	11.10	满足
						3.63	1.35			满足

经过结构验算,四川合江长江三桥的主拱、边拱、系杆、拱座及基础的强度、刚度、稳定性满足规范要求,且主拱、边拱截面应力全为压应力,没有出现拉应力的情况,边拱交界墩支座受压,结构受力均匀合理。

3.4 四川旺苍东河大桥

3.4.1 工程概述

1) 地理条件

四川旺苍东河大桥位于四川盆地北部边缘广元旺苍县城郊,跨越东河。东河发源于南江大巴山南麓,流经旺苍至阆中汇入嘉陵江。全河长度约 250 km,流域面积 5 140 km²。旺苍上游河床比降 0.4%,河流所经之处为高山峡谷。水流来源均系暴雨地表径流,洪峰涨落幅度较大,持续时间较短,属典型的山区河流。

水文计算主要利用旺苍水文站资料,广元旺苍县交通局提供设计水位 478.012 m、设计流量 1 142 m³/s。桥墩及广元岸桥台置于基岩上,不作冲刷计算。旺苍岸桥台及桥墩位于河湾,水流速度较小,旺苍岸主桥设置防冲板。

桥位处年平均降水量 1 180 mm,最大年降水量 2 000 mm 左右。最大风速 16 m/s。极限最高气温 38.2℃,极限最低气温 −7.2℃。

2) 工程地质

桥址上游 150 m 处因砂岩峭壁阻截,东河流向自 S30°E 急折近东向流经桥区。桥轴上、下游 100 m 内河道顺直;主槽略偏向广元岸。桥位地质情况经地质钻探,查明旺苍岸覆盖层为 6~8 m 漂石土,下为粉砂岩、细砂岩,结构不均,节理发育,岩石破碎;广元岸覆盖层为 3~4 m 漂卵石,下为砂岩,构造节理极不发育,岩石强度高。

3) 设计标准

设计荷载:汽-20 级,挂-100,人群 3 kN/m²。
桥面净宽:净-7 附 2×3.0 m 人行道。
设计洪水频率:1/100。
地震烈度:Ⅵ度。

3.4.2 桥位桥型

3.4.2.1 桥位

桥位方案一:两岸正接街道,从平面上看两岸与路线接线较顺。桥位位于河湾,桥轴与河道斜交,水面较宽。桥长约 400 m,旺苍城岸桥面与街面高差 7~8 m,降坡困难。

桥位方案二:位于桥位方案一上游约 50 m,利用广元岸岩嘴,水流与桥轴基本正交。桥长比桥位方案一短。旺苍岸利用桥头展线降低桥面高程。工程数量比桥位方案一小。

经技术经济比较论证后,通过专家审查,并征求地方政府意见,推荐采用桥位方案二。

3.4.2.2 桥型

本桥所处河段无通航要求,桥面标高受 100 年一遇洪水位控制。设计水位较县城街面高出 2~3 m。

桥位处常水位的河面宽约 100 m、地形相对平坦,地质覆盖层较厚,拟定了两种桥型设计方案,两种桥型方案的主要跨径组合为:

桥型方案一:上承式钢筋混凝土拱桥,跨径组合为 1×40 m 上承式主拱+2×60 m 上承式主拱+1×40 m 上承式主拱+50 m 现浇弯梁桥。该方案有深水基础,水深 6.0~8.0 m。设计水位至 2/3 矢高,主拱拱圈阻水面积较大,桥面标高较高。全桥混凝土用量比桥型方案二增加 1 500 m³,钢材比桥型方案二减少 140 t,施工环节多、控制难度大、施工风险较高。

桥型方案二:下承式钢管混凝土拱桥,跨径组合为 2×16 m(预制 T 梁)+1×115 m(下承式主拱)+2×16 m(预制 T 梁)+50 m 现浇弯梁桥。桥梁墩台均在枯水位上,无水下基础,桥面标高较设计水位低。全桥混凝土用量比桥型方案一减少 1 500 m³,钢材比桥型方案一增加 140 t,施工环节少、施工风险较低。

桥型方案一具有深水基础,基础施工困难,工程造价较高,施工工期较长;桥型方案二为钢管混凝土拱桥,基础施工简单,工程造价较低,施工工期略短,因此,推荐采用钢管混凝土拱桥方案,并获得政府主管单位同意批准。

1988 年 1 月,四川旺苍县交通局委托四川省公路规划勘察设计研究院承担该桥设计,1988 年 11 月,四川省公路桥梁建设集团公司承担该桥施工,1990 年 12 月建成该桥通车,建成后的桥梁如图 3-52 所示。

图 3-52 四川旺苍东河大桥建成照片

3.4.3 主桥设计

3.4.3.1 主拱

主拱为净跨径115 m的下承式钢管混凝土系杆拱桥。主拱矢跨比1/6,主拱轴线为悬链线,拱轴系数 $m=1.543$。主拱为两根拱肋,主拱中间设8道横撑。主拱拱肋断面呈哑铃形,主拱哑铃形截面径向高2.0 m。主拱拱肋的上、下主管为A3钢板卷制的 $\phi 800$ mm($t=10$ mm)钢管,上、下主钢管间采用厚 $t=10$ mm钢板连接。主拱的钢管拱肋预先在岸上制作,然后分段吊装。每根拱肋分成5段,每段结构重量约13 t。主拱每节段的端头在管内设置加劲构造,主拱拱脚1.5 m范围内,除主管内加劲外,主管外设置加强腹板和底板;主拱节段间的接头在吊装后焊接,即在V形焊缝两侧焊接16块 80 mm×10 mm×400 mm的连接板并均匀分布于管外。待主拱拱圈合龙、主拱横撑安装完成后,主拱主管内灌注C30混凝土。

主拱拱肋应根据坐标实地放样,确定主拱分段、分节尺寸,以及各节卷管所用钢板的平面尺寸,因主拱主管的内、外弧不等,每节段主拱钢管的钢板尺寸不同。各节间和节段间的V形焊缝均应倒成8 mm×8 mm坡口后进行焊接,焊接必须经探伤检验保证质量。

主拱吊杆间距5.0 m,全桥共44根。每根吊杆由69丝中 $\phi^s 5$ mm钢丝组成一束。设计吊杆上端采用钻孔锚于主拱上部钢管,吊杆下端穿过横梁,横梁下设一锚板,每束钢丝外套 $\phi 70$ mm钢管,并灌浆锚固连接;施工期间,根据具体情况,施工单位要求,后经论证将吊杆改为44对 $\phi^1 32$ mm精轧螺纹钢,两端锚固连接。

3.4.3.2 主拱桥面系

主拱桥面系由横梁、纵梁、行车道主梁、人行道板组成;横梁、行车道主梁、人行道板为预制钢筋混凝土结构,最大单件吊装重量为13.0 t;每两根吊杆吊一根横梁,横梁之间设置7根行车道主梁,主梁长4.7 m、高0.5 m;在横梁两边各放长5.0 m人行道板3块。然后现浇纵梁混凝土,纵梁支承在钢管混凝土拱肋焊接构件上。

3.4.3.3 主桥墩

广元岸主桥墩为明挖基础,柱式墩身,现浇C25混凝土,桩基直径为 $\phi 250$ cm,基底置于基岩上;旺苍岸主桥墩基础为钻孔灌注桩,现浇C25混凝土,桩基直径为 $\phi 250$ cm,桥墩采用柱式墩身,直径为 $\phi 250$ cm。

3.4.3.4 水平系杆

该桥主拱与桥墩固结连接,系杆张拉在两主墩之间,系杆采用44束 $24\phi^s 5$ 平行钢丝束,系杆张拉完成后,浇注C25混凝土封闭。为防止系杆锚固区的开裂,在主墩靠近岸边一侧的半圆内设置44束 $24\phi^s 5$ 无黏结竖向预应力钢筋。

3.4.4 引桥设计

3.4.4.1 连续梁桥

主桥的边跨为 2×16 m 连续梁,由4个肋组成连续梁,主梁的肋翼板、悬臂板均采用搭架现浇。旺苍岸 2×16 m 连续梁位于超高缓和段内。设计预制T梁高度不变,超高横坡由墩台高度调整。

3.4.4.2 弯桥

主桥的弯桥中线半径50 m。弯桥桥墩为 $\phi 120$ cm圆柱,矩形扩大基础。基础置于卵石土层上,桥墩之间由纵梁连接。设计为内侧5跨外侧6跨。平面上看为两根折线纵向连续梁,在纵梁之间放置扇形槽型板。

3.4.4.3　附属结构

栏杆为混凝土栏杆柱、钢管扶手。分隔带宽 20 cm,间距 50 cm,缘石宽 25 cm。伸缩缝全桥设置 3 道。支座均为四氟板式橡胶支座。在支座处的预制 T 梁、人行道板应按施工图预埋钢筋、钢板。

3.4.5　施工方案

3.4.5.1　主拱制造

主拱拱肋钢管在混凝土地坪上,放半拱大样焊接组装。其中一条肋分为五段。钢管接头的误差控制在 3 mm 以内,焊接采用坡口焊,一条焊缝分三层焊接。制作工序如下:① 钢板下料、切割、倒坡;② 用卷板机卷管;③ 在专用夹具上校正成型,焊接成管;④ 检查和校正失圆度,保证组装精度;⑤ 画线切割,倒角度;⑥ 定位和组装作节段焊接;⑦ 焊隔仓板,开混凝土浇注及振捣孔;⑧ 焊接头加劲肋和连接装置等;⑨ 预制件移位;⑩ 作观测标志。

每一吊装段分三段制作,以便翻身焊接钢管,组合腹板,在地槽上进行吊装段组合焊接,按预制组装好的半拱作预拼,并检查组合精度。

3.4.5.2　拱肋安装

拱肋采用无支架缆索吊装,按箱形拱吊装方法施工,钢管拱肋没有开裂风险,施工比钢筋混凝土结构更加方便。因此,主拱钢管采用缆索吊装法,分为五节段吊装,每段主拱节段吊装总重量(含吊装配重约 7 t)不超过 20 t,单肋主拱合龙后,再吊装安装下条主拱钢管拱肋,然后再安装主拱横撑,主拱全部合龙并检测合格后,再灌注主拱钢管内混凝土和主拱腹腔内混凝土。

3.4.5.3　系杆安装

拱肋吊装合龙后安装横撑、吊杆,在吊杆下穿系杆钢丝束安装锚头,待锚头混凝土达到强度后,安装张拉设备,系杆安装即完成。

3.4.5.4　浇注拱肋混凝土并同步张拉系杆

按计算好的加载程序,分段浇注拱肋混凝土,同时按增加的水平推力张拉系杆,以达到推力平衡。在安装横梁、纵梁及桥面系构造时,对系杆进行同步张拉。当恒载施加完成后,对系杆进行活载超张,以平衡活载推力,最后封固系杆,形成无推力拱。

3.4.5.5　墩、台与拱脚的刚构

无推力拱与一般系杆拱结构有所不同,一般系杆拱的拱脚在墩台为简支,而预应力系杆拱在拱脚为刚结,拱脚弯矩会通过刚节点传给墩台。因此墩台内安装了竖向预应力束,其张拉步骤应与系杆张拉协调,使墩台身与系杆交接传力。刚节点分几次组合形成,整体性是可靠的。

3.4.6　科研与工程现状

3.4.6.1　工程技术现状

20 世纪,石拱桥和钢筋混凝土拱桥是公路桥梁工程主导桥型之一。石拱桥和钢筋混凝土拱桥,由于自重较大,跨越能力受到限制,施工架设困难,且安全风险高、资源消耗大。钢桥造价相对于圬工、钢筋混凝土和预应力混凝土桥要高出许多。因此,拱桥向轻型化和大跨径方向发展,主要集中于对以圬工材料和混凝土材料为主的拱桥结构的研究与实践。为减轻自重、节约圬工和钢材、方便施工,我国桥梁工作者对拱桥技术进行了长期不懈的探索,钢筋混凝土双曲拱、桁架拱、刚架拱等具有中国特色的桥梁结构形式都是这一探索的结果。在施工技术方面,缆索吊装、转体施工、劲性骨架等施工方法也都取得了显著的成绩。

改革开放以来,大规模的交通基础设施建设,对桥梁技术的发展提出了新的要求。对于桥梁的建设,在满足功能要求的同时,要求工程造价低、施工方便,且建设周期短、造型美观。四川旺苍东河大桥,就是在此背景下发展的拱桥新桥型,即钢管混凝土拱桥。四川旺苍东河大桥主拱,采用钢管混凝土结构,钢管与钢管内混凝土共同组成受力截面,并首次作为主拱构件,因此,四川旺苍东河大桥是我国第一座钢管混凝土拱桥。

3.4.6.2　工程技术特色

四川旺苍东河大桥作为我国第一座钢管混凝土拱桥,它在我国的桥梁发展史上占有重要的地位。主要包括钢管混凝土组合材料用于建造主拱和设置系杆的自平衡拱桥体系两大技术特色。

3.4.6.3　钢管混凝土组合材料

钢管混凝土将钢管与混凝土共同受力,首次作为构件应用在桥梁主要受力的主拱上。为了弄清钢管对混凝土的约束效果,验证主拱钢管混凝土的共同工作性能,科研人员依托四川旺苍东河大桥,首次开展了钢管混凝土短柱的轴压试验研究。试件短柱高度为 450 mm、钢管直径为 160 mm、钢管壁厚采用

4 mm,钢管内灌注 C30 混凝土,钢管材质为 A3 钢。为了对比研究,完成了直径为 160 mm、高为 450 mm 的普通混凝土短柱和钢管短柱的对比试验。

为了保证试验的轴心受压,短柱支撑面设置了调平垫和中心与竖直度对齐装置,整体试验如图 3-53 和表 3-59 所示。

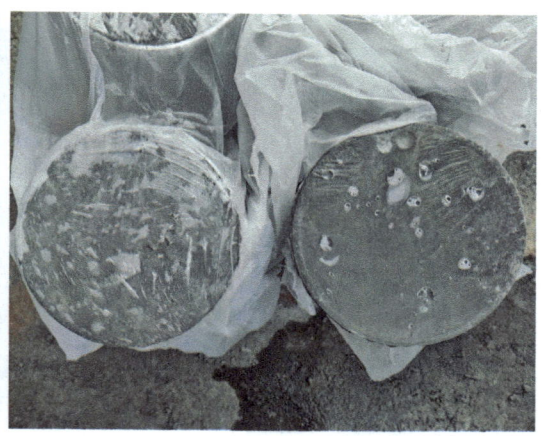

图 3-53　钢管混凝土短柱制作养护示意

表 3-59　短柱抗压试验结果

种　类	破坏模型	荷　载　曲　线
混凝土短柱		
钢管短柱		

续表

种类	破坏模型	荷载曲线
钢管混凝土短柱	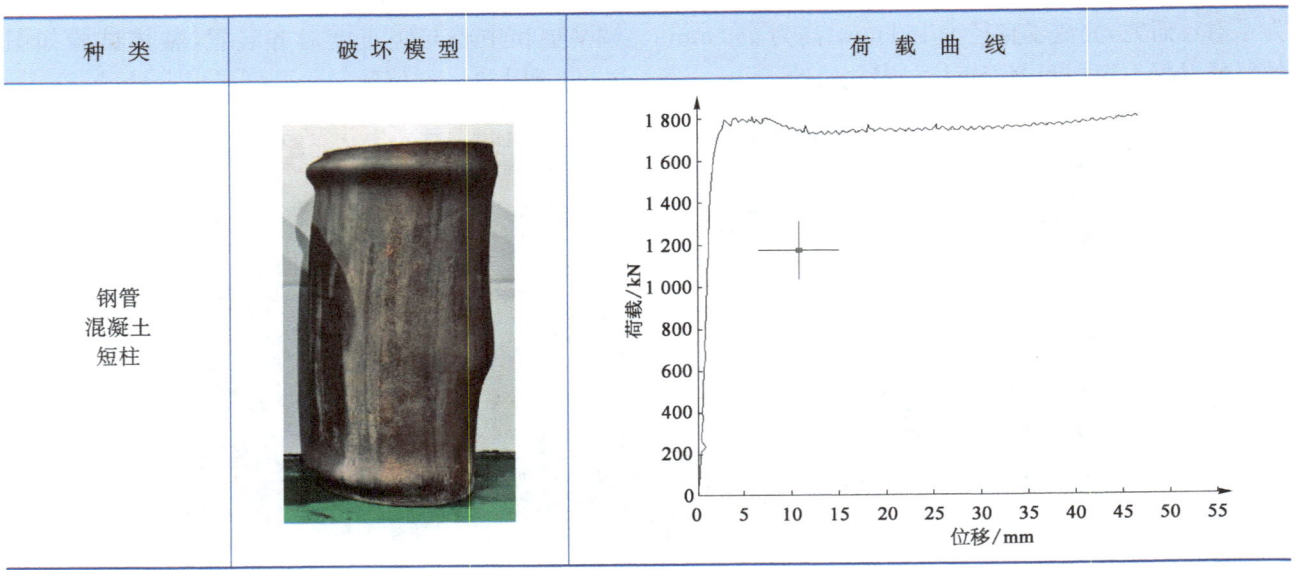	

根据试件规格，钢管混凝土短柱组合面积 $A_{sc}=2.011\ m^2$，混凝土短柱面积 $A_c=2.011\ m^2$，钢管短柱的截面面积 $A_s=0.196\ m^2$。

根据试件短柱轴心试验，钢管混凝土短柱极限承载轴心承载力为 1 794.74 kN，混凝土短柱极限承载轴心承载力为 676.78 kN，钢管短柱极限承载轴心承载力为 590.74 kN。

钢管混凝土短柱轴心抗压强度为 1 794.74/2.011＝892.5(kN/m²)，混凝土短柱轴心抗压强度为 676.78/2.011＝336.5(kN/m²)，钢管短柱轴心抗压强度为 590.74/0.196＝3 014.0(kN/m²)。

钢管的弹性模量取值为 210 000 MPa，C30 混凝土的弹性模量取值为 30 000 MPa，C30 钢管混凝土的弹性模量取值为 36 000 MPa。

轴心受压短柱试验研究表明，钢管混凝土短柱轴心极限承载能力是混凝土的 2.652 倍，是钢管的 3.038 倍；钢管混凝土短柱轴心抗压强度是混凝土的 2.652 倍；钢管混凝土短柱轴心抗压刚度是钢管的 (2.011×0.36)/(0.196×2.1)＝1.759 倍，钢管混凝土短柱轴心抗压刚度是混凝土短柱的 (2.011×0.36)/(2.011×0.3)＝1.2 倍。

由此可见，钢管内灌注混凝土，钢管与混凝土共同工作的组合材料，既提高了构件极限承载能力，同时提高了构件的刚度，是经济、节约的高强材料。

3.4.6.4 设置系杆的自平衡拱桥体系

除了将钢管混凝土应用于拱桥之外，四川旺苍东河大桥的另一重要创新在于它是刚架系杆拱的新型桥梁结构。拱桥可以分为简单拱和组合拱。简单拱一般为有推力拱，有静定三铰拱、超静定的二铰拱和无铰拱。在我国修建最多的是无铰拱。无铰拱拱脚处为固结，便于无支架施工。组合拱一般为无推力拱，最常见的是简支的拱梁组合结构。这种结构设有支座，是内部超静定、外部静定的结构。其适合于在平原地区和软弱地基修建的拱桥，但系杆（系梁）的施工较为困难。四川旺苍东河大桥采用的结构实际是上述两种结构形式的组合。拱脚与桥墩采用固结形式，有利于施工，并省去了支座的费用和将来的养护和更换；采用高强钢丝或钢绞线平衡拱的恒载水平推力，节省了下部工程量，降低了对基础的要求。这种结构形式在我国的钢管混凝土拱桥中得到了广泛应用。

钢管混凝土拱桥在我国的发展已走过数十年的历程，其设计理论、结构形式、施工技术都有了很大的发展，但这并不影响四川旺苍东河大桥在我国桥梁发展史中所占的历史地位。由于建桥时间较长，当初设计者也已退休，该桥相关资料不是很齐全，本次编写时，四川旺苍东河大桥这部分的内容并不多。但考虑到该桥的历史地位，还是为其单独列了一节。

3.4.6.5 成桥荷载试验研究

1）成桥荷载试验条件

桥梁建成并通过相关检测项目合格后，按照桥梁荷载试验相关规范、指南和设计要求，开展了荷载试验，荷载试验选用车辆为汽车-20 标准车型，满载汽车-20 车辆 6 辆，按照设计要求，完成了针对主拱跨中、主拱拱脚和主拱 1/4 截面正载与偏载工况的静力加载试验、脉动加载试验和不同车速的跑车与制动试验，完成了主拱刚度、强度和吊杆与系杆内力测试验证，完成了主拱冲击系数、基准频率测试等内容，完成了桥面梁、桥梁下部结构和桥梁整体状况监测测试；试验测试总体状况如图 3-54 所示。

图 3-54 桥梁建成荷载试验照片

2）成桥荷载试验结论

经过静载和动载测试数据分析整理，并与计算成果校对，钢管混凝土主拱主要荷载试验结论为：

(1) 静力荷载试验各工况，钢管混凝土主拱荷载效率在 0.85~1.05。

(2) 各工况主拱截面挠度验校系数 0.58~0.94，小于 1.0 要求，主拱刚度满足设计活载的要求；荷载试验卸载后，主拱各工况残余变形 2.6‰~14.3‰，小于 20%，表明主拱处于弹性工作状态；主拱各截面实测挠度规律与理论计算值一致，表明钢管混凝土主拱刚度计算参数取值合理，主拱肋拱整体性能良好。

(3) 各工况主拱截面应变验校系数 0.58~0.92，小于 1.0 要求，主拱强度满足设计活载的要求；荷载试验卸载后，主拱各工况残余应变 0.2‰~13.9‰，小于 20%，表明主拱处于弹性工作状态；主拱各截面实测挠度规律与理论计算值一致，表明钢管混凝土主拱强度计算方法合理，主拱钢管混凝土处于共同工作状态。

(4) 设计试验荷载作用下，吊杆与系杆整体状况良好，未见异常情况；吊杆与系杆测试内力与计算值一致，误差数据小于 5.5%，满足设计及规范要求；试验过程中，桥面梁、桥梁墩柱及附属结构等，测试数据正常，满足设计及规范要求。

(5) 桥梁脉动试验测试的主拱基频实测值为 0.38 Hz，大于计算值 0.32 Hz，主拱的动刚度与同类桥梁相当，钢管混凝土主拱动力性能计算方法合理，且满足设计和正常行车要求。

(6) 跑车试验测试冲击系数为 0.03~0.08，小于设计计算值 0.15，制动试验时桥梁整体和各构件反应平稳，未见异常。

3.5 重庆巫山长江大桥

3.5.1 概况

3.5.1.1 地域概况

重庆巫山县地处渝鄂交通要道，北岸与陕西省经巫溪县通过大桥和鄂西北地区相连接，具有十分突出的区域优势和资源优势，位于渝鄂交通衔接要冲，同时拥有举世闻名的"长江"三峡旅游风景以及巫山境内的全国旅游胜地"四十佳"——小三峡等。巫山县是长江沿岸明星城镇，具有较高的知名度，境内资源丰富，但开发利用差。巫山县具有的自然资源"优势"，处于"劣势"的交通条件，阻碍了"资源优势"转化为"经济优势"。因此，修建重庆巫山县巫峡长江公路大桥，将有助于改变巫山县交通条件，促进旅游业及工农业生产的发展。

3.5.1.2 基础资料

1）气象资料

桥址区段属亚热带温湿季风气候区。年平均气温 18.4℃，极端最低温度 -6.9℃。多年平均降雨量 1 049.3 mm，年最大降雨量 1 356.0 mm，年最低降雨量 761.5 mm，最大日降雨量 141.4 mm。

常年最多风向为东北风，风速 6 级，风速为 17 m/s 的大风，8 月出现次数最多。根据"全国基本风压分布图"，本区域基本风压 400 Pa，设计基准风速为 26.3 m/s。

2）水文资料

(1) 建坝前水文资料。根据万县水文站资料，推算桥位的频率流量水位数据见表3-60。

表3-60 桥位处水位流量流速资料

频率	项目		
	流量Q /(m³·s⁻¹)	水位H（黄海系统）/m	流速VCP /(m·s⁻¹)
1/300	35 600	118.6	3.54
1/100	31 050	118.0	3.35

该桥桥位起拱标高为187.394 m，施工及营运期间均不受洪水影响。

(2) 建坝后水文、航道资料。三峡大坝工程正常蓄水后，河段将提高为Ⅰ-(2)级航道，双向航道宽度为232.1 m，通航净高18 m，最高通航水位175.1 m（吴淞）。

推荐采用中承式钢管混凝土拱桥，拱脚标高187.394 m，三峡水库蓄水最高（通航）水位标高175.1 m，通航水位时，河道边缘距拱圈下缘的竖向距离为20.2 m，大于通航净高18.0 m，因此，设计主孔跨度460 m的中承式拱桥满足建坝后的通航净空要求，无轮船撞击桥梁结构构件的危险。

3）工程地质条件

(1) 地形地貌。桥址位于长江巫峡入口处，地貌上处于构造剥蚀侵蚀中低山地貌单元内。因长江河谷深切，地形上构成不对称的V形峡谷。谷坡南缓北陡。桥址区南岸斜坡总体坡向15°，坡度30°～45°，局部稍陡。桥轴线东西两侧均为负地形，冲沟走向总体与桥轴线平行，纵比降大，无水。长江北岸地形坡度较陡，为折线斜坡，上陡下缓。紧邻岸边陡崖，坡度80°～85°，高10～20 m，陡崖以上为现代高漫滩及Ⅰ级侵蚀基座阶地，基岩裸露，地形坡度15°～26°，宽约70 m，阶地北接陡坡，总体坡向190°，坡度65°～75°，局部陡立。冲沟走向250°，纵比降大，为T1j4/T1j3的岩性分界沟，桥台北东侧见有3～4级悬崖，走向340°左右，高30～50 m不等，逐级上提，至最高点为文峰观，高程762.90 m。长江水域在平水期时，桥位处江面宽约250 m。离桥轴线上游约250 m，江面由宽变窄，形成峡谷入口，因北岸山体浑厚，T1j3的灰岩强度高，岩体稳定，使江面由宽变窄，呈弧形绕山脚而过。

(2) 地质构造。桥位区构造上位于大巴山弧形构造，川东褶带及川鄂黔隆起褶带的交汇部位。次级构造受横石溪箱形背斜控制，位于其北西翼。岩性南岸为T1j2灰岩及白云质灰岩地层，北岸为T1j3灰岩地层，引道部分进入T1j4地层，岩层产状330°～350°∠65°～70°，局部稍有差异。

(3) 水文地质条件。桥址区地形切割强烈，岸坡陡峻，中风化基岩直接出露地表。据钻探揭露，桥址区未见地下水。据地表调查，南岸桥址一带未见泉水露头。北岸下游约400 m陆游洞有地下水露头，流量变化很大，雨季大于60 L/s，旱季小于10 L/s，陆游洞为顺层发育而成，地下水主要以管道形式径流，沿250°方向排泄入江。

4) 技术标准

① 桥面净宽：15.0 m+2×1.5 m（人行道）+2×0.5 m（栏杆）；② 设计荷载：汽车-超20，挂车-120，人群荷载3.5 kN/m²；③ 设计洪水频率：1/300；④ 设计水位：175.10 m（三峡工程规划水位）；⑤ 通航净空：300×18 m；⑥ 地震烈度：Ⅵ度，按Ⅶ度设防；⑦ 设计风速：26.3 m/s（频率1%，10 m高度处的10 min平均最大风速）。

3.5.2 桥位

经对巫山县城沿长江两岸的地形、地质条件的反复踏勘，结合巫山县城的经济发展环境，拟定三个桥位论证如下：

(1) 上桥位。上桥位位于巫峡峡口前约700 m，为U形河谷。该桥位适于修建斜拉桥或悬索桥；北岸覆盖厚，地质条件差，基础施工难度大增；三峡大坝完成后岸坡稳定性差。

(2) 中桥位。长江南岸与上桥位起点相同，北岸接张家沟东口，引道顺张家沟上行。该桥位宜作悬索桥方案，桥梁长度较长；北岸覆盖较厚，地质条件较差，且桥型与地形环境协调性差。

(3) 下桥位。下桥位位于巫峡峡口，南岸高程约251.0 m处与巫建公路相接。北岸在高程为251 m一线，地形相对较缓，引道工程可依山环绕。该桥位两岸基岩裸露，山体稳定，为V形河谷，宜建拱桥，投资省、工期短。

经过比较，拟定的推荐桥位特点为：① 下桥位一次性总投资较小，县财政能承受，可望近期建桥；

② 桥建在巫峡峡口,位置显要,雄伟壮观,置身桥上视野开阔,上下游 10 余千米,一览无遗,上仰巫山云雨,下览滔滔长江,确为一个新的旅游景点;③ 下桥位两岸基岩裸露,山体稳定,下部结构工程数量小;下桥位地处峡谷,主桥桥梁长度最短;④ 引道工程依山环绕,减少了开挖数量又增加景观;有利于长江南北两岸各景群的连接;有利于移民安置。

基于以上理由,下桥位对巫山县交通、旅游开发和财政承受能力等各方面均有较好的效益,因此,设计推荐选用下桥位为推荐桥位方案。该桥位经专家组现场反复踏勘,对"工可"设计文件反复论证后,同意推荐桥位,同时,该方案也获得了业主及其上级主管部门的批复。

3.5.3 桥型

3.5.3.1 确定原则

根据巫山境内地形、地貌条件,结合业主财政经济状况,本着安全、经济、适用、美观的设计原则,提出了以下设计要求:造价经济、施工可行、满足通航、适用景观。

3.5.3.2 方案简介

提出的三个桥位方案进行比较,推荐桥位可行性更高,因此,针对推荐桥位分别拟订了悬索桥、上承式钢筋混凝土拱桥、上承式钢管混凝土拱桥、中承式钢管混凝土拱桥进行比较,现将比较论证主要参数列于表 3-61。

表 3-61 桥型方案主要技术参数比较

桥 型	主跨/m	型钢/(kg·m^{-2})	钢筋/(kg·m^{-2})	混凝土/(m^3·m^{-2})	造价/亿元
悬索桥	380	197.0	144.9	2.118	1.64
上承式钢筋混凝土拱桥	418	4.5	354.3	5.154	1.53
上承式钢管混凝土拱桥	425	38.5	59.6	2.795	1.47
中承式钢管混凝土拱桥	492	16.9	98.1	2.137	1.42

注:本表未罗列钢绞线和圬工材料用量。

经过技术经济比较,下桥位中承式钢管混凝土拱桥具有以下优点:① 结构受力简明、自重轻,全桥用材省;② 采用下部施工和拱肋加工同步进行,且不外包钢筋混凝土,施工工期短、施工方便;③ 不用设置防撞设施,通航泄洪性好,且对巫山港通航无干扰;④ 全桥总造价最低,一次性投资小,现阶段建设可能;⑤ 后期养护、维修工程量相对较小,费用相对较低;⑥ 桥型与山形、环境协调,造型宏伟壮观。

因此,将下桥位中承式钢管混凝土拱桥作为推荐桥型方案,其总体立面布置如图 3-55 所示。

3.5.4 关键技术

3.5.4.1 主拱高度及拱轴系数

优选主拱截面参数时,拟订了拱顶截面径向高为 7.0 m 和 8.0 m,拱脚截面径向高为 13.0 m 和 14.0 m,拱轴系数 $m=1.8、1.6、1.4、1.2、1.05$,不同桁架节间距离,不同主管管径,不同支管布置形式等多项指标的不同组合(按排列组合,共 20 种组合方式)计算。按照全拱受力均衡,上、下主管弯矩、轴力尽可能接近及主拱外形轮廓变化分明,便于施工和安装等原则优选,最后,采用了拱顶径向截面高 7.0 m,拱脚径向截面高 14.0 m,桁架节间间距为 6 m,竖支管和径向支管组合使用,主管管径为 1 220 mm,腹管管径为 610 mm,净矢跨比为 1/3.8,拱轴系数为 1.55 的桥梁主拱设计参数。

3.5.4.2 主拱结构构造形式

主拱由两根肋组成,每根主拱肋由四根钢管构成钢管混凝土主管;平面上每根主拱肋两根钢管由平联钢管连接,纵面上每根主拱肋两根钢管由斜、竖支管钢管连接;每根主拱肋间距 12 m 处设置横隔(即吊索处竖支管或立柱脚处径向支管为设置交叉撑的横隔);以上构造形式满足《钢结构设计规范》和《钢-混凝土组合结构设计规程》等规程中组合柱抗侧移刚度和线刚度的要求。

两根主拱肋间的横撑桥面以下为米字形撑,桥

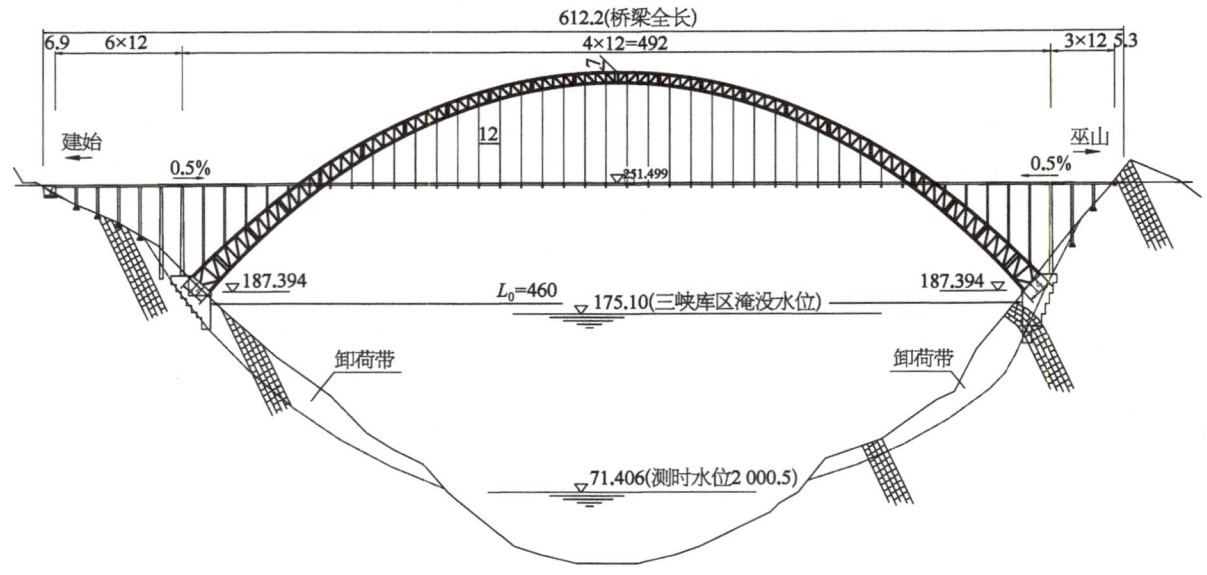

图 3-55 推荐方案总体布置(单位:m)

面以上为K形撑,加强了肋间横向联系,确保了全桥横向稳定。

主拱节点构造简化,主钢管每节点处受力肢管最多处为三根,一般为两根,且肢管与主管的夹角一般在50°左右。肢管与肢管之间的焊接间距均大于50 mm。这样,确保了结构受力简明、制造加工方便可靠。

3.5.4.3 主拱接头设计

主拱接头构造设计包括主拱拱脚锚固接头设计、主管接头构造设计和拱顶合龙构造设计。主拱拱脚锚固接头设计为钢管混凝土柱铰式的连接构造;主管接头构造设计为先栓接再焊接的构造形式;拱顶合龙构造设计为先瞬时合龙,再焊接主管的构造形式,瞬时合龙构造设计为每根主拱肋两主管间和主管内两种形式,经进一步比选后确定可靠的合龙构造形式。

3.5.4.4 施工方案设计

主拱施工关键技术,为主拱钢管的焊接加工和主拱安装成拱方案。钢管焊接加工设计为工厂制造加工,为了确保质量,制定了《重庆巫山长江大桥钢管桁架拱主拱拱肋制造与验收技术规定》,该规定首次明确了钢管混凝土拱桥的钢管加工质量应满足钢结构制造要求,改变了钢管混凝土是混凝土拱桥的建造思想。主拱成拱方案采用斜拉扣挂法,吊装安装主拱拱肋和横撑同步进行,即吊装一节段拱肋就位后,及时吊装安装主拱拱肋节段内相应横撑,并拉好主拱侧向缆风绳,确保结构施工吊装的横向稳定。

3.5.4.5 扣索系统设计

针对目前施工单位的技术水平,结合该桥的实际情况,经反复比选和讨论研究,采用的扣索系统由主拱节段锚固点、索鞍、扣塔、锚梁(张拉端)、锚碇组成,锚梁设在锚碇处,采用在锚梁处张拉的方式调整扣索。

3.5.4.6 结构、构件计算

全桥完成了桥面梁、横梁、立柱、桥台、主拱施工加载阶段、全桥营运阶段及吊扣系统的静力计算分析。完成了吊挂系统、主拱施工加载的控制阶段、成桥阶段及营运阶段的动力计算和稳定分析计算。完成了全桥地震影响内力计算。完成了吊装扣点、主管接头、合龙接头、索鞍、锚梁、构造节点等多项细部构造计算。

3.5.5 结构设计

3.5.5.1 桥型总体设计

全桥跨径组合为 6×12 m(引桥)+492 m(主跨)+3×12 m(引桥);引桥为预应力混凝土连续梁(建始岸异形梁为钢筋混凝土简支梁);主跨为钢管混凝土中承式拱桥,横梁为组合截面梁,桥面为预应力混凝土 π 形连续梁,全桥吊索和立柱间距均为12.0 m,全桥总体布置如图 3-55 所示。

桥面受两岸接线标高的控制,设置了0.5%的双

向排水纵坡。横向设 1.5% 的双向横坡。主跨与主拱相交处桥面全宽为 27.84 m,其余各处桥面全宽为 19.0 m,全桥长 612.20 m。

3.5.5.2 上部结构设计

1) 主拱设计

主拱拱肋为钢管混凝土组成的桁架结构:主跨拱肋拱顶截面高为 7.0 m;拱脚截面高为 14.0 m,肋宽为 4.14 m;每根主拱肋上、下各两根 φ1 220 mm×22(25)mm、内灌 C60 混凝土的钢管混凝土主管;主管通过横联钢管 φ711 mm×16 mm 和竖向钢管 φ610 mm×12 mm 连接而构成钢管混凝土桁架,吊索处竖向两根支管(拱脚段为立柱处径向两根支管)间设交叉撑,加强拱肋横向连接(图 3-56)。

图 3-56 重庆巫山长江大桥拱肋吊装施工

主拱拱肋中距为 19.7 m。两肋间在桥面以上设置 K 形横撑,桥面以下的拱脚段设置米字形横撑,每道横撑均为空钢管桁架。拱肋与桥面交接处,设置一道肋间横撑,全桥共设横撑 20 道。

2) 钢结构防腐设计

该桥主拱与立柱的钢结构防腐设计,选用电弧热喷涂防腐,用电弧喷涂锌铝合金长效防腐涂层,免维修周期为 15 年,设计涂层体系为:金属表面处理等级 SA3,电弧喷涂锌铝 160 μm(锌为 85%,铝为 15%),环氧封闭涂层(842)两道(50 μm),丙烯酸聚氨酯面漆两道(50 μm),丙烯酸聚氨酯面漆要求 5 000 h 加速老化试验,失光率达到 Ⅰ~Ⅱ 级。

3) 吊索设计

该桥大修保养最短周期为 30 年,为了达到设计目的,全桥钢结构防腐及吊索防腐、防水设计使用年限必须达到这一目的;由于世界范围内防腐技术的飞跃发展,钢结构长效防腐达到设计使用年限已没有难度,而吊索如仅采用单一常规防腐技术是不能达到设计目的,根据设计阶段广泛调研、收集分析已有资料的技术成果(如宜宾小南门桥因吊索受大气、雨水等因素影响,造成应力腐蚀而断裂等),并结合中、下承式拱桥的横梁为静定体系,其吊索使用年限直接影响全桥的使用年限及使用安全的特点,采用了以下防腐技术。

吊索采用 109φ7 mm 预应力环氧喷涂钢丝,如图 3-57 所示,其设计防腐体系为:镀锌层+环氧层(160 μm)+防腐脂+聚乙烯护套(双层)+发泡聚氨酯+哈弗管组成,本体系具有如下优点:① 防护层防腐体系防护梯度明确;② 隔热性能好,受温差影响小;③ 疲劳应力幅相对较高;④ 经济,易于养护。

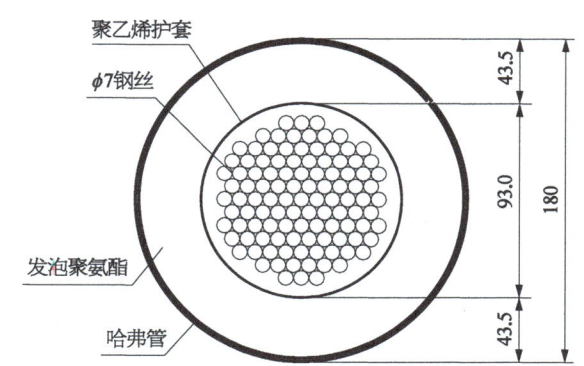

图 3-57 吊索设计防腐体系(单位:mm)

吊索两端采用 0VMLZMT-109 型冷铸锚具,上、下两端锚具设有可调节横梁高度的螺母,上、下锚具分别有端头防护板、防护罩和固化油脂,同时,吊索外套哈弗管与锚具间设置热缩塑料套连接,如图 3-58 所示。

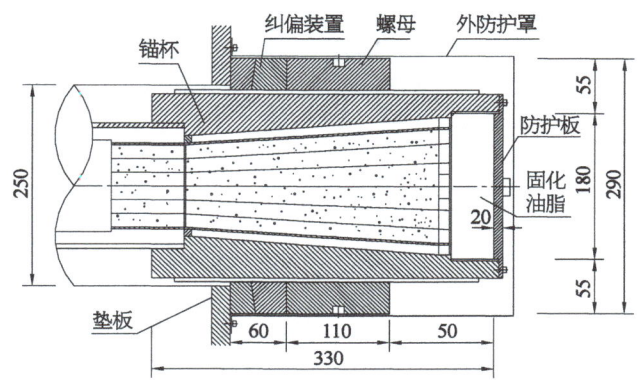

图 3-58 0VMLZMT-109 型冷铸锚具构造

吊索横梁处防护处理措施。为了避免大气、雨水等进入锚头腐蚀钢丝,在横梁顶吊索外套钢管处设置防水钢板,并将防水钢板与外套钢管焊接,确保密闭,如图3-59所示。

动力等因素影响而变位过大,造成短吊索应力疲劳破坏,在肋间横撑与最短吊索(端吊索)横梁之间,设置纵向撑,并在横撑及端吊索处的横梁上设置滑板支座,以此限制短吊索的大应变,如图3-60所示。

5) 横梁与桥面梁

吊索横梁和立柱横梁均为预应力混凝土组合截面梁,以便于就地预制和安装,降低工程造价;拱肋间横梁为钢横梁,便于空中安装和连接,其构造如图3-61所示。

行车道梁为先简支、后连续的预应力混凝土π形梁,梁高110 cm,梁体预制长度1 170 cm(伸缩缝处梁除外),吊装就位后,采用窄间隙式焊接连接梁肋上、下缘主钢筋,再现浇接头混凝土30 cm形成连续梁。人行道梁也为先简支、后连续的π形连续梁,梁高145 cm;每跨跨中及两端设上、下横撑梁,梁体中预留过河管线通道,每孔端部设有安装检查孔,行车道梁构造如图3-62所示。

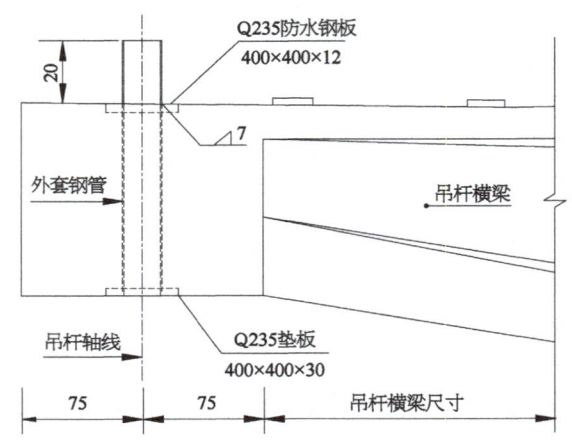

图3-59 吊索横梁处构造(单位:mm)

4) 主梁与纵向限位装置

为了限制短吊索因收缩徐变、温差和汽车制

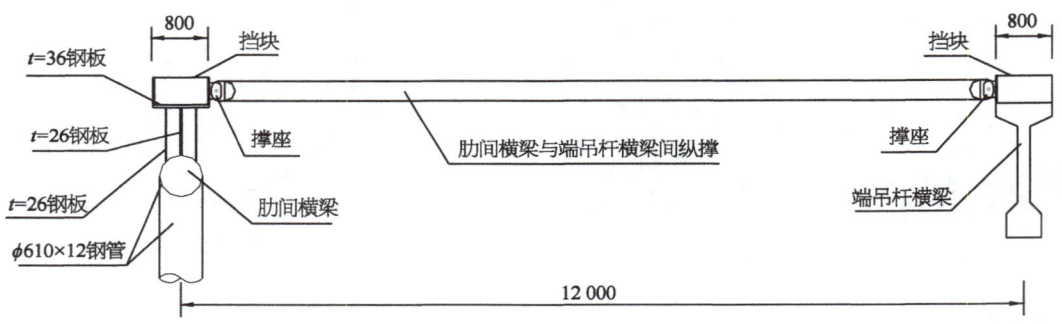

图3-60 纵向限位装置(单位:mm)

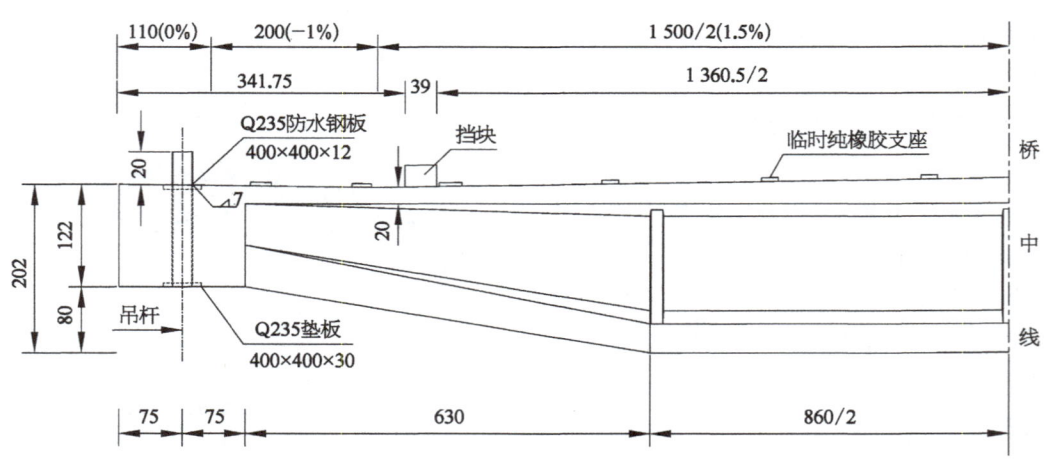

图3-61 1/2横梁截面(单位:cm)

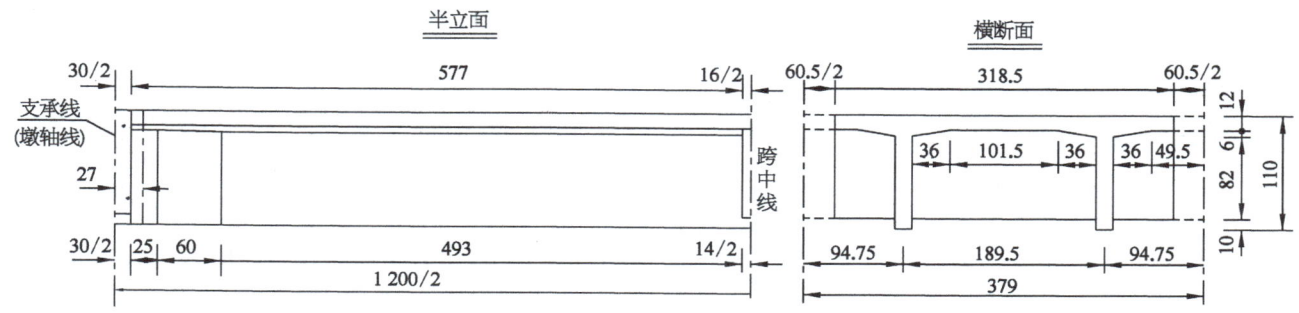

图 3-62 重庆巫山长江大桥行车道梁构造(单位:cm)

6) 引桥

直线引跨设计为预应力混凝土连续 π 形梁,跨度为 12.0 m,盖梁为预应力混凝土 T 形截面梁;异形引跨桥面为现浇钢筋混凝土简支 π 形梁,径向截面构造尺寸(梁肋宽为 20 cm、桥面板厚 14 cm)与直线桥形式一致。

7) 桥面系

桥面铺装厚 8 cm 的异形钢纤维(钢纤维含量为 100 kg/m³)钢筋混凝土,在吊索横梁和盖梁处加密纵向钢筋网的布设。

两岸桥台处和建始岸 16 号立柱处各设一道伸缩缝,其中,巫山岸和建始岸 16 号立柱处为 GL-240 型,建始岸桥台处为 GL-60 型。

由于该桥处于风景秀美的长江巫峡口,因此,根据该桥轻型化的特点及设计荷载的限制,人行道栏杆选用了钢管型钢花纹的轻型构件制作,并配置了轻盈灯具。

桥梁两侧设有过江管线,并在两岸桥台对应处设有孔洞,供电力、电信、该桥照明线路及自来水管通过;自来水管每侧对称各设置一根,其管径不大于 400 mm。

8) 下部设计(图 3-63)

两岸均采用 U 形桥台,两岸桥台台口宽度分别为 19.0 m 和 55.17 m;桥台基础置于较完整的弱风化基岩上,基底允许承载力不小于 0.8 MPa。

引桥桥墩设计为明挖扩大基础,基底允许承载

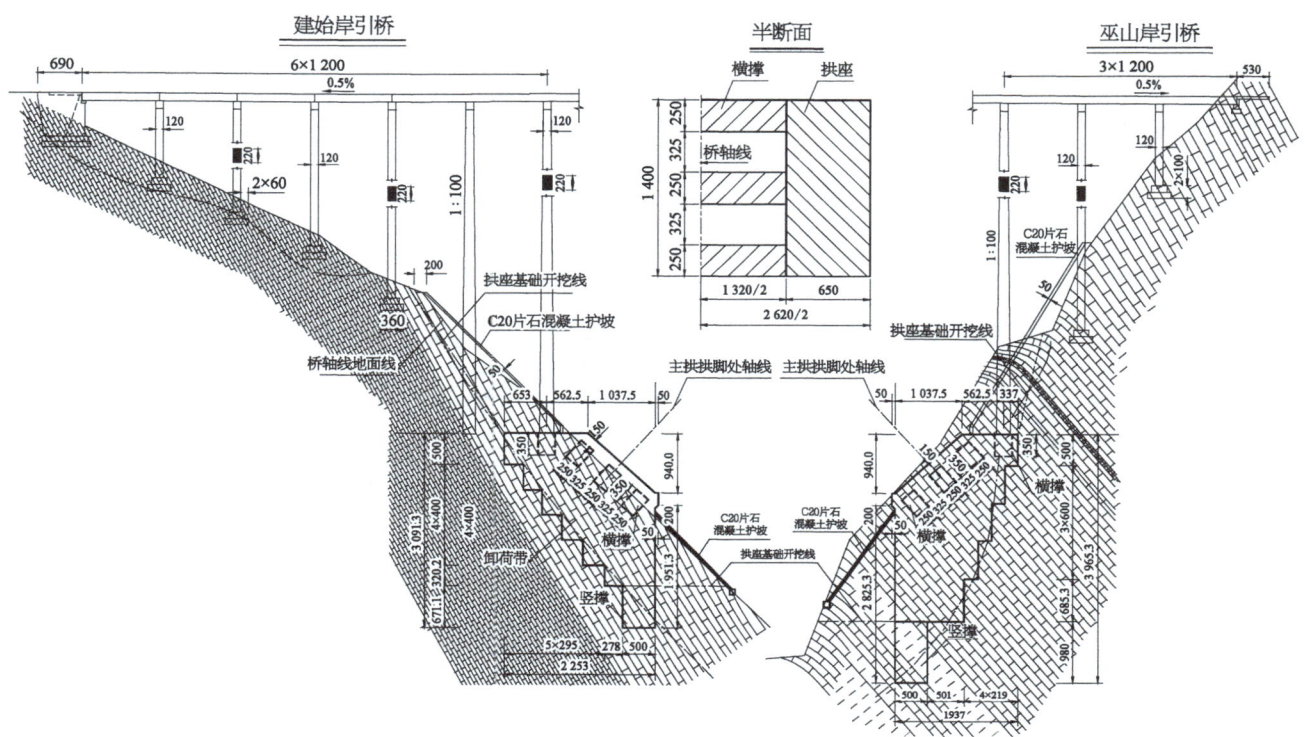

图 3-63 重庆巫山长江大桥下部结构布置(单位:cm)

力不小于 1.0 MPa；引桥桥墩采用现浇钢筋混凝土双排柱。

交界墩直接设置于拱座上；L15 号墩设计为嵌岩桩基础，桩底基岩单轴饱水抗压强度不小于 10.5 MPa，且应置于完整的基岩上。

拱座设计为分离式钢筋混凝土拱座，横向分别设三道钢筋混凝土横撑，拱座基础置于稳定的、完整的弱风化基岩上，地基允许承载力不小于 3.0 MPa。

3.5.6 主拱安装设计

扣塔及索鞍安装在两岸上，塔高约 100 m，塔间距 576 m，以钢管混凝土拼装组成桁架柱，横向采用门柱式结构，便于起吊单元通过。扣塔顶设置索鞍，便于扣索通过（扣索在尾端锚梁处张拉）。

扣挂系统由扣索锚碇、扣塔、扣索、尾索、扣点及转点等几部分组成，如图 3-64 所示。

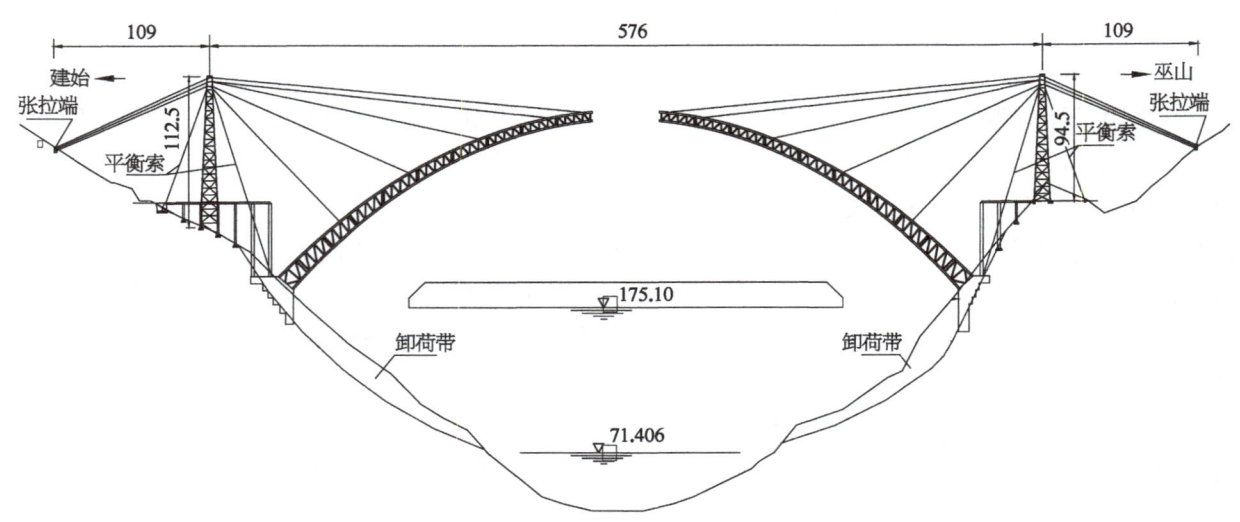

图 3-64　扣挂系统构造（单位：m）

由于特殊的地形条件，该桥主拱安装方案采用缆索吊装是最安全和经济的，经研究比较，将扣挂系统和吊装系统合二为一，即在扣挂系统的扣塔顶拼装吊装系统的吊塔，以充分利用扣塔刚度大的特点；为了减少节段吊装过程中，因吊塔大变位影响扣段安装精度，吊塔只能铰支于扣塔顶端，且限制铰传递的水平分力，以控制扣塔顶的变位，吊装与扣挂系统构造如图 3-65 所示。

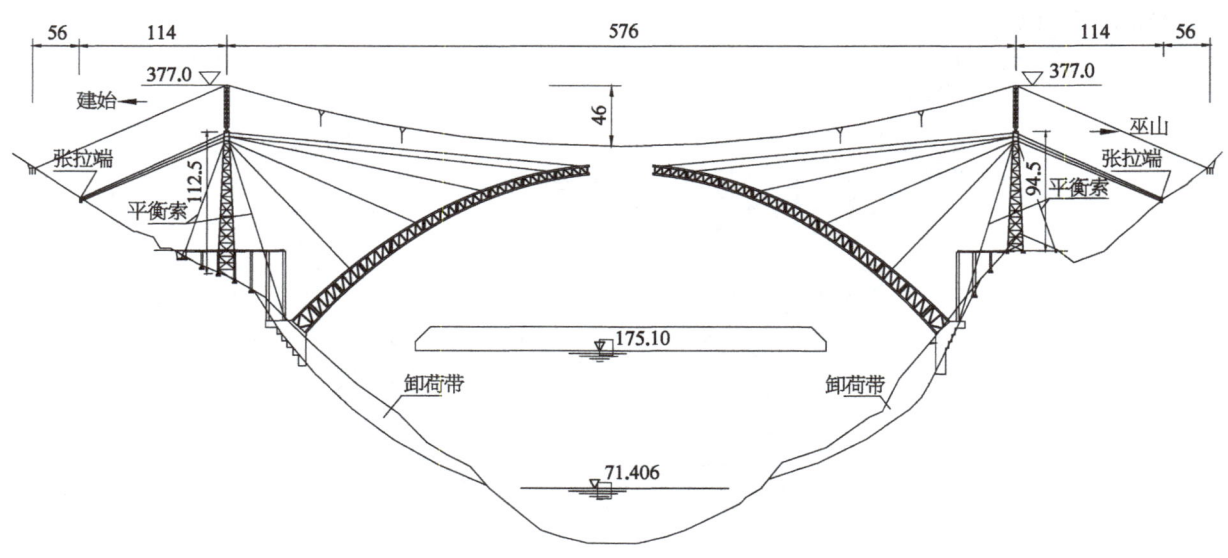

图 3-65　吊装与扣挂系统（单位：m）

3.5.7 主拱制造及安装工艺

3.5.7.1 钢管桁架的加工

主拱钢管桁架的加工在具有较先进的设备、较好的场地和训练有素的技术人员的工厂完成，且严格按照设计图、《重庆巫山长江大桥钢管桁架拱主拱肋制造与验收技术规定》和相应的施工技术规定执行，并进行了全面的自检和复检，按设计的防腐方案进行了结构表面的防腐，检查验收合格后运至现场起吊。

3.5.7.2 节段储备及运输

经预拼验收合格的节段，移出预拼线，置于专设的放置场。在运输和储存过程中，不允许节段发生影响安装精度的变形。

根据工地安装进度要求，采用专用运输驳船进行节段运输。运输船具有固定和支承节段的设施以确保运输安全。

节段运至工地后，应停靠在专用临时码头上，安装时再出码头运至起吊地点。节段在工地不宜卸船放置。工地可存放的节段数由施工计划决定。

3.5.7.3 主拱节段安装

主拱钢管吊装合龙，为钢管混凝土拱桥成拱工艺的第一次安装合龙。为了便于拱肋悬拼时调整拱肋轴线，拱顶合龙前，拱脚处设置了竖转铰，其构造如图3-66所示。

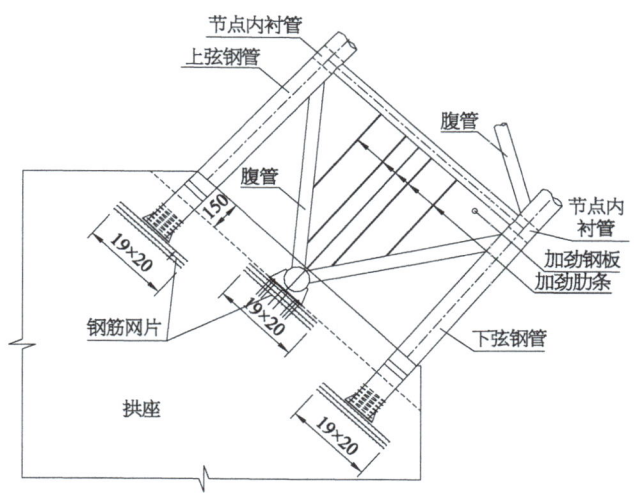

图3-66 拱脚构造(单位：m)

拱肋节段安装采用两岸对称悬拼。每半跨拱肋分11个吊段、6个正式扣段。第一扣段含三个吊段，第二、第三、第四扣段含两个吊段，其余一个吊段含一个扣段(吊段最大重量约为118 t)。含两个及以上扣段中，第一、第二吊段采用临时扣索扣住，待第三吊段就位后张拉正式扣索，同时拆去临时扣索。临时扣索采用钢丝绳，每岸每根主拱肋各设两组，各扣段交换使用。节段为单肋安装，待上下游同一节段安装就位后，安装节段间连接横撑，即完成一个双肋节段。单肋节段安装就位后，应拉缆风索，确保拱肋横向稳定。

扣段安装完成后，节段间扣段内焊缝可进行施焊；扣段间的焊缝，待拱肋合龙并调整主拱标高达到设计要求后进行，拱肋接头设计为先栓接再焊接，确保安装安全快速，其接头构造如图3-67所示。

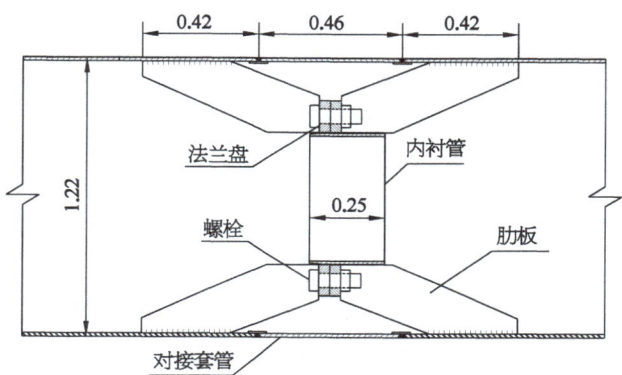

图3-67 重庆巫山长江大桥拱肋接头构造(单位：m)

为了合龙顺利及准确定位，设计采用了导向冲定销轴，用于接头瞬时定位，其尺寸构造如图3-68所示。

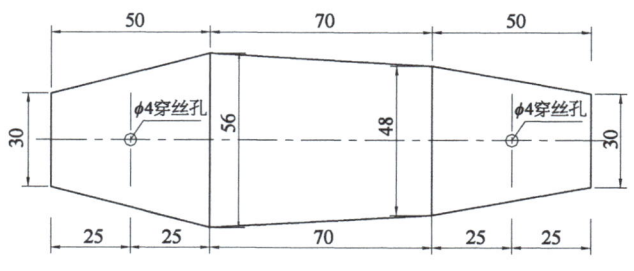

图3-68 导向冲定销轴构造(单位：cm)

为了控制拱肋线形及合龙温度影响，拱顶合龙段设计了瞬时合龙接头，如图3-69所示。

3.5.7.4 松扣和卸扣

空钢管拱肋合龙且各节段接头焊接完成并形成无铰拱后，逐级放松检索索力将扣索拉力转换为拱的推力，使空钢管拱肋呈自重作用下的无铰拱状

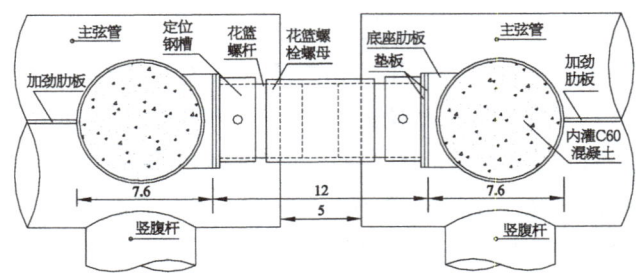

图 3-69 拱顶合龙接头构造（单位：m）

态。其松扣程序为：从跨中 6 号扣索开始，两岸对称分级（扣索拉力分 5 级、每级放 1/5），依次（从 6 号→1 号）放松，各扣索松一级，暂停 15～20 min 后，测试各项数据，经有关各方确认后，再进行第二级放松循环。最后一级可保留 5% 左右的扣力暂不放松。

松扣后对拱肋进行全面测试，特别是拱轴挠度轴线偏移测量，根据测量结果研究决定：

（1）纠偏方式（包括适当调整缆风索、部分扣索索力等）。

（2）修正管内混凝土灌注方案和灌注顺序。

拱肋钢管内混凝土灌注完成并达到设计强度后，彻底放松扣索，并逐步予以卸扣（拆除）。

3.5.7.5 管内混凝土浇注

主拱管内混凝土灌注工艺，为钢管混凝土拱桥第二次合龙工艺技术，监控单位完成各项测试，并经分析满足计算及规范要求以后即可浇注上、下弦管内混凝土。采用 C60 高强收缩补偿膨胀混凝土，以泵压法自拱脚向拱顶按设计的压注顺序灌注钢管内混凝土（图 3-70），灌注混凝土时应分不同阶段张拉设计指定的扣索。

施工单位应准备 5 台能正常使用的泵送设备，大桥两岸各设两台，其中一台泵送混凝土，另一台安装就位，接替上一台泵送机于准备终点处，当上一台泵送机将钢管内混凝土泵送到准备终点处，立即停止上一台泵送机工作，并迅速启动下一台泵送机工作，这样交替、"接力"进行管内混凝土灌注；另一台泵送机为两岸备用。

3.5.8 计算成果

3.5.8.1 计算参数

汽车按四车道布置，横向分配系数 3.05；挂车按全桥一辆布置，横向分配系数 1.52。全桥结构体系差温取 15℃，上、下缘温差取 5℃。

3.5.8.2 计算方法

1）平面杆系

进行主拱截面优化，施工吊装、施工加载及营运状态的计算分析。

2）空间静力、刚度、动力特性及稳定计算分析

由于该结构在灌注混凝土过程中为不对称加载，因此，施工加载阶段计算采用 SAP90 进行施工动态内力和变形计算。

3）收缩、徐变计算

根据已有研究成果，本次计算取值为：按应力叠加法计算时采用《钢-混凝土组合结构设计规程》中推荐的参数及已有研究成果取值；按内力叠加法计算时采用现行《公路桥涵设计通用规范》中钢筋混凝土构件的计算参数计算。

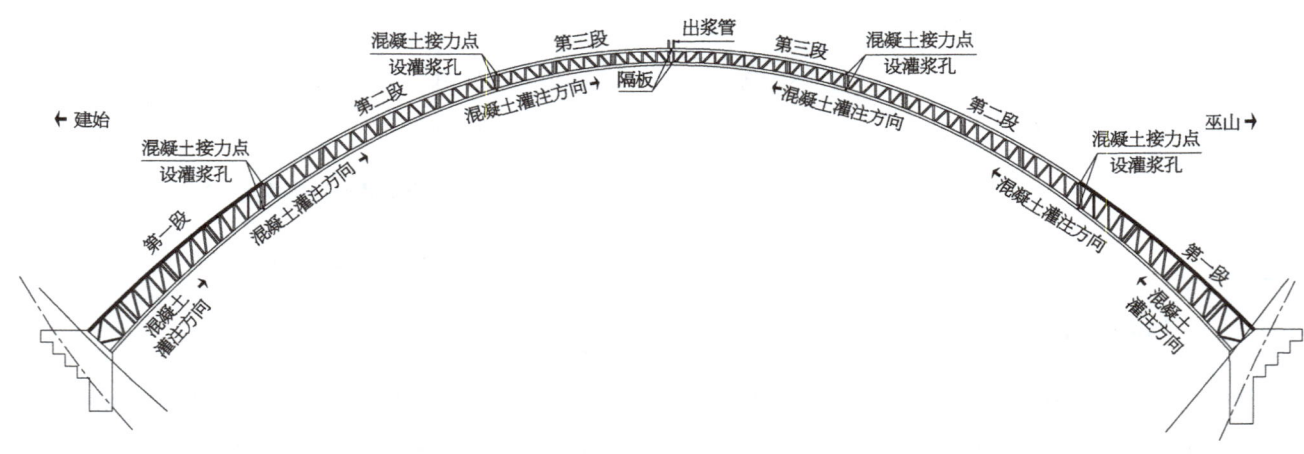

图 3-70 钢管混凝土浇注顺序和方向示意

3.5.8.3 计算主要成果

1) 吊装阶段扣塔及主拱圈控制应力(表3-62)

表3-62 吊装阶段(最大悬臂状态)扣塔及主拱钢管截面应力 单位：MPa

部 位	扣塔根部	拱脚铰支管	拱脚上主管	5号扣上主管	6号扣上主管
最大应力	19.0	20.3	60.5	28.6	16.2
容许应力	38.6	40.5	196.3	196.3	196.3

2) 按应力叠加法计算主拱截面强度(表3-63)

3) 按内力叠加法计算主拱内力

(1) 按单肢柱计算。拱脚下弦组合Ⅱ为最不利状态，最大轴力 $N_{max}=169\,000$ kN，小于截面抵抗力 $N=235\,916$ kN；支管最不利状态的最大轴力 $N_{max}=7\,961$ kN，小于截面抗力 $N=24\,594$ kN。

表3-63 主拱圈应力成果(最不利组合) 单位：MPa

应力类别	控制部分	控制应力	容许应力
钢管应力	拱脚下弦下缘/N1154支管	126.20/82.79	196.30
钢管初始应力	拱脚下弦下缘/N1154支管	105.04/36.36	180
钢管混凝土应力	拱脚下弦上缘	26.20	45.85

(2) 按格构柱计算。拱脚截面组合Ⅱ为最不利状态，组合内力 $N_{max}=271\,900$ kN，小于截面抗力 $N_u=398\,451$ kN。

4) 地震影响内力

地震作用下主拱内力见表3-64，其最不利截面内力小于营运阶段活载作用下内力，不控制结构设计。

表3-64 地震影响力产生的主拱内力

最不利截面	力 别					
	轴向力/kN	竖向剪力/kN	横向剪力/kN	扭矩/(kN·m)	横向弯矩/(kN·m)	纵向弯矩/(kN·m)
$L/4$	2 748.0	284.0	973.0	1 570.0	80 310.0	7 930.0

5) 刚度计算

活载作用下主拱跨中挠度 $\sigma=44$ mm$<[\sigma]=575$ mm($L/800$)，考虑收缩、徐变、活载变形叠加，并参照成桥经验，主拱预拱度设为92 cm。

6) 稳定性及动力特性

表3-65的计算成果表明：① 各阶段稳定安全系数均大于4.0，满足有关规定要求；② 该桥自振频率较低，但与已建成并正常使用的大跨度拱桥自振频率相近，能保证结构正常使用；③ 经敏感度分析判断，一阶频率振动时，人能感觉桥梁晃动，但无不舒适感；④ 该桥颤振检验风速43.5 m/s(施工期36.6 m/s)，小于临界风速79.2～106.2 m/s。

表3-65 施工控制阶段稳定安全系数及动力特性

工 况	稳定安全系数			稳定模态（一阶）	自振频率			临界风速/(m·s^{-1})
	一阶	二阶	三阶		一阶	二阶	三阶	
最大悬臂	4.46	5.29	5.92	拱脚铰	0.21	0.47	0.61	79.2
钢管拱合龙	11.13	14.15	21.37	面外	0.23	0.42	0.44	106.2
灌注第一根钢管混凝土	8.60	10.89	16.71	面外	—	—	—	
成桥状态	4.92	5.81	7.73	面外	0.19	0.26	0.33	101.5
营运状态	4.54	5.28	6.95	面外				

3.5.9 主要技术特点

重庆巫山长江大桥为主拱跨度492 m(净跨为460 m)的中承式钢管混凝土拱桥,四川合江长江一桥建成通车前,该桥是世界最大跨度的钢管混凝土拱桥,为了实现这一跨越,采取了多项新技术。

3.5.9.1 主要计算方法研究

1) 主拱支管对主拱截面刚度影响的计算方法

钢管混凝土拱桥多以大跨、桁架结构形式的主拱为主。钢管混凝土桁架格构柱内力计算,以前多按平截面假定计算截面参数,但这种计算方法忽略了桁架支管对截面抗弯惯性矩的影响。而实际情况是支管对截面抗剪刚度和抗弯刚度均有较大影响,特别是变截面主拱,在拱顶和拱脚处,支管对不同截面的刚度影响是完全不同的,因此,此计算方法造成结构计算内力成果与实际内力值的差别较大;下面论述内容为如何计算支管对截面内力的影响,实现结构计算科学合理。

大跨钢管混凝土拱桥一般由主桁架和横撑组成。简单地说,它是由四片钢管桁架和若干横撑架组成。这样组成的空间结构为桁拱,而单片平面架为桁架。通过数学模型及物理模型推算出计入支管对整体截面刚度影响的计算公式,并与平截面假定计算结论对比。

(1) 按计入斜支管对抗弯惯性矩的影响。按桁梁桥扭转理论,将主拱桁架简化为长度 $L=460$ m,截面跨中高为 700 cm、根部截面高为 1 400 cm 的桁梁,计算主拱截面的抗弯惯性矩。

由桁梁桥扭转理论推出该桥抗弯惯性矩 I 的通用公式为

$$I_J = \frac{\frac{1}{2}h^2L^2FF_1\sin a\sin 2a}{L^2F\sin a\sin 2a + \frac{1}{2}\pi^2h^2F}\quad(3-90)$$

其中　　　　$L = 460 \text{ m}$

$$F = \frac{1}{4}\times\pi\times 1.22^2\times 4 = 4.675\ 9\ (\text{m}^2)$$

$$F = \frac{1}{4}\times\pi\times 4\times(0.61^2-0.586^2) = 0.090\ 176\ (\text{m}^2)$$

则　$I_J = \dfrac{44\ 611.14\times h^2\times\sin a\times\sin 2a}{19\ 081.2\times\sin a\times\sin 2a + 23.074\ 6\times h^2}$

(2) 按平截面假定计算抗弯惯性矩的影响。

$$I_p = 2\times(I_1 + A\times h^2)\quad(3-91)$$

其中

$$I_1 = 2\times\frac{\pi\times D^4}{64} = 2\times\frac{\pi\times 1.22^4}{64} = 0.217\ 5\ (\text{m}^2)$$

$$A = 2\times\frac{\pi\times D^2}{4} = 2\times\frac{\pi\times 1.22^2}{4} = 2.337\ 97\ (\text{m}^2)$$

$$h = H/2 - 0.61$$

则　$I_p = 2\times[0.217\ 5 + 2.337\ 97\times(H/2-0.61)^2]$

根据以上公式计算得到主拱计入桁架支管和不计入桁架支管影响时主拱抗弯刚度,而后进行结构总体计算,得出在是否计入支管影响时,主拱格构柱恒载轴力、恒载弯矩值的关系如图3-71和图3-72所示。

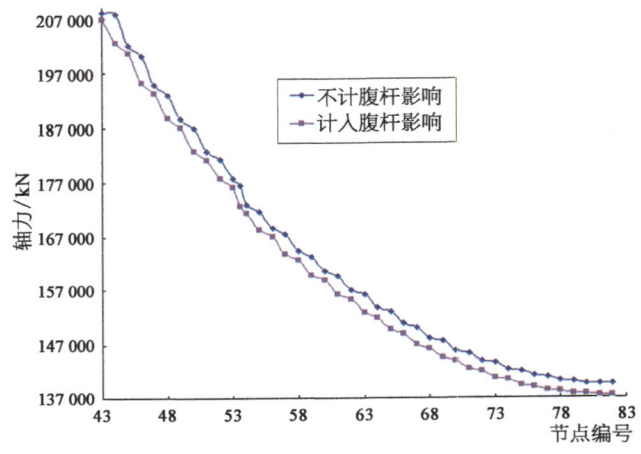

图3-71　主拱支管对恒载轴力的影响关系

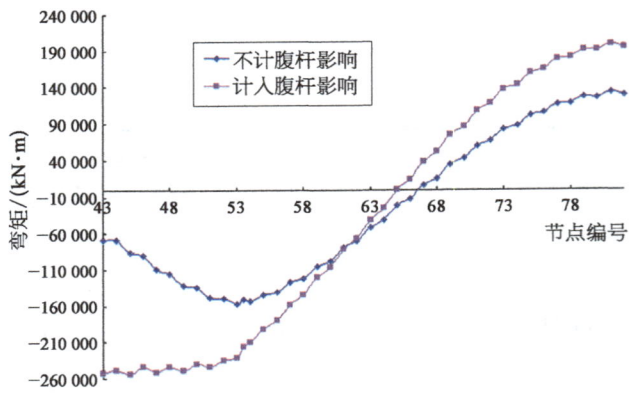

图3-72　主拱支管对恒载弯矩的影响关系

从支管系对恒载轴力影响的关系图中可看出,支管系对恒载轴力的影响仅仅是因为主拱格构柱抗弯刚度不同,造成钢管混凝土拱的柔度发生变化进而影响格构桁架拱轴力,从影响大小来看是可忽略不计的。

从支管系对恒载弯矩影响的关系图中可看出,支管系对恒载弯矩的影响很大,计入支管对抗弯惯性矩的影响时,其最大计算弯矩值要大近3倍。且经与桁架计算结果对比,同一截面桁架组合内力与计入支管系对钢管混凝土格构刚度影响的计算成果对比,其差值仅为总内力的3.2%。当与不计入支管系对钢管混凝土格构刚度影响的计算成果对比,其差值仅为总内力的11.2%。

因此,计算大跨钢管混凝土拱格构柱时,不能忽略支管对钢管混凝土主拱弯矩的影响。

2) 计算理论与设计参数

(1) 首次提出了容限脱空统一理论应用。钢管混凝土拱桥发展初期,设计计算的理论基础为"套箍理论",工程师们追求如何实现钢管内混凝土不收缩,以满足"套箍理论"的基本假定。经过多座桥梁建设实践和相关试验研究发现钢管内混凝土总会因收缩而与钢管脱空,且因钢和混凝土弹性模量不一样,"套箍理论"的基本假定在钢管混凝土受力初期是不成立的。因此,该桥结构计算引用研究统一理论:钢管混凝土构件性能随着物理参数、几何参数、应力状态及截面形式的改变而变化,且变化是连续的、相关的和统一的,所以计算是统一的。其内容为:把钢管混凝土视为统一的组合材料,用构件的整体几何特性(全截面面积和抵抗矩等)和钢管混凝土的组合性能指标,来计算构件的各项承载力,不再区分钢管和混凝土。因此,重庆巫山长江大桥第一次提出并采用了钢管混凝土统一理论进行计算。

(2) 空心管节点计算。主拱主管混凝土灌注前,主拱桁式结构节点为空心管结构,由于空心钢管在径向力作用下易失圆而造成空心管结构几何非线性影响大,节点静力承载能力差,抗疲劳寿命短。通过调查研究引用了多项参数法,验算主拱安装期间,空心管结构节点静力承载能力和节点疲劳寿命,确保了钢管拱安装、灌注混凝土及使用阶段节点受力安全。

3.5.9.2 主拱构造与连接设计

1) 主拱结构构造参数的设计

主拱优选截面参数时,拟订了拱顶截面径向高为7.0 m和8.0 m,拱脚截面径向高为13.0 m和14.0 m,拱轴系数 $m=1.8、1.6、1.4、1.2、1.05$,主拱矢跨比1/5.0、1/4.5、1/4.0、1/3.8、1/3.5等参数,以及不同主拱桁架节间距离、不同主管管径与不同支管布置形式等多项指标的不同组合(按排列组合,共20种组合方式)进行计算。按照全拱受力均衡,上、下主管弯矩、轴力尽可能接近及主拱外形轮廓变化分明,便于施工和安装等原则优选,最终采用了拱顶径向截面高7.0 m,拱脚径向截面高14.0 m,桁架节间间距为6.0 m,竖支管和径向支管组合使用,主管管径为1 220 mm,腹管管径为610 mm,净矢跨比为1/3.8,拱轴系数为1.55的桥梁主拱设计参数。

主拱截面由两肋组成,主拱由上下4根主钢管、平面上每根主拱肋2根平行钢管、纵面上每根主拱肋2根斜钢管连接,组合成矩形截面;主拱每根主拱肋间距为12 m的吊杆处,设置钢管斜管,与吊索外套钢管组合成加强横隔。因此,该桥主拱第一次采用了全钢管结构,没有采用钢板作为连接构件,结构构造更加简洁,受此影响,此后钢管混凝土拱桥主拱,几乎全部采用全钢管结构构造,如图3-73所示。

2) 主拱节段安装的接头构造设计

为了便于拱肋悬拼时调整轴线,拱顶合龙前,拱脚处设置了竖转铰,其构造如图3-66所示。

3.5.9.3 全管钢管混凝土桁式主拱构造准则

主跨大于200 m钢管混凝土拱桥,主拱一般采用四字式的矩形钢管混凝土结构,2000年左右,矩形钢管混凝土主拱一般采用哑铃形截面结构,不仅钢材消耗高、焊接工作量大,钢板腹腔内混凝土灌注困难、受力机理无法明确,已经出现多座桥梁钢板腹腔内灌注混凝土时,腹腔沿焊缝爆裂的事故。因此,依托重庆巫山长江大桥,提出了主拱采用全管桁结构,经过研究,建立了主拱全管桁结构的构造准则为:

1) 主拱设置斜支管的Y、K、N形节点构造准则

(1) 主、斜支管轴线间夹角 α 不宜小于30°。

(2) 斜支管轴线交点与主管轴线的偏心距 e_0 不宜大于 $D/4$,超过时应计入偏心弯矩的影响,偏心弯矩应按式 $M=\Delta N e_0$ 计算。

(3) K形节点或N形节点支管间的间隙 g 不应小于80 mm。斜支管一般位于主拱立面,用于连接

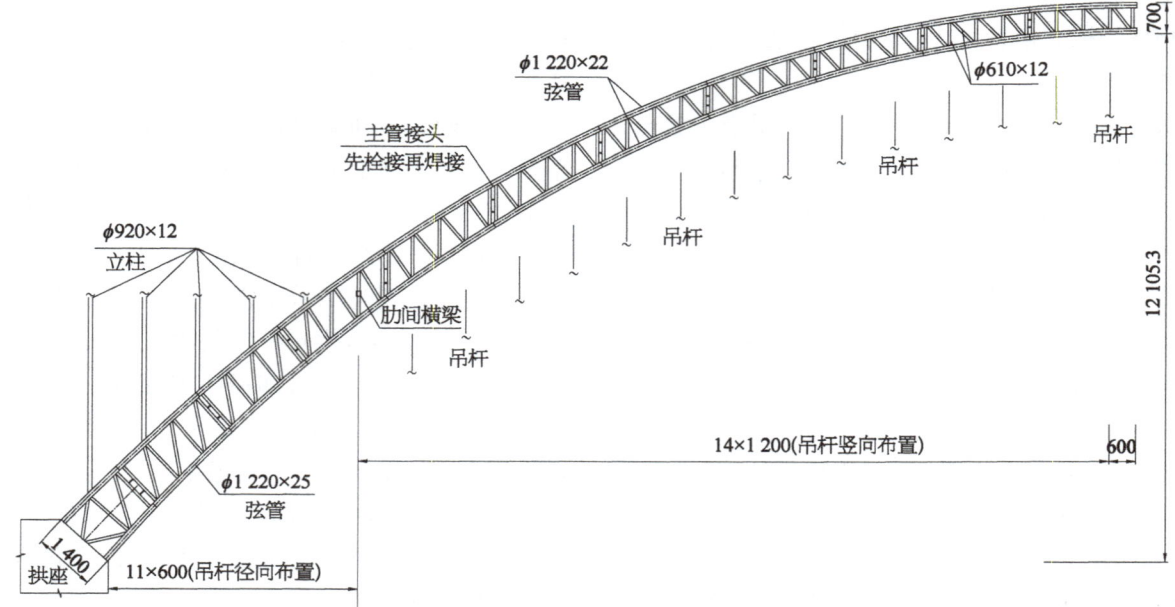

图 3-73 主拱全钢管结构布置(单位：cm)

主拱上、下主管，或主拱横撑。

2) 主拱设置直支管的桁式构造准则

(1) 支管中心距离不宜大于主管中心距的 4 倍。

(2) 单根支管面积不宜小于单根主管面积的 1/4。

(3) 支管的长细比不宜大于单根主管长细比的 1/2。直支管一般用于主拱桁片间主管的横向连接构造，或拱上立柱采用钢管混凝土桁式结构时，主管间距相对较小的纵桥向连接构造。

3) 桁式主拱构造几何参数准则

(1) 节间间距与主桁高度之比宜为 0.5~1.5。

(2) 支管与主管直径比 d/D 宜为 0.30~0.80。

(3) 主管径厚比 D/T 宜为 24.0~90.0。

(4) 支管与主管壁厚比 t/T 宜为 0.25~1.00。

4) 主拱主管与支管相贯焊接节点的抗疲劳构造准则

(1) 桁式主拱的主管与支管同时应满足 $d/D \geqslant 0.4$、$T/t \geqslant 1.0$、$D/T \geqslant 40$ 的要求。

(2) 细长空管杆件长度与钢管直径之比不应大于 40。

(3) 支管与主管间相贯焊接节点，不应采用加劲肋板或插入式节点板的连接形式。

(4) 相贯焊接的 K 形节点，相贯焊缝与纵、环焊缝不应相交，焊缝间净距不应小于 50 mm。

(5) 支管相贯线和坡口应采用相贯线切割机完成，焊接接头根部间隙应控制在 6 mm 以内，焊缝宜采用全熔透焊缝形式，焊趾处应进行修磨。

3.5.9.4 吊扣一体化的主拱安装体系

1) 扣塔及索鞍

扣塔及索鞍安装在两岸上，塔高约 100 m，塔距 576 m，由钢管混凝土柱拼装组成，横向采用门柱式结构，便于起吊单元通过。扣塔顶设置索鞍，便于扣索通过(扣索在尾端锚梁处张拉)。

2) 锚碇、锚梁及扣点

扣点按设计尺寸在工厂与拱肋一起加工制造。锚碇、锚梁在施工前完成特殊设计；施工单位根据自身现有设备、人员，结合实际地形做出满足设计及规范要求的缆索吊装设备的设计，确保吊装过程中构件的安全。

3.5.9.5 主拱钢管混凝土灌注设计

1) 主拱主管内混凝土连续"接力"灌注工艺

完成主拱各项测试，并经分析满足计算及规范要求以后即可浇注上、下弦主管内混凝土。施工现场准备 5 台能正常使用的泵送设备，两岸各设两台，其中一台泵送混凝土，另一台安装就位，接替上一台泵送机准备终点处，当上一台泵送机将钢管内混凝土泵送到接力分段处，立即停止上一台泵送机工作，并迅速起动下一台泵送机工作，这样交替、"接力"进行管内混凝土灌注，另一台泵送机为两岸备用。该桥管内混凝土坍落度大于 22 cm，初凝时间 27～30 h，每根主管混凝土用量为 600 m³，从拱脚到拱顶分三级"接力"灌注，确保了混凝土灌注质量。

准备好一切灌注程序后，先泵送砂浆，再泵送 C60 混凝土。灌注第一段钢管混凝土快结束前，利用间隙适时进行管道清洗。准备好第二灌注口处的灌注准备工作，待第一段钢管混凝土灌注完成后，把一级泵出口与预先接好的第二灌注口的管道连通，准备灌注第二段 C60 混凝土。准备好第三灌注口处的灌注的准备工作，待第二段钢管混凝土灌注完成后，把二级泵出口与预先接好的第三灌注口的管道连通，准备灌注第三段钢管内 C60 混凝土。

该桥主拱钢管内混凝土灌注，第一次采用了连续"接力"灌注（图 3-74），既保证了主拱主管混凝土灌注的连续性，又缩短了主拱主管混凝土灌注时间，降低了主拱混凝土灌注难度，为此后建造大跨钢管混凝土拱桥提供了成拱的案例和工艺技术。

2) 主拱主管 C60 膨胀混凝土性能研究

根据钢管混凝土主拱受力特性，提出了限制膨胀混凝土自应力水平的延迟膨胀机理及相应的膨胀模式，并以化学自应力钢管混凝土作为实施方案，研究了该机理作用下限制膨胀混凝土高自应力形成规律，证实其自应力水平可提高强度。由压力机绘出荷载-变形曲线表明，核心混凝土在整个工作阶段都具备三向应力混凝土特性。

将各组钢管混凝土试件的测试数据进行了整理、分析，结果见表 3-66。同时绘制不同膨胀剂掺量钢管混凝土试件的膨胀剂掺量-极限破坏荷载关系曲线如图 3-75 所示。

表 3-66 5 组钢管试件测试结果

编号	膨胀剂掺量/%	最小极限破坏荷载/kN	最大极限破坏荷载/kN	平均极限破坏荷载
1	6	—	3 600	3 570
2	8	4 183	4 238	4 219
3	10	4 198	4 340	4 291
4	12	4 481	4 533	4 509
5	14	4 600	4 606	4 604

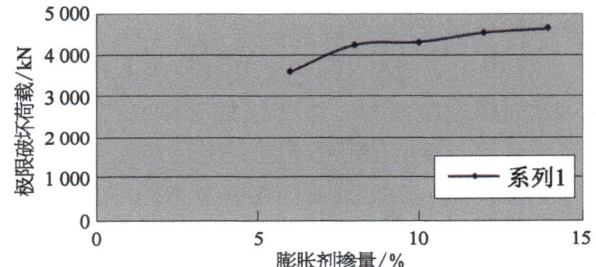

图 3-75 膨胀剂掺量与极限破坏荷载关系曲线

试验钢管混凝土试件理论极限承载力为 2 722 kN，由图 3-75 可看出，在一定范围内膨胀剂掺量越大，

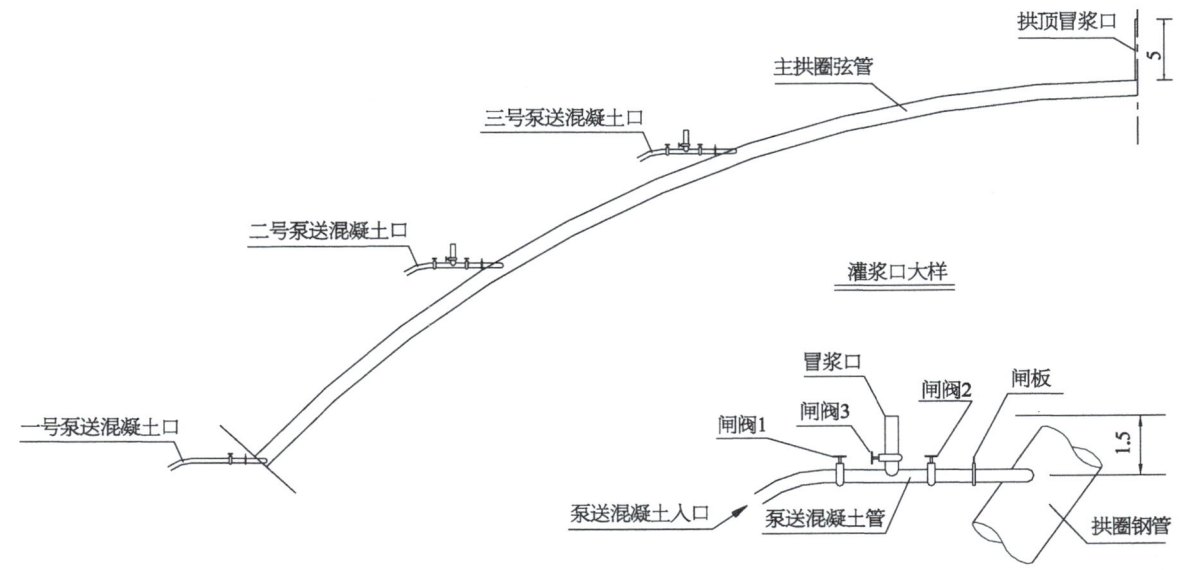

图 3-74 拱圈主管混凝土灌注方案（单位：m）

钢管混凝土试件的破坏强度越高,说明本次试验中所采用的膨胀剂确具有延迟膨胀性能作用(已保持了6个月,实际保持时间可能更长),但其膨胀量较小,达不到试验初所要求的量值,且试验中所采用的测试仪器设备较简陋,其膨胀量尚未准确测定。

3.5.9.6 光纤传感监测系统研究

研制了大型钢管混凝土拱桥管内监测混凝土脱空、裂缝的分布式光纤传感监测系统,运用高科技手段,实现对管内混凝土脱空、裂缝的大范围、定量化长期监测(涵盖施工期、运营期),及时做出安全评价,是一项桥梁结构健康监测和无损检测的先进技术。主要成果为:

(1) 首次提出并研制成功钢管混凝土的分布式光纤脱空监测技术和系统,其光纤非正交构型和优化组合两项核心技术具有原创性,可实施对管内混凝土脱空及裂缝的定量化、无遗漏监测,性能优异,具有工程实用价值。

(2) 提出了光纤-混凝土复合体细观力学分析的双界面理论模型和三维非线性有限元方法,计算的光纤量程与试验值基本相符(图3-76)。

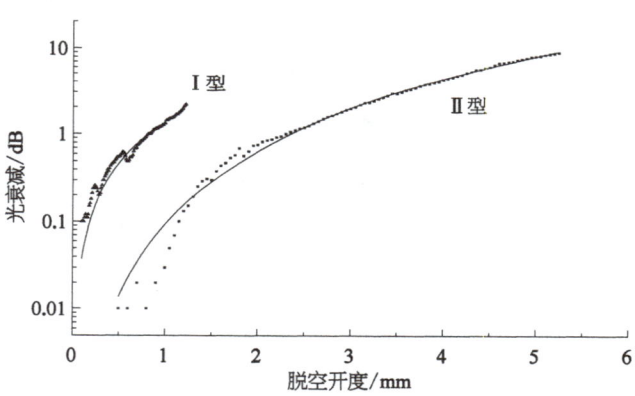

图3-76 脱空量-光衰减试验数据与拟合曲线

(3) 首次完成光纤监测系统安装应用于特大型实桥工程,测出大范围脱空的定量分布及发生、发展过程(图3-77),并得到超声检测,特别是开孔检测的证实,完成一次"理论—实验—工程实践"的全过程,为实桥的脱空处理提供了信息,取得了实效。

3.5.9.7 初始应力的影响研究

针对钢管混凝土为多次施工形成受力截面的特点,钢管既是模板又起施工支架的作用,使钢管在成为受力结构前就已承受初始应力和初始应变,灌注

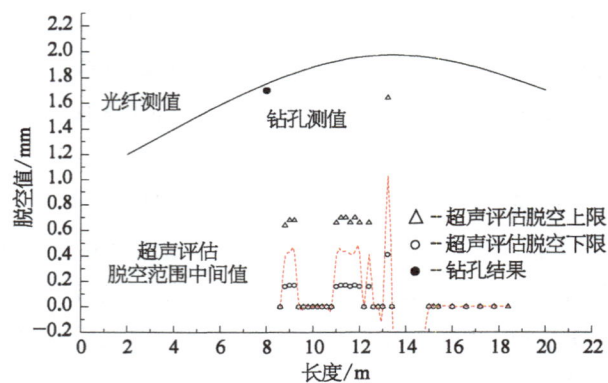

图3-77 主拱顶区域脱空空间分布状态

混凝土后(对于后续的部分恒载和活载)才和混凝土一起共同受力。弄清钢管初始应力对钢管混凝土工作性能的影响,对设计钢管混凝土拱桥是有重要意义的。

钢管混凝土主拱有两种典型初应力状态:一是拱脚截面既有钢管初应力,管内混凝土又有初始应力(且为最大值)的状态;二是拱顶截面仅钢管有初应力(最大值)的状态。由此综合考虑,拟定了四组钢管混凝土试件:① 仅钢管有纵向初始应力的试件;② 钢管及管内混凝土均有初始应力的试件;③ 仅钢管内混凝土有初始应力的试件;④ 普通钢管混凝土试件,作为本试验衡量评定的基准,也是验证钢管混凝土规范指标的依据。

对以上四组试件按技术要求进行试验,并对试验数据整理分析,如图3-78所示。

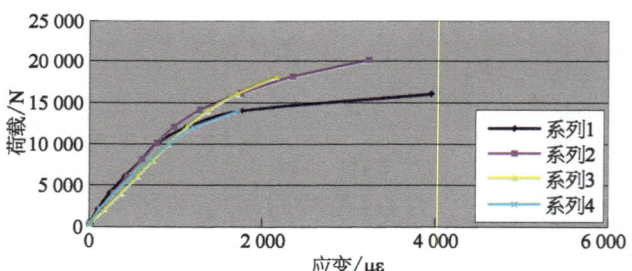

图3-78 钢管混凝土试件试验结果

注:图中系列1、2、3、4分别对应第1、2、3、4组钢管混凝土试件。

通过试验及数据分析表明:① 钢管的初始应力,对钢管混凝土轴心受压构件稳定承载力影响最大的是在刚刚进入弹塑性阶段附近,相应于构件长细比80～120之间。影响程度还和含钢率及初始应力比有关,影响最大时可使承载力降低10%左右。② 钢管初始应力对钢管扭矩和剪力产生的应力,由

于两者间应力分布方向不同,钢管初始应力对扭矩及剪力产生的应力影响不大。有关试验证明了这一点。因而,为了方便设计,当钢管混凝土构件同时承受轴力、弯矩、扭矩及剪力时,只考虑钢管初始应力对轴心压力和弯矩的影响,不考虑对扭矩和剪力的影响。③ 计算压弯构件的稳定承载力时,必须考虑构件挠度产生的附加弯矩。对具有初始应力的钢管混凝土压弯构件,由于初始应力使构件提前进入弹塑性阶段而发展塑性,这将使构件的变形和挠度增大。由于构件挠度的增加,轴心压力引起的附加弯矩增加,也即对有初始应力的压弯构件的跨中挠度放大系数或弯矩放大系数应提高。

3.5.9.8 钢管结构加工制造技术

根据该桥钢管结构的设计、施工及制造的特点,在国内尚无专门的桥梁管结构制造验收标准的情况下,以《公路桥涵施工技术规范》《铁路钢桥制造规范》《钢结构工程施工及验收规范》《建筑钢结构焊接规程》、美国《桥梁焊接规范》为基础,并参考国内外相关的标准、规范、文献,提出《重庆巫山长江大桥主拱钢管加工制造技术规定》,规范了主拱钢管等钢结构加工制造工艺,确保了施工质量,该规定成为此后钢管混凝土桥梁建造和规范制定的重要支撑和依据。

3.6 四川合江长江一桥

主跨 500 m 级钢管混凝土拱桥全世界共 3 座,其中,主跨 530 m 的中承式钢管混凝土拱桥——四川合江长江一桥 2013 年 6 月建成通车,主跨 507 m 的飞燕式钢管混凝土系杆拱桥——四川合江长江三桥 2021 年 6 月建成通车,主跨 575 m 的中承式钢管混凝土拱桥——广西平南三桥 2020 年 12 月建成通车。大跨度钢管混凝土拱桥设计包括桥位及桥型方案比选、关键结构技术研究、技术特点等内容。

3.6.1 桥型方案比选

桥型方案比选是在桥位选定后,根据项目业主的要求,桥址建桥条件,对所有满足要求的桥型方案做同深度比较,按国家规范规定的适用、耐久、经济、适当照顾美观的原则,提出推荐方案。

根据桥位建设条件,具有比较价值的桥型有拱桥、斜拉桥和悬索桥,其总体布置如图 3-79 所示。

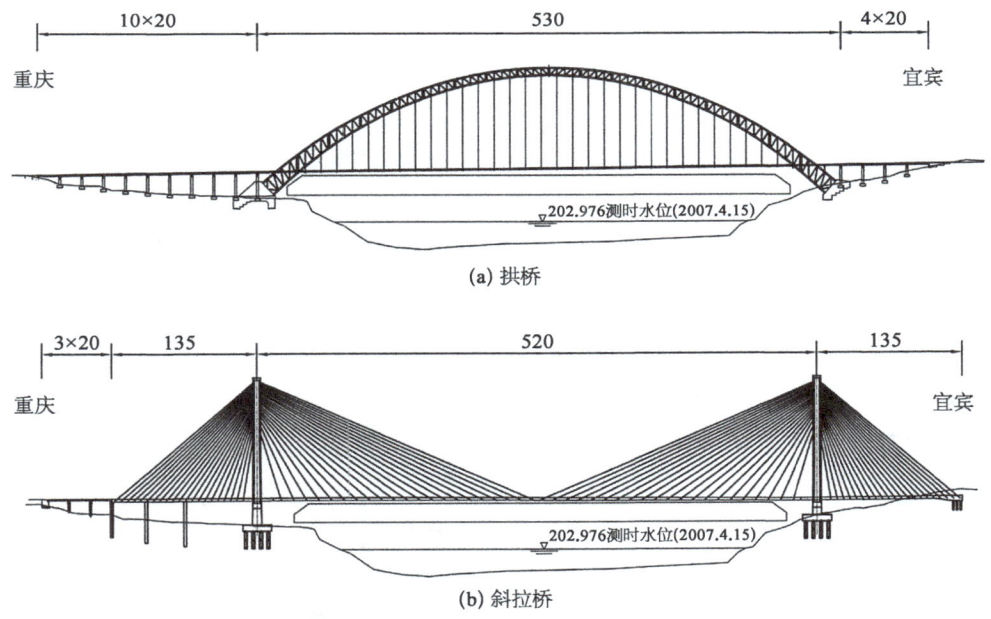

图 3-79 不同桥型方案(单位:m)

根据同类桥梁建造的技术和经济情况,评估拱桥、斜拉桥和悬索桥桥型方案技术经济比较,见表 3-67。根据比较论证,推荐采用主跨 530 m 钢管混凝土拱桥桥型方案,并获得了专家和政府主管单位的批准实施。

表 3-67 桥型方案经济、技术性比较一览表

桥 型	跨径/m	型钢/(kg·m⁻²)	钢筋/(kg·m⁻²)	混凝土/(m³·m⁻²)	建安费/亿元	满载跨中竖向挠度/mm	安全系数
钢管混凝土拱桥	530	718	75	1.56	2.51	189	1.6
钢拱桥	508	1 152	63	1.50	4.78	228	1.3
斜拉桥	135+520+135	157	626	3.22	3.69	428	1.0
悬索桥	200+520+80	392	542	3.13	3.63	1 920	1.0

3.6.2 关键结构技术研究

3.6.2.1 主拱悬拼单元

超 500 m 级钢管混凝土拱桥主拱多采用节段缆索吊运,斜拉扣挂悬拼法施工。常规的施工设计思路中,对于主拱悬拼单元划分主要以施工吊运能力作为控制目标,节段划分断面处存在上主管、下主管以及斜支管 3 个焊接接头,悬拼单元间的安装主要通过高空定位焊接完成(图 3-80)。这种主拱悬拼单元划分方式存在以下缺点:① 高空作业定位困难,安装精度难以控制,导致安装节段间安装误差累积传递,增大了主拱线形控制难度;② 空中焊接工作量大,施工风险高,且焊缝质量难以保障;③ 主拱的受拉斜支管采用焊接连接,存在焊缝疲劳问题;④ 悬拼单元拼装时间长,施工风险增加;⑤ 吊运重量大,缆吊系统建设费用增加。

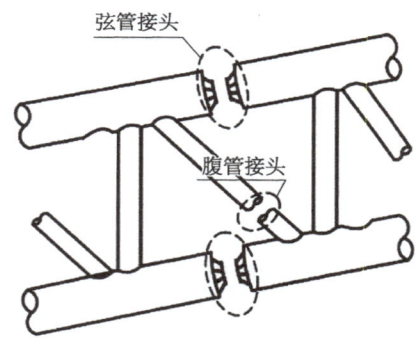

图 3-80 常规主拱节段划分

钢管混凝土主拱斜支管长度随着主拱跨径增大而增加,四川合江长江一桥的主拱斜支管最长达 17 m,常规主拱节段划分设计技术,导致处于悬臂状态的长支管的加工制造、节段运输、安装就位等方面,需要的定位构造复杂,高空焊接量大,难以保证施工质量。

四川省公路规划勘察设计研究院有限公司基于主拱制造、运输、安装一体化设计的思路,提出了基于悬拼单元设计主拱的思想(图 3-81),即在主拱悬拼单元之间设置双竖支管,上下主管连接处设置高空连接接头,主拱横撑设于主拱悬拼单元内,横撑与主拱同步安装,实现了主拱无斜支管高空焊接接头和临时定位构造,主拱相贯线焊缝全部工厂化制造。

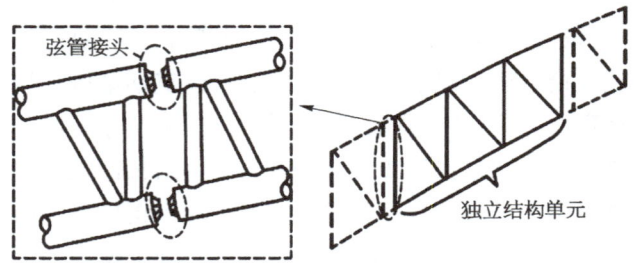

图 3-81 主拱独立结构单元设计

主拱独立结构单元技术已在四川合江长江一桥、四川合江长江三桥和广西平南三桥中应用。理论分析、模型试验以及实桥测试表明,该技术实现了主拱悬拼单元重量减轻约 30%,高空安装接头和焊接量减少 33%,提高了主拱结构单元安装进度和施工质量。图 3-82 所示为工厂制作完成的主拱悬拼单元。

图 3-82 主拱独立结构单元

3.6.2.2 主拱内横隔

跨径 500 m 级钢管混凝土拱桥主拱采用四肢桁架式结构，其中支管拉压往复，四肢主管同一截面位置处，由四根支管组成一个四边形，称为内横隔。主拱内横隔在不做加劲处理的时候属于几何可变体系，局部稳定问题突出，且采用有限元计算中的杆系单元模拟，难以进行局部失稳的准确计算，应加强细节构造设计。

对于主拱内横隔构造，应进行加劲设计，常规的设计方法主要针对吊杆处进行加劲：① 采用钢板进行加劲；② 采用平直钢管进行加劲；③ 采用 N 形钢管进行加劲。常规设计构造如图 3-83 所示。

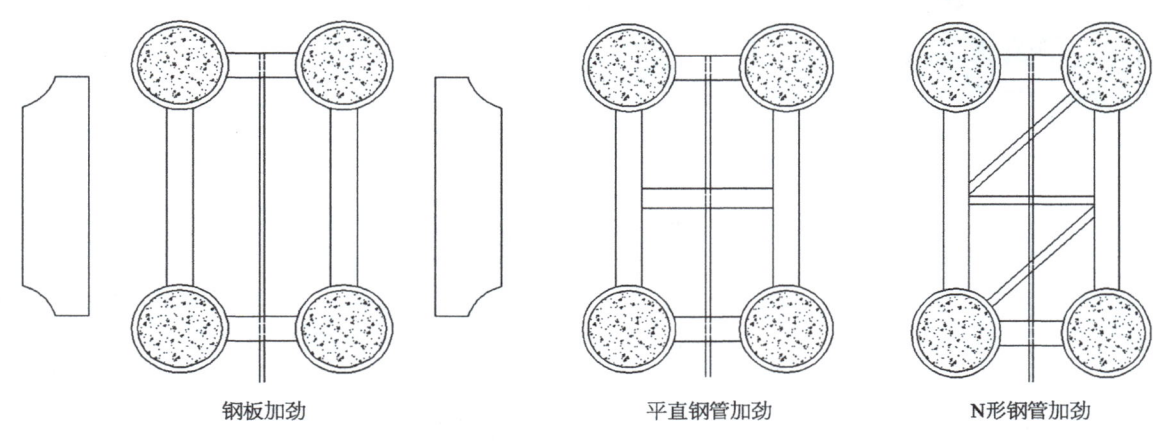

图 3-83 常规内横隔加劲构造

对于上述三种加劲方式，小跨径钢管混凝土拱桥一般采用钢板对主拱内横隔进行加劲，但是随着跨径和主拱高度增加，钢板自身的稳定性变差，钢板容易出现局部失稳现象，且管板连接刚度不匹配，结构协同受力性能差；采用平直钢管对主拱内横隔进行加劲，内横隔仍为几何可变体系，存在局部失稳问题；采用 N 形钢管加劲，虽然解决了主拱内横隔截面的失稳问题，但是吊杆需多次贯穿 N 形加劲钢管，其构造复杂，施工难度大。

四川省公路规划勘察设计研究院有限公司提出了一种新型主拱内横隔构造，即在主拱吊杆截面的受压支管处设置全加劲，其余无吊杆截面的受压支管处设置浅加劲的内横隔，对于受拉支管处不进行加劲处理，如图 3-84 所示。

新型主拱内横隔构造已被应用于重庆巫山长江大桥、四川合江长江一桥、四川合江长江三桥、广西平南三桥等大跨径钢管混凝土拱桥，如图 3-85 所示。该主拱内横隔构造提高了主拱横向稳定性，解决了主拱内横隔局部失稳的问题，且构造更简洁、安装更方便、节省了材料。

3.6.2.3 主拱横撑

对多座钢管混凝土拱桥调查研究表明，不同跨径钢管混凝土拱桥的主拱自振频率和振型（图 3-86），

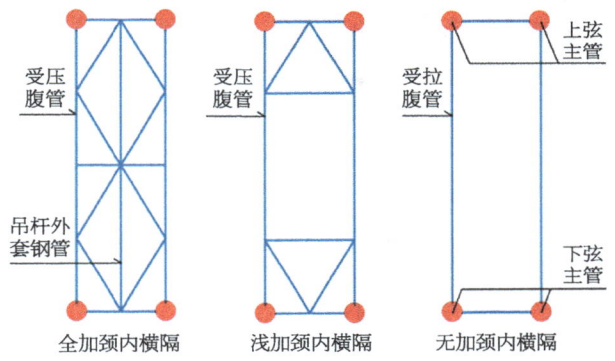

图 3-84 内横隔构造

随着钢管混凝土拱桥的跨径增加，其主拱的自振频率逐渐降低，振型均表现为主拱面外侧弯。钢管混凝土模型振动台试验（图 3-87）结果表明：主拱破坏形态为横向失稳，且局部失稳首先发生在主拱上平面，破坏形态如图 3-88 所示。

由于主拱的横向宽度有限，随着钢管混凝土拱桥跨径的增加，其宽跨比减小，当钢管混凝土拱桥跨径突破 500 m 时，拱桥宽跨比为 1:22，主拱整体刚度变小，导致主拱横向稳定和动力问题突出，成为制约大跨钢管混凝土拱桥发展的关键技术之一。而主拱横撑作为提供钢管混凝土拱桥横向刚度的关键联结构造，其对全桥的稳定性、动力性能以及美观有很大影响。

(a) 重庆巫山长江大桥中的内横隔

(b) 四川合江长江一桥中的内横隔

(c) 四川合江长江三桥中的内横隔

(d) 广西平南三桥中的内横隔

图 3-85 新型主拱内横隔

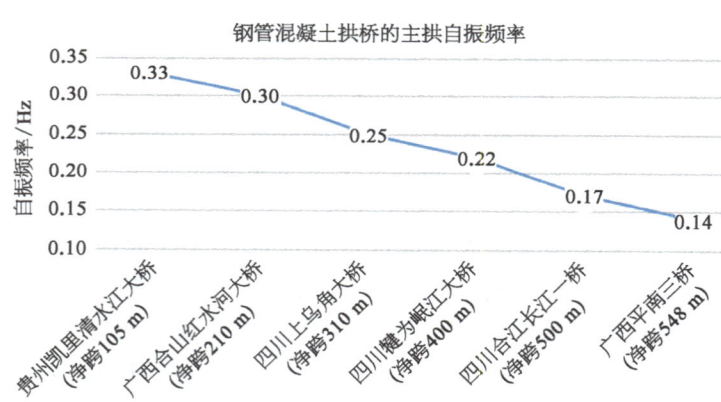
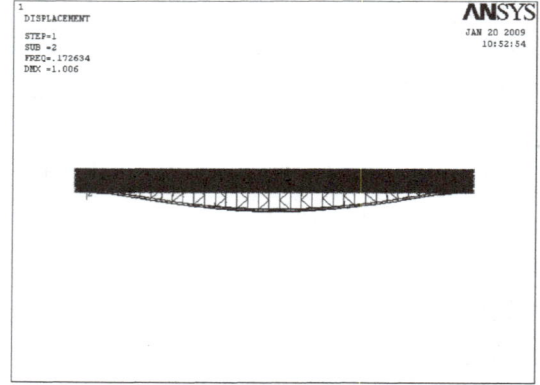

图 3-86 主拱自振频率规律及振型

常规的钢管混凝土拱桥横撑结构形式有：I 形横撑、K 形横撑以及 X 形横撑，如图 3-89 所示。I 形横撑施工稳定性较好，与主拱连接节点少，但其提供给主拱的横向刚度较小，若要满足主拱横向稳定要求以及提高主拱自振频率，则须设置密集的 I 形横撑，因此，材料用量大幅增加，且强大的横撑刚度将导致节点振动应力峰值过大。K 形横撑、X 形横撑稳定性和动力性较好，但横撑需要进行单根杆件安装，施工稳定性差，高空焊接作业量大。

综合考虑主拱横撑的稳定性、动力性能、受力特性、材料用量、施工性能、美观通透等因素，四川省公路规划勘察设计研究院有限公司提出一种新型组合式主拱横撑，即拱肋间上弦平面设置三角形钢管水平面横撑，拱肋吊杆处间隔设置竖向平面内 I 形钢管桁架横撑,具体构造如图 3-90、图 3-91 所示。新型组合式主拱横撑已应用于四川合江长江一桥、四川合江长江三桥、广西平南三桥等大跨径钢管混凝土桥梁工程。组合式横撑与常规的 I 形横撑、K 形横撑和 X 形横撑相比具有以下特点:弹性及双重非线性稳定安全系数一致;横撑构件数量少,视野通透,景观性好;与主拱连接支撑点数目较多,对主拱动力特性改善也有一定帮助;主拱横撑材料用量减少约 23%;构造更简洁,安装更方便。

图 3-87 钢管混凝土主拱模型振动台试验

图 3-90 四川合江长江一桥主拱横撑

图 3-88 破坏模式

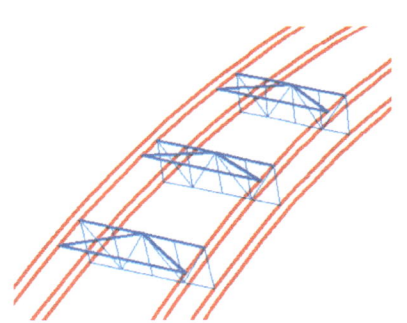

图 3-91 组合式横撑构造

3.6.2.4 主拱肋间横梁设计

中承式拱桥主拱与桥面交界位置通常设置主拱肋间横梁,肋间横梁主要作为桥面板的支撑构件和主拱的横向联系构件。肋间横梁设计时需要考虑桥面梁、主拱拱肋构造、肋间横梁构造的空间位置匹配协调,以及肋间横梁自身的强度、刚度以及稳定性。

大跨度钢管混凝土拱桥主拱采用桁架拱形式,肋间横撑也为桁式结构,在肋间横梁设计之前,首先确定桥面标高的大致位置及高度,然后确定满足受力要求的肋间横梁截面尺寸,最后通过合理调整主拱拱肋的支管、横缀管等杆件的位置,以满足肋间横梁通过主拱并与其可靠连接。同时,为避免桥面梁、

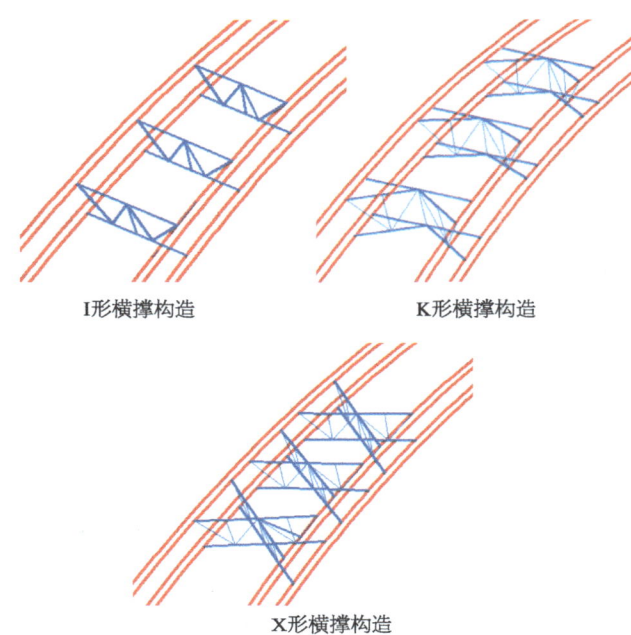

图 3-89 主拱横撑结构构造

主拱拱肋、肋间横梁的冲突，也可以通过调整主拱线形、桥面梁结构高度、肋间横梁高度，以满足三者的匹配设计需要。主拱肋间横梁构造如图3-92所示。

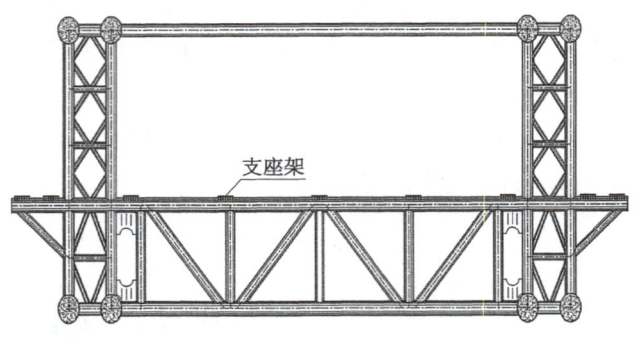

图3-92 主拱肋间横梁构造

3.6.2.5 主拱悬吊结构多维连接体系设计

随着钢管混凝土拱桥跨径的增加，其吊杆长度增大，合江长江一桥主跨530 m，单根吊杆最长超过100 m。吊杆和桥面梁组成的主拱悬吊结构体系柔性大、自振频率低，对风荷载和地震作用十分敏感，且与主拱的自振频率相差大，造成主拱与悬吊结构体系动力性能难以协调。

四川省公路规划勘察设计研究院有限公司提出了悬吊结构的多维连接体系，即在空间上的不同高度面、不同方向维度，对主拱悬吊结构（桥道梁、吊杆等）与主拱采取多种连接构造，调整悬吊结构的外部激励敏感性，以提高悬吊结构的动力性能，采用多维连接体系前后悬吊结构自振频率对比如图3-93所示。

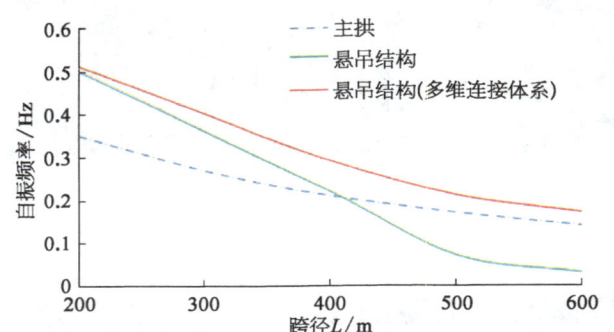

图3-93 采用多维连接体系前后悬吊结构自振频率对比

主拱悬吊多维连接体系的设计内容包括：① 设置吊杆抗风减振串联索，提高吊杆整体性；② 增加吊杆截面面积，提高吊杆抗拉刚度；③ 增加主梁纵横向减振、制振限位构造，采用整体式钢-混凝土组合桥面板，降低桥面梁的振动性能。最终形成的主拱悬吊结构多维连接体系如图3-94所示。

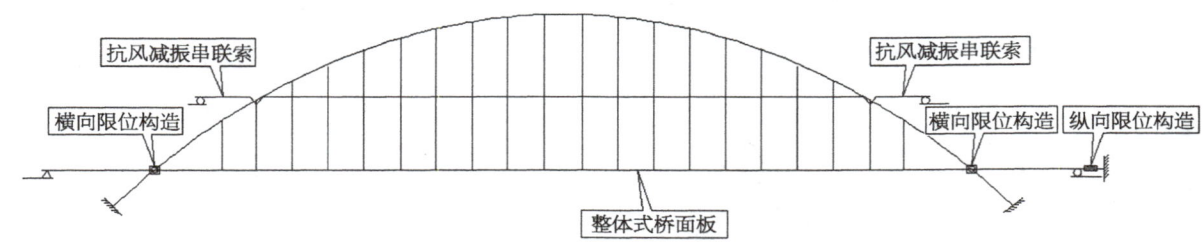

图3-94 主拱悬吊结构的多维连接体系示意

主拱悬吊结构多维连接体系在合江长江一桥中的具体应用：① 吊杆抗风减振串联索设计：串联索两端张拉锚固，锚固于主拱钢管横联下部设置的反力架上，再通过高强纤维塑性材料制成的绑扎丝与吊杆绑扎连接，其构造如图3-95所示；② 吊杆设计：主拱和桥面梁之间的柔性吊杆替换为刚性且与主拱及桥面梁匹配的大刚度吊杆；③ 纵向限位减振装置设计：在桥面梁和桥墩之间，通过锚块设置阻尼器，其构造如图3-96所示；④ 横向限位减振装置设计：设于主拱肋间横梁上的两个上限位块，以及设于主梁底板上的两个下限位块共同组成横向限位减振装置，上限位块外侧和下限位块内侧设有橡胶垫，起到限位作用，以提高桥面梁的横向刚度并对振动力起到缓冲和减振作用，其构造如图3-97所示；⑤ 钢-混凝土组合桥面梁设计：采用轻型、整体性好、抗震的桥面梁，即通过纵横格子梁和钢-混凝土组合桥面板的整体式连接的桥面梁结构。

四川合江长江一桥的工程实践表明，主拱悬吊结构多维连接体系有效提升了主拱悬吊结构体系的动力性能，并实现了主拱与悬吊结构体系的整体匹配和振动协调，提高了桥梁结构整体性和行车舒适性，改善了主拱与桥面梁的振动匹配性能。

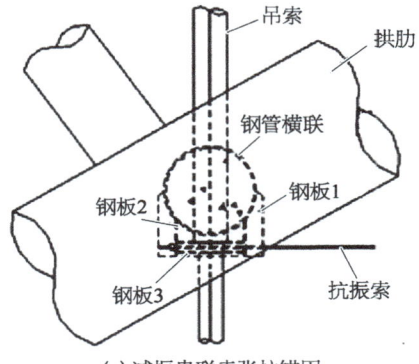

(a) 减振串联索张拉锚固

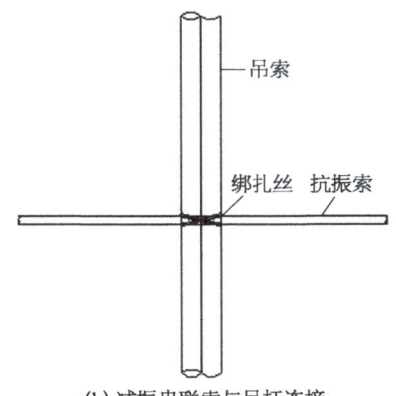

(b) 减振串联索与吊杆连接

图 3-95　减振串联索构造示意

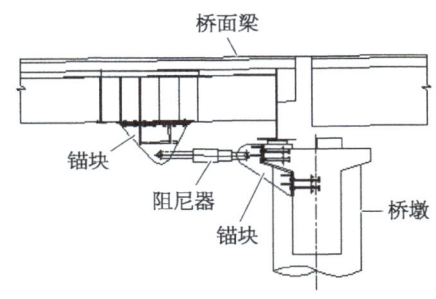

图 3-96　纵向限位示意

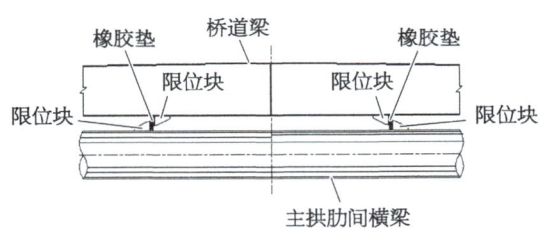

图 3-97　横向限位示意

3.6.2.6　拱座

拱座基础是钢管混凝土拱桥直接与地基接触的部分，是将上部结构荷载传递到地基的重要传力构件。我国钢管混凝土拱桥的拱座基础多为钢筋混凝土结构，为了保证桥梁的正常使用和安全，拱座基础应满足与主拱的固结要求，并具备足够的强度、刚度、稳定性和抗裂性能。

拱座基础可分为分离式和整体式，应根据主拱的构造形式合理选择。当主拱横向宽度较窄时，可采用整体式拱座基础，并在横向桥轴线位置设置变形缝，保证拱座构造连续；当主拱横向宽度较宽时，采用整体式拱座基础一方面开挖方量大，另一方面由于混凝土浇注方量大，施工质量难以保证，因此，宜采用分离式拱座基础。

根据拱座基础的结构形式，可分为桩式拱座基础、重力式拱座基础、地下连续墙式拱座基础等，应根据地形条件，综合考虑开挖数量和环境保护的因素，因地制宜地选择合理的拱座基础形式。

拱座基础与主拱的连接，当跨径小于 200 m 时一般直接固结，当跨径大于 200 m 时可以采用先铰接后固结，即主拱安装过程中采用临时铰接构造，以利于线形的调整，保证安装精度同时使拱脚弯矩不会过大（图 3-98）；主拱合龙后采用固结连接，将拱脚基础与拱座固结成一体，形成无铰拱体系。钢管混凝土主拱固结于拱座基础应采用埋入式，预埋管与主拱节段宜采用焊接对接接头，并在拱脚预埋段内钢管外缘设置螺旋箍筋使钢管与混凝土之间的结合更加稳固；预埋深度不得小于 1.5 倍主管直径，预埋钢管底部应设置承压板，其下应设置不少于 3 层钢筋网，在钢管周边应设置分布环向钢筋、焊接 PBL 剪力键等锚固构造。

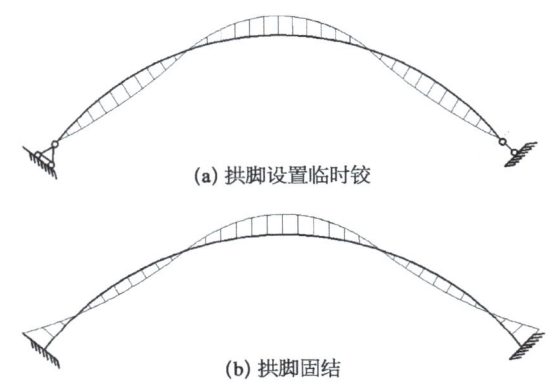

图 3-98　自重作用下拱肋弯矩示意

拱座基础与地基的连接，拱座基础应置于地质完整、良好的位置，地基应满足拱座基础的竖向、水平向承载能力要求。为了保证拱座基础与地基的完整结合，将拱座承受的各向力均衡地传递给地基，应按设计尺寸开挖,采用不立模直接浇注拱座混凝土的方式。当地质条件不符合拱座的竖向承载力要求时,可设置竖撑;当地质条件不符合拱座的水平和竖向承载力要求时,可设置斜撑或同时设置斜撑和竖撑;当需要设置水平撑才能符合拱座推力要求时,应重新进行跨径、桥型和拱座总体方案的比选,因为设置拱座水平撑,其开挖难度大,混凝土浇注困难,质量无法保证,且工程造价高,所以一般不设置水平撑。

重庆巫山长江大桥地处典型V形峡谷,采用分离式拱座基础,拱座基础底部设计为阶梯形,并嵌入强弱风化线,极大减少了基础开挖和基础的混凝土方量,保护了环境。其构造如图3-99所示,该桥为山区深沟峡谷地形拱桥拱座基础的选择提供了参考。

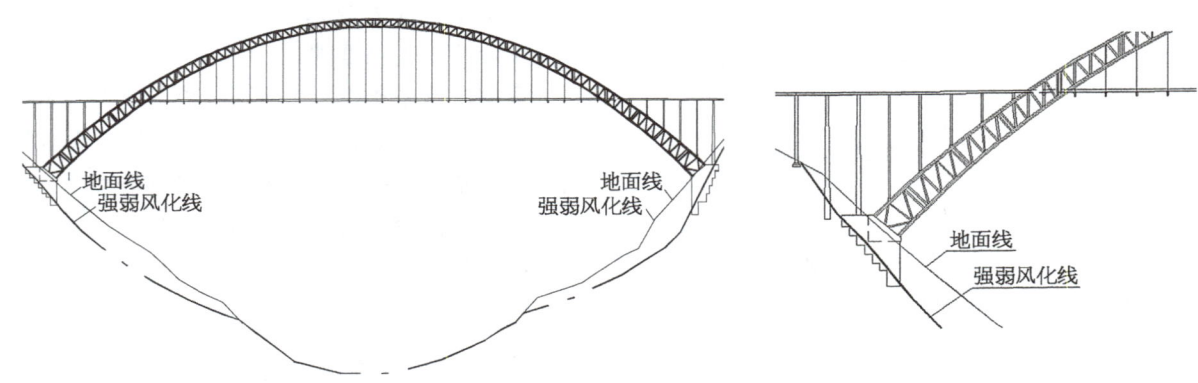

图3-99 重庆巫山长江大桥及其拱座基础

四川合江长江一桥所处地形为开阔平原,地质条件相对较好,采用重力式阶梯形拱座基础,拱座基础的前后侧嵌入强弱风化线。与常规的重力式阶梯形拱座基础不同之处在于四川合江长江一桥的阶梯形拱座中,设计了内凹的阶梯形轮廓,这一设计在保证竖向承载能力满足要求的情况下,使得水平抗推面增加了一倍,安全系数得到了提高,并且减少了基础开挖和基础的混凝土方量,保护了环境。其构造如图3-100所示,该桥的拱座基础为地质条件较好的平原区地形拱桥拱座基础的选择提供了参考。

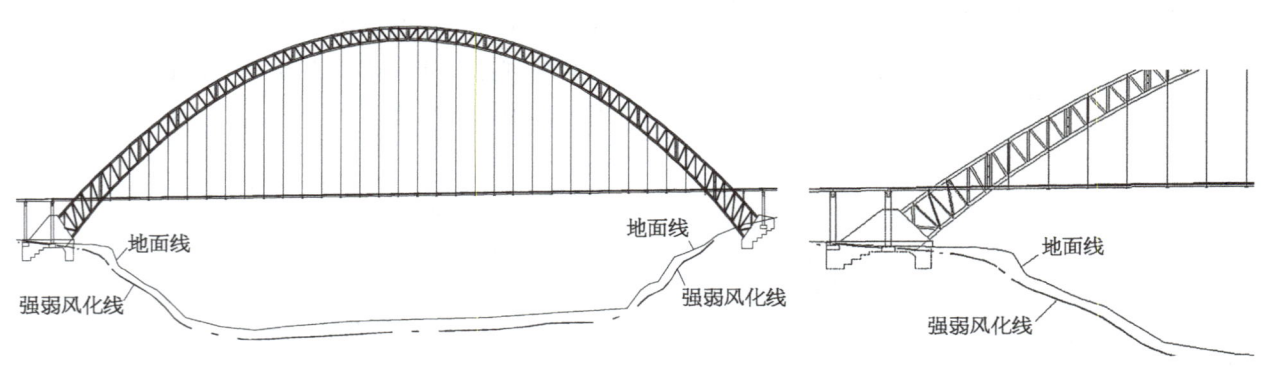

图3-100 合江长江一桥及其拱座基础

四川合江长江三桥所处地形为开阔平原区地形,由于该桥起拱线较高,采用了"群桩基础+框架承台"的拱座基础,飞燕式系杆拱桥的结构体系;利用拱座基础承担竖向力,系杆平衡全桥大部分的水平力,巧妙地解决了平原区地形高起拱线修建拱桥的技术难题。该桥的拱座基础开挖少,结构轻盈而强度高,节省了工程造价,其构造如图3-101所示。

广西平南三桥地处开阔平原区,地质条件相对较差,南岸采用分离式拱座基础,北岸采用整体地下连续墙式拱座基础。该桥的北岸拱座基础处覆盖层较厚,下伏基岩溶洞发育,地质条件异常复杂,该桥的整体地下连续墙式拱座基础,解决了不良地质条件下修建大跨径有推力钢管混凝土拱桥的技术难题。其构造如图3-102所示。

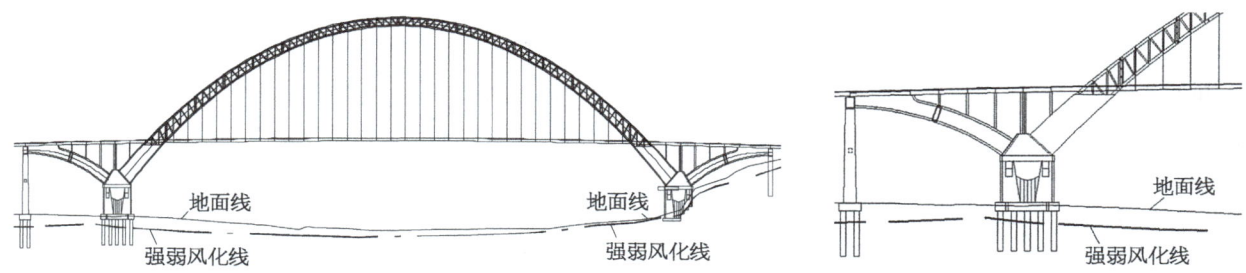

图 3-101　四川合江长江三桥及其符阳路岸拱座基础

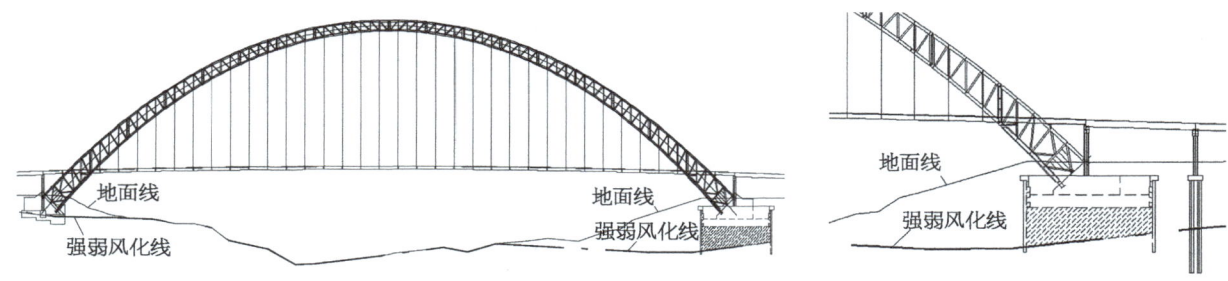

图 3-102　广西平南三桥及其北岸拱座基础

3.6.3　技术特点

3.6.3.1　桥型方案选择

泸州市合江县位于长江上游,是一座对交通发展需求非常迫切的欠发达城市。为促进发展,修建泸州至重庆高速公路,在合江县跨越长江。桥位处长江河道顺直、地质条件好,江面宽约 500 m,水深约 50 m,常年通航行驶 12 000 t 级船队,通行数量达 200 艘/日。根据通航要求,主跨不能小于 500 m。

工程师对主跨 520 m 的混凝土斜拉桥、主跨 520 m 的钢桁梁悬索桥、主跨 530 m 的钢箱拱桥、主跨 530 m 的钢管混凝土拱桥进行了比较,见表 3-68。最终业主选择了材料最省、造价最低、工期最短的钢管混凝土拱桥方案。

图 3-68　桥型方案经济、技术性比较一览表

桥型	主跨/m	型钢/(kg·m^{-2})	钢筋/(kg·m^{-2})	混凝土/(m^3·m^{-2})	造价/亿元
钢管混凝土拱桥	530	718	75	1.561	2.51
钢拱桥	520	1 152	63	1.504	4.78
斜拉桥	520	145	578	2.971	3.41
悬索桥	520	385	532	3.072	3.56

3.6.3.2　设计桥梁

合江长江一桥全长 841 m,双向 4 车道,桥宽 28 m,设计时速 120 km/h,于 2013 年 6 月建成通车,工程造价 2.51 亿元。主桥跨度 530 m,矢高 120 m。主拱采用钢管混凝土主管为矩形布置的桁式拱肋,拱肋宽 4 m,拱脚桁高 16 m、拱顶桁高 8 m。主管采用直径 1.32 m 的钢管,管内灌注混凝土。支管采用 N 形布置的空管结构,直径 0.66 m,支管与主管全部采用相贯线焊接连接。主梁采用钢格子梁与钢-混凝土组合桥面板的组合结构,通过吊索与主拱连接,桥面梁纵横向设置限位装置,控制主梁纵横向位移。

主拱及主梁钢结构均在工厂完成制造,通过船运到现场,采用缆索吊装、斜拉扣挂法完成安装。

3.6.3.3　创新性技术

大跨径钢管混凝土拱桥设计面临两个主要难题:① 拱肋的合理构造形式,横向支撑是提高拱肋承载力及横向稳定的关键;② 要求选择合理主梁结构形式,解决主梁的重量和整体性问题。

1) 主拱结构

合江长江一桥主拱跨径 530 m,肋宽仅为 4 m,宽跨比为 1/132,主拱拱桁高 16 m、支管长达 18 m,主拱支管最大长细比为 26/1,且承载力小,传统矩形主拱桁式构造无法满足受力要求。工程师提出对矩形桁式拱肋进行加劲。即在吊杆处受压支管采用全加劲,其余受压支管采用浅加劲。既解决受压支管稳定问题,加强拱肋整体刚度,同时节约了材料。

拱桥的横撑是拱肋横向稳定的关键,本桥受桥梁总体布置限制,拱肋宽度为4 m,两片拱肋间距28 m,横向刚度小、稳定性差;常规的Ⅰ形、K形、X形等横撑形式将造成拱肋间横撑和主拱内横隔布置密集,节点应力高,构造更加复杂,施工风险大等问题,已不能满足超大跨钢管混凝土拱桥的建造要求。

根据主拱横向受力行为,提出了一种组合式横撑,该横撑由竖向平面撑和上弦平面三角形撑的钢管桁式结构组成,如图3-103所示。每组横撑设置在主拱的同一独立单元内。经计算,主拱一阶横向弹性稳定安全系数为5.2。相比传统的横撑形式,横撑与主拱连接处的振动应力峰值降低20%,减少现场焊接接头58%,减少材料用量23%。

2)主梁

拱桥主梁主要承受竖向荷载,无须采用刚度更大、施工困难、造价高的钢箱梁。如果采用钢筋混凝土梁,其整体性差,自重大,超500 m跨主拱难以承受。传统的钢混叠合梁,预制桥面板厚达20~25 cm,且现场浇注的纵横接缝质量可靠性差、寿命短。

提出一种新型主梁形式,由钢格子梁和钢-混组合桥面板组成,如图3-104所示。顺桥向,在吊索处设主横梁,主横梁之间设四道次横梁;横桥向,在吊索处设置两道主纵梁,主纵梁之间设三道次纵梁;纵横梁组成格子梁。在8 mm厚的钢底板上,焊接间距为40 cm的带孔抗剪钢板,在带孔钢板孔内穿钢筋、顶面设置钢筋网,构成桥面受力骨架,再现浇总厚度为15 cm的钢纤维高性能混凝土,形成组合桥面板。钢底板与钢格子梁上翼缘板焊接连接,并在钢格子梁上翼缘上设置剪力钉,完成组合桥面板与钢格子梁的锚固连接。

这种组合结构桥面板总厚度仅为15 cm且整体性好,比钢筋混凝土桥梁自重减轻约58%,比传统的钢混叠合梁自重减轻约20%,比钢箱梁用钢量减少约27%。

3.6.3.4 实验研究

设计团队针对钢管混凝土拱桥主拱的节点构造及新型主梁开展了大量实验研究,如图3-105和图3-106所示。

(1)针对主管灌注了混凝土的管-管接头,50组足尺模型试验结果表明,相比主管为空钢管的节点,其承载能力提高30%;此外,多个接头疲劳试验和

图3-103 组合式横撑构造

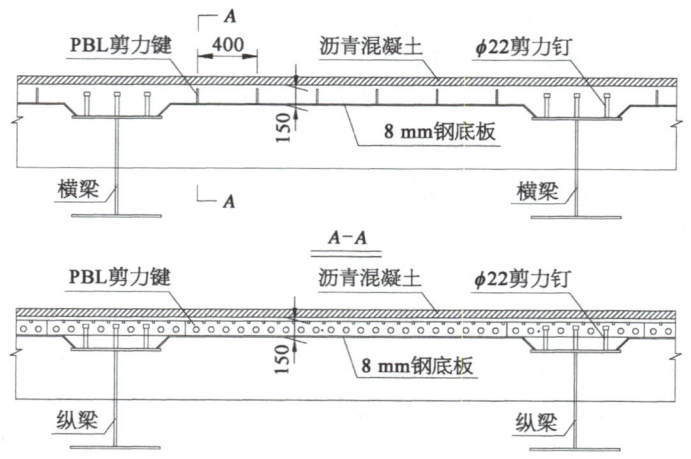

图3-104 "钢格子梁+钢-混组合桥面板"新型主梁形式(单位:mm)

第3章 钢管混凝土拱桥

图3-105 节点试验

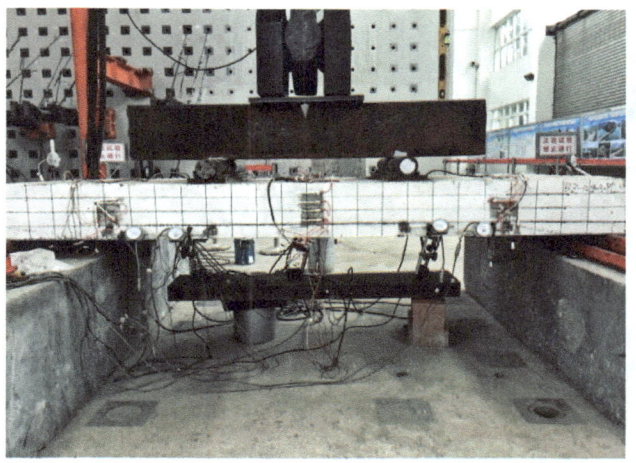

图3-106 组合桥面板试验

工程实践表明,支管与主管直接焊接的接头形式安全可靠。

(2)针对由钢底板、PBL剪力键、钢筋和现浇钢纤维高性能混凝土共同形成的钢-混组合桥面板,27组足尺模型试验表明,其整体性好,耐久性高,自重轻,造价低。试验和工程实践均表明,"钢格子梁+钢-混组合桥面板"新型主梁形式具有整体性好、自重轻的优点,非常适用于主要承受竖向荷载的大跨拱桥主梁结构。

3.6.3.5 技术代表性

合江长江一桥是首座跨径超过500 m的钢管混凝土拱桥,在其设计、建造中,遇到了许多技术挑战,国内著名高校、施工企业、著名专家都积极参与了该项目合作,在此过程中不仅解决了合江长江一桥的建设难题,更促进了钢管混凝土桥梁的技术进步。

合江长江一桥实现了钢管混凝土拱桥在跨径上的重大突破,是这一桥型的代表性桥梁(图3-107)。设计团队提出了新的拱肋、横撑构造及主梁结构形式,并在开展的钢管混凝土拱桥受力行为、关键节点构造、建设材料、施工技术研究中取得了丰富的成果,形成了大跨钢管混凝土拱桥的成套建造技术。该桥支撑了中国第一部公路钢管混凝土拱桥设计规范的编制,也推动了我国跨500 m钢管混凝土桥的建设,如跨径575 m的广西平南三桥、跨径510 m的合江长江三桥等公路桥梁。此外,大桥取得的技术成果,应用于跨径430 m的拉萨—林芝铁路雅鲁藏布江大桥等。该桥仅用同等规模其他桥型60%的费用即建成,使钢管混凝土拱桥成为同等跨度斜拉桥、悬索桥的有力竞争桥型。

图3-107 合江长江一桥实景

3.7 四川合江长江三桥

3.7.1 工程概况

3.7.1.1 桥梁位置

根据国家发展和改革委员会文件《国家公路网

规划（2013—2030 年）》（发改基础〔2013〕980 号）（2013 年 5 月），省道 S308 线泸州—合江段将成为规划国道 G353 国道（宁德—福贡）的组成部分。根据四川省人民政府文件《四川省人民政府关于四川省普通省道网布局规划（2014—2030 年）的批复》（川府函〔2014〕134 号），县道合牛路（XE10）将成为规划 S438 省道得胜（泸县）—分水（叙永）的组成部分。四川合江长江三桥将成为省道 S438（现县道 XE10）跨越长江的重要桥梁，亦是连接省道、泸渝高速公路与国道 G353（现省道 S308）的重要纽带，如图 3-108 所示。

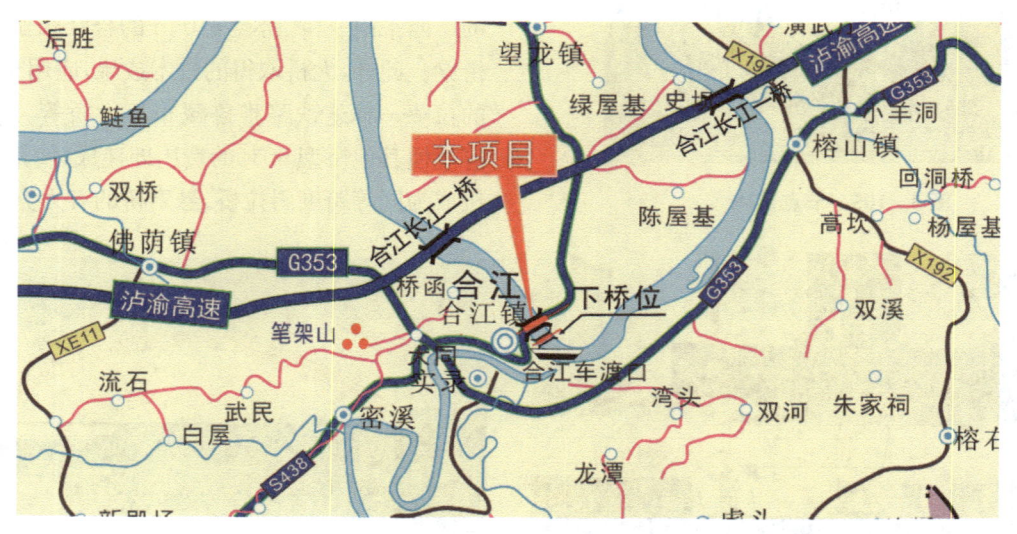

图 3-108　桥位地理位置

国、省道调整方案的实施，将贯彻落实国家路网布局总体战略。合江长江三桥将作为连接国道与泸渝高速公路的纽带，有利于加强区域互动，密切区际联系，有利于发挥川南经济区与相邻经济区的优势，促进区域生产要素合理流动，加快相互促进、优势互补、共同发展的区域发展总体战略形成。

合江长江三桥属于长江干流过境通道，该桥的建设是落实国家过江通道总体战略的需要。该桥建设区域附近有泸州长江大桥、泸州长江二桥、合江长江一桥等 7 座长江桥，它们或分布在离合江县城较远的泸州市区，或为高速公路框架上的桥梁，并不能直接满足合江县城经济发展和合江县城的越江发展需求，不适合作为合江县城区南北两岸的便捷过江通道，限制了合江县城的发展。

3.7.1.2　技术标准

经过论证，合江长江三桥采用的技术标准为：① 道路等级：一级公路；② 设计速度：60 km/h；③ 设计荷载：公路-Ⅰ级，人群荷载按 JTG D60 规范执行；④ 桥面跨度及总体布置：符阳路城市引桥段，0.5 m 护栏＋2.5 m 右侧路肩＋2×3.5 m 车行道＋2.0 m 中间带＋2×3.5 m 车行道＋2.5 m 右侧路肩＋0.5 m 护栏，全宽 22 m；跨江及开发区岸段，2.5 m（人行道）＋3.0 m（公交车道）＋2×3.5 m（车行道）＋2.0 m＋2×3.5 m（车行道）＋3.0 m（公交车道）＋2.5 m（人行道），全宽 27 m；⑤ 设计洪水频率：300 年一遇，对应设计洪水位：225.371 m（1985 年国家高程基准）；⑥ 通航等级：现状Ⅲ-（1）级，远期规划Ⅰ-（3）级，通航净空高度大于 18 m；⑦ 最高通航水位：天然河道的最高通航水位：225.50 m（1985 年国家高程基准）；⑧ 地震基本烈度：Ⅵ度，按Ⅶ度设防；⑨ 地震动峰值加速度：0.05g；⑩ 设计风速：26.3 m/s。

3.7.1.3 基础资料

1) 地理位置

合江县位于四川省南部边缘,地处四川盆地与云贵高原的过渡地带,地跨东经 $105°32'\sim106°28'$,北纬 $28°27'\sim29°01'$。东临江津,紧邻西南重镇重庆;南接贵州赤水、习水,扼守川南黔北门户;西与纳溪、叙永接壤;北同江津、永川毗邻。全县东西长 81 km,南北宽 61 km,面积 2 422 km²。全县有长江、赤水河两大水系,有河溪 104 条,其中较大的有大漕河、小漕河、习水河、佛龙溪等 18 条。

2) 桥位处岩土力学参数

场区地震基本烈度为Ⅵ度。区域稳定性较好,地层结构、水文地质条件较简单,未见有断裂构造,未发现不良地质现象。拟建大桥所跨长江河道比较顺直,桥轴线与长江近于正交,河床宽 470~740 m,河床基本稳定。钻孔揭示的岩土力学参数见表 3-69。

表 3-69 岩土物理力学参数建议值表

地层代号	岩土名称	状态	天然密度/(g·m⁻³)	标贯击数	动探击数 N_{120}	天然极限抗压强度/MPa	容许承载力/MPa	桩周土极限摩阻力/MPa	基底摩擦系数
Q_4^{dl+el}	黏土	软塑—硬塑					0.18	0.050	0.30
Q_4^{me}	碎石	松散	2.1				0.30	0.140	0.50
Q_{4-2}^{al}	粉土	松散		5			0.15	0.045	0.30
	卵石	松散—中密	2.1		0.8~11.0		0.50	0.180	0.50
Q_{4-1}^{al}	黏土	软塑—硬塑	0.8				0.18	0.050	0.30
	粉土	松散		5			0.15	0.045	0.30
J_2^s	粉砂岩	强风化					0.50		0.45
		弱风化	2.56			42.69	2.00		0.60
	泥岩	强风化					0.40		0.40
		弱风化	2.56			7.76	0.80		0.50
	细砂岩	强风化					0.60		0.50
		弱风化	2.52			54.98	2.50		0.60

3) 气候条件

桥区气候属亚热带湿润季风气候,该地区年平均气温为 18.2 ℃,年极端最高气温 40.7 ℃,年极端最低气温 -1.4 ℃;年平均相对湿度 82.0%;年日照时数 1 348.9 h,年日照百分率 31.0%;年平均雾日数 14.4 d,年最多雾日数 59 d,年最少雾日数 3 d;年平均风速 1.3 m/s,最大风速 12 m/s,常风向北风,强风向为北风和南风。近 5 年,合江县年均降雨量为 1 016.7 mm。2010 年泸州市域降水为硫酸型污染。降水 pH 值在 3.41~7.70,全年 pH 值均值为 4.53 (低于 5.0),酸雨频率为 50.7%。

4) 通航条件

2005—2008 年该河段实施泸渝段航道建设工程,从 2008 年 9 月 26 日起全面提高了泸渝段航道维护标准,航道按Ⅲ级航道标准开始试运行,其航道尺度为 2.7 m×50 m×560 m(水深×航宽×弯曲半径),枯水期可通航 1 000 t 级船舶及其组成的船队。

根据《长江干线航道发展规划》和《长江干线航道总体规划纲要》,本河段的航道等级将提高为Ⅰ级,天然河道的最高通航水位为 225.50 m。根据远期代表船队尺度和桥区水流与桥轴线法向最大夹角,该桥应满足的最小通航净宽为:单向航宽 $B_{m1}=213$ m,双向航宽 $B_{m2}=396$ m。采用主跨 507 m 飞燕式钢管混凝土拱桥方案,通航方案为单孔双向通航,通航孔通航净宽为 463 m、桥孔上底宽度为 409 m,通航净宽尺度均满足要求。综合考虑天然航道和拟建桥梁下游的枢纽建设情况,计算出设计最低通航水位为 205.29 m,天然河道的最高通航水位为 225.50 m。

3.7.2 桥位与桥型

3.7.2.1 桥位的选择

对于桥位的研究,在征求当地相关部门意见后,根据县城长江两岸城区规划,结合大桥通航净空尺度论证及合江县路网的规划等因素,拟定了合江县城范围内上、下两个桥位,其主要技术指标比较论证见表 3-70。

通过对路网规划及城市规划、城市整体布局与发展、两岸接线及交通组织、技术难度及经济性指标等方面进行比较得出,上桥位优于下桥位,推荐采用上桥位。该推荐意见获得了"预可""工可""行洪""环境保护""通航"等审查专家的认同,并获得了主管单位和国家发改委的批准。

表 3-70　上、下桥位主要技术指标比较

序号	项 目	上 桥 位	下 桥 位
1	水文情况与通航安全	河道较为顺直,地形及水文情况较好,较容易满足通航要求	位于两江交汇口附近,水文情况复杂,且位于长江弯道,要求更大跨径来满足通航要求
2	路网规划及城市规划	符合合江县路网规划及城市规划	不符合合江县路网规划及城市规划
3	城市整体布局与发展	连接老县城与规划新区的城市中心地带,有利于城市整体布局	距离城市中心地带较远
4	两岸居民生活	方便两岸居民生活往来	不方便两岸居民生活往来
5	两岸开挖、拆迁情况	两岸开挖量小,无新增拆迁	两岸开挖量大,拆迁量大
6	两岸接线及交通组织	两岸接线便利,交通组织顺畅	两岸接线不方便,交通组织不顺畅
7	技术难度	主跨跨径较小,技术难度一般	主跨跨径较大,技术难度增加
8	经济性指标	经济指标较好	经济指标较差

3.7.2.2 路线设计

(1)平面。采用桥位的路线起于长江南岸旧城区符阳路原有城市道路的交叉点,跨越长江南岸滨江路、护岸大堤和长江后,与白塔组团规划城区道路连接。桥位轴线与长江中低通航水位的主流方向基本垂直。路线起点桩号位于少岷路与符阳路交叉转盘中心,其起点桩号为 K0+049,路线止点桩号为 K1+469,路线全长 1 420 m。

(2)纵面。地面高程控制点为少岷路与符阳路交叉转盘中心 242.826 m;主桥通航净高,其天然河道的最高通航水位为 225.50 m,要求通航净空高度大于 18 m。

(3)通航论证报告、通航论证咨询意见、通航论证专家审查意见要求主跨起拱标高不得低于 230.50 m,且主墩顶部应具有足够的防撞能力。

(4)该桥设计洪水频率的最高通航水位为 225.371 m,最低通航高度为 18 m,洪水淹没宽度大。所以,桥梁两岸接线标高设置在较高的位置,以满足城市发展的要求,使大桥的抗洪灾能力得到加强。

(5)桥梁引桥与旧城区道路相互衔接处,旧城的交通组织要求引桥迅速起坡,保证引桥与符阳路路面在空间上进行分离,形成可以利用的桥下空间,方便底层道路交通组织,实现底层道路的市政路网功能。

(6)长江北岸需跨越规划滨江路再与北岸规划道路相接,而北岸地面高程较高,需要设置较大纵坡。

(7)通航论证及通航审查专家意见,要求主拱起拱标高不得低于 230.50 m,同时,结合中承式钢管混凝土系杆拱桥受力与景观要求、结构构造合理要求,主桥的纵坡应沿主跨中心两岸对称,其最大纵坡为 2.98%。

3.7.2.3 桥型论证

根据桥位地形情况,拟定的桥型方案包括拱桥、斜拉桥和悬索桥,各桥型比较见表 3-71。

表 3-71 桥型总体比较论证
单位：m

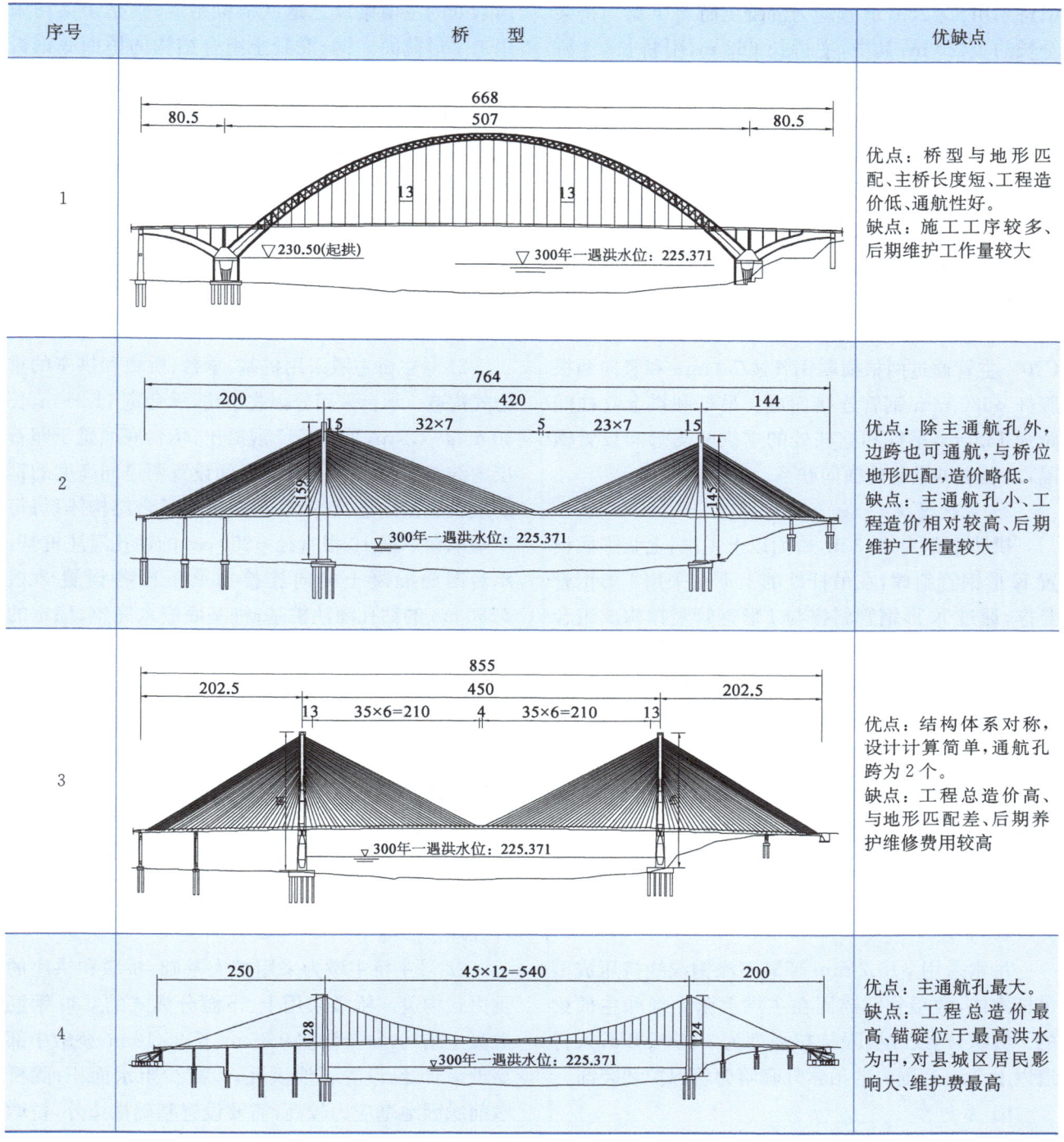

序号	桥型	优缺点
1	（668；80.5＋507＋80.5；13；▽230.50(起拱)；▽300年一遇洪水位：225.371）	优点：桥型与地形匹配、主桥长度短、工程造价低、通航性好。缺点：施工工序较多、后期维护工作量较大
2	（764；200＋420＋144；32×7，23×7，15，5，15；145；▽300年一遇洪水位：225.371）	优点：除主通航孔外，边跨也可通航，与桥位地形匹配，造价略低。缺点：主通航孔小、工程造价相对较高、后期维护工作量较大
3	（855；202.5＋450＋202.5；35×6=210，4，35×6=210，13；▽300年一遇洪水位：225.371）	优点：结构体系对称，设计计算简单，通航孔跨为2个。缺点：工程总造价高、与地形匹配差、后期养护维修费用较高
4	（250＋45×12=540＋200；128；124；▽300年一遇洪水位：225.371）	优点：主通航孔最大。缺点：工程总造价最高、锚碇位于最高洪水为中，对县城区居民影响大、维护费最高

桥位可行的四种不同桥型初步比较论证表明，悬索桥和对称斜拉桥不仅工程造价高达5亿元以上，而且具有技术指标低、后期维护费用高、与地形匹配差等缺点，其可比较的技术与经济指标低，不再作为初步设计比较论证桥型。而中承式钢管混凝土拱桥系杆拱桥和高低塔斜拉桥具有较好比较价值，再进行深入比较论证后，确定施工图设计推荐桥型。

3.7.3 总体设计

3.7.3.1 跨径组合

根据地形地质、通航行洪条件、结构特点，其主桥采用 80.5 m＋507 m＋80.5 m 中承式钢管混凝土系杆拱桥，主跨为中承式钢管混凝土主拱，边跨为钢管混凝土劲性骨架外包混凝土拱桥；符阳路岸引桥采用 20×30.0 m 预应力混凝土简支 T 梁，开发区岸引桥采用 4×25.0 m 预应力混凝土简支 T 梁。桥梁全长约 1 420 m，其中，主桥长 668 m，引桥长（含桥台）752 m。

3.7.3.2 上部结构

1) 主跨拱肋

主拱拱肋采用钢管混凝土桁架结构，主孔跨径 507 m，净矢跨比 1/4，拱轴系数为 1.5。拱顶截面径向高为 7.0 m；拱脚截面径向高为 14.0 m，肋宽为 4.0 m；每肋由上、下各两根 $\phi1\,300$ mm×22（26、30、32）mm 的钢管混凝土主管组成，管内混凝土采用 C70。主管通过两根横联钢管 $\phi760$ mm 和竖向两根腹杆 $\phi660$ mm 钢管连接而成。吊杆和拱上立柱间距为 13.0 m，吊杆和立柱处的主拱两支管间设置横隔，加强主拱拱肋的横向联系。

2) 主跨横撑

拱肋中距为 25.3 m，桥面以上主拱，上弦平面设置 K 形钢管斜撑，在吊杆处的上下弦采用 I 形钢管竖撑，通过 K 形钢管斜撑与 I 形钢管竖撑构成组合式横撑。桥面以下的主拱段设置钢管混凝土组合加劲桁式横撑，主拱与桥面交叉处，支撑桥面梁的横撑兼作肋间横撑。

3) 边跨拱圈

主桥边拱采用钢管混凝土劲性骨架箱形拱肋，横撑采用型钢骨架外包钢筋混凝土组成的箱形结构，边拱拱肋间，各设置一道中横撑和端横撑，边拱交界墩侧的端部设置了系杆索的张拉、检修和换索平台。

4) 吊索

吊索采用 $\phi15.2$ mm 环氧喷涂钢绞线挤压成型吊杆索体，两端分别锚固在主拱上弦上缘和主横梁的下翼缘，钢绞线极限抗拉强度为 1 960 MPa，人行道以上 5 m 范围内的吊索外套哈弗管保护和装饰。

5) 系杆索

采用 $\phi15.2$ mm 环氧喷涂钢绞线成品索体，极限抗拉强度为 1 960 MPa，每个主拱肋采用 55ϕ15.2 mm 的索共计 12 根，全宽桥梁系杆索共计 24 根。主桥系杆索设置于主拱肋与边拱肋对应位置的桥面纵横格子梁上，在主、次横梁上设置专用支架支撑系杆索，系杆索的两端采用定型耐久性锚具。

6) 桥面梁

桥面梁采用钢格子梁的钢-混凝土组合桥面，桥面钢格子梁由两道主纵梁（吊索处）、两道次纵梁与吊索处的主横梁及三道次横梁组成；钢格子梁均采用工字形截面。钢-混凝土组合结构的桥面底钢板厚 8 mm，桥面板标准总厚度（含混凝土板和钢底板）为 15 cm，承托处的总厚度为 26 cm；桥面铺装 5 cm 厚的改性沥青混凝土。

3.7.3.3 下部结构

20 号主桥交界桥墩为采用群桩、承台、箱形截面立柱的钢筋混凝土结构，桩基础采用钻孔灌注桩。为防撞需要，在通航水位适当的位置，设置了一道横系梁。

21 号主桥主墩采用桩基、承台、桥墩和拱座的重力式构造。承台采用分幅式结构，承台宽 11.25 m、长 30 m、高 4.5 m，采用 C30 混凝土，承台底面置于卵石层内约 2.5 m。上、下游承台间设置两道同高度的钢筋混凝土横向连接撑梁，形成框架承台结构体系；每半幅承台下设 10 根直径 $\phi250$ cm 的钻孔灌注桩基，承台钢筋混凝土横向连接撑梁下面各设置 2 根 $\phi250$ cm 的钻孔灌注桩基；桩基底嵌入完整、稳定的中风化细砂岩内，基岩饱和状态抗压强度 $Q_j \geqslant$ 21 MPa；采用 C30 水下混凝土。

桥墩为采用上、下游分离式的钢筋混凝土结构，桥墩顶部设置两道钢筋混凝土"拱形"横梁连接，拱形横梁内各设置两束预应力钢束；每个墩宽 9.85 m、长 25.10 m；桥墩中部靠近承台处，设置了泄洪孔，以减少阻水面积。主墩采用 C30 混凝土。为美化其外观，将墩身纵、横向表面进行了勾线、开槽、色差等设计处理。

22 号主桥主墩为采用扩大基础、桥墩和拱座的重力式构造。桥墩采用上、下游分离式的 C30 钢筋混凝土结构，每个墩宽 9.85 m、长 25.10 m；桥墩中部靠近承台处，设置了泄洪孔，以减少阻水面积；除桥墩前缘因地基应力较高，需要设置基础襟边外，桥墩墩身的侧面和后部与桥墩同尺寸，且与地基形成锚固结构直接嵌入基岩。桥墩顶部设置两道钢筋混凝土"拱形"横梁连接，"拱形"横梁内各设置两束预应力钢束。

21 号和 22 号桥墩的拱座采用 C40 混凝土，拱座顶宽 8.0 m、长 5.593 m，并与桥墩顶面放坡形成拱座，拱座内设置了定位主、边拱预埋件的型钢结构，施工单位可以结合本单位资源优势，在不降低安全条件下对其进行优化,并经监理、业主审批后方可实施。

23号主桥交界墩采用钢筋混凝土箱形截面,采用墩柱与桩基同坡度、同尺寸的结构形式,并与边拱飞燕端部、符阳路岸的交界桥墩对应。

3.7.3.4 桥面系

主桥桥面铺装采用5 cm厚改性沥青混凝土,沥青混凝土与桥面板间设置防水构造,引桥采用10 cm厚C40纤维混凝土整平层和7 cm厚改性沥青混凝土桥面铺装,主桥人行道采用地板胶(引桥和下桥人行桥的人行道同样采用地板胶);行车道中央设置护栏和绿化带,两侧设置防撞护栏;在交界桥墩墩顶设置320 mm型伸缩缝、两岸桥台和5号桥墩处设置80 mm型伸缩缝,全桥设置纵向排水管,沿全桥纵向排水,在两岸交界墩和桥台处将水引至地面排除。

3.7.3.5 主拱施工

1) 主拱安装体系

(1)安装体系确定。鉴于主跨507 m的中承式钢管混凝土拱桥的主拱安装需要,结合地形水文和通航等特点,主拱、桥面梁等构件安装,采用转体、大节段竖直提升等工艺难度大、风险与工程造价高,因此,采用缆索吊装、斜拉扣挂法安装主拱、桥面梁的工艺是较合理的施工方法。主拱、桥面梁和边跨安装的扣挂体系总体布置如图3-109所示。扣挂体系由锚固点、张拉锚点、扣塔、锚碇及扣索五大结构组成。

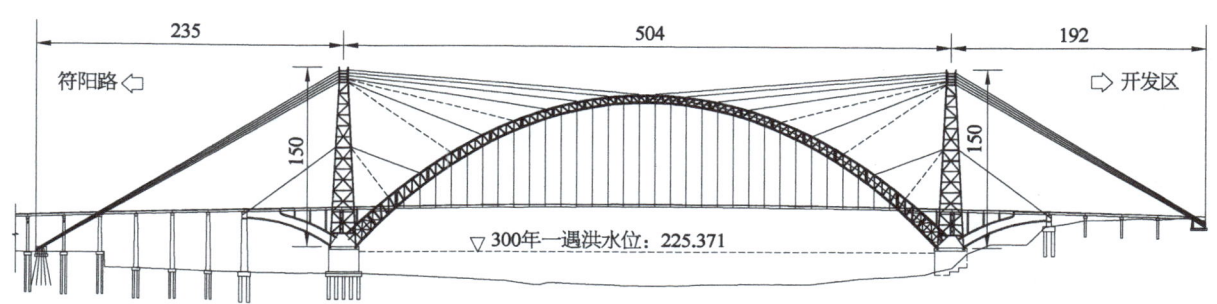

图3-109 主拱、桥面梁安装体系总体布置(单位:m)

(2)扣塔。采用钢管混凝土桁式结构,扣索张拉端采用加劲环形钢板和肋板组成锚固段,并与扣塔组成共同受力的结构体系。如果工期计划满足要求,拆除扣塔的构件,可用于建设下桥人行天桥,扣索可以用于引桥预应力混凝土T梁预制。

(3)锚碇。开发区岸地质情况较好,采用预应力组合式锚碇结构;符阳路岸因覆盖层较厚,采用承压板式锚碇结构。两岸锚碇安全系数均满足规范要求。

(4)扣索。扣索采用预应力钢绞线,施工过程中应采取有效措施保护,避免损伤而影响再利用结构的安全。

(5)吊塔。支撑于扣挂体系扣塔顶端的吊装体系由索塔、天线、锚碇组成。设置于扣塔顶,与扣塔铰接,吊塔传递给扣塔顶的竖直力不得大于4 800 kN,且不得有水平力作用于扣塔顶;否则,应重新设计和计算扣塔。

2) 主拱加工

主拱钢管桁架的加工应在具有较先进设备、较好场地和经过培训技术人员的工厂完成,并应进行全面的自检和复检,按设计的防腐方案进行结构表面的防腐,检查验收合格后方可运至现场起吊。主拱最大吊装重量为160 t。根据总体施工加载程序安排,外包拱脚混凝土,满足受力和防撞需要。

3) 主、边拱安装

主拱节段采用吊装方案逐节段吊装完成,吊装顺序为每节段内上、下游拱肋及相应横撑同步进行,拱肋接头设计为先栓接再焊接。每一扣段的吊装节段就位后,应调整扣索力,使拱肋轴线位于设计标高,当安装误差满足规定要求后,即可焊接主拱钢管接头。

边拱骨架可以在枯水位时,采用汽车吊起吊,与扣塔同时安装、灌注钢管内混凝土,再根据施工加载程序的安排,外包钢筋混凝土;外包钢筋混凝土的模板与材料等,利用扣挂体系或者吊装体系起吊运输,也可以利用先期安装的扣塔和临时起吊缆索作为吊装体系起吊边拱骨架,或者待扣塔、吊塔安装完成后再安装边拱骨架、灌注钢管内混凝土、外包钢筋混凝土等,所有工序安排应根据工期和施工季节调整和规划。边拱骨架最大吊装重量为 40 t。

4) 钢管混凝土浇注

拱肋合龙形成完整的主拱，监控单位完成各项测试，并经分析满足计算及规范要求以后，即可灌注主拱上、下弦钢管内混凝土和设计指定的横联、支管、横撑、横梁等构件内混凝土。采用 C70 高性能混凝土，以泵压法自拱脚向拱顶，按设计的横桥向的灌注顺序和纵桥向的"三级接力灌注法"灌注主拱钢管内混凝土，灌注混凝土时应分不同阶段张拉设计指定的扣索及索力。横联、支管、横撑、横梁等构件钢管内混凝土，可以采用泵压法，也可以采用人工灌注方法实施，但均应事先完成灌注工艺设计报告，请监理、业主审查批准。

施工单位应准备 5 台能正常使用的泵送设备，在桥位两岸各设两台；其中一台泵送混凝土，另一台安装就位，接替上一台泵送机准备终点处，当上一台泵送机将钢管内混凝土泵送到准备终点处，立即停止上一台泵送机工作，并迅速起动下一台泵送机工作，这样交替、"接力"进行管内混凝土灌注；另一台泵送机为两岸临时备用。

C70 混凝土中应掺入适量多功能高效减水剂和膨胀剂，且压注前应进行工地材料试验并测定各项性能指标是否满足要求；要求 C70 混凝土具有低泡、大流动性、收缩补偿、延后初凝（初凝时间大于 12 h）、不泌水、不分层、黏聚性能好和具有早强的工作性能；钢管内混凝土必须完全饱满，钢管混凝土的施工质量检查应采用敲击、超声波、钻孔等手段检验，合格后方可进行下一步施工。

边拱骨架主管内混凝土灌注，应单肢采用泵送法一次灌注完成，待上肢主管内混凝土强度达到设计强度后，再灌注下一根钢管内混凝土，且钢管内混凝土脱空率小于 0.6%，灌注边拱主管内混凝土的顺序应上下游对称均衡，其灌注设计先后顺序与主拱相同。

5) 主、边拱外包混凝土

主拱拱脚及边拱，分环分段外包钢筋混凝土，施工时应根据设计施工顺序依次完成外包混凝土，为了防止外包混凝土开裂，设计采用减缩型外加剂，降低混凝土收缩量。

6) 系杆张拉

主桥系杆张拉分三次完成，即主拱钢管合龙，边拱第一环外包混凝土完成后 5 天，张拉系杆索的第一层（张拉系杆索后可拆除边拱临时支架）；待主拱管内混凝土灌注完成、安装桥面梁、边拱外包混凝土全部完成后，张拉第二层系杆索；待桥面板混凝土浇注完成后，张拉第三层系杆索。

7) 拱上结构安装

拱上结构和桥面梁的施工，除桥面格子梁安装要求两岸交替对称、主次横梁交替安装外，其余施工构件安装方案由施工单位根据现场条件和施工技术特长，在施工组织设计中完善，报监理、业主审查批准。桥面格子梁、吊杆安装先于人行道梁安装，而人行道梁采用钢结构，因此，人行道的制造设计，应首先策划现场安装工艺技术。

3.7.4 技术特点

该桥为主跨 507 m 中承式钢管混凝土系杆拱桥，是世界最大跨度的钢管混凝土系杆拱桥，设计与施工中，采用了系列技术保证了该桥顺利建成通车（图 3-110）。

图 3-110 桥梁总体布置照片

3.7.4.1 建立了超大跨径钢管混凝土拱桥的核心计算理论

揭示了超高强钢管混凝土（≥C70）压、弯、剪等力学行为规律，建立了轴压本构关系与承载力计算方法；建立了超大直径钢管混凝土（$D \geqslant 1.0$ m）温度场及温度效应理论，提出了温度作用计算方法；揭示了超大直径钢管混凝土（$D \geqslant 1.0$ m）含钢率、偏心率影响的徐变特性，提出了徐变系数计算方法。攻克了超大跨径钢管混凝土拱桥核心计算理论难题，为钢管混凝土拱桥的行业、国家标准制定提供了技术支撑。

1) 超高强钢管混凝土(≥C70)承载力计算方法

现行规范对钢管混凝土承载力计算,是基于普通钢管混凝土(≤C60)试验研究提出的。为满足降低自重、提高承载力的目标要求,500 m级钢管混凝土拱桥采用超高强钢管混凝土(≥C70)。研究表明,超高强钢管混凝土的套箍约束、破坏特征和失效模式将发生改变,常规钢管混凝土承载力计算方法已不适用。因此,通过超高强钢管混凝土的压、剪、弯模型试验(图3-111)研究,探明了其极限强度、延性发展与衰变历程,与普通钢管混凝土相比,其横向变形系数更大(图3-112)、套箍约束作用更强、与结构受力更同步,提升了刚度和承载能力(图3-113);基于统一理论建立了超高强钢管混凝土材料本构关系,提出了超高强钢管混凝土承载力计算方法,为超高强钢管混凝土结构设计奠定了理论基础。

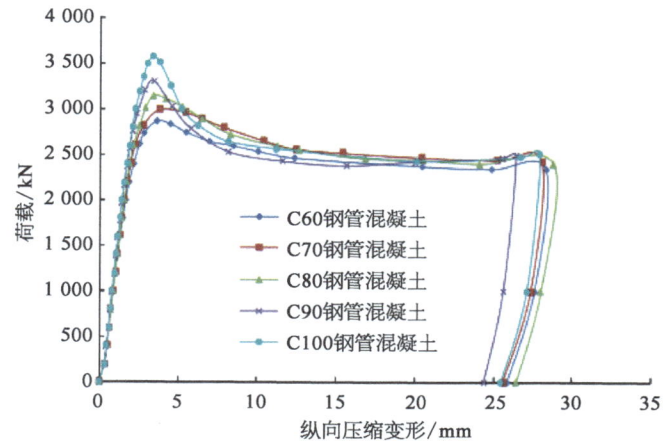

图3-113 轴压力学行为

轴压承载力 $N = (1.490 + 0.689\xi_0) f_{cd} A_{sc}$

偏压承载力 $N \leqslant \alpha_e \varphi_e f_{sc} A_{sc}$, $\varphi_e = \dfrac{1}{1 + \dfrac{1.85 e_0}{r}}$

受弯承载力 $M = \dfrac{2}{3} r^3 f_{sc} \sin^3\theta + r^3 \alpha_s f_y \dfrac{(\pi-\theta)\sin\theta}{\theta}$, $f_{sc} = (1.49 + 0.689\xi_0) f_{cd}$

受剪承载力 $V = (0.422 + 0.313 a_s^{2.33}) \gamma_v \xi_0^{0.134} f_{sc} A_{sc}$, $\gamma_v = -0.2953 + 1.2981\sqrt{\xi_0}$

图3-111 模型试验

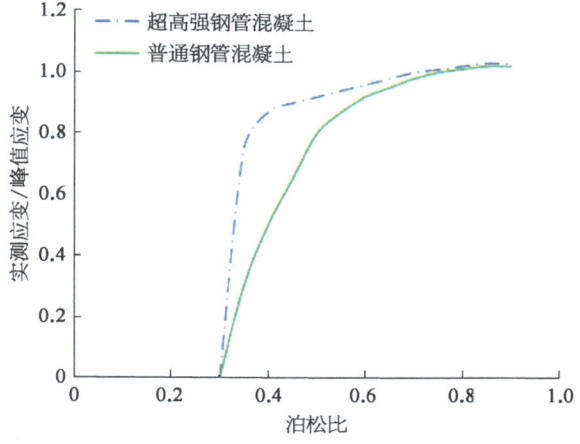

图3-112 横向变形系数对比

2) 超大直径钢管混凝土(D≥1.0 m)温度计算方法

现行规范对钢管混凝土温度作用计算,是基于小尺寸钢管混凝土(D≤0.85 m)试验研究提出的,拱桁截面梯度温度取值与管径无关。500 m级钢管混凝土拱桥主管直径超过1.3 m,管内核心混凝土温度延迟效应、钢管向阳面与背阴面温差效应愈发突出,若沿用常规温度作用计算方法,将使超大跨径钢管混凝土拱桥的设计安全度低、可靠性差。因此,通过超大直径钢管混凝土(D≥1.0 m)足尺模型试验研究和实桥测试,探明了不同部位、环境、日照条件下截面温度分布规律,建立了非线性温度场及温度效应理论,提出了温度作用计算方法,为超大直径钢管混凝土(D≥1.0 m)温度作用计算提供了依据。其中截面径向温度梯度函数如下:

$$\Delta T = \begin{cases} T_0\left(-1.68\dfrac{y}{D}+1\right), & 0 \leqslant y < \dfrac{D}{6} \\ T_0\left[3.8\left(\dfrac{y}{D}\right)^2 - 4.6\dfrac{y}{D} + 1.38\right], & \dfrac{D}{6} \leqslant y < \dfrac{2}{3}D \\ T_0\left(0.6\dfrac{y}{D} - 0.4\right), & \dfrac{2}{3}D \leqslant y \leqslant D \end{cases}$$

根据截面径向温度梯度函数,建立截面径向温度梯度曲线,如图3-114所示。

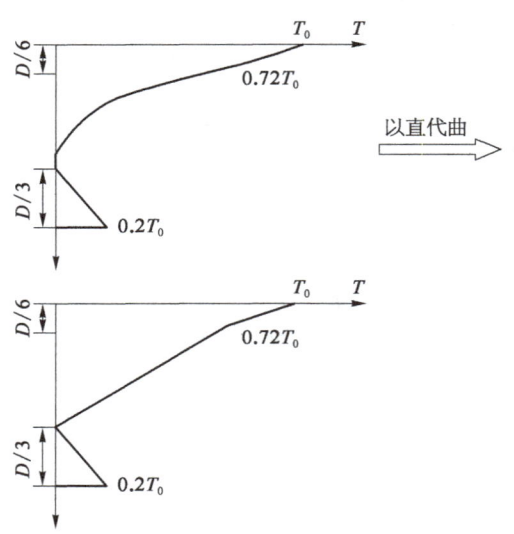

图3-114 截面径向温度梯度曲线

3) 超大直径钢管混凝土($D \geqslant 1.0$ m)徐变系数计算方法

$$\varphi'(t, t_0) = \frac{\varphi(t, t_0)}{1 + \frac{E_s}{E_c}[1 + \rho\varphi(t, t_0)]k}$$

$$k = \frac{A_s}{A_c}, \quad \rho = \frac{1}{1 - e^{-\varphi(t, t_0)}} - \frac{1}{\varphi(t, t_0)}$$

传统钢管混凝土拱桥徐变计算时,参考钢筋混凝土桥梁规范,将钢管混凝土换算为普通混凝土进行徐变计算,未考虑钢管对混凝土套箍约束作用。500 m级钢管混凝土拱桥主管直径超过1.3 m,徐变引起钢管与混凝土之间应力重分布现象愈发突出,急需找到一种简便又贴合实际的徐变计算方法。因此,通过节段模型试验,探明了钢管混凝土徐变应力重分布规律,揭示了钢管混凝土含钢率、偏心率影响的徐变特性,提出了考虑套箍约束效应的钢管混凝土徐变系数计算方法,提升了超大跨径钢管混凝土拱桥徐变计算的科学性和实用性。

3.7.4.2 提出了超大跨径钢管混凝土拱桥的关键结构设计

提出了系杆张拉力与主拱、边拱、拱座的刚度匹配设计原则,建立了超大跨径飞燕式系杆拱桥合理结构体系;提出了吊索、主梁、桥面板的协同强劲化设计方法,建立了主拱悬吊桥面结构的多维连接体系;揭示了主拱横向受力规律,提出了主拱组合式横撑和内横隔新型构造;探明了索体病害与破坏机理,提出了长效防腐吊索和系杆索结构体系。解决了超大跨径钢管混凝土拱桥结构设计难题,有效提升了桥梁力学性能、耐久性和经济性。

1) 提出了超大跨径飞燕式拱桥结构体系设计方法

500 m级飞燕式拱桥的主拱、边拱、桥面梁、系杆和吊杆受力相互影响复杂,系杆张拉工序繁复,主桥伸缩量大,行车舒适性差。为此,通过理论分析和实桥测试,揭示了超大跨径飞燕式拱桥受力规律,提出了系杆张拉力与主拱、边拱、拱座的刚度匹配设计原则,建立了超大跨径飞燕式系杆拱桥合理结构体系,还原边拱刚臂设计理念,保证边拱在施工运营全过程无相对位移。与传统技术相比,通过提高边拱刚度形成传力刚臂,系杆高效传递给拱座基础,系杆张拉次数由同等规模桥梁20次减少到3次,主拱成拱前无须张拉,避免因张拉系杆而设置猫道,同时主桥伸缩量值由320 mm减少到80 mm,极大提升了施工便利性和行车舒适性(图3-115和图3-116)。

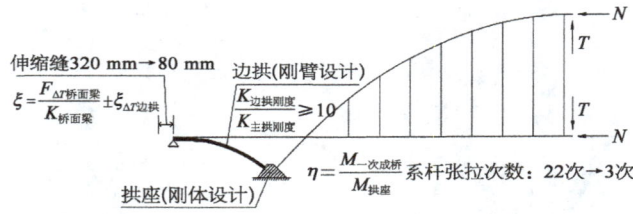

图3-115 系杆张拉和伸缩缝量值设计方法

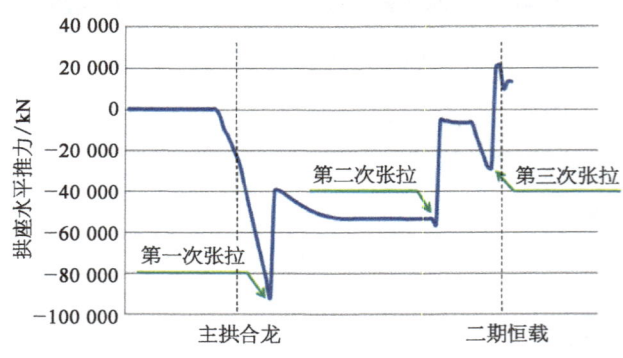

图3-116 系杆张拉拱座水平推力

2) 建立了主拱悬吊桥面结构的多维连接体系

500 m级钢管混凝土拱桥最大吊索长度超过100 m,吊索和桥面梁组成的主拱悬吊结构体系柔性大、自振频率低,且与主拱的刚度和自振频率相差大,造成主拱与悬吊结构体系动力性能难以协调(图3-117)。为此,提出了设置吊索抗风减振串联索,提高吊索整体性;增加吊索截面面积,提高吊索抗拉刚度;增加主梁纵横向减振制振限位构造、采用整体式钢-混凝土组合桥面板,降低桥面梁的振动性能;形成了主拱悬吊结构的多维连接体系,如图3-118所示。试验研究和实桥测试数据表明,悬吊桥面结构体系一阶自振频率提高51%,主拱与桥面梁的自振频率差降低60%,实现了主拱、吊索、桥面梁的整体匹配和振动协调,提高了结构整体性,增强了抗震防灾能力。

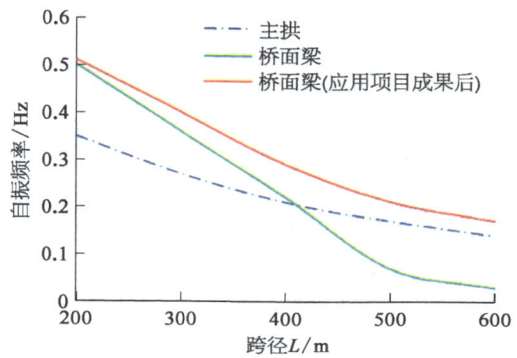

图3-117 主拱悬吊结构一阶自振频率

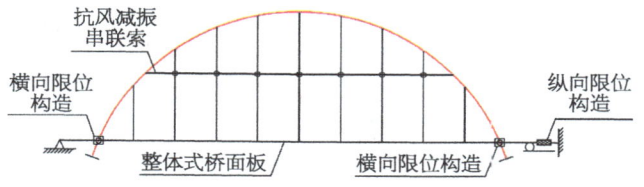

图3-118 主拱悬吊结构的多维连接体系

3) 开发了主拱组合式横撑和内横隔的新型构造

500 m级钢管混凝土拱桥宽跨比达1/22,主拱腹管长细比达26/1,采用常规主拱横向构造,将导致主拱间横撑和内横隔布置密集、节点应力高、高空作业量大。为此,通过理论分析和试验研究,揭示了主拱横向受力规律,提出了吊索处设置竖向平面撑与顶面设置三角形水平面撑的组合式主拱横撑(图3-91),以及吊索处受压腹管设置全加劲、其余受压腹管处设置浅加劲的内横隔(图3-84),形成了主拱横向新型构造。试验和工程应用表明,采用该构造,横撑与主拱连接处的振动应力峰值降低20%,减少材料用量23%,减少高空焊接接头58%,构造更简洁,安装更方便。

4) 提出了长效防腐的吊索和系杆索结构体系

吊索和系杆索的锚固段索体在安装和丝拧时易损伤、应力水平较高、索体保护环境条件差,锚固段索体检查难度大,已造成四川宜宾小南门大桥、新疆库尔勒孔雀河大桥等工程的桥面梁坍塌,社会影响恶劣,经济损失重大。为此,研发了包括全隔离、全防腐、整体挤压的长效防腐索体构造体系(图3-119),索体摩擦式无损伤整束挤压式锚固,从索体自由段至锚固段采用单元式全隔离防腐。试验研究和工程实践表明,该项技术使吊索和系杆索的防腐使用寿命由15年提高到50年,疲劳寿命提高22%,实现了工程使用可实时监测、检查和更换。

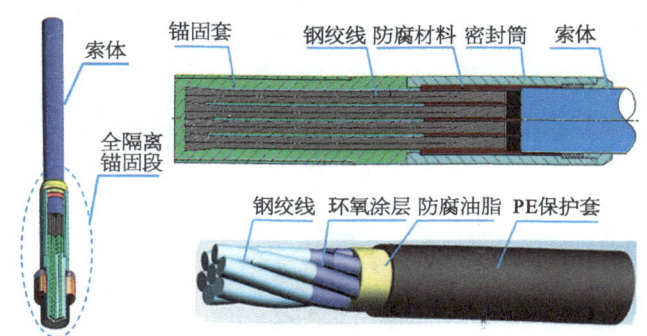

图3-119 全隔离防腐吊索构造

3.7.4.3 开发了超大跨径钢管混凝土拱桥的关键成拱工艺

开发了锚拉板式锚碇和预应力锚索锚碇,形成了主拱安装斜拉扣挂体系的施工锚碇新结构;提出了悬拼单元间设置双竖腹管的主拱结构,研发了主拱制造、运输、安装的一体化独立结构单元;提出了基于全天候管内混凝土灌注的材料和工艺模型试验方法,开发了管内C70混凝土三级"接力"灌注工艺。攻克了超大跨径钢管混凝土拱桥主拱成拱工艺难题,大幅减少了施工费用、风险和周期。

1) 开发了主拱安装斜拉扣挂体系的施工锚碇新结构

随着主拱跨径增加,主拱安装斜拉扣挂体系的施工锚碇体量进一步增大,工程建设成本增高。四川合江长江公路大桥城区岸地质覆盖层厚度超过20 m、锚碇与三面包围的楼房最小间距5 m,若采用重力式临时锚碇,开挖量和弃土量巨大,且无法保证高层楼房安全。因此,提出了设置承压板与桩基础联系成整体受力结构的锚拉板式锚碇（图3-120），以及利用桥台张拉预应力锚索的预应力锚索锚碇（图3-121），形成了施工锚碇新结构。工程实践表明，该新型施工锚碇充分利用了既有桥台，增强了锚碇锚固能力，有效减小锚碇开挖深度，降低了开挖深基坑导致边坡坍塌而威胁房屋安全的施工风险，减少锚碇开挖弃土12 000余 m³，节省工程造价35%，解决了覆盖层厚、周围建筑密集区域的施工锚碇设置难题，同时提升了安全性和经济性。

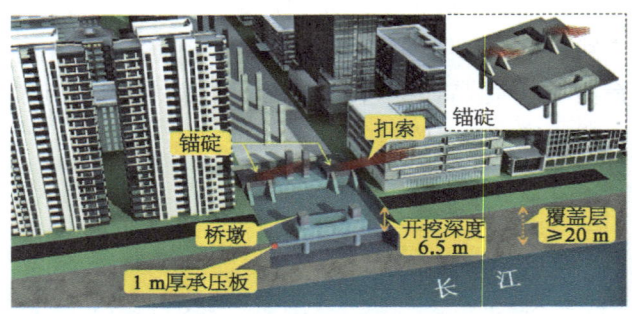

图3-120 锚拉板式锚碇

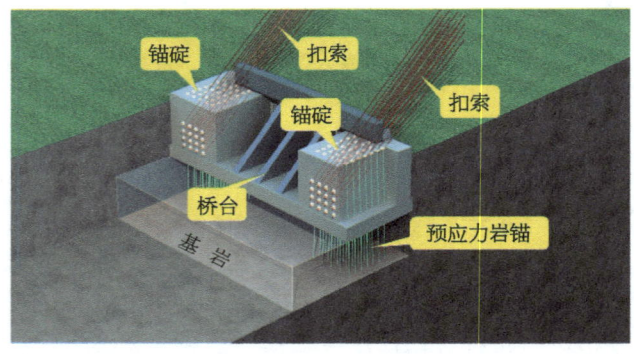

图3-121 预应力锚索锚碇

2) 研发了主拱制造、运输、安装的一体化独立结构单元

500 m级钢管混凝土拱桥主拱斜腹管长达17 m，采用常规技术将面临长斜腹管悬臂安装定位构造复杂、高空焊接量大等问题（图3-80）。为此，研发了悬拼单元间设置双竖腹管的悬拼单元新型主拱结构，仅上下弦管设置高空连接接头，主拱横撑构造设于悬拼单元内，且横撑与主拱同步安装（图3-81）。工程实践表明，悬拼单元重量减轻约30%，高空安装接头和焊接量减少33%，显著降低了涂装损伤，提高了现场施工质量和速度。

3) 开发了管内C70混凝土三级"接力"灌注工艺

500 m级钢管混凝土拱桥主管直径超过1.3 m，管内C70混凝土的灌注高度大于120 m、灌注距离大于300 m、单次灌注方量大于900 m³，高强度、大体量管内混凝土难以灌注密实，在钢管内形成气孔和气囊，容易发生钢管与混凝土脱黏、脱空。为此，基于实桥灌注的工艺、工序、施工组织、天气等实际情况，提出了管内混凝土灌注的材料和工艺模型试验方法（图3-122），开发了管内C70混凝土三级"接力"灌注工艺（图3-123）。保障了主拱管内混凝土全天候顺利灌注，试验与实桥应用表明，主管内混凝土灌注的密实度达100%，解决了制约钢管混凝土结构发展的脱黏、脱空顽疾。

图3-122 三级"接力"灌注工艺试验

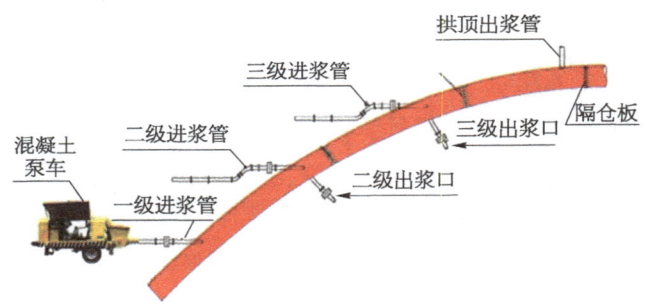

图3-123 主拱三级"接力"灌注示意

3.8 广西平南三桥

3.8.1 工程概述

3.8.1.1 工程位置

平南三桥为广西荔浦—玉林高速公路平南北互通连接线上跨越浔江的一座特大桥，位于平南县西江大桥上游6 km处。平南北互通连接线起点接平南北互通立交收费站，经沙坪顶、遥望、牛交塘、独田、上平田、新屋后，在潭垌处跨越浔江，终点位于九座屋，与平南县规划的西外环线相衔接。根据平南县县城总体规划,平南三桥建成后将作为县城外环路西段跨越浔江的桥梁。

3.8.1.2 技术标准

平南三桥设计的主要技术标准为:① 道路等级:二级公路;② 设计速度:60 km/h;③ 设计荷载:汽车为公路-Ⅰ级,人群荷载按 2.5 kN/m²;④ 桥面净宽:2×8 m(行车道)+2×3.5 m(非机动车道)+2×2.25 m(人行道);⑤ 设计洪水频率:300年一遇;⑥ 通航标准:内河Ⅰ级航道;⑦ 设计风速:24.0 m/s(离地 10 m 高、1%频率、10 min 平均最大风速);⑧ 地震动参数:桥位区地震动峰值加速度值为 0.05g,地震动反应谱特征周期为 0.35 s。

3.8.2 基础资料

3.8.2.1 气象资料

平南三桥位于广西与广东接壤的东南部,属亚热带季风气候类型,太阳辐射量较强,年平均气温 21.5 ℃,最冷 1 月平均气温为 12.1 ℃,最热 7 月气温为 28.8C,昼夜温差为 7.6 ℃;多年平均降水量 1 400~2 100 mm。相对湿度约 80%,年平均日照时数约 1 712 h。风向具有明显的季节性,年平均风速 1.5 m/s,极大风速 29.3 m/s。

3.8.2.2 地质条件

桥位区主要由第四系冲洪积层(Q^{al+pl})、泥盆系中统(D_2)地层组成。本桥位地表水主要为浔江江水,历史最高水位为 41.46 m,钻孔内揭示地下稳定水位高程为 23.37~33.66 m。根据地质调查结果,黏土及粉质黏土为弱透水层,卵石为强透水层,中风化基岩的透水性因裂隙发育程度等情况不同而差异较大。

根据钻探、现场地质调查,并结合附近工程资料,综合确定各岩土层的岩土物理力学参数值见表 3-72。

表 3-72 岩土力学参数推荐值

地 层	项 目				
	承载力基本容许值 $[f_{a0}]$/kPa	钻孔桩侧土摩阻力标准值 q_{ik}/kPa	压缩/变形模量 E/E_0/MPa	饱和单轴抗压强度标准值 f_{rk}/MPa	比例系数 m 和 m_0 及地基抗力系数 $C_0/(\text{kN} \cdot \text{m}^{-4})$
($Q^{al+pl-5}$)黏土	240	70	$E_0=12$	—	—
($Q^{al+pl-4}$)粉质黏土	240	70	$E_0=12$	—	—
($Q^{al+pl-3}$)粉质黏土	200	60	—	—	—
($Q^{al+pl-2}$)粉质黏土	200	60	—	—	—
($Q^{al+pl-1}$)卵石	320	120	—	—	—
(D_2)中风化灰岩	2 000	300	—	30	$C_0=15\,000\,000$
(D_2)中风化泥灰岩	1 200	240	—	10	$C_0=5\,812\,500$

3.8.2.3 通航条件

平南三桥桥位处枯水期河道宽约 450 m,位于平田湾道上,上段弯曲半径约为 1 200 m,转向角约 51°,下段弯曲半径约为 1 200 m,转向角约 95°;离本桥址最近滩分别为上游约 1 500 m 处的姑翁滩、下游约 5 500 m 处的将军滩。实测的航迹线和习惯航线显示,洪水期时上行船舶由平田湾角沿北行驶,在桥址上游附近横穿航道后沿右岸洪水航道上行,下行船舶一般走河道中央顺流行驶。枯水期时浔江水流平顺,上下行船舶一般均走河道中央。设计最高通航水位采用洪水重现期 20 年为 35.88 m,最低通航水位取长洲枢纽库区死水位,即 18.75 m。

3.8.3 桥型方案论证

3.8.3.1 桥型方案论证

(1)主跨 535 m 悬索桥。桥梁中心桩号 LK2+997.5,桥梁全长 1 105 m。主桥孔跨布置为主跨 535 m 双塔单跨悬索桥。南岸引桥为 2×40 m+60 m+2×40 m 预应力连续箱梁桥,北岸引桥为 2×40 m+60 m+2×40 m(预应力连续箱梁桥)+3×40 m(先简支后连续 T 梁桥),引桥全长 570 m。

(2) 主跨 535 m 斜拉桥。桥梁中心桩号 LK2+997.5,桥梁全长 1 105 m。主桥孔跨布置 40 m+60 m+2×40 m+535 m+2×40 m+60 m+40 m 双塔组合-混合梁斜拉桥;主桥全长 895 m,主跨 535 m 一跨过江。南岸引桥为 40 m 简支 T 梁桥,北岸引桥为 4×40 m 先简支后连续 T 梁桥,引桥全长 210 m。

(3) 钢管混凝土拱桥。该方案为最初始的设计方案,桥梁中心桩号 LK2+997.5,桥梁全长 1 105 m。主桥采用中承式钢管混凝土拱桥,计算跨径 592 m,净跨径 564.75 m,主桥长 615 m。南岸引桥为 40 m(简支 T 梁桥)+40 m+60 m+40 m(预应力连续箱梁桥),北岸引桥为 40 m+60 m+40 m(预应力连续箱梁桥)+4×40 m(先简支后连续 T 梁桥),引桥全长 490 m。

(4) 桥型方案比较。根据桥位建设条件、技术标准、国内建桥经验和设计规范要求,结合广西桥梁建造的技术优势和对该桥反复论证,提出了悬索桥、斜拉桥和拱桥方案,对其进行技术、经济比较,见表 3-73。

表 3-73 初步方案技术与经济比较

桥 型		方案一:双塔悬索桥	方案二:双塔斜拉桥	方案三:钢管混凝土拱桥
图 示				
主跨径		535 m	535 m	592 m
北引桥		2×40 m+60 m+2×40 m(连续梁桥)+3×40 m(先简支后连续 T 梁桥)	4×40 m 先简支后连续预应力混凝土 T 梁	40 m+60 m+40 m(预应力连续箱梁桥)+4×40 m(先简支后连续 T 梁桥)
南引桥		2×40 m+60 m+2×40 m 连续梁桥	40 m 简支预应力混凝土 T 梁	40 m(简支 T 梁)+40 m+60 m+40 m(连续梁桥)
桥 长		全长 1 105 m,引桥 570 m	全长 1 105 m,引桥 210 m	全长 1 105 m,引桥 490 m
通 航		一跨过江,满足通航要求	一跨过江,满足通航要求	一跨过江,满足通航要求
行 洪		一跨过江,对行洪影响较小	一跨过江,对行洪影响较小	一跨过江,对行洪影响较小
经济	建安费	6.51 亿元	5.96 亿元	6.56 亿元
施工	施工方法	采用土围堰及止水帷幕施工承台;爬模施工索塔,南岸锚碇采用明挖施工,北岸锚碇采用沉井不排水下沉法施工。钢箱梁节段工厂制造,运至现场吊装拼接	采用土围堰及止水帷幕施工主塔承台;爬模施工索塔,组合梁采用整体工厂预制,运至现场悬臂拼装并现浇横向湿接缝的施工工艺	南岸拱座采用明挖施工,北岸拱座采用沉井不排水下沉法施工。主拱采用节段制造、现场安装。桥面梁工厂制造,现场吊装安装,再浇注桥面板
	施工难易	施工技术经验成熟	施工技术经验成熟	施工技术经验成熟
	工期	总工期约 36 个月,工期较长	总工期约 34 个月,工期略长	总工期约 35 个月,工期略长
养护费		吊索、锚碇需定期检查维护,养护费用相对较高	拉索需定期检查维护,养护费用略高	吊索需定期检查维护,养护费用最低
适用性		结构连续,桥梁刚度较大,行车振动小,适用性较好	结构连续,桥梁刚度较大,行车振动小,适用性较好	结构连续,桥梁刚度最大,行车振动小,适用性最好
景观性		悬索桥造型轻盈,曲线优美	桥型整体比例的协调性稍差	比例和曲线优美,像一道彩虹
推 荐		综合特殊桥梁各项技术、经济指标,推荐采用钢管混凝土拱桥		

经过安全、适用、美观、经济等指标比较论证,推荐双塔斜拉桥和钢管混凝土拱桥方案进行施工图设计。

3.8.3.2 桥型方案再论证

钢管混凝土拱桥方案与双塔斜拉桥方案工程造价接近,施工难度相当。但是,钢管混凝土拱桥方案的技术发展,还有优化的空间,因此,将双塔斜拉桥与优化的钢管混凝土拱桥方案再进行深入比较,论证结果见表3-74。

表3-74 技术设计技术与经济比较

桥型结构		中承式钢管混凝土拱桥	钢-混凝土组合混合梁双塔斜拉桥
图示			
主桥跨径		560 m(计算跨径),主跨长574 m	40 m+60 m+2×40 m+535 m+2×40 m+60 m+40 m
桥长		全长1 105 m,其中主桥574 m,引桥531 m	全长1 105 m,其中主桥895 m,引桥210 m
通航		一跨过江,满足通航要求	一跨过江,满足通航要求
行洪		一跨过江,对行洪影响较小	一跨过江,对行洪影响较小
建安费		5.73亿元(地连墙基础)	6.01亿元
施工	施工方法	南岸拱座为扩大基础,北岸拱座采用地连墙不排水法施工。钢管主拱现场节段吊装斜拉扣挂安装。组合桥面梁整吊杆间跨度现场吊装安装,合龙后浇注混凝土桥面板	爬模施工索塔,组合梁采用整体工厂预制,运至现场悬臂拼装并现浇横向湿接缝的施工工艺
	施工难易程度	施工技术成熟	施工技术成熟
	工期	约35个月	约34个月
后期养护		吊索需定期更换,拱肋及主梁需定期检查维护,养护费用最低	钢梁需定期检查维护,拉索需定期更换,养护费用相对较高
适用性		桥梁刚度大,行车振动小,行车及行人舒适性好	桥梁刚度较大,行车及行人舒适性相对较好
景观效果		中承式钢管混凝土拱桥宏伟壮观,曲线优美,宛如江面上横贯长空的一道亮丽的彩虹,景观效果较好	桥型边中跨比例较小,桥塔较高,与环境协调性较差,景观效果相对较差

对钢管混凝土总体布置设计优化、主拱结构构造优化、拱座基础设计优化后的方案,在安全、适用、耐久、美观、经济等指标更具有竞争力,推荐采用钢管混凝土拱桥方案。

3.8.4 总体设计

3.8.4.1 总体设计

根据地形地质、通航行洪、结构特点,结合安全、适用、经济、美观等设计原则,主桥采用主跨575 m(计算跨径560 m)中承式钢管混凝土拱桥(图3-124),主拱采用钢管混凝土桁式结构,吊索采用整束挤压钢绞线吊索体系,桥面梁采用钢格子梁上设置钢-混凝土组合桥面板的主梁结构,南岸、北岸拱座采用重力式抗推力结构基础。

3.8.4.2 主拱

(1)主跨拱肋。钢管混凝土桁架结构,主孔跨径575 m(计算跨径560 m),计算矢跨比1/4.0,拱轴系数1.50。拱顶截面径向高8.5 m;拱脚截面径向高17.0 m,肋宽4.2 m;每肋为上、下各两根φ1 400 mm钢管混凝土弦管,管内混凝土采用C70。主拱肋通

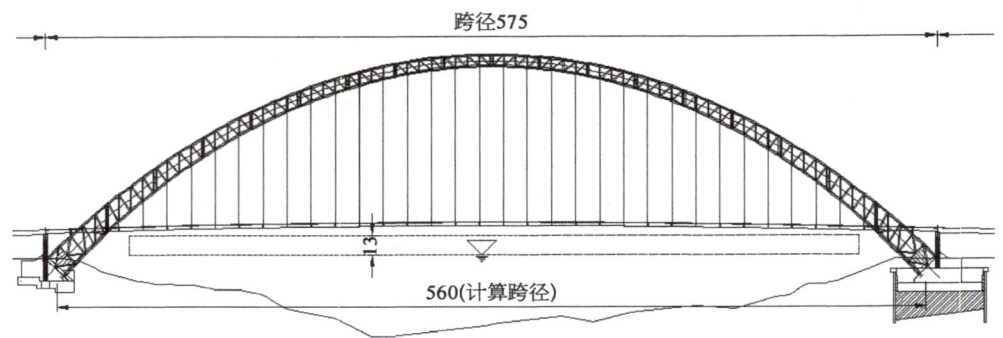

图 3-124 主桥总体布置(单位：m)

过横联钢管 $\phi 850$ mm 和竖向两根腹杆 $\phi 700$ mm 钢管连接主管而构成矩形截面。吊杆间距为 15.5 m。主拱主管采用 Q420qD 钢材,其余构件材质见设计图纸的具体要求。拱脚下弦段为了提高防撞和防腐能力,外包 C30 钢纤维混凝土,钢纤维掺量为 40 kg/m³。

(2) 主跨横撑。拱肋中距 30.1 m,桥面以上主拱上弦平面设置 K 形钢管斜撑,在吊杆处的上、下弦采用 I 形钢管竖撑,通过 K 形钢管斜撑与 I 形钢管竖撑构成组合式横撑。桥面以下的主拱段设置钢管混凝土或钢管桁式横撑,主拱与桥面交叉处,支撑桥面梁的横撑兼作肋间横撑。

(3) 吊索。采用 $\phi 15.2$ mm 环氧喷涂钢绞线挤压成型的吊杆索体,两端分别锚固在主拱上弦上缘和主横梁的下翼缘,钢绞线极限抗拉强度为 1 960 MPa,人行道的吊索外套哈弗管保护和装饰。

3.8.4.3 桥面梁

桥面梁采用钢格子梁的钢-混凝土组合桥面板,桥面钢格子梁由两道主纵梁(吊索处)、五道次纵梁与吊索处的主横梁及四道次横梁组成;钢格子梁均采用工字形截面。钢-混凝土组合结构的桥面底面钢板厚 8 mm,桥面板标准总厚度(含混凝土板和钢底板)为 15 cm,承托处的总厚度为 24 cm,桥面铺装 5 cm 厚的改性沥青混凝土。钢-混凝土组合桥面板的水泥混凝土采用 C40 钢纤维混凝土,钢纤维掺量为 50 kg/m³;钢-混凝土组合桥面梁的钢-格子梁,其主纵梁、主横梁下翼缘钢板采用 Q420qD 钢材,其余构件材质见设计图纸的具体要求。

3.8.4.4 主桥拱座基础

主跨两岸的南岸、北岸拱座基础,根据两岸地质条件和覆盖层厚度不同,南岸采用钢筋混凝土拱座和扩大基础,拱座基础嵌入灰岩岩层中。北岸采用钢筋混凝土拱座和圆形地下连续墙+注浆加固卵石层基础。根据主桥上部结构设计,主拱的主拱座四种工况内力见表 3-75。

表 3-75 主拱座四种工况内力计算 单位：kN

内力工况	工况 1	工况 2	工况 3	工况 4
极值内力	$N_{max}=3.62\times 10^5$	$N_{min}=2.36\times 10^5$	$M_{max}=53\,192$	$M_{min}=-1.68\times 10^6$
相应内力	$M=-9.98\times 10^5$	$M=-9.72\times 10^5$	$N=2.90\times 10^5$	$N=3.36\times 10^5$

为确保主拱承载安全,在设计主拱座最不利内力作用下,主拱基础的容许地基水平位移不大于 10 mm、竖向位移不大于 15 mm。主桥基础的安全验算,应根据四种不同工况内力进行计算。北岸基础持力层置于砂卵石层时,根据地质报告揭示砂卵石孔斜率高,应进行灌浆处理。建成后的平南三桥如图 3-125 所示。

3.8.4.5 其他设计

(1) 钢结构防腐设计。根据桥位处自然气候条件和腐蚀环境参数,拟定的钢结构防腐方案为：管桁结构采用金属热喷涂防腐体系,总厚度为 340 μm;板式钢结构采用无机富锌漆防腐体系,总厚度为 340 μm;钢管结构表面处治要求达到 Sa3.0 级,钢板结构表面处治要求达到 Sa2.5 级。设计防腐使用年

图 3‑125 建成后的平南三桥

限为 30 年,免维修使用年限为 15 年。

(2) 桥梁检修道设计。根据中承式拱桥桥面梁贯通不连续、总体长度相对较短的特点,主跨主拱、桥面梁等构件的检修通道设计为检修梯步,主拱上下弦主管、主拱横撑上下缘主管和桥面格子纵横梁等,均设置了可供检查、维修人员通行的通道,可供检查、维修及养护人员负载不超过 40 kg 的重量通行。

(3) 人行道铺装设计。钢桥面的人行道铺装结构如图 3‑126 所示,钢板铺装人行道时,已完成环氧富锌底漆和环氧云铁中间漆喷涂,只需在防腐层彻底干燥至少 24 h 后,现浇 10 mm 厚的 PU 橡胶板。混凝土桥面板上应进行表面粗糙度处理,直到满足设计要求。

铺装层	10 mm现浇式PU橡胶板
防腐层	环氧云铁中间漆
	环氧富锌底漆
钢板	喷砂除锈,清洁度:Sa2.5级;粗糙度:50~100 μm

图 3‑126 人行道铺装结构示意

(4) 排水与伸缩缝设计。在交界桥墩墩顶设置 400 mm 型伸缩缝(安装温度 25℃),全桥沿纵向在人行道下设置 2φ300 mm 排水管和在车行道下设置 2φ600 排水管,两岸交界墩处将水引至地面排除。

(5) 防撞护栏、桥面沥青混凝土铺装等设计。除沥青混凝土铺装厚度为 5 cm 外,其余均与主桥两岸引桥设计要求相同。

3.8.5 主要计算成果

3.8.5.1 计算参数

(1) 主要材料。钢管混凝土构件采用"统一理论"组合材料特性,钢-混凝土组合结构各种材料取值见表 3‑76,其余材料参数按照相关规范执行。

表 3‑76 结构计算参数

参 数	符号	单位	1 400 mm×34 mm	1 400 mm×30 mm	1 400 mm×26 mm
			主管内灌注 C60 混凝土		
钢管面积	A_s	m²	0.15	0.13	0.11
混凝土面积	A_c	m²	1.39	1.41	1.43
组合截面面积	A_{sc}	m²	1.54	1.54	1.54
钢材的屈服强度设计值	f_{sd}	MPa	335.00	335.00	335.00
混凝土轴心抗压强度设计值	f_{cd}	MPa	26.50	26.50	26.50
含钢率	α		0.10	0.09	0.08
约束效应系数设计值	ξ		1.32	1.16	0.99
钢材弹性模量	E_s	MPa	206 000	206 000	206 000
混凝土弹性模量	E_c	MPa	36 000	36 000	36 000
组合弹性模量	E_{sc}	MPa	63 150	59 955	56 816
组合抗压强度设计值	f_{sc}	MPa	63.35	59.04	54.80

(2) 汽车荷载。汽车荷载等级为公路-Ⅰ级，双向六车道，不考虑偏载，横向折减系数 0.55，纵向折减系数 0.96。

(3) 冲击系数。拱肋冲击系数按《公路钢管混凝土拱桥设计规范》相关规定取值 0.05，桥面格子梁冲击系数采用 0.3。

(4) 温度作用。桁式拱肋的梯度温度作用按《公路钢管混凝土拱桥设计规范》的相关规定进行计算，上弦主管梯度升温 8℃，梯度降温 −4℃。体系温升 20℃，体系温降 25℃。

3.8.5.2 桥面梁计算成果

桥面梁采用 C40 钢筋混凝土桥面板和 Q345C 为主要受力体系的格子梁。其主要计算结果为：

桥面板 C40 混凝土

$\sigma_{ha}=6.40$ MPa$\leqslant 0.5\times 28.0$ MPa$=14.00$ MPa

$\sigma_{za}=6.95$ MPa$\leqslant 0.6\times 28.0$ MPa$=16.80$ MPa

$\sigma_{zl}=2.05$ MPa$\leqslant 0.8\times 2.6$ MPa$=2.08$ MPa

主横梁 Q345C 钢材

上缘最大压应力 $\sigma_a=175.5$ MPa$\leqslant [\sigma]=325$ MPa$\times 0.58=188.5$ MPa

下缘最大拉应力 $\sigma_a=161.7$ MPa$\leqslant [\sigma]=325$ MPa$\times 0.58=188.5$ MPa

次横梁 Q235C 钢材

上缘最大压应力 $\sigma_a=77.5$ MPa$\leqslant [\sigma]=240$ MPa$\times 0.58=139.2$ MPa

下缘最大拉应力 $\sigma_a=135.5$ MPa$\leqslant [\sigma]=240$ MPa$\times 0.58=139.2$ MPa

主纵梁 Q345C 钢材

上缘最大拉应力 $\sigma_a=156.1$ MPa$\leqslant [\sigma]=325$ MPa$\times 0.58=188.5$ MPa

下缘最大压应力 $\sigma_a=182.3$ MPa$\leqslant [\sigma]=325$ MPa$\times 0.58=188.5$ MPa

次纵梁 Q345C 钢材

上缘最大拉应力 $\sigma_a=102.8$ MPa$\leqslant [\sigma]=325$ MPa$\times 0.58=188.5$ MPa

下缘最大拉应力 $\sigma_a=150.1$ MPa$\leqslant [\sigma]=325$ MPa$\times 0.58=188.5$ MPa

计算结果表明，桥面梁各构件均满足规范要求，是安全可靠的。

3.8.5.3 扣挂体系计算成果

(1) 扣索体系内力计算。扣塔采用钢管混凝土桁式结构，计算扣索力为全截面内力，其最大悬臂状态时的主要截面内力见表 3-77。

表 3-77 吊装最大悬臂状态时扣塔内力

部　位	轴力/kN	弯矩/(kN·m)	轴向应力/MPa	组合应力/MPa	容许应力/MPa
扣塔主管 $\phi700$ mm$\times 16$ mm 灌注 C60 混凝土	8 003	39	20.8	20.0/20.7	58.8

注：表中有分数者，分子为截面上缘应力，分母为截面下缘应力。

(2) 扣索体系变形计算。扣索体系在整个主拱节段扣吊阶段，扣塔顶最大水平位移为 47 mm（未考虑平衡索），计算表明，扣索系统各部位均能满足规范要求。

扣挂体系最大悬臂状态最不利，其中一阶稳定安全系数为 6.3（为扣塔失稳，悬臂拱为 12.0，图 3-127）；一阶自振频率为 0.14 Hz，主要表现为悬臂拱横向侧弯（扣塔一阶自振频率为 0.36 Hz，图 3-128）；与同规模的桥梁、相同工况比较，在该工况的计算成果表明，扣挂安装体系的安全系数满足主拱安装安全。

最大悬臂主拱一阶振型模态如图 3-129 所示。

3.8.5.4 主拱计算成果

按内力叠加法计算主拱单肢柱内力及承载力，计算结果见表 3-78 所示。

单肢柱截面内力计算按《公路钢管混凝土拱桥设计规范》计算，即轴心受压短柱的承载力乘以偏心影响折减系数和长细比影响折减系数。其最不利构件截面抗力为 $[N_u]=80\ 776$ kN。

单肢柱截面强度按《公路钢管混凝土拱桥设计规范》计算，容许应力值为：钢管 $[\sigma_s]=312$ MPa，混凝土 $[\sigma_c]=40$ MPa。

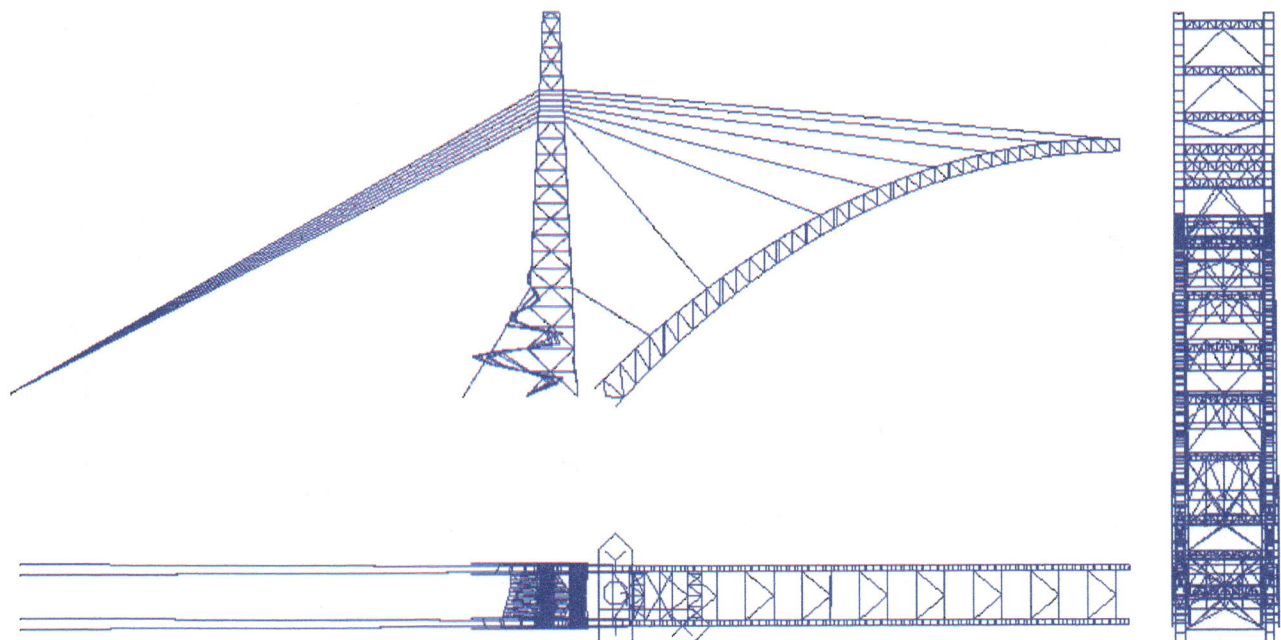

图 3-127　扣塔一阶失稳模态(扣塔局部失稳,安全系数 6.3)

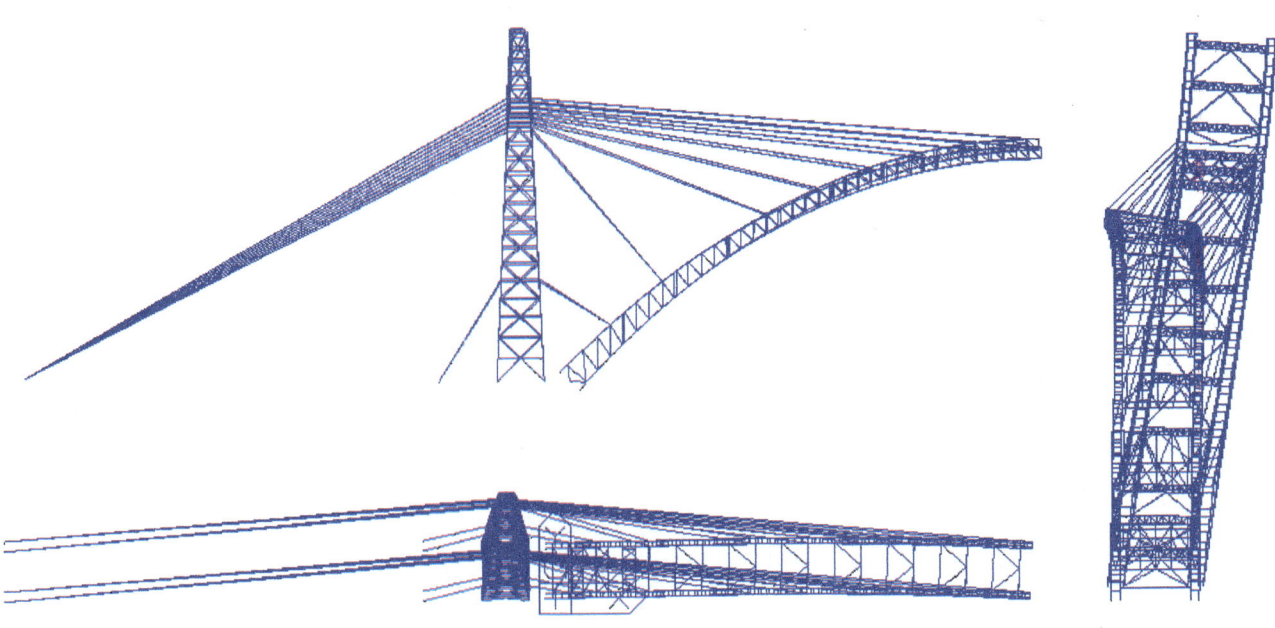

图 3-128　扣塔一阶侧向振型模态(扣塔侧向弯曲,自振频率 0.36 Hz)

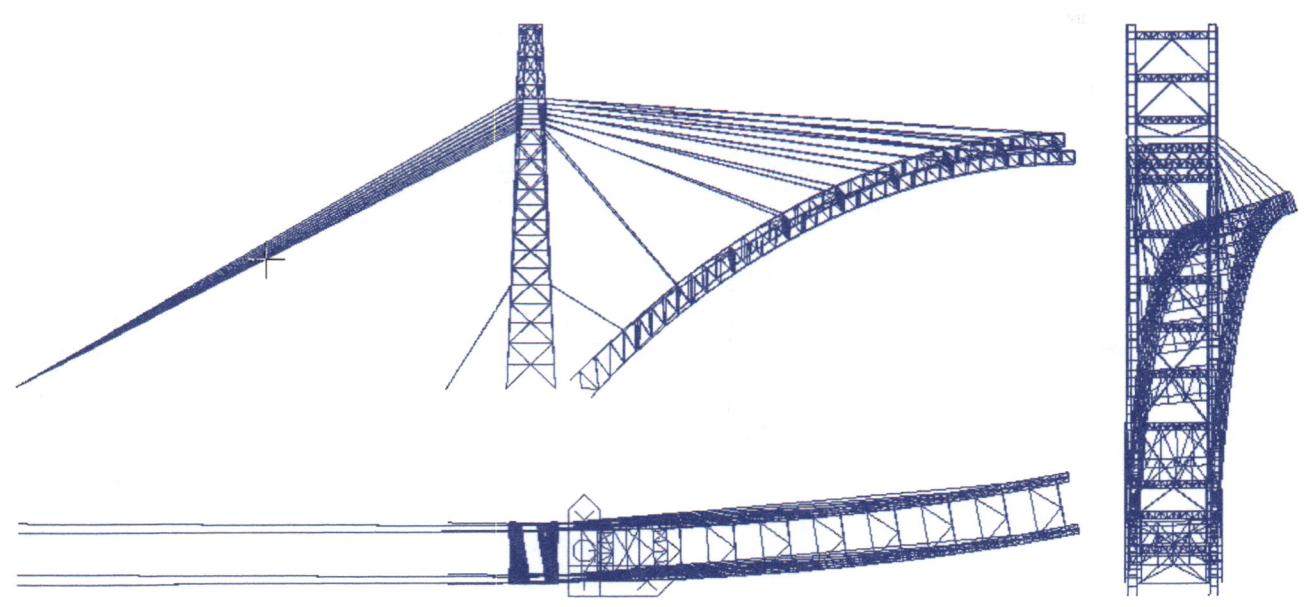

图 3-129 最大悬臂主拱一阶振型模态(悬臂拱侧向弯曲,自振频率 0.14 Hz)

表 3-78 主拱圈单肢柱内力计算结果(最不利荷载组合)

截面位置	拱肋位置	承载能力极限状态基本组合		正常使用极限状态短期组合	
		轴力	弯矩	钢管应力	混凝土应力
		N_{max}/kN	$M/(kN·m)$	σ_{smax}/MPa	σ_{cmax}/MPa
拱脚	下弦	70 469	294	−265.5	−20.0
	上弦	53 206	147	−181.4	−15.4
$L/8$	下弦	58 497	−897	−200.1	−15.2
	上弦	37 862	−305	−132.8	−7.7
$2L/8$	下弦	47 880	−394	−153.6	−11.2
	上弦	42 840	−206	−141.6	−9.4
$3L/8$	下弦	34 867	8.0	−115.9	−7.0
	上弦	51 608	1 623	−176.0	−14.7
$4L/8$	下弦	28 393	1 404	−119.5	−7.0
	上弦	55 001	1 901	−195.8	−15.3

注:拱脚下弦应力未计外包钢筋混凝土参与受力,如果计入其影响,其应力为 12.2 MPa。

吊索计算最大内力为 3 540 kN,安全系数为 2.9(>2.5),满足规范要求。由于本桥吊索长、刚度小,如果吊索直径小,将影响桥面主纵梁在局部布置荷载作用下的受力状态,因此其安全系数取值较高。承载能力及容许应力验算表明,设计截面尺寸满足要求,且有一定安全储备。

3.8.5.5 地震影响内力

地震影响(指 E2 地震荷载)作用下的计算内力(表 3-79),均小于运营阶段荷载组合作用下的最不利内力,因此,地震荷载不控制主拱的截面尺寸及结构设计。

表 3-79　地震影响力产生的结构最大内力

部 位		轴向力/kN	横向剪力/kN	竖向剪力/kN	扭矩/(kN·m)	面内弯矩/(kN·m)	面外弯矩/(kN·m)
拱脚	上弦	29 831	93	187	-412	86	791
	下弦	38 661	219	-174	-532	708	309
1/4	上弦	24 781	104	132	45	-347	96
	下弦	28 367	35	158	-20	-180	81
拱顶	上弦	29 979	2	78	17	675	22
	下弦	19 510	3	235	15	945	99

3.8.5.6　计算刚度

预拱度值：按实际施工工况进行主跨分阶段加载计算，对每阶段的恒载变形、收缩、徐变变形及荷载变形进行叠加，并参照已成桥梁的经验，主拱预拱度值取为 130 cm。

活载挠度：$\delta = 172$ mm ≤ 560 000/1 000 = 560(mm)。

3.8.5.7　稳定、动力特性分析及线性稳定安全系数

经过结构计算分析，主拱线性稳定安全系数见表 3-80。

表 3-80　主拱稳定计算成果

序号	稳定系数	失稳模态
1	4.658	主拱侧向对称弯曲
2	5.188	主拱侧向反对称弯曲
3	6.154	主拱侧向对称弯曲

国内已建的主拱跨度大于 400 m 的钢管混凝土拱桥，其线性一阶稳定安全系数一般在 4~5，具体见表 3-81。

表 3-81　同类桥梁主拱线性稳定安全系数

桥　名	主跨/m	面外稳定安全系数	面内稳定安全系数
支井河大桥	430	5.7	10.9
巫山长江大桥	460	4.4	9.9
合江长江一桥	530	4.7	10.5
合江长江三桥	507	5.0	9.8

稳定极限承载力（双重非线性）安全系数：考虑材料非线性、几何非线性的影响后，主拱非线性稳定系数为 2.65(>1.75)，满足规范要求。

动力特性：主拱动力性能计算结果见表 3-82。

表 3-82　主拱动力特性

振型序号	频率/Hz	振　型　描　述
1	0.11	桥面系面外侧弯
2	0.15	主拱面外侧弯
3	0.29	主拱、桥面系面内反对称竖弯

桥梁主拱梁的自振振型如图 3-130~图 3-132 所示。

国内主拱跨度大于 300 m 钢管混凝土拱桥成桥阶段动力一阶弯曲和一阶扭转频率见表 3-83。

表 3-83　同类桥梁主拱动力特性

桥　名	主跨/m	弯　曲	扭　转
丫髻沙大桥	360	0.33	0.82
茅草街大桥	360	0.24	—
支井河大桥	430	0.21	1.20
巫山长江大桥	492	0.17	0.45
合江长江一桥	530	0.17	0.34
合江长江三桥	507	0.19	0.36

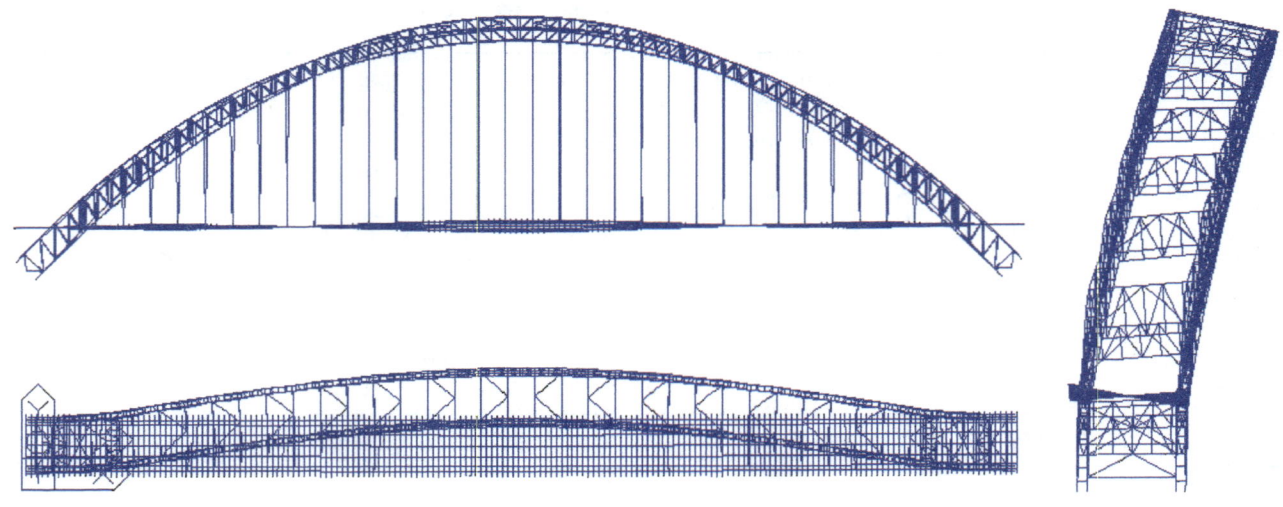

图 3-130　主拱二阶模态(频率为 0.145 5 Hz)

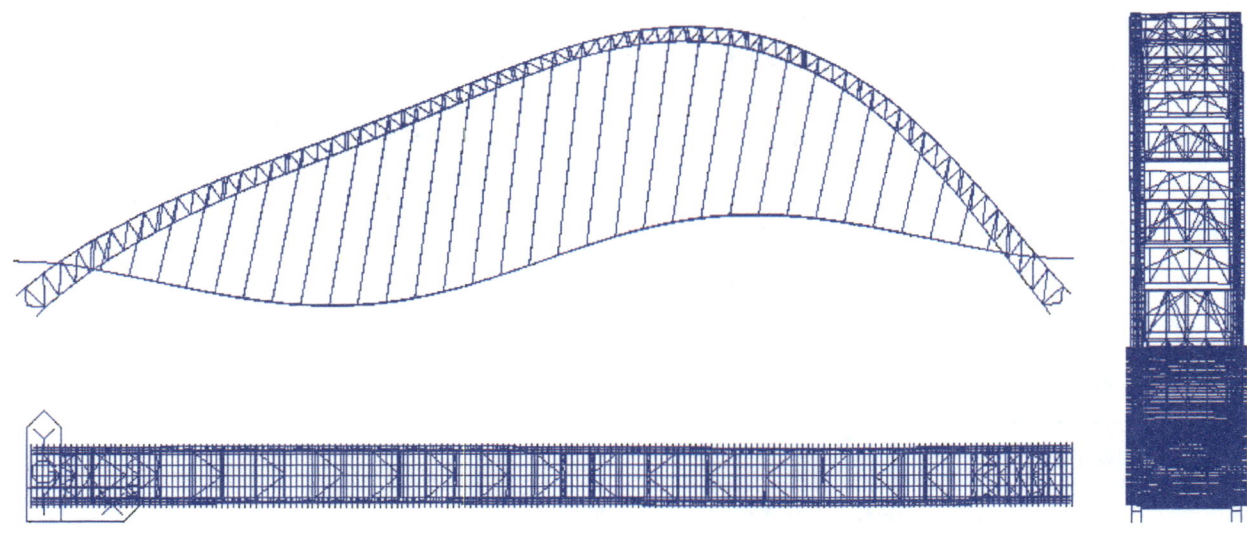

图 3-131　主拱三阶模态(频率为 0.291 8 Hz)

图 3-132　桥面梁一阶模态(频率为 0.110 3 Hz)

计算结论：① 桥梁总体线性稳定安全系数大于4.0，双重非线性稳定安全系数大于1.75，满足规范和安全的要求；② 动力特性分析表明，该桥自振频率较低，但与已建成并能正常使用的大跨混凝土拱桥的自振频率相比，其值相近，能保证结构正常使用；③ 通过敏感度指标计算可以判断，一阶振动频率振动时，人能感觉到桥梁的晃动，但没有不舒适或不安全的感觉。

3.8.5.8 钢结构疲劳验算成果

1）主梁疲劳验算

主梁为钢格子梁和钢-混凝土组合桥面板，钢格子梁为纵横钢板梁。根据《公路钢结构桥梁设计规范》(JTG D64—2015)第5.5.2条规定，桥面系构件应采用疲劳荷载计算模型Ⅲ验算，根据主梁设计疲劳细节构造，其验算结果见表3-84。

表3-84 主梁疲劳验算结果　　　单位：MPa

构件名称	主横梁	次横梁	主纵梁	次纵梁	桥面板
计算极值应力幅	47.5	33.6	46.1	28.4	14.9
截止疲劳应力幅	57.3	57.3	57.3	57.3	48.6
容许疲劳应力幅	71.9	71.9	71.9	71.9	60.2

注：本桥截止和容许疲劳应力幅未包括焊缝修磨的提高值。

疲劳验算表明，设计主梁的纵横格子梁和桥面板，其钢结构及连接部位的疲劳应力幅满足规范要求，其疲劳寿命满足设计周期要求。

2）主拱疲劳验算

主拱采用钢管混凝土桁式结构，根据《公路钢管混凝土拱桥设计规范》第5.7条规定，主拱构件应采用疲劳荷载计算模型Ⅰ验算，根据主拱设计疲劳细节构造，其验算结果见表3-85。

表3-85 主拱疲劳验算结果　　　单位：MPa

构件名称	主管对接接头	主桁相贯接头
计算极值应力幅	16.7	13.5
截止疲劳应力幅	41.0	35.0
容许疲劳应力幅	50.0	50.0

注：本桥截止和容许疲劳应力幅未包括焊缝修磨的提高值。

疲劳验算表明，设计主拱的钢管混凝土桁式结构，其主桁相贯接头和主管对接接头的疲劳应力幅满足规范要求，其疲劳寿命满足设计周期要求。

3.8.5.9 北岸主拱座计算成果

主拱北岸的拱座位于厚度约为40 m的黏土和砂卵石覆盖层上，经过对钢筋混凝土沉井、钢筋混凝土低下连续墙基础、灌浆固化钢筋混凝土沉井基础在技术、经济与风险方面的评估论证，推荐采用钢筋混凝土沉井基础的拱座。拱座稳定与强度计算简图如图3-133所示。

拱座主拱脚四种不同工况内力结果见表3-86。

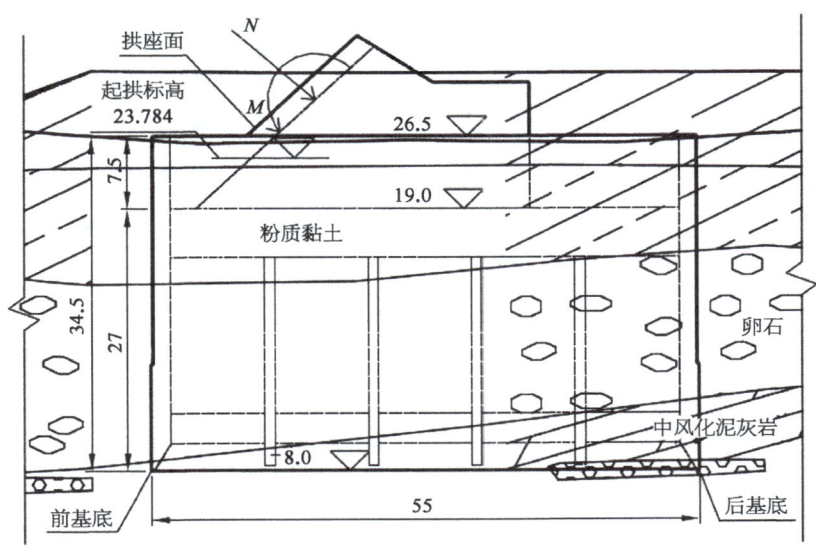

图3-133 北岸沉井基础计算简图(单位：m)

表 3-86 北岸拱座主拱脚内力　　　　　单位：kN

工况	工况 1	工况 2	工况 3	工况 4
极值内力	$N_{max}=3.32\times10^5$	$N_{min}=3.03\times10^5$	$M_{max}=1.10\times10^6$	$M_{min}=-6.64\times10^5$
对应内力	$M=-2.71\times10^5$	$M=6.66\times10^5$	$N=3.17\times10^5$	$N=3.19\times10^5$

根据拱座主拱脚四种不同工况内力计算拱座稳定与强度,其结果见表 3-87。计算结果表明,不同工况拱座基底应力、倾覆稳定性、抗滑稳定性的极值一致,且满足地基容许限值要求,安全系数较高。

表 3-87 北岸拱座主拱脚内力的安全系数

项目类别		前基底应力极值/MPa	后基底应力极值/MPa	抗滑移系数	抗倾覆系数
工况 1	计算数值	0.73	0.80	2.18	38.9
工况 2		0.78	0.71	2.36	33.0
工况 3		0.80	0.70	2.33	22.3
工况 4		0.70	0.80	2.18	24.2
容许限值		1.20	1.20	1.30	1.50

对北岸拱座沉井实体模型进行计算。沉井基础平面尺寸为 44.1 m（横桥向）×55 m（顺桥向）；沉井高度为 34.5 m,顶板厚度为 5 m,底板厚度为 6 m；井壁厚度均为 2.0 m,隔板厚度为 1.0 m；内部设置 4×5=20 个舱室。基于钻孔资料,沉井基础沿竖向土层分布及计算参数见表 3-88。

表 3-88 基础埋深范围内土层分布及计算参数

土体	厚度/m	压缩(弹性)模量/MPa	密度/(kg·m⁻³)	基底摩擦系数 μ
黏土	3.1	10.71	1 940	0.25
粉质黏土	11.2	8.13	2 010	0.25
卵石	16.2	80.00	2 010	0.45
中风化泥灰岩	4.0	2 000.00	2 700	0.50

最大弯矩工况内力设计值：拱肋传至拱座的水平力为 212 394 kN,竖向力为 234 891 kN,弯矩为 1 101 832 kN·m（以向跨中倾覆为正）,交界墩竖直向下作用力为 33 053 kN。沉井上部所受回填土总重 110 476 kN,顺桥向前两排井孔填砂总重 198 782 kN。

沉井实体模型（图 3-134）计算表明,基底应力极值与强度验算结果一致,沉井应力满足设计规范要求,计算安全储备较大,其应力云图如图 3-135 所示。

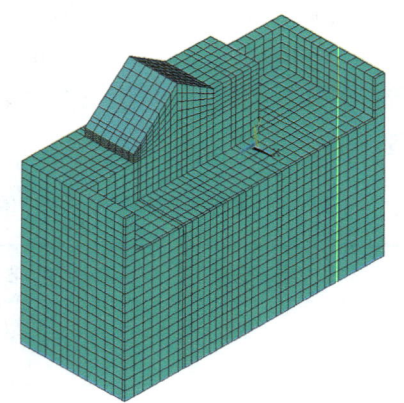

(a) 结构有限元模型

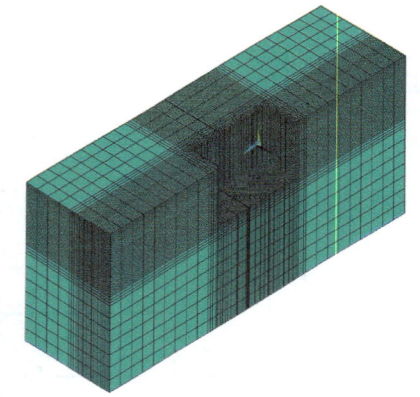

(b) 场地有限元模型

图 3-134 沉井有限元实体模型

3.8.6 技术特点

广西平南三桥主跨 575 m,是世界最大跨径拱桥,建造时面临主拱超大构件加工制造工艺、主拱单根钢管近 1 000 m³ 混凝土灌注工艺、北岸拱座超厚覆盖层的基础可靠性等技术难题,广西大学郑皆连院士带领设计、施工、科研和监控组成联合攻关团队,攻克了上述技术难题,并形成了下列关键技术成果。

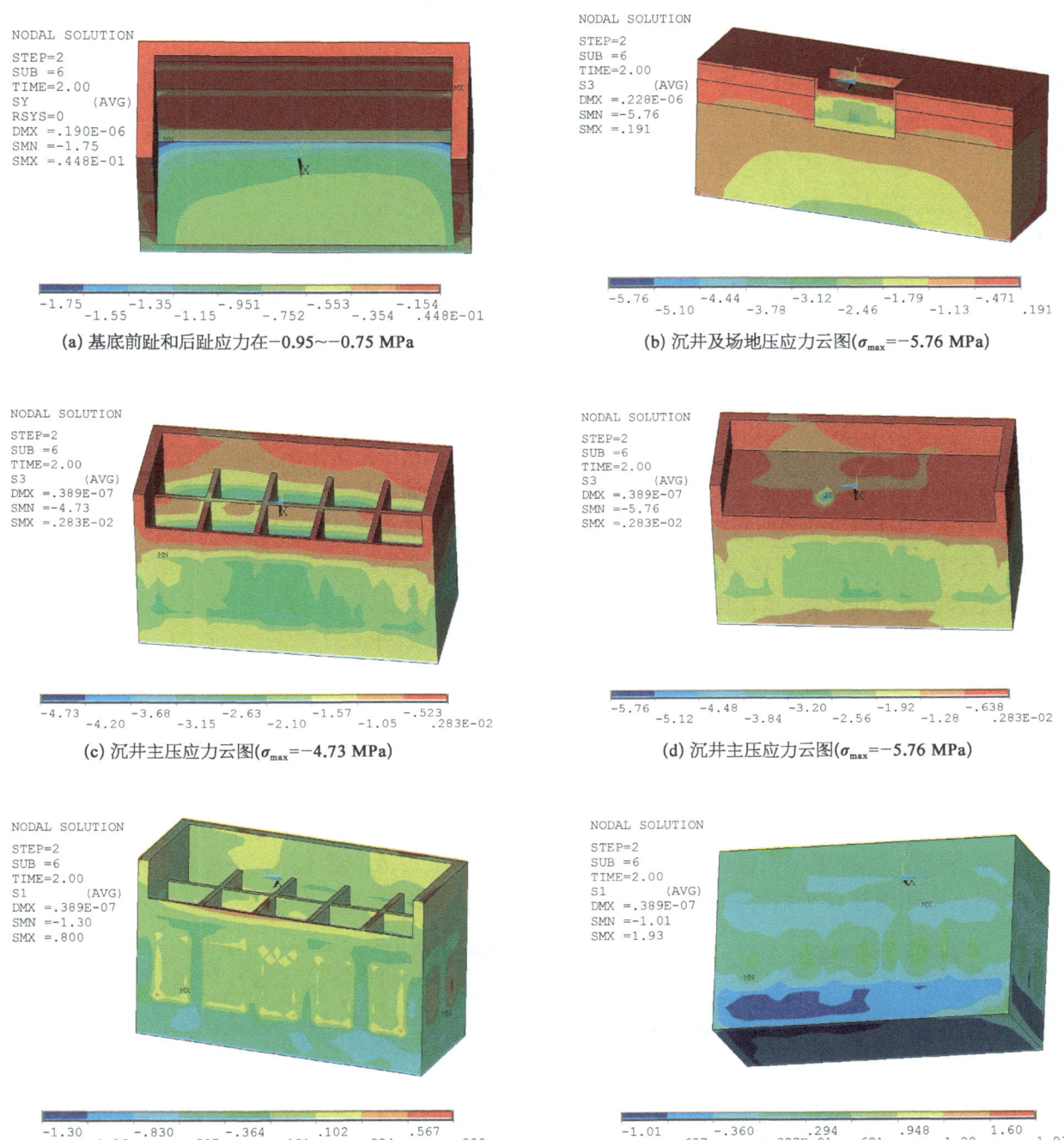

图 3-135 沉井实体计算应力云图

3.8.6.1 关键工艺

平南三桥主桥钢结构总质量 14 558 t，共划分为 44 个钢管拱桁节段和 37 个桥面梁节段。为兼顾施工效率和安装精度，采取工厂制造、水路运输、现场安装的总体施工思路，实现了大型化、装配化、工厂化建造，上部结构工厂化制造比例达到 85%，上部结构施工实现了无模板化。其中，钢管拱桁在广东江门制造厂采用"3+1"卧式耦合匹配制造，以确保相邻拱桁节段的 4 根弦管对接顺利，接缝错位不大于 2 mm，且节段间法兰盘密贴度控制在 0.02 mm 以内，其制造如图 3-136 所示。工艺流程为筒节制造→单元件制造→弦管片装分段制造→单侧主拱桁卧拼装→主拱桁立拼→涂装。

钢管拱桁节段制造完成后，用船沿西江运至工

图 3-136　拱肋卧拼

地现场,然后利用缆索吊机吊运、钢绞线斜拉扣挂合龙松索工法进行安装,其安装如图 3-137 所示。该桥拱桁最大节段质量 214 t,长 37.1 m、宽 4.2 m、高 13.0 m,采用跨度 601 m、吊重 220 t 的缆索起重机吊运,同时开发了索鞍横移技术,减少了一半主索和配套设备。采用两套独立主索系统,可根据吊装对象不同灵活组合调整工作状态,以适应桥梁不同安装阶段的需求,即将两套主索合并为一组,并移动到塔架上游或下游可完成拱桁吊运;移动到塔架中间可进行横联吊运;一分为二并各自移动到塔架两侧可完成桥面格子梁吊运。由于采用新型独立结构单元一体化体系,拱桁节段单元间布置双竖腹管,主拱无斜腹管高空焊接接头和临时定位构造,仅在上下弦管设置高空连接接头,并采用先栓后焊的内法兰技术进行连接。主拱横撑设于钢管拱桁悬拼单元内,与钢管拱桁同步安装。

图 3-137　拱肋翻身吊装

桥面格子梁基于纵、横梁工字梁单元件制造,格子梁分段同样采用"3+1"预拼装制造的工艺方案,桥面格子梁单元件纵向栓接。

管内混凝土选用 4 级真空辅助压力灌注,即将弦管从下至上分为 4 级,在抽真空条件下,从最下面一级开始分级对钢管进行混凝土灌注。施工前进行平缓段管内混凝土灌注试验,验证了 C70 管内混凝土的工作性能和水平段设置排气管及储浆筒的效果,试验过程及效果如图 3-138 所示。此外,灌注过程中严格控制混凝土质量,每车混凝土经拌和楼出料、入泵前两次检测合格后才能入泵,每根弦管内灌注近 1 000 m³ 混凝土,12 h 左右连续灌注完成。

图 3-138　水平段管内混凝土灌注试验及试验效果

北岸桥台 60 m 直径地连墙施工采用液压铣槽机、液压抓斗、泥浆净化循环系统等设备,通过水泥搅拌桩对粉质黏土层加固,利用良好的泥浆及泥浆循环系统进行泥浆护壁,采用抓铣结合施工工艺完成穿过粉质黏土层及强透水卵石地层进入中风化岩层 4 m 的地连墙成槽,浇注水下混凝土,地连墙完成后,对下卧 4 万 m³ 卵石注水泥浆加固,分层挖除黏土覆盖层浇注护壁钢筋混凝土,在卵石地层上浇注底板混凝土,施工台身、台帽,完成北岸桥台施工(图 3-139)。

图 3-139 广西平南三桥总体布置

3.8.6.2 管内混凝土流变性能调控和全过程补偿收缩技术

钢管混凝土是优良的钢-混组合结构,管内混凝土提高了钢管壁的局部稳定性,钢管的套箍作用提高了管内混凝土的韧性和承载能力,钢管混凝土弦管是拱肋的重要受力部分,管内混凝土与钢管的协同受力是确保结构可靠性的重要前提。然而,拱肋钢管与管内混凝土间的脱黏、脱空是钢管混凝土拱桥最常见的病害之一,全世界已建成的钢管混凝土拱桥基本上都出现了不同程度的脱黏、脱空,不仅显著降低了拱肋的耐久性,严重时还会威胁结构的安全。钢管混凝土脱黏、脱空的成因主要可以归结为两方面,分别为前期的灌注不密实和后期的温度、收缩等依时变形的历程与膨胀剂的膨胀效应历程不匹配。广西平南三桥主拱管内混凝土方量达 7 657 m³,且采用 C70 高强混凝土,在长距离、大高差条件下,要实现单根管 958 m³ 的高标号、高水化热管内混凝土的一次性连续灌注,并保证早期灌注密实度和后期不脱黏、脱空,这给管内高性能混凝土的制备和灌注施工带来了巨大挑战。对此,研发了管内混凝土流变性能调控和全过程补偿收缩技术,首次实现了钢管混凝土拱桥管内混凝土的全龄期无收缩和无脱黏、脱空。

在管内混凝土流变性能调控方面,研发了管内自密实混凝土缓控释及触变稳健化学外加剂技术,其作用机理如图 3-140 所示。一方面,通过引入多齿络合基团和碱响应基团调控聚羧分子在水泥-水界面的吸附分散行为,有效释放自由水,降低颗粒摩擦阻力,提高流动性,可实现高温条件(30~40℃)下管内混凝土 3 h 坍落扩展度损失不大于 20%;另一方面,基于两性离子和疏水缔合作用开发了触变稳健型功能材料,在水泥颗粒之间形成桥接作用及稳定的三维网状结构,从而提高管内自密实混凝土拌和物浆体屈服应力超过 1 倍,离析率和泌水率比降低 50%上。结合上述专用化学外加剂技术以及真空辅助四级接力灌注工艺,保障了该桥钢管拱内混凝土的灌注密实度和灌注质量。

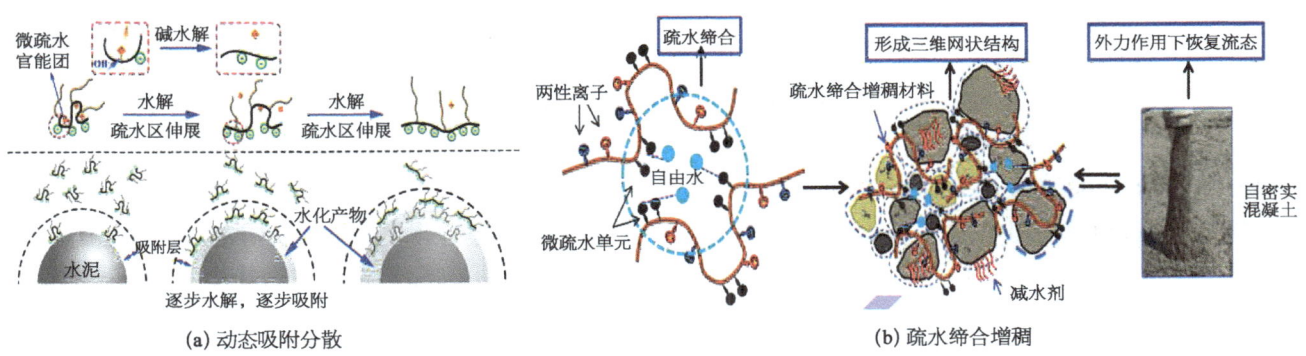

图 3-140 管内自密实混凝土缓控释及触变稳健化学外加剂技术

在全过程补偿收缩方面,针对传统的钙矾石类或氧化钙类管内混凝土收缩补偿膨胀剂存在水化反应快、温度敏感性强等缺点,且在混凝土从水化高温降到常温过程中发生的大收缩不能补偿,基于管内混凝土自灌注成型开始体积变形时变规律的深入研究,开发了历程可控的分时膨胀补偿收缩材料。通过改性偶氮二甲酰胺补偿塑性阶段收缩,表面包覆钙质膨胀材料、高活性和中低活性 MgO 分别补偿硬化阶段前期、中期和后期收缩,精准匹配管内混凝土收缩的类型、发生时间及大小,延长膨胀时间 2 倍以上,3~7 d 的膨胀效能增大 1 倍,实现了管内混凝土全龄期的无收缩,其组分作用历程如图 3-141 所示。

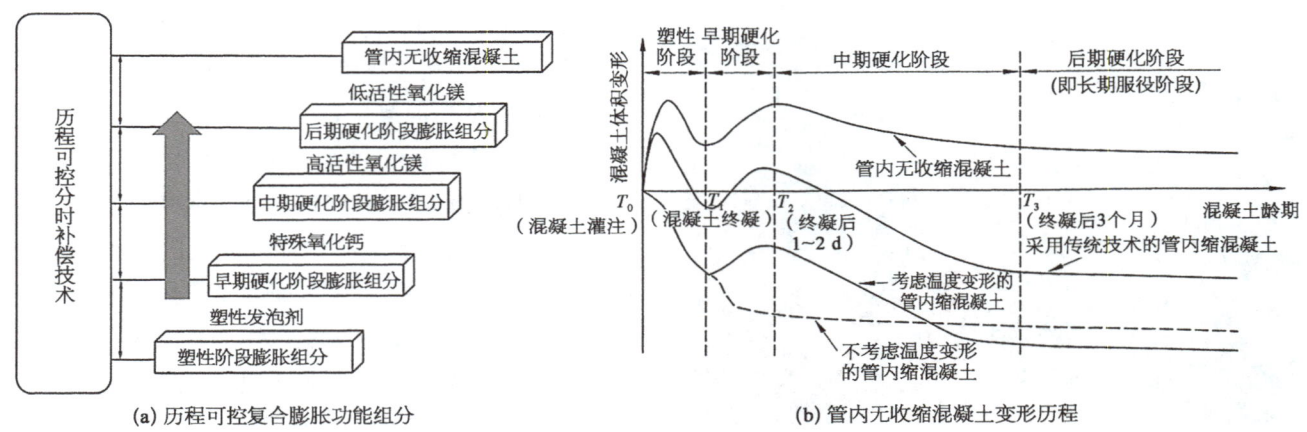

图 3-141　管内混凝土分时膨胀收缩补偿技术

得益于以上流变性能调控和全过程补偿收缩技术，成功制备出该桥 C70 自密实无收缩管内混凝土。该桥管内混凝土灌注顺利，平均只需 12 h 即可完成单根主管 958 m³ 混凝土的灌注。主管超声密实性检测优良率达到 100%，且所有 8 根主管 90 d 龄期的各方向超声波速都在 4 500 m/s 以上，表明钢管与混凝土未发生脱黏、脱空，实现了钢管与混凝土协同受力。

3.8.6.3　平原软土地基拱桥基础综合设计技术

大跨度拱桥拱脚处通常有极大的推力，因此对拱座基础的稳定性要求很高。广西平南三桥位于平原微丘地区，北岸覆盖较厚的软土层，若选择基岩作为基础持力层，需花费较大成本进行基坑开挖；若选择卵石层作为基础持力层，则拱脚处水平推力仅依靠基底摩擦力和基础后背有限土体承载，无法满足设计要求。因此，在该桥设计过程中，结合上部结构优化和基础形式创新，提出了平原卵石地基有推力拱桥基础综合设计优化技术。

首先，为尽可能减小主拱水平推力，降低对基础抗推力的要求，提出主拱推力优化设计技术，包括：① 主拱管径优化和桥面梁轻型化技术；② 拱轴矢跨比参数优化技术。桥面梁为钢格子梁加 15 cm 厚钢-纤维混凝土组合桥面板的轻型组合结构，人行道仅铺设 1 cm 厚 PU 橡胶板，从而使主体结构重量减轻，基础推力降低；同时，通过主拱设计参数与推力关系分析，矢跨比取 1/4。

在基础形式创新方面，在充分调研河流两岸地质条件的基础上，针对该桥北岸桥台深厚覆盖层地基，创造性地提出"地下连续墙＋注浆加固卵石层"有推力拱桥复合基础结构，如图 3-142 所示，即针对平缓河岸的卵石层地基，采用地连墙深入地基岩石，并对地连墙内的卵石层进行注浆加固，使其能满足大跨径拱桥对地基的要求。

"地下连续墙＋注浆加固卵石层"复合基础由地下连续墙和经注浆加固的卵石层两部分组成，地下连续墙具有三个功能：① 对卵石层施加"套箍作用"，使其处于三向受力状态，显著提高了卵石层的强度、刚度和稳定性；② 扩大基础后背迎土面积，提高了基础抵抗拱脚推力的能力；③ 作为基坑开挖时的挡土、封水结构，在长期使用中防止了江水对卵石层的侵蚀。对于地下连续墙密闭空间内的饱和砂卵石层，采用诱导式注浆施工工艺进行注浆加固，即在注浆的同时利用附近注浆孔抽水，降低水头压，诱导浆液注入砂卵石层中。在此基础上，又进一步提出对卵石层注浆效果的检验方法，即在开挖地连墙时，取 5 个不同标高卵石进行注浆模型试验，预估基础下 40 000 m³ 卵石注浆需消耗水泥 2 400 t，与实际施工时注浆水泥用量 2 300 t 精准一致，卵石层注浆模型试验如图 3-143 所示。

"地下连续墙＋注浆加固卵石层"复合基础具有荷载传递路径明确、承载能力高、整体性好、刚度大等诸多优点。相较在地连墙内将基坑开挖到基岩，该桥北岸桥台基础置于卵石层上的复合基础结构节省投资 2 000 万元、缩短工期 60 d，同时保留卵石层还提高了减隔震能力。加固后的砂卵石层基本容许

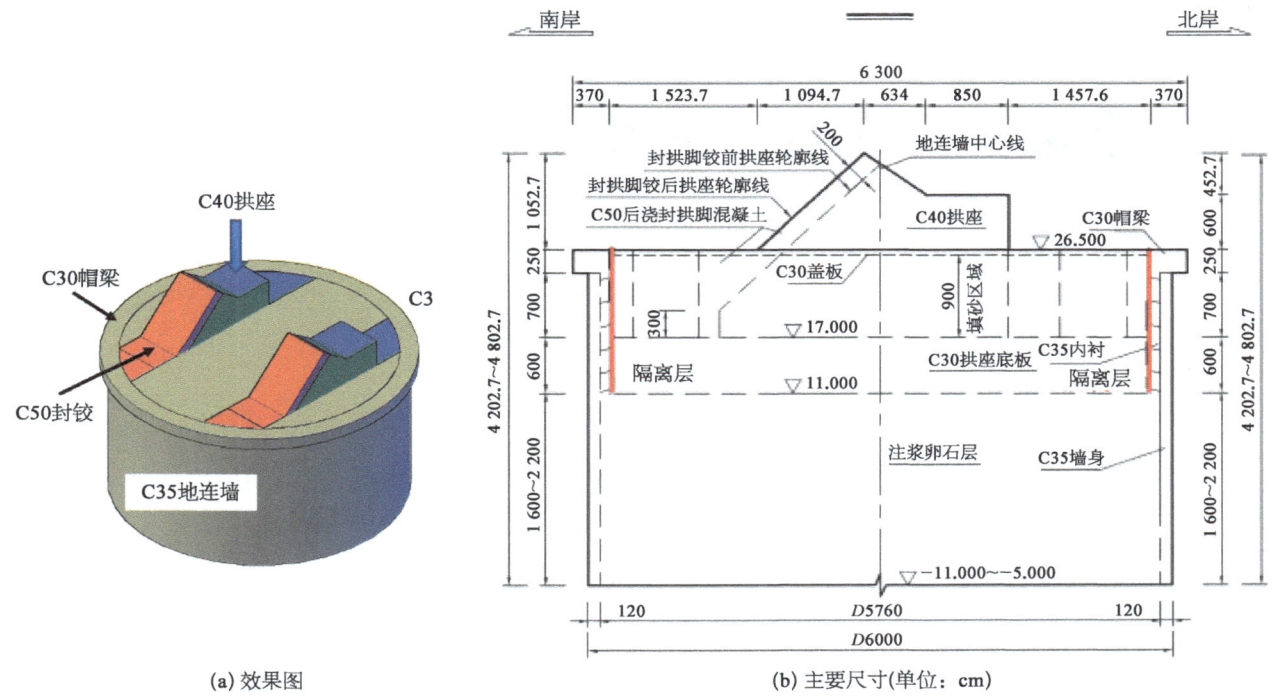

图3-142 "地下连续墙+注浆加固卵石层"复合基础结构

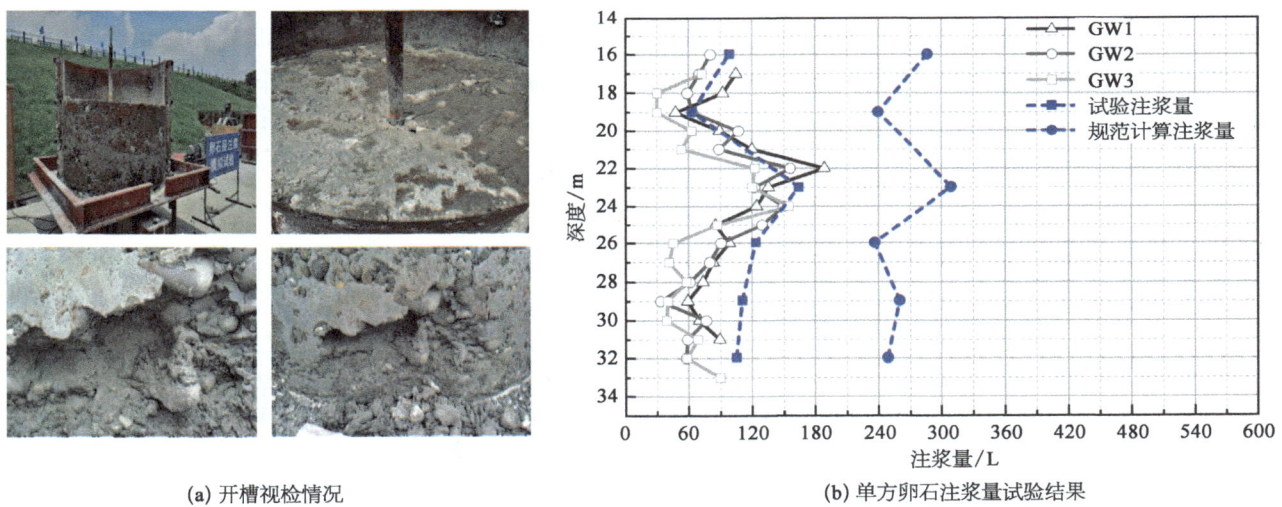

图3-143 卵石层注浆模型试验

承载力相比加固前增大了0.53倍,形变模量也显著提高,天然卵石层在基础荷载作用下计算沉降量60 mm,注浆后实测20个月的基础沉降仅5.2 mm。以上基础综合设计优化技术为大跨推力拱桥从山区向平缓河道发展提供了一个竞争力强的基础设计方案。

第 4 章

钢管混凝土强劲骨架成拱法的钢筋混凝土拱桥

4.1 超高强钢管混凝土受压性能研究

4.1.1 研究背景

4.1.1.1 概述

西部地区高山峡谷多,规划高速公路、铁路路程近半数桥隧比超过70%,尤其是对高墩、大跨桥梁的需求量大;同时,该区域工程建设条件和服役环境恶劣,地震烈度高、地形陡峭、砂石资源匮乏、交通运输困难、气候复杂。目前,山区桥梁建设以钢筋混凝土桥梁为主,但混凝土高墩、大跨桥梁结构的构件截面大、技术指标差、材料耗费多、施工困难、工程造价节节攀升,已不适应山区高墩、大跨桥梁的建设要求。因此,开发高强高延性易施工的桥梁结构材料,是工程与技术发展的必然。钢管混凝土借助钢管的套箍作用,提高混凝土的强度和抗变形能力,利用混凝土的填充效应提高钢管的稳定性和承载能力,是典型的高强、低碳和经济的建筑结构材料,在山区桥梁建设中具有广阔的应用前景。

目前,桥梁工程领域应用的混凝土强度普遍不高,C50～C60强度等级的混凝土已被认为是高强混凝土,实际工程中应用的钢管混凝土强度等级主要集中在C30～C60,现行交通行业规范、国家规程一般用核心混凝土强度等级不高于C80的钢管混凝土,其应用于西部山区高墩、大跨拱桥等桥梁工程时,仍存在构件截面直径大、混凝土用量多、结构自重大、灌注难度高等不足;用作劲性骨架应用于大跨钢筋混凝土拱桥时,因强度与刚度不够,存在主拱外包混凝土浇注时分环次数多、施工周期长等问题,如图4-1所示。可见,普通钢管混凝土及其组合结构的优势在高耸化、巨型化和超大跨化的山区桥梁工程中得不到有效发挥。

(a) 主管直径最大达1.5 m

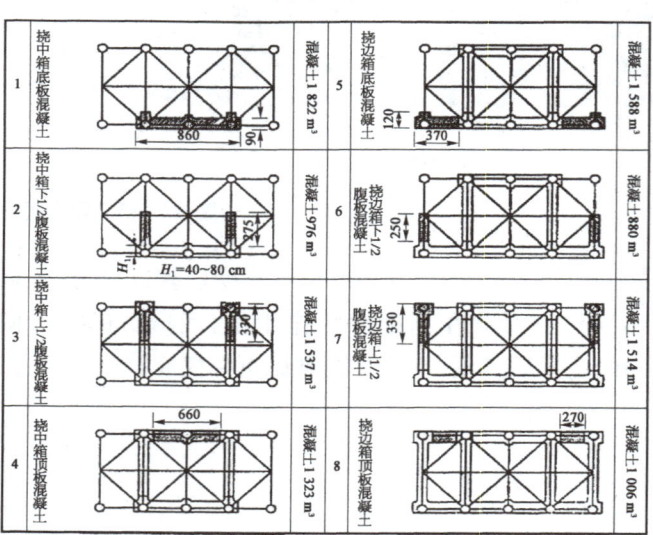

(b) 劲性骨架外包混凝土分8环浇注

图 4-1 普通钢管混凝土劲性骨架外包混凝土多环浇注

采用超高强钢管混凝土(混凝土强度等级≥C60)解决上述问题,是值得探索的途径。近年来,四川省公路规划勘察设计研究院有限公司一直致力于超高强钢管混凝土工程应用研究,已将核心混凝土强度等级为C70、C80的高强与超高强钢管混凝土于2008年应用在高182.5 m的钢管混凝土组合桥墩——雅西高速腊八斤大桥,2019年又首次应用在主跨220 m钢管混凝土拱桥——四川泸州车辆大桥,然后先后推广应用在主跨507 m钢管混凝土系杆拱桥——四川合江长江三桥、主跨575 m钢管混凝土拱桥——广西平南三桥等桥梁工程中,提高了桥梁结构跨越和承载能力,减少了原材料用量,缩短了工期。基于超高强钢管混凝土优良的力学性能与良好的工程应用效果,主跨320 m钢管混凝土强劲骨架成拱法的钢筋混凝土拱桥——四川广安官盛渠江大桥、主跨277 m钢管混凝土强劲骨架成拱法的钢筋混凝土拱桥——叙古高速公路磨刀溪大桥等工程,主拱钢管混凝土强劲骨架的钢管内灌注了C100超高强混凝土;主跨350 m钢管混凝土强劲骨架成拱法的钢筋混凝土拱桥——四川马边苏坝大桥、主跨510 m钢管混凝土强劲骨架成拱法的钢筋混凝土拱桥——四川西宁河大桥等工程,主拱钢管混凝土强劲骨架的钢管内灌注了C120超高强混凝土。实践表明,C100超高强钢管混凝土极大地提高了主拱强劲骨架承载力与刚度,减少了主拱外包混凝土浇注分环数,简化了混凝土浇注施工工艺,提高了施工效率。

同时,超高强钢管混凝土在城市桥梁中的应用前景广阔。城市高架桥、立交桥发展迅速,其大多采用钢筋混凝土桥墩,不仅截面尺寸大、混凝土材料用量多、施工周期长,而且笨重、庞大的体型遮挡视线、影响美观(图4-2),如果采用超高强钢管混凝土组合结构柱墩,势必会大幅度减小截面尺寸、减少原材料用量、简化施工、增加通透视觉效果、提升城市美感。此外,超高强混凝土的利用,也顺应国际桥梁发展潮流。超高强钢管混凝土的应用将是钢管混凝土结构的发展方向,符合建筑结构向高耸化、大跨化与轻质化的发展趋势。

4.1.1.2 研究技术问题

关于超高强钢管混凝土的承载力计算方法、破坏模式与延性性能,以及截面尺寸变小后带来的结

图4-2 城市混凝土高架桥墩施工周期长、体型笨重、遮挡视线、环境协调性差

构动力性能等力学行为,需要系统深入地探讨。针对这些问题的研究相关报道较少,超高强钢管混凝土的研究与工程应用仍需解决一系列重大技术难题。

(1)超高强钢管混凝土的管内混凝土等级很高,较普通混凝土、高强混凝土脆性大,钢管是否能有效约束管内超高强混凝土,超高强钢管混凝土组合材料构件在荷载作用下的破坏过程与破坏模式、变形性能等力学行为尚不清楚,需要开展系统的试验研究。

(2)超高强度的混凝土灌入钢管形成的超高强钢管混凝土组合材料构件,其本构关系还没有相关研究,缺乏计算分析的理论基础。同时其组合力学参数与普通钢管混凝土的取值方法是否一致,普通钢管混凝土的承载力计算方法是否适用于超高强钢管混凝土构件,上述问题均需要进行大量的试验研究,工作量大,难度高。

(3)含钢率与管内混凝土强度之间的匹配研究。超高强钢管混凝土构件含钢率与混凝土强度等级之间的匹配对构件的力学性能、经济性有很大的影响,需要研究其合理匹配关系以提高结构的安全性、经济性。

(4)合理构造与动力性能研究。超高强钢管混

凝土强度高,构件截面尺寸小,其动力性能的影响如何,以及提高其动力性能的构造措施方法也需要研究探讨。

因此,研究超高强钢管混凝土受压力学性能与破坏行为,分析组合结构的动力性能与稳定性能,提出受压极限承载力计算方法与合理构造措施,并在实际工程中进行推广应用,对推动钢管混凝土桥梁技术发展意义重大。

4.1.2 主要研究内容

4.1.2.1 超高强钢管混凝土受压、受弯与受剪力学行为

1) 轴压力学行为

超高强钢管混凝土轴压破坏形态与混凝土强度、含钢率密切相关。含钢率较低时,超高强钢管混凝土轴压试件整体呈剪切破坏,钢管外壁局部屈曲、皱褶,如图4-3所示;含钢率较高时,超高强钢管混凝土轴压试件主要表现为整体鼓胀,呈腰鼓型破坏模式,如图4-4所示。

由测得的荷载-轴压变形全曲线(N-δ 曲线,图4-5、图4-6)可知:① 与普通钢管混凝土一样,超高强钢管混凝土($f_{cu} \geqslant 60$ MPa)试件轴压破坏经历弹性、弹塑性与屈服阶段,但超高强钢管混凝土的弹性工作阶段更长;② 含钢率一定时,混凝土强度越高(套箍系数越小),试件承载力越高,曲线的弹性阶段所占比例增加而弹塑性阶段比例缩小,试件屈服后承载力下降相对越快;③ 混凝土强度一定时,含

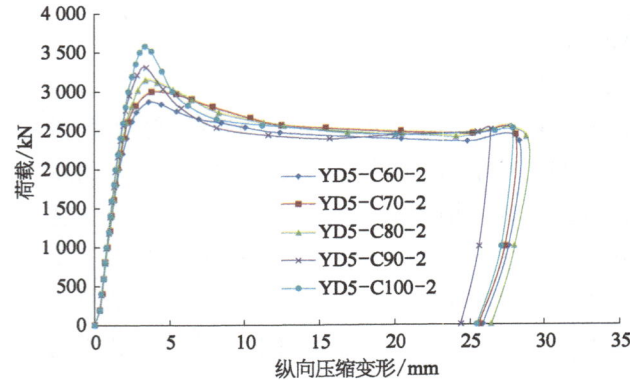

图4-5 相同含钢率(13.87%)时钢管混凝土试件 N-δ 曲线

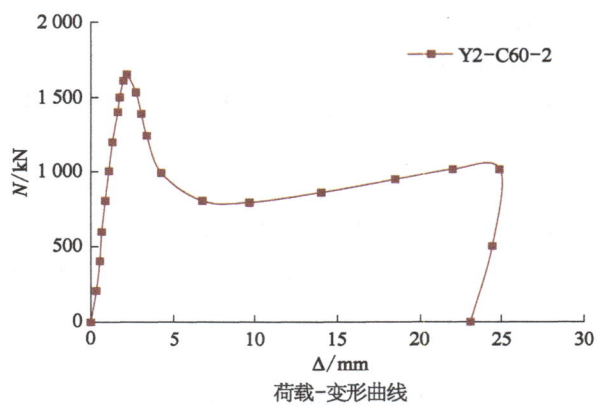

 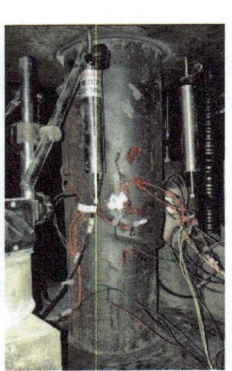

管壁斜向滑移线

图4-3 含钢率较低试件荷载变形曲线、试件破坏形态($\alpha_s = 5.97\%$)

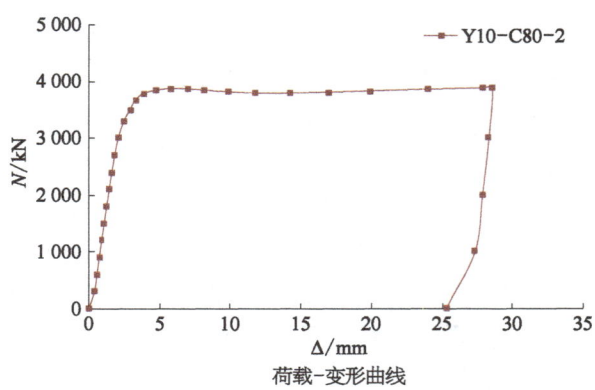

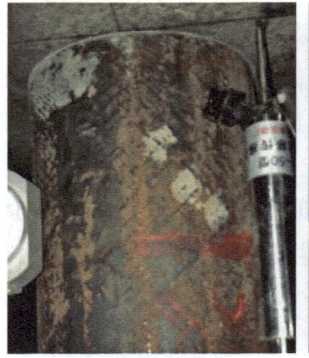 

管壁斜向滑移线

图4-4 含钢率较高试件荷载变形曲线、试件破坏形态($\alpha_s = 27.16\%$)

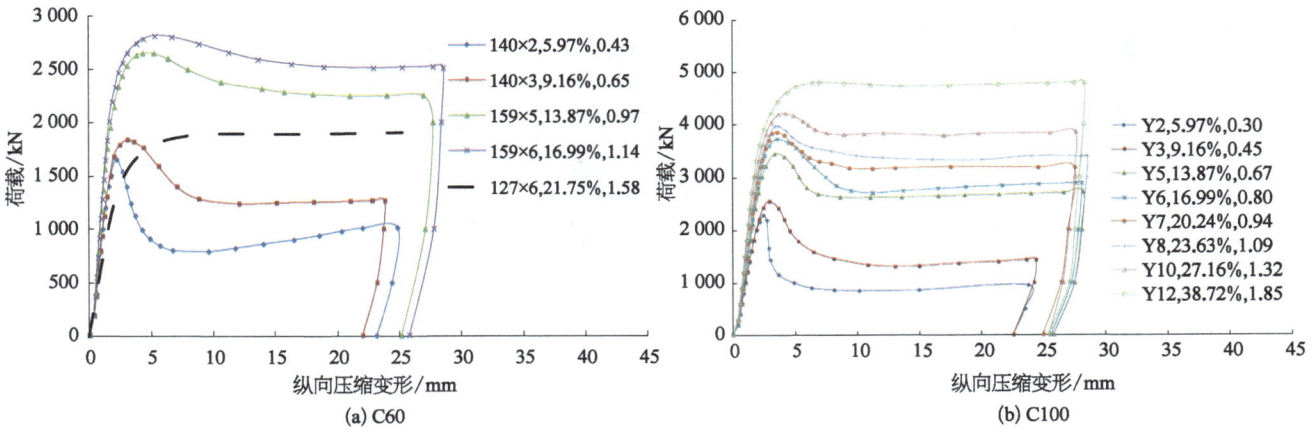

图 4-6 相同混凝土强度时钢管混凝土试件 $N-\delta$ 曲线

钢率越高(套箍系数越大),试件承载力越高,曲线的弹性阶段所占比例缩小而弹塑性阶段比例增加,试件屈服后承载力降低越缓甚至不降低,逐渐接近钢材屈服后的变形特征。

钢管对超高强混凝土存在较强套箍作用,能显著提高试件承载力,如图 4-7 和图 4-8 所示。另外,由于超高强混凝土的横向变形系数较普通混凝土大,更接近钢材的泊松比(图 4-9),因此,超高强钢管混凝土的初始横向变形系数较普通钢管混凝土高,钢管对超高强混凝土的套箍作用较普通混凝土提前。

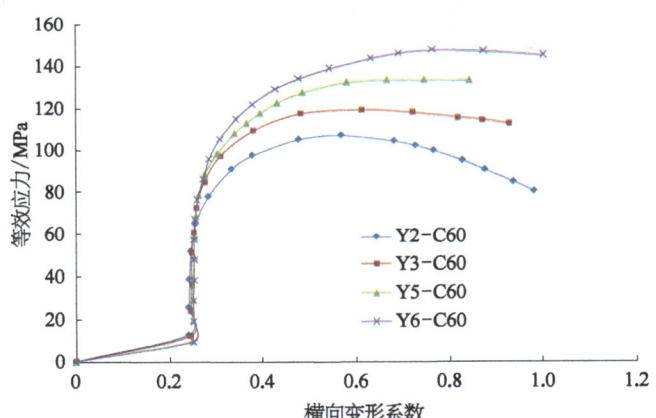

图 4-7 C60 钢管混凝土试件横向变形系数

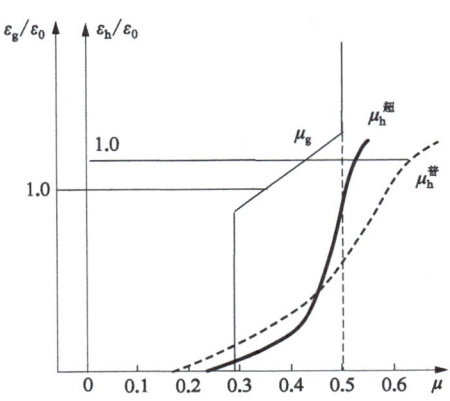

图 4-9 横向变形系数(泊松比)变化过程

反复轴压加卸载不影响超高强钢管混凝土的力学性能(图 4-10～图 4-14):① 随加卸载次数增加,含钢率低的试件,剪切滑移破坏特征逐渐加剧,钢管表面还出现新的局部屈曲;含钢率高的试件,仍主要表现为整体鼓胀,鼓胀程度越来越明显;② 反复加载拟合的荷载-变形曲线与一次加载时基本一致;③ 反复加卸载时,试件极限承载力逐渐下降,但卸载刚度与加载刚度基本一致,屈服后再次受荷时,构件在弹性工作阶段的刚度并没有下降。

含钢率低、混凝土强度高的试件,第 1 次加载结束其钢管外表面局部屈曲严重,承载力衰退也最明显,第 2 次加载时剩余承载力仅占第 1 次加载的极

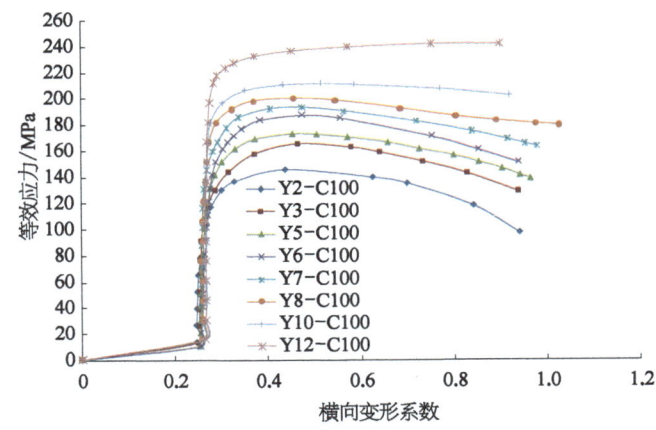

图 4-8 C100 钢管混凝土试件横向变形系数

图 4-10　Y2 系列试件反复加载破坏形态与演变过程（$\alpha_s=5.97\%$）

图 4-11　Y10 系列试件反复加载破坏形态与演变过程（$\alpha_s=27.16\%$）

限承载力的 39.0%；含钢率高的试件，第 1 次加载结束其钢管外表面无局部屈曲现象，承载力衰退也最缓慢，其第 2 次加载的剩余承载力占第 1 次加载极限承载力的 88.8%，且随加载次数增加，剩余承载力变化较小，与一次轴压试验一样，承载力降低到一定程度后不再降低，随着钢管进入强化阶段，剩余承载力出现缓慢增加。

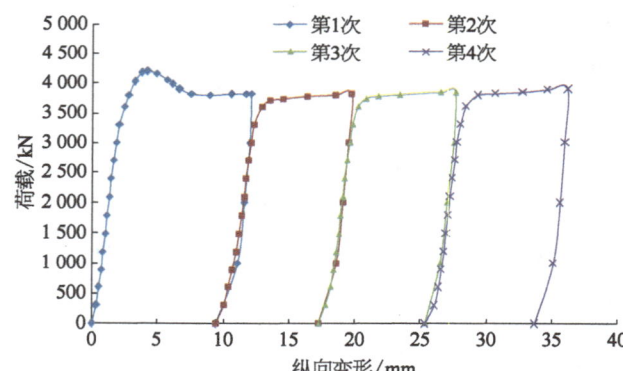

图 4-13　Y10 系列试件反复加载 N-δ 曲线（$\alpha_s=27.16\%$）

2）偏压力学行为

根据实际破坏形态与荷载-侧向挠度分布曲线可知：偏心受压时，超高强钢管混凝土主要为侧向弯曲破坏，在受压区有局部鼓屈，受拉区无明显破坏特征；偏心距越大时，试验整体侧向弯曲变形与受压区局部鼓屈现象越明显（图 4-15）。

由荷载-纵向压缩变形全曲线（图 4-16）可知：

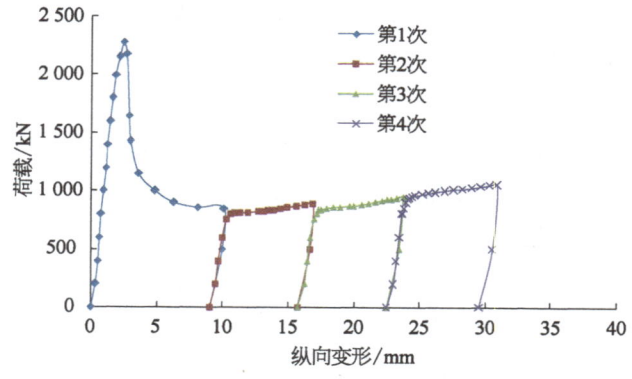

图 4-12　Y2 系列试件反复加载 N-δ 曲线（$\alpha_s=5.97\%$）

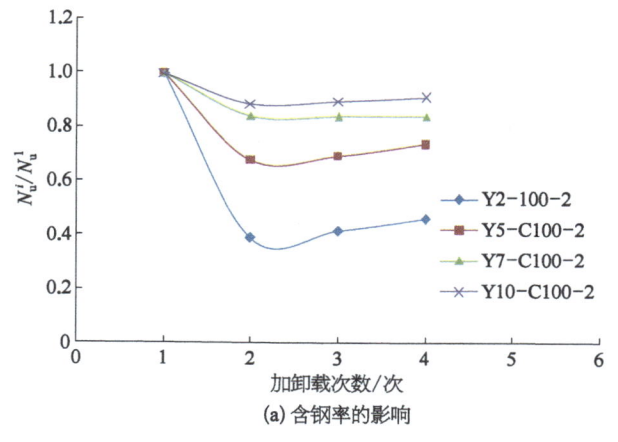
(a) 含钢率的影响

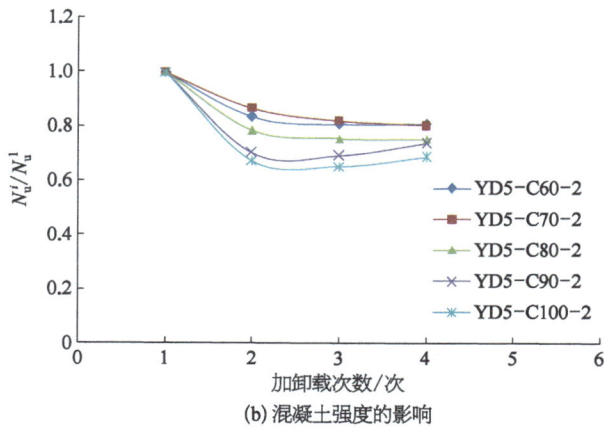
(b) 混凝土强度的影响

图 4-14 各次加载承载力衰减趋势

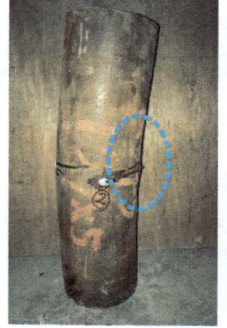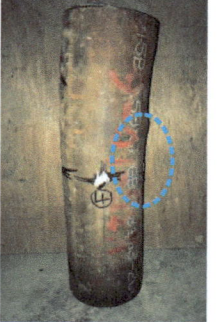

PY5-C100-0　　PY5-C100-25%　　PY5-C100-50%

图 4-15 偏压试件典型破坏形态

① 试件偏心受压时的受压刚度较轴压受压时更低，且偏心距越大，受压刚度降低越明显；② 偏心受压时，试件 $N-\delta$ 曲线的弹塑性变形段占的比例较轴压时大，试件屈服受压后承载力下降更缓慢，且偏心率越大，弹塑性变形越充分，受压承载力下降越缓慢；③ 偏心率相同时，混凝土强度越高，试件初始斜率越高，受压刚度越大，峰值点后曲线的下降趋势越陡，但随偏心率增加混凝土强度对偏压力学性能的影响逐渐减弱（图 4-17）。

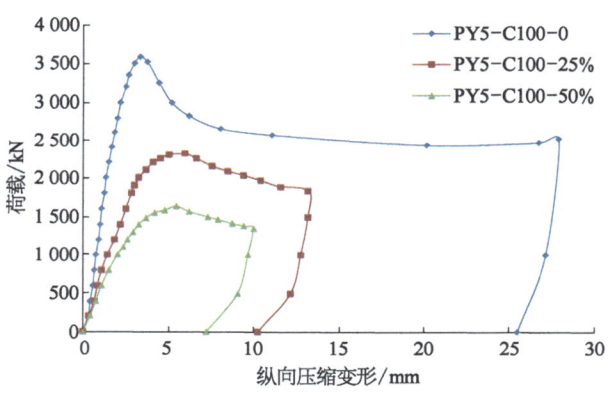

图 4-16 偏压试件 $N-\delta$ 曲线

由中部截面的应变分布与发展规律（图 4-18）可知：① 试件在屈服前，截面应变基本符合平截面

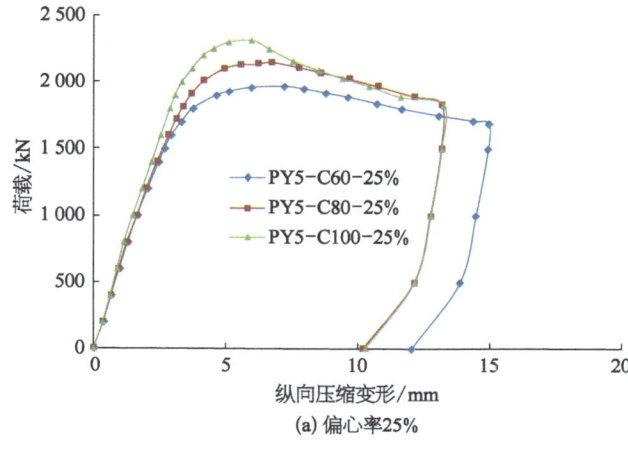
(a) 偏心率25%

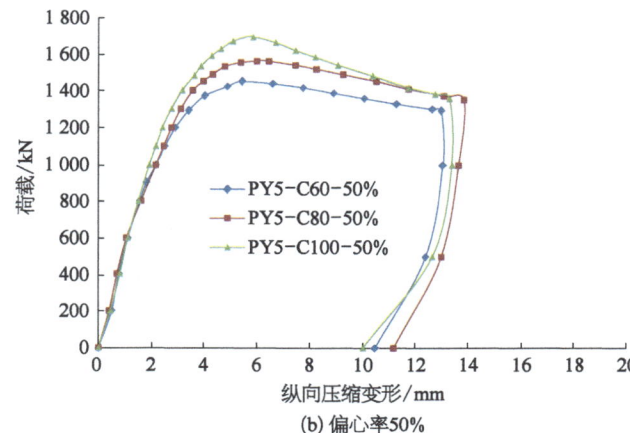
(b) 偏心率50%

图 4-17 不同偏心率试件 $N-\delta$ 曲线

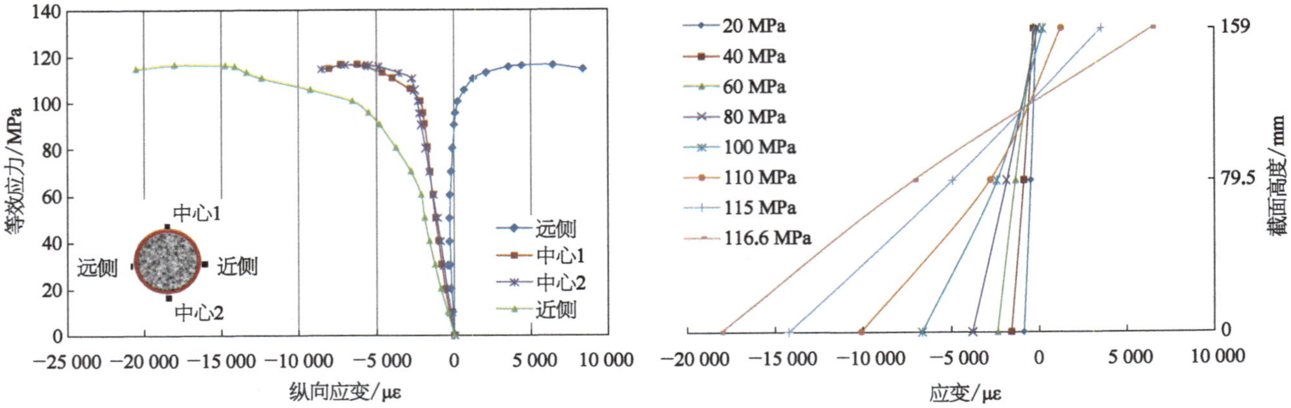

(a) 偏心率25%：PY5-C100-25%-2

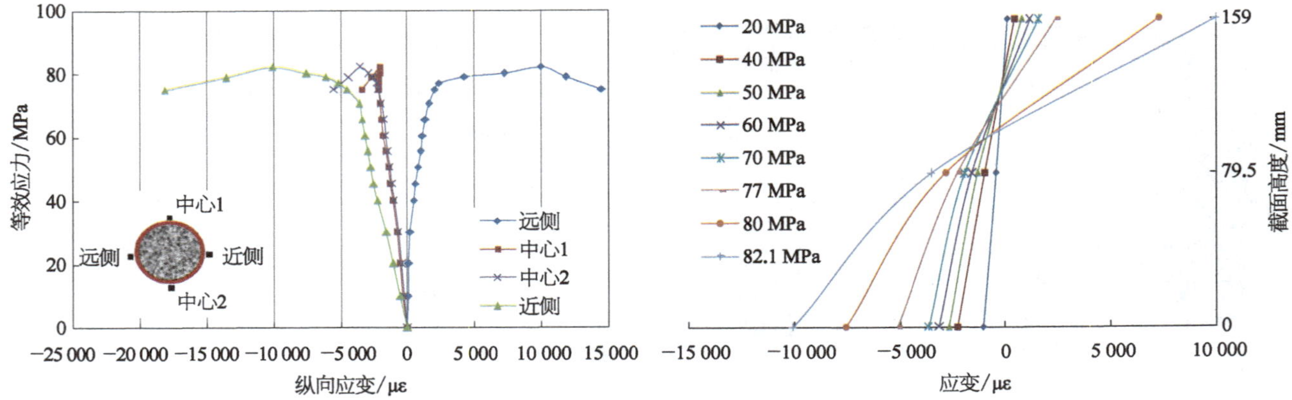

(b) 偏心率50%：PY5-C100-50%-2

图 4-18　PY5-C100 系列试件截面应变分布与发展

假定；② 偏心率为 25% 且荷载较小时，试件为全截面受压；随荷载增加，近侧钢管受压先进入屈服状态，远侧钢管则由受压逐渐转变为受拉；混凝土强度较高时远侧钢管最终受拉屈服，而混凝土强度较小时，远侧钢管受拉不会屈服；③ 偏心率 50% 时，试件远侧受拉、近侧受压，近侧受压区钢管先屈服，中性轴逐渐向近侧移动，最后远侧受拉区也进入屈服状态。

偏心荷载作用下，试件的受压承载力较轴压荷载更低（图 4-19）：① 偏心率一致时，混凝土强度越高，承载力降低越明显；② 混凝土强度一致时，偏心率越大，承载力降低越明显；③ 偏心率增大，混凝土强度对承载力的影响逐渐减弱。

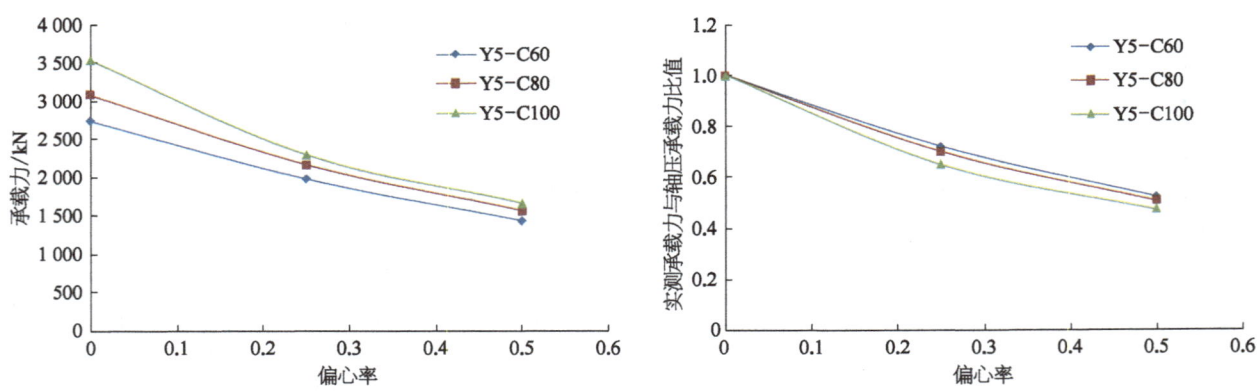

图 4-19　不同偏心荷载对钢管混凝土受压承载力影响

3) 受弯力学行为

混凝土强度对钢管混凝土的受弯破坏形态没有影响,超高强钢管混凝土的受弯破坏形态与普通钢管混凝土一致,最终破坏均主要表现为整体弯曲,受压区有轻微局部鼓屈(图4-20～图4-22)。

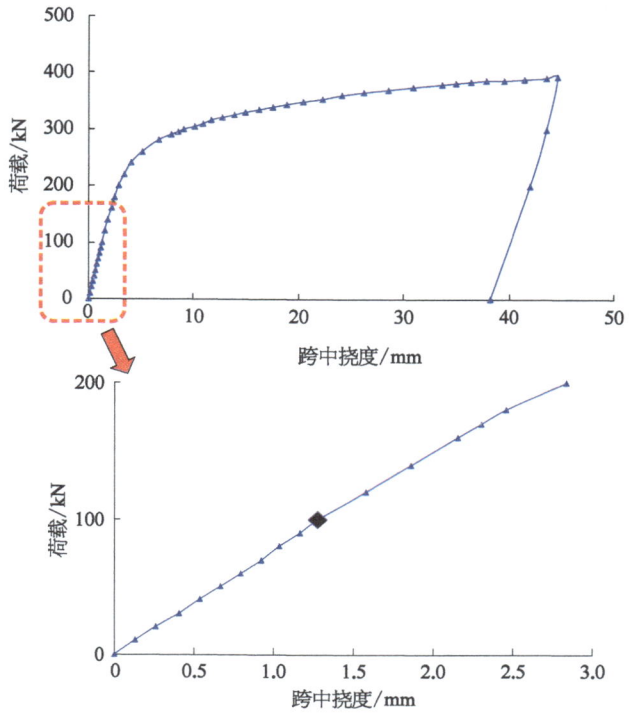

图4-20 典型荷载-跨中挠度曲线

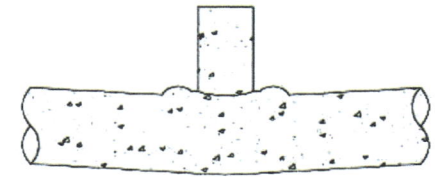

图4-21 典型受弯破坏形态

图4-22 空钢管试件受弯典型破坏形态

由荷载-跨中挠度曲线($P-\omega$曲线,图4-23)可知:① C60、C80和C100三种强度等级钢管混凝土试件的$P-\omega$曲线非常相似,混凝土强度对钢管混凝土的弯曲变形特征没有影响,整个加载过程中,跨中截面顶部与底部的变形较同步,截面基本保持圆形,完整性较好;混凝土强度增高,试件极限抗弯承载力略有增加;② 超高强钢管混凝土具有很好的弯曲延性性能,试件受弯屈服后,虽然跨中挠度增长较快,但其承载力呈持续缓慢上升趋势;③ 挠度沿试件长度方向分布基本符合正弦半波曲线形状特征,稳定性较好。

分析截面应变分布与发展规律(图4-24)可知:① 各截面应变均为底部受拉、顶部受压,随荷载增加,中性轴逐渐上移,符合受弯构件截面应变分布特征;② 整个加载过程支座附近截面、1/4跨处截面应变均没有达到屈服;③ 在试件屈服前,各截面的应变分布基本符合平截面假定。

4) 受剪力学行为

超高强钢管混凝土受剪,剪跨比较小时($\lambda \leqslant 0.377$),主要为剪切破坏,支座与加载处剪切压痕明显,侧边无鼓屈,圆形截面保持较好;剪跨比较大时($\lambda \geqslant 0.566$),剪切压痕减弱并逐渐消失,弯曲变形特征逐渐明显,主要表现为弯曲破坏,如图4-25和图4-26所示。

由荷载-跨中竖向变形曲线($P-\omega_v$曲线,图4-27)可知:超高强钢管混凝土试件的跨中截面顶部竖向变形与底部不一致,但总体来看,变形差明显较空钢

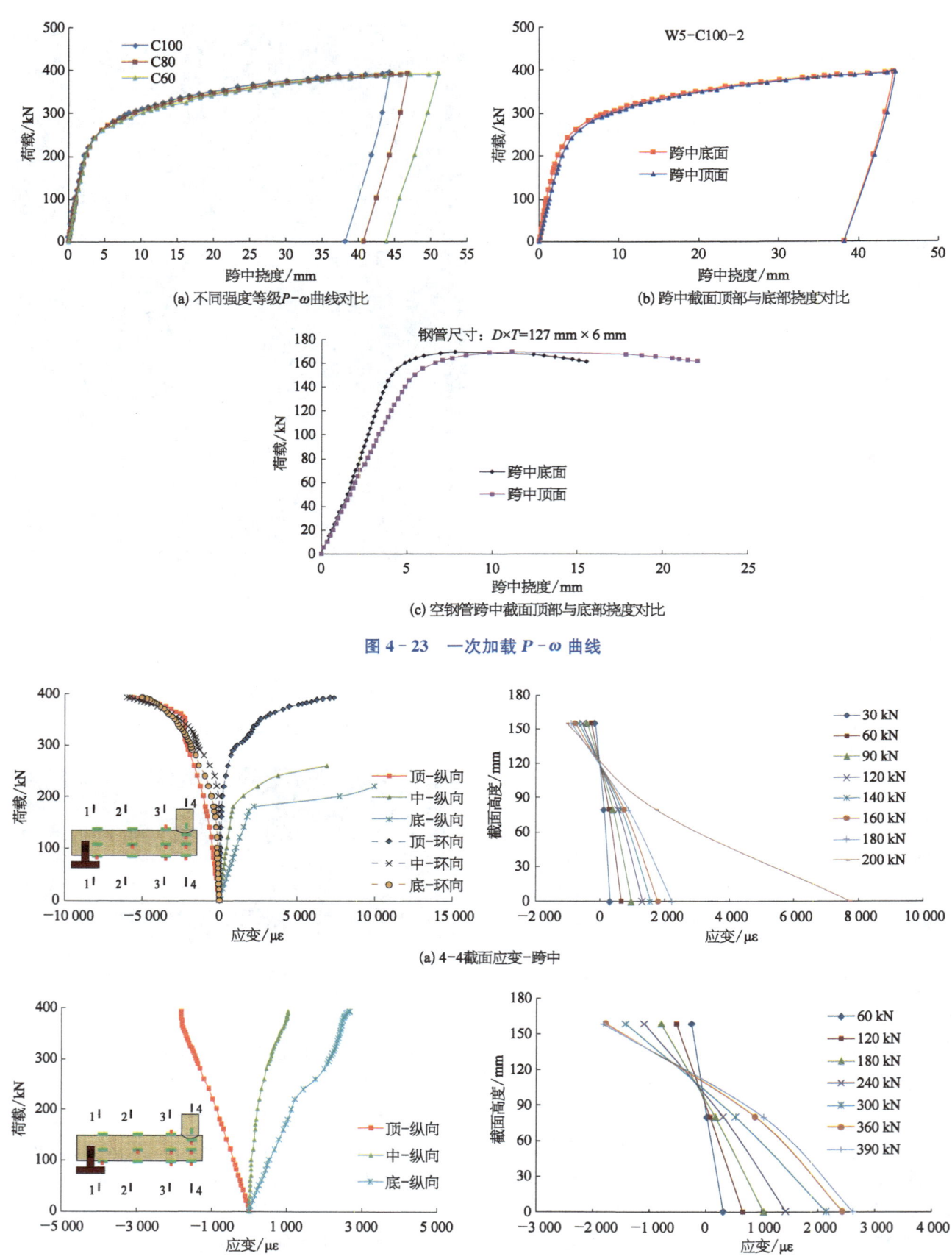

图 4-23 一次加载 P-ω 曲线

图 4-24 W5-C100-2 各截面应变分布与发展过程

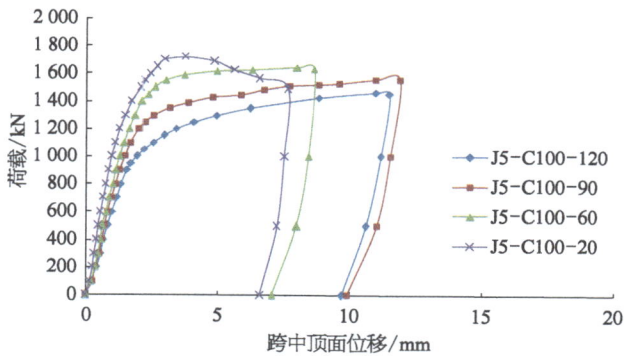

图 4-25　C100 钢管混凝土试件荷载-竖向变形曲线

(a) 剪跨 20 mm，$\lambda=0.126$

(b) 剪跨 60 mm，$\lambda=0.377$

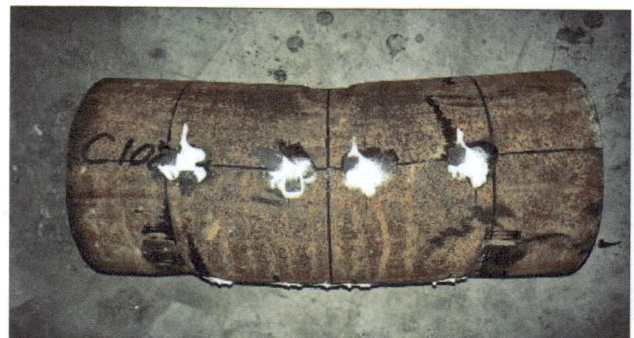

(c) 剪跨 90 mm，$\lambda=0.566$

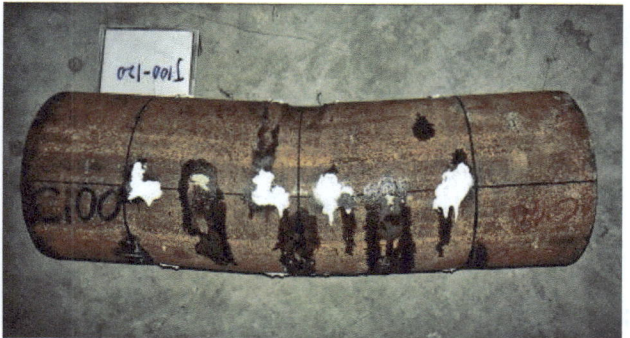

(d) 剪跨 120 mm，$\lambda=0.755$

(e) 不同剪跨比试件对比

图 4-26　C100 钢管混凝土试件受剪破坏形态

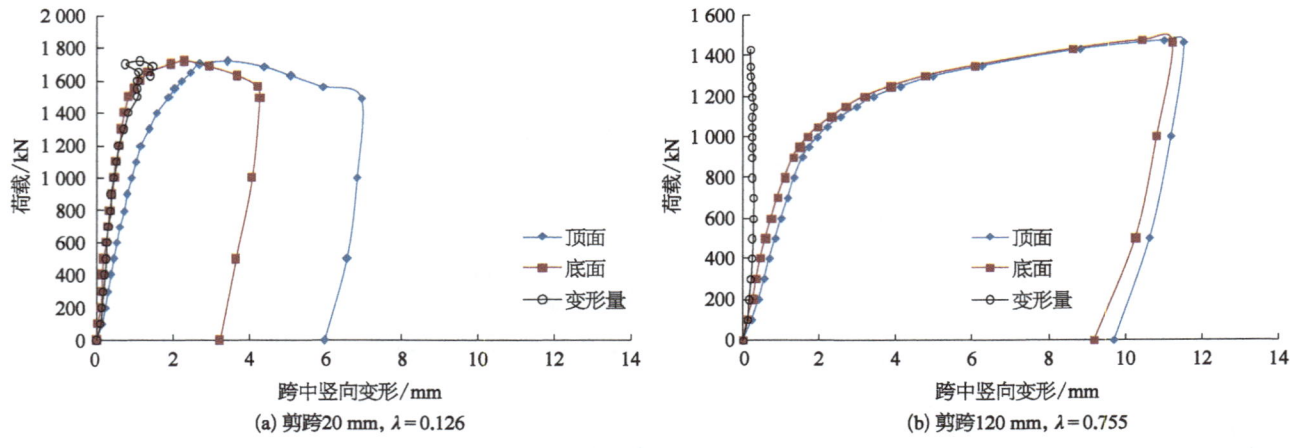

图 4-27 C100 钢管混凝土试件 $P-\omega_v$ 曲线

管试件小,截面稳定性较好,且随混凝土强度增加、剪跨比增加,差异逐渐减小甚至消失。由于破坏模式不同,超高强钢管混凝土的抗剪刚度较空钢管试件显著提升,抗剪承载力也显著增强(图 4-28)。

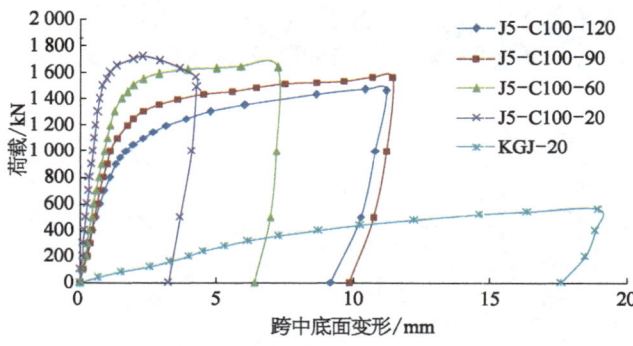

图 4-28 各试件 $P-\omega_v$ 曲线对比

4.1.2.2 提出了轴压本构关系与构件承载力计算方法

1) 以统一理论作为超高强钢管混凝土构件计算的理论基础

通过大量模型试验与有限元分析,对比了超高强钢管混凝土与普通钢管混凝土的力学行为。研究表明,超高强钢管混凝土与普通钢管混凝土一样,具有较好的延性性能,其受压力学行为符合钢管混凝土"统一理论"。钢管混凝土"统一理论"的具体内容是:将钢管混凝土视为一种组合结构材料,用构件的整体几何特性(全截面面积和抵抗矩等)和钢管混凝土的组合力学性能指标,来计算构件的各项承载力,不再区分钢管和管内混凝土。构件的各项承载能力随着物理参数、几何参数和应力状态的改变而改变,变化是连续的、相关的。基于试验与数值计算结果,获得了超高强钢管混凝土轴心受压时的 $\sigma_{sc}-\varepsilon$ 典型全过程曲线,如图 4-29 和图 4-30 所示。

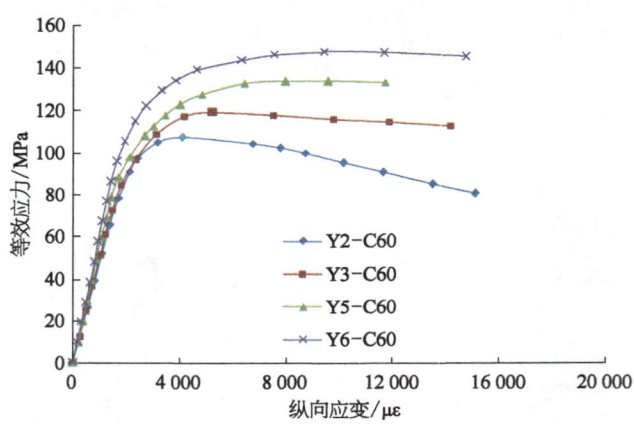

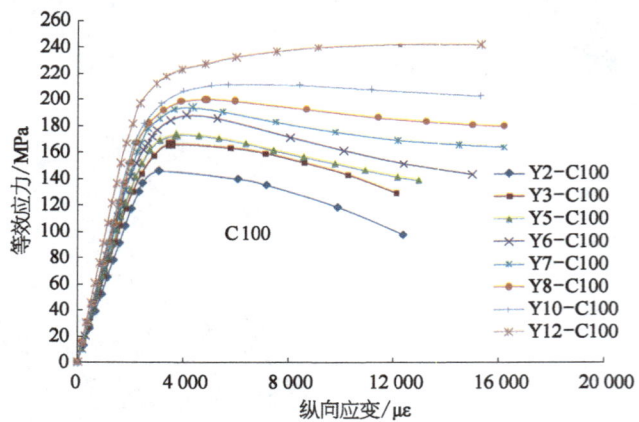

图 4-29 实测超高强钢管混凝土轴压 $\sigma_{sc}-\varepsilon$ 关系曲线

2) 提出了受压、受弯与受剪承载力计算方法

通过对超高强钢管混凝土轴压、偏压、受弯、受

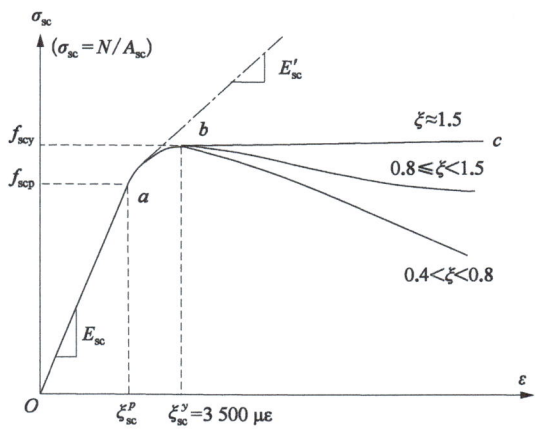

图 4-30 超高强钢管混凝土轴压 σ_{sc}-ε 全过程关系曲线

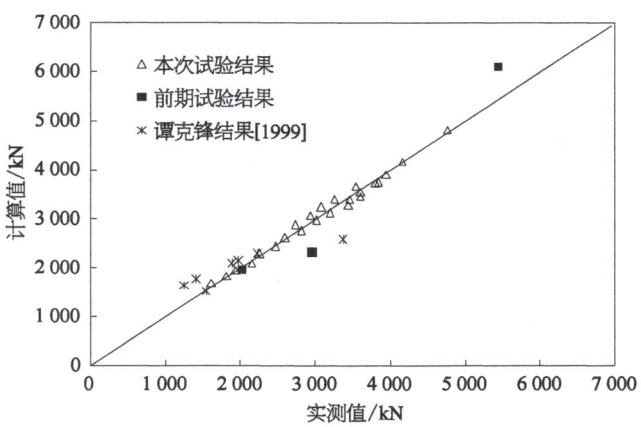

图 4-32 计算承载力与实测承载力比较

剪等大量模型承载力测试数据进行分析,对比了测试结果与普通钢管混凝土承载力计算结果的差异,提出了截面组合抗压强度计算方法,并建立轴压、偏压、受弯与受剪承载力计算方法。

(1) 轴压承载力。采用《公路钢管混凝土拱桥设计规范》中普通钢管混凝土组合截面强度计算方法,计算的组合应力 f_{scy},对低含钢率的超高强钢管混凝土,其计算值偏低,而对高含钢率的超高强钢管混凝土,其计算值偏高,如图 4-31 所示。因此,根据试验测试结果与参数分析,通过回归分析,得到了超高强钢管混凝土的组合强度计算方法[式(4-1)]与构件轴压承载力实用计算方法[式(4-2)],该方法计算得到的超高强钢管混凝土计算承载力与实测承载力比较如图 4-32 所示,计算结果与实测结果吻合较好。

$$f_{sc} = (1.490 + 0.689\xi_0)f_{cd} \quad (4-1)$$

$$N_u = (1.490 + 0.689\xi_0)f_{cd}A_{sc} \quad (4-2)$$

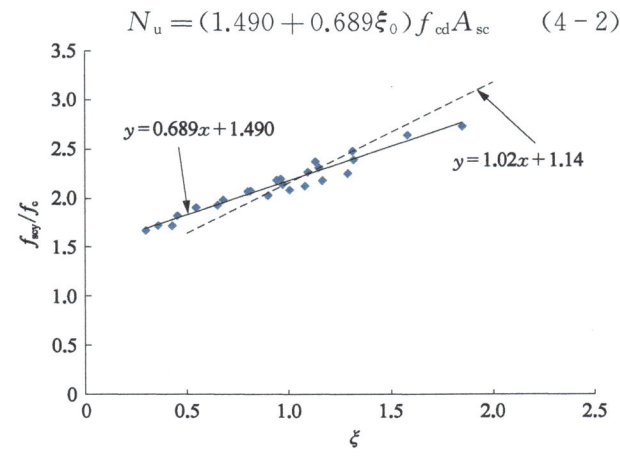

图 4-31 ξ 与 f_{sc}/f_c 的关系

(2) 偏压承载力。按《公路钢管混凝土拱桥设计规范》计算的偏压承载力[式(4-3)]与模型试验实测承载力 N_{ue} 对比见表 4-1。实测承载力与按材料设计值计算承载力之比 N_{ue}/N_{uc1} 在 1.67~1.99,可见规范计算结果安全系数较高。但实测值与按材料实测值计算结果之比 N_{ue}/N_{uc2} 为 0.87~1.00,且混凝土强度越高,比值越小,表明计算结果高估了超高强钢管混凝土的偏压承载力。按照试验测试结果,偏心距越大,承载力降低越明显;混凝土强度越高,偏压承载力较轴压承载力降低也越多。因此,需要考虑混凝土强度对偏心承载力的影响。模型试件实测承载力与按材料实测值计算的承载力较接近,引入混凝土强度折减系数 α_e,C60 以下混凝土 α_e 取 1.0,C100 强度等级混凝土 α_e 取 0.88,中间按线性插值法取值,则超高强钢管混凝土的偏心受压承载力可按式(4-4)计算,其计算值与实测值的比较见表 4-2。各强度等级钢管混凝土的安全系数较均匀,约为 2.0,且计算值与实测值吻合很好。

$$N \leqslant \varphi_e f_{sc} A_{sc}, \varphi_e = \frac{1}{1+\dfrac{1.85e_0}{r}} \quad (4-3)$$

$$\left.\begin{array}{l} N \leqslant \alpha_e \varphi_e f_{sc} A_{sc}, \varphi_e = \dfrac{1}{1+\dfrac{1.85e_0}{r}} \\ \alpha_e = \begin{cases} 1.0, & f_{cu,k} \leqslant 60 \\ 0.88, & f_{cu,k} = 100 \\ \text{线性插值}, & 60 < f_{cu,k} < 100 \end{cases} \end{array}\right\}$$

$$(4-4)$$

表4-1 偏压承载力实测值与规范计算值对比

试件系列	实测值 N_{ue}/kN		式(4-3)计算值/kN				实测值/计算值			
	偏心率 25%	偏心率 50%	按设计值算 N_{uc1}		按实测值算 N_{uc2}		N_{ue}/N_{uc1}		N_{ue}/N_{uc2}	
			25%	50%	25%	50%	25%	50%	25%	50%
PY5-C60	1 975.0	1 425.0	990.2	752.3	1 970.3	1 496.9	1.99	1.89	1.00	0.95
PY5-C80	2 165.0	1 562.5	1 154.0	876.8	2 210.6	1 679.5	1.88	1.78	0.98	0.93
PY5-C100	2 297.5	1 662.5	1 307.8	993.6	2 507.9	1 905.4	1.76	1.67	0.92	0.87

注：N_{uc1}与N_{uc2}分别为采用材料设计值与实测值计算结果。

表4-2 偏压承载力实测值与推荐方法计算值对比

试件系列	试验测试值 N_{ue}/kN		式(4-4)计算值/kN				实测值/计算值			
	偏心率 25%	偏心率 50%	按设计值算 N_{uc3}		按实测值算 N_{uc4}		N_{ue}/N_{uc3}		N_{ue}/N_{uc4}	
			25%	50%	25%	50%	25%	50%	25%	50%
PY5-C60	1 975.0	1 425.0	990.2	752.3	1 970.3	1 496.9	1.99	1.89	1.00	0.95
PY5-C80	2 165.0	1 562.5	1 084.8	824.2	2 078.0	1 578.7	2.00	1.90	1.04	0.99
PY5-C100	2 297.5	1 662.5	1 150.8	874.3	2 207.0	1 676.7	2.00	1.90	1.04	0.99

注：N_{uc3}与N_{uc4}分别为采用材料设计值与实测值计算结果。

（3）受弯承载力。根据试验测试结果可知：① 超高强钢管混凝土试件受弯屈服前，其截面应变分布仍基本符合平截面假定（图4-33）；② 核心混凝土强度提高对高强或超高强钢管混凝土的抗弯承载力的贡献不大。因此，采用前期试验推导的普通钢管混凝土的受弯承载力计算方法[式(4-5)]，计算超高强钢管混凝土的抗弯承载力，其计算值与实测值对比见表4-3。

$$\left.\begin{aligned}M_u &= \frac{2}{3}r^3 f_{sc}\sin^3\theta + r^3\alpha_s f_y \frac{(\pi-\theta)\sin\theta}{\theta} \\ \theta &= \left(1-\frac{3f_{sc}}{4f_{sc}+2\alpha_s f_y}\right)\pi \\ f_{sc} &= (1.49+0.689\xi_0)f_{cd}\end{aligned}\right\} \quad (4-5)$$

式中 r——钢管外壁半径；
α_s——截面含钢率；
θ——中性轴处半径与y轴夹角。

表4-3中M_{ue}为根据实测荷载换算的弯矩$\left(M_u=\dfrac{P_u l_0}{4},\ l_0=1\,000\text{ mm}\right)$，$M_{uc1}$、$M_{uc2}$分别为采用材料设计值、实测值计算的弯矩。可见，实测弯矩M_{ue}与采用材料设计值计算的弯矩M_{uc1}之比M_{ue}/M_{uc1}在1.52～1.71，安全系数较高。实测弯矩M_{ue}与采用材料实测值计算的弯矩M_{uc2}之比M_{ue}/M_{uc2}在0.97～1.06，极限弯矩计算值与实测弯矩值吻合较好。

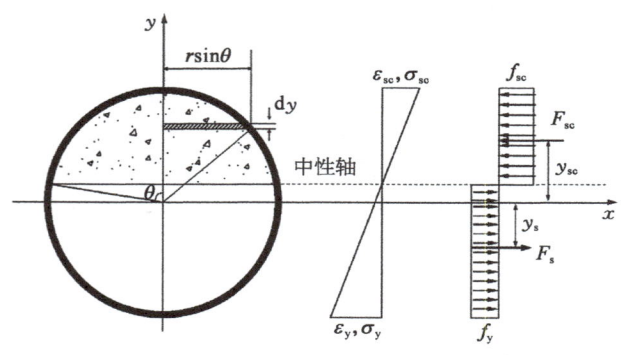

图4-33 截面应力分布

表 4-3 抗弯承载力计算值与实测值对比

试件	实测值 M_{ue} /(kN·m)	式(4-5) 计算值/kN		M_{ue}/M_{uc1}	M_{ue}/M_{uc2}
		M_{uc1}	M_{uc2}		
W5-C60-2	85.0	49.6	80.4	1.71	1.06
W5-C80-2	86.3	54.0	85.1	1.60	1.01
W5-C100-2	87.5	57.6	90.3	1.52	0.97

(4) 受剪承载力。试验研究表明,对管内超高强钢管混凝土抗剪承载力的强度有一定影响,但影响不明显,且随剪跨比增大,混凝土强度对抗剪承载力的影响减小。以普通钢管混凝土组合截面抗剪强度的计算方法与抗剪承载力计算方法[式(4-6)~式(4-8)]为基础,通过修正截面抗剪系数,提出了抗剪计算方法,结果与模型试验研究成果吻合较好(图 4-34)。

$$\tau_{sc} = (0.422 + 0.313 a_s^{2.33})\xi_0^{0.134} f_{sc} \quad (4-6)$$

$$\gamma V \leqslant \gamma_v A_{sc} \tau_{sc} \quad (4-7)$$

$$\gamma_v = -0.2953 + 1.2981\sqrt{\xi_0} \quad (4-8)$$

4.1.2.3 明确了混凝土强度与含钢率之间的匹配关系

C60、C80、C100 三种强度等级钢管混凝土在轴压荷载下无明显剪切破坏,试件的含钢率依次为 16.99%、20.24%、23.63%,如图 4-35 所示。轴压屈服后承载力基本不下降时的含钢率依次为 16.99%、27.16%、38.72%;屈服后剩余承载力保持在 85% 以上时,对应的含钢率依次为 13.87%、20.24%、27.16%;$\sigma_{sc}-\varepsilon_s$ 曲线峰值点后基本不下降的含钢率依次为 13.87%、20.24%、27.16%。C60、C80、C100 钢管混凝土试件 $N-\delta$ 曲线如图 4-36~图 4-38 所示。

4.1.2.4 提出了合理构造,提升了组合结构稳定性与动力性能

1) 主拱梯度变高截面与骨架腹杆构造

(1) 拱肋等宽变高度梯形截面构造及横撑箱形截面构造。以广安官盛渠江大桥为依托,研究了强劲骨架主拱的合理构造。官盛渠江大桥强劲骨架的拱肋截面为单箱单室变高度梯形截面(图 4-39),拱

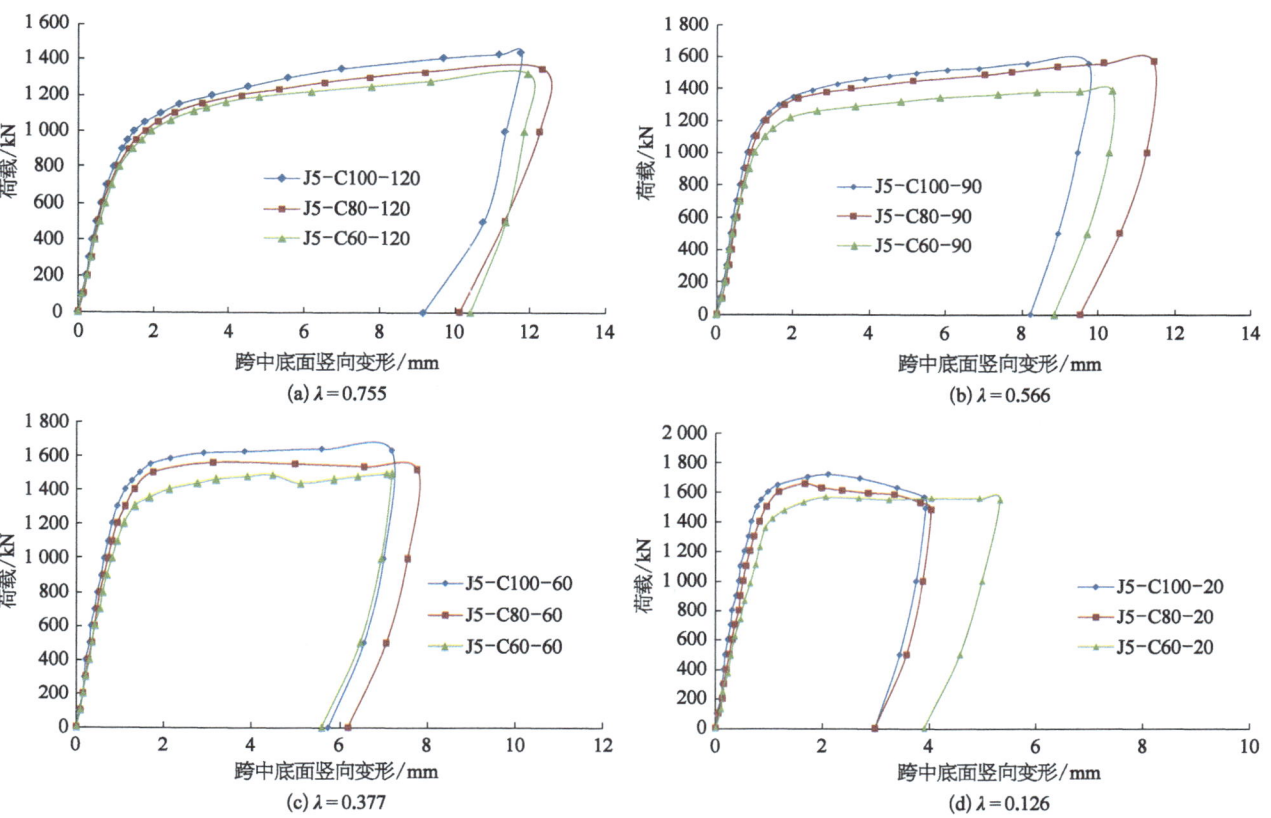

图 4-34 相同剪跨比试件荷载-剪切变形曲线对比

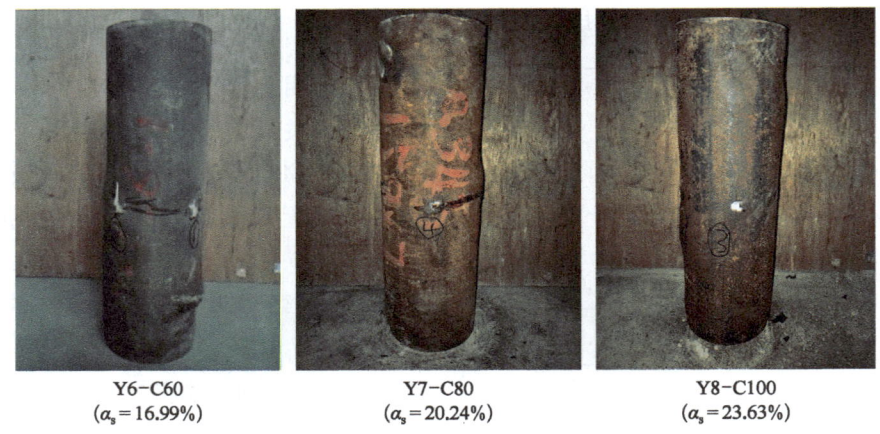

图 4-35 不出现明显剪切破坏的含钢率

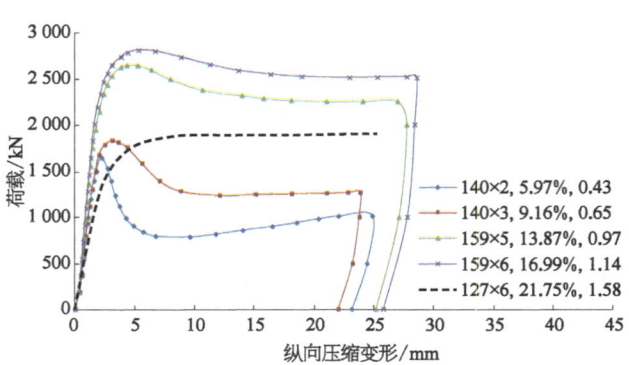

图 4-36 C60 钢管混凝土试件 $N-\delta$ 曲线

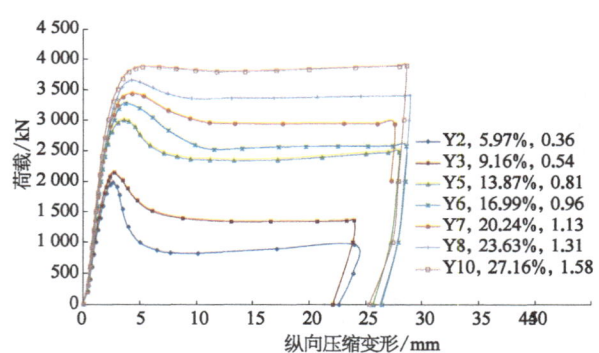

图 4-37 C80 钢管混凝土试件 $N-\delta$ 曲线

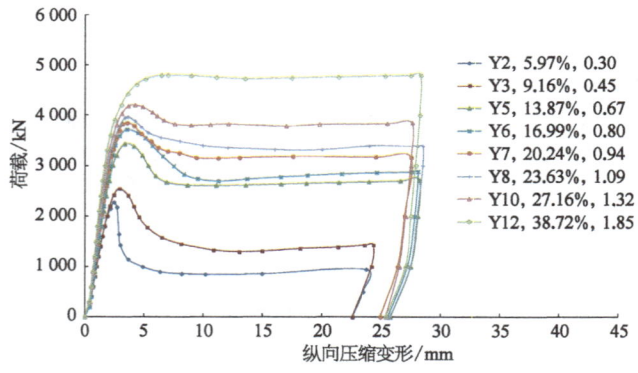

图 4-38 C100 钢管混凝土试件 $N-\delta$ 曲线

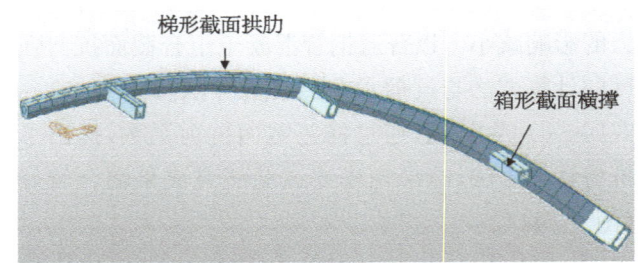

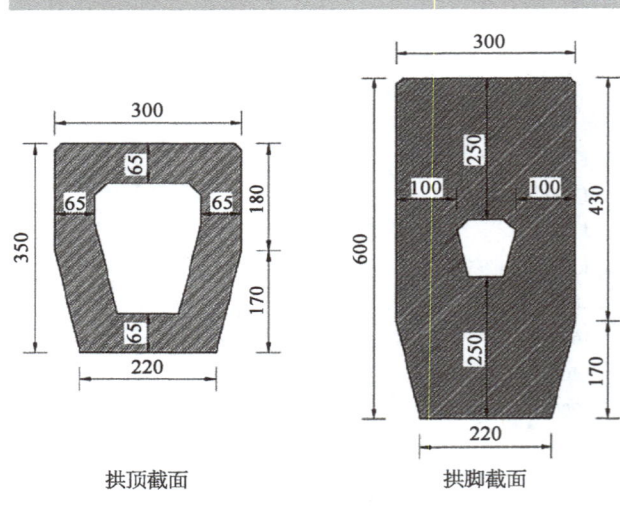

图 4-39 拱肋截面梯度变化(单位:cm)

顶截面径向高为 3.5 m,拱脚截面径向高为 6.0 m,拱脚到拱顶截面构造呈梯度变化,既匹配了拱圈内力以承受恒载为主、内力渐次递增分布变化规律,又兼顾了城市对建筑美学的要求;截面较常规钢筋混凝土拱桥,顶、底、腹板厚度大,弥补了截面整体刚度不足;两平行主拱肋之间设置 8 道横撑,箱形截面构造加大了主拱横向抗弯刚度及抗扭刚度,提高了结构整体稳定性。

(2)超高强钢管混凝土弦杆及管式腹杆组成的全管结构拱肋强劲骨架构造(图 4-40)。主拱拱脚腹杆长细比过大,易发生局部失稳。采用传统 N 形腹杆布置形式不能满足骨架强度、刚度和稳定性要求，需研究改进腹杆布置形式。采用全管结构拱肋骨架，较传统劲性骨架构造，增加了钢管混凝土中弦杆刚度，降低了较高截面腹杆长细比，腹杆采用厚壁空心钢管结构，同等含钢率下截面局部稳定系数提高1.5倍以上且无节点板构造，施工更便捷；腹杆外套螺旋箍筋，增强了同主拱混凝土的咬合连接，降低了空心钢管对拱肋截面的挖空效应。

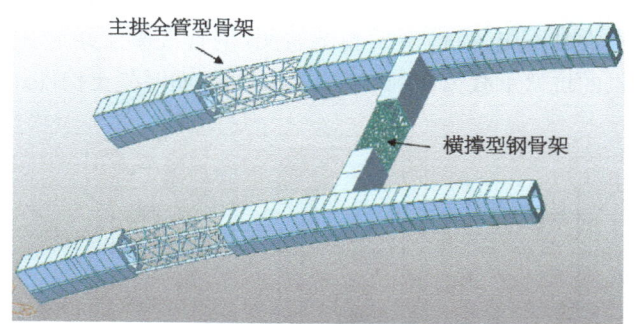

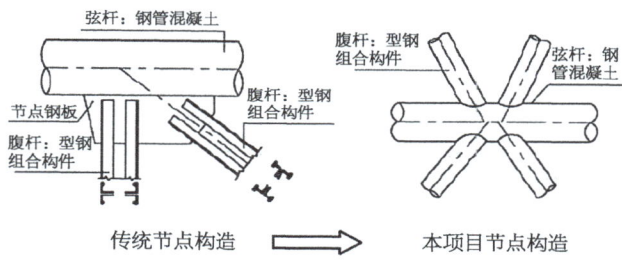

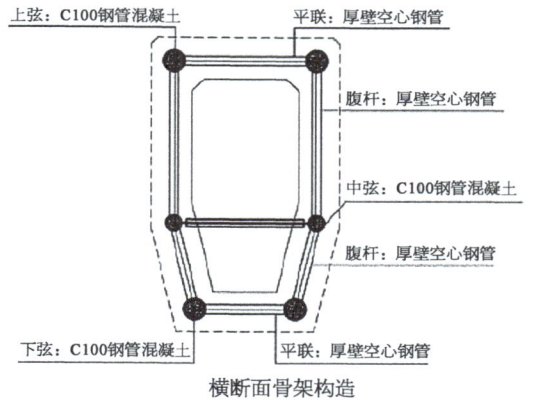

图4-40 拱肋骨架以及节点构造、横断面骨架构造

为提高骨架腹杆稳定性，除了用钢腹管代替型钢腹杆以外，从拱脚到拱肋1/4附近，增加一道型钢中弦杆，进一步减小腹杆的长细比，局部稳定系数提高近1.0倍。通过理论计算可知，钢腹管应力验算、轴压稳定应力验算均满足规范容许值要求，且增加的辅助弦杆最不利应力为153.6 MPa（<260 MPa），

轴压稳定应力为245.5 MPa（<260 MPa），同样满足规范容许值要求。说明主拱骨架腹杆布置合理，满足稳定性及承载力要求。

力学分析与模型试验验证（图4-41）表明：拱肋构造匹配了主拱内力分布，横撑合理的截面形式及布置，提高了结构整体稳定性。

图4-41 模型试验验证

2) 超高强钢管混凝土结构构造

通过工艺试验研究和依托工程实践总结，提出了超高强钢管混凝土结构构件的连接构造要求，包括主管与连接件、主管与基础、主管与主管的连接构造等。

（1）主管与连接件的连接。一方面要保证连接节点具有足够强度，另一方面要保证节点焊接质量。其次，超高强钢管混凝土主要用于轴心受压与小偏心受压构件，为使超高强钢管混凝土桁式结构的主管弯矩小，实现小偏心受压的原则要求，主管间的连接件，应具有足够的强度与刚度。

（2）主管与基础的连接。主管与基础的连接要保证主管具有足够的锚固强度。

（3）主管与主管的连接。主管对接连接时，连接处应平顺、混凝土应密实填充；但桥梁的曲线构件为超高强钢管混凝土时，提出了以折代曲主管的分段长度控制原则。

4.1.3 工程应用

本研究开发的技术成果，已成功应用在桥墩高182.5 m四川腊八斤大桥（首次应用C80）、主跨364 m广元昭化嘉陵江大桥（C80）、主跨280 m四川泸州磨刀溪大桥（首次应用C100）、主跨320 m四川广安官盛渠江大桥（C100）、主跨350 m四川马边苏坝大桥（首次应用C120）、主跨510 m四川西宁河大桥（C120）等桥梁工程。受依托工程建设成果的影响，主跨507 m四川合江长江三桥（C70）、主墩高196 m的四川凉山金阳河大桥（C80）、主跨260 m四川布拖金沙江大桥、主跨 280 m 四川金阳金沙江大桥等,采用了超高强钢管混凝土强劲骨架成拱法的研究成果,促进了超高强钢管混凝土组合结构的工程推广应用,提高了桥梁结构承载能力,降低了工程成本,减小了资源消耗,保证了工程质量,赢得了用户单位的一致好评。

4.2 钢管混凝土组合主拱模型试验研究

4.2.1 试验概述

钢管混凝土组合主拱,首次应用在四川攀枝花倮果金沙江大桥,推广应用在广西南宁邕宁邕江大桥和万县长江大桥等工程的主拱之中,图 4-42 所示为典型拱桥的主拱截面,表 4-4 所示为典型拱桥主拱的截面信息。该类拱桥主拱在施工时,通常先安装主拱箱形截面角部钢管混凝土并形成桁架,然后以钢管混凝土桁架为依托浇注外包混凝土。由于在拱截面中植入了多根钢管混凝土,钢管直径相对于截面宽度而言较小,D/B 在 0.1~0.2 范围内,但是,钢管混凝土承载能力高、刚度大,对于主拱截面的整体承载力贡献不应忽视,实桥测试表明,钢管混凝土组合主拱的抗弯承载力和刚度高于相应的钢筋混凝土构件。

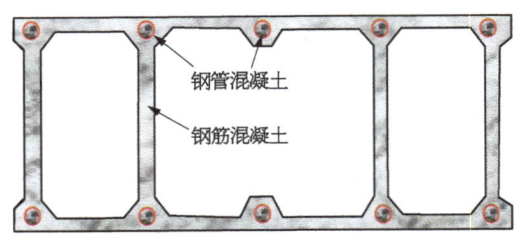
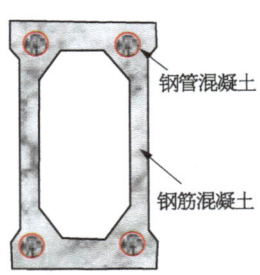
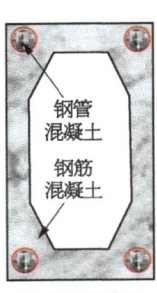
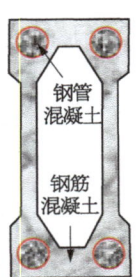

(a) 万县长江大桥　　(b) 云南皮化冲大桥　　(c) 宜万铁路落布溪大桥　　(d) 大瑞铁路澜沧江特大桥

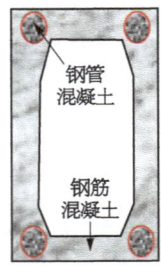
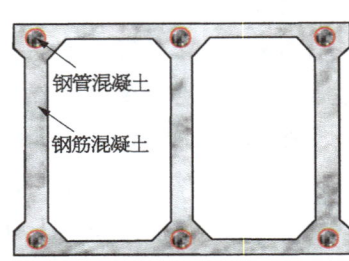
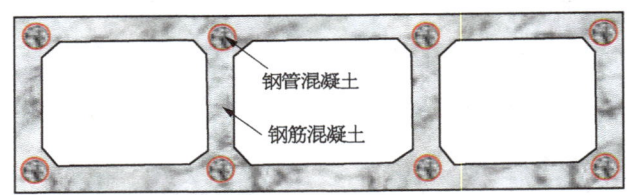

(e) 浙江省淳安县环湖公路威坪大桥　　(f) 昭化嘉陵江大桥　　(g) 大岩洞特大桥

图 4-42 主拱截面示意

表 4-4 近年来拱桥组合主拱截面信息汇总

工程名称	跨度/m	截面尺寸 $B \times h / \mathrm{m} \times \mathrm{m}$	骨架钢管尺寸 $D \times t / \mathrm{mm} \times \mathrm{mm}$	$f_{cu,core}$ /(N·mm^{-2})	文献来源
四川倮果金沙江大桥	160	2×3.5	256×12	C50	设计文件
四川万县长江大桥	420	16×7	406×16	C60	顾安邦等
云南皮化冲大桥	180	2×3.5	299×12	C40	刘效辉等
宜万铁路落布溪大桥	178	2.5×6	426×12(426×20)	C45	瞿国钊和刘华全
大瑞铁路澜沧江特大桥	342	4.4×11.5	1 000×46(1 000×36)	C50	盛兴旺等
浙江省淳安县环湖公路威坪大桥	198	2.5×4.5	377×10	—	樊金甲
大岩洞特大桥	160	7.9×2.4	280×10	—	孟鑫和杨永清
四川昭化嘉陵江大桥	364	8×5.8	457×14	C80	张富贵

钢管混凝土和钢筋混凝土的研究成果比较充分，为研究钢管混凝土组合主拱的力学性能提供了基础。但是，现有试验的研究对象，主要简化为钢管混凝土单根钢管混凝土外包混凝土的试件研究，对钢管混凝土组合主拱含多根钢管混凝土（多管）的试验研究较少，一般采用局部模型或简化缩尺模型试件开展研究。

为给工程实践建立设计原理，对钢管混凝土组合主拱已有的工程应用和研究结果汇总和研究，结合四川广安官盛渠江大桥组合主拱工程的实际需要，开展了钢管混凝土组合主拱的模型试验研究。

为了研究钢管混凝土组合主拱和钢筋混凝土构件力学性能的差异，模型依托工程设计构造，拟定了如图 4-43 所示的两类截面形式：钢管混凝土组合主拱（图 4-43a）和钢筋混凝土构件（图 4-43b），开展了模型试验研究。

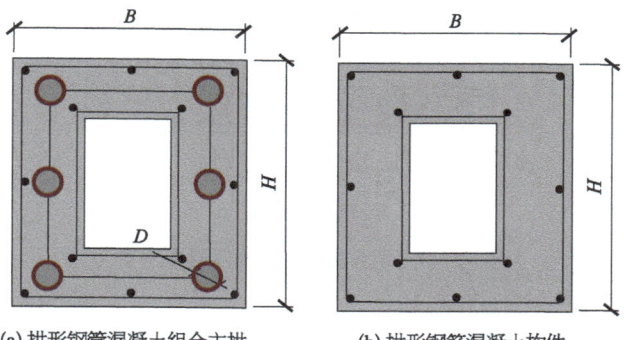

(a) 拱形钢管混凝土组合主拱　　(b) 拱形钢筋混凝土构件

图 4-43　组合主拱研究对象截面示意

根据模型试验研究目标和试验条件，拟开展的主要研究内容包括：

（1）根据依托工程主拱拱顶、1/4 和拱脚截面的构造，其钢管混凝土占全截面的面积率，开展跨度约 10 m、主拱截面与依托工程相似的实心截面裸拱的模型至少 3 个，其中包括一个对比分析的钢筋混凝土裸拱模型。试验模型设计应与依托工程结构主体形式总体一致。

（2）模型试验需要研究不同钢管混凝土占全截面的面积率对主拱承载能力和刚度的影响关系，并提出钢管混凝土劲性骨架的承载能力与刚度计算方法。

（3）模型试验需要研究不同钢管混凝土占全截面的面积率对主拱偏心增大系数、临界承载能力的影响。

（4）模型试验需要研究主拱钢管混凝土骨架与外包钢筋混凝土连接构造的合理性等。

4.2.2　组合主拱模型设计

4.2.2.1　试验模型设计

试件取自实际工程的主拱拱肋模型，采用钢管混凝土劲性骨架，外包钢筋混凝土的组合主拱形式。计算实际工程中主拱拱顶、1/4 跨和拱脚截面的纵向钢筋总配筋率 ρ_s，按配筋率相似的原则设计试件截面纵向钢筋配置。对于试件的箍筋布置，采用和原截面接近的配箍率进行配筋，对于箍筋的形式和布置方式参考实际工程中的形式和布置进行设计。

实际工程中拱肋为钢筋混凝土单箱单室截面，主孔净跨径为 300 m 变截面悬链线无铰拱，净矢跨比为 1/4，拱轴系数为 1.5。拱顶截面径向高为 3.5 m，主拱拱脚截面径向高为 6 m，肋宽为 3 m。标准段顶、底板厚 0.65 m，腹板厚 0.65 m；主拱拱脚至第 1、2 根立柱中间为渐变段，顶、底板混凝土厚度由 2.75 m 线性变化至 0.65 m，腹板厚度由 1.0 m 线性变化至 0.65 m。主拱由 C100 钢管混凝土劲性骨架外包 C50 混凝土形成，其中，强劲骨架为钢管混凝土主管和钢管支管组成的桁式结构，每根主拱左、右腹板设上、中、下三道主管，其中上、下主管采用 $\phi 351$ mm × (14～18) mm、内灌 C100 混凝土的钢管混凝土，中主管采用 $\phi 273$ mm × (10～12) mm、内灌 C100 混凝土的钢管混凝土；主管通过 $\phi 152$ mm × (10～12) mm 的空钢管支管连接而构成桁架结构。

组合主拱模型按照 1/30 的比例进行设计，将实际工程中的主拱进行缩尺，确定模型拱试件的跨度为 10 m，矢高为 2.5 m，保持 1/4 矢跨比不变，并且保持形状为变截面悬链线无铰拱。考虑到试件加工的精度，将外包混凝土截面和截面简化为矩形，拱脚截面尺寸为 200 mm × 100 mm，拱顶截面尺寸为 117 mm × 100 mm；标准段顶、底板厚 26 mm，腹板厚 34 mm；自拱脚起水平长度 437 mm 的部分为渐变段，顶、底板混凝土厚度由 83 mm 线性变化至 26 mm，腹板厚度保持 34 mm 不变。受钢管规格的限制，模型中的劲性骨架无法按照 1/30 的比例进行缩尺。考虑到本试验以研究组合主拱的整体受力性能为主，并且需要研究不同钢管混凝土占全截面的面积率对主拱承载能力和刚度的影响等，因此，上、中、下主管均采用全跨等厚的 $\phi 12$ mm × 2 mm 无缝碳素钢管,内灌高强砂浆,强度与实际工程一致。经过合理缩尺,钢管混凝土通过 φ4 mm 冷拔钢筋连接形成劲性骨架,并外浇 C50 混凝土,混凝土保护层厚度保证为 5 mm。部分填充轻质材料。布置内外两层纵筋,直径为 4 mm,配筋率与实际工程保持一致。箍筋、拉筋采用冷拔钢筋,直径均为 4 mm,布置间距为 50 mm,加密区布置间距为 25 mm。图 4-44 和图 4-45 所示分别为缩尺的钢管混凝土组合主拱 A1 试件的截面示意和 1/2 骨架立面示意。

为了研究不同钢管混凝土占全截面的面积率对主拱承载能力和刚度、主拱偏心增大系数、临界承载能力等的影响,研究设计了两种上、下主管直径的骨架,同时,制作钢筋混凝土模型试件,其截面内无钢管混凝土,其余参数与钢管混凝土构件保持一致。模型试件的参数见表 4-5。

表 4-5 组合主拱模型构件参数

序号	试件编号	拱形式	上、下弦钢管截面尺寸 $D \times t$ /mm×mm	中弦钢管截面尺寸 $D \times t$ /mm×mm
1	A1	钢管混凝土组合主拱	12×2	12×2
2	A2	钢管混凝土组合主拱	20×2	12×2
3	A3	钢筋混凝土拱	—	—

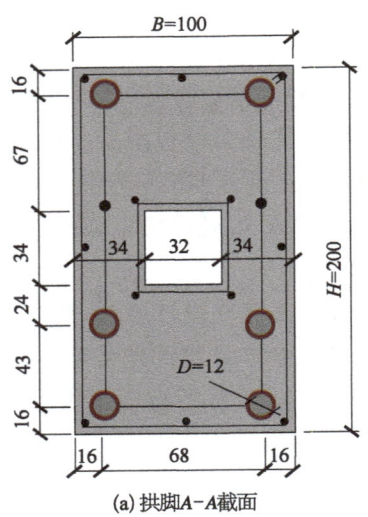

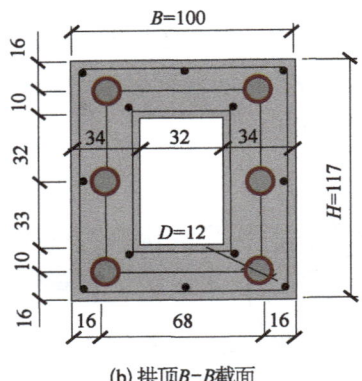

图 4-44 组合主拱 A1 试件截面示意

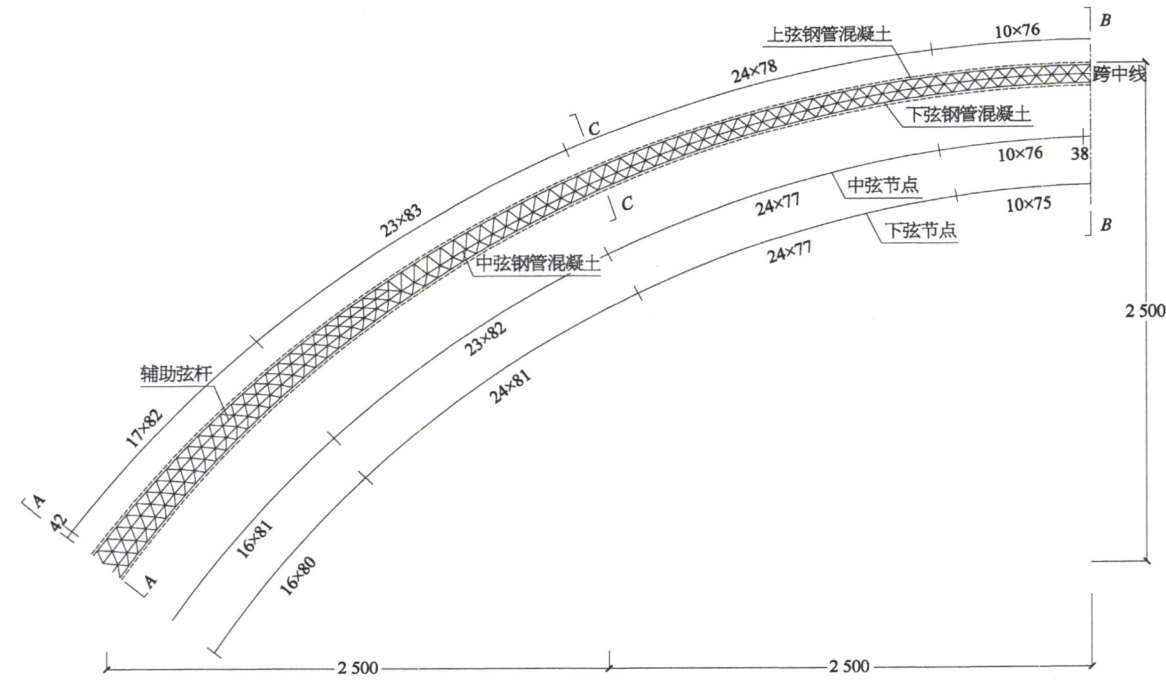

图 4-45 组合主拱 A1 试件 1/2 骨架立面示意

4.2.2.2 试件制作

由于组合主拱模型构件尺寸小、构造比较复杂，制作时需要精细加工。试件中的钢管由 3 根 4.0 m 长无缝碳素钢管拼接而成，强劲的骨架钢管焊接位置远离加载点，并且严格控制钢管形状为悬链线，再通过 φ4 mm 冷拔钢筋焊接形成钢劲性骨架，如图 4-46a 所示。浇注钢管内高强砂浆时，将钢管骨架平躺放置浇注，以确保砂浆密实。养护试件强度满足要求后，将钢管两端打磨平整并焊接拱脚钢板。

完成钢管混凝土劲性骨架的加工后，为保证钢管和纵向钢筋、箍筋保持相对的位置，在钢管和纵向钢筋之间布置支撑以定位，再按照构件的截面和布筋形式加工纵向钢筋及箍筋，并将箍筋与纵向钢筋绑扎成钢筋笼，如图 4-46b 所示。在试件与加载装置相接触的位置，需要预埋钢板以制作加载端头，并局部加密箍筋，如图 4-46c 所示。

(a) 劲性骨架

(b) 绑扎钢筋笼、支模

(c) 加载端头局部加强

(d) 浇注外包混凝土

图 4-46 钢管混凝土组合主拱桥试件加工过程

完成试件骨架的加工后，将试件水平放置，安装上预先加工好的外包混凝土的模板，以及使用塑胶板制作的中心填充物，以形成截面，同时确保构件的混凝土保护层厚度为 5 mm。如图 4-46d 所示，浇注采用 C50 自密实外包混凝土，混凝土浇注完毕后在常温下保水养护 7 d，10 d 后拆除模板，待混凝土养护 28 d 后安装拱脚自平衡反力系统，即可开始试验。

主拱外包混凝土采用 C50 细石混凝土，混凝土配合比见表 4-6，水泥品种为 P 42.5，细石粒径控制在 5～10 mm。在相同条件下成型养护边长为 150 mm 的立方体混凝土试块与边长为 70.7 mm 的立方体高强砂浆试块，得到试验开始和结束时混凝土立方体抗压强度与高强砂浆抗压强度，见表 4-7 所示。外包混凝土的弹性模量和泊松比见表 4-7。

4.2.2.3 试验方法与装置

1) 加载装置

模型试件全跨竖向荷载通过 7 个集中力模拟，集中力加载装置为 60 t 液压千斤顶。主拱横向设置 4 个面外支撑约束横向变形，加载及面外约束情况如图 4-47 和图 4-48 所示。

表4-6 外包混凝土配合比   单位:kg/m³

混凝土类型	强度等级	水	水泥	细骨料	粗骨料	外加剂	掺合料
外包混凝土	C50	158	379	702	1 011	12.11	148

表4-7 外包混凝土和高强砂浆强度

混凝土类型	试验开始时 $f_{cu}/(N \cdot mm^{-2})$	试验结束时 $f_{cu}/(N \cdot mm^{-2})$	弹性模量 $E/(kN \cdot mm^{-2})$	泊松比
外包C50混凝土	50.5	50.5	30.3	0.20
钢管内高强砂浆	105.8	109.6	—	—

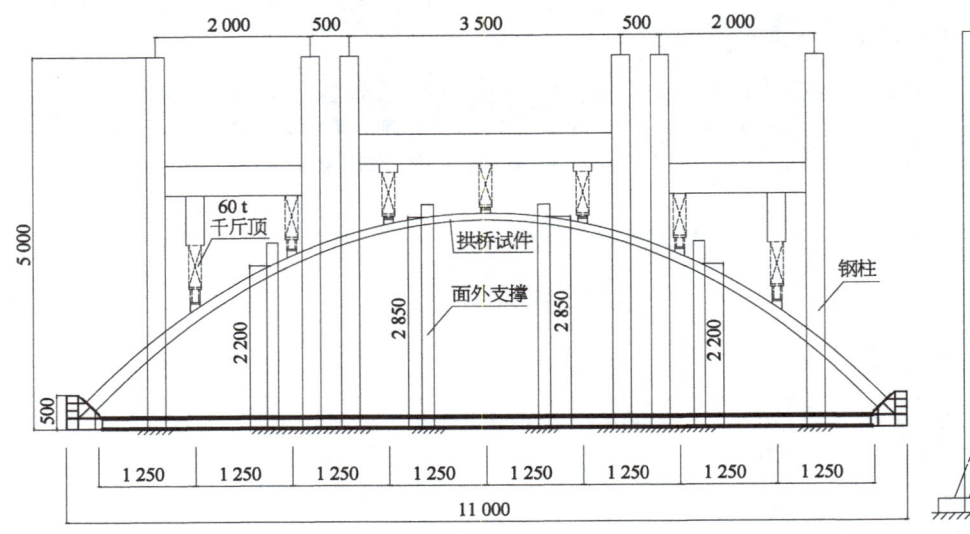

图4-47 模型主拱加载方案简图

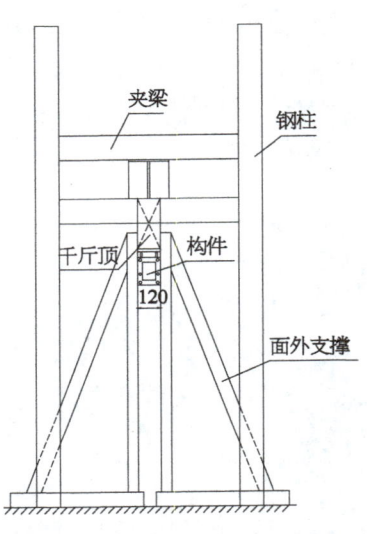

图4-48 模型主拱面外约束示意

为了防止拱脚产生水平位移而影响构件的极限承载力,使用槽钢组成自平衡拉杆反力系统来抵抗拱脚产生的水平推力,同时将槽钢拉杆锚固在试验台座上。试验时将试件固定在试验台座上,以达到拱脚固接的边界条件。加载时应注意避免构件出现局部破坏。

由于加载时同一油路上的千斤顶荷载基本保持一致,采用7个相同规格型号的60 t液压千斤顶组成的两套并联油路系统。油路控制系统如图4-49所示,油路1控制的2个千斤顶(边部)与油路2控

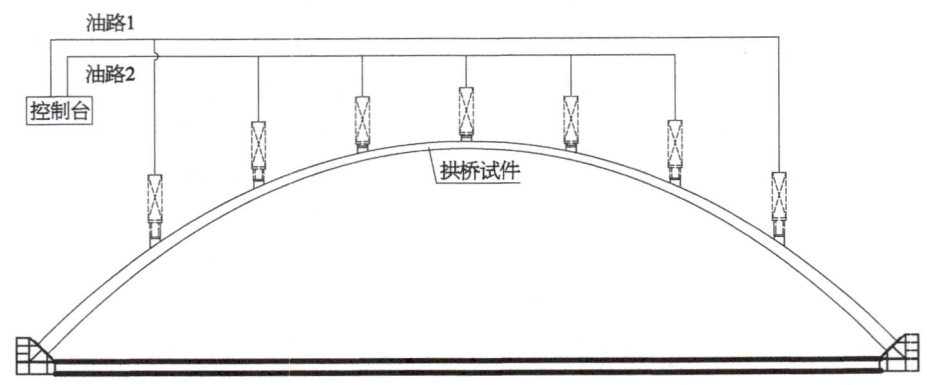

图4-49 模型主拱加载油路系统

制的 5 个千斤顶(中部)的荷载比例为 2∶1。

加载时首先施加 5%的预估极限荷载(油路 1 千斤顶 10 kN,油路 2 千斤顶 5 kN)进行预压检验。正式试验时的加载制度见表 4-8,试件屈服前采用荷载控制并分级加载,接近屈服后采用荷载-位移联合控制的方法,油路 2 千斤顶采用位移控制,取第 10 级拱顶竖向位移 Δ_y 的 0.5 倍为级差;油路 1 仍采用荷载控制,取油路 2 千斤顶在相应级数时荷载的 2 倍进行控制加载。当荷载下降到极限荷载的 65% 或大块混凝土脱落时开始卸载。加载方案应根据试验现场拱桥构件的实际受力及变形情况灵活进行调整。

表 4-8　主拱模型加载制度

加载级数	控制方法	油路 1 千斤顶/kN	油路 2 千斤顶/kN
1	荷载	10	5
2	荷载	20	10
3	荷载	30	15
4	荷载	40	20
5	荷载	50	25
6	荷载	60	30
7	荷载	70	35
8	荷载	80	40
9	荷载	90	45
10	荷载	100	50(对应拱顶竖向位移记为 Δ_y)
11	荷载-位移联合	$2F_{11}$	$1.5\Delta_y$(对应荷载为 F_{11})
12	荷载-位移联合	$2F_{12}$	$2\Delta_y$(对应荷载为 F_{12})
13	荷载-位移联合	$2F_{13}$	$2.5\Delta_y$(对应荷载为 F_{13})
14	荷载-位移联合	$2F_{14}$	$3\Delta_y$(对应荷载为 F_{14})
15	荷载-位移联合	$2F_{15}$	$3.5\Delta_y$(对应荷载为 F_{15})
16	荷载-位移联合	$2F_{16}$	$4\Delta_y$(对应荷载为 F_{16})
⋮	荷载-位移联合	⋮	⋮

每一级荷载时持荷,对拱桥试件整体和局部位置的变形、破坏形态进行拍照,并记录在该级荷载下拱桥侧面混凝土裂缝的位置、宽度和发展情况。试验控制台应记录拱桥试件内上弦纵筋、下弦纵筋以及拱顶和拱脚箍筋的荷载-应变全过程曲线,并记录加载点处的竖向位移和水平位移。

2) 测点布置

为了测得钢筋混凝土拱在加载全过程中的内力变化情况,在模型的 5 个节间上共布置了 15 个电阻应变片,每个节间的 3 个应变片分别布置在上弦钢管、下弦钢管和下弦纵筋,同时为了获得整体拱结构在荷载作用下的变形情况,在拱模型上布置 11 个位移计,分别布置在模型的 7 个加载点和拱脚处,以测量拱的竖向位移和水平位移,如图 4-50 和图 4-51 所示。

4.2.3　组合主拱模型试验

4.2.3.1　A1 拱试验

钢管混凝土组合主拱在全跨荷载作用下 1 点(约 1/8 跨)、4 点(跨中)和 7 点(约 7/8 跨)的荷载-位移曲线(竖向和横向)如图 4-52 所示。在构件进入屈服前,组合主拱 1 点和 7 点的竖向位移较为接近,水平位移基本对称。4 点的竖向位移较小,分析原因在于 1 点和 7 点处的荷载较大,主拱受到的挤压力较大,使跨中产生了正向竖向位移趋势,抵消了一部分负向的竖向位移。

图 4-53 所示为 7 个加载点处实测竖向位移的变化,组合主拱整体有向下的竖向位移,在加载前期变形基本上左右对称,随着荷载的增加,加载的不对称影响变大,达到最终破坏形态时,1 点的竖向位移明显大于其他位置。

图 4-54~图 4-56 所示为加载过程中拱内上、下弦钢管和下弦纵筋应变随荷载的变化过程,加载过程中拱的上弦钢管和下弦钢管均基本呈现受压状态,上弦钢管压应力最大的地方位于南侧拱脚附近(S1)的上弦钢管,下弦钢管压应力最大的地方位于 S2 的下弦钢管,下弦纵筋压应力最大的地方位于 S2 和 S4 的下弦纵筋。分析原因在于拱在全跨荷载作用下,拱内产生的弯矩较小,更趋近于均匀受压,上述纵筋的应力分布形式是这一受力特点的体现。同时,由于 1 点和 7 点施加的荷载较大,对应的局部位置(S1 和 S5)下弦钢管和下弦纵筋产生拉应力。拱顶的应变都不大,没有超出弹性范围。

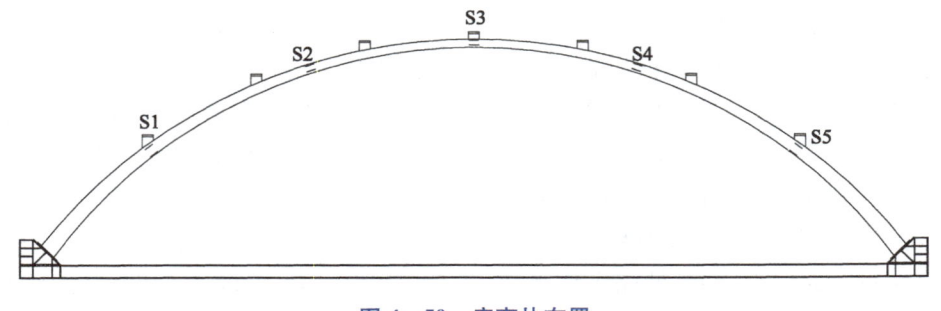

图 4-50 应变片布置

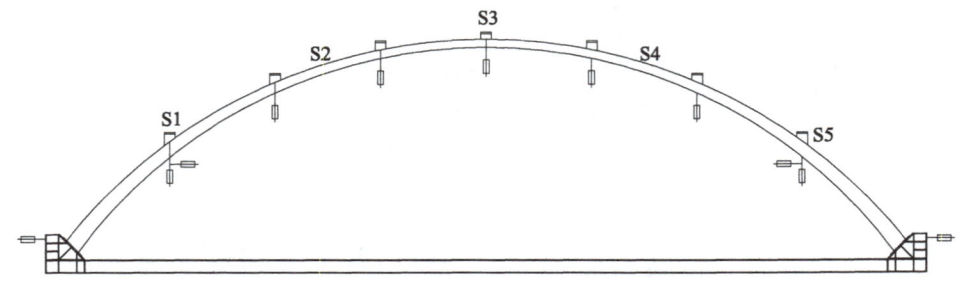

图 4-51 位移计布置

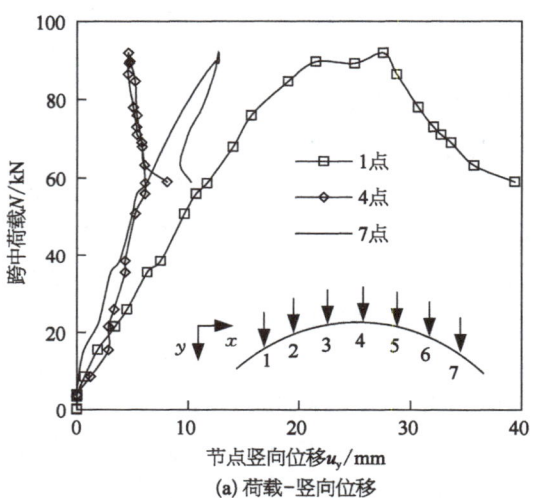

(a) 荷载-竖向位移

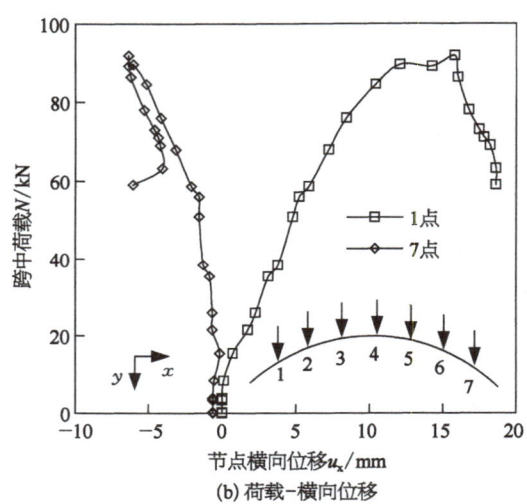

(b) 荷载-横向位移

图 4-52 A1 拱荷载-位移曲线

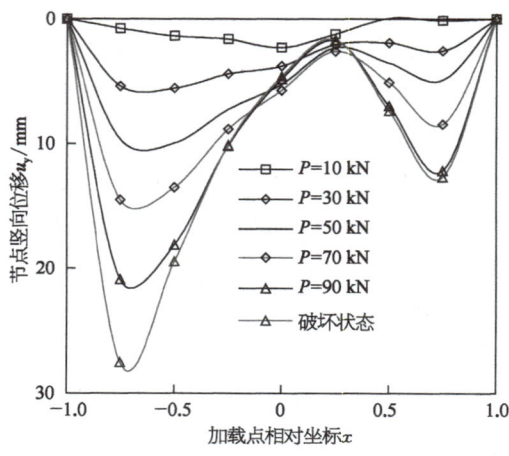

图 4-53 A1 拱实测竖向位移

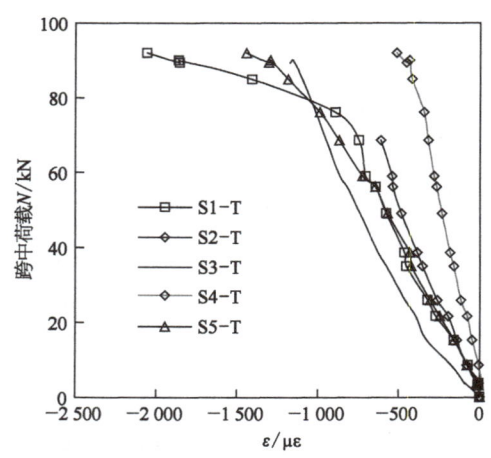

图 4-54 A1 拱荷载-上弦钢管应变

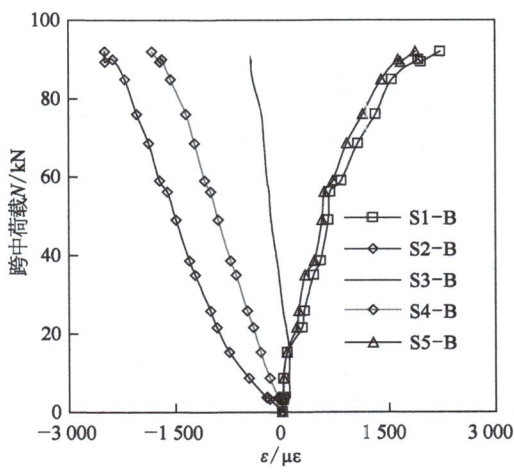

图 4-55　A1 拱荷载-下弦钢管应变

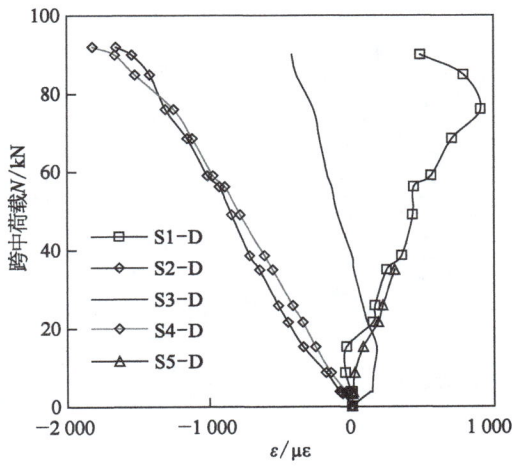

图 4-56　A1 拱荷载-下弦纵筋应变

图 4-57 所示为加载过程中拱顶和拱脚外包混凝土应变随荷载的变化过程，主拱拱顶混凝土均处于受压状态，拱脚混凝土接近破坏时上侧受拉、下侧受压，分析原因在于拱在全跨荷载作用下，拱顶产生的弯矩较小，更趋近于均匀受压，而拱脚的弯矩不可忽略，处于压弯状态，上述混凝土的应力分布形式是这一受力特点的体现。同时，根据图 4-57b 所示在整个加载过程中，混凝土符合平截面假定。

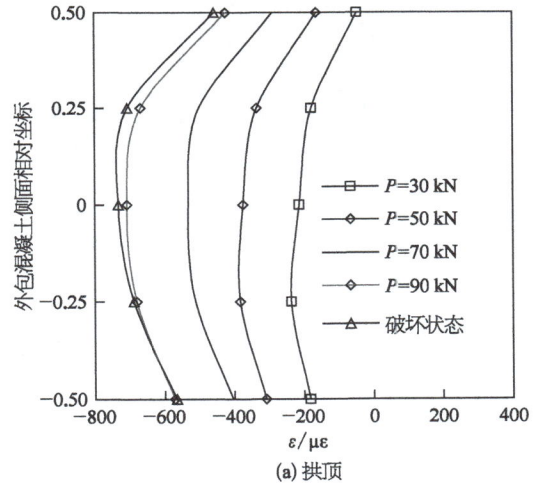

(a) 拱顶

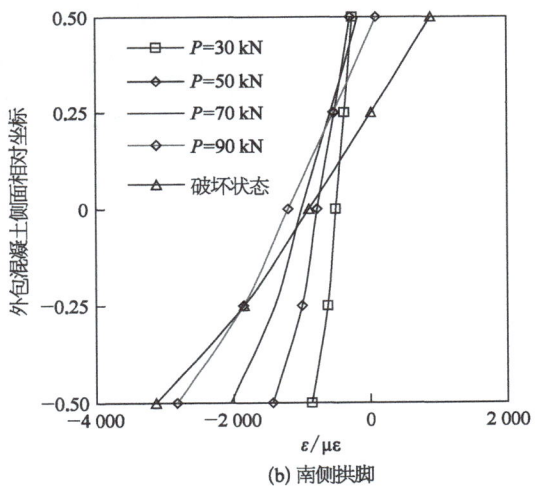

(b) 南侧拱脚

图 4-57　A1 主拱荷载-拱顶和拱脚混凝土应变曲线

主拱全跨荷载作用下的最终破坏模式如图 4-58 所示。主拱的最终破坏位置发生在 1 点（约 1/8 跨）附近处。破坏形态表现为混凝土压溃，同时钢管屈曲、纵筋屈曲和箍筋断裂。钢管与混凝土之间没有发生明显的滑移，表明界面摩擦力较大，主拱钢管混凝土骨架与外包混凝土的连接构造合理。承载力方面，与前期进行的组合主拱弯曲试验进行对比可以发现，破坏位置处的极限承载力与相同截面的组合主拱弯曲承载力相比提高了约 20%，分析原因在于由于拱的力学特点，破坏位置处受到了轴压力和弯矩的综合作用，与纯弯荷载工况相比承载力有所提高。

图 4-59 所示为 A1 拱桥构件的破坏全过程，当 $N/N_u=0.1$ 时主拱出现可见竖向裂缝，由于初始加载的影响，拱顶受负弯矩作用，上侧出现裂缝（图 4-59a）；随着荷载增大，裂缝不断发展，当 $N/N_u=0.4$ 时，南侧拱脚附近的负弯矩较大，下侧的初始裂缝被压实，上侧出现裂缝并发展（图 4-59b）；当 $N/N_u=0.9$ 时，两侧加载点附近的上侧混凝土出现压溃现象，裂缝逐渐贯通（图 4-59c）；荷载达到 N_u 时，南侧混凝土斜向压溃并伴有剥落，其余位置的裂缝发展缓慢（图 4-59d）。

(a) A1拱最终破坏模式

(b) 破坏形态

(c) 内部钢管屈曲

图 4-58 A1 拱破坏图

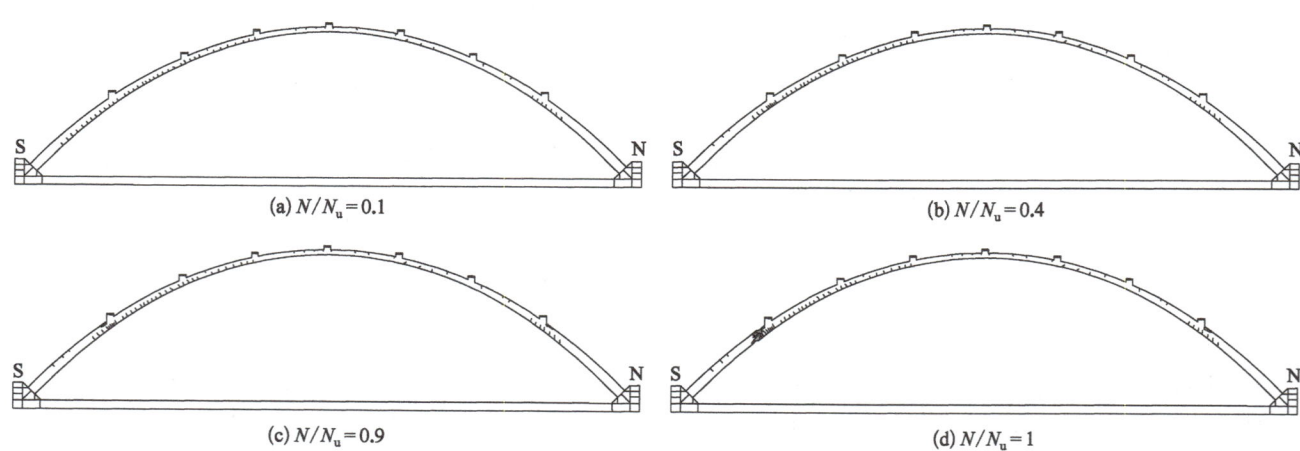

(a) $N/N_u=0.1$

(b) $N/N_u=0.4$

(c) $N/N_u=0.9$

(d) $N/N_u=1$

图 4-59 A1 拱桥试件破坏全过程

4.2.3.2 A2 拱试验

该钢管混凝土组合主拱在全跨荷载作用下 1 点(约 1/8 跨)、4 点(跨中)和 7 点(约 7/8 跨)的荷载-位移曲线(竖向和横向)如图 4-60 所示。在构件进入屈服前,组合主拱 1 点和 7 点的水平位移基本对称,7 点的竖向位移较大,1 点和 4 点的竖向位移较小,分析原因在于 7 点处的荷载较大,主拱受到的挤压力较大,使 1 点和 4 点(跨中)产生了正向竖向位移趋势,抵消了一部分负向的竖向位移。由于加载方式完全对称,理论上组合主拱的变形是对称的,上述试验结果基本符合这一特点。

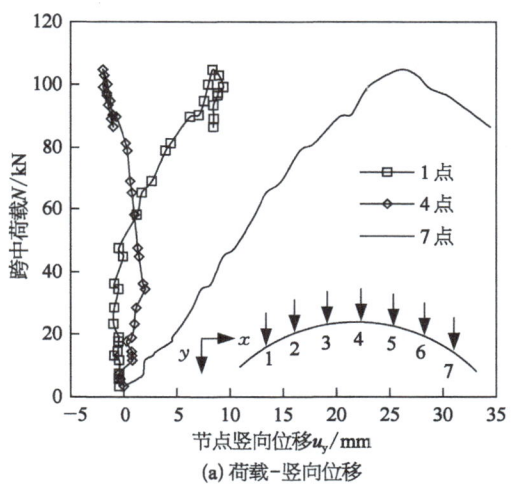
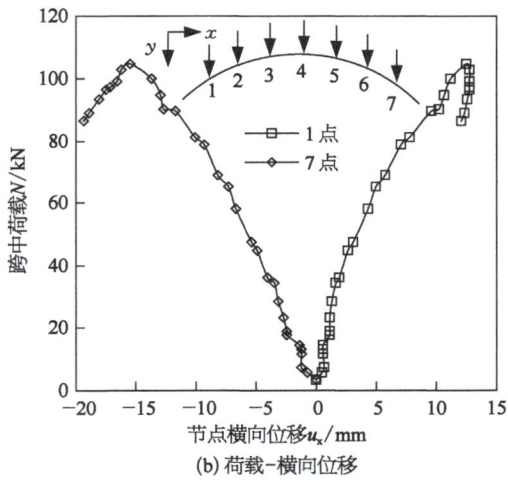

图 4-60 A2 拱荷载-位移曲线

图 4-61 所示为 7 个加载点处实测竖向位移的变化，组合主拱整体有向下的竖向位移，拱顶的竖向位移较小。在加载前期变形基本上左右对称，随着荷载的增加，加载的不对称影响变大，达到最终破坏形态时，7 点的竖向位移明显大于其他位置。

载较大，对应的局部位置（S1 和 S5）下弦钢管和下弦纵筋产生拉应力。拱顶的应变都不大，没有超出弹性范围。

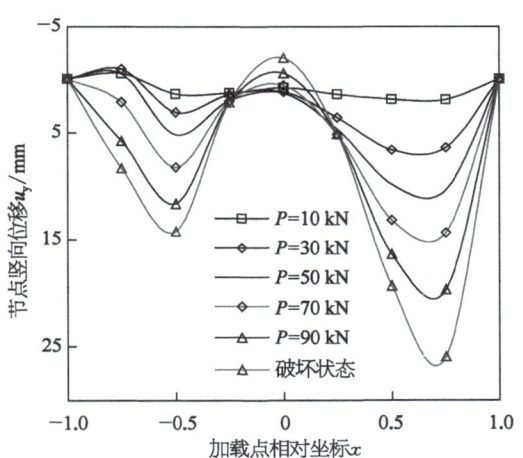

图 4-61 A2 拱实测竖向位移

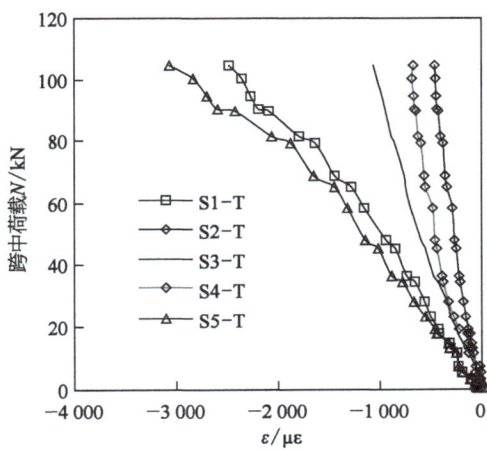

图 4-62 A2 拱荷载-上弦钢管应变

图 4-62～图 4-64 所示为加载过程中拱内上、下弦钢管和下弦纵筋应变随荷载的变化过程，在加载过程中拱的上弦钢管和下弦钢管均基本呈现受压状态，上弦钢管压应力最大的地方位于两侧拱脚附近（S1 和 S5）的上弦钢管，下弦钢管压应力最大的地方位于 S2 的下弦钢管，下弦纵筋压应力最大的地方位于 S2 和 S4 的下弦纵筋，分析原因在于拱在全跨荷载作用下，拱内产生的弯矩较小，更趋近于均匀受压，上述纵筋的应力分布形式是这一受力特点的体现。同时，由于 1 点和 7 点施加的荷

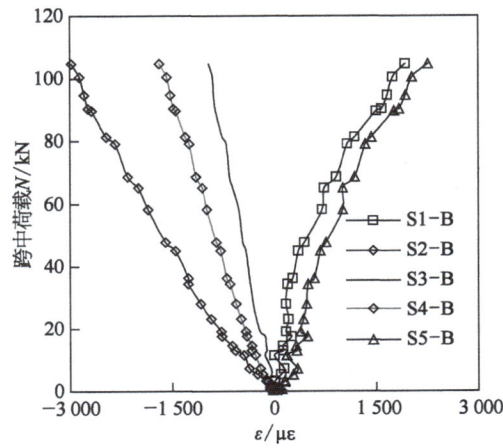

图 4-63 A2 拱荷载-下弦钢管应变

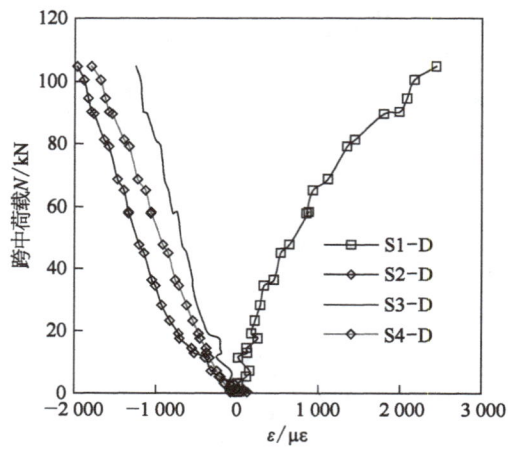

图 4-64　A2 拱荷载-下弦纵筋应变

图 4-65 所示为加载过程中拱顶和拱脚外包混凝土应变随荷载的变化过程，拱脚混凝土接近破坏时上侧受拉、下侧受压，分析原因在于拱在全跨荷载作用下，拱脚的弯矩不可忽略，处于压弯状态，上述混凝土的应力分布形式是这一受力特点的体现。同时，根据图 4-65 可以发现在整个加载过程中，混凝土符合平截面假定。

主拱在全跨荷载作用下的最终破坏模式如图 4-66 所示，拱的最终破坏位置发生在 7 点（约 7/8 跨）附近处。破坏形态表现为混凝土压溃，同时钢管屈曲、纵筋屈曲和箍筋断裂。钢管与混凝土之间没有发生明显的滑移，表明界面摩擦力较大，主拱钢管混凝土骨架与外包混凝土的连接构造合理。承载力方面，与前期进行的组合主拱弯曲试验进行对比可以发现，破坏位置处的极限承载力与相同截面的组合主拱弯曲承载力相比提高了约 10%，分析原因在于由于拱的力学特点，破坏位置处受到了轴压力和弯矩的综合作用，与纯弯荷载工况相比承载力有所提高。

图 4-67 所示为 A2 拱桥构件的破坏全过程，当 $N/N_u=0.1$ 时主拱出现可见竖向裂缝，由于初始加载的影响，拱顶受负弯矩作用，上侧出现裂缝（图 4-67a）；随着荷载增大，裂缝不断发展，当 $N/N_u=0.5$ 时，北侧拱脚附近的负弯矩较大，下侧的初始裂缝被压实，上侧出现裂缝并发展（图 4-67b）；当 $N/N_u=0.9$ 时，两侧加载点附近的上侧混凝土均出现压溃现象，裂缝逐渐贯通（图 4-67c）；荷载达到 N_u 时，北侧混凝土斜向压溃并伴有剥落，其余位置的裂缝发展缓慢（图 4-67d）。

4.2.3.3　A3 拱试验

该试件为钢筋混凝土主拱，在全跨荷载作用下 1 点（约 1/8 跨）、4 点（跨中）和 7 点（约 7/8 跨）的荷载-位移曲线（竖向和横向）如图 4-68 所示。在构件进入屈服前，混凝土拱 1 点的竖向位移和水平位移较大，4 点和 7 点的竖向位移较小，分析原因在于 1 点处的荷载较大，主拱受到的挤压力较大，使 4 点（跨中）和 7 点产生了正向竖向位移趋势，抵消了一部分负向的竖向位移。

图 4-69 所示为 7 个加载点处实测竖向位移的变化，组合主拱整体有向下的竖向位移，在加载前期变形基本上左右对称，随着荷载的增加，加载的不对称影响变大，达到最终破坏形态时，1 点的竖向位移明显大于其他位置。

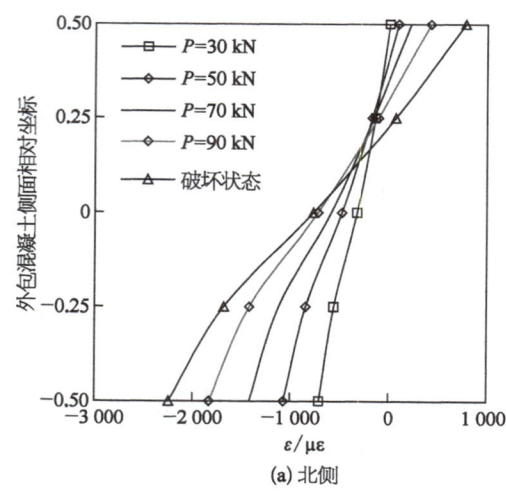
(a) 北侧

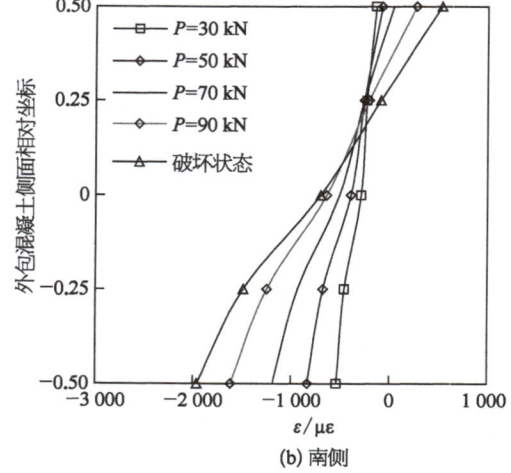
(b) 南侧

图 4-65　A2 拱荷载-拱脚混凝土应变曲线

第4章 钢管混凝土强劲骨架成拱法的钢筋混凝土拱桥

(a) A2拱最终破坏模式

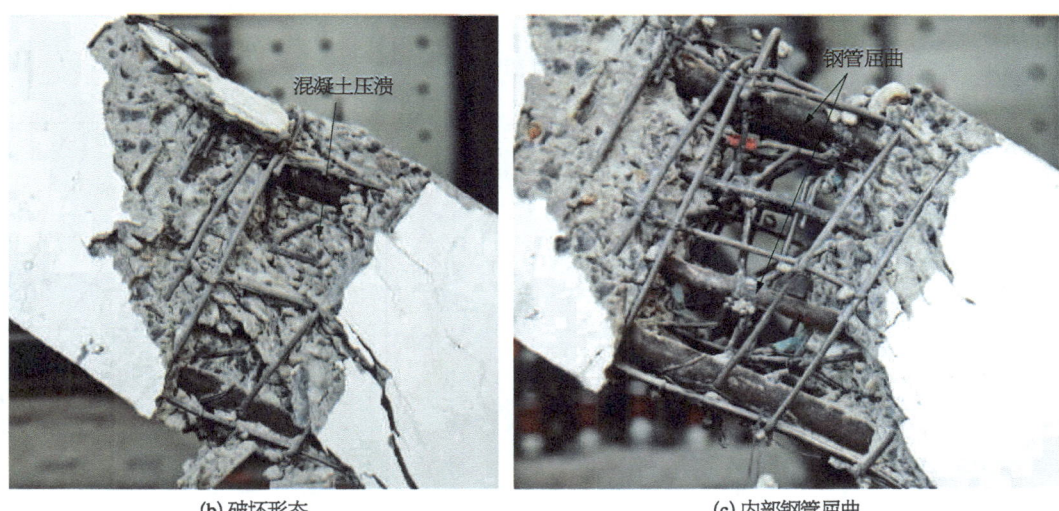

(b) 破坏形态　　　　　　　　　　　(c) 内部钢管屈曲

图 4-66　A2 拱破坏图

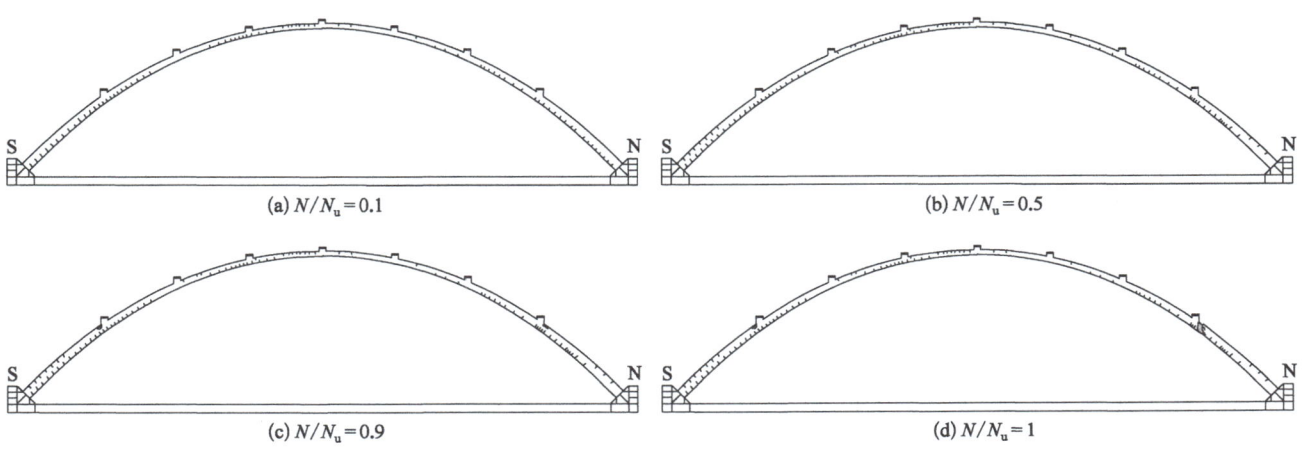

(a) $N/N_u = 0.1$　　　　　　　　　　　(b) $N/N_u = 0.5$

(c) $N/N_u = 0.9$　　　　　　　　　　　(d) $N/N_u = 1$

图 4-67　A2 拱桥试件破坏全过程

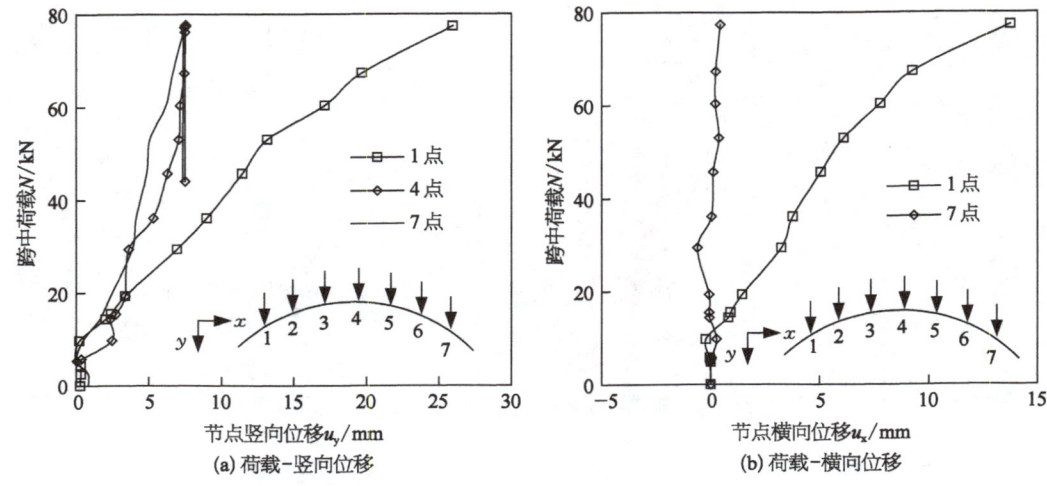

图 4-68　A3 拱荷载-位移曲线

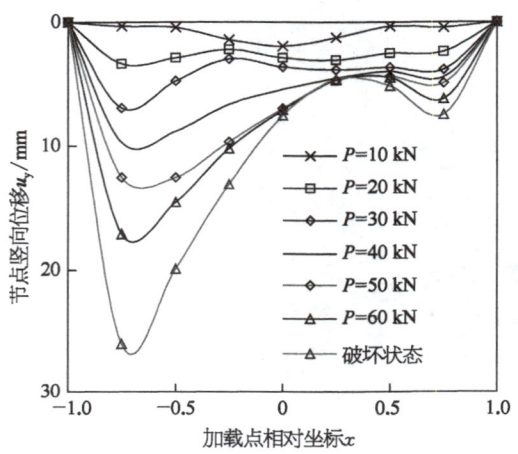

图 4-69　A3 拱实测竖向位移

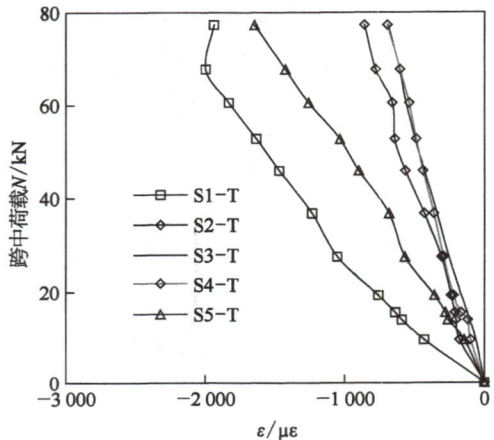

图 4-70　A3 拱荷载-上弦钢筋应变

图 4-70 和图 4-71 所示为加载过程中拱内上弦纵筋和下弦纵筋应变随荷载的变化过程,在加载过程中拱的上弦纵筋和下弦纵筋均基本呈现受压状态,上弦纵筋压应力最大的地方位于两侧拱脚附近(S1 和 S5),下弦纵筋压应力最大的地方位于拱顶(S3),分析原因在于拱在全跨荷载作用下,拱内产生的弯矩较小,更趋近于均匀受压,上述纵筋的应力分布形式是这一受力特点的体现。同时,由于 1 点施加的荷载较大,对应局部位置(S1)的下弦纵筋产生拉应力。

图 4-72 所示为加载过程中拱顶和拱脚外包混凝土应变随荷载的变化过程,拱顶混凝土均处于受压状态,拱脚混凝土接近破坏时上侧受拉、下侧受压,分析原因在于拱在全跨荷载作用下,拱顶产生的弯矩较小,更趋近于均匀受压,而拱脚的弯矩不可忽

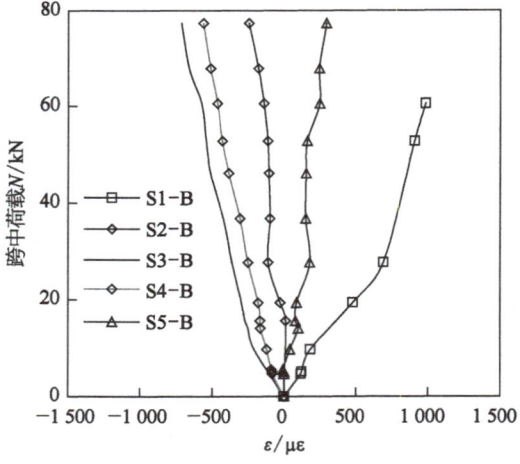

图 4-71　A3 拱荷载-下弦钢筋应变

略,处于压弯状态,上述混凝土的应力分布形式是这一受力特点的体现。同时,根据图 4-72 所示在整个加载过程中,混凝土符合平截面假定。

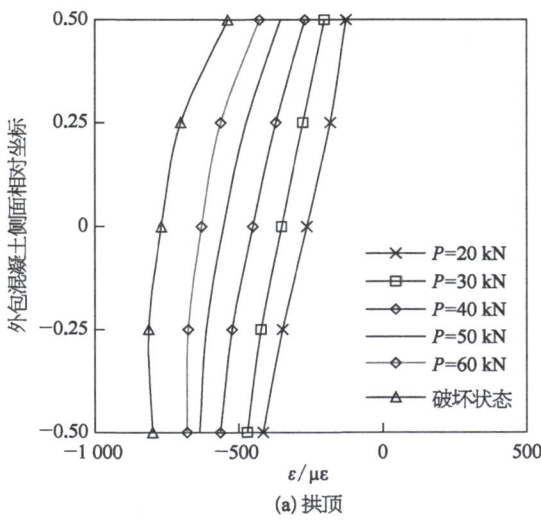
(a) 拱顶

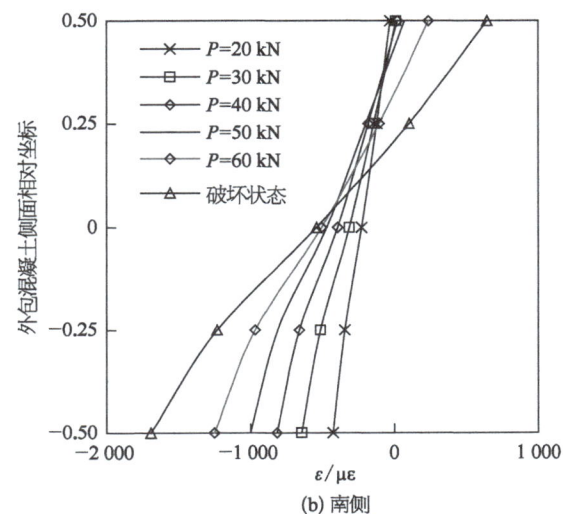
(b) 南侧

图 4-72　A3 拱荷载-拱顶和拱脚混凝土应变曲线

主拱在全跨荷载作用下的最终破坏模式如图 4-73 所示。拱的最终破坏位置发生在 1 点（约 1/8 跨）附近处。破坏形态表现为混凝土压溃、纵筋屈曲和箍筋断裂。

图 4-74 所示为 A3 拱桥构件的破坏全过程，当 $N/N_u=0.32$ 时主拱出现可见竖向裂缝，由于初始

(a) A3 拱最终破坏模式

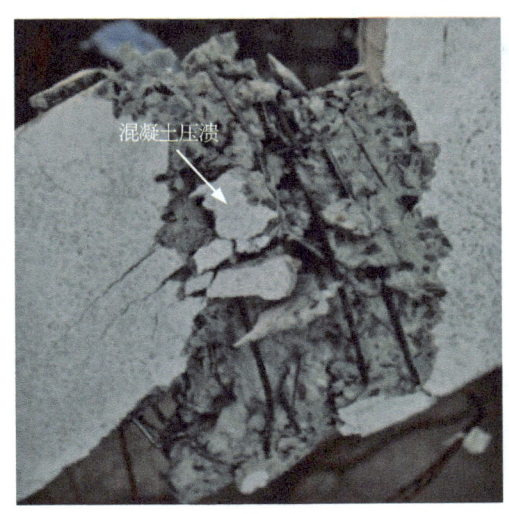
(b) 破坏形态

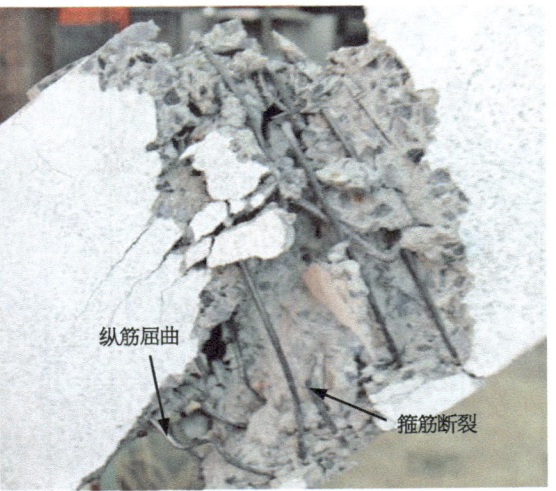
(c) 内部纵筋屈曲

图 4-73　A3 拱破坏图

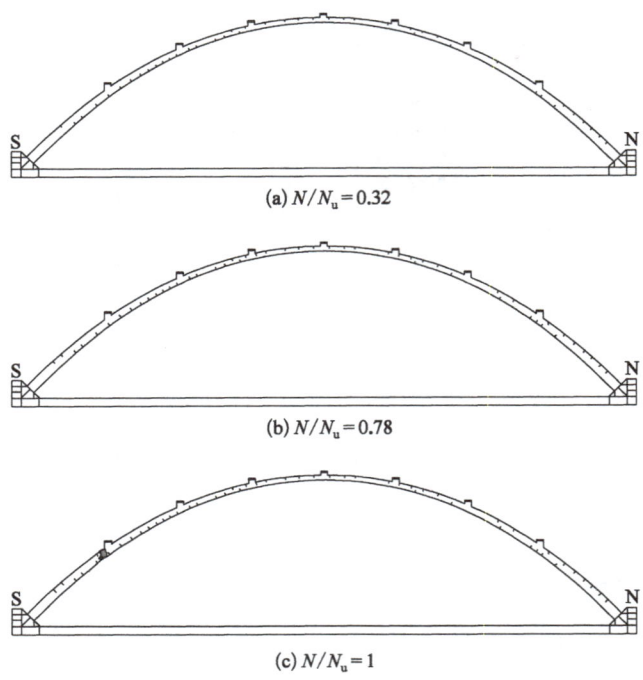

图 4-74 A3 拱桥试件破坏全过程

加载的影响,拱顶受负弯矩作用,上侧出现裂缝(图 4-74a);随着荷载增大,裂缝不断发展并逐渐贯通(图 4-74b);荷载达到 N_u 时,南侧混凝土斜向压溃并伴有剥落,其余位置的裂缝发展缓慢(图 4-74c)。

4.2.3.4 对比分析

钢管混凝土强劲骨架主拱和钢筋混凝土主拱,三种不同截面形式主拱的试验荷载-最大位移曲线的比较如图 4-75 所示,在加载前期主拱处于弹性阶段,三种截面形式拱对应的荷载-位移曲线基本重合,表明拱的初始刚度较为接近;主拱进入弹塑性阶段后,A1 组合主拱和 A2 组合主拱的刚度高于 A3 混凝土拱,表明组合主拱内部的钢管提高了整体拱结构的弹塑性刚度。承载力方面,A2 组合主拱的极限承载力比 A1 组合主拱和 A3 混凝土拱高 13.8% 和 35.3%,A1 组合主拱的极限承载力比 A3 混凝土拱高 19.0%,表明随着拱内部钢管直径的增大,拱的承载力不断提高。另外,由图 4-75 知,A3 混凝土拱的荷载-位移曲线没有下降段,延性较差,分析原因在于混凝土破坏较为突然,属于脆性破坏,而 A1 组合主拱和 A2 组合主拱荷载-位移曲线的下降段较为明显,说明内部的钢管提高了整体拱结构的延性。

图 4-76 所示为典型钢管混凝土组合主拱桥试件的跨中荷载(N)-节点竖向位移(u_y)关系曲线。对于内部钢管直径较小的 A1 组合主拱,在点 O_1 之前,随着位移的增加,荷载基本呈比例增加,试件基本表现出弹性特征;在点 O_1 之后,位移增长迅速,但荷载增加相对缓慢,刚度不断降低,构件进入弹塑性阶段;在点 O_2 之后,荷载逐渐下降,位移迅速增加,点 O_3 为 85%N_u。对于内部钢管直径较大的 A2 组合主拱,在点 P_1 之前,随着位移的增加,荷载基本呈比例增加,试件基本表现出弹性特征;在点 P_1 之后,位移增长迅速,但荷载增加相对缓慢,刚度不断降低,构件进入弹塑性阶段;在点 P_2 之后,荷载逐渐下降,位移迅速增加,点 P_3 为 85%N_u。对于 A3 混凝土拱,在点 Q_1 之前,随着位移的增加,荷载基本呈比例增加,试件基本表现出弹性特征;在点 Q_1 之后,位移增长迅速,但荷载增加相对缓慢,刚度不断降低,构件进入弹塑性阶段并达到点 Q_2(极限荷载 N_u),没有出现下降段,分析原因在于混凝土试件发生了

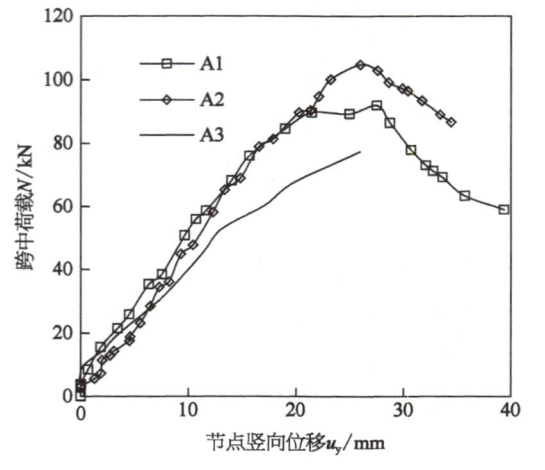

图 4-75 拱荷载-位移曲线对比

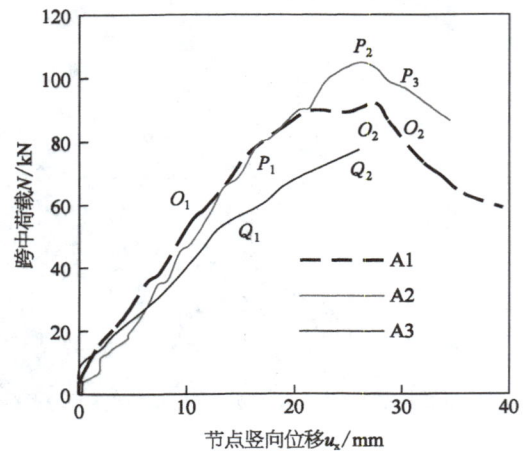

图 4-76 不同截面形式拱荷载-位移曲线

脆性破坏。

试验过程中,每加一级荷载,都要持荷 2 min 左右以测量并记录裂缝发展情况和最大裂缝宽度 w_m。图 4-77 所示为三种截面形式拱的荷载(N/N_u)-最大裂缝宽度(w_m)曲线对比。在同一 N/N_u 下,混凝土拱的最大裂缝宽度 w_m 大于 A1 和 A2 组合主拱,在记录范围内,即 $N/N_\mathrm{u}=0.8$ 时,试件 A1(组合主拱)、A2(组合主拱)和 A3(混凝土拱)的最大裂缝宽度 w_m 分别为 0.25 mm、0.25 mm 和 0.45 mm,表明组合主拱内部的钢管有效控制了外包混凝土裂缝的开展。

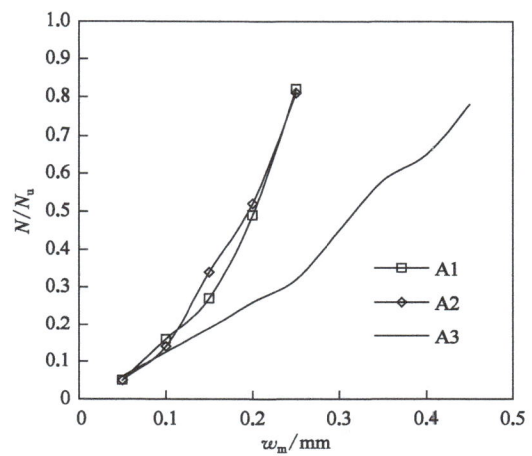

图 4-77　三种截面形式拱荷载-最大裂缝宽度曲线对比

在正常使用设计中,需要控制混凝土受拉区的最大裂缝宽度,根据《混凝土结构设计规范》(GB 50010—2010)规定,对于正常使用极限状态,最大裂缝宽度应控制在 0.2 mm。根据上述规定,达到正常使用极限状态时,A1 组合主拱、A2 组合主拱和 A3 混凝土拱的荷载分别为 $0.49N_\mathrm{u}$、$0.52N_\mathrm{u}$ 和 $0.26N_\mathrm{u}$。挠度方面,根据《公路钢管混凝土拱桥设计规范》规定,对于正常使用极限状态,主拱挠度限值为 $l/1\,000$(l 为构件的计算跨度),根据上述规定,达到正常使用极限状态时,A1 组合主拱、A2 组合主拱和 A3 混凝土拱的荷载分别为 $0.57N_\mathrm{u}$、$0.45N_\mathrm{u}$ 和 $0.52N_\mathrm{u}$。

4.2.3.5　组合主拱极限承载力设计方法

根据主拱模型试验数据,研究钢管混凝土压弯构件的弯矩(M)-轴力(N)相关方程,采用平截面假定计算钢管混凝土构件的截面压弯承载力。但是与钢筋混凝土相比,钢管混凝土组合主拱具有以下特点:核心混凝土与外包混凝土强度不同;核心混凝土受到钢管的约束,约束作用与约束效应系数、D/B 和 e/B 相关;钢管混凝土的轴力和弯矩贡献计算比较复杂。

钢管混凝土组合主拱的压弯承载力可以分为两部分,即钢管混凝土部件和钢筋混凝土部件:

$$N_\mathrm{u} = N_\mathrm{rc} + N_\mathrm{cfst} \quad (4-9)$$

$$M_\mathrm{u} = M_\mathrm{rc} + M_\mathrm{cfst} \quad (4-10)$$

式中　N_rc、M_rc——钢筋混凝土部件承担的轴力和弯矩;

　　　N_cfst、M_cfst——钢管混凝土部件承担的轴力和弯矩。

平截面假定方法采取的计算假设如下:① 截面保持平面,应变线性变化;② 受压翼缘混凝土极限压应变 ε_cu 取 3 300 $\mu\varepsilon$,此项规定对于 $c \leqslant H$ 情况适用,对于 $c > H$,需另外处理;③ 忽略受拉混凝土应力;④ 钢筋和钢管应力-应变关系采用理想弹塑性模型,如图 4-78 所示。

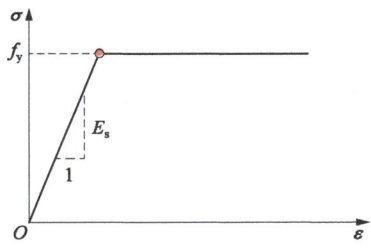

图 4-78　钢材的 σ-ε 关系示意

为了得到钢管混凝土叠合压弯构件的 N_u-M_u 曲线,需要研究 $M_\mathrm{u}=0$ 的特殊情形,即轴压承载力。安钰丰的研究发现,在钢管混凝土叠合短柱达到 N_u 时,钢管混凝土部件和钢筋混凝土部件之间无接触应力,两者独立工作;钢筋混凝土部件达到自身极限承载力;钢管混凝土部件达到其极限承载力的 95% 以上,非常接近极限承载力。因此钢管混凝土组合主拱的轴压承载力 N_u 可以按照钢筋混凝土部件和钢管混凝土部件的轴压承载力相叠加的方法计算,即

$$N_\mathrm{u} = N_\mathrm{u,rc} + N_\mathrm{u,cfst} \quad (4-11)$$

式中　$N_\mathrm{u,rc}$、$N_\mathrm{u,cfst}$——钢筋混凝土部件和钢管混凝土部件的轴压承载力,$N_\mathrm{u,rc}$ 按照《混凝土结构设计规范》计算。

$$N_{u,rc} = f_{ck,out} A_{out} + f_{yl} A_1 \quad (4-12)$$

式中　A_{out}、A_1——外包混凝土面积和纵筋面积；
　　　$f_{ck,out}$、f_{yl}——外包混凝土强度特征值和纵筋屈服强度。

$N_{u,cfst}$按照《钢管混凝土结构技术规程》(DBJ/T 13-51—2010)计算，其中$N_{u,cfst}$是6个钢管混凝土的合力，即

$$N_{u,cfst} = 6 \times (1.14 + 1.02\xi) A_{sc} f_{ck,core} \quad (4-13)$$

式中　A_{sc}——单个钢管混凝土部件面积；
　　　$f_{ck,core}$——核心混凝土强度特征值；
　　　ξ——约束效应系数。

该计算方法适用于$c \leq H$的钢管混凝土叠合压弯构件。安钰丰的分析结果表明，对于$c > H$，ε_{cu}在2 000~3 000 $\mu\varepsilon$之间，上述方法并不严格成立。参照Park和Pauley对钢筋混凝土压弯柱在$c > H$的处理方法，按照式(4-9)和式(4-10)计算得到的$c = H$时的承载力，和按照式(4-11)计算得到的轴压承载力，两者之间线性内插。图4-79所示为按照上述计算方法计算得到的钢管混凝土组合主拱截面N_u-M_u相关曲线，界限破坏对应状态为受压边缘达到ε_{cu}时，受拉区钢管边缘(靠近受拉边缘)纤维刚好屈服。

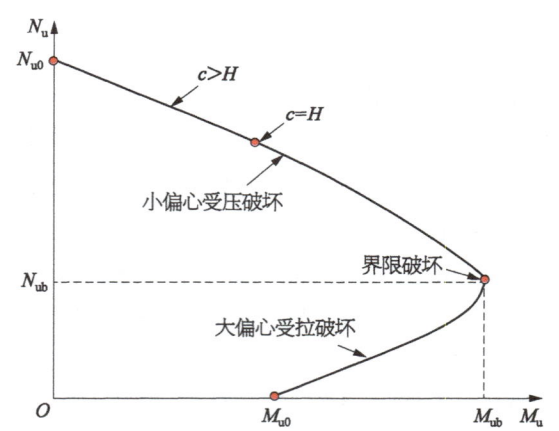

图4-79　N_u-M_u相关曲线(简化计算方法)

4.2.4　技术总结

研究了不同钢管混凝土强劲骨架的主拱模型，并进行了钢筋混凝土主拱模型试验，共计3个主拱模型受力全过程的试验研究，研究成果表明：

(1) 极限荷载作用时，主拱拱顶弯矩较小，类似于轴压；拱脚的负弯矩较大，类似于压弯。

(2) 三个主拱模型试件发生破坏的位置相同，均位于边加载点的附近，破坏形态为混凝土压溃并剥落，内部钢管和纵筋屈曲甚至断裂。

(3) 模型主拱承载力研究表明，A2组合主拱的极限承载力比A1组合主拱和A3混凝土拱分别高14%和35%，表明主拱内钢管混凝土直径越大，主拱的承载力越高。

(4) 主拱模型开裂荷载研究表明，A1组合主拱和A2组合主拱相对于A3钢筋混凝土主拱，开裂荷载分别提高了125%和170%；与钢筋混凝土主拱比较，A1组合主拱和A2组合主拱在极限承载力时的竖向挠度减少了4%和10%；A1组合主拱、A2组合主拱和A3混凝土拱的最大裂缝宽度w_m分别为0.25 mm、0.25 mm和0.45 mm，因此，主拱内钢管混凝土有效控制了外包混凝土裂缝的发生和发展。

(5) 钢管混凝土组合主拱破坏时，钢管混凝土与外包混凝土之间没有滑移，表明主拱钢管混凝土骨架与外包混凝土的连接构造合理。

因此，钢管混凝土强劲骨架主拱，不仅是主拱外包混凝土的支架，同时，主拱内的钢管混凝土骨架提升了主拱的强度和刚度。

4.3　超高强钢管混凝土强劲骨架成拱法研究

4.3.1　研究背景

桥梁建设领域，主跨在100~200 m跨径范围内，连续刚构桥数量居多。但随着高速公路建设进入山区，地形起伏大、抗震要求高、建设条件差，拟建的高墩大跨连续刚构桥，桥墩高度大、地震烈度高、主梁顶推施工困难、高大箱梁病害多、耐久性差、养护维修成本高。随着传统钢筋混凝土拱桥的大力发展，尤其是钢管混凝土强劲骨架成拱工艺诞生后，其适用跨度实现了巨大的突破，成为综合竞争力很强的一种桥型，具有跨越能力强、建造成本低、后期维护方便、抗震性能好、观赏性高、通航性好等诸多优点。

我国已建钢筋混凝土箱形拱桥300余座，主跨大于100 m的钢筋混凝土箱形拱桥50余座。20世纪90年代以来，我国修建了一批大跨径拱桥，其中

主跨超过200 m的有27座,主跨超过300 m的有10座(全世界共12座),成为世界上建造主跨超过200 m拱桥最多的国家。1987年,采用转体成拱法建成了世界最大跨度转体合龙成拱拱桥——主跨200 m的涪陵乌江大桥;1995年,建成了世界第一座采用钢管混凝土劲性骨架成拱法的钢筋混凝土拱桥——主跨160 m的四川攀枝花倮果金沙江大桥;2012年,建成了世界第一座采用钢管混凝土强劲骨架成拱法的钢筋混凝土拱桥——主跨350 m的四川广元昭化嘉陵江大桥。

近年来,采用钢管混凝土强劲骨架成拱法建成了近10座钢筋混凝土拱桥,主跨277 m的四川叙永磨刀溪大桥、主跨320 m的四川广安官盛渠江大桥、主跨280 m的四川凉山布拖金沙江大桥、主跨600 m的广西天峨龙滩大桥等工程已先后建成通车。目前,主跨350 m的四川乐西高速公路苏坝大桥、主跨510 m的四川沿江高速公路西宁河大桥等拱桥工程,预计2024年建成通车。

四川高原山区地形地质复杂、生态脆弱、气候多变、砂石资源匮乏、经济落后,公路建设面临投资规模大、建设资金短缺、投入产出效率低等难题,因此,公路桥梁建设既要求安全适用,又要求建设费用低。根据桥型选择经验,高原山区复杂地形地质条件下,开展大跨度的斜拉桥、悬索桥、拱桥和连续刚构桥比较论证时,因山区沟谷深、岩石较好,大跨径钢筋混凝土拱桥具有耐久性好、维护简单、工程造价低等特点,往往具有突出的安全、技术和经济性,成为最有力的竞争桥型。

2022年9月5日,四川甘孜州泸定县发生6.8级地震,位于地震中心的海螺沟青杠坪大桥,为主跨130 m的钢筋混凝土箱形拱桥,于2009年建成通车。经中国地震局评价,桥位处地震烈度相当于Ⅸ度。由于该桥为海螺沟镇与磨西镇的重要通道和地震后的救灾生命通道,根据四川省救灾总指挥部安排,四川省公路规划勘察设计研究院接受震后巡检该桥的紧急任务,检测结果表明,该桥承受本次大地震后的最大病害是主拱上简支梁横向移位32 mm,其余地震病害均小于主梁横向移位32 mm影响,全桥所有地震病害不影响设计载荷通行,保证了救援通道畅通(图4-80)。

但是,钢筋混凝土拱桥成拱方法,成为选择拱桥

图4-80　四川泸定海螺沟青杠坪大桥"9·5"地震后现状

最棘手的技术难题,现有的拱桥施工方法,通常采用拱架或支架成拱法、预制主拱缆索吊装法、悬臂现浇成拱法、转体成拱法、劲性骨架成拱法等,这些施工方法技术复杂、工序转换较多、临时装备多、组织管理难度大等,往往被建设单位和专家否定。近年来,四川结合高速公路建设实际需求,2009年结合四川广元昭化嘉陵江大桥设计需要,提出了采用高强钢管混凝土强劲骨架成拱法建造钢筋混凝土拱桥的技术,并取得了较好效果,近15年来,已经先后建成了近10座钢筋混凝土拱桥,迎来了钢筋混凝土拱桥发展高潮。

对于采用钢管混凝土强劲骨架建设钢筋混凝土拱桥,尚存在以下技术难题:① 钢管混凝土强劲骨架的拱桥合理构造形式;② 主拱截面的合理构造;③ 高性能混凝土材料的开发与应用;④ 钢管混凝土与外包钢筋混凝土组合主拱截面的理论计算方法;⑤ 主拱外包混凝土的施工工艺技术研究;⑥ 主拱和拱上立柱的轻型化技术研究。不解决这些技术难题,要推广和发展钢管混凝土组合拱桥的建设是困难的。因此,为进一步增强拱桥的竞争优势,适应更

复杂的建设条件,从提升材料性能、提高技术水平、简化施工方法、降低施工风险等方面,着力研究特大跨钢筋混凝土肋拱桥建造的支撑技术。

4.3.2 分离式钢筋混凝土拱桥构造技术

因现代桥梁较宽,拱桥主拱一般采用整体式主拱,但整体式主拱容易产生纵向裂纹,且横向稳定性差。而采用钢管混凝土强劲骨架成拱法时,外包混凝土重量大、作业面多,工序工艺复杂,因此,采用分离式钢筋混凝土拱桥,更能充分体现高强钢管混凝土强劲骨架成拱法的优越性。

4.3.2.1 分离式主拱的论证

1) 主拱结构构造的论证

通过调查、分析主孔跨度大于 100 m 的 54 座钢筋混凝土箱形拱桥的现状、病害机理、解决对策等研究内容,发现主拱宽度大于 10 m 时,主拱及其对应的拱座,均出现纵向裂纹,而且裂缝宽度大于 0.05 mm,长度一般大于 1 m。主要病害为箱形板拱主拱纵桥向裂缝发育、拱箱接头混凝土错位较大、整体式拱座在桥轴线处纵桥向裂纹较多等。而且整体式拱箱宽度大于 10 m 的主拱,其类似病害十分突出。

分析原因发现,箱形板拱桥设计时,因经济发展制约,一般桥梁宽度较小,其主拱宽度约 7 m,而这类箱形拱桥主拱病害较少,至今很少发现有纵桥向的裂纹。如果将箱形拱桥的主拱宽度无限制地放宽,将导致多种病害的发生。从钢筋混凝土箱形拱桥构造设计提出改进措施,预防病害的发生和发展是技术发展的要求。

2) 上承式钢筋混凝土肋拱桥

提出了主拱采用等截面悬链线无铰拱,净跨径 $L_0=350$ m,净矢高 $f_0=83.33$ m,矢跨比 $f_0/L_0=1/4.2$。经过比选论证,选取主拱采用径向截面高 5.8 m,拱轴系数为 1.7 的设计参数。主拱拱上梁跨度为 28 m,拱上立柱采用箱形结构,减轻重量,主拱及拱上结构纵桥向总体布置如图 4-81 所示。

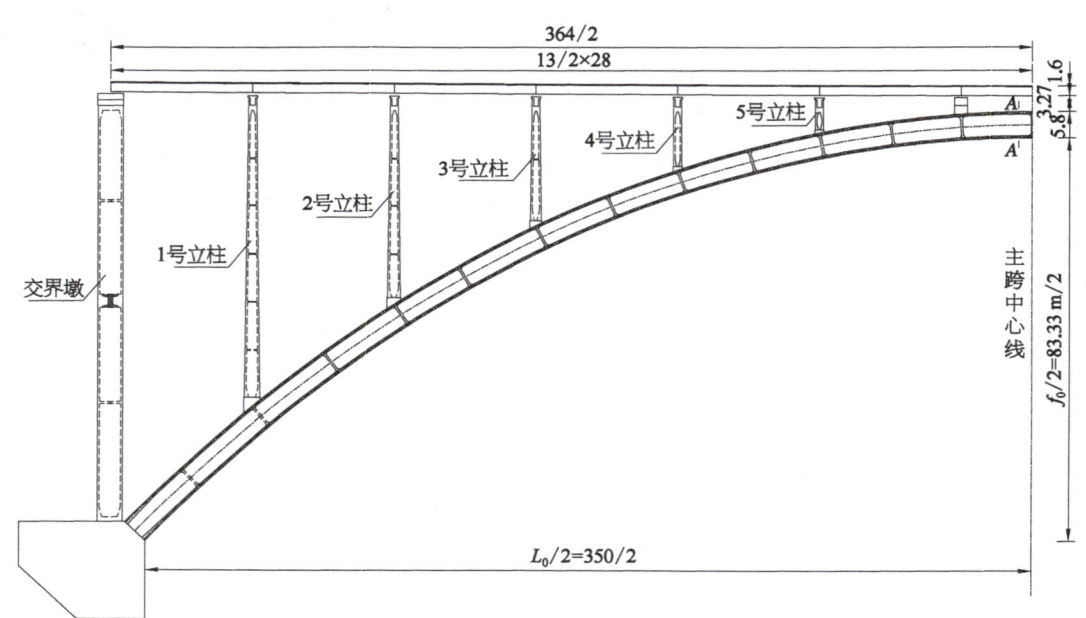

图 4-81 主拱构造(单位:m)

如果采用整体式箱形板拱,其拱圈宽度将达到 18 m,当这种宽度与 5.8 m 高的主拱组合时,其箱体尺寸过大,钢筋混凝土结构非常容易开裂。因此,主拱采用分离式双箱四室的主拱结构,两拱箱肋间以钢筋混凝土横隔板连接,每拱肋为单箱双室截面,单肋横向箱宽 8 m,箱高 5.8 m,标准段顶、底板厚 40 cm,腹板厚 30 cm。拱脚段顶、底板及边腹板厚度渐变。其中,顶、底板厚度由拱脚 80 cm 线性变化至标准段 40 cm,边腹板厚度由拱脚 55 cm 线性变化至标准段 30 cm。主拱构造如图 4-82 所示。

主拱拱上横向布置设计,可以根据盖梁受力最佳需要,调整主拱横向间距构造尺寸,保证主拱、盖梁横向受力处于最佳状态,节约工程造价,其横向总体布置如图 4-83 所示。

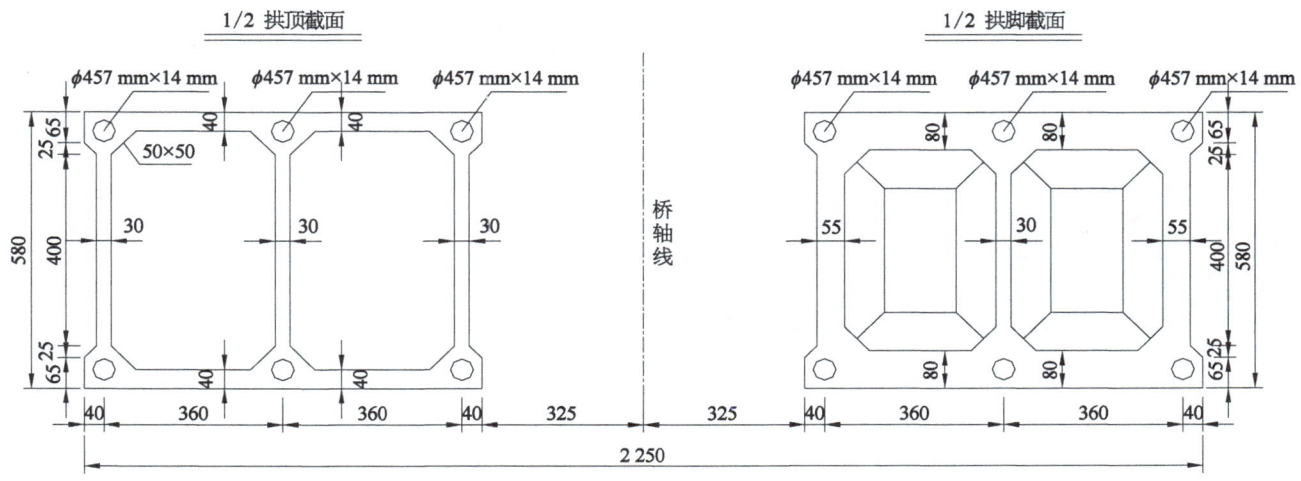

图4-82 主拱横断面(单位:cm)

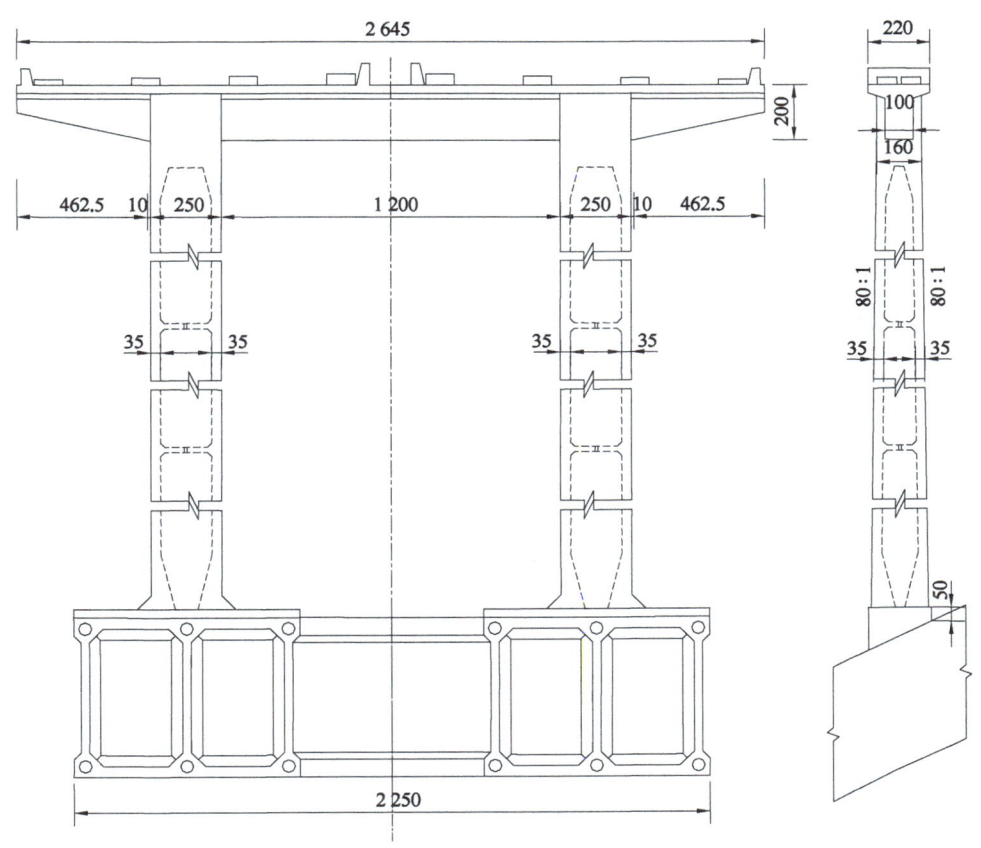

图4-83 主拱及拱上结构横向布置(单位:cm)

这样,就形成了分离式双箱四室主拱结构的结构形式,建成后主拱构造如图4-84所示。

分析表明,对于宽度大于10 m的钢筋混凝土箱形拱桥,采用分离式双箱四室主拱结构的主要特点有:① 主拱横向受力更合理,将整体主拱结构横向偏心受压结构调整为横向轴向受力结构,且主拱混凝土横向应力均衡、没有拉应力;② 更有利于拱上立柱横向布置,保证主拱横向和拱上立柱盖梁受力处于最佳的状态;③ 主拱受温度影响更小,在温度(特别是上、下游温差影响)作用下,分离式双箱四室主拱结构所受影响小;④ 施工更加方便,特别是主拱外包混凝土,按照上、下游两座桥梁施工,增加了

图 4-84 建成后主拱构造实体

作业面,缩短了工期;⑤ 减少材料数量,降低工程造价。

3) 中承式肋拱桥

针对特大跨钢筋混凝土肋拱桥,提出一种合理适用的截面构造形式,并验证截面构造合理性。对于主拱拱肋净跨径为 300 m 变截面悬链线无铰拱,净矢跨比为 1/4,拱轴系数为 1.5。拱肋截面设计为单箱单室变高度梯形截面,采用变截面的目的是增加截面的刚度并与拱肋内力变化规律相匹配,同时梯形截面富有韵律,避免了矩形截面呆板笨重的缺点,兼顾了桥梁靠近城区对建筑美学的要求。拱顶截面径向高为 3.5 m,拱脚截面径向高为 6.0 m,肋宽为 3.0 m;标准段顶、底板厚 0.65 m,腹板厚 0.65 m;拱圈拱脚至第 1、2 根立柱中间为渐变段,顶、底板混凝土厚度由 2.75 m 线性变化至 0.65 m,腹板厚度由 1.0 m 线性变化至 0.65 m。吊杆和拱上立柱间距为 12.8 m,吊杆处设厚 55 cm 的横隔板。本桥设计较常规钢筋混凝土拱桥,顶、底板及腹板厚度均较大,一方面截面整体尺寸偏小,需要加厚顶、底板及腹板,以提高截面的抗弯、抗扭惯性矩;另一方面本桥劲性骨架腹杆及平联杆的尺寸较大,兼顾布置拱肋钢筋的考虑,需要加大对应位置处的厚度。拱肋总体构造如图 4-85 所示,拱肋截面构造如图 4-86 所示。

每肋左、右腹板设上、中、下三道主管,其中上、下主管采用 351 mm×(14~18)mm、内灌 C100 混凝土的钢管混凝土,中主管采用 273 mm×(10~12)mm、内灌 C100 混凝土的钢管混凝土;主管通过 152 mm×(10~12)mm 的空钢管腹杆连接而构成桁架结构。为进一步减小腹杆的长细比,拱脚到拱肋 1/4 附近,增加一道型钢中弦杆。拱肋劲性骨架构造如图 4-87 所示。

采用钢腹管较相同截面面积的型钢腹杆,局部稳定系数提高 1.5 倍,且抗弯惯性矩无强弱轴之分,不会存在面外(弱轴方向)失稳的情况。但空心钢腹管对整个钢筋混凝土横截面有一定的削弱,如若对每根腹管灌注混凝土,会极大增加施工难度,降低施工效率。故设计采用加大腹管壁厚来增加腹板刚度,同时,在钢腹管外点焊 φ6 环箍钢筋加强同外包混凝土的连接,提高腹板整体性。

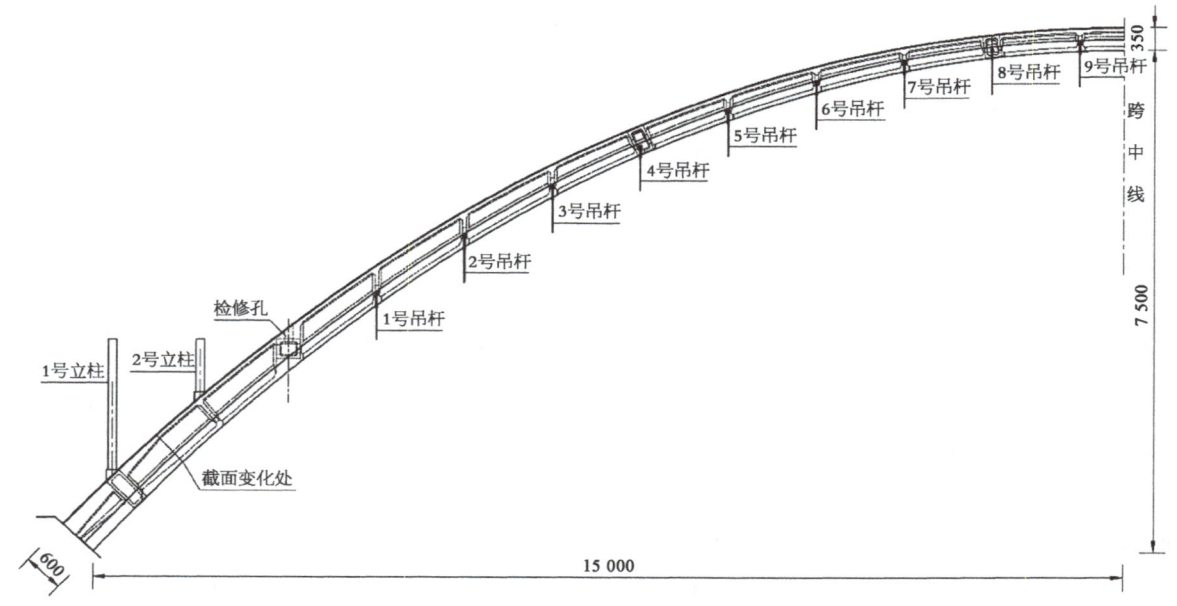

图 4-85 拱肋总体构造(单位:cm)

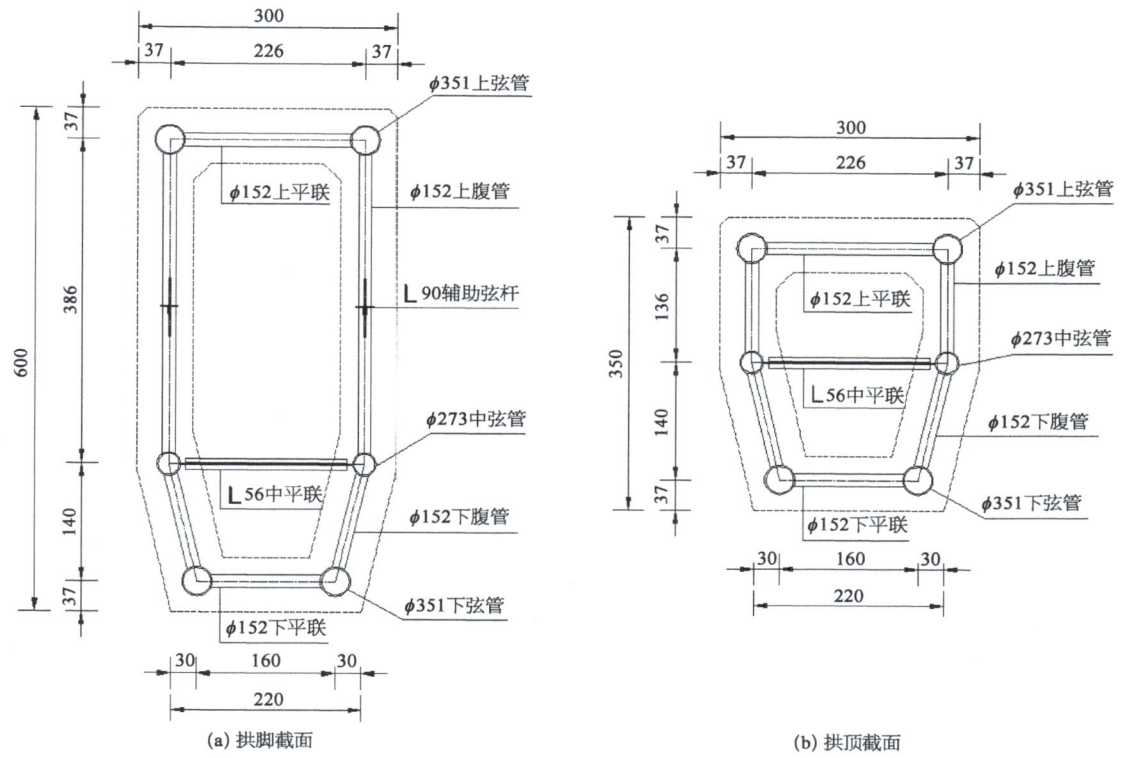

图 4-86 拱肋截面构造(单位：cm)

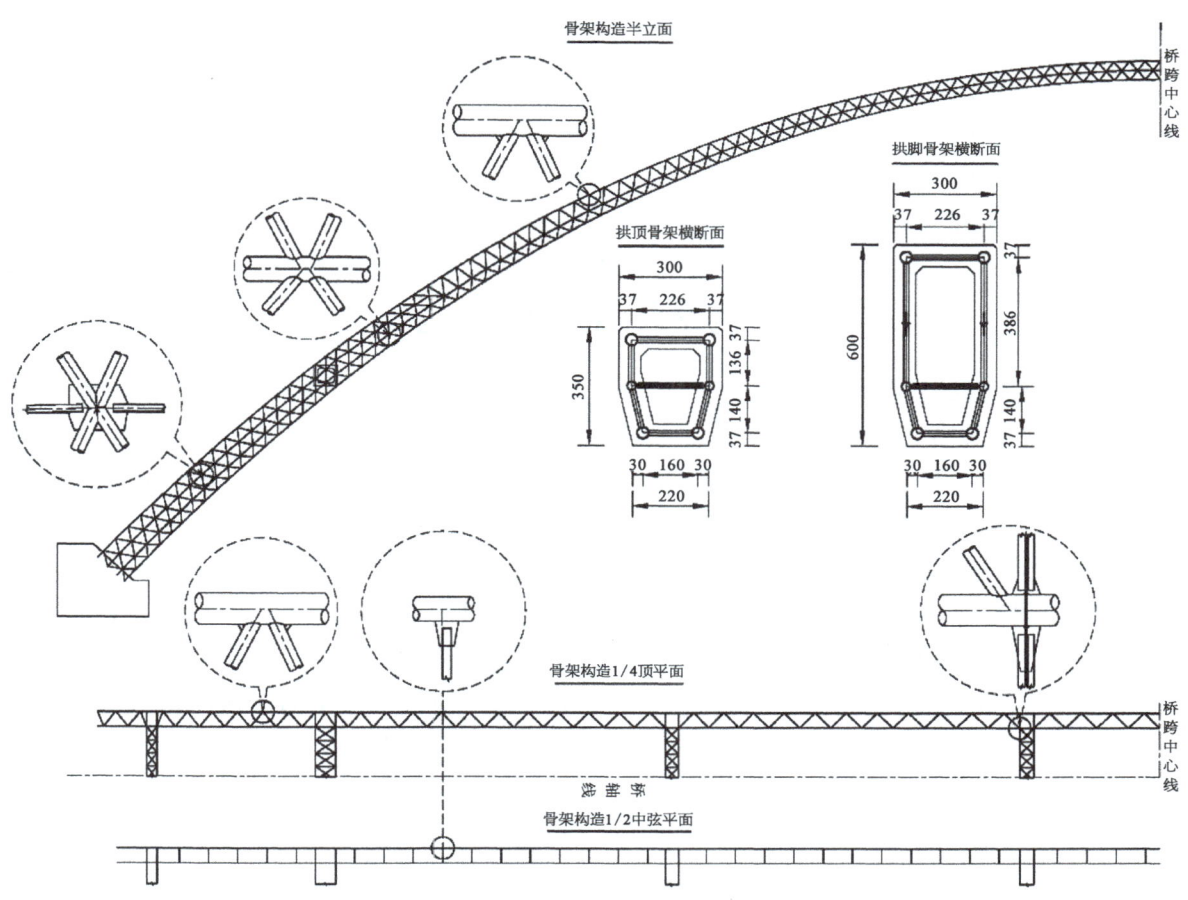

图 4-87 拱肋劲性骨架构造(单位：cm)

主拱横撑采用型钢骨架,主弦杆为4肢∟100 mm×100 mm×10 mm角钢,腹杆为2肢∟80 mm×80 mm×8 mm角钢。施工横撑外包混凝土期间,为充分利用主管强大承载力,在拱肋主弦钢管上增设大节点板,增加横撑主弦杆同拱肋的连接强度,实现一次外包横撑混凝土施工。横撑设计为箱形截面,减轻自重,节省材料,地震作用小,抗弯和抗扭刚度大且满足运营及施工期间结构稳定的需要。横撑骨架构造如图4-88所示,肋间横撑、横梁构造布置如图4-89所示。

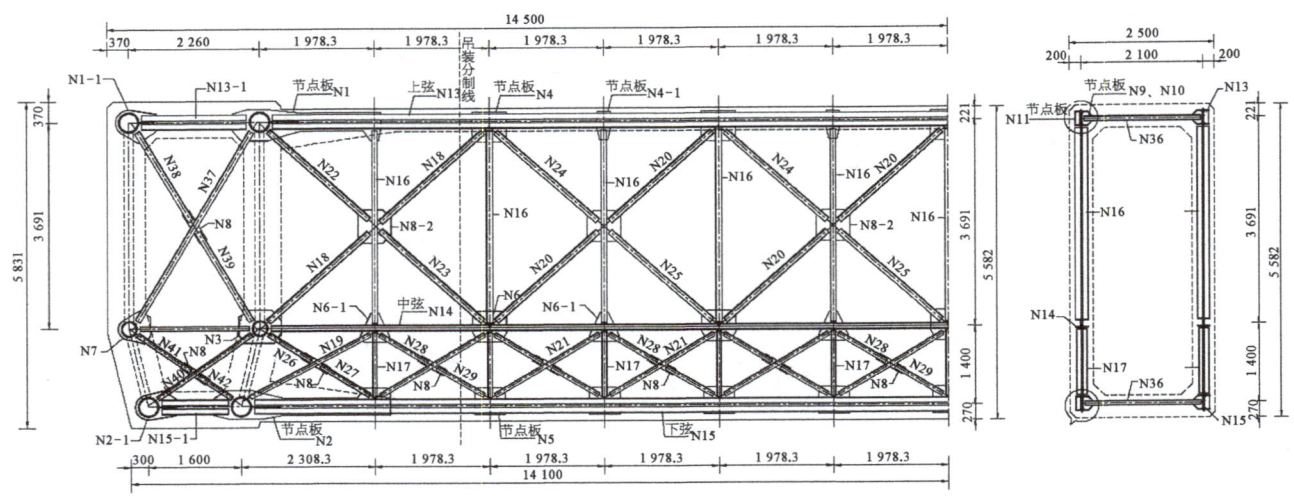

图4-88　横撑骨架构造(单位:cm)

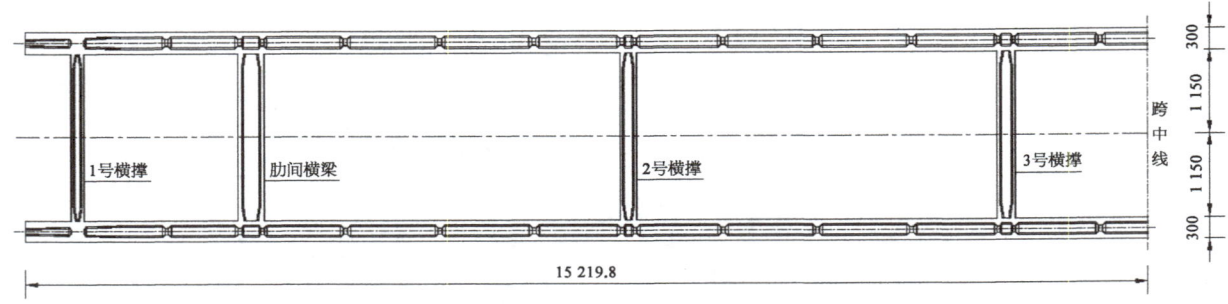

图4-89　肋间横撑、横梁构造布置(单位:cm)

4.3.2.2　钢管混凝土强劲骨架的论证

主拱承载能力能够满足主拱顶板、腹板、底板独立外包单循环加载的主拱骨架称为强劲骨架,这种施工方法称为强劲骨架法。

主拱强劲骨架对灌注主拱钢管内混凝土、主拱外包混凝土等加载程序及结构安全具有突出贡献,但是,采用强劲骨架,工程材料用量大,造价高;选用一般劲性骨架结构,虽然可以减少材料用量,但是,灌注钢管内混凝土和外包混凝土时,其加载环节和加载程序多,施工复杂,施工安全风险高。经过调查和比较,选用强劲骨架法施工,既能简化施工加载程序,又能降低施工风险,同时,结构计算分析时,强劲骨架与外包钢筋混凝土共同受力,还能减少主拱截面和外包钢筋混凝土截面,降低工程造价。

主拱强劲骨架为型钢与钢管混凝土组成的桁式结构,每肋上、下各三根钢管混凝土主管。主管分别选取φ508 mm×14 mm、φ457 mm×14 mm、φ406 mm×16 mm三种钢管规格,及C80、C60两种不同主管内混凝土强度等级,从主拱连接构造、主拱浇注程序和主拱受力等方面研究后,设计选用φ457 mm×14 mm规格的钢管和钢管内灌C80混凝土的强劲骨架结构构造,如图4-90所示。

主拱主管通过横联角钢和竖向角钢连接而构成型钢-钢管混凝土桁式结构,在拱肋横联对应位置设交叉撑,加强横向连接。腹杆、平联与主拱骨架的主管均采用焊接连接。

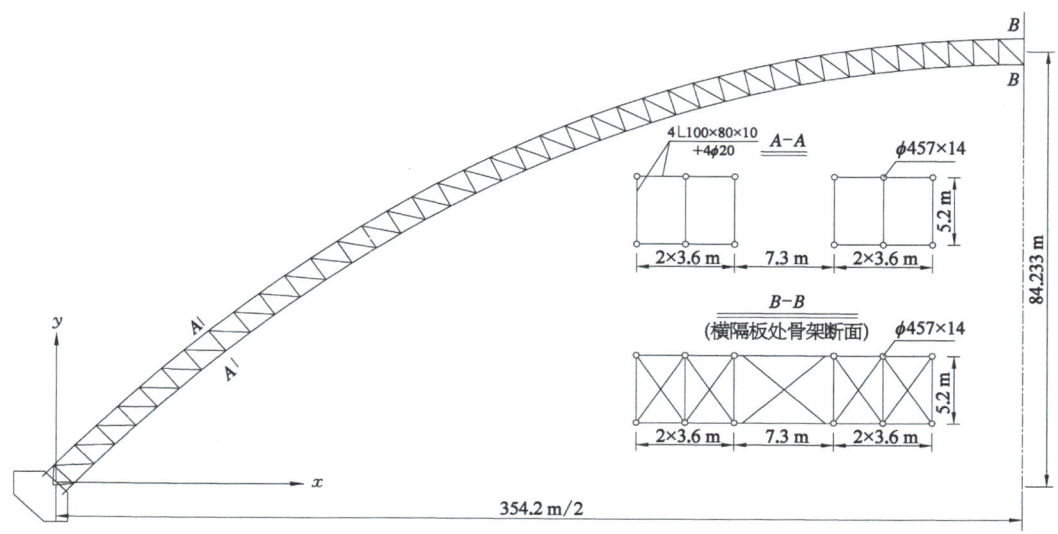

图 4-90　强劲骨架构造

为了形成强劲骨架，设计采用较大直径钢管和合理的钢管壁厚的主拱钢管混凝土，即采用 $\phi 457 \text{ mm} \times 14 \text{ mm}$ 钢管，并在钢管内灌注 C80 超高强混凝土，以提高其承载能力，减少施工环节。实践和分析表明，采用钢管混凝土强劲骨架后，钢管内混凝土灌注共计用 21 d 工期，主拱外包混凝土采用三环（即底板、腹板和顶板）、六工作面的外包施工形式，共计占用 6 个月工期，大大简化了施工工序，降低了施工风险，节约了工程造价。

钢管混凝土强劲骨架成拱法的技术特点有：① 采用较大直径的钢管外径，选用合适的钢管壁厚，保持较小的用钢数量，节约钢材，降低造价；② 在钢管内灌注超强的混凝土（≥C80 混凝土），将提高主拱强度、刚度和稳定性；③ 选用合理、经济的腹杆连接构造形式，并用低强度等级钢材进行截面加劲，提高主拱骨架整体稳定性。

4.3.2.3　超高强自密实混凝土制备技术

拱桥主拱跨径大于 300 m 时，钢管混凝土劲性骨架法成为拱桥成拱方案的主流。拱桥建造历史表明，悬臂浇注、悬臂拼装及转体施工法由于设计过程复杂，施工难度高，目前，国内外建造数量极少，中国仅 2023 年 12 月采用悬臂成拱法建成了主跨 335 m 的四川水落河特大桥。由此可见，钢管混凝土劲性骨架法是主跨大于 300 m 拱桥的主要成拱方式。

普通钢管混凝土或型钢劲性骨架，与主拱截面强度及刚度比较弱，需要多次分环外包混凝土，工程实践表明，过多的分环次数导致计算分析难度大、工艺复杂繁多、质量可控性低、外包工期长、安全风险大，因此，通过对普通钢管混凝土劲性骨架法再次创新，提出了钢管混凝土强劲骨架成拱法。本研究提出的采用 C100 自密实补偿收缩超高强钢管混凝土组合材料，提高了核心混凝土材料强度等级，增加了组合结构的承载力，成为强劲骨架核心技术。

1）提出矿物降黏、外加剂组分优化与基准配合比优化协同提升混凝土工作性能与力学性能的方法

在现有混凝土配合比设计基础上，提出基于密实骨架堆积方法和富余浆体理论的超高强钢管混凝土配合比设计方法。该方法的核心在于使粉料和集料达到最紧密堆积状态，通过将粉料、细集料、粗集料按不同比例堆积，得到固体材料堆积的最大单位容重和最小空隙体积，确定固态材料间的最佳比例。然后结合富余浆体理论，通过拌制混凝土确定所需的润滑浆体量和水泥浆的最优放大倍数。最后根据混凝土设计强度及耐久性要求设定水胶比，进行所有材料的校正即可得到准确的混凝土配合比。

针对机制砂超高强钢管混凝土水胶比低、黏度大、匀质性差、泵送阻力大等问题，提出了矿物降黏与外加剂组分优化协同提升混凝土工作性能的方法，并对基准配合比设计参数进行了优化，形成了机制砂超高强钢管混凝土的工作性能与力学性能协同提升技术。

如图 4-91～图 4-94 所示为硅灰、矿粉、粉煤灰、粉煤灰微珠对低水胶比下（水胶比小于 0.25）的超高强混凝土胶凝浆体塑性黏度与屈服应力的影响规律：随着硅灰掺量增加，胶凝浆体的塑性黏度和屈服应力显著增大；随着 S95 矿粉掺量的增加，胶凝浆体的塑性黏度和屈服应力先增大后减小，当矿粉掺量达 15% 时塑形黏度和屈服应力达到最大值；随着Ⅰ级粉煤灰或粉煤灰微珠掺量的增加，胶凝浆体的塑性黏度和屈服应力降低，相同掺量下，粉煤灰微珠较粉煤灰降低幅度大，20% 粉煤灰微珠掺量时，浆体塑性黏度和屈服应力由纯水泥浆体的 1.367 Pa·s、60.302 Pa 降为 0.108 Pa·s、3.427 Pa。自密实超高强钢管混凝土宜选用粉煤灰微珠与硅灰的组合（分别为胶凝材料用量的 15%~20% 和 8%~13%），以协同提升混凝土的力学性能与工作性能。

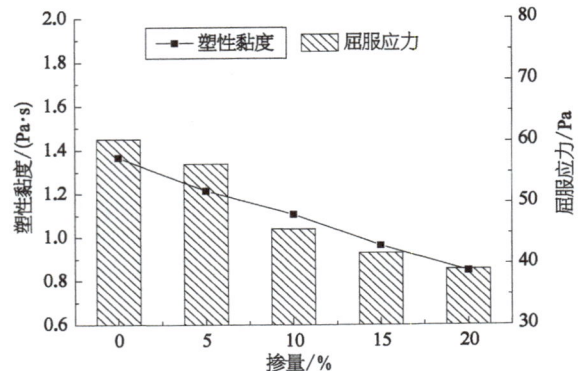

图 4-93　Ⅰ级粉煤灰掺量对混凝土胶凝浆体流变性能参数的影响

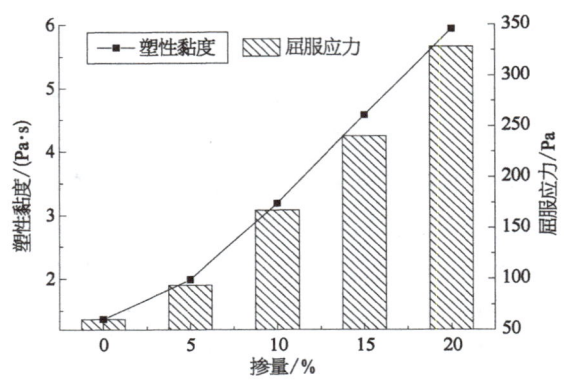

图 4-91　硅灰掺量对混凝土胶凝浆体流变性能参数的影响

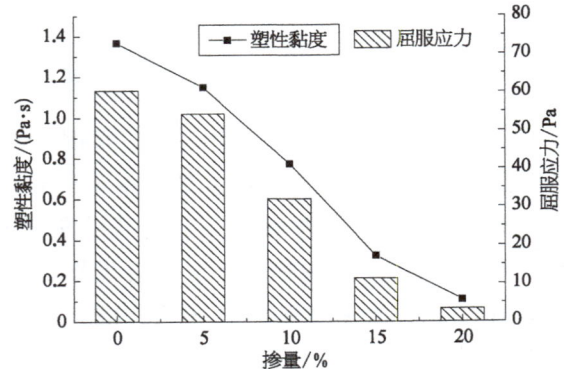

图 4-94　粉煤灰微珠掺量对混凝土胶凝浆体流变性能参数的影响

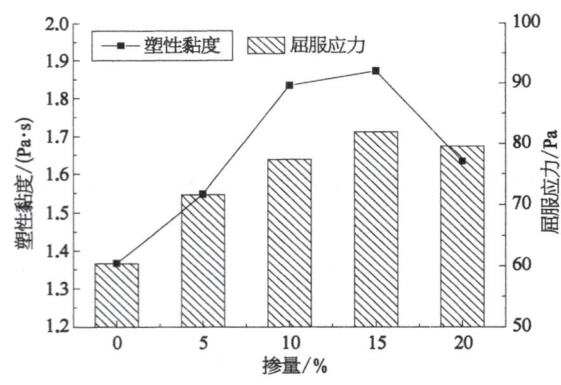

图 4-92　矿粉掺量对混凝土胶凝浆体流变性能参数的影响

通过试验，将低含气量、超分散降黏型聚羧酸减水剂 JSJ 与保坍型减水剂按 7∶3 比例混合，合计占减水剂质量比的 95.945%，另掺入占减水剂 4% 的葡萄糖酸钠，占减水剂 0.05% 的有机硅消泡剂，占减水剂 0.005% 的引气剂，制得适用于机制砂超高强钢管混凝土专用的低含气量、超分散降黏、高保坍型聚羧酸减水剂。开发出的适用于机制砂制备超高强钢管混凝土专用外加剂，可充分分散水泥、矿物掺和料、石粉等颗粒，显著降低混凝土的黏度，并可使混凝土在低含气量下（混凝土含气量<2.0%）具有优异高流态保持性能（2 h 扩展度损失≤20 mm）。JSJ 分子结构与性能的关系如图 4-95 所示。

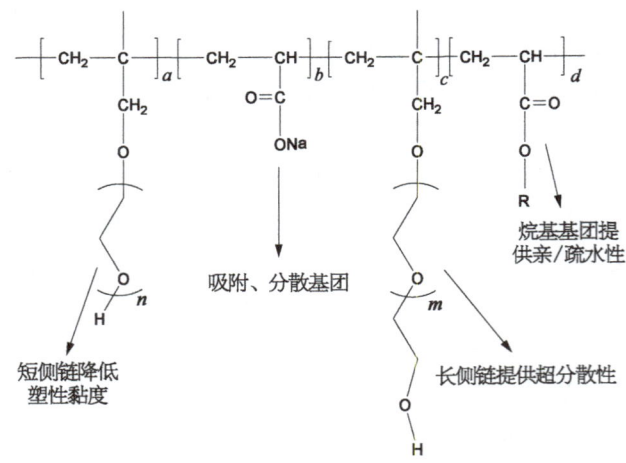

图 4-95　低含气量、超分散降黏型聚羧酸减水剂 JSJ 分子结构与性能的关系

利用硅灰与粉煤灰微珠复合矿物掺和料,结合研制的超高强钢管混凝土专用外加剂制备强度等级C100~C140机制砂超高强钢管混凝土,机制砂可选用卵石或石灰石破碎的细度模数在2.7~3.1的中粗砂,不宜选用玄武岩机制砂。卵石、石灰石破碎不同细度模数机制砂对混凝土工作性能及力学性能的影响如图4-96和图4-97所示。

随着机制砂中石粉含量的增加,混凝土的工作性能降低,抗压强度先增加后减小,配制强度等级C100钢管混凝土,机制砂中石粉含量宜不大于10%;配制强度等级C110以上钢管混凝土,机制砂中石粉含量宜不大于5.0%。机制砂中不同石粉含量对混凝土工作性能、力学性能的影响如图4-98和图4-99所示。

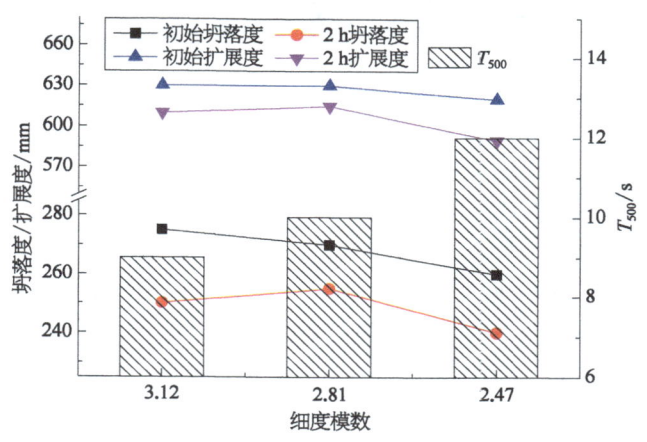
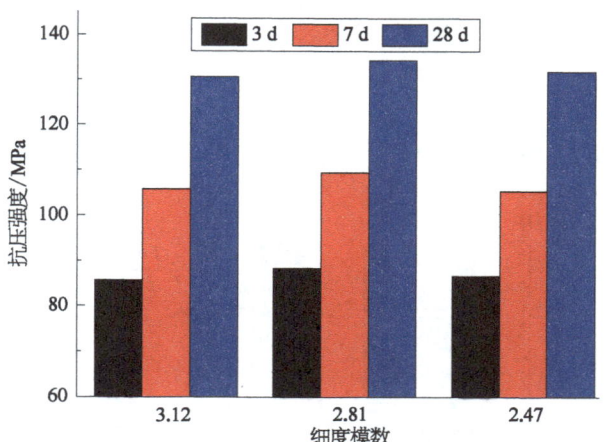

图4-96 卵石破碎不同细度模数机制砂对混凝土工作性能及力学性能的影响

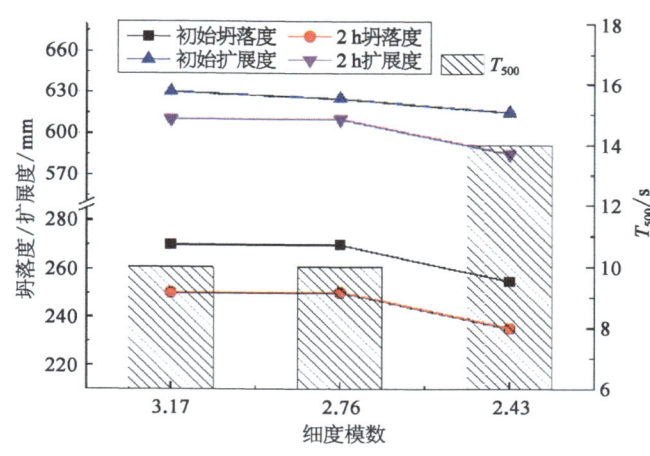
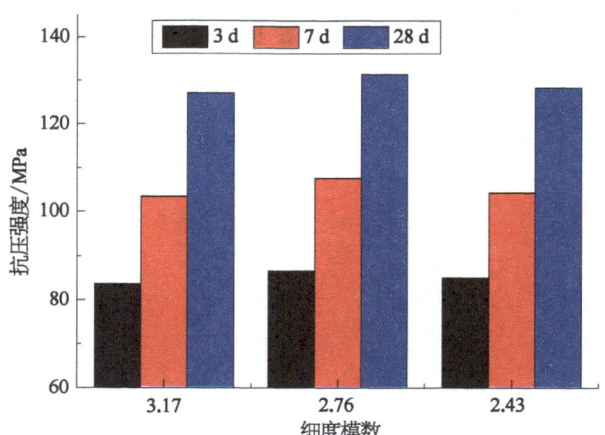

图4-97 石灰石破碎不同细度模数机制砂对混凝土工作性能及力学性能的影响

不同骨料最大粒径对混凝土工作性能、力学性能的影响规律如图4-100和图4-101所示。碎石宜选用5~16 mm连续级配的高强玄武岩碎石。

2) 提出机制砂超高强钢管混凝土的力学性能、体积稳定性能与泵送性能协同提升的制备技术

针对机制砂超高强钢管混凝土胶凝材料用量高,自收缩大,易造成核心混凝土与钢管内壁之间脱空,影响钢管混凝土组合结构协同受力的问题,系统探究了不同组成的膨胀剂和纤维的种类及掺量对超高强钢管混凝土力学性能和体积稳定性能的影响规律,开发出适用于超高强钢管混凝土的多膨胀源复合膨胀剂,提出了机制砂超高强钢管混凝土的力学性能、体积稳定性能与泵送性能协同提升的制备技术,利用机制砂制备出强度等级C100~C140自密实补偿收缩超高强钢管混凝土。

超高强钢管混凝土(强度等级为C100~C140)的收缩主要为自收缩,7 d收缩便达到了收缩稳定值的75%以上。HCSA型膨胀剂(1 350℃下煅烧40 min,

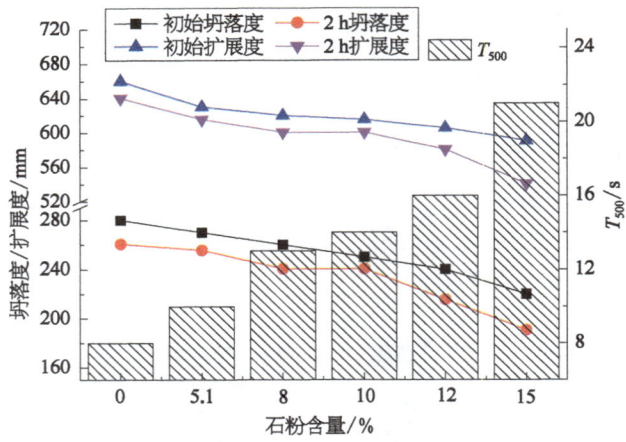

图 4-98 机制砂中不同石粉含量对混凝土工作性能的影响

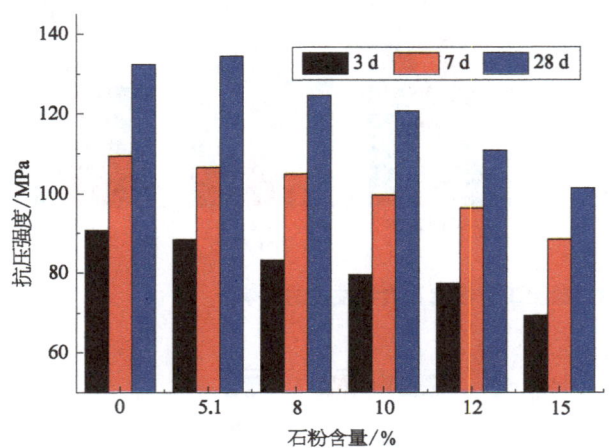

图 4-99 机制砂中不同石粉含量对混凝土力学性能的影响

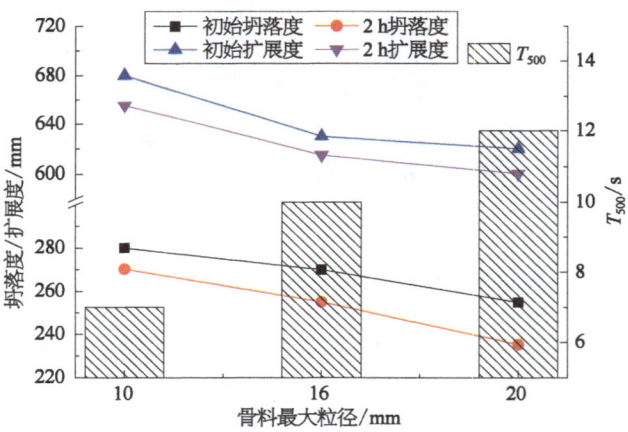

图 4-100 不同骨料最大粒径对混凝土工作性能的影响

含有 CaO、C_4A_3S 和石膏)在超高强钢管混凝土中水化产生膨胀作用主要发生在早期(7 d 以内),7 d 之后超高强钢管混凝土的膨胀率开始降低;M 型氧化镁膨胀剂(柠檬酸反应时间为 120 s)在超高强钢管混凝土中水化产生膨胀作用主要发生在 7 d

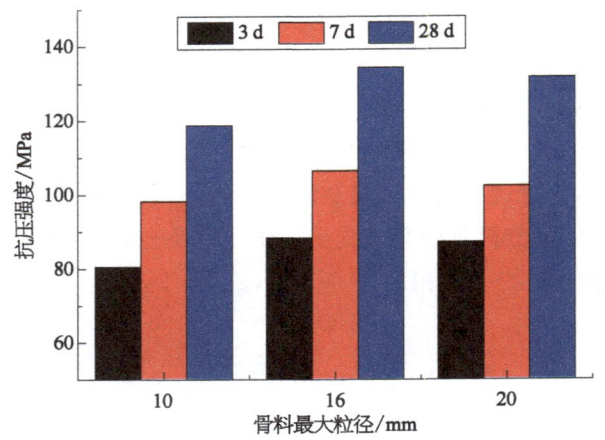

图 4-101 不同骨料最大粒径对混凝土力学性能的影响

以后,能够有效补偿混凝土后期的收缩。适于机制砂超高强钢管混凝土用复合膨胀剂的组成为 HCSA：MgO：石膏=68：22：10,当其掺量为胶凝材料用量的 6% 时,强度等级 C100 超高强混凝土 60 d 膨胀率可达 1.4×10^{-4},且膨胀率稳定。复合膨胀剂复配比例见表 4-9,不同膨胀剂复配比例下混凝土的膨胀性能、力学性能如图 4-102 和图 4-103 所示。

表 4-9 复合膨胀剂复配比例

编 号	复配比例/%		
	HCSA	MgO	石膏
1	55	35	10
2	68	22	10
3	80	10	10

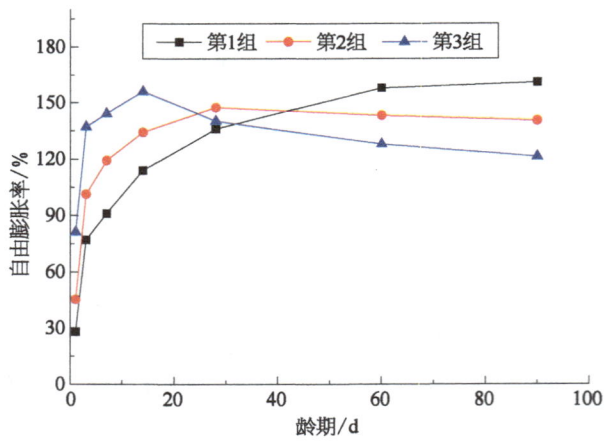

图 4-102 不同膨胀剂复配比例下混凝土的膨胀性能

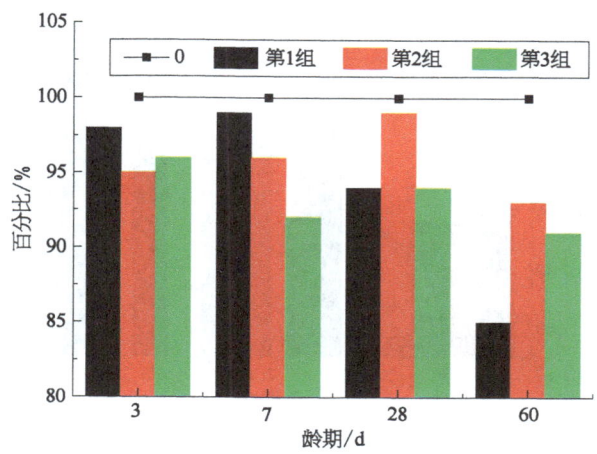

图 4-103 不同膨胀剂复配比例下混凝土的力学性能

多锚点钢纤维(长度 30 mm,直径 0.5 mm)和短细镀铜钢纤维(长度 12 mm,直径 0.3 mm)掺入均有效改善了超高强混凝土的脆性,约束其在受压时的横向变形,显著提高了混凝土的力学性能。且随着钢纤维掺量增加,超高强钢管混凝土抗压强度提高。多锚点钢纤维会降低超高强混凝土的泵送性能,而短细镀铜钢纤维在掺量 1% 以内时,对超高强钢管混凝土的泵送性能影响较小。当短细镀铜钢纤维掺量分别为 0.4%、0.7%、1% 时,相比未掺纤维的基准 C100 自密实补偿收缩钢管混凝土,其抗压强度分别提升了 8.5%、14.5%、15.8%。不同钢纤维的外观如图 4-104 所示,试验方案见表 4-10,不同纤维及其掺量对混凝土工作性能、力学性能的影响如图 4-105 和图 4-106 所示。纤维的增强、增韧作用,显著提高了混凝土受压时的横向变形能力,如图 4-107 和图 4-108 所示为不掺纤维与掺纤维下超高强钢管混凝土试块在抗压强度测试后的试件外观。

表 4-10 试验方案

纤维掺量/%	0.4	0.7	1
多锚点钢纤维	组1	组3	组5
镀铜短细钢纤维	组2	组4	组6

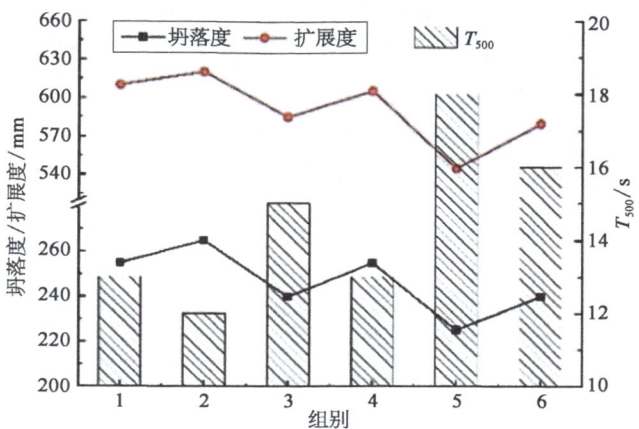

图 4-105 不同纤维及其掺量对混凝土工作性能的影响

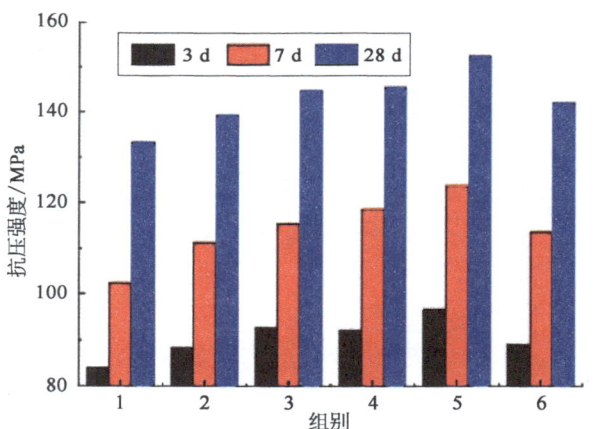

图 4-106 不同纤维及其掺量对混凝土力学性能的影响

(a) 镀铜短细钢纤维

(b) 多锚点钢纤维

图 4-104 不同钢纤维的外观

图 4-107 未掺纤维下混凝土炸裂

图4-108 掺加纤维后混凝土裂而不散

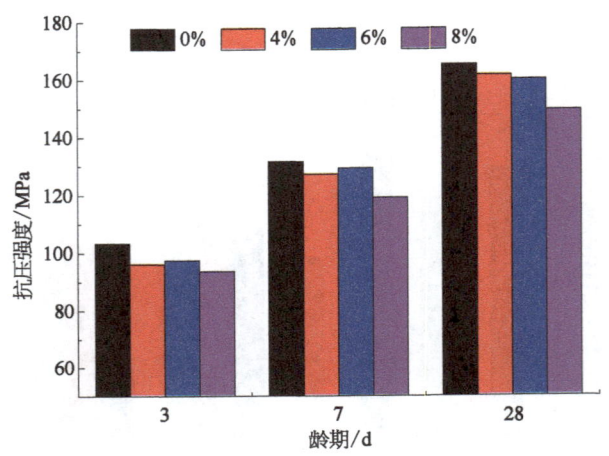

图4-110 不同膨胀剂掺量对纤维增强
混凝土力学性能的影响

钢纤维的掺入对超高强混凝土具有限制收缩作用，掺入0.7%的镀铜短细钢纤维未掺加膨胀剂的C100超高强钢管混凝土60 d自收缩降低了12.7%，掺6%膨胀剂和0.7%钢纤维可使C100超高强钢管混凝土的徐变系数降低，钢纤维和膨胀剂协同显著提高了超高强钢管混凝土的体积稳定性能。不同膨胀剂掺量对纤维增强混凝土膨胀性能、力学性能的影响如图4-109和图4-110所示。

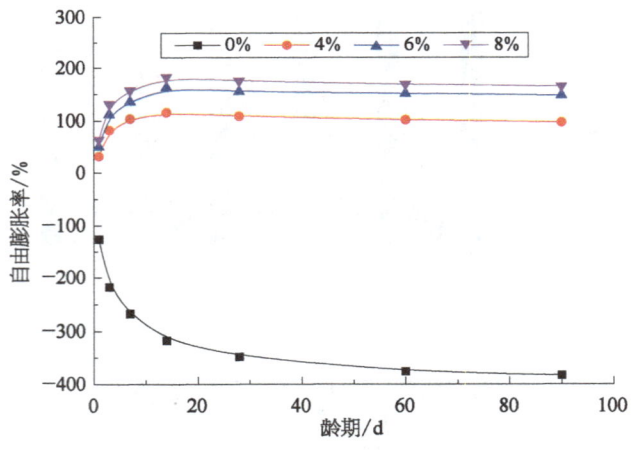

图4-109 不同膨胀剂掺量对纤维增强
混凝土膨胀性能的影响

提出了利用机制砂制备强度等级C100～C140自密实补偿收缩超高强钢管混凝土的方法，采用该设计制备方法、开发的复合膨胀剂和外加剂，以及镀铜短细钢纤维，制备出强度等级C100～C140自密实补偿收缩超高强钢管混凝土。

（1）强度等级C100自密实补偿收缩超高强钢管混凝土配合比设计参数：适宜的胶凝材料用量为640～700 kg/m³，膨胀剂掺量为胶凝材料用量的6%，硅灰掺量8%～12%，粉煤灰微珠掺量15%～20%，水胶比为0.18～0.2，砂率为40%～44%，机制砂可选用卵石或石灰石破碎的机制砂，细度模数2.7～3.1，石粉含量不大于10%。骨料可选用5～16 mm高强玄武岩碎石。

（2）强度等级C120自密实补偿收缩超高强钢管混凝土配合比设计参数：胶凝材料用量为680～750 kg/m³，膨胀剂掺量为胶凝材料用量的6%，水胶比为0.18～0.2，砂率为42%～45%，机制砂石粉含量不大于5%，镀铜短细钢纤维体积掺量为0.4%～0.7%。

（3）强度等级C140自密实补偿收缩超高强钢管混凝土配合比设计参数：胶凝材料的适宜用量为750～800 kg/m³，膨胀剂掺量为胶凝材料用量的6%，水胶比为0.17～0.18，砂率为42%～45%，机制砂石粉含量不大于5%，镀铜短细钢纤维体积掺量为0.7%～1.0%。

3）形成机制砂超高强钢管混凝土的泵送施工及质量控制技术

所研制的强度等级C100自密实补偿收缩超高强钢管混凝土应用于四川广安官盛渠江特大钢管混凝土拱桥，检测结果表明：自密实补偿收缩超高强钢管混凝土初始坍落度/扩展度达270 mm/640 mm，2 h坍落度/扩展度损失小于20 mm，T_{500}为9 s，含气量为1.9%，3 d抗压强度达到82.4 MPa，28 d抗压强度达到119.4 MPa，28 d自由膨胀率为$1.41×10^{-4}$，28 d弹性模量为47.4 GPa，钢管内混凝土填充密实,未见脱空。总结实际工程中原材料的选择与质量控制、施工机械、现场布置、拌和站管理、施工中控制、混凝土密实度检测等方面,形成了机制砂超高强钢管混凝土的泵送施工及质量控制技术。

4) 合理布置主拱骨架腹杆构造,提高腹杆的稳定性和极限承载能力

因拱肋截面为单箱单室变高度梯形截面,拱顶截面径向高为 3.5 m,拱脚截面径向高为 6.0 m,主拱拱脚腹杆长细比过大,易发生局部失稳。采用传统 N 形腹杆布置形式不能满足骨架强度、刚度和稳定性要求,需研究改进腹杆布置形式。提高骨架腹杆稳定性,除了用钢腹管代替型钢腹杆以外,从拱脚到拱肋 1/4 附近,增加一道型钢中弦杆,进一步减小腹杆的长细比,局部稳定系数提高近 1.0 倍。

通过理论计算可知,钢腹管应力验算、轴压稳定应力验算均满足规范容许值要求,且增加的辅助弦杆最不利应力为 153.6 MPa(＜260 MPa),轴压稳定应力为 245.5 MPa(＜260 MPa),同样满足规范容许值要求。以上均证明主拱骨架腹杆布置合理,满足稳定性及承载力要求。

4.3.3 主拱外包混凝土分环、分段的技术论证

4.3.3.1 主拱外包混凝土外包工序设计

在特大跨钢筋混凝土肋拱桥主拱强劲骨架技术基础之上,提出合理减少分环分段外包混凝土的施工方法,从而缩短工期、提高主拱整体性。

2013 年四川叙古高速磨刀溪大桥为劲性骨架拱桥,净跨径 266 m,SRC 比率(钢管混凝土截面占全截面的面积率)为 8.410%,主管内灌注强度等级 C100 混凝土,实现了主拱 2 环外包混凝土合龙成拱的技术,如图 4-111 和图 4-112 所示。

图 4-111 磨刀溪大桥主拱外包混凝土施工

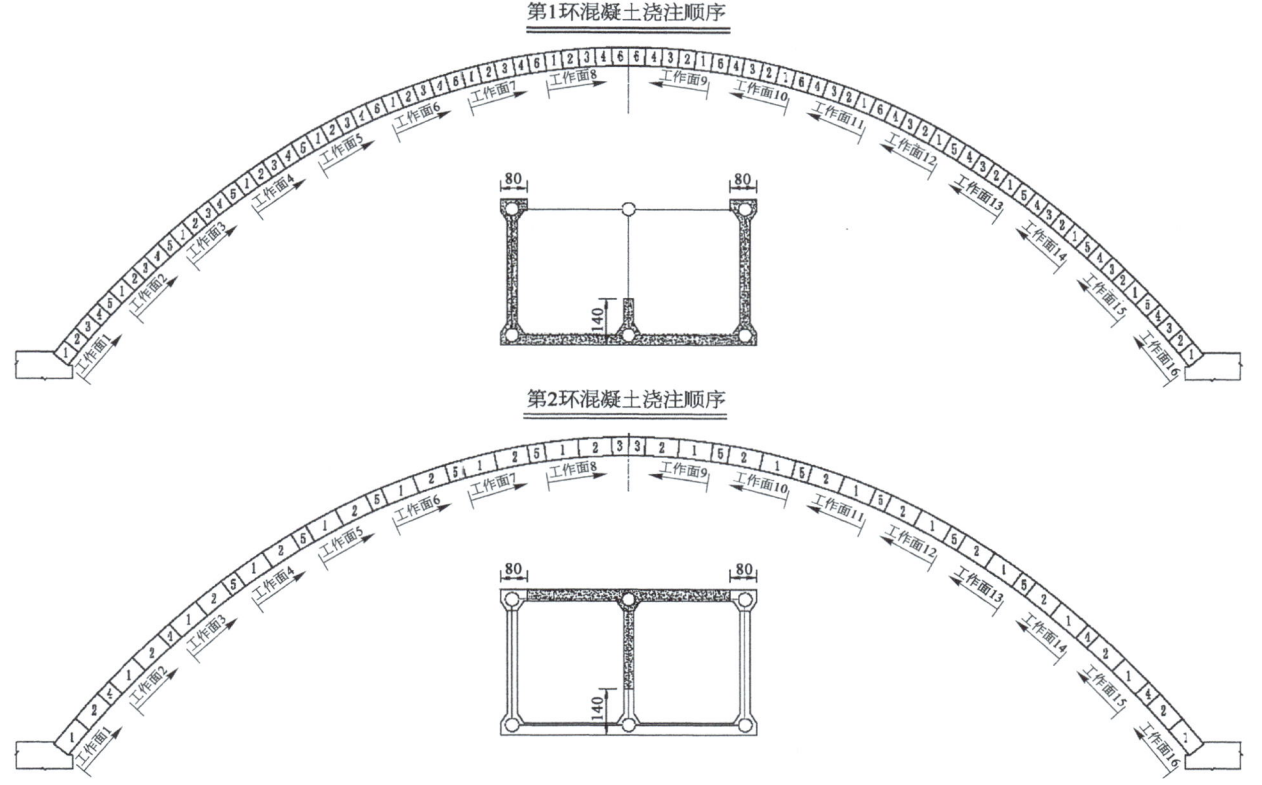

图 4-112 磨刀溪大桥主拱外包混凝土示意

针对跨径加大、截面径向高度增加、桥面更宽的钢筋混凝土拱桥，提出钢管混凝土强劲骨架成拱方法。通过计算，广安官盛渠江大桥拱顶截面 SRC 比率为 7.598%，同时钢管内灌注强度等级 C100 混凝土，劲性骨架的刚度和强度都比较大，理论上也具备了 2 环外包混凝土的条件。

拟采用 2 环外包拱肋混凝土的工序如图 4-113 所示。第 1 环外包底板和腹板下 2 m 范围的混凝土，第 2 环外包腹板剩下的部分及顶板混凝土，单片拱肋共设 8 个工作面，工作面设置的位置综合考虑结构受力、横撑位置，以及现场的施工条件。最大节段长度为 9 m，第 1 环单个节段最大混凝土浇注体量为 45.28 m³，第 2 环单个节段最大混凝土浇注体量为 90.74 m³。

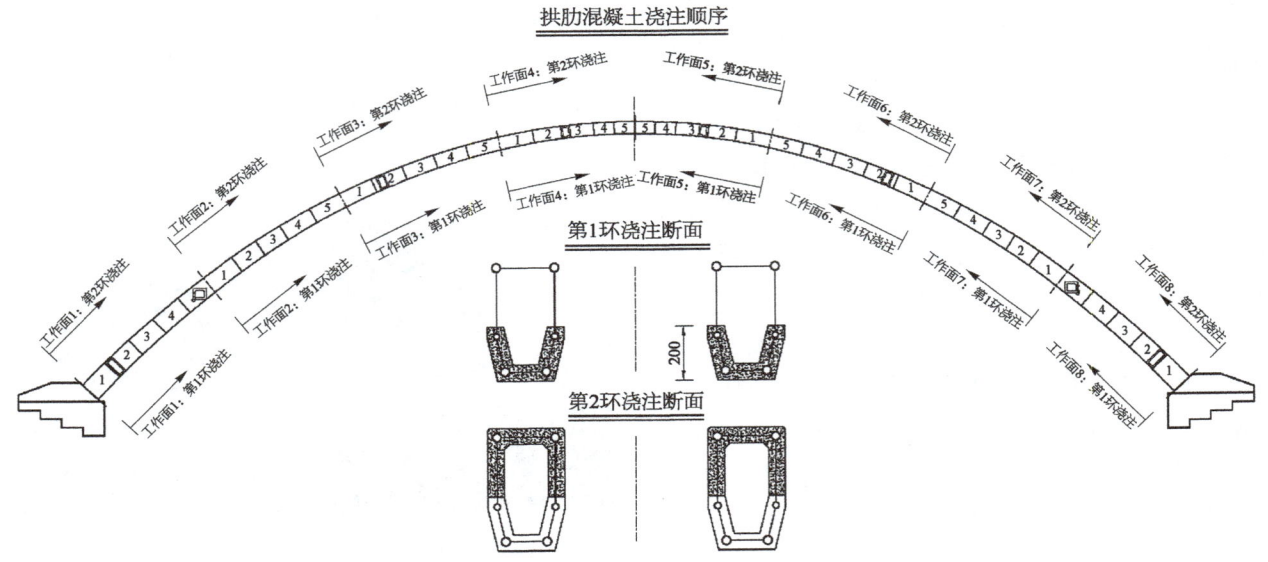

图 4-113 广安官盛渠江大桥拟采用的主拱外包混凝土方案

4.3.3.2 主拱外包混凝土工序实桥模型研究

利用钢管混凝土强劲骨架，实现 2 环 8 个工作面同步对称外包主拱混凝土的施工方法，通过有限元分析其过程满足受力要求，且通过施工监控测试进行实桥验证。

1) 主拱主管内力比较分析

利用变形协调的原理，通过监控实测钢管应力推算出钢管混凝土的轴力，并同设计计算得到的内力进行对比，对比结果见表 4-11 和表 4-12。由表可见，除个别点由于混凝土振捣对钢管表面应变有影响，产生较大差异外，其他点实测值同本设计采用的计算方法所得到的结构内力值吻合较好，主管内力发展也趋势一致。由此说明本设计采用的计算理论及计算方法是可行的，计算结果是准确的。

表 4-11 劲性骨架上弦钢管内力设计计算值同监控实测值对比

拱肋部位	施工阶段	设计计算值/kN	监控实测换算值/kN	差值率/%
拱脚上弦	浇注第 1 环第 1 段	−1 174.1	−1 161.2	1.10
	浇注第 1 环第 2 段	−1 687.7	−1 540.5	8.72
	浇注第 1 环第 3 段	−1 763.7	−1 925.6	9.18
	浇注第 1 环第 4 段	−2 041.5	−2 606.1	27.66
	第 1 环合龙	−2 509.7	−2 750.9	9.61
近肋间横梁截面	浇注第 1 环第 1 段	−1 832.8	−1 882.9	2.73

续 表

拱 肋 部 位	施 工 阶 段	设计计算值/kN	监控实测换算值/kN	差值率/%
近肋间横梁截面	浇注第1环第2段	−2 279.4	−2 606.6	14.35
	浇注第1环第3段	−2 528.8	−2 982.5	17.94
	浇注第1环第4段	−2 720.2	−3 315.5	21.88
	第1环合龙	−2 956.6	−3 774.8	27.67
近1号横撑截面	浇注第1环第1段	−1 896.7	−1 995.1	5.19
	浇注第1环第2段	−2 484.8	−2 536.6	2.08
拱顶截面	浇注第1环第1段	−992.7	−860.3	13.34
	浇注第1环第2段	−1 086.2	−1 459.4	34.36
	浇注第1环第3段	−1 695.3	−1 801.1	6.24
	浇注第1环第4段	−2 473.9	−3 445.8	39.29
	第1环合龙	−3 262.3	−4 053.96	24.27

表 4-12　劲性骨架下弦钢管内力设计计算值同监控实测值对比

拱 肋 部 位	施 工 阶 段	设计计算值/kN	监控实测换算值/kN	差值率/%
近肋间横梁截面	浇注第1环第1段	−1 628.5	−1 740.3	6.87
	浇注第1环第2段	−2 432.2	−2 577.1	5.96
近1号横撑截面	浇注第1环第1段	−2 596.6	−2 776.9	6.94
	浇注第1环第2段	−2 484.8	−2 669.8	7.45
	浇注第1环第3段	−3 157.8	−3 442.9	9.03
	浇注第1环第4段	−3 416.7	−3 720.7	8.90
	第1环合龙	−3 580.2	−3 770.2	5.31
拱顶截面	浇注第1环第1段	−2 037.3	−2 189.1	7.45
	浇注第1环第2段	−2 704.6	−3 146.6	16.34
	浇注第1环第3段	−3 096.7	−3 399.5	9.78
	浇注第1环第4段	−3 412.1	−3 680.4	7.86
	第1环合龙	−3 230.3	−3 993.1	23.61

2) 对外包混凝土应力比较分析

对主拱外包混凝土的应力进行了对比分析，见表 4-13 和表 4-14。由表可见，本设计计算值与现场实测值基本吻合，进一步验证了本设计采用计算理论和计算方法是合理的。

表 4-13　主拱截面下缘应力设计计算值同监控实测值对比

拱肋部位	施工阶段	设计计算值/MPa	监控实测值/MPa	差值率/%
拱脚截面	浇注第1环第2段	−1.50	−1.80	20.00
	浇注第1环第3段	−1.60	−1.60	0.00
	浇注第1环第4段	−1.90	−1.40	26.32
	第1环合龙	−3.20	−3.30	3.13
	浇注第2环第4段	−11.90	−13.80	15.97
	第2环合龙	−12.50	−14.80	18.40
近肋间横梁截面	浇注第1环第2段	−0.72	−0.70	2.78
	浇注第1环第3段	−2.50	−2.70	8.00
	浇注第1环第4段	−3.82	−4.00	4.71
	第1环合龙	−4.50	−4.60	2.22
	浇注第2环第4段	−7.40	−7.60	2.70
	第2环合龙	−7.70	−8.40	9.09
近1号横撑截面	浇注第1环第2段	−1.00	−0.40	60.00
	浇注第1环第3段	−2.10	−2.00	4.76
	浇注第1环第4段	−2.90	−2.50	13.79
	第1环合龙	−2.80	−2.70	3.57
	浇注第2环第4段	−7.80	−7.50	3.85
	第2环合龙	−8.10	−7.80	3.70
拱顶截面	浇注第2环第4段	−6.80	−6.90	1.47
	第2环合龙	−7.10	−7.90	11.27

表 4-14　主拱截面上缘应力设计计算值同监控实测值对比

拱肋部位	施工阶段	设计计算值/MPa	监控实测值/MPa	差值率/%
拱脚截面	浇注第2环第4段	−2.10	−1.70	19.05
	第2环合龙	−2.70	−1.30	51.85
近肋间横梁截面	浇注第2环第4段	−1.30	−1.40	7.69
	第2环合龙	−1.50	−1.60	6.67
近1号横撑截面	浇注第2环第4段	−7.80	−7.50	3.85
	第2环合龙	−8.10	−7.80	3.70

4.3.4 主拱外包混凝土施工平台的技术论证

4.3.4.1 箱形主拱外包混凝土工艺

当主拱骨架管内混凝土强度达到设计强度的80%后，进行主拱外包混凝土施工，主拱混凝土分底板、腹板、顶板三环依次分节段浇注完成。

为满足结构受力及施工进度目标需要，拱肋外包底板分为8个工作面对称同步浇注至合龙，待混凝土达到设计强度后再分16个工作面同步对称浇注腹板混凝土至合龙，最后分16个工作面浇注顶板混凝土至合龙，加载顺序如图4-114所示。

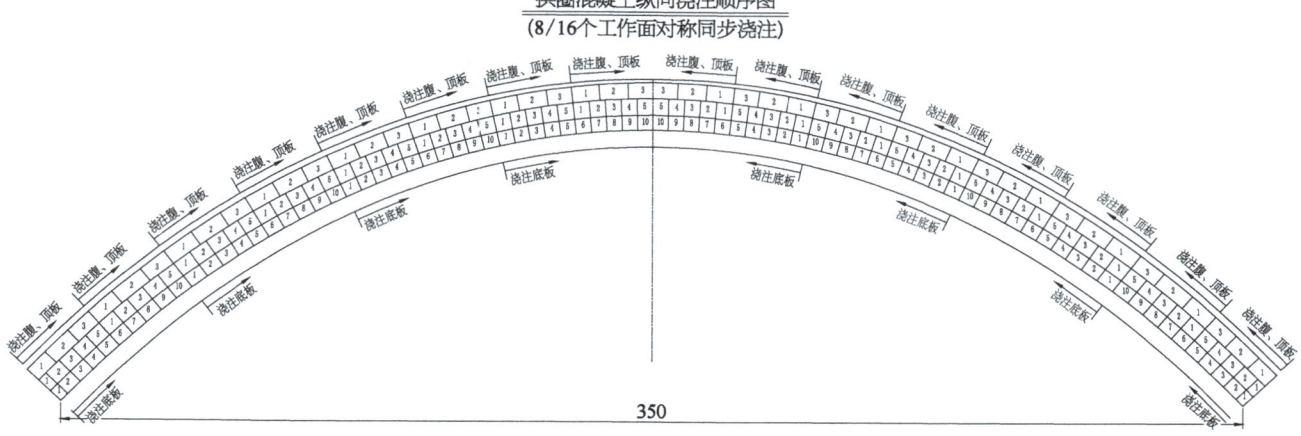

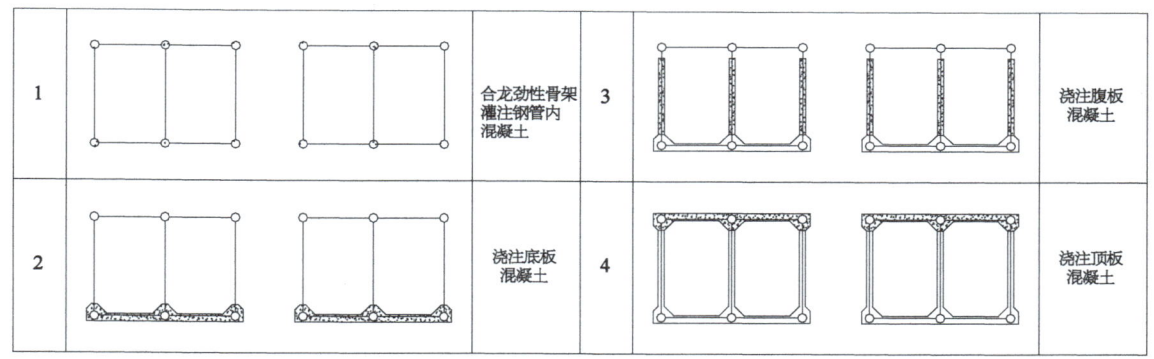

图 4-114 浇注顺序

4.3.4.2 移动吊架的开发与实施

拱肋线形为悬链线，各个地方曲率均不相同，再加上拱肋外包混凝土施工悬空过高，为满足拱肋外包混凝土施工的要求，开发了专用的移动吊架。设置的专用移动吊架如图4-115所示。

移动吊架系统由天车、吊杆、底平台、行走系统、止退装置等组成，采用全幅的整体式结构，其构造如图4-116所示。

该吊架设计具有重复利用率高、施工方便、安全可靠等特点。同时，主拱骨架吊装还申报并被批准为国家工法，即"大跨径钢管混凝土拱桥无支架吊装斜拉扣挂工法"为国家级工法。

4.3.4.3 箱形肋拱外包混凝土工艺

为减少拱肋外包混凝土施工工期，减少收缩徐变对结构的不利影响，设计提出了2环8个工作面的同步对称浇注方案：第1环外包底板和部分腹板混凝土，第2环外包顶板和另一部分腹板混凝土。相比以往顶板、底板、腹板分别作为1环外包混凝土，难度更大。外包混凝土过程如图4-117和图4-118所示。

针对设计提出的浇注方案，施工单位采用了钢绳作施工平台悬吊系统，型钢分配梁组成轻型化施工平台系统，如图4-119所示，该方案具有如下特点：

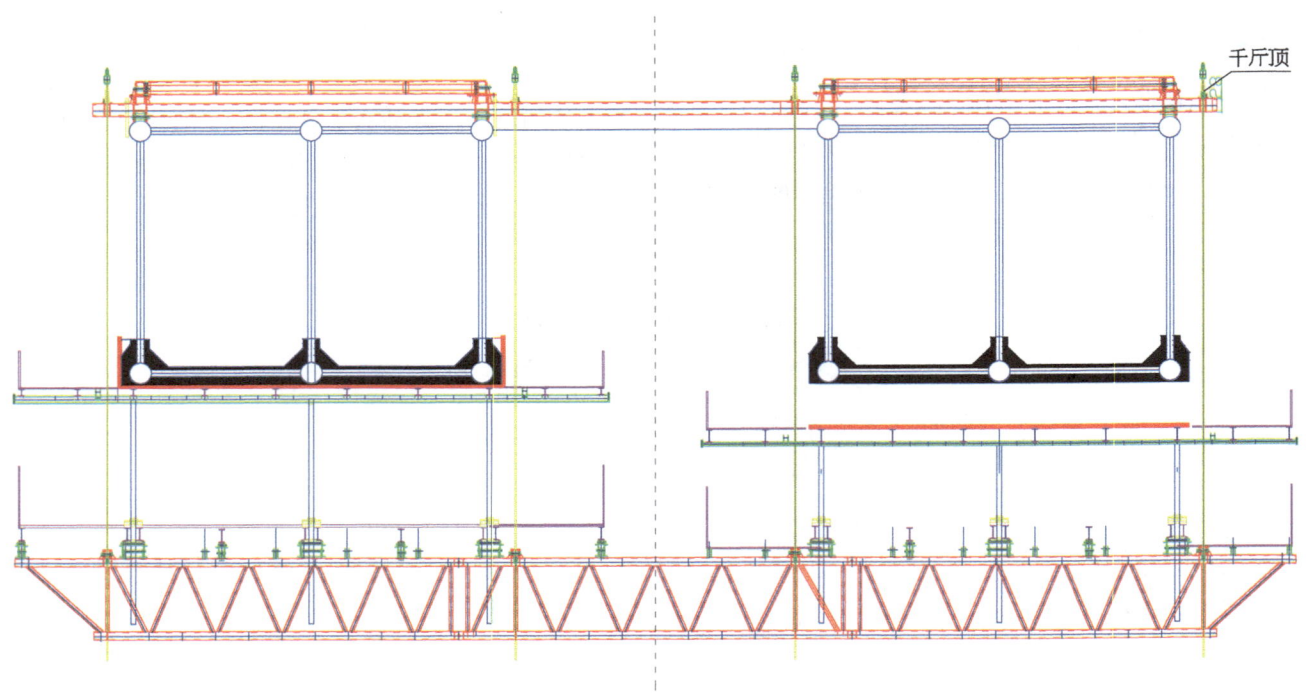

图 4-115 外包混凝土施工吊架系统布置(横向)

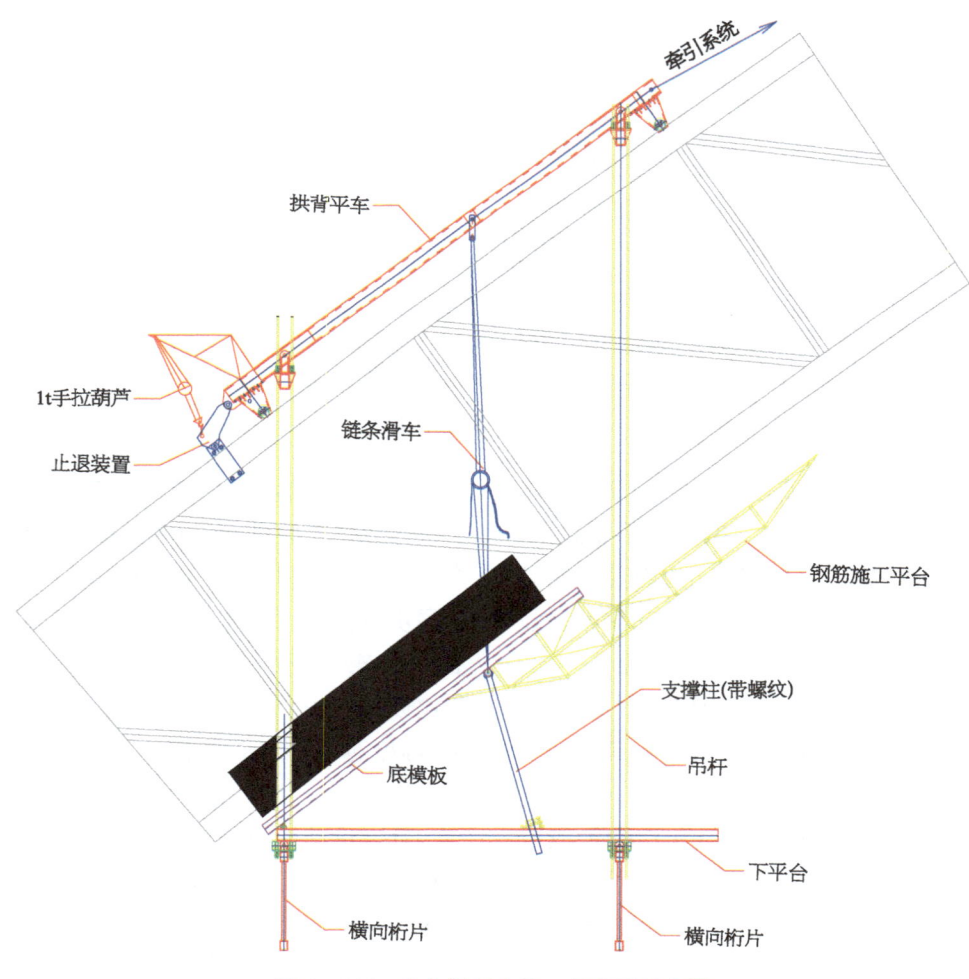

图 4-116 外包混凝土施工吊架系统布置

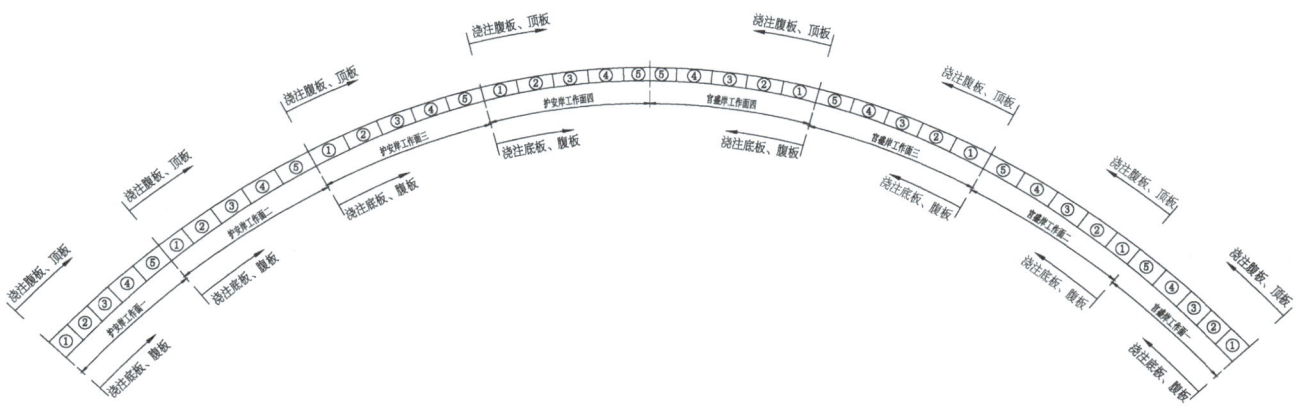

图 4-117 2 环 8 个工作面浇注方案

图 4-118 拱肋混凝土外包实景

图 4-119 拱肋外包施工工作平台

(1) 可在拱肋下方沿拱轴线方向便捷移动，满足各工作面每一段混凝土施工。

(2) 能同时满足底板混凝土和腹板混凝土施工的要求。

(3) 具备全封闭施工作业的功能，保障了施工作业人员的安全。

(4) 兼有布设模板、堆积材料、提供操作平台等多种功能，经济且可靠。

在施工方精心组织安排下，广安官盛渠江大桥拱肋实际外包工期比类似跨径采用 3 环外包的昭化嘉陵江大桥节省工期约 60 d。

4.3.5 超高强钢管混凝土技术总结

超高强钢管混凝土强劲骨架成拱法研究表明，主拱外包混凝土工期缩短 45%，施工设备减少 52%、主拱钢筋和外包混凝土减少约 17%，节约劳动力约 22%，其主要技术特点：

(1) 主拱外包混凝土分环次数由原来最少 8 环减少为最多 3 环，大大简化了工艺工序。

(2) 超高强钢管混凝土强劲骨架在主拱截面内，参与主拱共同受力，减少主拱外包混凝土用量、减少钢筋设置，节约了工程材料。

(3) 主拱外包混凝土分环次数减少，标志着主拱外包混凝土纵向施工缝减少，提高了主拱整体性，更有利于保证主拱质量。

(4) 采用超高强钢管混凝土强劲骨架成拱法的分离式主拱，不仅提供了更多施工作业面，而且提高了主拱横向稳定性和主拱建筑上部结构性能。

近年来的实践表明，超高强钢管混凝土强劲骨架成拱法建造拱桥，提高了大跨钢筋混凝土拱桥的竞争力，取得了显著的社会经济效益。

4.4 钢筋混凝土箱形拱桥设计指南

4.4.1 总则

(1) 钢筋混凝土箱形拱桥设计指南的技术要

求,适用于采用超高强钢管混凝土强劲骨架成拱法、主拱跨径为260～600 m的钢筋混凝土箱形拱桥。

(2)本指南基于四川省地方标准《钢筋混凝土箱形拱桥技术规程》(DB51/T 1992—2015)编制而成。

4.4.2 术语

吊装安装主拱钢管骨架合龙,在主拱主管内灌注大于C60强度等级的自密实补偿收缩混凝土,将钢管混凝土骨架作为支架,可以实现最多分3环现浇外包混凝土,形成钢筋混凝土主拱的施工方法,称为超高强钢管混凝土强劲骨架成拱法,简称强劲骨架成拱法。

4.4.3 材料

4.4.3.1 混凝土

(1)主拱混凝土的强度等级宜为C40～C60。

条文说明

主拱混凝土不包括强劲骨架的主管内混凝土。

(2)主拱混凝土应具有抗裂性能高、缓凝时间长和自密实的性能,应满足下列要求:

① 力学性能应符合《公路钢筋混凝土及预应力混凝土桥涵设计规范》的要求。

② 纤维宜采用多锚点带压痕的碳素冷拔钢丝切断型钢纤维,抗裂等级不小于L-Ⅲ级。

③ 工作性能的各项指标按表4-15采用。

表4-15 主拱混凝土工作性能

浇注时间/h	坍落度/mm	扩展度/mm	T_{50}/s	初凝时间/h	终凝时间/h
≤6	200～270	500～700	5～20	≥6	≤8
6～10				≥10	≤12

④ 减水剂应具有保塑、缓凝和增韧功能,减水率应大于25%。

4.4.3.2 钢管混凝土

(1)主拱采用强劲骨架成拱法时,强劲骨架的主管内宜采用C60及以上强度等级的自密实补偿收缩混凝土。

(2)强劲骨架的主管内混凝土,应满足下列要求:

① 力学性能应符合表4-16的要求。

② 混凝土自由膨胀率宜控制在1×10^{-4}～6×10^{-4},稳定收敛期宜小于60 d。

③ 工作性能的各项指标按表4-17采用。

表4-16 主管内混凝土强度和弹性模量　　　　　　　　　　　　单位:MPa

力学性能指标		混凝土强度等级						
		C60	C70	C80	C90	C100	C110	C120
标准值	轴心抗压 f_{ck}	38.50	44.50	50.20	56.00	61.00	67.00	76.00
	轴心抗拉 f_{tk}	2.85	3.00	3.10	3.30	3.50	3.80	4.00
设计值	轴心抗压 f_{cd}	26.50	30.50	34.60	40.00	43.70	48.00	54.00
	轴心抗拉 f_{td}	1.96	2.07	2.14	2.40	2.50	2.70	2.90
弹性模量 $E_c/10^4$		3.60	3.70	3.80	3.90	4.00	4.10	4.20

表4-17 自密实补偿收缩混凝土工作性能

泵送灌注时间/h	坍落度/mm	扩展度/mm	离析率/%	粗骨料振捣离析率/%	T_{50}/s	含气量/%	初凝时间/h	终凝时间/h
≤4	入泵 220～270	入泵 550～750	≤15	≤10	5～20	≤2.5	8～14	10～16
4～8	2 h:≥200　4 h:≥200	2 h:≥500　4 h:≥500					12～18	14～20

④ 减水剂宜具有保塑、缓凝和抑制泌水的功能，减水率应大于 25%，且制备的混凝土含气量应小于 2.5%。膨胀剂应对混凝土工作性能影响小、膨胀性能稳定，水中限制膨胀率 7 d 大于 0.05%、空气中限制膨胀率 21 d 大于 0%。

条文说明

由于钢管内混凝土与外界没有水分交换，为模拟钢管内混凝土在密闭环境下的膨胀性能，采用直径 150 mm、高度 450 mm 的钢管，将混凝土灌入钢管，钢管端部用蜡或塑料膜密封。试验研究表明，钢管内混凝土在密闭环境下的膨胀率应在 60 d 内稳定收敛，有利于施工控制和桥梁结构的稳定。当密闭环境下钢管内混凝土自由膨胀率在 $1\times10^{-4} \sim 6\times10^{-4}$，含气量小于 2.5% 时，钢管内混凝土容易密实。如果密闭环境下混凝土中膨胀剂掺量高，自由膨胀率过大，会影响混凝土的工作性能、力学性能和结构稳定性能。

主管内混凝土一般采用泵送顶升灌注，依靠混凝土的自重而密实，因此，混凝土应具有良好的自密实性能。如果初始坍落度小于 220 mm、扩展度小于 550 m、T_{50} 大于 20 s，则混凝土的工作性能不能符合自密实性能要求；如果混凝土坍落度大于 270 mm、扩展度大于 750 mm、T_{50} 小于 5 s，则混凝土黏聚性不良，容易离析而堵管或分层，影响混凝土均匀性。工程实践表明，如果泵送顶升灌注 4 h 内完成，则控制 2 h 坍落度宜大于 200 mm，扩展度大于 500 mm，初凝时间 8～14 h，终凝时间 10～16 h；如果泵送顶升灌注 4～8 h 内完成，则控制 4 h 坍落度宜大于 200 mm，扩展度大于 500 mm，初凝时间 12～18 h，终凝时间 14～20 h。

在泵送压力作用下，混凝土中气体会部分逸出，积聚在钢管和混凝土之间形成气膜，造成钢管和混凝土脱黏，所以对混凝土含气量做出要求。

(3) 强劲骨架的主管内灌注的混凝土，其强度和弹性模量 E_c 应按表 4-16 采用，剪切模量 G_c 应按表 4-16 中弹性模量 E_c 的 0.4 倍采用，泊松比可采用 0.2。

(4) 强劲骨架的钢管混凝土，其组合弹性模量和组合剪切模量应满足下列要求：

① 钢管混凝土的弹性模量应采用组合弹性轴压模量 E_{sc}。当 $t \leqslant 16$ mm 时，E_{sc} 应按表 4-18 取值；当 $t > 16$ mm 时，E_{sc} 应按表 4-18 取值乘以 0.96 后确定。

表 4-18 钢管混凝土组合弹性轴压模量 E_{sc} 　　　　　　　　　　单位：10^4 MPa

钢材牌号		Q355							Q390					
混凝土强度等级		C60	C70	C80	C90	C100	C110	C120	C60	C70	C80	C90	C100	C110	C120
含钢率 a_s	0.06	4.46	4.93	5.38	5.81	6.24	6.69	7.40	4.31	4.75	5.16	5.56	5.96	6.38	7.03
	0.07	4.70	5.17	5.62	6.05	6.48	6.94	7.64	4.57	5.00	5.41	5.81	6.21	6.63	7.29
	0.08	4.95	5.42	5.86	6.29	6.72	7.18	7.88	4.82	5.25	5.67	6.07	6.47	6.89	7.54
	0.09	5.19	5.66	6.10	6.53	6.97	7.42	8.12	5.07	5.51	5.92	6.32	6.72	7.14	7.79
	0.10	5.43	5.90	6.35	6.78	7.21	7.66	8.37	5.32	5.76	6.17	6.57	6.97	7.39	8.05
	0.11	5.67	6.14	6.59	7.02	7.45	7.90	8.61	5.58	6.01	6.43	6.83	7.22	7.65	8.30
	0.12	5.91	6.38	6.83	7.26	7.69	8.14	8.85	5.83	6.27	6.68	7.08	7.48	7.90	8.55
	0.13	6.15	6.62	7.07	7.50	7.93	8.39	9.09	6.08	6.52	6.93	7.33	7.73	8.15	8.80
	0.14	6.40	6.87	7.31	7.74	8.17	8.63	9.33	6.34	6.77	7.19	7.59	7.98	8.41	9.06
	0.15	6.64	7.11	7.55	7.98	8.41	8.87	9.57	6.59	7.03	7.44	7.84	8.24	8.66	9.31
	0.16	6.88	7.35	7.80	8.23	8.66	9.11	9.81	6.84	7.28	7.69	8.09	8.49	8.91	9.56
	0.17	7.12	7.59	8.04	8.47	8.90	9.35	10.06	7.10	7.53	7.95	8.34	8.74	9.16	9.82

续表

钢材牌号		Q355						Q390					
混凝土强度等级		C60	C70	C80	C90	C100	C110	C120	C60	C70	C80	C90	C100	C110	C120
含钢率 a_s	0.18	7.36	7.83	8.28	8.71	9.14	9.59	10.30	7.35	7.79	8.20	8.60	9.00	9.42	10.07
	0.19	7.60	8.07	8.52	8.95	9.38	9.84	10.54	7.60	8.04	8.45	8.85	9.25	9.67	10.32
	0.20	7.85	8.32	8.76	9.19	9.62	10.08	10.78	7.86	8.29	8.71	9.10	9.50	9.92	10.58

注：当含钢率 a_s 为中间值时，E_{sc} 采用线性插值法求得。

② 钢管混凝土的剪切模量应采用组合弹性剪切模量 G_{sc}。当 $t \leqslant 16$ mm 时，G_{sc} 应按表 4-19 取值；当 $t > 16$ mm 时，G_{sc} 应按表 4-19 取值乘以 0.96 后确定。

表 4-19　钢管混凝土组合弹性剪切模量 G_{sc}　　　　单位：10^4 MPa

钢材牌号		Q355						Q390					
混凝土强度等级		C60	C70	C80	C90	C100	C110	C120	C60	C70	C80	C90	C100	C110	C120
含钢率 a_s	0.06	1.30	1.40	1.49	1.58	1.66	1.75	1.89	1.26	1.35	1.43	1.51	1.59	1.67	1.80
	0.07	1.40	1.50	1.59	1.67	1.76	1.85	1.99	1.35	1.44	1.53	1.61	1.68	1.77	1.90
	0.08	1.49	1.59	1.68	1.77	1.85	1.94	2.08	1.45	1.54	1.62	1.70	1.77	1.86	1.99
	0.09	1.59	1.68	1.77	1.86	1.94	2.03	2.17	1.54	1.63	1.71	1.79	1.86	1.94	2.07
	0.10	1.68	1.78	1.87	1.95	2.03	2.12	2.27	1.63	1.72	1.80	1.87	1.95	2.03	2.16
	0.11	1.77	1.87	1.96	2.04	2.13	2.21	2.36	1.72	1.80	1.88	1.96	2.03	2.11	2.24
	0.12	1.87	1.96	2.05	2.13	2.22	2.30	2.45	1.81	1.89	1.97	2.04	2.12	2.20	2.33
	0.13	1.96	2.05	2.14	2.22	2.31	2.39	2.54	1.90	1.98	2.06	2.13	2.20	2.28	2.41
	0.14	2.06	2.15	2.23	2.31	2.40	2.48	2.62	1.99	2.07	2.14	2.21	2.29	2.36	2.49
	0.15	2.15	2.24	2.32	2.40	2.49	2.57	2.71	2.08	2.15	2.23	2.30	2.37	2.45	2.57
	0.16	2.24	2.33	2.41	2.50	2.58	2.66	2.80	2.16	2.24	2.31	2.38	2.45	2.53	2.65
	0.17	2.34	2.42	2.51	2.59	2.67	2.75	2.89	2.25	2.32	2.40	2.46	2.53	2.61	2.73
	0.18	2.43	2.52	2.60	2.68	2.76	2.84	2.98	2.34	2.41	2.48	2.55	2.61	2.69	2.81
	0.19	2.53	2.61	2.69	2.77	2.85	2.93	3.07	2.43	2.49	2.56	2.63	2.70	2.77	2.89
	0.20	2.62	2.71	2.78	2.86	2.94	3.02	3.16	2.51	2.58	2.65	2.71	2.78	2.85	2.97

注：当含钢率 a_s 为中间值时，G_{sc} 采用线性插值法求得。

(5) 强劲骨架的钢管混凝土应满足下列要求：
① 钢管外径不宜大于 900 mm。
② 主管壁厚不应小于 10 mm。
③ 含钢率 a_s 应大于 0.06，一般宜取 0.09～0.15，其值应按式(4-14)计算。

$$a_s = \frac{A_{sp}}{A_{cp}} \qquad (4-14)$$

式中　a_s——钢管混凝土截面含钢率；
　　　A_{sp}——混凝土钢管的截面面积(m^2)；
　　　A_{cp}——钢管内混凝土的截面面积(m^2)。

④ 约束效应系数标准值 ξ 不宜小于 0.6，其值应按式(4-15)计算。

$$\xi = \frac{A_{sp}f_y}{A_{cp}f_{ck}} \quad (4-15)$$

式中　ξ——钢管混凝土的约束效应系数标准值；
　　　f_y——钢材的屈服强度(MPa)；
　　　f_{ck}——混凝土轴心抗压强度标准值(MPa)。

(6) 强劲骨架的钢管混凝土组合轴心抗压强度设计值 f_{sc}，应按式(4-16)、式(4-17)计算。

当 $t \leqslant 16$ mm 时

$$f_{sc} = (1.14 + 1.02\xi_0)f_{cd} \quad (4-16)$$

当 $t > 16$ mm 时

$$f_{sc} = 0.96 \times (1.14 + 1.02\xi_0)f_{cd} \quad (4-17)$$

其中

$$\xi_0 = \frac{A_{sp}f_{sd}}{A_{cp}f_{cd}} \quad (4-18)$$

式中　f_{sc}——钢管混凝土组合轴心抗压强度设计值(MPa)；
　　　t——主管壁厚(mm)；
　　　ξ_0——钢管混凝土的约束效应系数设计值；
　　　f_{sd}——钢管的抗拉强度设计值(MPa)；
　　　f_{cd}——钢管内混凝土的轴心抗压强度设计值(MPa)。

(7) 强劲骨架的钢管混凝土组合抗剪强度设计值 τ_{sc}，应按式(4-19)、式(4-20)计算。

当 $t \leqslant 16$ mm 时

$$\tau_{sc} = (0.422 + 0.313a_s^{2.33})\xi_0^{0.134}f_{sc} \quad (4-19)$$

当 $t > 16$ mm 时

$$\tau_{sc} = 0.96 \times (0.422 + 0.313a_s^{2.33})\xi_0^{0.134}f_{sc}$$
$$(4-20)$$

式中　τ_{sc}——钢管混凝土组合抗剪强度设计值(MPa)；
　　　ξ_0——钢管混凝土的约束效应系数设计值；
　　　f_{sc}——钢管混凝土组合轴心抗压强度设计值(MPa)。

(8) 强劲骨架的钢管混凝土线膨胀系数 α 应取 1.2×10^{-5}。

4.4.4 基本规定

(1) 钢筋混凝土拱桥的设计使用年限不应低于 100 年，吊索、系杆索等可更换部件的设计使用年限不应低于 20 年。

(2) 拱上建筑加载程序的设计，应以控制主拱应力峰值或主拱承载力安全系数，兼顾拱上建筑安装工序简便为原则，进行拱上立柱、盖梁、主梁、系杆、吊杆和二期恒载的施工顺序设计。

(3) 钢筋混凝土拱桥应对使用状态的强度、刚度、稳定性、动力性能和抗风性能进行分析，当主拱跨径大于 300 m 时，宜计入几何、材料非线性影响。

条文说明

根据实践经验，主拱跨径小于 300 m 的钢筋混凝土拱桥，几何、材料非线性影响较小，按弹性理论计算能够满足桥梁安全需要。主拱跨径大于 300 m 的钢筋混凝土拱桥，几何、材料非线性影响较大，主拱结构计算时计入几何、材料非线性影响。

4.4.5 总体设计

(1) 钢筋混凝土拱桥应根据桥位地形条件，选用上承式拱桥、中承式拱桥、下承式拱桥；应根据桥位地质条件，选用有推力拱桥和无推力拱桥；应根据主拱宽度，选用整体式箱形板拱桥、整体式矩形板拱桥、分离式箱形肋拱桥和分离式矩形肋拱桥。

(2) 钢筋混凝土拱桥总体布置设计宜满足下列要求：

① 拱座处地质条件较好、承载力较高时，可选用有推力拱桥。

② 拱座处地形陡峭或开挖拱座困难时，可选用中承式或下承式拱桥。

③ 拱座处地质条件较差、地形平坦时，可选用下承式或飞燕式系杆拱桥。

(3) 主拱跨径选择应满足下列要求：

① 主拱跨径选择时，应满足通航、行洪、环保等要求。

② 上承式拱桥的主拱矢跨比不宜小于 1/7。

③ 中、下承式拱桥的主拱矢跨比不宜小于 1/5。

(4) 主拱的起拱高程宜满足下列要求：

① 跨越通航河流时，起拱高程宜根据通航净空要求确定，且应兼顾洪水、船只和漂浮物对主拱安全

的影响。

② 跨越非通航河流时，起拱高程宜根据地形地物、洪水位、漂浮物和地质灾害等条件确定。

(5) 主拱布置设计应满足下列要求：

① 中、下承式钢筋混凝土拱桥，宜采用分离式主拱；主拱跨径大于 300 m 时，宜采用多边形的分离式箱形肋拱。

② 上承式钢筋混凝土拱桥，主拱宽度大于 12 m 时，宜采用分离式箱形肋拱；主拱宽度不大于 12 m 时，可采用整体式箱形板拱。

③ 分离式箱形截面主拱的横撑、拱上立柱应与主拱箱内横隔板位置对应；主拱箱内横隔板构造设计应满足受力构造要求，主拱拱肋宽度宜大于 2 m，主拱径向高度可按下式拟定

$$H = \frac{L_0}{100} + \Delta \quad (4-21)$$

式中　L_0——主拱的净跨径(m)；
　　　Δ——主拱径向高度修正值(m)，取值为 1.0~1.2 m。

④ 整体式箱形截面主拱，应设置内横隔板，主拱单拱宽不宜大于 12 m，主拱径向高度可按下式拟定

$$H = \frac{L_0}{80} + \Delta \quad (4-22)$$

式中　L_0——主拱的净跨径(m)；
　　　Δ——主拱径向高度修正值(m)，取值为 0.7~1.5 m。

⑤ 主拱径向高度、拱轴系数、主拱矢高等参数，应计算优化确定，当主拱跨径大于 200 m 时，主拱可采用箱形截面顶底板变厚度和主拱变高的设计。

条文说明

中、下承式拱桥的主拱跨径大于 300 m 时，由于受主拱横向建筑宽度的影响，通过增加截面高度和壁厚，以满足主拱承载力要求；因主拱拱脚段截面过高，建筑效果较差、收缩裂纹难以控制，因此，宜采用多边形的分离式箱形肋拱截面，在视觉上降低主拱高度。

整体式主拱的单拱宽度或分离式肋拱的肋宽大于 12 m 时，主拱宽度较宽，可能产生沿主拱纵向的裂纹，且因拱上立柱布置的需要，主拱边箱与中箱共同受力的协调性差。

4.4.6　结构设计

4.4.6.1　主拱构造设计

(1) 主拱拱轴线宜采用悬链线，主拱拱轴系数宜采用最小弯矩能量法进行优化。

(2) 钢筋混凝土拱桥宜采用无铰拱；主拱、拱上立柱、盖梁、主梁及桥面系宜选用轻型化的结构。

(3) 箱形截面主拱的拱上立柱、主拱内横隔板设置数量，应根据拱上立柱、横撑间距、主拱截面构造和主拱吊扣点位置进行确定。

(4) 箱形截面主拱的截面挖空率宜为 50%~70%，主拱顶板、底板厚度宜大于 0.2 m，腹板厚度宜大于 0.15 m。箱形截面主拱应设置排气孔，箱内低洼处应设置排水孔，孔径应大于 0.08 m。箱形截面主拱的拱脚可能被洪水淹没时，淹没区域的主拱应设置抗水流冲击和防漂浮物撞击的加劲构造。

(5) 主拱的主钢筋应伸入墩台内锚固，其钢筋锚固长度不应小于 40 倍钢筋直径和拱脚截面高度一半的较大值，当锚固钢筋端部带弯钩时，可适当减短。

(6) 主拱顶板、底板、腹板与横隔板相互之间应设置倒角，倒角尺寸不宜小于 300 mm×300 mm，倒角处应配置直径不小于 16 mm 的倒角钢筋，倒角钢筋的间距应与主拱横向钢筋间距一致。

(7) 强劲骨架成拱法的主拱截面设计应满足下列要求：

① 主拱拱顶截面的面积应满足下式要求

$$\frac{A_{sc}}{A} \geqslant 8\% \quad (4-23)$$

式中　A_{sc}——钢管混凝土骨架截面的面积(m^2)；
　　　A——主拱全截面的截面面积(m^2)。

② 主拱拱顶截面的承载力应满足下式要求

$$\frac{N_{sc}}{N} \geqslant 20\% \quad (4-24)$$

式中　N_{sc}——钢管混凝土骨架截面的承载力(N)；
　　　N——主拱全截面的承载力(N)。

③ 主管与腹杆最大自由长度的长细比之比应大于 1/5。

条文说明

强劲骨架成拱法的外包混凝土分环分段次数少,单次浇注外包混凝土的重量大,骨架各杆件应力较高,因此,提高腹杆的强度和刚度以保证主拱外包混凝土的安全。主管最大自由长度是指上弦或下弦的最大节间间距,腹杆最大自由长度是指杆件两端分别位于上弦和下弦的最大腹杆长度。

(8) 主拱强劲骨架的一般构造宜满足下列要求:

① 强劲骨架的主管径厚比宜为 35~60。

② 强劲骨架的腹杆布置宜采用 N 形、K 形或米字形的构造结构。

③ 当主拱腹板厚度大于 0.4 m 时,强劲骨架的腹杆可采用钢管;当主拱腹板厚度小于 0.4 m 时,强劲骨架的腹杆可采用型钢。

④ 强劲骨架的保护层厚度不宜小于 0.15 m,并应在骨架主管上设置足够的环向钢筋。

4.4.6.2 拱上构造设计

(1) 上承式拱桥的拱上结构跨径宜为 $(1/17 \sim 1/12)L_0$,中、下承式拱桥的拱上结构跨径宜为 $(1/30 \sim 1/20)L_0$;拱上结构设计与布置的原则应为自重轻、整体性好、刚度大。

(2) 拱上立柱可采用钢筋混凝土结构、钢-混凝土组合结构或钢结构,拱上立柱可采用板式、双柱式或多柱式结构。

4.4.6.3 拱座构造设计

(1) 拱座应置于地基完整、地质良好的位置;当采用分离式肋拱时,宜采用分离式钢筋混凝土拱座;当钢筋混凝土拱座宽度大于 10 m 时,宜在拱座横向桥轴线位置设置变形缝,拱座帽梁构造应连续。

(2) 覆盖层较薄时,拱座基础应按实际尺寸开挖,与地基接触面宜采用不立模方式直接浇注拱座混凝土。

条文说明

采用不立模方式直接浇注拱座混凝土,是为了提高拱座与地基的完整结合性,将拱座承受的各向力均衡地传递给地基。

(3) 有推力拱桥的拱座,拱背宜与完整基岩密贴接触,接触顶面宜做好防排水设计;当拱背基岩强度不满足拱座水平抗力需求时,可设置拱座水平撑构造。

(4) 有推力拱桥拱座的前缘临空距离应满足地质边坡稳定的需要,宜大于 5 m。

4.4.6.4 极限状态计算

(1) 正常使用极限状态的计算,应进行刚度计算和动力特性与敏感度的评价。

(2) 钢筋混凝土主拱的冲击系数 μ,应按式 (4-25) 计算;当计算结果 $\mu < 0.05$ 时,取 $\mu = 0.05$。

$$\mu = \frac{18}{40 + L_0} \quad (4-25)$$

式中 L_0——主拱的净跨径 (m)。

条文说明

目前对桥梁的动力性能试验和理论研究成果较多,但是关于钢筋混凝土拱桥的动力特性认识,仅限于桥梁动载测试和数值分析,而拱桥主拱冲击系数影响因素多、影响程度差别较大,尚未形成共识。

桥梁的强迫振动包括激振力、激振力频率、固有频率、主拱跨径、激振力和桥梁振动的耦合作用。激振力属荷载本身的固有因素;固有频率主要跟桥梁的材料特性、刚度、质量分布、结构组成等有关;激振力频率、激振力和桥梁振动的耦合作用与桥面平整度密切相关。因此,冲击系数与主拱跨径、桥面平整度、桥梁刚度、材料性能等因素相关,通过结构基频计算冲击系数缺乏准确性。

桥面平整度对拱桥主拱冲击系数影响较大,如果不考虑桥面平整度的影响,计算的主拱冲击系数偏于不安全;随着主拱服役期的增长,主拱整体性弱化,主拱冲击系数随之变化。结合国内钢筋混凝土拱桥冲击系数的研究成果,基于现代公路的车辆荷载大、行车速度高、交通流量多,与铁路列车行驶冲击系数接近,因此,采用铁路规范推荐的冲击系数计算公式。对于特大跨拱桥,桥面平整度对主拱冲击系数的影响仍然显著,为了桥梁安全,参考国内外相关规范,冲击系数最小值不应小于 0.05。

(3) 钢筋混凝土整体式主拱的横向分配系数可按"刚性横梁法"计算;钢筋混凝土分离式主拱的横向分配系数可按"杠杆法"计算。

(4) 计算平面内纵向稳定时,无铰主拱的计算长度可按下式计算

$$S_0 = 0.36 L_a \quad (4-26)$$

式中 S_0——主拱拱轴线的等效计算长度(m);
L_a——主拱拱轴线的长度(m)。

(5) 主拱在最不利荷载组合受力阶段,宜为小偏心受压构件,主拱计算截面的最大偏心距应符合下式要求

$$e_0 \leqslant \frac{2i^2}{H} \quad (4-27)$$

式中 e_0——主拱计算截面的最大偏心距(m),其值应按下式计算

$$e_0 = \max\left\{\frac{M_{\max}}{N}, \frac{M}{N_{\min}}\right\} \quad (4-28)$$

i——主拱截面回转半径(m);
H——主拱计算截面的高度(m)。

条文说明

式(4-28)中的 $\frac{M_{\max}}{N}$、$\frac{M}{N_{\min}}$,指同一计算截面最大弯矩与对应的轴力之比和该截面最小轴力与对应的弯矩之比。控制钢筋混凝土主拱为小偏心受压构件,是为了使主拱在使用阶段不出现拉应力,充分发挥钢筋混凝土的受压能力。

(6) 当主拱长细比 $S_0/i > 17.5$ 时,偏心受压主拱正截面承载力应考虑主拱在弯矩作用平面内的挠曲对轴向力偏心距影响,轴向力偏心距增大系数 η 应按下式计算

$$\eta = 1 + \frac{1}{1\,300\,\dfrac{e_0}{h_0}}\left(\frac{S_0}{h}\right)^2 \zeta_1 \zeta_2 \quad (4-29)$$

其中
$$\zeta_1 = 0.2 + 2.7\,\frac{e_0}{h_0} \leqslant 1.0 \quad (4-30)$$

$$\zeta_2 = 1.15 - 0.01\,\frac{S_0}{h} \leqslant 1.0 \quad (4-31)$$

式中 S_0——主拱拱轴线的等效计算长度(m);
e_0——轴向力对截面重心轴的偏心距(m),不小于 20 mm 和偏压方向截面最大尺寸的 1/30 两者之间的较大值;
ζ_1——荷载偏心率对截面曲率的影响系数;
ζ_2——长细比对截面曲率的影响系数;
h——偏心受压主拱截面全高(m);
h_0——偏心受压主拱截面有效高度(m)。

条文说明

钢筋混凝土拱桥的主拱刚度较大,根据试验研究成果,应考虑主拱弯矩作用平面内的挠曲值引起的偏心弯矩增大效应,即主拱几何非线性产生的偏心弯矩增大系数。主拱跨径大于 300 m 的拱桥,还应考虑材料非线性产生的偏心弯矩增大效应。

模型试验研究表明,荷载形式及大小对轴向力弯矩增大系数的影响规律为:① 集中力荷载对轴向力弯矩增大系数的影响较小;② 径向均布荷载和竖向均布荷载对轴向力弯矩增大系数影响较大;③ 随着荷载增加,用有限元法计算的轴向力弯矩增大系数呈线性增加。

4.4.6.5 承载能力极限状态计算

(1) 承载能力极限状态计算,只包括强劲骨架成拱法的钢筋混凝土主拱计算。

(2) 钢筋混凝土箱形截面主拱承载力计算应满足下列要求:

① 保持主拱截面抗弯刚度不变,将箱形截面简化成等效 I 形截面进行计算(图 4-120),等效 I 形截面的面积仍采用原箱形截面的面积,主拱弯矩作用平面内正截面抗压承载力应按下列公式计算。

$$N_{rc} = f_{cd}[bx + (b'_f - b)h'_f] + f'_{sd}A'_s - \sigma_s A_s \quad (4-32)$$

$$M_{rc} = f_{cd}\left[bx\left(\frac{h}{2} - \frac{x}{2}\right) + (b'_f - b)h'_f\left(\frac{h}{2} - \frac{h'_f}{2}\right)\right]$$
$$+ f'_{sd}A'_s\left(\frac{h}{2} - a'_s\right) + \sigma_s A_s\left(\frac{h}{2} - a_s\right) \quad (4-33)$$

$$\gamma_0 N_d \leqslant N_{rc} \quad (4-34)$$

$$\gamma_0 N_d e \leqslant M_{rc} \quad (4-35)$$

$$e = \eta e_0 \quad (4-36)$$

其中

$$\sigma_s = \varepsilon_{cu} E_s\left(\frac{\beta h_0}{x} - 1\right) \text{且} -f'_{sd} \leqslant \sigma_s \leqslant f_{sd} \quad (4-37)$$

$$e_0 = \frac{M_d}{N_d} \quad (4-38)$$

式中 N_{rc}——钢筋混凝土箱形截面主拱的抗压承载力(N);

A'_s——受压区纵向钢筋截面面积(mm^2);

σ_s——受拉钢筋应力(MPa);

A_s——受压较小边或受拉区纵向钢筋截面面积(mm^2);

M_{rc}——钢筋混凝土箱形截面主拱的抗弯承载力(N·mm);

a_s——受拉区普通钢筋合力点至受拉区边缘的距离(mm);

a'_s——受压区普通钢筋合力点至受压区边缘的距离(mm);

N_d——轴向力的组合设计值(N);

M_d——相应于轴向力的弯矩组合设计值(N·mm);

e——轴向力作用点至截面受拉边或受压较小边纵向钢筋的距离(mm);

e_0——轴向力对截面重心轴的偏心距(m);

ε_{cu}——截面非均匀受压时混凝土的极限压应变,取 $\varepsilon_{cu}=0.0033$。

β——正截面受压区矩形应力图高度与实际受压区高度的比值,应按表 4-20 采用。

表 4-20 系数 β

系　数	主拱混凝土强度等级		
	≤C50	C55	C60
β	0.8	0.79	0.78

② 主拱弯矩作用平面外(垂直于弯矩平面)的正截面抗压承载力计算,不考虑弯矩的作用,但应考虑稳定系数的影响,其值应按下式计算

$$N'_{rc} = 0.9\varphi(f_{cd}A + f_{sd}A'_s) \quad (4-39)$$

$$\gamma_0 N_d \leqslant N'_{rc} \quad (4-40)$$

式中 N'_{rc}——弯矩作用平面外的主拱正截面抗压承载力(N);

A——箱形主拱截面面积(mm^2),当纵向钢筋配筋率大于3%时,应扣除钢筋截面面积,按下式计算

$$A_n = A - A'_s - A_s \quad (4-41)$$

φ——轴心受压主拱截面稳定系数,应按表 4-21 采用。

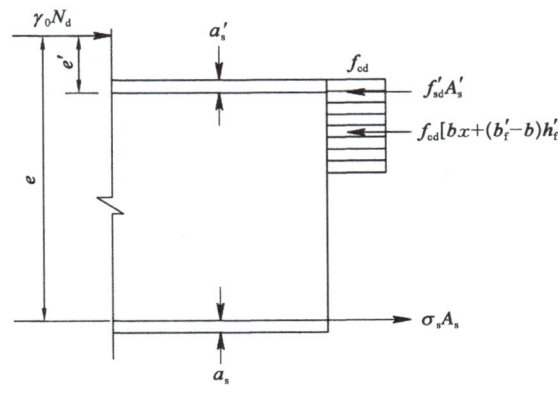
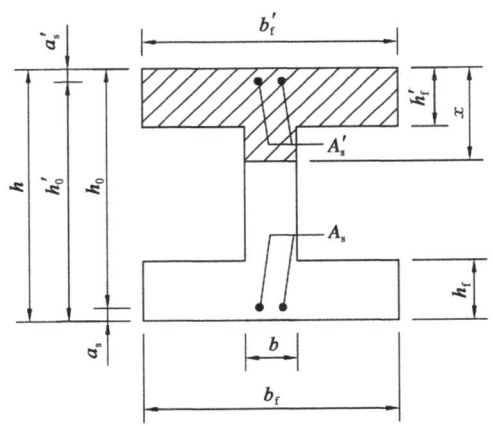

图 4-120　等效 I 形截面的弯矩作用平面内正截面抗压承载力计算简图

表 4-21 轴心受压主拱截面稳定系数 φ

S_0/i	≤28	35	42	48	55	62	69	76	83	90	97
φ	1	0.98	0.95	0.92	0.87	0.81	0.75	0.7	0.65	0.6	0.56
S_0/i	104	111	118	125	132	139	146	153	160	167	174
φ	0.52	0.48	0.44	0.4	0.36	0.32	0.29	0.26	0.23	0.21	0.19

注:表中 i 为截面最小回转半径。

(3) 采用强劲骨架成拱法的钢筋混凝土主拱，其承载力应按下式进行验算

$$R = f(R_{sc}, R_{rc}) \quad (4-42)$$

式中 R——主拱的承载力；

f——作用组合的效应函数；

R_{sc}——强劲骨架截面的承载力；

R_{rc}——外包钢筋混凝土截面的承载力。

条文说明

采用强劲骨架成拱法的钢筋混凝土主拱，应计入强劲骨架对主拱的承载力贡献，因此，主拱截面承载力为强劲骨架截面和外包钢筋混凝土截面之和。

(4) 采用强劲骨架成拱法的钢筋混凝土主拱，其承载力计算应满足下列要求：

① 主拱中的外包钢筋混凝土箱形截面，抗压承载力 N_{rc} 应按式(4-32)计算，抗弯承载力 M_{rc} 应按式(4-33)计算。

② 主拱中的钢管混凝土骨架截面，抗压承载力 N_{sc}、抗弯承载力 M_{sc} 应根据图 4-121 按式(4-43)、式(4-44)计算。其中，当 N_{sc}^t 为拉时，取"+"号；当 N_{sc}^t 为压时，取"-"号。

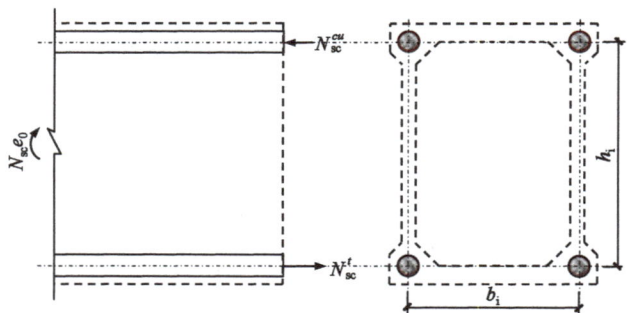

图 4-121 组合截面主拱正截面偏心受压承载力计算简图

$$N_{sc} = \frac{(N_{sc}^{cu} \pm N_{sc}^t) h_i}{2\eta e_0} \quad (4-43)$$

$$M_{sc} = N_{sc} \eta e_0 \quad (4-44)$$

式中 N_{sc}^t——受压较小边或受拉区钢管混凝土的抗压承载力(N)，按式(4-45)、式(4-46)计算；

当该区域受压时

$$N_{sc}^t = \sigma_{sc} A_{sc}^t \quad (4-45)$$

当该区域受拉时

$$N_{sc}^t = \sigma_{sc} A_s^t \quad (4-46)$$

N_{sc}^{cu}——受压较大边或受压区钢管混凝土的抗压承载力(N)，按下式计算

$$N_{sc}^{cu} = \frac{f_{cd}}{E_c} E_{sc} A_{sc}^{cu} \quad (4-47)$$

A_{sc}^t——受压较小边钢管混凝土组合截面面积(mm^2)；

A_s^t——受拉区钢管混凝土钢管的截面面积(mm^2)；

A_{sc}^{cu}——受压较大边或受压区钢管混凝土组合截面面积(mm^2)；

σ_{sc}——受压较小边或受拉区钢管混凝土应力(MPa)，按下式计算

$$\sigma_{sc} = \varepsilon_{cu} E_{sc} \left(\frac{\beta h_{sc}}{x} - 1 \right) \text{ 且 } -f_{sd} \leqslant \sigma_{sc} \leqslant f_{sc}$$

$$(4-48)$$

h_{sc}——受压较小边或受拉区钢管混凝土中心至截面受压区边缘(mm)；

h_i——钢管混凝土骨架上、下弦的中心距(mm)；

f_{sc}——钢管混凝土组合轴心抗压强度设计值(MPa)。

③ 主拱承载力应按下列公式计算

$$N = N_{sc} + N_{rc} \quad (4-49)$$

$$M = M_{sc} + M_{rc} \quad (4-50)$$

$$\gamma_0 N_d \leqslant N \quad (4-51)$$

$$\gamma_0 N_d e \leqslant M \quad (4-52)$$

(5) 当主拱的偏心距不符合式(4-27)的要求时，应按《公路钢筋混凝土及预应力混凝土桥涵设计规范》的钢筋混凝土大偏心受压构件进行承载力验算。

4.4.6.6 正常使用极限状态计算

(1) 在车道荷载作用下(不计冲击力)，钢筋混凝土主拱的最大竖向挠度不应大于 $L_0/1\,000$，主梁的最大竖向挠度不应大于 $L_0/800$。

条文说明

最大竖向挠度是指主拱和主梁的正负竖向挠度

绝对值之和。

（2）钢筋混凝土主拱成桥时的恒载变形总量，应根据拟定的成拱方法和拱上加载程序，由施工各阶段的恒载变形累计而成。

条文说明

钢筋混凝土主拱成桥状态，先根据建设条件确定成拱方法和拟定拱上加载程序，逐阶段完成施工过程，每个施工阶段均会产生变形量，因此，主拱成桥时的恒载变形总量是各施工阶段的累计变形量之和。

（3）钢筋混凝土主拱成拱线形应设置预拱度，主拱预拱度值应为成桥恒载、1/2 活载与混凝土收缩徐变等产生的挠度之和；主拱跨径小于 60 m 的钢筋混凝土拱桥，主拱拱顶预拱度宜设置在 $(1/400 \sim 1/600)L$ 范围内；主拱跨径大于 60 m 的钢筋混凝土拱桥，主拱拱顶预拱度宜按式(4-53)计算。主拱跨径范围内的预拱度，宜按推力影响线或主拱设计线形方程进行分配。

$$\delta_s = K_g \delta_g + K_c \delta_c \quad (4-53)$$

式中 δ_s ——主拱设计预拱度值(m)；

K_g ——钢管混凝土骨架的预拱度非线性修正系数，当 150 m $< L \leqslant$ 220 m 时，K_g 取 1.19；当 220 m $< L \leqslant$ 340 m 时，K_g 取 1.23；当 $L >$ 340 m 时，K_g 取 1.28；当不采用强劲骨架成拱法时，K_g 取 0；

δ_g ——钢管混凝土骨架的计算预拱度值(m)，应计入强劲骨架成拱过程的累计变形；

K_c ——钢筋混凝土主拱的预拱度非线性修正系数，当 60 m $< L \leqslant$ 100 m 时，K_g 取 1.00；当 100 m $< L \leqslant$ 150 m 时，K_g 取 1.05；当 150 m $< L \leqslant$ 220 m 时，K_g 取 1.10；当 220 m $< L \leqslant$ 340 m 时，K_g 取 1.15；当 $L >$ 340 m 时，K_g 取 1.20；

δ_c ——钢筋混凝土主拱的计算预拱度值(m)，应计入主拱成拱过程的累计变形。

条文说明

采用强劲骨架成拱法时，主拱变形包含强劲骨架成拱过程和外包钢筋混凝土成拱过程的累计变形，因此，预拱度设置应分为两项式。当采用其他成拱方法时，则忽略强劲骨架部分的变形。

强劲骨架成拱法的施工过程，骨架应力水平较高，加之钢管混凝土存在"容限脱空"、初应力、节点塑性变形和施工加载变异等因素，且试验表明其对主拱刚度影响较大，导致计算预拱度小于实际变形。钢筋混凝土主拱的施工过程，存在混凝土徐变、弯曲开裂和施工加载变异等因素，且试验表明其对主拱刚度影响较大，导致计算预拱度小于实际变形。因此，提出了钢筋混凝土主拱的预拱度非线性修正系数。

因受工程建设经济指标控制，型钢骨架一般用于跨径较小的钢筋混凝土拱桥，且骨架在主拱截面中所占面积和承载力的比例较小，对刚度影响较小，可忽略不计。

（4）主拱跨径大于 200 m 或宽跨比小于 1/20 的钢筋混凝土拱桥，应计算桥梁动力特性；主拱一阶弯曲自振频率不应小于 0.15 Hz，主拱一阶扭转自振频率不应小于 0.5 Hz。

条文说明

钢筋混凝土主拱的动力特性包括横向、竖向自振频率和振型，反映了桥梁的总体刚度。主拱跨径大于 200 m，或宽跨比小于 1/20 的钢筋混凝土拱桥，主拱竖向或者横向较柔，在地震、风荷载和车辆等动荷载作用下，振动明显，影响桥梁的使用。

（5）桥梁设有人行道时，结构基频应避开 2.0～3.5 Hz 范围，当有专题研究时，也可根据研究成果进行确定。

4.4.7 强劲骨架成拱法

（1）跨越深谷、通航河流等障碍物，且无法搭设支架的钢筋混凝土拱桥，主拱跨径 260～600 m 时，可选用强劲骨架成拱法。

（2）强劲骨架成拱法的钢管混凝土主拱骨架，其钢结构的设计、加工、制造、拼装应符合《公路钢结构桥梁设计规范》的规定。

（3）强劲骨架成拱法的缆索吊装体系设计应满足下列要求：

① 吊装体系和斜拉扣挂体系的锚碇，可选用岩孔式锚碇、锚拉板式锚碇、预应力岩锚、桩式锚碇和重力式锚碇。

② 吊、扣塔宜采用万能杆件、型钢、钢管或钢管

混凝土的桁式结构,宜采用吊、扣塔一体或吊、扣塔分离铰接的结构体系。

③ 扣点应设置在强劲骨架的节点处。

(4) 强劲骨架主管内混凝土灌注应满足下列要求:

① 根据主拱跨径、主管直径及地形条件等因素,选用连续或接力一次性灌注,钢管混凝土灌注顺序应通过加载计算确定。

② 主管内混凝土宜达到设计要求的强度,且龄期大于 5 d 后,才能灌注下一根主管。

③ 强劲骨架主管内混凝土灌注阶段,骨架主管的最大应力不应大于 $0.65f_{sd}$。

(5) 强劲骨架成拱法的基本流程为:施工拱座→安装扣挂体系→安装强劲骨架合龙→灌注强劲骨架主管内混凝土→按外包混凝土分环次数和分段数量浇注混凝土→拆除扣挂体系。

(6) 强劲骨架成拱法包括强劲骨架缆索吊装成拱、强劲骨架主管内混凝土灌注成拱和强劲骨架外包混凝土成拱三个阶段,计算内容应满足下列要求:

① 强劲骨架缆索吊装成拱阶段,应验算锚碇、扣塔、扣点、扣索等构件的强度、刚度和稳定性。

② 强劲骨架主管内混凝土灌注成拱阶段,应验算不同灌注程序的骨架和骨架主管内混凝土的强度、刚度和稳定性。

③ 强劲骨架外包混凝土成拱阶段,当外包混凝土未达到设计强度时,主拱应按强劲骨架钢管混凝土结构进行强度、刚度和稳定性计算;当外包混凝土满足设计强度时,主拱应按钢筋混凝土结构进行强度、刚度和稳定性计算。

④ 强劲骨架外包混凝土应以控制强劲骨架截面和主拱钢筋混凝土截面承载力最低为原则,进行外包混凝土分环次数和施工作业面的优化设计。

条文说明

强劲骨架成拱法成拱体系的强度、刚度和稳定性,按(1)的规定计算。

(7) 强劲骨架成拱法的外包混凝土应分为两环或三环浇注,分环位置应根据计算和施工工艺确定,根据强劲骨架受力均衡对称原则,每环宜分为 4~8 个浇注工作面。

条文说明

分环浇注是指强劲骨架外包混凝土时,为减轻强劲骨架负荷,通过计算确定的沿主拱高度方向分次浇注合龙,主拱外包混凝土每一次浇注合龙称为分环浇注的一环;分段浇注是指强劲骨架外包混凝土浇注时,为使主拱内力和变形均衡。将主拱每环沿纵向对称均衡分段浇注,每一分段为一个浇注工作面。分环浇注工序示意如图 4-122~图 4-124 所示。

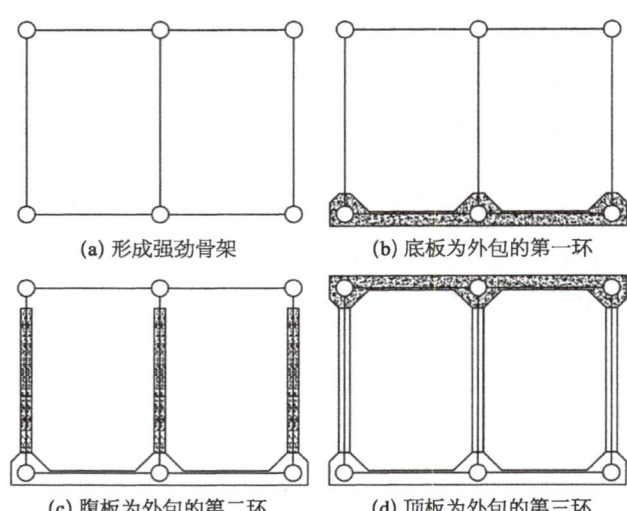

图 4-122 矩形截面主拱的三环外包主拱混凝土工序示意

(8) 主拱成拱线形控制应满足下列要求:

① 主拱成拱线形应进行拟合设计,主拱合龙后应满足一次落架理论计算线形要求。

② 主拱成拱的理论线形应为主拱安装或悬臂浇注线形与成拱后一次落架的自重挠度之差。

③ 主拱安装或浇注线形应计入温度效应对主拱变形的影响。

④ 主拱安装或浇注线形调整值,应以主拱成拱理论线形为控制目标,根据安装或悬臂浇注过程中主拱线形变化量,进行主拱成拱线形拟合计算。

(9) 主拱成拱线形拟合应满足下列要求:

① 主拱安装或悬臂浇注过程中的挠度 d_y 应按下式计算

$$d_y = d_{y1} + d_{y2} \qquad (4-54)$$

式中 d_{y1}——主拱安装或悬臂浇注过程产生的累计挠度(mm);

d_{y2}——解除扣索产生的挠度(mm)。

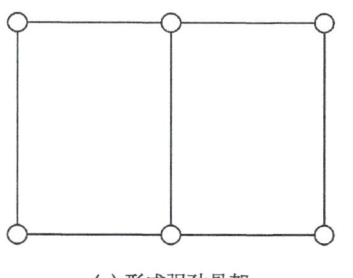 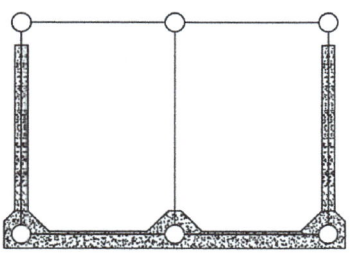 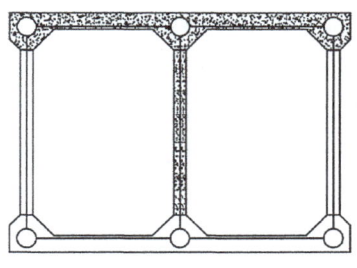

(a) 形成强劲骨架　　(b) 底板和边腹板为外包的第一环　　(c) 顶板和中腹板为外包的第二环

图 4-123　矩形截面主拱的两环外包主拱混凝土工序示意

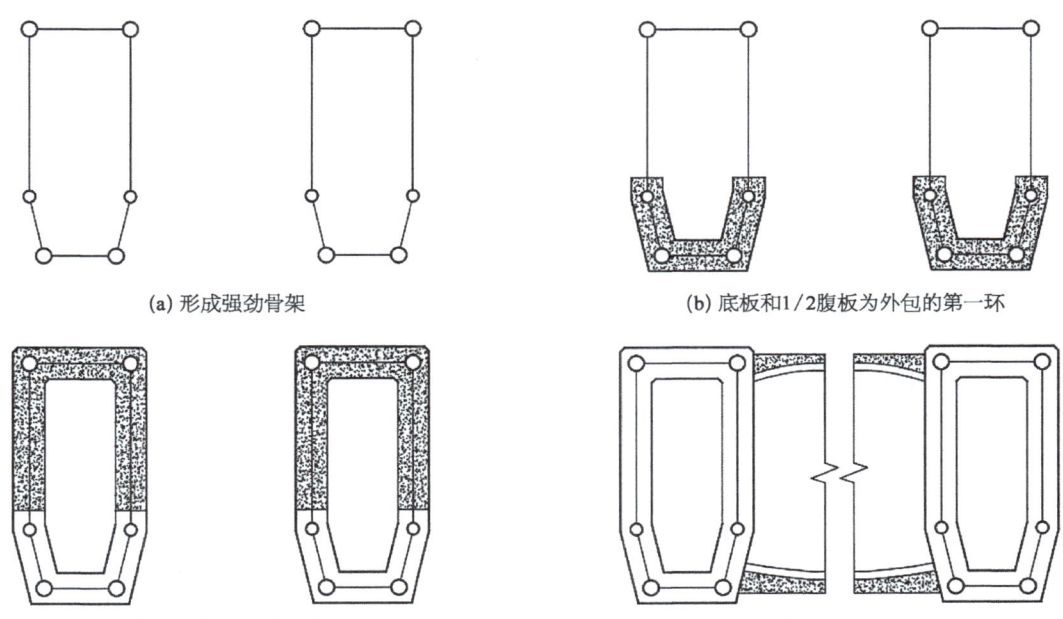

(a) 形成强劲骨架　　(b) 底板和1/2腹板为外包的第一环

(c) 顶板和1/2腹板为外包的第二环　　(d) 现浇横隔板

图 4-124　多边形截面主拱的两环外包主拱混凝土工序示意

② 主拱安装或悬臂浇注线形调整值 δ_e 应按下式计算

$$\delta_e = D_y - d_y \tag{4-55}$$

式中　D_y——主拱成拱一次落架时的自重挠度，mm；

　　　d_y——主拱安装或悬臂浇注过程中的挠度，mm。

4.5　四川广元嘉陵江大桥

4.5.1　概况

4.5.1.1　地理位置

广南高速公路是国家高速公路网"7918网"中9条南北纵线中的第8纵线——兰州至海口高速公路四川境内的一段，北接川甘界至广元段，南接南充至重庆段，并分别与已建成的首都放射线——北京至昆明线绵广高速、东西横线——上海至成都线成南高速相衔接。兰州至海口高速公路纵贯甘肃、四川、重庆、贵州、广西及海南六省，是西部地区重要的出海通道。广南高速公路的建设，将与铁路、水运、航运共同组成立体运输网络，拉动运输需求，推动区域物流经济和区域交通一体化发展。四川广元嘉陵江大桥是兰州至海口高速公路广元至南充段上，跨越嘉陵江的一座重要桥梁，位于四川省广元市昭化镇。

4.5.1.2　气温与气象

参照广元市气象站资料，广元市处于米仓山、龙门山和盆北低山三大地貌的交汇地带，又处秦岭南麓，是南北的过渡带，既有南方的湿润气候特征，又有北方天高云淡、艳阳高照的特点，属亚热带温润季风气候。年平均温度 16.1℃，极端最高气温 38.9℃，极端最低气温 -8.2℃，1 月平均温度 4.2℃，7 月平均温度 24.3℃。桥区的相对湿度以秋季和初冬较大，春季较小，年平均相对湿度 69%。多年平均降雨量 973 mm，历年最大降雨量 1 419.0 mm，历年最小降雨量 607.1 mm，通常每年 6—9 月为雨季，平均降雨量达 734.0 mm，占全年雨量的 75%。平均风速 1.6 m/s，最大风速 28.7 m/s，相应风向为 NNE 或 NNW。

4.5.1.3 地形地质

该桥桥址区位于四川盆地北部边缘，属构造侵蚀浅～中切割中低山河谷堆积地貌，地形地貌受地质构造及岩性的制约较大，山脉连绵起伏，多呈西南—北东向展布。推荐的 K 线桥位分布的地层、岩性作为桥梁基础持力层，具有较完整的基岩，岩性为砂岩、粉砂质泥岩互层。

4.5.1.4 技术标准

根据工程建设论证，主要技术标准：① 公路等级：高速公路；② 设计速度：主线 80 km/h；③ 荷载等级：公路-Ⅰ级；④ 路基宽度：整幅式为 24.5 m，分离式为 12.25 m；⑤ 整幅式桥梁宽度：宽度 27.5 m（含两侧 1.5 m 人行道）；⑥ 分离式桥梁宽度：宽度 13.75 m（一侧增加 1.5 m 人行道）；⑦ 设计洪水频率：300 年一遇；⑧ 通航净空：库区规划航道Ⅳ级通航标准；⑨ 库区蓄水后正常水位：K 线桥位为 462.57 m，B 线桥位为 462.61 m，A1 线桥位为 462.58 m；⑩ 地震动峰值加速度：0.10g。

4.5.2 桥位与桥型

4.5.2.1 桥位论证

桥位选择了上、中和下三个桥位位置。上线桥位未发现滑坡、崩塌、危岩、泥石流、地面沉陷等不良地质现象，桥址区稳定，设计采用主跨 350 m 钢筋混凝土拱桥、220 m 预应力连续刚构桥桥型方案；桥梁的里程桩号 K12+494.187～K13+354.187，桥长约 860 m，桥面距水面高度约 120 m。中线桥位的广元岸分布有滑坡堆积体，桥位从滑坡堆积体的后部和南侧边缘地带通过，广元岸桥台、桥墩位于堆积体的滑动范围内，但滑坡堆积体处于基本稳定状态，安全储备不足，桥位区不稳定，但滑坡堆积体最大剩余下滑力 739.07 kN/m，易治理，因此，对拟建工程的影响程度较小，设计采用了主跨 260 m 钢筋混凝土拱桥和 270 m 预应力混凝土高低塔斜拉桥桥型方案，该桥位位于推荐线桥位嘉陵江上游约 5 km 处，路线与河流斜交，桥长约 743 m，桥面距水面高度约 70 m。下线桥位未发现滑坡、崩塌、危岩、泥石流、地面沉陷等不良地质现象，桥址区稳定，设计采用主跨 460 m 预应力混凝土双塔斜拉桥桥型方案；该桥位位于上推荐线桥位和中比较线之间，路线与河流斜交，桥长约 993 m，桥面距水面高度约 90 m。

从水文、地质、通航条件等方面对三个桥位进行技术经济比较，见表 4-22。

表 4-22 桥位比较技术

桥 位	上线桥位（推荐）	中线桥位（比较）	下线桥位（比较）
河流、河床情况	河道微弯、宽阔，岸线归顺，河床断面呈 U 形	河道弯曲、狭窄，河床呈 V 形	河道弯曲、河道较上桥位宽，河床断面呈 U 形
地形、地质情况	好	稍差	好
通航条件	好	选择适合的桥型、跨径方可满足通航要求	选择适合的桥型、跨径方可满足通航要求
路线总体走向与当地政府规划是否符合	好	不符	较好
路线平纵面情况	主桥线形顺直	两岸平面线形均存在小半径曲线	平面需加宽
推荐桥型主桥长/m	330	273	828
推荐桥型全桥长/m	860	743	993
工程总造价	较低	低	较高

综合以上分析，上线桥位具有以下优点：① 桥位处河道相对顺直，岸线规则；② 位于顺直河道上，符合通航；③ 两岸引道不良地质少，地形相对单一；④ 桥位与路线总体比选相符，线形顺直，两岸接线技术指标高，里程相对较短，运输成本低；⑤ 符合"以人为本"和"保护生态"的设计原则；⑥ 在与地方政府规划不矛盾的前提下，造价相对较低。

经综合比较，上线桥位更加安全、适用、经济、环保,推荐上桥位为推荐路线跨越嘉陵江的位置。

4.5.2.2 桥型论证

根据安全、适用、经济、美观的设计原则,以及四川广南高速公路广元昭化嘉陵江大桥桥位的地形和路线特点,完成了钢筋混凝土拱桥、预应力连续刚构桥的方案论证(表 4-23)。

表 4-23 桥型方案比较

编号	桥型	优缺点
1	广元⇐ 864 (10 8×30 13×28 8×30 10) 83.33 ⇒南充	优点:造型美观,与周围地形协调;通航性好,无防撞隐患,抗风、抗震性能好,造价低。 缺点:施工环节略多
2	广元⇐ 860 (10 5×30 3×40 85 160 85 3×40 4×30 10) ⇒南充	优点:美观,施工技术成熟、工期短。 缺点:深水基础施工风险较大,造价较高。通航条件不如拱桥方案
3	广元⇐ 860 (10 7×30 115 220 115 6×30 10) ⇒南充	优点:美观,施工技术成熟。 缺点:造价高。通航条件不如拱桥方案

根据实际地形、地质条件,对拱桥跨径、起拱标高等参数,从地形结合、可通航性、可泄洪性、经济性、可建设性及景观性等多因素综合分析比较论证,跨径组合采用主跨跨度 364 m(净跨 350 m),跨径组合为 8×30 m(钢筋混凝土预应力小箱梁)+364(13×28)m(钢筋混凝土拱桥)+8×30 m(钢筋混凝土预应力小箱梁),主孔净跨为 350 m,起拱标高为 472.242 m。

主桥为 85 m+160 m+85 m 三跨预应力混凝土连续刚构,引桥采用 5×30 m+3×40 m+3×40 m+4×30 m T 梁,桥梁总长 860 m。分成上下行两幅桥。主桥为 115 m+220 m+115 m 三跨预应力混凝土连续刚构,引桥为 30 m T 梁,桥长 860 m。分成上下行两幅桥。

该桥的工程数量的比较见表 4-24。

表 4-24 各桥型方案全桥工程数量比较

	方案	桥长/m	建安费/亿元	混凝土用量/m³			钢材用量/t		
				全桥	延米	平方米	全桥	延米	平方米
1	364 m 钢筋混凝土拱	864	1.935	68 310	79.1	2.88	12 101	14	0.509
2	160 m 连续刚构	860	2.163	80 189	93.2	3.39	13 729	16	0.581
3	220 m 连续刚构	860	2.295	84 948	98.8	3.59	15 281	17.8	0.646
	方案 2-方案 1	—4	0.228	11 879	14.1	0.51	1 628	2	0.072
	方案 3-方案 1	—4	0.360	16 638	19.7	0.71	3 180	3.8	0.137

经过深入的经济、技术及使用功能比较,将钢筋混凝土拱桥作为推荐桥型方案,其理由如下:① 一孔跨越嘉陵江,通航性高,对通航无任何影响,不需再增设防撞措施,也不影响嘉陵江泄洪,同时也避免了深水基础的施工;② 充分利用了两岸地质条件好的建设条件,基础工程少,工程建设总造价低,该桥建安费节约 2 280 万元,桥型与环境和谐协调;③ 拱桥构造截面尺寸相对较小,避免了高大箱梁可能出现的裂缝等病害的可能性。

4.5.3 桥梁设计

4.5.3.1 总体设计

本桥桥位处桥面与嘉陵江江面高差 120 多 m,地震动峰值加速度 0.10g,根据实际地形、地质条件,对拱桥跨径、起拱标高等参数,从地形结合、可通航性、可泄洪性、经济性、可建设性及景观性等多因素综合分析比较论证,全桥跨径组合为 8×30 m 预应力简支小箱梁+跨径 364 m 拱桥+8×30 m 预应力简支小箱梁,主桥长 364 m,引桥长为 500 m,总长 864 m,主桥桥面纵坡−0.3%。桥跨总体布置如图 4-125 所示。

横断面采用整幅设计:1.5 m(人行道)+0.5 m(防撞护栏)+10.75 m(桥面净宽)+2.0 m(中央分隔带)+10.75 m(桥面净宽)+0.5 m(防撞护栏)+1.5 m(人行道),桥梁全宽 27.5 m,如图 4-126 所示。

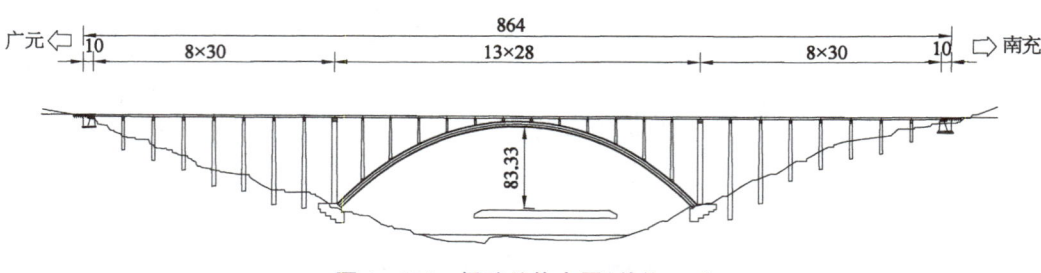

图 4-125 桥跨总体布置(单位:m)

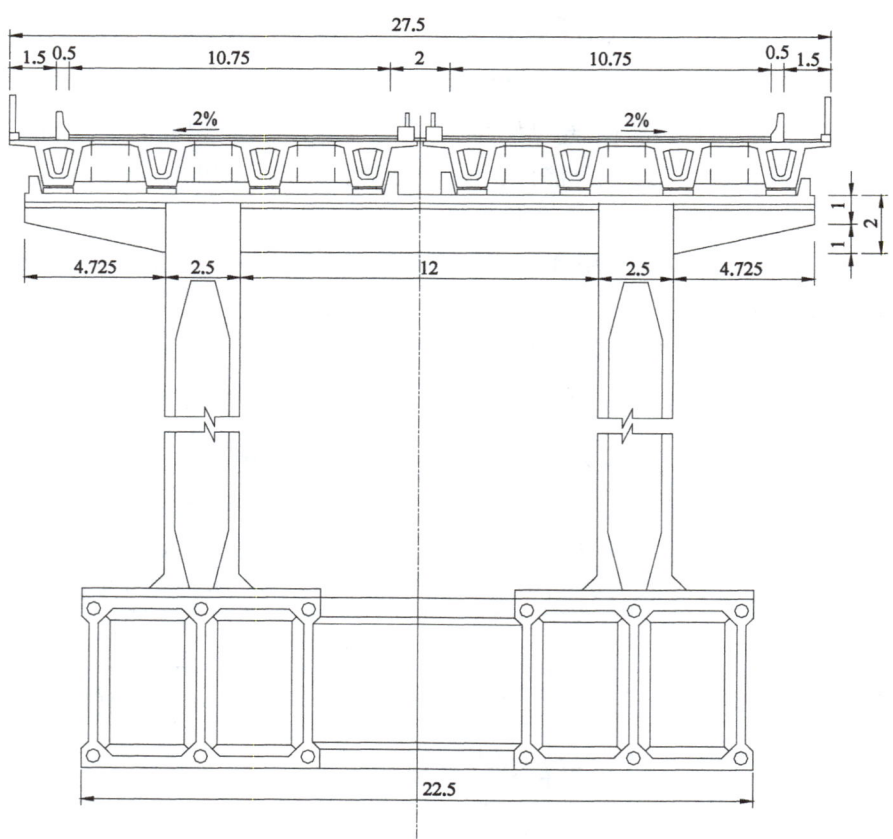

图 4-126 横断面布置(单位:m)

4.5.3.2 主拱设计

主拱采用等截面悬链线无铰拱,净跨径 $L_0=350$ m,净高 $f_0=83.33$ m,矢跨比 $f_0/L_0=1/4.2$。在拱轴系数的选择上,选择了主拱截面径向高为 5.0 m 和 5.8 m,拱轴系数 $m=2.0$、1.7、1.6、1.5、1.4,按排列组合,对各种组合方式进行计算。按照全拱受力均衡,顶板、底板弯矩、轴力尽可能接近及主拱外形轮廓变化分明等原则优选,最后,采用了主拱径向截面高 5.8 m,拱轴系数为 1.7 的主拱设计参数。

主拱采用两拱肋,两拱肋间以横联连接,每拱肋为单箱双室截面,单肋横向箱宽 8 m,箱高 5.8 m,标准段顶板、底板厚 40 cm,腹板厚 30 cm。拱脚段顶板、底板及边腹板厚度渐变。其中,顶板、底板厚度由 80 cm 线性变化至 40 cm,边腹板厚度由 55 cm 线性变化至 30 cm。主拱详细构造如图 4-81 和图 4-82 所示。

4.5.3.3 主拱强劲骨架设计

强劲骨架为型钢与钢管混凝土组成的桁架结构,每肋上、下各三根钢管混凝土主管。对主管分别选取 $\phi508$ mm×14 mm、$\phi457$ mm×14 mm、$\phi406$ mm×16 mm 三种钢管规格,C80、C60 两种强度等级管内混凝土,从主拱连接构造、主拱浇注程序和主拱受力等方面进行比较,最终优选 $\phi457$ mm×14 mm 钢管、内灌 C80 混凝土的主管形式。

主管通过横联角钢和竖向角钢连接而构成型钢-钢管混凝土桁架,在拱肋横联对应位置设交叉撑,加强横向连接。腹杆及平联与主管均采用焊接连接。

4.5.3.4 拱上构造

拱上构造由垫梁、拱上立柱、盖梁组成拱上排架,采用搭架现浇的施工方法。

拱上垫梁较低一侧高均为 50 cm,另一侧高度随垫梁位置的变化而变化。

拱上立柱横向为双柱,采用空心薄壁结构,空心立柱横桥向宽 2.5 m,纵桥向墩顶宽 1.6 m,纵桥向按 80∶1 的比例向下变宽,空心墩薄壁厚度为 35 cm。

盖梁宽为 220 cm,高为 200 cm,盖梁底面水平,通过垫石的高度变化来满足桥面横坡。

行车道梁采用跨径 28 m 预应力混凝土简支带翼小箱梁(图 4-127),每孔横向 8 片梁,梁高为 160 cm,中板宽为 345 cm,边板宽为 337.5 cm。

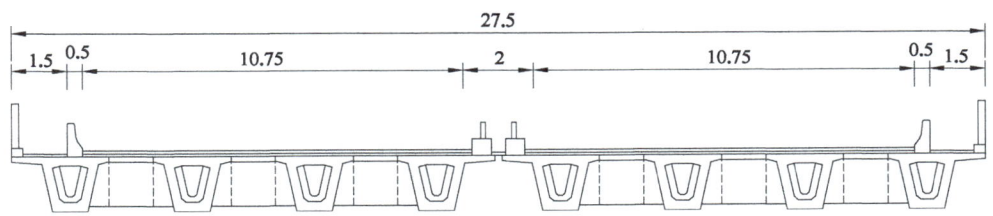

图 4-127 行车道梁横断面布置(单位: m)

4.5.3.5 下部结构

拱座设计为钢筋混凝土拱座,其基础置于稳定的、完整的弱风化基岩上。

交界墩为双柱薄壁空心墩,横桥向墩宽 3.8 m,纵桥向墩顶宽 5 m,墩薄壁厚度为 40 cm。

4.5.3.6 引桥和桥面系

引桥上部采用跨径 30 m 预应力混凝土简支带翼小箱梁。每孔横向 8 片梁,梁高为 160 cm,中板宽为 345 cm,边板宽为 337.5 cm。

桥墩的设计,路线左右幅分离段采用独柱墩,墩身横桥向宽 4 m,纵桥向墩顶宽 2.2 m,纵桥向按 80∶1 的比例向下变宽,墩身壁厚度为 40 cm。整幅路段采用双柱墩,墩身横桥向宽 2.5 m,纵桥向墩顶宽 1.8 m,纵桥向按 80∶1 的比例向下变宽,墩身壁厚度为 40 cm。均采用方桩基础。

桥面铺装采用 7 cm 厚的沥青混凝土+8 cm 厚水泥混凝土,其中布置 10 cm×10 cm $\phi12$ 的 HRB335 级钢筋网。桥面上设有防撞护杆和中央分隔带。人行道与车道之间设置防抛网作为安全隔离措施。全桥在两岸桥台和交界墩处各设梳齿型伸缩缝,其余位置桥面连续。

4.5.3.7 主拱强劲骨架构造设计

1) 强劲骨架构造设计

(1) 普通劲性骨架面临的困难。以钢材制成强劲的骨架结构,浇注于混凝土内,既起到施工支架的作用,又是结构的永久组成部分,共同承担结构荷载,称为"劲性骨架",如图 4-128 所示。国外最初采用的劲性骨架刚度大,但用钢量也较大。为节约钢材,我国早期采用的主要是半刚性型钢劲性骨架,但因太柔,施工控制困难。将钢管混凝土作为劲性骨架用于大跨度混凝土拱桥的修建之中,是我国对大跨度混凝土拱桥技术发展的重大贡献,既提高了劲性骨架的刚度,又节约了钢材的用量。应用该方法,中国于1995年建成主跨160 m攀枝花倮果金沙江大桥,1996年建成了主跨312 m的广西邕宁邕江大桥,1997年建成了主跨420 m的万州(县)长江大桥,使我国混凝土拱桥的技术进入世界前列。劲性骨架本身也需要架设,它的架设应用了悬臂拼装的技术,因此,这种大跨度混凝土拱桥的修建实际上是采用了悬臂拼装与劲性骨架的组合施工技术。对于大跨度混凝土拱桥,采用这种方法在劲性骨架形成后主拱或拱肋的现浇混凝土施工,多采用分环、分段的多工作面方法,施工工序复杂、施工工期很长。

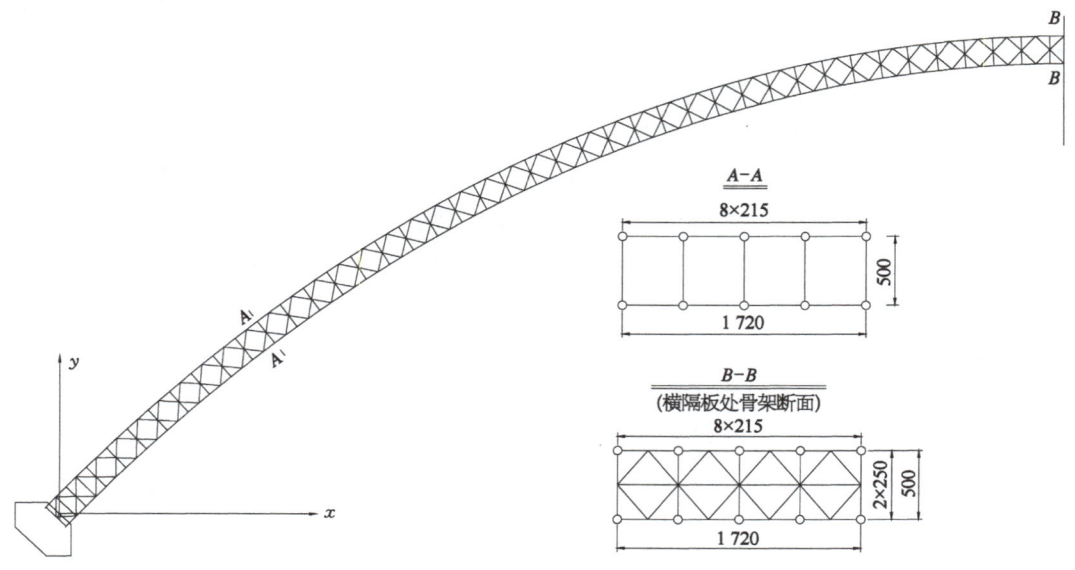

图 4-128 传统劲性骨架构造(单位:cm)

(2) 强劲骨架设计的思路。为解决采用普通劲性骨架引起的施工难题,在依托工程劲性骨架的设计上,主要思路是增强骨架刚度、简化骨架构造,以期达到简化混凝土外包程序、降低混凝土外包困难的目的。

(3) 强劲骨架的构造。如图4-129所示,劲性骨架为型钢与钢管混凝土组成的桁架结构,每肋上、下各三根 ϕ457 mm×14 mm、内灌C80混凝土的钢管混凝土主管;主管通过横联角钢和竖向角钢连接而构成型钢-钢管混凝土桁架,在拱肋横联对应位置设交叉撑,加强横向连接。腹杆及平联与主管均采用焊接连接。

劲性骨架与拱座连接位置,先在拱座内部设型钢定位骨架,再利用定位骨架定位拱脚预埋段骨架,如图4-130所示。

预埋段设锚板、肋板,在劲性骨架预埋钢管、锚板、肋板上开孔,并穿钢筋,形成PBL剪力键与拱座混凝土锚固连接,如图4-131所示。

标准段劲性骨架纵向采用N形桁架(图4-132)。其中,每肋主管为6根 ϕ457 mm×14 mm Q345c钢管,内灌C80混凝土形成的钢管混凝土构件。竖杆为4肢∟100 mm×80 mm×10 mm角钢焊接而成的工字形格构式杆件。斜腹杆为4肢∟80 mm×80 mm×10 mm角钢焊接而成的工字形格构式杆件。

平面上连接系的构造上,三片桁片之间采用K形桁架连接。直杆为4肢∟100 mm×80 mm×10 mm角钢焊接而成的工字形格构式杆件。斜杆为4肢∟80 mm×80 mm×10 mm角钢焊接而成的工字形格构式杆件。

主拱肋形成之后,腹杆及连接系杆件均埋于顶板、底板和腹板中,其尺寸直接限制了这些杆件的外轮廓尺寸。由于格构杆件为施工过程中结构的主要受力构件之一,为了提高该类杆件的承载力,采用了不改变杆件外轮廓尺寸,而在各肢杆件的翼缘上焊接钢筋,形成角钢+钢筋组合截面(图4-133)。既增大了截面尺寸,又增加了截面回转半径,减小了杆件的长细比,防止杆件在主拱外包混凝土过程中失稳。

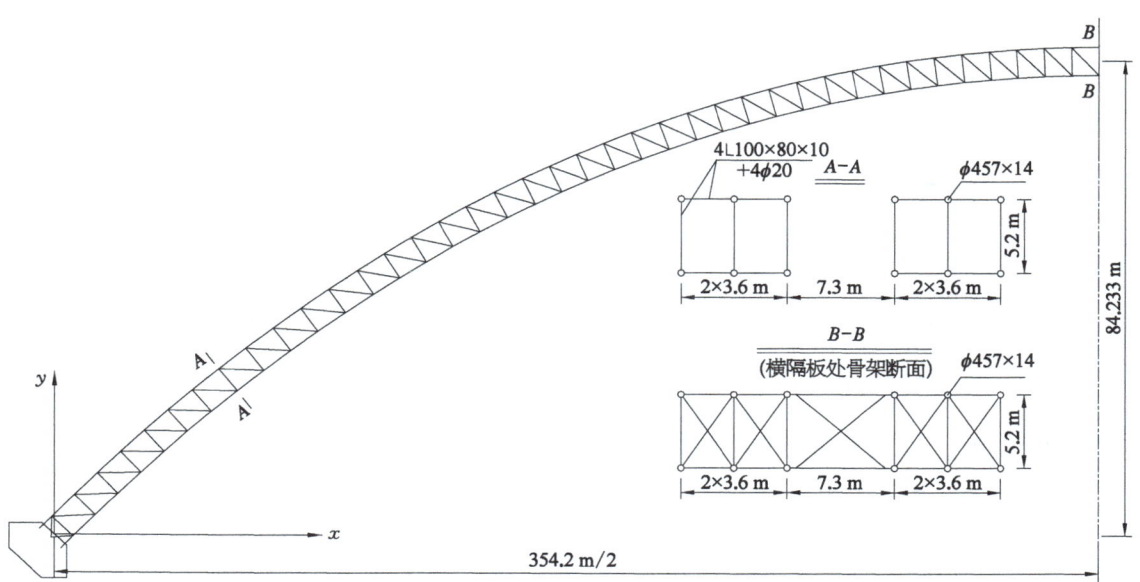

图 4-129 本桥劲性骨架构造

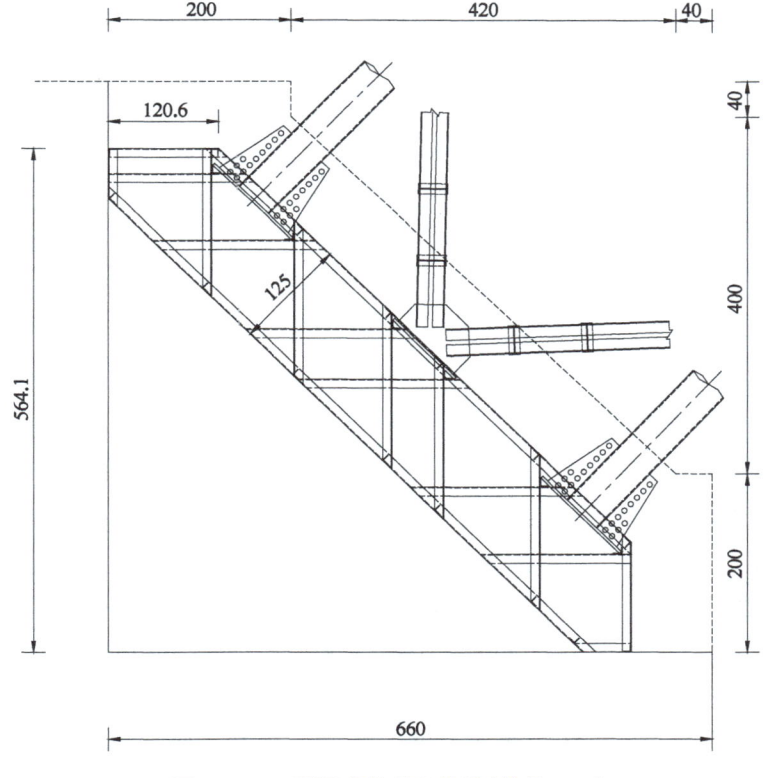

图 4-130 预埋定位骨架构造(单位：cm)

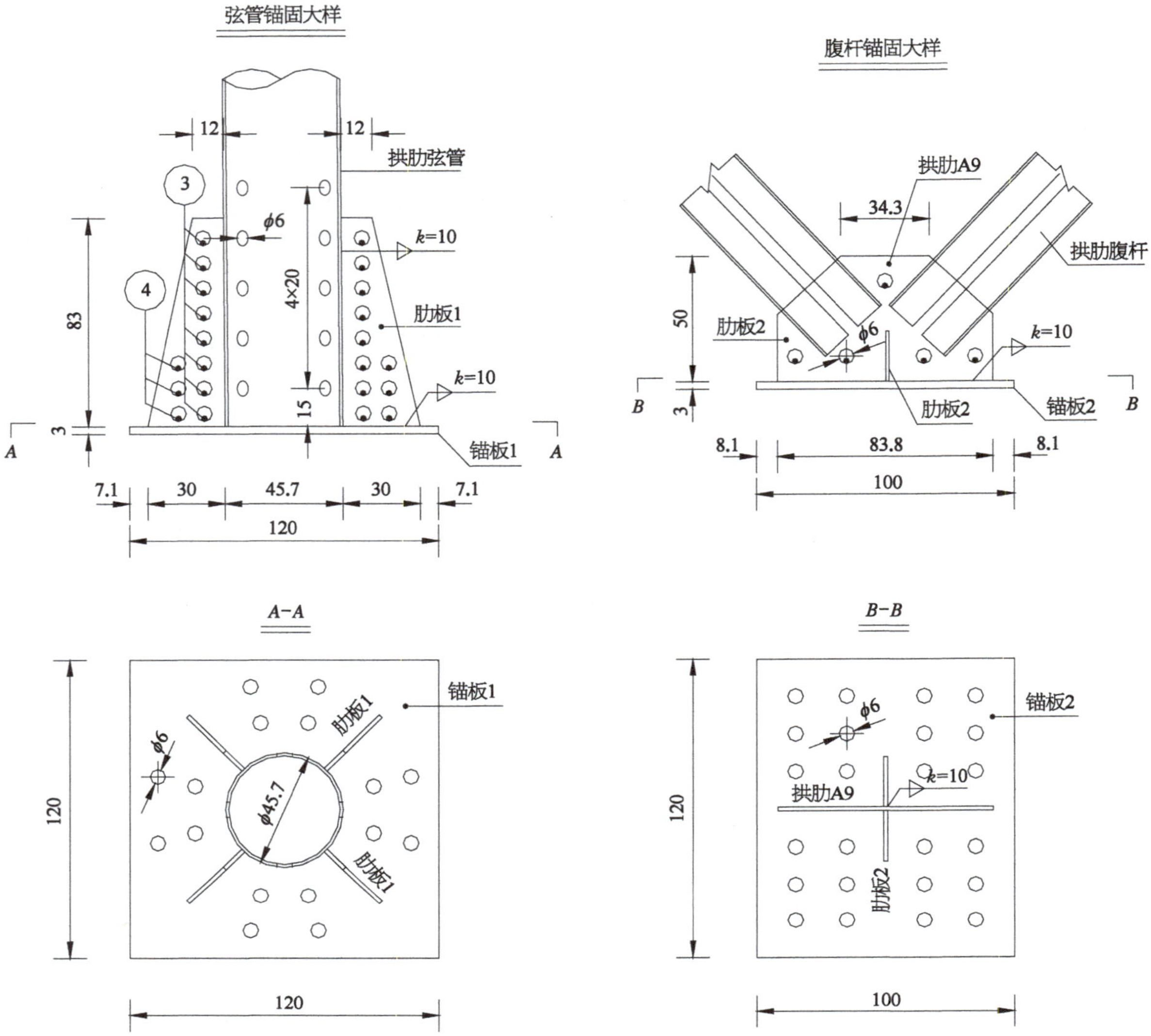

图 4-131 劲性骨架锚固构造(单位：cm)

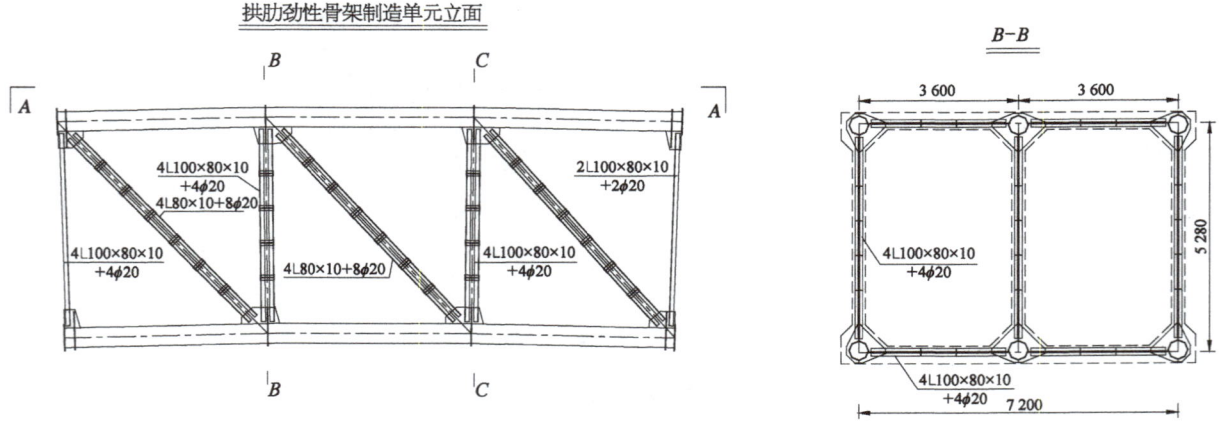

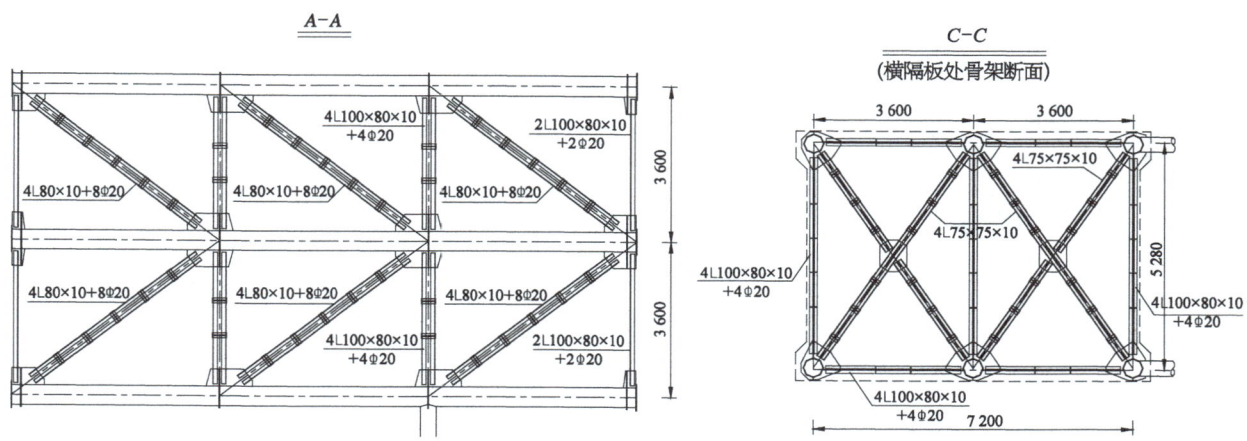

图 4-132 劲性骨架标准段构造(单位:mm)

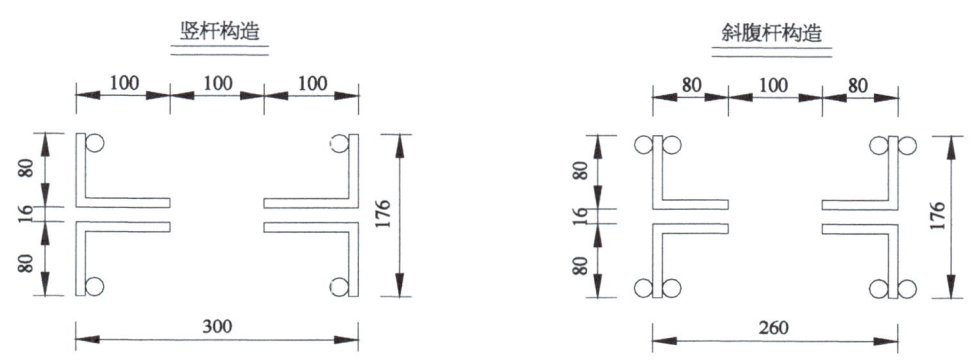

图 4-133 腹杆构造(单位:mm)

为减小焊接残余应力和变形,缩减焊接工作量,钢筋和角钢之间的连接采用间断焊。

2) 强劲骨架的安装

该桥钢管混凝土劲性骨架采用钢绞线扣挂系统进行安装,在正式扣段拱肋上弦钢管设置扣点,利用两岸交界墩座扣塔(塔顶设置锚箱),扣索后锚设置在两岸引桥。扣锚系统总体布置如图 4-134 和图 4-135 所示。

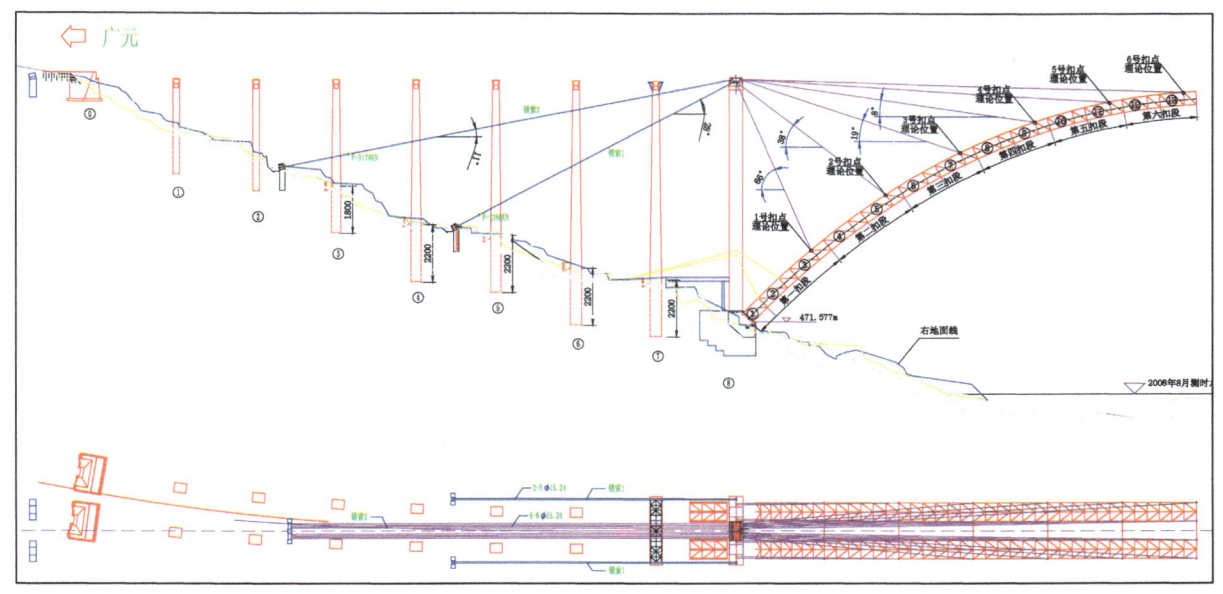

图 4-134 广元岸锚固系统总体布置

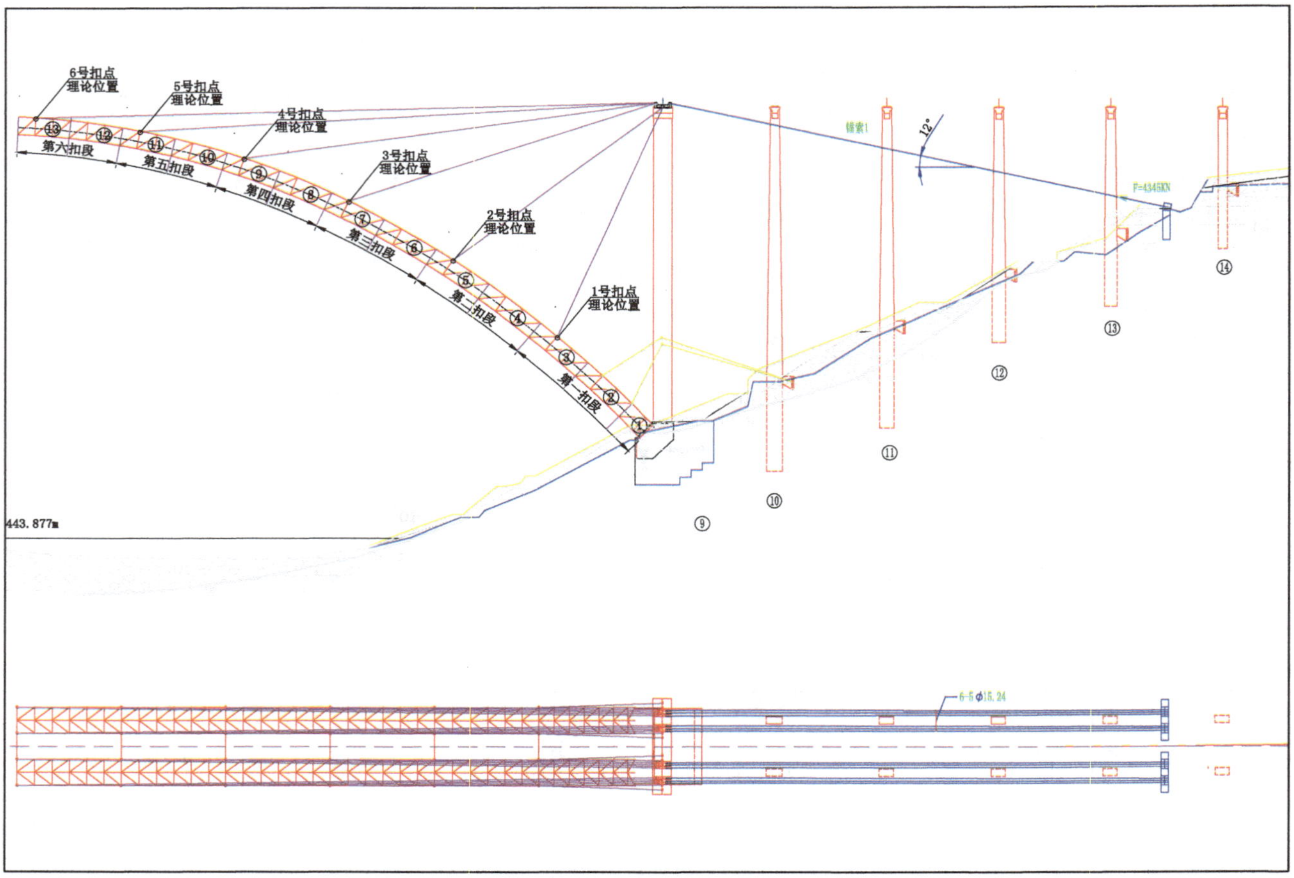

图 4-135 南充岸锚固系统总体布置

（1）扣索前锚固点。前锚固点设置在上弦两外侧钢管上，分为临时扣点和正式扣点，临时扣点采用钢索 $\phi 32$ mm 千斤头捆绑锚固，正式扣点两个吊装节段设置一组（如前锚固系统总体布置图所示）。正式扣索锚固扣点构造如图 4-136 所示。

扣点设置时在主管上开直径 100 mm 的孔，孔内安置无缝钢管，管的角度根据各段扣索的角度现场放样确定，管下端设置垫板，垫板用于放置固定端锚具。

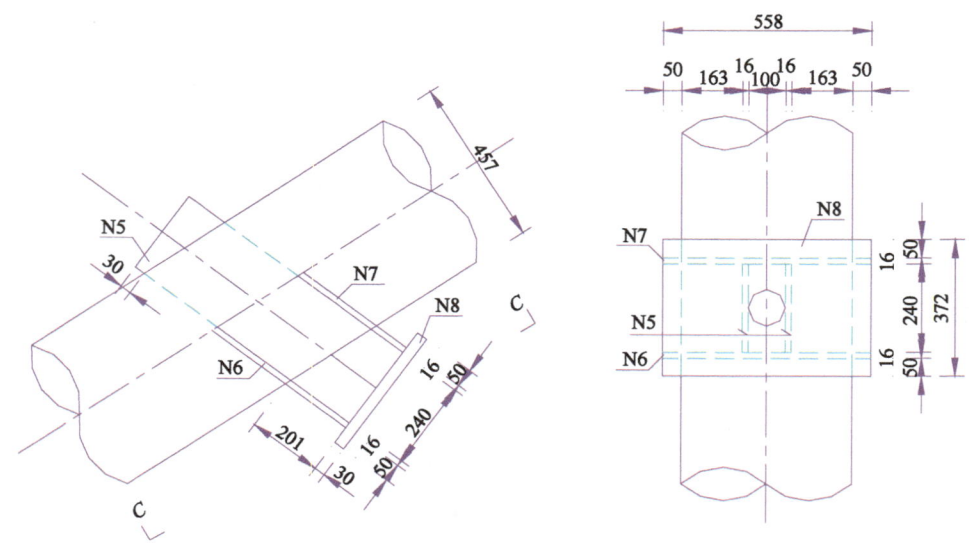

图 4-136 正式扣点构造示意（单位：mm）

固定端锚具采用锚固性能可靠的 P 锚,构造如图 4-137 所示。

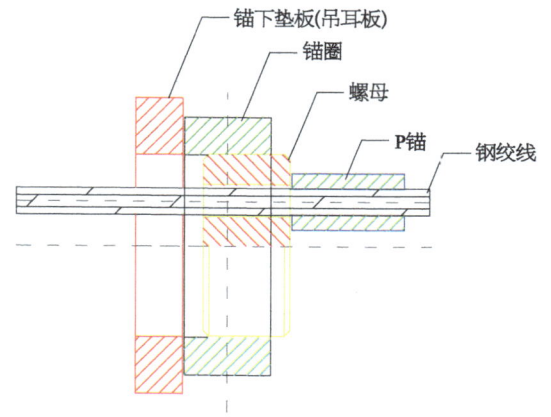

图 4-137　固定端锚固系统构造

锚具孔数根据钢绞线确定。P 锚在现场正式使用前必须进行锚固性能试验,合格后才能使用。

(2) 扣塔及扣锚箱。两岸交界墩作为锚固系统扣塔,墩顶盖梁上设置扣锚箱,用于锚固、张拉前后端扣索(锚箱安装在盖梁顶的预埋螺栓上)。

在调整扣索索力时,前后端扣索需要同步调整,保证前后端扣索作用于扣塔的水平力相等,并用全站仪精确观测扣塔顶的位移情况。

扣塔上前后端的锚具均采用可调索低应力锚固系统。锚具构造如图 4-138 所示。

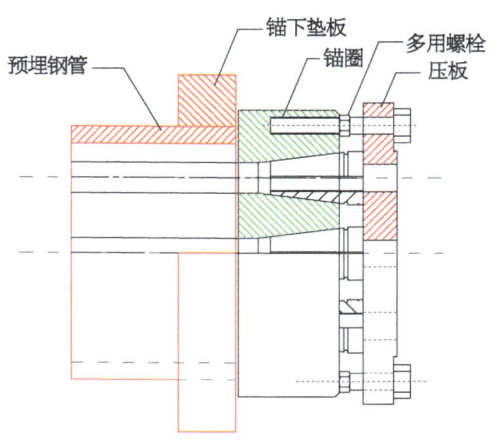

图 4-138　调索端锚具构造

(3) 后锚碇。后锚固点设置在后锚碇上,采用 P 锚锚固。后锚碇主要用于平衡扣索产生的水平力,根据两岸的扣锚箱的布置位置和地形条件,广元岸设置两组锚碇,南充岸设置一组锚碇。

每拱肋劲性骨架每半跨分为 12 个吊装节段,每两个吊段为一扣段。每一扣段中,前一吊段用临时扣索扣,到后一扣段就位即扣好正式扣索,然后松去临时扣索。如此循环完成半跨吊装,骨架合龙后,分批放松正式扣索,形成劲性骨架桁架拱。

劲性骨架的线形将直接影响主拱线形,故骨架的线形控制是十分重要的。在设计拱轴线上加上预拱度后得到加工制作的制造轴线。骨架成拱后的理想线形应该是制造轴线减去骨架一次成拱的自重挠度,即为骨架安装控制的目标。

3) 强劲骨架的特点

(1) 强骨架主管。全桥拱肋采用 12 根 $\phi 457$ mm×14 mm Q345C 钢管,并首次在钢管混凝土拱桥中采用 C80 高强、高性能钢管混凝土,大大增加了主管强度,为简化主拱混凝土外包程序创造了条件。

(2) 强劲骨架构造。采用平面桁架代替空间桁架,仅在横隔板处设置剪刀撑;采用 N 形桁架代替米字形桁架,减少节点个数。这些构造的优化,大大减少了外包混凝土过程中,桁架对模板和混凝土浇注的干扰,降低了混凝土外包施工的困难。

(3) 强劲骨架计算。计算了强劲骨架在安装过程中的主要截面应力,吊装过程中,劲性骨架最大压应力 115 MPa,最大拉应力 -19.7 MPa;交界墩墩底最大压应力 4.42 MPa,最小压应力 1.5 MPa,未出现拉应力。

4) 主拱外包混凝土

(1) 外包程序设计。待劲性骨架主管内混凝土达到设计强度后,方可浇注主拱混凝土。主拱混凝土共计 11 883 m³,每肋约 6 000 m³,采用横向分环、纵向分段的顺序浇注。

横向分环的顺序如图 4-139 所示,采用"先底板,再腹板,最后顶板"的浇注方式。其中每个顺序块都在纵向形成一环,经过龄期间隔,每环先后参与受力,逐步增大主拱的断面和刚度,直至形成主拱。

在一环的纵向浇注上,每拱肋每环的混凝土浇注数量近 2 000 m³,重 5 000~6 000 t。浇注顺序对于劲性骨架及主拱的变形、强度都影响巨大,不合理的浇注顺序会导致劲性骨架及主拱结构的破坏。本桥主拱外包混凝土施工顺序:先按上、下游对称且两岸对称方式分八工作面浇注底板直至合龙,然后再按同样方式分八工作面浇注腹板混凝土至合龙,最后分八工作面对称浇注顶板混凝土至合龙。具体浇注顺序如图 4-140 所示。

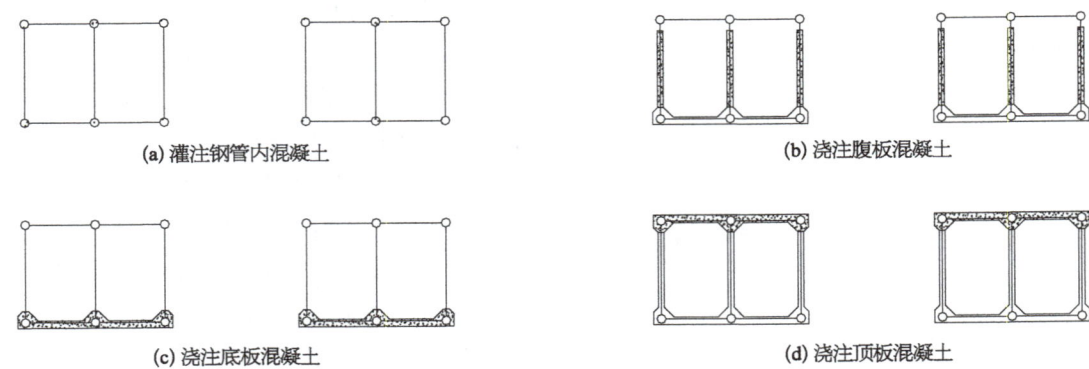

图 4-139 拱圈混凝土横向浇注顺序

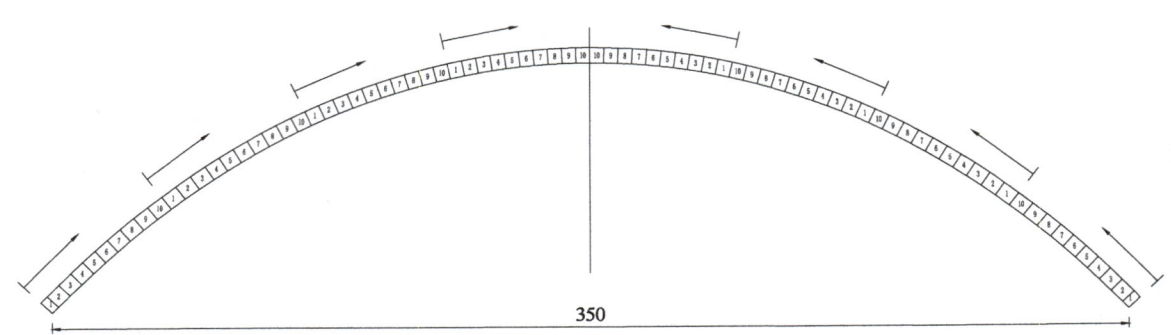

图 4-140 拱圈混凝土纵向浇注顺序

外包程序的简化：由于在劲性骨架的设计中，增加了劲性骨架的强度，在主拱混凝土的外包程序上仅分为底板、腹板和顶板三环。在工作面的划分上，经过对多种方案在技术可行性、施工费用和工期等方面进行比较，最终优选了八工作面划分的浇注方式。

高性能自密实混凝土：本桥主拱的外包混凝土采用了 C55 高性能自密实混凝土，解决了劲性骨架和密度较大钢筋对外包混凝土施工的干扰，以及外包混凝土浇注质量控制困难的问题。

（2）主拱外包混凝土工艺。主拱外包混凝土采用挂模施工。在单个断面上，先浇注底板混凝土，再浇注腹板混凝土，最后浇注顶板混凝土。由于主拱较长，纵向采用分段浇注，分段长度根据设计加载程序执行。单幅主拱混凝土浇注顺序如图 4-141 所示。

底板混凝土浇注：底板底模采用吊模，模板设置如图 4-142 所示。在拱脚处角度较陡，在底板顶面设置压模板，模板上开设检查孔和混凝土灌注孔。

为保证施工作业人员安全，在每个工作面的施工单元下设置底平台，平台采用角钢焊接骨架，骨架

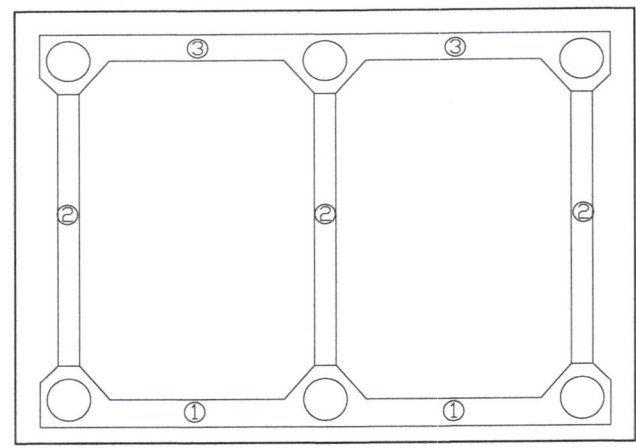

图 4-141 浇注顺序

上铺设钢丝网。骨架采用直径 25 mm 精轧螺纹钢吊在上横梁上。底模板脱模后，放在安全平台上，利用缆索吊点将上横梁吊起整体向前移动，继续进行下一单元底板混凝土的施工。

腹板混凝土浇注：浇注完底板混凝土待混凝土强度达到设计强度的 85% 以上后，开始浇注腹板混凝土，腹板模板设置如图 4-143 所示，混凝土采用泵送入模，两侧两岸对称同步浇注。

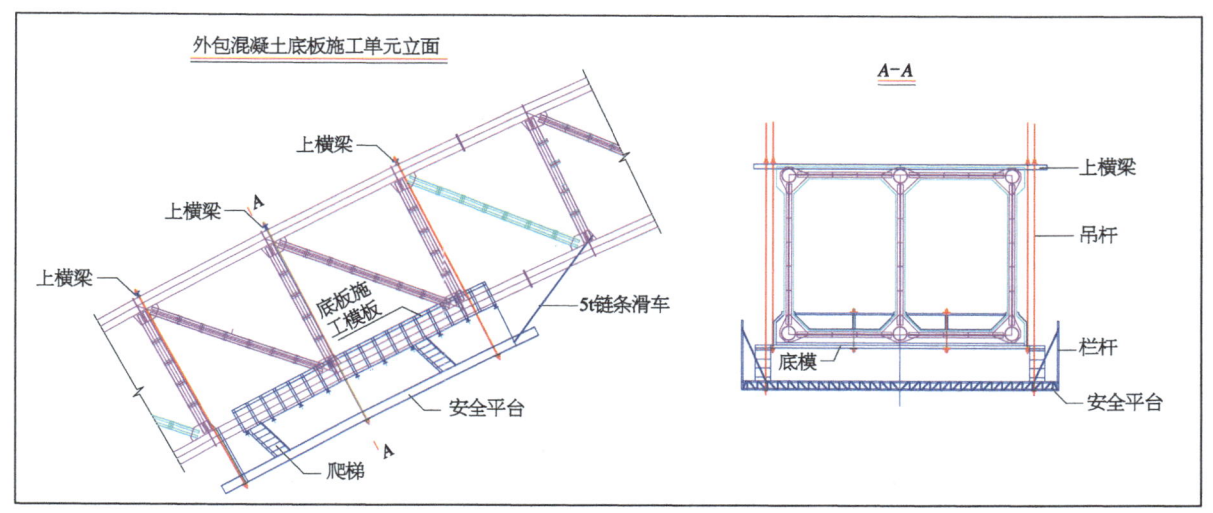

图 4-142 底板浇注工艺

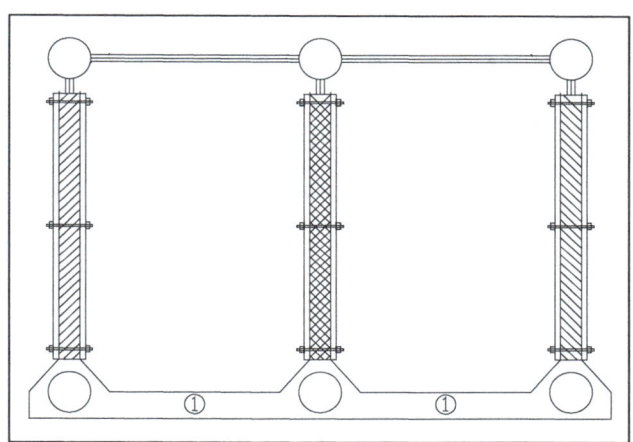

图 4-143 腹板浇注工艺

顶板混凝土浇注：浇注完腹板混凝土待混凝土强度达到设计强度的 85% 以上后，开始浇注顶板混凝土。顶板模板设置如图 4-144 所示，混凝土采用泵送入模，两侧两岸对称同步浇注。

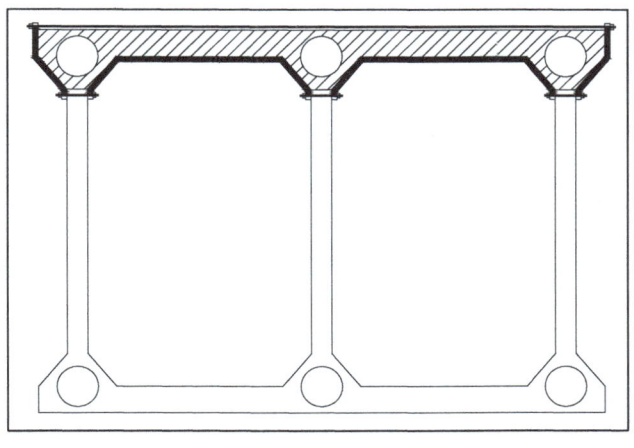

图 4-144 顶板浇注工艺

5）计算论证

根据设计主拱混凝土外包流程及相关施工荷载，采用有限元法计算方法对主拱施工过程进行了理论分析。

（1）施工阶段最小弹性稳定系数 4.338，失稳模态为面外失稳，位于第 16 施工阶段，且大于规范要求的 4.0。

（2）施工阶段劲性骨架最大应力，见表 4-25。

（3）强劲骨架施工阶段承载力验算。计算采用钢管混凝土统一理论，按照《公路钢管混凝土桥梁设计与施工指南》进行计算。

钢管混凝土组合抗压强度设计值

$$f_{sc} = (1.14 + 1.02\zeta_0)f_c = 83.6 \text{ MPa}$$

构件截面约束效应系数设计值 $\zeta_0 = \alpha f/f_c = 310/35.9 = 1.165$

钢材抗弯强度设计值取 310 MPa

钢管混凝土截面含钢率 $\alpha = A_s/A_c = 0.117/0.867 = 0.135$

钢管混凝土组合强度设计值

$$f'_{sc} = K_c K_p K_t f_{sc} = 0.8 \times 1 \times 0.97 \times 83.6$$
$$= 64.9 (\text{MPa})$$

其中：钢管混凝土徐变折减系数 K_c 取 0.8；初始应力折减系数 K_p 取 1.0；钢管混凝土脱空折减系数 K_t 取 0.97。

表 4-25　施工阶段骨架应力

钢管编号	钢管最大应力/MPa	管内混凝土最大应力/MPa	最大应力对应阶段号	对应杆件轴力/kN	对应杆件弯矩/(kN·m)	N_u
1	−182.7	−7.9	38 阶段顶板混凝土合龙	5 650	27	8 622.9
2	−287.9	−21.8	38 阶段顶板混凝土合龙	8 027	61.5	8 521.4
3	−212.8	−13.3	38 阶段顶板混凝土合龙	5 273	43	8 503.8
4	−254.1	−24.2	16 阶段底板混凝土合龙	6 657	69.8	8 423.5
5	−289.8	−31.0	16 阶段底板混凝土合龙	8 404	103	8 416.5
6	−254.6	−22.6	16 阶段底板混凝土合龙	6 331	119	8 148.9

钢管混凝土压弯构件承载力

$$N \leqslant N_\mu = \frac{1}{\gamma}\lambda_b\lambda_a\phi_1\phi_e N_0$$

$$N_0 = A_{sc}f'_{sc} = 0.165 \times 64\,900 = 10\,708.5\,(\text{kN})$$

施工阶段钢管混凝土承载能力满足要求。

(4) 浇注混凝土过程中主拱应力验算。表 4-26 表明,底板最大拉应力出现在阶段 11,最大压应力出现在拱上建筑完成后;腹板最大拉应力出现在阶段 27,最大压应力出现在拱上建筑完成后;顶板最大拉应力出现在阶段 34,最大压应力出现在拱上建筑完成后。施工过程中最大拉应力为 2.0 MPa,最大压应力为−14.7 MPa,均满足规范要求。

表 4-26　混凝土外包过程主拱应力　单位:MPa

混凝土应力	上缘最大应力	下缘最大应力	上缘最小应力	下缘最小应力
底板	1.8	0.0	−13.3	−14.7
腹板	2.0	0.0	−11.9	−11.9
顶板	0.4	0.1	−7.3	−7.3

(5) 强劲骨架联系角钢验算,见表 4-27。

表 4-27　骨架联系角钢应力

杆件类型	最大组合应力/MPa	杆件长细比(弱轴)	杆件长细比(强轴)	弱轴稳定容许应力/MPa	强轴稳定容许应力/MPa	阶段号
上下平联斜杆	−110.0	76.5	36.2	−123.5	−176.4	38
上下平联竖杆	−44.8	54.7	20.5	−155.4	−189.0	4
斜腹杆	−56.4	113.8	53.9	−74.1	−155.4	24
斜腹杆(拱脚)	−126.7	55.5	20.8	−168.0	−189.0	17
竖腹杆	−88.0	89.1	33.5	−101.4	−176.4	15

4.5.4　总体计算结果

4.5.4.1　计算模型的建立

1) 计算采用的主要材料

主拱采用 C55 强度等级混凝土:$E = 3.55 \times 10^4$ MPa。两幅主拱横向连接钢管采用 $\phi 351$ mm × 12 mm,$\phi 125$ mm × 8 mm。主拱内普通钢筋采用 HRB355;$E_s = 2.1 \times 10^5$ MPa。拱上立柱及小箱梁采用 C40 强度等级混凝土;$E = 3.25 \times 10^4$ MPa。

2) 计算荷载

结构自重:混凝土容重采用 26 kN/m³。人群荷载:3 kN/m²。温度荷载:结构整体升温+25℃,结构整体降温−20℃。截面非线性温差:主拱截面顶 10 cm 范围内+5℃。收缩、徐变时间:3 600 d。

3) 计算模型

成桥阶段计算采用一次落架的计算模型，主拱及拱上建筑离散为空间梁单元。

4.5.4.2 主要计算结论

1) 静力计算结果

使用阶段最不利工况应力计算结果见表4-28。

表4-28 使用阶段主拱应力计算结果 单位：MPa

部位	上缘正应力		下缘正应力		主压应力	主拉应力
	最大	最小	最大	最小		
拱顶	15.2	7.83	10.2	3.03	15.2	0
3L/8	15.3	7.21	11.5	3.43	15.3	0
L/4	13.0	5.93	14.3	6.50	14.3	0
L/8	13.0	7.00	16.0	9.59	16.0	0
拱脚	11.8	1.57	14.9	4.75	14.9	0

从表4-28可以看出，主拱截面最小压应力为3.03 MPa，最大压应力为16 MPa，均小于C55混凝土的$0.5 \times f_{ck} = 0.5 \times 35.5 = 17.75$(MPa)，满足规范要求。

2) 动力计算结果

经过有限元法计算，主拱动力性能见表4-29。

表4-29 主拱振动性能

模态	频率/Hz	周期/s	模态	频率/Hz	周期/s
1	0.200	5.000	6	0.793	1.262
2	0.339	2.949	7	0.914	1.094
3	0.368	2.717	8	1.143	0.875
4	0.606	1.651	9	1.169	0.856
5	0.700	1.428	10	1.216	0.822

4.5.5 技术特点

4.5.5.1 分离式双箱四室主拱结构

对特大跨钢筋混凝土箱形拱桥使用性能调查发现，凡是主拱宽度大于10 m，主拱、拱座及拱上垫梁均出现纵桥向裂纹，裂缝宽度达0.05 mm以上，长度一般大于1 m。因此，随着主拱宽度不断增加，其横向受力复杂，纵桥向主拱和拱座裂纹必然发育。

依托工程广元昭化嘉陵江大桥（图4-145），净跨径$L_0 = 350$ m，桥梁宽度为27.5 m，主拱宽度18 m。如果采用整体式箱形主拱，主拱外形尺寸为18 m×5.8 m，箱体尺寸过大，非常容易开裂。

图4-145 建成后主拱构造

因此，基于强劲骨架思想，提出了分离式双箱四室的主拱结构，两拱箱间以钢筋混凝土横隔板连接（图4-146）。每拱肋为单箱双室截面，单肋横向箱宽8 m，箱高5.8 m。这样，就形成了分离式双箱四室主拱结构，其特点为：① 主拱横向受力更合理；② 更有利于拱上立柱横向布置；③ 主拱受温度影响更小；④ 施工更加方便，由于骨架强劲，可按照上、

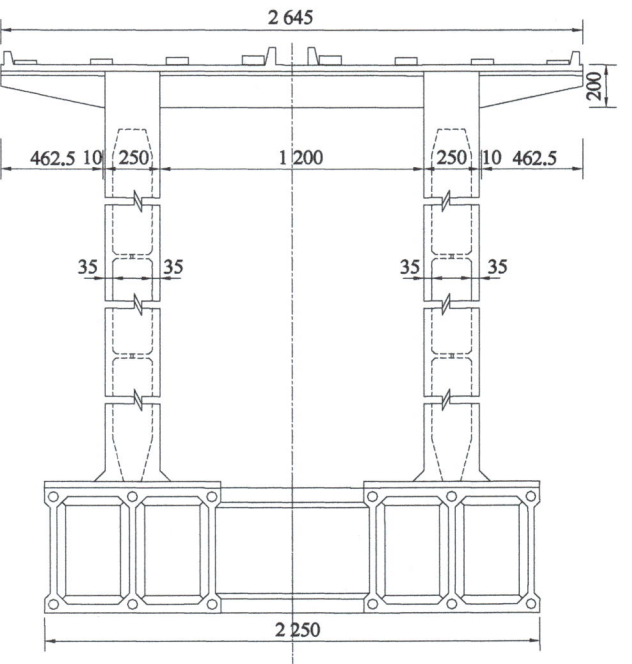

图4-146 主拱及拱上结构横向布置（单位：cm）

下游两座桥梁施工,增加了作业面,缩短了工期;⑤ 减少了材料数量,降低了工程造价。

4.5.5.2 强劲骨架的主拱构造

钢管混凝土骨架的承载能力,满足主拱顶板、腹板、底板三环独立加载要求,称为钢管混凝土强劲骨架,采用钢管混凝土强劲骨架再外包混凝土,形成钢筋混凝土主拱的拱桥,称为钢管混凝土强劲骨架成拱法的钢筋混凝土拱桥。钢管混凝土强劲骨架的判别指标(以拱顶截面计算)为:① 截面含钢管混凝土率大于8%;② 钢管混凝土截面与总截面承载力之比大于20%;③ 钢管混凝土强劲骨架的腹杆强度、刚度应与主管匹配设计。计算一般劲性骨架时,仅将钢管视为钢筋参与作用,不计复合受力效应,其影响不超过5%,且偏于安全;而计算强劲骨架时,应考虑复合受力效应,否则计算结果过于保守。

主拱选用一般劲性骨架,材料用量较少,但加载程序多,施工风险高,如果简单地增加钢管规格,需要增加材料用量,提高工程造价。经过论证研究,提出了强劲骨架法,既能简化施工加载程序,又能降低施工风险,同时,强劲骨架与外包钢筋混凝土共同受力,减少了主拱截面和外包钢筋混凝土截面,综合工程造价更低。

经优选后的强劲骨架钢管采用 $\phi 457 \text{ mm} \times 14 \text{ mm}$、内灌 C80 超高强自密实高性能混凝土组成骨架受力主弦钢管,腹杆采用刚度大、经济合理的型钢构件。采用强劲骨架后灌注钢管内混凝土工期为 21 d,主拱外包混凝土采用三环(即底板、腹板和顶板)、八工作面的外包施工形式,工期为 176 d,简化了施工工序,降低了施工风险,降低综合工程造价 667 万元。

4.5.5.3 泵送 C80 自密实钢管混凝土的制备与灌注工艺

制备泵送 C80 超高强自密实高性能的混凝土具有以下难题:① 需要采用低水胶比、高胶凝材料用量,混凝土黏度增大,泵送顶升阻力高;② 桥梁跨度大,主拱混凝土泵送距离长、顶升高度高;③ 按照普通混凝土的设计方法,为了保证工作性能,需增加外加剂用量,以提高含气量,但也易导致离析,在钢管与核心混凝土间形成气膜,引起钢管混凝土的脱黏;④ 掺加较高掺量的硅灰可降低混凝土黏度,改善工作性能,但会使混凝土内部相对湿度下降趋势增快,导致其自收缩较大,加剧钢管混凝土脱黏。针对上述难题,经过试验研究,采取了以下技术途径改善混凝土性能:

(1) 利用开发的减缩释水聚合物(图 4-147)和膨胀剂的合理掺配(图 4-148),实现超高强自密实自应力钢管混凝土膨胀性能的可设计与可控制,解决了单掺膨胀剂的超高强钢管混凝土收缩变形造成钢管与混凝土脱空、降低承载能力的问题,保证了钢管与核心超高强混凝土的紧密黏结和套箍作用。

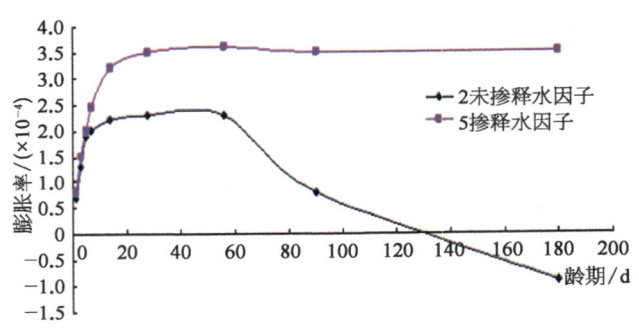

图 4-147 释水聚合物技术措施的作用

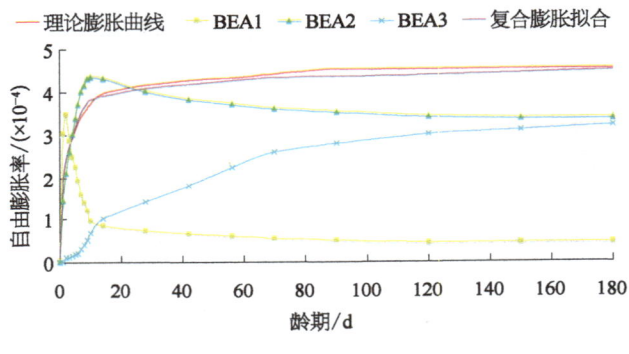

图 4-148 拟合控制设计线图

(2) 采用"先消后引"的措施复配外加剂降低了混凝土的含气量,同时提高了混凝土的工作性能;利用粉煤灰微珠替代一部分硅灰和粉煤灰,解决了高强钢管混凝土黏度、强度和含气量之间的匹配关系,控制了钢管混凝土的收缩。

(3) 开发的缓凝高效减水保塑剂,提高了混凝土拌和物工作性能,满足泵送施工要求,保证了泵送 C80 超高强自密实钢管混凝土顺利灌注。

按照上述途径,经过试配与调整,推荐的配合比见表 4-30。

泵送 C80 自密实高性能钢管混凝土的工作性能(表 4-31)及灌注工艺满足要求,实现了预期目标,整个灌注流程顺利,没有发生堵塞钢管、钢管内混凝土脱空等质量病害,且工期很短。

表4-30 推荐泵送C80自密实钢管混凝土配合比　　　单位：kg

水泥	粉煤灰	微珠	硅灰	膨胀剂	聚合物	砂	碎石	外加剂	水
460	30	40	30	40	0.39	742	1 068	10.8	138

表4-31 C80混凝土工作性能和力学性能

坍落度/mm		扩展度/mm		抗压强度/MPa			
				7 d		28 d	
0 h	2 h	0 h	2 h	插捣	无插捣	插捣	无插捣
245	220	630	580	79.8	79.4	94.7	94.5

4.5.5.4 复合钢管混凝土构件计算理论研究

1) 试验概况

根据试验设计要求，进行了圆形、哑铃形、箱形不同截面的34个试件力学性能试验，如图4-149所示，通过试验分析受力和破坏行为，探索钢管混凝土复合构件计算方法。

图4-149 复合构件试验与破坏状态

2) 计算方法

计算时做如下假定：① 构件横截面变形后仍然为平面，即符合平截面假定；② 不考虑混凝土的抗拉强度；③ 不考虑钢筋混凝土与钢管混凝土之间的组合作用。将两部分的偏压承载力复加即为哑铃形钢管混凝土复合构件偏压承载力(图4-150)。

钢管混凝土复合构件偏压承载力N_{uo}简化计算公式如下

$$N_{uo} = N_{rc} + N_{cft}$$

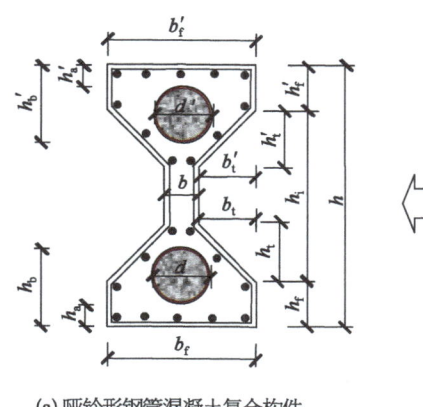
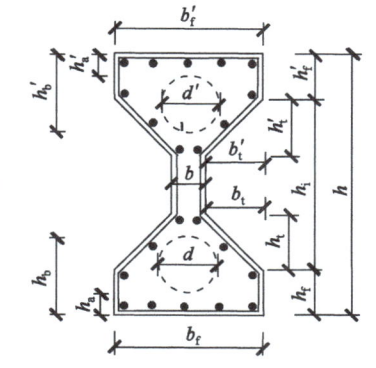
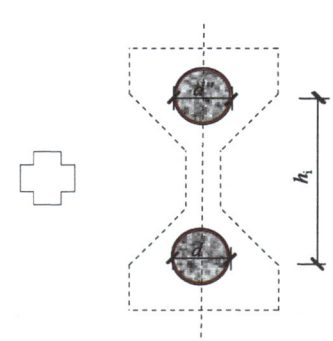

(a) 哑铃形钢管混凝土复合构件　　(b) 哑铃形中空钢筋混凝土构件　　(c) 双肢式钢管混凝土格构式构件

图4-150 哑铃形钢管混凝土复合构件复加示意

根据建立的钢筋混凝土构件计算承载能力（不包括钢管混凝土）和钢管混凝土承载能力（不包括钢筋混凝土）复合的物理数学模型，推导复合构件承载能力计算公式为

$$N_{cft}e_{cft}=N_uh_i; \quad N_t=N_{cft}-N_u$$

当 $N_t<0$ 时，表明此钢管混凝土受拉，应满足下列公式

$$N_{cft}e'_{cft}=N_{tu}h_i; \quad N_{tu}=1.1f_yA_{st}$$

3）试验验证

根据模型试件计算分析，计算值与试验值比值的平均值为 0.935，标准偏差为 0.079。试验验证数据与计算公式符合程度高，同时，该计算方法也得到了成桥荷载试验数据的验证，实测主拱的验校系数小于规范要求的 1.05，满足规范要求。

4.5.5.5 内钢箱的钢-混凝土组合结构立柱

由于特大跨拱桥拱上立柱较高，为了提高其稳定性能，截面尺寸往往较大，造成拱脚处立柱因为高度较高而自重很大，主拱受集中力作用时受力均匀性差，因此，减轻拱上立柱重量成为特大跨拱桥设计的关键技术之一。一般采用的钢筋混凝土箱形拱上立柱内箱尺寸小，安装和拆除内箱模板难度很大，既无法保证质量，又制约施工工期，因此，提出了内钢箱的钢-混凝土组合结构立柱的新结构（图 4-151），减少了安装模板、绑扎内侧钢筋等工序，提高了承载能力。

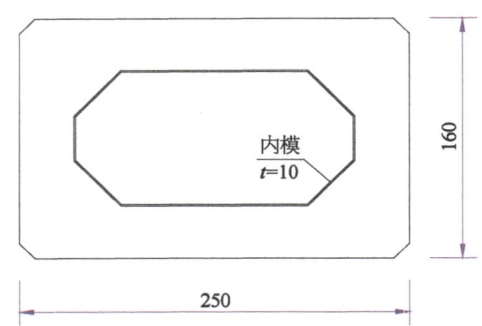

图 4-151 内钢箱的钢-混凝土组合结构构造（单位：mm）

其构造为桥墩内壁设永久钢板兼作内模（图 4-152），与外侧墩身混凝土通过钢筋抗剪器连接，形成钢-混凝土组合结构。钢筋抗剪器一端与钢内模板焊接相连，另一端钩住外侧纵向钢筋，形成可靠连接。同时，由于钢-混凝土组合后强度、刚度提高，取消传统箱形截面墩墩身内侧纵向钢筋。

图 4-152 钢内模制作

经 8 个轴压试件和 8 个偏压试件试验研究和对比分析（图 4-153～图 4-156），得出以下结论：① 采用内钢箱钢-混凝土组合结构立柱较钢筋混凝土箱形结构立柱，承载力和延性有所提高，并随内钢箱的壁厚增加，提高幅度增大；② 对于内钢箱钢-混

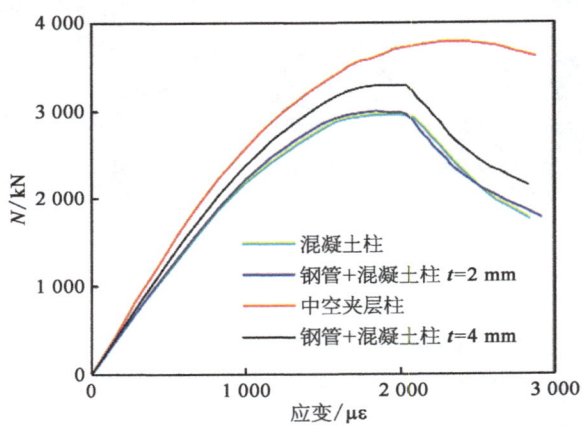

图 4-153 轴力-纵向平均应变关系曲线（不同截面柱）

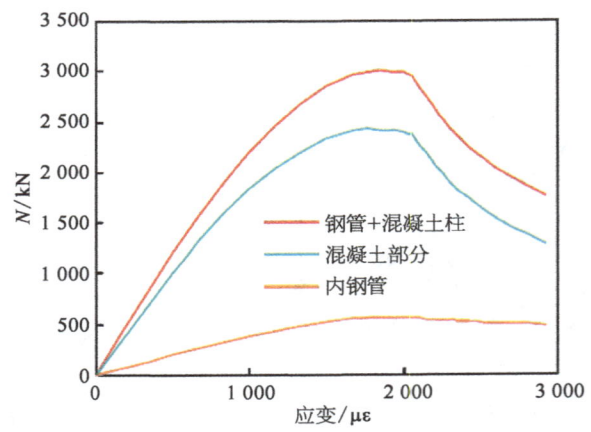

图 4-154 轴力-纵向平均应变关系曲线

第4章 钢管混凝土强劲骨架成拱法的钢筋混凝土拱桥

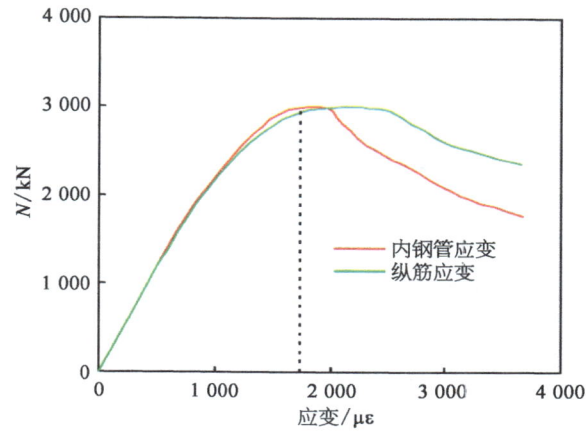

图 4-155 轴力-跨中钢筋(钢管)应变关系曲线

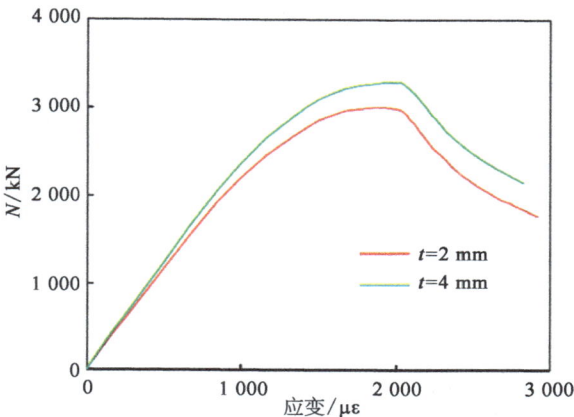

图 4-156 内钢管壁厚对承载力影响

凝土组合结构立柱,在峰值应变之前内钢箱和纵向钢筋应变基本一致,说明内钢箱能够和混凝土共同工作;③ 采用复加法计算内钢箱钢-混凝土组合结构立柱承载力是可行的,总体上偏于安全。

4.5.5.6 移动吊架法实施主拱外包混凝土

主拱骨架钢管采用"斜拉扣挂法"安装成拱(图4-157),经过验收合格后,分次灌注主拱钢管内C80超高强自密实混凝土,将主拱8根主管灌注完成形成强劲骨架。

主拱的拱圈外包混凝土,分为主拱底板、腹板、顶板三环和8工作面,按照规定的顺序分节段浇注完成。外包混凝土工期共计176 d,比原来的外包混凝土技术减少约260 d。

由于拱肋线形为悬链线,主拱各个部位曲率均不相同,再加上拱肋外包混凝土施工悬空过高,因此设置了专用移动吊架,由天车、吊杆、底平台、行走系统、止退装置等组成(图4-158)。该吊架解决了外包混凝土施工面临的安全风险高、施工难度大、临时材料多的技术难题。

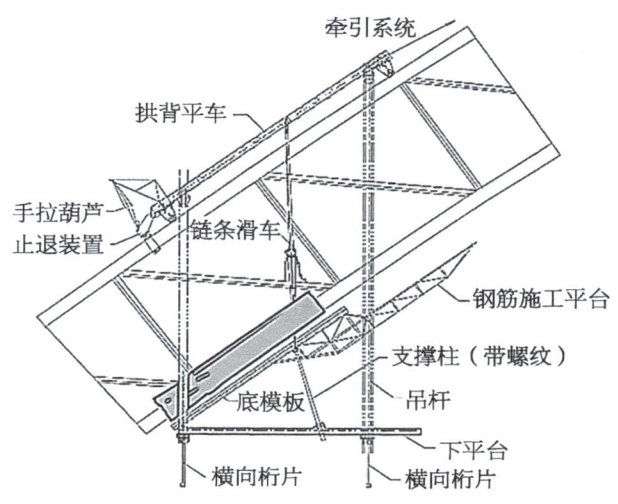

图 4-158 移动吊架纵向布置

4.5.5.7 编制钢筋混凝土箱形拱桥设计与施工技术指南

指南主要包括的内容为一般规定、计算规定、设计技术规定、施工技术规定和其他等内容,对钢筋混凝土箱形拱桥的主拱、拱上立柱、桥面梁、拱座和桥面系等系列构件从计算、构造要求、安装工艺等多方面进行了技术要求,同时,结合同类桥梁常见病害的调查分析研究,提出了提高耐久性的措施。

该指南对钢筋混凝土箱形拱桥设计与施工技术的主要贡献为:

(1)针对钢筋混凝土拱桥结构构造特点和施工工艺技术,系统地编制了这类桥梁设计和施工的总体要求、计算要求、结构构造要求和选定施工方法的要求。

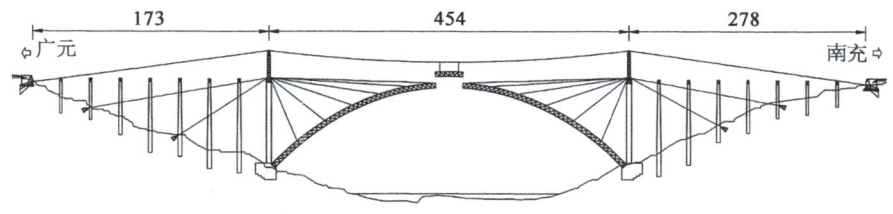

图 4-157 斜拉扣挂法安装主拱钢管骨架(单位: m)

(2) 明确规定了箱板拱桥横向分配系数应采用"偏心受压法"、箱肋拱桥(包括分离式箱形板拱桥)横向分配系数应采用"杠杆法"计算,使设计具有可操作性。

(3) 针对性地提出了钢筋混凝土箱形拱桥偏心弯矩增大系数和冲击系数计算应考虑的因素,建议了可采用的计算方法。

(4) 提出了强劲骨架与外包钢筋混凝土的计算基本原理和计算方法,为强劲骨架法成拱的钢筋混凝土主拱提供了计算理论。

(5) 明确了钢筋混凝土箱形拱桥总体布置设计、拱轴系数的优化选择、主拱截面尺寸的确定等,明确了拱上立柱构造设计和桥面梁构造设计原则,以及桥面系的构造设计等内容。

(6) 提出了预制钢筋混凝土箱形拱桥预制安装时,纵横湿接缝接头的构造要求和施工质量要求,以利于提高桥梁总体受力性能。

(7) 规定了提高钢筋混凝土箱形拱桥各部位构件防裂、防水和防腐等的技术要求,特别是对中、下承式拱桥吊杆和系杆耐久性设计提出了明确的要求,确保桥梁设计基准期内的使用功能满足要求。

(8) 规定了钢筋混凝土箱形拱桥缆索吊装法、转体施工法、悬臂节段浇注法和强劲骨架法的适用范围、一般原则、施工操作要点、工艺流程和安全措施等内容,具有指导性。

4.5.5.8 实施效果

研究开发的技术成果在依托工程中应用,解决了技术难题,提高了桥梁的技术指标;广元昭化嘉陵江大桥如果采用传统骨架法的建造技术,施工工期为 36 个月,采用该技术成果后,其施工工期为 27 个月。经多种桥型方案比较,提升了钢筋混凝土箱形拱桥的竞争力而成为推荐桥型,节约工程造价 3 280 万元,为推广应用特大跨钢筋混凝土拱桥提供技术、工期保障。项目研究过程中,先后与施工单位、监理单位和业主单位等进行了近 7 次技术交流,根据研究成果,完善结构设计,进行修改设计,发出修改设计通知 3 份,节约工程造价 667 万元。

项目研究成果在达县州河大桥推广应用,节约直接费用 188 万元;在巴中通江县纪红大桥应用,节约工程造价 58 万元。同时,研究成果提高了钢筋混凝土桥梁耐久性,减少了混凝土桥梁使用中的维修和加固费用,延长了通行能力,其节约的工程维修加固费用和营运经济效益更大,推广应用市场广阔。

4.6 四川广安官盛渠江特大桥

4.6.1 概况

4.6.1.1 地理位置

四川广安环城公路(小平大道)是《广安市综合交通发展规划(2008—2030 年)》中"一环七横十纵四支"公路网中的一环。四川广安官盛渠江特大桥工程是环城公路东南端跨渠江的一座特大型桥梁,位于广安市护安镇嵩坝村四组至官盛镇,是连接护安镇(渠江北岸)与官盛镇(渠江南岸)的关键工程。该桥的建设将改善广安规划工业园区的物流交通状况,同时,为渠江上游广安主港区的发展创造良好的基础条件。

4.6.1.2 气象条件

桥位区属亚热带季风气候类型,四季分明,具冬暖春早、夏热秋凉、多雾多霜的特点。区内空气潮湿,相对湿度 82%,多年平均年降雨量 1 059.8 mm。年降雨量一半集中在夏季,7 月最多,降水强度大,月降雨量可达 450 mm;冬春两季少雨,秋季降雨只占 20%。区内年平均气温 17.6 ℃,常年 1—2 月最冷,均温 1~4 ℃,极端最低气温 −3.8 ℃。夏季长达 4 个月以上,盛夏在 7—8 月,平均气温 26~28 ℃,极端最高气温 41.5 ℃。

4.6.1.3 地形地质

该桥位横跨渠江,因渠江切割,大致呈一宽缓的凹字形地形。桥位区位于渠江峡谷段,两岸陡峭,冲刷地段近现代少堆积,在其坡顶存在阶地。渠江河面宽 180~220 m,两岸形成深 20~25 m 的斜坡陡崖,渠江左岸坡度角为 45°~55°,局部地段呈陡坎状,右岸坡度角为 50°~60°,局部地段呈陡坎状。护安岸陡崖之上为缓坡地形,整体坡度角为 5°~15°,地面高程为 236.55(GSZK14)~259.29 m(GSZK1),相对高差为 22.74 m,地势起伏较小;官盛岸陡崖之上为缓坡地带,自然坡度角为 12°~18°,地面高程为 242.10(GSZ15)~271.42 m(CZK4),相对高差为 29.32 m,地势起伏较大。

通过对桥位区岩土物理力学性质的分析,结合规范要求及地区经验,列出桥位区的岩土物理力学指标,见表 4-32。

表 4-32　岩土物理力学参数建议

岩土名称	状　态	天然重度/(kN·m⁻³)	极限抗压强度/MPa 天然	极限抗压强度/MPa 饱和	抗剪强度 $\varphi/(°)$	抗剪强度 C/MPa	容许承载力 F_{a0}/kPa	桩周土极限摩阻力 q_{ik}/kPa	基底摩擦系数 μ
填筑土					30	—			
粉质黏土	可塑状	19.3	—	—	20	15	140	50	0.25
卵石土	松散		—	—	10	22.9		100	0.35
砂岩	强风化						350	250	0.40
砂岩	中风化	24.25	24	18			1 000	500	0.55
泥岩	强风化						300	160	0.35
泥岩	中风化	25.26	8	5			500		0.40
砂质泥岩	强风化						350	160	0.35
砂质泥岩	中风化	25.20	10	7			700	300	0.45

根据《中国地震动参数区划图》，官盛特大桥场地地震动峰值加速度 0.05g，地震动反应谱特征周期 0.35 s，地震基本烈度Ⅵ度，按《公路桥梁抗震设计细则》进行抗震设防。

4.6.1.4　技术标准

根据项目建设社会经济与技术发展论证，该桥建设技术标准为：① 设计基准期：100 年；② 道路等级：一级公路；③ 行车道数：双向四车道；④ 计算行车速度：60 km/h；⑤ 设计荷载：公路-Ⅰ级，人群荷载：3.0 kN/m²；⑥ 主桥桥面宽度：整幅标准宽度为 28 m；⑦ 桥面横坡：双向 2.0%，主桥纵坡：+0.3%；⑧ 设计洪水频率：300 年一遇，设计水位：236.70 m，航道等级及通航标准：内河航道Ⅳ-3 级，通航水位：最低通航水位 213.4 m，最高通航水位 228.92 m；⑨ 抗震烈度为Ⅵ度；地震动峰值加速度值 0.05g；地震动反应谱特征周期为 0.35 s；⑩ 设计基本风速：27.5 m/s。

4.6.2　桥型论证

该桥为四川广安环城路上的桥梁，为规划的小平大道重要工程，桥位建设条件较好，可比较的桥位建设条件更差，因此，根据规划路线确定的桥位可行。

根据桥位处的实际地形地质条件、水文条件和通航条件，提出的跨越该桥位的桥型有：300 m 中承式拱桥方案、330 m 悬索桥方案、320 m 斜拉桥方案、248 m 连续刚构桥方案。其中连续刚构桥方案存在以下问题：① 对于该桥位，受桥址上游 220 m 规划广安港靴沱作业区限制，通航净空尺寸要求高，通航论证单位通过了主跨大于 300 m 一孔过江的钢管混凝土拱桥方案，连续刚构桥方案并不满足此要求；② 连续刚构桥方案造价高；③ 大跨连续刚构桥后期病害多，耐久性差。因此，不对连续刚构桥进行同精度比较，仅对拱桥、悬索桥和斜拉桥方案进行比较。

根据桥位建设条件，拟定的斜拉桥方案，采用主跨 320 m 的双塔双索面钢筋混凝土斜拉桥方案，主跨 320 m 中承式钢筋混凝土拱桥方案，主跨 320 m 中承式钢管混凝土拱桥方案和主跨 330 m 钢管混凝土悬索桥方案，各桥型方案比较见表 4-33。

经过深入的经济、技术及使用功能比较，钢筋混凝土拱桥方案具有以下优点：① 结构造型与地形、环境协调；② 通航性好，不用增设防撞设施；③ 工程建设造价低，一次性投资额度小；④ 拱桥养护费用相对较低。

鉴于钢筋混凝土拱桥突出的经济优势，推荐采用主跨 320 m 中承式钢筋混凝土拱桥方案。

表 4-33 桥型方案比较

桥型方案	钢筋混凝土拱桥	钢管混凝土拱桥	斜拉桥	悬索桥
桥型图				
技术特点	优点：桥型适合地形，造型简洁、美观，造价较低。缺点：施工程序略多、工期较长	优点：桥型适合地形，造型美观，工期相对较短。缺点：后期维护费用略高	优点：桥型结合地形好，造型美观，施工程序相对简单。缺点：后期养护难度略大、造价高	优点：桥梁具有一定造型，施工程序相对简单。缺点：工程造价高，后期养护难
工期/月	36	30	36	38
造价/亿元	1.53	1.41	1.73	1.90
结论	推荐	比较	比较	比较

4.6.3 桥梁设计

4.6.3.1 总体设计

主孔净 300 m 一跨过江，主桥长 320 m，引桥长 338 m+135 m，全桥长 793 m，跨径组合为 11×30 m（引桥）+25×12.8 m（主桥）+4×30 m（引桥），如图 4-159 所示。

引桥为预应力钢筋混凝土简支 T 梁；主跨为钢筋混凝土中承式拱桥，桥面梁为工字形格子梁，桥面板为钢-混凝土组合桥面板，主桥吊杆间距为 12.8 m。

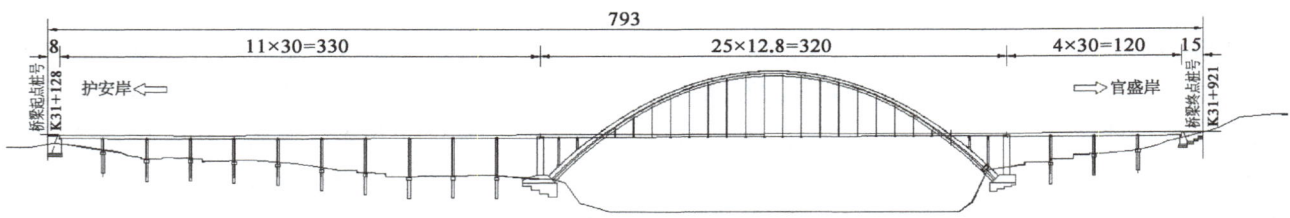

图 4-159 桥跨总体布置（单位：m）

4.6.3.2 主桥结构设计

1) 拱肋

拱肋为钢筋混凝土单箱单室截面，主孔为净跨径 300 m 变截面悬链线无铰拱，净矢跨比为 1/4，拱轴系数为 1.5。拱顶截面径向高为 3.5 m，拱脚截面径向高为 6.0 m，肋宽为 3.0 m。标准段顶板、底板厚 0.65 m，腹板厚 0.65 m，主拱拱脚至第 1、2 根立柱中间为渐变段，顶板、底板混凝土厚度由 2.75 m 线性变化至 0.65 m，腹板厚度由 1.0 m 线性变化至 0.65 m。吊杆和拱上立柱间距为 12.8 m，吊杆处设厚 55 cm 的横隔板，如图 4-160 和图 4-161 所示。主拱由 C100 钢管混凝土劲性骨架外包 C50 混凝土形成。

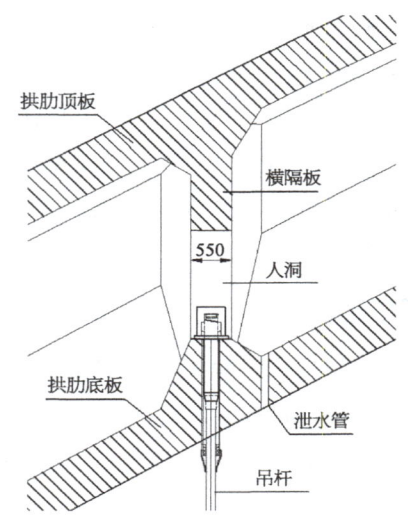

图 4-160 吊杆上吊点构造形式示意

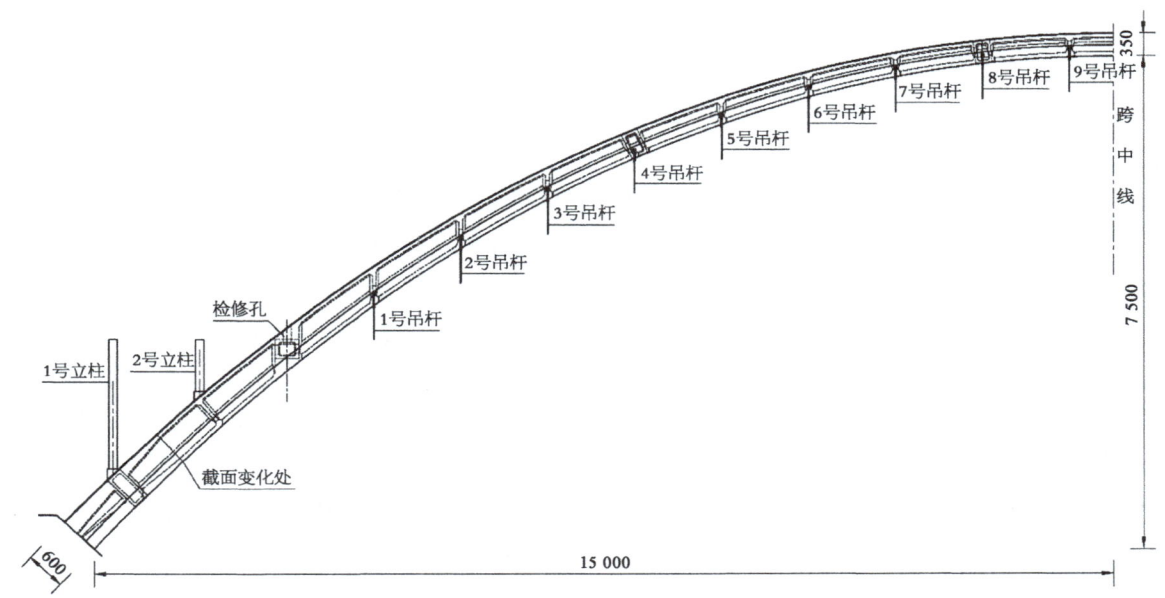

图 4-161　拱肋总体构造(单位：cm)

2) 劲性骨架

劲性骨架为钢管混凝土主管和钢管腹杆组成的桁架结构，每肋左、右腹板设上、中、下三道主管，其中上、下主管采用 351 mm×(14～18) mm、内灌 C100 混凝土的钢管混凝土，中主管采用 273 mm× (10～12) mm、内灌 C100 混凝土的钢管混凝土；主管通过 152 mm×(10～12) mm 的空钢管腹杆连接而构成桁架结构，横隔板对应位置设临时交叉斜撑 (图 4-162)。横撑劲性骨架采用型钢组成桁架结构，横撑主管与腹杆、平联均通过节点板焊接。

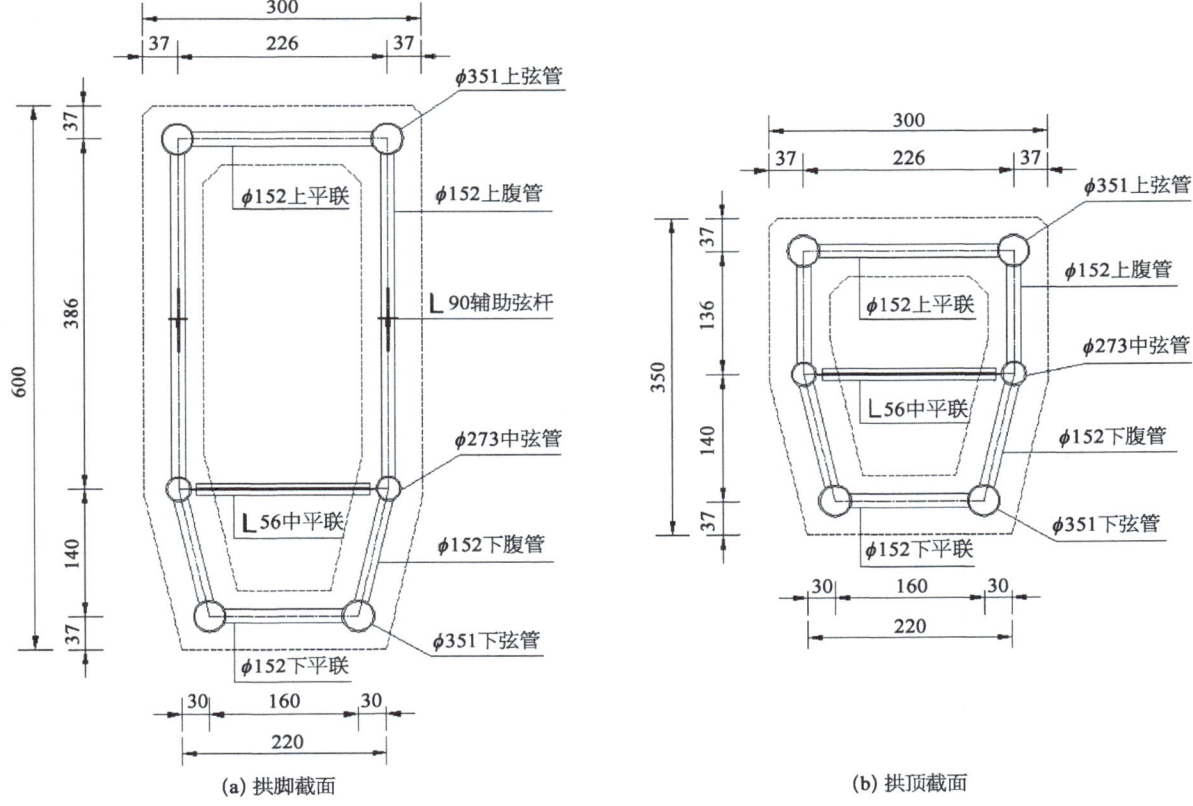

(a) 拱脚截面　　　　　　　(b) 拱顶截面

图 4-162　拱肋截面劲性骨架与外包混凝土构造关系(单位：cm)

3) 拱上结构

桥面以上设置 4 道一字式径向横撑,桥面以下靠近拱脚处的立柱下设一道径向横撑,桥面与拱肋交叉处各设置一道竖向肋间横梁。

吊杆采用 φ15.2 mm 预应力环氧喷涂钢绞线成品束挤压成型为吊杆索体,极限抗拉强度为 1 860 MPa,两端采用定型耐久性锚具,桥面以上的吊杆外套哈弗管装饰。

桥面梁由两道主纵梁(吊杆或立柱处)、一道次纵梁(桥面中心处)、吊杆或立柱处主横梁、主横梁间设置的三道次横梁组成格子桥面梁;主、次纵横梁均采用工形截面。格子梁上桥面板采用钢-混凝土组合结构,桥面底面钢板厚 8 mm,桥面板 C40 混凝土与钢板间通过 PBL 剪力键锚固连接,桥面板总体厚度为 12.8 cm。桥面铺装 7 cm 厚的改性沥青混凝土,在水泥混凝土和沥青混凝土间设置防水卷材(纵横梁两顶面侧各 80 cm)和防水涂料(格子梁跨中)。

4) 拱座和交界墩

拱座设计为分离式钢筋混凝土拱座,底面放坡成梯形结构,底宽 8 m,顶宽 5 m,并采用系梁相连。拱座基础置于稳定的、完整的中风化基岩上,要求地基允许应力不小于 1.0 MPa,当开挖后地质条件发生变化时,应适当处理地基或调整基底标高。

交界墩墩身设计为横向布置的花瓶式空心墩,护安岸墩高为 26.116 m,官盛岸墩高为 27.076 m。墩顶设盖梁相连,墩底在拱座上设置牛腿相连。

4.6.3.3 主拱设计特点

1) 变高度梯形截面构造设计

因拱肋宽度受限,同时要求具有足够的刚度和强度,本桥拱肋采用净跨径为 300 m 变截面悬链线无铰拱,净矢跨比为 1/4,拱轴系数为 1.5。拱肋截面为单箱单室变高度梯形截面。变截面的构造与拱肋内力变化规律相匹配,同时避免了矩形截面呆板笨重的缺点,兼顾了本桥靠近城区对建筑美学的要求。

较常规钢筋混凝土拱桥,本桥顶板、底板和腹板厚度均较大,这是因为一方面截面外轮廓尺寸偏小,需要加厚顶板、底板和腹板,以提高截面的抗弯、抗扭惯性矩,另一方面本桥劲性骨架腹杆及平联杆的尺寸较大,兼顾布置拱肋钢筋的考虑,需要加大整体厚度,确保钢筋保护层的厚度(图 4 - 163 和图 4 - 164)。

根据结构运营及施工期结构稳定的需要,全桥共在拱顶、1/4 处以及拱脚附近各设置 1 道横撑、在桥面系附近设置肋间横梁。其中横撑均呈径向布置,肋间横梁水平布置。横撑设计为箱形截面,减轻了自重。

2) 拱肋全管结构强劲性骨架设计

拱肋采用等宽变高度构造,靠近拱脚的腹杆长细比较大,易发生局部失稳。以常用的 4 肢∟100 mm× 100 mm×10 mm 型钢腹板为例,按照轴压强度相等的原则,可换算成 φ252 mm×10 mm 钢管截面。假定杆件的计算长度均为 3.3 m,截面各特性对比见表 4 - 34,虽然两者截面面积相当,但钢管腹杆的抗扭惯性矩是型钢腹板的 400 倍。此外,型钢构件以面外失稳控制设计,一般情况弱轴对应面外方向,其稳定折减系数为 0.56,而钢管腹板无强弱轴之分,对应的稳定折减系数为 0.83,是型钢腹杆的 1.5 倍。由此可见,同等含钢率的条件下,钢管腹杆构件受力最优。

因此,本桥采用全钢管结构劲性骨架构造(图 4 - 165),劲性骨架采用钢管混凝土主管和钢管腹杆组成的桁架结构,每肋左、右腹板设上、中、下三道主管,其中上、下主管采用 φ351 mm×(14~18)mm、内灌 C100 混凝土的钢管混凝土,中主管采用 φ273 mm×(10~

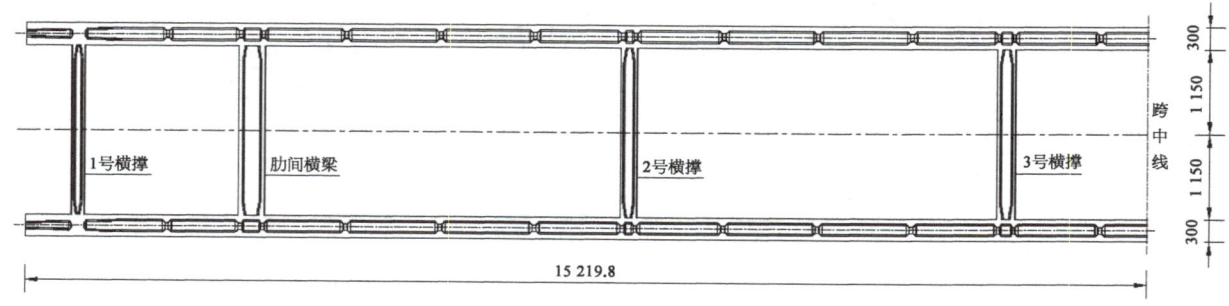

图 4 - 163 肋间横撑、横梁构造布置(单位:cm)

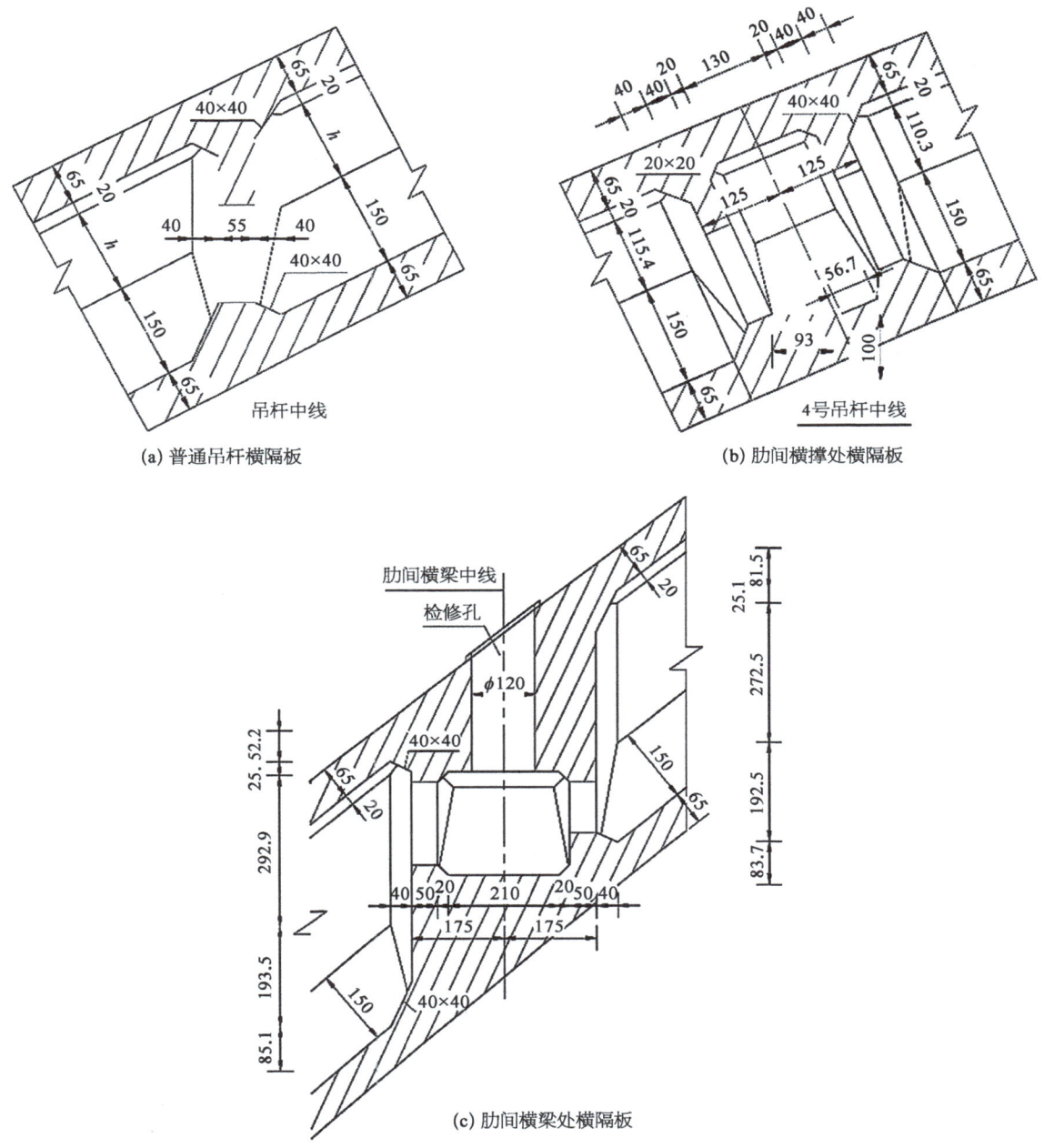

图 4-164 拱肋横隔板构造(单位：cm)

12)mm、内灌 C100 混凝土的钢管混凝土；主管通过 φ152 mm×(10～12)mm 的空钢管腹杆连接而构成桁架结构，横隔板对应位置设临时交叉斜撑。为进一步减少腹杆的长细比，拱脚到拱肋 1/4 附近，增加一道型钢中主管。为增加钢管腹杆同外包混凝土连接，在腹杆外套 φ10 mm 螺旋钢筋，达到共同受力的结果。

横撑采用型钢骨架(图 4-166)，主管为 4 肢 ∟100 mm×100 mm×10 mm 角钢，腹杆为 2 肢 ∟80 mm×80 mm×8 mm 角钢。为增加横撑主管同拱肋的连接强度，拱肋主弦钢管上增设大节点板。

3) 两环 8 工作面同步对称外包主拱混凝土设计

2013 年叙古高速磨刀溪大桥为劲性骨架拱桥，净跨径 266 m，SRC 比率(钢管混凝土截面占全截面的面积率)为 8.410%，主管内灌注 C100 混凝土，成功实现了主拱混凝土 2 环外包(图 4-167 和图 4-168)。

表 4-34 钢管腹杆同型钢腹板截面特性对比

截面特性	4∟100×100×10	252×10	比值
截面面积/mm²	7 600	7 602.6	1.00
强轴抗弯惯性矩/mm⁴	1.01×10^8	5.58×10^7	1.81
弱轴抗弯惯性矩/mm⁴	1.74×10^7	5.58×10^7	0.31
抗扭惯性矩/mm⁴	3.00×10^5	1.10×10^8	0.002 7
构件计算长度/mm⁴	3 300	3 300	1.00
强轴回转半径/mm⁴	115.5	85.6	1.35
弱轴回转半径/mm⁴	47.9	85.6	0.56
强轴长细比	28.6	38.5	0.74
弱轴长细比	68.9	38.5	1.79
强轴对应稳定折减系数	0.86	0.83	1.04
弱轴对应稳定折减系数	0.56	0.83	0.67

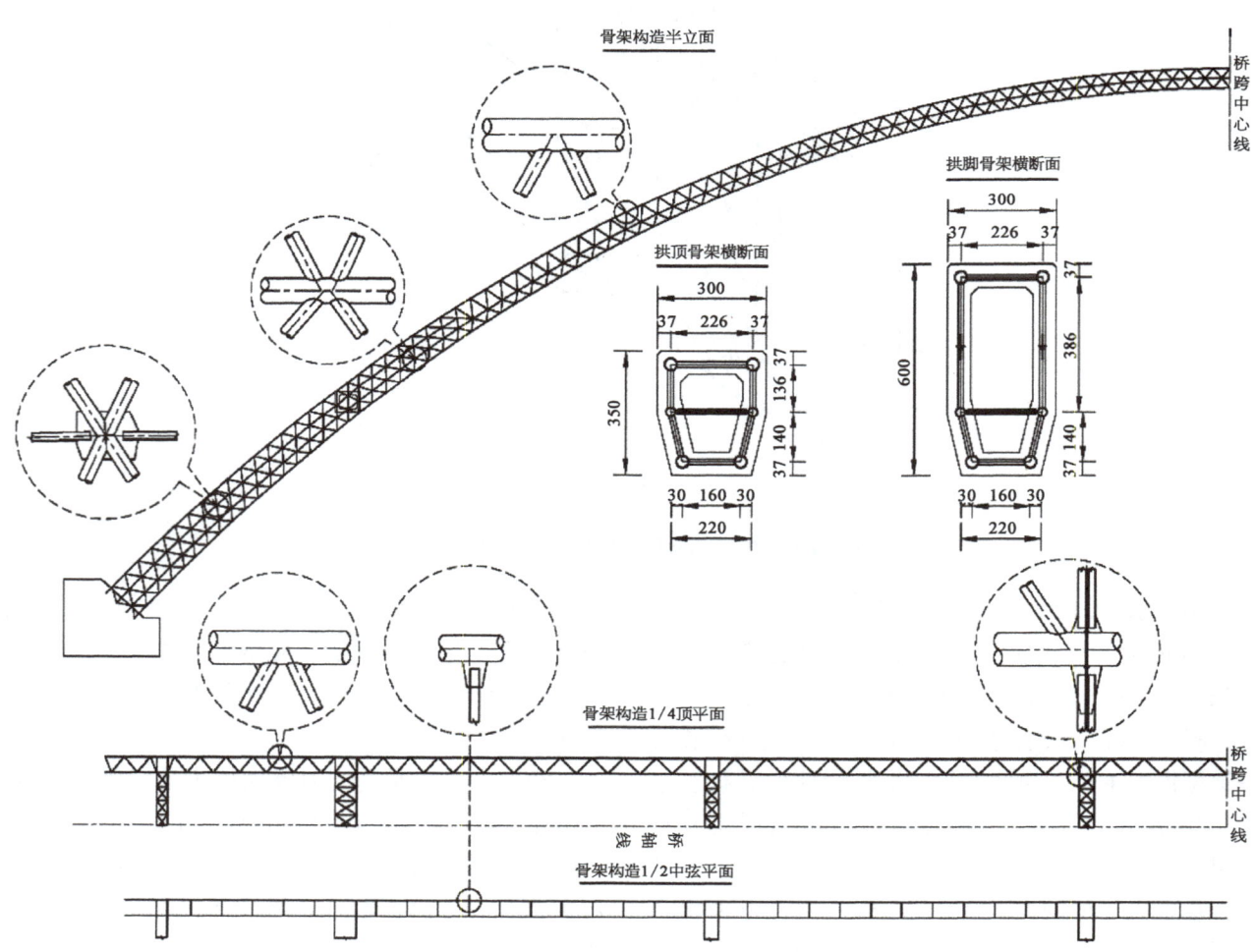

图 4-165 拱肋劲性骨架构造(单位：cm)

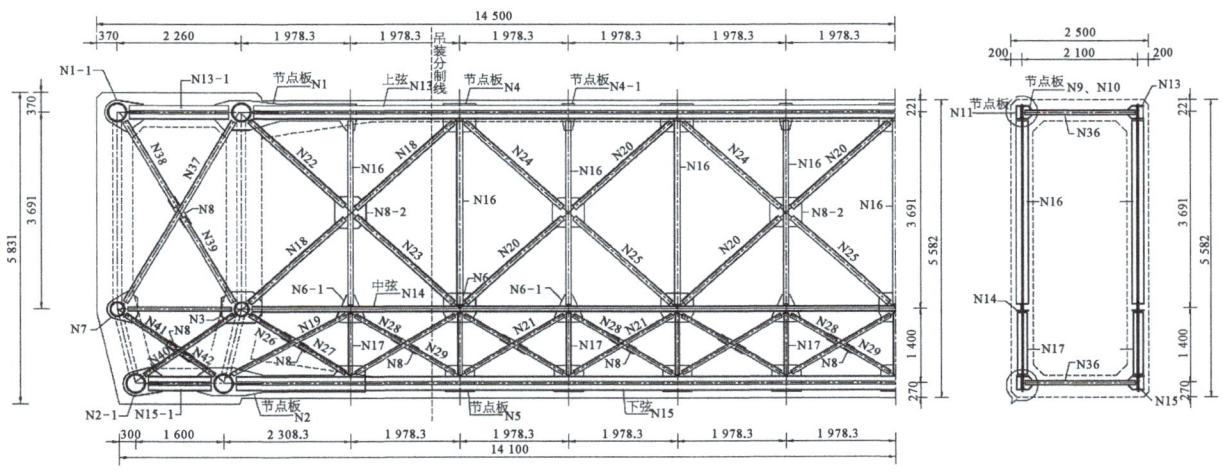

图 4-166 横撑骨架构造(单位：cm)

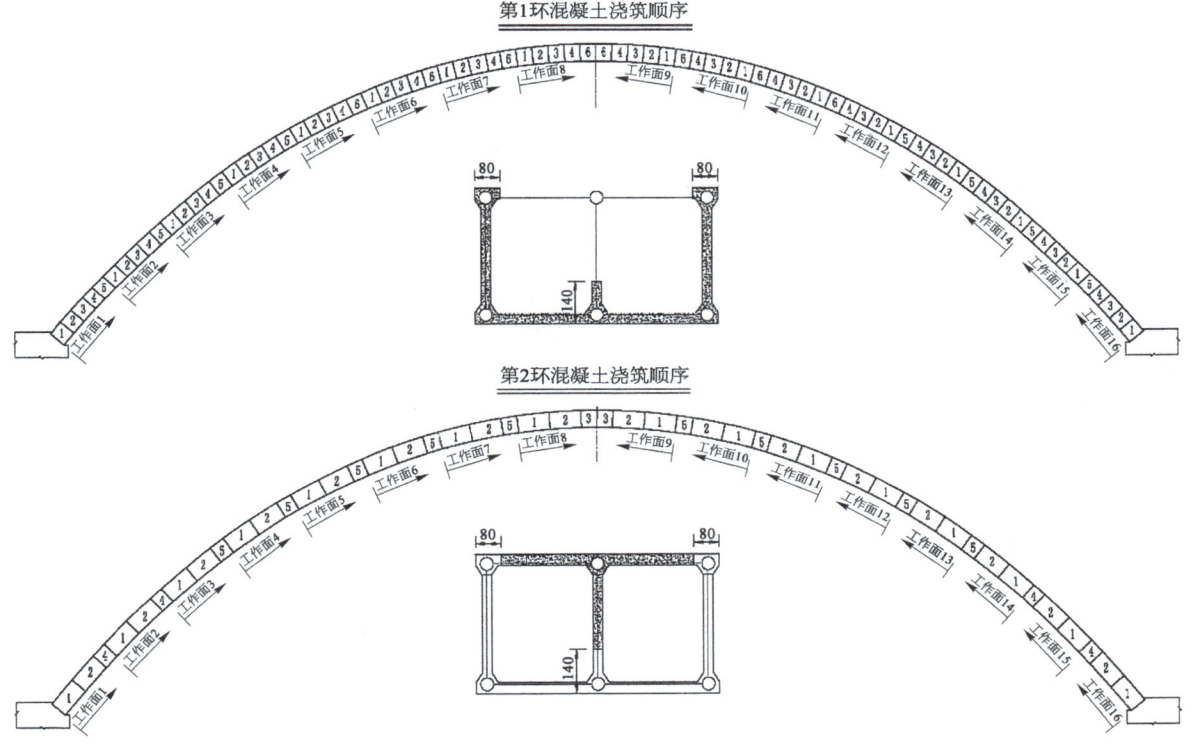

图 4-167 磨刀溪大桥主拱混凝土外包示意

图 4-168 磨刀溪大桥主拱混凝土外包实景

本桥拱顶截面 SRC 比率达到了 7.5% 以上，为 7.598%，同时钢管内灌注 C100 混凝土，劲性骨架的刚度和强度都比较大，理论上也具备了 2 环外包混凝土的条件。

如图 4-169 所示，本桥拟采用分 2 环外包拱肋混凝土，第 1 环外包底板和腹板下部 2m 高范围内混凝土，第 2 环外包腹板剩下的部分及顶板，单片拱肋共设 8 个工作面，工作面设置的位置综合考虑结构受力、横撑位置，以及现场的施工条件。最大节段

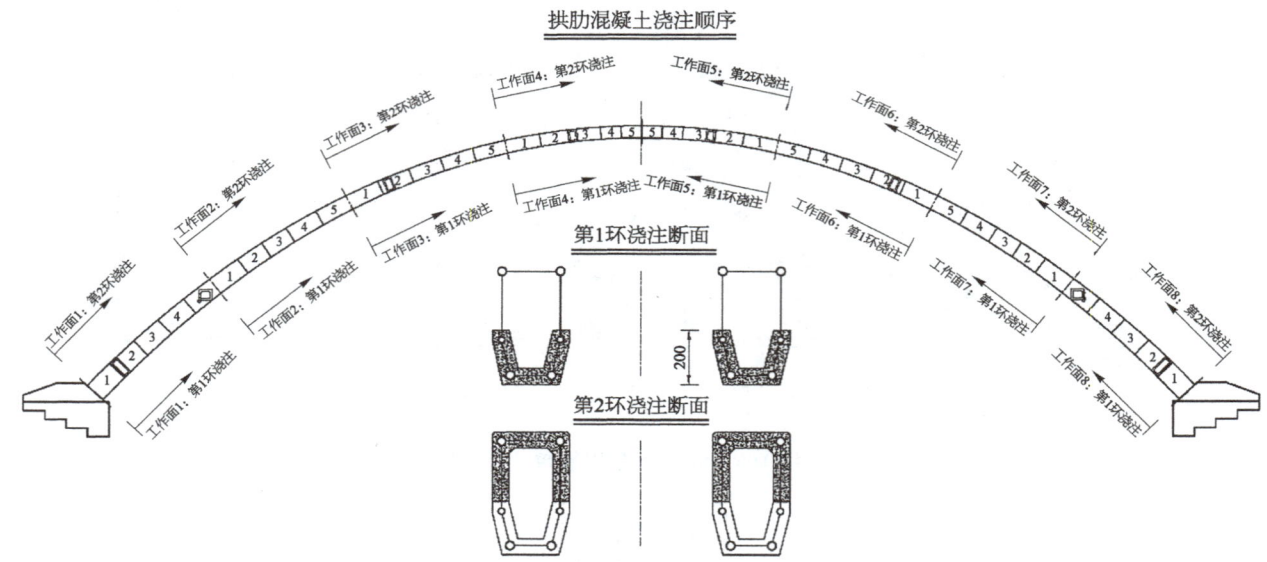

图 4-169 本项目拟采用的主拱混凝土外包方案

长度为 9 m,第 1 环单个节段最大混凝土浇注体量为 45.28 m³,第 2 环单个节段最大混凝土浇注体量为 90.74 m³。

4) 主拱缩尺模型试验

根据依托工程建立 1/30 缩尺模型 A1(无拱上建筑结构的裸拱模型)如图 4-170 所示。通过试验观察拱桥加载破坏全过程,揭示拱桥最终破坏模式,验证主拱钢管混凝土骨架与外包钢筋混凝土的连接构造的合理性等。

试验给出了加载过程中拱顶和拱脚外包混凝土应变随荷载的变化过程。加载过程中拱顶混凝

图 4-170 A1 缩尺模型加载试验

土均处于受压状态,拱脚混凝土接近破坏时上侧受拉、下侧受压,如图 4-171 所示。同时,根据图 4-171b 得出在整个加载过程中,混凝土符合平截面假定。

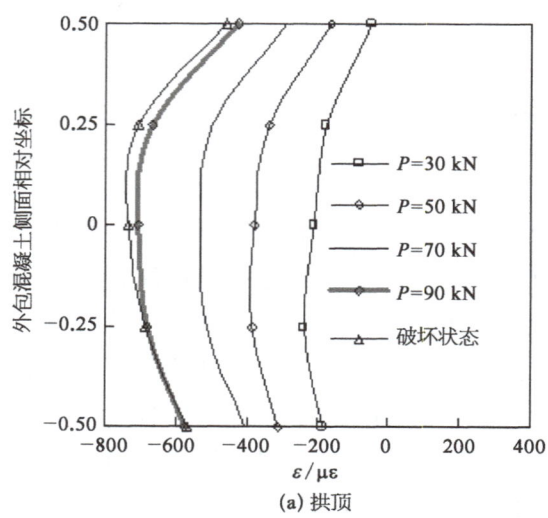

(a) 拱顶

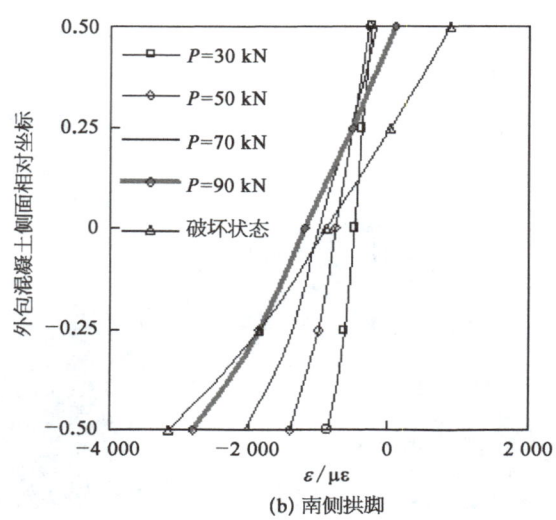

(b) 南侧拱脚

图 4-171 A1 拱荷载-拱顶和拱脚混凝土应变曲线

该拱在全跨荷载作用下的最终破坏模式如图4-172所示。拱的最终破坏位置发生在约1/8跨附近处。破坏形态表现为混凝土压溃,同时钢管屈曲、纵筋屈曲和箍筋断裂。钢管与混凝土之间没有发生明显的滑移,这说明界面摩擦力较大,主拱钢管混凝土骨架与外围混凝土的连接构造合理。与纯弯荷载工况相比压弯极限承载力提高约20%。

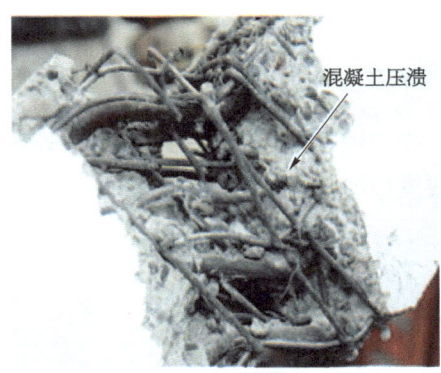

(a) 破坏形态

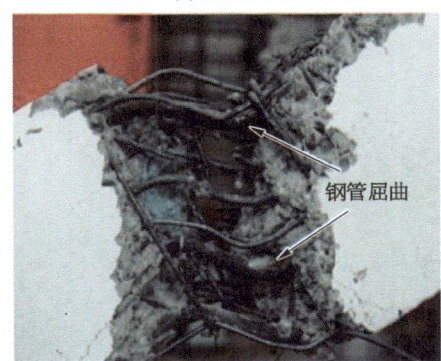

(b) 内部钢管屈曲

图4-172 A1拱破坏图

4.6.3.4 引桥及其他工程

1) 引桥工程

官盛渠江特大桥在护安侧(小里程侧)设置引桥三联,跨径布置为3×30 m+4×30 m+4×30 m;官盛侧(大里程侧)设置引桥一联,跨径布置为4×30 m。采用分幅设计,单幅桥宽13 m,双幅全宽26.5 m。

(1) 上部工程。引桥上部结构采用预应力混凝土简支T梁,标准跨径30 m,梁中心高度2.0 m。主梁梁肋间距为2.20 m,其中,中梁预制宽度为1.60 m,边梁预制宽度为1.80 m,翼板及横隔板间湿接缝宽0.60 m。桥面横坡由盖梁横坡实现,预制梁翼板顶面和横隔板均设相应横坡,预制梁底均按水平预制。

主梁预应力采用纵向预应力体系。纵向预应力束均采用$\phi 15.2$ mm钢绞线,标准强度$f_{pk}=1\,860$ MPa,钢束的张拉控制应力值为$\sigma_{con}=0.75 f_{pk}=0.75×1\,860$ MPa$=1\,395$ MPa。其中,主梁预应力束根据受力需要分别采用7~8股钢绞线,分别配M15-7~8锚具。

引桥桥面铺装自上到下设计为:4 cm厚AC-13C(SBS改性细粒式沥青混凝土)、5 cm厚AC-20C(中粒式密级配沥青混凝土)、防水黏结层、防水层、主梁整体化现浇混凝土层(10 cm厚)。

(2) 下部工程。下部结构采用分幅式花瓶桥墩和桩基础。桥墩墩高8.68~29.70 m,桥墩顺桥向宽为1.7 m,墩底通过承台接桩基础。桩基为钻孔灌注桩,直径1.8 m,桩长18~25 m。桩基按嵌岩桩设计,桩端持力层要求为完整、稳定的中风化砂岩。

桥台均采用重力式桥台,两岸桥台台口宽度为26.5 m,桥台基础置于较完整的中风化基岩上,要求基底允许应力不小于0.5 MPa,当开挖后地质条件发生变化时,应适当处理地基或调整基底标高位置。

2) 其他工程

主桥与引桥交接处,设置240型伸缩缝,伸缩缝设计安装温度20℃,应根据实际安装温度调整梁端间隙。当选定具体产品型号时,应根据其安装要求对预留槽口、锚固钢筋进行相应调整。引桥分联处及引桥与桥台交接处,设80型或160型伸缩缝。

全桥桥面上设置三道护栏,分别为中央分隔带波形护栏、车行道防撞护栏、人行道栏杆。波形护栏和车行道防撞护栏的防撞等级按SA级设计,采用C30钢筋混凝土结构。人行道栏杆为钢结构立柱式构造,业主可在安全的前提条件下选择其他形式,人行道栏杆外观颜色根据景观要求,待业主指定。

4.6.4 计算验证

4.6.4.1 计算简化模型

1) 成桥计算模型

根据计算内容所述,有限元模型分为运营阶段有限元模型与外包混凝土施工阶段有限元模型。成桥模型中,采用梁单元模拟拱肋、立柱、横撑、钢格子梁结构,桁架单元模拟吊杆,板单元模拟桥面板。全桥有限元模型共1 600个单元,965个节点,如图4-173所示。

图 4-173　运营阶段有限元计算模型

2）施工节段模型

在施工阶段模型中，上中下主管、支管、横撑单元均采用梁单元模拟，全桥共 11 594 个单元，6 104 个节点。模型钢骨架如图 4-174 所示，外包混凝土施工完成模型如图 4-175 所示。

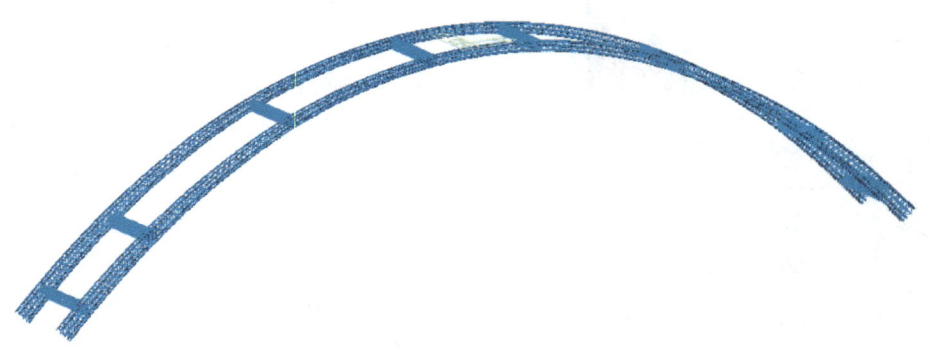

图 4-174　外包混凝土施工阶段钢骨架有限元模型

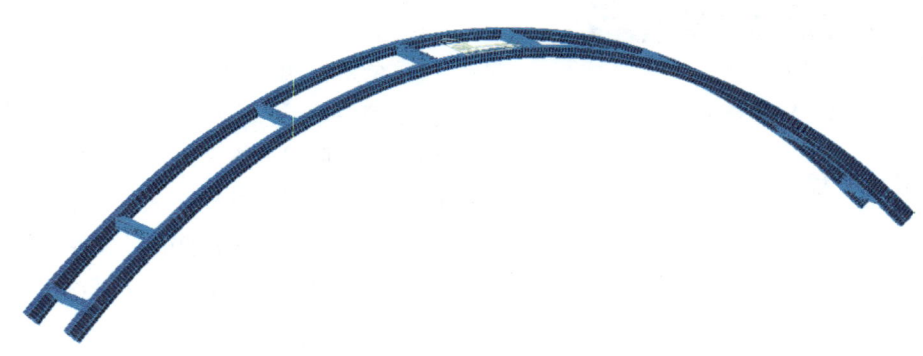

图 4-175　外包混凝土施工阶段有限元模型

4.6.4.2　运营阶段计算结果

1）主拱混凝土构件验算

主拱承载能力验算最不利位置为拱脚截面，最不利工况为负弯矩最大工况，相应内力 $N=96\,199.1$ kN，$M=192\,214.4$ kN·m，按偏压构件（计入劲性骨架对主拱强度的贡献）计算截面极限承载能力 $N_u=146\,450.1$ kN，安全系数 $N_u/\gamma N=1.38$，满足规范要求。具体验算见表 4-35～表 4-37。

2）横撑混凝土构件验算

横撑承载能力验算最不利位置为肋间横梁根部截面，最不利工况为负弯矩最大工况，相应内力为 $M=33\,329.7$ kN·m，按受弯构件计算截面极限承载能力为 $M_u=46\,871.7$ kN，安全系数 $M_u/\gamma M=1.41$，满足规范要求。具体验算见表 4-38～表 4-40。

表 4-35 钢筋混凝土主拱面内极限承载能力验算

工况	截面位置	验算轴力 N/kN	验算弯矩 M/(kN·m)	偏心距增大系数 η	极限承载力 N_u/kN	安全系数 $N_u/\gamma N$	是否满足
弯矩最大	拱脚	94 080.2	40 913.0	1.72	330 300.7	3.19	是
	L/8	80 045.9	31 266.1	1.97	176 835.9	2.01	是
	2L/8	71 670.7	36 761.0	2.10	127 508.6	1.62	是
	3L/8	58 068.3	30 573.0	2.32	96 992.9	1.52	是
	拱顶	55 963.2	27 326.4	2.46	91 412.0	1.48	是
弯矩最小	拱脚	96 199.1	192 214.4	1.39	146 450.1	1.38	是
	L/8	73 854.0	29 471.9	1.96	175 937.5	2.17	是
	2L/8	66 726.3	21 615.6	2.34	149 705.5	2.04	是
	3L/8	70 024.8	29 118.7	2.44	110 488.0	1.43	是
	拱顶	68 554.4	19 005.6	2.84	119 449.1	1.58	是
轴力最大	拱脚	70 788.0	104 990.6	1.46	165 805.3	2.13	是
	L/8	62 950.7	6 664.7	3.24	209 368.5	3.02	是
	2L/8	55 738.4	7 569.4	3.25	173 857.0	2.84	是
	3L/8	54 842.5	1 293.0	11.86	166 795.7	2.76	是
	拱顶	52 614.1	3 811.0	5.34	150 635.9	2.60	是
轴力最小	拱脚	115 667.1	52 179.7	1.70	327 518.7	2.57	是
	L/8	90 480.4	7 833.8	3.63	211 801.5	2.13	是
	2L/8	81 181.8	2 288.5	9.20	189 585.1	2.12	是
	3L/8	72 623.1	2 298.2	9.31	165 405.1	2.07	是
	拱顶	71 212.9	5 185.4	5.32	150 570.3	1.92	是

表 4-36 钢筋混凝土主拱面外极限承载能力验算

工况	截面位置	验算轴力 N/kN	验算弯矩 M/(kN·m)	偏心距增大系数 η	极限承载力 N_u/kN	安全系数 $N_u/\gamma N$	是否满足
弯矩最大	拱脚	92 381.0	94 804.0	1.01	159 385.5	1.57	是
	L/8	62 950.7	37 907.9	1.36	139 043.1	2.01	是
	2L/8	76 017.2	30 548.0	2.13	119 184.1	1.43	是
	3L/8	66 331.4	11 845.3	2.30	144 414.0	1.98	是
	拱顶	63 397.4	7 940.6	1.85	157 965.7	2.27	是

续表

工况	截面位置	验算轴力 N/kN	验算弯矩 M/(kN·m)	偏心距增大系数 η	极限承载力 N_u/kN	安全系数 $N_u/\gamma N$	是否满足
弯矩最小	拱脚	95 318.5	57 325.5	1.01	262 848.8	2.51	是
	$L/8$	84 729.8	41 286.8	1.38	152 366.8	1.63	是
	$2L/8$	55 738.4	27 101.2	2.06	106 643.3	1.74	是
	$3L/8$	55 328.1	10 839.5	2.23	141 742.3	2.33	是
	拱顶	55 067.0	7 269.5	1.82	157 005.9	2.59	是
轴力最大	拱脚	70 788.0	77 822.6	1.01	141 832.5	1.82	是
	$L/8$	62 950.7	37 907.9	1.36	139 043.1	2.01	是
	$2L/8$	55 738.4	27 101.2	2.06	106 643.3	1.74	是
	$3L/8$	54 842.5	397.1	19.15	173 944.1	2.88	是
	拱顶	52 614.1	7 883.9	1.76	154 503.0	2.67	是
轴力最小	拱脚	115 667.1	1 397.1	1.20	419 237.2	3.30	是
	$L/8$	90 480.4	30 169.0	1.43	172 677.4	1.73	是
	$2L/8$	81 181.8	22 195.7	2.31	138 317.7	1.55	是
	$3L/8$	72 623.1	653.9	15.71	173 610.6	2.17	是
	拱顶	71 212.9	4 236.3	2.44	167 613.9	2.14	是

表 4-37 钢筋混凝土主拱轴心受压承载能力验算

工况	截面位置	验算轴力 N/kN	轴压稳定系数 φ	正截面承载力 N_u/kN	安全系数 $N_u/\gamma N$	是否满足
轴心受压	拱脚	115 667.1	0.93	349 398.8	2.75	是
	$L/8$	90 480.4	0.92	190 676.0	1.92	是
	$2L/8$	81 181.8	0.85	154 902.2	1.73	是
	$3L/8$	72 623.1	0.77	126 759.1	1.59	是
	拱顶	71 212.9	0.73	113 789.5	1.45	是

表 4-38 预应力钢筋混凝土横撑抗弯承载力验算

构件	截面位置	工况	γM_u/MPa	M_n/MPa	$M_n/\gamma M_u$	工况	γM_u/MPa	M_n/MPa	$M_n/\gamma M_u$	是否满足
肋间横梁	根部	最大	24 531.6	46 871.7	1.91	最小	-33 329.7	46 871.7	1.41	是
	跨中	最大	29 727.5	46 865.5	1.58	最小	13 815.2	46 865.5	3.39	是
1号横撑	根部	最大	1 209.4	50 693.3	41.91	最小	-6 687.2	50 688.3	7.58	是
	跨中	最大	10 021.4	50 732.4	5.06	最小	6 616.5	50 732.4	7.67	是

续表

构　件	截面位置	工况	γM_u/MPa	M_n/MPa	$M_n/\gamma M_u$	工况	γM_u/MPa	M_n/MPa	$M_n/\gamma M_u$	是否满足
2号横撑	根部	最大	11 844.8	34 306.1	2.90	最小	−10 733.3	34 307.6	3.20	是
	跨中	最大	13 084.5	34 336.8	2.62	最小	10 358.5	34 336.8	3.31	是
3号横撑	根部	最大	4 596.4	28 851.7	6.28	最小	−5 561.9	28 850.1	5.19	是
	跨中	最大	11 210.7	28 879.1	2.58	最小	9 277.0	28 879.1	3.11	是

表4-39　预应力钢筋混凝土横撑抗剪承载力验算

构　件	截面位置	工况	γM_u/MPa	M_n/MPa	$M_n/\gamma M_u$	工况	γM_u/MPa	M_n/MPa	$M_n/\gamma M_u$	是否满足
肋间横梁	根部	最大	743.6	7 464.2	10.04	最小	−4 031.8	7 464.2	1.85	是
	跨中	最大	3 567.8	7 464.2	2.09	最小	−5 566.8	7 464.2	1.34	是
1号横撑	根部	最大	−1 248.9	11 440.5	9.16	最小	−2 118.1	11 440.5	5.40	是
	跨中	最大	281.5	11 440.5	40.63	最小	−281.5	11 440.5	40.63	是
2号横撑	根部	最大	−653.5	7 861.4	12.03	最小	−2 731.9	7 861.4	2.88	是
	跨中	最大	885.3	7 861.4	8.88	最小	−885.3	7 861.4	8.88	是
3号横撑	根部	最大	−1 091.0	6 667.3	6.11	最小	−2 204.1	6 667.3	3.02	是
	跨中	最大	406.8	6 667.3	16.39	最小	−406.8	6 667.3	16.39	是

表4-40　预应力钢筋混凝土正截面应力验算　　　　　　　　　　　　　　　　　　单位：MPa

构　件	截面位置	上缘受拉	下缘受拉	容许拉应力	上缘受压	下缘受压	容许压应力	是否满足
肋间横梁	根部	−3.63	−3.64	1.86	−3.63	−3.64	−16.20	是
	跨中	−8.10	0.74	1.86	−8.46	1.09	−16.20	是
1号横撑	根部	1.59	0.26	1.86	−1.91	−3.22	−16.20	是
	跨中	0.10	1.70	1.86	−3.51	−1.67	−16.20	是
2号横撑	根部	−4.22	−0.36	1.86	−4.78	0.20	−16.20	是
	跨中	−4.50	−0.17	1.86	−4.52	−0.15	−16.20	是
3号横撑	根部	−1.54	−3.50	1.86	−1.31	−3.74	−16.20	是
	跨中	−5.00	−0.14	1.86	−5.00	−0.13	−16.20	是

3）桥面钢结构验算

桥面梁钢结构容许应力验算最不利位置为主横梁跨中截面，其下缘拉应力为：组合Ⅰ作用下174.2 MPa＜200 MPa，组合Ⅱ作用下202.8 MPa＜250 MPa，满足规范容许值要求。吊杆在组合Ⅱ作用下最大应力为565.1 MPa，安全系数为3.3，满足相应规范要求。具体验算见表4-41。

4）主拱刚度验算

主拱最大挠度发生在拱顶位置，考虑长期挠度增大系数后的长期挠度值为20.2 cm＜$L/800$=37.5 cm，满足相应规范要求。具体验算见表4-42。

5）反力汇总（表4-43）

6）动力性能分析

桥梁动力性能计算成果见表4-44。

表 4-41　桥面钢构件及吊杆应力验算　　　　　　　　　　　　　　　　　　　　　单位：MPa

构件	组合Ⅰ	组合Ⅱ	无限寿命疲劳应力幅	应力容许值			是否满足
				组合Ⅰ	组合Ⅱ	疲劳	
主横梁	174.2	202.8	38.2	200	250	50	是
次横梁	121.8	159.1	43.4	200	250	50	是
主纵梁	91.2	139.3	42.8	200	250	50	是
次纵梁	148.2	198.4	40.2	200	250	50	是
吊杆	—	565.1	—	抗拉强度标准值：1 860			是

表 4-42　主拱刚度验算

截面位置	自重/cm	短期组合/cm	增长系数 η_θ	扣除自重的长期挠度/cm	$L/800$/cm	是否满足
$L/8$	2.64	7.12	1.35	6.06	37.5	是
$L/4$	5.32	16.22	1.35	14.71	37.5	是
$3L/8$	6.50	21.51	1.35	20.26	37.5	是
拱顶	7.10	21.86	1.35	19.93	37.5	是

表 4-43　主拱拱脚反力列表

工况	护安岸			官盛岸		
	竖向力/kN	水平力/kN	弯矩/(kN·m)	竖向力/kN	水平力/kN	弯矩/(kN·m)
轴力最小	62 947.5	53 591.1	80 492.0	63 005.9	53 591.0	81 097.0
弯矩最小	64 114.0	57 093.7	−14 501.5	64 174.2	57 093.4	−13 918.8
轴力最大	66 552.5	58 142.8	29 399.9	66 613.2	58 143.2	29 967.5
弯矩最大	65 697.1	54 694.0	128 575.8	65 755.9	54 694.4	129 168.3

表 4-44　桥梁动力特性一览表

振型序号	频率/Hz	振型描述	振型序号	频率/Hz	振型描述
1	0.205	主拱面外对称侧弯	6	0.571	桥面系面外反对称侧弯
2	0.215	桥面系面外对称侧弯	7	0.592	主拱面内竖弯
3	0.284	桥面系纵飘	8	0.717	主拱面外对称侧弯
4	0.333	主拱面内竖弯	9	0.847	桥面系面外对称侧弯
5	0.406	主拱面外反对称侧弯	10	0.968	主拱扭转

7) 桥梁弹性稳定分析

桥梁稳定计算分析所得弹性稳定安全系数见表4-45。

表 4-45 弹性稳定计算成果

序 号	稳定系数	失 稳 模 态
1	6.563	主拱竖向弯曲
2	6.823	主拱侧向对称弯曲
3	7.031	主拱侧向反对称弯曲
4	9.322	主拱侧向对称弯曲
5	9.895	主拱竖向弯曲

使用阶段主拱一阶弹性稳定系数为6.563>4，满足相应规范要求。

4.6.4.3 外包混凝土施工阶段计算结果

1) 施工静力计算

外包混凝土施工阶段，按照最不利工况计算表明：主拱钢管混凝土承载能力、主拱钢构件应力、主拱刚度满足有关规范和设计要求。以几组最不利阶段为例，列出以下结果。

（1）主拱钢管混凝土构件验算。拱肋钢管混凝土构件承载能力验算最不利阶段为第二环第五段外包混凝土浇注时，最不利位置为上主管$L/8$附近截面，最不利工况为轴力最大工况，相应内力为$N=6206.5$ kN，$M=21.7$ kN·m，按压弯构件计算组合截面极限承载能力$N_u=8045.5$ kN，安全系数$N_u/\gamma N=1.18$，满足规范要求，因缺乏C100高强混凝土材料参数，本项计算按C80混凝土材料参数取值，计算结果偏于保守。具体验算见表4-46~表4-48。

表 4-46 上弦钢管混凝土承载力及偏心距验算

阶 段	截面位置	内 力 N/kN	内 力 M/(kN·m)	承载力 N_u/kN	安全系数 $N_u/\gamma N$	是否满足	e_0/m	e_0/r	容许值	是否满足
裸拱	拱脚	739.5	7.8	6895.2	8.48	是	0.01	0.06	1.55	是
	$L/8$	863.8	2.8	8066.2	8.49	是	0.00	0.02	1.55	是
	$L/4$	802.4	1.4	8191.9	9.28	是	0.00	0.01	1.55	是
	$3L/8$	710.1	0.7	8251.6	10.56	是	0.00	0.01	1.55	是
	拱顶	723.2	1.0	6919.6	8.70	是	0.00	0.01	1.55	是
1-3	拱脚	518.0	29.6	4785.2	8.40	是	0.06	0.33	1.55	是
	$L/8$	2119.2	6.7	8071.8	3.46	是	0.00	0.02	1.55	是
	$L/4$	2955.8	2.3	8272.7	2.54	是	0.00	0.00	1.55	是
	$3L/8$	2378.3	3.8	8203.8	3.14	是	0.00	0.01	1.55	是
	拱顶	80.3	11.9	2731.8	30.94	是	0.15	0.85	1.55	是
1-5	拱脚	1774.8	19.2	6881.0	3.52	是	0.01	0.06	1.55	是
	$L/8$	2781.4	8.4	8083.4	2.64	是	0.00	0.02	1.55	是
	$L/4$	3046.8	1.8	8291.3	2.47	是	0.00	0.00	1.55	是
	$3L/8$	2873.5	2.7	8260.5	2.61	是	0.00	0.01	1.55	是
	拱顶	2214.3	5.0	6853.2	2.81	是	0.00	0.01	1.55	是

续表

阶 段	截面位置	内 力 N/kN	内 力 M/(kN·m)	承载力 N_u/kN	安全系数 $N_u/\gamma N$	是否满足	e_0/m	e_0/r	容许值	是否满足
2-1	拱脚	1 424.1	72.3	4 993.7	3.19	是	0.05	0.29	1.55	是
	$L/8$	3 422.9	13.2	8 016.6	2.13	是	0.00	0.02	1.55	是
	$L/4$	4 386.5	22.0	7 922.2	1.64	是	0.01	0.03	1.55	是
	$3L/8$	2 874.4	4.3	8 212.5	2.60	是	0.00	0.01	1.55	是
	拱顶	1 489.0	7.0	6 686.4	4.08	是	0.00	0.03	1.55	是
2-3	拱脚	1 558.2	6.5	7 341.7	4.28	是	0.00	0.02	1.55	是
	$L/8$	4 913.8	55.7	7 451.4	1.38	是	0.01	0.06	1.55	是
	$L/4$	5 548.5	31.4	7 872.9	1.29	是	0.01	0.03	1.55	是
	$3L/8$	2 630.1	24.7	7 589.8	2.62	是	0.01	0.05	1.55	是
	拱顶	400.6	12.3	5 303.7	12.04	是	0.03	0.17	1.55	是
2-5	拱脚	4 100.1	34.5	7 042.2	1.56	是	0.01	0.05	1.55	是
	$L/8$	6 206.5	21.7	8 045.5	1.18	是	0.00	0.02	1.55	是
	$L/4$	4 473.8	24.5	7 886.1	1.60	是	0.01	0.03	1.55	是
	$3L/8$	1 872.8	25.1	7 307.5	3.55	是	0.01	0.08	1.55	是
	拱顶	1 686.2	13.1	6 483.7	3.50	是	0.01	0.04	1.55	是

表4-47 中弦钢管混凝土承载力及偏心距验算

阶 段	截面位置	内 力 N/kN	内 力 M/(kN·m)	承载力 N_u/kN	安全系数 $N_u/\gamma N$	是否满足	e_0/m	e_0/r	容许值	是否满足
裸拱	拱脚	539.2	7.9	3 526.4	5.95	是	0.01	0.11	1.55	是
	$L/8$	450.4	0.4	3 715.8	7.50	是	0.00	0.01	1.55	是
	$L/4$	403.1	0.4	3 710.7	8.37	是	0.00	0.01	1.55	是
	$3L/8$	365.4	0.8	3 653.6	9.09	是	0.00	0.02	1.55	是
	拱顶	351.2	0.1	4 206.7	10.89	是	0.00	0.00	1.55	是
1-3	拱脚	1 648.9	4.4	4 080.2	2.25	是	0.00	0.02	1.55	是
	$L/8$	1 188.8	5.1	3 555.6	2.72	是	0.00	0.03	1.55	是
	$L/4$	1 078.5	4.0	3 582.1	3.02	是	0.00	0.03	1.55	是
	$3L/8$	1 061.4	3.6	3 598.4	3.08	是	0.00	0.02	1.55	是
	拱顶	985.3	3.0	4 059.3	3.75	是	0.00	0.02	1.55	是

续 表

阶 段	截面位置	内 力 N/kN	M/(kN·m)	承载力 N_u/kN	安全系数 $N_u/\gamma N$	是否满足	e_0/m	e_0/r	容许值	是否满足
1-5	拱脚	2 169.1	3.1	4 149.9	1.74	是	0.00	0.01	1.55	是
	L/8	1 875.1	3.8	3 662.5	1.78	是	0.00	0.01	1.55	是
	L/4	1 667.4	5.2	3 611.3	1.97	是	0.00	0.02	1.55	是
	3L/8	1 717.1	12.2	3 433.0	1.82	是	0.01	0.05	1.55	是
	拱顶	1 528.2	0.9	4 195.1	2.50	是	0.00	0.00	1.55	是

表 4-48 下弦钢管混凝土承载力及偏心距验算

阶 段	截面位置	内 力 N/kN	M/(kN·m)	承载力 N_u/kN	安全系数 $N_u/\gamma N$	是否满足	e_0/m	e_0/r	容许值	是否满足
裸拱	拱脚	1 288.6	10.2	7 077.3	4.99	是	0.01	0.05	1.55	是
	L/8	880.1	1.0	6 930.0	7.16	是	0.00	0.01	1.55	是
	L/4	792.3	1.5	6 878.4	7.89	是	0.00	0.01	1.55	是
	3L/8	729.3	0.7	6 941.8	8.65	是	0.00	0.01	1.55	是
	拱顶	655.2	1.0	6 903.9	9.58	是	0.00	0.01	1.55	是
1-3	拱脚	3 794.9	26.9	7 133.4	1.71	是	0.01	0.04	1.55	是
	L/8	2 224.3	17.0	6 492.9	2.65	是	0.01	0.04	1.55	是
	L/4	1 061.1	6.1	6 615.6	5.67	是	0.01	0.03	1.55	是
	3L/8	1 915.3	0.7	6 991.3	3.32	是	0.00		1.55	是
	拱顶	4 030.4	12.2	6 799.3	1.53	是	0.00	0.02	1.55	是
1-5	拱脚	4 950.4	19.6	7 359.2	1.35	是	0.00	0.02	1.55	是
	L/8	4 154.0	38.0	6 399.4	1.40	是	0.01	0.05	1.55	是
	L/4	3 449.5	31.0	6 408.4	1.69	是	0.01	0.05	1.55	是
	3L/8	3 683.9	32.3	6 423.5	1.59	是	0.01	0.05	1.55	是
	拱顶	3 898.0	9.7	6 837.6	1.59	是	0.00	0.01	1.55	是

(2) 主拱钢构件验算。拱肋钢构件容许应力验算最不利阶段为第二环第五段外包混凝土浇注时，其中腹杆最不利应力为 116.8 MPa＜260 MPa，轴压稳定应力为 89.8 MPa＜260 MPa，满足规范容许值要求；其中辅助主管最不利应力为 153.6 MPa＜260 MPa，轴压稳定应力为 245.5 MPa＜260 MPa，满足规范容许值要求。

横撑钢构件容许应力验算最不利阶段为相应横撑外包混凝土浇注时，其中主管最不利应力为 176.4 MPa＜260 MPa，轴压稳定应力为 102.4 MPa＜

260 MPa，满足规范容许值要求。其中腹杆最不利应力为 184.9 MPa＜260 MPa，轴压稳定应力为 209.3 MPa＜260 MPa，满足规范容许值要求。具体验算见表 4-49 和表 4-50。

表 4-49 拱肋钢构件应力验算

阶 段	主拱腹杆			辅助主管			容许值 /MPa	是否满足
	强度验算 $N/A+M/W$ /MPa	稳定系数 ϕ	稳定验算 $N/\phi A$ /MPa	强度验算 $N/A+M/W$ /MPa	稳定系数 ϕ	稳定验算 $N/\phi A$ /MPa		
裸拱	31.6	0.695	24.0	30.8	0.573	44.5	260	是
1-1	71.9	0.695	84.0	59.7	0.573	73.6	260	是
1-2	72.6	0.695	59.6	66.0	0.573	91.3	260	是
1-3	74.0	0.695	69.1	74.6	0.573	113.1	260	是
1-4	61.8	0.695	65.2	83.7	0.573	135.8	260	是
1-5	64.0	0.695	61.4	97.2	0.573	161.8	260	是
2-1	92.9	0.695	112.7	114.2	0.573	181.3	260	是
2-2	98.9	0.695	104.6	120.4	0.573	189.2	260	是
2-3	106.2	0.695	88.1	129.0	0.573	201.4	260	是
2-4	110.1	0.695	94.1	143.1	0.573	227.7	260	是
2-5	116.8	0.695	89.8	153.6	0.573	245.5	260	是

表 4-50 横撑钢构件应力验算

阶 段	横撑主管			横撑腹杆			容许值 /MPa	是否满足
	强度验算 $N/A+M/W$ /MPa	稳定系数 ϕ	稳定验算 $N/\phi A$ /MPa	强度验算 $N/A+M/W$ /MPa	稳定系数 ϕ	稳定验算 $N/\phi A$ /MPa		
裸拱	18.6	0.826	14.2	27.2	0.695	21.6	260	是
1-1	22.5	0.826	15.4	42.1	0.695	31.7	260	是
1-2	27.3	0.826	15.6	50.1	0.695	38.3	260	是
1-3	31.1	0.826	15.9	52.1	0.695	39.7	260	是
1-4	31.4	0.826	16.0	53.7	0.695	40.9	260	是
1-5	30.2	0.826	15.9	54.1	0.695	41.2	260	是
2-1	35.3	0.826	16.3	59.0	0.695	45.0	260	是
2-2	42.3	0.826	16.3	68.8	0.695	48.8	260	是
2-3	45.3	0.826	16.3	75.4	0.695	52.2	260	是
2-4	45.4	0.826	16.5	75.9	0.695	54.8	260	是

续表

阶 段	横撑主管			横撑腹杆			容许值 /MPa	是否 满足
	强度验算 $N/A+M/W$ /MPa	稳定系数 ϕ	稳定验算 $N/\phi A$/MPa	强度验算 $N/A+M/W$ /MPa	稳定系数 ϕ	稳定验算 $N/\phi A$/MPa		
2-5	45.4	0.826	16.5	75.6	0.695	56.4	260	是
横撑-肋间	176.4	0.877	102.4	173.5	0.766	180.5	260	是
横撑-1号	172.7	0.826	91.3	184.9	0.766	209.3	260	是
横撑-2号	135.6	0.826	87.5	130.1	0.695	135.8	260	是
横撑-3号	135.3	0.826	90.7	127.6	0.695	141.0	260	是

（3）主拱混凝土构件验算。拱肋混凝土构件施工阶段弹性应力验算最不利阶段为1号横撑外包混凝土浇注时，最不利位置为拱脚截面，其下缘压应力为13.9 MPa＜25.9 MPa，满足规范容许值要求。具体验算见表4-51。

表4-51　外包混凝土应力验算　单位：MPa

阶 段	顶腹板	底腹板	容许压应力	是否满足
裸拱	—	—	25.9	是
1-1	—	—	25.9	是
1-2	—	0.8	25.9	是
1-3	—	1.7	25.9	是
1-4	—	2.0	25.9	是
1-5	—	3.2	25.9	是
2-1	—	4.8	25.9	是
2-2	1.0	7.0	25.9	是
2-3	1.4	9.6	25.9	是
2-4	2.2	11.9	25.9	是
2-5	2.5	12.5	25.9	是
横撑-肋间	3.3	12.7	25.9	是
横撑-1号	4.6	13.4	25.9	是
横撑-2号	4.5	13.8	25.9	是
横撑-3号	3.9	13.9	25.9	是

（4）主拱刚度计算，见表4-52。

表4-52　主拱刚度计算

阶 段	挠度/cm			
	$L/8$	$L/4$	$3L/8$	拱顶
裸拱	0.96	2.10	2.97	3.41
1-1	3.61	7.48	3.89	3.43
1-2	4.20	9.30	5.20	4.35
1-3	4.66	10.58	6.67	3.87
1-4	4.46	10.34	8.41	0.35
1-5	3.60	9.06	10.15	6.37
2-1	5.48	12.45	9.55	1.29
2-2	6.42	14.32	9.40	1.55
2-3	7.36	16.00	9.35	3.66
2-4	7.73	16.49	9.79	2.63
2-5	7.89	16.67	10.24	0.78
横撑-肋间	8.41	17.03	9.79	1.22
横撑-1号	8.42	17.02	9.78	1.21
横撑-2号	8.65	18.04	9.68	3.10
横撑-3号	7.75	16.19	10.64	1.26

2）施工阶段动力性能分析

（1）施工阶段动力性能。桥梁施工阶段动力性能的自振频率见表4-53。

表4-53 桥梁动力特性一览表

施工阶段	振型序号	频率/Hz	振型描述
裸拱	1	0.910	主拱一阶对称横弯
	2	2.146	主拱面内竖弯
	3	3.199	主拱二阶反对称横弯
1-1	1	0.917	主拱一阶对称横弯
	2	2.165	主拱面内竖弯
	3	3.204	主拱二阶反对称横弯
1-3	1	0.864	主拱一阶对称横弯
	2	1.778	主拱面内竖弯
	3	2.419	主拱二阶反对称横弯
2-1	1	0.797	主拱一阶对称横弯
	2	1.798	主拱面内竖弯
	3	2.047	主拱二阶反对称横弯
2-3	1	0.795	主拱一阶对称横弯
	2	1.796	主拱面内竖弯
	3	2.044	主拱二阶反对称横弯
2-5	1	0.813	主拱一阶对称横弯
	2	1.769	主拱面内竖弯
	3	2.194	主拱二阶反对称横弯
横撑混凝土完成	1	1.647	主拱一阶对称横弯
	2	2.660	主拱面内竖弯
	3	3.146	主拱二阶反对称横弯

(2) 施工阶段桥梁弹性稳定分析。施工阶段桥梁弹性稳定安全系数分析成果见表4-54。

表4-54 弹性稳定计算成果

施工阶段	序号	稳定系数	失稳模态
裸拱	1	7.512	主拱侧向对称弯曲
	2	9.776	主拱竖向弯曲
	3	16.188	主拱侧向反对称弯曲

续表

施工阶段	序号	稳定系数	失稳模态
1-3	1	5.347	主拱侧向对称弯曲
	2	6.372	主拱竖向弯曲
	3	10.314	主拱侧向反对称弯曲
1-5	1	4.433	主拱侧向对称弯曲
	2	5.367	主拱竖向弯曲
	3	8.061	主拱侧向反对称弯曲
2-1	1	4.156	主拱侧向对称弯曲
	2	5.489	主拱竖向弯曲
	3	7.262	主拱侧向反对称弯曲
2-3	1	4.118	主拱侧向对称弯曲
	2	5.616	主拱竖向弯曲
	3	8.030	主拱侧向反对称弯曲
2-5	1	4.144	主拱侧向对称弯曲
	2	6.014	主拱竖向弯曲
	3	10.401	主拱侧向反对称弯曲
肋间横撑混凝土完成	1	5.534	主拱侧向对称弯曲
	2	9.341	主拱竖向弯曲
	3	12.441	主拱侧向反对称弯曲
全部横撑混凝土完成	1	11.393	主拱侧向对称弯曲
	2	11.985	主拱竖向弯曲
	3	12.873	主拱侧向反对称弯曲

施工阶段主拱一阶弹性稳定系数最小发生阶段为第二环第三段外包混凝土浇注时,其值为4.118>4,满足相应规范要求。

4.6.5 技术特点

4.6.5.1 关键技术

1) 提出了基于强劲骨架技术的特大跨肋拱桥主拱的新构造

(1) 首次提出了基于强劲骨架技术的特大跨肋拱桥的梯形截面主拱构造。依托工程拱肋为单箱单室、等宽变高截面,横向宽度为 3 m,拱顶高 3.5 m,拱脚高 6.0 m,如图 4-176 所示。

拱肋梯形截面设计与其内力由拱顶至拱脚渐次递增规律匹配,化解了常规高大箱形截面的厚重形象,兼顾受力与美观。此构造设计使拱顶、拱脚安全储备基本一致,动力特性满足要求。

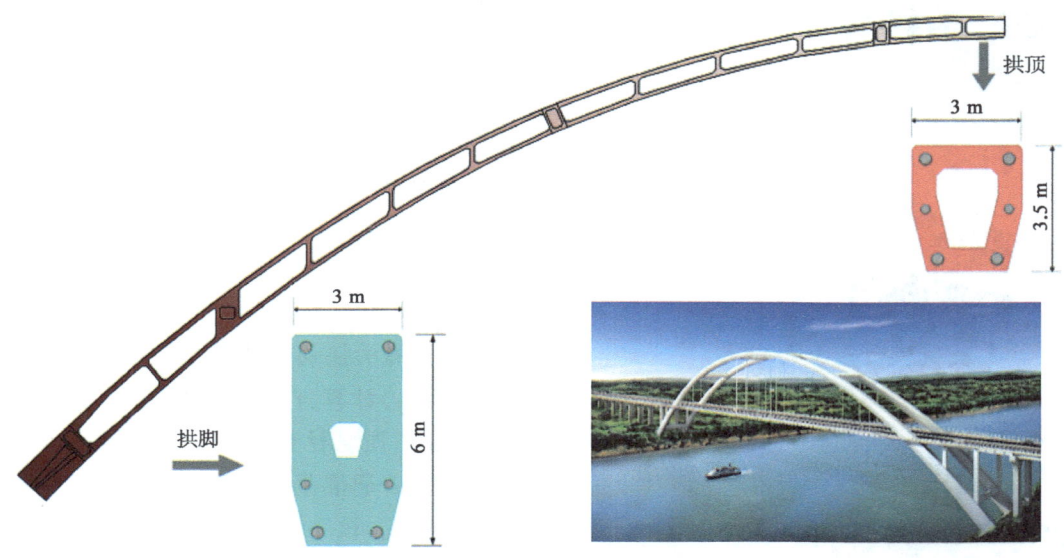

图 4-176　主拱截面一般构造示意

(2) 开创了 C100 超高强主管结合管式腹管组成的全管结构强劲骨架构造技术。全管结构强劲骨架采用 C100 超高强钢管混凝土主管,腹杆采用刚度、强度与主管匹配的空心钢管(图 4-177),组成的桁式结构处小偏心受压状态,整体承载力高、刚度大。受压空心钢管局部稳定系数比型钢腹杆提高 1.5 倍,同时简化节点连接构造。

腹杆系中增加一道中主管(图 4-178),突破传统 N 形布置形式,进一步降低了腹杆长细比,提高结构稳定性。在钢管腹杆外焊接螺纹箍筋,增大管结构与混凝土的锚固能力,同时加大钢管壁厚,抵消由空心钢管对拱肋钢筋混凝土腹板带来的"挖空"效应。

(3) 提出超长横撑采用桁式钢骨架一次外包混凝土箱形结构(图 4-179 和图 4-180)。提出的一字形箱形横撑,构造简洁,抗弯和抗扭刚度大,不仅降低施工难度,还可减少横撑设置数量,使全桥整体构造简洁通透。此外,箱形截面中空设计节省材料,减轻自重,降低地震响应。

首创的强劲桁式钢骨架一次外包混凝土成型技术,有效解决超长横撑混凝土因分层浇注导致易开裂这一施工难题,其成型质量高,耐久性好。该技术

图 4-177　主拱强劲骨架构造

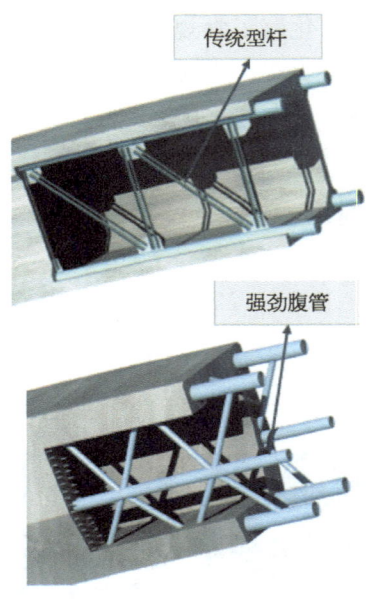

图4-178 主拱强劲骨架处传统劲性骨架对比

图4-179 横撑照片

图4-180 一次外包箱形横撑照片

无须额外临时施工设施,骨架兼作受力结构,节省钢筋用量。

2）开发了主拱强劲骨架核心技术

(1) C100的制备与性能提升技术自密实补偿收缩机制砂超高强钢管混凝土。通过密实骨架堆积理论与额定粉体材料用量原则,进行集料组成与胶材设计,采用项目开发的复合多功能外加剂与矿物掺和料降黏技术、多膨胀源复合补偿收缩与内养护减缩技术,制备出C100超高强钢管混凝土,满足工作性能、力学性能和体积稳定性能要求。

(2) 形成机制砂超高强钢管混凝土的泵送施工及质量控制成套技术。总结实际工程原材料选择与质量控制、施工机械配备、现场布置、拌和站管理、施工中控制、混凝土密实度检测等方面,形成了机制砂超高强钢管混凝土的泵送施工及质量控制成套技术。

(3) 揭示强劲骨架力学性能,提出骨架及组合截面承载力计算方法。30组试验(图4-181)结果表明,超高强混凝土更接近钢材的泊松比,其初始横向变形较普通混凝土高,钢管对超高强混凝土的套箍作用提前,核心混凝土提早进入三向受力状态,使其承载力提高5%,刚度提高10%,如图4-182所示。

图4-181 模型试验研究照片

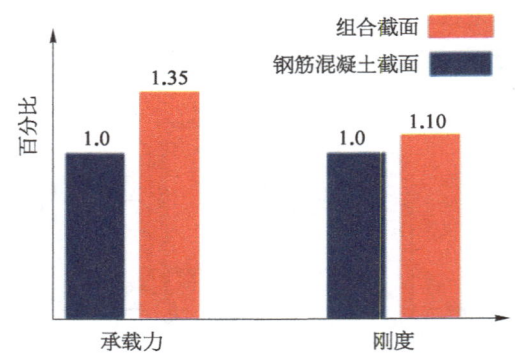

图4-182 钢管混凝土组合主拱与钢筋混凝土主拱指标对比

结合试验与有限元分析,超高强钢管混凝土与普通钢管混凝土力学行为一样,延性性能好,符合"统一理论"。提出的超高强钢管混凝土本构关系与承载力计算方法,为分析超高强钢管混凝土组合结构力学性能奠定了基础。

3) 研发了基于强劲骨架技术成拱新工艺和配套施工的新设备

(1) 多功能轻型化操作平台技术。依托工程实施，发明了采用钢吊杆作平台悬吊系统，型钢作分配梁组成的轻型化操作平台，并利用缆索吊装系统移动平台(图4-183)。该设备较常规设备减轻重量约50%，移动方便、安全性高、经济可靠。

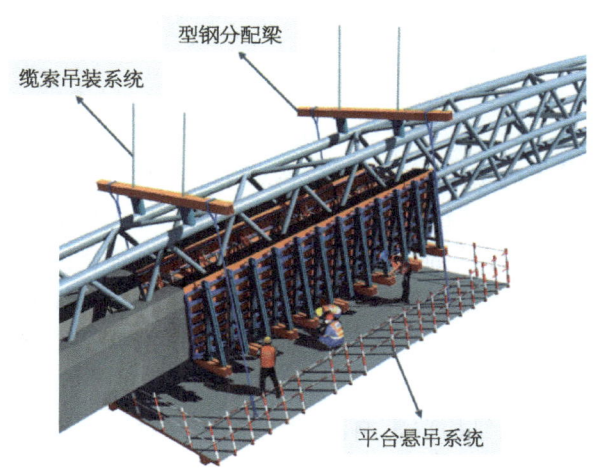

图 4-183　主拱外包混凝土操作平台示意

(2) 主拱2环外包混凝土施工工艺。依托工程基于全管结构强劲骨架，用轻型化操作平台配合施工，首次提出2环外包钢筋混凝土技术，减少施工控制环节、降低施工风险、缩短施工周期，如图4-184和图4-185所示。

图 4-184　原技术的8环外包示意

图 4-185　强劲骨架2环外包示意

相关技术成果纳入规范规定。通过总结提炼外包混凝土施工技术，形成省级工法。

4.6.5.2　创新点

1) 提出了基于强劲骨架技术的特大跨肋拱桥主拱的新构造

工程应用、模型试验和实桥测试表明，新构造受力合理、承载力高、稳定性好，能降低施工难度及风险，实现了拱桥更大跨越能力。

箱形横撑一次外包技术提高了结构耐久性，延长了免维修周期，减少了管养费用，提升了桥梁工程品质。

2) 开发了主拱强劲骨架核心技术

核心技术包括：超高强钢管混凝土的制备与性能提升技术；管内混凝土泵送施工及质量控制成套技术；揭示强劲骨架力学性能，提出骨架及组合截面承载力计算方法。

研究表明，超高强钢管混凝土与钢结构延性一致，承载力更高，形成的强劲骨架参与组合结构受力，使桥梁安全储备提高35%。解决了主拱强劲骨架关键技术难题，填补了行业空白，促进了钢管混凝土组合结构的技术发展。

3) 研发了基于强劲骨架技术成拱新工艺和配套施工的新设备

研发的强劲骨架2环外包混凝土成拱工艺和与施工匹配的轻型化操作平台，与现有施工技术8环外包混凝土成拱比较，施工安全度提高50%，节约外包混凝土工期60%，节省人工50%，同时提高了结构整体性，取得了钢管混凝土劲性骨架成拱技术的突破和创新。

4.6.5.3　技术应用

研究成果已成功应用在主跨260 m四川布拖冯家坪溜索改桥、主跨266 m叙古高速磨刀溪大桥、主跨280 m四川金阳金沙江大桥、主跨320 m四川官盛渠江大桥及主跨350 m四川广元市昭化嘉陵江特大桥等工程，节约工程造价5 843万元。研究成果推广应用于主跨350 m四川马边苏坝大桥、主跨510 m的沿江高速西宁河大桥等桥梁工程。

4.7　四川沿江高速公路西宁河特大桥

4.7.1　概述

4.7.1.1　地理位置

沿江高速公路起点接在建G4216线仁沐新高

速、云南昭通至四川乐山高速公路串丝至佛耳岩段，以及 G4216 线金阳至宁南段，在卡哈洛附近设永善支线。其建成可有效提高成昆交通运输大通道的运输能力，同时避开了 G5 京昆高速雅西段拖乌山（菩萨岗）冬季冰雪路段，与金沙江航道、G85 渝昆高速形成综合立体交通运输体系，在路网连接、保障及替代作用中功能突出，在国家和四川省高速公路网中居重要地位。同时，它将缩短川南经济区与攀西经济区的时空距离，对推动社会进步，促进区域经济发展和扶贫开发，改善沿金沙江旅游及梯级电站的投资环境具有重要战略意义。

四川西宁河特大桥是沿江高速新金段上跨越金沙江一级支流——西宁河的一座重要桥梁。该桥位于屏山县新市镇先锋村，起点岸接新市互通，终点岸接庙子湾隧道。桥位处谷深坡陡，地形切割强烈，高差急剧变化，相对高差大，为典型的 U 形河谷地貌。桥轴线与河流流向正交。

4.7.1.2 技术标准

沿江高速公路建设拟定的技术标准为：① 公路等级：四车道高速公路；② 设计速度：80 km/h；③ 荷载等级：公路-Ⅰ级；④ 路基宽度：整幅 25.5 m；分幅 12.75 m；⑤ 西宁河特大桥车道数：双向六车道（含新市互通加减速车道）；⑥ 西宁河特大桥桥梁宽度：整体式 30.5 m；⑦ 设计洪水频率：300 年一遇；⑧ 库区蓄水后正常水位：380 m；⑨ 地震基本烈度：Ⅶ度；⑩ 地震动峰值加速度 0.15g。

4.7.1.3 地形地质

1) 地形地貌

桥位跨越西宁河流总体由东向西径流，平面顺直，经过工点区径流沿东汇入金沙江，处于向家坝电站库区。河床宽度约 230 m，河谷宽度 380 m，正常蓄水位标高 382 m，跨越段河道顺直，河床呈对称 U 形谷。河床高程约 866 m，桥台区高程 895～900 m，相对高差 29～34 m。

宜宾岸桥台区纵坡呈宽缓斜坡状，后缘局部陡坎地段基岩出露，斜坡较缓，为村民居住区及耕作区，有村道公路从路线附近通过，自然坡度 15°～45°，临河岸较陡，植被不发育。金阳岸纵坡呈陡斜状地形，自然坡度 30°～50°（局部近于直立），基岩浅埋或裸露，斜坡上部植被较发育，岸上有县道公路及民房。两端迎河面均采用条石或混凝土挡墙护岸。

2) 地层岩性

场地出露及钻孔揭露的地层有新生界第四系全新统松散堆积层、第四系更新统松散堆积层和中生界侏罗系下统自流井组地层。

拱座的持力层主要为粉砂质泥岩：紫红色、砖红色，矿物成分以黏土矿物为主，长石、石英次之，钙、泥质胶结，粉粒泥质结构，中厚—厚层状构造；岩体较破碎—较完整，具饱水、脱水开裂特征。地表多出露在陡坡及坎脚地带。钻孔揭露强风化厚度 3.00～5.00 m，以下为中风化。

3) 地质构造及地震

据区域地质资料，拟建特大桥桥位区大地构造属扬子准地台西部的二级构造单元上扬子台褶带西北侧，西邻康滇地轴，东接四川台拗。区内构造以褶皱为主，位于周家坪向斜西翼，其内无断裂构造通过，构造条件较简单，岩层单斜产出，产状总体倾向东，倾角平缓。岩层产状为 70°～90°∠8～12°，优势产状为 80°∠10°。

受褶皱构造影响，砂岩裂隙较发育。金阳岸桥台区基岩连续出露，裂隙调查显示，主要发育两组，L1：45°∠89°，平面延长 0.5～1.0 m，垂向切割大于 0.5 m，间距 0.5～1.0 m 不等，无充填物；L2：334°∠85°，垂直切割大于 0.5 m，平面延长 0.5～1.0 m，并受前组节理所限，垂向切割大于 0.5 m，间距 0.5～1.0 m 不等。

桥位区场地属宜宾市屏山县新市镇辖区，据《中国地震动参数区划图》，场地地震基本烈度为Ⅶ度，设计基本地震加速度值为 0.15g，地震动反应谱特征周期为 0.40 s。

4.7.1.4 气象水文

桥位区段位于亚热带季风气候区，区内降水相对丰富，平均海拔低，植被丰富，四季气候宜人，适宜居住。因地形起伏大，加上受向家坝水库淹没的影响，人口密度中等。

桥位区内的地表水系主要为西宁河河水，其水位高程及流量主要受大气降水以及向家坝库水位的控制和影响，补给源主要为上游山间洪水、大气降水。向家坝电站最高蓄水位标高为 380.00 m，桥位区两岸均无明显地表水体存在。

4.7.2 桥位桥型

四川西宁河大桥的桥位，受地形和地质条件约束,桥位更多服从沿江高速公路路线走向,根据确定的桥位,研究合理的桥型。

根据桥位地形地质条件,拟定了主跨 480 m 混凝土主梁的双塔斜拉桥、主跨 510 m 上承式钢管混凝土拱桥和主跨 510 m 上承式钢筋混凝土拱桥进行技术经济比较,比较结论见表 4-55。

表 4-55 推荐桥位不同桥型技术经济比较

桥 型	混凝土/m³	结构钢/t	型钢/t	钢筋/t	斜拉索预应力束/t	工程造价/亿元
斜拉桥	99 192	5 777.1	1 036	16 943	1 837	4.86
钢管混凝土拱桥	95 982	10 847	4 282	7 843	1 113	3.84
钢筋混凝土拱桥	99 362	5 199	3 651	13 208	668	3.71

根据技术经济比较,结合沿江高速公路后期养护维修需要,推荐采用主跨 510 m 上承式钢筋混凝土拱桥,并获得了政府主管部门的批准。

4.7.3 桥梁结构设计

4.7.3.1 总体设计

主桥采用跨度为 510 m 的上承式钢筋混凝土拱桥,主桥桥面系采用跨径 17×30 m 的预应力混凝土简支 I 形梁及组合桥面板(图 4-186);新市岸接新市互通,金阳岸引桥采用 30 m 跨径预应力混凝土简支 T 梁。

4.7.3.2 主桥

1) 主拱(图 4-187～图 4-190)

主拱采用等截面悬链线无铰拱,计算跨径 480 m,净矢高 100 m,矢跨比 1/4.8,拱轴系数 1.8。主拱采用两拱肋,两拱肋间以横联连接,每拱肋标准段为单箱单室截面,横向采用等宽 9 m,箱高为 8 m,标准段顶板、底板厚 0.48 m,边腹板厚 0.35 m。主拱拱脚至第一根立柱与第二根立柱间中点为渐变段,顶板、底板混凝土厚度由 0.75 m 线性变化至 0.48 m,边腹板厚度由 0.45 m 线性变化至 0.35 m,同时增设两道厚 45 cm 的中腹板。

主拱圈采用劲性骨架法施工,劲性骨架为型钢与钢管混凝土组成的桁架结构,每肋劲性骨架横向由四片桁片构成,每片桁片的上、下弦杆均采用 $\phi 540 \text{ mm} \times 24 \text{ mm}$、内灌 C100 混凝土的钢管混凝土(图 4-191);外侧两片桁片的腹杆采用槽钢和角钢焊接而成,中间两片桁片采用钢管腹杆;各桁片通过横联型钢连接构成型钢-钢管混凝土桁架。在拱肋横联对应位置设钢板横隔,以加强横向连接。腹杆及平联与弦杆连接均采用焊接连接。主拱水平设置,桥梁纵坡由拱上立柱调整。

2) 拱上构造

拱上构造由立柱、盖梁组成拱上排架。

拱上立柱横向为双柱,采用空心薄壁结构,空心立柱横桥向宽 3 m,纵桥向墩顶宽 2 m,纵桥向按 80:1

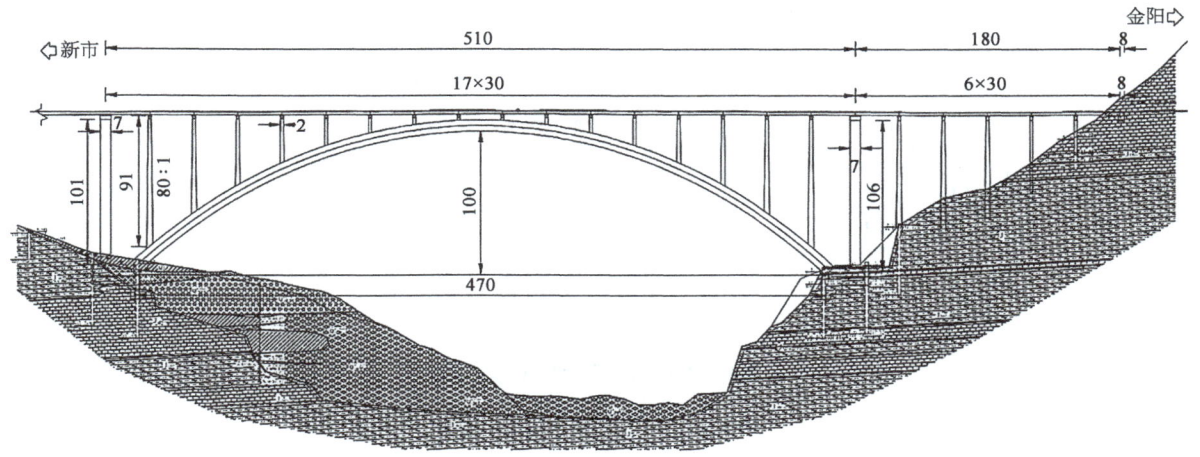

图 4-186 西宁河特大桥总体布置(单位:m)

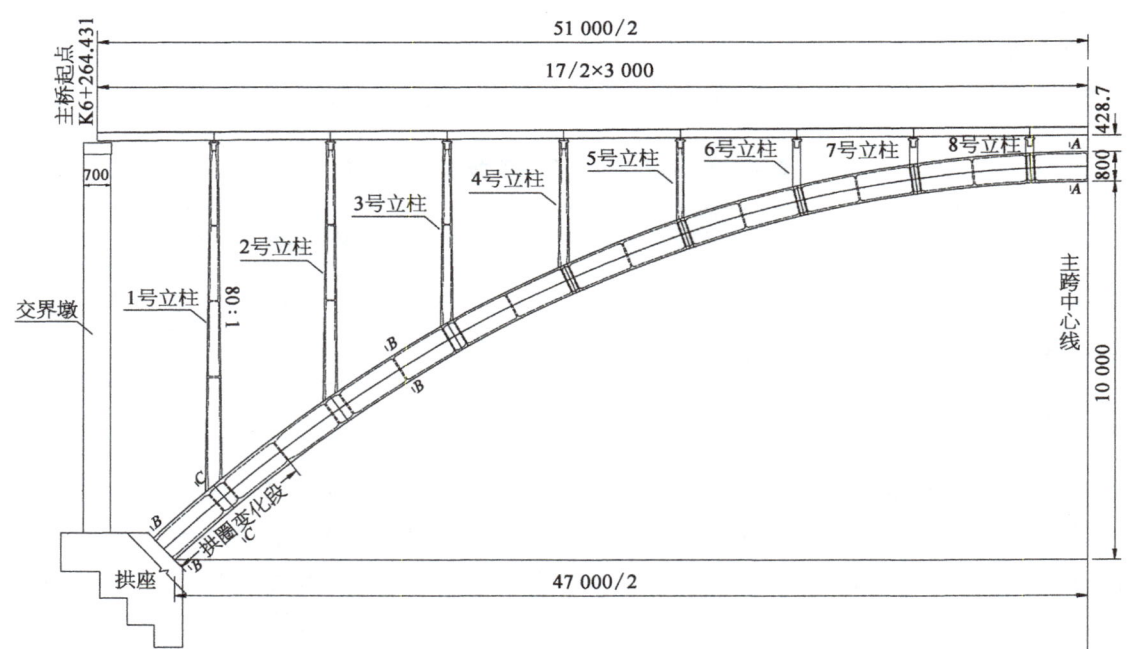

图4-187 主拱立面布置(单位:cm)

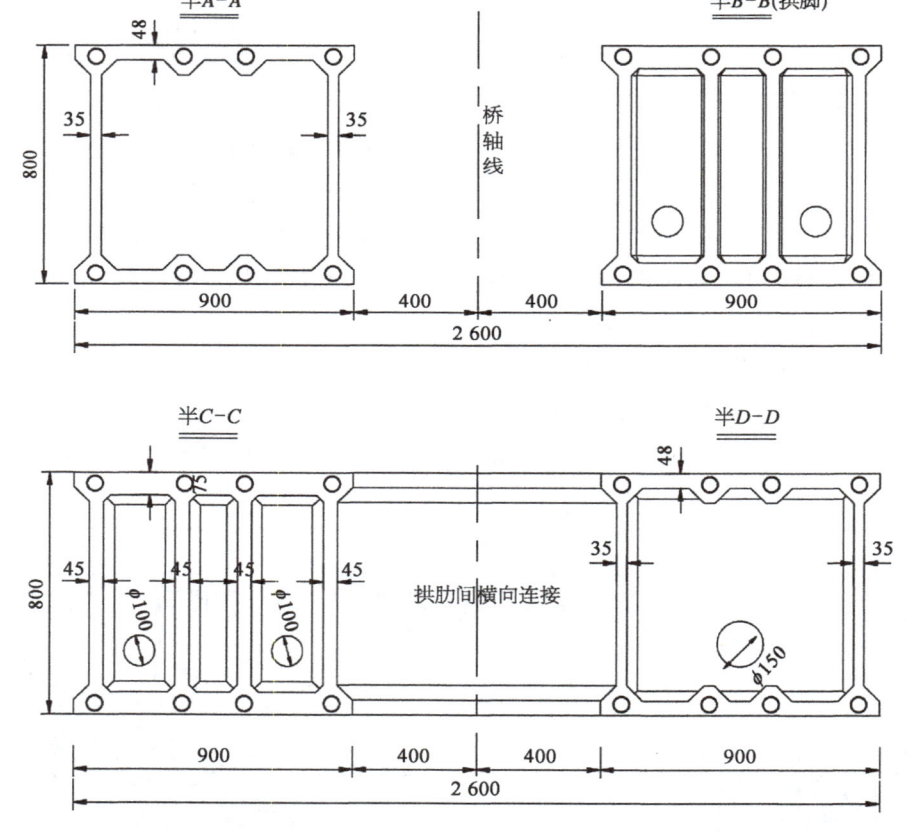

图4-188 主拱断面(单位:cm)

图 4-189 主拱标准断面

图 4-190 主拱拱脚断面

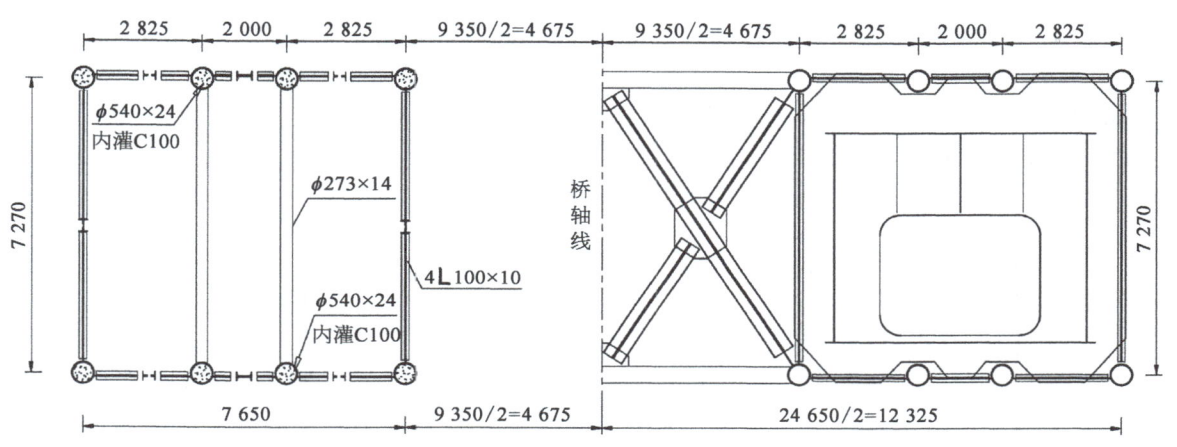

图 4-191 劲性骨架断面(单位:mm)

的比例向下变宽,空心墩薄壁厚度为 35 cm。立柱设 8 mm 厚永久钢内模,钢内模与钢柱间以 PBL 剪力键相连。

盖梁采用预应力混凝土盖梁。盖梁宽为 220 cm,高为 220 cm,盖梁底面水平,通过垫石的高度变化来满足桥面横坡设计要求。

3) 桥面梁

桥面梁采用 30 m 钢-混凝土组合梁,即预制 I 形梁+现浇组合桥面板的形式(图 4-192)。其中,预制部分梁高 1.8 m,桥面板厚 0.15 m,总高度 1.95 m(图 4-193)。I 形梁间距 2.9 m。新市侧桥梁变宽通过增设一片 I 形梁及调整 I 形梁间距实现。

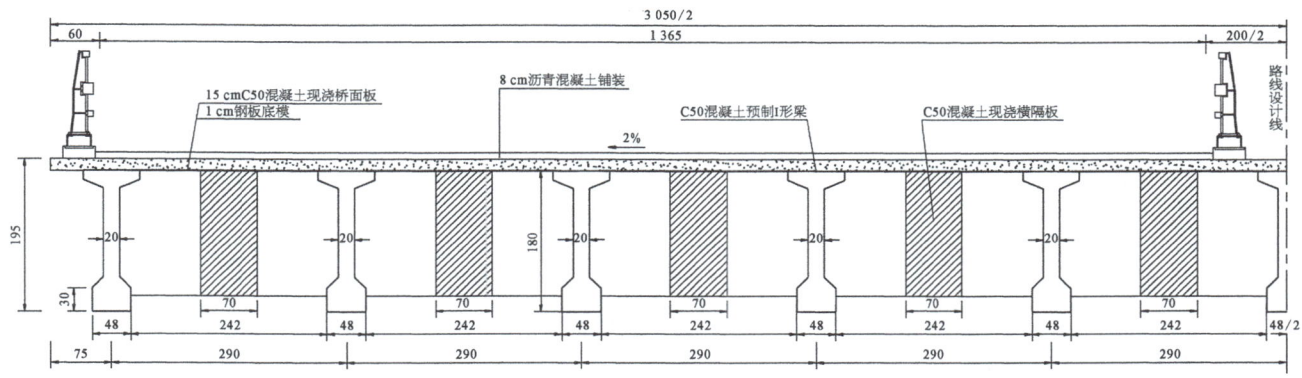

图 4-192 桥面梁布置(单位:cm)

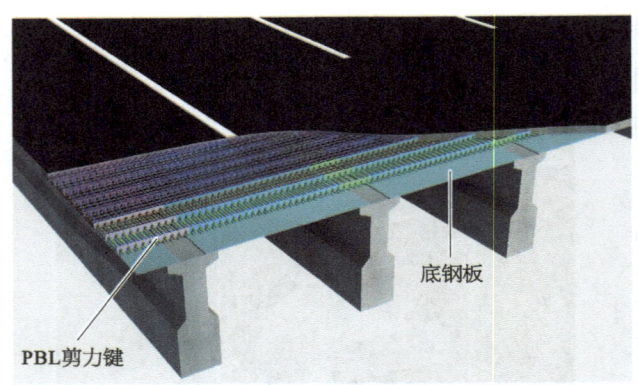

图 4-193 桥面板构造

4) 拱座和交界墩

拱座设计为钢筋混凝土拱座,拱座基础应置于稳定的、完整的弱风化基岩上。基底地基承载力应不小于 0.8 MPa。

交界墩为双柱薄壁空心墩,横桥向墩宽 4 m,纵桥向墩顶宽 7 m,墩壁厚度为 60 cm(图 4-194)。

4.7.3.3 引桥

引桥为变宽 30 m 预应力混凝土简支 T 梁。

新市岸交界墩接新市互通主线桥。金阳岸 3～5 号墩高采用空心薄壁独柱墩,墩身横桥向宽 4.5 m,纵桥向墩顶宽 2.5 m,纵桥向按 80∶1 的比例向下变宽,空心墩薄壁厚度为 40 cm。空心墩内竖向每隔 20 m 左右设一道 0.5 m 厚的横隔板。基础采用挖孔方桩。

6～7 号墩采用实心墩,横桥向宽 4.5 m,纵桥向墩顶宽 2.5 m,采用挖孔方桩基础。

金阳岸采用 U 形桥台,桥台基础置于较完整的基岩上,要求基底允许应力不小于 0.6 MPa。

4.7.3.4 桥面系、支座及伸缩缝

主桥桥面铺装采用 8 cm 厚的沥青混凝土+防水黏结层;引桥桥面铺装采用 8 cm 厚的沥青混凝土+防水黏结层+10 cm 厚水泥混凝土,其中布置 10 cm×10 cm,直径 12 mm 的 HRB300 级钢筋网。

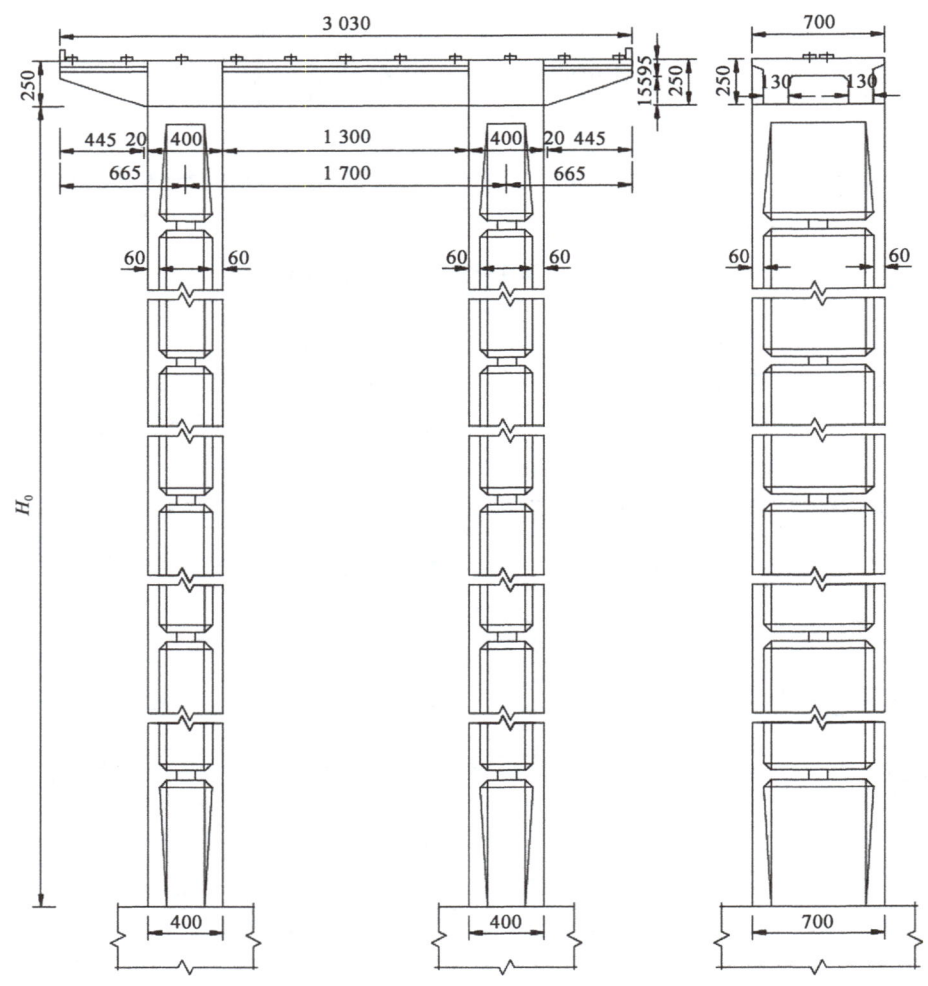

图 4-194 交界墩构造(单位:cm)

桥面防撞护栏采用钢护栏,防撞等级SA级。

主桥及引桥每片I形梁及T梁下设两块HDR高阻尼橡胶支座。

1号、2号交界墩各设一道320型梳齿型伸缩缝,8号桥台处设一道160型梳齿型伸缩缝。

4.7.4 主拱施工方案

4.7.4.1 两岸主拱座的施工

两岸主拱座均处于干处施工,无水下工程。两岸拱座基底均置于中风化粉砂质泥岩上,开挖时应以人工开挖为主。开挖时按照设计尺寸由上而下在岩面上开挖成梯级斜面。开挖后应及时对拱座基底与侧壁作封闭处理,避免暴露于空气中或被水浸泡,以免降低其强度与承载力。为保证安全,开挖时应采用可靠的支护方式对基坑进行强支护,先支护再开挖。浇注混凝土前,应对周边及基底松动岩块及堆积料进行严格清理,保证拱座和岩体间的传力可靠。拱座大体积混凝土施工时应采取降低水化热的措施。

新市岸基坑开挖采用钢筋混凝土咬合桩+钢管内支撑进行支护,坑壁采用喷射混凝土护面;金阳岸基坑开挖采用钢管内支撑进行支护,坑壁采用喷射混凝土护面。

4.7.4.2 主拱安装采用劲性骨架法

利用桥位下游300 m处较为平整的场地设钢结构加工厂加工骨架散件,加工完成后,通过新建的临时便道,运输到桥位处拱座前的起吊位置起吊。劲性骨架安装采用斜拉扣挂法施工(图4-195)。

主拱合龙后灌注弦管内混凝土,待劲性骨架弦管内混凝土达到设计强度后,可浇注主拱外包混凝土。主拱的浇注采用"三环十二工作面"的施工方式。即先按上、下游对称且两岸对称方式分十二工作面浇注底板混凝土直至合龙,然后再按同样方式分十二工作面浇注腹板混凝土,最后分十二工作面对称浇注顶板混凝土(图4-196和图4-197)。为了防止外包混凝土开裂,应采用减缩型外加剂和掺加多锚点带压痕的锚固型钢纤维,降低混凝土收缩量,提高混凝土防裂性能。

4.7.5 主要技术特色

为了提升该桥勘察设计的科学性,四川省公路规划勘察设计研究院开展了钢管混凝土强劲骨架成拱法建造钢筋混凝土拱桥的专题研究和论证,通过调查研究、模型试验研究和计算分析论证,为主跨超过500 m的钢筋混凝土拱桥勘察设计与施工提供了重要技术支撑。

4.7.5.1 钢管混凝土强劲骨架成拱法背景

建造大跨径钢筋混凝土拱桥,其成拱技术是关键之一。由于传统钢筋混凝土拱桥跨径相对较小、跨越的沟谷较浅、施工节段重量较轻等原因,采用支架浇注法、预制缆索吊装法、整体现浇转体施工法等施工是可行的。

随着现代公路向复杂山区延伸,地形复杂、沟壑陡深、河流纵横,采用钢筋混凝土拱桥的主跨跨径较大、环境脆弱敏感。采用支架法成拱工艺,支架数量多而造价高、施工风险大、环境破坏严重、安装与拆除的技术可行性差;预制主拱的缆索吊装工艺,预制主拱节段总数少、精度差、成本高、吊重大;整体现浇

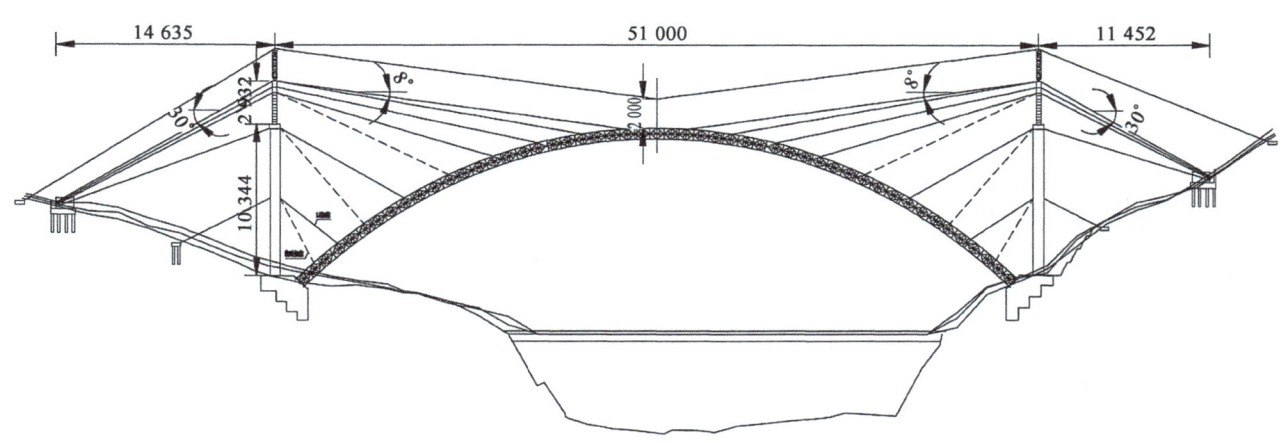

图4-195 斜拉扣挂体系的布置(单位:cm)

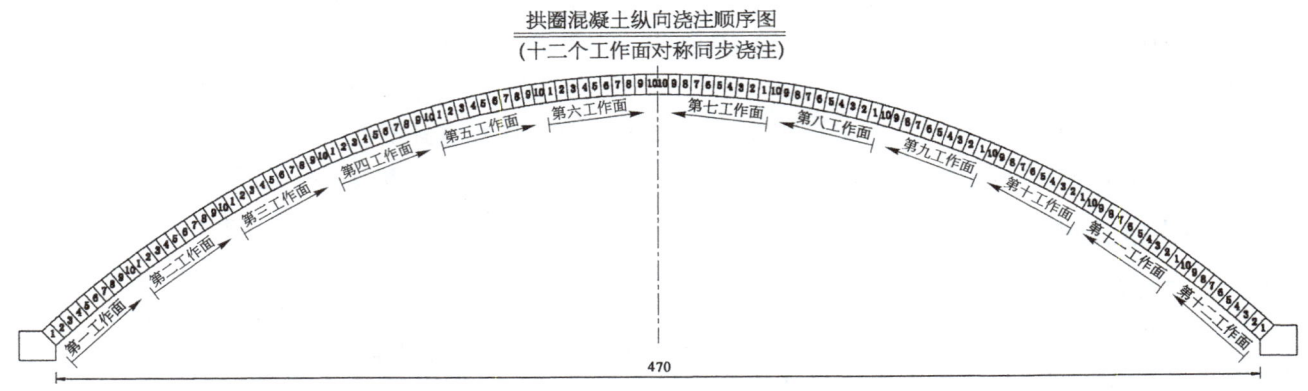

图 4-196 主拱纵向分十二工作面

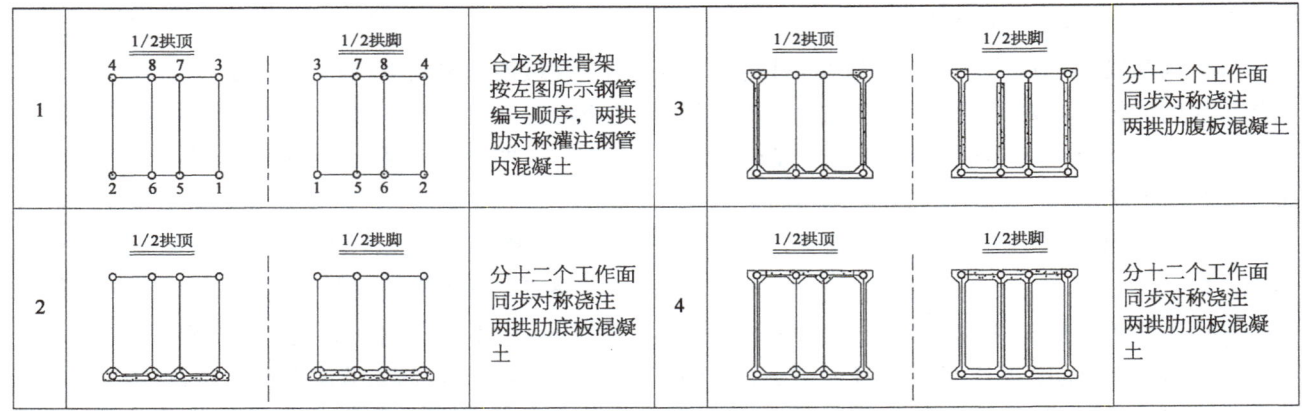

图 4-197 主拱横断面分三外包混凝土

主拱转体施工法,主拱转动体系转盘空间要求大、山体开挖严重、转动体系负荷重。因此,采用劲性骨架成拱再外包钢筋混凝土成为钢筋混凝土主拱主要的建造方法。劲性骨架成拱法早期借用外国的型钢结构劲性骨架,但因型钢骨架用钢量高、刚度小、外包混凝土阶段应力和变形大,中国工程师发明了钢管混凝土劲性骨架法成拱技术,钢管混凝土劲性骨架刚度大、用钢量省、造价和施工风险低。2009年,四川提出了钢管混凝土劲性骨架的主钢管内灌注C60以上混凝土,使外包混凝土分环次数不必高于三环,极大地简化了外包混凝土施工工序、缩短了工期。

4.7.5.2 钢管混凝土强劲骨架成拱法技术

1) 钢筋混凝土拱桥主要问题

普查了近300座、调查了约160座钢筋混凝土拱桥的使用现状,详细分析论证了54座主跨大于100 m的钢筋混凝土箱形拱桥的主要病害类型、产生原因和极限承载能力影响程度。提出了既有桥梁设计规范制定的动载冲击系数、荷载横向分配系数、主拱偏心弯矩增大系数等计算方法,计算结果与实际桥梁实测数据相吻合。同时,主拱结构构造设计可实施性差、施工装备技术落后、缺乏全周期寿命与成本设计理念等,是箱形拱桥出现病害的重要原因。

2) 钢筋混凝土拱桥计算参数

根据主拱荷载横向分配系数的模型试验研究,结合实桥监测数据,建立了整体箱形主拱横向分配系数取值为1.0而分离式箱形肋拱桥应按"偏心受压法"计算横向分配系数。按实桥模型的1:20的相似比例制作模型进行试验。

根据主拱偏心弯矩增大系数试验中1:10和1:20的模型试验结果并与实桥测试进行对比总结,建立了钢筋混凝土箱形主拱偏心弯矩增大系数修正的计算方法,揭示了钢筋混凝土箱形主拱集中荷载、均布荷载和主拱非线性对主拱弯矩增大系数的影响规律。

根据实桥测试和模型分析研究,提出了主拱冲击系数的计算方法,揭示了大跨度钢筋混凝土拱桥冲击系数与主拱主跨跨度、主拱桥梁振动特性、主拱桥面不平整度和桥梁抵抗激振力导致主拱振动的规律。

3）分离式钢筋混凝土主拱结构结构

现代山区建造高速公路桥梁，梁的桥面宽度一般为 24.5 m，桥梁跨度较大，主跨宽度较高，因此，提出了大跨径钢筋混凝土主拱可以选用分离式箱形主拱、整体式主拱拱上立柱和整体式桥面梁的结构体系。主拱采用分离式箱形主拱降低了主拱成拱难度，采用整体式主拱拱上结构，减轻了主拱拱上重量。实现了整体性好、重量轻的设计理念。

4）强劲骨架的成拱工法

提出了强劲骨架法的基本内容，即承载能力满足主拱顶板、腹板、底板三环独立加载（或更少加载环数）的主拱骨架称为强劲骨架，采用强劲骨架法成拱的施工方法称为强劲骨架法。

（1）强劲骨架的评价指标：① 截面含钢管混凝土率大于 8%；② 钢管混凝土截面与总截面承载力之比大于 20%。计算强劲骨架时，应考虑复合受力效应。

（2）提出了强劲骨架的新技术：① 提高主拱骨架设计截面尺寸；② 增加钢管管径、壁厚和钢管肢数；③ 提高钢管内混凝土强度等级；④ 综合采用上述技术。

依据安全、经济、环保、可持续发展设计理念，选择超高强（强度等级≥C80）钢管混凝土，提高了强度，减少了骨架费用，降低了桥梁总体费用。

5）C100 超高强混凝土技术

C100 超高强自密实高性能混凝土面临的难题：① 降低高胶凝材料混凝土的黏度；② 攻克远距离泵送超高强混凝土性能稳定难题；③ 控制含气量，减少离析、气囊等引起的钢管与混凝土脱黏；④ 控制收缩、提高稳定性。

为了解决这些工程难题，取得了以下技术成果：① 开发了高效缓凝、减缩释水聚合物和膨胀剂的多功能外加剂技术，攻克了混凝土工作性能好、膨胀稳定、强度高的难题；② 采用"先消后引"的复配外加剂技术，降低了混凝土的空气含量；③ 发明了掺入粉煤灰微珠掺和料，解决了高强混凝土黏度、强度和含气量之间的匹配关系。

强劲钢管混凝土骨架，钢管直径一般小于 500 mm，每根钢管灌注混凝土数量小于 100 m³，根据最小初应力法优选钢管内混凝土的灌注顺序。依托工程实践表明，泵送超高强自密实高性能钢管混凝土的工作性能及灌注工艺满足要求，实现了预期目标，整个灌注流程顺利，没有发生堵塞钢管、钢管内混凝土脱空等质量病害，且工期很短。

4.7.5.3 钢管混凝土强劲骨架成拱法工程应用

（1）四川广元昭化嘉陵江大桥，主跨 350 m 的上承式钢筋混凝土拱桥，2009 年初步设计阶段，提出了钢管混凝土强劲骨架成拱方法，主拱钢管混凝土骨架内灌注 C80 自密实混凝土，主拱外包混凝土分为底板、腹板和顶板三环外包浇注施工的设计方案，得到了专家认同，该桥于 2011 年建成通车。

（2）四川叙永磨刀溪大桥，主跨 278 m 的上承式钢筋混凝土拱桥，2014 年初步设计阶段，提出了钢管混凝土强劲骨架成拱方法，主拱钢管混凝土骨架内灌注 C100 自密实混凝土，主拱混凝土采用底板＋边腹板和顶板＋中腹板两环外包施工的设计方案，得到了专家认同，该桥于 2016 年建成通车。

（3）四川广安官盛渠江大桥，主跨 320 m 中承式钢筋混凝土拱桥，2014 年初步设计阶段，提出了钢管混凝土强劲骨架成拱方法，主拱钢管混凝土骨架内灌注 C120 自密实混凝土，主拱混凝土采用底板＋1/2 腹板和 1/2 腹板＋顶板两环外包施工的设计方案，得到了专家认同，该桥于 2018 年建成通车。

（4）正在建设的主跨 350 m 四川苏坝大桥、2018 年建成的主跨 260 m 四川布拖金沙江大桥和 2018 年建成的主跨 280 m 四川金阳金沙江大桥等上承式钢筋混凝土拱桥，主拱成拱均采用了钢管混凝土强劲骨架外包混凝土的技术，简化了施工程序、缩短了施工工期、提高了施工质量。

第5章

钢管混凝土组合桥墩（塔）

5.1 钢管混凝土混合桥墩(塔)技术研究

5.1.1 概述

5.1.1.1 混合桥墩(塔)结构形式

钢管混凝土混合桥墩（塔）是指采用钢管混凝土桁式结构与钢管混凝土组合结构混合组成钢管混凝土桥墩；当桥梁主梁跨度较小、桥墩高度在60～120 m范围内时，一般可以采用钢管混凝土混合桥墩；当悬索桥和斜拉桥的主梁跨度相对较小、索塔高度小于100 m时，根据索塔受力需求，也可以采用钢管混凝土混合桥塔。钢管混凝土混合桥墩（塔）技术研究，以四川石棉干海子大桥桥墩为对象开展研究。

四川石棉干海子大桥位于四川雅西高速公路石棉境内，主梁采用跨度为44.5 m和62.5 m的钢管混凝土桁式结构，桥墩最大高度为110 m，桥位距离地震断裂带较近，地震烈度较高。依据总体设计要求，该桥的桥墩主要有钢筋混凝土桥墩和钢管混凝土桥墩两种形式。其中，钢筋混凝土桥墩应用于高度较低的桥墩，编号为1号、10～13号、31～35号；钢管混凝土桥墩应用于高度较高的桥墩，编号为2～9号、14～30号。钢管混凝土桥墩采用了四根 $\phi813(720)$ mm×(12～16)mm 钢管，主管内灌注C50混凝土，纵桥向采用平行钢管腹杆连接，横桥向采用水平钢管桁架横撑和交叉钢管斜撑连接。钢管混凝土桁式桥墩纵桥向采用变截面形式，按1∶40（或1∶50）放坡，横桥向为等宽截面、主管中心距为1 225～1 649.8 cm。

四川石棉干海子大桥的钢管混凝土桥墩，根据《公路钢管混凝土桥梁设计与施工指南》规定，分为钢管混凝土桁式桥墩和钢管混凝土混合桥墩两种形式。其中，钢管混凝土桁式桥墩的编号为2～9号、14～15号、26～30号；钢管混凝土混合桥墩的编号为16～25号。桥墩脚部在纵桥向两根钢管混凝土主管之间，采用厚度40 cm的纵向钢筋混凝土腹板连接，其构造如图5-1所示。

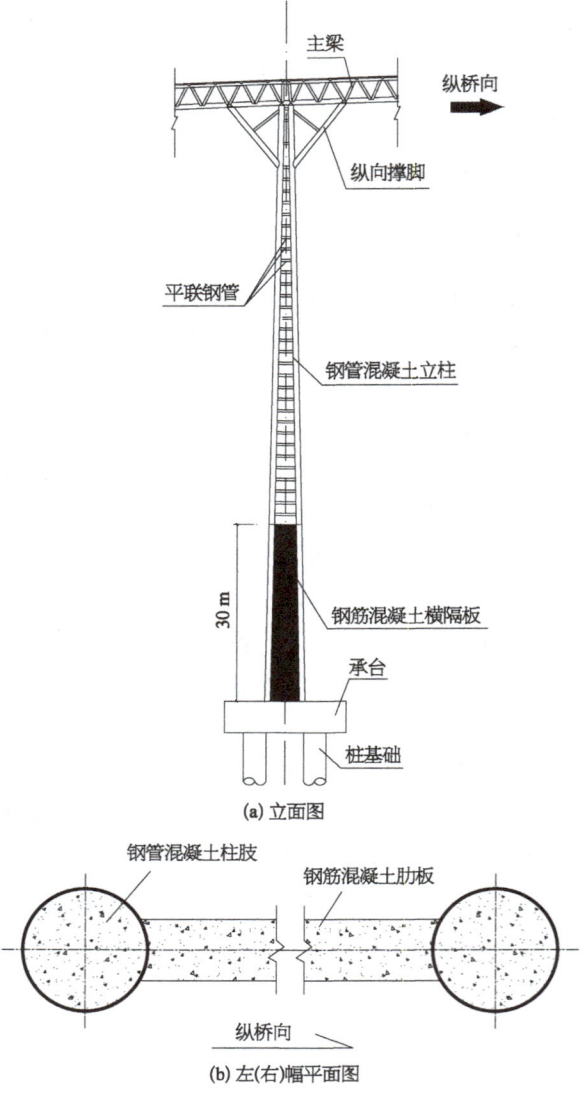

图 5-1 钢管混凝土混合桥墩构造示意

5.1.1.2 研究目的和内容

四川石棉干海子大桥 16～25 号桥墩(墩高大于 95 m)采用的钢管混凝土桁式结构与混凝土腹板组成的混合桥墩,是一种新型的组合结构,20 号桥墩为该桥最高的混合桥墩,墩顶截面、桁式段与组合段交界处截面和墩底截面的尺寸构造如图 5-1 所示。

5.1.2 模型设计制作与试验方法

5.1.2.1 相似比和控制参数设计

试验模型设计应满足相似理论,使模型与原型保持相似关系。相似理论成立的规则是模型的几何形状、材料特性、初始条件、边界条件和荷载情况应和原型相关,相似理论的目的在于推导一套独立的确定原型和模型彼此相对应的相关函数。

5.1.2.2 三种模型墩的设计

根据试验目的——"钢管混凝土主管与混凝土腹板、格构段与组合段的连接构造合理性与传力性能研究"和试验室的加载设备,拟采用 20 号墩为原型进行缩尺模型设计,试验区域如图 5-2 所示,柱段长取 2 倍 A-A 截面高度(6.173 m),取整为 12 m,考虑到试验柱段不长,放坡影响不大,故采用等截面柱段进行研究,以 A-A 截面为代表截面。实桥的变截面高墩过渡段受力性能的研究,待取得等截面墩柱的试验成果后,采用有限元模型来进行模拟与分析。

受试验室加载能力的限制,确定模型比例为 1:8,桥墩主管内与腹板混凝土等级取 C30。实桥 A-A 截面主管中心距为 5.36 m,按照 1:8 缩尺后模型的主管中心距为 670 mm,然而,受试验加载能

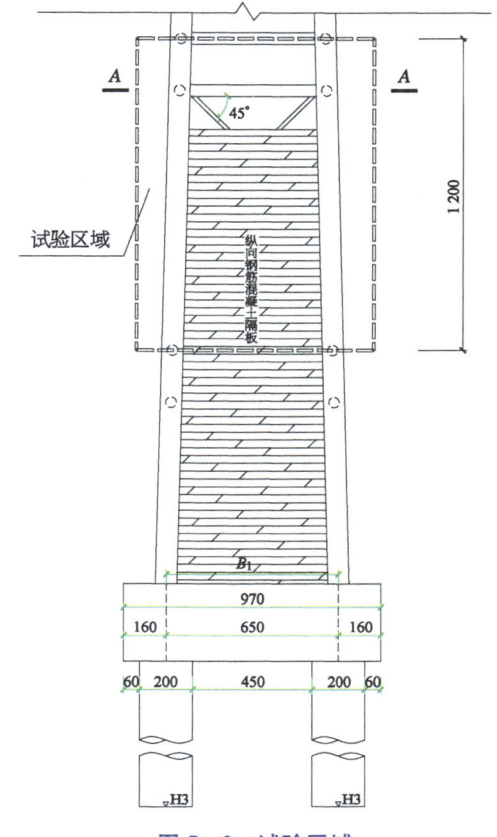

图 5-2 试验区域

力限制,并考虑间距不小于 3 倍主管直径,试验模型两根主管间距取为 408 mm。实桥组合段混凝土腹板厚度为 400 mm,按照 1:8 缩尺后试验模型的腹板厚度为 50 mm。试验构件参数选取见表 5-1。实桥左、右幅墩柱的横桥向采用四肢钢管桁式横梁连接,考虑试验为面内(纵桥向)偏心试验,横桥向联系只需保证不发生局部破坏即可,故模型的横桥向联系采用单肢钢管代替四肢钢管,试验模型如图 5-3 所示。

表 5-1 模型构件参数选择   单位:mm

名　称	原　桥	1:8 缩尺	模型采用	备　　注
主管	$\phi 813 \times 16$	$\phi 102 \times 2$	$\phi 114 \times 2$	主管为受压构件,根据钢管产品选择外径和壁厚最接近的钢管
水平腹杆	$\phi 406 \times 10$	$\phi 50.8 \times 1$	$\phi 48 \times 2$	根据钢管产品选择外径和壁厚最接近的钢管
V 形斜撑	$\phi 203 \times 8$	$\phi 25.4 \times 1$	$\phi 14 \times 2.2$	根据截面积相等选取,$\phi 25.4 \times 1$ 面积 7.67×10^{-5} m², $\phi 14 \times 2.2$ 面积 8.15×10^{-5} m²
腹板骨架	2[30b	$A=1.56 \times 10^{-4}$ m² $I_x=3.17 \times 10^{-8}$ m⁴ $I_y=1.33 \times 10^{-8}$ m⁴	$4\phi 6$	腹板骨架在混凝土中,相当于钢筋,根据面积相等采用钢筋代替,$4\phi 6$ 面积 $A=1.13 \times 10^{-4}$ m²

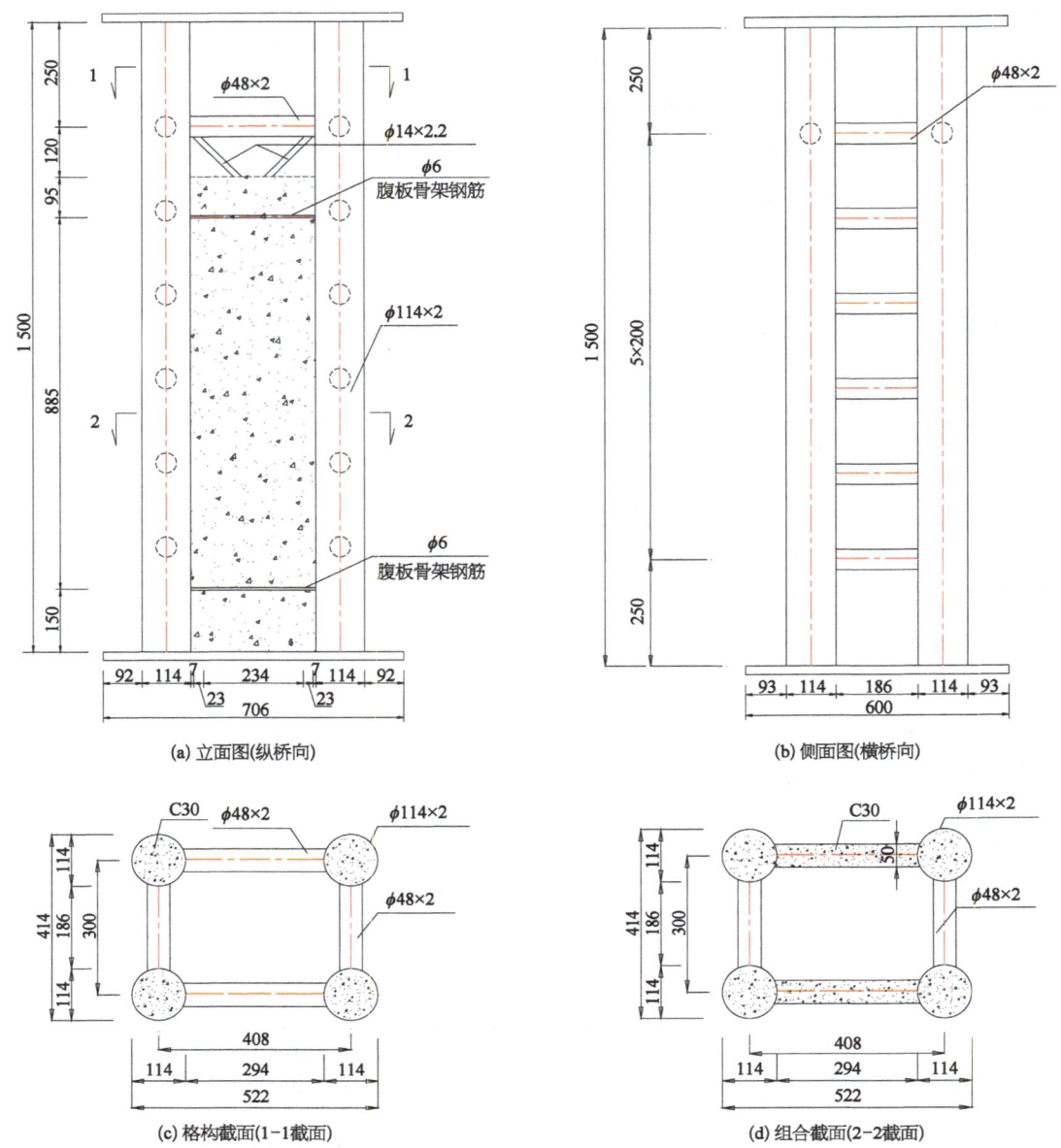

图 5-3 混合桥墩模型的结构构造(单位：mm)

钢管混凝土混合桥墩组合段由钢管混凝土主管和混凝土腹板组合而成，需在两者间设置可靠的传力部件，保证两者间能共同受力。实桥采用两块 240 mm×8 mm 的钢板进行连接，且每隔 450 mm 设置一道定位钢板进行加劲，腹板采用双排钢筋布置。按照比例缩尺，模型的连接钢板尺寸为 30 mm× 1 mm，沿着组合段高度方向布置，定位钢板每隔 100 mm 设置一道，连接钢板与混凝土腹板内横向钢筋进行焊接，以使混凝土腹板与钢管混凝土主管形成整体，共同受力。根据模型与原桥含筋率相等的原则进行模型腹板钢筋配置，钢筋规格选取 $\phi 6$ mm，计算竖向和横向钢筋含筋率分别为 0.90% 和 0.67%，

确定竖向钢筋和横向钢筋的间距分别为 75 mm 和 150 mm。混凝土腹板截面构造如图 5-4 所示，腹板横向和竖向钢筋布置如图 5-5 所示。

由于混合桥墩是由桁式桥墩与组合桥墩混合而成的，应进行钢管混凝土桁式桥墩与钢管混凝土组合桥墩的试验研究，该模型试验还需要验证有限元模型的正确性，为钢管混凝土高墩墩顶容许变形量提供依据。组合柱的结构构造如图 5-6 所示，截面与混合桥墩试验模型相似，混凝土腹板的钢筋布置如图 5-7 所示。对比试验的桁式柱的结构构造如图 5-8 所示，截面与混合桥墩试验模型格构段一致，如图 5-3c 所示。

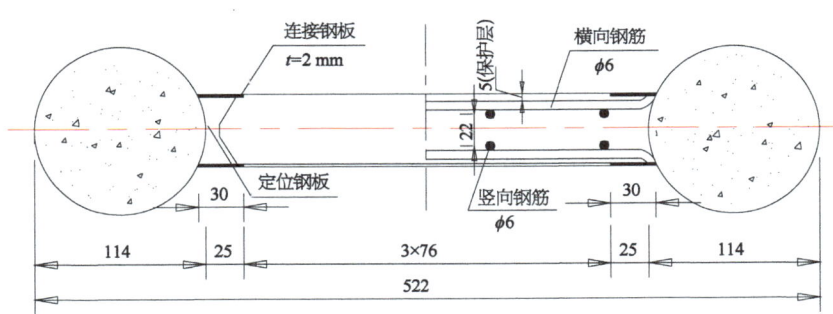

图 5-4 混合桥墩试验模型的混凝土腹板截面构造(单位：mm)

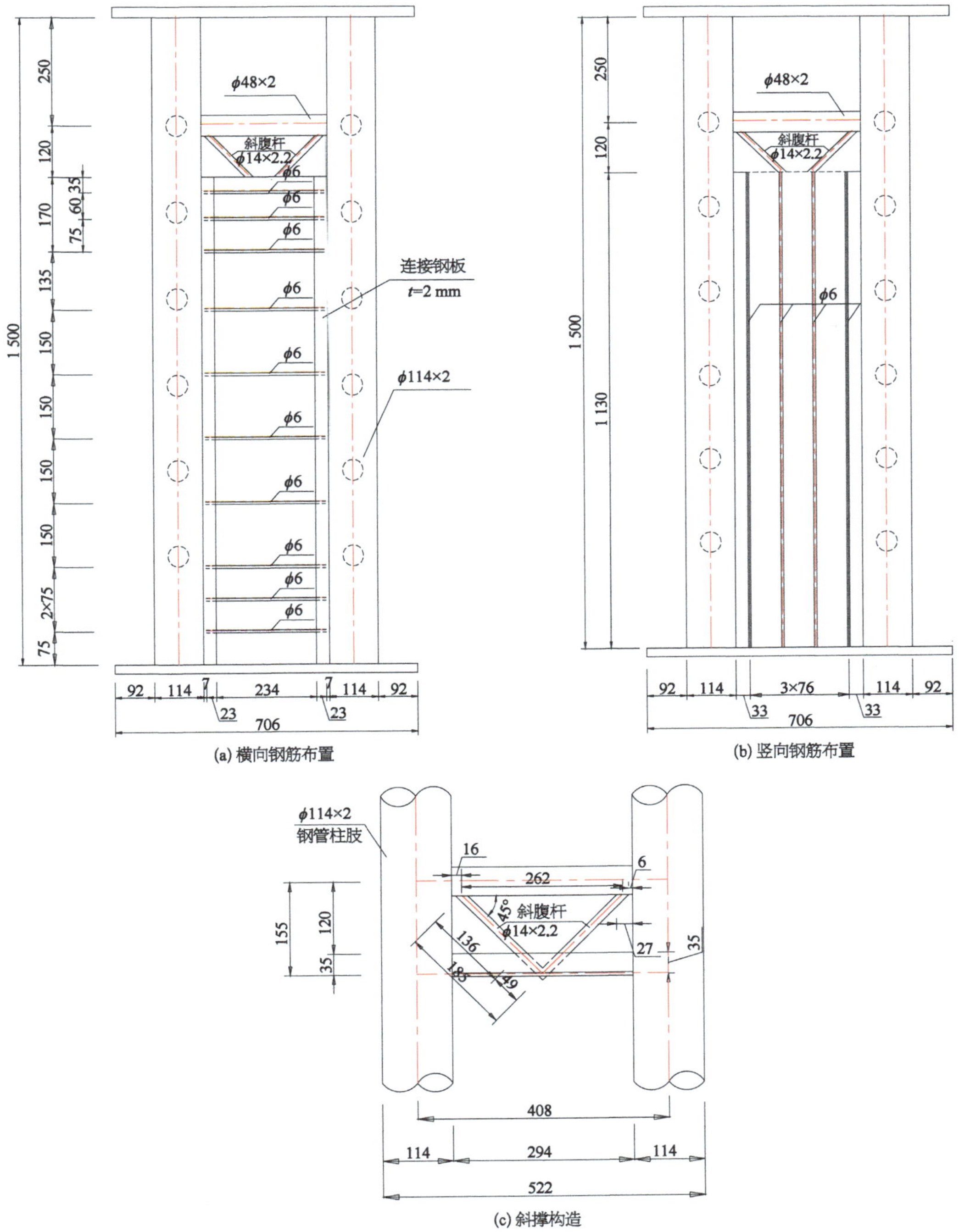

(a) 横向钢筋布置

(b) 竖向钢筋布置

(c) 斜撑构造

图 5-5 混合桥墩试验模型的腹板钢筋布置(单位：mm)

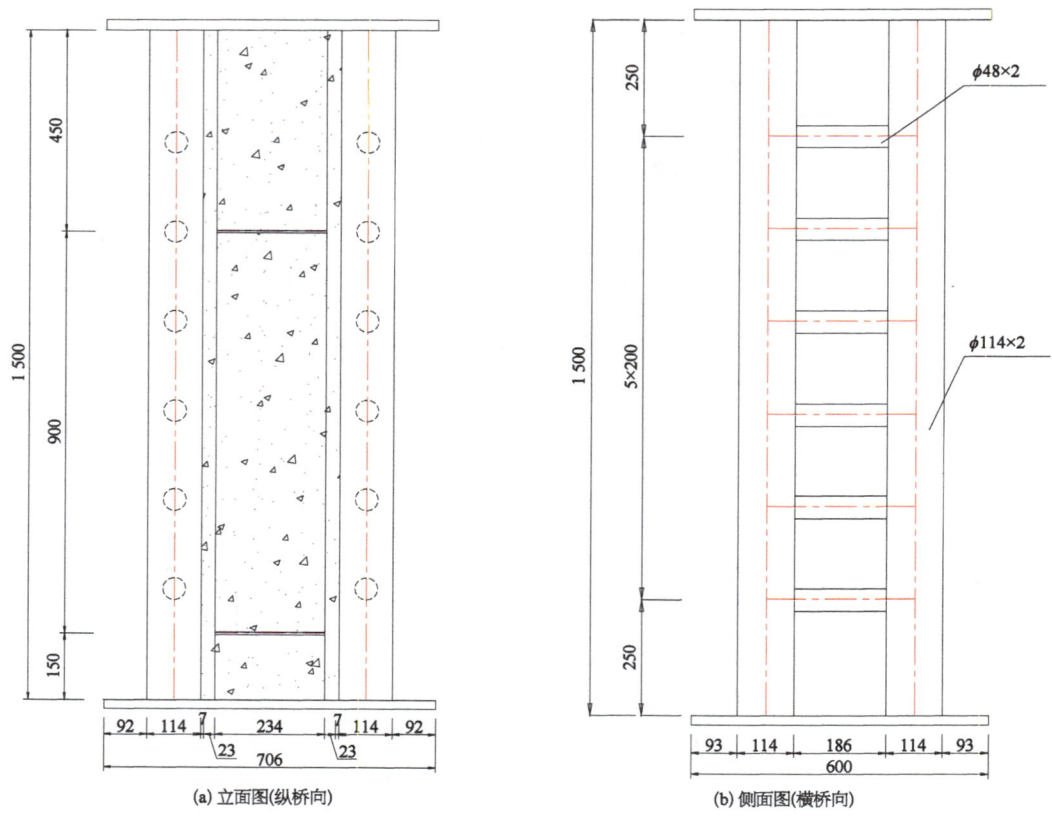

图 5-6 组合桥墩试验模型一般构造(单位:mm)

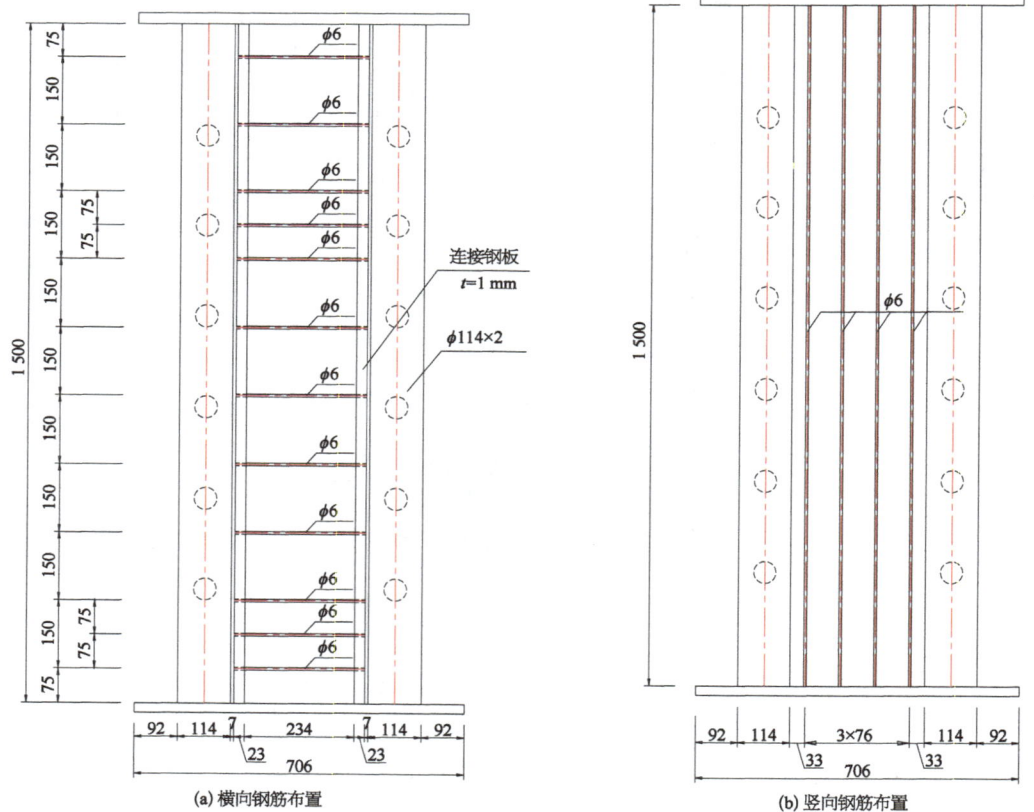

图 5-7 组合桥墩试验模型的腹板钢筋构造(单位:mm)

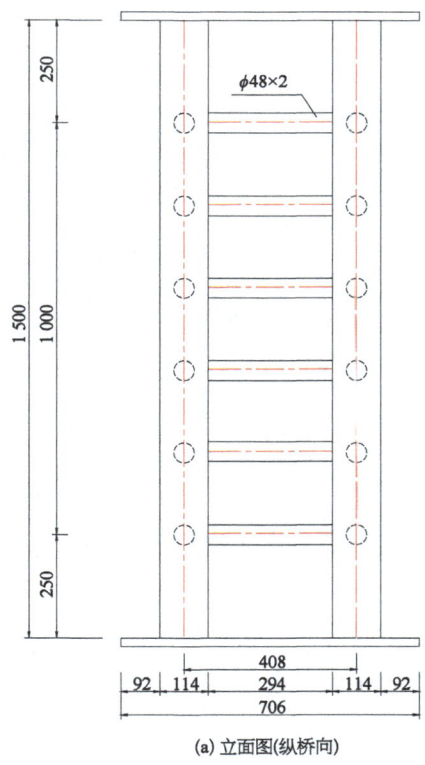
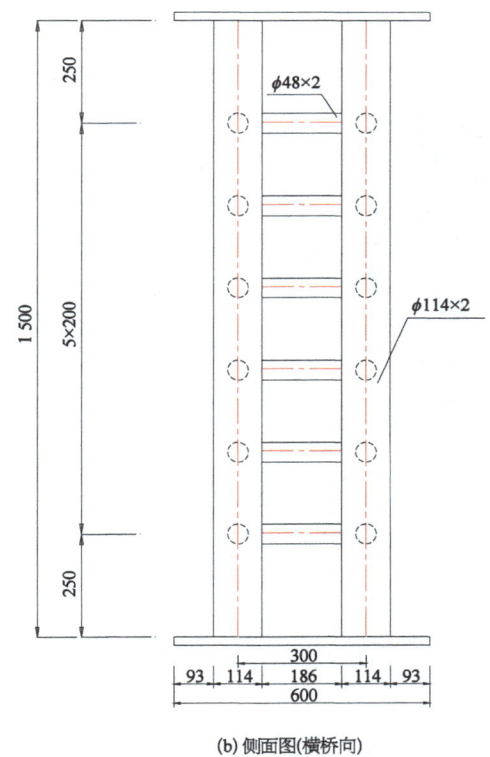

图 5-8 桁式桥墩模型一般构造(单位:mm)

高墩模型试验构件拟制作 15 个,桁式桥墩、混合桥墩和组合桥墩各 5 个(各试验模型类型构件的结构构造形式均一致),分别进行偏心率为 0(轴压)、0.1、0.2、0.3 和 0.4 的试验,拟定的试验模型参数见表 5-2。

表 5-2 模型构件参数

模型构件	偏心率 e					合计
	0(轴压)	0.1	0.2	0.3	0.4	
桁式桥墩	1	1	1	1	1	5
混合桥墩	1	1	1	1	1	5
组合桥墩	1	1	1	1	1	5
合 计	3	3	3	3	3	15

5.1.2.3 模型制作

模型制作前做好材料屈服强度、拉伸强度、伸长率等力学性能试验。根据依托工程施工组织设计的工序和工艺规定,完成钢结构加工、制造、组装和混凝土浇注,并控制试验质量。模型制作全过程,根据试验方案完成测试原件的安装和定位。本次试验研究的试验模型制作如图 5-9～图 5-12 所示。

模型钢管内和腹板的混凝土采用 42.5 号普通硅酸盐水泥、粒径为 5～10 mm 的碎石、中等粒度的河砂、二级粉煤灰、水和 TW-10 减水剂,配合比为 276.9∶1 101.2∶742.4∶58.6∶176.2∶1.9。试配混凝土件的弹性模量为 2.5×10^4 MPa,抗压强度为 30.3 MPa。钢管的弹性模量为 2.04×10^5 MPa,屈服强度为 341 MPa,极限强度为 423 MPa。钢筋的弹性模量为 1.98×10^5 MPa,屈服强度为 323 MPa,极限强度为 488 MPa。模型构件材料特性详见表 5-3。

表 5-3 模型构件的材料特性

材料性能	弹性模量 /10^5 MPa	屈服强度 /MPa	极限强度 /MPa	泊松比
主管	2.04	341	423	0.31
平腹杆	2.07	373	421	0.29
连接钢板	2.15	367	455	0.32
斜腹杆	2.13	313	475	0.29
钢筋	1.98	323	488	—
混凝土	0.25	—	30.3	—

(a) 钢管柱肢拼接

(b) 钢管柱肢加劲构造

(c) 钢管横联拼接

(d) 钢管骨架制作

(e) 定位钢板焊接

(f) 连接钢板、腹板内钢筋布置

图 5-9　模型钢骨架制作

第 5 章 钢管混凝土组合桥墩(塔)

(a) 混合桥墩内外模板制作

(b) 组合桥墩内模板制作

(c) 组合桥墩模板加劲构造

图 5-10 模板制作

(a) 浇注桁式桥墩主管混凝土

(b) 浇注混合桥墩腹板混凝土

(c) 浇注组合桥墩腹板混凝土

图 5-11 模型混凝土浇注

(a) 桁式桥墩

(b) 混合桥墩

(c) 组合桥墩

图 5-12 模型制作完成

5.1.2.4 试验方法

1) 试验装置

根据试验设备的加载条件,桁式桥墩、混合桥墩和组合桥墩模型的边界条件为上下端铰支撑。构件上下端板采用螺栓与 15 cm 厚的钢块连接。偏压荷载通过刀口铰传递给构件,钢块按预定偏心距设置条形凹槽,与刀口铰吻接。图 5-13 所示为混合桥墩的试验装置示意和加载过程。试验的加载平面如图 5-14 所示,主管 1 号、3 号为近载侧,主管 2 号、4 号为远载侧。

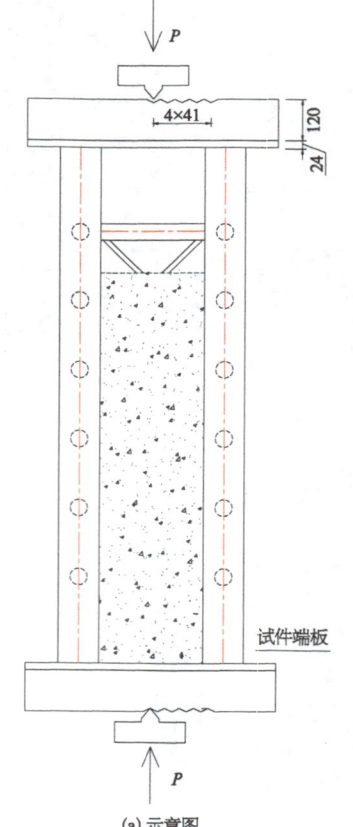
(a) 示意图

(b) 加载照片

图 5-13 试验装置示意和加载过程(混合桥墩)(单位:mm)

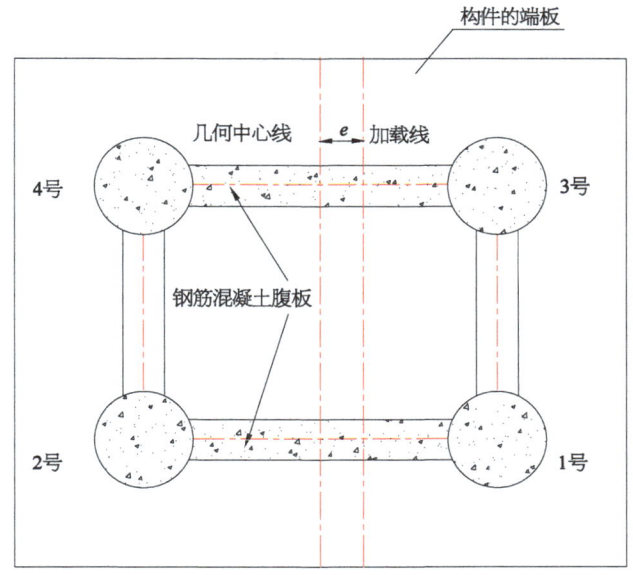

图 5-14 加载平面示意

2) 测试内容和试验方法

试验构件的位移和应变等数据采用 IMPDAS 系统进行自动采集,试验采取分级单调加载,初始阶段每级占估算极限荷载的 1/15～1/12,总荷载大约超过极限荷载的 50% 以后,每级减少为 1/20～1/15 极限荷载;总荷载大约超过极限荷载的 75% 后,每级减少为 1/25～1/20 极限荷载。每级持载 3～4 min。当荷载达到最大值,试验机压力表指针开始回转后,继续加载并连续记录读数,关注极限荷载时构件的应变和挠度。

混合桥墩构件每根主管共有五个控制截面,每个截面有 4 个双向应变片(共 8 个应变片),4 根主管共有 60 个测点。整个构件布置应变片 257 片,其中,混凝土应变片正立面 68 片、背立面 37 片;主管 56 片,1、4 号主管各 18 片,2、3 号主管各 10 片;连接钢板 42 片,正立面 32 片、背立面 10 片;横撑和 V 形斜撑应变片 16 片;平联 12 片,钢筋 26 片。位移计和应变片的布置如图 5-15 和图 5-16 所示。

组合桥墩中主管共有 5 个控制截面,每个截面有 4 个双向应变片,4 根主管共有 60 个测点。共布置应变片 196 片,其中,混凝土应变片 62 片,正立面 46 片、背立面 16 片;主管 60 片,1、4 号主管各 20 片,2、3 号主管各 10 片;连接钢板 30 片,正立面 20 片、背立面 10 片;横撑应变片 12 片,钢筋应变片 32 片。位移计和应变片的布置如图 5-17 和图 5-18 所示。

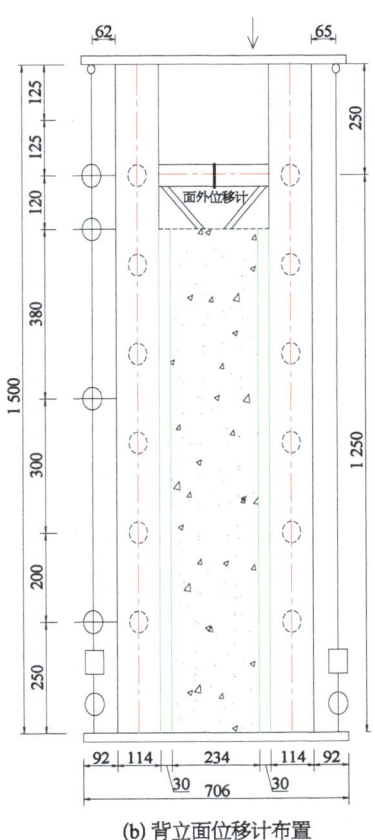

(a) 正立面位移计布置　　(b) 背立面位移计布置

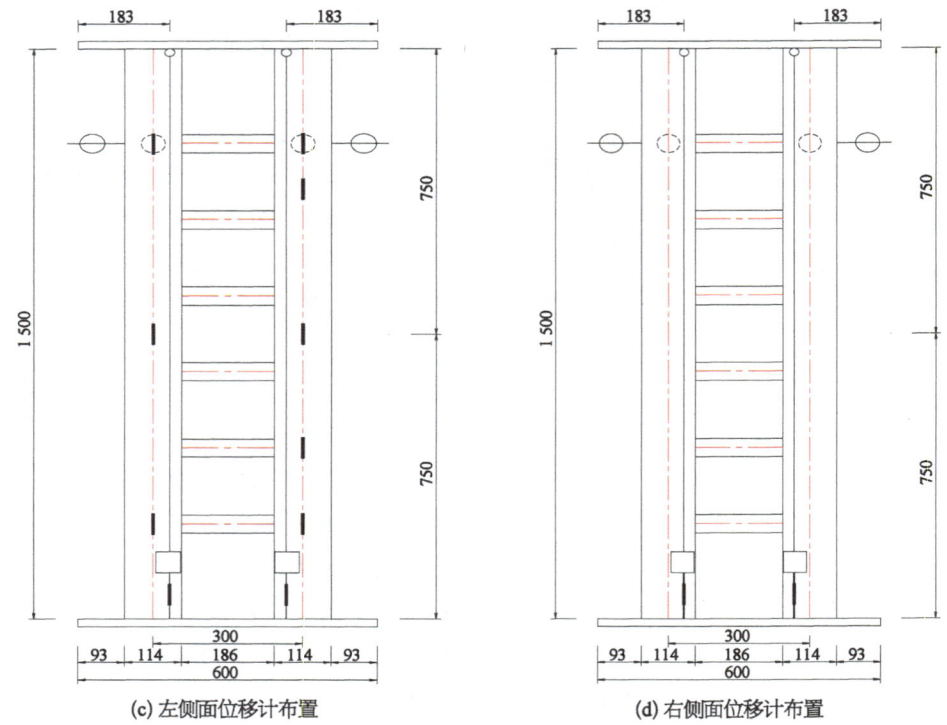

(c) 左侧面位移计布置　　　(d) 右侧面位移计布置

图 5‑15　混合桥墩位移计布置(单位：mm)

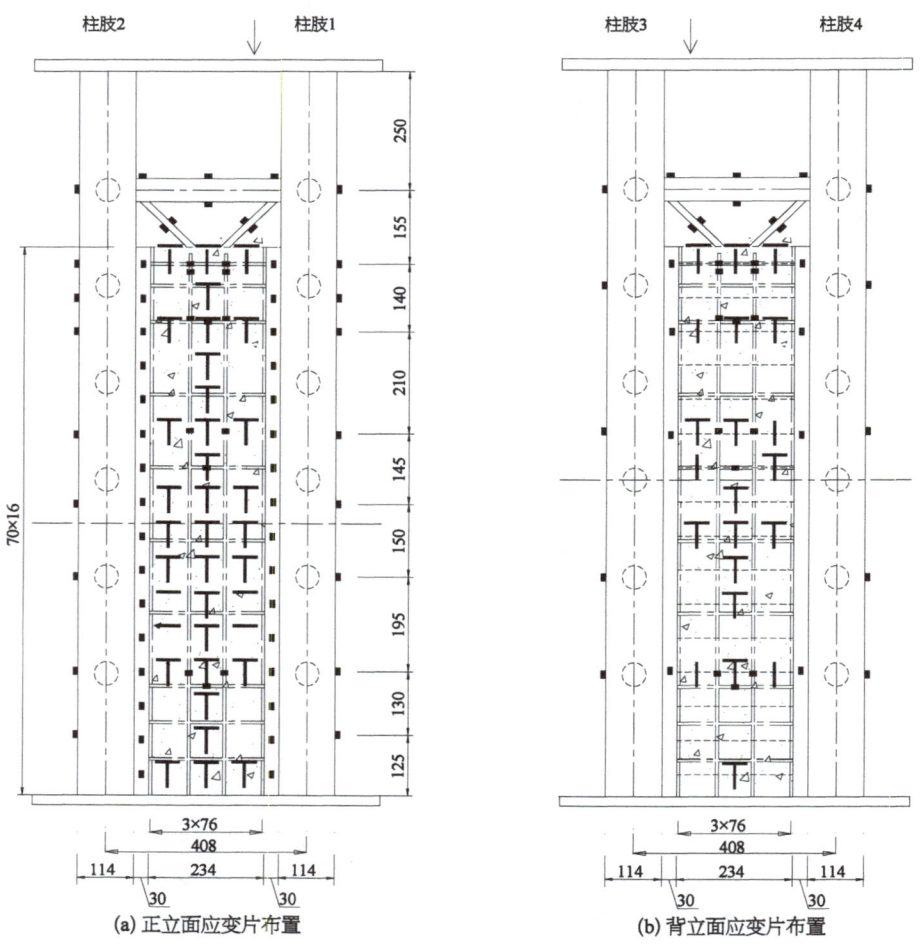

(a) 正立面应变片布置　　　(b) 背立面应变片布置

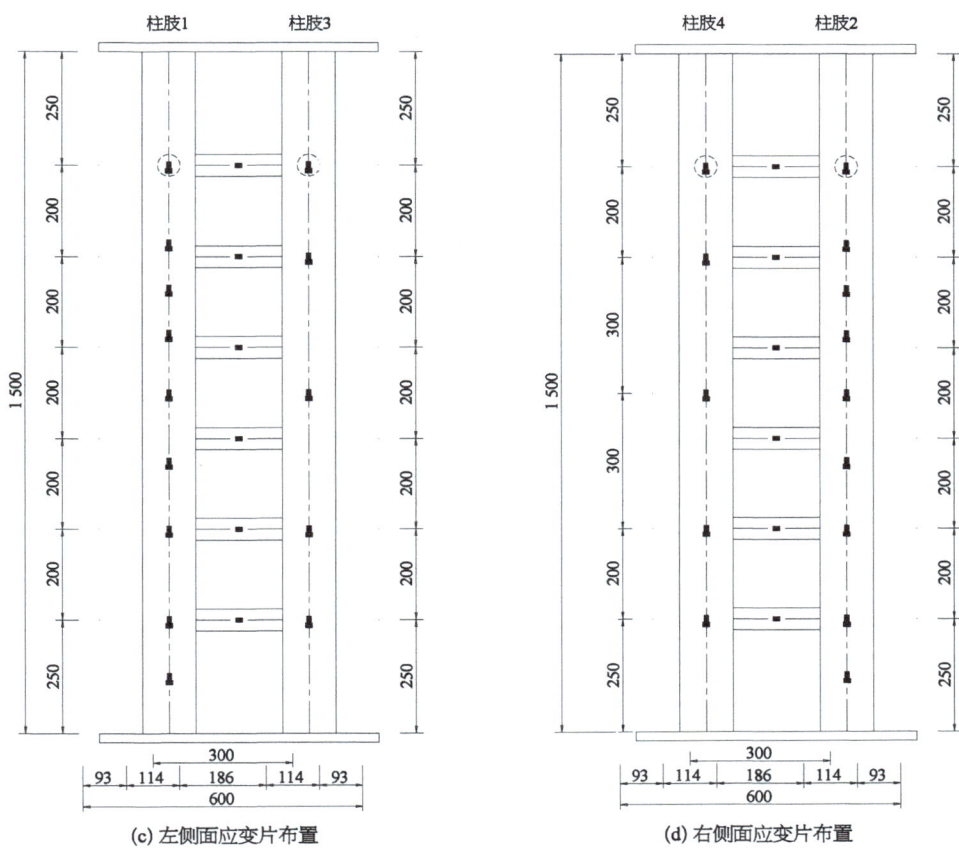

图 5-16 混合桥墩应变片布置(单位：mm)

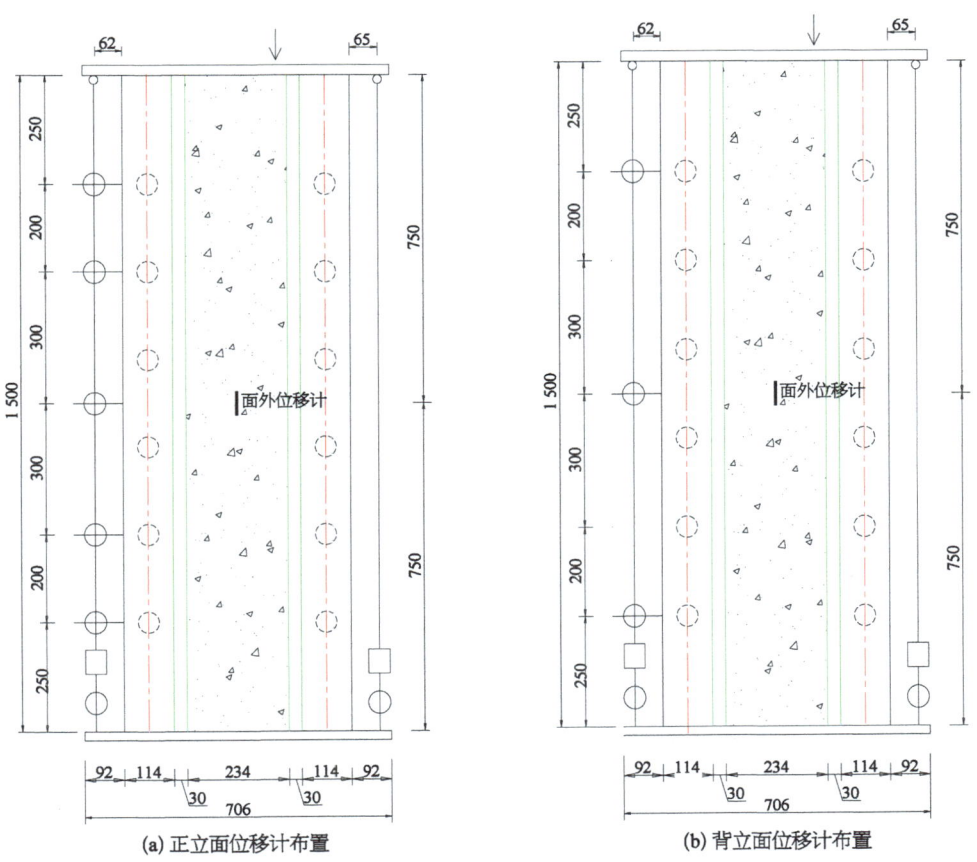

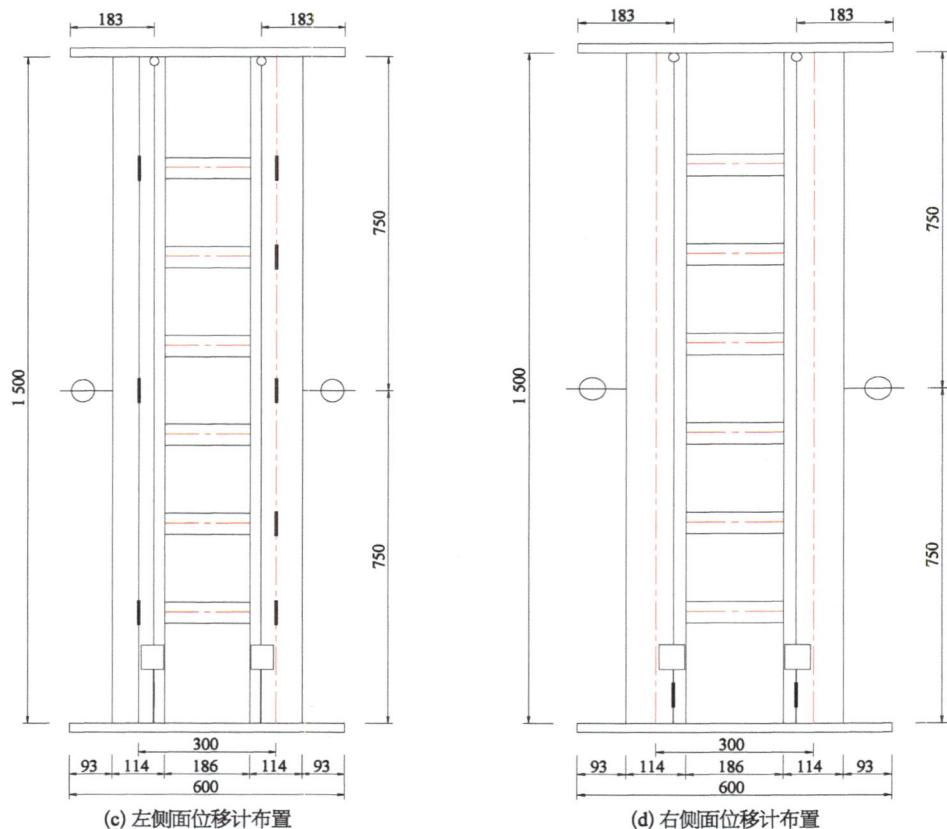

(c) 左侧面位移计布置　　　(d) 右侧面位移计布置

图 5-17　组合桥墩位移计布置(单位：mm)

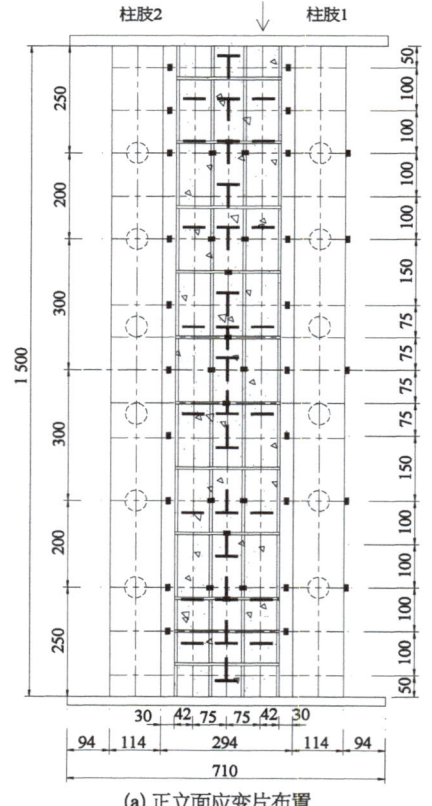

(a) 正立面应变片布置

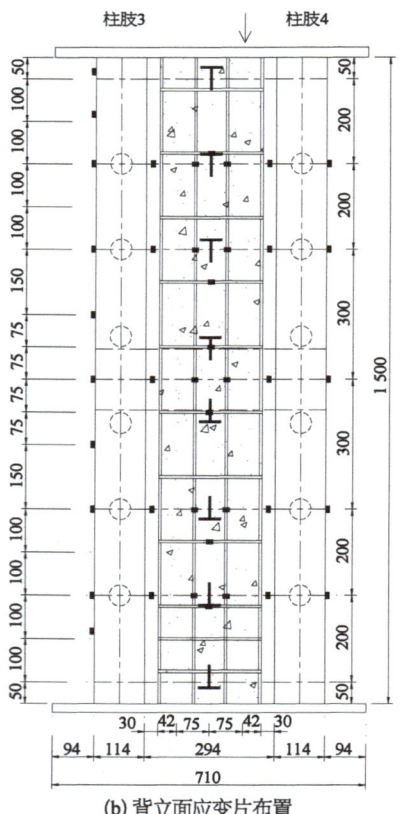

(b) 背立面应变片布置

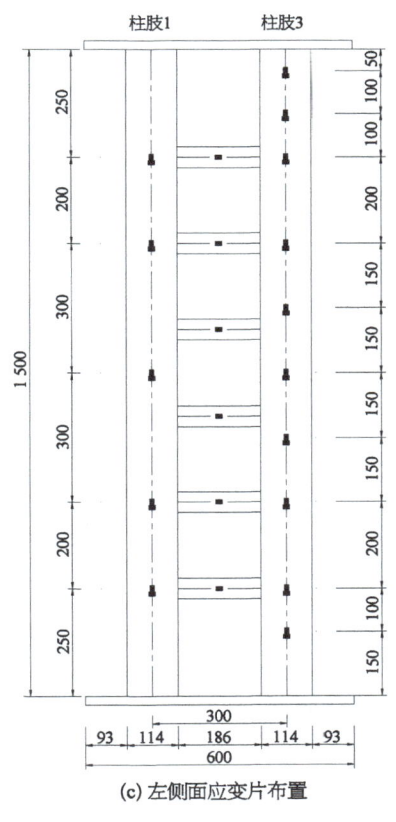
(c) 左侧面应变片布置

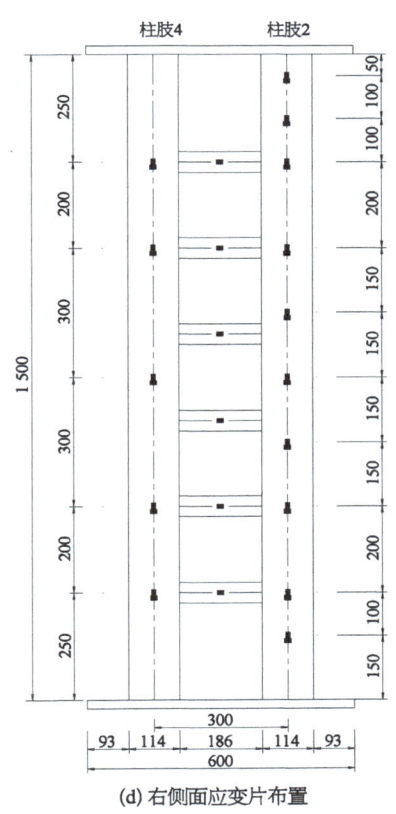
(d) 右侧面应变片布置

图 5-18 组合桥墩应变片布置(单位：mm)

桁式桥墩构件共布置应变片 84 片，每根主管共有 5 个控制截面，每个截面有 4 个双向应变片(共 8 个应变片)，4 根主管共有 60 个测点；面内和面外的平腹杆，每根沿腹杆纵向的单向应变片，共 24 片。位移计和应变片的布置如图 5-19 和图 5-20 所示。

5.1.3 试验研究与有限元分析

5.1.3.1 有限元模型

采用通用程序 ANSYS 对钢管混凝土高墩缩尺模型进行分析。钢管弹性模量取 210 GPa，屈服强度取 400 MPa，混凝土弹性模量取 33 GPa，抗压强度取 40 MPa。边界条件为约束模型底座的 UX(面内水平方向)、UY(面外水平方向)和 UZ(竖向)，以及加载端的 UX(面内水平方向)，不约束其转动自由度。

5.1.3.2 试验过程

图 5-21 所示为桁式构件在轴压和不同偏心荷载作用下，构件的荷载-竖向位移曲线表明，在试验加载初期，试验结果和有限元结果吻合较好，屈服过后出现一定的偏差，有限元的极限荷载值大于试验得到的荷载值。不同偏心荷载作用下，试件的荷载-竖向位移曲线表现出相近的变化规律。当荷载较小时，试件位移曲线近似成线性变化，当荷载达到极限荷载的 50%～60% 时，曲线开始出现明显的倾斜，试件的竖向位移开始增大。破坏阶段表明，构件整个变形过程表现出较大的延性。

图 5-22 所示为混合桥墩在轴压和不同偏心荷载作用下，试件的荷载-竖向位移曲线表明，整个试验加载过程中，试验结果和有限元结果吻合较好，有限元计算的极限荷载值稍大于试验得到的荷载值。不同偏心荷载作用下，试件的荷载-竖向位移曲线表现出相近的变化规律。当荷载较小时，试件位移曲线近似成线性变化，当荷载达到极限荷载的 70%～80% 时，曲线开始出现倾斜，试件的竖向位移开始增大，整个变形过程表现出较好的延性。

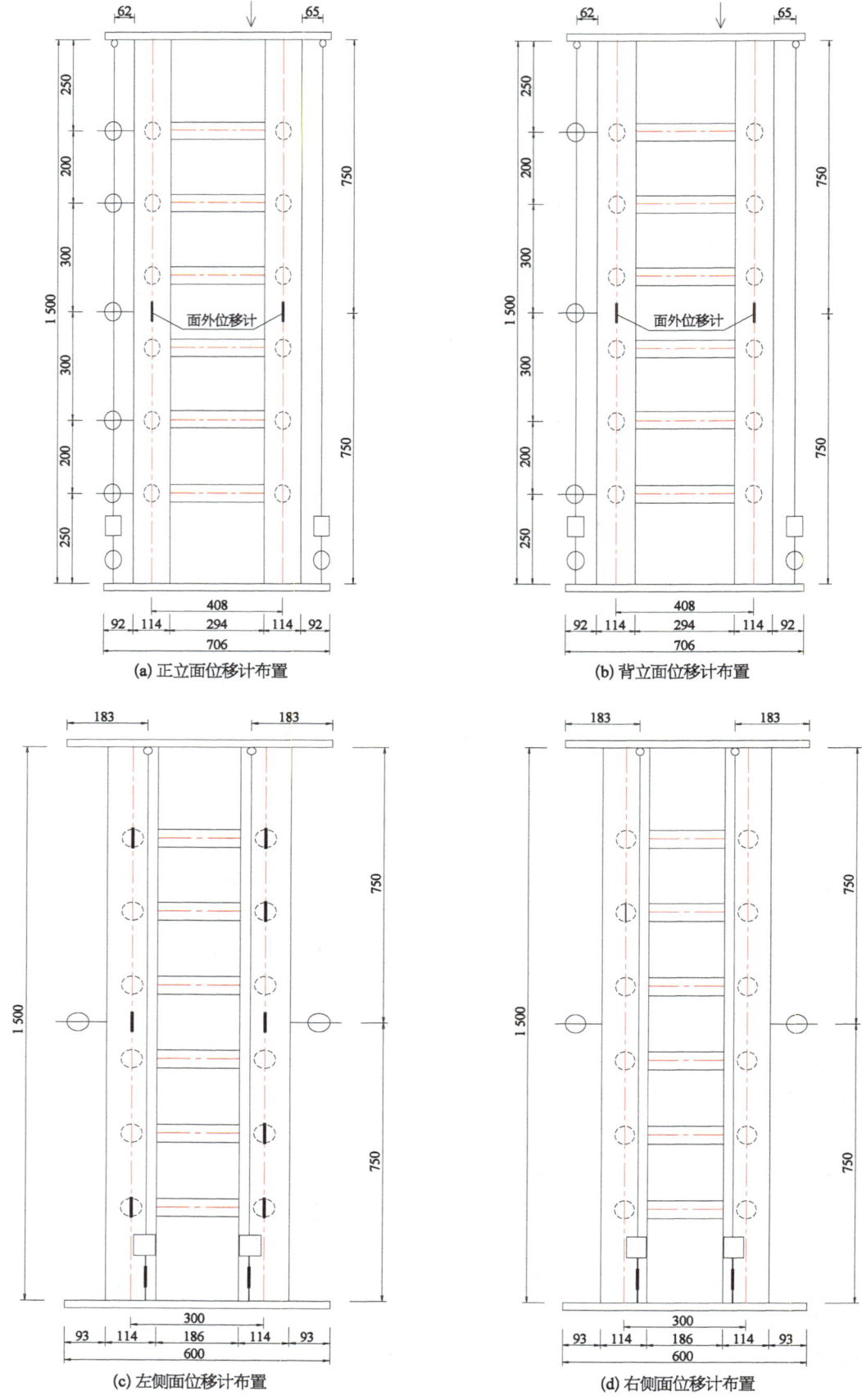

图 5-19 桁式桥墩位移计布置（单位：mm）

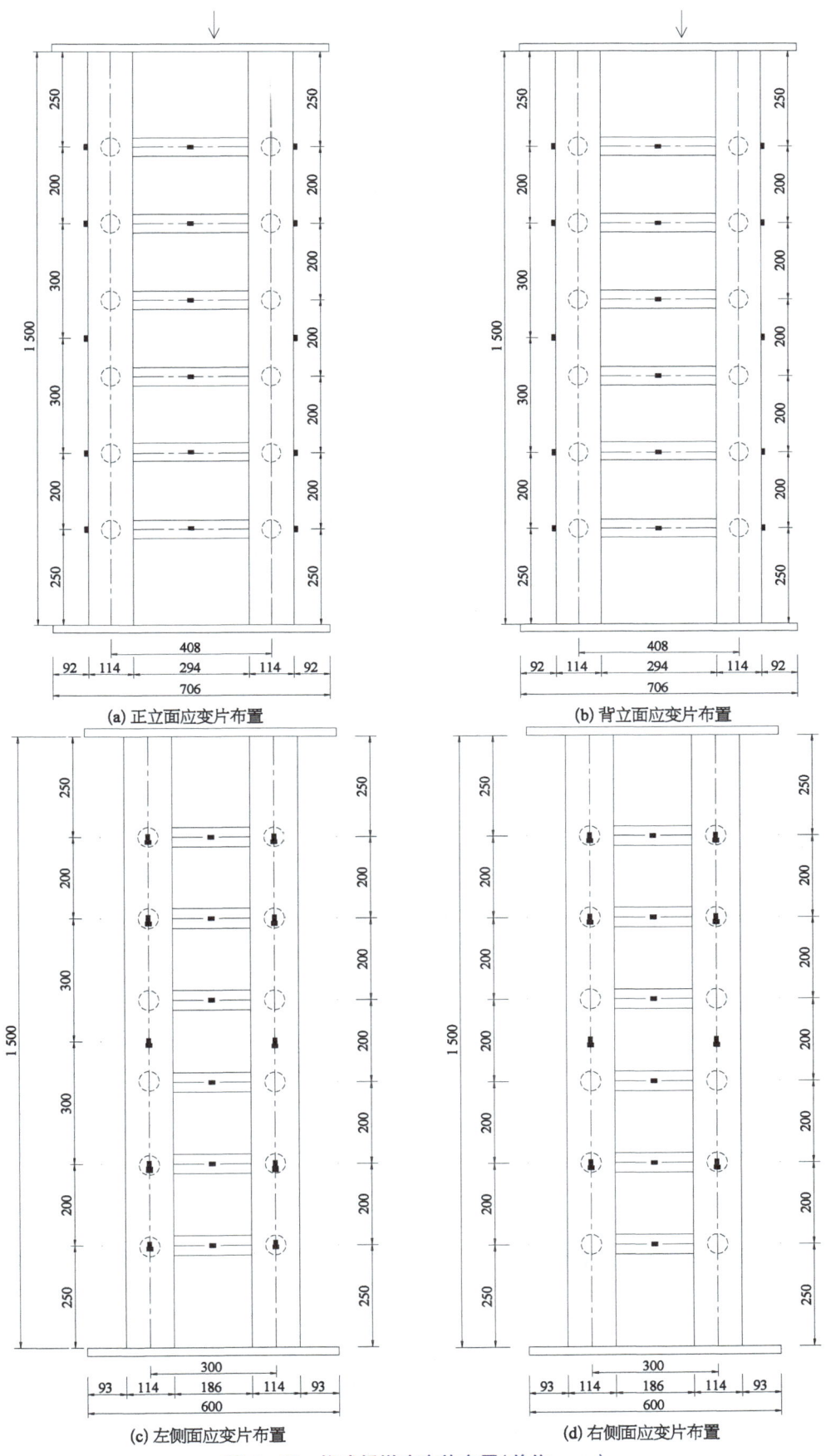

图 5-20 桁式桥墩应变片布置(单位: mm)

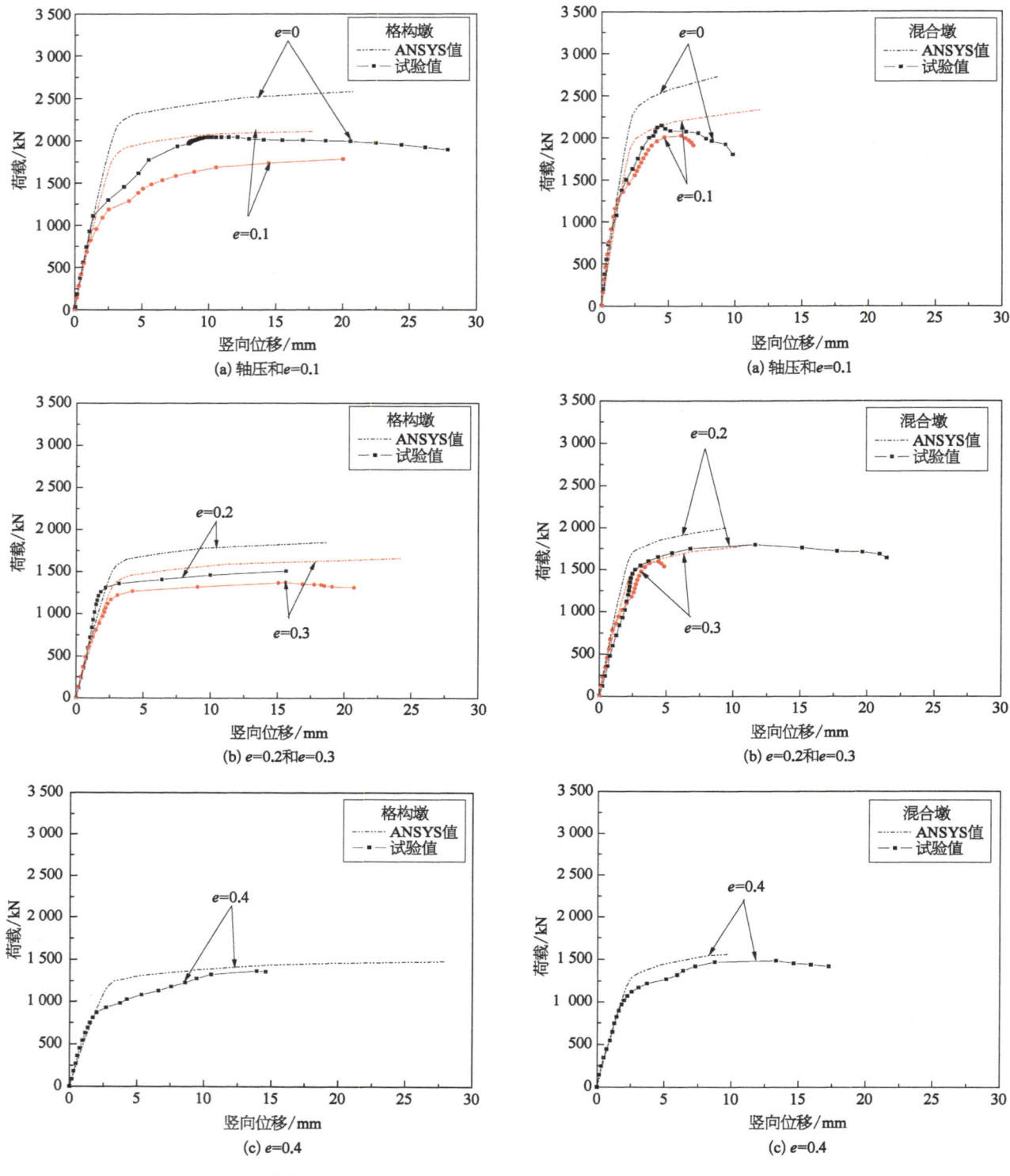

图 5-21 桁式桥墩荷载-位移曲线

图 5-22 混合桥墩荷载-位移曲线

图 5-23 所示为组合桥墩在轴压和不同偏心荷载作用下,试件的荷载-位移曲线。从图中可以看出,整个试验加载过程中,试验结果和有限元结果吻合不是很好,有限元的曲线刚度远大于试验得到的曲线刚度。不同偏心荷载作用下,试件的荷载-竖向位移曲线表现出相近的变化规律。当荷载较小时,试件位移曲线近似成线性变化,当荷载达到极限荷载的 80% 左右时,曲线开始出现明显的倾斜,试件的竖向位移开始增大。试验过程中,构件破坏时表现出一定的脆性。

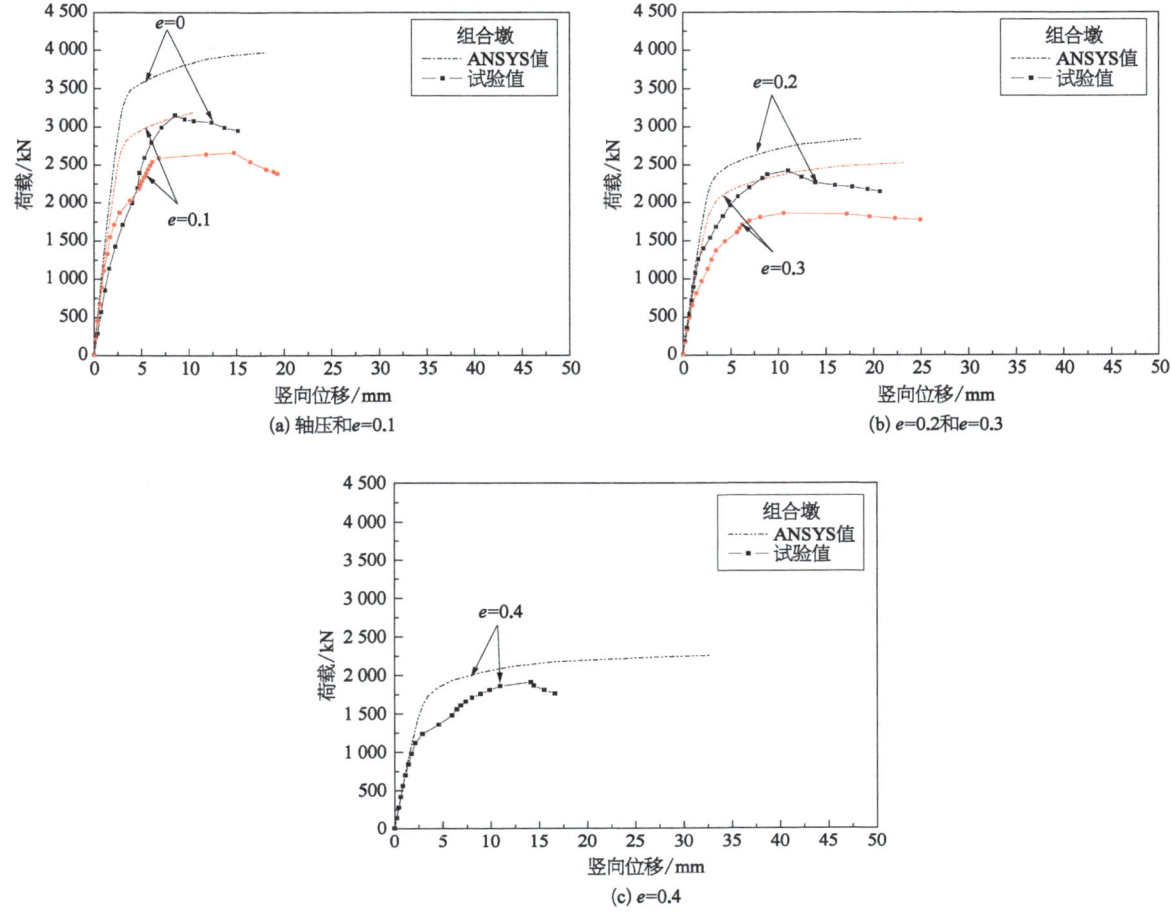

图 5-23 组合桥墩荷载-竖向位移曲线

5.1.3.3 结果分析

1) 竖向荷载作用

图 5-24 所示为不同偏心竖向荷载作用下的各类试件,在相同荷载等级下的面内弯曲变形沿构件高度的变化曲线。有限元模型边界条件为下端约束 X 和 Z 方向,上端只约束 X 方向(X、Y、Z 分别为面内、面外和竖向)。轴压荷载作用下三类构件的面内弯曲挠度接近,但数值都很小。随着偏心率的增大,桁式构件的面内弯曲变形明显大于组合构件和混合构件,表明钢筋混凝土腹板对构件面内刚度的贡献较大,能有效地抵抗面内的弯曲变形。

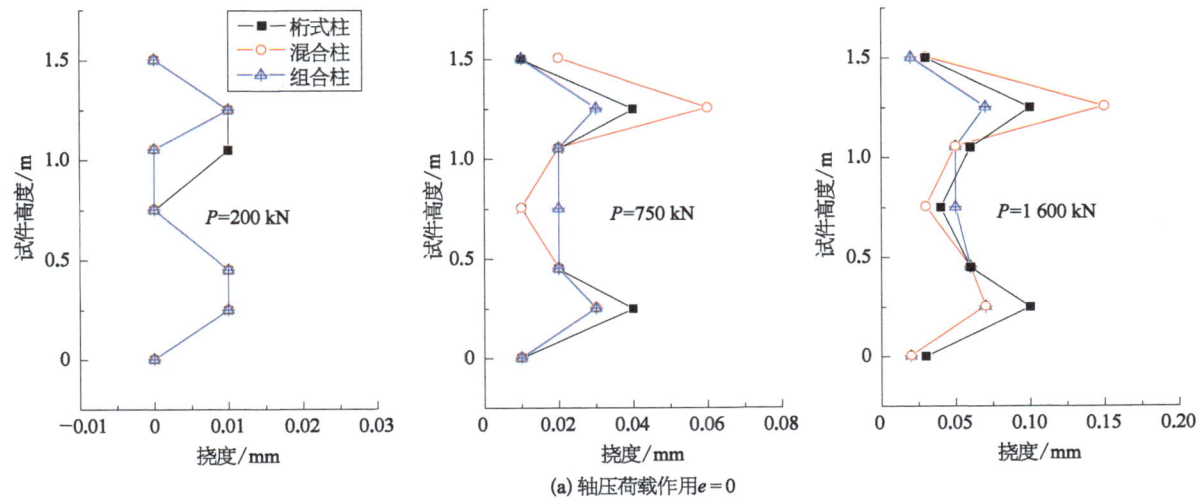

(a) 轴压荷载作用 $e=0$

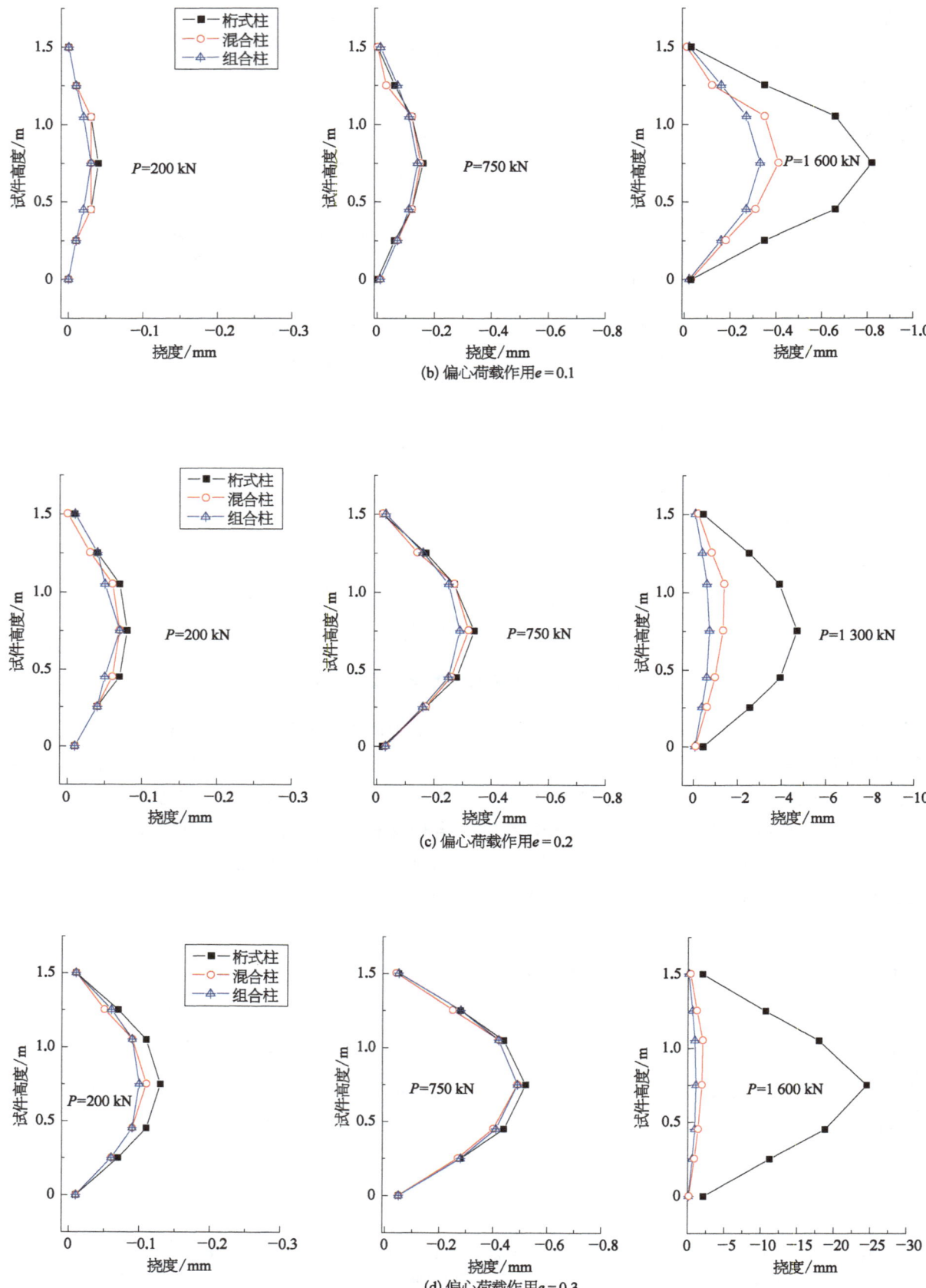

(b) 偏心荷载作用 e = 0.1

(c) 偏心荷载作用 e = 0.2

(d) 偏心荷载作用 e = 0.3

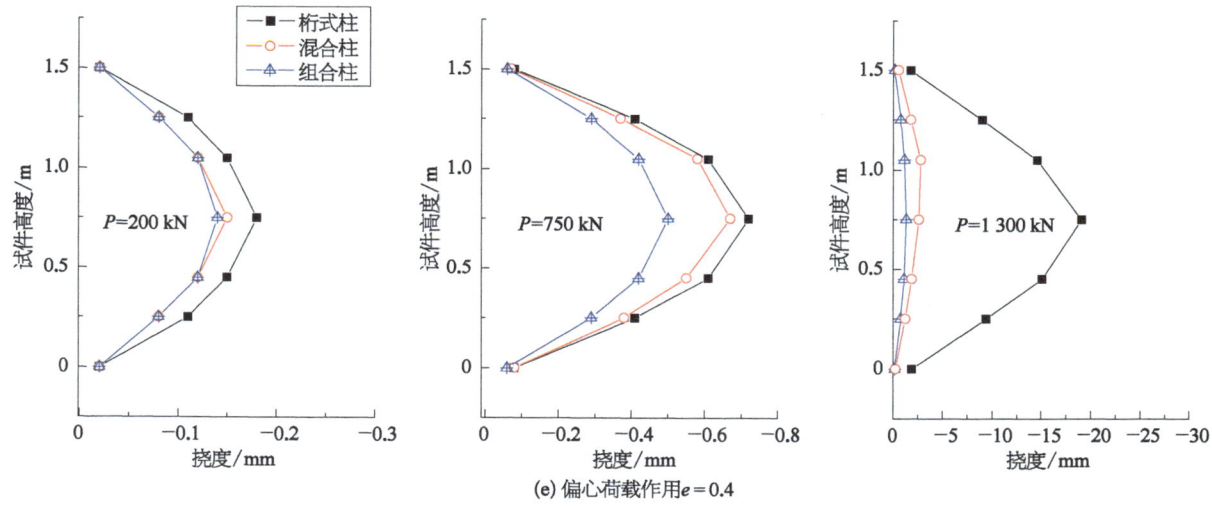

(e) 偏心荷载作用 e=0.4

图 5-24　不同偏心荷载作用下各类试件的侧向变形

2）横向荷载作用

图 5-25 所示为端部相同水平荷载（与面内方向 X 平行）单独作用下，三类构件的面内变形沿高度的变化曲线，图中仅示桁式构件模型中的钢管出现屈服时对应的荷载作用下，三类构件的面内变形曲线。混合构件和组合构件的侧向变形明显小于桁式柱，表明混合构件和组合构件的混凝土腹板对面内刚度的贡献较大。

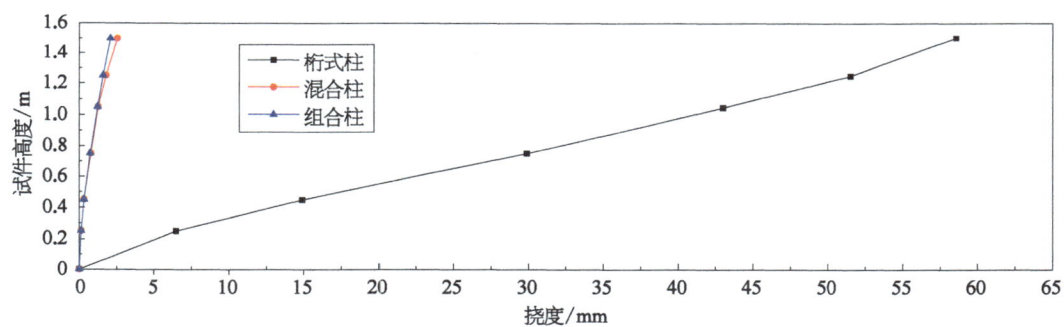

图 5-25　水平荷载作用下各类试件的侧向变形

5.1.3.4　技术总结

（1）试验过程的荷载-竖向位移曲线表明，试验曲线与有限元曲线吻合较好，采用有限元方法模拟桁式桥墩、混合桥墩和组合桥墩在轴压和偏压受力状态下的整体受力状态计算结果可靠。

（2）试验构件破坏形式的模拟表明，两者的最大受力位置基本一致，再次表明有限元计算模型的成果可靠。

（3）桁式桥墩、混合桥墩和组合桥墩试验构件变形和有限元分析表明，与桁式桥墩相比，组合桥墩和混合桥墩的面内弯曲变形显著减小，表明组合桥墩和混合桥墩的混凝土腹板对面内刚度的贡献较大。

5.1.4　混合桥墩连接构造与传力性能研究

5.1.4.1　混合桥墩连接构造的模型试验

试验过程表明，混合桥墩在轴压和偏压试验过程中，V 形斜撑未出现局部屈曲，混凝土腹板与主管的连接件，在受力全过程中保持完好，仅在大偏心状态下的弹塑性阶段，连接交界面才出现部分微小的裂缝，表明混合桥墩的连接构造是合理可行的。

图 5-26～图 5-28 所示为屈服极限荷载时，轴压荷载和不同偏心率荷载作用下混合桥墩各个连接件的应力图。除了个别的测点外，连接件的应力未超过屈服强度，进一步表明混合桥墩的连接构造是合理的。

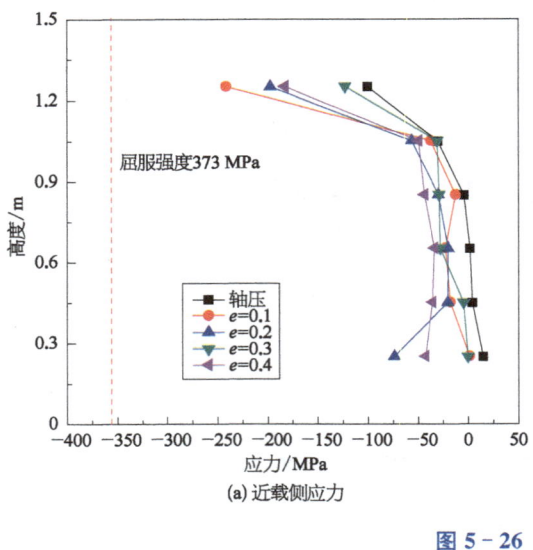
(a) 近载侧应力

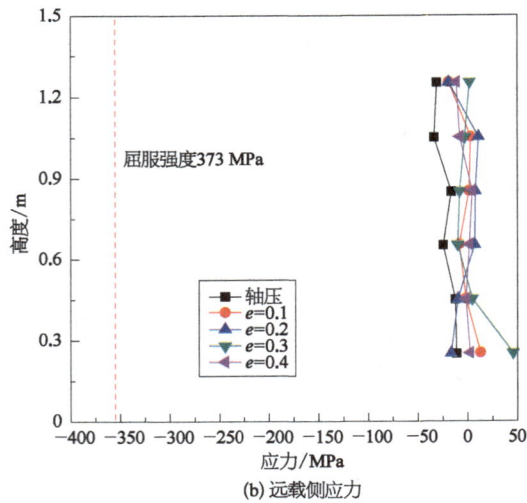
(b) 远载侧应力

图 5-26 平联荷载-应力

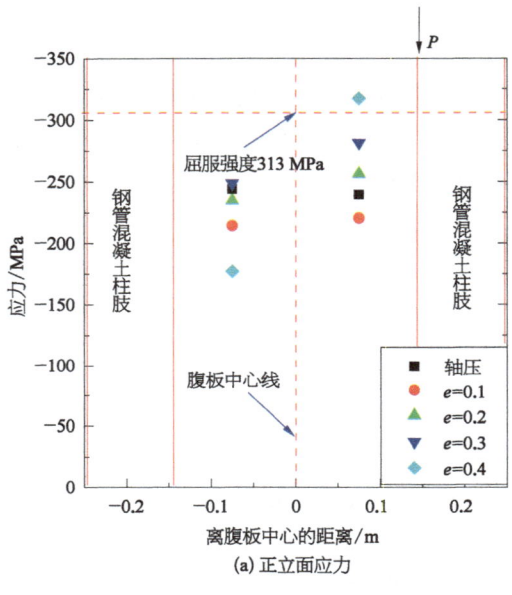
(a) 正立面应力

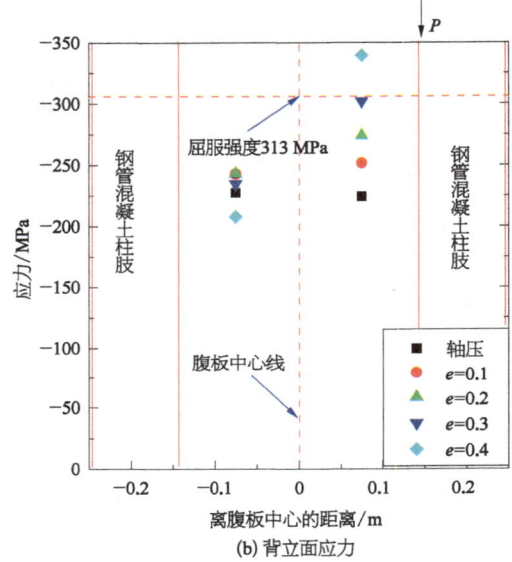
(b) 背立面应力

图 5-27 V形斜撑应力

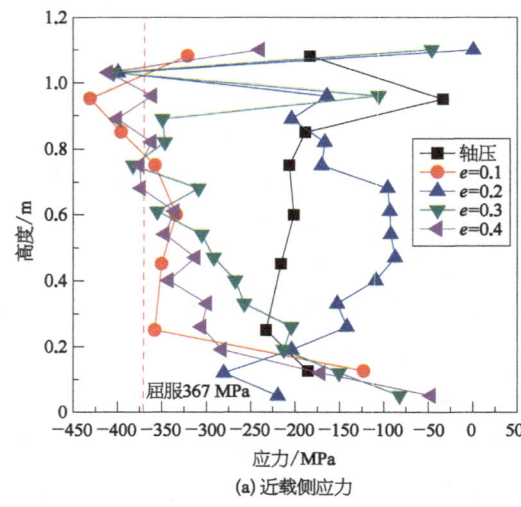
(a) 近载侧应力

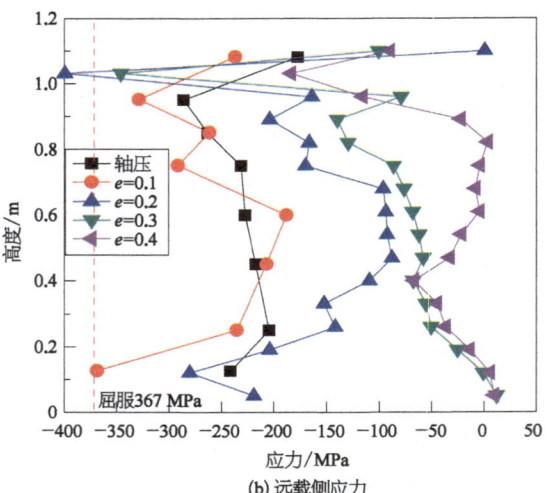
(b) 远载侧应力

图 5-28 连接钢板应力分布

5.1.4.2 混合桥墩连接构造性能研究

1) 试验模型分析

以模型构件的高度截面为限,分别对几个区域的横截面内力分布进行分析。截面计算示意如图5-29所示。

图5-29所示截面符号意义为:2P4表示同侧两根钢管混凝土主管的组合截面内力,2P2表示同侧连接钢板的内力,2P3表示两侧腹板截面混凝土和竖向钢筋的总内力。各个截面的计算结果汇总于表5-4,余量值为计算图示中试验各内力之和与总的外加荷载差值,余量比为余量值之和与总的外加荷载的百分比。试验数据表明,各截面在不同等级的荷载作用下的误差在8%之内,且随着荷载等级的增大,误差在减小,表明试验过程中采集到的数据满足截面的平衡条件,试验数据是有效的。

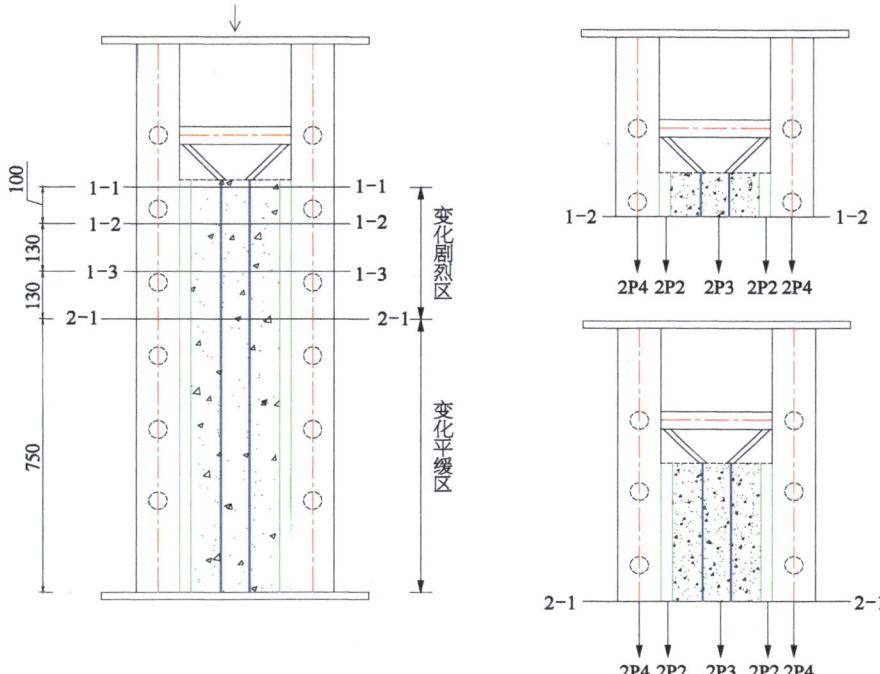

图 5-29 横截面计算示意

表 5-4 横截面内力计算汇总

总荷载/kN	截面 分力/kN	1-1	1-2	1-3	2-1
350	4P4	−290.97	−299.00	−315.06	−232.43
	8P2	−12.69	−13.62	−10.63	−13.53
	2P3	−18.46	−23.58	−47.21	−78.24
	总内力	−322.12	−336.20	−372.90	−324.20
	余量值	27.88	13.79	−22.90	25.80
	余量比	7.97%	3.94%	−6.54%	7.37%
525	4P4	−448.30	−453.59	−459.59	−345.96
	8P2	−19.94	−20.54	−15.89	−20.34
	2P3	−26.95	−36.14	−71.17	−119.54

续表

总荷载/kN	截面分力/kN	1-1	1-2	1-3	2-1
525	总内力	−495.19	−510.27	−546.65	−485.84
	余量值	29.81	14.74	−21.66	39.16
	余量比	5.68%	2.81%	−4.13%	7.46%
700	4P4	−594.94	−598.77	−609.47	−463.33
	8P2	−28.12	−29.00	−21.72	−27.35
	2P3	−39.07	−55.58	−104.43	−164.92
	总内力	−662.13	−683.35	−735.62	−655.60
	余量值	37.87	16.66	−35.63	44.40
	余量比	5.41%	2.38%	−5.09%	6.34%
875	4P4	−760.44	−763.00	−765.00	−593.76
	8P2	−40.12	−41.38	−29.88	−35.45
	2P3	−49.16	−60.18	−106.69	−215.43
	总内力	−849.72	−864.56	−901.57	−844.64
	余量值	25.28	10.43	−26.57	30.37
	余量比	2.89%	1.19%	−3.04%	3.47%

图 5-30 所示为轴压作用下，混合桥墩弹性阶段时钢筋混凝土腹板不同高度处腹板内力与总的荷载的比值，其中，腹板的内力为混凝土和竖向钢筋的内力之和。图 5-30 所示比例曲线大致分为两个区域。在不同等级的荷载作用下，腹板端部以下到试件高度中截面以上，钢筋混凝土腹板的传力比例值变化较大，试件高度中截面以下至腹板底端变化就很平缓。同一荷载等级作用下，在腹板端部以下 1/3 高度范围内，随着高度的向下变化，腹板的传力比例值不断增大，余下的 2/3 腹板高度范围内，不同高度处的比例值都比较接近。试验表明，腹板端部向下 1/3 高度为腹板传力的有效高度，这个范围内腹板内力变化剧烈。

表 5-5 所示为轴压作用下，混合桥墩试验模型各个部件内力与总荷载的比值，其中，内力通过试验中各个部件应变按照弹性理论反算得出。V 形斜撑传递的竖向力 P3 所占总荷载的比值为 3% 左右，钢管混凝土主管传递的竖向力 P1 所占的比例在 97% 左右。表明混凝土腹板主要通过钢管混凝土主管来传递竖向力，而不是靠 V 形斜撑传递。

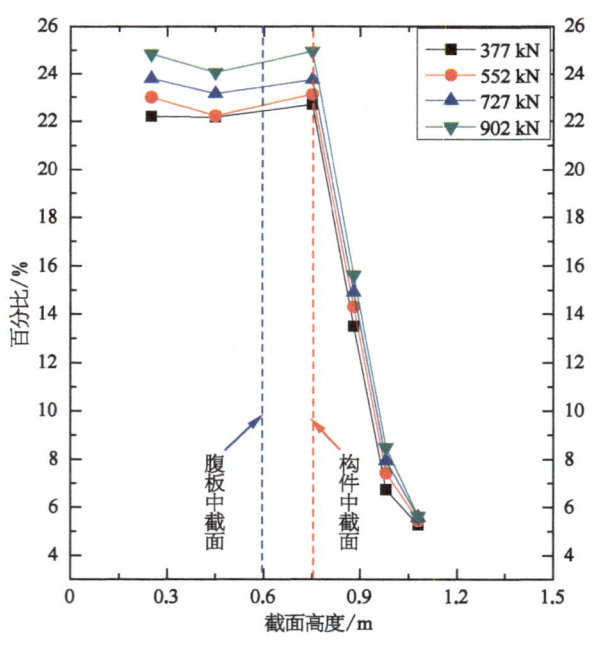

图 5-30 混合桥墩混凝土腹板传力比例曲线

表 5-5 轴压作用下各构件内力与总荷载的比值

分内力 Pi/kN	总荷载 P/kN			
	350	525	700	875
钢管混凝土主管P1	340.28	510.41	676.90	846.48
V形斜撑（斜向）P2	14.60	22.63	30.15	38.25
V形斜撑（竖向）P3	10.33	16.00	21.31	27.04
P1/P	97.22%	97.22%	96.70%	96.74%
P3/P	2.95%	3.05%	3.04%	3.09%
P1/P2	23.31	22.55	22.45	22.13

2) 有限元分析

根据试验构件有限元模型和实桥有限元模型，提取V形斜撑的荷载-应力曲线，换算成荷载-内力曲线，计算出V形斜撑弹性段传力的平均比例值分别为2.2%和2.3%，与试验的平均值3%接近，如图5-31所示。

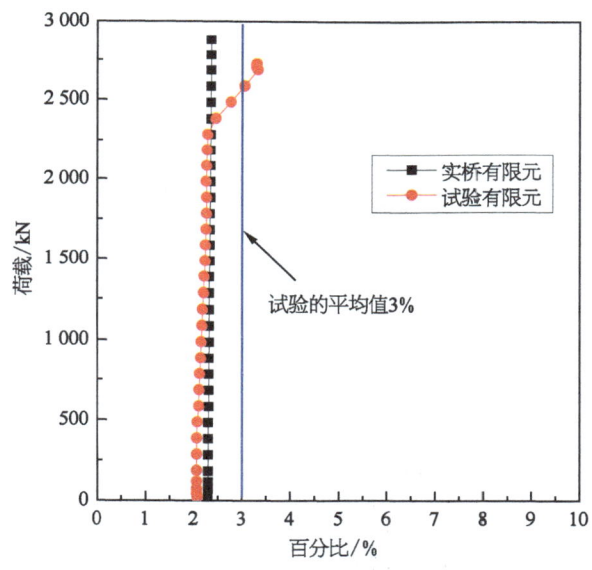

图 5-31 V形斜撑传力百分比

3) 理论分析

通过理论分析，进一步验证混合桥墩连接构造传力性能结果。

（1）弹性模量。钢管 $E_s=2.04\times10^6$ MPa，混凝土 $E_c=2.5\times10^5$ MPa，V形斜撑 $E_V=2.15\times10^6$ MPa。

（2）面积。钢管 $A_s=\dfrac{\pi}{4}\times(114^2-110^2)=$ 703.36（mm^2）

混凝土 $A_c=\dfrac{\pi}{4}\times110^2=9\,498.5$（$mm^2$）

V形斜撑 $A_V=\dfrac{\pi}{4}\times(14^2-9.6^2)$
$=81.51$（mm^2）

（3）抗压刚度比值。

钢管混凝土柱肢 $E_{sc}A_{sc}=E_sA_s+E_cA_c=3.81\times10^5$ kN

V形斜撑 $E_VA_V=0.175\,3\times10^5$ kN

主管与V形斜撑比值

$$E_{sc}A_{sc}/E_VA_V=3.81/0.175=21.77$$

计算结果表明，钢管混凝土主管与V形斜撑的抗压刚度比值为21.77，这与表5-5中试验结果的钢管混凝土主管的内力P1与V形斜撑的斜向内力P2的比值P1/P2（平均值为22.68）接近，表明钢管混凝土主管和V形斜撑按照各自截面抗压刚度来分配总荷载，进一步表明了混合桥墩中混凝土腹板的力主要通过钢管混凝土主管来传递竖向力，而不是靠V形斜撑传递。

5.1.4.3 技术总结

（1）混合桥墩连接构造研究成果：① 试验过程成果表明，混合桥墩在轴压和偏压试验过程中，V形斜撑未出现局部屈曲现象，混凝土腹板与主管的连接件在受力全过程中保持完好，仅在大偏心状态下的弹塑性阶段，连接交界面出现部分微小的裂缝，因此，混合桥墩的连接构造是合理可行的；② 试验构件的应力分析表明，除了个别的测点外，连接件的应力未超过屈服强度，表明混合桥墩的连接构造是合理的；③ 从模型构件和实桥的有限元分析表明，各个连接件均后于主管达到屈服强度，表明连接构造的合理性。

（2）混合桥墩连接构造传力性能成果主要为：① 试验构件的应力状态、模型构件和实桥的有限元分析表明，V形斜撑所传递的竖向力占总荷载的比值为3%左右，表明混凝土腹板的力主要通过钢管混凝土主管来传递，而不是靠V形斜撑传递；② 基于理论分析表明，钢管混凝土主管和V形斜撑按照各自截面抗压刚度来分配总荷载。

5.1.5 混合桥墩混凝土腹板应力机理研究

5.1.5.1 模型试验分析

1) 腹板应力沿横截面变化规律

图 5-32 所示为混合桥墩构件在弹性极限状态下,混凝土腹板竖向应变沿横截面方向的分布,图中以混凝土腹板宽度的中线为横坐标的原点,图例标签的数字是对应横截面的高度。由于是弹性段,用对应的应变来反映对应的应力变化,两者差一个弹性模量 E 的倍数,对应的变化规律是一样的。

在轴压状态下,混凝土腹板竖向应变沿截面的变化存在剧烈和平缓两个区域,在腹板高度 $H=0.77$ m 以上为变化剧烈区,高度 $H=0.77$ m 以下为平缓区。表明过渡段的 V 形斜撑传来的力使得该区域内混凝土的应变变化复杂,其高度约为腹板端部以下 0.35 m。随着偏心率 e 的增大,变化剧烈区域的高度在向下扩大,应变变化平缓区几乎不存在,$e=0.4$ 时,近载侧压应变远大于远载侧拉应变。

图 5-33 所示为混合桥墩构件在弹性极限状态下,混凝土腹板横向应变沿横截面方向的分布。在轴压荷载和小偏心($e<0.2$)荷载作用下,混凝土腹板横向应变沿横截面的变化存在剧烈和平缓两个区域,腹板高度 $H=0.77\sim1.03$ m 范围内,横向应变沿横截面的变化较明显,高度在 $H=0.77$ m 内同一截

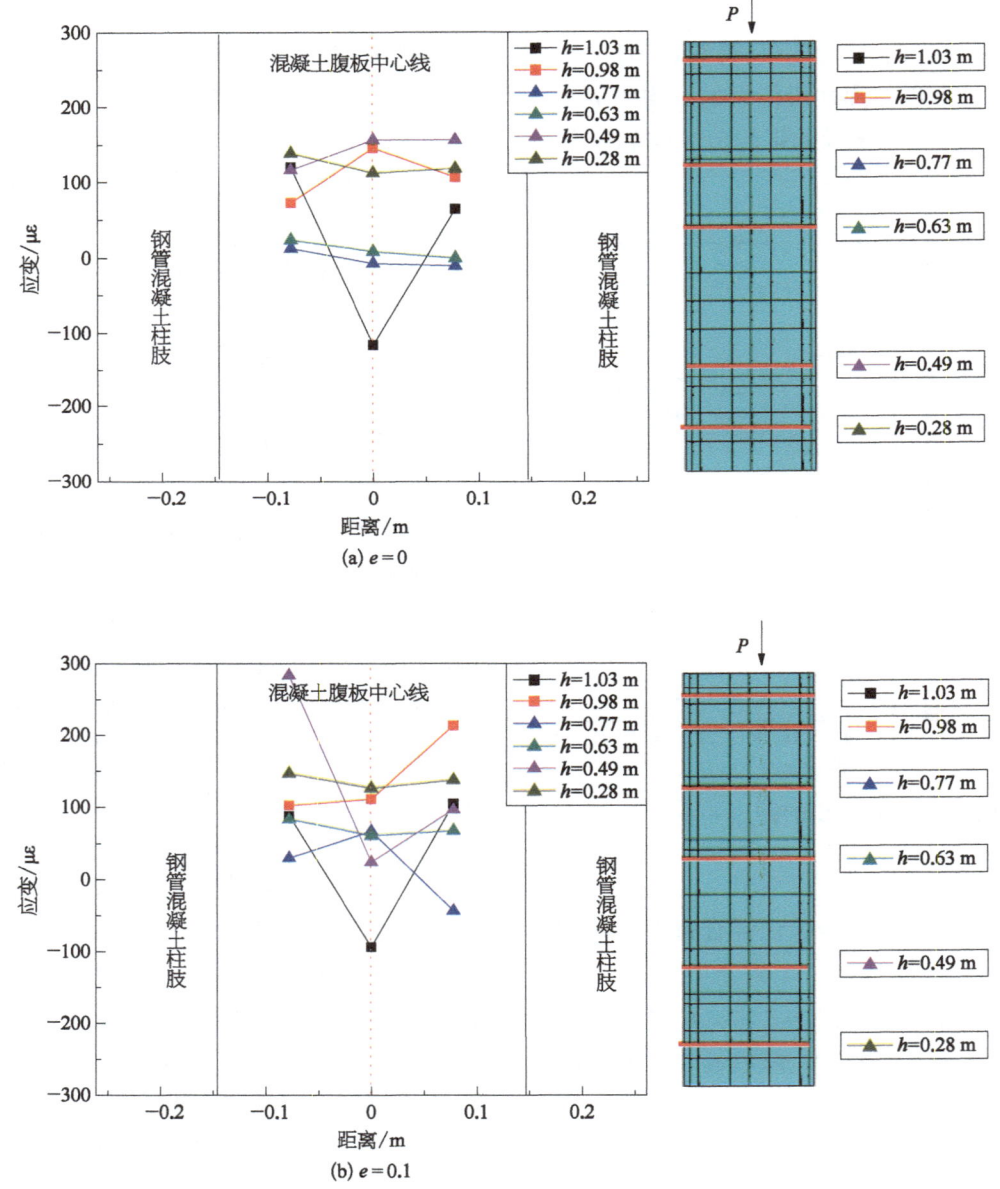

(a) $e=0$

(b) $e=0.1$

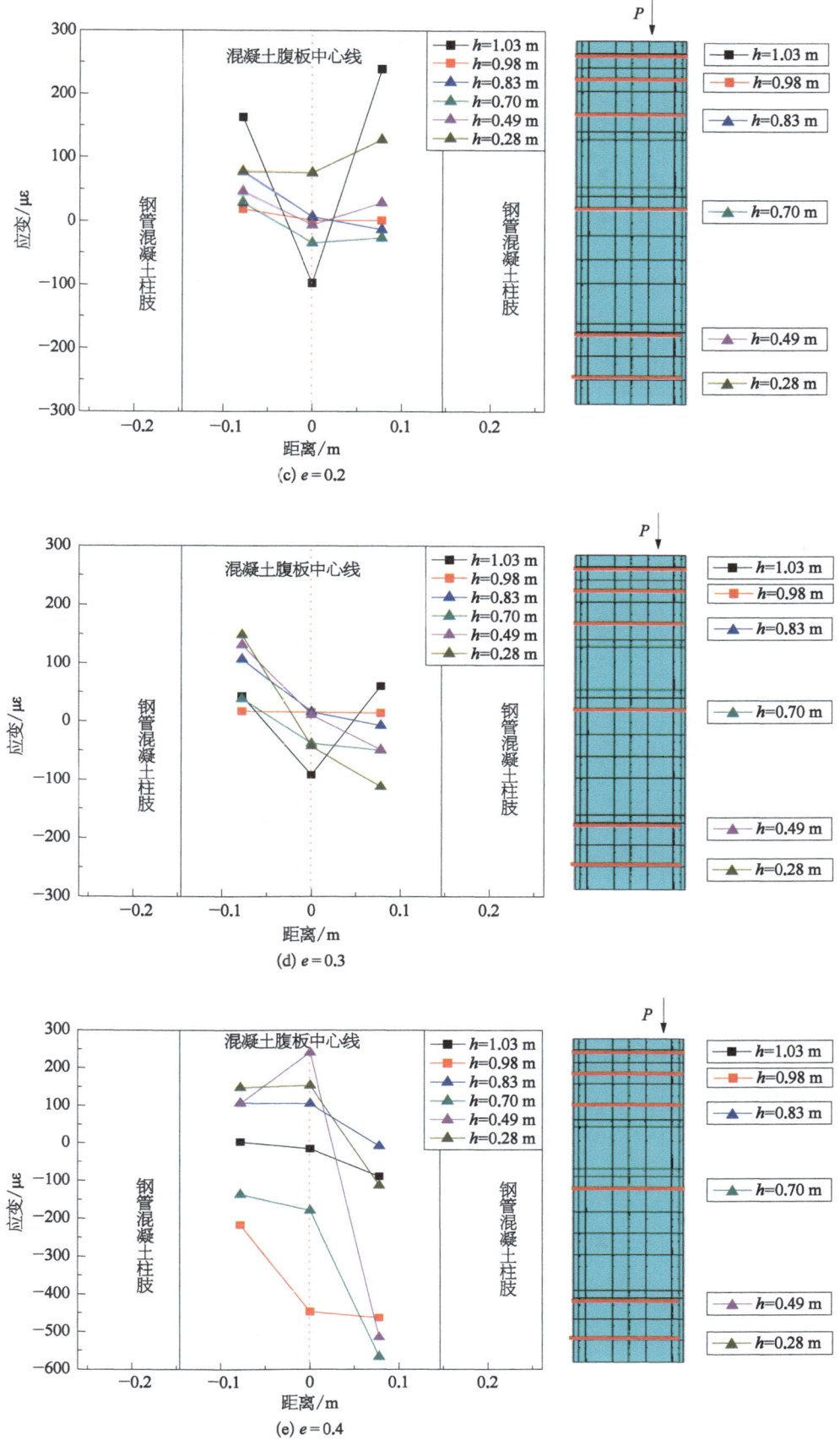

图 5-32 混凝土腹板竖向应变沿横截面的变化

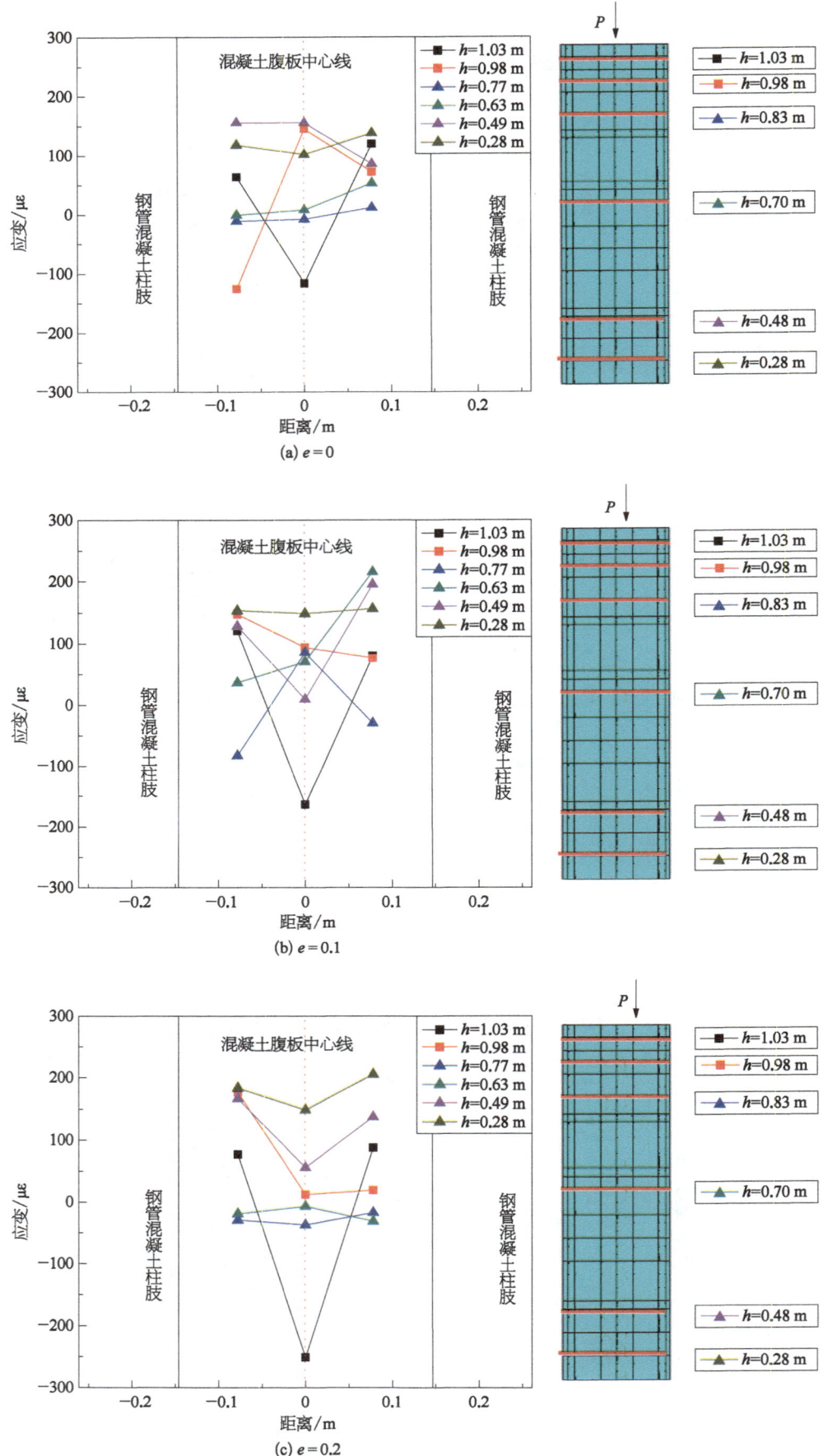

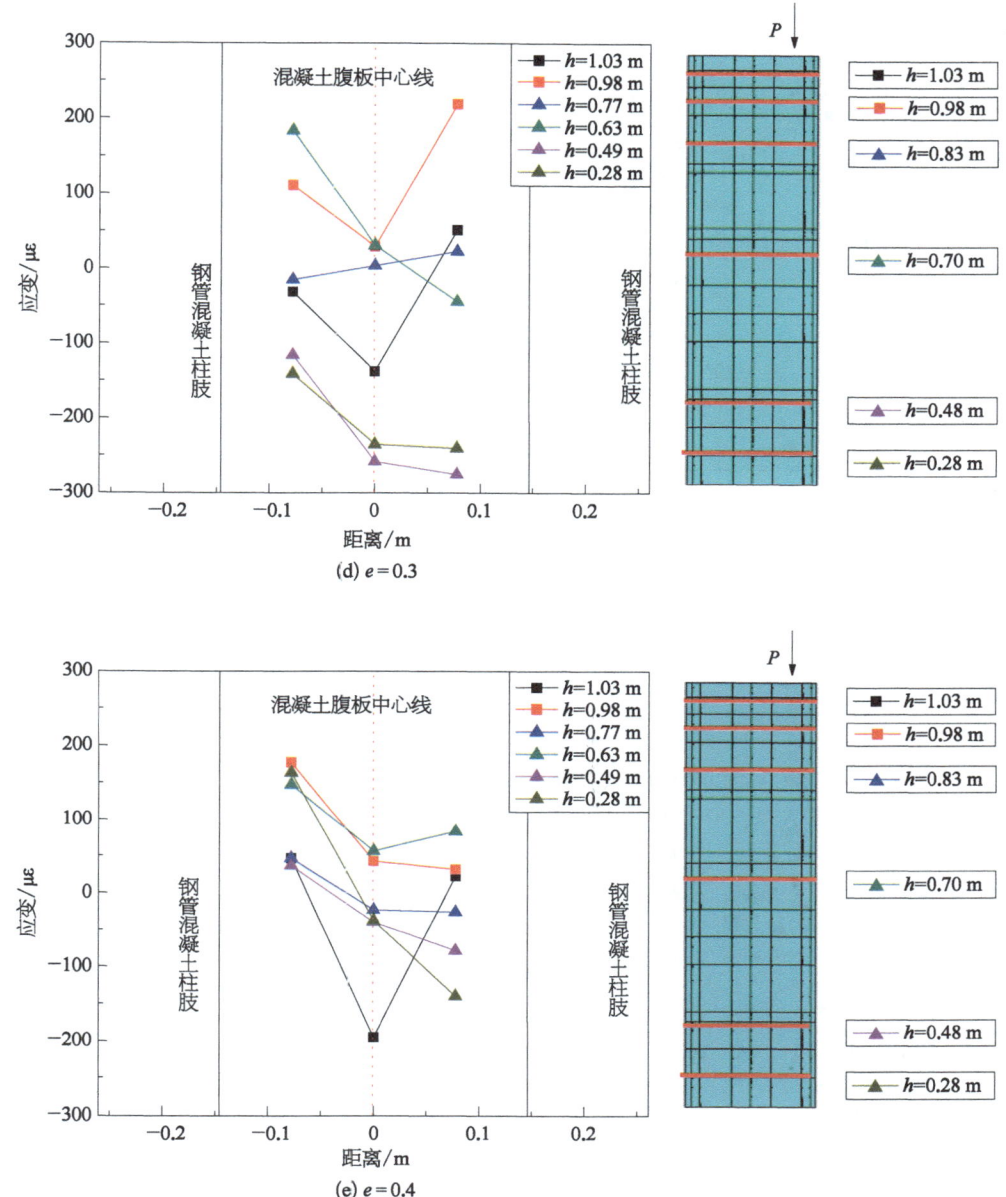

图 5-33 混凝土腹板横向应变沿横截面的变化

面的应变分布较均匀;在大偏心($e=0.3$ 和 $e=0.4$)荷载作用下,变化剧烈区向下移动,近载侧和远载侧的应变反向。应变变化剧烈区的存在说明上部的 V 形斜撑传来的力,使得该区域内混凝土的应变变化复杂,其高度约为腹板端部以下 0.35 m。

2)腹板应力沿高度的变化

图 5-34 所示为钢管混凝土混合桥墩模型中,混凝土腹板竖向应变沿腹板高度方向的分布,远载侧和近载侧的竖向应变都为压应变。对于中间位置的竖向应变,应变值较小,在虚线之上约 20 cm(为混凝土腹板高度的 1/5),混凝土腹板竖向应力变化较为剧烈,余下的高度竖向应力变化则较为缓慢。表明在屈服荷载前,主管传来的大部分力由两侧的混凝土腹板传递,中间部分的腹板分担较少,且随着偏心率 e 的增大,近载侧压应变随之增大,远载侧压应变减小。

图 5-35 所示为钢管混凝土混合桥墩模型中,混凝土腹板横向应变沿腹板高度方向的分布。远载侧和近载侧的横向应变变化较小,腹板中间部分的横向应变变化明显。中间侧的横向应变曲线,近似以腹板高度中间截面为对称,且对称处的横向应变接近于零。

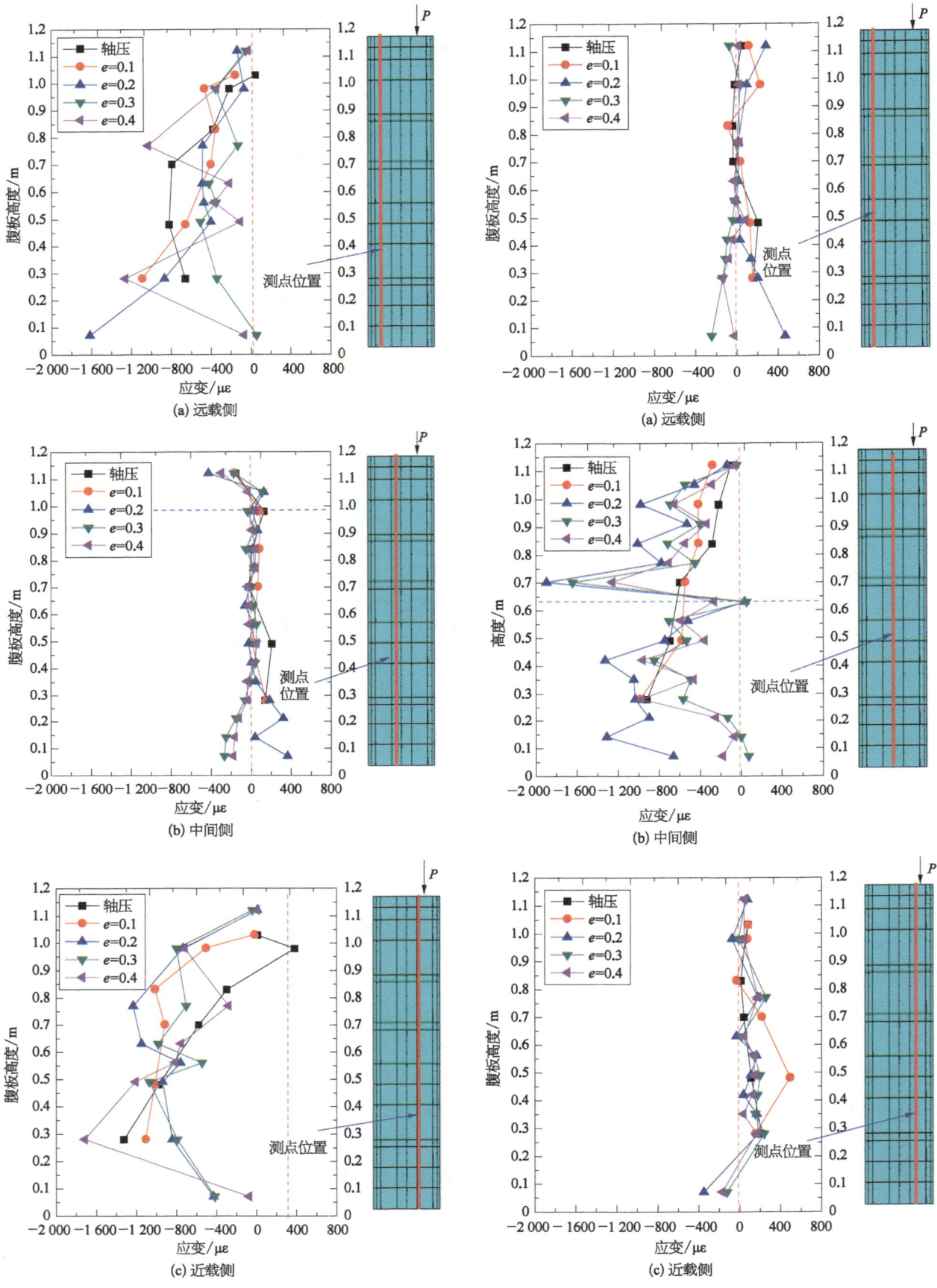

图 5-34 混凝土腹板竖向应变沿高度的变化

图 5-35 混凝土腹板横向应变沿高度的变化

5.1.5.2 模型有限元分析

图 5-36 和图 5-37 所示为钢管混凝土混合桥墩模型中混凝土腹板横向、竖向应力分布云图。横向应力云图应力值区间为 -10~5 MPa，竖向应力云图应力值区间为 -40~4 MPa。图 5-36 表明，模型在极限荷载作用下，混凝土腹板顶面处的横向拉应力已达到或超过 5 MPa（灰色区域），说明该区域的混凝土发生开裂破坏。开裂区域随着偏心率的增大有所变小，且开裂区域有往偏心荷载一侧移动的趋势。而混凝土腹板其他区域的横向压应力值均较小，大部分区域的横向压应力值小于 10 MPa。

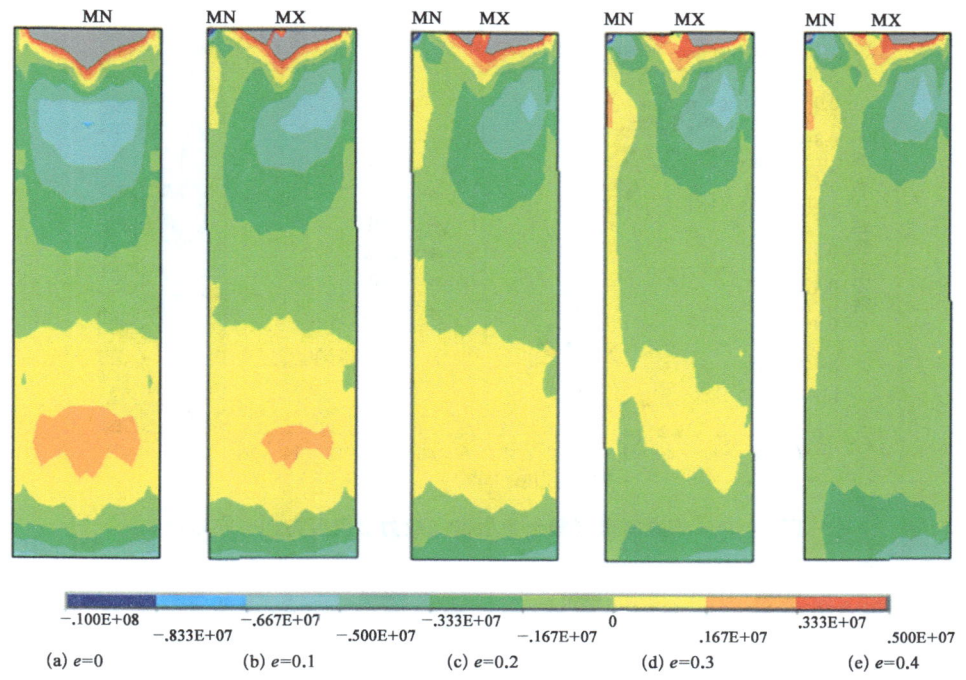

图 5-36 混凝土腹板横向应力云图

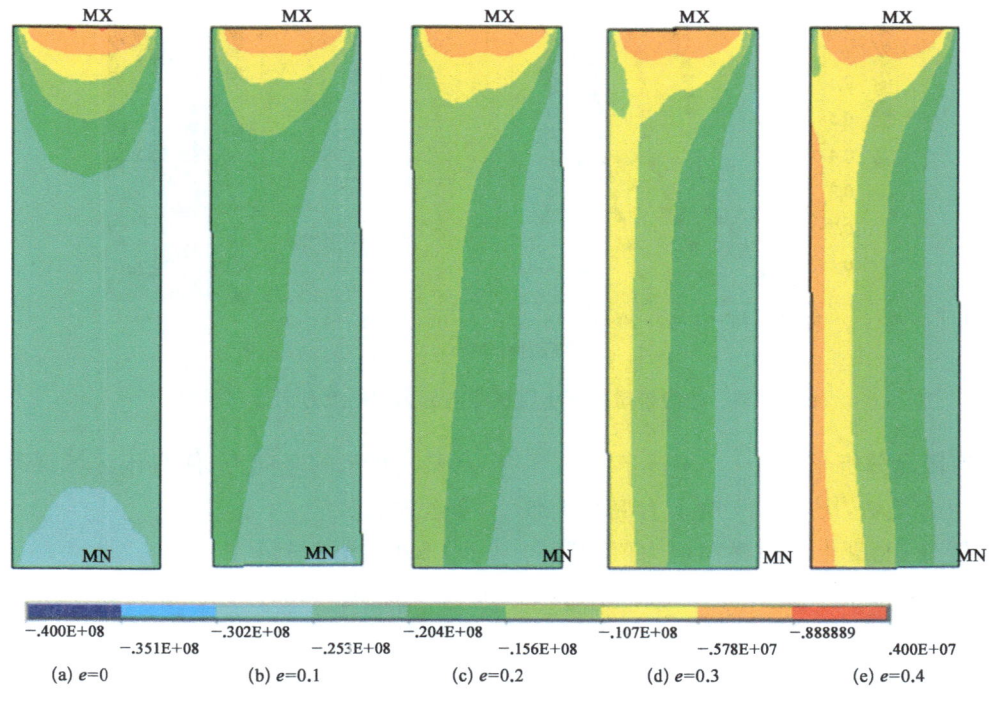

图 5-37 混凝土腹板竖向应力云图

图5-38和图5-39所示为钢管混凝土混合桥墩模型混凝土腹板横向中间位置处，混凝土腹板横向应力值和竖向应力值沿高度方向的变化规律。图5-38所示虚线范围内约25 cm高，混凝土腹板横向应力变化较为剧烈，余下的高度横向应力变化则较为缓慢。表明该高度范围内，过渡段V形斜撑传递上部结构传来的竖向力，使得该区域混凝土的横向应力分布较为复杂。对于混凝土腹板竖向应力，图5-39所示虚线范围内约30 cm高变化较为剧烈，因V形斜撑传递下来的竖向力，该区域混凝土竖向压应力急剧增大。

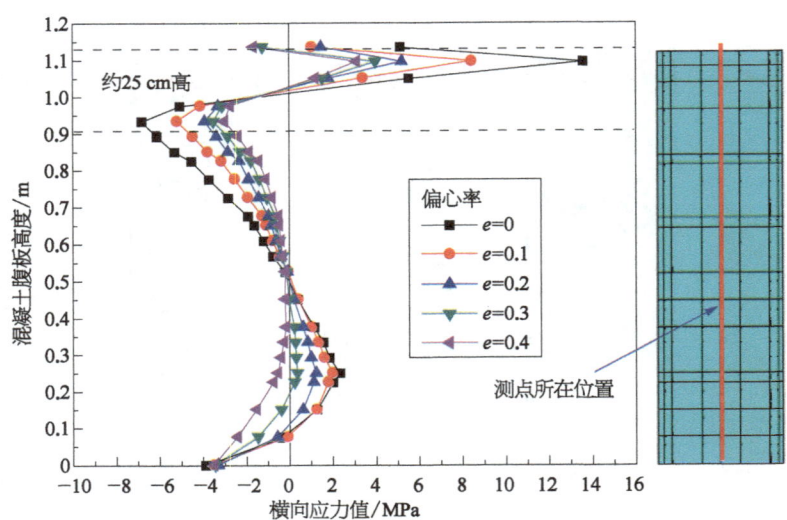

图5-38 模型桥墩混凝土腹板横向应力沿高度方向分布规律

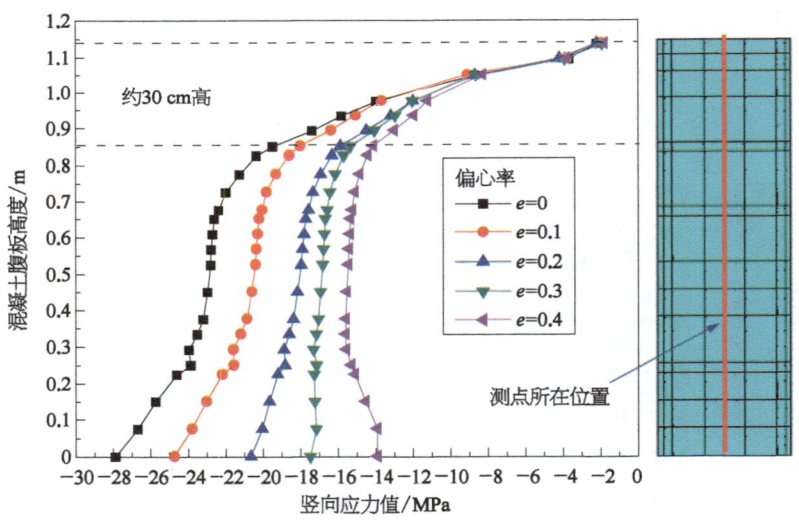

图5-39 模型桥墩混凝土腹板竖向应力沿高度方向分布规律

5.1.5.3 实桥有限元分析

对于实桥组合高墩，图5-40所示为混凝土腹板横向中间位置处，混凝土腹板横向应力值和竖向应力值沿高度方向的变化规律。图5-40所示表明虚线范围内大约6 m高（大约为混凝土腹板高度的1/5），混凝土腹板应力变化较为剧烈，余下的高度应力变化则较为缓慢。同时，过渡段V形斜撑传递上部结构传来的竖向力，使得该区域混凝土的应力分布较为复杂。

5.1.5.4 技术总结

（1）模型构件应力和有限元分析表明，混合桥墩混凝土腹板在20～30 cm（大致为混凝土腹板高度的1/5区域）内应力变化较大，而以下区域应力分布均匀。

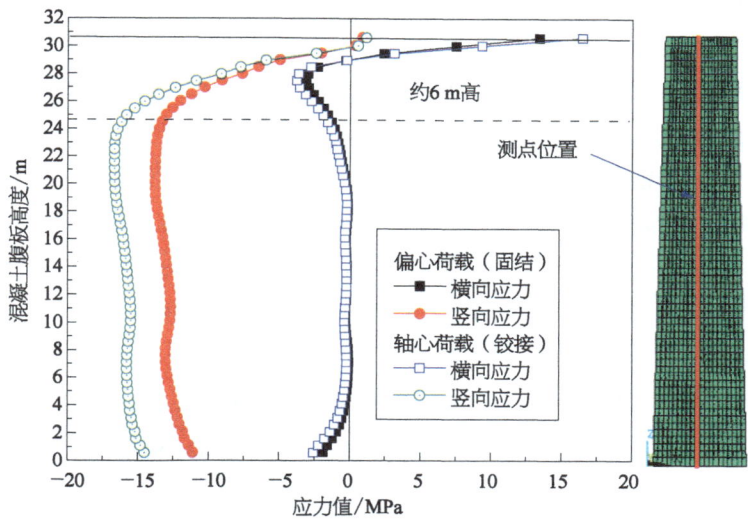

图 5-40　实桥组合高墩混凝土腹板应力沿高度方向分布

(2) 实桥的有限元分析表明,混凝土腹板应力变化剧烈区域约 6 m,大致也为混凝土腹板高度的 1/5。

(3) 受过渡段 V 形斜撑的作用,混合桥墩腹板总高的 4/5 区域内(下方)应力分布均匀,1/5 区域内(上方)应力变化较大。

5.1.6　试验研究成果

5.1.6.1　模型试验研究

钢管混凝土混合桥墩的模型试验,依托四川石棉干海子大桥混合桥墩的构造,开展模型试验研究,证明该桥采用的钢管混凝土桁式结构与钢管混凝土组合结构,组成钢管混凝土混合桥墩是安全可靠的,计算理论和计算方法正确。

(1) 总体刚度研究表明,与桁式桥墩相比,组合桥墩和混合桥墩的面内弯曲变形明显较小,表明了组合桥墩和混合桥墩的混凝土腹板对面内刚度的贡献较大。验证了依托工程在钢管混凝土格构式高墩中设置混凝土腹板在刚度方面的合理性。

(2) 模型破坏形式表明,模型进入弹塑性阶段后,构件向面内弯曲变形,各个近载侧主管出现局部皱曲,混合桥墩和组合桥墩还在腹板与主管连接交界面处出现裂缝;临近破坏时,桁式桥墩与混合桥墩因端部的主管外鼓而试验停止,而组合桥墩则因腹板裂缝、混凝土表层剥落而试验停止。因此,四川石棉干海子大桥高墩的承载力主要由钢管混凝土主管承担。

(3) 模型结构构造研究表明,混合桥墩在轴压和偏压试验过程中,V 形斜撑未出现局部屈曲现象,混凝土腹板与主管的连接件在受力全过程中保持完好,仅在大偏心状态下的弹塑性阶段,连接交界面出现部分微小的裂缝;除了个别的测点外,连接件的应力未超过屈服强度;结合有限元分析表明,各个连接件均后于主管达到屈服强度,表明依托工程钢管混凝土桥墩中混凝土腹板与主管的连接件构造设计的合理性。

(4) 连接构造的传力性能研究表明,试验构件的实测结果、试验模型和实桥组合高墩的有限元分析均表明,V 形斜撑所传递的竖向力占总荷载的比值为 3% 左右,表明混凝土腹板主要是通过钢管混凝土主管来传递竖向力,而不是靠 V 形斜撑传递。同时,钢管混凝土主管和 V 形撑按照各自截面的轴压刚度分担总荷载。

(5) 模型试件混凝土腹板的应力分布和有限元模型的分析结果表明,混合桥墩的混凝土腹板总高的 4/5 区域内(混凝土腹板下部)应力分布均匀,1/5 区域内(混凝土腹板上部)应力变化较大。

(6) 模型试验与有限元计算结果表明:采用的有限元建模和计算方法有效模拟桁式桥墩、混合桥墩和组合桥墩在轴压和偏压情况下的受力状态和极限承载力,为钢管混凝土组合高墩的非线性计算和极限承载力实用计算提供了支撑。

5.1.6.2　钢管混凝土混合桥塔

钢管混凝土桁式桥墩,加工制造简单、节约材料、安装方便、抗震性好、施工工期短；钢管混凝土组合桥墩，现场施工工序多、材料运输组织复杂、施工周期较长。因此，当采用钢管混凝土桁式桥墩不能较好满足结构要求时，首先应研究选用钢管混凝土混合桥墩（塔）；如果还是不能满足要求，最后才选择结构钢管混凝土组合桥墩（塔）。依照该程序选择钢管混凝土桥墩（塔），是精细化设计的具体体现。对于连续刚构桥、斜拉桥、悬索桥等桥梁的桥墩或索塔，根据桥梁规模和建设条件，结合索塔受力要求，选用钢管混凝土桁式、混合式或组合式桥墩（塔）。

5.2 钢管混凝土组合桥墩受压模型试验研究

5.2.1 概述

5.2.1.1 依托工程

现代山区高速公路位于崇山峻岭，不仅地形地质复杂、地震烈度高，而且砂石资源匮乏、工程投资规模大、桥梁占比高。位于山区高速公路的桥梁，跨越深山峡谷，高桥墩的桥梁数量特别多，而且地震设防等级高。常规的钢筋混凝土箱形桥墩，不仅自重大、材料消耗高，而且抗震能力差、工程造价高，不能很好地满足桥梁建设安全、适用、经济和环保等设计原则要求。

四川雅西高速公路为国家 G5 北京至昆明高速公路建设中最后建设的路段，雅西高速公路建成后，G5 京昆线全部建成通车。雅西高速公路地形地质复杂、投资额高。其中，位于雅安荥经县境内的腊八斤特大桥跨越深沟，沟底距离设计路线线位标高超过 200 m，地震设防烈度Ⅸ度。经过连续刚构桥、拱桥、斜拉桥和悬索桥比较，采用主跨 200 m 主桥的变截面分幅连续刚构桥相对更加合理，桥墩最大高度 182.5 m，主桥跨径组合为 105 m+2×200 m+105 m，引桥采用 40 m 预制 T 梁，比拱桥、斜拉桥、悬索桥技术经济指标更优。

该桥主墩最高达 182.5 m，采用分幅式钢管混凝土组合桥墩，桥墩主钢管内浇注 C80 混凝土；主管外包 C30 钢筋混凝土；钢管混凝土主管间采用型钢连接，并外包 C30 钢筋混凝土腹板，形成箱形结构。沿桥墩高每隔 12 m 设置一道水平加劲预应力混凝土隔板，组成了钢管混凝土组合结构桥墩。

5.2.1.2 主要技术特点

钢管混凝土组合高墩采用钢管混凝土主管-钢筋混凝土薄腹板组合结构，利用高强材料减小截面，减轻自重，同时，钢管混凝土材料延性好，提高抗震能力。设计将钢管混凝土主管及水平隔板形成的框架作为极限承载能力的受力主体（图 5-41），正常使用阶段所有结构均不允许开裂（图 5-42）。设计地震荷载作用时，允许腹板开裂；罕遇地震荷载作用时，允许腹板开裂破坏，落实中震可修、大震不倒的抗震设计原则。

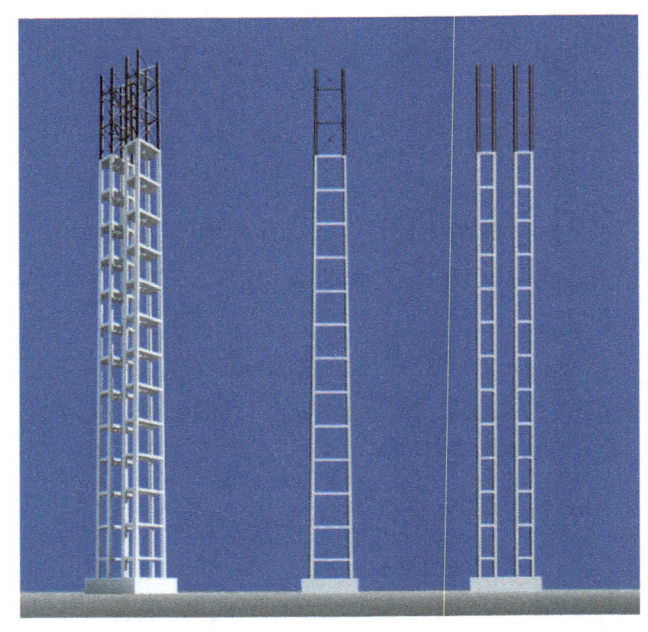

图 5-41 满足承载能力要求的主体结构

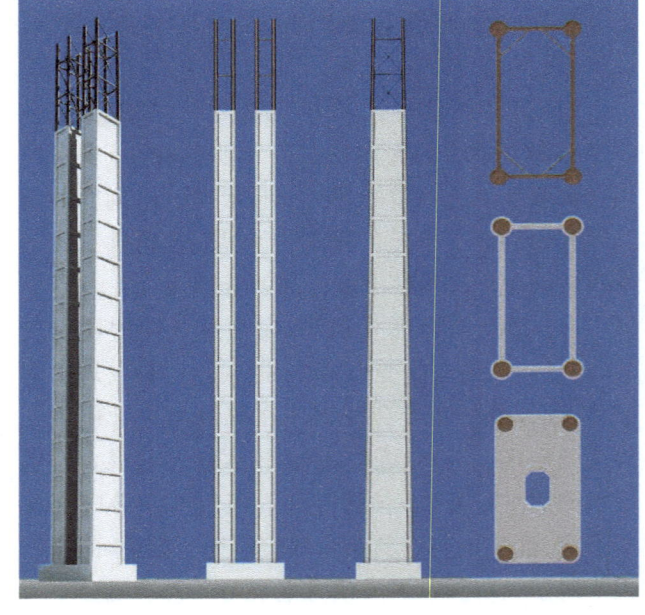

图 5-42 满足正常使用的腹板混凝土结构

为了提高钢管混凝土核心承载能力,降低外包钢筋混凝土腹板应力水平,避免正常使用阶段开裂,提高钢管混凝土套箍作用,充分发挥钢管承载力,钢管内浇注 C80 混凝土。

两幅桥墩间中段设钢管桁架横撑横向联系,连接钢管混凝土组合桥墩主管,提高了高墩动力性能。

组合桥墩钢管骨架采用分节段安装,安装完后抛灌主管内混凝土,先期形成的钢管混凝土柱刚度大,再作为安装支架架设后期结构、浇注混凝土等,有效利用了材料,减少了施工临时设施。

设计桥面标高距沟底达 280 m,为典型的 V 形地貌,主梁混凝土泵站只能放置在主墩附近的山坡上,折算主梁 C60 混凝土泵送高度达 240 m,通过优化配合比设计、延长混凝土初凝时间、减低混凝土黏度、严格控制泵送工艺,实现了主梁 C60 混凝土一级泵送施工。

桥墩高大于 100 m 的连续刚构主体,基于发明的延时初凝和补偿收缩合龙混凝土材料,实现采用不顶推直接合龙,既减少了施工工序,又减低了施工风险、缩短了施工工期。

5.2.1.3　经济技术指标

钢管混凝土组合结构桥墩与钢筋混凝土箱形结构桥墩比较,减少混凝土用量 13 650 m³,减少钢管 1 287 t,节约了材料和运输消耗,保护了自然环境,实现了环境友好的设计理念。

5.2.2　模型设计与制造

模型由钢管混凝土组合桥墩和墩顶的 0 号节段箱梁组成,由于试验条件的限制,将箱梁倒置并与墩底固结。试验主要研究超高墩在正常使用极限状态下的结构行为,对梁的设计按照圣维南原理进行简化,在依托工程桥墩设计的基础上,按相似比例设计即可。

5.2.2.1　试验目的

混凝土连续刚构桥对于适应地理、地质条件和交通运输方面具有独特的优越性,山区高等级公路中应用广泛。大量已建或在建的连续刚构桥主要形式由钢筋混凝土桥墩和主梁组成。虽然这种结构形式取材方便、工艺成熟,但是,桥墩的高度高、结构自重和截面尺寸较大,增加了基础内力,不利于高地震烈度区应用。采用高强混凝土虽然可以减小构件截面尺寸,但因高强混凝土明显的脆性特征,高强混凝土构件有延性较差、破坏突然等缺点,影响了高强混凝土结构在地震区的推广应用。因此,为了研究钢管混凝土组合高墩的结构行为,验证计算方法,控制结构安全及受力合理,选取四川石棉腊八斤大桥 182.5 m 的最高主墩为试验对象,根据相似性设计原理,模拟构件开展试验研究。

5.2.2.2　模型设计原理

模型试验一般包括模型设计、制作、测试及总结等四个内容,为了使模型能够反映原型的特性以便使模型试验的结果能与原型联系起来,根据相似理论来进行模型设计,结合试验条件,经过研究设计为 10∶1 相似模型。

5.2.2.3　模型设计思路

由于桥墩高度较高,试验室净空高度无法满足 10∶1 模型要求;采用部分高度的桥墩达到模拟整个桥墩的目的,而试验荷载加载数据,则依据几何非线性有限元计算的成果,其简化示意如图 5-43 所示。

设计模型的截面与实际桥墩截面具有一致性,其截面示意和一般构造分别如图 5-44 和图 5-45 所示。

5.2.2.4　模型的制作

模型制作时,先浇注倒置的墩顶箱梁段,养护达到规定的强度要求后,张拉箱梁顶板及腹板的预应力钢绞线以模拟箱梁真实的受力状态。在完成模型的安全性与使用性的测试,以及墩-梁节点不平衡弯矩测试后,将箱梁内部浇注混凝土,实心混凝土梁作为组合桥墩受压构件加载固定端平台。

由于材料强度为 Q345 的小尺寸钢管,加工困难,试验采用 Q235-C 钢管代替原型桥墩钢管立柱所采用的 Q345-B 钢管(图 5-46)。桥墩墩身由上至下依次划分为 ZG1~ZG6 节段,根据用钢管混凝土套箍效应等效的原则,ZG1~ZG3 节段采用 ϕ132 mm×2.1 mm 的钢管,ZG4~ZG6 节段采用 ϕ132 mm×2.7 mm 的钢管。

原型桥墩的横撑、斜撑和风撑的型钢按照试验的比例系数折算之后,尺寸过小无法加工,按照含钢率相同的原则采用螺纹钢筋代替。同理,试验中采用钢丝网代替原型桥墩钢筋混凝土主管保护层、腹板和水平加劲隔板中的构造钢筋,并铺设 ϕ6 mm 架立钢筋用于钢丝网的定位。

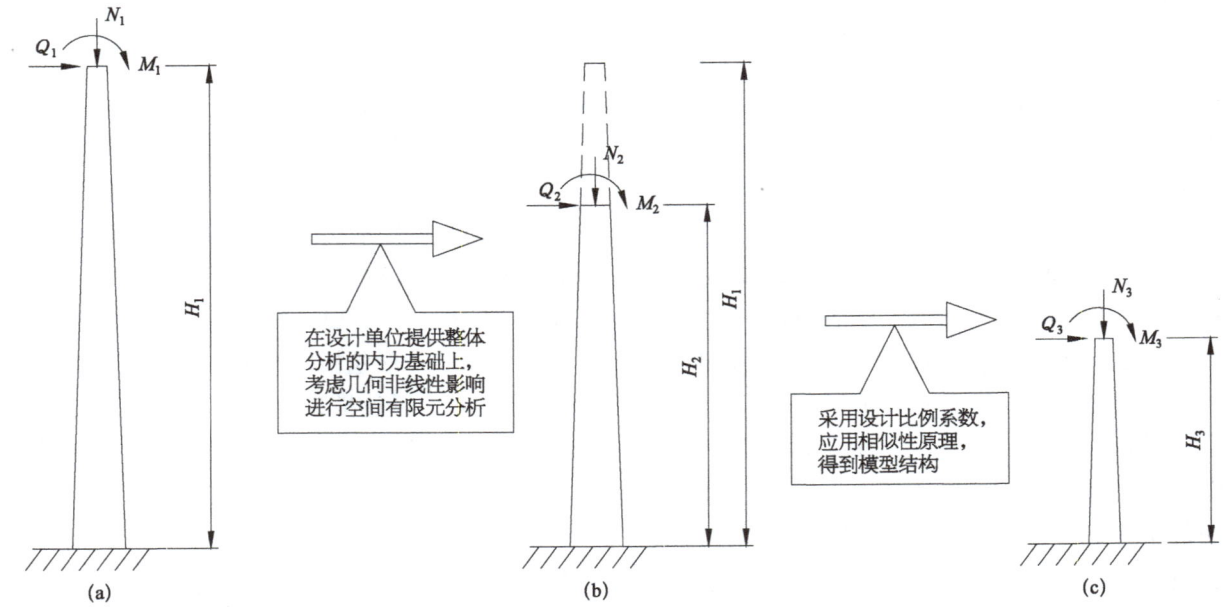

图 5-43 模型简化过程示意

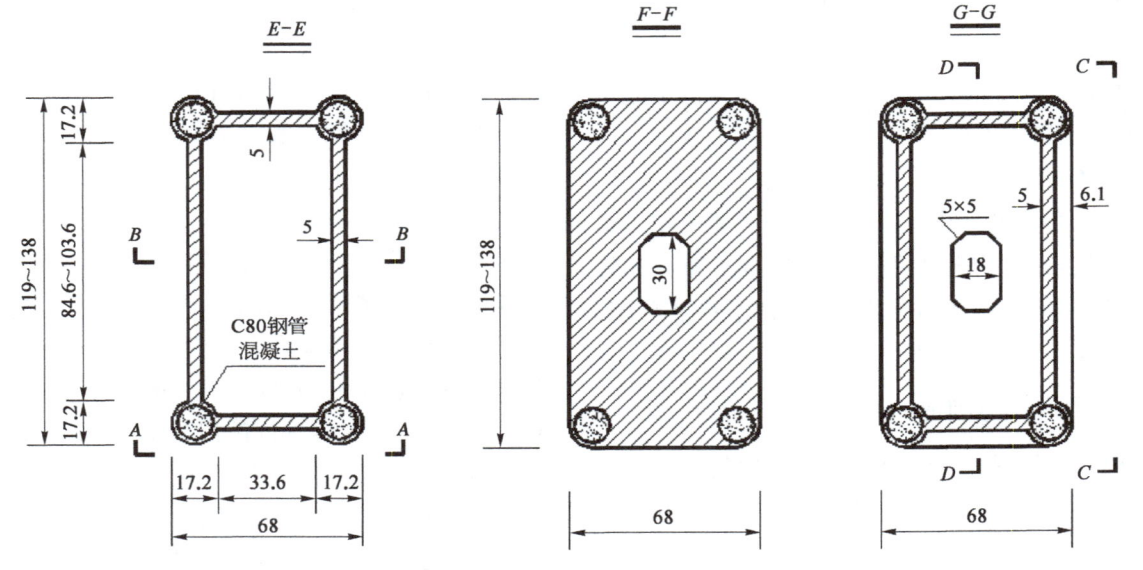

注：截面标号参见图 5-45。

图 5-44 模型截面示意（单位：cm）

钢管混凝土组合桥墩分两次浇注就位。先吊装已焊接横撑、斜撑和风撑的下半段 ZG4~ZG6 钢管节段。然后在钢管骨架外支立模板，浇注钢管混凝土外包层、横隔板和腹板。当外部混凝土硬化后，再浇注钢管内的核心混凝土。待该节段混凝土养护达到要求后，再吊装上半段的 ZG1~ZG3 钢管节段。制作工序和 ZG4~ZG6 节段完全相同。

钢管内 C80 混凝土的配合比见表 5-6。其中水泥为 525 号普通硅酸盐水泥，采用 C30 聚丙乙烯纤维混凝土施工外包混凝土制成模型试件。

表 5-6 C80 混凝土的配合比　　　单位：kg

水	水泥	硅灰	粉煤灰	膨胀剂	砂	石	减水剂
144	460	50	50	40	681	1 022	9.2

混凝土试块采用室外自然养护，混凝土试块与钢管试件的强度和弹性模量测试值分别列于表 5-7 和表 5-8。

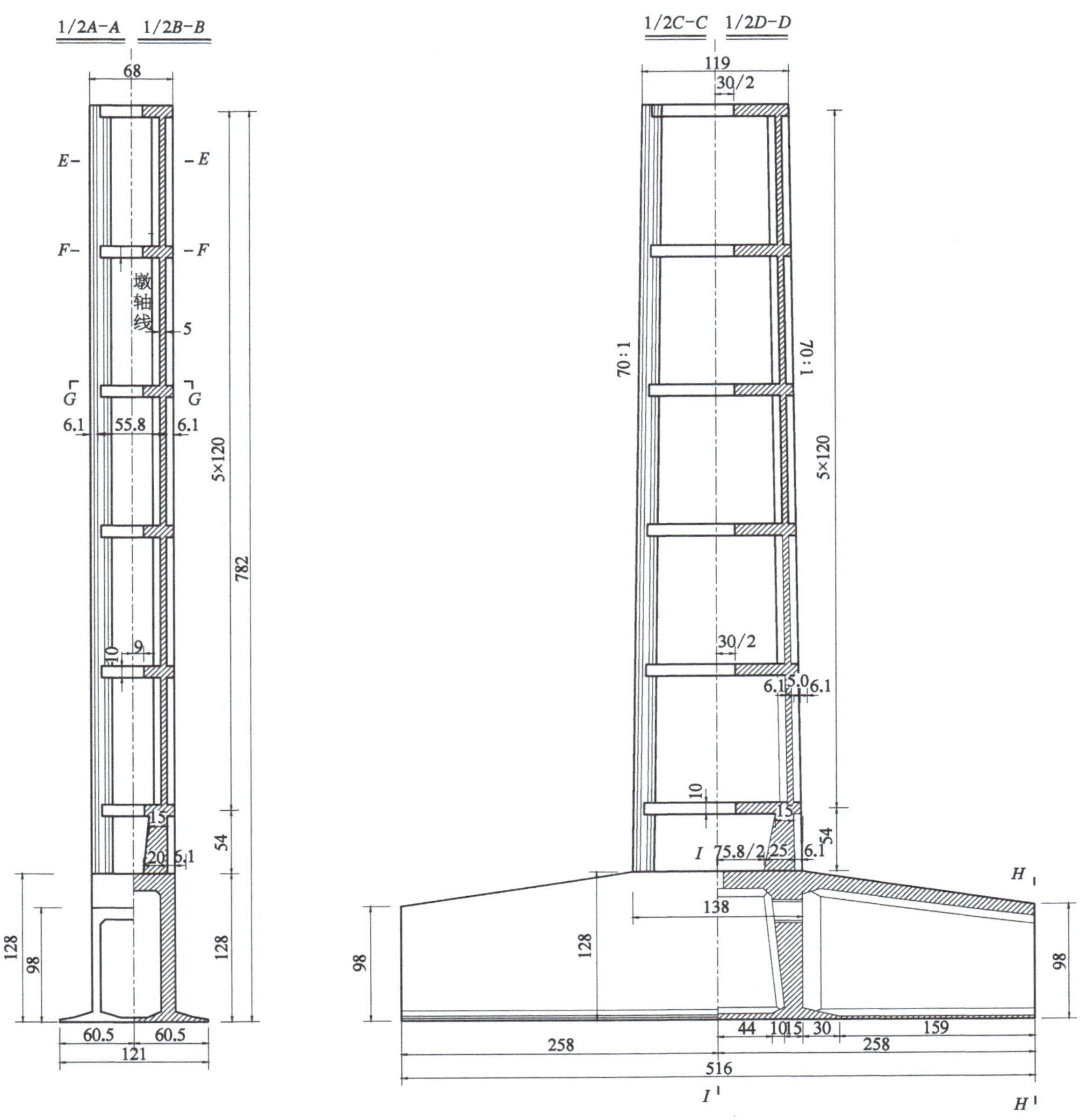

图 5-45 模型一般构造(单位：cm)

图 5-46 模型试验用钢管加工

表 5-7　混凝土试块测试特性值

项　目	C30 混凝土	C60 混凝土	C80 混凝土
立方体抗压强度/MPa	35.69	74.90	79.16
棱柱体抗压强度/MPa	21.21	59.60	60.80
弹性模量/MPa	29 231	37 549	38 379

表 5-8　钢管试件测试特性值

项　目	Q235C
屈服强度/MPa	254.43
破坏强度/MPa	392.34
弹性模量/GPa	187

5.2.3　试验加载与测试

5.2.3.1　节点不平衡弯矩试验加载

采用油压千斤顶进行加载，在墩顶处侧面沿横桥向设置一段槽钢，槽钢腹板紧贴墩柱，在槽钢两端分别穿一根预应力钢束，钢束一端锚固于试验室水平剪力墙上，另一端穿过槽钢后分别穿过两个穿心式油压千斤顶。通过用油压千斤顶张拉钢束的方式对墩柱顶端施加纵桥向的水平力，使墩柱受弯，在加载过程中测试墩柱挠度和应变、观测裂缝。

根据依托工程墩、梁固结处不平衡弯矩以及应力等效原则，确定墩顶的水平力测试荷载大小为 38 kN，试验过程的加载程序主要分为以下步骤：

(1) 预加载：以测试荷载的 20% 为控制量，即预加载荷载大小为 38 kN×0.2＝7.6 kN。加载顺序为 0→7.6 kN→0，循环三次，直至消除非弹性变形。

(2) 测试荷载加载：以测试荷载的 20% 为加载量级，进行使用荷载加载，加载顺序为 0→20%荷载级→40%荷载级→60%荷载级→80%荷载级→100%荷载级。

每级持荷 5 min，在加载过程中测试挠度、应变，观测裂缝。

5.2.3.2　正常使用极限状况加载

1) 加载力大小

根据模型设计思路以及实际桥墩的受力状态，确定正常使用状态试验模型分析过程中的荷载大小及偏心距为

$$P = 1\ 600\ \text{kN};\ e = 16\ \text{cm}$$

采用有限元分析，得到的结构和试验中的应力值见表 5-9。

表 5-9　静力试验的应力值

工况	原型结构/MPa		模型结构/MPa		效应系数	
	σ_{max}	σ_{min}	σ_{max}	σ_{min}	σ_{max}	σ_{min}
正常使用	−10.56	−3.57	−10.66	−3.56	−1.01	−1.00

2) 加载布置

试验采用油压千斤顶加载。为保证钢管与混凝土共同受力，并保护结构不发生局部压坏，在组合桥墩的柱端垫 20 mm 厚加载用钢垫板。桥墩底采用预应力钢筋将箱梁与地面锚固固定。试验的总体布置如图 5-47 所示。模型试验在结构试验室完成，现场的加载情况如图 5-48 所示。

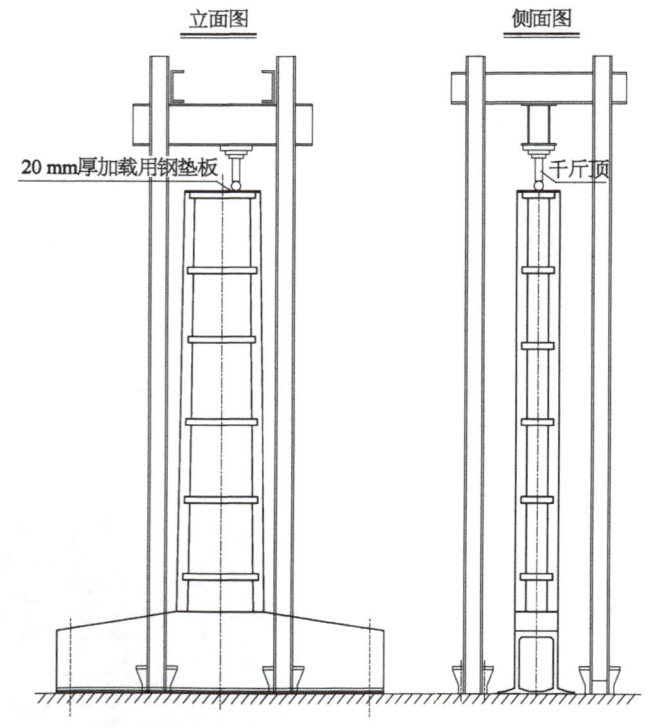

图 5-47　试验总体布置

3) 试验流程

正常使用极限状况加载试验的加载程序主要分为以下步骤：

(1) 预加载：以正常使用试验荷载的 20% 为控制量，即预加载荷载大小为 1 600 kN×0.2＝

图 5-48 现场加载情况

320 kN。加载顺序为 0→320 kN→0,循环三次,直至消除非弹性变形。

（2）使用荷载加载：先以试验荷载的 20% 为加载量级,进行使用荷载加载,当达到使用荷载的 40% 后,改为以试验荷载的 10% 为加载量级进行加载。加载顺序为 0→20%荷载级→40%荷载级→50%荷载级→60%荷载级→70%荷载级→80%荷载级→90%荷载级→100%荷载级→0。

重复两次,每级持荷 5 min,测试挠度、应变,观测裂缝。

5.2.3.3 地震荷载工况试验加载

1）加载力大小

按照实际桥梁在地震荷载作用下的桥墩墩底内力,计算出试验时与地震荷载效应对应的试验荷载大小。

地震力轴向力加载示意如图 5-49 所示。地震加载的试验荷载值见表 5-10。

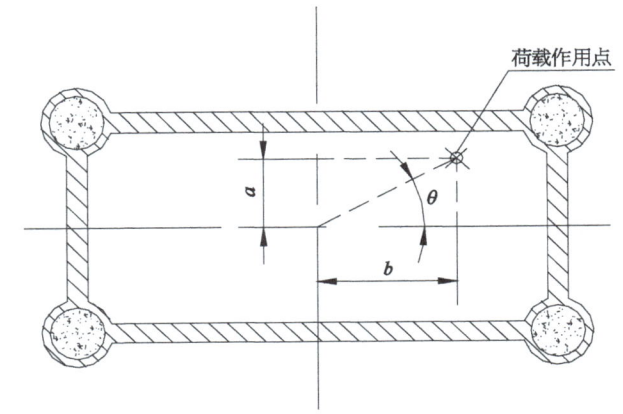

图 5-49 轴力及弯矩加载示意

模型与实际桥梁结构的应力计算值见表 5-11。

表 5-10 地震荷载试验计算值

工况	轴力/kN	$\theta/(°)$	a/cm	b/cm	Q(横)/kN	Q(纵)/kN
地震工况	2 000	38.93	21	26	83	68

表 5-11 地震荷载下的应力计算值比较

工况	方向	实桥结构/MPa			模型结构/MPa			效应系数		
		σ_{max}	σ_{min}	τ	σ_{max}	σ_{min}	τ	σ_{max}	σ_{min}	τ
地震工况	横弯	−18.98	2.88	−1.51	−19.15	2.73	−1.52	−1.01	−0.95	−1.00
	纵弯	−14.15	−1.95	−0.56	−14.36	−2.07	−0.56	−1.02	−1.06	−1.00

2）加载布置

地震荷载工况加载布置方式与正常使用极限状况加载试验相同,其加载点位置如图 5-49 所示,试验的总体加载布置如图 5-47 所示。模型在结构试验室加载情况如图 5-48 所示。

3）试验流程

地震荷载加载试验的加载流程为：荷载加载等级为 0→20%荷载级→30%荷载级→40%荷载级→

45%荷载级→50%荷载级→55%荷载级→60%荷载级→65%荷载级→70%荷载级→75%荷载级→80%荷载级→85%荷载级→90%荷载级→95%荷载级→100%荷载级→0。

加载一次完成,每级持荷 5 min,测试挠度、应变,观测裂缝。

5.2.3.4 测试工作

1) 节点不平衡弯矩试验测试

试验墩在墩顶沿纵桥向水平力作用下,主要表现为沿桥纵向的弯曲变形,所以为了测试试验墩的弯曲变形,在试验墩的纵向墩轴线上沿墩高度方向布置 5 块百分表,编号自上向下依次为 C1~C5,其距墩底的高度依次为 6.19 m、5.34 m、4.14 m、2.94 m 和 1.74 m。

为了探索试验模型墩、梁固结处,在节点不平衡弯矩荷载作用下的受力性能,在模型的桥墩墩底和主梁结合处布置应变测点,考察应力大小及分布情况。应变片的布置如图 5-50 所示。图中 1~5 号测点和 28~32 号测点处应变片均沿纵桥向粘贴于主梁模型表面,其中 1 号、5 号、28 号和 32 号测点处应变片粘贴于主梁模型腹板上靠近主梁底板地面处。6~27 号测点处应变片粘贴于主管外包混凝土和组合桥墩腹板上,其中除 14 号和 20 号测点处为应变花外,其余沿柱轴向竖直布置。

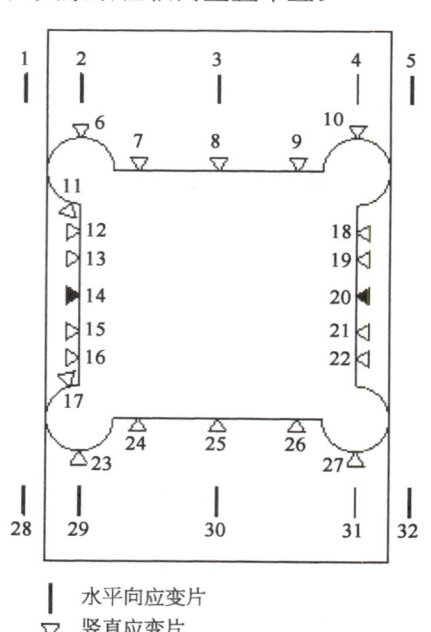

图 5-50 墩柱与梁结合处应变片布置示意

2) 正常使用极限状况试验测试

为了考察钢管混凝土组合桥墩在正常使用极限状态下,构件的刚度变化和应力应变分布等力学行为,试验分别对模型的挠度和应变进行了测试。整个模型试验共布置挠度测点 7 个,应变测点 334 个(图 5-51)。

图 5-51 模型应变片现场布置情况

(1) 挠度测试内容。试验组合桥墩在偏心压力作用下,表现为沿桥纵向的弯曲和压缩变形,所以主要的挠度测试为墩纵向弯曲和竖向变形。为此,纵向挠度的测试在试验墩的纵向墩轴线上沿墩高度方向布置 5 块百分表,编号自上向下依次为 S1~S5;而竖向压缩变形的测试则在墩顶横桥向墩轴线两端分别布置 2 块百分表来完成,编号为 S6、S7,具体布置如图 5-52 所示。

(2) 应变测试内容。模型试验主要探索正常使用极限状态下组合桥墩的工作性能,外包混凝土的工作情况和钢管混凝土组合桥墩与腹板之间荷载的传递情况。模型应变片布置如图 5-51 所示。

① 核心混凝土应变测试。为考察核心混凝土在偏心力作用下的应力应变分布情况,在每根钢管的核心混凝土中各埋置一根钢筋,并在钢筋上粘贴纵向应变片,4 根钢筋共布置 16 个测点,具体分布如图 5-53 所示。根据钢筋和混凝土在外荷载作用下的变形协调原理,可以由钢筋的应变间接得到核心混凝土的应变。

② 钢管应变测试。钢管应变主要考察各主管截面的应变分布情况。由于钢管壁的应变片受到混

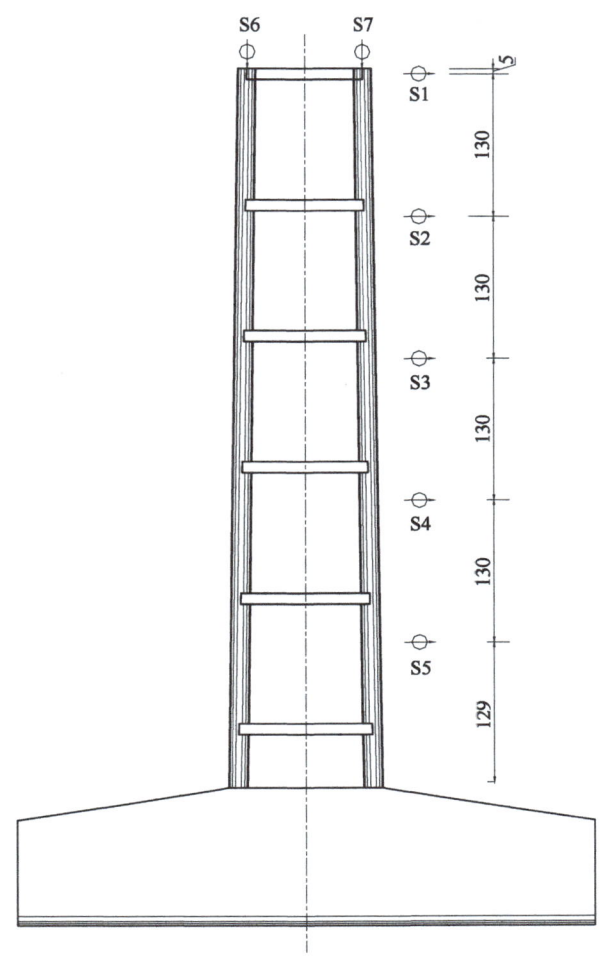

图 5-52 挠度测点布置(单位：cm)

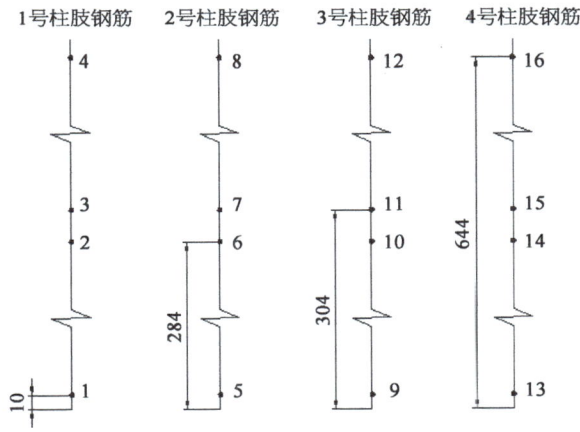

图 5-53 钢筋应变片布置示意(单位：cm)

凝土的包裹,试验过程中为了保护应变片不受损伤,安装了图 5-54 所示的保护装置。应变片的布置如图 5-55 所示,A、B 点各布置一片纵向应变片,C、D 点各布置一个直角应变片。每个截面布置有 32 片应变片,总计 64 片。

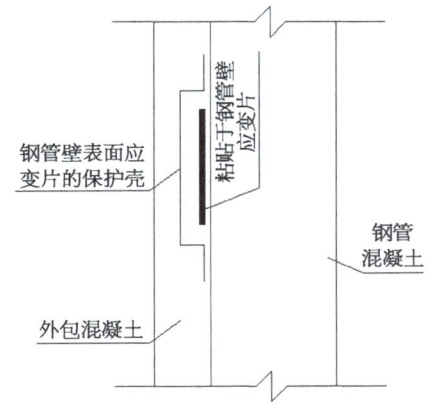

图 5-54 钢管壁应变片保护装置

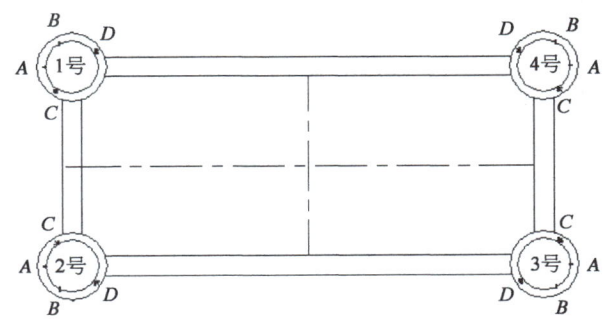

图 5-55 Ⅰ-Ⅰ截面和Ⅱ-Ⅱ截面钢管应变片布置示意

③ 水平加劲横隔板应变测试。组合桥墩水平加劲横隔板的应变,主要考察 2 号隔板、5 号隔板、6 号隔板的应变情况。每块横隔板布置有 10 个直角应变花,总计 90 片应变片。应变片的布置如图 5-56 所示。

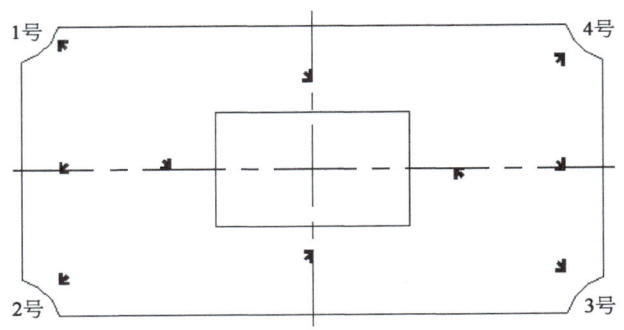

图 5-56 2 号隔板/5 号隔板/6 号隔板水平加劲横隔板应变片布置示意

④ 钢管外包层及腹板应变测试。沿着试验墩的高度方向选取 4 个截面进行荷载分配的测试工作,从上至下分别为 1-1、2-2、3-3 和 4-4 截面,应变片布置在外包混凝土表面以及混凝土腹板外表面。1-1、2-2 和 3-3 截面的应变片布置如图

5-57a所示,每个截面布置有应变片38个,共计114片。4-4截面靠近墩底,此处墩梁固结,受力复杂。故两侧腹板的纵向应变片设置为应变花,共计50片。布置情况如图5-57b所示。

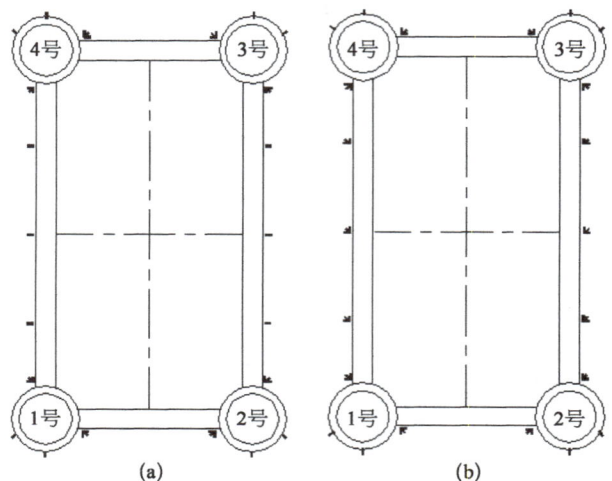

图5-57 钢管外包层及腹板应变片布置示意

3) 地震荷载工况试验测试

地震荷载工况加载试验的测试内容和测点布置方式与正常使用极限状况加载试验相同。

5.2.4 模型试验与分析

5.2.4.1 节点不平衡弯矩荷载加载试验结果分析

1) 位移测试结果

图5-58所示为桥墩模型在各级荷载作用下的侧向位移,图5-59所示为C1挠度测点加载的荷载-挠度曲线和有限元软件计算得到的荷载-挠度曲线,图中挠度是指C1测点截面受拉一侧主管的侧向挠度。

钢管混凝土组合桥墩模型墩底与箱梁模型固结,桥墩模型墩顶端无约束。图5-58所示的桥墩模型侧向位移表明,组合桥墩变形为典型的悬臂梁受弯变形。随着悬臂端水平向荷载的增加,模型各点的侧向变形同步增大,且在同级荷载作用下,各点的水平挠度随墩高的增加而增大。

图5-59所示为在测试荷载作用下,测试得到的荷载-挠度曲线在加载全过程中斜率保持不变,接近直线,且与计算得到的荷载-挠度曲线的重合度良好,表明桥墩模型一直处于线弹性阶段,结构外形没有明显变化;C2～C5挠度测点的荷载-挠度曲线变化规律与C1测点相同。

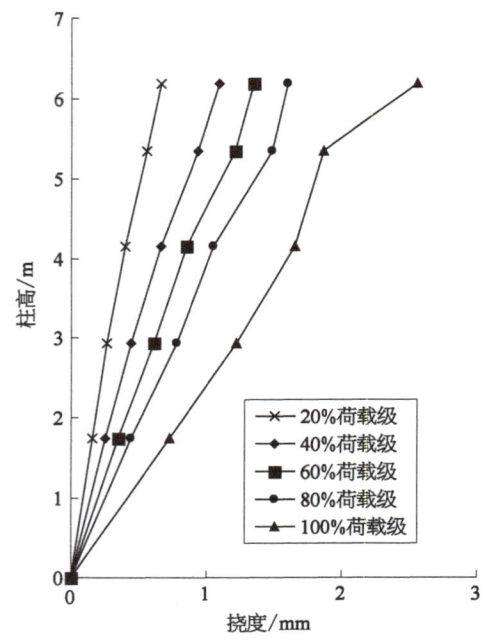

图5-58 桥墩模型侧向位移

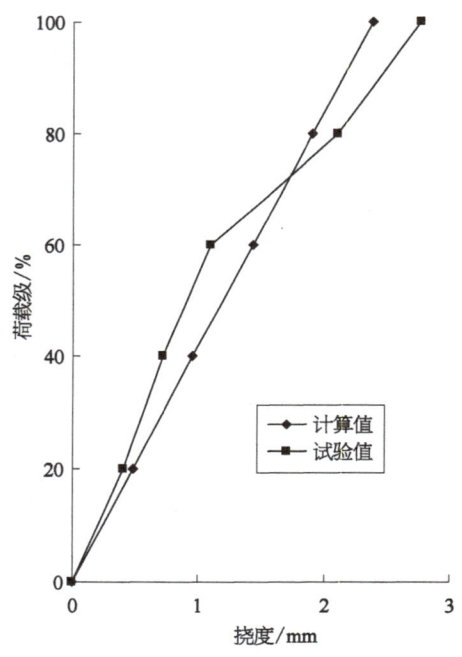

图5-59 C1测点的荷载-挠度曲线

试验数据结果表明,在节点不平衡弯矩作用下使用性能良好。在荷载作用下安全性满足要求,然后将模拟0号块的箱梁内浇注混凝土并养护龄期后,进行试验荷载的加载与测试。同时,试验过程中,梁与墩柱固结处的混凝土表层出现了细微裂缝,可能模型比例过小,箱形模型太薄的尺寸效应,导致混凝土表层收缩差引起的少量开裂。

2) 应变测试结果

图 5-60a 和 b 所示为墩、梁固结处受压侧的测试压应变最大的 6 号测点和 4 号测点的应变-荷载曲线,图 5-60c 和 d 所示为墩、梁固结处受拉侧的测试拉应变最大的 27 号测点和 29 号测点的应变-荷载曲线。墩、梁固结处测试拉应变与压应变均较小,其应力小于规范设计值。应变-荷载曲线近似直线,表明在节点不平衡弯矩荷载作用下,墩、梁固结处的受力处于线弹性范围之内,使用性能较好,符合规范设计要求。

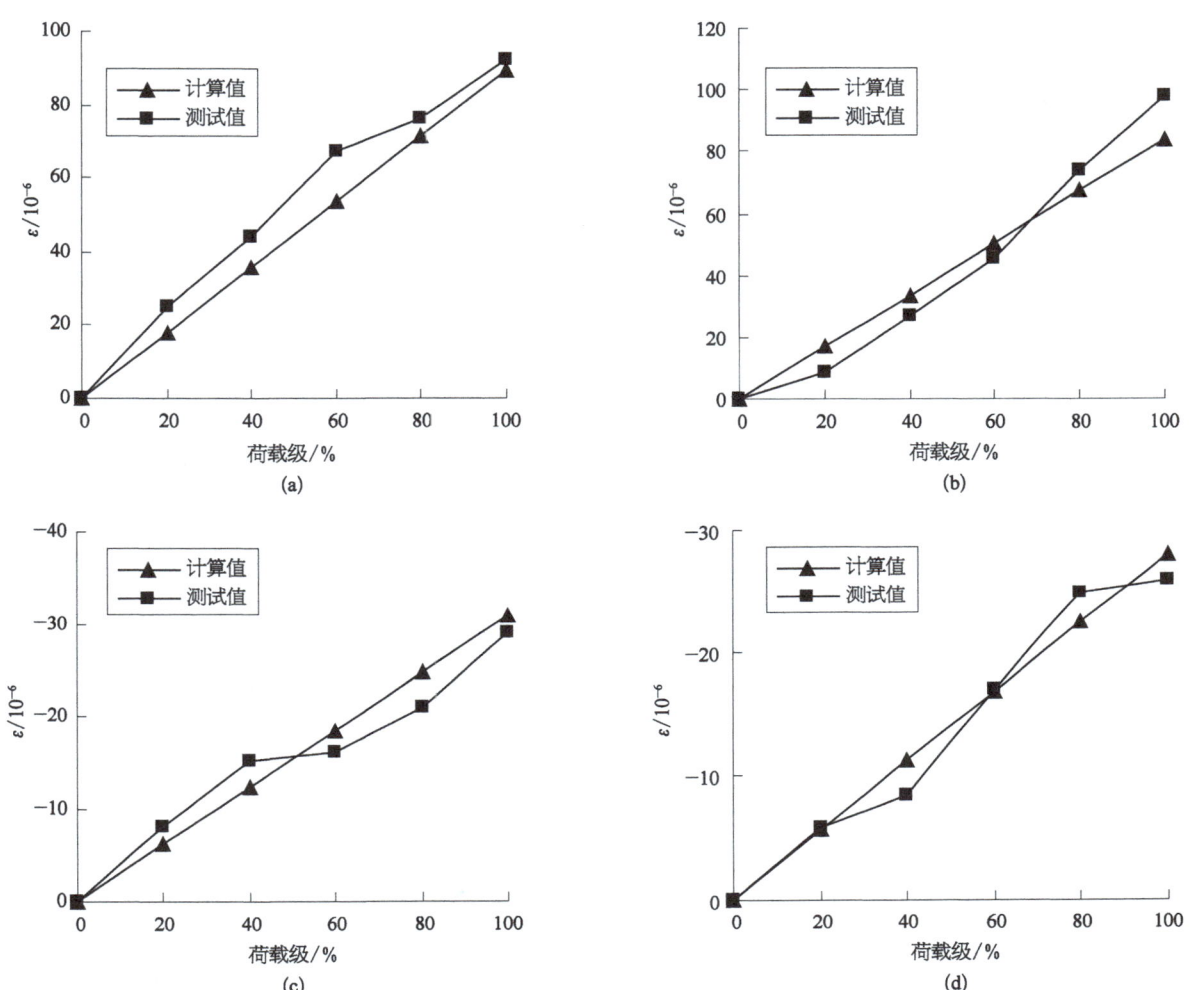

图 5-60 主管荷载-纵向应变曲线

注:图中压应变为正值。

5.2.4.2 正常使用极限状况加载试验分析

1) 荷载-挠度曲线

图 5-61 所示为模型墩身在各级荷载作用下的侧向位移,图 5-62 所示为 C1 挠度测点加载的荷载-挠度曲线和通过有限元软件计算得到的荷载-挠度曲线,图中挠度是指 C1 测点截面受拉一侧主管的侧向挠度。

钢管混凝土组合桥墩模型墩底与箱梁模型固结,桥墩墩顶端无约束。图 5-61 所示的桥墩模型侧向位移表明,组合桥墩变形是典型的悬臂梁压弯变形曲线。随着偏压荷载的增加,模型各点的侧向变形同步增大,在同级荷载作用下,各点的水平挠度随墩高的增加而增大。

图 5-62 所示为正常使用极限状态下,测试得到的荷载-挠度曲线,在加载全过程中斜率保持不变,接近直线,且与计算得到的荷载-挠度曲线的重合度良好。这表明模型一直处于线弹性阶段,由偏心引起的弯矩作用很小,结构外形没有明显变化。2~5 号挠度测点的荷载-挠度曲线变化规律与 1 号测点相同。

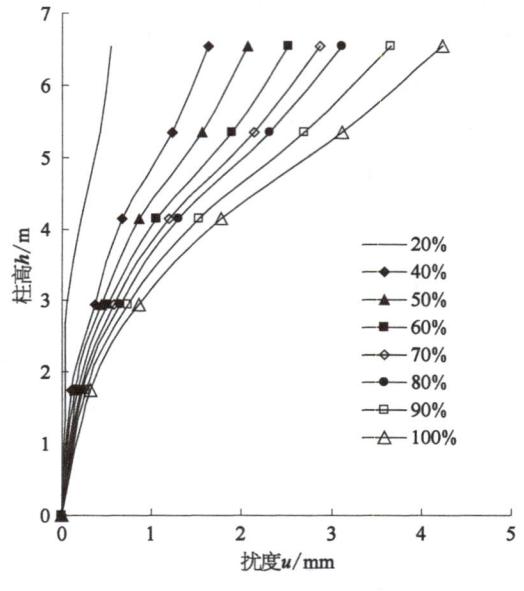

图5-61 桥墩模型侧向位移

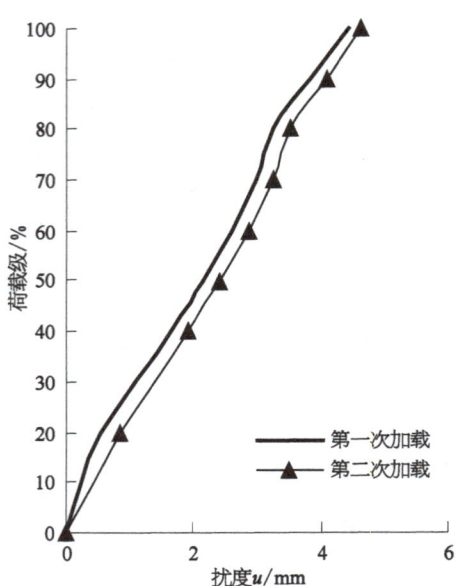

图5-62 1号点的荷载-挠度曲线

2) 核心混凝土应变

根据钢筋和混凝土之间的变形协调原则，通过考察预埋在核心混凝土中的钢筋应变，可以间接得到在偏心作用下的核心混凝土应力应变的分布规律。

图5-63a、b所示为钢筋测点四个截面的荷载-纵向应变曲线，假设压应变为正。图5-63b所示为

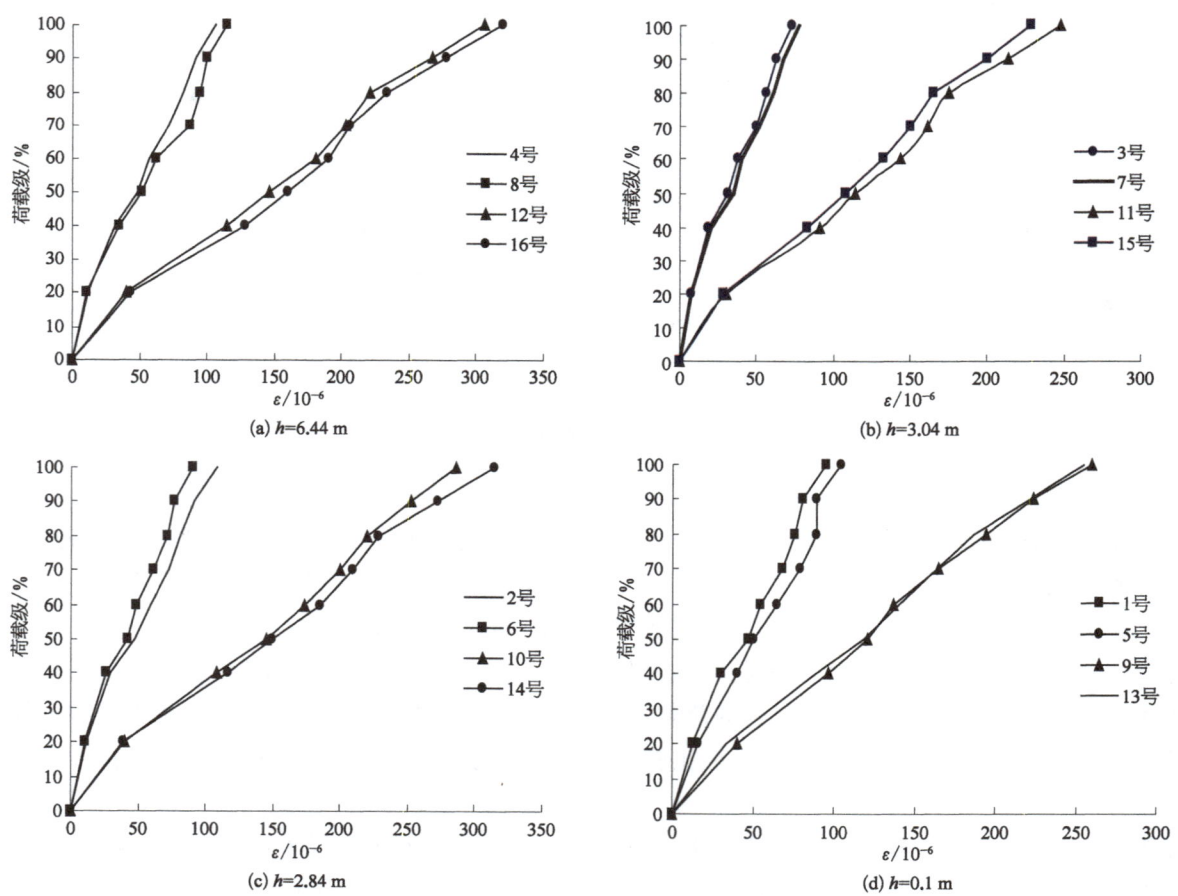

图5-63 核心混凝土荷载-纵向应变曲线

墩高 $h=3.04\text{ m}$ 处近载侧主管（3号和11号测点）所承受的荷载较大，核心混凝土的纵向应变始终大于远载侧主管（7号和15号测点），图5-63a、c和d反映一致的规律。无论是近载侧或者远载侧，核心混凝土的荷载-纵向应变曲线总体都保持直线，表明试件处于线弹性阶段，未进入非线性阶段。

图5-63a～d表明，在同级荷载下，除了4、8、12、16号测点所在截面受局部荷载作用的影响而导致应变较大外，其余各节点的纵向应变相差很小，沿墩高的变化规律不明显。不同墩高的各个截面的荷载-纵向应变曲线具有相同的变化规律，各肢主管内混凝土均受压，构件处于小偏心受力状态。近载侧纵向应变变化较大，而远载侧变化较小。在正常使用极限状态下，远载侧核心混凝土纵向压应变为 $(95\sim115)\times10^{-6}$，近载侧压应变为 $(260\sim320)\times10^{-6}$。

3）主管应变

（1）主管平均纵向应变。钢管平均纵向应变可以反映偏压组合桥墩各主管所承受的轴力的情况。图5-64a、b所示为主管的荷载-纵向应变曲线，其中纵向应变是指钢管同一截面内 A、B 两点纵向应变的平均值。图示表明，Ⅰ-Ⅰ截面的左右两根主管（1号和2号，3号和4号）的荷载-纵向应变曲线几乎重合，而Ⅱ-Ⅱ截面的左右两根主管的荷载-纵向应变曲线则略有不同。

近载侧钢管所受轴力较大。曲线在加载全程总体为直线，未进入非线性阶段，构件处于小偏心受压状态，主管各点的纵向应变始终为压应变，近载侧应变变化较大，而远载侧变化较小。钢管的受力特征与核心混凝土相同。在正常使用极限状态下，远载侧混凝土纵向压应变为 $(105\sim125)\times10^{-6}$，近载侧混凝土纵向压应变达到了 $(300\sim335)\times10^{-6}$，表明钢管与混凝土之间的黏结较好，没有发生滑移，钢管和混凝土整体共同工作。

（2）单肢主管纵向应变。探索同一主管各点的纵向应变分布，揭示偏压组合桥墩各主管所承受弯矩的规律。

图5-65a和b所示为试件远载侧1号主管和近载侧3号主管在Ⅰ-Ⅰ截面的纵向应变曲线。图中 A、B、C、D 代表钢管纵向应变片。

在不同的荷载阶段，主管基本保持平面。加载前期 D 点和 C 点的压应变基本相同，主管的受力接近于轴压状态；在加载后期，D 点和 C 点的应变差逐渐增大，说明结构整体受弯性能提升，单根主管的弯矩增大。单根主管的受力性能类似于钢管混凝土单柱。加载全程钢管四个方向的应变始终为压应变，构件属于小偏心受压，近载侧所受轴力较大，钢管的压应变明显大于远载侧的主管。2号和4号主管的应变分布规律与图5-65所示一致。

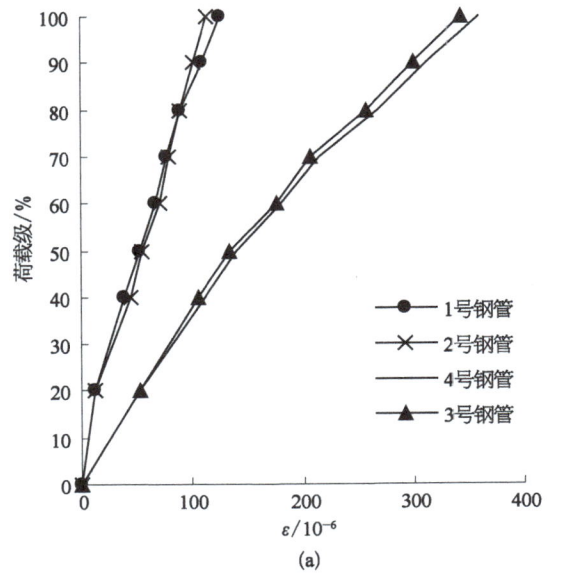
(a)

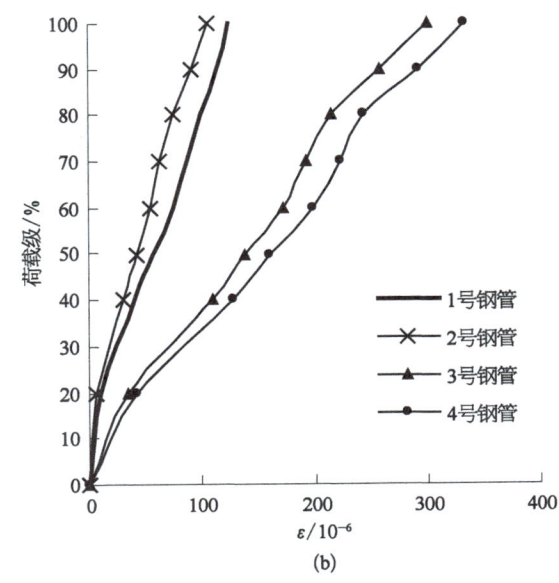
(b)

图 5-64 主管荷载-纵向应变曲线

注：图中压应变为正值。

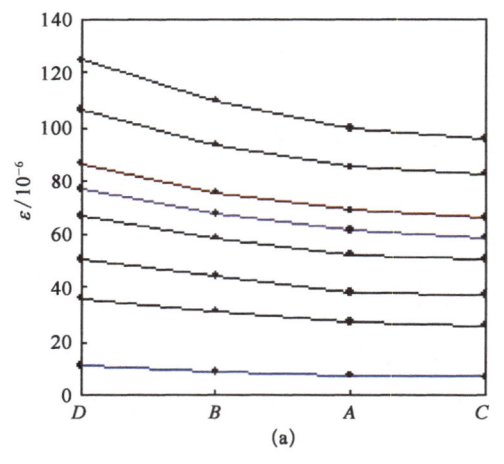
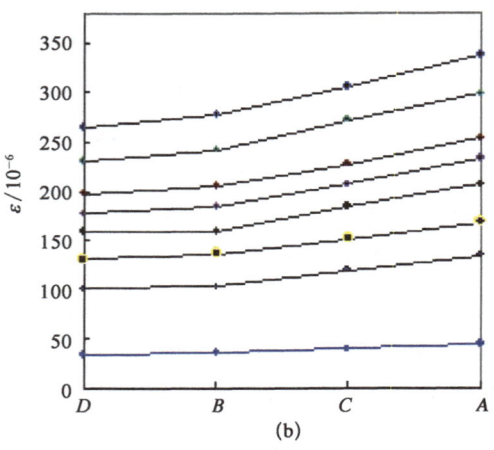

图 5-65 1号和3号肢柱钢管纵向应变分布

(3) 钢管混凝土紧箍效应分析。为了研究钢管对核心混凝土是否具有紧箍效应,取组合材料的泊松比作为分析对象,组合材料的泊松比是指钢管环向应变与纵向应变之比。钢管的泊松比一般为 0.25~0.3,暂取平均值为 $\mu_s=0.283$。当组合材料泊松比超过钢管的泊松比时,认为钢管对混凝土产生了套箍作用。

图 5-66a 和 b 所示为远载侧主管(1 号和 2 号)和近载侧主管(3 号和 4 号)的荷载-组合泊松比关系曲线。图中曲线的横坐标值分别表示 1 号和 2 号钢管及 3 号和 4 号钢管 C、D 两点组合泊松比的平均值。

远载侧和近载侧主管的组合泊松比,在整个加载过程中变化都不大,均位于 0.283 附近,钢管的约束作用不明显,是因为构件在正常使用极限状态下处于弹性阶段,所受的轴力较小。混凝土的泊松比随着纵向应力的增加而变化,在低应力时只有 0.167。既有实验证明,只有当钢管的纵向压应力接近比例时 ($\mu_s \approx \mu_c$),随着轴力的增加,钢管的横向变形将小于混凝土的横向变形,钢管的紧箍作用才真正发挥出来。

4) 外包混凝土和腹板应变

图 5-67a、b 所示为钢管外包混凝土(曲线左右两侧最外边两测点为外包混凝土测点)和腹板的荷载-纵向应变曲线。图中以横桥向(垂直于偏心方向)桥墩轴中心线位置为原点,偏载方向为横轴正方向,其中,纵向应变是指顺桥向桥墩轴中心线左右两侧对称点应变的平均值。

试验表明,桥墩总体上各截面应变分布具有相似的规律,加载初期,组合桥墩全截面各点压应变基本

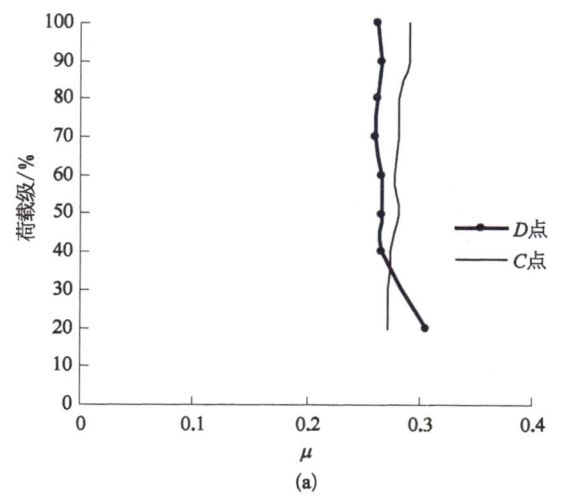
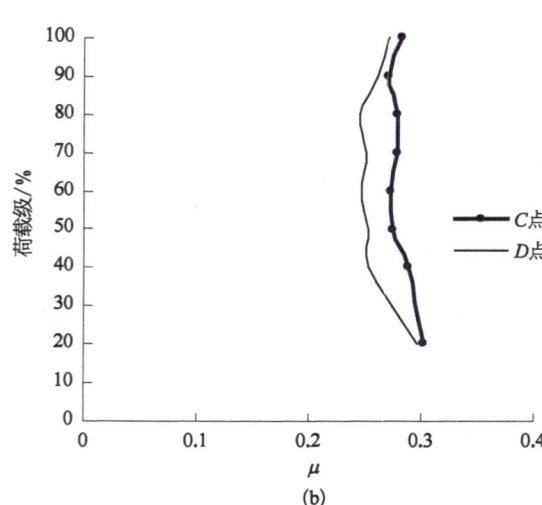

图 5-66 主管荷载-组合泊松比关系曲线

注:图中压应变为正值。

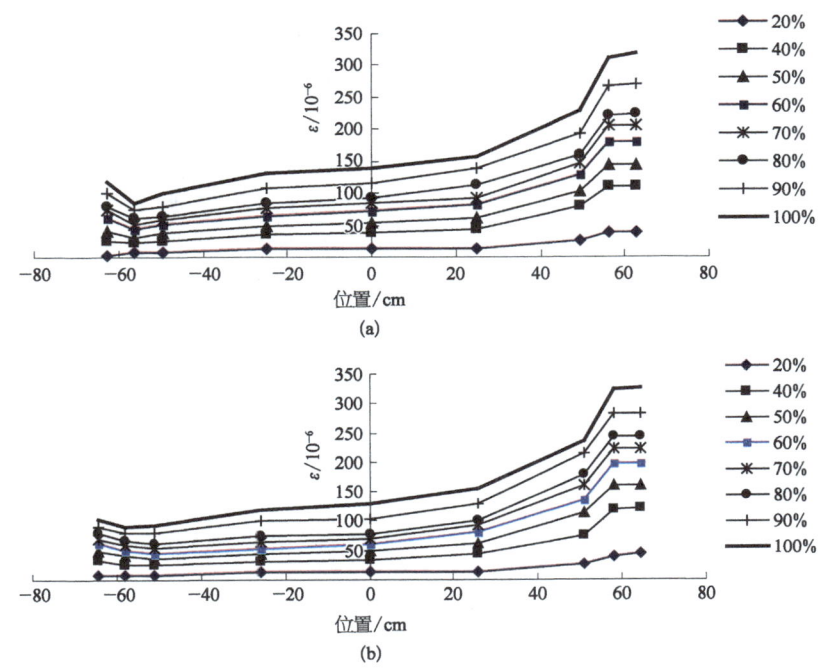

图 5-67　外包混凝土及腹板混凝土荷载-纵向应变曲线

注：图中压应变为正值。

相同，构件整体呈现出轴心受压的受力特点。当外荷载达到目标荷载的 40% 后，截面应变开始呈现出偏心受压的特点，近载侧与远载侧表面混凝土的应变差逐渐拉大，且随着荷载的增大不断加强。两端主管的外包混凝土应变明显超过与其相邻的腹板混凝土，表明外包混凝土和腹板的纵向应变不是连续的。

图 5-68 所示为纵桥向腹板混凝土的荷载-纵向应变曲线。图 5-67 和图 5-68 比较表明，腹板

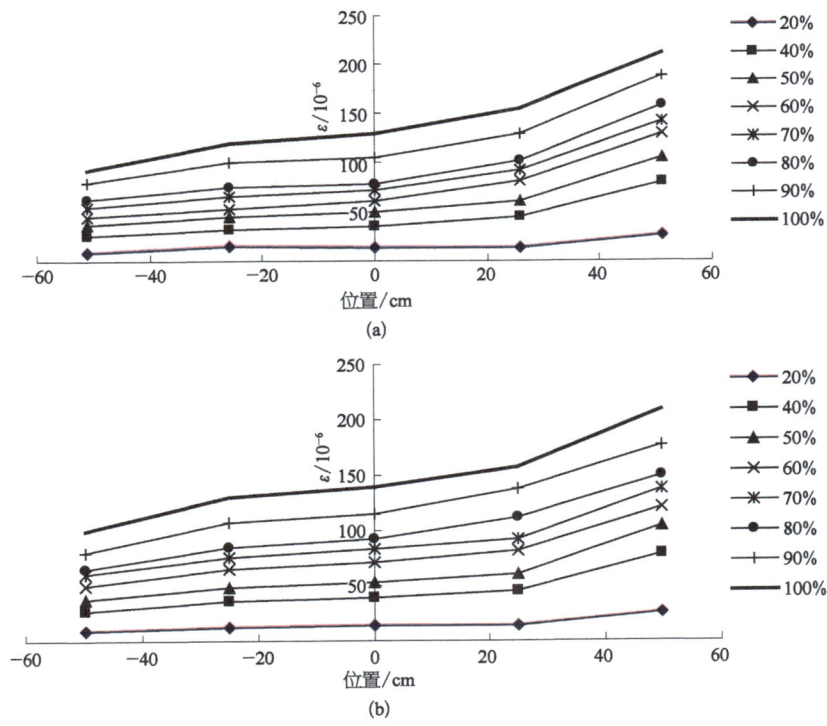

图 5-68　腹板混凝土荷载-纵向应变曲线

注：图中压应变为正值。

混凝土的变形基本符合平截面假定，但整个截面的变形并不完全符合。在正常使用极限状态下，外包混凝土和腹板混凝土的纵向应变均为压应变。1-1截面和4-4截面具有相同的规律。

5）横隔板应变

图5-69a、b所示为5号横隔板混凝土的顺桥向正应变和横桥向正应变随荷载变化的曲线。图中以横桥向（垂直于偏心方向）桥墩墩轴中心线位置为原点，偏载方向为横轴正方向，其中，顺桥向应变包括顺桥向桥墩墩轴中心线上的测点应变和横隔板开孔左右两侧对称测点应变的平均值。

实测数据表明，横隔板中的正应力主要为拉应力，压应力很小，因此仅对拉应力的分布规律进行分析。图5-69a表明，顺桥向拉应力分布呈现两边小中间大的规律，在隔板开孔处顺桥向拉应力达到峰值，在开孔边缘拉应力最小。图5-69b表明，横桥向拉应力分布呈W形，横隔板开孔处横向拉应力最小，近载侧应力值较大。

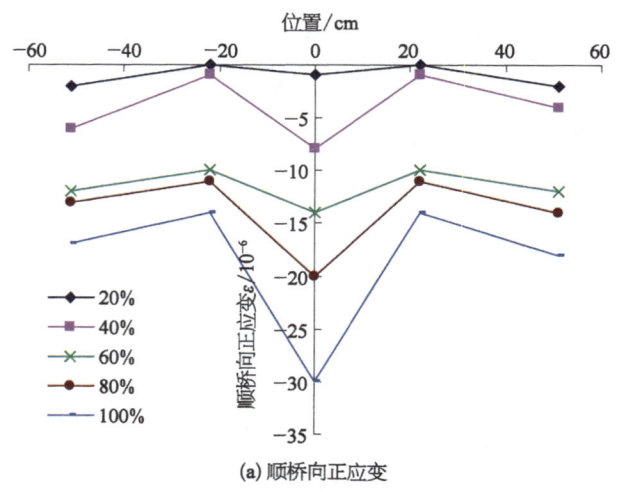
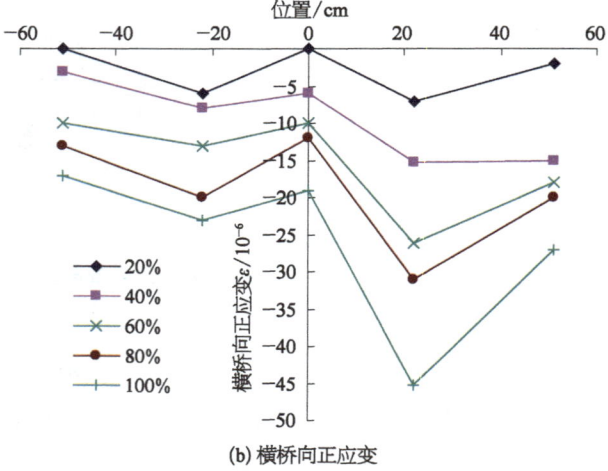

图5-69 横隔板混凝土荷载-拉应变曲线

注：图中以压应力为正，以拉应力为负。

6）技术总结

对正常使用极限状态加载试验结果进行了分析，针对结构在荷载作用下的侧向挠度变形和各组成构件（核心混凝土、主管、钢管外包混凝土、腹板混凝土和横隔板混凝土）的应变分布规律、变化趋势和受力行为进行了归纳总结。

结果表明，在正常使用极限状态下，结构处于偏心受压状态，除横隔板外，结构各点均受压应力作用。在加载初期，结构受力类似轴心受压，随着荷载的增加，近载侧与远载侧构件的应变差值逐渐增大。

钢管混凝土组合桥墩的主管以受压为主，由于目标荷载较小，结构变形不大，钢管的紧箍作用不明显，受力接近于单根钢管混凝土柱的轴压或小偏心受压状态。

5.2.4.3 地震荷载效应加载试验分析

1）荷载-挠度曲线

图5-70所示为模型桥墩墩身在各级荷载作用下的侧向位移，图5-71所示为C1挠度测点加载的荷载-挠度曲线和通过有限元软件计算得到的荷载-挠度曲线，图中挠度是指C1测点截面受拉一侧主管的侧向挠度。

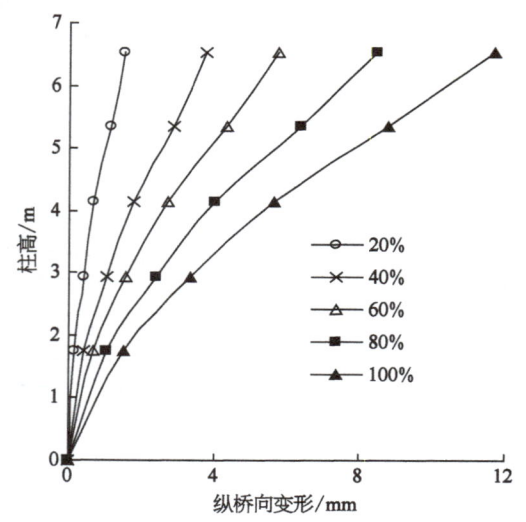

图5-70 桥墩模型纵桥向位移曲线

桥墩变形是典型的悬臂梁双向压弯变形,桥墩模型横桥向的位移规律与纵桥向相同。随着偏压荷载的增加,模型各点的侧向变形同步增大,各点的水平位移随墩高的增加而增大。

图 5-71 表明,在地震效应荷载作用下,测试得到的荷载-挠度曲线在加载全过程斜率接近直线,直到接近 100% 荷载级时有不明显的非线性段,表明模型处于线弹性阶段,由偏心引起的弯矩作用很小,结构外形没有明显变化。2~5 号挠度测点的荷载-挠度曲线变化规律与 1 号测点相同。

2) 核心混凝土应变

根据钢筋和混凝土之间的变形协调原则,通过预埋在核心混凝土中的钢筋应变,间接得到在偏心作用下的核心混凝土应力应变的分布情况。

图 5-72 所示为钢筋测点四个截面的荷载-纵向应变曲线。图 5-72b 表明,近载侧 4 号主管(钢筋片测点 13~16)在双向偏心荷载作用下所承受的

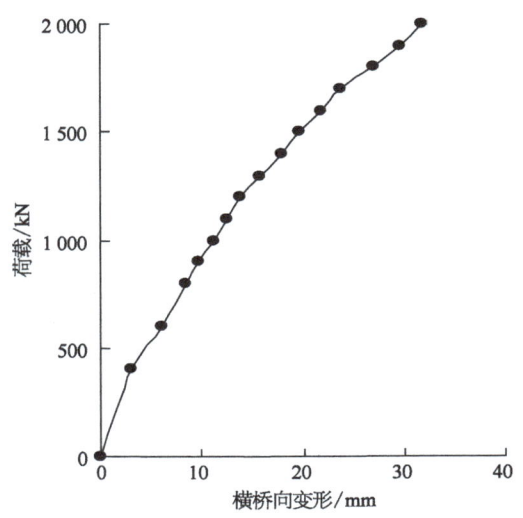

图 5-71 荷载-墩顶横桥向位移曲线

钢管混凝土组合桥墩模型桥墩墩底与箱梁模型固结,桥墩墩顶端无约束,假定为一端固结的悬臂梁。图 5-70 所示的桥墩模型纵向位移表明,组合

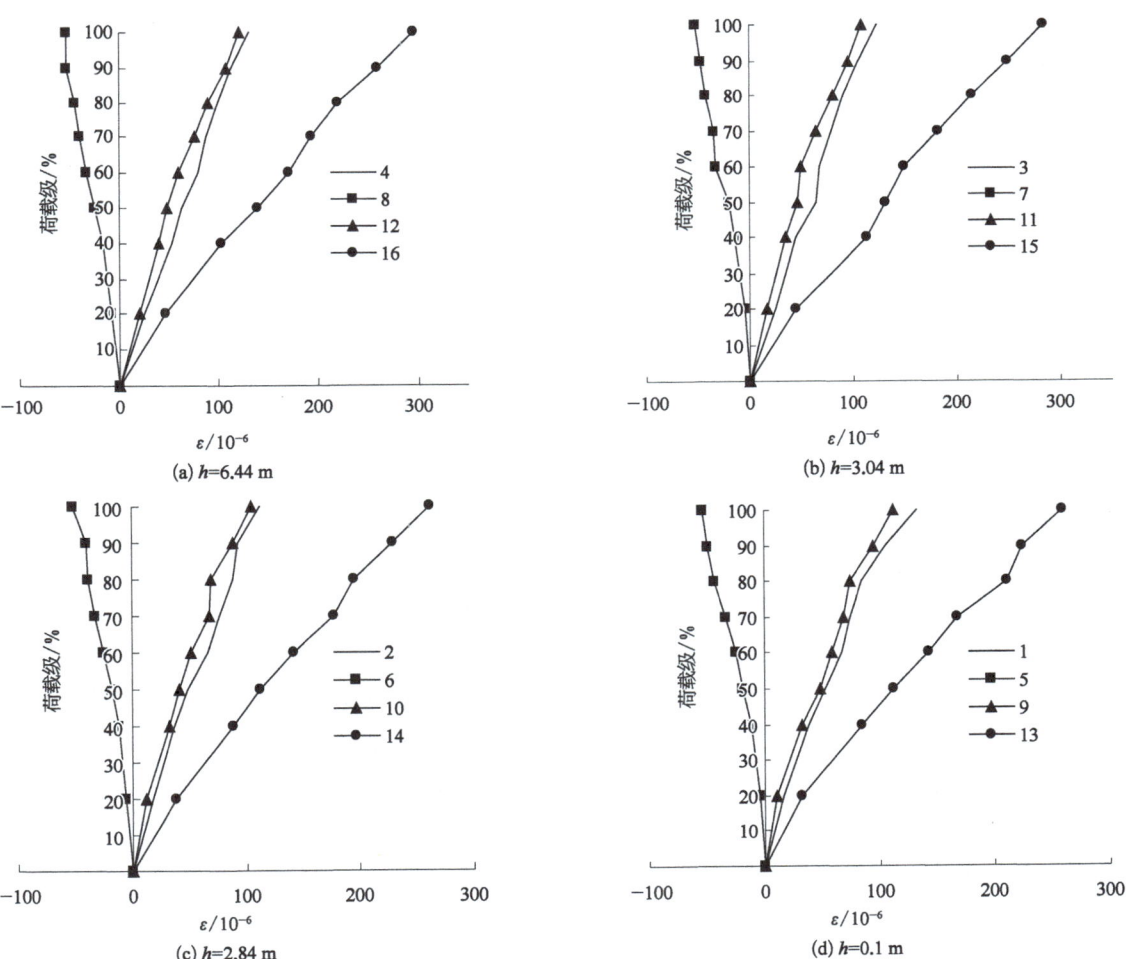

图 5-72 核心混凝土荷载-纵向应变曲线

压力较大,远载侧 2 号主管(钢筋片测点 5~8)在双向偏心荷载作用小承受较小的拉力,其他 1 号主管和 3 号主管承受较小的压力,无论近载侧还是远载侧,核心混凝土的荷载-纵向应变曲线大致都保持直线,试件处于线弹性阶段。

图 5-72a~d 所示为同级荷载下,除了 4、8、12、16 号测点所在截面受局部荷载作用的影响应变较大外,其余各节点的纵向应变相差很小,沿墩高变化的规律不明显。不同墩高的各个截面的荷载-纵向应变曲线具有相同的变化规律,构件处于小偏心受力状态。近载侧纵向应变变化较大,而远载侧变化较小。在地震效应荷载作用下,远载侧核心混凝土纵向拉应变为(-51~-5)×10^{-6},近载侧压应变为(262~295)×10^{-6}。

3) 主钢管应变

(1) 主钢管平均纵向应变。钢管平均纵向应变揭示了偏压组合桥墩主钢管所承受的轴力的情况。图 5-73a、b 所示为主管的荷载-纵向应变曲线,其中纵向应变是指钢管同一截面内 A、B 两点纵向应变的平均值。曲线图表明,近载侧钢管所受轴压力较大,荷载-纵向应变曲线在加载全程接近直线,未进入非线性阶段,构件处于小偏心受压状态;远载侧 2 号主管各点纵向应变始终为拉应变,但应变值较小,各主管各点的纵向应变始终为压应变。钢管的受力特征与核心混凝土相同。在正常使用极限状态下,远载侧混凝土纵向拉应变为(-49~-63)×10^{-6},近载侧混凝土纵向压应变达到了(308~323)×10^{-6},表明在地震荷载加载作用下钢管与混凝土之间的黏结较好而没有发生滑移,钢管和混凝土作为整体共同工作。

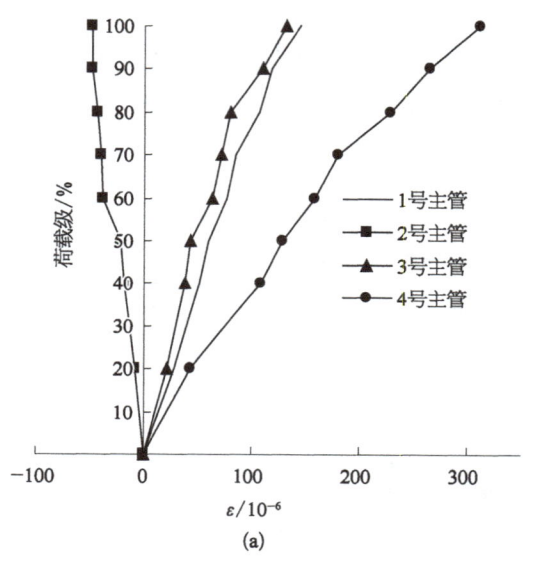
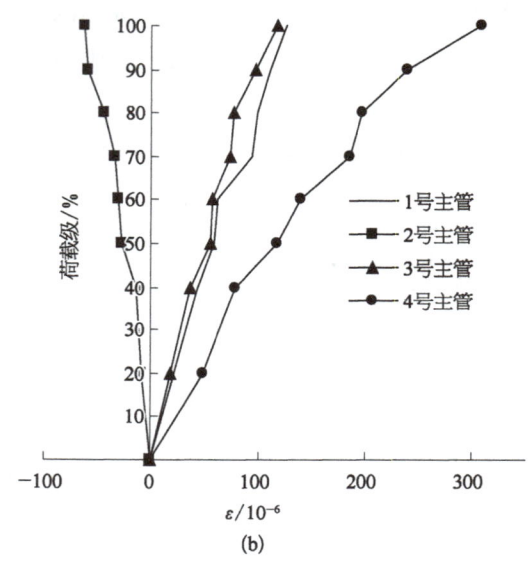

图 5-73 主管荷载-纵向应变曲线

注:图中压应变为正值。

(2) 主钢管纵向应变。同一主管中各点的纵向应变分布,揭示了偏压组合桥墩各主管所承受的弯矩的情况。

图 5-74a 和 b 所示为试件 3 号主管和 4 号主管在 I-I 截面的纵向应变曲线。图中 A、B、C、D 代表钢管纵向应变片。

在不同的荷载阶段,主管基本保持平面。加载前期 D 点和 C 点的压应变基本相同,主管的受力接近于轴压状态;在加载后期,D 点和 C 点的应变差逐渐增大,表明模型结构整体受弯增大,单根主管的弯矩也在增大。单根主管的受力性能类似于钢管混凝土单柱。加载全程 1 号、3 号和 4 号钢管的应变始终为压应变,远载侧 2 号钢管的应变始终为拉应变,应变值较小,表明构件在地震荷载加载作用下处于小偏心受压状态。

(3) 钢管混凝土紧箍效应分析。图 5-75 所示为全部 4 个柱肢的荷载-组合泊松比关系曲线。图中曲线的横坐标值分别表示 1 号、2 号、3 号和 4 号钢管 C、D 两点组合泊松比的平均值。

各主管的组合泊松比在整个加载过程中变化都

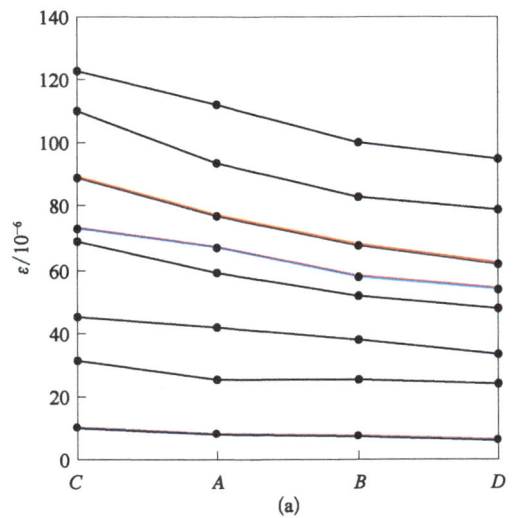
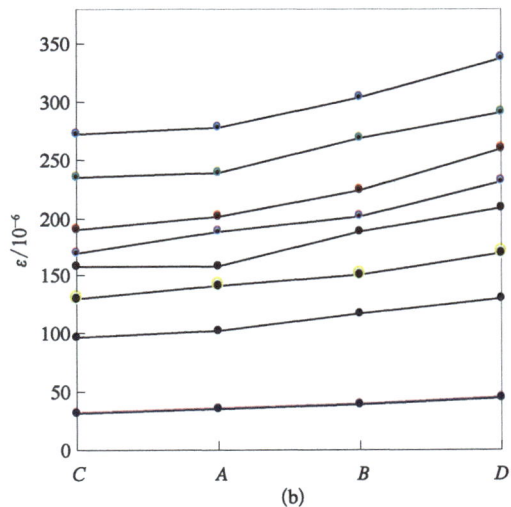

图 5-74　3 号和 4 号主管纵向应变分布

注：图中压应变为正值。

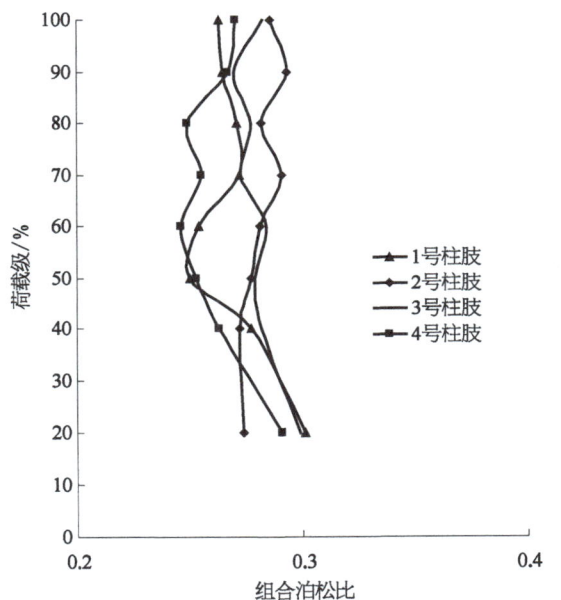

图 5-75　主管荷载-组合泊松比关系曲线

不大，均位于 0.283 附近，钢管的紧箍力作用不明显，因为构件在地震静荷载作用下处于弹性阶段，所受的轴力较小。混凝土的泊松比 μ_c 是随着纵向应力的增加而变化的，在低应力时只有 0.167。既有实验证明，只有当钢管的纵向压应力接近比例时（$\mu_s \approx \mu_c$），随后，随着轴力的增加，钢管的横向变形将小于混凝土的横向变形，钢管的紧箍作用才真正发挥出来。

4）外包混凝土和腹板应变

图 5-76a、b 所示为 2-2 截面和 3-3 截面的钢管外包混凝土（曲线左右两侧最外边两测点为外包混凝土测点）和腹板的荷载-纵向应变曲线。图中以横桥向（垂直于偏心方向）墩轴中心线位置为原点，偏载方向为横轴正方向，其中纵向应变是指顺桥向墩轴中心线左右两侧对称点应变的平均值。

比较图 a 和图 b 表明，总体上各截面应变分布具有相似的规律，在加载初期，组合桥墩全截面各点压应变基本相同，构件整体呈现出轴心受压的受力特点。当外荷载达到目标荷载的 40% 后，截面应变开始呈现出偏心受压的特点，近载侧与远载侧表面混凝土的应变差距逐渐拉大，且随着荷载的增大，这一作用效果被不断加强。两端主管的外包混凝土应变明显超过与其相邻的腹板混凝土，这说明外包混凝土和腹板的纵向应变并不是连续的。

图 5-76 表明，腹板混凝土的变形基本符合平截面假定，但整个截面的变形并不完全符合。在地震荷载作用下，外包混凝土和腹板混凝土的纵向应变大部分为压应变，远载侧 2 号主管附近小范围内为数值较小的拉应变。1-1 截面和 4-4 截面具有相同的规律。

5）横隔板应变

图 5-77a、b 所示为 5 号横隔板混凝土的顺桥向正应变和横桥向正应变随荷载变化的曲线。图中以横桥向（垂直于偏心方向）墩轴中心线位置为原点，偏载方向为横轴正方向，其中的顺桥向应变包括顺桥向墩轴中心线上的测点应变和横隔板开孔左右两侧对称测点应变的平均值。

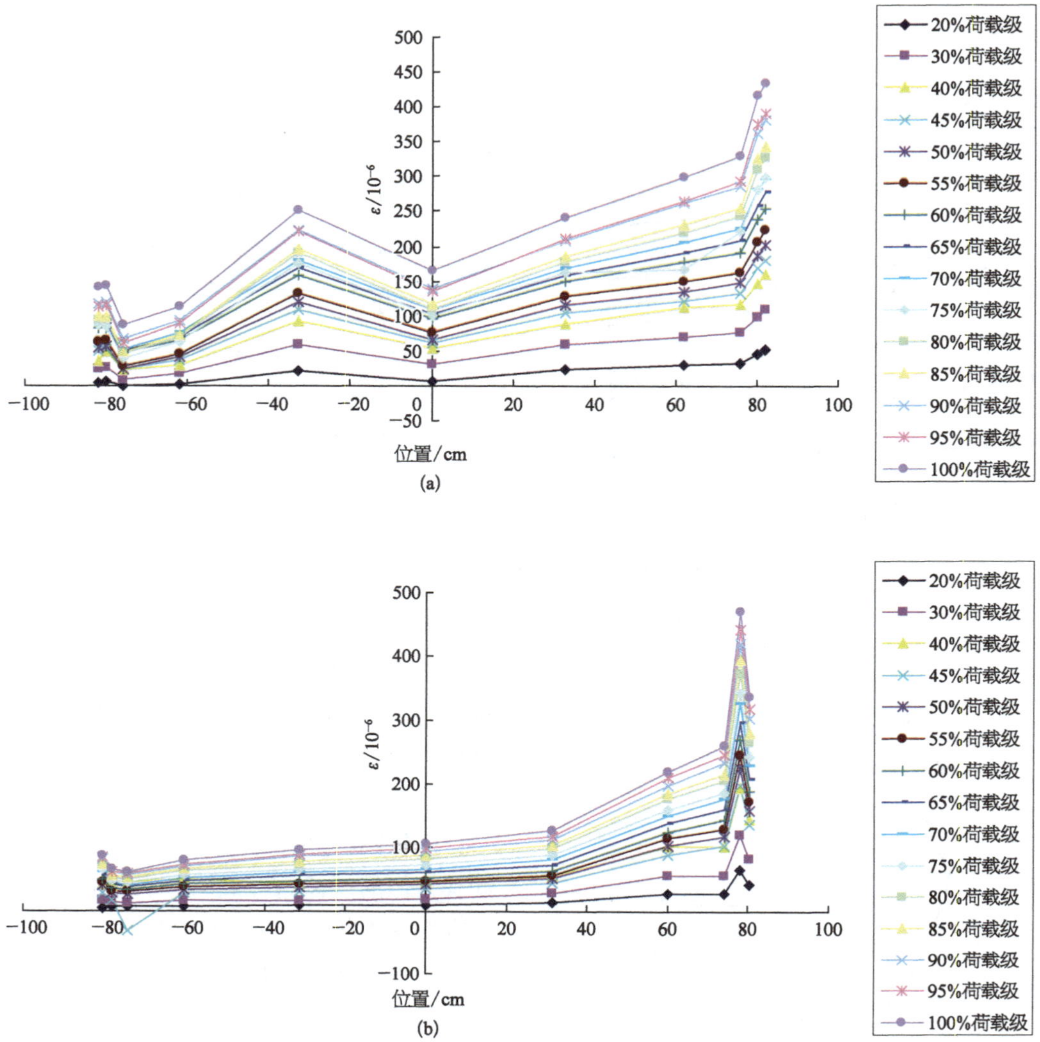

图 5-76 外包混凝土及腹板混凝土荷载-纵向应变曲线

注：图中压应变为正值。

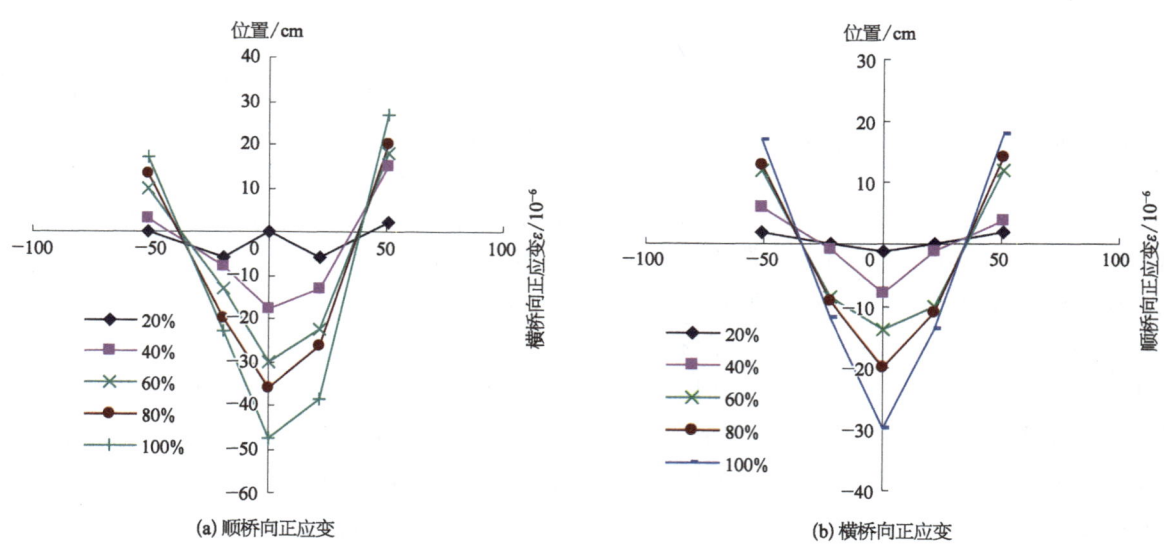

图 5-77 横隔板混凝土荷载-拉应变曲线

注：图中以压应力为正，以拉应力为负。

实测数据表明，横隔板中的正应力主要为拉应力，压应力很小，因此这里只对拉应力的分布规律做详细分析。图 5-77a 表明，顺桥向拉应力分布呈现两边小中间大的规律，在隔板开孔处顺桥向拉应力达到峰值，在腹板边缘为数值较小的压应变。图 5-77b 表明，横桥向拉应力分布呈 V 形，横隔板开孔处横向拉应力最大，腹板边缘为数值较小的压应变。

6) 技术总结

对地震荷载加载试验结果进行了系统分析，针对结构在地震荷载下的侧向挠度变形和各组成构件（核心混凝土、主管、钢管外包混凝土、腹板混凝土和横隔板混凝土）的应变分布规律、变化趋势和受力性能特点进行了详细的归纳总结。

分析结果表明在地震静荷载作用下，结构处于偏心受压状态，除横隔板和近载侧 2 号主管受拉应力作用之外，结构各点均受压应力作用。横隔板中存在较大的拉应力应给予重视，在加载初期，结构受力类似轴心受压，随着荷载的增加，近载侧与远载侧构件的应变差值逐渐增大，附加弯矩作用开始显现。

钢管混凝土组合桥墩的主管以受压为主，由于目标荷载较小，结构变形不大，钢管的紧箍作用不明显，组合桥墩的受力性能表现为双向整体偏心受力状态。

5.2.5 钢管混凝土组合桥墩有限元分析

在正常使用极限状况作用下，结构的受力和工作性能处于线弹性范围内，结构的材料处于线弹性范围内，结构变形也较小，几何非线性特性不明显，因此无论是模型试验还是有限元计算分析，都能较好地反映结构的真实受力情况。试验和计算中结构参数等因素造成的结果误差较小，所以在正常使用极限状况下将模型试验结果和有限元计算分析结果进行对比具有实际的工程意义。本小节重点进行模型试验结果与有限元计算结果的对比分析。

图 5-78~图 5-80 表明，外包混凝土的正应力实测值明显大于腹板的正应力实测值。产生这种结果的原因主要是因为在有限元模型中外包混凝土与腹板混凝土之间采用共用节点建模，两者可以实现变形的连续，而在实际中，外包混凝土与钢管的应变满足变形协调，但是与腹板之间的连接并不像有限元计算中那么完美，所以造成了外包混凝土与腹板变形和应力的不连续，因此外包混凝土的受力特征应以实测值为准。

图 5-81 所示为横隔板顺桥向中心线处节点正应力。图 5-82 所示为 2~5 号横隔板顺桥向拉应力和横桥向拉应力对比结果，除靠近墩顶的 2 号横隔板外，其他各板的正应力值沿墩高的降低而减小，但变化幅度很小，基本相同。

综上所述，除桥墩墩顶局部应力集中的影响外，钢管和核心混凝土是主要的承载构件，两者变形协调，共同受力。在相同的应变下根据弹性模量的不同，钢管承受更大的压应力，它们共同工作的性能是可靠的。在正常使用极限状态下，钢管混凝土组合桥墩的受力始终处于线弹性阶段。腹板和外包混凝土两者各自符合平截面假定，但截面整体变形不完全满足平截面假定。横隔板作为连接主管、增强结构横向刚度和稳定性的主要构件承受较大的拉应力和剪应力，为防止混凝土受拉开裂应做相应的保护措施。

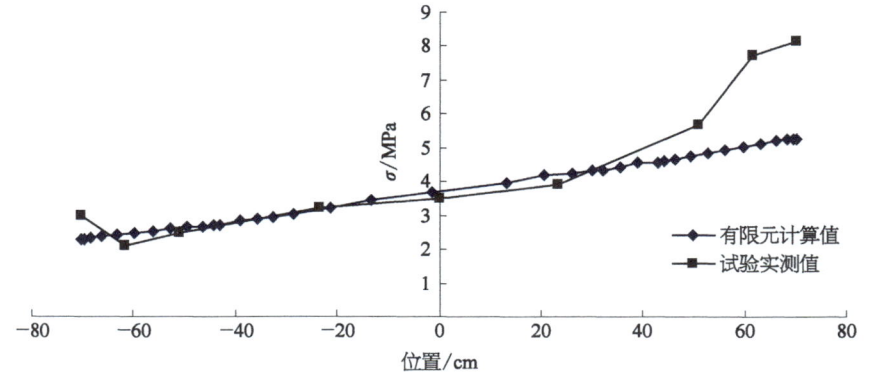

图 5-78 2-2 截面表面混凝土纵向应力计算值与试验值对比

注：图中以压应力为正，拉应力为负。

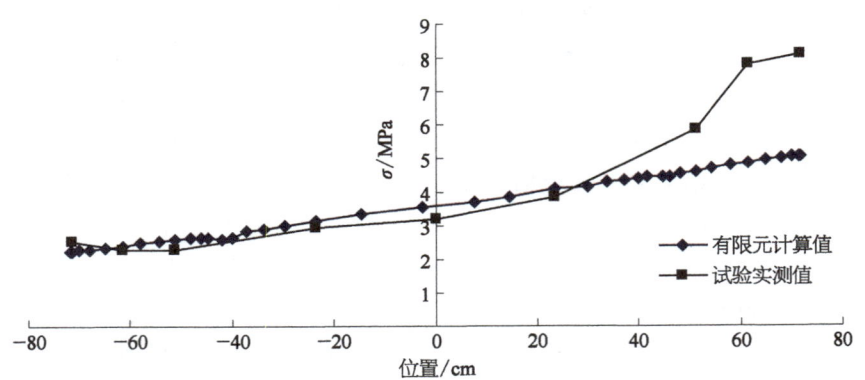

图 5-79　3-3 截面表面混凝土纵向应力计算值与试验值对比

注：图中以压应力为正，拉应力为负。

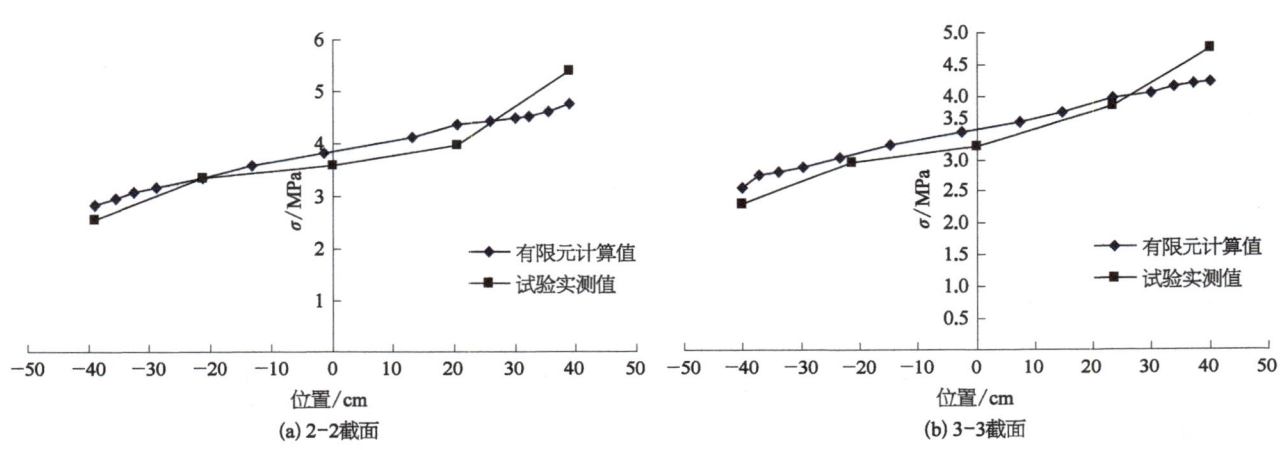

(a) 2-2 截面　　　　　　　　　　(b) 3-3 截面

图 5-80　腹板纵向正应力计算值与试验值对比

注：图中以压应力为正，拉应力为负。

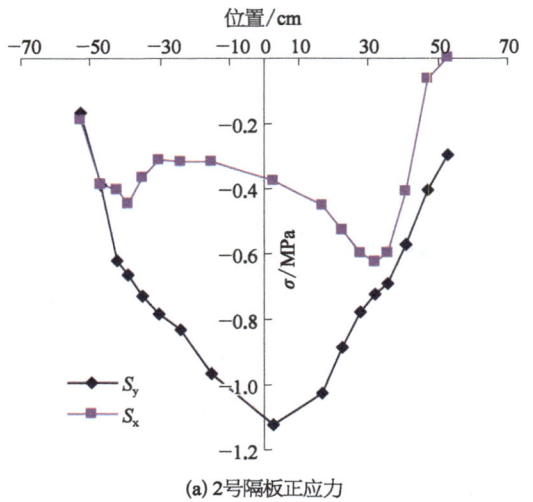 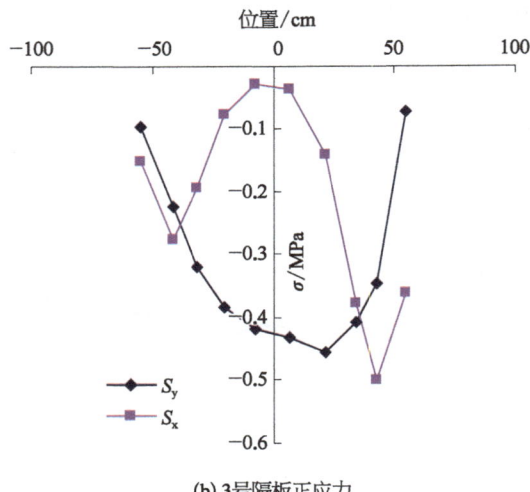

(a) 2 号隔板正应力　　　　　　　　(b) 3 号隔板正应力

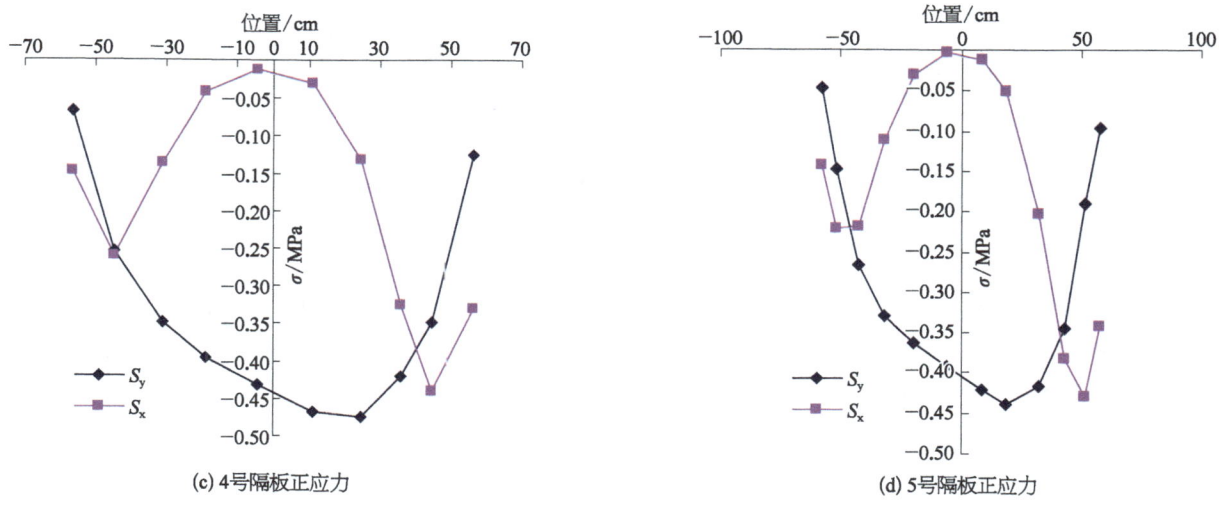

(c) 4号隔板正应力

(d) 5号隔板正应力

图 5-81 横隔板顺桥向中心线处节点正应力

注：图中 S_y 为顺桥向正应力，S_x 为横桥向正应力；以压应力为正，拉应力为负。

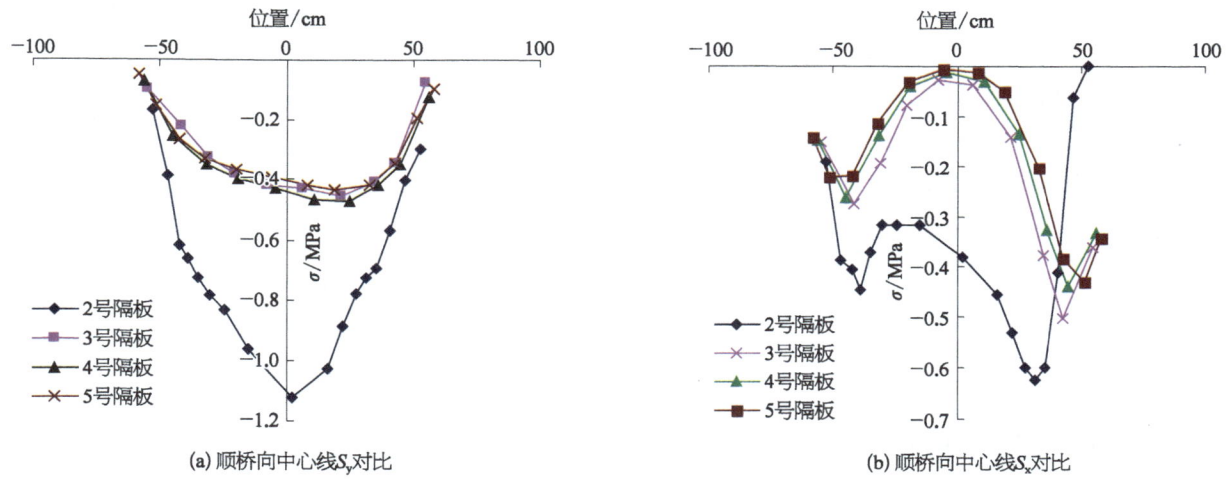

(a) 顺桥向中心线 S_y 对比

(b) 顺桥向中心线 S_x 对比

图 5-82 2～5号横隔板顺桥向中心线正应力对比

注：图中 S_y 为顺桥向正应力，S_x 为横桥向正应力；以压应力为正，拉应力为负。

5.2.6 主要研究总结

5.2.6.1 节点不平衡弯矩荷载试验

在节点不平衡弯矩荷载作用下，试验模型墩身的荷载-挠度曲线在加载全过程中斜率保持不变，接近直线，与计算得到的荷载-挠度曲线的重合度良好。且墩身挠度较小，结构外形没有明显变化，由此可以判断，在节点不平衡弯矩荷载作用下，墩和梁的受力都处于线弹性阶段，没有呈现出明显非线性特性。

在节点不平衡弯矩荷载作用下，试验模型墩、梁固结处测试拉应变与压应变均较小，应力均小于规范设计值。应变-荷载曲线近似直线，表明在承载能力极限状况加载作用下，墩、梁固结处的受力处于线弹性范围之内，使用性能较好，符合规范设计要求。

5.2.6.2 正常使用极限状况加载试验

对正常使用极限状况加载试验结果的分析表明，在正常使用极限状态下，结构的受力处于线弹性范围，没有非线性特性，结构处于小偏心受压状态。除横隔板外，结构其他各部位均受压应力作用。横隔板中存在较大的拉应力，设计和施工中应给予重视。在加载初期，结构受力类似轴心受压，随着荷载的增加，近载侧与远载侧构件的应变差值逐渐增大，附加弯矩开始发挥作用。

钢管混凝土组合桥墩的主管以受压为主，由于目标荷载较小，结构变形不大，钢管的紧箍作用不明显，受力接近于单根圆钢管混凝土柱轴压或小偏心受压状态。

5.2.6.3 地震荷载效应加载试验

地震荷载效应加载试验结果分析表明，在地震静荷载作用下，结构处于双向偏心受压状态，除横隔板和近载侧钢管柱受拉应力作用之外，结构各点均受压应力作用。近载侧钢管柱在地震效应荷载作用下表现为受拉构件，所受拉力较小，其拉应力小于规范设计值。在加载初期，结构受力类似轴心受压；随着荷载的增加，近载侧与远载侧构件的应变差值逐渐增大，附加弯矩开始发挥作用，最后近载侧主管受较大压力，离加载点最近的主管所受压力最大，离加载点较近的柱所受压力小于远侧主管。

钢管混凝土组合桥墩的主管以受压为主，由于目标荷载较小，结构变形不大，钢管的紧箍作用不明显，其受力接近于单根圆钢管混凝土柱轴压或小偏心受压状态。钢管混凝土组合桥墩在地震效应静荷载作用下有一定的强度储备，特别是当墩柱受更大的压力作用时，钢管将对核心混凝土产生紧箍作用，进而增强其抗压强度。由此可知，钢管混凝土组合桥墩的抗震性能较好。

5.3 钢管混凝土组合高墩受弯模型试验研究

5.3.1 概述

5.3.1.1 研究背景

钢管混凝土组合高墩受压模型试验研究，根据模型设计载荷进行了全过程加载，虽然加载荷载已经达到设计极限载荷，但是模型在轴向荷载、偏心受压荷载作用下的变形、强度处于弹性工作阶段，没有出现裂纹和破坏工作状态。为了揭示钢管混凝土组合高墩模型加载全过程的力学行为，拟将模型水平放置，开展受弯加载的模型试验研究，进一步揭示组合高墩结构的特点，为结构计算方法提供试验依据。

5.3.1.2 试验目的

主要研究钢管混凝土组合桥墩作为受弯梁的力学性能和承载力，揭示构件在受弯时控制截面的应变参数，研究组合结构作为受弯梁时的力学性能和构件受弯时控制截面的位移参数，建立荷载-位移曲线，研究该组合结构作为受弯梁时的承载力及延性性能。

5.3.2 钢管混凝土组合箱形正截面构造设计

钢管混凝土截面尺寸如图 5-83 所示。

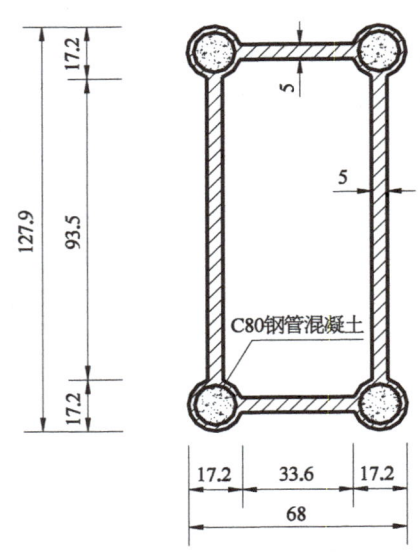

图 5-83 钢管混凝土截面尺寸(单位：cm)

5.3.3 加载方案与试验过程

5.3.3.1 加载布置

主要研究钢管混凝土柱的抗弯性能，将模型平躺放置并将两端横隔板位置点支承于铰支座上，形成简支梁。将分载梁布置于简支梁的跨中处，在分载梁中点采用千斤顶加载。在试验荷载作用下，简支梁加载点受最大弯矩作用，试验过程中，加载设备 MTS 采用位移控制，逐级施加荷载，直至简支梁发生弯曲破坏。试验加载具体布置如图 5-84 和图 5-85 所示。

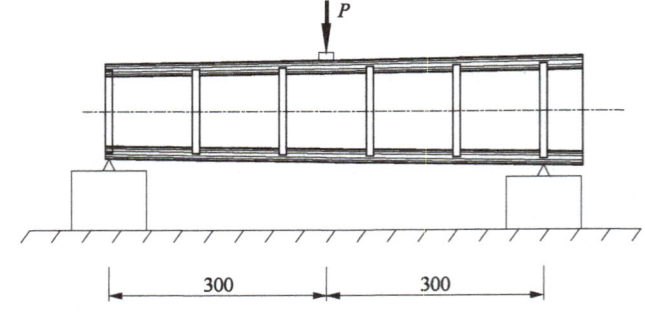

图 5-84 将模型作为简支梁的加载示意(单位：cm)

图 5-85 模型试验加载布置

5.3.3.2 测点布置

测试工作主要分为变形测试和应变测试两部分。

1) 变形测点布置

模型在竖向荷载作用下产生弯曲变形，故主要测试弯曲变形。沿受弯梁跨度方向布置 5 只百分表，布置点分别为跨中处、三分点处、支座处，分别编为 1～5，具体布置如图 5-86 所示。

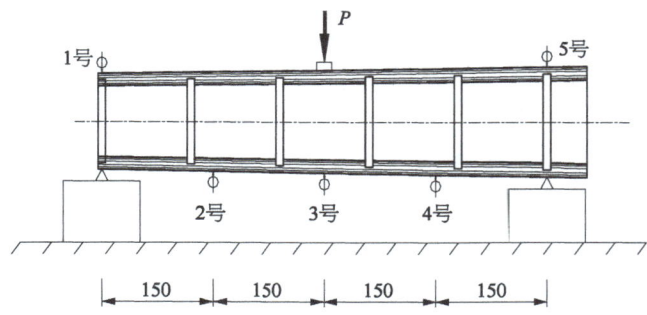

图 5-86 模型挠度测试示意(单位：cm)

2) 应变测试截面及测点布置

(1) 测试截面布置。为了弄清试件的抗弯与抗剪性能，选取试验梁跨中截面 2-2 以及临近中间两横隔板位置处截面 1-1、3-3，共 3 个截面进行测试。截面布置及截面编号如图 5-87 所示。

(2) 应变测点布置。根据测试要求，应变片布置在外包混凝土表面以及混凝土腹板表面。三个控制截面，应变片共计 112 片，其布置情况如图 5-88 所示。

5.3.3.3 试验流程

试验的加载程序主要分为以下步骤：

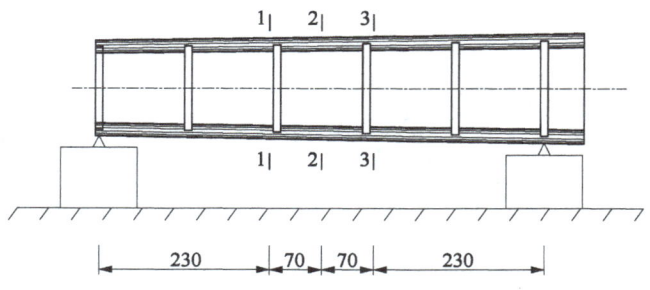

图 5-87 模型应变测试截面布置(单位：cm)

(1) 以最大试验荷载估算值的 10% 为控制量，即预加载的荷载大小为 350 kN×0.1=35 kN。加载顺序为 0→35 kN→0，循环三次，直至消除非弹性变形。

(2) 以 50 kN 为加载量级，加载直至构件破坏。加载顺序为 0→50 kN→100 kN→150 kN→200 kN→250 kN→破坏。每级持荷 3 min，记录变形及应变读数，观察裂缝。

5.3.3.4 试验过程

模型试验共分为三个步骤：预加载、第一次循环荷载和第二次循环荷载，其中第一次循环荷载由力控制加载，第二次循环由位移控制加载，试验过程中根据荷载位移曲线情况调整和控制力加载量级与位移加载量级(图 5-89)。

(1) 预加载：以 10 kN 为控制量进行预加载，加载顺序为 0→10 kN→0，循环三次。

(2) 第一次循环荷载：以 10 kN 为加载量级，根据荷载-位移曲线，构件进入弹塑性阶段时，加密荷载级，减小每级荷载的量值为 5 kN，加载直至构件破坏。每级持荷 3 min，记录变形及应变读数，观察裂缝。

(3) 第二次循环荷载：为获得构件的延性性能，采用位移控制加载，以 2 mm 为加载量级，逐级施加位移荷载，直至构件完全丧失承载能力。每级持荷 3 min，记录变形及应变读数。

5.3.4 模型试验结果与分析

5.3.4.1 荷载-位移曲线

图 5-90 所示为 3 号跨中挠度测点在第一次循环荷载作用下的荷载-挠度曲线和第二次循环荷载作用下的荷载-挠度曲线。图 5-90 表明，在第一次循环荷载作用下，3 号测点的荷载-挠度曲线在加载全过程中可以分为线弹性阶段和弹塑性阶段，峰值

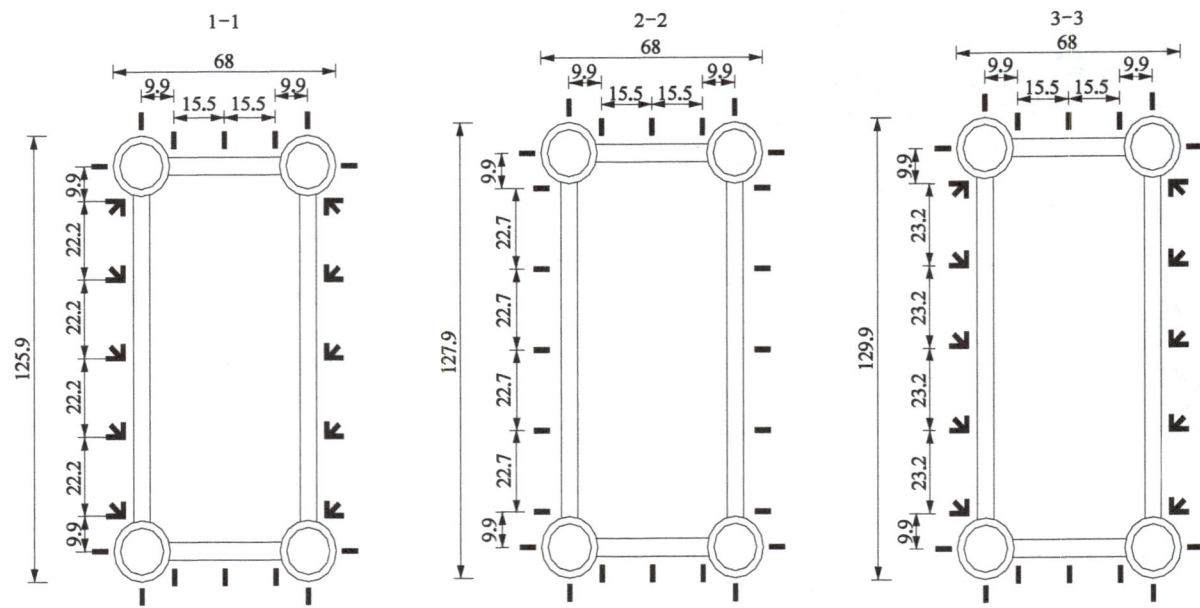

图 5-88 模型截面应变测试示意(单位：cm)

图 5-89 模型试验进行中

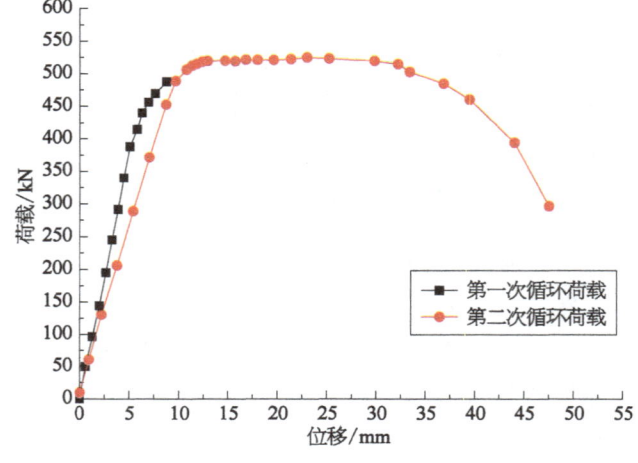

图 5-90 模型试验荷载-位移曲线

荷载为 500 kN；在第二次循环荷载作用下，3 号测点的荷载-挠度曲线在加载全过程中可以分为线弹性阶段、弹塑性阶段、塑性阶段、下降段，峰值荷载为 520 kN。因第一次循环荷载，钢管受到强化作用，使得第二次循环荷载下的峰值荷载值略大于第一次循环荷载下的峰值荷载值，构件的实际峰值荷载值以第一次循环荷载为准，实际峰值荷载值为 500 kN。由于第一次循环荷载作用完成后，构件产生了裂缝，降低了构件刚度，使得第二次循环荷载下弹性阶段的曲线斜率略微小于第一次循环荷载下弹性阶段的曲线斜率。

图 5-90 还表明，钢管混凝土组合柱模型在作为受弯梁时，其荷载-位移曲线与普通钢筋混凝土适筋梁的荷载-位移曲线的变化规律相似，在极限荷载作用下，发生典型的塑性破坏，结构具有一定的延性。

四分点位置处 2 号和 4 号挠度测点的荷载-挠度曲线变化规律与 3 号测点相同。

5.3.4.2 位移测试结果

图 5-91 所示为模型组合柱在第一次循环荷载作用下的横向位移曲线。

钢管混凝土组合桥墩模型作为梁简支于两端支座上，假定为两端铰支承的简支梁。图 5-91 所示组合桥墩模型横向位移表明，该结构是典型的简支梁受弯变形曲线。随着跨中横向荷载的增加，模型各点的横向变形逐步增大，在同级荷载作用下，挠度

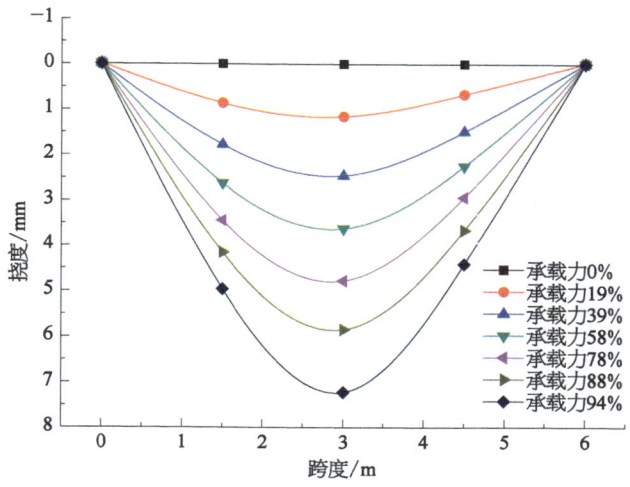

图 5-91 组合柱模型横向位移

曲线呈抛物线型。因此,钢管混凝土组合柱模型在作为简支受弯梁时,整体变形规律与普通钢筋混凝土简支梁的整体变形规律基本相同。

5.3.4.3 延性结果

构件的位移延性系数是指极限位移与屈服位移的比值,记作

$$\mu_\Delta = \Delta_u / \Delta_y \quad (5-1)$$

式中 μ_Δ ——位移延性系数;

Δ_y——屈服位移,相应于受拉钢管开始屈服时的位移,这时在荷载位移曲线上出现明显拐点;

Δ_u——极限位移,荷载峰值后降低至85%峰值荷载时对应的位移。

根据模型构件在第二次循环荷载作用下的荷载-挠度曲线,可得到构件的位移延性系数。各计算参数和计算结果见表5-12。

表 5-12 模型构件位移延性系数计算参数及结果

Δ_u/mm	Δ_y/mm	μ_Δ
39.49	12.41	3.18

5.3.5 有限元计算模型分析

根据模型试验设计的尺寸,利用 ANSYS 有限元软件,建立了试验组合桥墩的实体数值计算模型。有限元模型中,材料属性按照实测的材料特性进行模拟,钢管采用 shell 181 单元模拟,混凝土采用 solid 65 单元模拟,支座和分载梁采用 solid 45 单元模拟。外包混凝土与钢管、钢管与核心混凝土间采用耦合连接。整个模型一共划分实体单元 41 164 个,壳单元 7 808 个。划分好的有限元模型如图 5-92 所示。

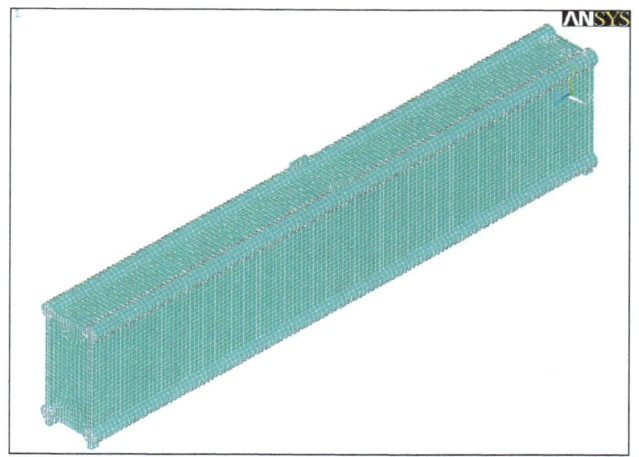

图 5-92 模型有限元模型

图 5-93 所示为 3 号跨中挠度测点在第一次循环荷载下和第二次循环荷载下的荷载-位移试验值曲线以及应用有限元软件进行全过程非线性分析时计算得到的荷载-位移计算值曲线。

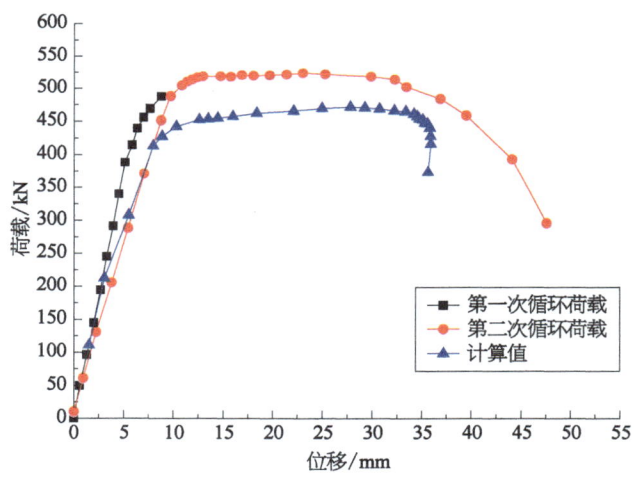

图 5-93 试验与计算的荷载-位移曲线对比

图 5-93 表明,有限元方法计算的荷载-位移曲线与试验测试所得曲线符合较好,线弹性阶段曲线基本重合,在弹塑性阶段、塑性阶段和下降段曲线变化趋势均一致,有限元方法计算峰值荷载为450 kN,略低于试验测试所得峰值荷载 500 kN。这是由于计算模型中,未模拟腹板中型钢骨架及钢筋的作用,

计算模型峰值荷载略低。

对比分析结果表明，组合桥墩结构可以应用有限元方法进行受力分析，为有限元模型进行参数研究结果的可靠性提供了保证。

5.3.6 参数研究

在其他条件不变的情况下，改变钢管内填混凝土强度等级、钢管强度等级、构件截面高度以进行参数分析，研究此参数对试验组合柱抗弯性能的影响。

5.3.6.1 内填混凝土强度等级的影响

现保持构件尺寸、钢管强度等级、腹板混凝土强度等级等参数不变，仅改变钢管内填混凝土的强度等级，研究对构件受力性能及承载能力的影响，采用的内填混凝土材料特性见表5-13，表中C80的材料参数仍采用实测值，其余强度等级的材料参数均按照相关规范取值。

表5-13 内填混凝土材料特性

项 目	C80	C60	C50	C30
轴心抗压强度标准值/MPa	60.8	38.5	32.4	20.1
轴心抗拉强度标准值/MPa	3.11	2.85	2.65	2.01
弹性模量/MPa	38 379	36 000	34 500	30 000
泊松比	0.2	0.2	0.2	0.2

1) 荷载-位移曲线

不同强度等级的钢管内填混凝土组合柱的计算荷载-位移曲线如图5-94所示。

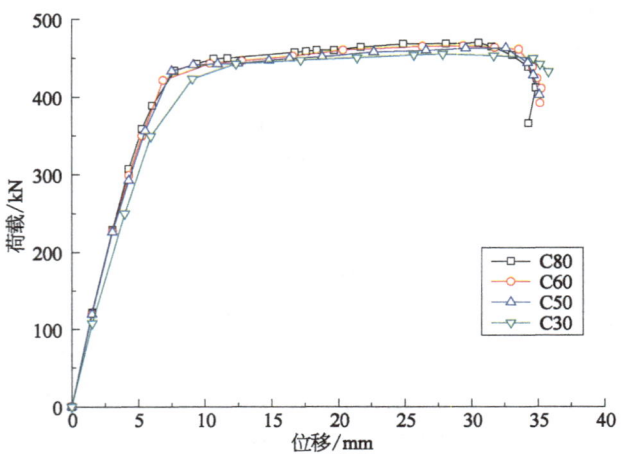

图5-94 不同内填混凝土强度的荷载-位移曲线

图5-94表明，主管内不同混凝土强度等级的荷载-位移曲线基本重合，构件承载力相差较小，均为450 kN左右，不同强度等级的钢管内填混凝土对该构件抗弯承载能力和整体刚度影响较小，变形性能基本相同。

2) 腹板正应变分布

1-1截面沿梁高从底至顶取9个点考察截面正应变分布情况，编号为1~9；研究钢管不同内填混凝土强度等级对腹板正应变分布的影响，取该9点在开裂前和开裂后沿梁高的正应变分布情况进行分析，参数改变对正应变分布的影响情况见表5-14、图5-95和图5-96。

表5-14 截面1-1腹板正应变对比

腹板	应变点位置/cm	钢管混凝土强度等级			
		C80	C60	C50	C30
开裂前	125.9	−39	−40	−41	−42
	119.3	−36	−37	−37	−38
	109.4	−30	−30	−30	−31
	86.7	−16	−16	−16	−16
	64.0	−2	−2	−2	−1
	41.2	12	13	13	13
	18.5	27	28	28	29
	8.6	38	39	39	40
	2.0	45	46	46	47
开裂后	125.9	−97	−103	−105	−113
	119.3	−80	−85	−87	−98
	109.4	−52	−56	−57	−69
	86.7	−2	−4	−8	−22
	64.0	12	25	35	15
	41.2	727	713	635	35
	18.5	466	474	392	226
	8.6	372	329	346	344
	2.0	443	420	415	390

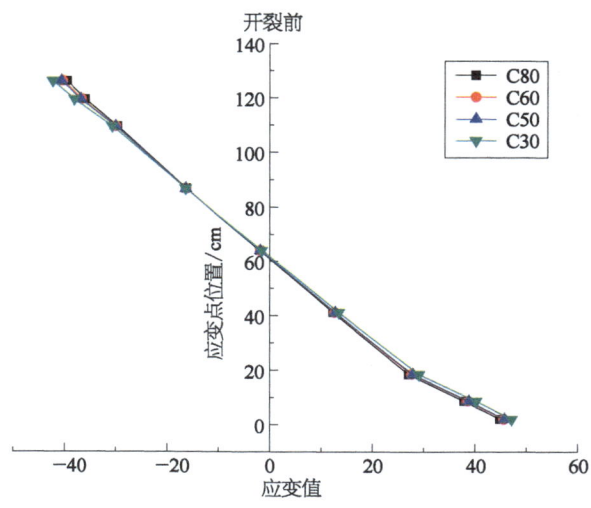

图 5-95 开裂前正应变分布

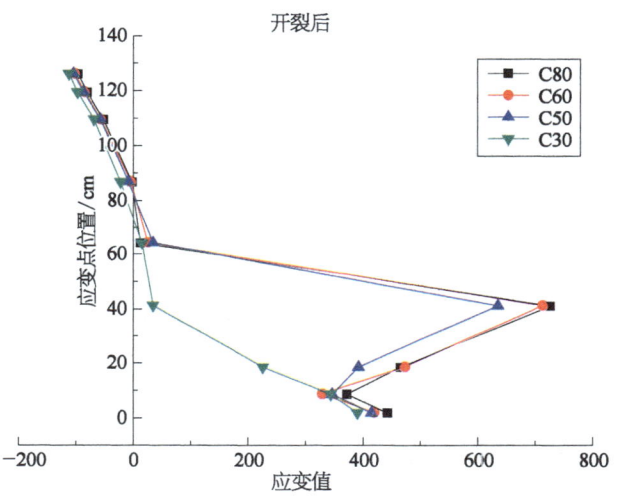

图 5-96 开裂后正应变分布

表 5-14 和图 5-95、图 5-96 表明,不同强度等级的钢管内填混凝土对腹板正应变分布趋势无影响。1-1 截面在腹板开裂前和开裂后正应变呈不同分布趋势;腹板截面在开裂前,四条正应变分布曲线基本重合且基本保持为直线,腹板截面基本满足平截面假定;腹板截面在开裂后,开裂位置处的正应变值较大,腹板截面在开裂后不满足平截面假定。

3) 顶板、底板正应力

研究钢管不同强度等级内填混凝土对顶板、底板正应力的影响,取跨中截面顶板、底板在五个不同荷载级下的计算值进行对比分析,比较结果见表 5-15。

表 5-15 顶板、底板正应力对比

荷载级	应力点位置		内填混凝土强度等级			
			C80	C60	C50	C30
70 kN	2-2 截面	顶板	−1.2	−1.2	−1.21	−1.24
		底板	1.08	1.08	1.11	1.15
90 kN	2-2 截面	顶板	−1.66	−1.66	−1.76	−1.97
		底板	开裂	开裂	开裂	开裂
210 kN	2-2 截面	顶板	−4.01	−4.02	−4.11	−4.68
		底板	开裂	开裂	开裂	开裂
310 kN	2-2 截面	顶板	−5.41	−5.5	−5.85	−6.44
		底板	开裂	开裂	开裂	开裂
峰值荷载	2-2 截面	顶板	−8.28	−9.19	−9.36	−11.13
		底板	开裂	开裂	开裂	开裂

表 5-15 表明,相同荷载级下,钢管内填混凝土强度等级对顶板、底板的正应力值影响较小,但内填混凝土强度等级越低,顶板、底板的应力值越大。

所选的各种内填混凝土强度等级下的底板开裂荷载计算值均为 80 kN,钢管内填混凝土强度等级对底板开裂荷载几乎无影响。

4) 钢管及内填混凝土应力

研究钢管不同强度等级内填混凝土对钢管及内填混凝土应力状态的影响,取跨中截面在荷载达到构件极限承载力时,处于拉、压区外边缘的钢管及内填混凝土应力计算值进行对比分析,试验结果见表 5-16 和表 5-17。

表 5-16 钢管主应力对比

荷载级	钢管	内填混凝土强度等级			
		C80	C60	C50	C30
峰值荷载	压区外边缘	−150.6	−166.64	−178.16	−184.78
	拉区外边缘	254.43	254.43	254.43	254.43

表 5-16 表明,构件达到承载力极限状态时,拉区外边缘的钢管应力均达到其材料屈服强度,内填混凝土强度等级越低,压区外边缘的钢管应力值越

大，但均未达到其材料屈服强度。

表 5-17 内填混凝土正应力对比

荷载级	内填混凝土	内填混凝土强度等级			
		C80	C60	C50	C30
峰值荷载	压区外边缘	−47.52	−28.74	−27.44	−19.4
	拉区外边缘	开裂	开裂	开裂	开裂

表 5-17 表明，构件达到承载力极限状态时，拉区外边缘的内填混凝土均已开裂，内填混凝土强度等级越低，压区外边缘内填混凝土的应力值越小。

内填混凝土强度等级对构件抗弯承载力影响较小，在承载力极限状态下，内填混凝土强度等级降低时，内填混凝土压应力值减小，钢管压应力值增大，如受压区钢管具有足够大的屈服强度，便可承受由于内填混凝土应力值降低而所需增大的应力值，因此，对承载力影响较小。

5.3.6.2 钢管强度等级的影响

保持构件尺寸、钢管内填混凝土的强度等级、腹板混凝土强度等级等参数不变，改变钢管的屈服强度，研究其对构件受力性能及承载能力的影响，采用的钢管材料参数见表 5-18，表中 Q235 的屈服强度仍采用实测值。

表 5-18 钢管材料特性

项 目	Q235	Q345	Q370
屈服强度/MPa	254.43	345	370
弹性模量/MPa	200 000	200 000	200 000
泊松比	0.3	0.3	0.3

1) 荷载-位移曲线

采用不同钢管强度等级的组合柱计算荷载-位移曲线如图 5-97 所示。图 5-97 表明，三条荷载-位移曲线在线性段重合，构件承载力随着钢管强度的提高而增大，构件的弹性变形能力也随钢管强度的提高而增大。

钢管强度等级的提高对构件承载力的增大比例见表 5-19。表 5-19 表明，构件抗弯承载力增大比例与钢管强度等级增大比例基本相同。

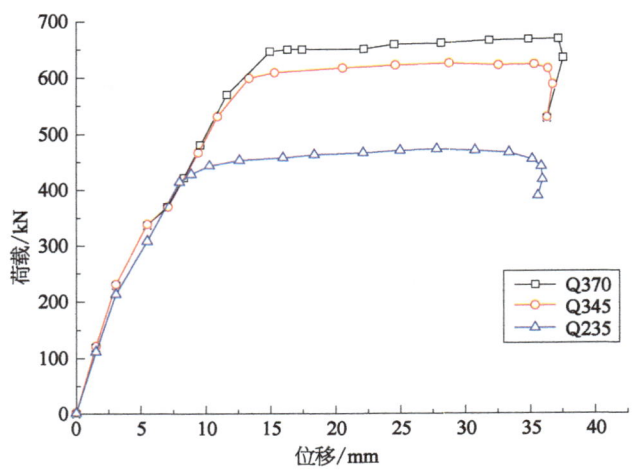

图 5-97 采用不同等级钢管组合柱的荷载-位移曲线

表 5-19 承载力增大比例

项 目	①Q370	②Q345	③Q235	①/②（百分比）	②/③（百分比）
屈服强度/MPa	370	345	254.43	107%	136%
承载力/kN	650	610	450	107%	136%

2) 腹板正应变分布

1-1 截面沿梁高从底至顶取 9 个点考察截面正应变分布情况，编号为 1～9；研究不同钢管强度等级对腹板正应变分布的影响，取该 9 点在开裂前和开裂后沿梁高的正应变分布情况进行分析，参数改变对正应变分布的影响情况见表 5-20、图 5-98 和图 5-99。

表 5-20 1-1 截面腹板正应变对比

腹板	应变点位置/cm	钢管强度等级		
		Q235	Q345	Q370
开裂前	125.9	−39	−39	−39
	119.3	−36	−36	−36
	109.4	−30	−30	−30
	86.7	−16	−16	−16
	64.0	−2	−2	−2
	41.2	12	12	12
	18.5	27	27	27
	8.6	38	38	38
	2.0	45	45	45

续表

腹板	应变点位置/cm	钢管强度等级		
		Q235	Q345	Q370
开裂后	125.9	−97	−97	−97
	119.3	−80	−80	−80
	109.4	−52	−52	−52
	86.7	−2	−2	−2
	64.0	12	21	21
	41.2	727	746	746
	18.5	466	466	466
	8.6	372	372	372
	2.0	443	443	443

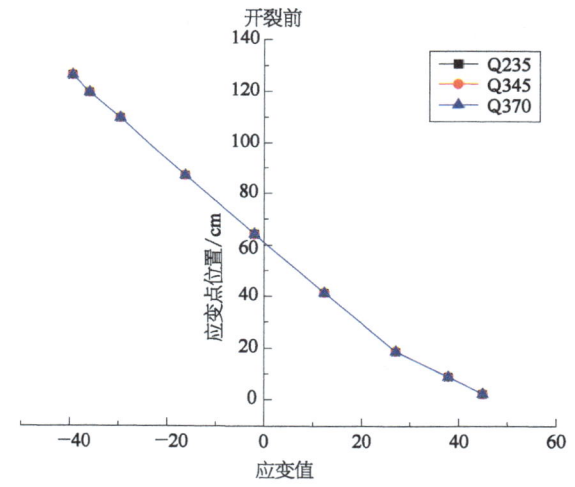

图 5-98 开裂前正应变分布

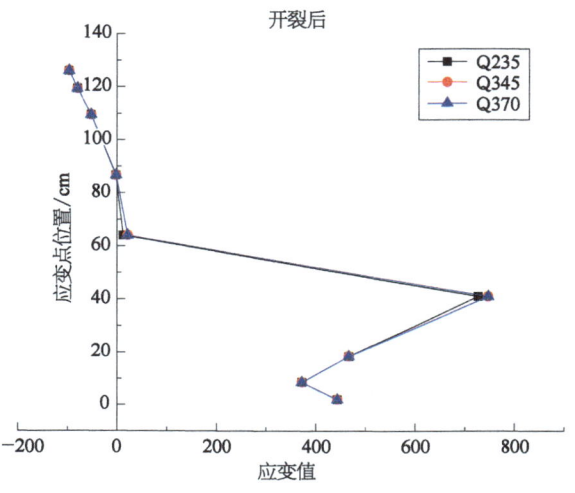

图 5-99 开裂后正应变分布

表 5-20 和图 5-98、图 5-99 表明,不同钢管强度等级对腹板正应变分布趋势无影响。1-1 截面在腹板开裂前和开裂后正应变呈不同分布趋势。腹板截面在开裂前和开裂后,三条正应变分布曲线均重合。腹板截面在开裂前,三条正应变分布曲线基本保持为直线,腹板截面基本满足平截面假定。腹板截面在开裂后,开裂位置处的正应变值较大,腹板截面在开裂后不满足平截面假定。

3) 顶板、底板应力

研究不同钢管强度等级对顶板、底板正应力的影响,取跨中截面顶板、底板在五个不同荷载级下的计算值进行对比分析,对比情况见表 5-21。

表 5-21 顶板、底板正应力对比

荷载级	应力点位置		钢管强度等级		
			Q235	Q345	Q370
70 kN	2-2截面	顶板	−1.2	−1.2	−1.2
		底板	1.08	1.08	1.08
90 kN	2-2截面	顶板	−1.66	−1.66	−1.66
		底板	开裂	开裂	开裂
210 kN	2-2截面	顶板	−4.01	−4.01	−4.04
		底板	开裂	开裂	开裂
310 kN	2-2截面	顶板	−5.41	−5.49	−5.54
		底板	开裂	开裂	开裂
峰值荷载	2-2截面	顶板	−8.28	−9.17	−9.48
		底板	开裂	开裂	开裂

表 5-21 表明,相同荷载级作用下不同钢管强度等级对顶板、底板的正应力值影响较小,当构件达到承载力极限状态之前,钢管强度等级对顶板、底板应力值无影响,构件达到承载力极限状态时,底板已开裂,顶板的应力值随钢管强度等级提高而增大。

所选的各种钢管强度等级下的底板开裂荷载计算值均为 80 kN,钢管强度等级对底板开裂荷载无影响。

4) 钢管及内填混凝土应力

研究不同钢管强度等级对钢管及内填混凝土应力状态的影响,取跨中截面在荷载达到构件极限承载力时,处于拉、压区外边缘的钢管及内填混凝土应力计算值进行对比分析,对比情况见表5-22和表5-23。

表5-22 模型钢管主应力对比

荷载级	钢管	钢管强度等级		
		Q235	Q345	Q370
峰值荷载	压区外边缘	−150.6	−200.37	−208.41
	拉区外边缘	254.43	345.02	370.07

表5-23 模型内填混凝土正应力对比

荷载级	内填混凝土	钢管强度等级		
		Q235	Q345	Q370
峰值荷载	压区外边缘	−47.52	−47.14	−47.46
	拉区外边缘	开裂	开裂	开裂

表5-22表明,模型构件达到承载力极限状态时,拉区外边缘的钢管应力均达到各自的材料屈服强度,钢管强度等级越高,压区外边缘的钢管应力值越大,但均未达到其材料屈服强度。

表5-23表明,模型构件达到承载力极限状态时,拉区外边缘的内填混凝土均已开裂,采用不同强度等级的钢管时,压区外边缘内填混凝土的应力值几乎不变。

由此表明,此构件抗弯承载力受钢管的材料强度等级影响较大。

5.3.6.3 截面高宽比的影响

保持钢管强度等级、内填混凝土强度等级、腹板混凝土强度等级、截面宽度等参数不变,改变截面高度以改变高宽比,研究其对构件受力性能及承载能力的影响,采用的截面高宽比见表5-24。

表5-24 截面高宽比

项目	①	②	③
高宽比 H/B	2.8	2.2	1.6

1) 荷载-位移曲线

不同截面高宽比的组合柱计算荷载-位移曲线如图5-100所示。

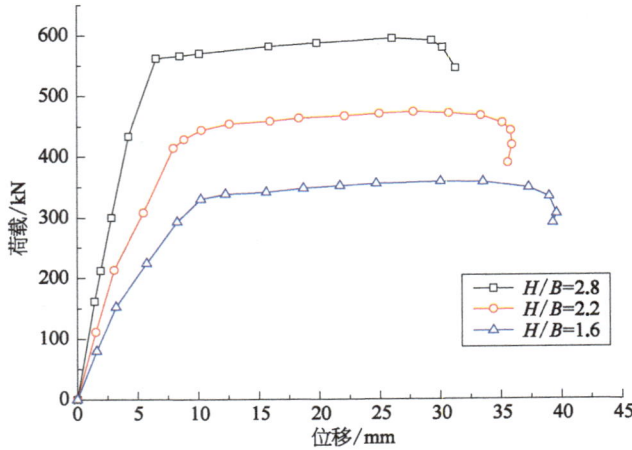

图5-100 采用不同截面高宽比的组合柱荷载-位移曲线

图5-100表明,构件承载力随着截面高宽比的增大而增大,构件的刚度随截面高宽比增大而增大。

截面高宽比的增大对构件承载力的增大比例见表5-25。

表5-25 承载力增大比例

项目	①	②	③	①/② (百分比)	②/③ (百分比)
高宽比 H/B	2.8	2.2	1.6	127%	138%
承载力/kN	570	450	330	127%	136%

表5-25表明,构件抗弯承载力增大比例与截面高宽比增大比例相同。

2) 腹板正应变分布

1-1截面沿梁高从底至顶取9个点考察截面正应变分布情况,编号为1~9;现研究组合柱不同截面高宽比对腹板正应变分布的影响,取该9点在开裂前和开裂后沿梁高的正应变分布情况进行分析,参数改变对正应变分布的影响情况见表5-26、图5-101和图5-102。

表5-26、图5-101和图5-102表明,组合桥墩受弯梁,不同截面高宽比的腹板正应变分布趋势相似;1-1截面在腹板开裂前和开裂后正应变呈不同分布趋势;腹板截面在开裂前,三条正应变分布曲线基本保持为直线,基本满足平截面假定;腹板截面在开裂后,开裂位置处的正应变值较大,腹板截面在开裂后不满足平截面假定。

表 5-26　截面 1-1 腹板正应变对比

腹　板	高宽比 H/B					
	1.6		2.2		2.8	
	应变点位置/cm	应变值	应变点位置/cm	应变值	应变点位置/cm	应变值
开裂前	96.48	−36	125.9	−39	157.44	−39
	89.88	−31	119.3	−36	150.84	−38
	81.28	−25	109.4	−30	142.24	−36
	65.26	−14	86.7	−16	110.98	−20
	49.24	−1	64.0	−2	79.72	−2
	33.22	12	41.2	12	48.46	16
	17.20	24	18.5	27	17.20	34
	8.60	32	8.6	38	8.60	41
	2.00	39	2.0	45	2.00	48
开裂后	96.48	−192	125.9	−110	157.44	−72
	89.88	−118	119.3	−92	150.84	−68
	81.28	−42	109.4	−61	142.24	−62
	65.26	805	86.7	0	110.98	−28
	49.24	316	64.0	117	79.72	3
	33.22	62	41.2	1 027	48.46	61
	17.20	495	18.5	656	17.20	353
	8.60	661	8.6	465	8.60	292
	2.00	759	2.0	539	2.00	310

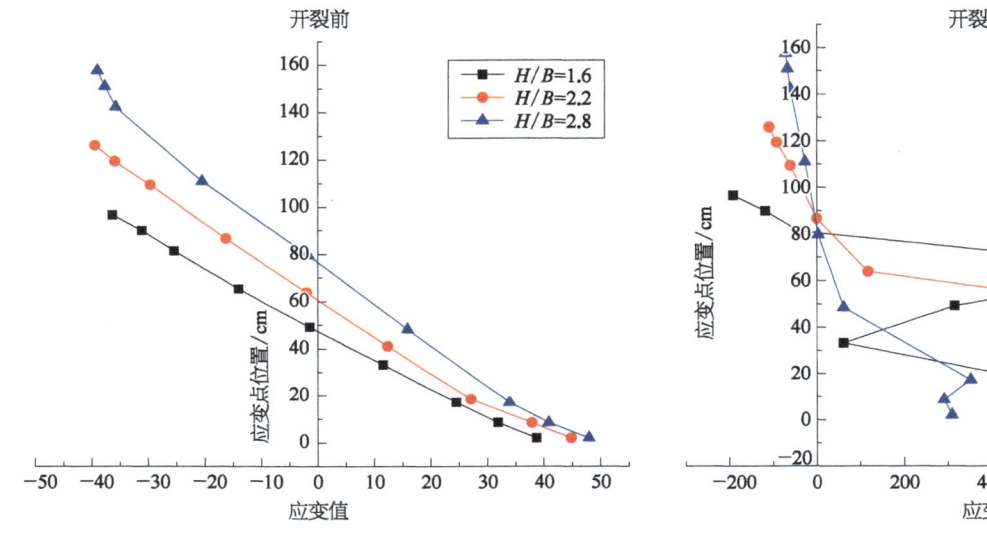

图 5-101　开裂前正应变分布　　　　图 5-102　开裂后正应变分布

3）顶板、底板应力

研究组合柱不同截面高宽比对顶板、底板正应力的影响，取跨中截面顶板、底板在四个不同荷载级下的计算值进行对比分析，对比情况见表 5-27。

表 5-27　顶板、底板正应力对比

荷载级	应力点位置		高宽比 H/B		
			1.6	2.2	2.8
130 kN	2-2 截面	顶板	−3.18	−2.25	−1.78
		底板	开裂	开裂	开裂
180 kN	2-2 截面	顶板	−4.21	−3.28	−2.47
		底板	开裂	开裂	开裂
210 kN	2-2 截面	顶板	−4.99	−4.01	−3.06
		底板	开裂	开裂	开裂
峰值荷载	2-2 截面	顶板	−6.13	−7.62	−7.38
		底板	开裂	开裂	开裂

表 5-27 表明，相同荷载级下，不同截面高宽比对顶板、底板的正应力值的影响具有规律性，顶板应力值随截面高宽比增大而减小。

组合桥墩不同截面高宽比的底板开裂荷载计算值不同，开裂荷载随截面高宽比变化的对比见表 5-28。

表 5-28　开裂荷载对比

项　目	高宽比 H/B		
	1.6	2.2	2.8
开裂荷载/kN	60	80	120

4）钢管及内填混凝土应力

研究组合桥墩不同截面高宽比对钢管及内填混凝土应力的影响，取跨中截面在荷载达到构件极限承载力时，处于拉、压区外边缘的钢管及内填混凝土应力计算值进行对比分析，对比情况见表 5-29 和表 5-30。

表 5-29 表明，构件达到承载力极限状态时，拉区外边缘的钢管应力均达到其材料屈服强度，截面高宽比为中间值 2.2 时，压区外边缘钢管的应力值较大，但均未达到其材料屈服强度。

表 5-29　钢管主应力对比

荷载级	钢　管	高宽比 H/B		
		1.6	2.2	2.8
峰值荷载	压区外边缘	−110.43	−150.60	−144.89
	拉区外边缘	254.43	254.43	254.43

表 5-30　内填混凝土正应力对比表

荷载级	内填混凝土	高宽比 H/B		
		1.6	2.2	2.8
峰值荷载	压区外边缘	−27.24	−47.52	−38.83
	拉区外边缘	开裂	开裂	开裂

表 5-30 表明，构件达到承载力极限状态时，拉区外边缘的内填混凝土均已开裂，截面高宽比为中间值 2.2 时，压区外边缘的内填混凝土的应力值最大。

由此表明，当截面高宽比提高到一定值时，材料应力值降低，不能充分发挥材料强度，构件承载力的提高主要是由于力臂增大提高了抵抗弯矩。故设计时，当截面高宽比较大，可考虑降低材料强度等级，或通过计算选取合适的截面高宽比以充分发挥材料性能。

5.3.7　技术总结

5.3.7.1　试验

（1）钢管混凝土组合桥墩承受弯曲荷载，试验测试所得构件承载力为 500 kN。

（2）当荷载级为 65 kN 即承载力的 13% 时，梁的跨中截面处底板出现裂缝。

（3）组合桥墩在截面开裂前，截面基本保持为平面，基本满足平截面假定；截面在开裂后，开裂位置处的正应变值较大，腹板截面在开裂后不满足平截面假定。

（4）该组合结构作为简支梁受弯时，整体变形规律与普通钢筋混凝土简支梁的整体变形规律基本相同。

（5）该组合结构的弯曲破坏规律主要与钢管应力有关，当拉、压区钢管应力状态处于弹性阶段时，构件处于弹性变形阶段，当拉区钢管屈服时，受压区钢管应力迅速增大,抵抗持续增大的荷载作用,构件经历短暂弹塑性变形阶段后达到承载力极限状态,受拉区钢管处于屈服平台时,构件发生较大的塑性变形,属于典型的塑性破坏。

5.3.7.2 参数研究

(1) 钢管内填混凝土强度对构件抗弯承载能力和整体刚度影响较小;构件抗弯承载力受钢管的材料强度及截面高宽比影响较大,构件抗弯承载力增大比例与钢管强度等级增大比例基本相同,构件抗弯承载力增大比例与截面高宽比增大比例基本相同,设计时可考虑提高两者的值以提高构件抗弯承载能力。

(2) 钢管内填混凝土强度及钢管强度对底板开裂荷载的影响较小,提高截面高宽比可提高底板开裂荷载。

(3) 改变设计参数时,正应变分布情况基本相同,即截面开裂前基本保持为平面,基本满足平截面假定,截面开裂后不满足平截面假定。

(4) 截面高宽比提高到一定值时,不能充分发挥材料强度,构件承载力的提高主要是由于力臂增大提高了抵抗弯矩,设计时当截面高宽比较大,可考虑降低材料强度等级,或通过计算选取合适的截面高宽比以充分发挥材料性能。

5.4 钢管混凝土组合结构压弯模型试验研究

5.4.1 研究背景

钢管能够提供较好的约束作用,钢管内浇注高强混凝土可以提高极限承载力和变形能力。与普通钢筋混凝土相比,由于内部钢管混凝土的存在,模型具有较高的承载力和较好的延性,在相同轴压比的情况下可以减小截面尺寸。钢管混凝土外包钢筋混凝土的结构,首先应用于钢筋混凝土拱桥,并建成了著名的万州长江大桥、广元昭化嘉陵江大桥等工程,经过提升创新,将钢管混凝土组合结构应用于桥墩(塔)取得了显著效果。为了研究钢管混凝土组合结构压弯性能,依托工程案例较多的拱桥和钢管混凝土组合桥墩(塔)的压弯性能开展研究。

表 5-31 所示为典型拱桥主拱的截面信息。主拱施工时,通常先施工钢管混凝土劲性骨架,然后以钢管混凝土桁架为支架浇注外包混凝土。由于主拱截面中埋入了多根钢管混凝土,钢管直径相对于截面宽度较小,D/B 在 0.1~0.2 范围内,但是钢管混凝土对于整体承载力的贡献不容忽视,钢管混凝土组合拱(组合桥墩)的抗弯承载力和刚度高于相应的钢筋混凝土构件。

表 5-31 主拱截面信息汇总

工程名称	跨度 /m	截面尺寸 $B \times h/(m \times m)$	角部钢管尺寸 $D \times t/(mm \times mm)$	$f_{cu,core}$ /(N·mm^{-2})	文献来源
重庆市万州长江大桥	420	16×7	400×16	C60	顾安邦等
大瑞铁路澜沧江大桥	342	4.4×11.5	1000×46(1000×36)	C50	盛兴旺等
浙江淳安县威坪大桥	198	2.5×4.5	377×10	—	樊金甲
四川昭化嘉陵江大桥	364	8×5.8	457×14	C80	张富贵

5.4.2 偏压试件

5.4.2.1 试验概况

1) 试件设计

根据研究目的,设计了 10 个试件:8 个钢管混凝土组合试件、2 个钢筋混凝土试件。试验参数包括含钢管混凝土率、荷载偏心距及是否内含钢管混凝土。哑铃形钢管混凝土组合试件高度为 1 500 mm,横截面宽为 282 mm,高为 500 mm。试件详细信息汇总于表 5-32。

试件编号中字母 D 代表哑铃形截面,半字线"-"前面的数字分别代表不同组,后面的数字代表同一组的不同试件。

2) 试件制作

模型试件中的钢管采用直缝焊管,按要求在空钢管内浇注混凝土,浇注时将钢管竖立,从顶部灌入混凝土,自然养护两周后,凿去柱顶的浮浆层,并用高强环氧砂浆将混凝土表面与钢管抹平。

表 5-32　哑铃形钢管混凝土组合试件一览表

序号	试件编号	截面尺寸 $b\times h\times t_w\times t_f$ /(mm×mm×mm×mm)	内钢管 $d\times t$ /(mm×mm)	偏心率	含钢管混凝土率	配筋率 $\rho_s/\%$	N_{ue}/kN 实测	N_{ue}/kN 平均	SI
1	D1-1	282×500×66×87	80×2	0	0.11	1.2	4 501	4 546	0.990
2	D1-2	282×500×66×87	80×2	0	0.11	1.2	4 590		1.010
3	D2-1	282×500×66×87	80×2	0.53	0.11	1.2	2 185	2 214	0.481
4	D2-2	282×500×66×87	80×2	0.53	0.11	1.2	2 242		0.493
5	D3-1	282×500×66×87	100×3	0	0.17	1.29	5 050	5 133	1.111
6	D3-2	282×500×66×87	100×3	0	0.17	1.29	5 216		1.147
7	D4-1	282×500×66×87	100×3	0.53	0.17	1.29	2 312	2 332	0.509
8	D4-2	282×500×66×87	100×3	0.53	0.17	1.29	2 351		0.517
9	D5	282×500×66×87	—	0	—	1.18	—	—	—
10	D6	282×500×66×87	—	0.53	—	1.18	1 755	1 755	0.386

3) 材料性能

ϕ80 mm 钢管、ϕ100 mm 钢管、ϕ6.5 mm 钢筋、ϕ8 mm 钢筋材料性能和钢管内混凝土、钢管外混凝土配合比及材料等性能指标，与前面模型制造材料相同。

4) 试验装置

试验在 5 000 kN 压力试验机上进行，试验装置如图 5-103 所示。轴压试验直接放到压力机上进行一次压缩试验，偏压试验两端采用刀铰模拟铰接的边界条件。

5) 测试内容及测点布置

哑铃形钢管混凝土组合试件轴压试验主要量测内容有：试件端加载点荷载、位移，1/2 柱高处内钢管、纵筋、箍筋及混凝土应力分布，偏压试验的主要量测内容增加了柱高四分点处侧向位移，测点布置如图 5-104 所示。

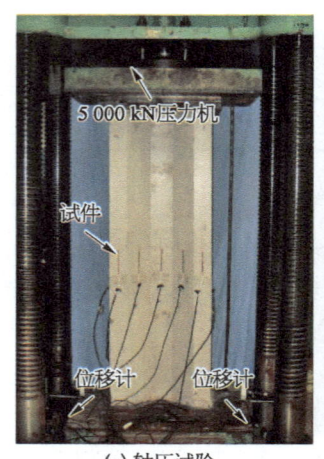

图 5-103　模型试件试验时照片

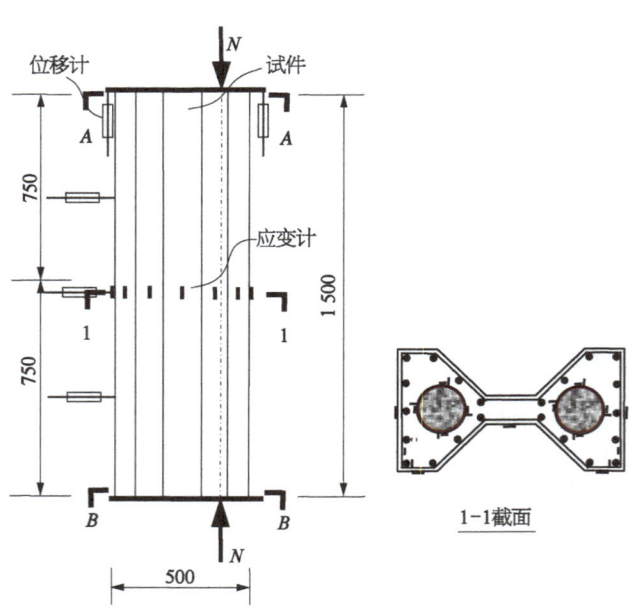

图 5-104　模型测点布置示意

加载试验方案为：① 荷载采用压力盒测量；② 竖向位移由量程为 50 mm 的位移传感器测量，侧向位移由量程为 200 mm 的位移传感器测量；③ 1/2 柱高处内钢管各截面应变通过粘贴横向及纵向电阻应变片各 1 片（共计 8 片）测量；④ 1/2 柱高处纵筋应变通过左右对称粘贴纵向电阻应变片各 1 片（共计 2 片）测量；⑤ 1/2 柱高处箍筋应变通过左右对称粘贴横向电阻应变片各 1 片（共计 2 片）测量；⑥ 1/2 柱高处混凝土应变从左到右粘贴纵向电阻应变片 7 片测量。

6) 加载程序

正式加载前的预加载值约为预计极限荷载的 15%，加到预定值后持荷 2~3 min，然后卸载。

正式加载时采用分级加载，在小于 60% 预计极限荷载范围内，每级荷载约为预计极限荷载的 1/10；超过此范围后，每级荷载约为预计极限荷载的 1/20。

每级荷载的持荷时间约为 2 min，接近破坏时慢速连续加载。

当加载到试件接近破坏时，荷载增加缓慢甚至下降，而位移增加却很大，达到下列条件之一时即停止加载：① 荷载下降到极限荷载的 65% 以下；② 试件大块混凝土脱落。

5.4.2.2 试验结果与分析

1) 破坏形态

通过对哑铃形钢管混凝土组合试件轴心受压和偏心受压试验的全过程观测，发现试件在达到极限承载力后，表现出较好的延性和抵抗变形能力。

图 5-105 所示为哑铃形钢管混凝土组合试件试验后的破坏形态，轴心受压试件发生斜剪破坏，左右两肢和腹板连接处有纵向裂缝出现，加载后期破坏处有大块混凝土脱落。偏心受压试件受压侧发生压缩破坏，混凝土被压碎并脱落，接近极限荷

图 5-105 试件试验后形态

载时受拉侧有横向裂缝出现,随着加载的继续进行,受拉侧裂缝条数及宽度有所增加。是否内含钢管混凝土及含钢管混凝土率对其破坏形态影响不显著。

2) 裂缝

加载试验过程中,对每个试件的裂缝分布及发展情况进行了观测,典型试件 D1-1、D2-1 裂缝分布及发展过程如图 5-106 所示。

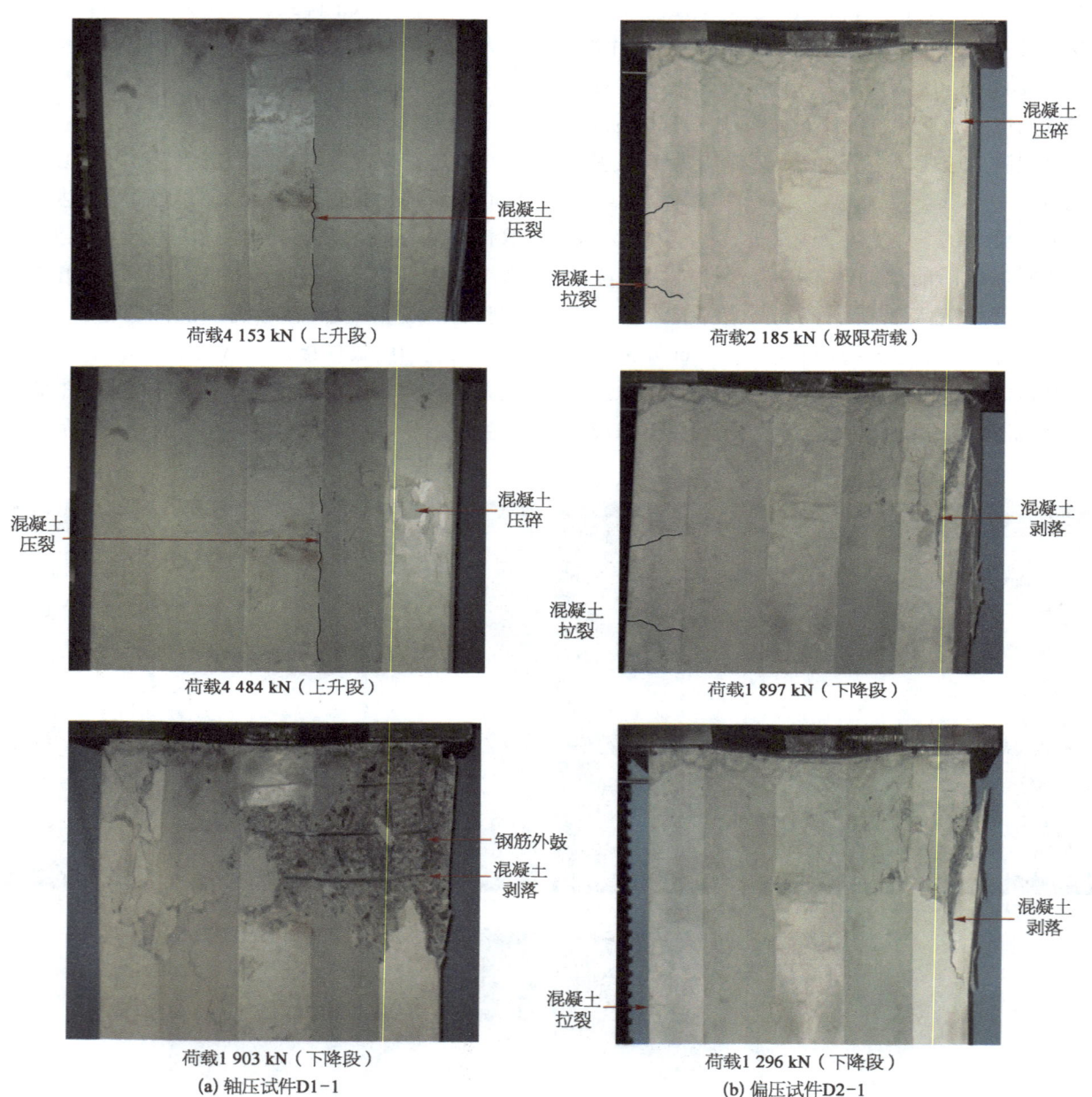

图 5-106 试件裂缝分布及发展过程

哑铃形轴心受压试件沿翼缘与腹板交界处首先出现一条纵向裂缝,随着加载的持续,纵向裂缝继续增宽、增长。加载后期离试件上端 200 mm 处混凝土被压碎,贯通整个截面。随着加载的持续,混凝土形成掉块脱落,同时混凝土脱落处钢筋外鼓。

哑铃形偏心受压试件受压区首先出现一条纵向裂缝,随着加载的进行,纵向裂缝继续增宽、增长,且有 2 条新裂缝出现。当多条裂缝交织连接,边缘混凝土被压碎,随着加载的继续进行,混凝土形成掉块脱落。

对试件开裂后不同荷载等级下受拉侧裂缝宽

度进行了测量,以典型试件 D1-1、D2-1 为例,开裂后不同荷载等级下同一条裂缝宽度见表 5-33。荷载下降段,裂缝宽度继续发展,越到后期发展越快。

表 5-33 模型裂缝宽度

试 件 编 号	荷载等级/kN	裂缝宽/mm
D1-1	4 153	0.14
	4 425	0.42
	1 928	—
D2-1	2 185	0.08
	1 897	0.26
	1 296	0.67

3)荷载-位移曲线

图 5-107 所示为哑铃形钢管混凝土组合试件荷载-竖向位移关系曲线。加载初期荷载-竖向位移曲线呈线性增加关系,随着荷载的持续,位移增加加快,斜率逐渐下降,极限荷载后荷载突然下降,且下降速度及程度都较大。荷载下降到极限荷载的 65% 以下,且伴有大块混凝土脱落,便停止加载,卸载时继续采集荷载-竖向位移数据。卸载段斜率明显低于加载段斜率,特别是卸载段后期,因为大块混凝土脱落导致试件刚度下降。

图 5-107 表明,随着含钢管混凝土率的增加,初始刚度及极限荷载均有所增加,对轴压试件而言,含钢管混凝土率为 0.11 的试件初始刚度及极限荷载分别为 849 kN/mm 及 4 546 kN,含钢管混凝土率为 0.17 的试件初始刚度及极限荷载分别为 935 kN/mm 及 5 133 kN,提高程度分别为 10.1% 及 12.9%;对偏压试件而言,含钢管混凝土率为 0.11 的试件初始刚度及极限荷载分别为 339 kN/mm 及 2 214 kN,含钢管混凝土率为 0.17 的试件初始刚度及极限荷载分别为 379 kN/mm 及 2 332 kN,提高程度分别为 11.8% 及 5.3%。随着偏心距的增加,初始刚度及极限荷载均有较大程度下降,内含 ϕ100 mm 钢管混凝土的试件下降程度高于内含 ϕ80 mm 钢管混凝土的试件。内含钢管混凝土后其极限承载力提高程度明显,刚度则提高不大。

4)荷载-应变曲线

图 5-108 所示为典型试件 D2-1 内钢管、纵筋及外混凝土荷载-应变曲线,各应变对应位置如图 5-104 所示。图中的应变以受压为正,受拉为负。各测点位置应变的大小跟此处是否发生破坏关系密切,若粘贴应变片处发生局部屈曲,则此处应变发展较大,若粘贴应变片处未发生破坏,则此处应变发展较小。

整个加载过程中,典型试件 D2-1 受压区中内钢管、纵筋及外混凝土的纵向应变数值均大于受拉区的纵向应变;在达到极限承载力时,受压区的内钢管及纵筋的最大纵向应变已达到材料的屈服应变,而受拉区的内钢管及纵筋仍处于弹性阶段。卸载后受拉区的残余应变明显小于受压区。可见中截面应变发展较小,试件 D2-1 在上端受压区混凝土被压碎、受拉区混凝土被拉裂的破坏形态相一致。

5)强度系数

定义强度系数 SI 计算式为

$$SI = \frac{N_{ue}}{N_{ue\text{参考柱}}} \quad (5-2)$$

式中　N_{ue} ——哑铃形钢管混凝土组合(钢筋混凝土)试件极限承载力;

$N_{ue\text{参考柱}}$ ——哑铃形钢管混凝土组合参考试件承载力,为内钢管 ϕ80 mm 的哑铃形钢管混凝土组合试件轴心受压承载力。

该方法计算获得的 SI 值列于表 5-32。表 5-32 表明,当含钢管混凝土率从 0.11 增加到 0.17 时,SI 值由 1 增加到 1.129,增加 12.9%;当偏心率从 0 增加到 0.53 时,SI 值由 1 减小到 0.487,减小 51.3%;内含 ϕ80 mm 钢管混凝土后,SI 值由 0.386 增加到 0.487,增加 26.2%。可见,含钢管混凝土率、偏心率及是否内含钢管混凝土对其 SI 值影响显著。

5.4.2.3　试验与计算结果对比分析

1)荷载-位移曲线

图 5-109 所示为有限元模拟的荷载-位移曲线与试验的荷载-位移曲线对比。图示表明,两条曲线符合程度较好。

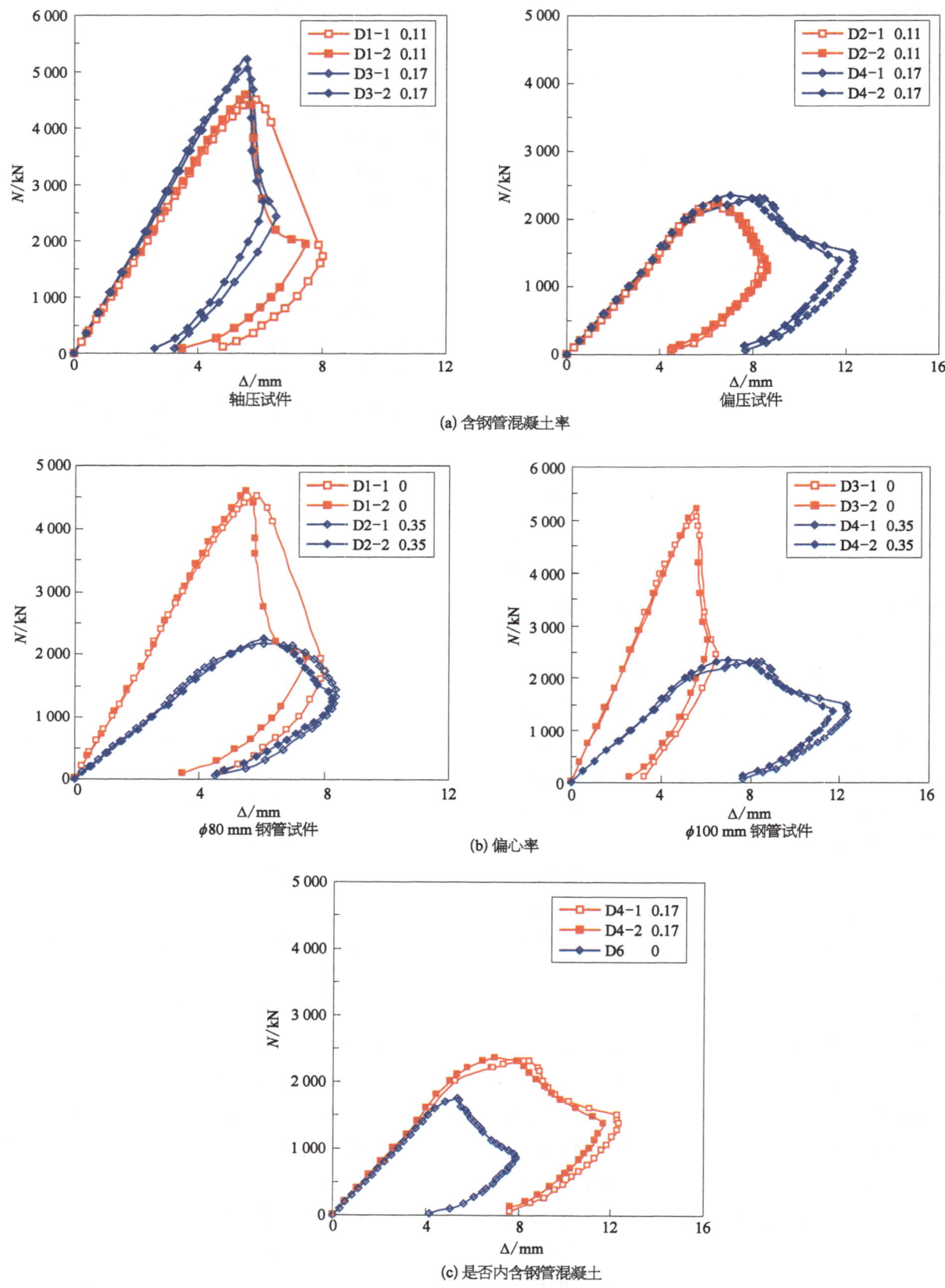

图 5-107 模型荷载(N)-位移(Δ)曲线

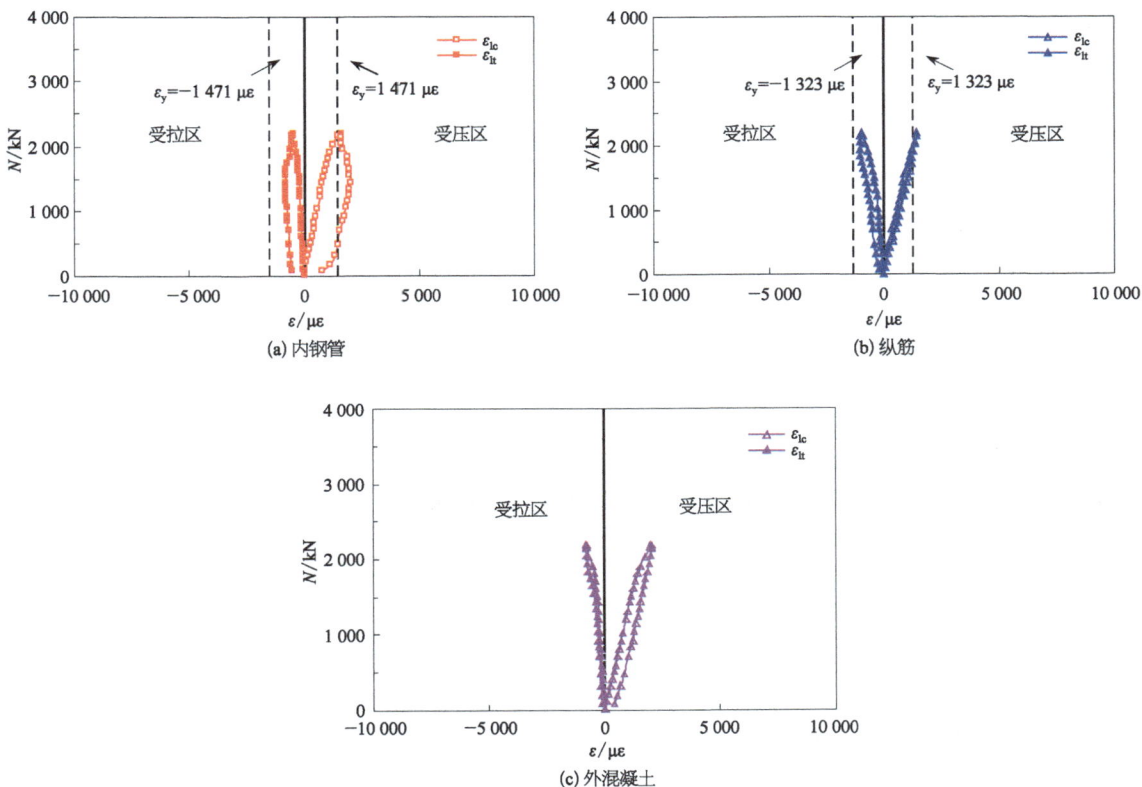

图 5-108 荷载(N)-应变(ε)曲线(D2-1)

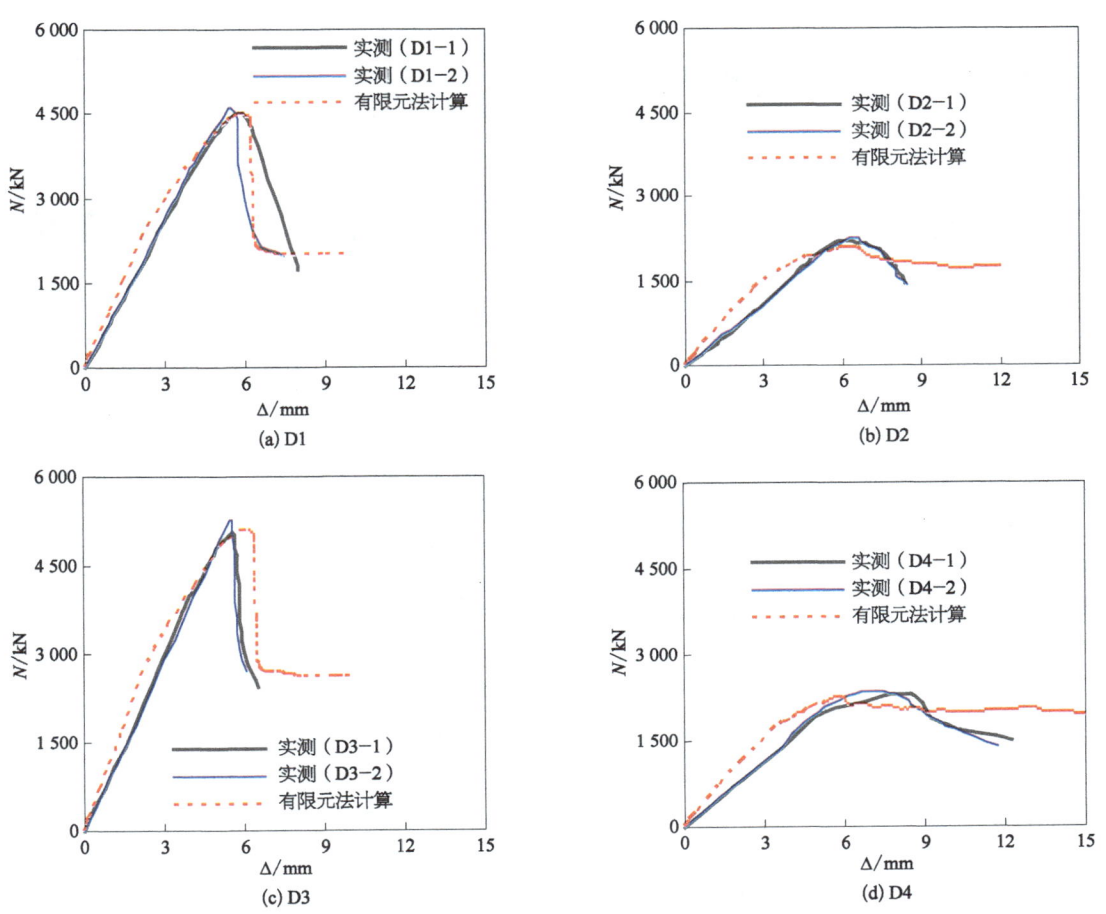

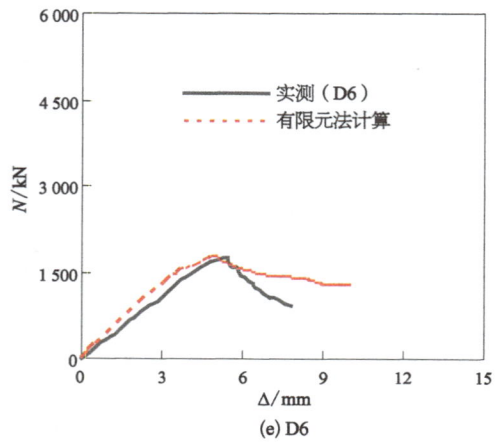

(e) D6

图5-109 模型荷载-位移曲线对比

2）破坏模态

图5-110所示为有限元计算的哑铃形钢管混凝土组合轴压构件的破坏模态与典型试件的试验破坏模态对比。图中红色箭头表示为受拉主塑性应变矢量，垂直于主拉塑性应变方向即为裂缝方向。由此可见，有限元计算结果和轴压试验的破坏模态一致，试件在中截面附近的斜截面发生了剪切破坏，呈现出典型的短柱受压破坏模态。

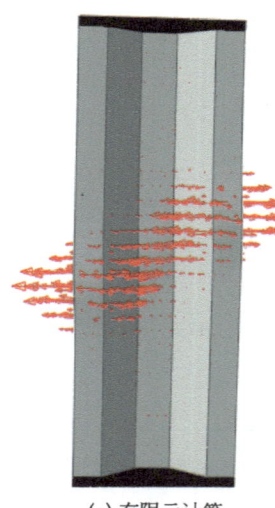
(a) 有限元计算

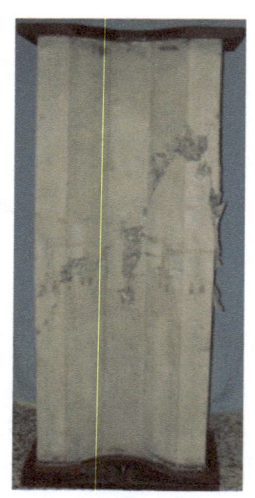
(b) 轴压试验（试件D3-2）

图5-110 模型轴压试验破坏模态比较

图5-111所示为有限元计算的哑铃形钢管混凝土组合偏压构件的破坏模态与典型试件的试验破坏模态对比。图中红色箭头表示为受拉主塑性应变矢量，垂直于主拉塑性应变方向即为裂缝方向。由此可见，有限元计算结果和偏压试验的破坏模态一致，试件在受压侧的端部发生压缩破坏。在此区域的外包钢筋混凝土出现压溃的现象。

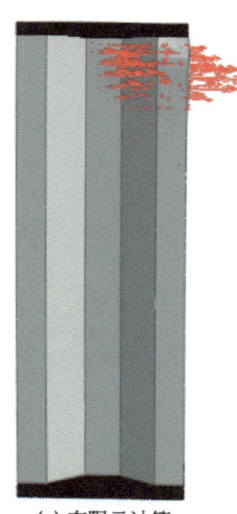
(a) 有限元计算

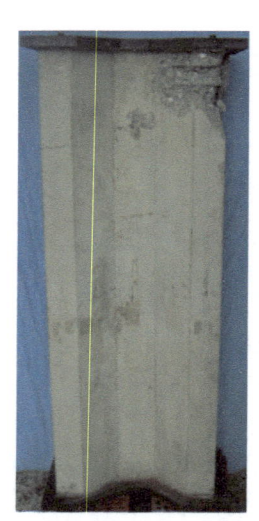
(b) 偏压试验（试件D4-2）

图5-111 模型偏压试验破坏模态比较

对比哑铃形钢管混凝土组合轴压构件和偏压构件的破坏形态，轴压构件受力均匀，试件全截面都参与工作，外包钢筋混凝土和核心钢管混凝土可以共同工作；而对于偏压构件，由于构件长度较短，属于短柱范畴，偏心受力不均匀，产生局部破坏，端部的外包钢筋混凝土压溃破坏，而同是受压侧的钢管混凝土却没有参与工作，从而使得构件的整体承载力大打折扣。因此，对于哑铃形偏压构件必须进行合理的设计，使得外包钢筋混凝土和核心钢管混凝土可以共同工作，防止出现局部破坏。

5.4.2.4 技术总结

8个哑铃形钢管混凝土组合试件和2个哑铃形钢筋混凝土试件偏压荷载作用下力学性能的试验研

究表明：

(1) 哑铃形钢管混凝土组合试件具有较高的承载力和后期承载能力，试件抵抗变形能力良好；轴压试件破坏形态为外围混凝土压碎，试件发生斜剪破坏，偏压试件破坏形态为外围混凝土受压侧压碎，受拉侧拉裂。

(2) 哑铃形钢管混凝土组合试件达到极限状态时，试件内的纵筋和钢管均已达到屈服，表明试件内的钢管混凝土能够和外包钢筋混凝土共同工作，能够充分发挥其力学性能。

(3) 内钢管直径(d)及壁厚(t)对其极限承载力影响显著。当圆钢管混凝土组合轴压试件内钢管$d \times t$由74.9 mm×2.60 mm增加到102.2 mm×2.94 mm时，其极限承载力增加12.9%；当圆钢管混凝土组合偏压试件内钢管$d \times t$由74.9 mm×2.60 mm增加到102.2 mm×2.94 mm时，其极限承载力增加5.3%。

(4) 偏心率对其极限承载力影响显著。当偏心率从0增加到0.35时，其极限承载力减小51.3%。

(5) 对比钢筋混凝土试件，翼缘设置钢管混凝土对其极限承载力影响显著。内含ϕ80 mm钢管混凝土的组合柱后，其极限承载力增加26.2%。

(6) 在试验参数范围内，含钢管混凝土率对钢管混凝土组合偏压试件的开裂荷载的影响不明显。

5.4.3 受弯试件

5.4.3.1 试验概况

1) 试件设计

根据试验设计目的，开展了8个试件的试验，6个箱形钢管混凝土组合试件、2个箱形钢筋混凝土试件(对比试件)。试验参数有含钢管混凝土率及截面高度。试件长度均为6 000 mm，横截面宽均为956 mm，高分别为1 260 mm和840 mm。试件详细设计信息见表5-34。

试件编号中字母B代表箱形截面，半字线"-"前面的数字分别代表不同组，后面的数字分别代表同一组的不同试件。

表5-34 模型钢管混凝土组合试件一览表

序号	试件编号	截面尺寸 $b \times h$/(mm×mm)	内钢管 $d \times t$/(mm×mm)	含钢管混凝土率	配筋率 ρ_s/%	N_{ue}/kN 实测	N_{ue}/kN 平均	SI
1	B1-1	956×1 260	80×2	0.05	1.07	1 138	1 169	0.973
2	B1-2	956×1 260	80×2	0.05	1.07	1 199		1.026
3	B2-1	956×1 260	100×3	0.08	1.11	1 601	1 567	1.370
4	B2-2	956×1 260	100×3	0.08	1.11	1 532		1.311
5	B3	956×1 260	—	—	1.24	779	779	0.666
6	B4-1	956×840	100×3	0.1	1.04	758	755	0.648
7	B4-2	956×840	100×3	0.1	1.04	751		0.642
8	B5	956×840	—	—	1.15	352	352	0.301

2) 试件制作

试件中的圆钢管采用直缝焊管，按要求长度作成空钢管桁架，主管内浇注混凝土，浇注时将箱形钢管混凝土组合试件骨架斜立大约30°，从顶部灌入混凝土，顶部采用长度200 mm、直径100 mm的钢管并将钢管一端斜切45°坡口，将斜口与浇注孔边缘点焊并保证浇注孔的通畅，以保证柱头混凝土浇注饱满。自然养护两周后，割掉斜坡口钢管及其内混凝土并凿去钢管顶部的混凝土，用高强环氧砂浆将混凝土表面与钢管抹平，焊上开圆孔盖板，保证端板表面的平整。然后焊接下半部分纵筋与两端端板上并绑扎下半部分箍筋，完毕后支护下半部分模板并浇注混凝土。上半部分施工方法与下半部分类似，上下各半箍筋搭接满焊连接，形成闭口箱形。

3) 材料性能

ϕ80 mm钢管、ϕ100 mm钢管、ϕ6.5 mm钢筋材

料性能和钢管内混凝土、钢管外混凝土配合比及材料性能同前述模型制造材料。

4）试验装置

箱形钢管混凝土组合试件受弯试验在3 000 kN反力架上进行，试验装置如图5-112所示。装配试件时用水泥砂浆将4个支座底部找平。

图5-112　模型试件试验装置

5）量测内容及测点布置

箱形钢管混凝土组合试件试验的主要测试内容有：跨中荷载、四分点位移、支座处沉降、跨中曲率、跨中内钢管、纵筋、箍筋及混凝土应力分布，测点布置如图5-113所示。

加载测试方案如下：① 荷载采用500 t压力传感器测量；② 支座处位移由量程为50 mm的位移传感器测量，支座之间3处位移由量程为200 mm的位移传感器测量，跨中曲率由量程为100 mm的位移传感器测量并转化而成；③ 跨中上层及下层钢管上、下、左、右各截面应变通过粘贴横向及纵向电阻应变片各1片（共计16片）测量；④ 跨中上层及下层纵筋应变通过粘贴纵向电阻应变片各1片（共计2片）测量；⑤ 跨中上层及下层箍筋应变通过粘贴横向电阻应变片各1片（共计2片）测量；⑥ 跨中混凝土应变，上、下表面通过各粘贴纵向电阻应变片1片，侧面通过粘贴纵向单向电阻应变片5片（共计7片）测量。

6）加载程序

正式加载前预加载值约为预计极限荷载的15%，加到预定值后持荷2～3 min，然后卸载。

正式加载时采用分级加载制，混凝土开裂前后，每级荷载均约为预计极限荷载的1/20。每级荷载的持荷时长约为2 min，接近破坏时慢速连续加载。

当加载到试件接近破坏时，荷载增加缓慢甚至下降，而位移及裂缝增加却很大；当受弯裂缝宽度超过5 mm或弯剪区受剪破坏时即停止加载。

5.4.3.2　试验结果与分析

1）破坏形态

图5-114所示为箱形钢管混凝土组合试件及箱形钢筋混凝土试件试验后的破坏形态。由此可见，1 260 mm高试件除B3箱形钢筋混凝土试件纯弯段发生弯曲破坏外，其余2个试件均在弯剪段发生了斜剪破坏。840 mm高试件除B4-2由于右侧上下混凝土接缝处未接好发生剪切破坏外，其余2个试件均在纯弯段发生了弯曲破坏。弯剪段及纯弯段均出现了多条裂缝，弯剪段斜裂缝出现在试件支座与分配梁支座之间的连线附近，同时也出现多条垂直裂缝。纯弯段出现多条垂直裂缝。四角处填充

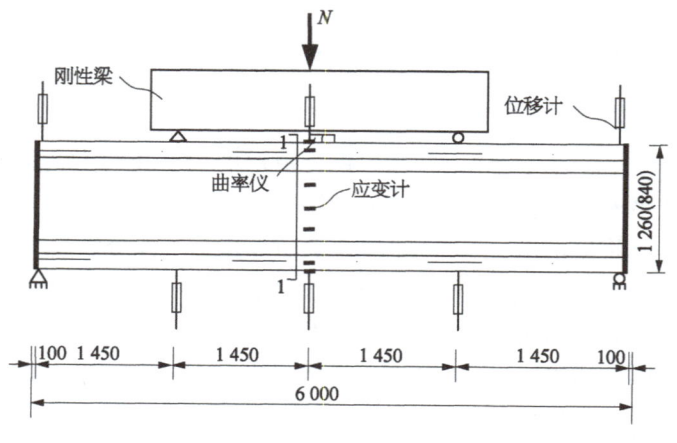
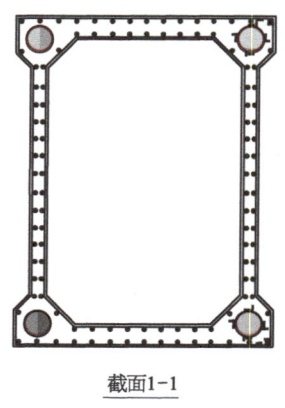

图5-113　模型测点布置示意

(a) 试件B1-1（内管ϕ80 mm、件高1 260 mm）

(b) 试件B1-2（内管ϕ80 mm、件高1 260 mm）

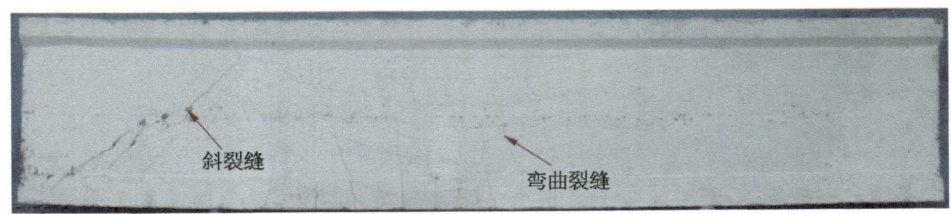
(c) 试件B2-1（内管ϕ100 mm、件高1 260 mm）

(d) 试件B2-2（内管ϕ100 mm、件高1 260 mm）

(e) 试件B3（内管无、件高1 260 mm）

(f) 试件B4-1（内管ϕ100 mm、件高840 mm）

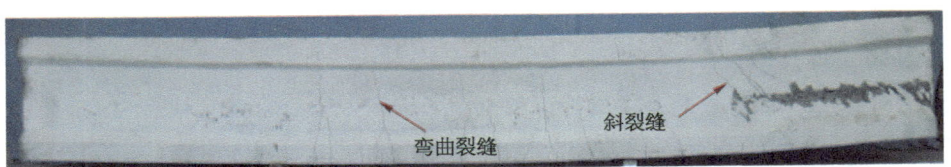
(g) 试件B4-2（内管ϕ100 mm、件高840 mm）

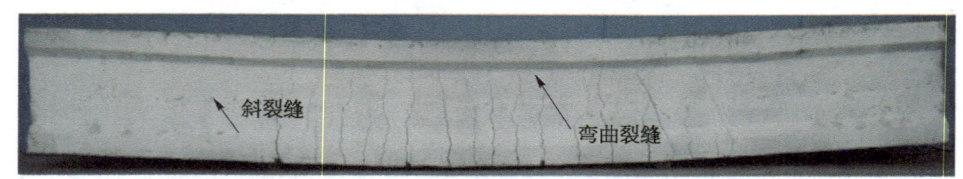

(h) 试件B5（内管无、件高840 mm）

图 5-114　模型试件试验后照片

钢管混凝土后，试件抵抗变形的能力明显增加，试件垂直裂缝最大深度仅离上翼缘上表面 70 mm 左右。

加载试验过程中，箱形钢管混凝土组合试件的变形曲线基本呈对称的正弦半波形。图 5-115 所示为实测典型试件 B1-1 各测点挠度沿试件长度的变化情况，图中同时绘出了正弦半波曲线，两者吻合良好。

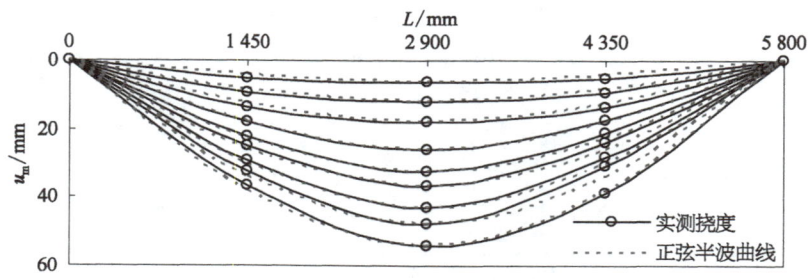

图 5-115　模型挠度沿试件长度方向的分布

2）裂缝

加载试验过程中，对每个试件的裂缝分布及发展情况进行了观测，典型试件 B1-1 裂缝分布及发展过程如图 5-116 所示。跨中观测区首先出现 2 条纵向裂缝，裂缝宽度及裂缝深度较小；当荷载增加到 800 kN 时，纵向裂缝增宽、增长，且有新的裂缝出现，条数增加到 8 条；当荷载增加到 1 600 kN 时，纵向裂缝继续增宽、增长，且又出现 2 条新的裂缝。

同时，对试件开裂后不同荷载等级下裂缝宽度、裂缝深度及裂缝条数等进行了观测，以典型试件 B1-1 为例，开裂后不同荷载等级下裂缝分布观测数据见表 5-35。随着荷载的增加，裂缝宽度、深度及裂缝条数不断发展，钢筋屈服前，裂缝宽度增加较小，钢筋屈服后，裂缝宽度增加较大，且随着加载的进行裂缝宽度一直增加，而裂缝深度及裂缝条数在加载后期几乎不再变化。

表 5-35　裂缝分布数据

荷载等级/kN	跨中裂缝宽度/mm	跨中裂缝深度/mm	裂缝最大宽度/mm	裂缝最大深度/mm	受弯区裂缝条数/条
600	0.17	61	0.17	86	10
800	0.22	61	0.22	94	16
1 000	0.32	62	0.59	96	19
1 200	0.37	63	1.08	99	20
1 400	0.47	83	1.46	106	21
1 600	1.06	90	2.40	110	21

(a) 荷载540 kN（试件开裂时）

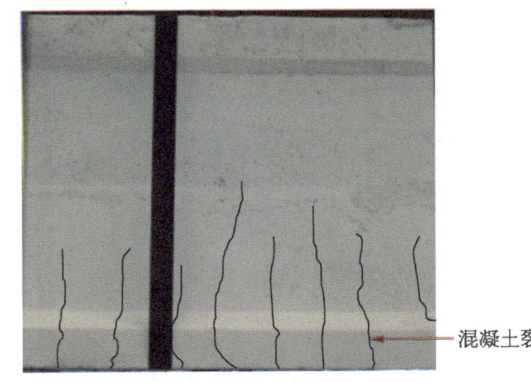
(b) 荷载800 kN（上升段）

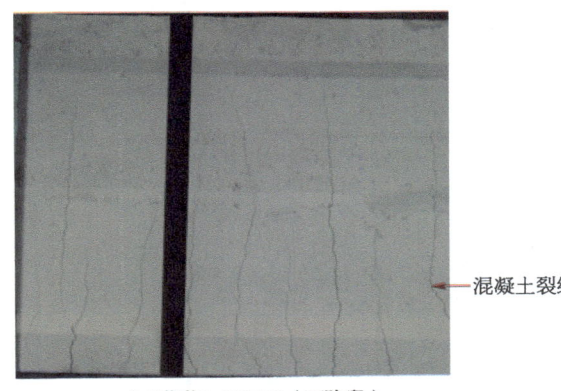
(c) 荷载1 600 kN（下降段）

图 5-116　模型试件 B1-1 裂缝分布及发展过程照片

3) 荷载-跨中挠度曲线

图 5-117 所示为箱形钢管混凝土组合试件荷载（N）-跨中挠度（f）关系曲线。图中右箭头表示混凝土开裂，左箭头表示钢筋屈服。由此可见，所有曲线均分为 3 个阶段：混凝土开裂前、混凝土开裂后至钢管及钢筋屈服、钢管及钢筋屈服后。混凝土开裂前、混凝土开裂后至钢管及钢筋屈服这两个阶段的荷载-挠度曲线呈线性增加关系。且后一阶段的斜率明显低于前一阶段，因为混凝土的开裂导致截面刚度降低。钢管及钢筋屈服后，荷载-挠度曲线呈非线性增加关系，且斜率逐渐减小。1 260 mm 高试件加载后期均出现下降段，840 mm 高箱形钢管混凝土组合试件 B4-2 由于右侧上下混凝土接缝处未接好发生剪切破坏出现下降段，箱形钢筋混凝土试件 B5 也出现下降段，究其原因，底层钢筋有少许发生断裂，箱形钢管混凝土组合试件 B4-1 未出现下降段，此时位移已超过 130 mm，便停止加载。

与钢筋混凝土试件相比，钢管混凝土组合受弯试件的初始刚度（荷载-位移曲线初始斜率）无明显变化，开裂荷载有一定的提高，极限荷载显著提高。以 1 260 mm 高试件为例，箱形钢筋混凝土构件的开裂荷载及极限荷载分别为 352 kN 及 779 kN，箱形钢管（80 mm×2 mm）混凝土组合构件的开裂荷载及极限荷载分别为 424 kN 及 1 169 kN，提高程度分别为 20.5% 及 50.1%。

随着钢管直径的增加，钢管混凝土组合受弯试件的初始刚度和开裂荷载均有一定的提高，极限荷载显著提高。钢管（80 mm×2 mm）混凝土组合试件的开裂荷载及极限荷载分别为 424 kN 及 1 169 kN，钢管（100 mm×3 mm）混凝土组合构件的开裂荷载及极限荷载分别为 449 kN 及 1 567 kN，提高程度分别为 5.9% 及 34.0%。

随着截面高度的增加，钢管混凝土组合受弯试件的初始刚度、开裂荷载及极限荷载均明显提高。840 mm 高箱形钢管（100 mm×3 mm）混凝土组合构件的初始刚度、开裂荷载及极限荷载分别为 210 kN/mm、247 kN 及 755 kN，1 260 mm 高箱形钢管（100 mm×3 mm）混凝土组合试件的初始刚度、

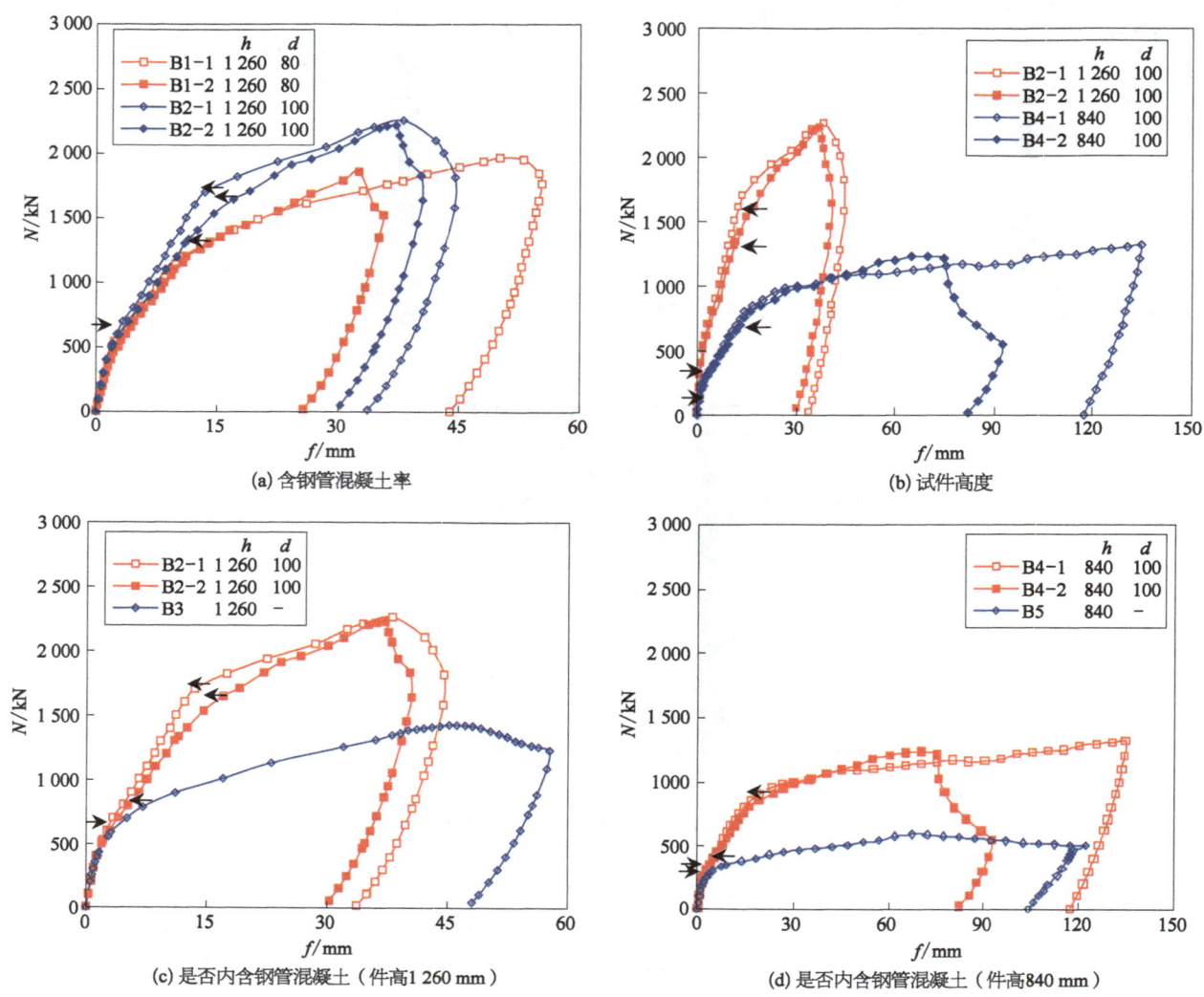

图 5-117 荷载(N)-挠度(f)曲线

开裂荷载及极限荷载分别为 339 kN/mm、449 kN 及 1 567 kN,提高程度分别为 61.4%、81.8% 及 107.5%。

4) 弯矩-曲率曲线

图 5-118 所示为箱形钢管混凝土组合梁弯矩(M)-曲率(φ)关系曲线。由此可见,曲线线形规律总体上与荷载-位移关系曲线相似。加载初期,组合梁刚度较大,曲率近似于 0,1 260 mm 高试件开裂荷载较大,开裂后刚度变化明显,弯矩-曲率关系曲线斜率下降,840 mm 高试件开裂荷载较小,开裂后有些试件曲线变化较小,弯矩(M)-曲率(φ)关系曲线斜率并未立即下降,而是在荷载加到一定程度后才降低。

图 5-119 所示为不同参数对试件开裂弯矩的影响;其中,M_{ce} 为试件的开裂弯矩,d 为试件内钢管的直径($d=0$ 代表钢筋混凝土试件),h 为试件截面高度。钢管混凝土组合受弯试件的开裂弯矩要高于钢筋混凝土试件;钢管混凝土组合受弯试件的开裂弯矩随着钢管直径的增加而增大,随着截面高度的增加而增大。

图 5-120 所示为不同参数影响下试件 M_{ce}/M_{ue} 的变化;其中,M_{ue} 为试件的极限弯矩,M_{ce} 为试件的开裂弯矩,d 为试件内钢管的直径($d=0$ 代表钢筋混凝土试件),h 为试件截面高度。一般而言,M_{ce}/M_{ue} 值越大,表明试件的安全储备越小。由此可知,钢管混凝土组合受弯试件的 M_{ce}/M_{ue} 值要低于钢筋混凝土试件,更加安全可靠;钢管混凝土组合受弯试件的 M_{ce}/M_{ue} 值随着钢管直径的增加而减小,随着截面高度的增加而减小。

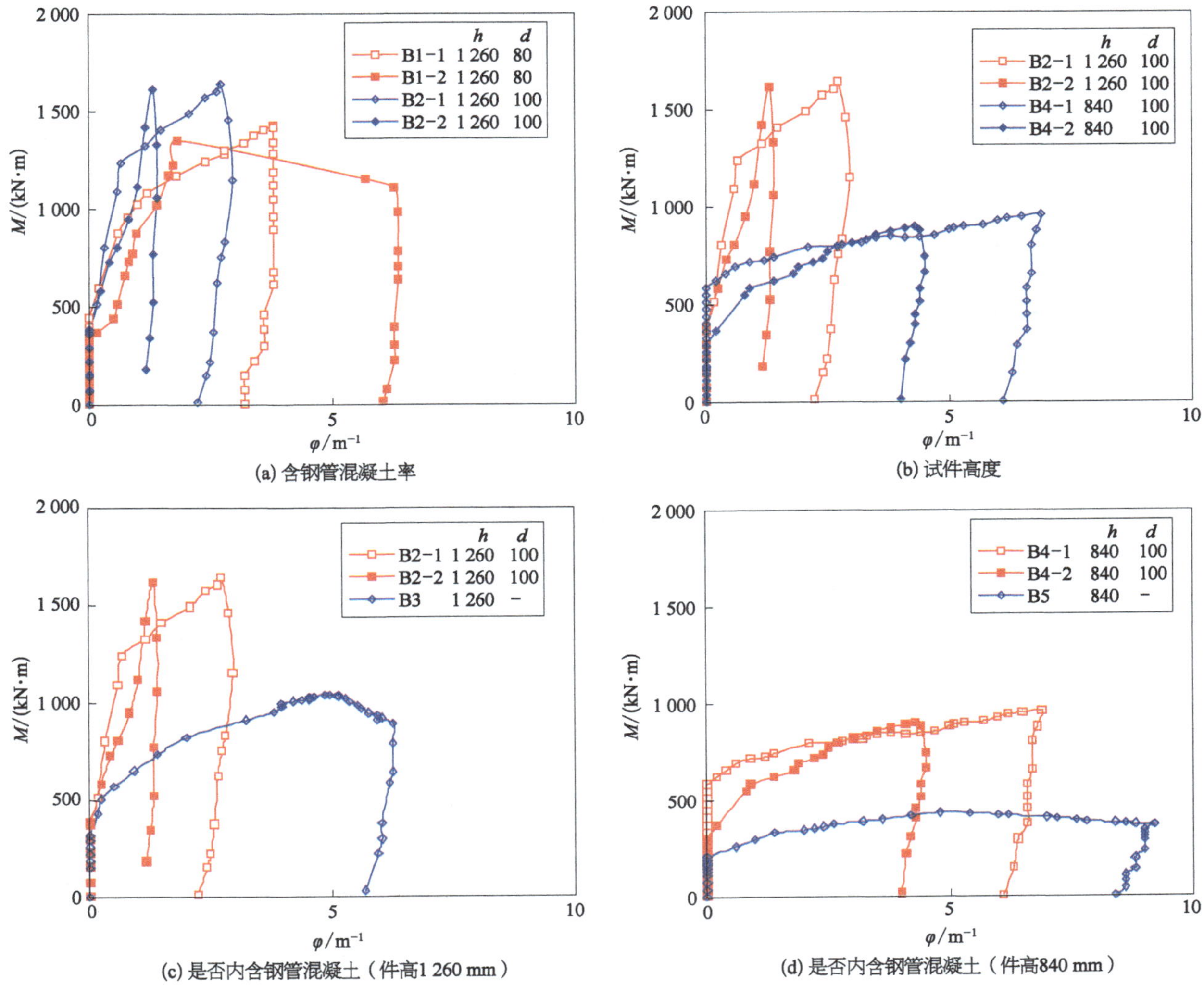

图 5-118 弯矩(M)-曲率(φ)曲线

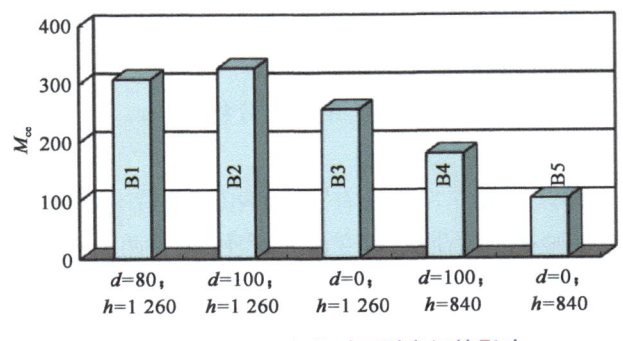

图 5-119 不同参数对开裂弯矩的影响

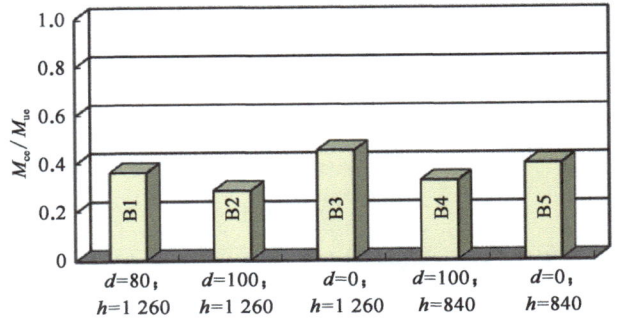

图 5-120 不同参数影响下试件 M_{ce}/M_{ue} 的变化情况

5) 荷载-应变曲线

图 5-121 所示为典型试件 B2-2 内钢管、钢筋及外混凝土荷载-应变曲线,各应变对应位置如图 5-113 所示。图中的应变以受拉为正,受压为负。各测点位置应变的大小跟此处是否发生破坏关系密切,若粘贴应变片处发生破坏,则此处应变发展较大,若粘贴应变片处未发生破坏,则此处应变发展较小,试验所测荷载-应变曲线也反映了这一规律。

整个加载过程中,各类试件的纵向应变数值总体上大于横向应变。当荷载达到极限承载力的 50% 时,受拉区内钢管的纵向应变达到屈服应变,钢管发生屈服;当荷载达到极限承载力时,受拉区内钢

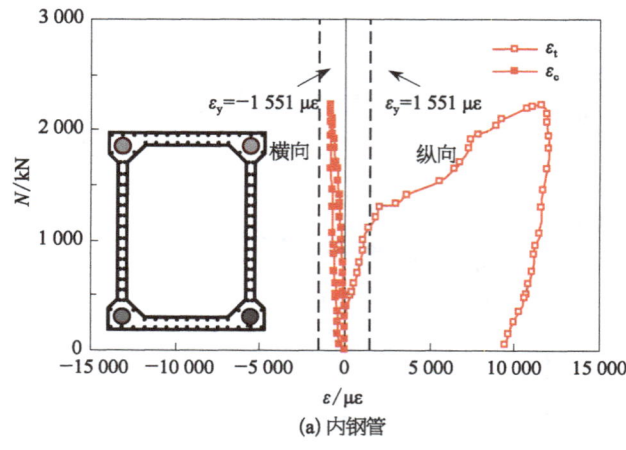

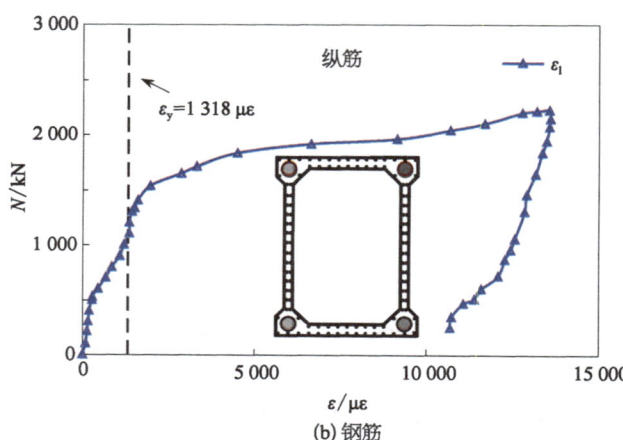

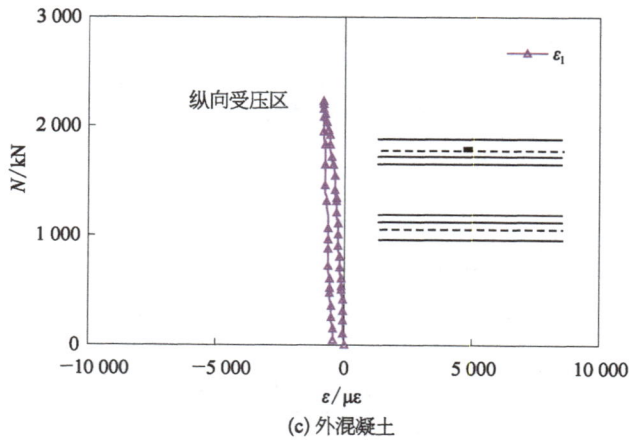

图 5-121 模型荷载(N)-应变(ε)曲线(B2-2)

管纵向应变最大达到 12 002 $\mu\varepsilon$,卸载后残余应变 9 383 $\mu\varepsilon$,塑性变形严重;受压区内钢管纵向应变最大达到 852 $\mu\varepsilon$,加载段与卸载段几乎重合,仍处于弹性范围内。受拉区荷载-纵筋应变曲线与荷载-位移曲线线形类似,当荷载达到极限承载力的 45% 时,受拉区内纵向钢筋的应变达到屈服应变,钢筋发生屈服;当荷载达到极限承载力时,受拉区钢筋最大应变达到 13 591 $\mu\varepsilon$,卸载后残余应变 10 683 $\mu\varepsilon$,塑性变

形严重。受压区内钢筋纵向应变最大达到 807 $\mu\varepsilon$,加载段与卸载段几乎重合,处于弹性范围内。

6) 强度系数

定义强度系数 SI 计算式为

$$SI = \frac{N_{ue}}{N_{ue参考梁}} \quad (5-3)$$

式中 N_{ue}——箱形钢管混凝土组合梁(箱形钢筋混凝土梁)极限承载力;

$N_{ue参考梁}$——箱形钢管混凝土参考组合梁极限承载力,为内钢管直径 80 mm 的箱形钢管混凝土组合梁极限承载力的平均值。

取受拉区钢管应变达到屈服时所对应的荷载为组合梁的极限承载力。

按以上方法获得的极限承载力和计算的 SI 值见表 5-34。对于 1 260 mm 高箱形钢管混凝土组合试件,当内钢管由 74.9 mm×2.6 mm($d×t$)增加到 102.2 mm×2.94 mm 时,SI 值由 1 增加到 1.341,增加 34.1%;箱形钢筋混凝土试件四角设置 102.2 mm×2.94 mm 钢管混凝土后,SI 值由 0.666 增加到 1.341,增加 101.4%;对于 840 mm 高箱形钢筋混凝土试件,四角设置 102.2 mm×2.94 mm 钢管混凝土后,SI 值由 0.301 增加到 0.645,增加 114.3%;当箱形钢管混凝土组合试件高度由 840 mm 增加到 1 260 mm 时,SI 值由 0.645 增加到 1.242,增加 92.6%。可见,含钢管混凝土率、是否设置钢管混凝土及截面高度对 SI 值影响显著。

5.4.3.3 试验与计算结果对比分析

1) 荷载-位移曲线

图 5-122 所示为有限元模拟的荷载-位移曲线与试验得到的荷载-应变曲线对比,表明两曲线符合程度较好。

2) 破坏模态

图 5-123 所示为有限元计算的箱形钢管混凝土组合受弯构件的破坏模态与典型试件的试验破坏模态对比。图中,红色箭头表示为受拉主塑性应变矢量,垂直于主拉塑性应变方向即为裂缝方向,用黑实线表示。由此可见,有限元计算的结果和受弯试验的破坏模态一致,试件在纯弯段发生了弯曲破坏,裂缝主要分布在纯弯段(为弯曲裂缝),在弯剪段也

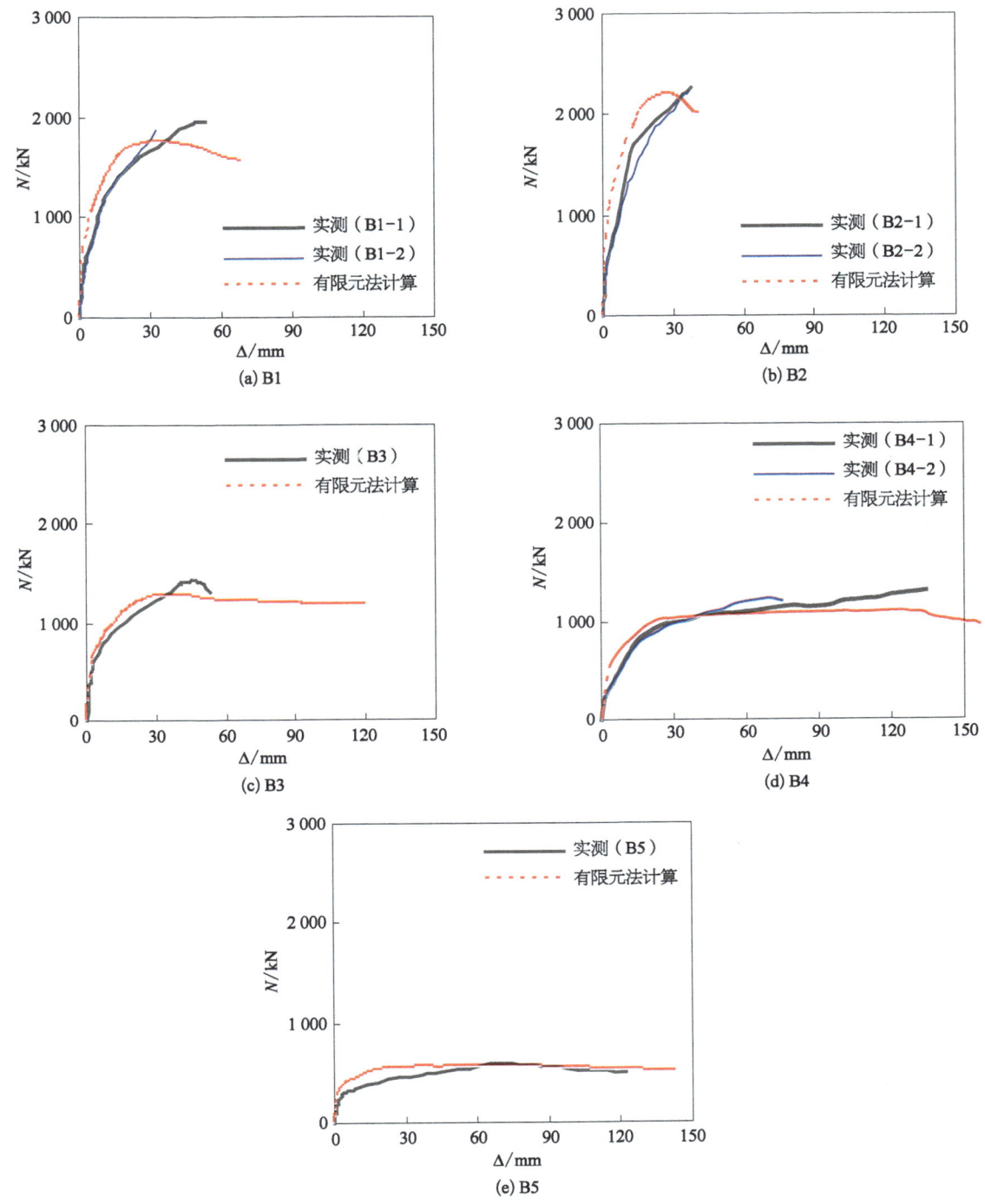

图 5-122 荷载-位移曲线对比

出现了一些斜裂缝。

5.4.3.4 技术总结

6个箱形钢管混凝土组合梁和2个箱形钢筋混凝土梁受弯力学性能的试验研究表明：

（1）箱形钢管混凝土组合试件具有较高的抗弯承载能力，试件抵抗变形能力良好；1 260 mm高试件发生斜剪破坏、840 mm高试件发生弯曲破坏，弯剪区及纯弯区混凝土均产生裂缝。

（2）箱形钢管混凝土组合受弯试件达到极限状态时，试件受拉区的纵筋和钢管均已达到屈服，说明试件内的钢管混凝土能够和外包钢筋混凝土共同工作，能充分发挥其力学性能。

（3）较之钢筋混凝土试件，钢管混凝土组合受弯试件的初始刚度无明显变化，开裂荷载有一定提

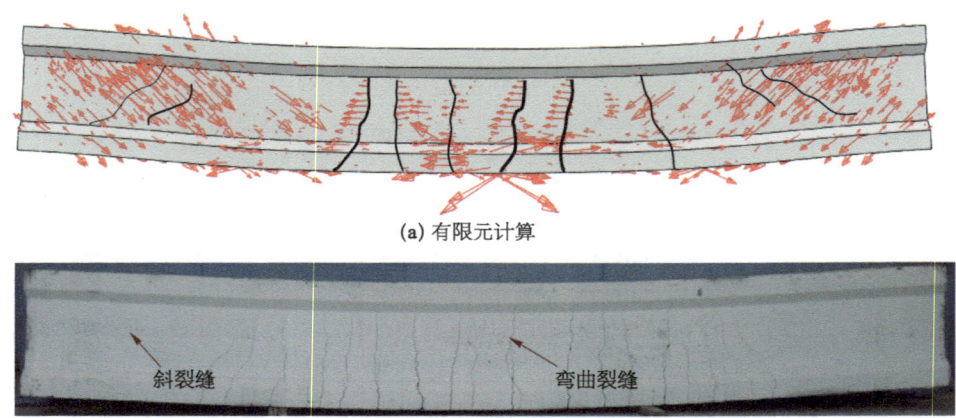

(a) 有限元计算

(b) 受弯试验(试件B4-1)

图 5‑123　受弯试验破坏模态比较

高,极限荷载显著提高,且 M_{ce}/M_{ue} 值更小,具有更好的安全储备。

(4) 钢管直径及壁厚对箱形钢管混凝土组合试件极限承载力影响显著。随着钢管直径的增大,钢管混凝土组合受弯试件的初始刚度和开裂荷载均有一定的提高,极限荷载显著提高,其 M_{ce}/M_{ue} 值也随之减小。

(5) 截面高度对箱形钢管混凝土组合试件极限承载力影响显著。随着截面高度的增加,钢管混凝土组合受弯试件的初始刚度、开裂荷载及极限荷载均提高程度明显,其 M_{ce}/M_{ue} 值也随之减小。

(6) 采用有限元模型对箱形钢管混凝土组合受弯试件进行计算,计算结果和试验结果符合较好。

5.4.4　钢管混凝土组合构件实用计算方法

(1) 在不同荷载作用下,不同截面形式钢管混凝土组合构件中的钢管混凝土均能够和外包钢筋混凝土共同工作,能充分发挥其力学性能;且在达到峰值荷载时,各材料都达到其极限强度。因此,可以将组合构件分为核心钢管混凝土和外包钢筋混凝土两部分,采用叠加法对其极限承载力进行推导,从而得出钢管混凝土组合构件实用计算方法,以期为工程实践提供参考。

(2) 依托钢管混凝土劲性骨架法成拱的组合拱,开展了钢管混凝土组合主拱承受偏压荷载、弯矩载荷等作用的研究,其研究结论适用于钢管混凝土组合桥墩(塔),对分析研究钢管混凝土组合高墩(塔)具有较好的借鉴和参考价值。

5.5　四川雅西高速公路腊八斤大桥

5.5.1　概况

5.5.1.1　工程概况

四川西部多为山区,崇山峻岭,地质条件复杂,加上工程建设周期不断缩短,建设中遇到了很多新问题。四川省雅安经石棉至西昌高速公路,地处四川省西南部的雅安市、凉山州境内,是首都放射线北京至昆明高速公路的重要一段,也是四川境内的重要组成部分。

北京至昆明高速公路四川境南段成都至攀枝花长约 680 km,成都至雅安、泸沽至西昌、西昌至攀枝花、攀枝花至田房高速公路已先期建成通车,雅安经石棉至泸沽段成为交通运输的瓶颈地段。雅泸路起于成雅高速公路止点雅安对岩,止于泸黄高速公路起点西昌市泸沽镇小沙沟,路线全长 240 km,该工程地处西部高原与盆地过渡的山区,具有独特而又复杂的自然地理环境、丰富的资源和生态、人文景观,为典型的山区高速公路,具有如下特点:

(1) 工程规模大。工程总投资近 200 亿元,建设里程 240 km,为四川省高速公路建设有史以来最大的项目。

(2) 地形起伏变化大。本工程经过区域,海拔从 600 m 左右变化到 3 200 m 左右,相对高差达 2 600 m。路线先后翻越泥巴山和拖乌山,路线展布在崇山峻岭之间,地形陡峻;路线先后经过了青衣江水系、大渡河水系和安宁河(金沙江)水系。山水相间,形成区域复杂多变的地形地貌。

(3) 地质条件非常复杂。本工程通过我国著名的活动性断裂带,地质构造复杂,地震活动频繁,地震烈度从Ⅶ度到Ⅸ度,具有震级高、强度大的特点,工程地质条件十分复杂;不良地质病害问题突出,已查明滑坡41处、泥石流沟37处;项目经过瀑布沟电站水库库岸30多km,水库蓄水后的水位落差达60 m,水库蓄水后库岸再造对项目建设影响很大。

(4) 工程技术复杂。特殊自然地理条件下的特殊路基、高墩大跨桥梁、特长和小净距及连拱隧道技术复杂(桥梁隧道总长达130多km),重难点工程数量众多,需突破的技术难点多。

(5) 气象条件复杂。沿线气象条件复杂,路线经过了雅安至泥巴山多雾多雨气候区、泥巴山至石棉大渡河河谷干旱少雨气候区、石棉至拖乌山雨量中等气候区、冕宁湿润气候区,在泥巴山和拖乌山段海拔1 500 m以上属季节性冰冻积雪区。对工程设计、建设、运营安全等提出了更新更高的要求。

(6) 人文环境独特,生态脆弱。路线经过二区三县,穿越不同的自然地理条件(气候、地形地貌)区域,多数路段生态环境脆弱,人文景观和自然景观丰富独特。路线经过高山湿地和森林自然保护区及凉山彝族少数民族地区,工程建设中将涉及民族团结、生态环保等重大问题。四川雅西高速公路工程建造中急待解决的关键技术课题多,位于四川雅安至荥经境内的四川雅安腊八斤大桥就是典型代表的重要工程。

四川雅安腊八斤大桥,位于雅安荥经县凰仪乡,主跨为变截面连续刚构桥,跨径组合为:左幅8×40 m+105 m+2×200 m+105 m+5×40 m,右幅7×40 m+105 m+2×200 m+105 m+4×40 m,主桥长610 m。主桥箱采用单箱单室箱形截面,为三向预应力结构,箱梁顶板宽12.1 m,底板宽6.8 m,梁高抛物线变化。主墩采用钢管混凝土组合桥墩,横桥向等宽,顺桥向宽按70:1的比例向下变宽。主墩分别为9号、10号、11号墩。高度分别为:左幅141.78 m、182.78 m、87.756 m;右幅141.50 m、182.50 m、87.50 m。主桥从K39+395.67起为曲线桥,曲线半径为2 500 m。由于此桥的跨度大、桥墩高,而主桥又有部分位于曲线上,主跨具有空间非对称性,几何非线性对结构有较大的影响。

四川雅安腊八斤大桥位于高山峡谷之间,跨度大、桥墩很高,最高的10号墩达182.5 m。结构的自振频率较低,在自然风作用下的风致响应问题较为突出,根据以往的经验及资料,对于该类大跨度连续刚构桥,其受风荷载作用响应较为典型的状态是最大双悬臂施工状态等。

为了对四川雅安腊八斤大桥施工状态的抗风性能准确评估,通过风洞模型数值分析,评价最大双悬臂状态模拟大气边界层风场中的响应及结构上的风载参数,以确定实际桥梁结构上的风载响应。

5.5.1.2 技术标准

根据工程可行性论证报告,提出的主要技术标准为:① 设计车速:主线80 km/h;② 荷载等级:公路-Ⅰ级;③ 桥梁宽度整幅式24.5 m,桥梁与路基同宽;④ 地震动参数:四川雅安腊八斤大桥50年超越概率10%的地面水平加速度峰值为152 cm/s²;⑤ 桥面宽度:主桥宽度24.5 m[0.5 m(防撞栏杆)+10.75 m(车行道)+2.0 m(中央分隔带)+10.75 m(车行道)+0.5 m(防撞栏杆)];⑥ 设计风速:24.7 m/s。

5.5.1.3 地形地貌

拟建桥位于雅安荥经县凰仪乡白石河左岸,场地地形标高925～1 161.32 m,属低中山斜坡中下部地貌,桥位于K39+415处跨越一溪沟(腊八斤),沟宽15～40 m。线路走向约230°,桥位处沟向约180°,由北向南经桥位区转向东流入白石河,与桥梁斜交,冲沟呈不对称V形,为季节性流水冲沟。左侧岸坡(雅安岸)坡度大,中上部呈陡崖状,坡度达60°～75°,中下部坡度25°～40°;右侧岸坡(石棉岸)坡度稍缓,总体坡度25°～30°,局部形成陡坎;多为林地,植被茂盛,杂草丛生。

5.5.1.4 地层岩性

据地面地质调查及钻孔资料,场区地层分为两大层:第一层为第四系全新统崩坡积层(Q_4^{c+dl})及冲洪积层(Q_4^{al+pl});第二层为侏罗系中统沙溪庙组岩石(J2S)。

5.5.2 桥位与桥型

雅西高速公路路线总体设计,受制于区域经济发展节点、地形地质、地质灾害和工程总体造价等因素控制，该桥桥位没有选择空间，主要由路线总体控制设计。

腊八斤大桥（图 5-124）桥位位于平曲线半径为 1 200 m、桥梁两岸为反向单斜坡上，设计标高距离沟底约 220 m，因此，主跨 500 m 斜拉桥、悬索桥和主跨 400 m 拱桥方案，无法布设锚碇、无法适应平曲线 1 200 m 半径的要求。如果设计主跨 240 m 连续刚构桥，桥墩高度可以控制在 150 m 左右，但是，连续刚构主跨跨径大于 200 m，可能存在后期耐久性难题。因此，选用主跨 2×200 m 连续刚构桥、最大主桥墩高 182.78 m 是相对合理可行的桥型。

图 5-124　建成后的腊八斤大桥

5.5.3　钢管混凝土组合高墩的提出

5.5.3.1　技术背景

雅西高速公路沿线地质条件差、建桥处往往沟深山陡、地震烈度高达Ⅶ～Ⅸ度。目前常规的钢筋混凝土墩，运用于高烈度、超高墩（墩高大于 90 m）时，结构自重与地震响应间的矛盾导致墩身截面不断增大，同时带来施工难度和工程造价提高。常规的钢筋混凝土墩有以下几种结构形式：空心墩、空心双薄壁墩、空心与双薄组合桥墩，其构造如图 5-125 所示。

针对地震荷载作用下结构受力机理，提出了结构轻型化，桥墩采用延性材料的设计理念。近 20 年，钢管混凝土这种强度高、塑性好、抗震性能优异的材料在土木工程领域已被大量成功运用，积累了大量可靠经验。因此，提出钢管混凝土组合高墩的设计构想。

5.5.3.2　设计思想

钢管混凝土作为桥墩（塔）的主要受力构件，用钢筋混凝土现浇腹板和隔板作为钢管混凝土桥墩（塔）的构造构件，形成钢管混凝土桁式柱-钢筋混凝土腹板和隔板组合的钢管混凝土组合桥墩（塔），该结构设计目标为：小震不坏、中震可修、大震不倒。结构受力机理如下：① 钢管混凝土主钢管与水平钢筋混凝土隔板组成框架，为受力的主体结构；钢筋混凝土腹板为抗剪构件，提高框架结构整体水平刚度；② 正常使用阶段，钢筋混凝土腹板、隔板不能出现裂缝，强度满足规范要求；③ 设计地震荷载作用下，钢管混凝土框架满足极限地震力强度要求，但是，容许桥墩（塔）的钢筋混凝土腹板和隔板出现裂缝和破坏；④ 桥墩主钢管内混凝土强度等级不低于 C60，钢筋混凝土腹板、隔板的混凝土强度等级不低于 C30。通过材料等级匹配和截面尺寸的协同设计，实现钢管混凝土组合桥墩（塔）刚度和内力的合理分配。

空心墩

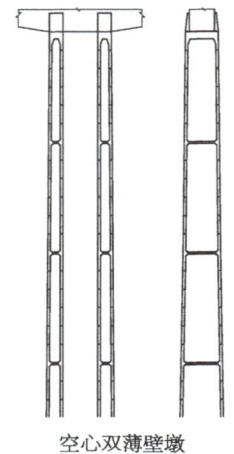
空心双薄壁墩

空心与双薄壁组合桥墩

图 5-125　连续刚构常用墩型

5.5.3.3 关键设计技术

1) 钢管混凝土组合高墩结构体系

（1）发展历程。型钢劲性骨架（主要为施工支架作用）混凝土桥墩（塔）→钢骨混凝土墩（为施工支架兼顾承载能力）→钢管混凝土劲性骨架桥墩（塔）（为施工支架兼顾较大承载能力）→钢管混凝土组合桥墩[钢管混凝土为受力主体构件，兼顾施工支架，外包钢筋混凝土为抗剪构件，为桥墩（塔）贡献刚度]→钢管混凝土桁式桥墩（塔）（钢管混凝土为受力构件，腹杆为构造构件）。

（2）受力特点。利用钢管混凝土材料高强度，有效减小截面尺寸，减轻结构自重；利用钢管混凝土材料延性特征，正常使用阶段材料处于弹性工作阶段，极限地震荷载作用下，材料处于弹塑性工作阶段，满足高桥墩（塔）高地震烈度等偶然荷载作用下极限强度和位移控制要求。

2) 钢管混凝土组合桥墩（塔）的结构构造

（1）桥墩（塔）纵向坡度与顶端宽度。桥墩设计为横桥方向直立等宽、纵桥方向放坡，或者纵桥方向直立等宽、横桥方向放坡，即保持一个方向是直立的矩形截面结构，主要理由为：① 有利于主管与主梁连接构造设计；② 桥墩（塔）保证有个面是竖直的面，将有利于加工、安装及混凝土模板设计和安装。

关于纵向或横向坡度，经过80∶1、70∶1、60∶1纵（横）坡组合比较，取纵坡（横坡）70∶1为主墩外形尺寸，优点在于：① 既可降低桥墩（塔）本身在地震荷载作用下的最大弯矩，同时又兼顾了墩顶、墩底塑性压溃的承载能力需求；② 有利于确保上部结构必要的刚度；③ 兼顾墩高变化的适应性大，如墩高在110～200 m时，采用 $B_0=10$ m、70∶1；墩高在70～110 m时，采用 $B_0=9$ m、70∶1；小于70 m时，$B_0=8$ m，纵向等宽。

钢管混凝土桥墩（塔）外形尺寸设计，应首先采用桥墩纵向放坡，提高桥墩纵桥方向刚度；当桥梁宽度较小、桥墩高度较高时，如果纵桥方向能够提供水平位移约束，采用横桥方向放坡、纵桥方向直立等宽方案，能够解决桥墩（塔）横向刚度较小的难题。

（2）钢管混凝土主管。关于钢管管径、壁厚取值，设计根据墩高不同部位，采用同种管径、不同壁厚、不同等级材质的钢管，理由在于：① 符合弯矩分配曲线和压力变化直线；② 相同管径有利于节段接头连接构造和外包混凝土构造设计；③ 有利于钢管卷管成批加工，降低成本；④ 有利于运输定位模架制作的规范。

主钢管的钢管径厚比：钢管径厚比是控制钢管失圆、局部屈曲、节点刚度、套箍系数等指标的重要参数，主钢管径厚比宜控制在100以内，其理由是：① 为规范规定限值；② 有已建成多座桥梁及建筑工程的经验总结，如南海紫洞大桥、奉节梅溪河大桥、天津今晚报大厦、福州环球广场等工程；③ 当为钢管骨架时，因为横向竖直立柱，纵向倾斜角度小、节点弯矩及剪力小；当为组合桥墩后，钢管内、外均为混凝土及钢筋混凝土包裹，将大大提高钢管失圆、局部屈曲、节点刚度；④ 有利于提高桥墩塑性指标。

主管内浇注C80以上强度等级的混凝土理由：① C80混凝土在建造工程中应用较广，具有成套设计、施工经验；② 提高钢管混凝土核心承载能力，降低外包钢筋混凝土应力，避免开裂；③ 提高钢管混凝土套箍作用，充分发挥钢管潜力，有利于降低总体成本；④ 根据调查分析，依托工程的桥位附近制备C80混凝土的砂石集料供应充足。

（3）预应力混凝土隔板。水平隔板为约束主钢管的刚性节点，兼顾桥墩刚度需求，依据依托工程桥墩（塔）受力大小，选取钢管长细比的原则为：① 兼顾施工必要的高度，确保施工进度；② 兼顾主管的长细比折减系数，提高整体承载能力；③ 兼顾桥墩线刚度的需要，确保变形曲线顺畅；④ 兼顾水平隔板局部应力，避免峰值；⑤ 更有利于提高组合材料塑性，提高材料破坏荷载持荷时间。

高桥墩（塔）的水平隔板上，可以设置环向低松弛预应力钢束，该设计的作用是：① 降低桥墩（塔）的腹板与隔板边角处应力峰值；② 提高钢管混凝土节点约束力，使钢管混凝土组合桥墩整体性更好；③ 为高桥墩（塔）提供更大的水平刚度。

（4）钢筋混凝土腹板。钢管混凝土组合桥墩（塔）为钢管混凝土框架结构体系，钢管混凝土主管为主承载构件，钢筋混凝土腹板为抗剪构造构件。为了减轻桥墩（塔）自重、降低地震内力，根据钢管混凝土组合桥墩（塔）设计原则，钢筋混凝土腹板厚度应较薄，为了减小腹板截面内力，避免混凝土开裂，根据桥墩（塔）总体外形尺寸和匹配设计要求，主桥墩、交界桥墩和引桥桥墩的腹板厚度分别为 50 cm、40 cm 和 35 cm,外包混凝土强度等级为 C30。

外包混凝土可以降低钢管结构养护工作,加强正常使用阶段桥墩整体刚度。同时,为了提高钢管混凝土骨架的核心作用,减少外包钢筋混凝土的内力,满足构造要求和易于施工,外包钢筋混凝土设计厚度为 20 cm。

腹板与钢管混凝土主管、水平隔板的连接构造中,均设计为等截面直接连接,未设倒角,其理由是:① 符合总体设计思想,即整个桥墩为框架受力体系,腹板仅为剪力墙,承受水平力;② 计算表明,因钢管混凝土柱和水平隔板刚度大,设置倒角连接后,节点处应力更高;③ 施工时,安装钢筋方便,制作安装模板简单。

腹板混凝土通过环形箍筋与立柱外包层内钢筋连接,以避免连接处混凝土开裂。

(5) 横向连接构造。因顾及连续刚构受力特点,主梁设计为左右分幅,墩身也设计为左右分幅,其优点为:① 0 号块横隔板左右幅连通,桩、承台为整体,使左右幅墩身形成框架柱受力;② 左右幅主梁可以分期施工,分期合龙;③ 降低结构横向收缩量及温度应力;④ 施工更方便,作业面更宽,还可分期施工。

对于高地震烈度区组合高墩,经计算,需在墩身中段设横向联系(图 5-126),以保证地震力作用下的横向稳定。设计采用空钢管桁架横撑,连接左右幅墩钢管混凝土立柱,横撑水平杆件与立柱隔板对应。

(6) 钢筋混凝土腹板的型钢骨架。钢管混凝土组合桥墩(塔)采用分节段安装立柱钢管、安装腹板的型钢骨架(图 5-127),立柱钢管与型钢骨架组成主要受力的框架骨架,再浇注腹板、隔板混凝土的施工方法。钢筋混凝土腹板的骨架采用型钢构件,与立柱钢管间采用节点板拼接或焊接连接;横桥向设置水平撑,纵桥向设置水平撑和交叉斜撑。骨架承担的荷载主要有:施工主管不对称荷载、浇注混凝土时施工荷载和风荷载等。

(7) 柱顶和柱脚。墩顶和墩脚处钢管分别与箱梁 0 号块和桩基承台连接,如图 5-128 和图 5-129 所示。钢管锚固于箱梁混凝土内不小于 1 m,插入承台混凝土内不小于 2 倍管径。为使立柱与混凝土连接可靠,将内力分散传递至混凝土内,主钢管上焊接开孔肋板,并穿入钢筋,形成 PBL 键,同时钢管底段均匀开孔,使管内外混凝土连接。PBL 键抗剪强度高、抗疲劳性能优异,能确保钢与混凝土的连接可靠。

(8) 桩基与钢管柱的连接。钢管混凝土与预应力隔板形成的框架为主要受力构件,因此,桥墩的内力主要由钢管混凝土承担,为了使承台构造简单,将桥墩(塔)钢管混凝土与桩基尽量对齐(至少确保钢管混凝土与桩的外围截面对齐),简化钢管混凝土与承台的连接构造,使承台受力更明确,如图 5-130 所示。

5.5.4 结构设计

5.5.4.1 主桥总体设计

四川雅安腊八斤大桥位于荥经县境内,是雅泸高速公路上跨越腊八斤沟的一座大桥。桥梁高度不受水位控制,由路线标高决定。其主跨为变截面连续刚构,全桥跨径组合为:左幅 8×40 m+105 m+2×200 m+105 m+5×40 m,右幅 7×40 m+105 m+2×200 m+105 m+4×40 m,主桥长 610 m,引桥为 40 m 简支 T 梁,引桥左幅长为 532 m,引桥右幅长为 460 m,全桥长 1 142 m,采用分幅设计,如图 5-131 所示。

5.5.4.2 上部结构

1) 主桥箱梁结构

箱梁采用单箱单室箱形截面,为三向预应力结构。箱顶板宽 12.1 m,底板宽 6.8 m,箱梁顶板设置成 2‰ 单向横坡。箱梁跨中及边跨现浇段梁高 3.80 m,箱梁根部断面和墩顶 0 号梁段高为 12.75 m。从中跨跨中至箱梁根部,箱高以 1.8 次抛物线变化。箱梁腹板在墩顶范围内厚 120 cm,从箱梁根部至跨中梁段腹板厚 70~50 cm。箱梁底板厚从箱梁根部截面的 130 cm 厚以 2 次抛物线变至跨中截面 35 cm 厚。

2) 预应力钢束

(1) 纵向预应力束。纵向预应力钢束共设置了顶板束、中跨底板束、边跨底板束、合龙束和预备束共五种,各钢束均采用高强度低松弛 $\phi15.24$ mm 钢绞线。预备束孔位预留,钢束根据施工情况予以设置,其技术标准应符合 JGJ 107—2003 的有关规定。

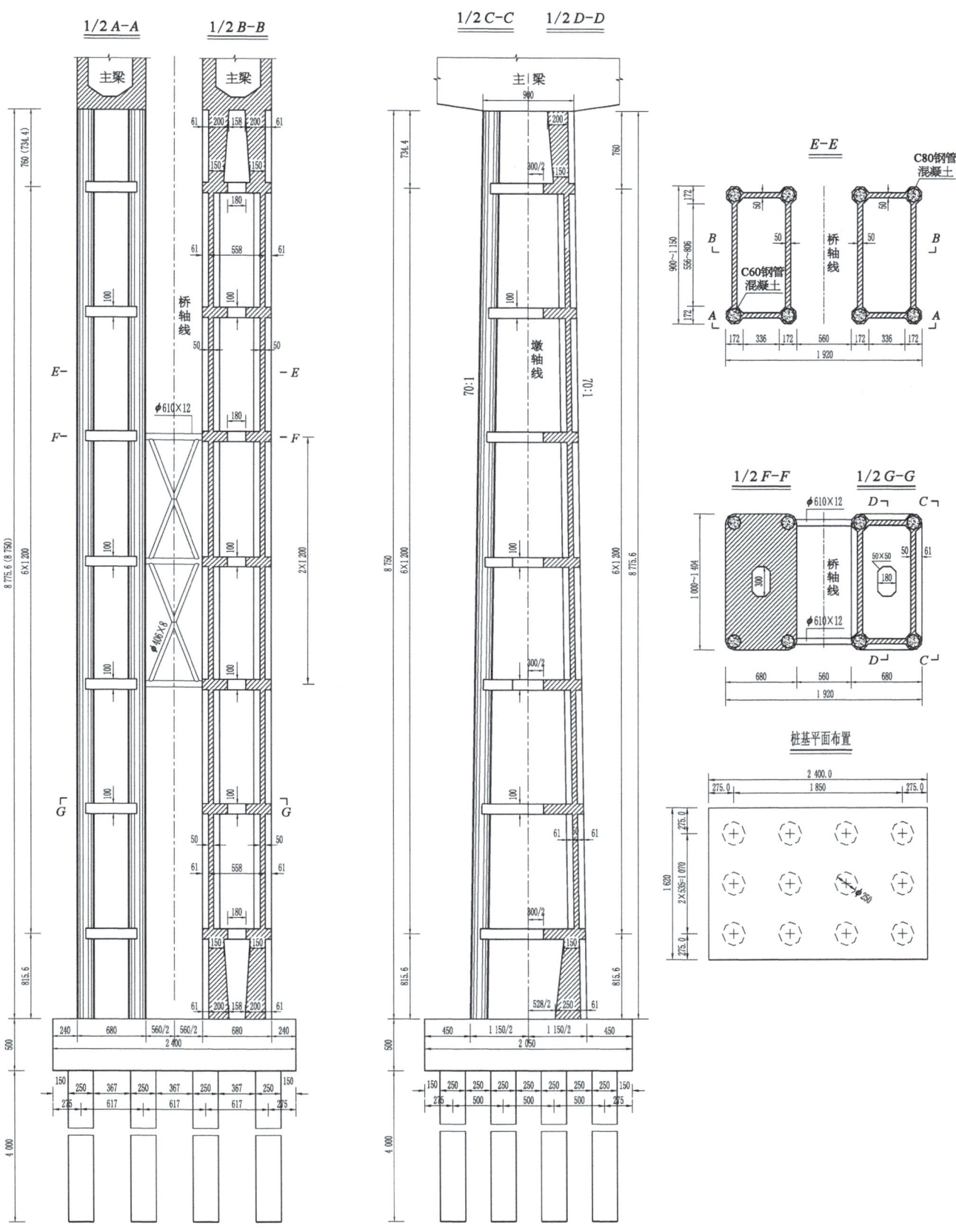

图 5-126 主墩横向布置(单位:cm)

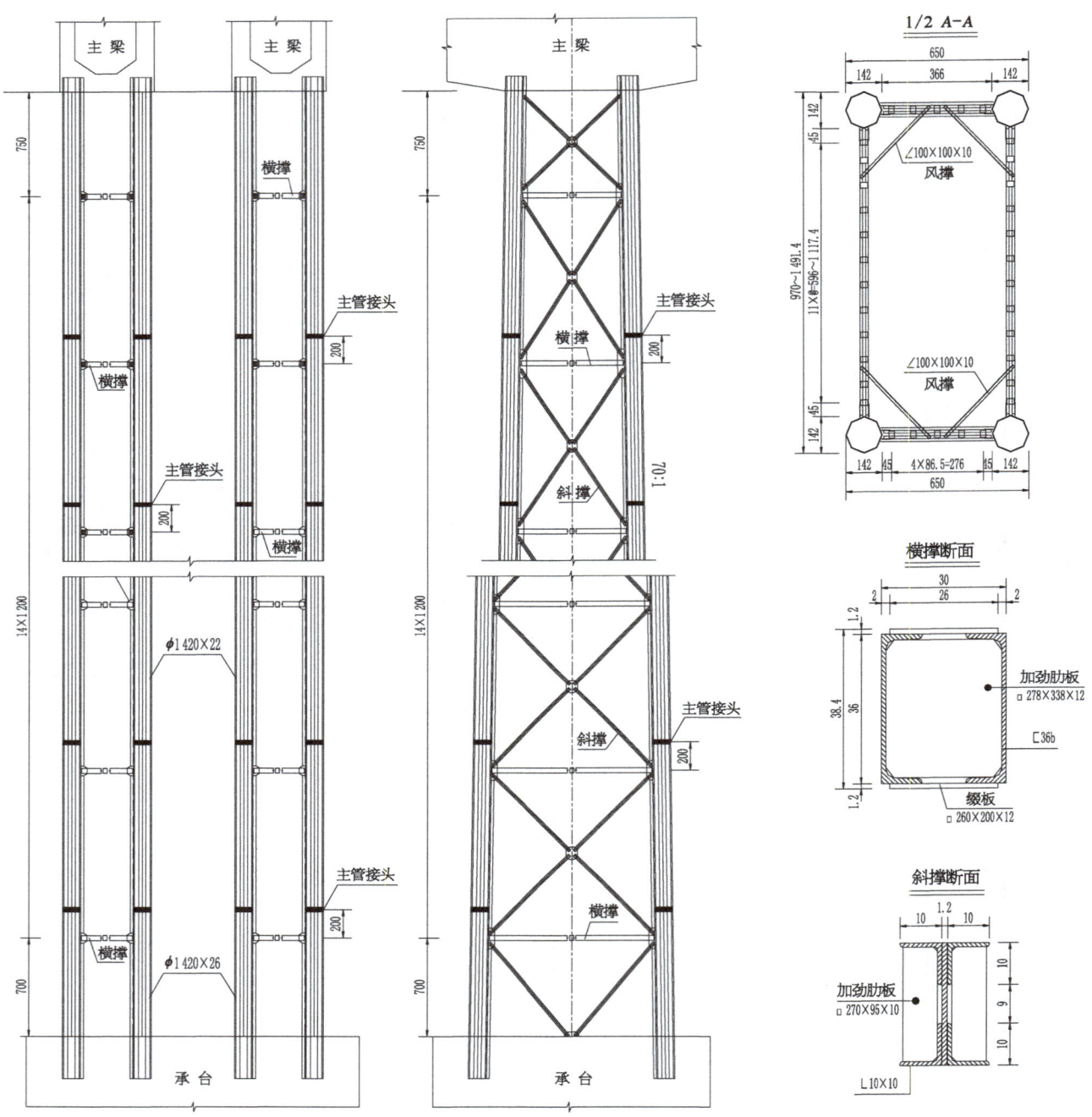

图 5-127 主墩腹板型钢骨架一般构造(单位: cm)

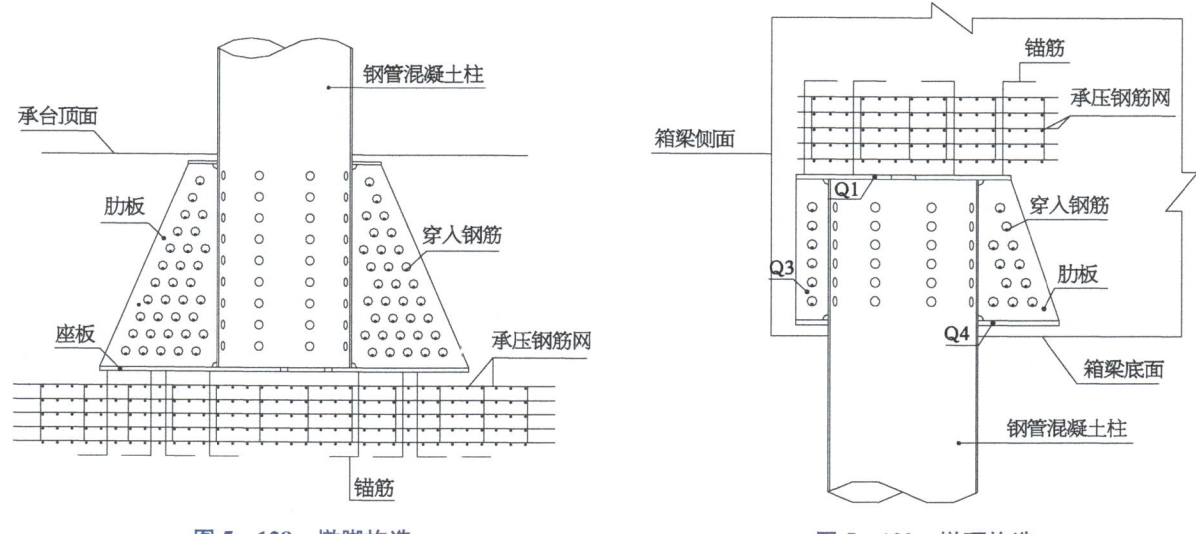

图 5-128 墩脚构造　　　　　　　　图 5-129 墩顶构造

图 5-130 钢管混凝土组合高墩建成后

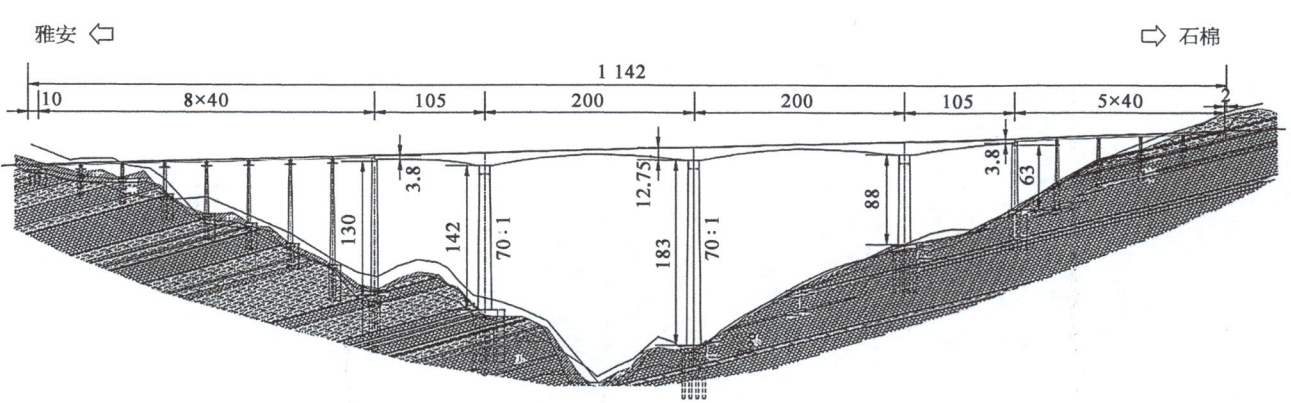

图 5-131 腊八斤大桥总体布置(单位：m)

(2) 竖向预应力钢筋。竖向预应力钢筋采用高强度低松弛 $\phi15.2$ 钢绞线，主梁腹板内沿纵向每隔 50 cm 左右布置 1 根 $3\phi^s15.2$ 钢绞线。锚具采用低回缩量锚具(张拉端)，其技术标准应符合《钢筋机械连接通用技术规程》(JGJ 107—2003)的有关规定。

(3) 横向预应力束。顶板横向预应力束采用高强度低松弛 $\phi15.2$ 钢绞线，沿桥轴线横向每隔 50 cm 左右布置 1 根 $2\phi^s15.2$ 钢绞线，其技术标准应符合

《钢筋机械连接通用技术规程》的有关规定。

3) 引桥

引桥采用40 m的预应力混凝土简支T梁，T梁横桥向梁间距为250 cm；引桥主梁通过端部横隔板的高强型钢串联成为传递轴力、不传递弯矩的连续体系的主梁，并将主梁与标高相对较高的桥台水平方向锚固连接，形成单端约束、单端水平位移的结构体系，解决了大纵坡主梁单端滑移而无法恢复的桥梁病害。

5.5.4.3 下部结构

1) 主墩

采用分幅式钢管混凝土组合桥墩，墩顶横桥向宽7 m，横桥向为等宽，顺桥向11号墩墩顶宽9.0 m，9号墩和10号墩墩顶宽10.0 m，按70∶1的比例向下变宽，顺桥向按70∶1放坡。钢管混凝土柱外包层钢筋混凝土厚度为20 cm，腹板为厚50 cm的钢筋混凝土，沿墩高每隔12 m设置一道100 cm厚水平加劲预应力钢筋混凝土隔板。钢管混凝土框架构件9号墩为4根ϕ1 320 mm钢管、管内浇注C80混凝土，10号墩为4根ϕ1 420 mm钢管、管内浇注C80混凝土，11号墩为4根ϕ1 320 mm钢管、管内浇注C60混凝土，钢管混凝土柱间用型钢连接。主墩承台为整体式，9号墩、10号墩和11号墩承台厚分别为5 m、5.5 m和5 m，平面尺寸24.0 m×20.5 m。9号墩和10号墩主墩基础及11号墩主墩基础均为16根直径2.5 m的钻孔浇注嵌岩桩。桥墩施工过程如图5-132所示，其一般构造如图5-133所示。

2) 8号、12号交界墩

采用分幅式钢管混凝土组合桥墩，墩顶横桥向宽7.0 m，顺桥向4.5 m，横桥向为等宽，顺桥向按70∶1放坡；钢管混凝土柱外包层钢筋混凝土厚度为15 cm，腹板为厚40 cm的钢筋混凝土，沿墩高每隔9 m设置一道75 cm厚水平加劲预应力钢筋混凝土隔板。钢管混凝土框架构件为4根ϕ920 mm钢管、管内浇注C60混凝土，钢管混凝土柱间用型钢连接。承台为分幅式，承台厚3.5 m，平面尺寸为11.6 m×10.6 m。主墩基础为4根直径2.0 m的钻孔浇注嵌岩桩。引桥桥墩一般构造如图5-134所示，建成后的腊八斤大桥如图5-135所示。

5.5.5 关键施工技术

5.5.5.1 施工难点

单节段(12 m)钢管组合桥墩整体重量达30 t，根据施工便道运输能力和现场地形条件，采用整体安装方法施工难度极大。因此采取将钢管组合桥墩化整为零的方法，将4根钢管和平、斜撑分成若干单元加工成型后，运输至现场单肢安装，最后形成整体。单肢安装最大重量7.1 t，采用普通5023塔吊即可实现垂直起吊运输，施工方便。

5.5.5.2 主要施工工艺

主要工艺流程：① 加工钢管节段和腹杆；② 采用塔吊作为提升设备安装钢管立柱和横撑、斜撑；③ 采用高位抛落法浇注主钢管内C80混凝土；④ 施工外包钢管的钢筋混凝土和腹板；⑤ 待混凝土强度达到设计值后，张拉隔板内预应力束。

图5-132 桥墩施工过程

第5章 钢管混凝土组合桥墩(塔)

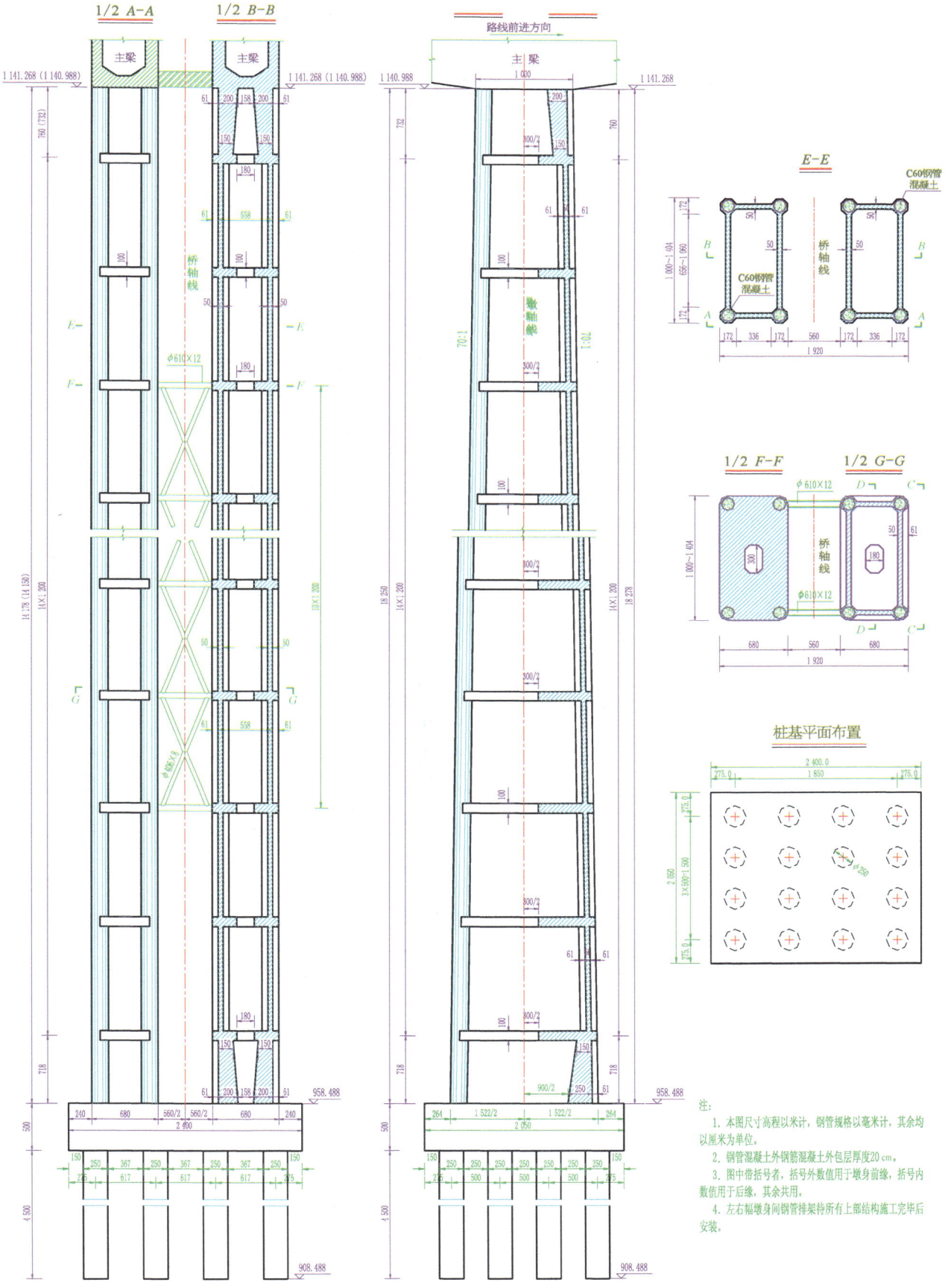

图 5-133 桥墩一般构造

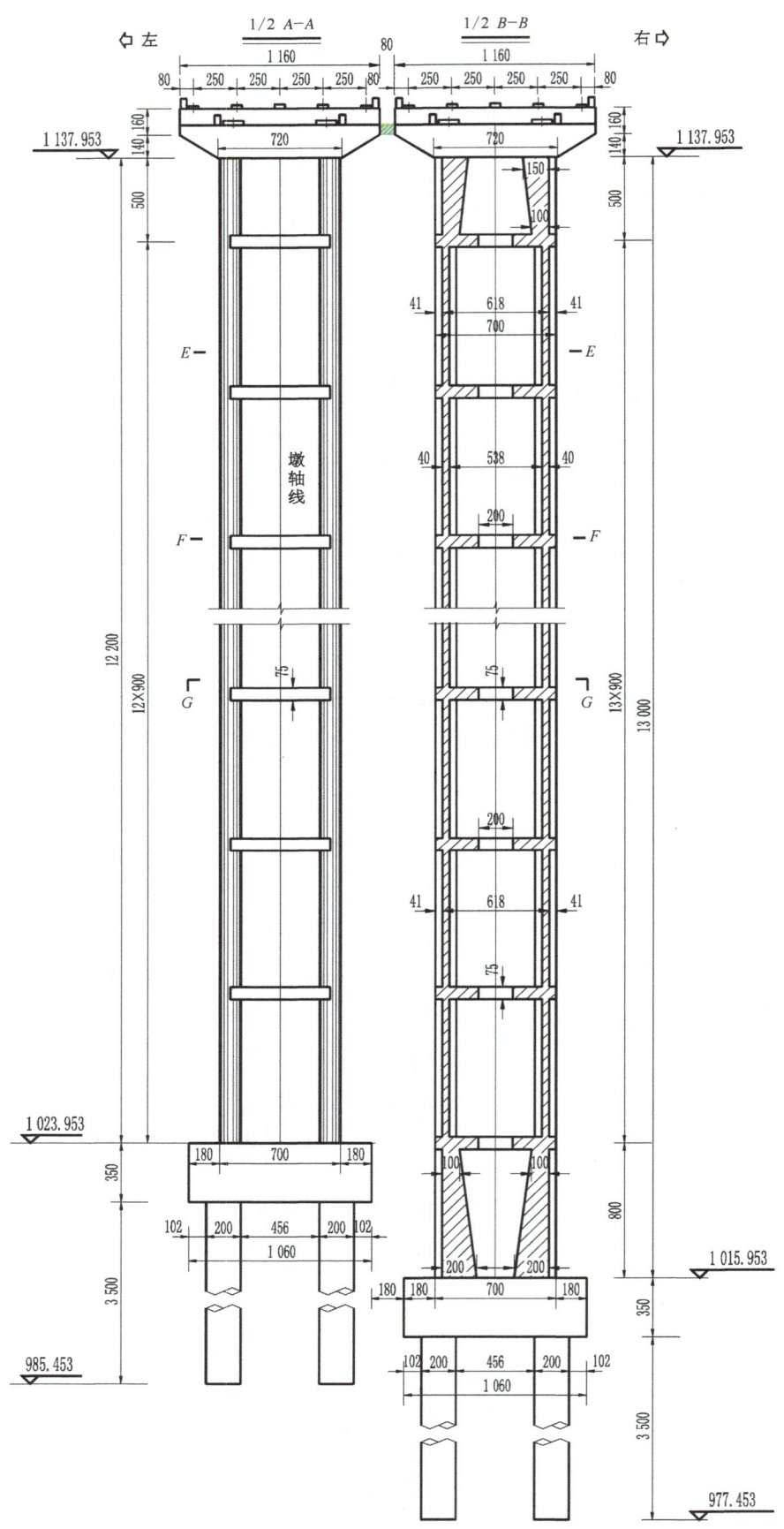

图 5-134 引桥桥墩一般构造(单位:cm)

图 5‑135　建成后的腊八斤大桥

5.5.5.3　主要施工方法

1) 钢管节段和腹杆加工

(1) 主要施工流程：钢板进场检验→放样画线→切割（坡口设置）→卷板→校圆→连段→焊接→预拼装→拆除→外观检查、焊缝超声波检测、X射线拍照检测合格→单肢出厂。

(2) 施工过程中强化各工序质量控制，以各工序质量来保证半成品、成品质量。制定了钢管加工各工序质量控制的指标和措施，在施工前进行工艺评定试验，合格后方可施工，以此确保钢管加工质量。

(3) 钢管加工工艺介绍。

① 进料：进场钢管应附有质量证明书，并按照要求频率对钢管的质量抽样检验。

② 放样、号料和切割：需通过焊接工艺试验来确定具体的标准和要求。钢板切割需在专用切割平台上进行，切割平台要求平整牢固，保证切割钢板时的精确性。

③ 坡口：卷制钢管前，应根据要求将板端开好坡口。为适应钢管拼接的轴线要求，钢管坡口端应与管轴线严格垂直。

④ 矫正、弯曲和边缘加工：矫正后的钢管表面不得有明显的凹面和损伤，表面划痕深度、钢管矫正后的允许偏差以及零部件在冷矫正和冷弯曲时，其曲率半径和最大弯曲矢高应满足相关规范要求。

⑤ 卷板：卷管方向应与钢板压延方向一致，采用样板严格控制钢管椭圆度。卷板机（图5‑136）为上辊万能式卷板机，上辊可以作上下、左右移动，这样就可以直接起弧、压弧，实现一次成型，效率高、质量好。

图 5‑136　W11‑30×2000 卷板机

⑥ 对圆与纵缝焊接：主要控制上、下管口的允许不平度、周长、圆度、对接间隙、错边量。每一条纵缝由一名合格焊工施焊，打底焊缝采用分段退焊法，第二、三层可从下向上焊接，正面焊完，背缝清根后再焊接，一次焊完。在焊接过程中要随时用样板检查弧度，随时纠正焊接变形。

⑦ 钢管拼接组装：根据运输条件和吊装条件，将对圆、纵缝焊接、检验合格后的2m节段钢管拼接组装成设计规定的12m节段钢管。钢管对接时应严格保持焊后管肢的平直，焊接时除控制几何尺寸外，还应注意焊接变形对肢管的影响，焊接宜采用分段反向顺序，分段施焊应保持对称。

⑧ 焊接：钢板加工成节段钢管，需要焊纵缝；由2m节段钢管连成设计的节段钢管，需要焊环缝。连段工作完成后，对环缝进行满焊，这项工作在滚焊台车（图5‑137）上进行，保证焊接工作顺利进行。

焊接人员和焊接工艺必须通过焊接工艺试验评定合格后方可进行作业。

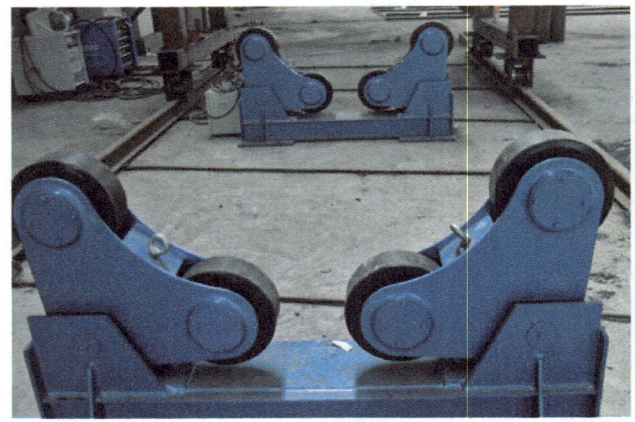

图 5-137　滚焊台车

⑨ 预组装工序：对加工好的 12 m 节段钢管（图 5-138），必须与下一个 12 m 节段中与其连接的钢管预组装，并做好记录与编号，以保证钢管安装精度。

图 5-138　已加工好的首节段钢管

⑩ 钢管质量检测：单肢钢管出厂前，需进行外观检查、焊缝超声波检测、X 射线拍照检测，合格后方可出厂。

(4) 腹杆采用型钢加工而成，其加工工艺和质量需满足钢结构加工的相关要求。

2) 钢管组合桥墩安装

(1) 总体施工方法。节段钢管检测合格后，用拖车运输到墩柱底部，采用塔吊（首节段钢管安装采用吊车）垂直和水平运输到设计位置进行安装（图 5-139），定位形成骨架并检测。

(2) 施工工艺流程。钢管运输→吊装→底节钢管初步固定（底部套螺栓）→钢管调位，测量满足要求→临时固定钢管，安装并临时固定横撑→精确定位钢管→固定横撑→精确定位钢管→调整填板厚度、

图 5-139　首节段钢管吊装安装

填满并上紧螺栓（包括横撑螺栓）→按规程满焊钢管接头→解除临时固定装置→复测→焊缝探伤→焊接斜撑与风撑→完成第 1 节段钢管安装→循环安装下一节段钢管至墩顶。

(3) 钢管运输。加工好后的钢管采用拖车运输到现场。在拖车上设置胎膜，把合格钢管吊至胎膜上固定牢固，并平稳运输到施工现场。

(4) 首节钢管起吊。吊装选用两点吊装法。使用 2 台 25 t 吊车同时水平抬吊钢管至一定高度后，一台吊车保持不动，另一台吊车缓慢松吊，最后交由前一台吊车独自竖直起吊钢管，直至设计安装位置。

(5) 首节钢管安装定位。首节钢管安装就位后，通过导向板定位钢管的下口；上口利用八字形缆风索调整、定位，当上口位置调整到满足设计要求后，焊接临时支撑、拧紧调节螺栓，使钢管临时固定，保证取钩时的稳定性（图 5-140）。采用全站仪进行定位测量，当单柱钢管经调整并满足设计要求后进行固定，先调整好定位法兰盘之间填板的厚度、间

隙，再对称隔孔拧紧所有螺栓。待所有螺栓拧紧，经测量合格后，再进行对称点焊临时固结。

图 5-140　钢管基座安装纵横向风缆布置示意

（6）安装横撑。横撑螺栓孔在厂内预组装时就把节点板 JD1 与横撑配钻而成并编号，现场安装只要对号入座，便能顺利穿上螺栓，实现水平横撑的安装。横撑安装前在横隔板位置搭设脚手架，作为钢管精确定位及安装水平撑、斜撑及绑扎腹板钢筋的平台。横撑均为螺栓连接，安装好两根钢管后，把横撑加上，并不把螺栓拧紧。横撑随钢管安装逐一加上，形成初步钢管骨架。钢管全面调整定位，待测量满足精度要求后，横撑螺栓逐一上紧（图 5-141）。

图 5-141　钢管横撑安装完

（7）焊接斜撑与风撑。再次复测钢管位置，确定准确无误后，焊接斜撑。斜撑分肢利用手拉葫芦悬吊于横撑上，调整至安装位置并点焊定位。用同样的方法安装另一根斜撑形成稳定三角形骨架，测量定位后满焊固定。依次按此方法焊接好上部分肢斜撑，最后完成斜撑的焊接。

（8）2～16 节段钢管及其构件的施工。2～16 节段钢管的施工与首节钢管的施工之间的区别，主要体现在施工平台的设置和钢管调节定位的方法方面。

施工平台应专门设计，做到全封闭施工，实现高空作业平地化。

钢管平面位置的初调：采取在前一节段钢管顶口四周焊接四块调位钢板（板与钢管外壁间距 4 cm，板高 60 cm，其中 20 cm 焊接在前一节段钢管顶口，宽 20 cm），板宽方向竖直于管壁，在管壁与调位钢板间加垫钢楔，靠松紧钢楔来调整后一节段钢管顶口平面位置；也可采用调节螺杆来进行钢管调节定位。

钢管平面位置的精调：按前述相同方法安装完横撑、斜撑后，再精确测量钢管偏位，并通过调整焊接位置、顺序和方法来实现钢管平面位置的精确控制。

（9）焊接钢管接头。第一道打底焊采用对称、分段、退步的焊接方法同时焊接。每道焊完，均应清除焊渣、清洁焊缝后才能施焊下道焊缝。焊缝接头均要错开 100～150 mm，且一次焊完，中间不间断，一旦间断焊接，重新焊接前，需进行预热。在整个焊接过程都要用全站仪协助观测其变形，及时发现问题，随时纠偏（主要依靠调节焊接位置和顺序来实现）。

（10）焊缝探伤。焊缝采用超声波探伤检测。

3）钢管内 C80 混凝土浇注（图 5-142）

图 5-142　桥墩施工过程

(1) 由于钢管内混凝土施工采取高位抛落免振施工工艺,要求配制的钢管内混凝土强度高、工作性能良好,具有优良的黏聚性和自密实性。因此,从原材料的选择、配合比设计等方面对混凝土的工作性能和力学性能进行研究,采用掺入高效减水保塑剂、掺加磨细掺和料、控制强度和膨胀之间协调发展的技术路线进行混凝土配制。

(2) 管内 C80 混凝土采取拌和楼集中拌制,灌车运输到墩位处,利用塔吊提升料斗吊装混凝土至管口位置,采取高位抛落免振法(即高抛自密实)进行浇注。当抛落高度不足 4 m 时应辅以插入式振捣器振实。管口位置设置操作平台,便于工人操作。混凝土通过漏斗进入钢管。4 根钢管内混凝土应交替浇注,混凝土高度差不宜超过 4 m,在管顶加水进行混凝土养护,管内混凝土采用超声波进行质量检测。

(3) 在整节钢管混凝土施工结束前,混凝土要具有良好的工作性和黏聚性。新拌混凝土应保持 2 h 时坍落度无损失,3 h 时坍落度应能保持在 20～21 cm,新拌混凝土初凝时间应保持在 12～16 h。

4) C30 外包混凝土施工

外包混凝土施工流程:① 由于墩高达 182.6 m,要求混凝土在具有良好抗裂性能的同时,还要具有良好的泵送性能,以满足施工的需要,因此混凝土掺加了聚丙烯腈纤维和减缩防裂剂;② 外包混凝土施工主要采取液压自爬模法和翻模法两种方案施工。混凝土采取在拌和楼集中拌制,灌车运输到墩位处,由输送泵泵送入模。根据墩柱高度,选用了 HBT80 型输送泵进行混凝土的垂直运输,确保一次性泵送入模;③ 主墩左右幅墩身外包混凝土浇注与钢管安装同时进行,半幅标准单元 12 m(从横隔板顶至下一个横隔板顶)分 3 次浇注,即第一次浇注 6 m,第二次浇注 5 m,第三次浇注 1 m 横隔板;④ 利用已浇注横隔板上设牛腿作为平台,作为模板存放场地;⑤ 翻模施工工艺流程:施工准备→基顶放线定位→绑扎钢筋立模→浇注一节段墩身混凝土→模板提升→如此循环,墩身施工完成;⑥ 液压自爬模施工工艺流程:首次混凝土浇注完后→拆模后移→安装附着装置→提升导轨→爬升架体→绑扎钢筋→模板清理刷脱模剂→埋件固定→合模→浇注混凝土→如此循环,墩身施工完成。

5.5.6 主要计算结果

5.5.6.1 施工中骨架强度验算

按先完成全部骨架,再外包钢筋混凝土的施工方案进行验算。

(1) 钢管最大应力(Q345)

$$\sigma_a = 72.5 \text{ MPa} \leqslant [\sigma] = 300 \times 0.58 = 174.0 \text{(MPa)}$$

(2) 横撑最大应力(Q235)

$$\sigma_a = 32.9 \text{ MPa} \leqslant [\sigma] = 215 \times 0.58 = 124.7 \text{(MPa)}$$

(3) 斜撑最大应力(Q235)

$$\sigma_a = 27.2 \text{ MPa} \leqslant [\sigma] = 215 \times 0.58 = 124.7 \text{(MPa)}$$

(4) 骨架顶最大变形

$$\delta = 3.2 \text{ mm} \leqslant [\gamma] = 10 \text{ mm}$$

5.5.6.2 地震荷载极限承载力验算

1) 验算模型

地震内力计算时,认为腹板已开裂退出工作,仅计入其重量,强度验算时,简化为框架结构,其模型如图 5-143 所示。

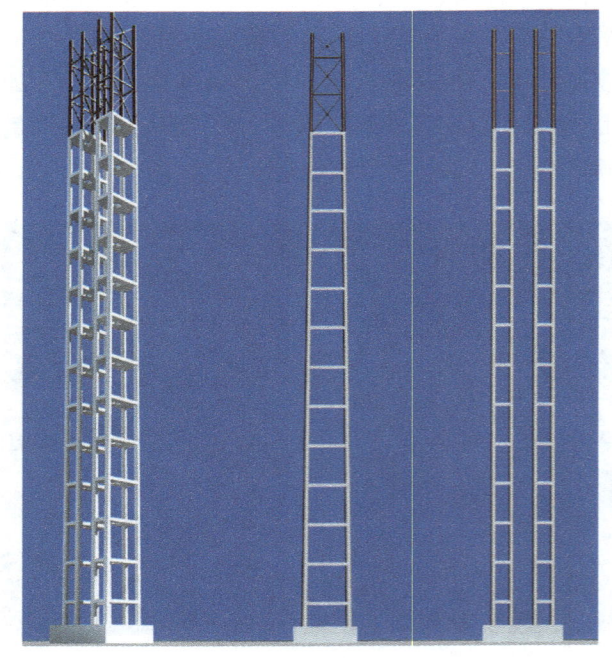

图 5-143 桥墩格构框架一般构造

2) 钢管混凝土框架构件承载能力验算(表 5-36)

3) 刚度验算

地震荷载作用下,主要桥墩墩顶纵、横向位移见表 5-37。

表 5-36 钢管混凝土框架构件受力验算

桥名	墩号	计算内力			截面抗力			
		轴力/kN	剪力/kN	弯矩/(kN·m)	M_u	L_u	极值/kN	限值/kN
黑石沟桥	2号墩	326 872	11 088	1 823 344	0.56	0.95	994 920	529 297
	3号墩	237 690	18 278	2 064 782	0.44	0.97	992 544	423 618
	交界墩	98 886	5 308	395 998	0.49	0.91	309 512	138 011
	引桥墩	60 041	3 666	149 179	0.54	0.89	150 136	72 155
腊八斤桥	9号墩	353 480	17 546	2 594 207	0.49	0.98	992 536	476 616
	10号墩	441 099	18 916	1 348 564	0.69	0.94	992 536	643 759
	11号墩	305 829	24 234	2 971 387	0.38	0.99	1 056 560	397 478
	交界墩	108 224	5 112	379 721	0.51	0.90	309 512	142 066
	引桥墩	57 779	4 376	146 592	0.52	0.88	150 136	68 702
唐家弯桥		352 554	19 022	1 075 790	0.64	0.99	749 152	474 663

注：1. 计算内力为墩身最不利截面最大值。
2. 本表取桥墩纵、横向最大组合值。
3. 表中内力为整幅总内力，如横向控制时，取单幅计算内力及单幅截面抗力验算。
4. 表中 M_u 为弯矩折减系数，L_u 为长细比折减系数。

表 5-37 钢管混凝土桥墩地震荷载位移　　　　　　　　　　　　　　　　　　　　　　　　　　单位：cm

位移方向	黑石沟大桥				腊八斤大桥				
	2号墩	3号墩	交界墩	引桥墩	9号墩	10号墩	11号墩	交界墩	引桥墩
横向	34.1	43.7	36.4	28.9	47.3	64.5	14.6	29.9	21.3
纵向	17.8	22.2	10.9	6.5	10.3	14.2	15.5	12.0	3.9

计算表明，桥墩最大位移值满足抗震规范要求。根据位移量计算确定交界墩和引桥墩顶梁的搁置宽度，确保地震时不会落梁。

5.5.6.3 正常使用阶段强度验算

计算计入了汽车荷载、风荷载、温度荷载、收缩徐变等活载作用。

1) 墩身实体模型

主墩为空心组合桥墩。墩身钢管混凝土和外包混凝土及横隔板均采用 solid 45 单元模拟；横隔板处环向钢束采用 link 8 单元模拟；在墩顶加弹簧约束其顺桥向位移，弹簧采用 beam 44 单元。桥墩的计算模型如图 5-144 所示。其中 X 方向为顺桥向，Z 方向为横桥向，Y 方向为竖向。

材料参数取值如下：主墩钢管混凝土，弹性模量 4.78×10^4 MPa，泊松比 0.3，容重 2 500 kN/m³；腹板为 C30 混凝土及钢斜撑共同组成，等效弹性模量 4.32×10^4 MPa，泊松比 0.3，容重 2 500 kN/m³；横隔板环向钢束，弹性模量 2.0×10^5 MPa，泊松比 0.3，容重 0；约束弹簧弹性模量 7.3×10^3 MPa，泊松比 0.3，容重 0。

2) 边界条件及荷载

边界约束条件为：墩底部完全固结，墩顶施加弹簧约束。

荷载：直接在墩顶施加的静力荷载(轴力 N、剪力 Q、弯矩 M)在模型中等效成节点力。静力荷载采用"桥梁博士"的计算成果，取其成桥状态正常使用组合 2 下的内力值进行计算，即轴力 $N = 1.17 \times 10^5$ kN；剪力 $Q = -2.93 \times 10^3$ kN；弯矩 $M = 1.99 \times 10^5$ kN·m。

图 5-144 计算模型

3) 墩身局部分析

桥墩隔板内设置环向钢束的对比计算。

(1) 环向钢束对墩身整体位移影响(图 5-145 和图 5-146)。

(2) 环向钢束对横隔板应力影响(图 5-147～图 5-161)。

计算表明,隔板内张拉环向钢束对增加桥墩整体刚度、降低节点处的应力峰值具有显著的作用。但张拉钢束施工程序较复杂,根据计算效应影响程度,在主桥墩的隔板采用预应力钢筋混凝土构件。

5.5.6.4 强度验算

(1) 钢管混凝土高墩各构件截面应力最大值见表 5-38。

应力计算结果满足有关要求。

(2) 控制截面应力分布如图 5-162～图 5-165 所示。

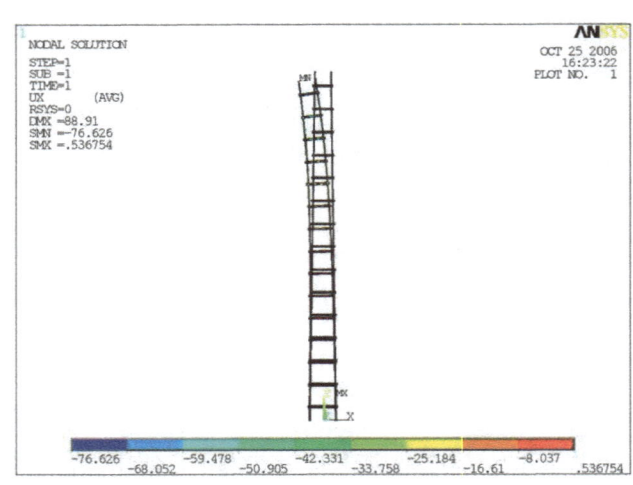

(a) 无环向钢束

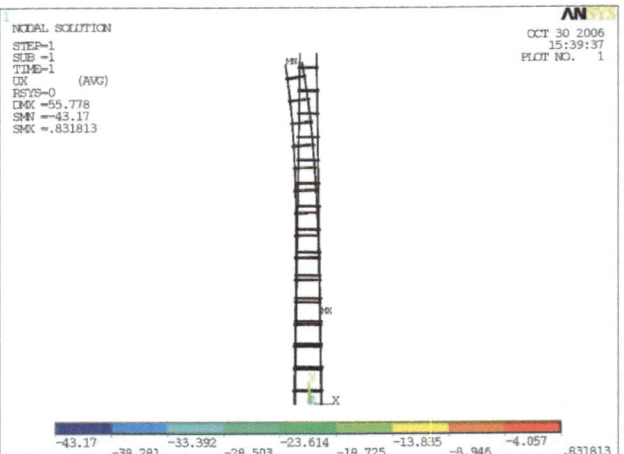

(b) 有环向钢束

图 5-145 墩身顺桥向变形(单位：mm)

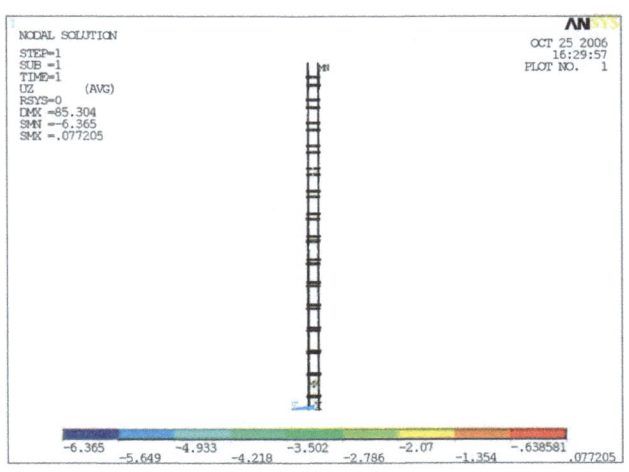
(a) 无环向钢束

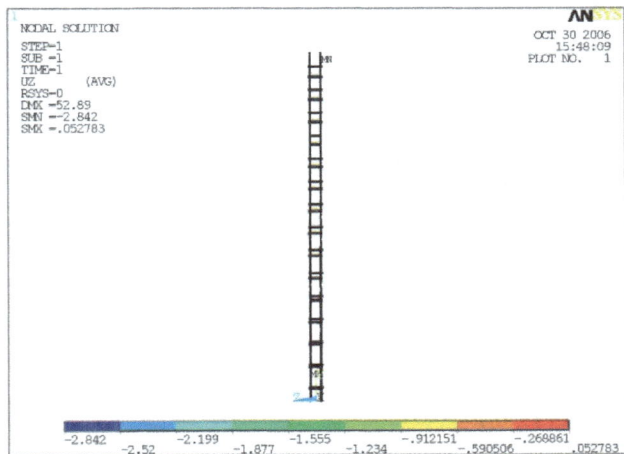
(b) 有环向钢束

图 5-146　墩身横桥向变形(单位：mm)

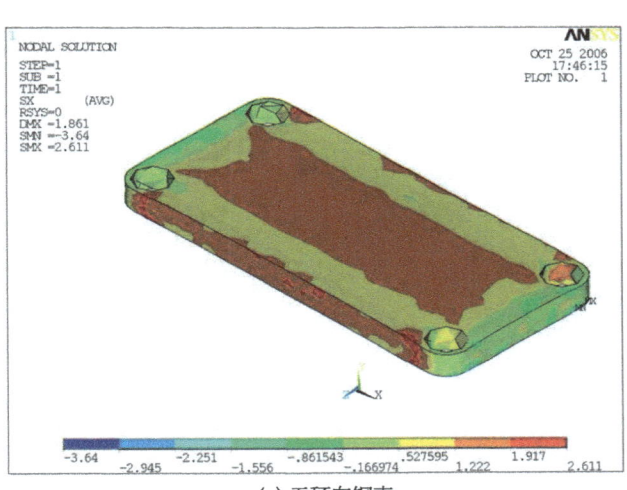
(a) 无环向钢束

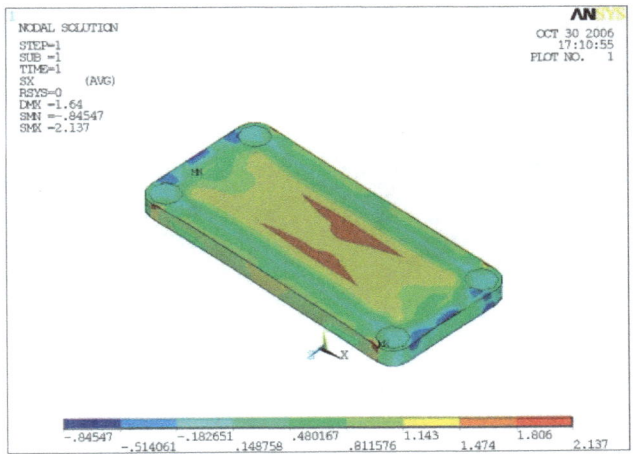
(b) 有环向钢束

图 5-147　横隔板 1 的 X 方向应力分布(距墩底截面 6.5～7.5 m)(单位：MPa)

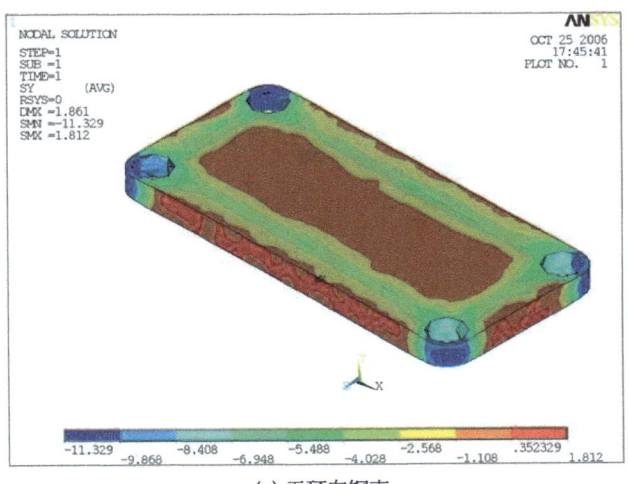
(a) 无环向钢束

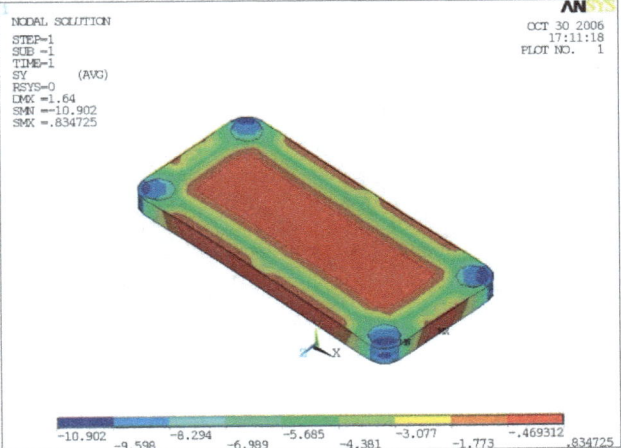
(b) 有环向钢束

图 5-148　横隔板 1 的 Y 方向应力分布(距墩底截面 6.5～7.5 m)(单位：MPa)

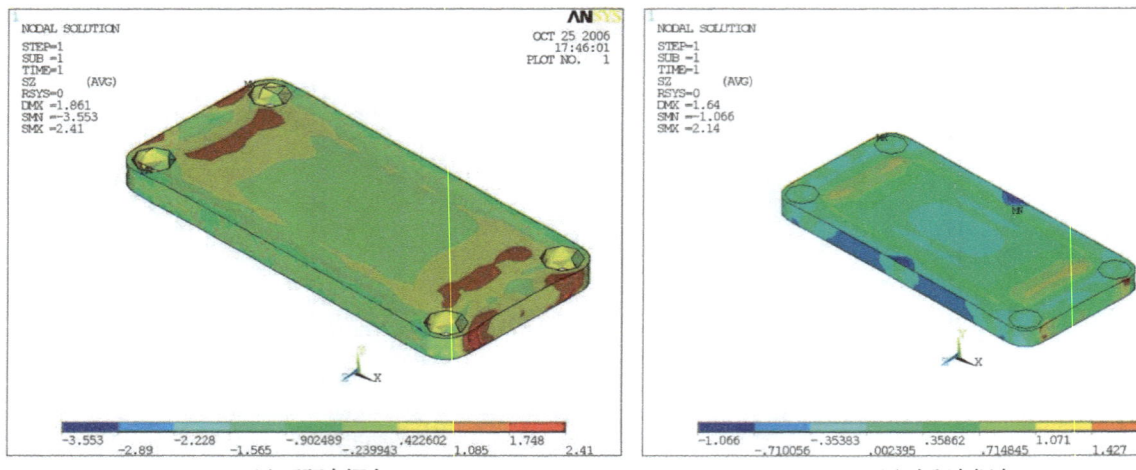

(a) 无环向钢束　　　　　　　　　　(b) 有环向钢束

图 5-149　横隔板 1 的 Z 方向应力分布(距墩底截面 6.5～7.5 m)(单位: MPa)

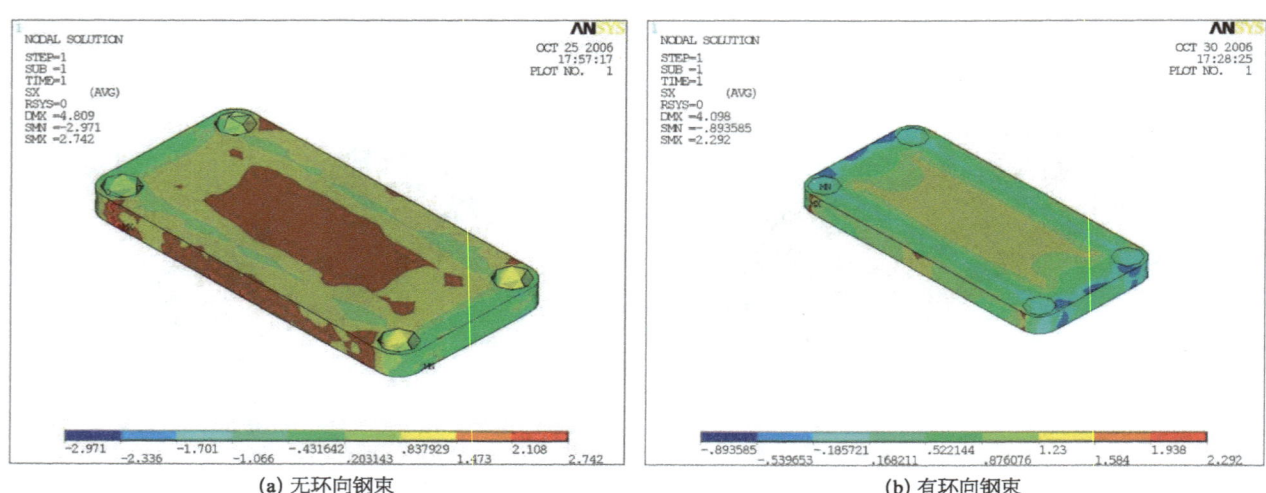

(a) 无环向钢束　　　　　　　　　　(b) 有环向钢束

图 5-150　横隔板 2 的 X 方向应力分布(距墩底截面 18.5～19.5 m)(单位: MPa)

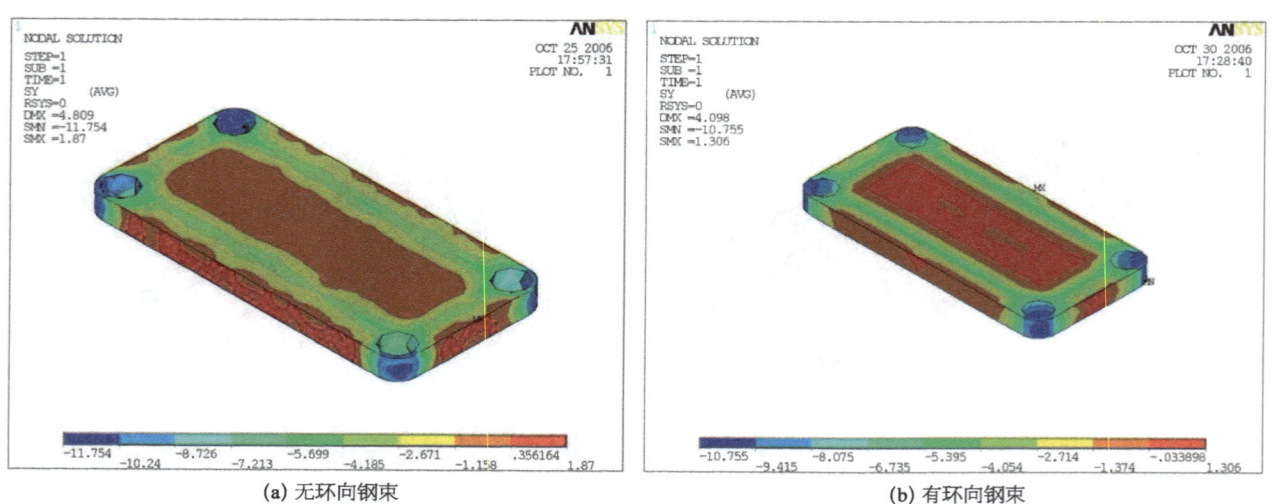

(a) 无环向钢束　　　　　　　　　　(b) 有环向钢束

图 5-151　横隔板 2 的 Y 方向应力分布(距墩底截面 18.5～19.5 m)(单位: MPa)

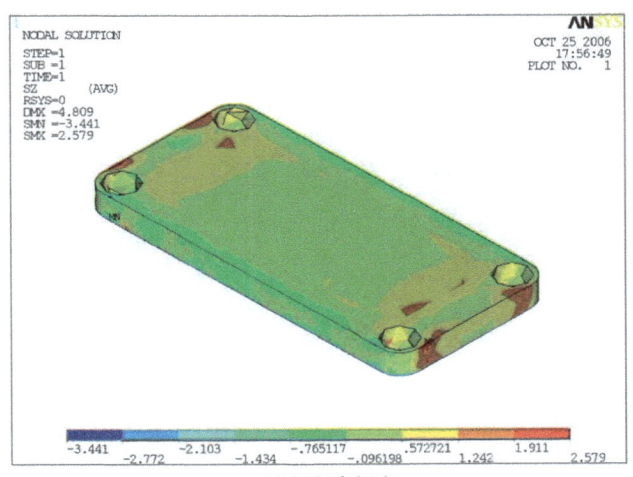 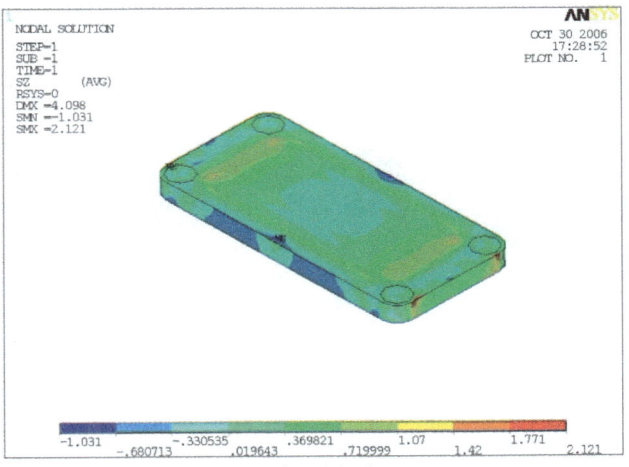

(a) 无环向钢束　　　　　　　　　　　　(b) 有环向钢束

图 5-152　横隔板 2 的 Z 方向应力分布（距墩底截面 18.5～19.5 m）（单位：MPa）

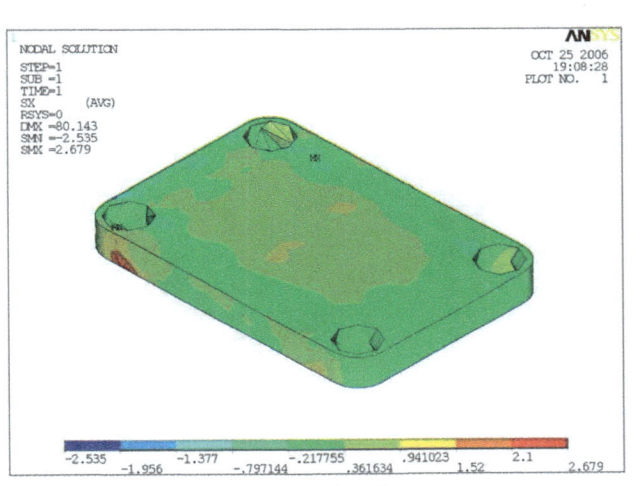 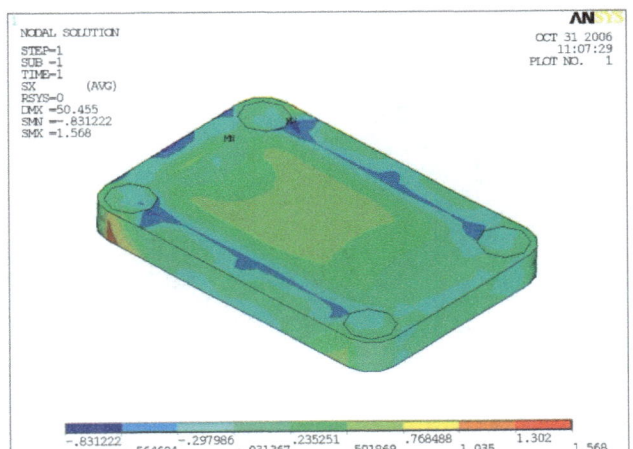

(a) 无环向钢束　　　　　　　　　　　　(b) 有环向钢束

图 5-153　横隔板 3 的 X 方向应力分布（距墩底截面 174.5～175.5 m）（单位：MPa）

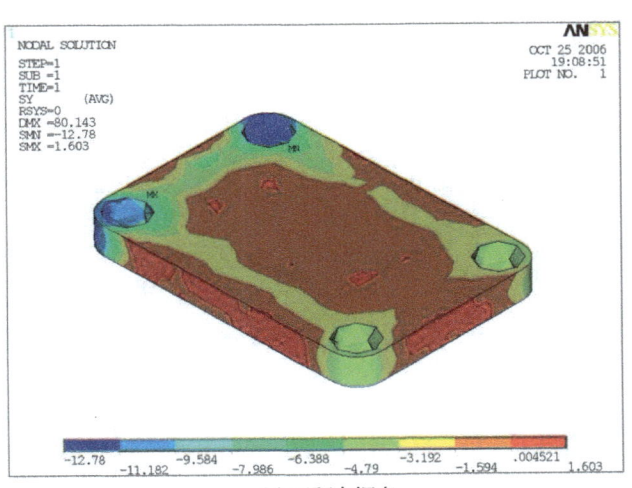 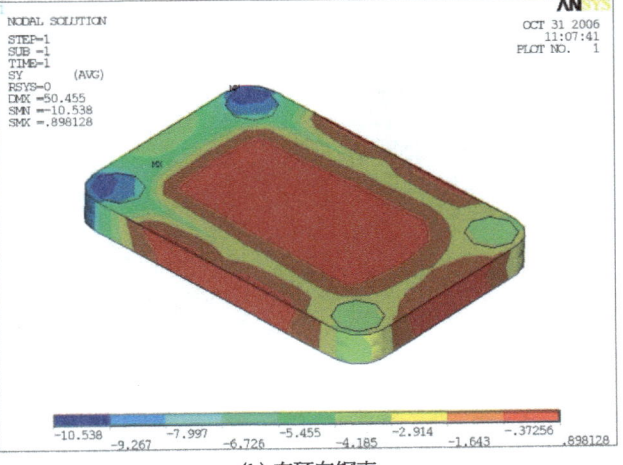

(a) 无环向钢束　　　　　　　　　　　　(b) 有环向钢束

图 5-154　横隔板 3 的 Y 方向应力分布（距墩底截面 174.5～175.5 m）（单位：MPa）

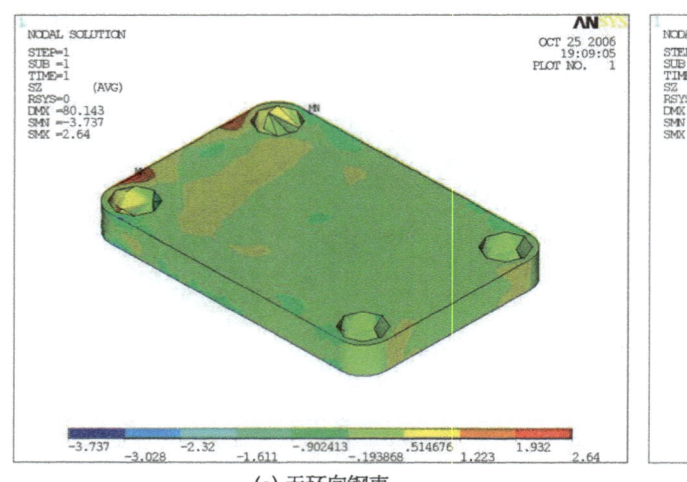
(a) 无环向钢束

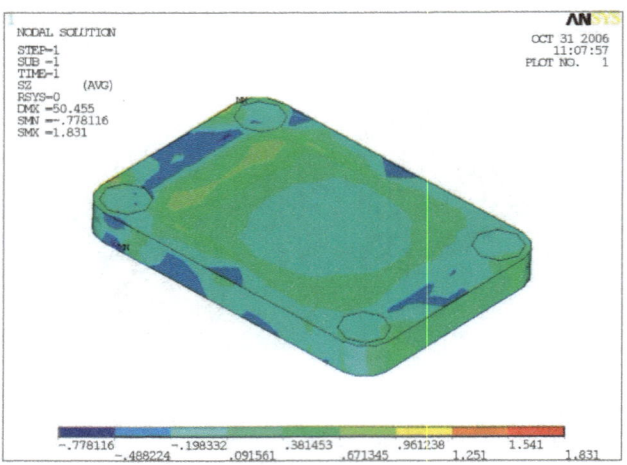
(b) 有环向钢束

图 5-155 横隔板 3 的 Z 方向应力分布（距墩底截面 174.5～175.5 m）（单位：MPa）

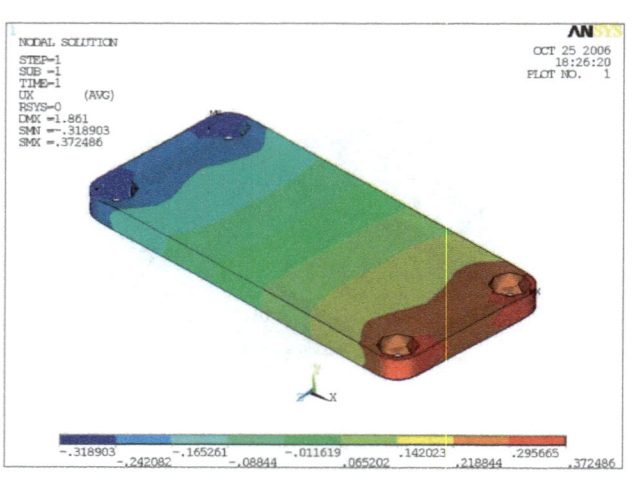
(a) 无环向钢束

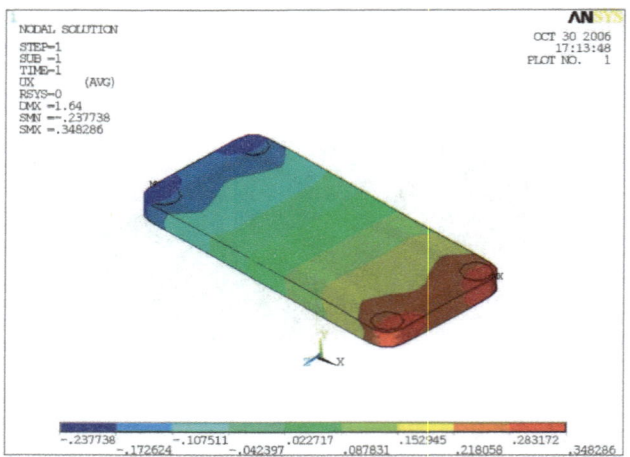
(b) 有环向钢束

图 5-156 横隔板 1 的 X 方向位移云图（距墩底截面 6.5～7.5 m）（单位：mm）

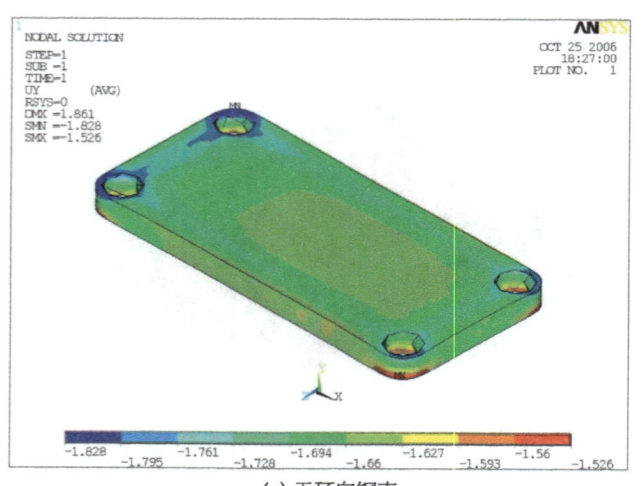
(a) 无环向钢束

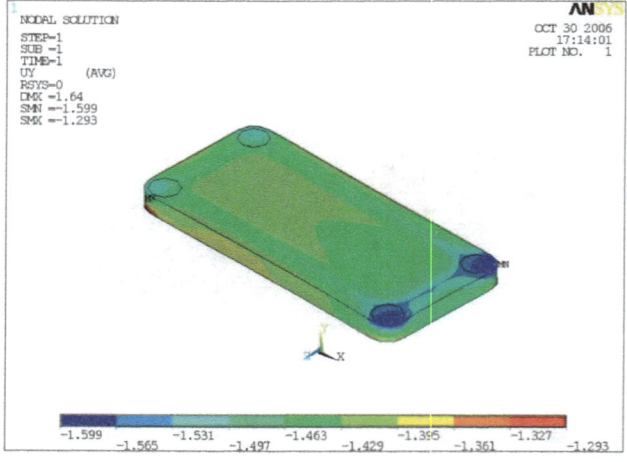
(b) 有环向钢束

图 5-157 横隔板 1 的 Y 方向位移云图（距墩底截面 6.5～7.5 m）（单位：mm）

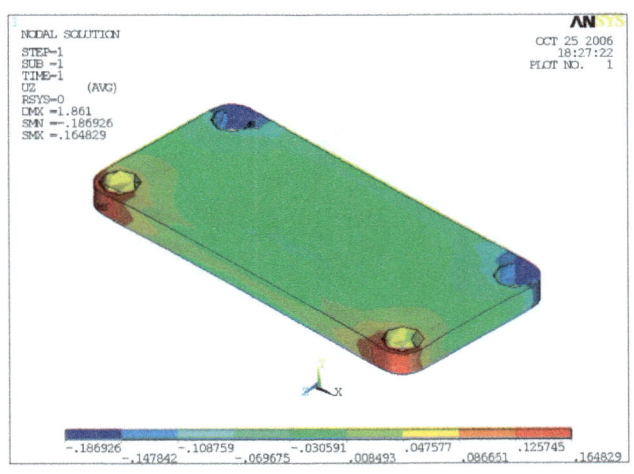
(a) 无环向钢束

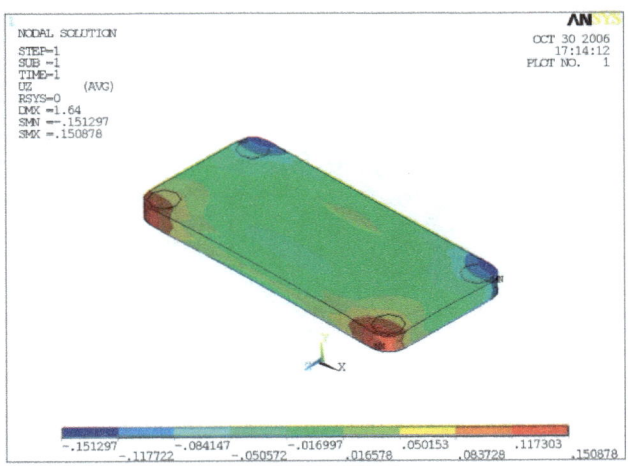
(b) 有环向钢束

图 5-158　横隔板 1 的 Z 方向位移云图(距墩底截面 6.5～7.5 m)(单位：mm)

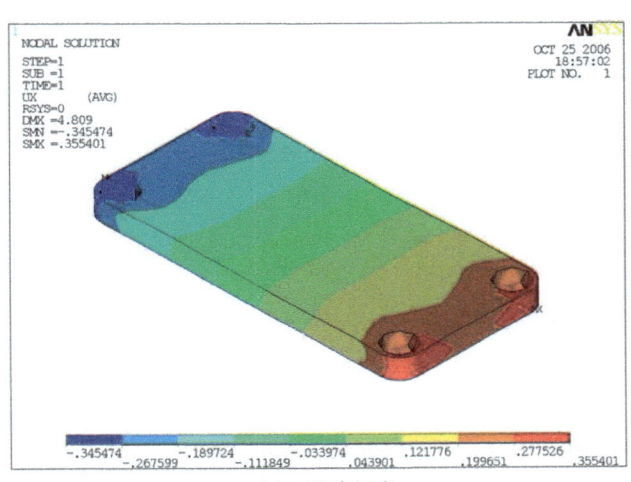
(a) 无环向钢束

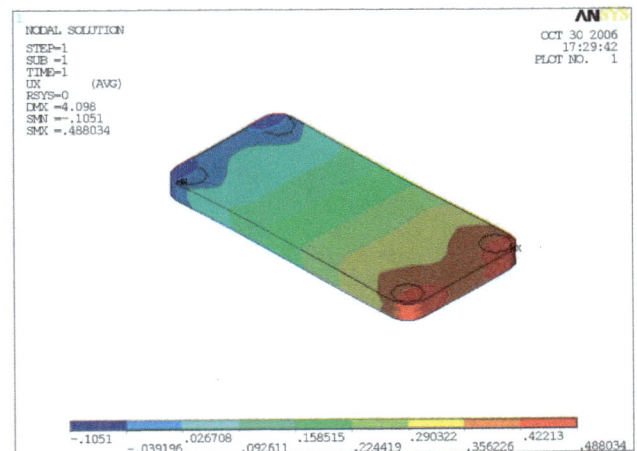
(b) 有环向钢束

图 5-159　横隔板 2 的 X 方向位移云图(距墩底截面 18.5～19.5 m)(单位：mm)

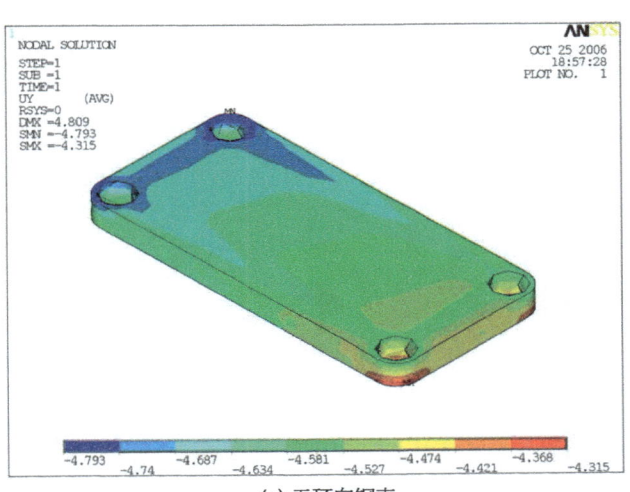
(a) 无环向钢束

(b) 有环向钢束

图 5-160　横隔板 2 的 Y 方向位移云图(距墩底截面 18.5～19.5 m)(单位：mm)

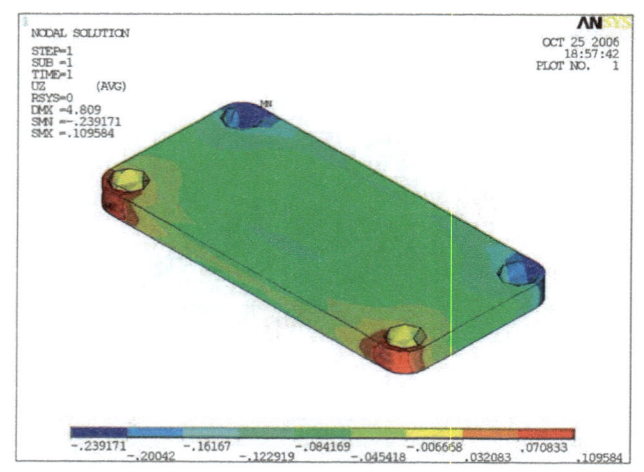
(a) 无环向钢束

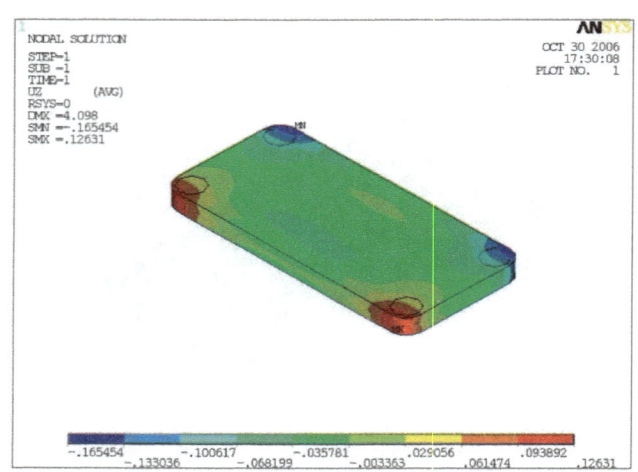
(b) 有环向钢束

图 5‑161　横隔板 2 的 Z 方向位移云图(距墩底截面 18.5～19.5 m)(单位：mm)

表 5‑38　钢管混凝土高墩各构件应力结果　　　　　　　　　　　　　　　　　　　单位：MPa

部　　位	最大应力	最小应力	纵向剪应力	横向剪应力
钢管混凝土	−20.79	−6.77	−8.62	−8.62
钢管外包混凝土	−13.32	−4.83	−7.47	−7.43
腹　板	−12.72	−1.55	−2.15	−2.07
隔　板	−1.96	1.96	2.75	0.18

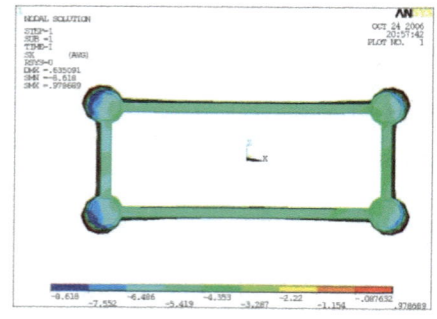 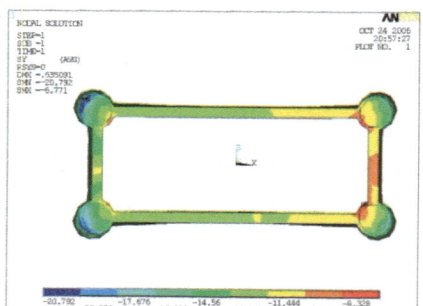 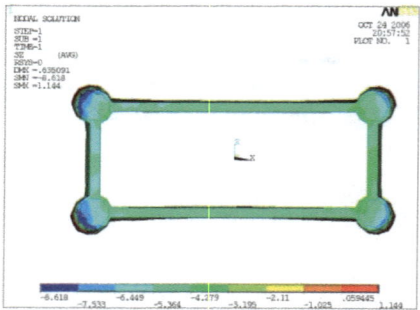

图 5‑162　距离墩底 0 m 截面应力云图(单位：MPa)

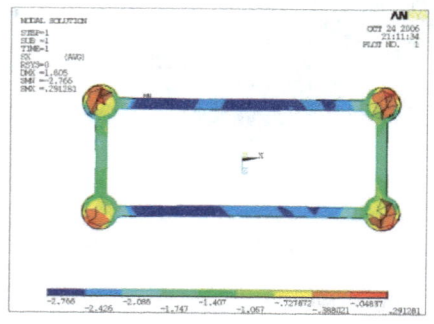 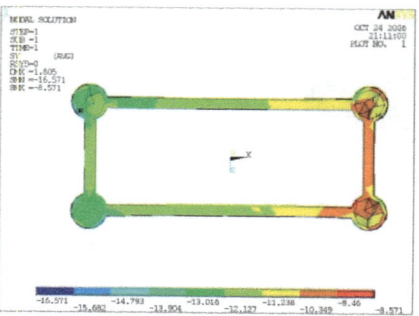 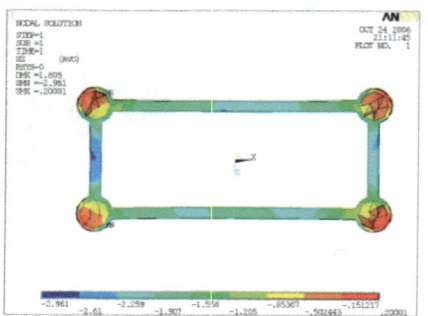

图 5‑163　距离墩底 6.5 m 截面应力云图(单位：MPa)

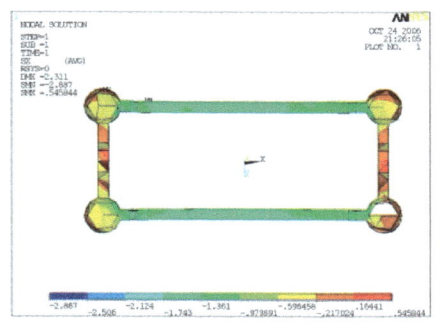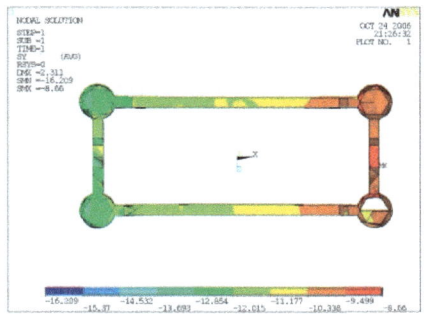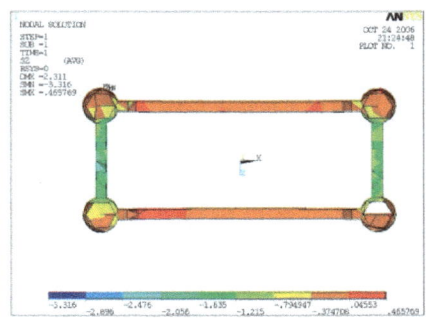

图 5‑164 距离墩底 7.5 m 截面应力云图(单位：MPa)

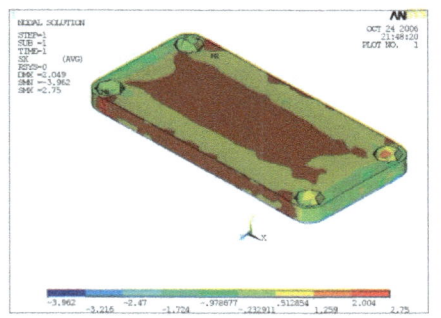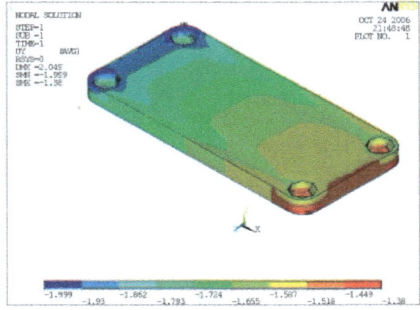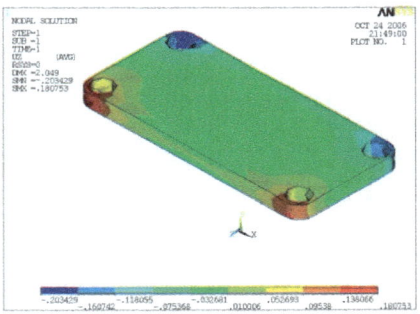

图 5‑165 横隔板应力云图(单位：MPa)

5.5.6.5 刚度验算

最高桥墩恒载作用下位移：最大水平位移 10 mm，最大竖向位移 31 mm。最高桥墩正常组合作用下位移：最大水平位移 55 mm，最大竖向位移 92 mm。最高桥墩活载作用下位移：最大水平位移 11 mm，最大竖向位移 0.3 mm。

桥墩刚度：$\psi = 55/182\ 500 = 1/3\ 318$，$\delta = 11\ \text{mm} \leqslant 30\ \text{mm}$，满足要求。

5.5.6.6 墩的稳定、动力特性计算

1) 线性稳定计算结果

钢管混凝土组合高墩一阶稳定安全系数为 15.7，失稳模态为横桥向整体失稳。一阶竖向弯曲自振频率为 0.247，一阶扭转自振频率为 16.77，弯扭频率比达 67。

依托雅西高速公路四川雅安腊八斤大桥，开展线性稳定及动力特性分析，现列表给出前十阶线性稳定安全系数及模态(表 5‑39)，并在两幅桥的 9 号主墩间和 10 号主墩间加不同情况的横系梁，列表给出各种情况下的前 100 阶自振频率及前 10 阶振型模态(表 5‑40)。

表 5‑39 桥墩线性稳定安全系数

阶数	弹性稳定安全系数	失稳模态
1	13.548	8 号墩纵向弯曲
2	13.552	8 号墩纵向弯曲
3	14.185	墩、梁横向弯曲
4	17.069	10 号墩屈曲
5	17.074	10 号墩屈曲
6	18.015	10 号墩屈曲
7	18.018	10 号墩屈曲
8	18.216	引桥墩纵向弯曲、主梁纵飘
9	18.412	引桥墩纵向弯曲、主梁纵飘
10	18.759	10 号墩屈曲

2) 动力特性计算结果

经过论证，推荐主桥墩间设置横向连接构件如图 5‑166 所示，其自振频率及模态见表 5‑41。

表 5-40　自振频率及模态　　　　　　　　　　　　　　　　　　　　单位：cycle/s

阶数	两幅桥的9号墩和10号墩间不加横梁频率	两幅桥的9号墩和10号墩间中间位置加横梁	两幅桥的9号墩和10号墩间中间位置以下30 m处加横梁	两幅桥的9号墩和10号墩间中间位置及其上下30 m处各加一道横梁，共三道横梁
1	0.152	0.161	0.158	0.170
2	0.230	0.236	0.234	0.242
3	0.244	0.244	0.244	0.244
4	0.249	0.249	0.249	0.249
5	0.264	0.264	0.264	0.264
6	0.264	0.264	0.264	0.264
7	0.316	0.316	0.316	0.316
8	0.368	0.369	0.368	0.370
9	0.422	0.423	0.423	0.424
10	0.439	0.440	0.440	0.440

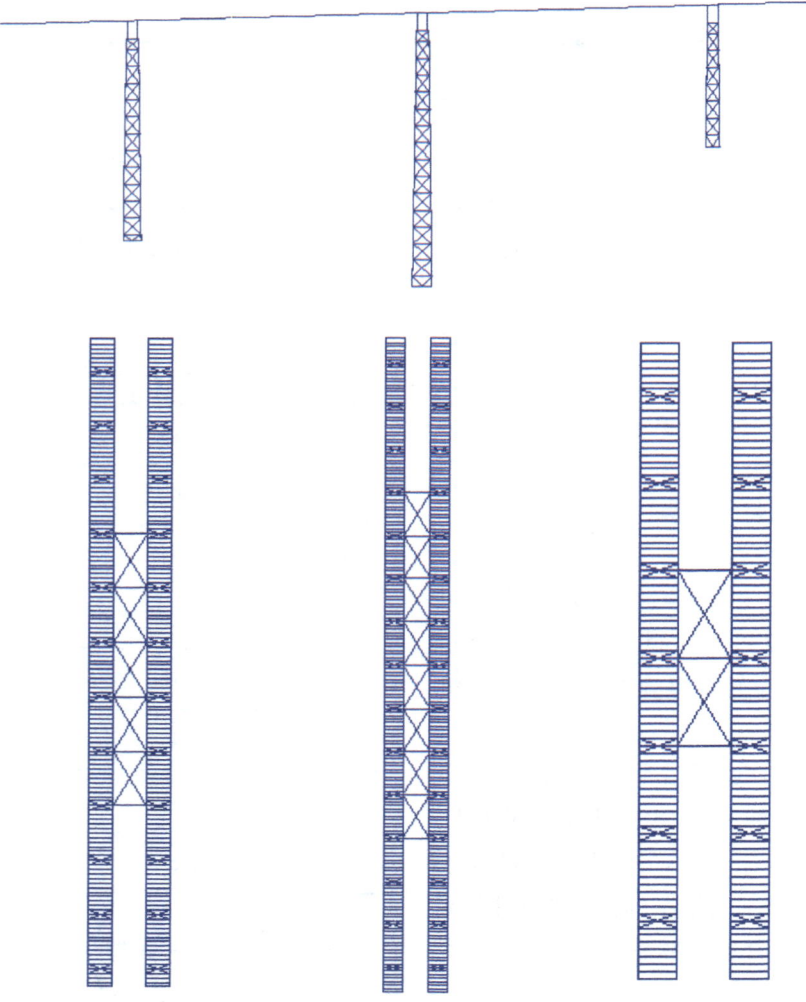

图 5-166　主桥墩间推荐设置的横向连接结构

表 5-41 主桥墩间设置横向连接构件的自振频率及模态

阶 数	频 率	振 型 模 态
1	0.194	墩、梁横向弯曲
2	0.266	引桥墩纵弯、主梁纵飘
3	0.268	墩、梁横向弯曲
4	0.272	引桥墩纵弯、主梁纵飘
5	0.301	引桥墩纵弯、主梁纵飘
6	0.301	引桥墩纵弯、主梁纵飘
7	0.346	墩纵弯、主梁一阶竖弯
8	0.397	墩、梁横向弯曲
9	0.457	引桥墩纵弯、主梁纵飘
10	0.457	引桥墩纵弯、主梁纵飘

5.5.7 工程造价分析

依据四川省公路规划勘察设计研究院有限公司完成设计的同跨度、同墩高、相同安全储备的连续刚构桥梁,主桥墩采用钢筋混凝土箱形截面,地震烈度为Ⅵ度。对该主桥墩与依托工程腊八斤大桥的主桥墩,进行工程数量和造价的对比分析研究。

5.5.7.1 重庆云阳至万州高速公路汤溪河大桥

该桥跨径组合设计为 7×40 m+130 m+230 m+130 m+7×40 m 连续刚构桥,引桥为 40 m 简支 T 梁桥,主桥桥墩最高为 156.9 m,引桥墩高为 20~100 m。主桥主墩采用钢筋混凝土,地震基本烈度为Ⅵ度。总体布置如图 5-167 所示。

5.5.7.2 四川雅安至西昌高速公路黑石沟大桥

主桥为 60 m+115 m+200 m+105 m 连续刚构桥,引桥为 8×40 m 预应力混凝土简支 T 梁,主桥桥墩最高墩高为 157 m,引桥墩高为 20~100 m。主桥主墩采用钢管混凝土组合结构,地震基本烈度为 7.5 度。总体布置如图 5-168 所示。

按同精度设计,计算相同高度桥墩工程数量,并进行工程经济分析。

5.5.7.3 工程经济分析

(1)汤溪河大桥(表 5-42)。

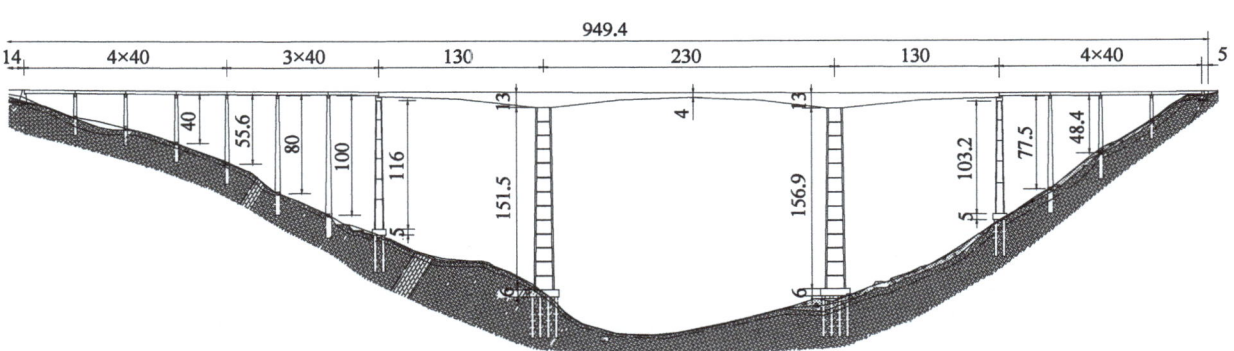

图 5-167 汤溪河大桥总体布置(单位:m)

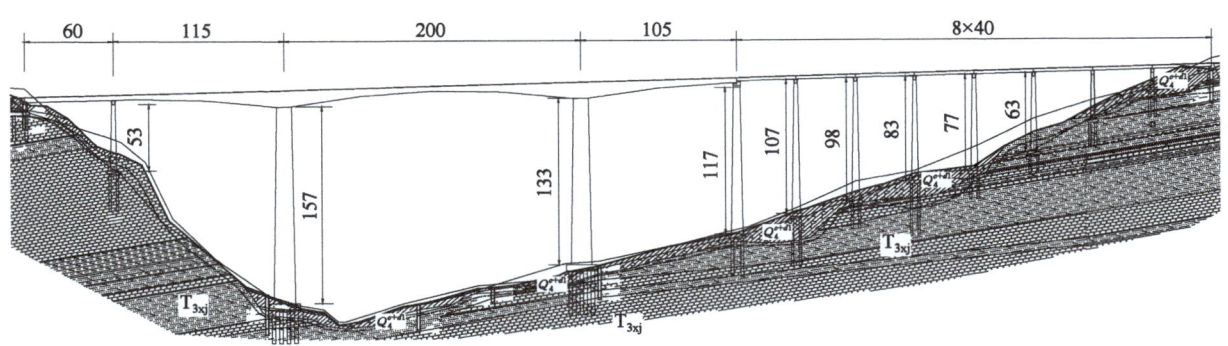

图 5-168 黑石沟大桥总体布置(单位:m)

表 5-42　墩高 $h=156.9$ m 钢筋混凝土桥墩工程量清单

细目号	细目名称	单位	数量	单价	合价
403-1	基础钢筋				
-a	光圆钢筋(R235)	kg	800	5.23	4 184
-b	带肋钢筋(HRB335、HRB400)	kg	3 934 800	5.69	22 389 012
-c	其他钢管	kg	207 200	6.00	1 243 200
403-2	下部结构混凝土				
-a	C40 混凝土空心墩	m³	20 283	597.30	12 115 036
-b	C30 混凝土基础	m³	5 878	1 422.32	8 360 397
-c	C30 混凝土承台	m³	3 665	426.34	1 562 536
-d	C20 混凝土承台封底	m³	304	350.40	106 522
	合计人民币：4 578 万元				

（2）黑石沟大桥（表 5-43）。

表 5-43　墩高 $h=157$ m 钢管混凝土桥墩工程量清单

细目号	细目名称	单位	数量	单价	合价
403-1	基础钢筋				
-a	光圆钢筋(R235)	kg	549 022	5.23	2 871 385
-b	带肋钢筋(HRB335、HRB400)	kg	404 586	5.45	2 204 994
-c	其他钢管	kg	23 796	6.00	142 776
403-2	下部结构混凝土				
-a	C30 混凝土桩基础	m³	3 142	1 414.82	4 445 364
-b	C30 混凝土承台	m³	2 461	426.34	1 049 223
-c	C30 混凝土钢管外包	m³	4 142	946.93	3 922 184
-d	Q345-B 钢管	kg	891 605	9.36	8 345 423
-e	钢管调试、安装	kg	891 605	2.60	2 318 173
-f	型钢	kg	334 725	7.20	2 410 020
-g	型钢调试、安装	kg	334 724	2.60	870 282
-h	C80 管内混凝土	m³	1 889	1 064.51	2 010 859
-i	钢绞线	kg	16 353	11.32	185 116
	合计人民币：3 078 万元				

对比分析表明,采用高度 157 m 的钢管混凝土组合桥墩,比钢筋混凝土桥墩节约工程造价 1 500 万元。四川雅西高速公路的唐家湾大桥、黑石沟大桥、腊八斤大桥等三项工程中的 6 个主墩、3 个交界墩和 12 个引桥墩采用了钢管混凝土组合桥墩,与钢筋混凝土桥墩相比,不仅解决了桥墩抗震难题,而且节约工程造价约 1.0 亿元。

5.6 四川省凉山州金阳河特大桥

5.6.1 概况

5.6.1.1 地理位置

金阳河特大桥属原 S208 线金阳县城至通阳大桥段公路改建工程的控制性工程之一,不仅承担了国道 G356 线过河、改善区域交通条件的功能,同时要满足城市发展等多方面的要求。桥址位于凉山州金阳县城北,起点位于城东绕城公路上,止点位于县城对岸的木腊沟,该桥梁跨越金阳河深切河谷,设计桥梁高出金阳河河床约 238 m,该桥拟采用 19.38 m+3×22 m 连续梁+106 m+2×200 m+115 m+40 m 连续刚构的跨径结构,桥梁全长 757.7 m。桥梁跨径最大 200 m,最大桥墩墩高 196 m。

5.6.1.2 技术标准

该桥根据社会经济发展需求,确定的技术标准为:① 公路等级:三级公路;② 设计车速:40 km/h(主桥)、30 km/h、20 km/h(引道);③ 荷载等级:公路-Ⅰ级;④ 路基宽度:7.5 m,其组成为:行车道宽 2×3.25 m,土路肩 2×0.5 m;⑤ 地震烈度:7.7 度,按照 50 年超越概率 10% 地震加速度 0.151g;⑥ 桥梁宽度:16 m[2 m(人行道及栏杆)+2.5 m(非机动车道)+2×3.5 m(车行道)+2.5 m(非机动车道)+2 m(人行道及栏杆)];⑦ 设计洪水频率:300 年一遇;⑧ 通航标准:桥址处金阳河为等外级河流,天然河流不通航且没列入航道规划;⑨ 设计基准风速:26 m/s(100 年 1%)。

5.6.1.3 地形地貌

测区处于攀西高原的南侧,金阳河由北向南斜穿桥轴线。测区分水岭山脊海拔多在 2 700 m 左右,金阳河谷底海拔约 1 020 m,相对高差大于 1 680 m,场地为深切高山峡谷地形,属侵蚀溶蚀构造中高山地貌。

金阳河右岸公路以下边坡上部较陡(约 100 m 段),呈折线型,斜坡上植被茂密,多为杂草、芭茅和少许灌木。中部(金阳河河床以上)斜坡较缓,自然斜坡 10°～20°,呈折线型,斜坡多被垦为旱地,主要为玉米地,有少许农舍分布。斜坡上为松散堆积层,未见基岩出露,仅在公路上边坡处有零星的灰岩出露。

仓房村岸(左岸)桥台下方地形陡峭,总体坡度 50°～60°,呈折线型,局部有 1～2 m 的缓坡地段,陡崖上有少许灌木(图 5-169)。陡崖下方为斜坡地形,自然斜坡 20°～28°,呈折线型,坡上植被茂密,多为杂草、芭茅和少许灌木(图 5-170)。第四系沿斜坡堆积,斜坡至河床未见基岩出露。桥台及以上斜坡呈缓坡地形,自然斜坡 10°～15°,呈折线型,缓坡处被垦为旱地,主要为当地居民的蔬菜和玉米种植地。

图 5-169 桥位左岸地貌

图 5-170 桥位右岸地貌

5.6.1.4 地质构造及地震烈度

场地内区域金阳断层于桥位上游约 500 m 处通过,该断层南起灯厂,往北经桃子坪、金阳、达摸洛、核子日挖、舒比客、瓦尼觉延伸出图,全长52 km。断层所切地层主要为上元古界,断裂对地层破坏较大,如在核子日挖附近造成奥陶系下统湄潭组与二叠系下统茅口组直接接触。断面倾向西,倾角约80°,岩石挤压明显,为一向东俯冲的压性断裂。

断层沿走向方位变化较大,南段灯厂至金阳为NE15°,中段金阳至核子日挖为NW335°,北段核子日挖至瓦尼觉为NE35°,形成一个S形状。

场地位于南北向的扭枯背斜的SE侧,经调查桥位岩层产状单斜,岩层产状为145°~180°∠15°~28°。优势产状:150°∠20°。在岩体中主要发育有两组节理:L1:35°~60°∠55°~70°,隙面平整、起伏,延伸大于1 m,切深0.1 m,间距0.1~0.2 m,L2:210°~270°∠245°~75°,隙面平直,延伸大于1.0 m,切深大于1.0 m,间距0.3~1 m,岩体中微裂隙发育,岩体在层面、节理的切割下呈碎片状结构。

区内新构造运动的特点以上升运动为主,形成高山狭谷,区内地震活动频繁而强烈,但震中多远离场地,场地仅受异地地震的波及及影响。根据《中国地震动参数区划图》,桥址区地震动峰值加速度为0.15g,地震动反应谱特征周期为0.45 s,场地对应地震基本烈度为Ⅶ度。

5.6.2 桥型方案

由于四川凉山州金阳河特大桥为库区赔偿建设和溜索改桥专项工程,桥位连接金阳老县城,且可选桥位地形地质条件相当,没有较大差别,因此根据地方政府和当地社会经济发展需要,直接确定了桥位,没有更多可供比选的桥位。

根据确定的桥位建设条件,沟谷深度超过200 m,如果采用双塔斜拉桥,主孔最佳跨度为300 m,但是索塔高度超过300 m,且工程造价达到3.2亿元;如果采用悬索桥,主孔最佳跨度为620 m,但造价达到3.4亿元,且由于桥梁宽度仅16 m,安全经济地解决横向抗风将是难题。因此,主跨300 m双塔斜拉桥和主跨620 m悬索桥可比较的安全、适用、经济等指标差,没有开展深入的论证研究。

根据桥位条件和桥梁宽度约为16 m、沟谷深度超过200 m的现状,设计团队提出了主跨450 m上承式钢筋混凝土拱桥、主跨240 m三跨连续刚构桥和主跨200 m四跨连续刚构桥等方案。经过比较论证,现将主要结论罗列于表5-44。

表5-44 桥型方案主要指标

桥型方案	拱桥	三跨连续刚构桥	四跨连续刚构桥
总体简图			
主跨/总长	450 m/724 m	240 m/720 m	200 m/742 m
施工工期	39个月	36个月	34个月
方案优点	降低了桥墩、总体造价低、桥型与地形协调、材料消耗少	桥墩高度适中、工程建设费用适中、桥梁下部结构较少	主梁跨度相对较小、裂纹和耐久性控制相对容易,工期较短
方案缺点	主跨450 m钢筋混凝土拱桥施工难度大、风险较高,工期较长	主跨240 m连续刚构桥,裂纹控制与主梁耐久性能风险较高	桥墩最高、工程建设费用略高
工程数量	混凝土:53 099 m³ 钢管:11 759 t 高强钢管:521 t	混凝土:56 923 m³ 钢管:11 366 t 高强钢管:1 176 t	混凝土:54 656 m³ 钢管:10 t 高强钢管:2 154 t
工程造价/亿元	2.32	2.45	2.49
推荐结论	比较	比较	推荐

根据安全、技术、经济等方面比较,推荐采用主跨200 m连续刚构桥梁,最大主墩高度为196 m,推荐采用钢管混凝土组合结构,重量轻、材料用量省、抗震能力强。

5.6.3 桥梁设计

5.6.3.1 总体设计

拟建国道356线金阳县金阳河特大桥位于四川省西昌市金阳县城的西北端,拟建大桥为跨金阳河而建,起点位于金阳县城的西北端(接环城路),止点位于金阳县城的对岸(仓房村境内)。桥区内金阳岸(右岸)桥台处有环城路通过,交通较为方便,仓房村岸(左岸)为陡崖,距桥台500 m处有一土质机耕道通往村上,交通极为不便。根据段落划分K2+300~K3+100属于本大桥工程。

该桥起于K2+312.34,止于K3+070.04,大桥全长757.7 m(轴线长)。K2+321.317之前位于$R=20$ m的平曲线内(平交口),设计速度20 km/m,不设超高;K3+038.674之后位于$R=150$ m的平曲线内,设计速度30 km/m,设4%超高,全桥桥面纵坡+0.4%。跨径组合(平行轴线)为(19.38+3×22)m预应力现浇箱梁+(106+2×200+115+40)m连续刚构,主桥长661 m(图5-171)。

图5-171 金阳河特大桥效果

5.6.3.2 主桥设计

1) 关于边中跨比例的确定

常规的连续刚构桥,其边中跨比例一般在0.54~0.58。与这一边中跨比例相匹配,其边跨现浇段往往采用搭设支架进行现浇的施工方法。

由于地形条件限制,4号交界墩较高,导致边跨现浇段支架过高,既增加施工成本,又增加施工风险。国内也有工程采用先合龙中跨,再对称悬浇边跨节段,以缩短现浇段长度的例子,但这会增加边跨应力水平,使安全度降低。

根据大跨高墩连续刚构的设计研究,将边中跨比改为较小的0.52左右,这样,边跨现浇段长度较短,可以在墩顶设置托架进行现浇,从而避免搭设高支架施工。经过结构计算,交界墩处支反力始终不会出现负反力,同时主墩受力状况也良好。

通过对边中跨比例的调整,在确保结构受力状态良好的前提下,避免了搭设高支架,满足了施工的可实施性和安全性,也证实了方案的合理性。

2) 关于仓房村岸引桥设计

仓房村岸采用过渡墩,主桥的主梁连续设计,为多跨连续梁的结构体系,9号桥台附近的主梁采用现浇方案施工完成,该方案具有以下优点:① 因为连续梁可以降低支点负弯矩,因此减小了过渡墩处下部结构尺寸,提升了主桥安全;② 利用主桥主梁浇注混凝土的模板施工,简化了施工组织,缩短了施工工期,降低了施工费用;③ 为主桥主梁纵桥方向设置水平地震内力的约束装置——阻力器提供了地基基础。

3) 主梁构造设计

主桥为106 m+2×200 m+115 m+40 m连续刚构,为三向预应力混凝土结构,主梁为单箱单室截面(图5-172)。箱梁顶板宽16 m,底板宽8.5 m,两翼板悬臂长3.75 m,箱梁顶板设置成2%双向横坡。箱梁跨中、边跨现浇段、过渡连续现浇段梁高4.1 m(箱梁高均以腹板外侧为准),桥墩与箱梁相接的根部断面及墩顶0号梁段高13.2 m。箱梁从跨中至根部,箱高以1.6次抛物线变化。箱梁腹板在墩顶范围内厚215 cm(包含外包墩构造),从箱梁根部至跨中梁段腹板厚由70 cm、60 cm、50 cm组成。每节梁段的腹板上设有抗剪齿口。箱梁底板厚从箱梁根部截面的160 cm渐变至跨中及边跨支点截面的36 cm,按1.5次抛物线变化。主桥共21道横隔板,分别在主墩墩顶各设两道1.5~2.0 m厚横隔板,箱梁梁端各设一道1.5 m厚横隔板,8号过渡墩墩顶设一道2.0 m厚横隔板,中跨8号、17号梁段中各设一道100 cm厚的转向横隔板(用于布设体外预应力钢束)。此外在中跨27号梁段中以及边跨的21号梁段中各设一道30cm厚横隔板,以消除底板预应力产生的径向力对结构的不利影响,确保箱梁的横向安全。

5号墩箱梁0号梁段长14m(包括桥墩两侧各外伸2.3m),6号和7号墩箱梁0号梁段长14m(包括桥墩两侧各外伸1.5m),每个T纵桥向划分为26个梁段,梁段长度从根部至端部分别为12×3m、14×4m,累计悬臂总长99m。1~26号梁段采用挂篮悬臂浇注施工,悬臂浇注梁段最大控制重量2 846 kN,挂篮设计自重1 400 kN。全桥合计共有3个合龙段,合龙段长度均为2m。金阳县城岸边跨现浇段长3.52m,仓房村岸现浇连续段长52.52m,另设1.3m后浇牛腿。

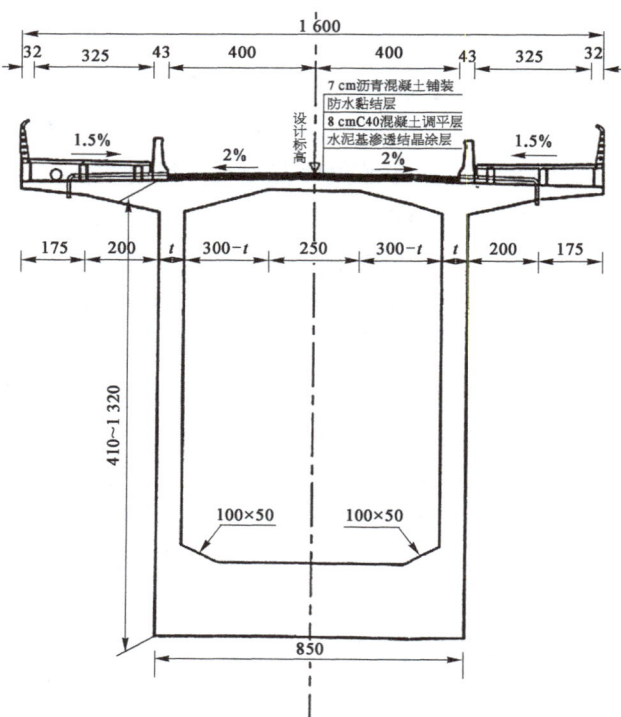

图5-172 金阳河特大桥主梁典型断面(单位:cm)

4)下部构造设计

主墩采用钢管混凝土格构空心墩,在主梁翼板根部墩横桥向宽11.9m,5号墩横向不放坡,6号及7号横向按60:1放坡;纵桥向5号墩墩顶宽9.4m,6号及7号墩墩顶宽11.0m,主墩纵向均不放坡(图5-173)。钢管混凝土格构空心墩由四肢格构柱及柱间混凝土肋板形成单箱单室截面,格构柱由直径1.5m、1.7m、1.9m钢管外包20cm厚混凝土组成,

格构柱间混凝土肋板壁厚50cm。墩内竖向每隔12m左右设一道1.0m厚的横隔板。主墩承台厚6m,平面尺寸30m×23.75m。主墩基础为20根直径2.5m的钻孔浇注桩。主墩墩身为防止开裂,在主墩周边布置带肋钢筋焊网,钢筋网布置在主筋外侧。

交界墩采用独柱单箱单室空心薄壁墩,空心墩横桥向宽8.5m,纵桥向墩顶宽3.7m,横向不放坡,纵向按80:1放坡;空心墩薄壁厚度为60cm。墩内竖向每隔13.5m左右设一道0.5m厚的横隔板,交界墩承台厚4m,平面尺寸16.2m×10m。交界墩基础为6根直径2.0m的钻孔浇注桩。

过渡墩采用独柱矩形实心墩,实心墩横桥向宽8.5m,纵桥向宽2.5m,纵横向均不放坡;过渡墩承台厚4m,平面尺寸16.2m×10m。过渡墩基础为6根直径2.0m的钻孔浇注桩。

9号桥台为重力式台身配桩基承台的组合结构,台身横向适当加宽尺寸,"以直代曲"来适应曲线变化。9号桥台承台厚3.6m,平面尺寸18m×13.8m。基础为12根直径1.5m的钻孔浇注桩。

金阳河特大桥施工现场如图5-174所示。

5.6.3.3 引桥设计

1)上部结构

引桥19.38m+3×22m现浇连续箱梁,箱梁为单箱四室截面。标准截面箱梁顶板宽16m,底板宽12.6m,两翼板悬臂长1.7m,箱梁顶板设置成2%双向横坡。箱梁梁高1.726m(箱梁中心线为准),箱梁腹板厚40cm。引桥共5道横梁,分别在墩顶各设一道2.5m厚的中横梁,边跨梁端各设一道1.25m厚端横梁。

由于引桥第一孔位于曲线内,按以下原则设计:① 保证箱梁底板横向平坡,纵向+0.4%坡度不变,曲线上横向超高通过改变各腹板高度和箱梁顶板的横向倾斜适应,以保证桥面铺装厚度一致,避免过厚或过薄的桥面铺装;② 箱梁顶底面在平面不设曲线,用变宽折线涵盖行车道曲线。

2)下部构造

引桥在0号桥台、1号桥墩和4号交界墩上设滑板支座,2号、3号桥墩与引桥箱梁采用墩梁固结构造。

1号墩为独柱花瓶形矩形实心墩,横桥向宽

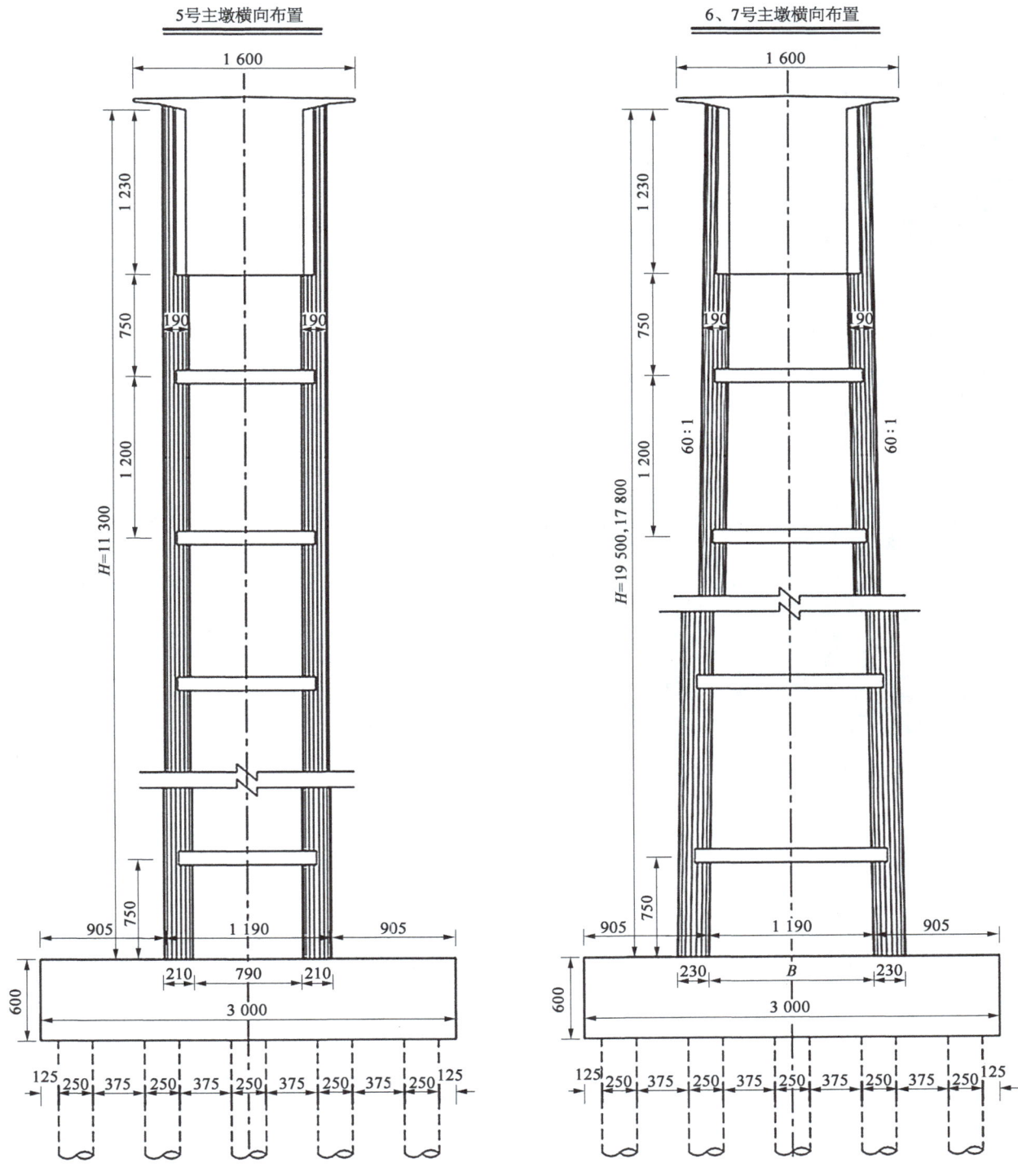

图 5-173 主墩构造(单位：cm)

8 m，纵桥向宽 1.2 m，纵向不放坡；2 号墩为独柱花瓶形矩形单箱单室空心薄壁墩，横桥向宽 8 m，纵桥向墩顶宽 1.4 m，纵桥向按 60∶1 的比例向下变宽；3 号墩为独柱花瓶形矩形单箱单室空心薄壁墩，横桥向宽 8 m，纵桥向墩顶宽 2.0 m，纵桥向按 60∶1 的比例向下变宽。空心墩薄壁厚度为 40 cm，墩内竖向每隔 14 m 左右设一道 0.5 m 厚的横隔板。引桥墩承台厚 3.0 m，平面尺寸 15 m×8 m，基础为 6 根直径 1.5 m 的钻孔浇注桩。

0 号桥台采用重力式。

图 5-174 金阳河特大桥施工现场

5.6.3.4 桥面系、支座及伸缩缝

桥面铺装采用 7.5 cm 厚的沥青混凝土 + 防水黏结层 + 8 cm 厚水泥混凝土,其中布置 10 m × 10 cm D9 钢筋网。桥面上设有防撞栏杆(图 5-175)。

图 5-175 金阳河特大桥效果

主桥在 4 号交界墩、8 号过渡墩及 9 号桥台上设置单(双)向盆式支座,引桥在 0 号桥台、1 号桥墩和 4 号交界墩上设置 $GJZF_4$ 滑板支座。

4 号交界墩处,9 号桥台处各设一道 320 mm 梳齿型伸缩缝,0 号桥台处设一道 160 mm 梳齿型伸缩缝。

5.6.3.5 主桥纵向刚度提升技术设计

1) 纵桥向阻尼力装置设计

该桥主桥桥墩高度均超过 100 m,最大桥墩高度达到 196 m,桥梁的桥面宽度为 16 m,桥墩宽度小于 12 m,桥梁横向刚度整体小,提高横向刚度的体外措施困难。因此,为了提高桥梁横向刚度,桥墩横桥向设置变截面箱形结构。为了施工简便,桥墩纵桥向设计为等截面结构,地震荷载作用下桥墩纵向刚度小、地震位移较大,在桥梁的桥台处设置纵桥向水平位移约束的黏滞阻尼器。全桥设计采用了 4 套黏滞阻尼器(ZNQ1800 × 400),设计阻尼力为 1 800 kN,设计最大行程 ±400 mm,阻尼指数 $\alpha = 0.35$;螺栓预埋入桥梁底部时不能破坏预应力钢筋。并将螺栓与混凝土内的钢筋网焊接牢固。预埋螺栓时,螺栓比预埋钢板更长,螺栓外露预埋钢板长度约 120 mm。纵桥向的黏滞阻尼器如图 5-176 所示。

计算分析表明,在该桥桥台处设置阻尼器,可有效减小主桥结构的纵桥向位移,而支座的相对变形也得到了有效的降低,但是罕遇地震作用下,主桥支座纵桥向位移仍超过支座容许位移量。因此,提出了调整 9 号桥台处阻尼器阻尼力大小,优选计算阻尼力 3 000 kN 时,主桥主墩墩顶和各支座纵桥向位移响应的平均值,并同阻尼力 1 800 kN 时的结果对比见表 5-45。各控制节点纵桥向位移响应随阻尼力变化的趋势如图 5-177 所示。

表 5-45 表明,当阻尼力设置为 3 000 kN 时,8 号过渡墩和 9 号桥台上的支座纵桥向位移均减小至 0.26 m 左右,小于支座容许位移量,满足要求;对于远离阻尼器位于主桥另一端 4 号交界墩上的支座,

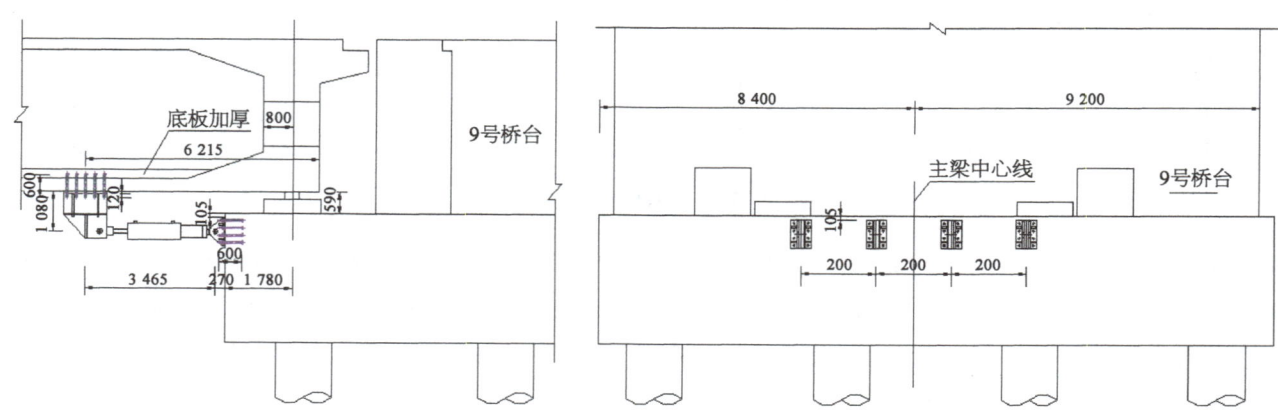

图 5-176 9 号桥台处黏滞阻尼器连接构造示意

纵桥向位移减小至 0.35 m,仍超过支座容许位移量。其中,表中支座 1 和支座 2 为 4 号交界墩上的支座,支座 3 和支座 4 为 8 号过渡墩上的支座,支座 5 和支座 6 为 9 号桥台上的支座。

表 5-45　控制节点最大纵桥向位移响应的比较　　　　　　　　　　　　　　　　　单位:m

内　容	5号墩墩顶	6号墩墩顶	7号墩墩顶	4号交界墩上的支座1、2	8号过渡墩上的支座3、4	9号桥台上的支座5、6
不考虑阻尼器	0.450	0.456	0.472	0.560	0.476	0.472
阻尼力 1 800 kN	0.289	0.302	0.323	0.424	0.330	0.327
阻尼力 3 000 kN	0.243	0.248	0.258	0.350	0.258	0.256

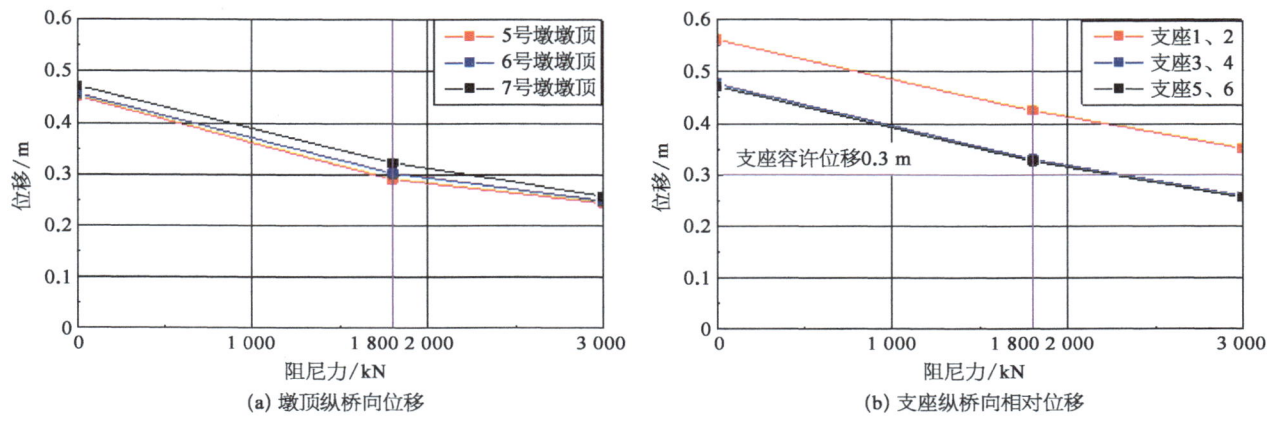

图 5-177　控制节点纵桥向位移响应随阻尼力变化趋势

主梁纵向地震位移响应与黏滞阻尼器阻力变化关系曲线如图 5-177 所示。

2) 阻尼器布置方式对结构响应的影响分析

由前述内容可知,在原施工设计图中的基础上单纯地提高阻尼器的阻尼力可有效地减小金阳河特大桥主桥结构的纵桥向位移响应,当阻尼力提高至 3 000 kN 时,主桥大部分支座都满足变形要求,但由于连续刚构桥的受力特性,导致远离 9 号桥台阻尼器设置处的 4 号交界墩上的支座(位置如图 5-178 所示),纵桥向变形较其他支座大。如果为了保证 4 号交界墩上的支座满足变形要求而只是大幅度提高 9 号桥台处阻尼器的阻尼力,将会导致阻尼器的尺寸和成本的大幅增加。

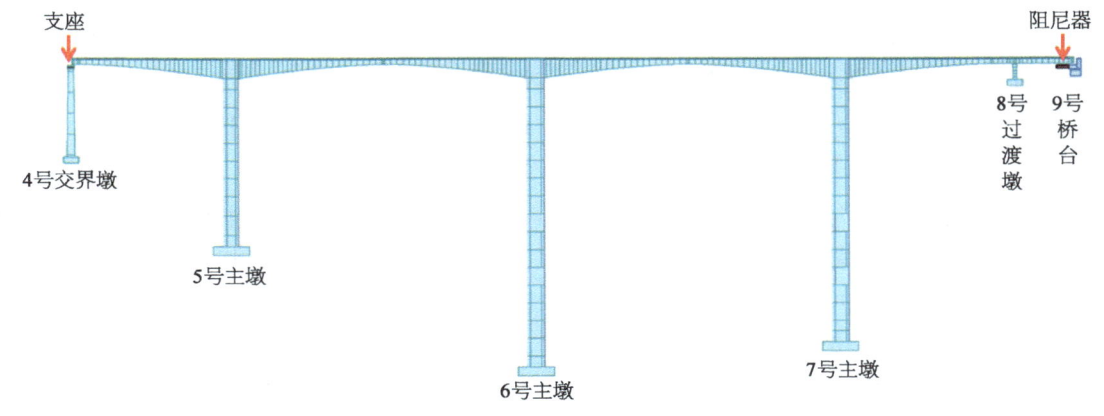

图 5-178　金阳河特大桥主桥总体布置

因此,针对 4 号交界墩处支座纵桥向变形过大的问题,在不改变原施工设计图中 9 号桥台阻尼器规格的基础上,分析在 4 号交界墩处增设同样规格阻尼器对结构位移响应的影响,分析结果见表 5-46。各控制节点纵桥向位移响应随 4 号墩处阻尼器个数变化的趋势如图 5-179 所示。

表 5-46　4 号墩处设置阻尼器对控制节点纵桥向位移响应的影响　　单位:m

内　　容	5 号墩墩顶	6 号墩墩顶	7 号墩墩顶	4 号交界墩上的支座 1、2	8 号过渡墩上的支座 3、4	9 号桥台上的支座 5、6
不考虑阻尼器	0.289	0.302	0.323	0.424	0.330	0.327
1 个 1 800 kN	0.275	0.278	0.288	0.249	0.289	0.286
2 个 1 800 kN	0.272	0.273	0.283	0.175	0.284	0.282

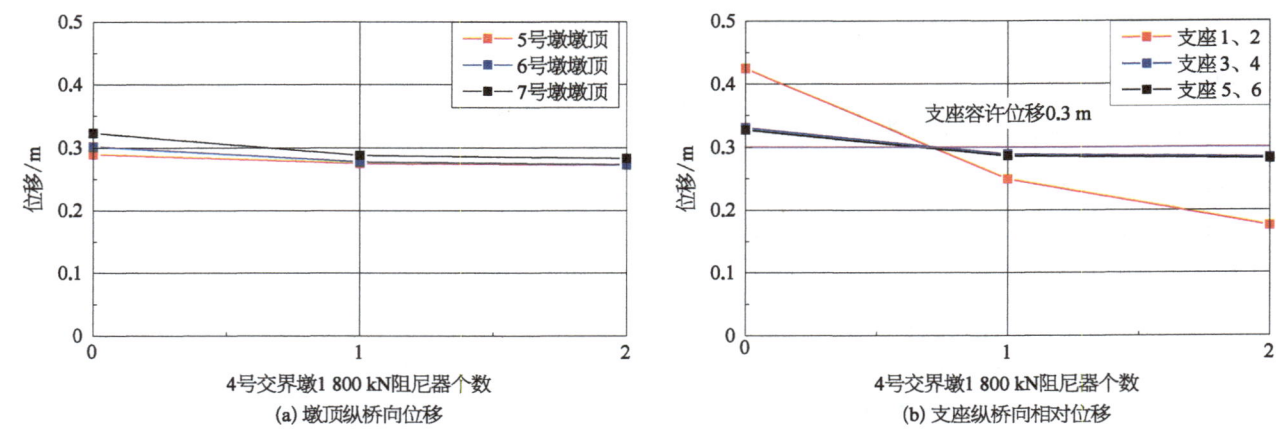

图 5-179　控制节点纵桥向位移响应随 4 号交界墩处阻尼器阻尼力变化趋势

由表 5-46 可知,相比原施工设计图中只在 9 号桥台设置阻尼器,当在 4 号交界墩处增设阻尼器后,4 号交界墩上支座的纵桥向位移明显减小,当设置 1 个 1 800 kN 阻尼器时,支座纵桥向位移减小为 0.283 m,小于支座容许位移量,满足要求。由图 5-179 可知,4 号交界墩处阻尼器数量的变化对主墩墩顶和其他支座处的位移响应影响较小。

3) 阻尼器优化设置分析小结

(1) 适当调整 9 号桥台处阻尼器的阻尼力可有效地减小主桥结构的纵桥向位移。当阻尼力设置为 3 000 kN 时,8 号过渡墩和 9 号桥台上的支座纵桥向位移均减小至 0.26 m,小于支座容许位移量。但是,对于远离阻尼器、位于主桥另一端的 4 号交界墩上的支座,纵桥向位移减小至 0.35 m,仍超过支座容许位移量。

(2) 当在 4 号交界墩处增设阻尼器后,4 号交界墩上的支座纵桥向位移明显减小;当布置 1 个 1 800 kN 阻尼器时,支座的纵桥向位移减小至 0.28 m,小于支座容许位移量,满足要求。

4) 纵桥向刚度提升效果

(1) E2 罕遇地震下主桥线弹性响应分析结果:① E2 罕遇地震作用下,同时采用线性时程分析法和多振型反应谱法对金阳河特大桥主桥进行计算,且线性时程分析的主要结果不小于反应谱分析结果的 80%,满足规范的要求,并取两者的较大值作为抗震验算采用的设计值;② E2 罕遇地震作用下,该桥主桥主墩截面保持弹性,满足特殊桥梁的抗震性能要求;③ E2 罕遇地震作用下,主梁支座的纵桥向变形均超过支座变形允许值。

(2) E2 罕遇地震下主桥非线性响应分析结果:① 与线性时程分析结果相比,考虑非线性效应后金阳河特大桥主桥结构的纵桥向位移响应最大增加 11%,横桥向位移响应最大增加 30%,说明非线性效应对高墩大跨桥梁地震响应的影响不容忽视;② 设置纵桥向阻尼器可有效消耗地震能量、降低结构响应,E2 罕遇地震作用下金阳河特大桥主桥结构的纵桥向位移响应可平均减少 31%,最大减少 36%;③ E2 罕遇地震作用下,金阳河特大桥主桥各主墩墩顶位移均小于容许位移,主墩的变形能力满足要求;④ E2 罕遇地震作用下,主桥支座的横桥向位移均满足要求,主桥支座的纵桥向变形均超过支座变形允许值。

(3) 对阻尼器和支座的提升设计技术。① 调整 9 号桥台处阻尼器的阻尼力,可减小主桥结构的纵桥向位移,当阻尼力设置为 3 000 kN 时,8 号过渡墩和 9 号桥台上的支座纵桥向位移均减小为 26 cm,小于支座容许位移量;但是,对于远离阻尼器、位于主桥另一端的 4 号交界墩上的支座,纵桥向位移减小为 35 cm,仍超过支座容许位移量;② 当 4 号交界墩处增设阻尼器后,4 号交界墩上的支座纵桥向位移明显减小,当布置 1 个 1 800 kN 阻尼器时,支座的纵桥向位移减小为 28 cm,小于支座容许位移量,满足地震位移要求。

5.7 高地震烈度区悬索桥钢管混凝土桥塔研究

5.7.1 桥塔结构概况

根据四川高速公路建设规划,未来将有约 1 万 km 高速公路建设,主要位于经济相对落后、人口密度低的四川甘孜州、阿坝州和凉山州等高地震烈度区的崇山峻岭,其桥梁占比平均超过 24%。近年来,在高地震烈度区建成了雅康高速公路主跨 1 100 m 的四川大渡河大桥、主跨 1 200 m 四川赤水河大桥等工程。正在建设的主跨 580 m 的四川盐源县黄泥梁子大桥和超过 50 m 桥塔高度的主跨 1 030 m 的沿江高速公路卡哈洛金沙江大桥,由于地震烈度高,桥塔均采用了钢管混凝土结构,解决了抗震安全、施工简便、减少投资、节约材料等目标。受该项技术成果影响,西香高速公路的雅砻江大桥、泸沽湖大桥桥塔均采用了钢管混凝土组合结构,解决了桥塔抗震的技术难题。

5.7.2 西香高速公路泸沽湖大桥

四川西香高速公路泸沽湖大桥,位于四川省凉山彝族自治州盐源县长柏镇格洼村,主桥为 1 680 m 单跨钢桁梁悬索桥,成桥时中跨矢跨比 1/9,主缆横向中心距 28 m,纵向吊索间距 10.6 m。两岸均采用隧道式锚碇,主梁采用板桁结合式钢桁梁,采用钢管混凝土组合 A 型桥塔,两岸桥塔全高分别为 210 m 和 320 m,主桥两端设单元式多向变位梳形板伸缩装置;引桥上部结构为 40 m 预应力混凝土 T 梁和 2 跨 100 m T 构,下部结构为箱形墩柱和群桩基础。总体布置设计如图 5-180 所示,已于 2023 年 12 月开工建设,预计 2028 年建成通车。

图 5-180 四川西香高速公路泸沽湖大桥总体布置(效果图)

四川约 70%区域处于高地震烈度,随着高速公路向高原山区和高地震烈度区的发展,未来将建造更多大跨悬索桥等工程,钢管混凝土组合结构具有广阔的应用前景。

5.7.3 国道 G227 线四川盐源县黄泥梁子大桥

5.7.3.1 桥梁建设技术概况

国道 G227 线四川盐源县黄泥梁子大桥,主桥采用主跨 580 m 简支钢桁梁悬索桥,主桥跨度组合为 73 m+580 m+109 m,主缆垂跨比 1/10,主缆矢度 58 m。主缆采用 2 根主缆的空间布置形式。吊索在主梁侧的横向间距 13.5 m,纵桥向标准间距 8.5 m,索塔中心线至近吊索间距 9.5 m。在加劲梁梁端下弦节点沿纵向设黏滞阻尼器,竖向设拉压支座,在加劲梁梁端上下弦节点横向设抗风支座。在主缆跨中设置三组人字形柔性中央扣。

5.7.3.2 钢管混凝土桥塔技术

该桥位于李明久断裂带附近,地震设防烈度高,为了提高结构的变形能力和抗震极限承载能力,经过钢筋混凝土桥塔、钢桥塔、钢管混凝土组合桥塔和钢管混凝土混合桥塔的比较,根据安全、适用、经济和节约等原则,钢管混凝土混合桥塔优势更明显,获得了政府批复审查同意采用。

桥塔设计为门式框架结构，索塔塔身由塔柱及横梁组成，两岸索塔均设置上下两道横梁；盐源岸塔柱总高 69.246 m，米易岸塔柱总高 82.246 m。桥塔塔柱由四根钢管混凝土立柱和平行腹杆、竖向钢板组成桁式结构，桥塔塔柱横桥向中心间距 19.2 m，桥塔主管的钢管横桥向中心间距 290 cm、纵桥向中心间距 320 cm，主钢管直径为 960 mm，壁厚 24～32 mm，钢管内浇注补偿收缩自密实 C80 混凝土。桥塔桁式主管采用平行钢管布置，钢管直径 610 mm、壁厚 16 mm；平行支管间竖向设置厚度 14 mm 的钢板连接。桥塔下塔柱由钢管混凝土及型钢腹杆组成的劲性骨架，再外包 22 cm 厚 C55 混凝土形成。下横梁为高 400 cm 的预应力钢筋混凝土箱形结构，上横梁为钢管桁式结构，平面为平行支管连接、竖向为钢板连接。桥塔主要结构构造如图 5-181 所示。

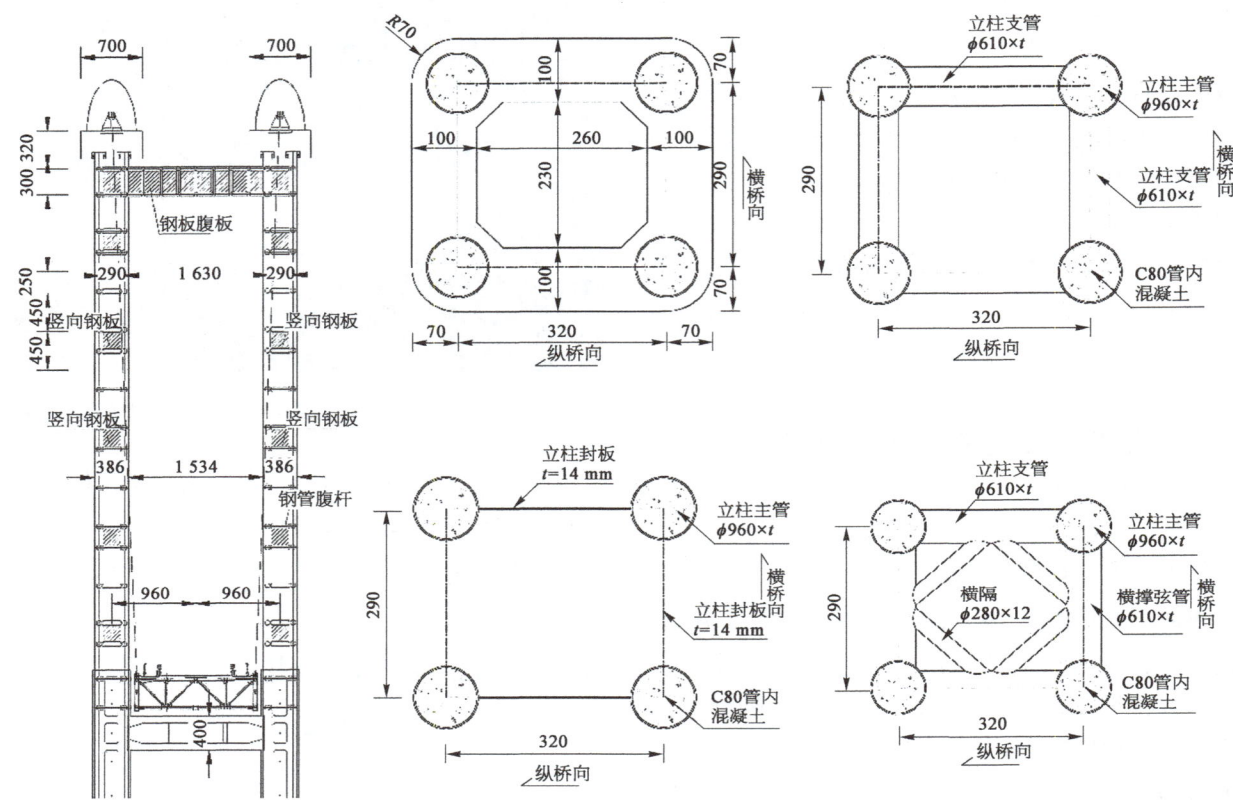

图 5-181　黄泥梁子大桥桥塔主要结构构造（单位：cm）

该桥于 2022 年 8 月开工建设，预计 2025 年底建成通车，建成后的桥梁效果如图 5-182 所示。

图 5-182　四川盐源县黄泥梁子大桥建成效果

5.7.3.3　桥塔计算结果

桥塔钢管混凝土的主管，基本组合作用时，最不利截面位置为米易侧桥塔的外包混凝土交界处，计算安全系数为 1.12；地震组合作用时，最不利截面位置为米易侧桥塔的外包混凝土交界处，安全系数为 1.42。两种荷载工况下极限承载能力满足规范要求。

桥塔纵向与横向腹管、上横梁主管、上横梁支管的强度与稳定安全系数小于 1.0，满足规范要求，详见表 5-47。

桥塔横向连接钢板，基本组合时最大应力为 50.8 MPa，安全系数为 4.92；地震组合时最大应力为 91.7 MPa，安全系数为 3.00。

表 5-47 桥塔横向连接构造强度与稳定安全系数验算一览表

序号	桥塔部位	组合类别	强度系数	稳定系数	限值
1	桥塔纵向腹管	基本组合	0.51	0.37	≤1.0
2		地震组合	0.63	0.60	≤1.0
3	桥塔横向腹管	基本组合	0.42	0.39	≤1.0
4		地震组合	0.89	0.85	≤1.0
5	桥塔上横梁主管	基本组合	0.70	0.68	≤1.0
6		地震组合	0.96	0.93	≤1.0
7	桥塔上横梁支管	基本组合	0.19	0.18	≤1.0
8		地震组合	0.19	0.13	≤1.0

桥塔塔顶横向支撑梁受压最小抗力系数为 1.59，受拉最小抗力系数为 1.17，冲切抗力系数为 1.09，局部剪切抗力系数为 2.90；桥塔底承台受压最小抗力系数为 4.26，受拉最小抗力系数为 1.06；横梁抗弯承载力安全系数为 1.01，斜截面抗剪承载力安全系数为 1.08，斜截面最大主拉应力为 1.04 MPa，正截面最大压应力为 -7.18 MPa，均满足规范要求。

桥塔总体弹性稳定安全系数分析结果见表 5-48。

表 5-48 桥塔总体弹性稳定安全系数分析结果

桥塔失稳	1阶	2阶	3阶	4阶
失稳模态	纵向对称	纵向对称	横向对称	横向非对称
稳定系数	11.6	11.7	11.9	12.0
桥 塔	米易侧	盐源侧	米易侧	米易侧

5.7.4 四川沿江高速公路卡哈洛金沙江大桥

近5年，四川已建设和正在建设主跨超过 1 000 m 悬索桥达 5 座，均位于高地震烈度区，特大跨悬索桥桥塔抗震设计成为技术难题。四川沿江高速公路主跨 1 030 m 的悬索桥——四川卡哈洛金沙江大桥论证时，开展了钢桥塔、钢筋混凝土桥塔、钢管混凝土组合桥塔等方案研究：钢桥塔造价高昂、制造运输难度较大，钢筋混凝土桥塔自重大、抗震能力差、材料消耗高，钢管混凝土组合桥塔，比钢筋混凝土桥塔自重减轻 30%、桥塔弯矩减少 20%~27%、剪力减少 20%~25%，同时结构构造简洁、施工可实施性好。

该桥位于四川省雷波县卡哈洛乡，为成都至丽江高速公路新市至金阳段跨越金沙江的特大型桥梁，主桥采用 1 030 m 单跨钢桁梁悬索桥，如图 5-183 所示，主缆分跨为 326 m+1 030 m+326 m，成桥状态下矢跨比为 1/9.5，主缆横向中心距为 28 m，纵向吊索间距为 13.8 m。桥塔采用门式框架结构，四川岸塔高 175 m，云南岸塔高 197 m，桥塔构造如图 5-184 所示。该桥地震基本烈度Ⅷ度，100 年超越概率 10%（E1 地震）的设计地震动峰值加速度为 0.26g，100 年超越概率 4%（E2 地震）的设计地震动峰值加速度为 0.36g。

桥塔采用钢管混凝土组合结构形式，4 根钢管混凝土布置于截面四周，钢管之间采用混凝土腹板连接，如图 5-185 所示。桥塔塔顶主管中心距纵向和横向距离分别为 5.6 m 和 4.0 m，桥塔塔底主管中心距纵向和横向分别为 12.0 m 和 7.8 m。

桥塔钢管混凝土的主钢管，规格根据受力大小，从桥塔塔顶至塔底依次采用 φ1 600 mm×34 mm、φ1 700 mm×36 mm、φ1 800 mm×38 mm、φ1 800 mm×40 mm。桥塔塔柱施工为分节段安装钢管及其间的型钢横撑、斜撑形成钢管主体骨架；钢管混凝土组合桥塔的横撑为保持该节段钢管主体骨架稳定和绑扎腹板钢筋、浇注混凝土的定位骨架，因此，其构造满足施工安装需要即可。

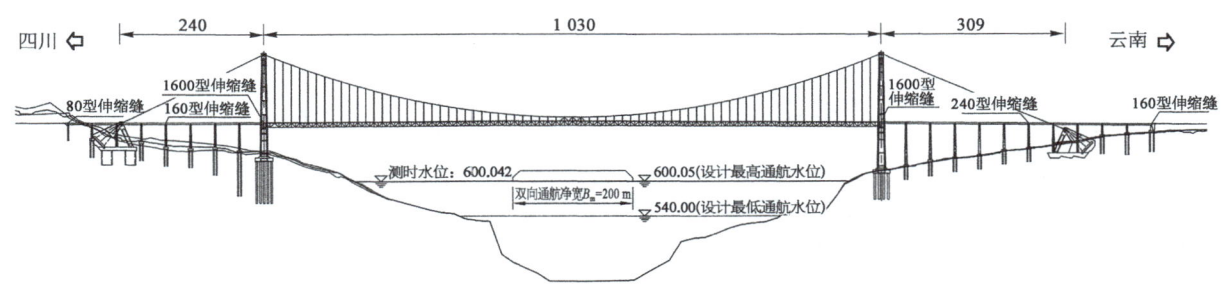

图 5-183 卡哈洛金沙江大桥总体布置（单位：m）

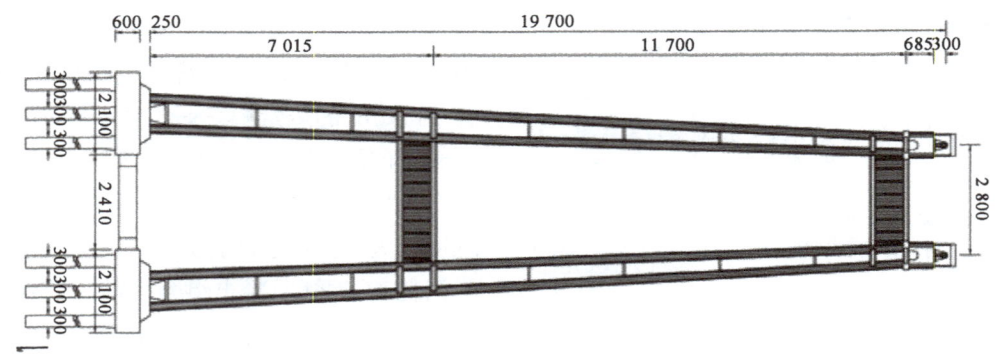

图 5-184 卡哈洛金沙江大桥桥塔构造(单位:cm)

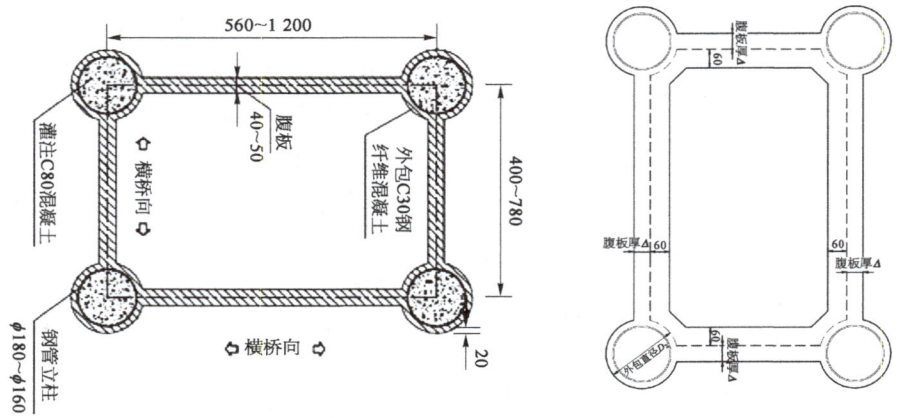

图 5-185 桥塔断面构造示意图(单位:cm)

桥塔塔底和塔顶构造为钢管混凝土组合结构的关键结构。对于桥塔塔底,由于钢管混凝土的荷载直接传递到承台厚度为 8.5 m 的实体中,因此桥塔塔底的具体构造为钢管混凝土的主钢管插入承台内不小于 1.5 倍直径长度,钢管底部设置承压板和四层钢筋网,预埋钢管周边焊接 8 道带孔加劲钢板。其构造如图 5-186 所示。

桥塔塔顶的具体构造为:① 桥塔索鞍格栅厚度为 80 cm,并加大平面尺寸;② 桥塔塔顶设置 4 m 厚的钢骨混凝土组合结构作为承压段;③ 承压段内部设置纵横交错的格式结构,栅格板件上开设 $\phi 60$ mm 圆孔穿入钢筋形成 PBL 抗剪连接键;④ 桥塔塔顶承压段全覆盖钢管混凝土顶部且边缘留有足够的襟边宽度,并在底钢板上焊接 6 道开孔钢板。该构造将索鞍 20 000 t 竖向集中力传递到桥塔塔柱。其构造如图 5-187 所示。

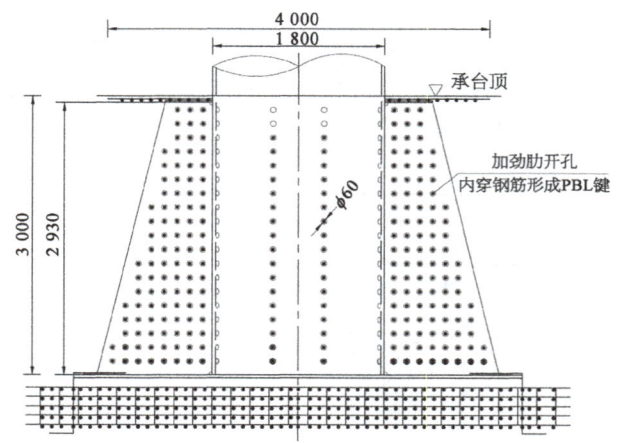

图 5-186 桥塔塔脚构造示意

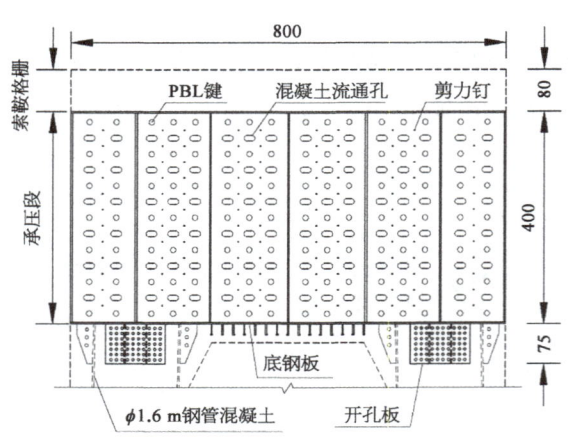

图 5-187 桥塔塔顶构造里面示意

通过表 5-49 中的钢管混凝土组合桥塔与钢筋混凝土桥塔的对比可知,采用钢管混凝土组合桥塔,改善了钢筋混凝土桥塔在地震荷载作用下的脆性,减少混凝土用量约 28%、钢管用量相近,减少二氧化碳排放超过 14 150 t,可节约工程投资约 3 000 万元。因此,针对地震高烈度山区,大跨悬索桥桥塔的地震内力主要来源于桥塔自身的重量,其桥塔具有地震响应大、施工难度大的特点。通过对钢管混凝土组合桥塔受力行为、结构构造和施工安装等的研究表明,地震高烈度区悬索桥采用轻质高强、耐久耐疲劳的钢管混凝土组合桥塔,兼具钢筋混凝土桥塔和钢结构桥塔的优点,为高地震烈度区悬索桥桥塔结构构造和施工提供了新的建设技术(图 5-188)。

表 5-49 钢管混凝土组合桥塔与钢筋混凝土桥塔比较

桥塔结构	桥塔材料		基础材料		造价 /亿元
	混凝土 /m³	钢管 /t	混凝土 /m³	钢管 /t	
钢筋混凝土	26 956	7 644	53 904	4 043	2.13
钢管混凝土	18 826	8 975	39 785	3 223	1.83

图 5-188 建设中卡哈洛金沙江大桥

第 6 章

钢管混凝土桁梁桥

6.1 钢管混凝土拉弯模型试验研究

钢管混凝土拉弯性能试验研究，在于探索单肢钢管混凝土的轴拉性能、单肢钢管混凝土拉弯性能和由钢管混凝土组成的桁梁抗弯性能。研究表明，钢管内灌注混凝土，对单肢钢管混凝土的轴拉性能、单肢钢管混凝土拉弯性能和由钢管混凝土组成的桁梁抗弯性能均有提升。对于空心钢管桁式结构，控制桁梁性能和极限承载能力的部位正好是节点，主管内灌注混凝土，对钢管混凝土节点的刚度改善显著，对承载能力贡献巨大。能提高钢管混凝土桁梁极限承载能力约 1.8 倍，且结构刚度和延性等力学性能更加优良。

6.1.1 单肢轴拉性能

当钢管混凝土承受轴向拉力时，钢管纵向伸长而径向缩短，核心混凝土的存在可阻止钢管的径向变形，提高其截面径向刚度。因而，在受拉钢管混凝土中，钢管处于纵向与环向受拉、径向受压三向应力状态，由于径向应力相对较小而可忽略，可认为其处于纵向与环向双向受拉应力状态；管内混凝土，由于其抗拉强度低，在较低应力时即出现开裂，其处于环向与径向受压应力状态，对构件的轴拉承载力贡献有限。为改善钢管混凝土的受拉承载力，可在核心混凝土中掺加钢纤维，钢纤维能限制混凝土微裂纹的产生和扩展，分散混凝土裂缝处应力，显著提高混凝土的劈裂抗拉与抗折强度，从而提高钢管混凝土构件的轴拉性能。因此，研究钢纤维微膨胀钢管混凝土的轴拉力学行为，有利于其在钢管混凝土桁梁式结构中更好的应用。

开展钢纤维微膨胀钢管混凝土的轴拉力学性能试验研究，以了解其轴拉变形特征、破坏形态与承载力及其影响因素；同时，将试验结果与现有标准规程计算结果进行对比，提出适合于钢纤维微膨胀钢管混凝土构件轴拉极限承载力的适用计算方法，为轴拉钢管混凝土构件设计提供参考，也为分析探讨钢管混凝土桁梁式结构力学性能提供基础。

6.1.1.1 试验概况

1）模型试件设计

由于受拉钢管混凝土常见于桁梁式结构中，构件长细比较大，且钢管混凝土桁梁式结构下主管在节点处贯通，节点处主管节点力主要由管壁通过界面黏结传递给管内混凝土使混凝土与管壁共同受力，因而在节点区域以外的弦杆，受荷开始时钢管与核心混凝土是共同受力的。目前，钢管混凝土轴拉试验研究较少，已有文献中所进行的轴拉试验，荷载直接加载在钢管或与钢管相连的传力板上，通过钢管、管壁与混凝土界面黏结力将部分荷载传递至核心混凝土，且试件长细比小，不完全符合钢管混凝土桁梁下弦杆受拉力学性能特征。为此，结合加载装置技术参数，对受拉钢管混凝土试件进行专门设计，使加载力同时作用在钢管与核心混凝土上，两者在受荷开始就共同工作。

试件详细构造如图 6-1 所示，传力板由一块主板（A 板）与两块构造板（B 板）组成，B 板对称焊接在 A 板两侧呈十字形镶嵌在主管内。且 B 板底面比 A 板底面缩进 30 mm，以避免十字形加载端底面与试件相交截面应力集中。在 A 板上靠底端预留 2 个直径 30 mm 的圆孔让混凝土贯穿，使 A 板与混凝土间形成"栓销"，便于混凝土与钢管同时受力。

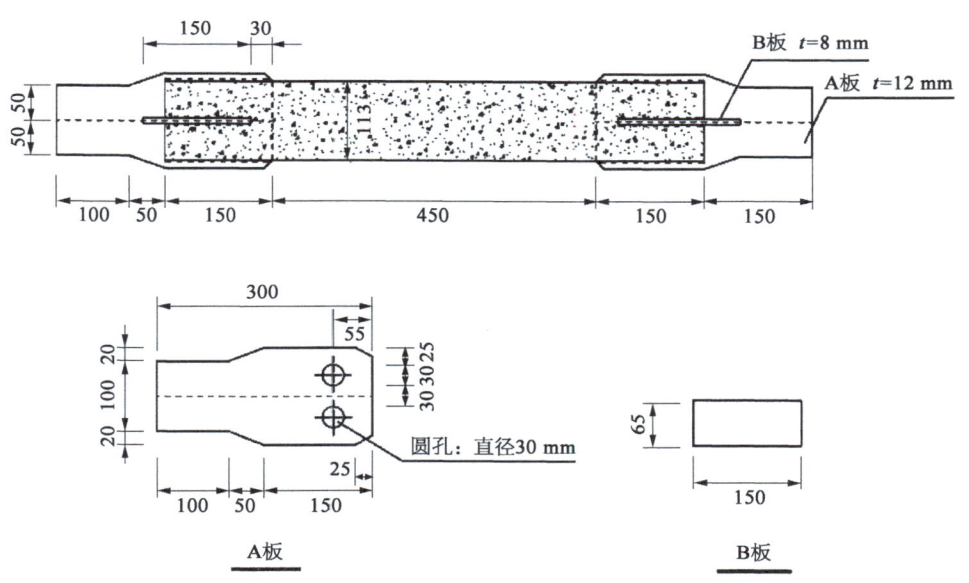

图 6-1　轴拉试件构造(单位: mm)

试验测试时,A 板上施加轴向拉力,荷载通过 A 板与 B 板传递给钢管,并由 A 板与混凝土之间的"栓销"以及 A、B 板与混凝土的黏结作用将荷载直接传递给混凝土,在开始加载时混凝土与钢管就是应变连续、共同工作的。

2) 试验设计

因钢管尺寸不同,试件分为 L2 和 L3 两大类,外径和壁厚分别为 113 mm×1.64 mm 和 127 mm×2.27 mm,含钢率为 6.07% 与 8.55%,以研究钢管混凝土轴拉性能与含钢率的关系。L2 类试件管内只灌注钢纤维混凝土(钢纤维掺量 40 kg/m³),记为 L24 系列;L3 类试件灌注普通混凝土与钢纤维混凝土(钢纤维掺量 40 kg/m³),分别记为 L30 与 L34 系列,研究核心混凝土中掺加钢纤维对构件受拉力学性能的影响。两类试件均制作了相应的空钢管试件,记为 HL2 与 HL3 系列,对比空钢管试件与钢管混凝土试件受拉力学性能差异。共 22 个试件,详细特征参数见表 6-1。

表 6-1　轴拉试件特征参数

编　号	主管尺寸		数量	配合比	α	f_y/MPa	f_{cu}/MPa	ξ
	$D×T$/mm×mm	主管类型						
HL2-1~2	113×1.64	HS	2	—	—	286.77	—	—
L21-1~5	113×1.64	SE-CFST	5	A1	6.07%	286.77	70.4	0.309
HL3-1~2	113×2.27	HS	2	—	—	336.05	—	—
L30-1~3	113×2.27	CFST	3	A0	8.55%	336.05	66.4	0.541
L34-1~10	113×2.27	SE-CFST	10	A1	8.55%	336.05	70.4	0.510

注:编号末尾数字指同组内试件的序号;主管类型"HS"指空钢管、"CFST"指普通钢管混凝土、"SE-CFST"指钢纤维微膨胀钢管混凝土。如"L34-1"指 L34 系列的第 1 个试件,钢管尺寸 113 mm×2.27 mm,灌注钢纤维微膨胀混凝土,钢纤维掺量为 40 kg/m³。

3) 材料性能与试件制作

(1) 钢管。轴拉试件钢管有两种类型,性能指标见表 6-2。

(2) 混凝土。混凝土强度等级按 C60 设计,配合比与力学性能见表 6-3。

(3) 构件制作与成型。先按试件设计要求切割出传力板,并焊接成规定的十字形形状。主管钢管采用切割机加工成规定的长度,保证端面平整且与

表 6-2 钢材力学性能参数

钢管类型 $D \times T$/mm×mm	屈服强度 /MPa	抗拉强度 /MPa	弹性模量 /10^5 MPa	泊松比
113×1.64	286.77	346.27	2.04	0.273
113×2.27	336.05	428.07	2.01	0.267

表 6-3 混凝土配合比与力学性能

编号	配合比/(kg·m^{-3})									力学性能/MPa	
	水泥	粉煤灰	硅灰	膨胀剂	钢纤维	水	砂	石	外加剂	强度	弹性模量
A0	460	70	30	45	0	170	723	1 012	10.3	66.4	3.72×10^4
A1	460	70	30	45	40	170	723	1 012	10.3	70.4	3.84×10^4

主管轴线垂直，然后将两端切割出与十字形传力板匹配的切口，将十字形传力板嵌入主管并焊接成整体。十字形传力板安装前先找准并标明 A 板的中心线，焊接过程中保证其轴线与主管轴线重合，且主管上下两端的 A 板在同一平面内，以免加载时出现偏心受拉或扭转。

灌注混凝土前，将试件一端十字形传力板与主管之间的 4 个四分之一圆孔用小钢板点焊封口，然后将封口端朝下，从另一端的 4 个四分之一圆孔往主管内分层填充混凝土，并用木棒在钢管外壁敲打以使管内混凝土密实。混凝土灌注完毕后，将管壁清理干净并将灌注端用塑料膜包扎密封养护。

6.1.1.2 试验装置与测试方案

如图 6-2 所示，采用 1 000 kN 万能液压伺服拉力试验机进行加载，仪器可自动监测并记录加载力与试件整体变形。试件十字形传力板之间对称布置两个位移传感器，测试试件中间段钢管混凝土部分的拉伸变形，以便消除传力板变形的影响。试件中截面钢管外壁环向每隔 90°粘贴一对纵、环向的应变片测试管壁的应变发展过程，应变和位移数据由 JM3812 静态电阻应变仪采集记录，并由控制程序实时绘制出荷载-拉伸变形曲线，测试示意图与传感器布置方式如图 6-3 所示。

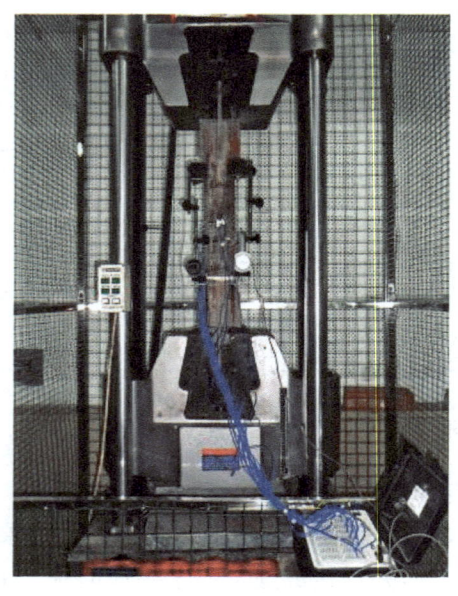

图 6-2 轴拉试验装置

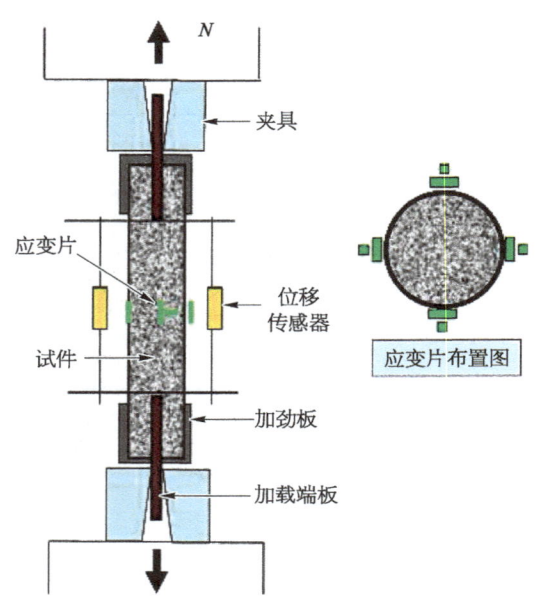

图 6-3 轴拉试验示意

试验前先施加 10 kN 的荷载进行预加载,使夹具与试件接触紧密,并检查仪器仪表工作状况。特别注意对称位置的位移计和应变片读数是否相近,否则应调整试件重新对中直至读数差异在 5% 以内,以保证试件轴心加载。

正式加载采用力与位移的双控模式。加载初期采用力控制,分级加载,弹性阶段每级荷载取预计极限荷载的 1/10;荷载-拉伸变形曲线出现非线性特征后每级荷载取预计极限荷载的 1/15,每级荷载持荷 1 min 以观察试件表面状况。试件进入明显屈服阶段后转换成位移控制,连续慢速加载至钢管开裂,停机卸载,观察试件破坏过程与最终破坏模式。

6.1.1.3 结果分析与讨论

1) 荷载-拉伸变形全过程

图 6-4 所示为各试件荷载-拉伸变形全过程曲线,在整个加载过程中,空钢管试件与钢管混凝土试件受拉变形特征有较大不同。

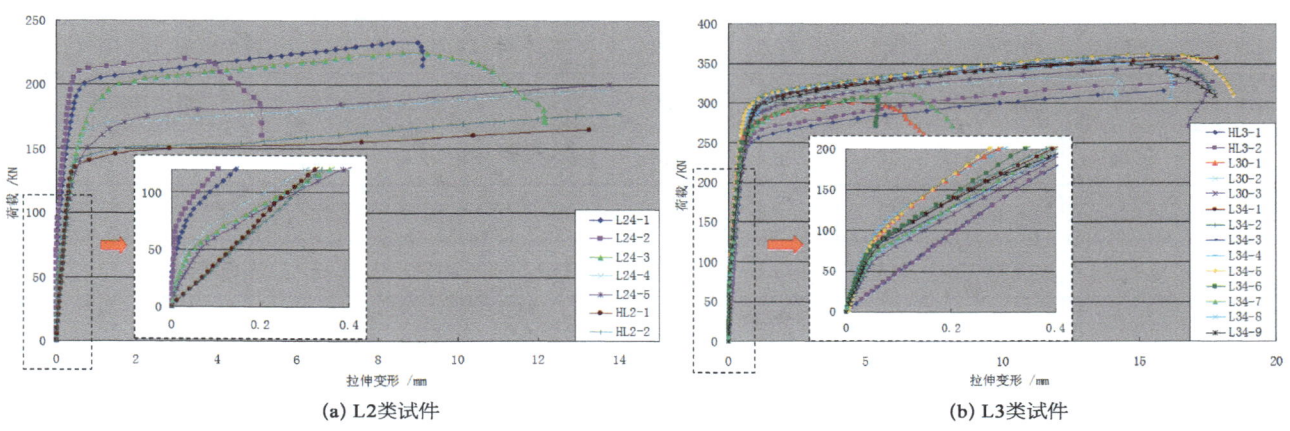

图 6-4 荷载-拉伸变形全过程曲线

空钢管试件在加载初期表现出较好的弹性特征,当荷载增加到屈服荷载的 85% 左右时,钢管表面颜色变深,荷载-拉伸变形曲线开始出现非线性特征;随荷载继续增加,曲线出现明显拐点,荷载增加缓慢而变形增加较快,钢管外壁起皮、掉渣,并沿径向收缩变细,钢管进入屈服阶段,最后,管壁开裂而停机卸载,裂口处截面颈缩较明显。空钢管试件荷载-拉伸变形关系曲线总体与钢材的应力-应变关系曲线变化趋势相似。

钢管混凝土试件荷载-变形曲线初始呈线性增长,但荷载达到屈服荷载的 20%~30% 时曲线有一个明显的拐点;随后,荷载-变形曲线继续呈线性增长,直到荷载接近屈服荷载的 85% 时曲线开始出现非线性特征,而钢管壁没有明显变化;随荷载继续增加,能听到钢管内混凝土拉裂声响,荷载-变形曲线屈服特征明显,钢管壁颜色稍有变化;此后,混凝土断裂声响持续不断,荷载增加较缓慢而变形增加较快,但钢管表面仍无明显破坏特征,直到开裂前才在断口处出现管壁起皮、掉渣现象,最终管壁开裂而停机卸载。所有试件测试结果见表 6-4。

表 6-4 轴拉试件承载力测试结果

试件编号	N_0^t /kN	σ_0^t /MPa	N_y^t /kN	σ_y^t /MPa	N_u^t /MPa	N_c^t /kN	$\dfrac{N_y}{N_{y-HS}}$	$\dfrac{N_y}{f_y A_s}$	断面特征
HL2-1	—	—	155	270.2	185	—	1	0.91	—
HL2-2	—	—	154	258.4	195	—		0.92	—
L24-1	70	7.48	209	354.3	233	177	1.35	1.27	断面与焊点均较密实
L24-2	65	6.48	212	359.5	222	177	1.37	1.29	断面与焊点均较密实

续 表

试件编号	N_0^t/kN	σ_0^t/MPa	N_y^t/kN	σ_y^t/MPa	N_u^t/MPa	N_c^t/kN	$\dfrac{N_y}{N_{y-HS}}$	$\dfrac{N_y}{f_y A_s}$	断 面 特 征
L24-3	65	6.48	204	355.6	225	177	1.32	1.24	断面稍颈缩
L24-4	60	5.98	172	299.8	202	177	1.11	1.05	断面颈缩
L24-5	60	5.98	175	305.0	200	177	1.13	1.06	断面稍颈缩、混凝土空洞严重
HL3-1	—	—	260	329.3	330	—	1	0.98	—
HL3-2	—	—	265	335.6	326	—		1.00	—
L30-1	70	6.98	286	362.2	300	283	1.06	1.08	断面密实、焊点有气孔
L30-2	65	6.48	304	384.0	332	283	1.13	1.15	断面与焊点均较密实
L30-3	65	6.48	297	376.1	346	283	1.10	1.12	
L34-1	75	7.48	313	396.4	361	283	1.16	1.18	
L34-2	70	6.98	316	400.2	361	283	1.17	1.19	断面密实
L34-3	70	6.98	314	397.6	360	283	1.16	1.18	
L34-4	80	7.98	312	395.1	351	283	1.16	1.18	断面密实
L34-5	75	7.48	316	400.2	361	283	1.17	1.19	
L34-6	75	7.48	290	367.3	306	283	1.07	1.09	断面混凝土有空洞、焊点锈蚀
L34-7	70	6.98	292	369.8	312	283	1.08	1.10	焊点锈蚀严重
L34-8	75	7.48	314	397.6	364	283	1.16	1.18	断面密实
L34-9	80	7.98	310	392.6	353	283	1.15	1.17	—
L34-10	75	7.48	314	397.6	363	283	1.16	1.18	—

2）破坏形态

（1）整体破坏形态。试件典型破坏形态如图6-5所示，空钢管试件主要表现为焊接端头附近管壁拉裂，外壁颜色变深，管径变小，在断口处径向收缩明显；钢管混凝土试件仅在钢管断口处局部范围内管壁颜色变深，断口径向收缩不明显。试件开裂点位置包括三类：① 中部钢管拉裂（HL3-1、L34-1），如图6-5a所示；② 近焊接点处钢管拉裂（HL2-1~2、L30-3、L34-2~5、L34-8~10），如图6-5b所示；③ 焊接点拉裂（HL3-2、L30-1~2、L34-6~7、L24-1~5），如图6-5c所示。

试件破坏主要集中在主管与传力板连接处，部分试件在钢管中间部位拉裂。由于试件十字形传力板与主管采用焊接连接，在焊接节点处容易形成应力集中，另外试件钢管壁较薄，特别是L2类（113 mm×1.64 mm）试件，焊接质量难以控制。因而试件破坏主要表现在焊接节点处或靠近焊接节点区域钢管拉裂。因此，单肢钢管混凝土的模型试验尚不能准确揭示钢管混凝土受拉极限承载力及共同承载力，这是该试验的主要认识和结论。

（2）混凝土裂缝分布状态。从L30与L34系列中各选取2个试件进行管壁切割，考察钢管混凝土轴拉破坏时管内混凝土破坏形态，研究钢纤维对混凝土裂缝分布状态的影响，结果如图6-6所示。

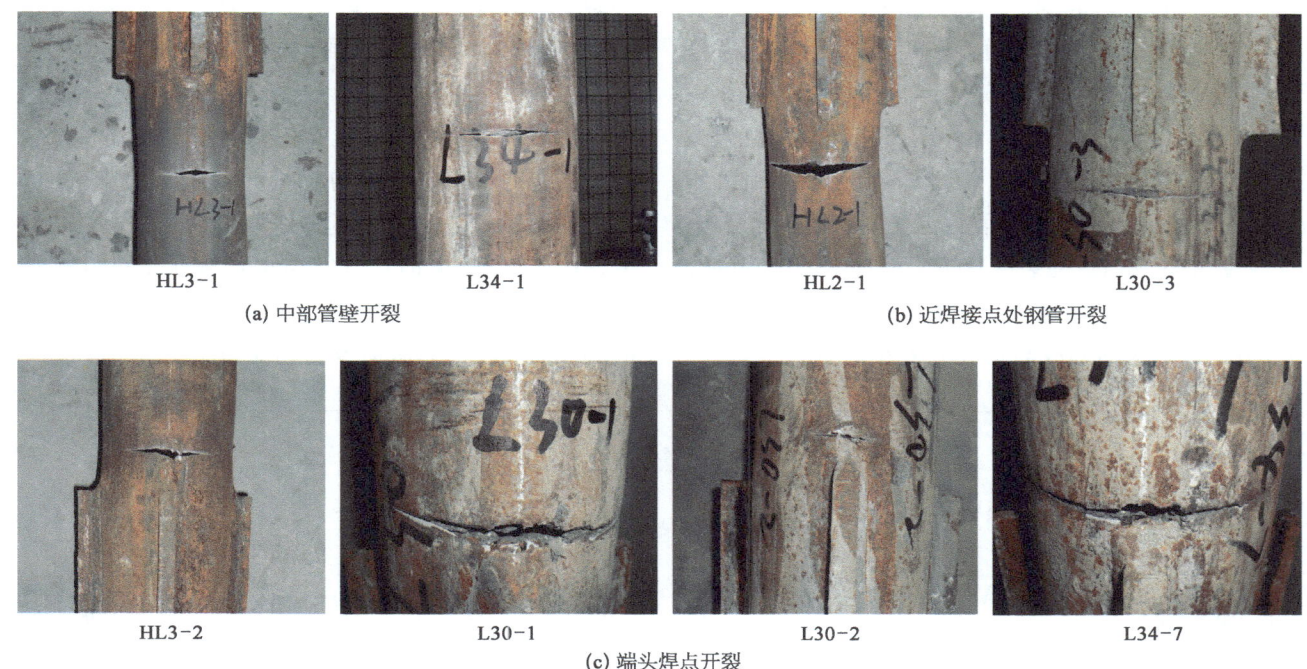

(a) 中部管壁开裂　　　　　　　　　　(b) 近焊接点处钢管开裂

(c) 端头焊点开裂

图 6-5　轴拉典型破坏形态

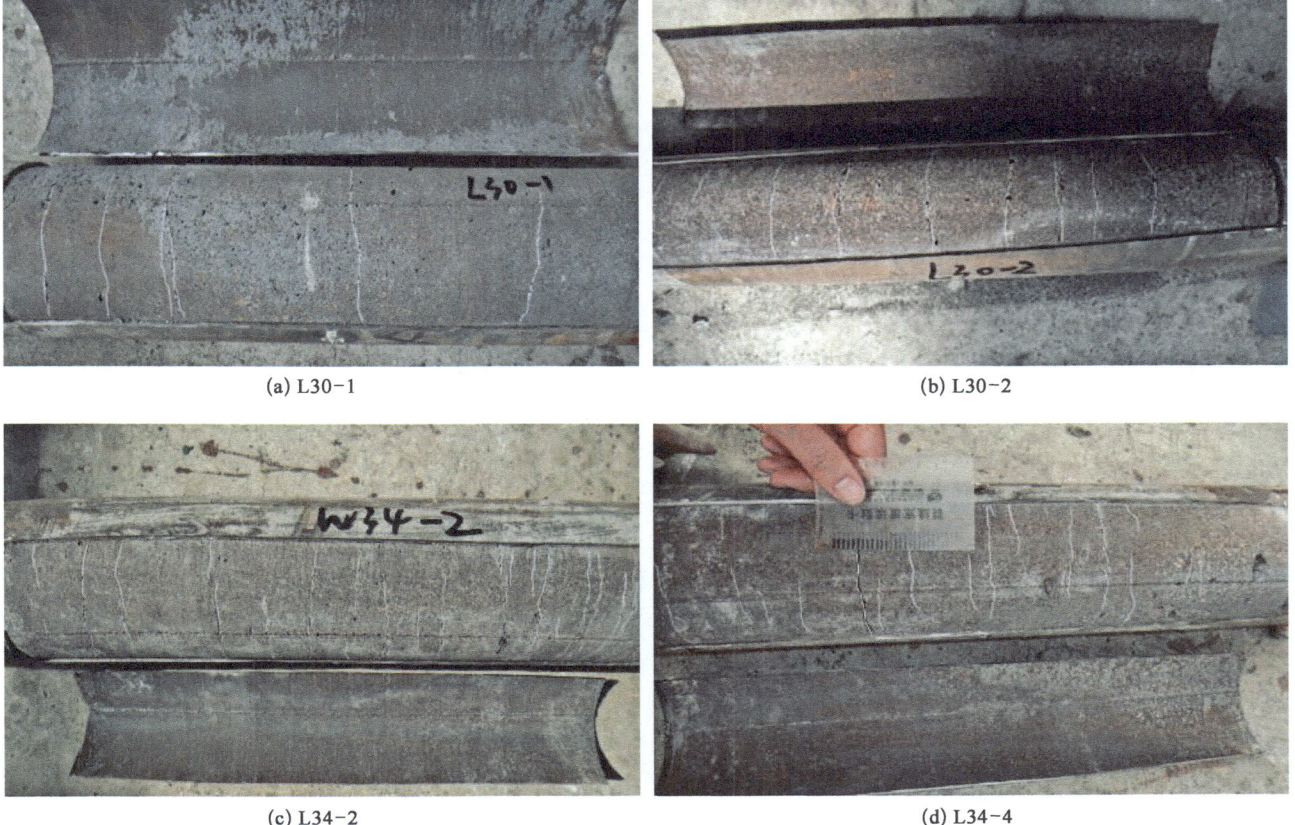

(a) L30-1　　　　　　　　　　(b) L30-2

(c) L34-2　　　　　　　　　　(d) L34-4

图 6-6　管内混凝土破坏形态

4个试件核心混凝土均填充密实、饱满,在管壁开裂处混凝土完全断裂,断面较密实,钢管壁未开裂部位混凝土裂缝较明显。图6-6a与b中未掺钢纤维的试件L30-1与L30-2,钢管内混凝土裂缝均为较宽的贯通缝,但数量少。而图6-6c与d中掺有钢纤维的试件L34-2与L34-4,管内混凝土表面裂缝密集,且多为"细丝"缝,贯通裂缝较少。因为钢纤维在混凝土中形成的网络结构抑制裂缝的扩展,分散破坏面应力,阻止贯通缝的形成与扩展并减小裂缝宽度,避免混凝土沿主裂缝面持续破坏,可为管壁径向变形提供稳定均匀的支撑约束,增强了试件截面径向刚度。

3) 荷载-应变关系

选取部分钢管混凝土试件与对应的空钢管试件测试了轴拉过程中管壁的应变发展过程,如图6-7所示,钢管纵、环向应变值均为4个应变片测值的均值。由此可知,空钢管试件与钢管混凝土试件在轴拉荷载作用下钢管纵、环向应变发展差异明显,灌注混凝土后试件的屈服荷载明显提高。

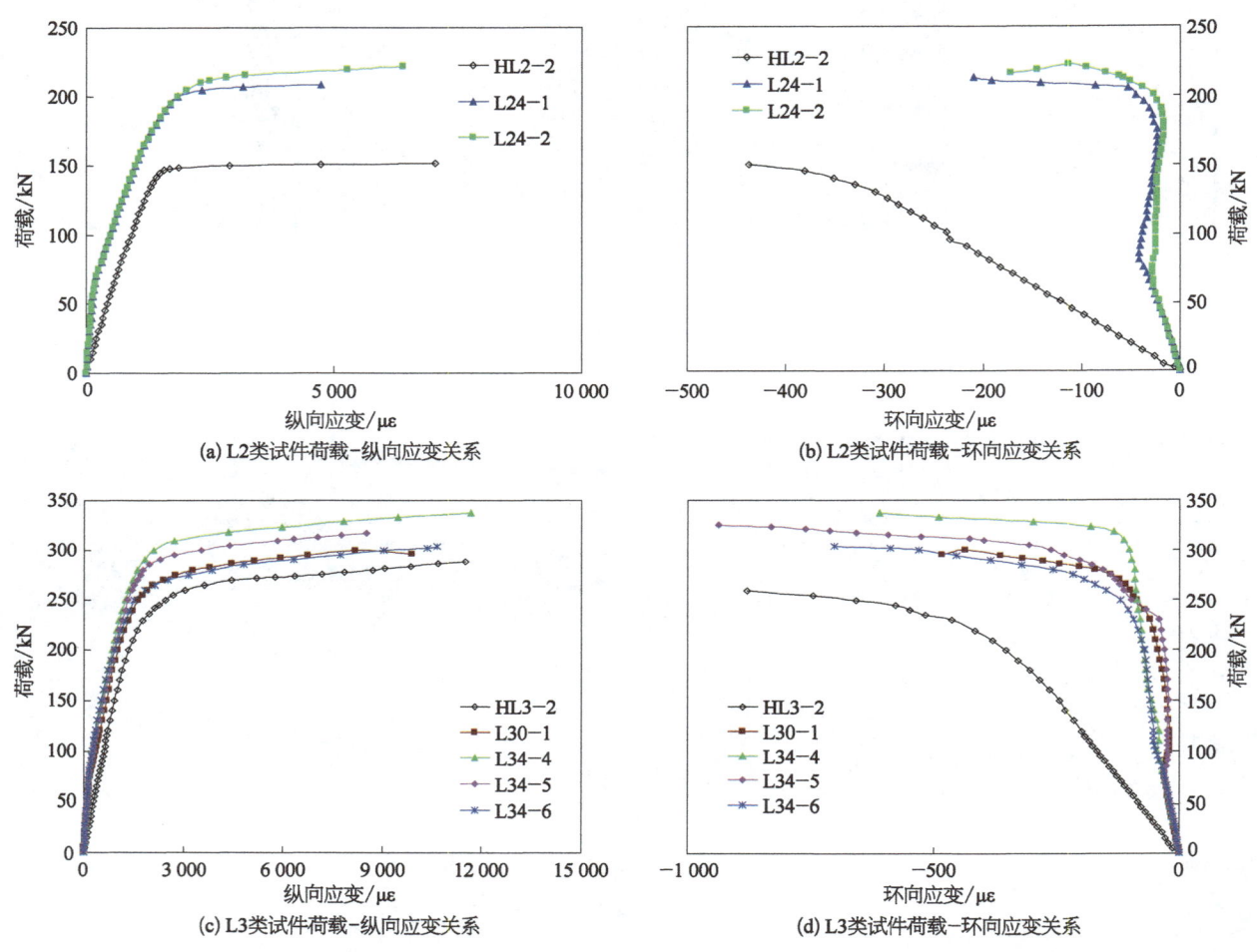

图6-7 荷载-应变关系曲线

图6-7a与c为各试件荷载-纵向应变关系曲线。混凝土初裂后,荷载-纵向应变曲线出现明显转折,钢管混凝土截面含钢率越低,转折点越明显,随后曲线进入线性增长阶段,其切线斜率与空钢管试件弹性段斜率相近;荷载继续增加,接近屈服荷载的90%时,曲线出现第二次转折后,纵向应变增长很快而荷载增加很慢。由于管内混凝土的约束作用,管壁处于双向受拉状态,屈服应变较空钢管试件有所提高。L2类钢管混凝土试件L24-1、L24-2钢管屈服应变为2 320 $\mu\varepsilon$与2 489 $\mu\varepsilon$,对应的空钢管试件HL2-2屈服应变为1 680 $\mu\varepsilon$;同样,L3类钢管混凝土试件L30-1、L34-4、L34-5与L34-6钢管屈服应变分别为3 808 $\mu\varepsilon$、4 346 $\mu\varepsilon$、4 387 $\mu\varepsilon$与3 851 $\mu\varepsilon$,对应的空钢管试件HL3-2屈服应变为3 635 $\mu\varepsilon$。钢管混凝土截面含钢率与钢材屈服强度较低时,管内灌注混凝土后,钢管纵向屈服应变提高幅度更大。

另外,相同荷载时,空钢管试件纵向应变较钢管混凝土试件大,表明钢管混凝土试件纵向刚度较空钢管试件高。

图6-7b与d所示为各试件荷载-环向应变关系曲线。由此可见,整个加载过程中各试件环向应变均较小。对于空钢管试件,环向应变前期呈线性增加,直到钢管纵向屈服后环向应变出现拐点后,荷载变化较小而环向应变快速发展。而对于钢管混凝土试件,在管内混凝土开裂前,钢管与混凝土共同受拉,由于泊松效应,试件环向应变呈线性增长,但应变很小,约为空钢管试件环向应变的1/5。管内混凝土开裂后,其承担的拉应力急剧减小,径向不再变形,有效限制了钢管的径向收缩,所以钢管环向应变明显减小,直到钢管纵向屈服后其环向应变才继续较快增加。混凝土的填充显著增加了试件截面径向刚度。

试验表明,受拉钢管中填充混凝土后,虽然混凝土的抗拉强度较低,不能过多分配轴向拉应力,但其填充效应有效阻止了钢管的径向收缩,增强了试件的径向刚度,使钢管处于双向受拉状态,钢管屈服强度得到提高。试件截面径向刚度增强,使试件纵向变形也受到限制,且混凝土断裂后由于其与管壁之间的界面黏结作用,其在局部范围内仍能参与钢管受拉,因此,试件纵向刚度也有所提升,轴拉变形减小,在桁梁结构体系中整体变形将会减小。

4) 轴拉工作机理

钢管混凝土轴拉工作全过程可分为如图6-8所示的三个阶段。

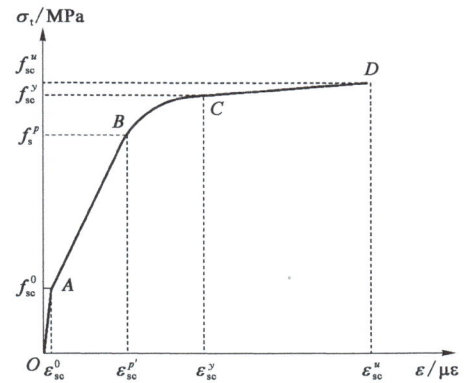

图6-8 钢管混凝土轴拉应力-应变关系曲线

(1) 弹性段(OA段):加载初期,应力-应变曲线呈线性增长,钢管与核心混凝土共同工作,两者均处在弹性阶段;但达到A点(应力达屈服应力的30%左右)时,混凝土初裂,曲线出现转折,此时钢管表面无任何破坏特征。

(2) 弹塑性段(AC段):由于核心混凝土已开裂,钢管混凝土组合材料整体进入弹塑性阶段,荷载主要由钢管承担。该阶段初期,钢管仍处在弹性阶段,曲线呈近线性增长;当应力达屈服应力的85%左右时,钢管开始发生塑性变形,曲线出现第二个拐点(B点);随后,应力增长缓慢而应变发展迅速,并能听到管内混凝土脆断声响,管壁颜色变深,钢管完全进入屈服阶段,试件应力达到屈服应力(C点)。

(3) 强化段(CD段):应力增长略有提高而纵向应变仍较快发展,混凝土开裂声响持续不断,但钢管表面破坏特征不明显,开裂前在断口处管壁局部有起皮、掉渣现象,达到D点时管壁开裂。

混凝土的抗拉强度远低于钢材的抗拉强度,空钢管中填充混凝土后,复合材料轴拉承载力提高程度有限,由荷载-应变关系可知,钢管混凝土纵向与径向刚度较空钢管有较大提高。由此可见,钢管混凝土轴拉工作机理在于:荷载较小时,钢管与核心混凝土共同工作,由于钢材泊松比较混凝土泊松比大,因而在受荷一开始,两者之间便存在紧箍力,试件纵、环向刚度均明显增强。当混凝土开裂后,基本不直接承受轴拉荷载,且对构件整体纵向刚度的贡献急剧退化,复合材料进入弹塑性阶段,荷载主要由钢管承担,由于此时总体应力较小,钢管仍处在弹性阶段。但是在局部范围内,由于核心混凝土与管壁的界面黏结作用,其仍能承担小部分由管壁传递的轴拉荷载,但混凝土受力很小,基本不再发生变形,因而能较好地限制钢管的变形,尤其是环向收缩变形,核心混凝土主要发挥其填充效应,约束钢管的变形,使截面刚度大幅增强。这样,钢管处于纵向、环向受拉而径向受压的三向应力状态,屈服应变与应力均较空钢管提高。当钢管发生塑性应变后,材料整体发生屈服变形,核心混凝土贯通缝增多且变宽。钢材开始应力强化时,试件的拉伸变形主要来自贯通缝处的钢管拉伸变形,与空钢管的强化阶段变形趋势相似。

因此,钢管混凝土单肢复合材料,轴拉与轴压时的差异主要表现在:① 混凝土抗拉强度低,荷载较低时即开裂,不能继续承受拉力,轴拉荷载主要由钢管承担,管壁处于纵向、环向受拉而径向受压的三向应力状态;而轴压时,管壁与核心混凝土均处于三向受压应力状态,所以钢管混凝土具有很高的轴压承载力。② 钢管混凝土单肢受拉时,受荷开始钢管就对混凝土形成套箍作用,产生紧箍力;而承受轴压荷载时,核心混凝土与管壁在受荷初期有"负紧箍力"存在,当混凝土横向变形系数大于钢管横向变形系数时钢管才对核心混凝土形成套箍作用。

5) 承载力影响因素

(1) 混凝土密实度与试件焊接质量。表6-4表明,5个钢管混凝土试件(L24-4、L24-5、L30-1、L34-6、L34-7)的承载力虽高于空钢管试件,但比同类型试件承载力明显偏小,从试件最终破坏形态可见,L24-4、L24-5试件存在断面轻微颈缩现象,L30-1、L34-6与L34-7试件管壁开裂处焊点存在明显的锈蚀或气孔。因此,对这类试件选取典型代表(L24-5、L34-6)进行了管壁切割,以观察管内混凝土的灌注质量与断口处焊缝缺陷,结果如图6-9所示。

(a) 混凝土质量缺陷:L24-5

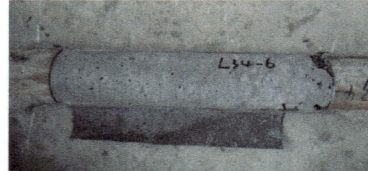

(b) 混凝土质量缺陷:L34-6

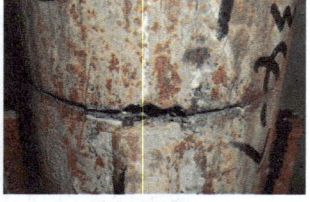

(c) 焊接缺陷:L30-1　　(d) 焊接缺陷:L34-7

图6-9　试件质量缺陷

图6-9表明,L24-5与L34-6试件在端头焊接点处管内混凝土存在明显的孔洞,其他区域混凝土较密实且裂缝分布规律与图6-6中同类型试件相似。另外,图6-9中L30-1试件管内混凝土密实饱满,与图6-6中L30-2试件相似,但其管壁断口处焊点有孔洞且有明显锈蚀,承载力明显较L30-2低。

混凝土的填充密实度与节点焊接质量对构件轴拉承载力与变形性能有影响,工程中应控制核心混凝土的灌注密实度与钢管焊缝的质量。但从管内混凝土填充密实区域与管壁的黏结状况,以及混凝土裂缝分布来看,该区域混凝土仍较充分地参与了管壁的受拉,并对管壁的径向变形有较好的限制,因而试件的承载力与刚度较空钢管试件仍有一定的提高,试件轴向拉伸时仅在混凝土不密实填充处有颈缩。

(2) 掺加钢纤维。L3类试件中,L30、L34系列试件混凝土初裂荷载和屈服荷载如图6-10与图6-11所示,图中荷载值为各试件测试结果均值(不包括测试结果异常的试件)。钢纤维微膨胀钢管混凝土初裂荷载与屈服荷载均较不掺钢纤维试件提高,且初裂荷载提高较明显,屈服荷载提高幅度较小。L34系列试件(钢纤维掺量40 kg/m³)较L30系列试件初裂荷载提高16.5%、屈服荷载提高4.3%。

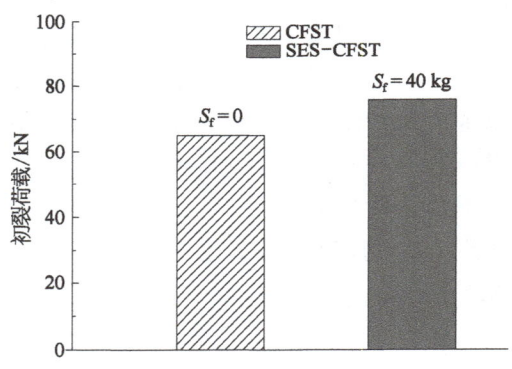

图6-10　混凝土初裂荷载对比

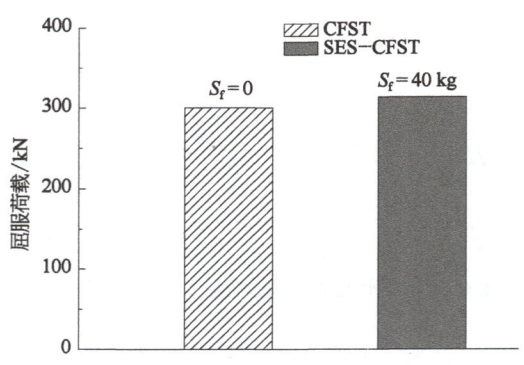

图6-11　钢管混凝土试件屈服荷载对比

此外，钢纤维钢管混凝土试件较空钢管试件轴拉承载力提高幅度也比普通钢管混凝土试件大，如图6-12所示。L30系列试件较HL3系列试件轴拉承载力提高11%～13%，而L34系列试件较HL3系列提高15%～17%。钢纤维的掺加对钢管混凝土构件轴拉承载力有利。

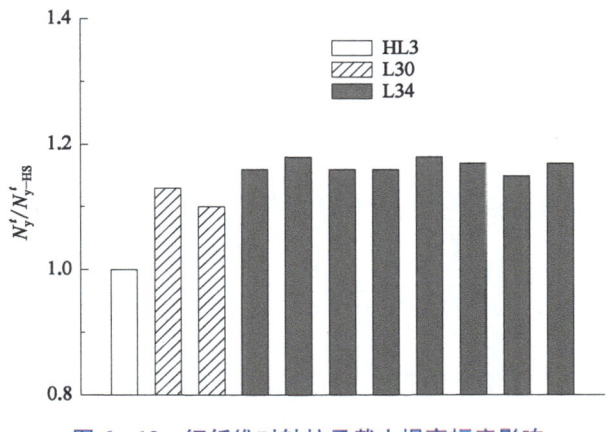

图6-12 钢纤维对轴拉承载力提高幅度影响

普通混凝土在轴拉荷载作用下开裂后易形成贯通缝，而掺加钢纤维后，钢纤维在混凝土中均匀分散，相互贯穿呈网状结构，起到劲性骨架作用，能限制混凝土微裂纹的产生和扩展，分散混凝土裂缝处应力，因而裂缝细小而分散，较少形成贯通缝，如图6-6所示。钢纤维的掺加显著提高了混凝土抗拉强度，使得试件初裂荷载增加。试件受拉破坏过程中，管内钢纤维混凝土虽然开裂，但裂缝处由钢纤维连接起"栓销"作用，仍能承担一定荷载，试件的轴拉承载力有一定的提高。

（3）截面含钢率。L24系列与L34系列试件，钢管外径一致而壁厚不同，截面含钢率分别为6.07%与8.55%，图6-13所示对比了两系列试件的轴拉承载力，图6-14所示分析了两系列试件相比空钢管试件轴拉承载力的提高程度。由此可见，截面含钢率高，试件轴拉承载力强，L24系列试件轴拉承载力约为L34系列试件的2/3；但是截面含钢率高，试件较空钢管试件承载力提高幅度小，L24系列试件约提高35%，而L34系列试件约提高16%。

试验研究表明，钢纤维微膨胀自密实钢管混凝土轴拉承载力与截面含钢率有较大关系，空钢管灌注混凝土后其轴拉承载力提高程度也受截面含钢率影响。主要因为核心混凝土抗拉强度低，在较低荷

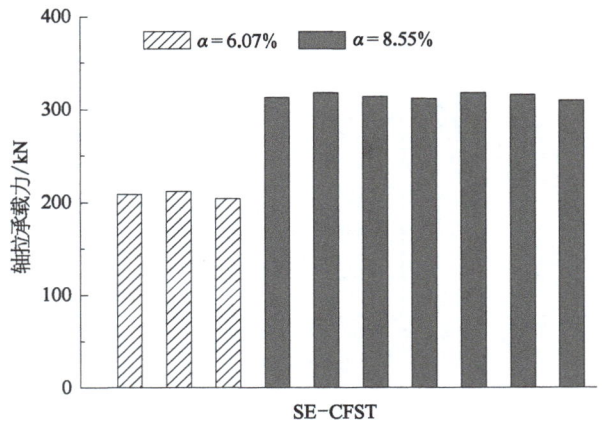

图6-13 轴拉承载力与含钢率关系

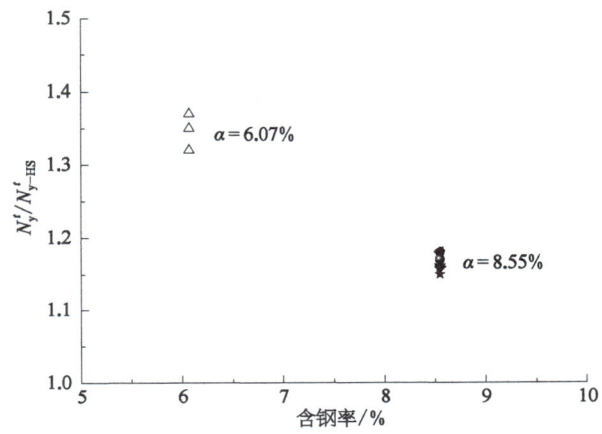

图6-14 承载力提高幅度与含钢率关系

载时出现开裂，虽然在各个断裂节段内仍对轴拉承载力有贡献，但荷载主要由钢管承担，因此，含钢率对构件轴拉承载力影响较大。

6.1.1.4 有限元模拟分析

1）材料本构关系模型

（1）钢材。钢材本构关系如图6-15所示。低碳钢一般采用如图6-15a所示的二次塑流模型，该模型有五个比较明显的特征阶段：弹性段(Oa)、弹塑性段(ab)、塑性段(bc)、强化段(cd)以及二次塑流段(de)，图中点线为钢材的实际应力-应变关系曲线，而实线为简化的应力-应变关系曲线，模型的数学表达式如式(6-1)。对于高强钢材，一般采用双折线模型，即弹性段和强化段，如图6-15b所示，强化段的模量取$0.01E_s$。

根据材料力学性能测试结果，钢材采用典型的各向同性的弹塑性材料模型以及Von Mises屈服准则。采用ABAQUS建模时只需给定钢材单轴应

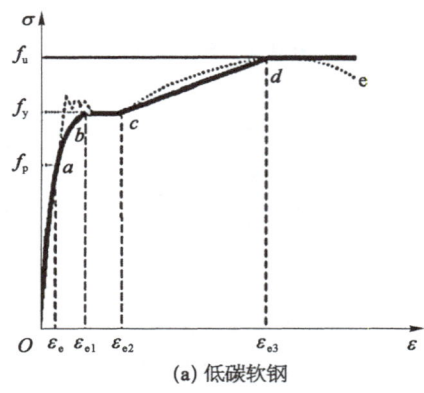

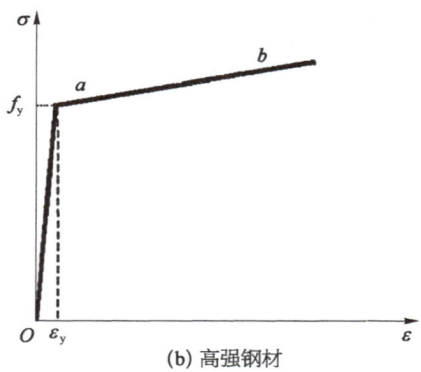

图 6-15 钢材应力-应变关系曲线

力-应变关系,其三轴应力-应变关系根据 Von Mises 屈服准则确定。根据钢材力学性能测试的变形特点,采用图 6-15a 所示的二次塑流模型的单轴应力-应变关系。

$$\sigma_s = \begin{cases} E_s \varepsilon_s, & \varepsilon_s \leqslant \varepsilon_e \\ -A\varepsilon_s^2 + B\varepsilon_s + c, & \varepsilon_e < \varepsilon_s \leqslant \varepsilon_{e1} \\ f_y, & \varepsilon_{e1} < \varepsilon_s \leqslant \varepsilon_{e2} \\ f_y\left[1 + 0.6\dfrac{\varepsilon_s - \varepsilon_{e2}}{\varepsilon_{e3} - \varepsilon_{e2}}\right], & \varepsilon_{e2} < \varepsilon_s \leqslant \varepsilon_{e3} \\ 1.6 f_y, & \varepsilon_s > \varepsilon_{e2} \end{cases}$$

(6-1)

其中 $\varepsilon_e = 0.8 f_y / E_s$, $\varepsilon_{e1} = 1.5 \varepsilon_e$, $\varepsilon_{e2} = 10 \varepsilon_{e1}$

$\varepsilon_{e3} = 100 \varepsilon_{e1}$

$A = 0.2 f_y / (\varepsilon_{e1} - \varepsilon_e)^2$, $B = 2A\varepsilon_{e1}$

$C = 0.8 f_y + A\varepsilon_e^2 - B\varepsilon_e$

(2) 混凝土本构模型。核心混凝土采用 ABAQUS 提供的塑性损伤模型,该模型适用于混凝土、陶瓷等脆性材料的模拟。应力-应变关系采用适用于 ABAQUS 软件分析的混凝土单轴应力-应变关系,表达式如下

$$y = \begin{cases} 2x - x^2, & x \leqslant 1 \\ \dfrac{x}{\beta_0(x-1)^\eta + x}, & x > 1 \end{cases}$$

(6-2)

其中 $x = \dfrac{\varepsilon}{\varepsilon_0}$, $y = \dfrac{\sigma}{\sigma_0}$, $\sigma_0 = f'_c$

$\varepsilon_0 = \varepsilon_c + 800\xi^{0.2} \times 10^{-6}$

$\varepsilon_c = (1\,300 + 12.5 f'_c) \times 10^{-6}$

$\eta = \begin{cases} 2 & \text{(圆钢管混凝土)} \\ 1.6 + 1.5/x & \text{(方、矩形钢管混凝土)} \end{cases}$

$\beta_0 = \begin{cases} (2.36 \times 10^{-5})^{[0.25+(\xi-0.5)^7]}(f'_c)^{0.5} \cdot 0.5 \geqslant 0.12 \\ \quad \text{(圆钢管混凝土)} \\ (f'_c)^{0.1}/1.2\sqrt{1+\xi} \quad \text{(方、矩形钢管混凝土)} \end{cases}$

由于钢管混凝土承受轴向拉力,因此需要定义混凝土受拉软化性能。此处混凝土受拉软化效应采用 ABAQUS 提供的能量破坏准则来模拟,即应力-断裂能关系。采用该准则定义混凝土受拉软化效应在计算分析时具有很好的收敛性,主要基于脆性破坏概念定义开裂的单位面积作为材料参数。模型假定混凝土开裂后应力线性减小,如图 6-16 所示,图中 G_f、σ_{t0} 分别为混凝土的断裂能(每单位面积内产生一条连续裂缝所需的能量值)和破坏应力。其中,当 f_c 为 20 MPa 时,破坏能 G_f 按 40 N/m 取值;当 f_c 为 40 MPa 时,破坏能 G_f 按 120 N/m 取值,其他值采用插值法计算。破坏应力 σ_{t0} 按下式计算

$$\sigma_{t0} = 0.26 \times (1.25 f'_c)^{2/3} \quad (6-3)$$

式中 f'_c——混凝土圆柱体抗压强度,$f'_c = 0.85 f_{ck}$, f_{ck} 为混凝土立方体抗压强度。

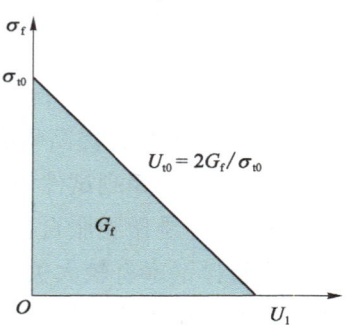

图 6-16 混凝土受拉软化模型

2) 有限元模型的建立

(1) 单元选取与网格划分。钢管壁厚较其他两方向尺寸小,一般采用壳单元模拟,但采用实体单元较壳单元定义接触单元,占用计算资源少,计算结果较满意,因此钢管、加载端板与核心混凝土均采用八节点线性缩减积分格式的三维实体单元(C3D8R)模拟。采用映射网格划分,如图 6-17 所示。

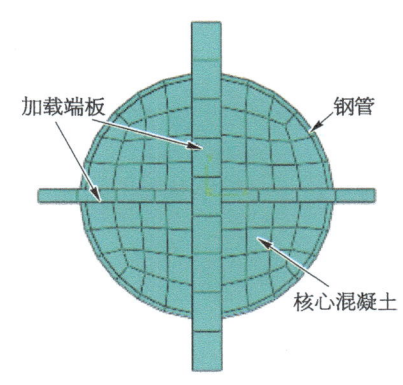

图 6-17 网格划分

(2) 钢管与混凝土截面模型。加载端板间以及加载端板与钢管、加载端板与混凝土之间不考虑滑动,直接采用"tie"接触。而核心混凝土拉裂后与钢管之间可能产生滑移,钢管与混凝土的界面模型由界面的法向接触和切向的黏结滑移组成,采用接触单元来模拟。钢管与混凝土法向的接触采用硬接触,切向力模拟采用库仑摩擦模型,摩擦系数取 0.6。钢管与核心混凝土的平均界面黏结力根据研究结论按下式确定

$$\tau_u = k_v(1.8665 + 8.7244\alpha - 0.0033m_f) \quad (6-4)$$

(3) 边界条件。根据试验测试,模型边界条件取一端完全固结,另一端端板约束除 U3 外的所有自由度,有限元计算模型如图 6-18 所示。

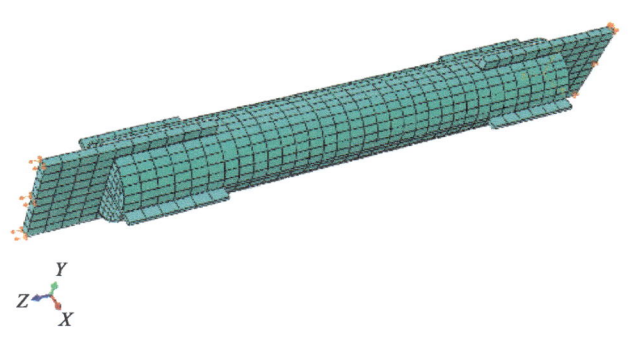

图 6-18 有限元计算模型

3) 计算结果分析

(1) 变形特征与破坏模式。图 6-19 所示为钢管混凝土试件与空钢管试件轴拉破坏形态计算结果与实测结果对比,管内混凝土的裂缝分布状态如图 6-20 所示。空钢管试件整体径向收缩明显,而灌注混凝土后试件纵向近似波浪形微缩,收缩处混凝土开裂形成贯通缝,与实际观察结果一致。

图 6-21 所示为两类试件荷载-拉伸变形关系曲线的比较,有限元分析承载力结果 N_u^c 见表 6-5,与实测值误差很小。有限元模拟计算结果与试验测试结果较吻合。

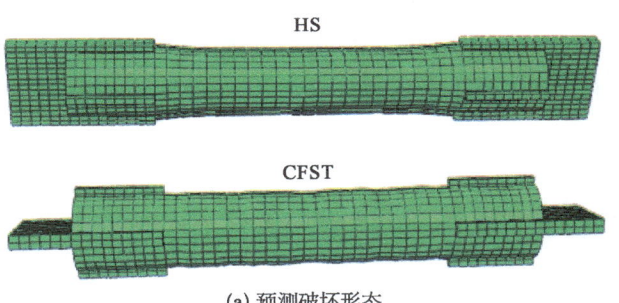

(a) 预测破坏形态

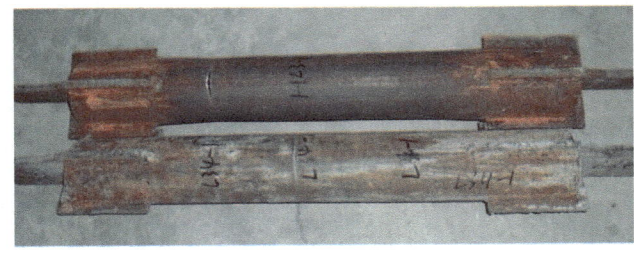

(b) 实测破坏形态

图 6-19 试件破坏形态

(a) 实测裂缝分布

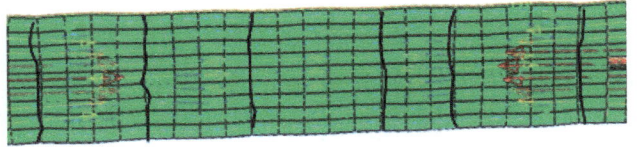

(b) 预测裂缝分布

图 6-20 管内混凝土裂缝分布

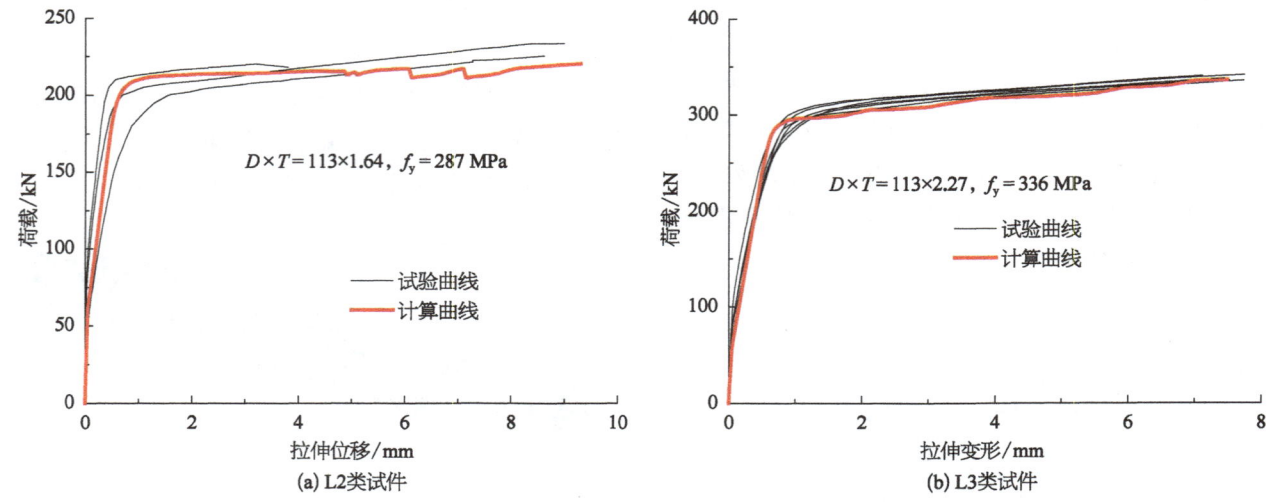

图 6-21 荷载-拉伸变形关系

表 6-5 计算承载力与实测结果对比

$D \times T$/mm×mm	实测值 N_y^e/kN	式(6-10) N_y^c/kN	模拟分析 N_y^s/kN	N_y^c/N_y^e	N_y^s/N_y^e
113×1.64	208.3	209.8	210.5	1.007	1.011
113×2.27	313.5	307.1	305.7	0.980	0.975

（2）荷载-应变关系。试件屈服时管壁应变分布状态如图 6-22 所示，钢管混凝土试件管壁屈服应变主要集中在管内混凝土开裂处，而空钢管试件径向收缩均匀而整体发生塑性应变。两类试件管壁应变发展，随轴拉荷载的变化关系曲线如图 6-23 所示，混凝土开裂后曲线均出现拐点，荷载主要由钢管承担，钢管应变突增，计算结果与试验结果较吻合。

6.1.1.5 承载力计算方法

国内外对钢管混凝土的轴拉性能研究较少，关于其轴拉承载力的计算，国外的相关规范中大多只考虑钢管受拉而忽略核心混凝土的影响，如：

美国规范 AISC-2010 中给出的钢管混凝土构件轴拉承载力计算公式为

$$N_u^t = \phi_t A_s f_y \quad (6-5)$$

式中 ϕ_t——材料折减系数，一般取 0.9；
A_s——钢管截面积；
f_y——钢材强度标准值。

英国规范 BS5400-2500 中规定的钢管混凝土构件轴拉承载力计算公式为

$$N_u^t = A_s(f_y/r_m) \quad (6-6)$$

式中 r_m——材料分项系数，取 1.2；
A_s——钢管截面积；
f_y——钢材强度标准值。

欧洲规范 EC4-2004 中规定的钢管混凝土构件轴拉承载力计算公式为

$$N_u^t = A_s(f_y/r_{mo}) \quad (6-7)$$

式中 r_{mo}——材料分项系数，取 1.0；
A_s——钢管截面积；
f_y——钢材强度标准值。

我国相关行业标准和规范考虑了核心混凝土填充对承载力的有利贡献，如：《钢-混凝土组合结构设计规程》(DL/T 5085—1999)中对单肢圆形钢管混凝土轴心受拉构件的承载力规定为

$$N \leqslant 1.1 f A_s \quad (6-8)$$

式中 A_s——钢管截面积；
f——钢材的抗拉强度设计值。

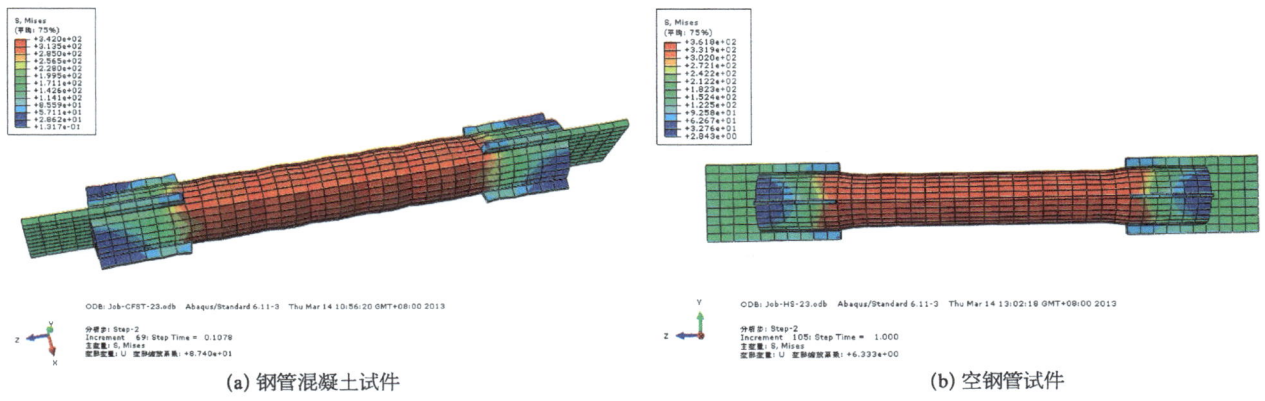

(a) 钢管混凝土试件　　　　　　　　　　　(b) 空钢管试件

图 6-22　应力分布状态

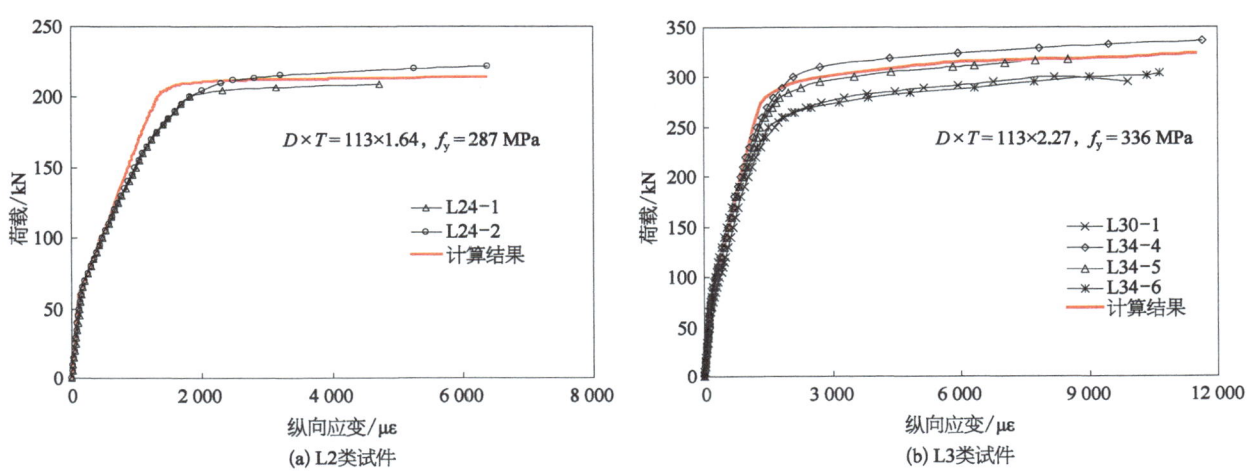

(a) L2类试件　　　　　　　　　　　(b) L3类试件

图 6-23　荷载-应变关系

国内一些地方标准也采用了此计算方法，如福建省工程建设标准《钢管混凝土结构技术规程》(DBJ/T 13-51—2010)等。

另外，韩林海等的研究认为灌注混凝土对钢管混凝土轴拉承载力的作用效应与截面含钢率相关，并提出了钢管混凝土构件轴拉承载力计算公式为

$$N_u^t = (1.1 - 0.4\alpha) A_s f_y \quad (6-9)$$

式中　α——截面含钢率；
　　　A_s——钢管截面积；
　　　f_y——钢材强度设计值。

按照以上计算方法对本试验中钢纤维微膨胀钢管混凝土试件的轴拉承载力进行计算，结果见表 6-6。由于式(6-5)～式(6-7)表达方式相似，仅材料分项系数取值稍有差异，且三种计算方法计算结果误差很小，因而表 6-6 中仅列出了式(6-5)计算结果。

表 6-6　钢管混凝土轴拉承载力计算结果对比

试件编号	N_y^t/kN	式(6-5)		式(6-8)		式(6-9)	
		N_c/kN	N_c/N_y^t	N_c/kN	N_c/N_y^t	N_c/kN	N_c/N_y^t
L24-1	209	165	0.79	181	0.87	177	0.85
L24-2	212	165	0.78	181	0.85	177	0.83
L24-3	204	165	0.81	181	0.89	177	0.87
L34-1	313	265	0.85	292	0.93	283	0.90

续表

试件编号	N_y^t/kN	式(6-5)		式(6-8)		式(6-9)	
		N_c/kN	N_c/N_y^t	N_c/kN	N_c/N_y^t	N_c/kN	N_c/N_y^t
L34-2	316	265	0.84	292	0.92	283	0.90
L34-3	314	265	0.84	292	0.93	283	0.90
L34-4	312	265	0.85	292	0.94	283	0.91
L34-5	316	265	0.84	292	0.92	283	0.90
L34-8	314	265	0.84	292	0.93	283	0.90
L34-9	310	265	0.85	292	0.94	283	0.91
L34-10	314	265	0.84	292	0.93	283	0.90

计算结果表明，按普通钢管混凝土轴拉承载力计算方法得到的承载力值与钢纤维微膨胀钢管混凝土轴拉承载力测试结果有较大的差异，公式计算结果均较测试值低，尤其是含钢率较低的试件。主要是由于钢纤维的存在，增强了混凝土的抗拉强度，同时核心混凝土微膨胀效应使得其与管壁的界面黏结性能优于普通钢管混凝土，因而钢纤维微膨胀混凝土能更充分地参与受拉，使得试件承载力较普通钢管混凝土构件有所提高。

引入钢纤维微膨胀钢管混凝土承载力提高系数 K_{set} ($K_{set}=N_y^t/f_yA_s$)，如图6-24所示。由于钢纤维掺加对构件承载力影响较小，因此不考虑其掺量变化对承载力的影响，当钢纤维掺量 $40\,kg \leqslant m_f \leqslant 80\,kg$ 时，经回归分析得到 K_{set} 与截面含钢率的关系为

$$K_{set}=0.003\alpha^2-0.091\alpha+1.716$$

式中 α——截面含钢率。

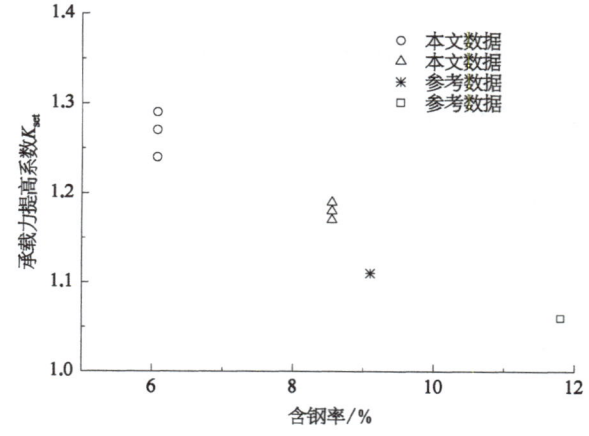

图6-24 含钢率与承载力提高系数关系

根据《钢-混凝土组合结构设计规程》，圆形钢管混凝土常见的截面含钢率 $\alpha=4\%\sim20\%$。此处，K_{set} 与 α 呈二次函数关系，在 $\alpha=15\%$ 时到达最低点；超过15%后，K_{set} 随含钢率增加而增加。但研究表明，空钢管中灌注混凝土后，其轴拉承载力的提高程度随截面含钢率增加而降低，该关系式在 $\alpha>15\%$ 时与实际不符。考虑到截面含钢率较大时，混凝土的填充对构件轴拉承载力提高幅度较小，因此，当 $\alpha>15\%$ 时，K_{set} 取值可与 $\alpha=15\%$ 保持一致，即 $K_{set}=1.02$。

在截面含钢率较低时，受拉钢管中灌注混凝土既能有效增强截面径向刚度，同时对轴拉承载力也有较大的改善提高，而截面含钢率较高时，核心混凝土刚度增强效应起主要作用。

因此，在常见工程应用范围内（$4\% \leqslant \alpha \leqslant 20\%$，$40\,kg \leqslant m_f \leqslant 80\,kg$），钢纤维微膨胀钢管混凝土的轴拉承载力可以按下式计算

$$N_y^t=K_{set}f_yA_s \qquad (6-10)$$

其中

$$\begin{cases} K_{set}=0.003\alpha^2-0.091\alpha+1.716, & 4\% \leqslant \alpha < 15\% \\ K_{set}=1.02, & 15\% \leqslant \alpha \leqslant 20\% \end{cases}$$

表6-5是式(6-10)计算结果 N_y^c 与构件承载力实测值 N_y^t 的对比，计算结果与测试结果十分接近，该计算方法可以较好地对钢纤维微膨胀钢管混凝土的轴拉承载力进行预测。

6.1.1.6 技术总结

进行了 18 根钢管混凝土试件与 4 根空钢管试件轴拉测试,探明了钢管混凝土轴拉工作机理,研究了其轴拉破坏模式、承载力影响因素与影响规律,主要结论如下:

(1) 钢管混凝土试件与空钢管试件的荷载-拉伸变形关系曲线都由弹性段、弹塑性段与强化段组成,两者在前两个阶段有一定的差异:空钢管试件弹性阶段长,钢材屈服后即进入弹塑性段。钢管混凝土试件整体弹性段较短,荷载达屈服荷载 30% 左右时混凝土开裂,曲线出现拐点;其弹塑性段较长,且为折线型,荷载达屈服荷载 90% 左右时钢材开始屈服,曲线发生第二次转折,试件整体进入弹塑性段;试件强化段曲线发展趋势与空钢管试件一致。

(2) 所有试件破坏均表现为管壁开裂。普通钢管混凝土试件管内混凝土裂缝为较宽的贯通缝,数量少;掺有钢纤维的钢管混凝土试件混凝土裂缝密集,且多为"细丝"缝,贯通裂缝较少。

(3) 相同荷载作用下,钢管混凝土试件钢管纵向应变较空钢管试件小,纵向刚度略有增大;环向应变较空钢管试件明显减小,仅为空钢管试件环向应变的 1/5 左右,径向刚度显著增加。

(4) 钢纤维微膨胀钢管混凝土核心混凝土灌注不密实或构件存在焊接缺陷时,构件轴拉承载力明显下降;钢纤维微膨胀钢管混凝土轴拉承载力较空钢管试件提高 15%~37%,含钢率越高,提高幅度越小。

(5) 提出了钢纤维微膨胀钢管混凝土轴拉承载力的计算方法,计算结果与试验结果吻合较好。

6.1.2 单肢抗弯性能

钢管混凝土桁梁式结构抗弯体系中上主管处于压弯应力状态而下弦杆处于拉弯应力状态。为更好地理解钢管混凝土在压弯、拉弯等复杂应力状态下的工作机理,国内外研究者对普通钢管混凝土纯弯工作性能、抗弯刚度与承载力进行了系列理论与试验研究,而对适合于钢管混凝土桁梁式结构抗弯体系的钢纤维微膨胀钢管混凝土的抗弯性能的研究尚未见报道。钢纤维微膨胀混凝土与管壁的界面黏结性能优于普通钢管混凝土,截面组合性能提高,对管壁局部屈曲与径向变形限制增强,且钢纤维的掺加可以阻止和延缓混凝土微裂缝的形成与扩展,提高核心混凝土的抗弯拉强度。钢纤维微膨胀钢管混凝土的抗弯性能与普通钢管混凝土势必存在差异,有必要进行系统深入研究。

因此,开展了钢纤维微膨胀钢管混凝土的抗弯性能试验研究,通过在主管上焊接支管以施加轴压荷载使主管受弯,研究钢纤维微膨胀钢管混凝土的抗弯承载力、变形特征与失效模式,并与同类型空钢管以及普通钢管混凝土试件对比,提出适用于钢纤维微膨胀钢管混凝土抗弯承载力的计算方法,为分析探讨钢管混凝土桁梁式结构受弯体系力学性能提供基础。

6.1.2.1 试验概况

1) 试验模型

采用如图 6-25 所示的模型试件,在主管跨中焊接加载支管,以施加轴压荷载使主管三点受弯。主管总长均为 800 mm,根据管径不同分为 W2、W3 与 W6 三种类型,外径与壁厚分别为 113 mm×1.64 mm、113 mm×2.27 mm 与 127 mm×5.95 mm,研究截面含钢率的变化对试件抗弯性能的影响。三类试件均采用相同类型加载支管,管径与壁厚为 63.5 mm×3.5 mm,长 100 mm,考察支主管强度比对节点破坏形态、试件整体抗弯承载力等的影响。模型试件构造参数见表 6-7。

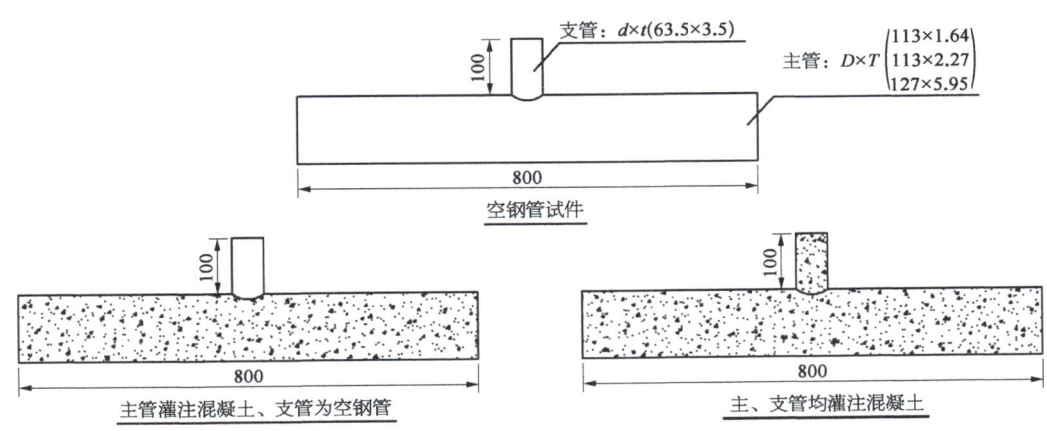

图 6-25 抗弯试件模型(单位:mm)

表 6-7 模型试件构造参数

试件类型	主管			支管	d/D	t/T
	$D \times T$/mm×mm	α/%	D/T	$d \times t$/mm×mm		
W2	113×1.64	6.07	68.9	63.5×3.5	0.56	2.13
W3	113×2.27	8.55	49.8		0.56	1.54
W6	127×5.95	21.75	21.3		0.50	0.59

2) 试验设计

每种类型主管设计了 3 个空钢管试件,分别记为 HW2、HW3 与 HW6 系列,与主管灌注混凝土试件对比,研究主管灌与不灌混凝土抗弯力学行为差异。为分析核心混凝土类型对钢管混凝土抗弯性能的影响,W3、W6 类试件主管内均灌注普通混凝土与钢纤维微膨胀混凝土(钢纤维掺量 40 kg/m³),分别记为 W30、W34 与 W60、W64 系列。W2 类试件主管只灌注钢纤维微膨胀混凝土,记为 W24 系列,与 W34、W64 系列试件对比,研究分析主管截面含钢率对抗弯性能的影响。另外,将部分试件支管内填充与主管核心混凝土同配比的砂浆,与支管为空钢管的同类型试件进行对比,研究支管灌与不灌混凝土对试件整体抗弯承载力、变形性能以及节点破坏模式的影响。共 32 个试件,详细特征参数见表 6-8。

表 6-8 抗弯试件特征参数

试件类型	主管						支管类型	数量	编号
	$D \times T \times L$/mm×mm×mm	类型	α/%	f_y/MPa	f_c/MPa	ξ			
W2	113×1.64×800	HS	—	286.8	—	—	HS	3	HW2-1~3
		SE-CFST	6.07	286.8	80.3	0.319	HS	2	W24-1~2
							CFST	1	W24-S1
W3	113×2.27×800	HS	—	336.1	—	—	HS	3	HW3-1~3
		CFST	8.55	336.1	76.6	0.551	HS	2	W30-1~2
							CFST	1	W30-S1
		SE-CFST	8.55	336.1	80.3	0.526	HS	3	W34-1~3
							CFST	1	W34-S1
W6	127×5.95×800	HS	—	386.0	—	—	HS	3	HW6-1~3
		CFST	21.75	386.0	76.6	1.612	HS	2	W60-1~2
							CFST	1	W60-S1
		SE-CFST	21.75	386.0	80.3	1.537	HS	5	W64-S1~S5
							CFST	5	W64-1~5

注:1. 主、支管类型中,"HS"指空钢管、"CFST"指普通钢管混凝土、"SE-CFST"指钢纤维微膨胀钢管混凝土。
2. 编号短横线前三个字符表示试件系列号,短横线后的数字代表试件的序号,序号中含有字母"S"的表示试件支管填充混凝土,序号仅有数字则为空心支管。例如:W64-S1,指管径为 127 mm×59.5 mm,主管、支管均填充钢纤维微膨胀混凝土的第 1 个试件。

3) 材料性能与试件制作

(1) 钢管。试件所用钢管有三种类型,力学性能指标见表6-9。

表6-9 钢材力学性能参数

钢管类型 $D×T/mm×mm$	屈服强度/MPa	抗拉强度/MPa	弹性模量/MPa	泊松比
63.5×3.5	285.31	485.22	$2.02×10^5$	0.264
113×1.64	286.77	346.27	$2.04×10^5$	0.273
113×2.27	336.05	428.07	$2.01×10^5$	0.267
127×5.95	386.01	518.63	$1.99×10^5$	0.261

(2) 混凝土。混凝土强度等级按C60设计,配合比与力学性能见表6-3。

(3) 构件制作与成型。主、支管先按要求切割成规定的长度,并按相贯线焊接连接。试件成型时,将主管竖直放置,底端放平,内壁用水润湿,然后分层灌注混凝土。灌注完毕,将钢管外壁清理干净,灌注口混凝土抹平然后用塑料膜密封养护。7 d以后将试件水平放置,将部分试件支管填满与主管混凝土同配比的砂浆,端面砂浆抹平后密封养护。

6.1.2.2 试验装置与测试方案

1) 加载装置与试验方法

抗弯试验采用3 000 kN液压伺服万能压力试验机进行加载,如图6-26所示,设备可对加载力、位移、加载速率进行准确控制。

图6-26 抗弯试验装置

试验测试前根据三类试件外径大小,加工与其匹配的半圆形支座三对,用作试件底座以防测试过程中试件倾覆。图6-27所示为抗弯试验测试示意,加载支管上垫一片直径10 cm的圆形钢块以均匀施加轴压荷载,使主管三点受弯。

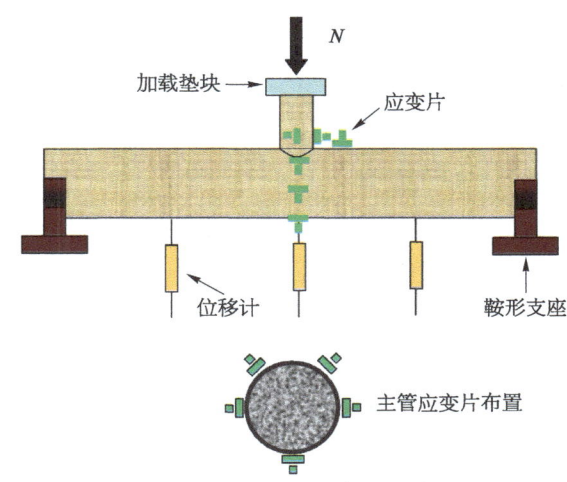

图6-27 抗弯试验示意

2) 传感器布置与数据采集

钢管混凝土主管试件位移计与应变片布置如图6-27所示:① 位移计布置在主管跨中以及四分点处;② 应变片测点包括主管跨中下缘、中截面以及支管根部上缘、主管顶面靠支管趾部,另外,支管根部和趾部与主管顶面对应点也布置测点,每个测点粘贴纵、环向应变片一对。

空钢管试件整体弯曲变形较小,只在跨中布置位移计,且安装在上下加载板之间(测试的变形为主管弯曲变形与节点顶面凹陷变形之和),应变片布置方案与钢管混凝土试件一致。

位移与应变均通过静态应变采集仪JM3812采集记录,加载速率与荷载值由仪器自动监测记录,并实时绘制荷载-跨中挠度曲线以分析试件的变形发展形态。

3) 测试方案与加载制度

测试前先进行预加载,预加载值取预计极限荷载的10%,使试件与支座、垫块接触紧密,持荷3～5 min,观察仪器工作状态,检查是否存在偏心加载,否则应调整试件,重新对中。

为研究钢管混凝土试件受弯屈服后的工作性能,对主管为钢管混凝土的试件进行反复循环加载,每个试件加卸载6次。加载初期按力控制,采用分级加载：在弹性阶段，每级荷载取预计屈服荷载的 1/10；当荷载-跨中挠度曲线出现非线性特征后，荷载每级取预计屈服荷载的 1/15；每级荷载持荷 2 min，观察试件表面变化状态。试件进入屈服阶段后转换为位移控制，缓慢连续加载，试件完全进入屈服阶段后停机卸载。待试件变形恢复稳定后依次进行第 2~5 次加载，加载方式与第 1 次一致，屈服荷载取上一次卸载时的荷载值。第 6 次加载时，前期加载方式与前 5 次一致，转换为位移控制后，慢速连续加载直至试件破坏。

出现如下情况之一则停止试验：① 主管开裂；② 主管严重压陷；③ 支管严重变形；④ 主管挠度过大，挠跨比达 1/20（挠度为 37.5 mm）时。

主管为空钢管的试件，只进行单次加载。加载初期采用力控制，分级加载：弹性阶段每级荷载取预计屈服荷载的 1/10，荷载-跨中挠度曲线出现非线性特征后，每级荷载取预计屈服荷载的 1/15，每级荷载持荷 2 min，观察试件表面变化状态。试件完全屈服后，加载方式转换为位移控制，直至试件破坏停机卸载，停机准则与主管为钢管混凝土试件试验一致。

6.1.2.3 试验过程与测试结果

1) 试验过程与整体破坏形态

（1）空钢管试件。三种系列空钢管试件破坏形态基本一致，主要表现为主管压陷失效，支管没有明显破坏特征。图 6-28 所示为空钢管试件荷载-跨中变形曲线，图 6-29 所示为其典型破坏失效过程。

加载初期，试件表面无明显变化，荷载-跨中竖向变形关系曲线近似线性增长。当荷载达到屈服荷载的 80% 左右时，主管沿支管周围颜色变深，试件开始发展塑性变形。随荷载增加，曲线逐渐偏离直线增长，主管压区开始起皮。荷载达到最大值后，主管压区开始压陷，试件开始丧失承载力，荷载-跨中挠度曲线出现下降。随后，主管压陷加剧，侧壁逐渐鼓屈。最后，因主管压陷严重、侧壁鼓屈明显而停机。试件最终破坏形态如图 6-29 所示，属典型空钢管节点 A 型失效模式（$\beta=0.56<0.6$，主管塑性失效）。

（2）主管灌注混凝土试件。除 W34-1 试件第 1 次加载时即出现拉区开裂而终止试验以外，其他试件均完成 6 次反复加载。W2、W3 类试件的破坏形态与加载支管形式关系不明显；W6 类试件，支管灌与不灌混凝土时，试件破坏形态差异

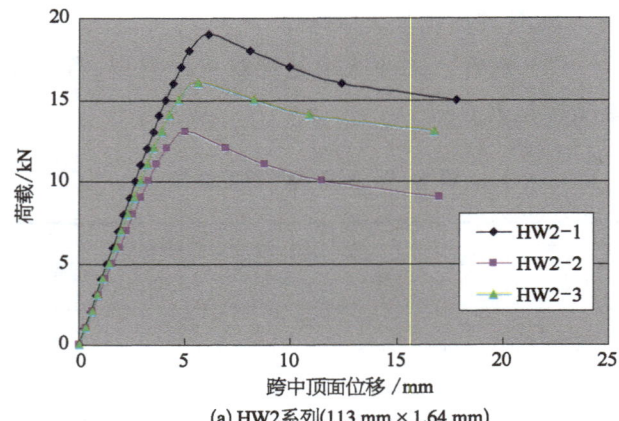

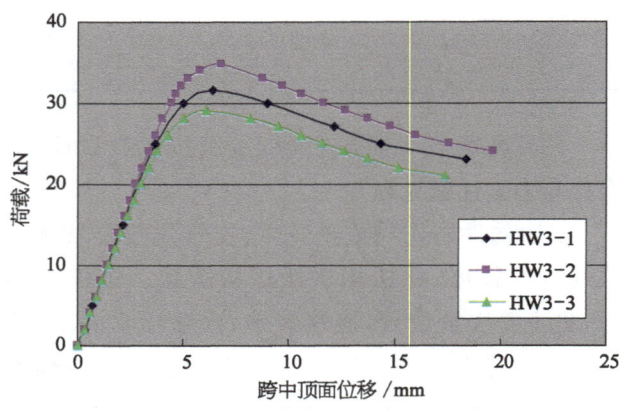

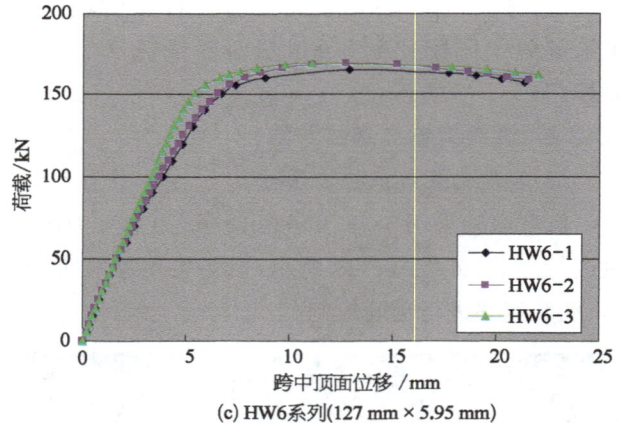

图 6-28 空钢管试件荷载-跨中挠度变形曲线

显著。

① W2 与 W3 类试件。W2 与 W3 类试件，支主管壁厚比（t/T）较大（分别为 2.13 与 1.54），不管加载支管灌与不灌混凝土，两类试件受弯破坏过程与最终破坏形态均较相似，主要表现为主管压区鼓屈、拉区开裂，支管不发生破坏，且试件整体破坏形态与主管核心混凝土类型基本无关。

图 6-30 所示为 W2、W3 类试件典型荷载-跨中挠度曲线，图中全曲线是以第 1 次加载时的荷载-挠

(a) 初始屈曲

(b) 压陷明显

(c) 顶面压陷、侧面外鼓

图 6-29　空钢管试件受弯破坏过程

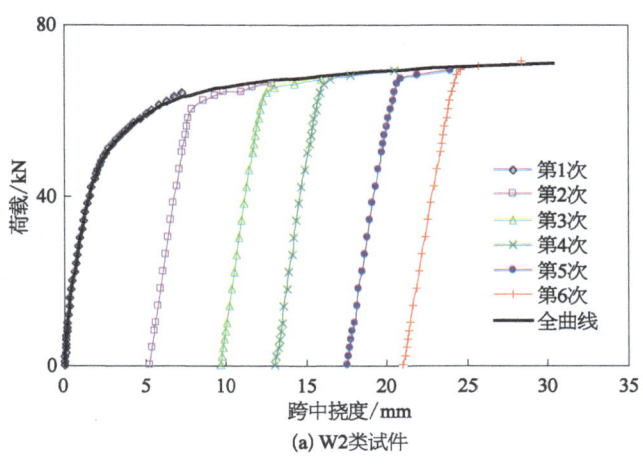
(a) W2类试件

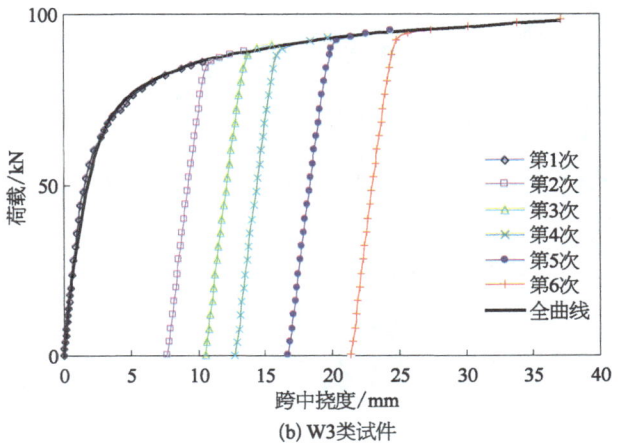
(b) W3类试件

图 6-30　钢管混凝土试件典型荷载-跨中挠度曲线

度变形曲线为基础，依次连接各次加载时的最大荷载值（亦即卸载点）所得（下同），其与单次加载直至最终破坏的荷载-挠度关系曲线基本一致。图 6-31 显示了两类试件在各次加载过程中的典型破坏过程（以 W30-S1 为例进行阐述）。

第 1 次加载，荷载较小时，试件表面无变化，图 6-30b 中荷载-跨中挠度曲线呈线性增加；当荷载达到屈服荷载的 75% 左右时，曲线开始出现非线性变化特征，主管沿支管周边颜色变深；荷载达屈服荷载的 85% 左右时，曲线非线性特征逐渐明显，主管顶面轻微起皮；试件进入屈服阶段后卸载，此时，主管表面出现起皮、掉渣现象，如图 6-31b 所示。

第 2 次加载时，荷载-挠度曲线加载前期呈线性增加，荷载增加到接近第 1 次卸载荷载时，曲线出现明显拐点，荷载增长缓慢而挠度增长加快，随后主管沿支管周边起皮掉渣加剧，主管顶面开始鼓屈，如图 6-31c 所示，试件已进入屈服阶段，停机卸载。第

3~5 次加载，荷载-挠度曲线变化趋势与第 2 次一致，主管破坏失效过程如图 6-31d~f 所示，压区鼓屈逐渐加剧，管壁出现皱褶。

第 6 次进行持续加载，因主管下缘受拉区开裂而停机卸载，试件最终典型变形形态如图 6-31g 所示，主管受压区已严重鼓屈、皱褶，但侧面鼓屈现象不明显，试件整体弯曲变形显著。

② W6 类试件。W6 类试件，支管灌与不灌混凝土，试件整体破坏形态差异较大，且与主管核心混凝土类型无关。图 6-32 所示是 W6 类试件典型的荷载-跨中挠度变形曲线；图 6-33 与图 6-34 分别显示了 W6 类试件支管为空钢管与灌注混凝土后试件典型破坏过程。

加载支管为空钢管时，试件主要因支管受压屈曲而失效，主管破坏特性不明显。图 6-32a 所示为 W6 类支管为空钢管试件荷载-跨中挠度变形曲线，图 6-33 所示为其典型弯曲破坏过程。

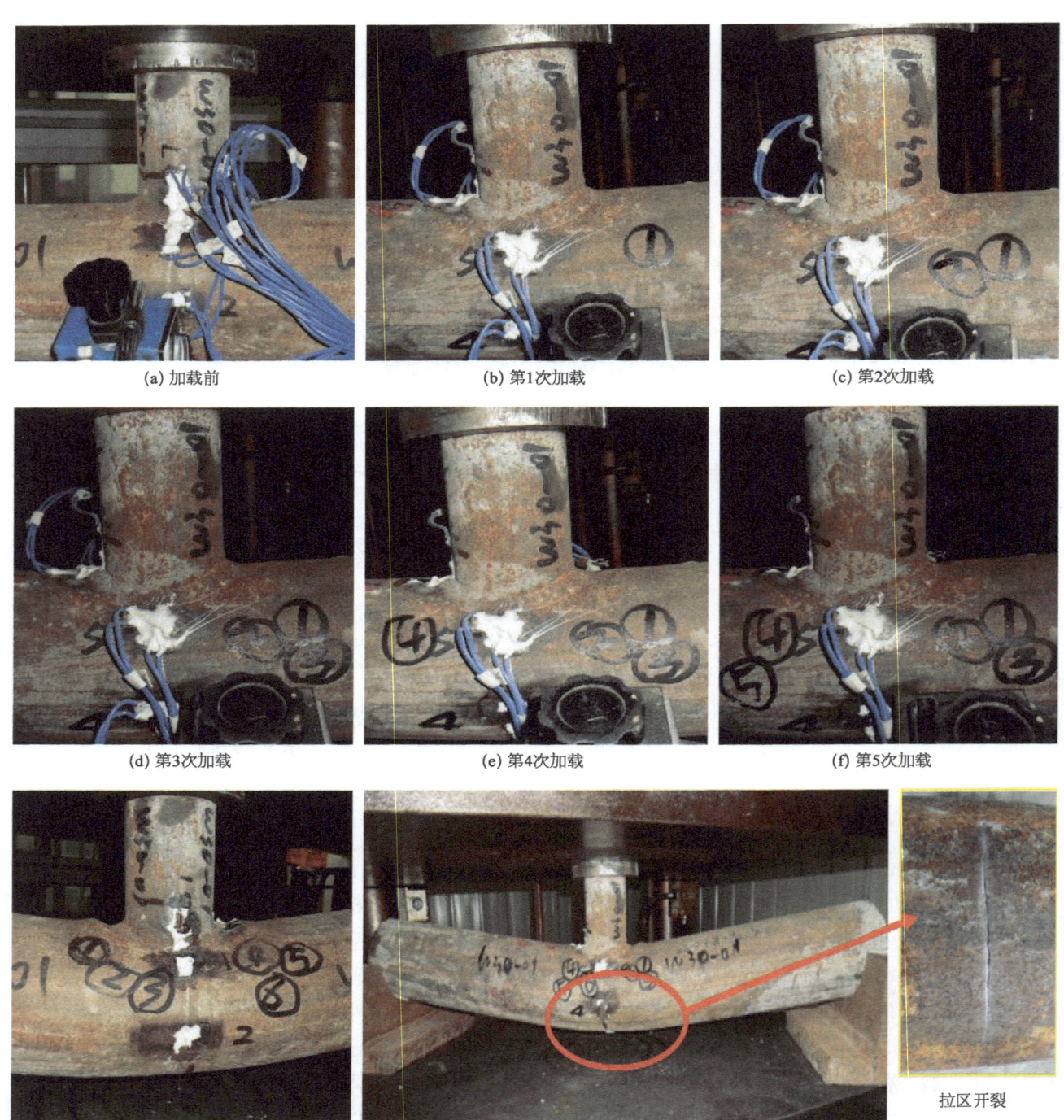

(a) 加载前　　　　　　　　　(b) 第1次加载　　　　　　　　(c) 第2次加载

(d) 第3次加载　　　　　　　(e) 第4次加载　　　　　　　(f) 第5次加载

(g) 最终破坏形态

拉区开裂

图 6-31　W2 与 W3 类试件典型受弯破坏过程

第 1 次加载，荷载-跨中挠度曲线在初期有较好的线性关系，试件无明显破坏现象。荷载增加到屈服荷载的 75% 左右时，支管表面起皮，主管压区颜色变深，试件开始发生弹塑性应变，曲线偏离线性增长。随后，支管表面掉渣，而主管破坏特征不明显，如图 6-33b 所示。当荷载-跨中挠度曲线表现出明显非线性特征时，停机卸载。

第 2 次加载时，荷载-跨中挠度曲线发展趋势与 W2 与 W3 类试件相似，但进入屈服阶段后，支管开始整体鼓胀，如图 6-33c 所示。第 3～5 次加载，主管仍没有发生明显破坏，而支管逐渐鼓胀，上下两端尤为显著，如图 6-33d～f 所示。试件最终破坏形态如图 6-33g 所示，支管受压屈曲变形严重，主管无明显破坏特征，试件整体弯曲变形较小，跨中挠度不大。

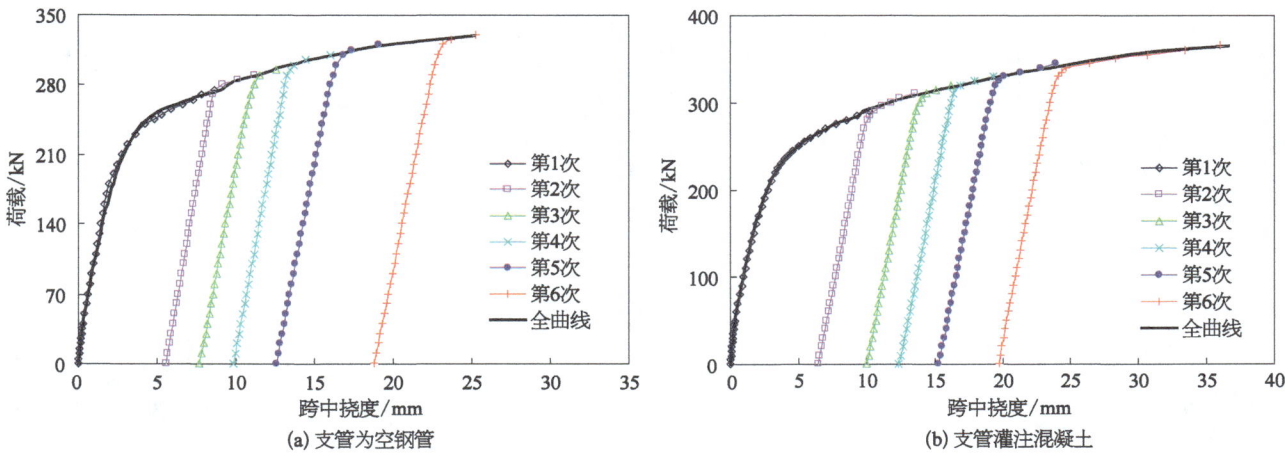

图 6-32 W6 类试件荷载-跨中挠度曲线

加载支管内灌注混凝土后，支管不再有明显破坏特性，主要表现为主管受压区鼓屈破坏。

图 6-32b 所示为 W6 类支管灌注混凝土试件荷载-跨中挠度变形曲线，试件跨中挠度明显较支管为空钢管试件大。试件弯曲破坏发展过程如图 6-34 所示，其与 W2、W3 类试件十分相似，此处不再赘述，最终破坏形态如图 6-34g 所示，主管顶面压区鼓屈、皱褶，拉区无开裂现象，支管无明显破坏特征，试件整体弯曲变形明显。

(a) 试验前　　　　　(b) 第1次加载　　　　　(c) 第2次加载

(d) 第3次加载　　　　　(e) 第4次加载　　　　　(f) 第5次加载

(g) 最终破坏形态

图 6-33　W6 类试件典型破坏过程（支管为空钢管）

| (a) 试件加载前 | (b) 第1次加载 | (c) 第2次加载 |

(d) 第3次加载 　　　　　　　　(e) 第4次加载 　　　　　　　　(f) 第5次加载

(g) 最终破坏形态

图 6-34 W6 类试件典型破坏过程(支管灌注混凝土)

2) 主管核心混凝土破坏形态

为了解管内混凝土破坏形态,选取部分试件进行了管壁切割,结果如图 6-35 所示。核心混凝土裂缝主要集中在主管上缘以管壁鼓凸点为起点沿 45°角斜向下缘扩散的区域。但由于试件主管壁厚、管内混凝土类型(掺与不掺钢纤维)以及支管类型不同,混凝土破坏形态与裂缝分布有所差异。

(a) W24-2

(b) W30-1

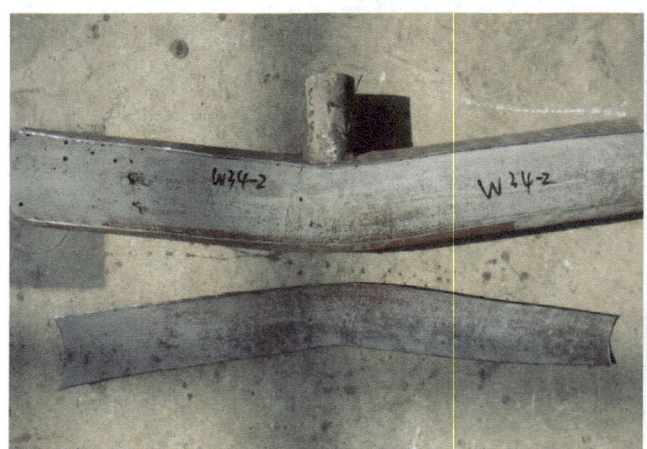

(c) W34-2

(d) W34-S1

(e) W60-1

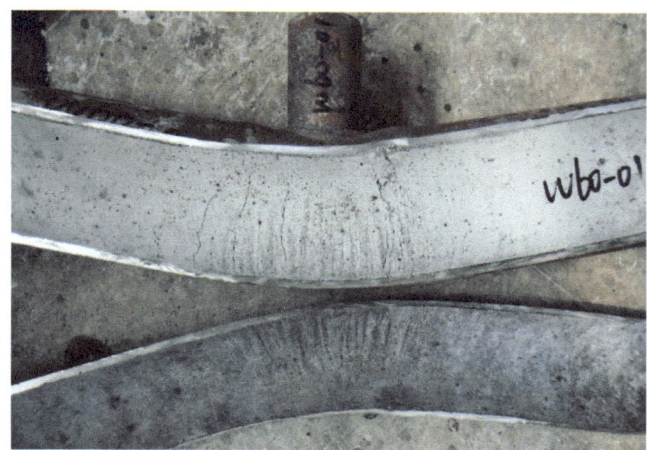

(f) W60-S1

(g) W64-S2

图 6-35 主管内混凝土破坏形态

图 6-35a 所示为试件 W24-2 混凝土破坏形态。其主管壁较薄、截面含钢率较低，受拉区主管开裂处混凝土发生破碎，且裂缝延伸至受压区。但其核心混凝土中掺有钢纤维，在支管范围以外受拉区混凝土均为细小裂缝。

图 6-35b～d 所示为试件 W30-1、W34-2 与 W34-S1 混凝土破坏形态。W30-1 主管内灌注普通微膨胀混凝土，其下缘受拉区管壁附近混凝土均破碎，裂缝多且均延伸至受压区；W34-2 与 W34-S1 管内为钢纤维微膨胀混凝土，混凝土破损明显没有 W30-1 试件严重，仅在管壁开裂处混凝土裂缝稍宽且延伸至受压区，其他裂缝均较细，虽延伸过中性轴但未至主管受压区，整体上裂缝较 W30-1 少。

图 6-35e～g 所示为试件 W60-1、W60-S1 与 W64-S2 混凝土破坏形态。W60-1 与 W60-S1 主管内灌注普通微膨胀混凝土，而 W64-S2 主管内灌注钢纤维微膨胀混凝土。W60-1 支管为空钢管，试件整体弯曲变形很小，混凝土裂缝主要集中在中性轴以下受拉区域，且裂缝较多、分布均匀；W60-S1 支管灌注混凝土，试件整体弯曲变形明显，混凝土裂缝较 W60-1 宽，且大部分延伸过中性轴，主管顶面鼓屈部位有贯通裂缝；W64-S2 支管也灌注混凝土，其试件破坏形态与 W60-S1 基本一致，但其核心混凝土中掺有钢纤维，裂缝宽度较窄，分布均匀，均未延伸超过中性轴。

3）承载力测试结果

抗弯试验测试结果汇总见表 6-10，以跨中变形达净跨的 1/50 时的荷载值为试件抗弯承载力。

表 6-10 钢管混凝土抗弯试验测试结果

试件	开始破坏		跨中挠度 $L_0/50$ 荷载/kN	峰值/停机 荷载/kN	最终破坏形态
	荷载/kN	破坏状态			
HW2-1	18	主管顶面起皮、轻微凹陷	—	19	主管压区压陷、侧面鼓屈
HW2-2	12		—	13	
HW2-3	15		—	16	
W24-S1	48	主管压区起皮、微鼓	68	71	主管压区鼓屈、拉区钢管开裂
W24-1	44		58	63	
W24-2	48		62	69	
HW3-1	30	主管顶面起皮、轻微凹陷	—	32	主管压区压陷、侧面鼓屈
HW3-2	33		—	35	
HW3-3	26		—	29	
W30-S1	72	主管压区微鼓	89	96	主管压区鼓屈、拉区钢管开裂
W30-1	70		86	93	
W30-2	74		90	98	
W34-S1	74		96	102	
W34-1	60		—	78	
W34-2	76		94	100	
W34-3	78		97	104	
HW6-1	155	主管顶面起皮、轻微凹陷	—	165	主管压区压陷、侧面鼓屈
HW6-2	160		—	169	
HW6-3	160		—	169	
W60-S1	240	主管微鼓	296	327	主管顶面鼓屈，支管微鼓、掉渣
W60-1	240	支管开始鼓屈	290	330	支管严重压屈
W60-2	240		288	321	
W64-S1	250	主管微鼓	315	361	主管顶面鼓屈，支管微鼓
W64-S2	250		315	362	
W64-S3	250		322	370	
W64-S4	250		310	375	
W64-S5	255		320	374	
W64-1	240	支管开始鼓屈	295	324	支管严重压屈
W64-2	240		298	315	

续 表

试 件	开 始 破 坏		跨中挠度 $L_0/50$ 荷载/kN	峰值/停机 荷载/kN	最终破坏形态
	荷载/kN	破坏状态			
W64-3	240	支管开始鼓屈	293	330	支管严重压屈
W64-4	240		296	321	
W64-5	245		296	325	

6.1.2.4 分析与讨论

1) 破坏模式

钢管混凝土试件三点受弯测试结果表明，支管承受轴向荷载时，主管灌和不灌混凝土试件整体以及节点破坏形态与发展过程有明显的差异。不同类型试件典型破坏特征可归纳为图 6-36 所示的几种模式。

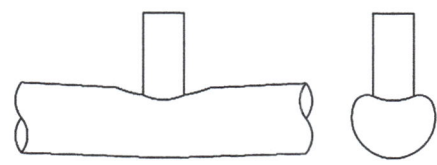

(a) 空钢管试件破坏模式：主管压区压陷、侧面外鼓

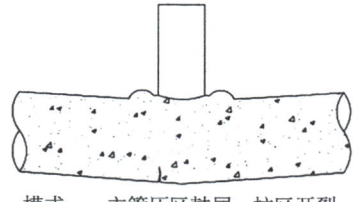
模式一：主管压区鼓屈、拉区开裂

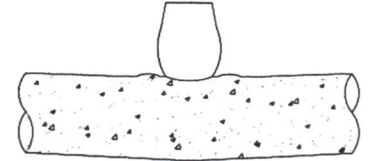
模式二：支管压屈、主管微鼓

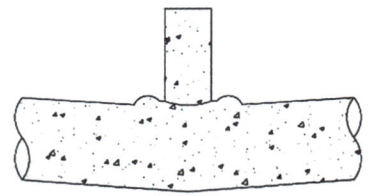
模式三：主管压区鼓屈

(b) 钢管混凝土试件破坏模式

图 6-36　钢管混凝土三点受弯典型破坏模式

主管为空钢管的试件，支管受压时试件典型破坏形态均呈现图 6-36a 所示模式，主管压区压陷、侧面鼓屈，属典型塑性失效，试件整体弯曲变形很小。

主管灌注混凝土的试件，由于支管类型、支主管外径比和壁厚比不同，其破坏形态对应图 6-36b 所示的三种不同模式：

(1) 模式一：主管压区鼓屈，拉区管壁开裂，试件整体弯曲变形较大。W2 与 W3 类试件支管灌与不灌混凝土均为该种破坏模式。试件支主管外径比适中($\beta=0.56<0.6$)，而壁厚比较大($t/T=2.13$、1.54)，主管壁厚相对较薄。

(2) 模式二：支管严重压屈，主管沿压区轻微鼓屈，试件整体弯曲变形较小。W6 类支管为空钢管的试件为该种破坏模式。试件支主管外径比适中($\beta=0.5<0.6$)，而壁厚比较小($t/T=0.59$)，主管壁厚相对较厚。

(3) 模式三：主管压区鼓屈，试件整体弯曲变形较大。W6 类支管灌注混凝土试件呈该种破坏模式。试件支主管外径比适中，而壁厚比较小，主管壁厚相对较厚，但支管灌注砂浆，强度大幅提高。

2) 荷载-挠度曲线

图 6-37 所示列出了三类试件的荷载-挠度全过程关系曲线，并与对应空钢管试件进行对比。三类钢管混凝土试件抗弯刚度与抗弯承载力比相应空钢管试件均有大幅提高，但随主管截面含钢率增加，提高幅度逐渐减小。

W3 与 W6 类钢管混凝土试件管内混凝土有掺与不掺钢纤维两种类型，从图 6-37b 与 c 可以发现：核心混凝土中掺与不掺钢纤维，两类试件的荷载-跨中挠度曲线发展趋势基本一致，但掺加钢纤维后试件抗弯刚度与承载力均稍有提高；图 6-37c

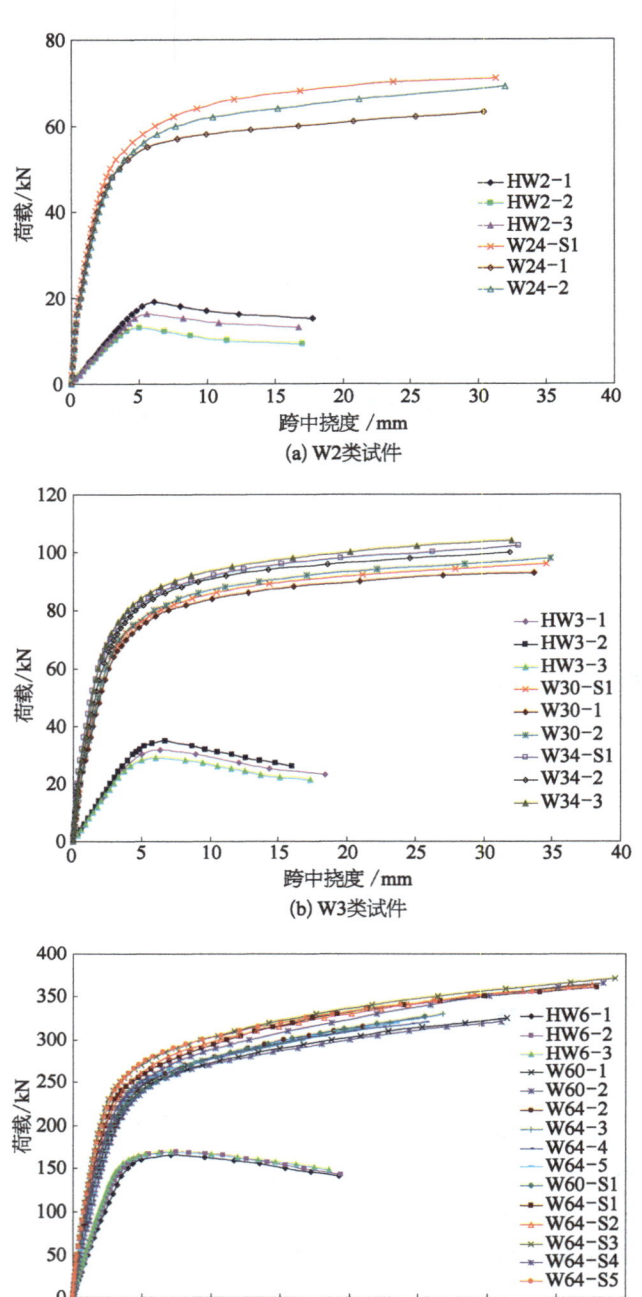

图 6-37 荷载-跨中挠度全过程曲线

中，W6类空心支管试件较支管灌注混凝土试件抗弯承载力低，极限破坏时的整体弯曲变形小。

W2与W3类试件，特别是W2类试件，各试件之间荷载-挠度曲线虽然总体变化趋势相同，但进入弹塑性阶段后曲线存在明显差异，屈服荷载离散性较大。W2类空钢管试件峰值荷载最大相差46%、钢管混凝土试件极限荷载最大相差13%；W3类空钢管试件荷载峰值差异为10.3%、钢管混凝土试件极限荷载差异为5%。而W6类空钢管试件与钢管混凝土试件峰值荷载与极限荷载相差均在4%以内。

管壁较薄的空钢管试件承载力离散性较大，工程应用中应注意管壁最小厚度的规范要求。主要因为管壁较薄，焊接质量不易控制，应力集中问题突出。但灌注混凝土后，W2与W3类钢管混凝土试件承载力差异明显减小，表明混凝土的填充可以有效缓解钢管焊接质量缺陷造成的承载力不利的影响，试件荷载-挠度变形关系曲线更稳定。

3) 荷载-应变关系

为研究主管在弯曲荷载作用下关键截面应变分布与发展过程，对部分试件进行了应变测试，并与对应空钢管试件进行对比，结果如图6-38所示（本小节中"应变"如无说明，均指钢管轴向应变，下同）。

图6-38a、d与i分别为三类空钢管试件的荷载-应变关系曲线。三类空钢管试件三点受弯时跨中截面应变状态与发展规律相似，主要表现为：主管压区先屈服并进入塑性状态，受拉区以及支管均不发生塑性应变，整个加载过程中一直处于弹性阶段。结果与空钢管试件破坏形态较吻合。

图6-38b与c为W2类钢管混凝土试件荷载-应变关系曲线，其中W24-S1试件支管填充混凝土而W24-2支管为空钢管。两个试件在加载过程中支管应变均较小，处于弹性范围内，支管形式对该类试件主管应变发展与承载力基本无影响。与图6-38a中空钢管试件HW2-1对比可知，主管灌注混凝土后跨中截面应变发展过程变化显著，受拉区钢管先进入屈服状态，随后截面中心处受拉屈服，最后主管压区屈服。混凝土的填充改善了试件应变分布状态，截面整体变形性能提高，拉、压区钢管都充分发挥了其材料力学性能。

图6-38e～h为W3类钢管混凝土试件荷载-应变关系曲线，W30-S1试件主管灌注普通微膨胀混凝土，W34-S1、W34-2与W34-3试件主管灌注钢纤维微膨胀混凝土，且W30-S1与W34-S1试件支管中灌注混凝土。4个试件在加载过程中，

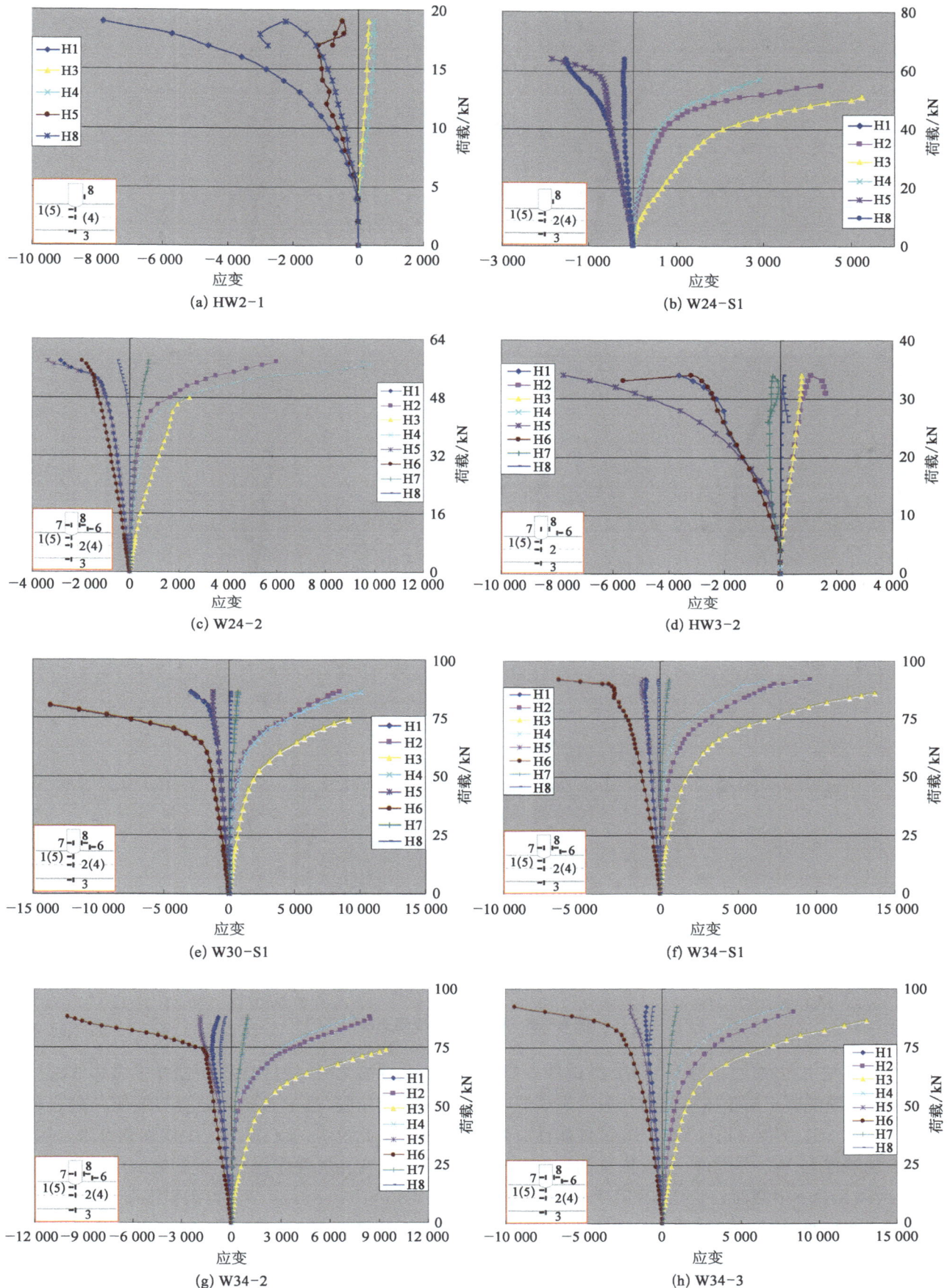

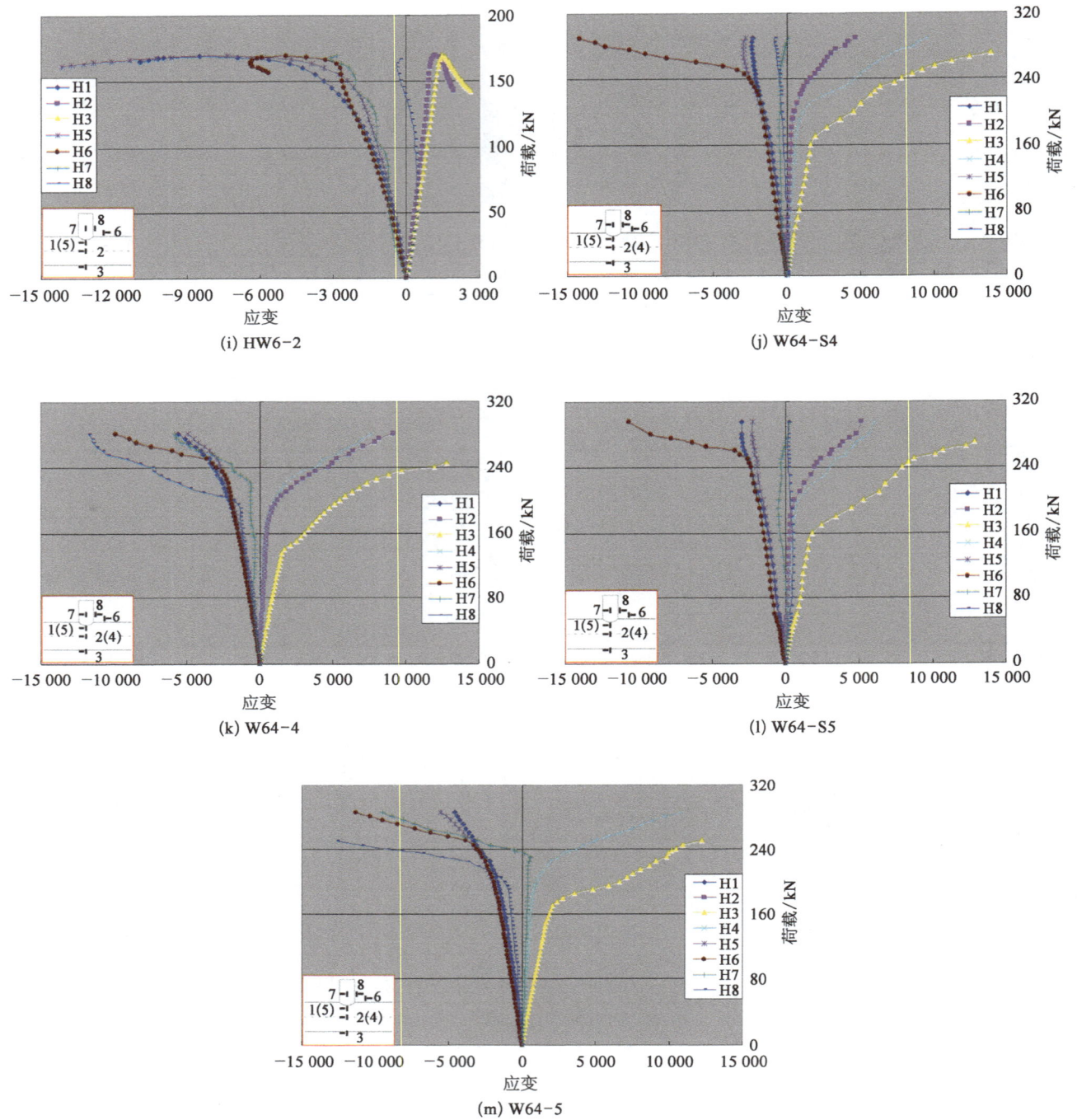

图 6-38 荷载-轴向应变关系

支管均没有发生塑性应变，W3 与 W2 类试件一样，支管灌与不灌混凝土对整体承载力与应变发展影响不大。W34-S1、W34-2 与 W34-3 试件塑性应变位置出现顺序与 W2 类试件一致，依次为：主管下缘受拉(56 kN)→中截面处受拉(66 kN)→主管顶面受压(74 kN)；而 W30-S1 试件中截面处受拉与主管顶面受压几乎同时屈服：主管下缘受拉(56 kN)→中截面处受拉、主管顶面受压(60 kN)。主管灌注普通微膨胀混凝土时，压区较灌注钢纤维微膨胀混凝土试件提前屈服，且中心截面处受拉屈服荷载也稍有降低。由此说明，核心混凝土中掺加钢纤维，试件承载力与抗弯变形性能较不掺钢纤维试件有所改善。

图 6-38j～m 为 W6 类钢管混凝土试件荷载-应变关系曲线，W64-S4 与 W64-S5 试件支管填充混凝土，而 W64-4 与 W64-5 支管为空钢管。图 6-38j 与 l 中 W64-S4 与 W64-S5 试件支管在整

个加载过程中没有发生塑性应变。试件屈服应变出现顺序与W2、W3类主管灌注钢纤维微膨胀混凝土试件相似,依次为:主管下缘受拉(165 kN)→中截面处受拉(210 kN)→主管顶面受压(240 kN);而图6-38k与m中W64-4与W64-5试件支管均发生了塑性应变,并完全进入屈服状态。试件屈服应变位置出现顺序为:主管下缘受拉(165 kN)→支管轴压屈服(195 kN)→中截面处受拉(210 kN)→主管顶面受压(240 kN)。支主管壁厚比较小,主管壁厚较厚的W6类试件整体抗弯承载力和弯曲变形性能与受压支管极限承载力密切相关。

4) 承载力影响因素

由表6-10试验结果可以看出,钢管混凝土试件抗弯承载力较空钢管试件明显提高,同时其承载力与加载支管形式、主管管径、填充混凝土类型等相关。

(1) 支管形式。图6-39对比了三类试件主管灌注混凝土后,支管灌与不灌混凝土对试件整体抗弯承载力的影响。支管灌与不灌混凝土,对W2与W3类试件整体承载力没有影响,但对W6类试件有较大影响。主管灌注钢纤维微膨胀混凝土的W64系列试件,加载支管灌注混凝土后试件整体承载力(各试件均值)较加载支管为空钢管的试件提高了7%,而主管灌注普通混凝土的W60系列试件只提高了2.4%,加载支管形式对W64系列试件抗弯承载力影响更加明显。

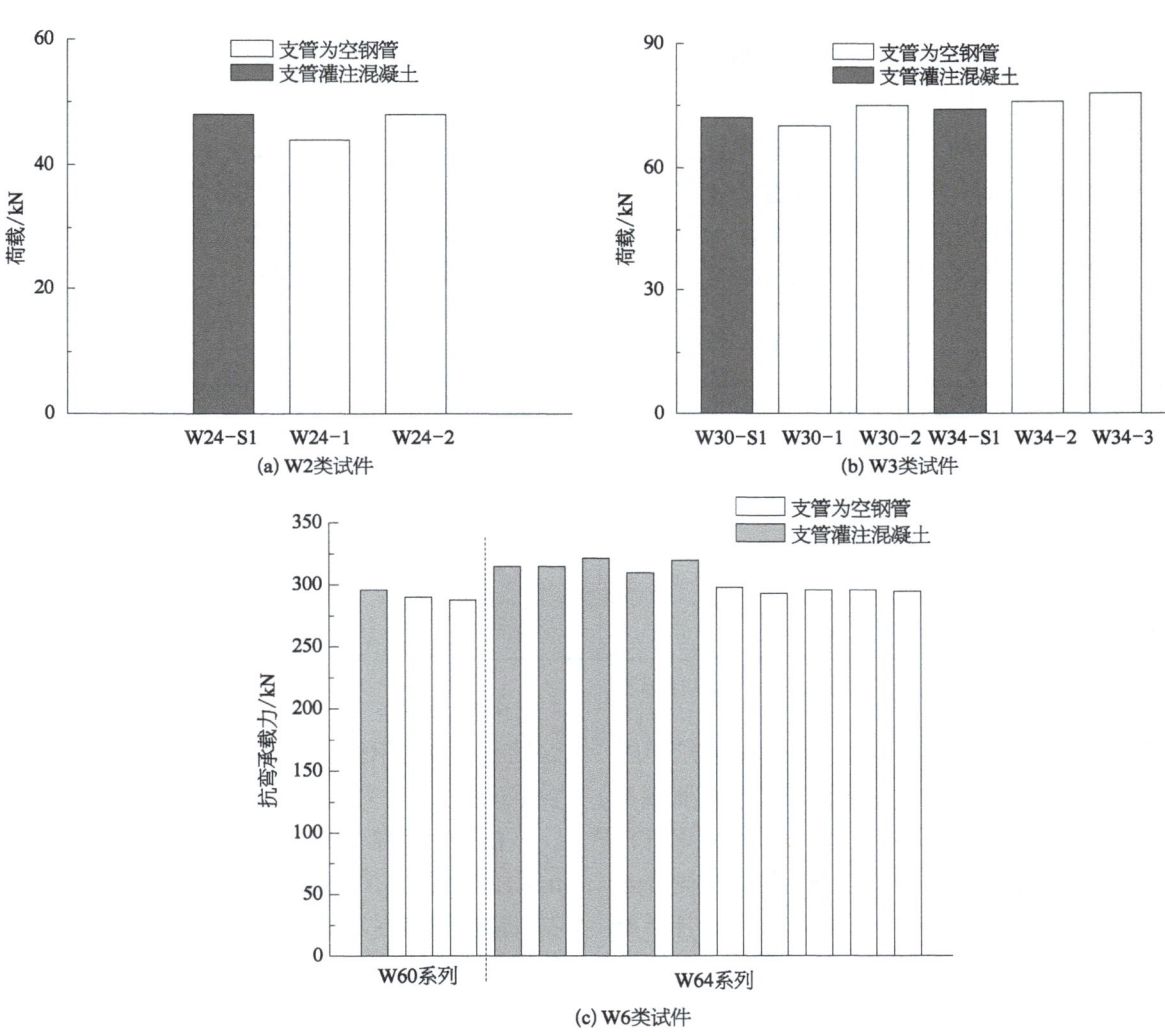

图6-39 支管灌与不灌混凝土试件整体承载力对比

支管灌与不灌混凝土对钢管混凝土试件整体抗弯承载力的影响程度,主要取决于支管轴压承载力相对主管钢管混凝土三点抗弯承载力的强弱。若支管承受轴压荷载能力比主管钢管混凝土抗弯承载能力强,则试验表现为主管先破坏,整体试件的承载力与主管的抗弯承载力一致;反之,则试验表现为支管先破坏,试件整体的承载力小于主管抗弯承载力。从试验测试结果可以看出,W2、W3类试件以及W6类中支管灌注混凝土的试件整体破坏形态相似,都表现为主管破坏,试件整体的承载力与主管抗弯承载力一致;W6类支管为空钢管的试件,主要因支管严重压屈而破坏,因此,试件整体的承载力较主管抗弯承载力小,不能真实反映主管的抗弯承载力。

试验中所有试件加载支管尺寸($d×t×l$)均为63.5 mm×3.5 mm×100 mm,空心支管的轴压屈服荷载为188 kN,而灌注混凝土(按C60算)后其轴压屈服荷载为387 kN。W2与W3类试件整体抗弯承载力均小于188 kN,因此,无论加载支管灌与不灌混凝土对试件整体承载力没有影响。但W6类试件,主管灌注普通微膨胀混凝土其抗弯承载力在295 kN左右,而主管灌注钢纤维微膨胀混凝土其抗弯承载力在315 kN左右,均超过空心支管的受压屈服荷载值188 kN,但小于支管灌注混凝土后的轴压承载力387 kN。所以,W6类试件,若加载支管采用空心钢管则试件整体破坏表现为支管破坏,若支管灌注混凝土则试件整体破坏表现为主管破坏。

(2)主管灌与不灌混凝土。主管灌注混凝土后,支管灌与不灌混凝土对W2、W3类试件抗弯承载力无影响,而对W6类试件抗弯承载力有较大影响,因此,此处W6类试件承载力对比分析时,只考虑其支管灌注混凝土的试件。

表6-11所列为三类试件灌注混凝土后(主管灌注钢纤维微膨胀混凝土),与对应空钢管试件初始破坏荷载、屈服荷载的对比,表中荷载值为同类型试件的均值。主管灌注混凝土后,三类试件的初始破坏荷载与抗弯承载力,较对应的空钢管试件均显著提高。其中,W2类试件屈服荷载较空钢管试件提高了2.9倍,W3类试件屈服荷载提高了2.0倍,W6类试件屈服荷载提高了0.9倍。同时还可以看到,三类试件主管内灌注混凝土后,屈服承载力与初始破坏荷载的比值,较对应的空钢管试件的比值有较大提高。由此表明,主管灌注混凝土后,试件抗弯变形性能与延性性能更优越。

表6-11 主管灌与不灌混凝土试件特征荷载对比

主管类型	初始破坏荷载		屈服荷载			屈服荷载/初始破坏荷载	
	空钢管	钢管混凝土	空钢管	钢管混凝土	N_{sc}/N_H	空钢管	钢管混凝土
W2	15.0	46.7	16.0	62.7	3.9	1.067	1.342
W3	29.7	76.0	32.0	95.7	3.0	1.077	1.259
W6	158.3	251.0	167.7	316.4	1.9	1.059	1.261

注:N_H—空钢管试件屈服荷载;N_{sc}—钢管混凝土试件屈服荷载。

(3)核心混凝土类型。W3与W6类试件中,W30与W60系列试件主管内灌注普通微膨胀混凝土,而W34与W64系列试件主管内均灌注钢纤维微膨胀混凝土,由于支管形式对W6类试件整体承载力有一定影响,因此W60与W64系列试件承载力分析时只考虑支管灌注混凝土的试件。

图6-40所示为两类试件主管灌注普通微膨胀混凝土与钢纤维微膨胀混凝土试件承载力对比。由图可知,钢纤维微膨胀钢管混凝土抗弯承载力较普通微膨胀钢管混凝土有一定提高。其中,W3类试件约提高8.4%,而W6类试件约提高6.9%。核心混凝土中掺加钢纤维后试件承载力提高程度与截面含钢率有关,含钢率低时,提高幅度相对较高。

根据钢纤维微膨胀混凝土的力学性能研究结论,钢纤维的掺加能提高混凝土的抗压强度20%左右,提高劈裂抗拉强度50%~80%。主管内灌注钢纤维微膨胀混凝土时,在受弯过程中,钢纤维的存在能延缓受拉区混凝土裂缝向中性轴延伸与扩展。主管内混凝土破坏形态也表明,掺加钢纤维后核心混凝土裂缝整体较少、较细,且部分试件中裂缝未延伸过中性轴;而普通微膨胀混凝土在受拉区裂缝较宽、较多,沿管壁的混凝土甚至破碎。在受压区,由荷

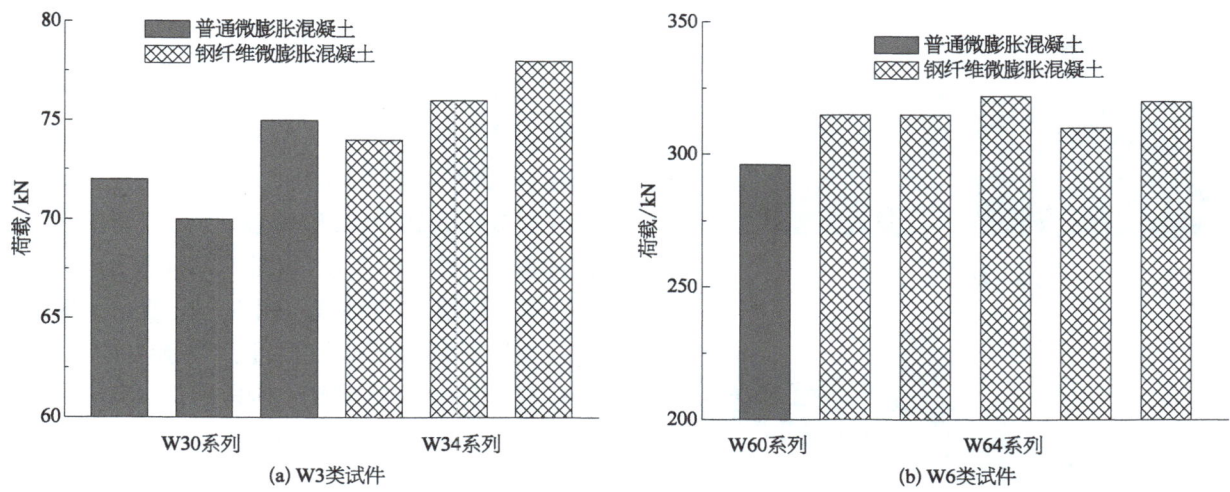

图 6-40 填充混凝土类型对试件抗弯承载力影响

载-应变关系曲线可以看出,核心混凝土中掺钢纤维后,试件顶面受压区发生屈服应变时的荷载值,较不掺钢纤维试件有所提高。钢纤维的掺加不仅能提高混凝土抗弯拉强度,同时能提高受压区混凝土的抗压强度,延缓中性轴向压区偏移,进而提高试件的抗弯承载力。

(4) 截面含钢率。W24 系列与 W34 系列试件主管外径一致,管内均灌注钢纤维微膨胀混凝土,管壁厚度与截面含钢率不同,图 6-41 所示为两系列试件的抗弯承载力。W34 系列试件抗弯承载力均值较 W24 系列试件提高 50.7%,管径与核心混凝土相同时,截面含钢率越高,构件抗弯承载力越大。

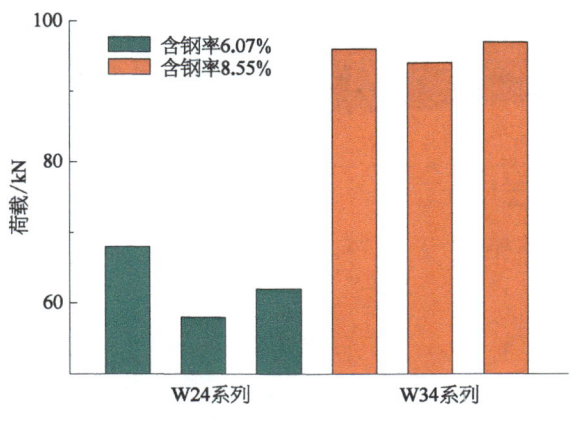

图 6-41 含钢率对承载力影响

表 6-10 中 W24、W34 与 W64 系列试件抗弯承载力较对应空钢管试件抗弯承载力分别提高了 2.9、2.0 与 0.9 倍,含钢率与承载力提高程度关系曲线如图 6-42 所示,截面含钢率越高,灌注混凝土后构件承载力提高程度越小,同时降低幅度也越小。

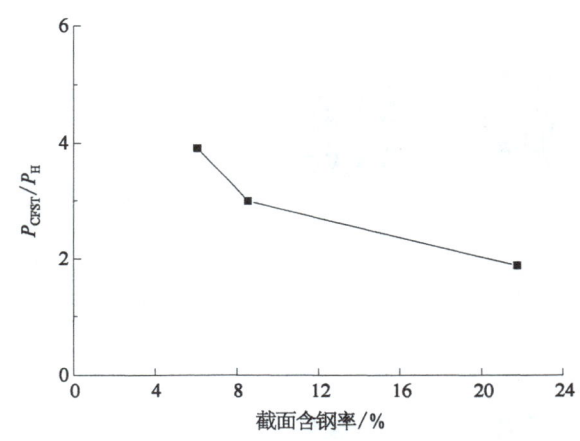

图 6-42 含钢率与承载力提高程度关系

6.1.2.5 有限元模拟分析

1) 有限元模型

采用有限元软件 ABAQUS 对试件三点受弯力学性能进行了模拟计算分析,钢管与核心混凝土均采用八节点线性缩减积分格式的三维实体单元(C3D8R)进行模拟。为准确了解加载支管与主管连接处应力分布与变形形态,对节点处网格进行了细化,如图 6-43 所示,图 6-44 所示为整体试件有限元计算模型。

2) 计算结果分析

(1) 变形特征与破坏形态。图 6-45 所示为 W6 类试件典型破坏形态,W2、W3 类空钢管试件和钢管混凝土试件破坏模式与 W6 类空钢管试件和支、主管均灌注混凝土试件的破坏模式一致,不再说明。

图 6‑43　网格细化

各试件预测破坏模式与试验测试结果基本一致。空钢管试件主要是主管表面压陷、侧面鼓屈，如图 6‑45a 所示，主管弯曲变形很小；主管灌注混凝土而支管为空钢管的试件，主要因支管严重屈曲而破坏，主管变形较小，如图 6‑45b 所示；支、主管均灌注混凝土的试件，支管未破坏，而主管压区鼓屈，试件整体弯曲变形明显，如图 6‑45c 所示。

（2）荷载‑挠度曲线。图 6‑46 所示为荷载‑跨中挠度计算曲线与试验值对比。在弹性阶段两者吻合较好，当试件进入弹塑性阶段后，计算结果较试验值偏低，且 W64 系列试件两者的偏差较 W24 系列与 W34 系列试件小。一方面因为模拟计算中没有考虑钢纤维对混凝土裂缝的抑制和延缓效应，另一方面管内压区混凝土处于非均匀的三向应力状态对承载力有较大的改善，而混凝土本构关系采用单轴应力应变关系模型，因而试件整体进入弹塑性后模

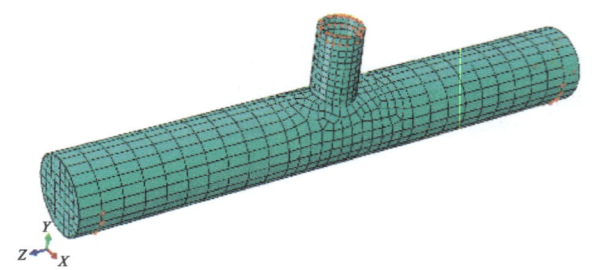

图 6‑44　有限元计算模型

 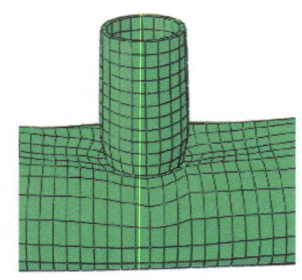 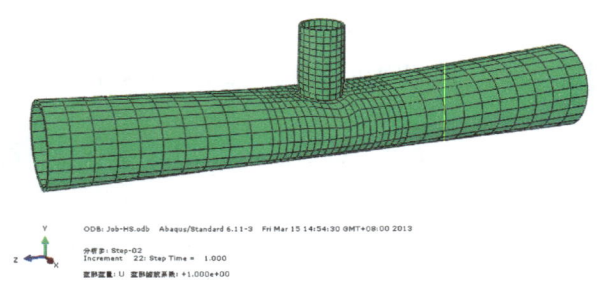

(a) W6 类空钢管试件

 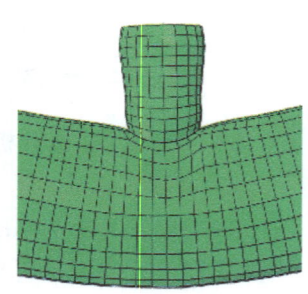 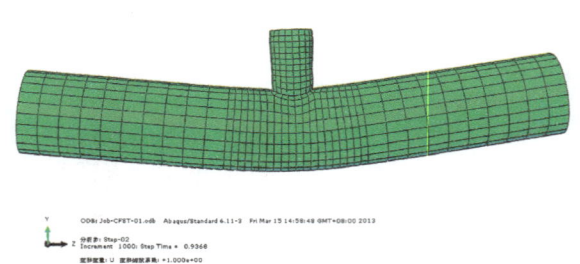

(b) W6 类主管灌注混凝土、支管为空钢管试件

 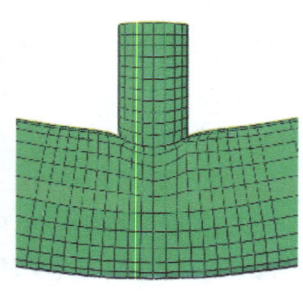 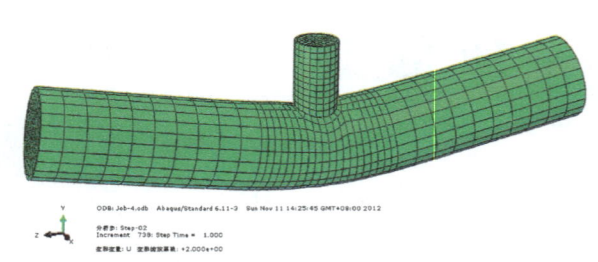

(c) W6 类主管灌注混凝土、支管填充砂浆试件

图 6‑45　试件典型破坏形态

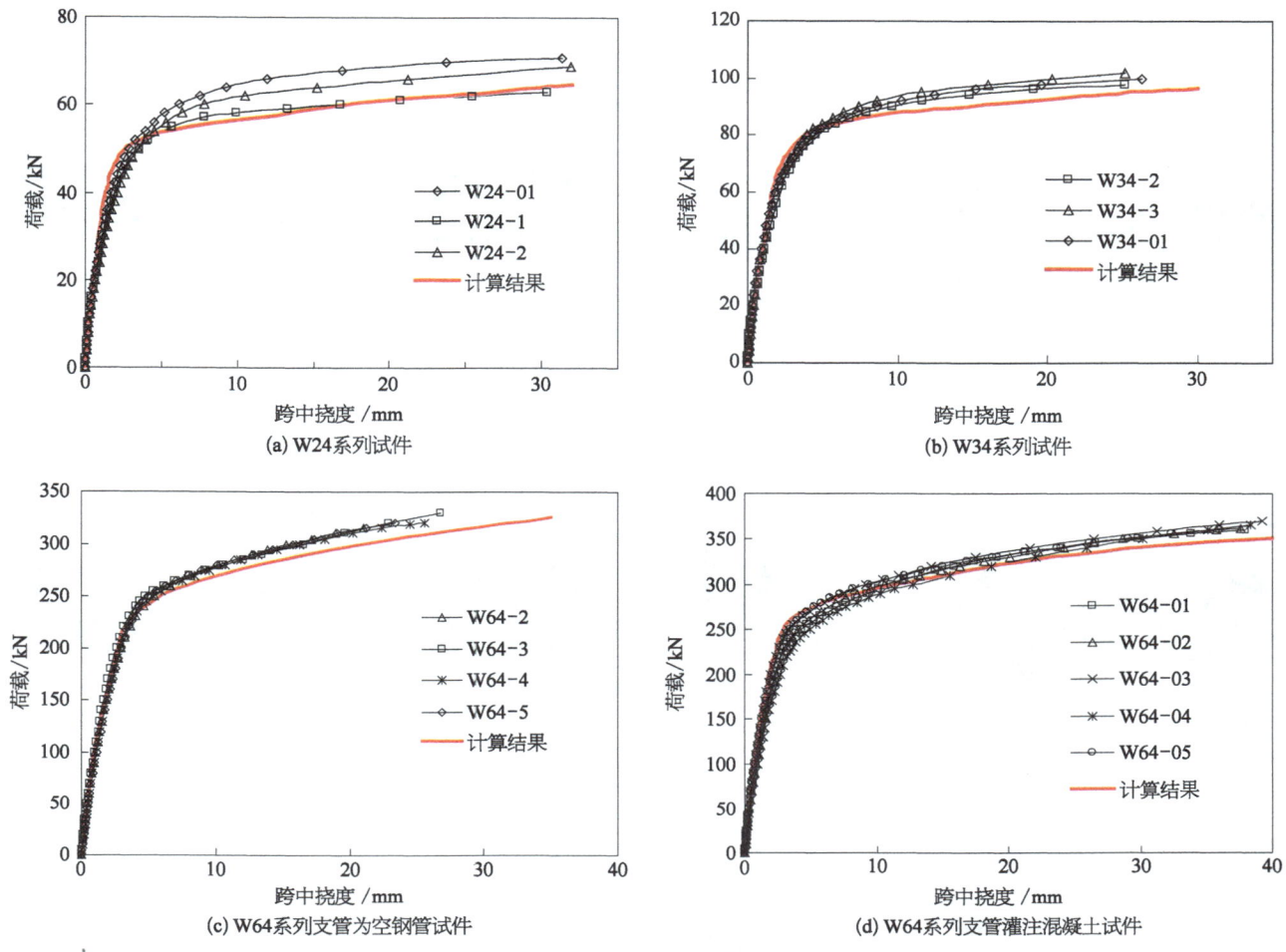

图 6-46 荷载-跨中挠度关系曲线

拟计算结果偏低,但误差较小,计算结果总体趋势与测试结果一致。因此采用有限元模拟计算来分析钢管混凝土的抗弯性能是可行的。

(3) 应力分布状态。图 6-47 与图 6-48 所示为 W3 与 W6 类试件在极限弯曲破坏时的应力分布状态(W2 类试件计算结果与 W3 系列试件一致,不再阐述)。

图 6-47a 与图 6-48a 为空钢管试件的应力分布图,尽管两类试件主管壁厚不一致,但其空钢管试件弯曲破坏时应力分布状态十分相似,最大应力均集中在主管受压区,受拉区应力相对较小且处在弹性阶段。而主管灌注混凝土后,试件弯曲破坏时的应力分布较空钢管差异较大,如图 6-47b、c 与图 6-48b、c 所示。此时主管受拉区均发生塑性应变,且 W3 类试件拉区塑性应变区域较 W6 类试件大;W6 类试件上缘压区应力状态因加载支管形式不同而有所差异。对比图 6-47b 与 c 可以发现,W3 类

试件主管壁厚较薄,支主管壁厚比(t/T)较大,支管灌与不灌混凝土均处于弹性阶段,对主管应力分布影响较小,主管顶面受压区发生塑性应变。但对比图 6-48b 与 c 可以发现,W6 类试件主管壁厚较厚,支主管壁厚比(t/T)较小,支管为空钢管时,因支管屈服丧失承载力而导致试件破坏,此时主管顶面压区应力较拉区应力小,主管没有达到其抗弯极限;支管填充混凝土后,其轴压承载能力大幅提高,整个过程始终处于弹性阶段,主管顶面压区完全进入屈服状态。计算结果与试验测试结果一致。

与空钢管相比,主管中灌注混凝土后节点区域的应力状态发生明显变化,支主管连接节点处应力集中有效缓解,截面整体工作性能增强,钢管混凝土构件抗弯承载力与变形性能显著提高。另外,当支主管壁厚比较小时,支管填充混凝土可以避免支管屈曲而影响试件整体的承载能力与变形性能。

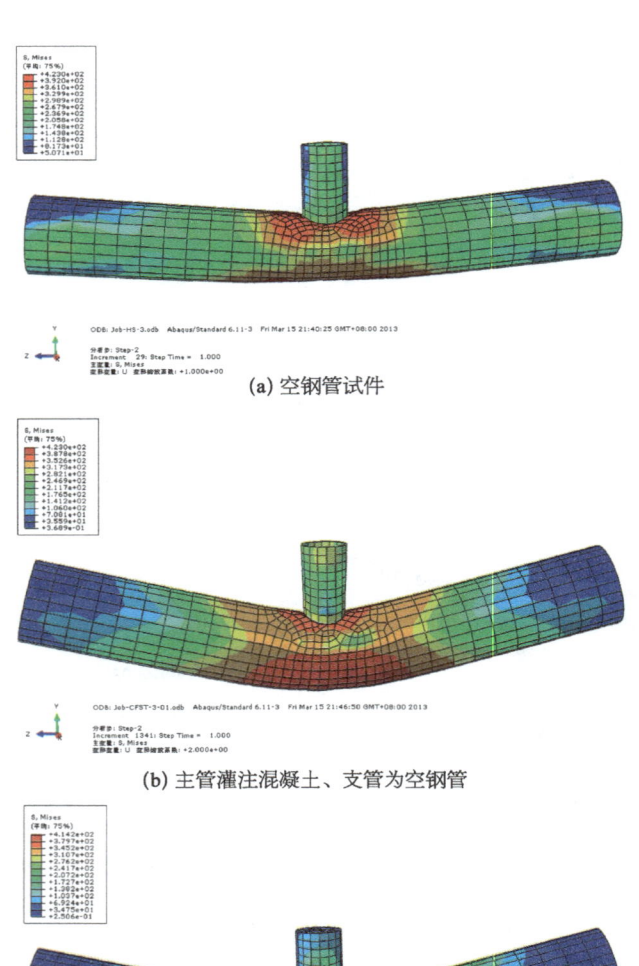

(a) 空钢管试件

(b) 主管灌注混凝土、支管为空钢管

(c) 主管灌注混凝土、支管填充砂浆

图 6-47　W3 类试件应力分布状态

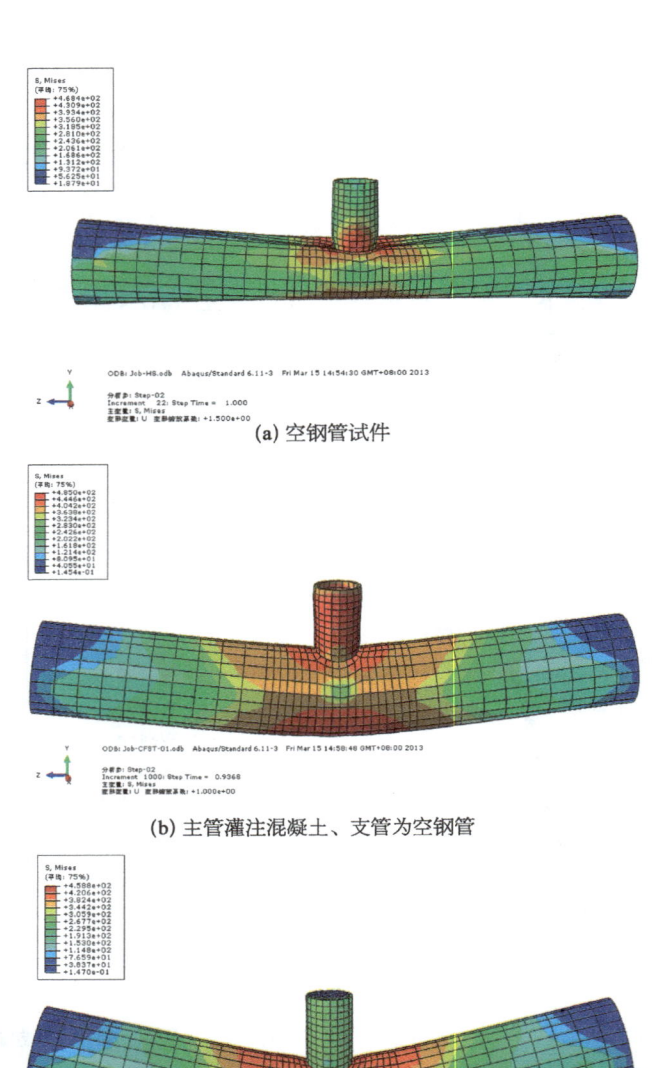

(a) 空钢管试件

(b) 主管灌注混凝土、支管为空钢管

(c) 主管灌注混凝土、支管填充砂浆

图 6-48　W6 类试件应力分布状态

6.1.2.6　抗弯承载力计算方法

由试件弯曲过程中关键截面应变分布与发展规律，以及有限元模拟分析试件弯曲破坏时的应力分布状态可知，钢管混凝土构件在受弯过程中截面变形基本符合平截面假定。因此，基于基本假定，根据最不利截面力的平衡条件，推导提出了钢纤维微膨胀钢管混凝土抗弯承载力计算方法。

1) 基本假定

以构件受弯最不利截面为研究对象，基于以下基本假定，对钢纤维微膨胀钢管混凝土（SE-CFST）抗弯承载力进行推导：

（1）平截面假定。

（2）受拉区混凝土对承载力贡献相对较小，可忽略。

（3）构件达到极限抗弯承载力时，在最不利截面上，受拉区钢管达到屈服强度 f_y；受压区考虑钢管对核心混凝土的套箍作用，按照统一理论，组合材料达到屈服强度 f_{sc}。

2) 抗弯承载力计算方法

钢管壁厚 t、外半径 r、内半径 r_0、截面含钢率 α。钢管混凝土构件达到抗弯承载力极限状态时最不利截面上应力分布如图 6-49 所示。图中，f_y 与

f_{sc} 为钢材屈服强度与 SE-CFST 轴压屈服强度；F_s 与 F_{sc} 为拉区钢管与压区 SE-CFST 轴向力；y_s 与 y_{sc} 为拉区钢管与压区 SE-CFST 面积形心到 x 轴的距离；θ 为中性轴处半径与 y 轴夹角。

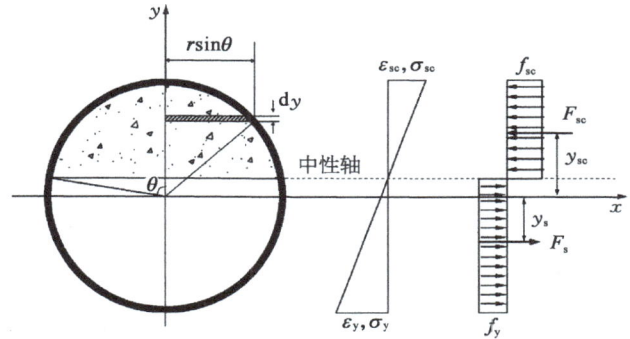

图 6-49　最不利截面应力分布

根据基本假定(2)，抗弯承载力 M_u 由拉区钢管承担的弯矩 M_s 与压区 SE-CFST 承担的弯矩 M_{sc} 组成，M_s 与 M_{sc} 可由相应的轴力乘以受力面积形心到坐标轴的距离求得，即

$$M_u = M_s + M_{sc} = F_s y_s + F_{sc} y_{sc} \quad (6-11)$$

由基本假定(3)可知，F_s 与 F_{sc} 可以根据材料屈服强度乘以对应的受力面积得到

$$F_s = f_y A_s \quad (6-12)$$

$$F_{sc} = f_{sc} A_{sc} \quad (6-13)$$

其中 $A_s = 2\pi r t \dfrac{2\pi - 2\theta}{2\pi} = 2rt(\pi - \theta) = \alpha r^2 (\pi - \theta)$

$A_{sc} = 2\int r\sin\theta\, dy = 2\int r^2 \sin^2\theta\, d\theta = r^2(\theta - \sin\theta\cos\theta)$

根据最不利截面上力的平衡条件

$$F_s = F_{sc}$$

将式(6-12)与式(6-13)代入上式有

$$f_y \alpha r^2(\pi - \theta) = f_{sc} r^2 (\theta - \sin\theta \cos\theta)$$

$$\frac{\theta - \sin\theta\cos\theta}{\pi - \theta} = \alpha \frac{f_y}{f_{sc}}$$

求解上式得

$$\theta = \left(1 - \frac{3 f_{sc}}{4 f_{sc} + 2\alpha f_y}\right)\pi \quad (6-14)$$

由相关文献可知

$$y_{sc} = \frac{2r\sin^3\theta}{3\left(\theta - \dfrac{1}{2}\sin 2\theta\right)} \quad (6-15)$$

$$y_s = \frac{r\sin\theta}{\theta} \quad (6-16)$$

将式(6-15)、式(6-16)代入式(6-11)中，θ 按式(6-14)计算，可得到 SE-CFST 抗弯承载力计算公式

$$M_u = \frac{2}{3} r^3 f_{sc} \sin^3\theta + r^3 \alpha f_y \frac{(\pi - \theta)\sin\theta}{\theta} \quad (6-17)$$

式中　r——钢管外半径；
　　　α——截面含钢率；
　　　θ——中性轴处半径与 y 轴夹角，按式(6-14)计算。

f_{sc}（组合抗压强度）按下式计算

$$f_{sc} = (1.14 + 1.02\xi) f_{ck} \quad (6-18)$$

式中　f_{ck}——钢纤维微膨胀混凝土抗压强度标准值；
　　　ξ——套箍系数，$\xi = \alpha \dfrac{f_y}{f_{ck}}$。

按式(6-17)计算的 SE-CFST 抗弯承载力与试验测试结果对比见表 6-12，表中 M_u^c 为计算结果，M_u^e 为按试验测试荷载换算结果 $\left(M_u^e = \dfrac{Pl_0}{4}, l_0 = 725 \text{ mm}\right)$。对比结果表明，计算结果与测试值吻合较好，误差在 6% 以内，说明推导公式可靠性好，能较好地预测钢纤维微膨胀钢管混凝土极限抗弯承载力。

6.1.2.7　技术总结

通过在主管上设置加载支管，进行了 23 个钢管混凝土试件与 9 个空钢管试件的抗弯性能试验，对比分析研究了钢管混凝土与空钢管试件在三点受弯时的变形形态、破坏模式与应变分布状态，并探讨了主管截面含钢率、支管内灌与不灌混凝土、核心混凝土中掺加钢纤维对钢管混凝土试件抗弯承载力与工作性能的影响，得到主要结论如下：

(1) 空钢管试件破坏主要表现为主管压区塑性失效，整体弯曲变形很小。主管灌注混凝土后，支主

表 6-12 抗弯承载力对比

$D \times t$ /mm×mm	f_y /MPa	f_{ck} /MPa	f_{sc} /MPa	M_u^c /(kN·m)	M_u^e /(kN·m)	M_u^c/M_u^e
113×1.64	336.05	64	90.7	12.0	11.4	1.053
113×2.27	386.01	64	102.3	17.0	17.3	0.983
127×5.95	390.25	64	158.6	54.3	57.3	0.948

管管径比(β)适中时,若支主管壁厚比(t/D)较大,主管壁厚相对较薄,不管支管灌与不灌混凝土,试件主要由于主管压区鼓屈、拉区开裂而失效,整体弯曲变形较大;如支主管壁厚比较小,支管壁厚相对较厚,支管为空钢管时,试件主要因支管受压屈曲而失效,整体弯曲变形较小,支管灌注混凝土后,主要由于主管压区鼓屈而失效,整体弯曲变形明显。混凝土的填充使节点破坏由钢管局部稳定失效转变为强度破坏,节点强度与刚度显著提高。

(2) 钢管壁厚越薄,试件节点处焊接质量越不容易控制,空钢管试件的抗弯承载力差异越大,混凝土的灌注能明显降低试件抗弯承载力的差异,有效缓解钢管焊接因素对承载力的不利影响。

(3) 混凝土的灌注提高了试件截面径向刚度,使截面应变分布均匀,整体抗弯工作性能增强,钢管材料力学性能得到较充分发挥。

(4) 空钢管试件中灌注混凝土后其抗弯承载力与刚度有明显提高,提高幅度随截面含钢率增加而减小。钢纤维微膨胀钢管混凝土试件抗弯承载力较空钢管试件提高 90%~290%,较普通钢管混凝土试件提高 6%~8%。

(5) 根据最不利截面上力的平衡,推导了钢纤维微膨胀钢管混凝土的极限抗弯承载力计算公式,计算结果与试验测试结果吻合较好。

6.1.3 桁梁抗弯性能

钢管混凝土的抗拉承载力较空钢管提高程度有限,且灌注混凝土结构自重相应增加,因此,关于钢管桁梁主管是否灌注混凝土在工程界存在不同的观点。本小节主要结合依托工程,分析研究钢管桁梁主管灌与不灌混凝土的抗弯力学性能,重点研究两类结构的抗弯承载力、变形性能以及破坏形态,为钢管混凝土桁梁式结构工程应用提供技术支撑。

6.1.3.1 试验概况
1) 试验设计

根据工程常用桁梁结构特征,考虑试验设备与场地条件,选取如图 6-50 所示的 Warrant 桁梁模型为研究对象。模型试件因主管尺寸不同分为两种类型,以分析主管截面含钢率对钢管混凝土桁梁抗弯性能的影响。其中,模型一主管 $D \times T$ 为 127 mm× 5.95 mm、模型高 677 mm,模型二主管 $D \times T$ 为 113 mm×2.27 mm、模型高 613 mm。两类模型腹杆 $d \times t$ 均为 63.5 mm×3.5 mm,上、下弦杆长分别为 1 600 mm 与 2 300 mm。

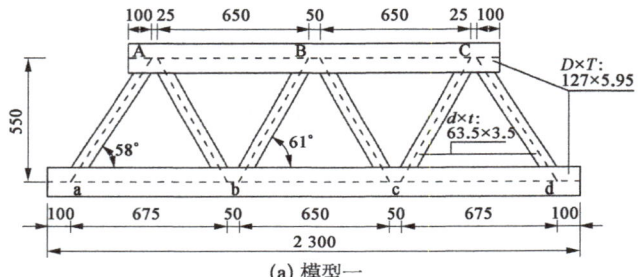

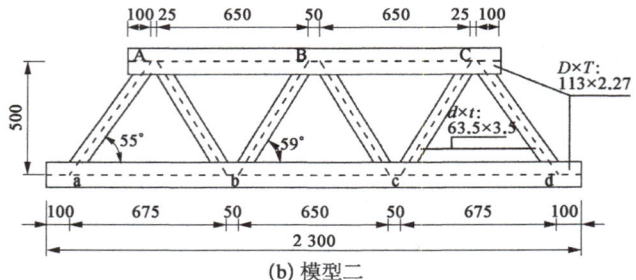

图 6-50 桁梁模型构造(单位: mm)

每类模型包含两个试件:钢管混凝土桁梁与空钢管桁梁,对比分析钢管桁梁式结构主管灌与不灌混凝土,其抗弯工作性能、承载力、破坏形态的差异。由于模型二主管壁厚相对较薄,为避免其空钢管桁梁试件加载点处过早屈曲而导致试件失效,将上主管灌注混凝土,主要考察下主管及其与腹杆连接节点的破坏模式。模型一的两试件记为 D6-0 与 D6-2,其中,D6-0 表示上下主管为空钢管,D6-2 表示上下主管均灌注混凝土;模型二的两试件记为 D3-1 与 D3-2,其中,D3-1 表示仅上主管灌注混凝土,D3-2 表示上下主管均灌注混凝土。各试件详细特征参数见表 6-13。

表 6-13 桁梁模型试件特征参数

编 号	$D \times T$ /mm×mm	H /mm	高跨比	$d \times t$ /mm×mm	D/T	d/D (β)	t/T	主 管 类 型	
								上弦	下弦
D6-0	127×5.95	677	0.334	63.5×3.5	21.3	0.5	0.59	HS	
D6-2	127×5.95	677	0.334	63.5×3.5	21.3	0.5	0.59	SE-CFST	
D3-1	113×2.27	613	0.307	63.5×3.5	49.8	0.56	1.54	SE-CFST	HS
D3-2	113×2.27	613	0.307	63.5×3.5	49.8	0.56	1.54	SE-CFST	

注:"HS"指空钢管、"SE-CFST"指钢纤维微膨胀钢管混凝土。

2) 材料性能与试件制作

(1) 钢管。模型试件所用钢管包括三种类型,力学性能指标见表 6-14。

表 6-14 钢材力学性能参数

钢管类型 $D \times T$/mm×mm	屈服强度 /MPa	抗拉强度 /MPa	弹性模量 /MPa	泊松比
63.5×3.5	285.31	485.22	2.02×10^5	0.264
113×2.27	336.05	428.07	2.01×10^5	0.267
127×5.95	386.01	518.63	1.99×10^5	0.261

(2) 混凝土。混凝土按 C60 强度等级设计,配合比与力学性能见表 6-3。

(3) 构件制作与成型。所有杆件根据试件设计要求先加工成规定的尺寸,腹杆按与主管相贯连接线切割,试件组装与浇注成型过程如图 6-51 所示。先将主管在工作台上准确定位并固定,定出腹杆的位置,并将其定位,然后从试件两边往中间对称交替焊接每一个节点,焊缝需打磨顺滑,最终组装完成的钢管桁梁如图 6-51c 所示。

主管混凝土浇注前先将管内用清水润湿,然后将试件一端的上、下主管端口用小铁块点焊临时封堵。混凝土灌注时,将试件倾斜放置,如图 6-51d 所示,从另一端慢慢分层灌注,用木锤敲击管壁并用细长钢筋插捣,以免混凝土内形成气囊,待混凝土初凝后再将端面补平,然后用塑料膜包扎密封养护。

6.1.3.2 试验装置与测试方法

1) 试验装置

试验采用 MTS 系统进行加载,作动器 1 000 kN,反力架 2 000 kN,如图 6-52 所示。在试件跨中上主管节点处进行单点加载,桁梁三点受弯,试件计算跨

(a) 杆件定位

(b) 拼装焊接

(c) 组装完成的钢管桁梁

(d) 混凝土灌注

图 6-51　桁梁试件组装与浇注成型过程

(a) 试验装置全景

(b) 试验装置正面

(c) 试验装置侧面

图 6-52　钢管混凝土桁梁抗弯试验装置

度 L_0 为 2 000 mm。由于桁梁主管为圆形截面,为保证稳定加载,根据主管外径尺寸制作了相应的鞍形支座,如图 6-52c 所示。准确调整试件垂直度与水平度后,将一端支座与试件点焊临时固定,另一端简支。试件加载端采用与试件同类型的支座反扣在上主管中节点处,并通过连接转换装置与作动器连接,如图 6-52b 所示。自制钢框架侧限装置约束试件平面外转动,其对称布置在试件上主管两端处,如图 6-52a 所示,将试件夹紧,底边与地板锚固。侧限装置安装前,在其与试件有接触的侧边黏结四氟板,减小与试件的摩擦,保证其不影响试件竖向变形。

2) 测试内容与测试方法

试验主要测试内容包括:① 抗弯承载力;② 弯曲变形性能;③ 整体、节点破坏模式与最终破坏形态;④ 关键部位应变分布状态与发展过程。

桁梁三点受弯试验示意如图 6-53 所示,位移计与应变片的布置方案如下:

(1) 位移计布置。共布置 7 只位移计:①~③号位移计竖向布置在下主管的跨中与两个中节点处,测量试件沿跨度方向的挠度变形规律;④号位移计竖向布置在上主管中节点处,测量上主管跨中变形,并与②号位移计对比研究上下弦杆变形协调性;⑤、⑥号位移计竖向布置在两支座顶面,测量支座沉降,以对试件挠度进行修正;⑦号位移计水平布置在上主管的端点处,主要监控平面外变形,避免变形过大加载失稳。

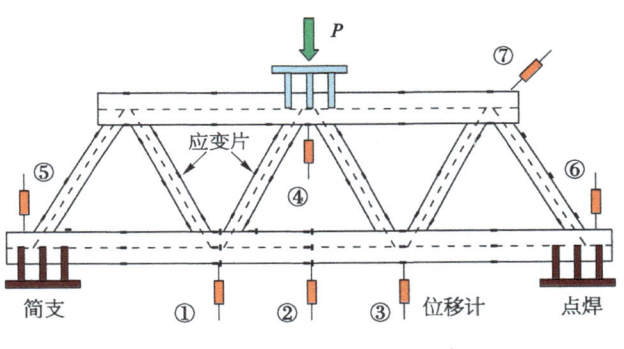

图 6-53 抗弯试验测试示意

(2) 应变片布置。

① 下主管:在中节点处与各节间中截面布置应变片,每个截面每隔 90°设置一个测点,中跨跨中截面与其中一个中节点处每测点粘贴纵、环向应变片各 1 只,其他截面每个测点只粘贴 1 只纵向应变片。

② 上主管:在两个边节点与节间中截面的上下缘布置测点,每测点粘贴 1 只纵向应变片。

③ 腹杆:应变片布置在其两端距主管约 50 mm 处与中截面处,选取半跨腹杆每个截面在试件平面内方向对称地布置 2 个沿轴向的应变片,另半跨腹杆每个截面只在一边布置轴向应变片。

荷载由加载系统自动监控与记录,位移与应变均由 JM3812 静态电阻应变仪进行采集记录,并通过加载控制系统实时绘制出荷载-跨中挠度变形曲线以及关键测点的荷载-应变关系曲线。

3) 加载方案

测试前先进行预加载,消除试件与加载设备、试件与支座等接触点之间的间隙,同时检查传感器与数据采集系统的工作情况。预加载值取试件预计极限荷载的 10%,持荷约 10 min,然后卸载,仪器调零。

正式加载采用力与位移双控模式。加载初期,采用力控制,分级加载,每级荷载取预计极限荷载的 1/10,荷载-跨中挠度曲线开始出现非线性特征后荷载等级取为预计极限荷载的 1/15,每级荷载持荷 2 min,观察各级荷载作用下试件的变形形态、破坏特征、关键点应变发展趋势。荷载-跨中挠度曲线非线性特征十分明显后,加载控制方式转换为位移控制,连续持续加载,直至杆件严重屈曲或节点焊缝开裂,以致承载力急剧下降时停机卸载。

6.1.3.3 试验过程与测试结果

1) 破坏过程

整个试验过程控制平稳,模型二(主管 $D \times T$ 为 113 mm×2.27 mm)主要因主管破坏失效,而模型一(主管 $D \times T$ 为 127 mm×5.95 mm)则主要由于杆件严重变形导致试件承载力快速下降而停机。各个试件的失效模式与破坏形态发展过程均不一致,以下将对每个试件破坏过程进行具体阐述。

(1) 试件 D3-1。试件 D3-1 上主管灌注混凝土、下主管为空钢管,图 6-54 所示为其荷载-跨中挠度关系曲线,破坏过程如图 6-55 所示。试件破坏主要集中在下弦节点处,上弦无明显破坏特征。加载初期,上下主管变形一致,荷载-跨中挠度曲线均呈线性增长。荷载增加到 60 kN 左右($P/P_u \approx$

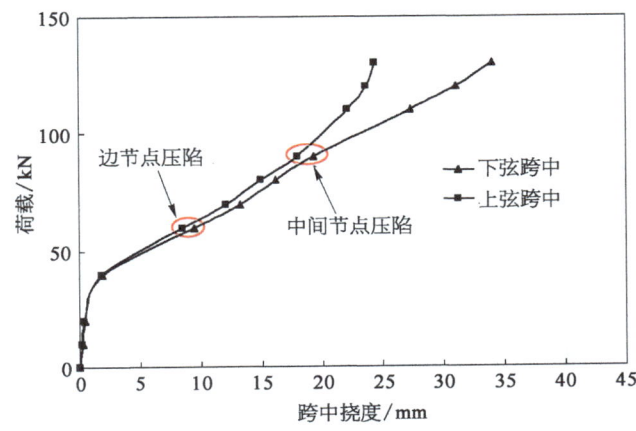

图 6-54 试件 D3-1 荷载-跨中挠度关系曲线

45%,P_u 为最大荷载值)时,下主管两端腹杆节点处突然压陷屈曲,如图 6-55a 所示,图 6-54 中荷载-挠度曲线出现拐点,试件进入屈服阶段。荷载增加到 80 kN 左右($P/P_u \approx 60\%$)时,下弦边节点压陷更加明显,中间节点处压区开始压陷屈服、拉区出现鼓凸,如图 6-55b 所示,且图 6-54 中上下主管挠度变化出现明显不一致。荷载继续增加,下弦各节点处压陷变形更加显著,节点受拉区明显鼓屈。最后,靠简支支座一端的中节点两腹杆间主管撕裂,如图 6-55c 所示,试件承载力急剧下降而卸载。整体破坏形态如图 6-55d 所示,下主管完全失效,上弦弯曲变形明显,但腹杆较完好。

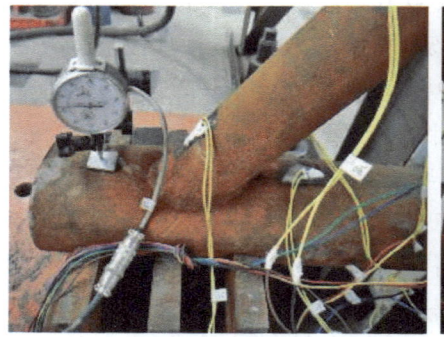
(a) 边节点压陷

(b) 中节点压陷

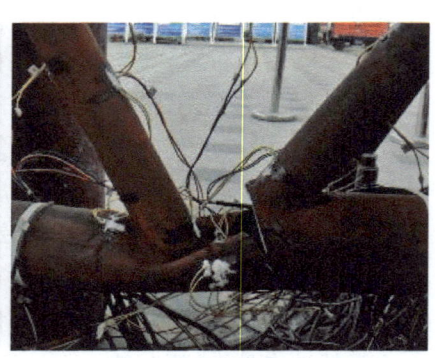
(c) 主管撕裂

(d) 试件最终破坏形态

图 6-55 试件 D3-1 破坏过程

(2) 试件 D3-2。试件 D3-2 上、下主管均灌注混凝土,图 6-56 所示为其荷载-跨中挠度关系曲线,破坏过程如图 6-57 所示。试件整体弯曲变形较小,破坏主要表现为下弦节点受拉区主管撕裂。

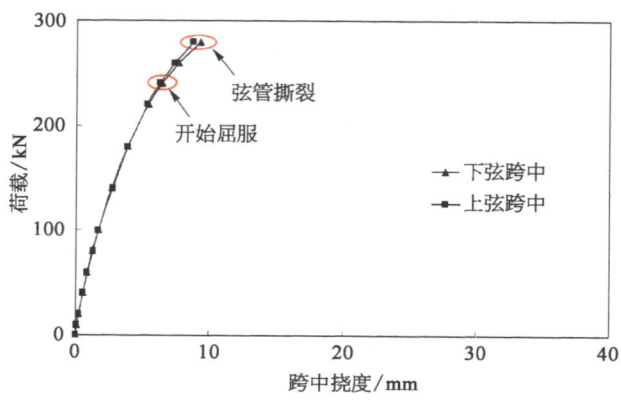

图 6-56 试件 D3-2 荷载-跨中挠度关系曲线

图 6-56 表明上、下主管挠度变形在弹性阶段较一致,试件表现出较好的整体变形特征。荷载增加到 240 kN 时($P/P_u \approx 85\%$),上下主管挠度变化出现不同步,外侧腹杆起皮,下弦中节点腹杆周围主管颜色变深,局部钢管发生塑性应变。荷载继续增加,下弦一中节点主管沿受拉腹杆周边突然撕裂,如图 6-57a 所示。此时,试件承载力急剧下降,而加载油源无法立即卸载,导致靠主管拉裂一端加载点下缘开裂,同时该侧边腹杆底部内侧也拉裂,如图 6-57b 与 c 所示。图 6-57d 所示为试件整体破坏形态,上下主管整体弯曲变形均较小,最大挠度 9.3 mm,不到计算跨度 L_0($L_0 = 2\ 000$ mm)的 1/200。

(3) 试件 D6-0。试件 D6-0 上、下主管均为空钢管,其荷载-跨中挠度关系曲线如图 6-58 所示,破坏过程如图 6-59 所示。其破坏也主要是节点处

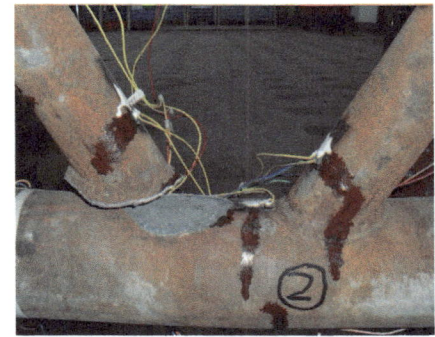
(a) 中节点弦杆拉区撕裂

(b) 边节点内侧焊缝开裂

(c) 加载点外侧下缘开裂

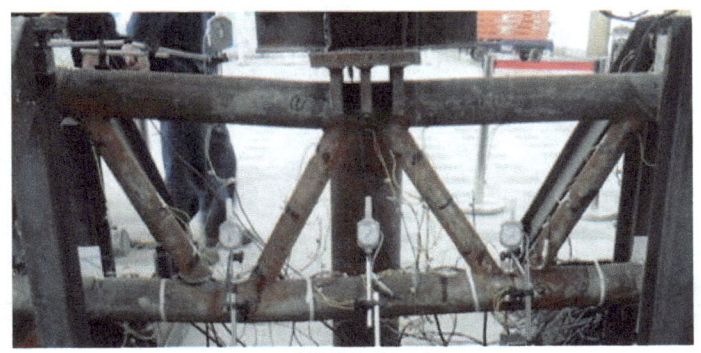
(d) 试件整体破坏形态

图 6-57 试件 D3-2 破坏过程

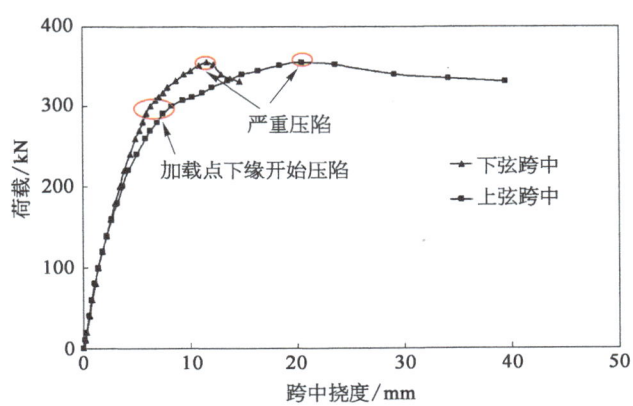

图 6-58 试件 D6-0 荷载-跨中挠度关系曲线

弦杆压陷，与试件 D3-1 类似，但两者也有差别，试件 D6-0 主要表现为上弦加载点处节点压陷，D3-1 则主要表现为下弦节点压陷。加载初期，试件整体变形较好，图 6-58 中上、下主管挠度变化基本一致。荷载达到 200 kN（$P/P_u \approx 55\%$）时，加载点处主管开始压陷，如图 6-59a 所示，随后试件上、下主管挠度变化逐渐不同步。荷载达到 300 kN（$P/P_u \approx 85\%$）时，加载点处主管压陷明显。此后，荷载增长减缓而挠度变化加快。达到峰值荷载（$P_u=355$ kN）

时，上弦节点压陷值接近主管外径 1/4，下弦外侧节点也压陷屈曲，如图 6-59b 与 c 所示，但下弦中节点无明显破坏特征。峰值荷载后，试件开始丧失承载力，荷载缓慢下降，下弦挠度变化很小，而加载点主管压陷持续快速增长，由于压陷变形过大而停机卸载。试件整体破坏形态如图 6-59d 所示，加载点下缘压陷严重，下弦外侧节点有较小压陷而中节点处无明显破坏特征，上、下主管整体弯曲变形均不大。

（4）试件 D6-2。试件 D6-2 上、下主管均灌注混凝土，图 6-60 所示为其荷载-跨中挠度关系曲线，破坏过程如图 6-61 所示。其破坏主要为腹杆屈曲，主管无明显破坏特征。在加载初期，试件呈整体变形，上、下主管跨中挠度变形一致。荷载达到 400 kN（$P/P_u \approx 70\%$）时，试件整体已进入弹塑性状态。随后，荷载增长减缓而挠度变化加快，达 440 kN 时，外侧腹杆出现明显的 45°角斜向滑移线，且腹杆向内侧略有弯曲。荷载继续增加，上、下主管挠度变形出现不同步，边腹杆弯曲变形逐渐明显，中间腹杆也出现弯曲变形，上弦弯曲变形明显比下弦发展快，

(a) 上弦加载点处节点压陷

(b) 加载点节点严重压陷

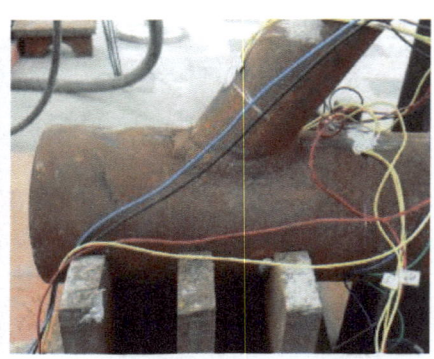
(c) 下弦边节点处压陷

(d) 试件整体破坏形态

图 6-59　试件 D6-0 破坏过程

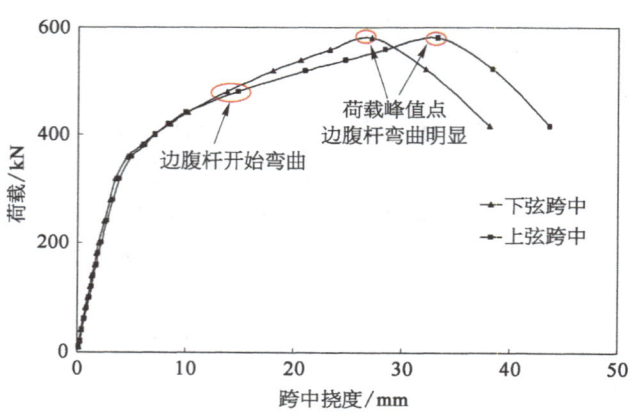

图 6-60　试件 D6-2 荷载-跨中挠度关系曲线

图 6-61a 与 b 所示为荷载为 520 kN 时,边腹杆和中间腹杆的变形状态。峰值荷载($P_u=580$ kN)后,试件承载力开始下降,弦杆挠度仍继续增加,腹杆弯曲明显。最后,靠简支支座一侧边腹杆弯曲过大而折断,如图 6-61c 所示,试件承载力急剧下降而停机卸载。试件整体变形如图 6-61d 所示,边腹杆弯曲折断,中间腹管明显弯曲,上、下弦杆均发生整体弯曲变形,主管节点处均没有明显破坏特征。

2) 管内混凝土破坏形态

对 D3-2 与 D6-2 试件下弦跨中钢管外壁进行了切割,观察管内混凝土破坏形态,结果如图 6-62 所示。

图 6-62a 所示为试件 D3-2 下弦跨中管内混凝土破坏形态。该处混凝土较完好,仅在靠下缘处有数条细短裂缝。由于试件受拉腹杆处主管撕裂破坏,荷载-跨中挠度曲线还处在上升阶段,钢管混凝土主管受拉力学性能特征没有完全发挥,试件整体变形较小,混凝土损伤较小。

图 6-62b 所示为试件 D6-2 下弦跨中管内混凝土破坏形态。试件主要因腹杆严重压屈而失效,上、下主管均发生明显整体弯曲变形,下弦跨中管内混凝土裂缝清晰,分布均匀,均延伸过中截面但未贯通。核心混凝土较好参与了钢管受拉,钢管混凝土主管较好地发挥了其抗弯拉性能。

3) 测试结果

测试结果见表 6-15,表中"初始破坏"指试件出现可见破坏特征。由于各试件结构参数与弦杆混凝土灌注状况不同,其抗弯承载力与最终破坏形态差异较明显。

(a) 边腹杆弯曲

(b) 中间腹杆弯曲

(c) 边腹杆弯曲折断

(d) 试件整体破坏形态

图 6-61　试件 D6-2 破坏过程

(a) D3-2 下弦跨中管内混凝土破坏形态

(b) D6-2下弦跨中管内混凝土破坏形态

图 6-62 管内混凝土破坏形态

表 6-15 桁梁抗弯试验测试结果

试件	初始破坏		极限荷载 /kN	最终破坏形态
	荷载/kN	破坏形式		
D3-1	60	下弦边节点主管压陷	130	下弦节点主管压陷/腹杆间隙弦杆撕裂
D3-2	280	下主管开裂	300	下弦主管沿受拉腹杆周边撕裂
D6-0	300	上主管压陷	355	加载节点处主管严重压陷
D6-2	440	边腹杆表面出现滑移线	580	受压腹杆严重屈曲

6.1.3.4 分析与讨论

1) 节点失效模式

空心钢管结构研究结果表明,圆形截面钢管节点与矩形截面钢管节点一样,有如图 6-63 所示的几种主要失效模式:① 模式 A:弦杆表面塑性失效;② 模式 B:沿腹杆四周弦杆表面冲剪失效;③ 模式 C:受拉腹杆或其焊缝破裂;④ 模式 D:受压腹杆局部屈曲;⑤ 模式 E:弦杆在间隙处剪切破坏;⑥ 模式 F:受拉腹杆背面弦杆表面局部屈曲。对于有间隙接头的空心管结构,当支主管外径比 β 小于中值($\beta<0.6$)时,节点失效模式一般为弦杆表面塑性失效(模式 A),与受压腹杆连接处弦杆压陷、与受拉腹管连接处主管鼓屈。当 β 在 0.6~0.8 之间时,节点失效模式除出现失效模式 A 以外,还经常出现失效模式 B,若腹杆壁厚较薄还有可能出现失效模式 C。

模型一与模型二,支主管外径比分别为 0.5 与 0.56,节点均为有间隙接头节点,失效模式如图 6-64 所示。D3-1、D3-2 与 D6-0 试件破坏均由节点失效引起,而试件 D6-2 主要因腹杆屈曲而失效。

试件 D3-1 上弦灌注混凝土、下弦为空钢管,而 D6-0 弦杆均为空钢管,支主管管径比均小于中值($\beta=0.56$、$0.5<0.6$),两者均表现为空心节点处弦杆表面发生塑性失效(失效模式 A),主管压区压陷而侧面鼓屈,如图 6-64a 与 c 所示。且试件 D3-1 由于其主管壁厚较薄,下弦节点间隙处主管出现了剪切破坏。

试件 D3-2 上、下主管均灌注混凝土,其节点破坏模式如图 6-64b 所示。虽然支主管管径比小于中值($\beta=0.56<0.6$),但主要因主管沿受拉腹杆周边撕裂(失效模式 B)而失效,与试件 D3-1 空钢管节点主管压陷破坏(失效模式 A)截然不同,其属强度破坏,而主管压陷破坏属于局部稳定失效。钢管桁

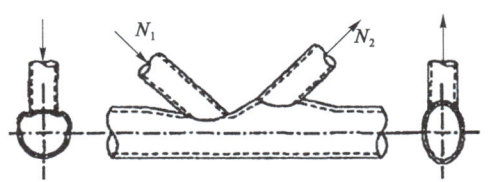 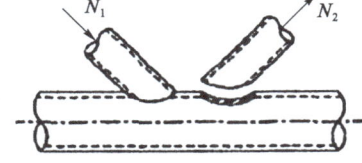 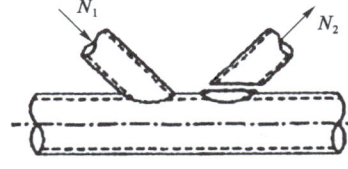

模式A：主管塑性失效　　　　　　模式B：主管表面冲剪失效　　　　　模式C：受拉腹杆或焊缝拉裂

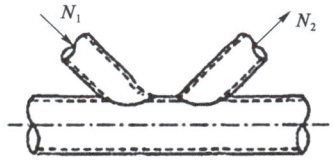 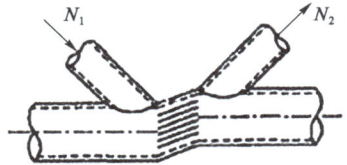 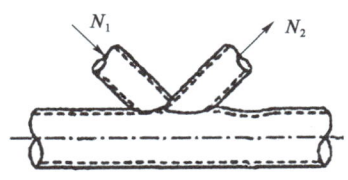

模式D：受压腹杆局部屈曲　　　　模式E：腹杆间隙处弦杆剪切破坏　　模式F：受拉腹杆背面弦杆表面局部屈曲

图 6-63　圆形截面钢管节点典型失效模式

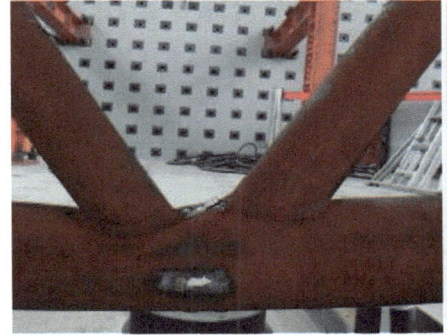 

(a) D3-1：弦杆表面塑性失效、弦杆剪切破坏　　　　　　(b) D3-2：弦杆表面冲剪失效

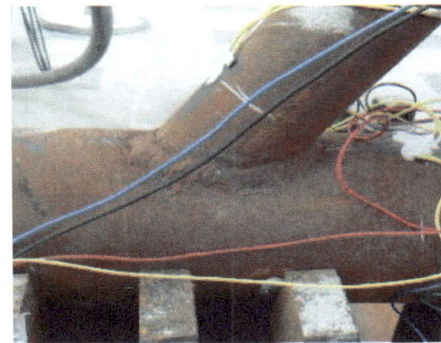 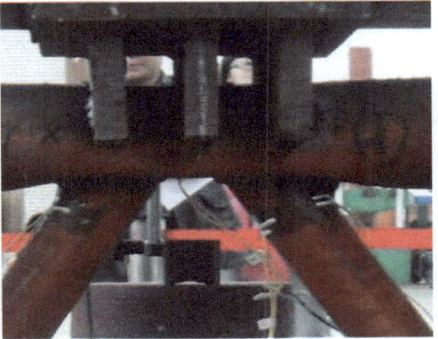 

(c) D6-0：弦杆表面塑性失效　　　　　　　　　　　　(d) D6-2：腹杆屈曲

图 6-64　桁梁模型失效模式

梁主管内灌注混凝土后，节点破坏模式发生明显改变，节点强度显著提高。

试件 D6-2 上、下主管均灌注混凝土，支主管管径比也小于中值（$\beta=0.5<0.6$），但其支主管壁厚比（$t/T=0.59$）明显较试件 D3-2（$t/T=1.54$）小，破坏模式如图 6-64d 所示。该试件节点处主管没有明显破坏特征，主要是受压腹杆屈曲失效，与试件 D6-0、D3-2 破坏形态差异较大。

钢管桁梁主管灌注混凝土后，混凝土的填充能有效抑制主管局部压陷屈曲，节点径向刚度增强，抗压强度提高，因而试件 D3-2 与 D6-2 均没有发生弦杆节点压陷破坏。对于试件 D3-2，支主管外径比适中，但其支主管壁厚比较大，主管壁厚相对较薄、强度相对较弱，因而节点处主管沿受拉腹杆周边撕裂，钢管混凝土弦杆力学性能没有得到充分发挥。试件 D6-2，其支主管管径比也适中，但其支主管壁厚比较小，腹杆壁厚相对较薄，腹杆轴向承载力较弦杆径向承载力低，因而腹杆先屈曲失效，钢管混凝土弦杆的力学性能也没有得到完全发挥。因此，钢管混凝土桁梁中，在保证支主管径厚比（d/D）适中的情况下，还应注意控制支主管壁厚比（t/T）：过大则主管强度不够，易发生节点处主管撕裂失效；过小则腹杆轴向承载力相对较低，腹杆先屈服而失效，但如果腹杆内灌注混凝土，支管承载力显著提高，破坏形态转变成主管压区鼓屈破坏。所以，支主管壁厚比不宜过大，或者将受压腹杆中填充混凝土，提高压杆承载力，防止压杆过早屈曲而影响桁梁结构承载力与变形性能。

2）荷载-挠度关系

（1）荷载-跨中挠度曲线。图 6-65a 所示为试件 D3-1 与 D3-2 荷载-跨中挠度关系对比。试件 D3-1 经历了弹性阶段与塑性阶段，具有较好延性性能。而 D3-2 进入塑性阶段即发生主管冲剪破坏，此时试件整体弯曲变形较小，极限荷载对应挠度为 9.3 mm，仅为计算跨中挠度的 1/215，延性较差。在初始阶段，试件 D3-2 与 D3-1 曲线基本重合，但 D3-1 弹性段较短，试件很快发生塑性变形，斜率下降明显，而 D3-2 较 D3-1 弹性阶段显著延长，斜率衰减缓慢，承载力大幅提高。主要因为初始阶段节点变形较小，试件初始挠度主要由整体变形控制，虽然 D3-1 下主管为空钢管，但其上弦灌注了混凝土，抗弯刚度较空钢管有较大提高，因而 D3-1 与 D3-2 初始刚度较接近。随荷载增加，D3-1 下弦空心管节点变形增大并逐渐压陷屈曲，试件进入塑性状态，刚度衰减。但 D3-2 上、下主管均填充混凝土，截面径向刚度增强，节点变形得到约束，强度显著提高，提高了桁梁整体抗弯刚度与承载力。因而 D3-2 弹性阶段较长，刚度变化小，承载力较 D3-1 显著提高。

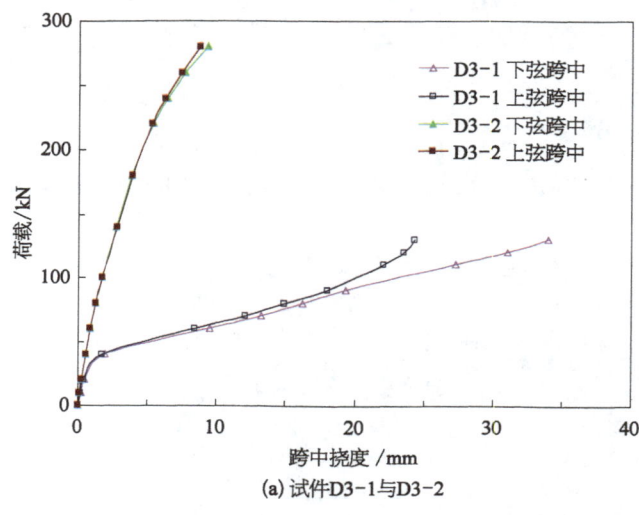
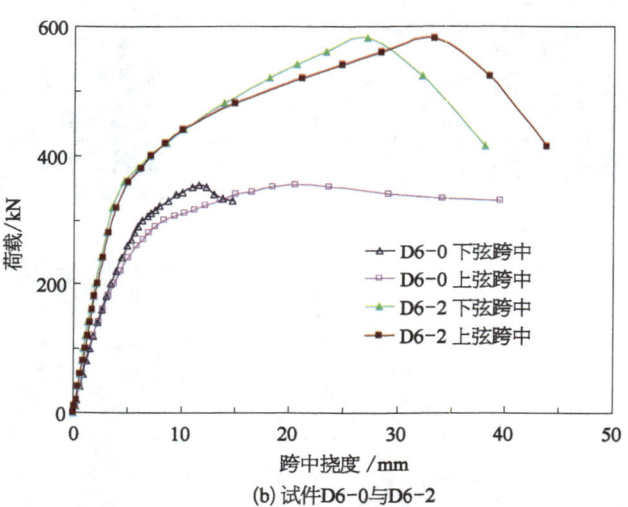

图 6-65　桁梁荷载-跨中挠度变形关系对比

图 6-65b 所示为试件 D6-0 与 D6-2 荷载-跨中挠度变形关系对比。试件 D6-0 和 D6-2 均有明显的弹性段、塑性段和下降段，延性性能好。而试件 D6-2 较 D6-0 弹性阶段长且初始刚度大，极限承载力显著提高。两试件整体变形性能较好，但随荷载增长均出现上下弦杆挠度变化不协调现象，上弦挠度变形较下弦快。试件 D6-0 为空钢管试件，D6-2 上、下主管均灌注混凝土，前述研究表明空钢管填充混凝土后其抗弯刚度明显提高，节点强度与刚度增强，因此 D6-2 较 D6-0 整体抗弯刚度大，节点承载力高，试件抗弯承载力提高。对于试件 D6-0，由于试件破坏主要发生在上弦加载节点处，其压陷变形较下弦节点压陷变形严重，因而上弦跨中变形发展较快。而对于试件 D6-2，主要因为试件跨高比相对较大、支主管壁厚比较小，腹杆受压屈曲导致试件破坏，而当腹杆开始屈服时上弦挠度变化较下弦大。

（2）荷载-跨度方向挠度分布曲线。实腹简支梁式结构沿跨度方向的挠度曲线一般为正弦半波曲线。本试验中四个桁梁模型试件均近似两端简支（一端与底座点焊，一端完全简支），在上弦中节点单点加载，试件三点受弯，图 6-66 所示为试件荷载与沿跨度方向的挠度关系曲线。

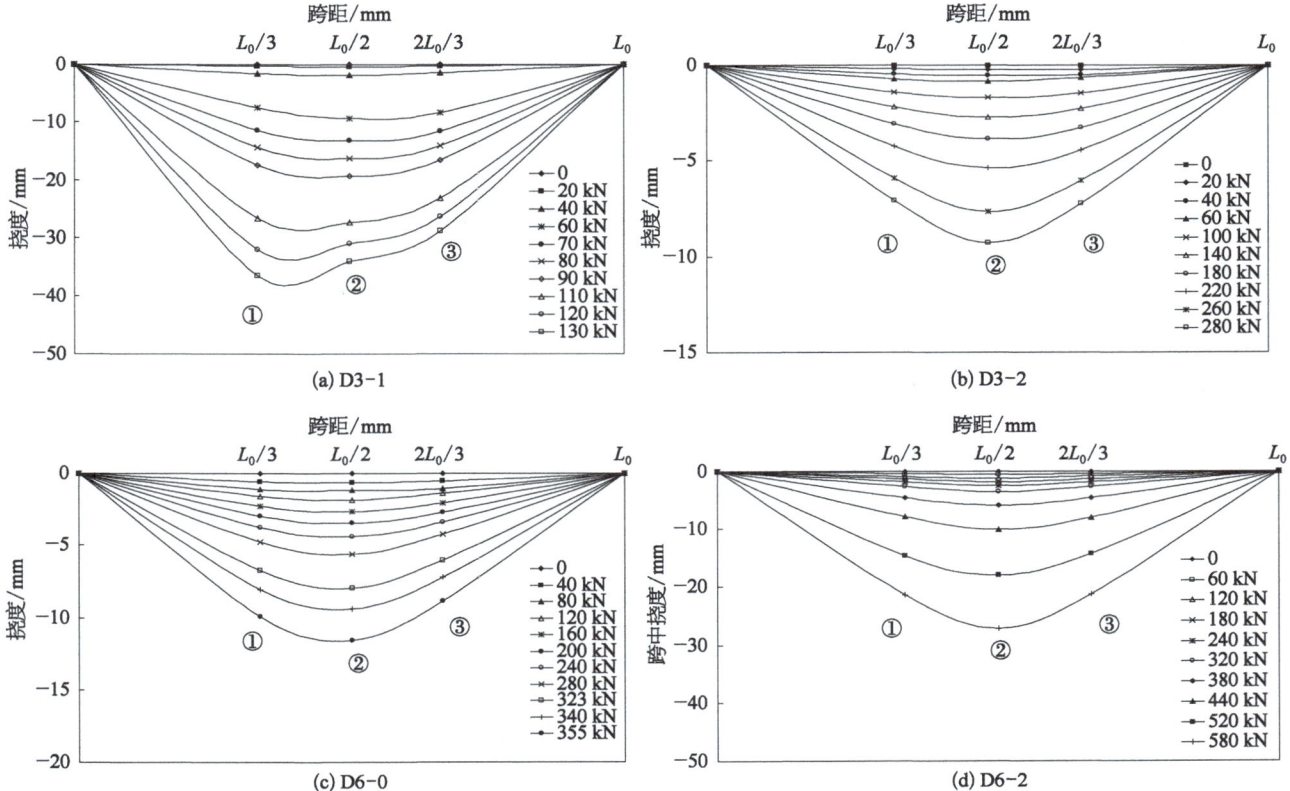

图 6-66 荷载与试件跨度方向挠度变化曲线

如图 6-66a 所示，荷载达 60 kN 时，试件 D3-1 沿跨度方向挠度曲线，逐渐偏离正弦半波曲线发展，试件出现非线性变形特征；荷载达 90 kN 时，跨度方向挠曲线与正弦半波曲线偏差变大，此时靠简支支座一侧中节点（①号测点）压陷发展迅速，该节点挠度增长快，试件局部屈曲严重而导致整体失效，非线性变形明显。如图 6-66b 所示，当荷载小于 220 kN 时，试件 D3-2 沿跨度方向挠度曲线与正弦半波曲线吻合较好，荷载大于 220 kN 后，挠度变化增大，试件出现非线性变形特征。

如图 6-66c 所示，当荷载超过 280 kN 后，试件 D6-0 沿跨度方向挠度曲线逐渐与正弦半波曲线不吻合，靠简支支座一侧偏移，试件开始发生非线性变形。而图 6-66d 中，在荷载在 440 kN 前，试件 D6-2 沿跨度方向挠度曲线与正弦半波曲线吻合较好，荷载大于 440 kN 后，挠度变化逐渐增大，试件出现非线性变形。

试件 D3-2 与 D6-2 发生非线性变形时的荷载，较 D3-1 与 D6-0 显著提高，表明主管灌注混凝土后钢管桁梁式结构整体工作性能增强，抗弯承载力提高。

3）荷载-应变关系

应变的分布与发展状态能反映构件的应力状态与变形发展趋势。试验测试了桁梁关键截面应变分布与发展规律，研究钢管桁梁主管灌注混凝土后对其杆件与节点应变分布状态的影响，图 6-67 所示为应变片布置详图。

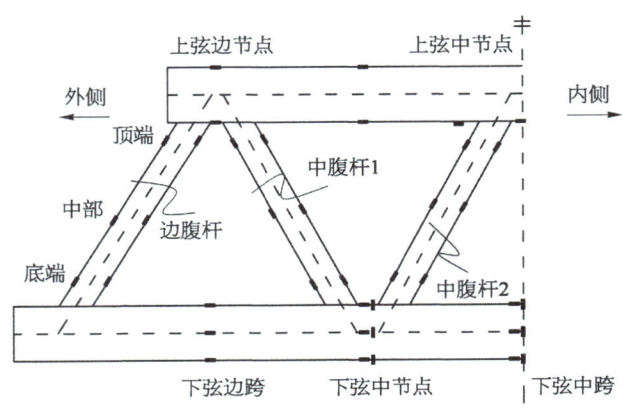

图 6-67 关键截面应变测点布置

（1）节点。图 6-68 所示为试件下弦中间节点应变。图 6-68a 中，试件 D3-1 与 D3-2 初始阶段应变发展较一致，随荷载增加，试件 D3-1 下弦节点处弦杆表面开始压陷屈曲,上缘应变不稳定,但试件 D3-2 节点处应变发展较均匀,且应变明显较试件 D3-1 小。混凝土的填充明显改善了节点应变分布状态,截面整体工作性能好、应变发展稳定、受力均匀。图 6-68b 中,试件 D6-2 与 D6-0 在节点处应变发展趋势较相似,但试件 D6-0 节点处应变基本处于弹性范围,而 D6-2 节点上、下缘均发生塑性应变。主要由于 D6-0 因上弦加载节点处发生压陷屈曲而失效,下弦中间节点没有破坏特征,因而下弦节点应变较小。但 D6-2 上、下主管均填充混凝土,节点刚度与强度显著增强,试件整体承载力与弯曲变形性能提高,因而节点力增加,节点处应变较大。

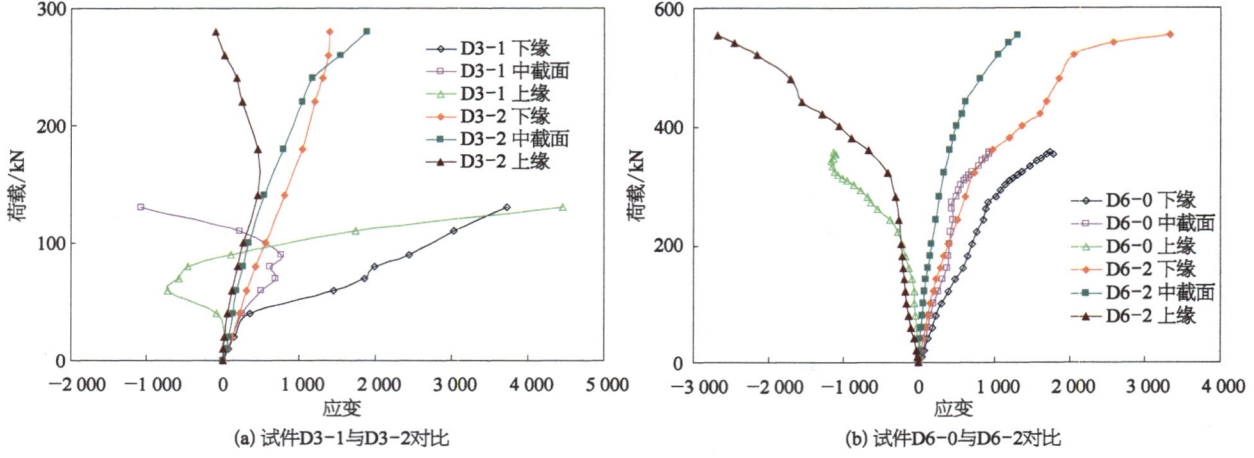

图 6-68 下弦中间节点应变

混凝土的填充提高了截面刚度,改善了节点应变分布状态,增强了截面整体工作性能,使钢管拉、压力学性能都较充分地发挥。

(2) 弦杆。图 6-69 与图 6-70 所示为各试件下弦关键截面应变分布与发展状况。其中,图 6-69a 与图 6-70a 显示了试件下弦中跨跨中截面应变发展过程,图 6-69b 与图 6-70b 所示为试件下弦边跨跨中截面应变发展过程。

各试件边跨跨中截面均处于弹性范围。试件 D3-2 与 D6-2 在边跨跨中截面上缘、中截面、下缘三部位的应变,均较试件 D3-1 与 D6-0 相同部位的应变减小,且三部位的应变差异也明显缩小,表明混凝土的填充使弦杆截面应变均匀分布,截面刚度增强、整体工作性能更好。

各试件下弦中跨跨中截面应变较边跨跨中截面应变大,且下缘均发生塑性应变。在壁厚较薄的模型二中,试件 D3-1 在加载初期下弦中跨跨中全截面受拉,随后顶面开始受压,而弦杆灌注混凝土后的试件 D3-2 跨中截面始终处于全截面受拉状态,整体工作性能好。且相同荷载时,试件 D3-2 下弦截

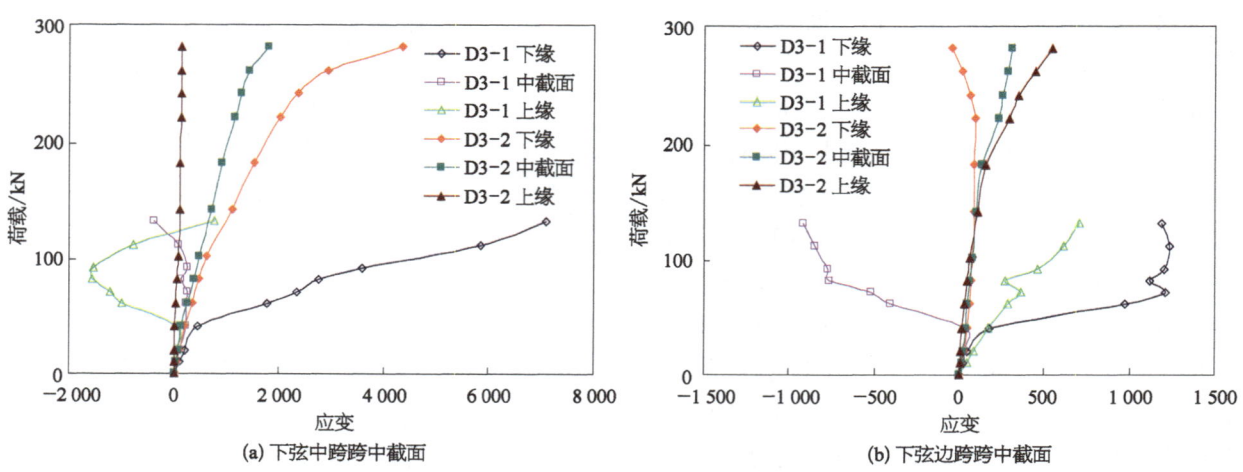

图 6-69 试件 D3-1 与 D3-2 下弦应变

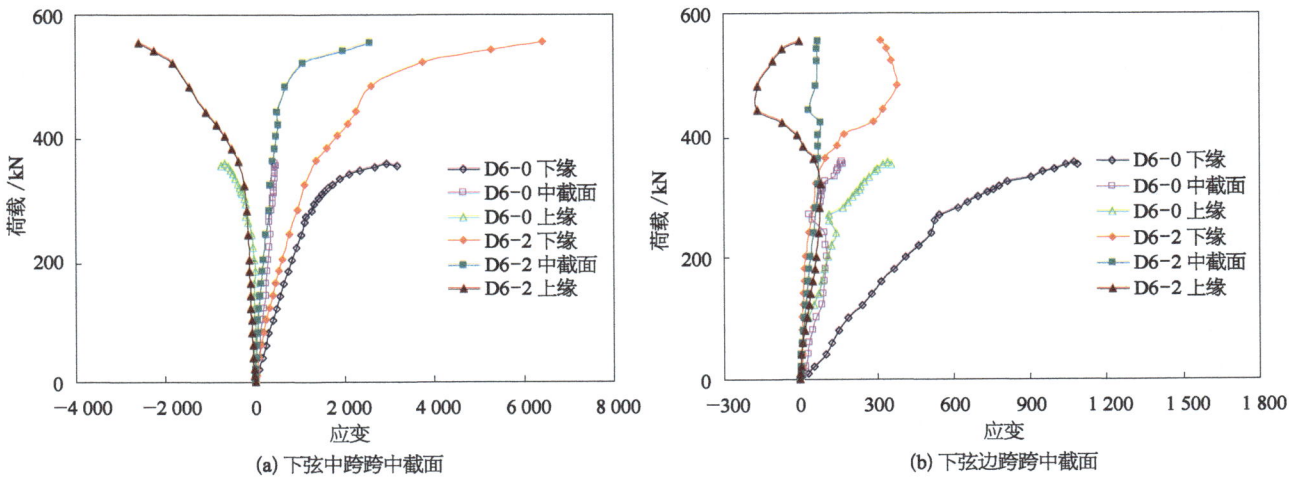

(a) 下弦中跨跨中截面

(b) 下弦边跨跨中截面

图 6-70　试件 D6-0 与 D6-2 下弦应变

面应变较 D3-1 小，但由于弦杆表面冲剪破坏而使得截面塑性应变发展不充分。在壁厚较厚的模型一中，试件 D6-2 与 D6-0 下弦跨中截面应变发展趋势相同，但相同荷载时应变较 D6-0 小。试件 D6-2 下弦跨中全截面都发生了塑性应变，而 D6-0 只在跨中截面下缘发生塑性应变。弦杆灌注混凝土后，管内混凝土与管壁相互作用，协同工作，截面整体工作性能好，钢管材料力学性能得到较充分地发挥。

（3）腹杆。图 6-71 所示为试件 D3-1 与 D3-

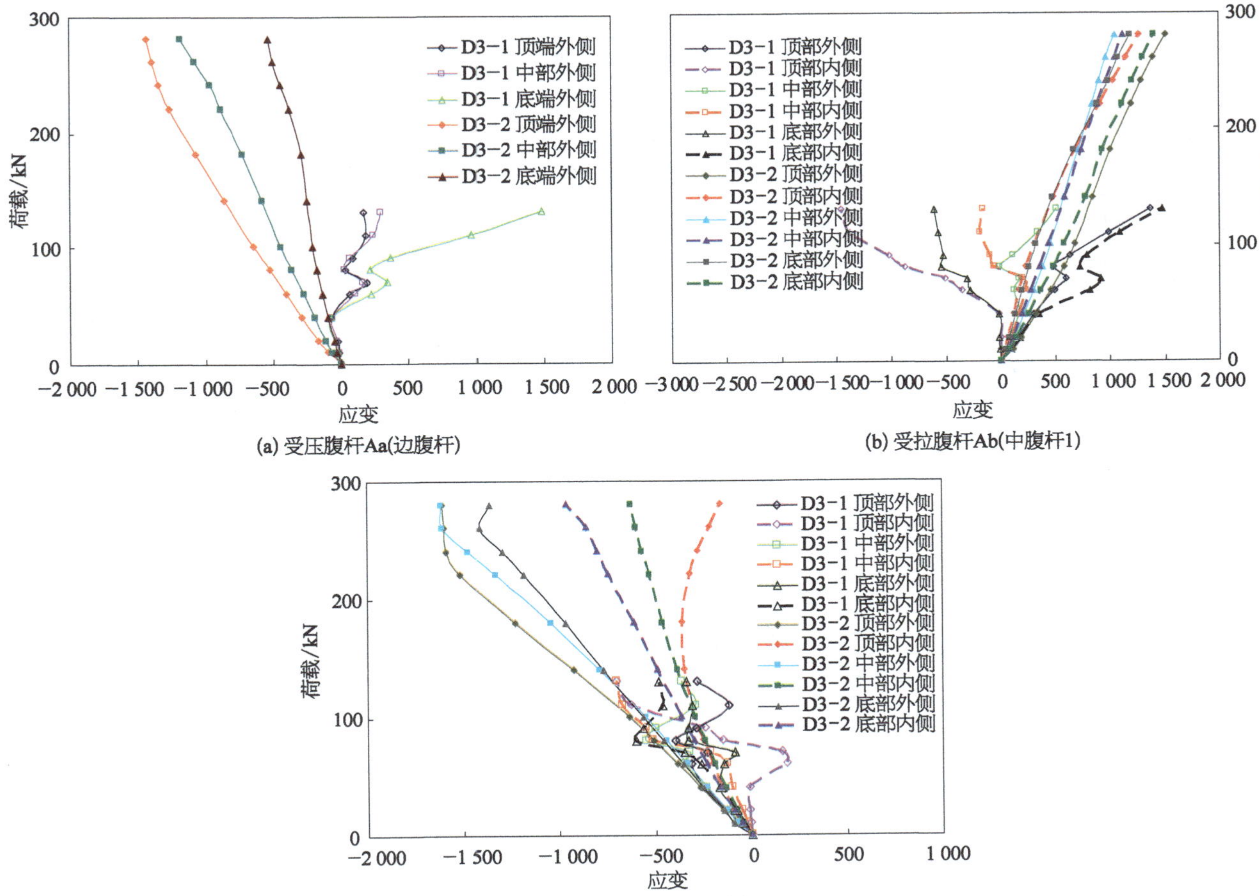

(a) 受压腹杆 Aa（边腹杆）

(b) 受拉腹杆 Ab（中腹杆1）

(c) 受压腹杆 Bb（中腹杆2）

图 6-71　试件 D3-1 与 D3-2 腹杆应变对比

2腹杆应变对比。由图可知,两者腹杆应变较小,均处于弹性范围。

试件D3-1中腹杆应变存在反弯点,压杆Aa(边腹杆)外侧初始受压而随后转变为受拉,有向外弯曲趋势;拉杆Ab(中腹杆1)中上部内侧与底部外侧由受拉转变为受压,其承受一定的弯矩,底部有向内弯、顶部有向外弯的趋势;压杆Bb(中腹杆2)全截面受压,但是外侧应变较内侧应变大,偏压较明显。主要由于D3-1下弦为空钢管,节点易压陷而变形较大,而上弦灌注混凝土其节点变形小,且桁梁高跨比与腹杆长径比大,因而在腹杆中形成弯矩。

试件D3-2上、下主管均灌注混凝土,节点强度与变形性能提高,腹杆受力均匀,但由于中间节点变形较大,压杆Bb(中腹杆2)内外侧应变差异大,形成偏压。主管灌注混凝土后,腹杆受力均匀,试件整体变形性能好。

图6-72所示为试件D6-0与D6-2腹杆应变对比。试件D6-0压杆Aa(边腹杆)应变较小,没有发生塑性应变,而试件D6-2压杆Aa完全进入屈服状态,且中部外侧压应变增长较上下两端快,有向内侧弯曲趋势,与其破坏形态吻合。试件D6-2与试件D6-0,拉杆Ab与压杆Bb应变发展趋势基本一致,但试件D6-2应变发展更充分。弦杆灌注混凝土后,其抗弯承载力显著提高,弯曲变形性能增强,试件整体抗弯承载力与变形性能提高,腹杆轴力与变形增加,因而腹杆塑性应变发展充分。

4)抗弯承载力分析

4片桁梁三点受弯承载力测试结果见表6-13,试件初始破坏荷载与极限荷载差异较大。

对于模型一,试件D6-2较D6-0初始破坏荷载与极限荷载值分别提高了46.7%与63.4%;对于模型二,试件D3-2较D3-1初始破坏荷载与最大荷载值分别提高了366.7%与130.8%。钢管桁梁主管均灌注混凝土后,抗弯承载力较主管均为空钢管

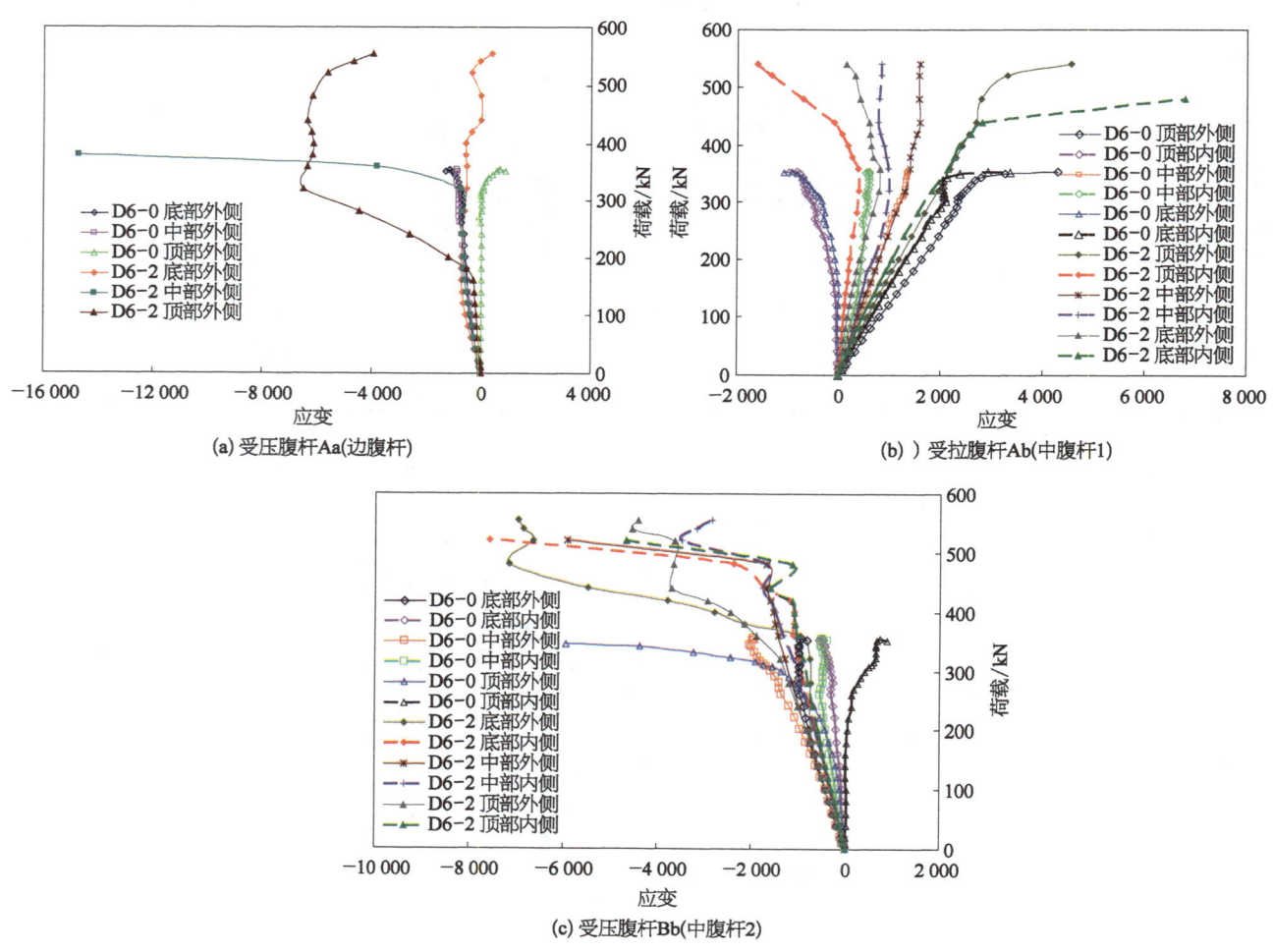

图6-72 试件D6-0与D6-2腹杆应变对比

或仅上主管灌注混凝土试件显著提高,提高幅度如图 6-73 所示,弦杆截面含钢率越高,桁梁抗弯承载力提高幅度越低。试件 D6-2 与 D3-2 上、下弦杆均灌注混凝土,D6-2 初始破坏荷载与极限荷载为 D3-2 的 1.57 倍与 1.93 倍,主管截面含钢率越高,桁梁抗弯承载力越强。

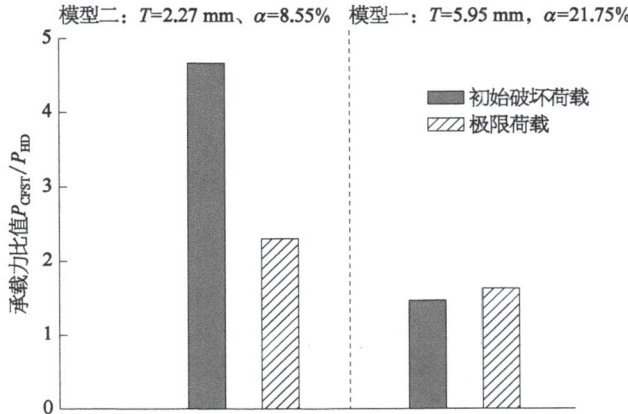

图 6-73 弦杆灌与不灌混凝土试件承载力对比

研究表明,钢管桁梁结构的承载力受节点强度控制。钢管桁梁主管中填充混凝土后,截面径向刚度增强,破坏形态由节点处主管局部压陷屈曲转变为主管或焊缝强度破坏,主管截面含钢率高时可能发生腹杆强度破坏或者失稳。因此,混凝土填充显著提高了节点强度,提高了桁梁结构承载力。

桁梁结构的杆件主要承受轴向荷载,若节点刚度大或节点处腹杆间隙大,则杆件中将有一定的弯矩。根据本节前述钢管混凝土构件抗弯性能测试结果,与两类桁梁模型一致的主管(113 mm×2.27 mm、α=8.55% 与 127 mm×5.95 mm、α=21.75%)灌注混凝土后,其抗弯承载力分别提高了 199% 与 89%,且抗弯刚度也显著提高。同时,本节前述中钢管混凝土构件抗拉性能研究表明,管径 113 mm×2.27 mm 试件,主管灌注混凝土后其轴拉承载力提高 15%~17%。主管灌注混凝土后构件抗拉、抗弯承载力与刚度增强,因而桁梁承载力提高。

两类桁梁模型试件灌注混凝土后最大抗弯承载力分别提高 130.8% 与 63.4%,较同类型主管单根杆件灌注混凝土后抗弯承载力提高 200% 与 90%。从试件破坏模式来看,试件 D3-2 与 D6-2 因节点处主管撕裂与腹杆屈曲破坏,主要表现为局部失效,试件整体弯曲变形较小,而单根构件抗弯试验中主管整体弯曲变形十分明显。另外,本节前述的研究还表明,钢纤维微膨胀钢管混凝土轴拉与抗弯极限破坏后,核心混凝土均形成贯通裂缝,沿管壁混凝土甚至出现磨损破碎,而 D3-2 与 D6-2 两试件弯曲破坏后,核心混凝土裂缝细少,损伤较轻。因此,可以认为 D3-2 与 D6-2 试件中钢管混凝土弦杆的抗弯与轴拉力学性能没有充分发挥。结合钢管混凝土构件与桁梁结构的力学性能试验结果分析,为进一步提高钢管混凝土抗弯承载力,对于类似 D3-2 支主管壁厚比较大的试件可以适当增加主管壁厚,而对于类似于 D6-2 支主管壁厚比较小的试件可以在受压腹杆中灌注混凝土提高腹杆的强度进而充分发挥钢管混凝土的抗弯与受拉力学性能,提高钢管混凝土桁梁的抗弯承载力与工作性能。

6.1.3.5 有限元模拟计算分析

1) 钢管混凝土桁梁有限元模型

采用通用有限元软件 ABAQUS 对 4 片桁梁模型三点受弯力学性能进行了模拟计算分析,钢管与核心混凝土均采用八节点线性缩减积分格式的三维实体单元 C3D8R 模拟,有限元计算模型如图 6-74 所示。

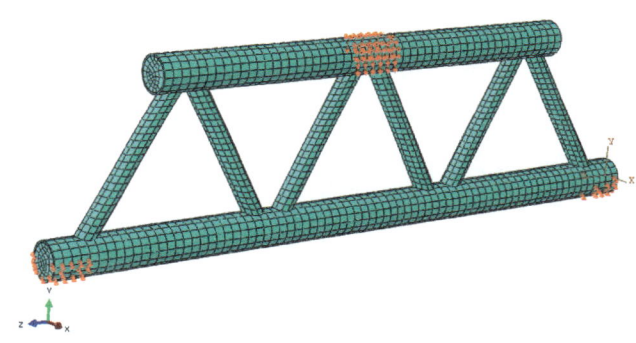

图 6-74 桁梁有限元计算模型

2) 计算结果分析

(1)破坏形态。图 6-75 所示为 4 片桁梁三点受弯有限元计算极限破坏形态。与试验测试结果相似,4 片桁梁极限破坏形态各不相同。

仅上弦灌注混凝土的 D3-1 试件破坏形态如图 6-75a 所示,主要因下弦节点局部压陷破坏而失效,且中间节点间隙处主管出现剪切变形,试件整体弯曲变形较小;上、下主管均灌注混凝土后,试件 D3-2 主要因整体弯曲变形而破坏,且受拉支管发生弯曲变形,如图 6-75b 所示。

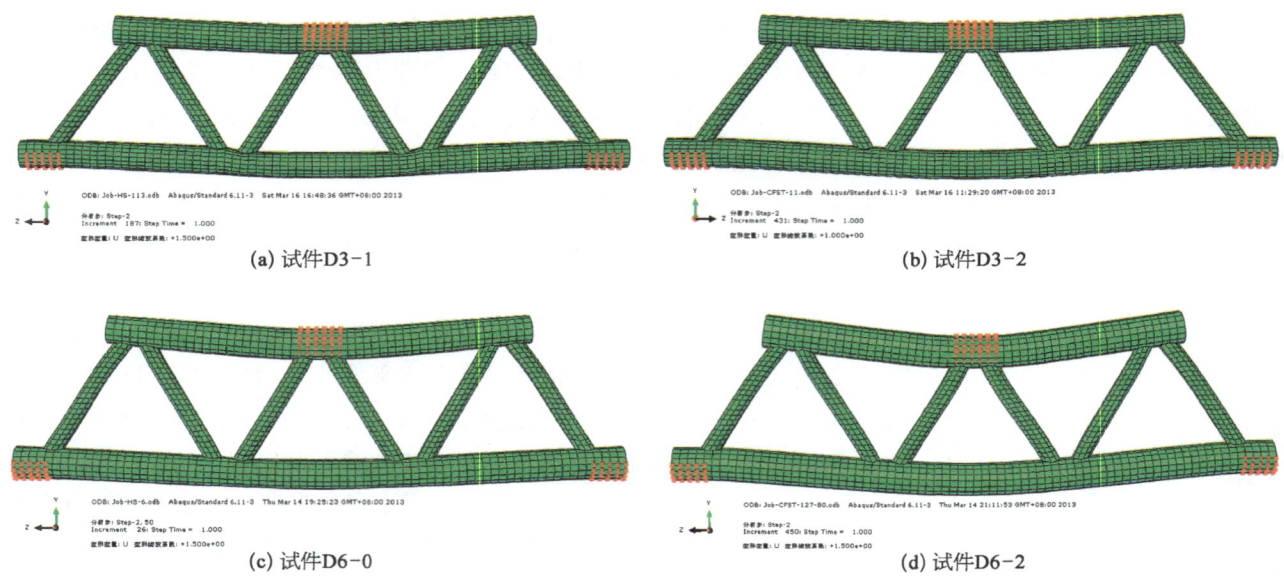

图 6-75 试件破坏形态

空钢管桁梁 D6-0 试件破坏形态如图 6-75c 所示,其上、下主管节点压区都有压陷,且在加载节点处最明显,两侧边腹杆有弯曲现象;而主管均灌注混凝土后,试件 D6-2 主要发生整体弯曲变形,且腹杆变形明显,如图 6-75d 所示。

(2) 荷载-挠度曲线。桁梁荷载-跨中挠度曲线有限元计算值与实测值对比如图 6-76 所示。主管为空钢管时计算值与测试值差异较大,而主管均灌

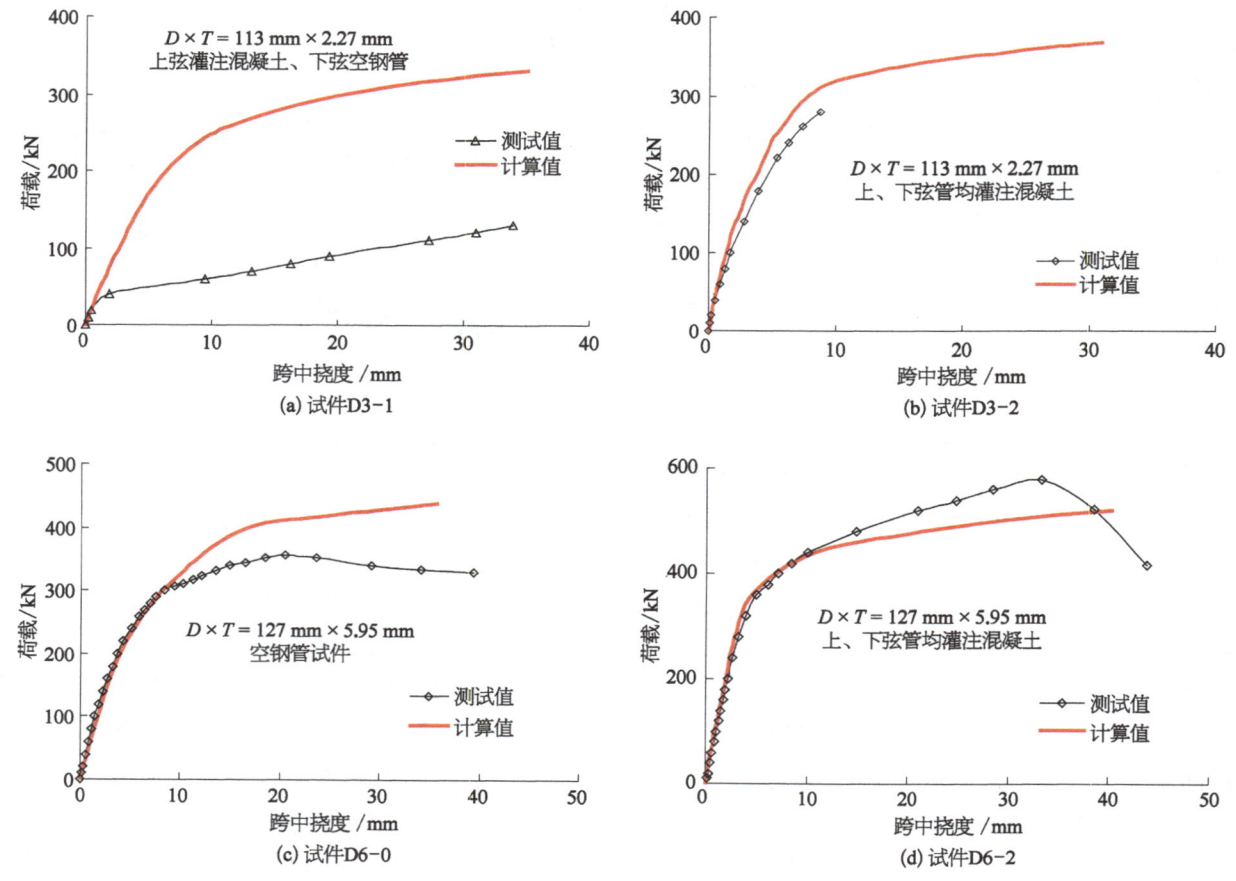

图 6-76 荷载-跨中挠度曲线

注混凝土后计算值与测试值基本吻合。

主管壁厚薄、下弦为空钢管的D3-1试件荷载-跨中挠度曲线计算值与测试值误差最明显。初始阶段两者基本吻合，但测试曲线很快出现拐点，试件破坏，而计算结果显示试件仍处在弹性阶段。分析认为，主要是由于试件主管壁厚较薄，焊接加工时主管有损伤，因而在加载过程中边节点处过早地发生局部压陷导致试件失效，承载力测试值远低于计算值。但主管均灌注混凝土后的D3-2试件，测试值与计算值在弹性阶段吻合较好，由于测试试件下弦拉区冲剪撕裂，整体试件没有发展塑性变形，而计算模型发生整体弯曲变形，抗弯承载力较测试值有所提高。

主管壁厚5.95mm的空钢管桁梁D6-0以及钢管混凝土桁梁D6-2，计算值与测试值在弹性阶段均吻合很好，但试件进入弹塑性阶段后均出现一定的差异。D6-0试件由于支主管桁梁连接处应力集中导致上弦加载节点处先压陷破坏，因而试件承载力测试值较计算值低。但试件主管灌注混凝土后，混凝土的填充使得节点强度显著增强，弱化了节点应力集中缺陷，因此试验曲线与计算曲线在弹塑性阶段仍吻合较好，但模拟计算没有考虑钢纤维对混凝土力学性能的改善，同时混凝土本构模型采用单轴应力应变关系不能反映管内混凝土实际的三向应力状态，所以计算曲线逐渐较测试曲线低。

综上所述，采用有限元模拟计算钢管混凝土桁梁的抗弯性能是可行的。

（3）应力分布状态。两类桁梁模型主管灌不灌混凝土极限弯曲破坏时的应力分布状态如图6-77所示。对比图6-77a与b可以发现，D3-1与D3-2两试件上主管的应力分布状态接近，较大应力集中在上弦加载节点处附近上下缘；而D3-1试件下主管为空钢管，其下弦最大应力发生在节点顶面受压区，中跨受拉区也出现屈服应力，但应力值较节点处小。而下弦灌注混凝土后的D3-2，最大应力分布在边节点受压区和中间节段受拉区以及中性轴以上的部分区域，且受压腹杆应力也较D3-1试件大。对比D6-0与D6-2试件，D6-0上弦最大应力分布在加载节点处的上缘和下缘较小的区域，下弦最大应力分布在主管节点顶面受压区和中间节段受拉区；而主管灌注混凝土后的D6-2，上、下弦节点处应力集中状况明显改善，下弦中间节段应变沿截面高度方向较均匀地分布，腹杆应力较D6-0偏大。计算结果与试验测试结论一致。

钢管桁梁主管中灌注混凝土后，其节点处应力

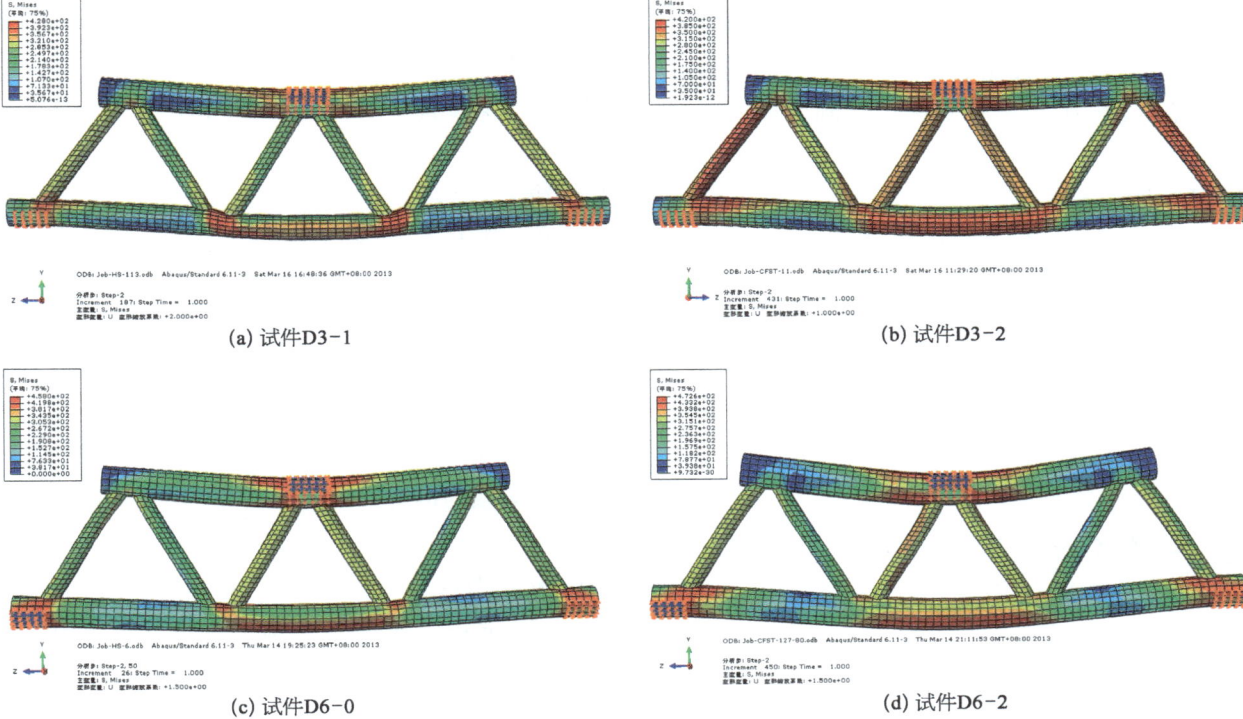

(a) 试件D3-1　　　　　　(b) 试件D3-2

(c) 试件D6-0　　　　　　(d) 试件D6-2

图6-77　应力分布状态

集中现象明显改善,弦杆沿纵向、径向的应力分布与过渡呈均匀变化,且腹杆应力水平提高,材料的力学性能得到了充分发挥,有效地提高了桁梁抗弯承载力与变形性能。

6.1.3.6　技术总结

进行了 4 片圆形截面钢管 Warrant 桁梁抗弯性能试验,研究了弦杆混凝土不同填充方式下,桁梁受弯承载力、挠度变形、节点破坏模式、整体破坏形态、关键截面应变分布与发展过程,主要结论如下:

（1）主管含钢率低($\alpha=8.55\%$)、支主管壁厚比较大($t/T=1.54$)的模型二试件:仅上弦灌注混凝土时,破坏形态主要表现为下弦空钢管节点处弦杆压区压陷、拉区鼓屈,腹杆间隙处弦杆甚至撕裂,整体弯曲变形较小;上、下弦杆均灌注混凝土时,其破坏形态则主要表现为下弦节点处弦杆冲剪破坏,试件整体弯曲变形小,下主管内混凝土仅有稀少的细短裂缝。主管含钢率高($\alpha=21.75\%$)、支主管壁厚比较小($t/T=0.59$)的模型一试件:空钢管试件破坏形态表现为加载点处弦杆压陷破坏,整体弯曲变形较小;上、下弦杆均灌注混凝土时破坏形态主要表现为受压腹杆屈曲,试件整体弯曲变形较明显,下弦跨中管内混凝土裂缝清晰,分布均匀,均延伸过中截面但未形成贯通缝。

（2）主管内填充混凝土后,主管截面应变分布均匀,截面整体工作性能增强;主管节点处应变分布与发展稳定、受力均匀,节点强度与刚度显著提高,钢管拉、压力学性能都较充分发挥;腹杆受力均匀,塑性应变发展充分。

（3）桁梁上、下主管均灌注混凝土较空钢管桁梁或仅上弦灌注混凝土的桁梁弦杆挠度变化同步性好,结构整体工作性能增强,抗弯刚度与承载力显著提高,桁梁抗弯承载力由节点强度控制,模型一与模型二中试件最大抗弯荷载分别提高 63.4% 与 130.8%。

6.2　钢管混凝土桁梁桥力学性能试验

6.2.1　实桥测试概述

6.2.1.1　实桥测试目的

现有钢管混凝土单肢材料和钢管混凝土桁架的研究,基本采用缩尺模型,为了更好地了解钢管混凝土桁梁桥的受力特性,依托雅西高速公路四川干海子大桥和汶马高速公路四川克枯大桥开展实桥测试研究。

主要研究目的:钢管混凝土桁架作为空腹式结构,研究不同截面的受力行为,同时研究主桁偏载效应、刚度、冲击系数等关键问题。通过对主管、支管、桥面板和主桁的分析研究,探索空支管和钢管混凝土支管、平面桁架和空间桁架、空腹式结构和实腹式结构等对结构受力行为的影响规律。

6.2.1.2　实桥测试工程

1) 四川干海子大桥

四川干海子大桥位于雅西高速公路冕宁境内,地震基本烈度Ⅷ度区。孔跨布置主要采用 44.5 m 和 62.5 m,上部结构采用连续钢管混凝土桁架组合结构,全桥分三联共 36 跨。下部结构采用钢管混凝土桁式墩、钢管混凝土混合桥墩和钢筋混凝土单柱墩,最大墩高约 110 m。

该桥设计荷载为公路-Ⅰ级,设计车速 80 km/h,桥梁全长 1 811 m,全宽 24.5 m,位于半径 356 m 圆曲线、缓和曲线和卵形曲线上,桥面线形的纵坡分别为 4.0%、2.6% 和 3.66%。

主梁采用空间三角形钢管桁架与预应力钢筋混凝土桥面板,组成钢管混凝土桁架组合梁体系。主梁中心高 440 cm,节间长度 440 cm,下主管直径 813 mm,支管直径 406 mm,壁厚根据受力性能不同而变化,采用 Q345C 直缝焊接管,主管内混凝土强度等级为 C60。

测试桥跨为右幅第一跨,跨长 40 m,其立面和横断面如图 6-78 所示。

2) 四川汶川克枯大桥 B 匝道桥

汶马高速公路四川汶川克枯大桥为钢管混凝土桁梁桥,主要跨径为 30 m 和 40 m 两种,在支座处采用下主管断开,桥面板连续的"弱"连续结构。梁体由主要承载的钢管混凝土主桁梁与平面型钢-混凝土组合桥面板组成。30 m 跨径梁高 3.5 m,节间距 4.11 m,桁片间距 7 m。

主桁是由下主管与 V 形支管组成平面桁式结构,左右桁片间由空间管式横撑连接。上下主管内均灌注自密实补偿收缩 C30 混凝土,下主管内预先张拉纵向预应力钢束,30 m 跨径主管直径为 670 mm,

第 6 章 钢管混凝土桁梁桥

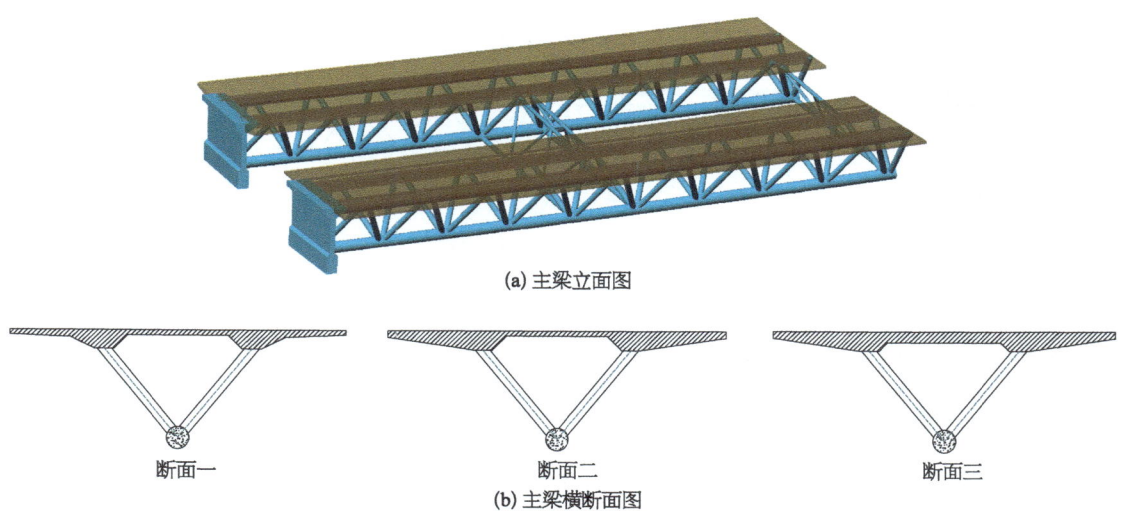

(a) 主梁立面图

(b) 主梁横断面图

断面一　　　断面二　　　断面三

图 6-78　主梁总体布置

壁厚为 20 mm，下主管预应力采用 12 根 $\phi^s 15.2$ 预应力钢绞线。支管管内灌注自密实补偿收缩 C40 混凝土支管，直径 402 mm，壁厚由支座处的 402 mm× 16 mm 依次变化到跨中的 402 mm×10 mm。桥面板采用平面型钢-混凝土组合桥面板，其底钢板既为受力构件，同时又是浇注混凝土的底模。桥墩墩柱采用钢管混凝土单肢柱式结构，主钢管直径为 1.1 m 和 1.3 m，两种主管壁厚分别为 14 mm 和 16 mm，钢管内高抛灌注 C30 自密实补偿收缩高性能混凝土。

测试已架设好的 B 匝道上桥梁，跨度 30 m，桥宽 8.5 m；桥梁一侧桥面与桥台连续，另一侧为伸缩缝。B 匝道立面图、断面图如图 6-79 所示。

6.2.1.3　实桥测试内容

1）四川干海子大桥

根据试验内容，测试内容主要为应力测试和挠度测试，其中应力测试主要分为三个部分：① 横断面（SS1～SS4）；② 节点（SN）；③ 桥面板（SP），挠度测试截面为 SS2 截面（跨中截面），测试部位如图 6-80 所示。

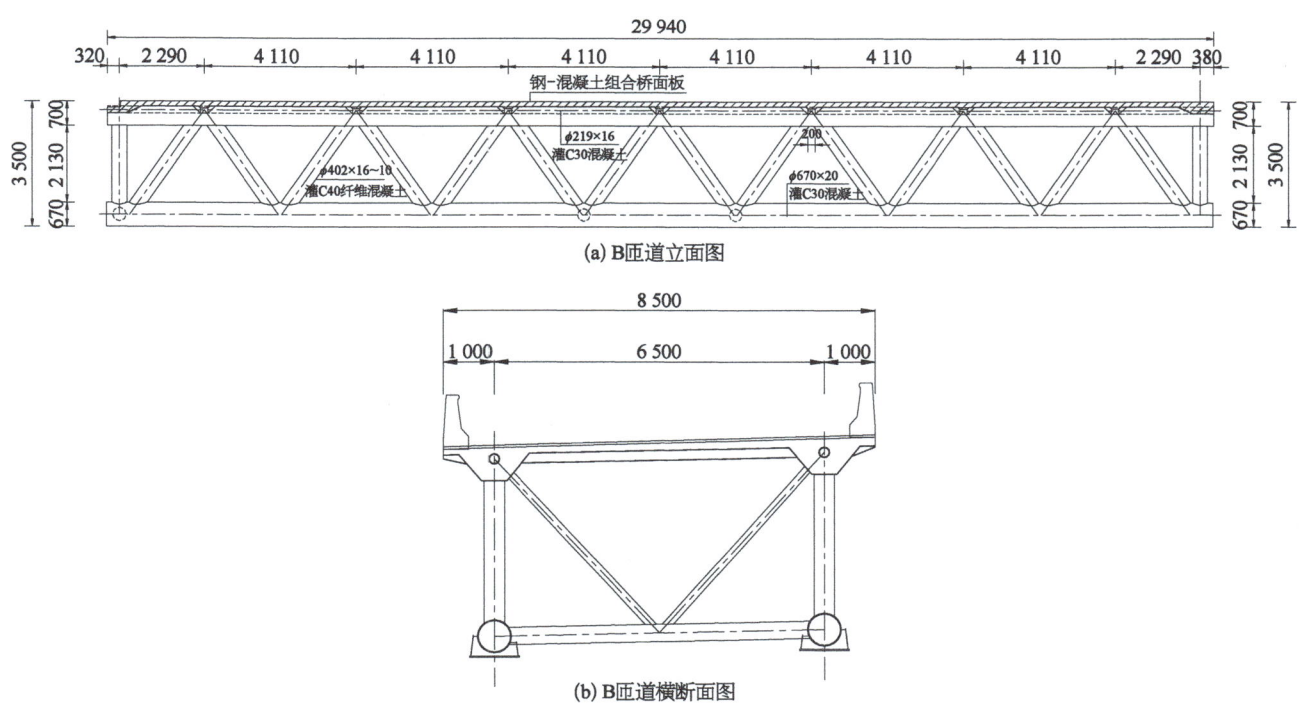

图 6-79　总体布置（单位：mm）

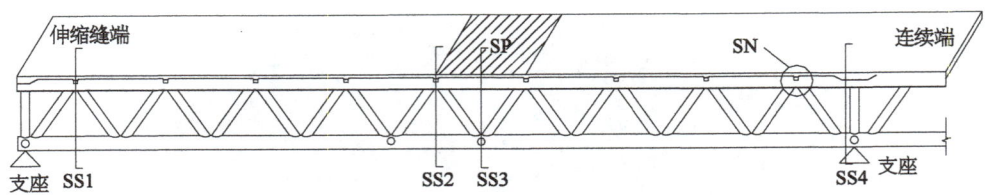

图 6-80 测试部位示意

2) 四川汶川克枯大桥 B 匝道桥

根据试验内容,测试内容主要为应力测试和挠度测试,其中应力测试主要分为三个部分:① 横断面测试(SS1~SS4);② 节点测试(SN);③ 桥面板测试(SP),挠度测试截面为 SS1 截面,测试部位如图 6-81 所示。

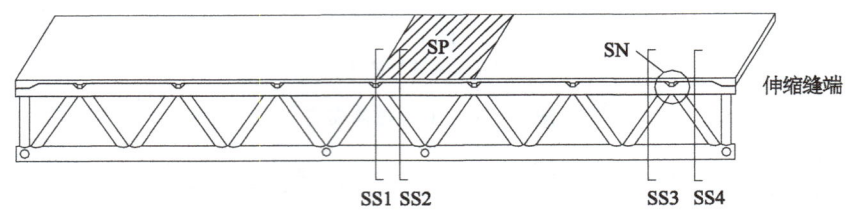

图 6-81 测试部位示意

6.2.1.4 实桥测点布置

1) 四川干海子大桥

应力测点位置如图 6-82~图 6-85 所示。

2) 四川汶川克枯大桥 B 匝道桥

应力测点位置如图 6-86~图 6-88 所示。

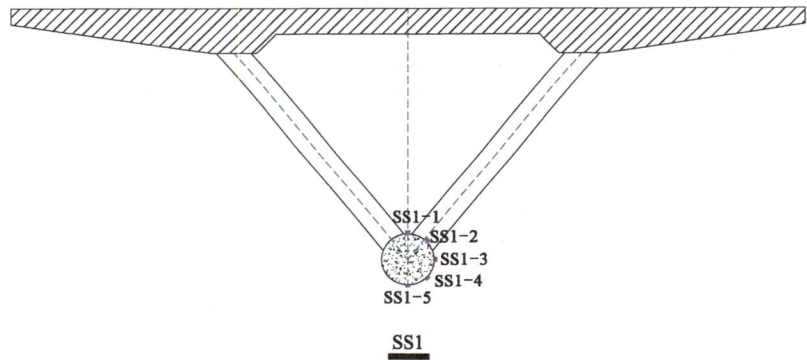

图 6-82 SS1 应力测点布置示意

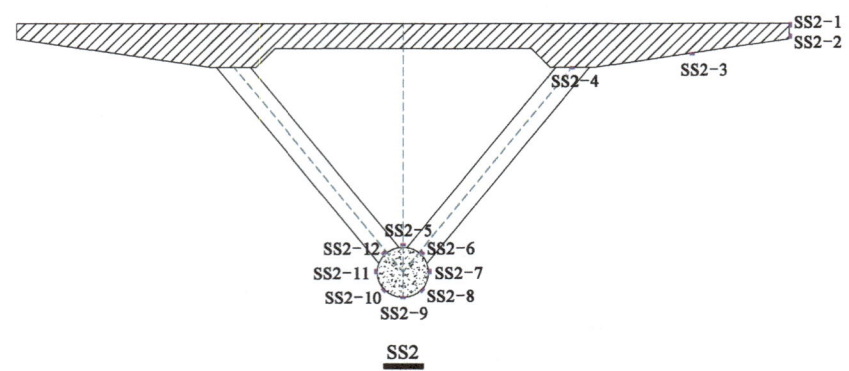

图 6-83 SS2 应力测点布置示意

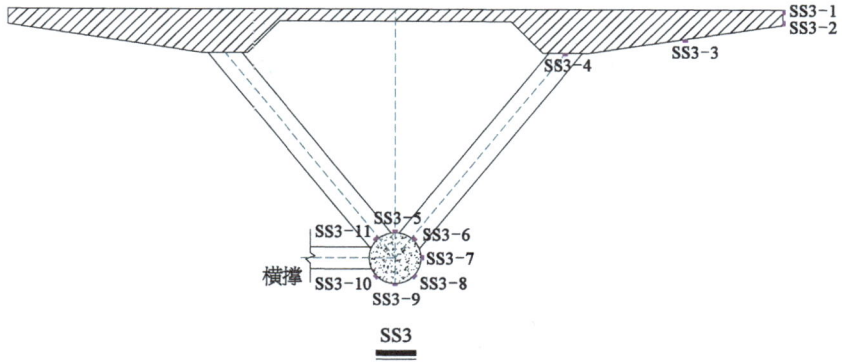

图 6-84　SS3 应力测点布置示意

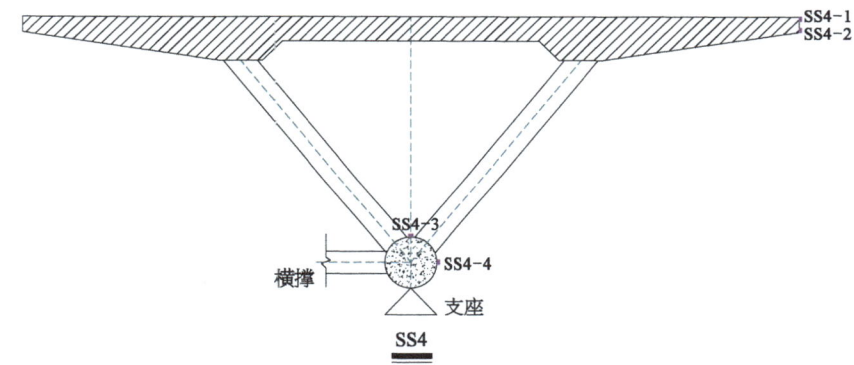

图 6-85　SS4 应力测点布置示意

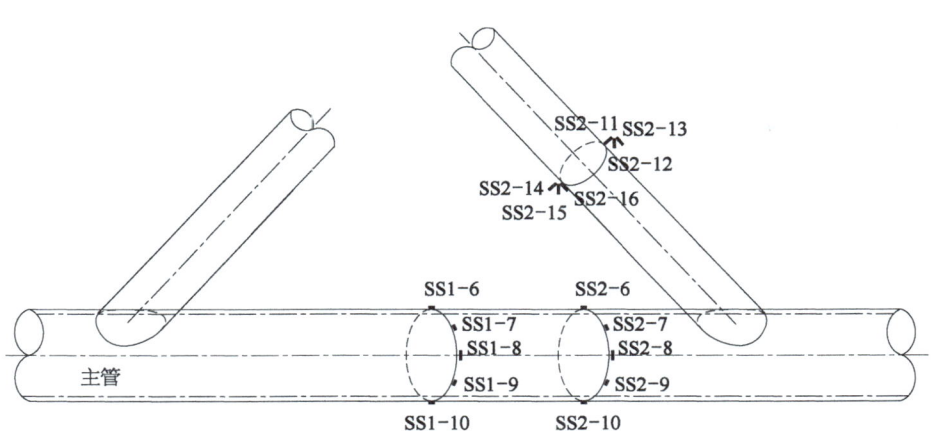

图 6-86　主梁横断面应力测点布置示意(一)

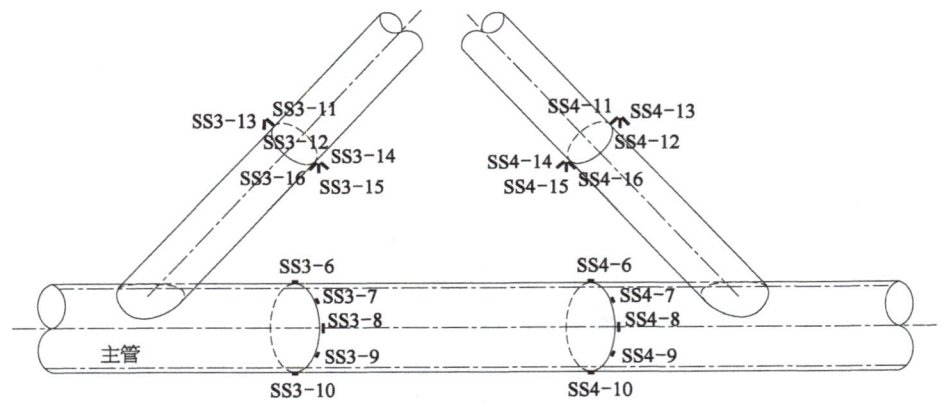

图 6-87 主梁横断面应力测点布置示意(二)

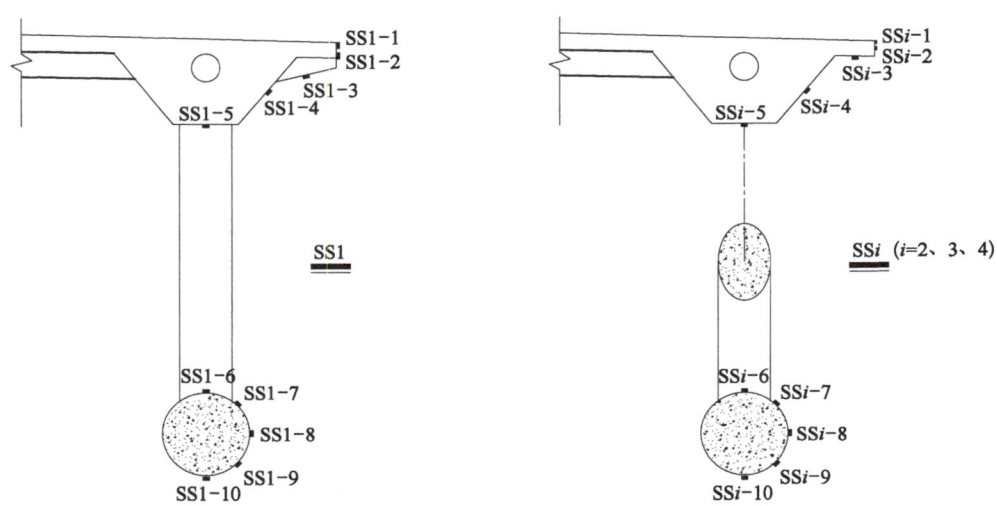

图 6-88 主梁横断面应力测点布置示意(三)

6.2.1.5 实桥测试方案

1) 四川干海子大桥

四川干海子大桥已于 2012 年建成通车,为通往西昌、攀枝花和昆明等重要城市的快速通道,车流量大,无法中断交通开展静力试验。该桥按超车道、主车道和应急车道分别进行测试,车道布置如图 6-89 所示,共计 3 个工况。

现场测试如图 6-90 所示。

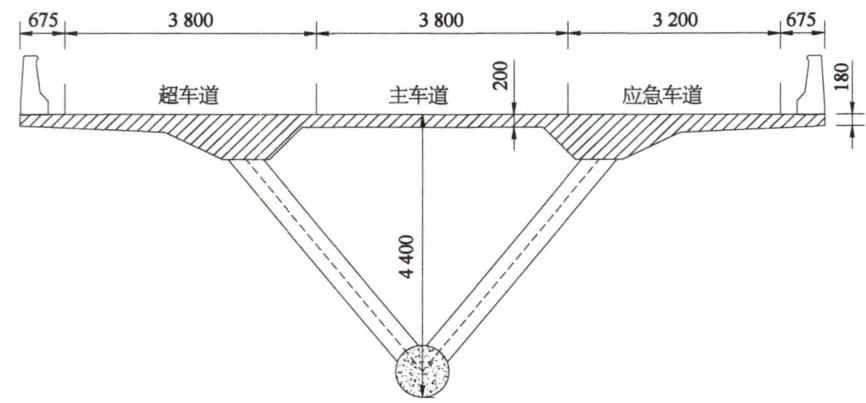

图 6-89 主梁的车道布置示意

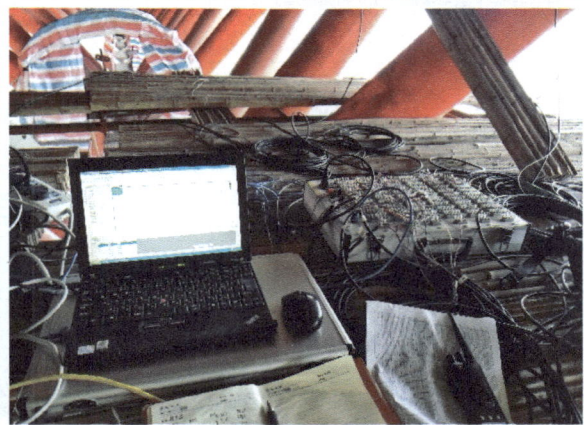

图 6-90 现场测试照片

2）四川汶川克枯大桥 B 匝道桥

四川汶川克枯大桥 B 匝道桥静力加载原则是：使测点应力最大以捕捉焊缝及受拉支管最大应力。静力布载原则分横、纵向，横向两个车道，各车道纵向上分三个静力加载点，每个加载点分上下行两种情况，共 12 个加载工况（表 6-16），加载示意如图 6-91 和图 6-92 所示。现场测试如图 6-93 所示。

表 6-16 静力加载工况

行驶方向	车 道	加载位置	备 注
上行	中间	工况 1	后轮距桥台 4 m
		工况 2	跨中
		工况 3	前轮距伸缩缝 4 m
	偏载	工况 4	后轮距桥台 4 m
		工况 5	跨中
		工况 6	前轮距伸缩缝 4 m
下行	中间	工况 7	后轮距伸缩缝 4 m
		工况 8	跨中
		工况 9	前轮距桥台 4 m

续表

行 驶 方 向	车 道	加载位置	备 注
下行	偏载	工况 10	后轮距伸缩缝 4 m
		工况 11	跨中
		工况 12	前轮距桥台 4 m

注：上行指桥台连续端往伸缩缝端方向，下行反之。

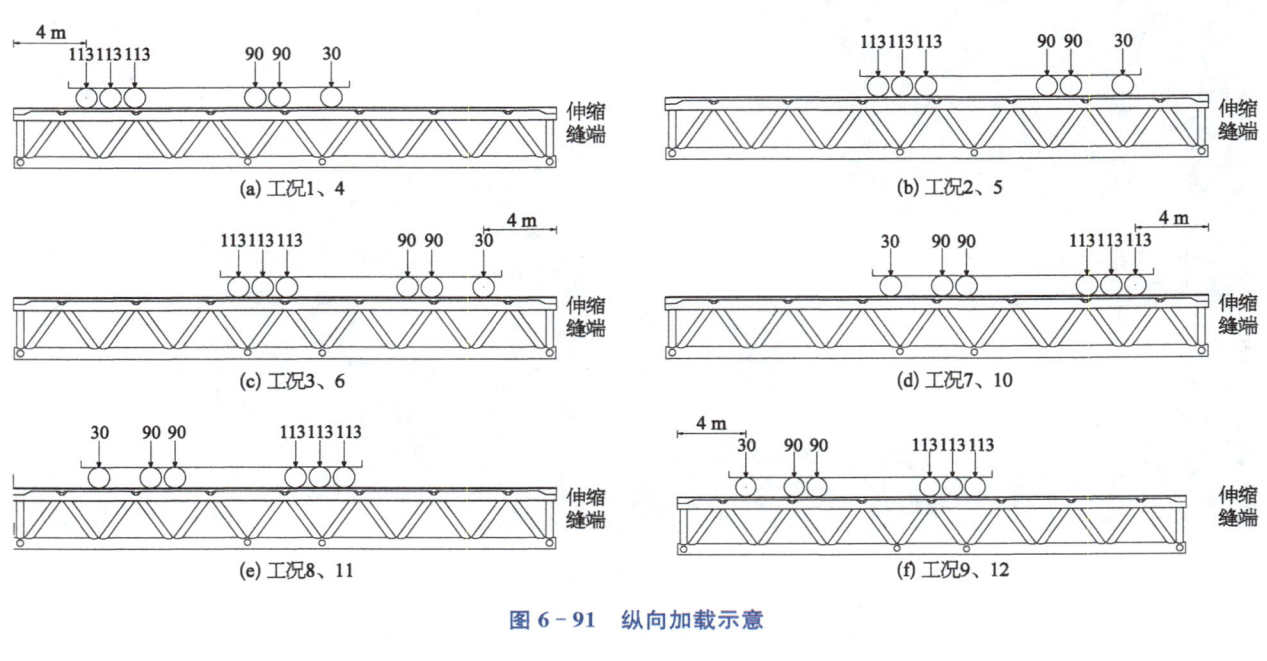

图 6-91　纵向加载示意

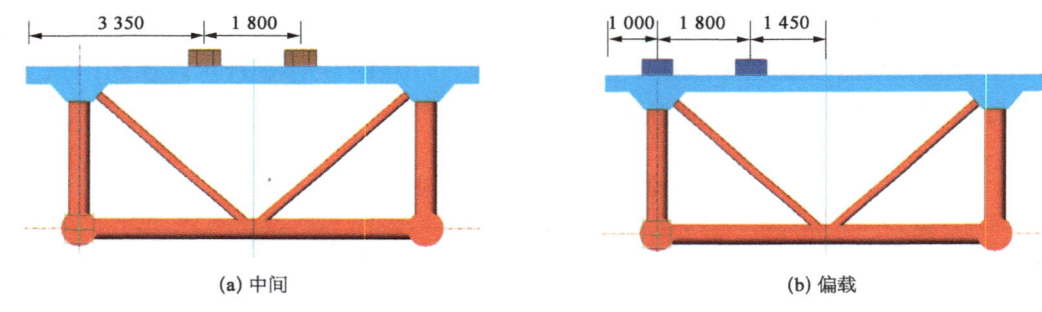

图 6-92　横向加载示意(单位：mm)

6.2.2　主桥力学规律研究

6.2.2.1　实桥实测分析

1) 四川干海子大桥

四川干海子大桥在跨中截面的测点布置如图 6-94 所示。分析车辆分别作用下主车道、应急车道和超车道时截面的应变分布规律。

由图 6-95～图 6-97 桥跨中截面应变可知，车辆分别作用在三个车道时，跨中截面应变沿高度并不符合平截面假定，由于主管弯矩较大，导致主管上缘和主管下缘应变差别较大。若只从主管下缘和桥面板的测点来看，应变基本是一条直线。

四川干海子大桥支座负弯矩截面的测点布置如图 6-98 所示。车辆分别作用在主车道、应急车道和超车道时，截面的应变分布规律如图 6-99～图 6-101 所示，分布在负弯矩区截面测点应力情况：在距离桥面板上缘 230 mm 内处于受拉状态，230 mm 以下处于受压状态。桥面板的测点和主管的测点分别符合平截面假定，但整个截面不符合平截面假定。但主桁下主管和桥面板应变沿高度变化的斜率几乎相同。

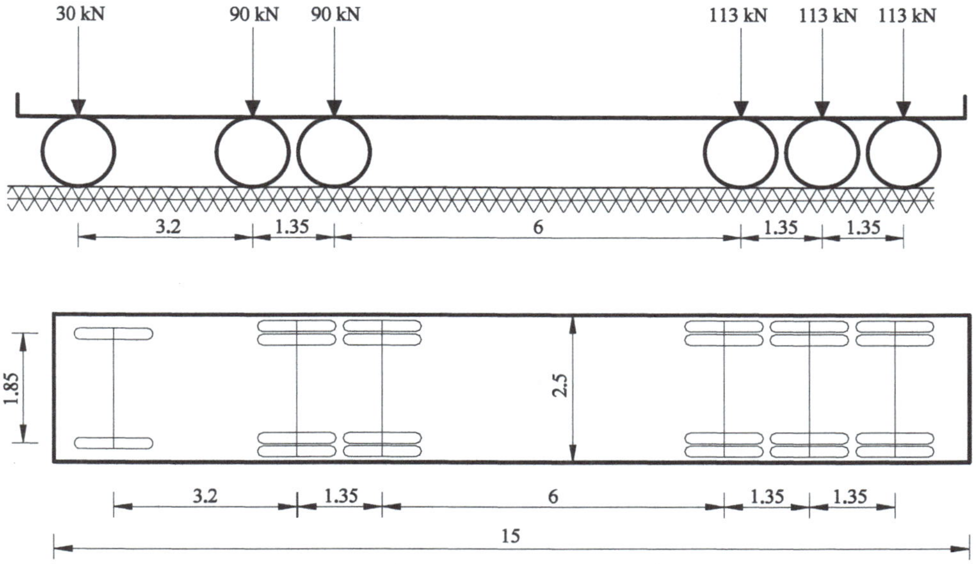

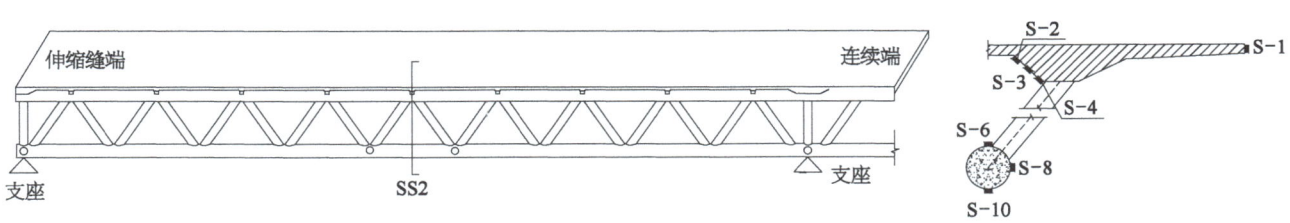

(a) 55 t六轴重车参数(立面、平面)(单位：m)

(b) 55 t六轴重车

图 6-93 测试荷载

图 6-94 截面示意

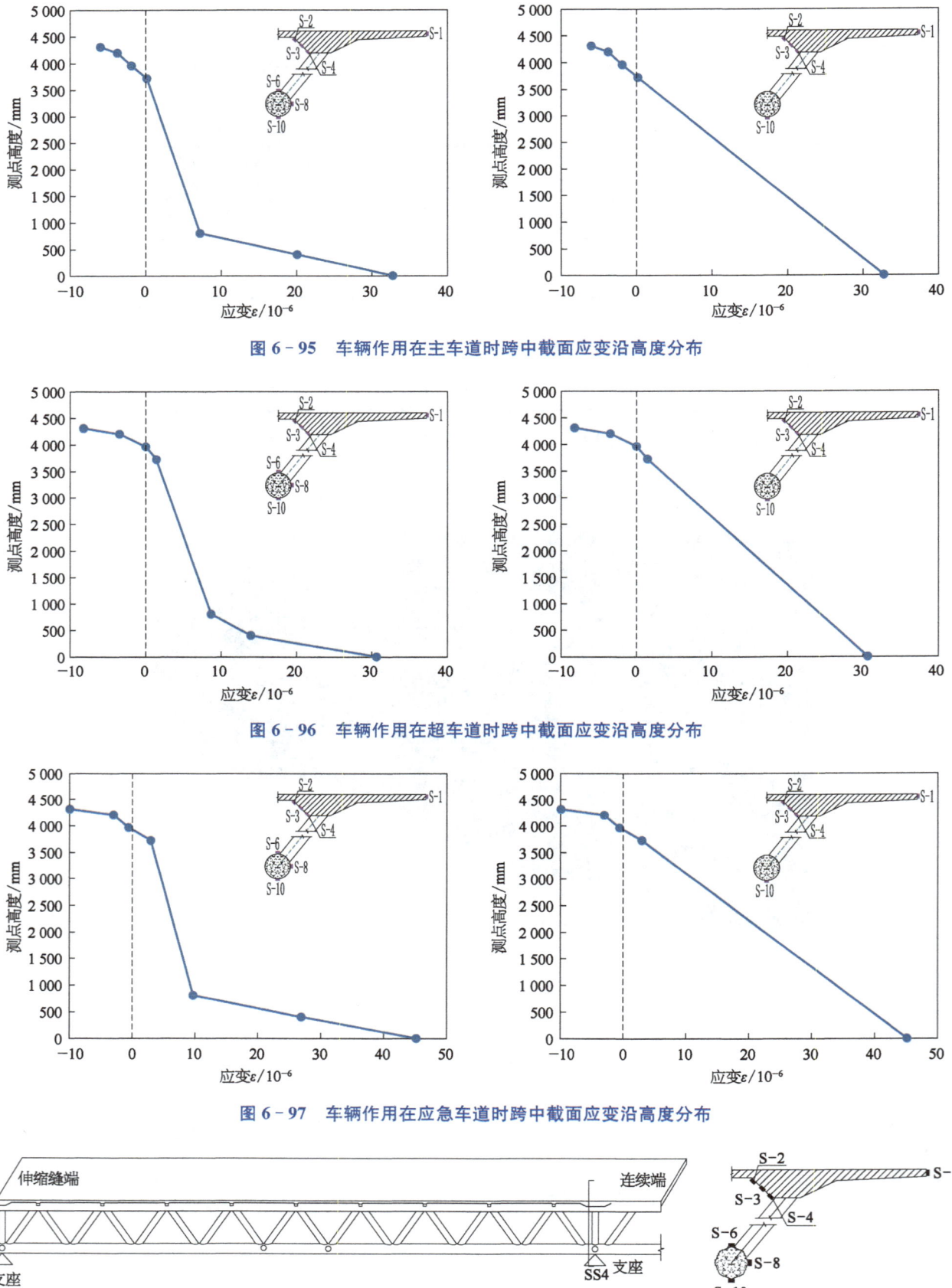

图 6-95 车辆作用在主车道时跨中截面应变沿高度分布

图 6-96 车辆作用在超车道时跨中截面应变沿高度分布

图 6-97 车辆作用在应急车道时跨中截面应变沿高度分布

图 6-98 截面示意

由图 6-103 可见，在各工况下桥面板的测点基本处于受压状态，但其应变值较小；下主管的测点处于受拉状态。

主梁跨中截面中性轴高度（应变值为 0 所对应的高度）在 2 000～2 500 mm（梁高 3 500 mm）之间，即处于下主管和桥面板之间，但更接近于桥面板。且偏载、车辆纵向位置对其影响不大。

主梁跨中截面测点应变在高度分布上，并不是完全符合平截面假定，桥面板的 5 个测点应变分布规律，测点 1 到测点 5 出现先减小再增大的现象。分析原因有：SS1 截面桥面板处有横肋，导致传力不直接；测点 5 处于拉杆和压杆之间，应力分布较为不规律；此外测点应变太小，实测值误差较大。

四川汶川克枯大桥 B 匝道桥，在跨中节间 $L/4$ 截面的测点布置如图 6-104 所示。以下分析了 12 个工况下截面的应变分布规律，具体如图 6-105 所示。

由于工况 1～6 与工况 7～12 分布规律有较大差异，现分别进行分析：

工况 1～6（上行）跨中支管处截面应变分布情况类似，桥面板测点应变为负值（受压），下主管应变值为正值（受拉）。且其应变沿高度分布符合平截面假定，中性轴高度（应变值为 0 所对应的高度）在 2 500～3 000 mm（梁高 3 500 mm）之间。

工况 7～12（下行）跨中支管处截面应变分布情况类似，桥面板的 5 个测点并非全部受压，其测点 SS1-5 应变值为正值（受拉），下主管应变值为正值（受拉）。由此可见，测点应变沿高度分布上并不是完全符合平截面假定。工况 7～12 所对应的车辆布置位置为其重轴刚好压在节间截面（即 SS2 截面），导致桥面板不仅受全桥体系（第一体系）作用，还要承受第二体系和第三体系的局部作用，在第一体系作用中，桥面板整体处于受压状态，但在第二体系和第三体系中，桥面板受力状态类似于梁，即桥面板下底部受拉，顶部受压。

针对工况 7～12 截面应变沿高度分布符合平截面假定的情况，现桥面板仅取测点 SS1-3（桥面板中心高度处），根据 SS1-3、SS1-6、SS1-10 三个测点应变沿高度分布的情况（图 6-106），此时截面应变沿高度分布较为规律，基本符合平截面假定。

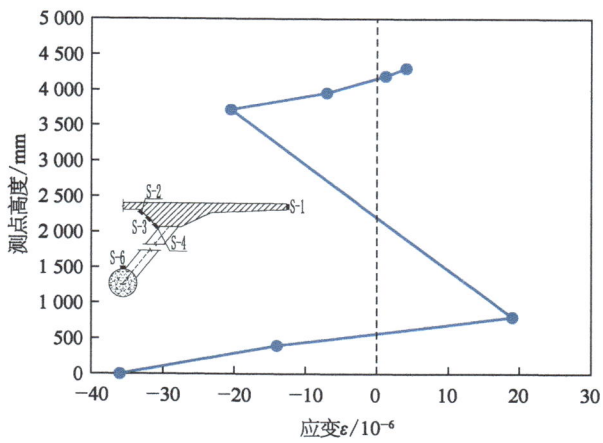

图 6-99 车辆作用在主车道时支座截面应变沿高度分布

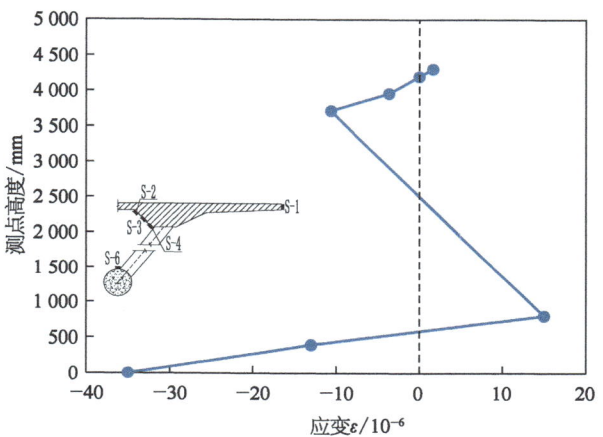

图 6-100 车辆作用在超车道时跨中截面应变沿高度分布

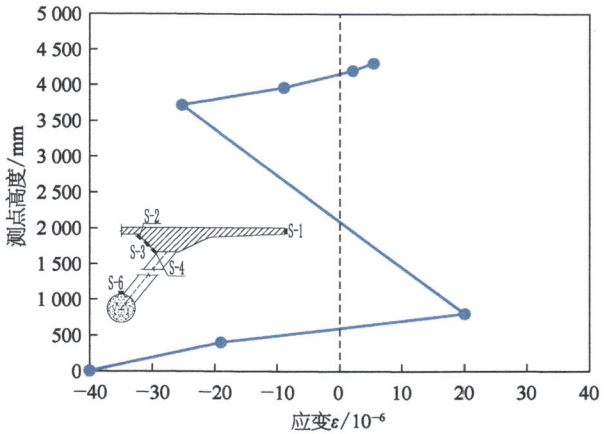

图 6-101 车辆作用在应急车道时跨中截面应变沿高度分布

2）四川汶川克枯大桥 B 匝道桥

四川汶川克枯大桥 B 匝道桥，在跨中截面的测点布置如图 6-102 所示。以下分析了 12 个工况下截面的应变分布规律。

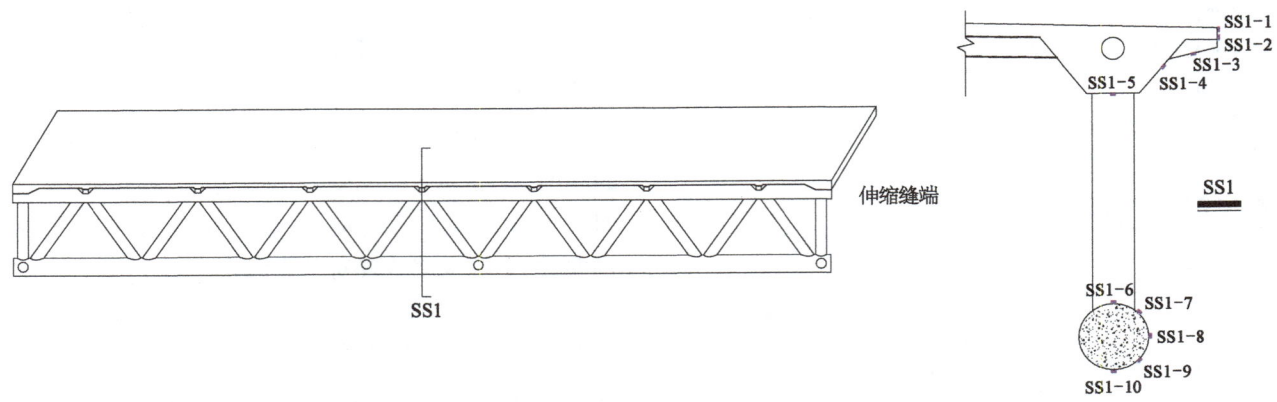

图 6-102 测点布置

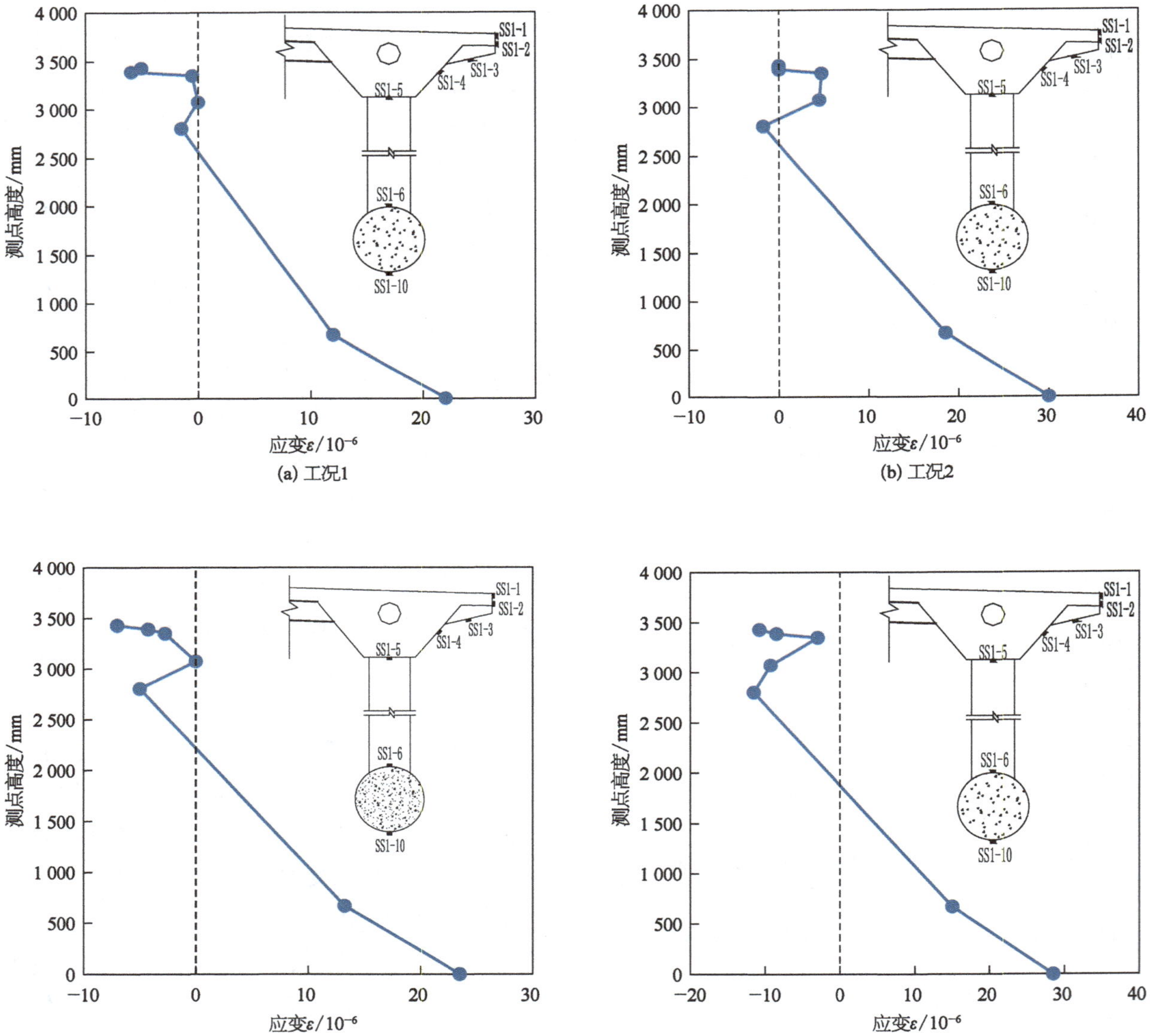

(a) 工况1

(b) 工况2

(c) 工况3

(d) 工况4

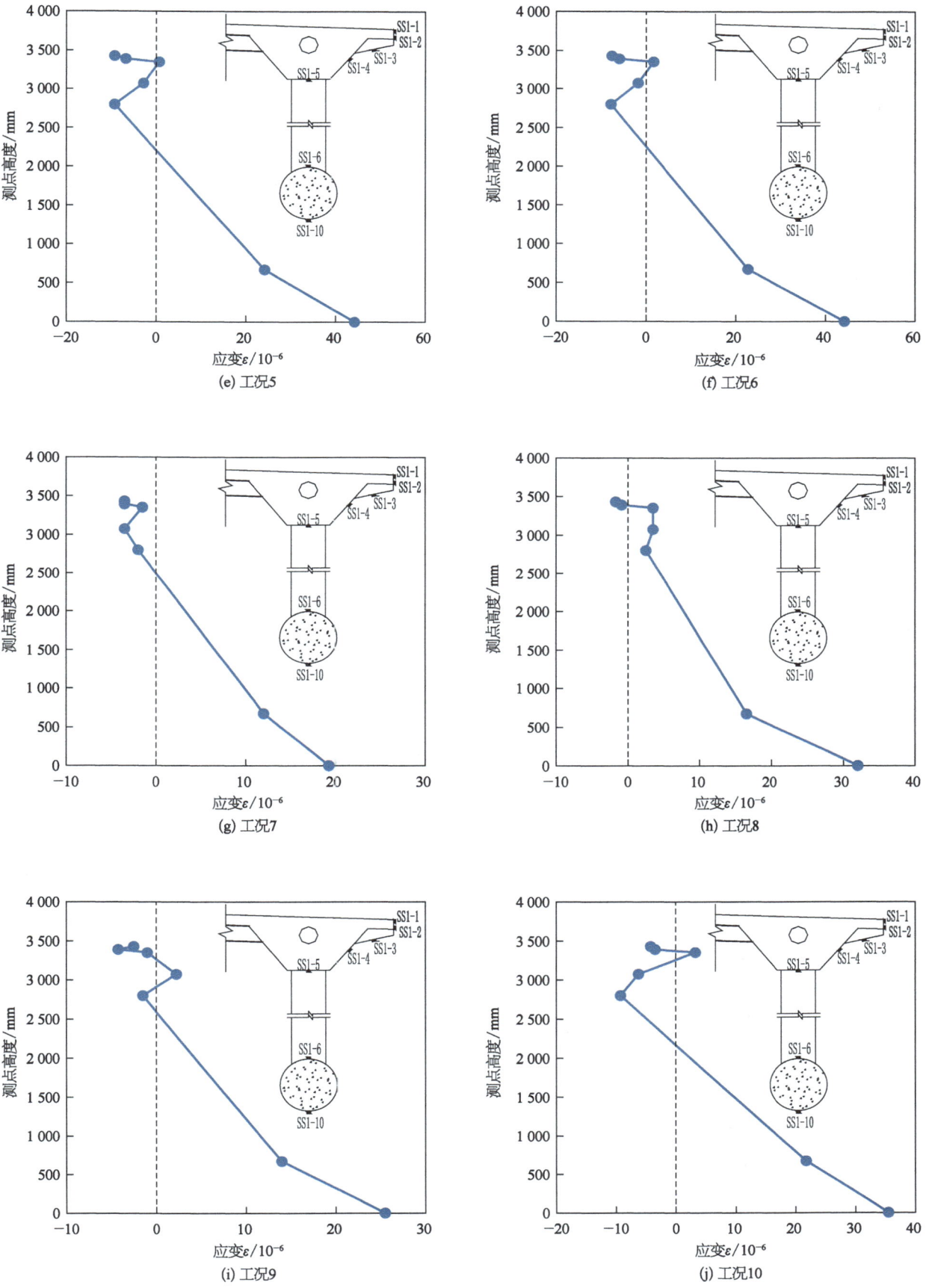

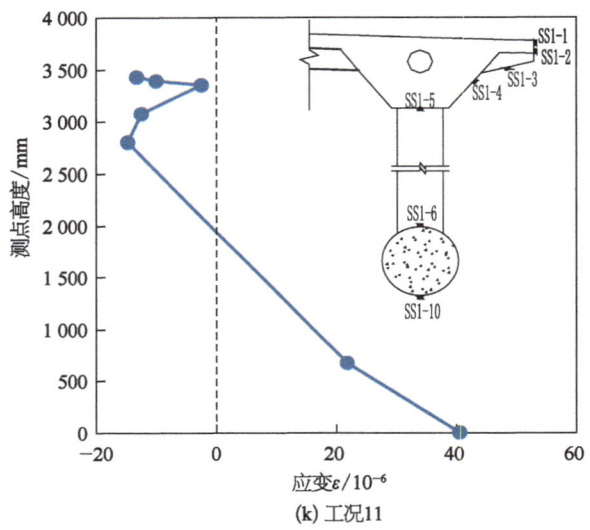
(k) 工况11

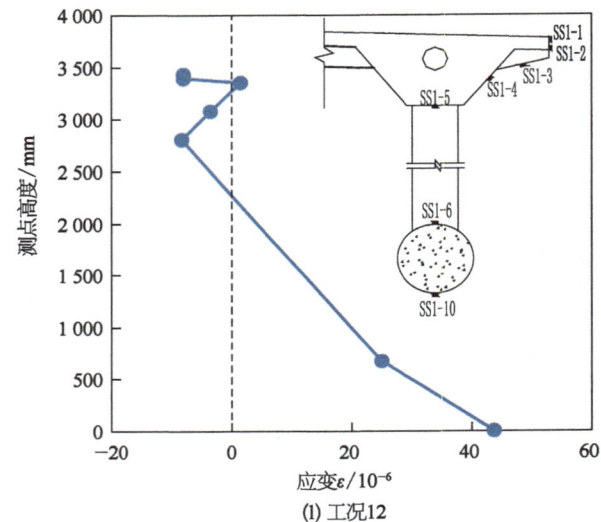
(l) 工况12

图 6-103 各工况下跨中全空截面沿高度分布

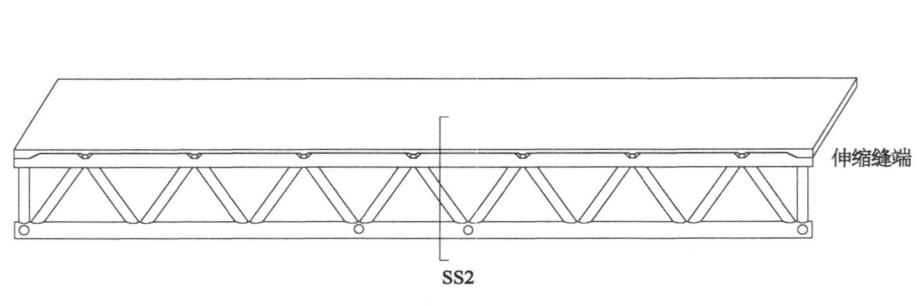

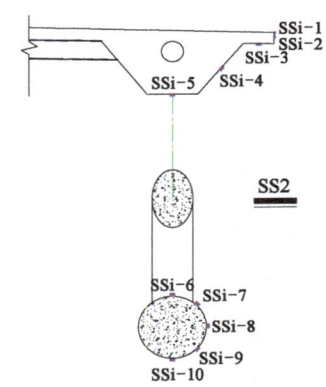

图 6-104 测点布置

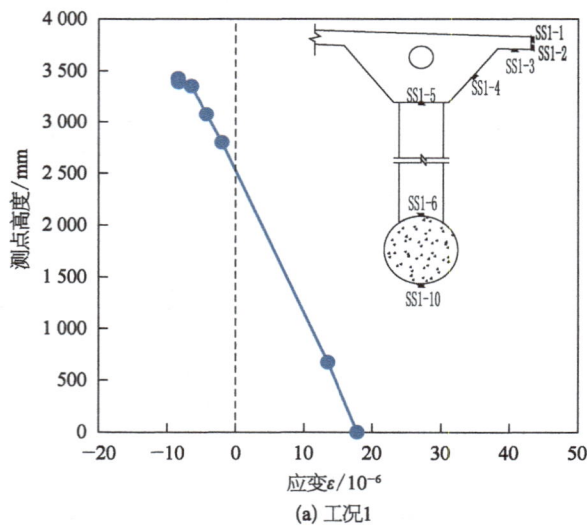
(a) 工况1

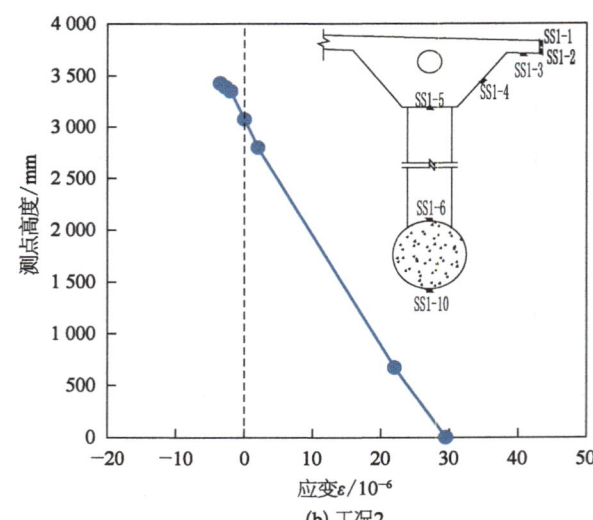
(b) 工况2

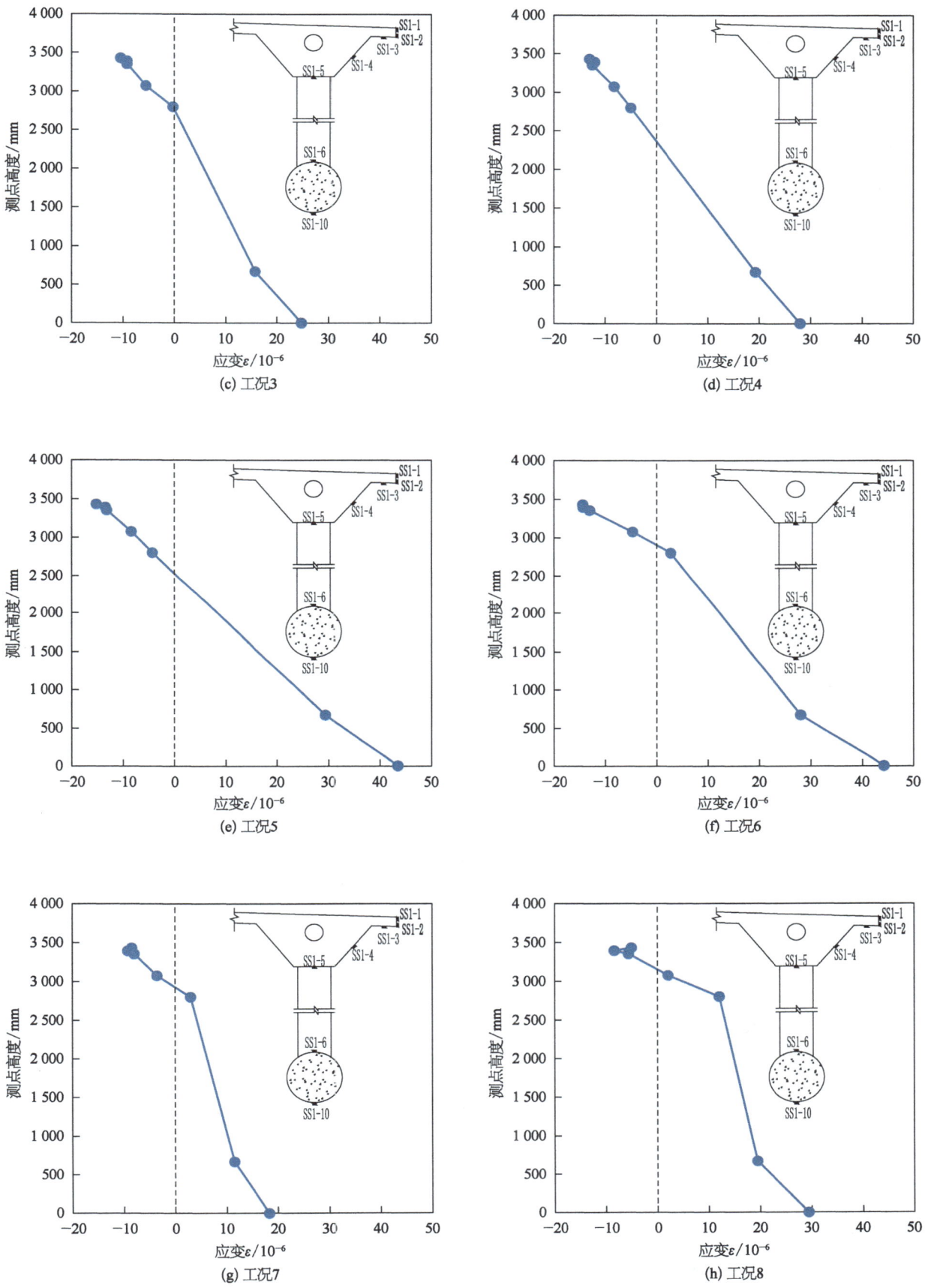

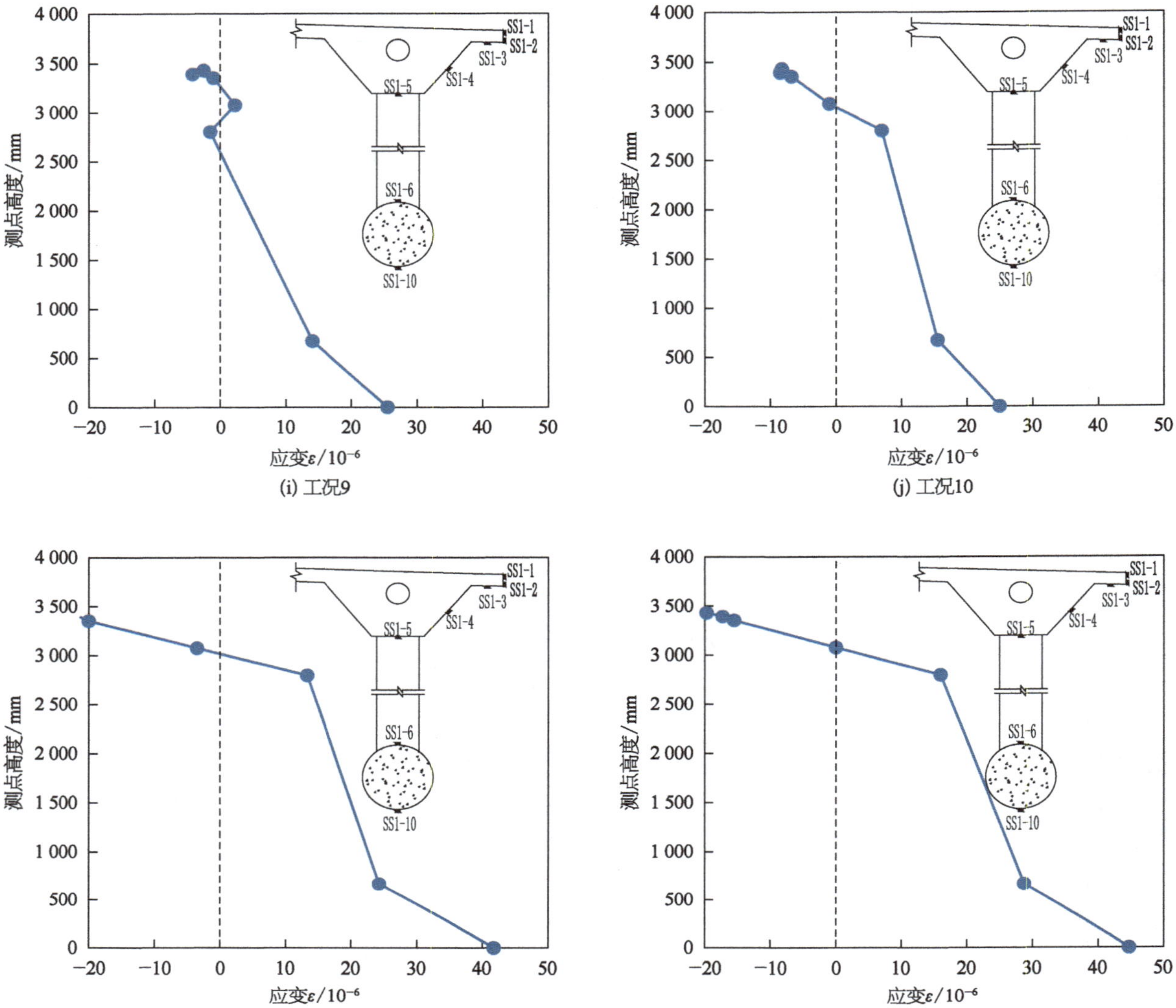

| 钢管混凝土桥梁 |

(i) 工况9

(j) 工况10

(k) 工况11

(l) 工况12

图 6-105　各工况下跨中支管处截面沿高度分布

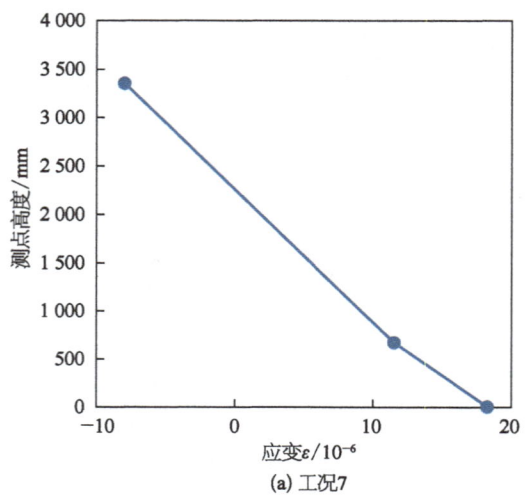

(a) 工况7

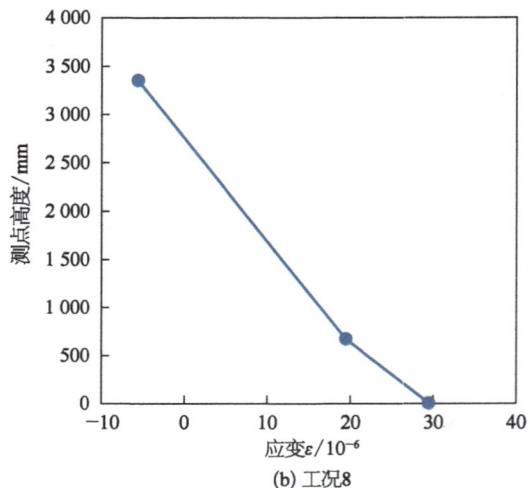

(b) 工况8

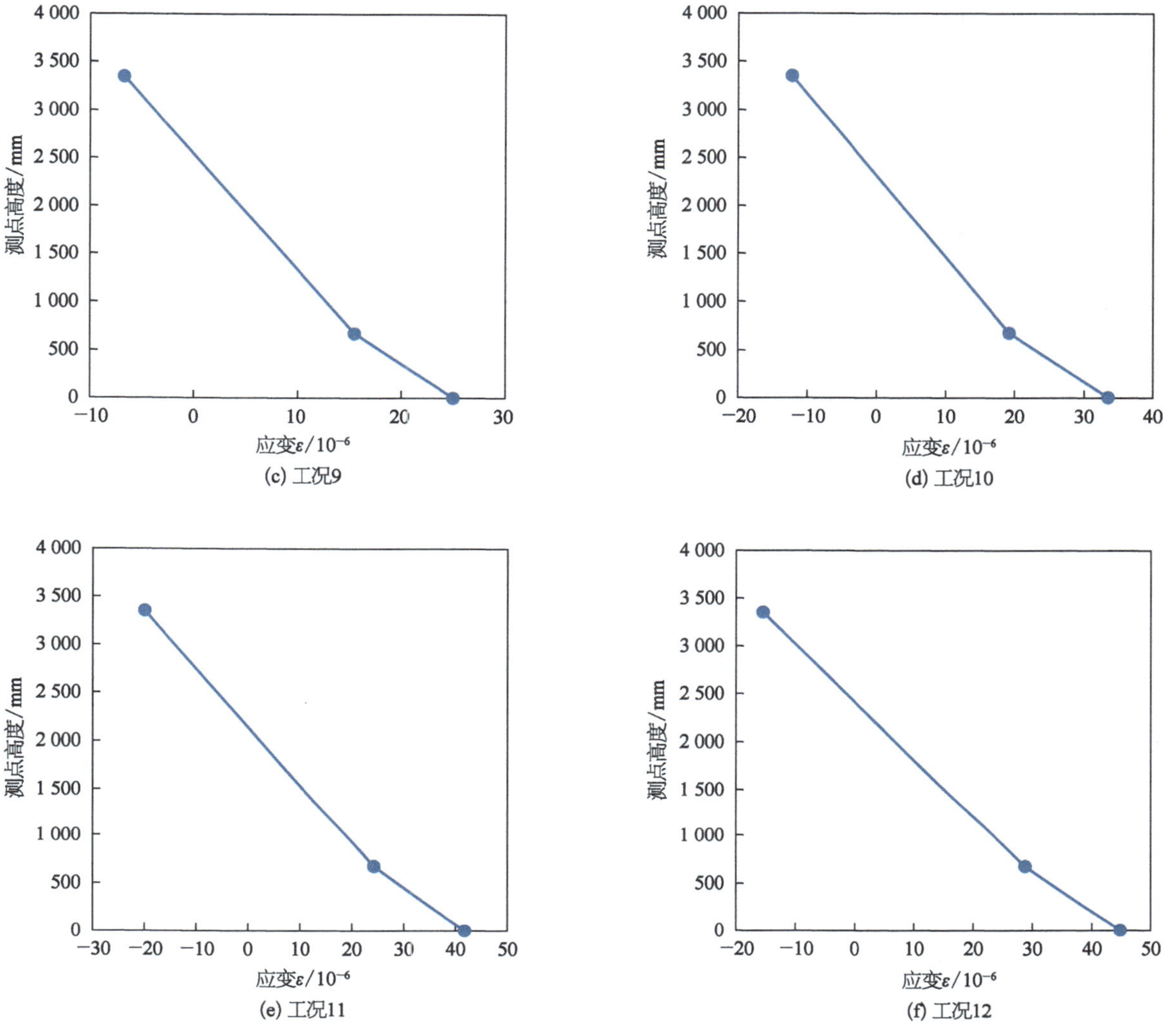

图 6-106 各工况下跨中截面沿高度分布

6.2.2.2 不同截面规律研究

四川干海子大桥,主梁跨中正弯矩截面和支点负弯矩截面应变分布规律如图 6-107 所示,由此可见,上述截面应变分布均不符合平截面假定,但若将主管应变分布和桥面板应变分布分开,则各自截面应变分布较符合平截面假定。

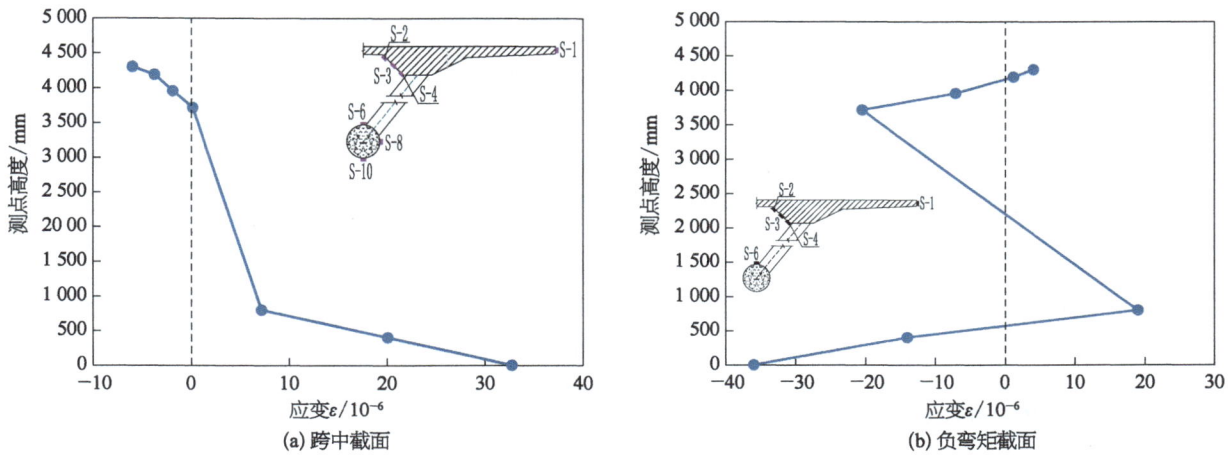

图 6-107 主梁跨中截面和负弯矩截面应变分布规律

四川汶川克枯大桥 B 匝道桥,主梁跨中全空截面和支管处截面应变分布规律如图 6-108 所示,由此可见,两截面应变分布规律较为相似,主梁跨中全空截面因其桥面板处于上主管节点处,测点应变受节点局部几何形状的影响导致规律性较差,但整体来看相对符合平截面假定。

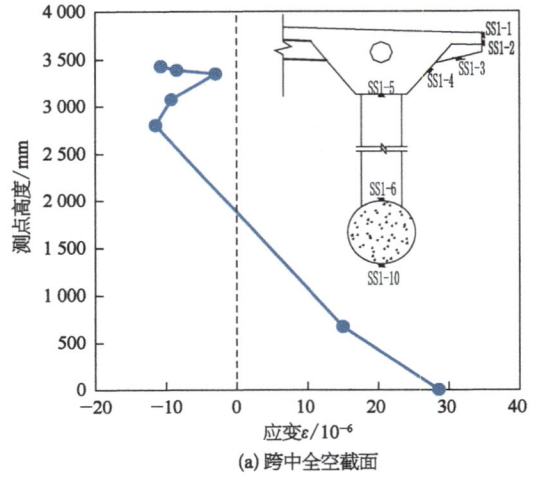
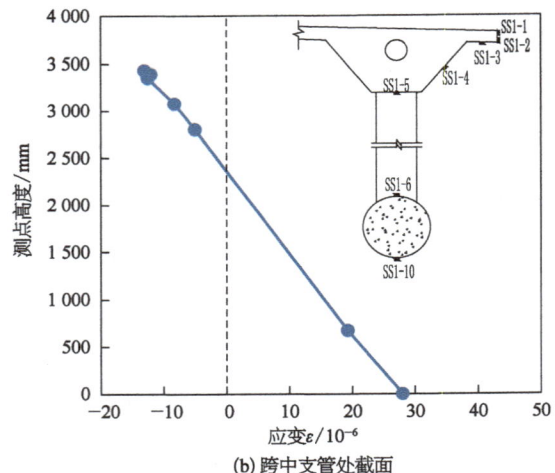

图 6-108　跨中全空截面和支管处截面应变分布规律

四川汶川克枯大桥 B 匝道桥,加载车辆轮轴作用位置对主梁跨中全空截面应变分布的影响如图 6-109 所示,由此可见,加载车辆轮轴作用位置不同对截面应变分布影响较大,当轮轴未作用在研究截面时,截面应变分布符合平截面假定,当轮轴作用在研究截面时,截面应变分布出现折角,因为轮轴直接作用在研究截面时,主梁跨中全空截面对应的桥面板刚好处于节间中心,桥面板直接承受轮轴的受弯作用,导致桥面板的应变分布斜率较大。

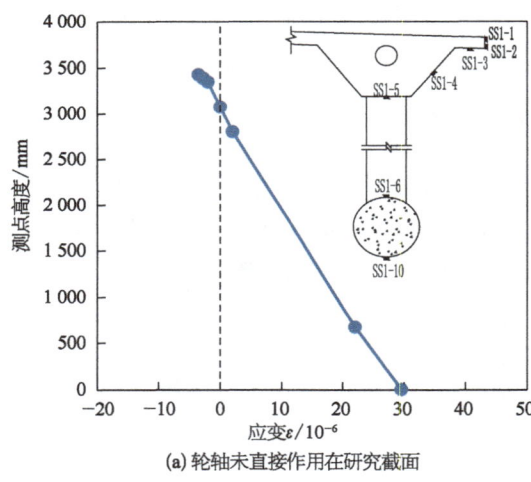
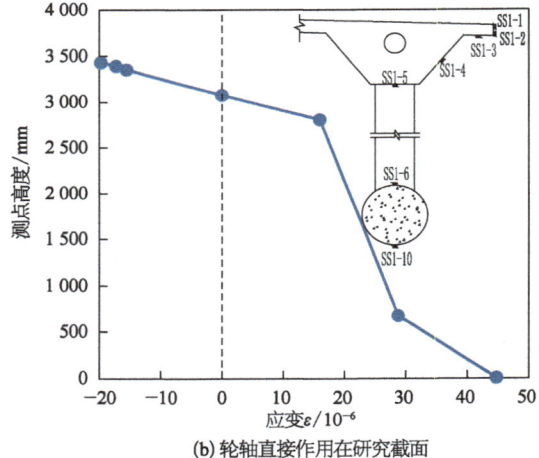

图 6-109　轮轴作用位置对跨中全空截面应变分布规律的影响

综上所述,在分析钢管混凝土桁梁桥结构时,因空腹式支管将主管和桥面板分割成有限节段,因此,应建立全桥梁单元模型以便准确分析结构的受力行为。

6.2.3　主桁偏载效应分析研究

钢管混凝土桁梁桥在偏载作用下,其主桁的内力分配会出现不同,从结构布置上采取措施减小主桁间内力分配的差异,能使结构受力状态得以改善,材料的使用效率更高。

6.2.3.1　主桁偏载效应实测分析

1)四川干海子大桥

四川干海子大桥为空间三角形横断面,为分析主桁在荷载作用下的偏载效应,以靠近支座的第一根斜支管为研究对象,对比车辆分别作用在三个车道时的斜支管轴向应力情况,轴向应力取支管杆长中心处的应力(此处弯矩影响较小)。

图 6-110 所示为内外侧支管应力对比,当车辆作用在不同车道时,内外侧支管的应力差别较大,当车辆作用在应急车道(曲线外侧)时,靠近应急车道的外侧支管应力较大,是内侧支管的 3.74 倍;当车辆作用在超车道时,靠近超车道的内侧支管应力是外侧支管的 1.85 倍;特别是当车辆作用在主车道时(接近桥面横向中心,车道中心偏向外侧 300 mm),外侧支管应力是内侧支管的 2.01 倍,该数据表明:大部分荷载传递到外侧支管,因本桥为曲线桥梁,弯扭耦合作用导致外侧支管应力偏大。

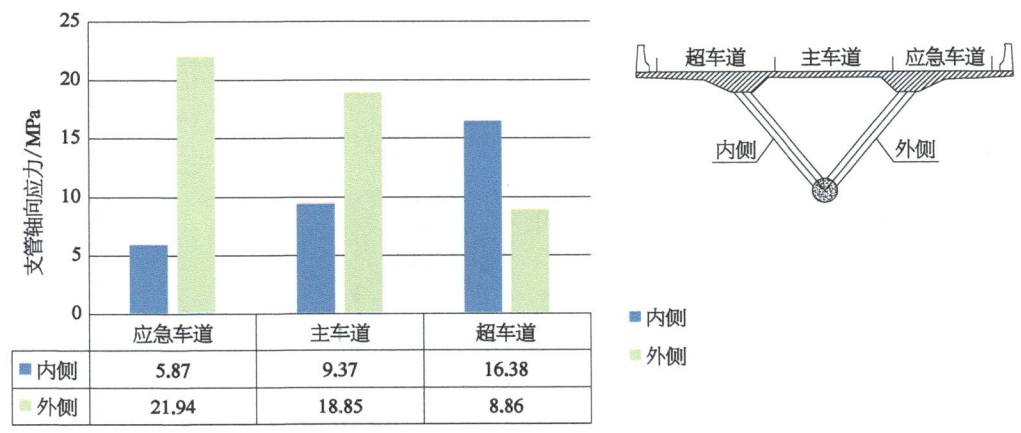

图 6-110 内外侧支管应力对比

2) 四川汶川克枯大桥 B 匝道桥

四川汶川克枯大桥 B 匝道桥,主梁为平面桁架结构,在荷载作用下的偏载效应即为两片桁架所分担的内力比例,因此,选择主梁跨中下主管为研究对象,分析在不同荷载工况作用下主桁的偏载效应。

图 6-111 所示为不同荷载工况下主梁内外侧主管应力对比,在正载情况下(车辆横向对称布置),两侧主管底部纵向正应力接近,外侧稍微大于内侧,该桥有一定的曲率半径,导致外侧主管应力略大于内侧主管;当车辆荷载偏载作用在内侧时,两侧主管的应力相差较大,此时内侧主管应力是外侧主管的 3 倍左右,表明在偏载作用时,大部分荷载传递到离荷载近的主梁桁片。

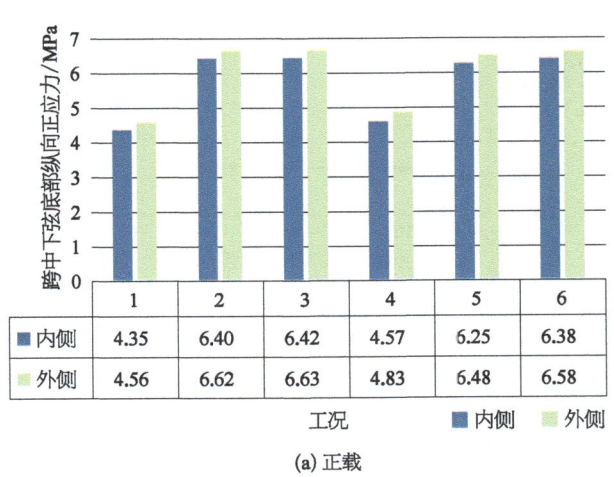

(a) 正载

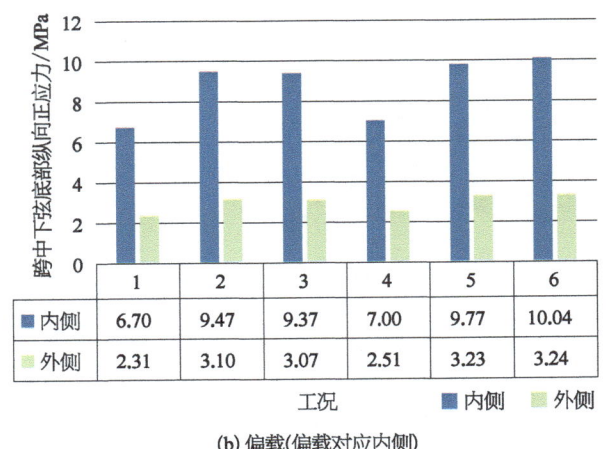

(b) 偏载(偏载对应内侧)

图 6-111 内外侧主管应力对比

6.2.3.2 主桁偏载效应参数影响分析

主梁偏载设置两种加载工况,工况 1:对称加载,在全桥加载均布荷载 10 kN/m,加载横断面如图 6-112a 所示;工况 2:偏载,在全桥加载均布荷载

10 kN/m，加载横断面如图 6-112b 所示。为分析各影响参数对偏载效应的影响，以偏载侧对应桁片为研究对象，其在工况 1 和工况 2 作用下的挠度分别为 f_1 和 f_2，则令偏载系数为 f_2 与 f_1 的比值。

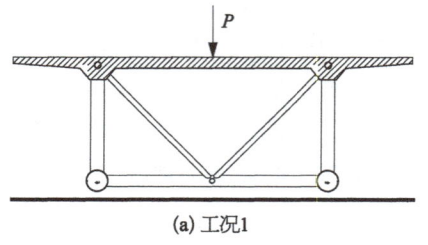
(a) 工况1

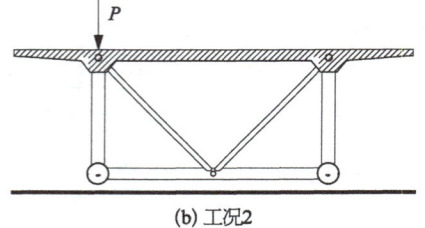
(b) 工况2

图 6-112 内外侧主管应力对比

1）横撑的影响

四川汶川克枯大桥 B 匝道桥，主梁横撑原设计如图 6-113a 所示，30 m 跨径采用 3 道横撑，40 m 跨径采用 4 道横撑；在下主管节点满布横向联系，形成横撑 2（图 6-113b）；在横撑 2 的基础上满布横撑斜杆，形成横撑 3（图 6-113c）。

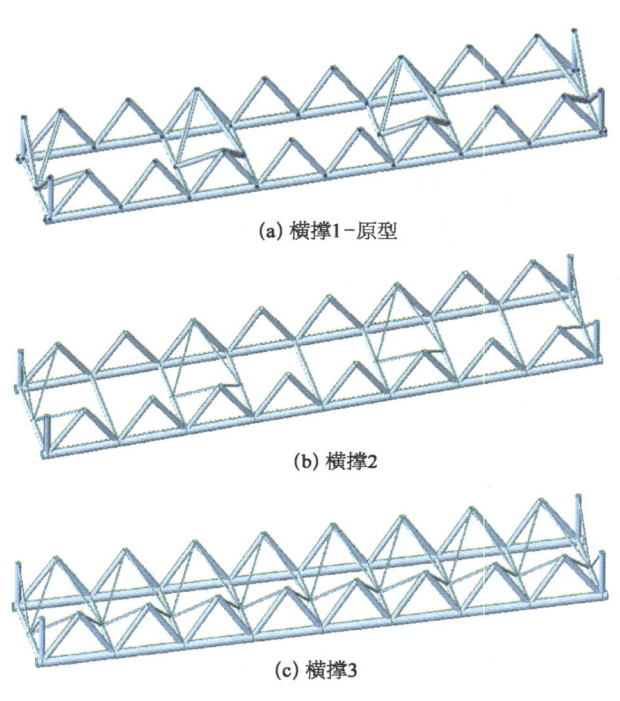

图 6-113 主梁横撑形式

不同主梁横撑形式对偏载系数的影响如图 6-114 所示，横撑 1 和横撑 2 的偏载系数较为接近，横撑 3 的偏载系数较横撑 1 仅减小了 3%，由此可见，几种横撑形式对主梁偏载系数影响较小。

2）桥面板的影响

研究桥面板横肋高度对主梁偏载系数的影响。横肋 1 为原设计参数，即高度为 200 mm；横肋 2 将

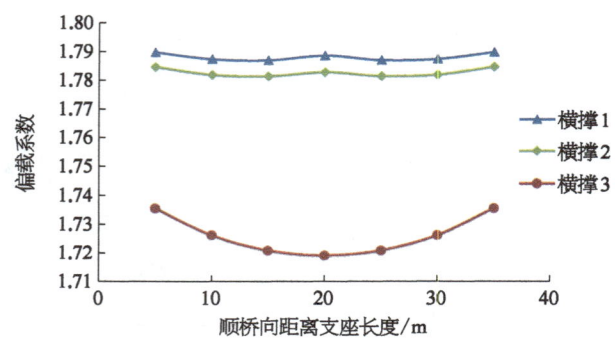

图 6-114 不同横撑形式对偏载系数的影响

横肋高度增加到 550 mm；横肋 3 在横肋 2 的基础上在横肋间再布置一道 200 mm 高的横肋。不同横肋形式对偏载系数的影响如图 6-115 所示，横肋 2 和横肋 3 相比横肋 1 的偏载系数分别降低了 3.4% 和 5.0%，上述结果表明横肋高度对偏载系数影响较小。

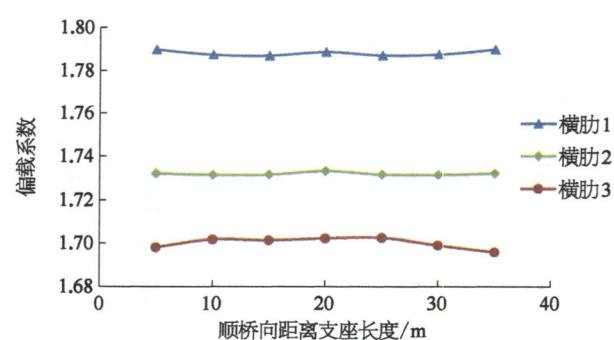

图 6-115 不同横肋形式对偏载系数的影响

6.2.4 主桁整体刚度及计算方法研究

6.2.4.1 主桁整体刚度实测分析

1）四川干海子大桥

四川干海子大桥所测位移，为动载作用下的位移，测试结果见表 6-17 和表 6-18，桥面板内外侧的挠度相差较大，外侧大于内侧，且在应急车道（对

应外侧)差别最大。主梁下主管在车辆作用在主车道、超车道和应急车道的挠度分别为 4.33 mm、3.96 mm 和 4.75 mm。最大位移与跨径之比为 1/8 421,表明主梁刚度大。

表 6-17 主梁跨中挠度　　　　　　　　　　　　　　　　　　　　　　　　　　　　单位:mm

车辆行驶车道	工况	实测值(动载)			计算值(静载)		
		桥面板曲线外侧	桥面板曲线内侧	下主管	桥面板曲线外侧	桥面板曲线内侧	下主管
主车道	车辆1	5.61	1.33	4.49	3.78	2.90	3.28
	车辆2	5.53	1.17	4.30			
	车辆3	4.66	1.25	4.20			
超车道	车辆1	4.40	1.42	4.04	2.61	3.25	2.90
	车辆2	4.30	1.41	4.04			
	车辆3	4.27	1.27	3.80			
应急车道	车辆1	7.66	1.12	4.84	5.00	2.59	3.57
	车辆2	7.43	1.24	5.01			
	车辆3	6.80	1.01	4.41			

表 6-18 桥台支座位移　　　　　　　　　　　　　　　　　　　　　　　　　　　　单位:mm

车辆行驶车道	工况	实测值		
		横桥向	竖向	顺桥向
主车道	车辆1	0.03	0.10	0.37
	车辆2	0.04	0.10	0.37
	车辆3	0.03	0.13	0.34
超车道	车辆1	0.03	0.07	0.29
	车辆2	0.02	0.10	0.31
	车辆3	0.03	0.12	0.38
应急车道	车辆1	0.03	0.13	0.43
	车辆2	0.03	0.13	0.35
	车辆3	0.03	0.13	0.40

2) 四川汶川克枯大桥 B 匝道桥

由表 6-19 可见,主管位移计算值和实测值非常吻合,仅外侧主管在偏载工况下有较大的误差,有可能是位移本身较小,或模型在处理偏载荷载工况时有误差。

当正载作用时,外侧主管位移与内侧主管位移比较接近,但外侧要偏大 12%,因为本桥并非直桥,由于弯扭耦合作用,即使在正载作用下外侧位移仍会大于内侧位移。正载作用时最大位移与跨径之比为 1/18 987,偏载作用时最大位移与跨径之比为 1/12 987,表明主梁刚度大。

表 6-19　主梁主管挠度　　　　　　　　　　　　　　　　　　　　　　　单位：mm

车辆行驶方向	工况	外侧跨中主管			内侧跨中主管		
		实测值	计算值	误差	实测值	计算值	误差
上坡	正载-后轮 4 m	1.17	1.15	−1.51%	—	1.02	
	正载-中间	1.52	1.57	3.36%	—	1.40	
	正载-前轮 4 m	1.44	1.54	7.28%	1.45	1.37	−5.33%
	偏载-后轮 4 m	0.36	0.53	45.95%	1.73	1.59	−8.14%
	偏载-中	0.52	0.73	40.25%	2.31	2.23	−3.30%
	偏载-前轮 4 m	0.49	0.72	47.44%	2.25	2.20	−2.27%
下坡	正载-后轮 4 m	1.20	1.26	4.78%	1.13	1.12	−0.52%
	正载-中间	1.58	1.50	−5.16%	1.38	1.33	−3.74%
	正载-前轮 4 m	1.52	1.54	1.17%	1.32	1.36	3.28%
	偏载-后轮 4 m	0.41	0.60	47.24%	1.77	1.72	−2.60%
	偏载-中	0.50	0.71	42.26%	2.20	2.20	0.07%
	偏载-前轮 4 m	0.49	0.69	41.54%	2.15	2.15	−0.14%

注：1. "—"表示实际测试时由于其他原因导致没有测得相关数据。
　　2. 上坡指由桥台连续端向伸缩缝端方向，下坡反向。
　　3. 本表计算值模型为杆系模型。

由表 6-20 可见，在各工况作用下，桥台固结处支座的竖向位移几乎为 0，即支座所承受车辆荷载作用下的反力较小，因为支承反力传递到桥台，在伸缩缝处的竖向位移则相对较大。对比伸缩缝处纵向位移和横向位移可知，荷载作用下伸缩缝处的支座主要发生纵向位移，横向位移较小。

表 6-20　支　座　位　移　　单位：mm

车辆行驶方向	工况	伸缩缝处			桥台固结处
		纵向	横向	竖向	竖向
上坡	正载-后轮 4 m	−0.18	0.03	−0.05	0
	正载-中间	−0.23	0.04	−0.07	0
	正载-前轮 4 m	−0.22	0.03	−0.06	0.01
	偏载-后轮 4 m	−0.28	0.02	−0.04	0
	偏载-中	−0.39	0.08	−0.1	0
	偏载-前轮 4 m	−0.39	0.07	−0.1	−0.01

续　表

车辆行驶方向	工况	伸缩缝处			桥台固结处
		纵向	横向	竖向	竖向
下坡	正载-后轮 4 m	−0.19	−0.01	−0.06	0.01
	正载-中间	−0.22	0.01	−0.06	0
	正载-前轮 4 m	−0.22	0.01	−0.05	0
	偏载-后轮 4 m	−0.36	0.10	−0.12	0.01
	偏载-中	−0.38	0.12	−0.09	−0.01
	偏载-前轮 4 m	−0.36	0.09	−0.09	−0.01

注：上坡指由桥台连续端向伸缩缝端方向，下坡反向。

6.2.4.2　主桁整体刚度计算方法研究

如图 6-116 所示，钢管混凝土桁梁桥在荷载作用下的挠度由两部分组成：一是桥面板和下主管产生的弯曲变形 f_M，假设弯矩全部由桥面板和主管承担；二是支管轴向变形引起的桁梁的剪切变形 f_V，假设剪力全部由支管承担。

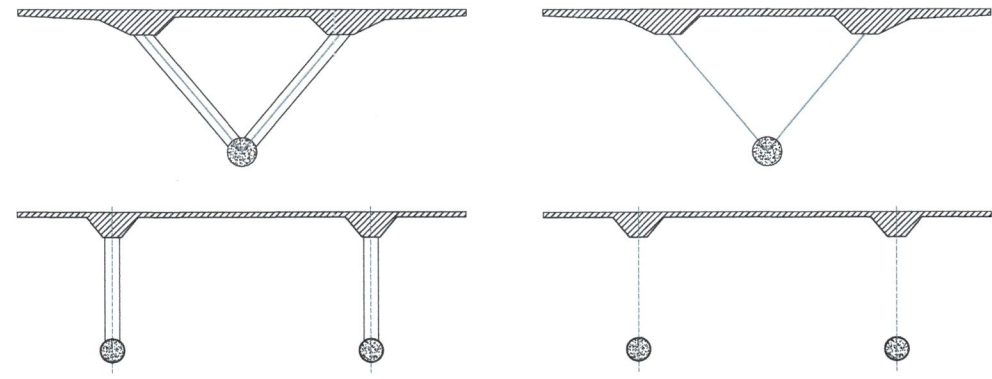

图 6-116 钢管混凝土桁梁桥在荷载作用下的挠度

如图 6-117 所示,当集中荷载作用在桁架梁跨中时,在单位荷载 1 作用下,由虚功原理 $W_e = W_v$ 可得

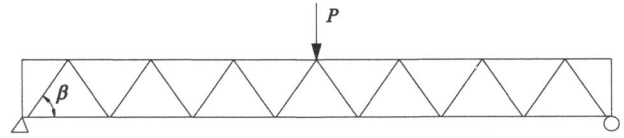

图 6-117 集中荷载作用在桁架梁跨中

$$W_v = \sum \int \bar{M} d\varphi + \sum_{i=1}^{n} \sum \int \bar{F}_{Nt} du \quad (6-19)$$
$$= \int \frac{M\bar{M}}{EI} dx + \sum_{i=1}^{n} \frac{F_{Ni}\bar{F}_{Ni}}{EA} l$$

$$f_M = \int \frac{M\bar{M}}{EI} dx = \frac{L^3}{48EI} \quad (6-20)$$

式中 L——桁梁的跨度;
EI——桥面板和下主管组成截面的换算截面刚度。

$$f_v = \sum_{i=1}^{n} \frac{F_{Ni}\bar{F}_{Ni}}{EA} l = \frac{nl}{2EA\sin^2\beta} \quad (6-21)$$

式中 l——支管的长度;
n——半跨斜支管的数量;
β——支管与主管轴线的角度;
EA——支管的轴向刚度。

因此,主梁桁梁在跨中集中荷载 P 作用下的挠度 f 为

$$f = P(f_M + f_v) = \frac{PL^3}{48EI} + \frac{Pnl}{2EA\sin^2\beta}$$
$$(6-22)$$

上述计算公式是针对平面桁架进行推导的,对于空间桁架,支管在横截面上有一定的倾斜,需要对支管进行等效(图 6-118)。在对称荷载作用下横截面内两斜支管的轴力应相同,由胡克定律可得支管在轴力作用下的变形为

$$\Delta l = \frac{Fl}{EA} \quad (6-23)$$

根据变形协调原理可得

$$\Delta h = \Delta l \cos\alpha = \frac{Fl}{EA} \cos\alpha \quad (6-24)$$

式中 α——横截面内支管与支管轴线的角度。

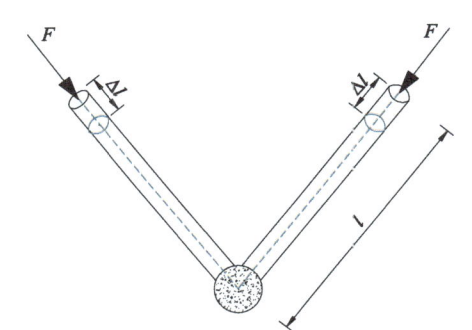
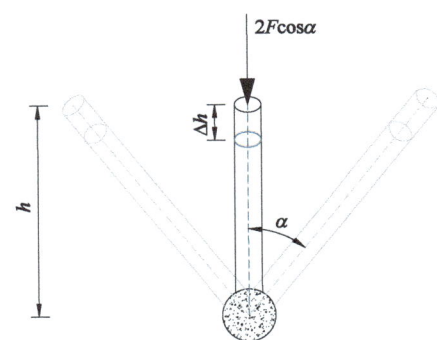

图 6-118 支管等效

将两斜支管等效成一榀垂直平面桁架结构,设支管截面换算面积为 A',弹性模量与原倾斜支管相同,则有

$$\Delta h = \frac{2F\cos\alpha \cdot h}{EA'} = \frac{2F\cos\alpha \cdot l\cos\alpha}{EA'} \quad (6-25)$$

$$A' = 2A\cos\alpha \quad (6-26)$$

综上,钢管混凝土桁梁桥在跨中集中荷载作用下的挠度计算公式为

$$f = \frac{PL^3}{48EI} + \frac{Pnl}{2EA\sin^2\beta} \quad (6-27)$$

其中:当为平面桁架时,A 为支管的截面面积;当为空间桁架时,A 为支管截面面积的 $2\cos\alpha$ 倍。

6.2.5 行车冲击系数及其计算方法研究

6.2.5.1 主桁冲击系数实测分析

1) 四川干海子大桥

表 6-21 所示为四川干海子大桥静载和动载作用下,主梁跨中主管竖向位移对比值,在正载作用下,动载作用时的位移比静载作用时大,算得其冲击系数为 0.32～0.37。

2) 四川汶川克枯大桥 B 匝道桥

表 6-22 所示为四川汶川克枯大桥 B 匝道桥,在静载和动载作用下主梁跨中主管竖向位移对比值,在正载作用下,动载作用时的位移比静载作用时大,计算冲击系数为 0.10。

表 6-21　静载和动载作用下跨中主管竖向位移对比

车道	静载/mm	动载1/mm	动载2/mm	动载3/mm	动载平均值/mm	动载/静载	冲击系数 μ
主车道	3.28	4.49	4.30	4.20	4.33	1.32	0.32
超车道	2.90	4.04	4.04	3.80	3.96	1.37	0.37
应急车道	3.57	4.84	5.01	4.41	4.75	1.33	0.33

注:静载为计算值,动载为实测值。

表 6-22　静载和动载作用下跨中主管竖向位移对比

项目	静载/mm	动载1/mm	动载2/mm	动载3/mm	动载平均值/mm	动载/静载	冲击系数 μ
正载	1.45	1.49	1.52	1.74	1.58	1.09	0.10
偏载	2.31	2.18	2.18	2.30	2.22	0.96	—

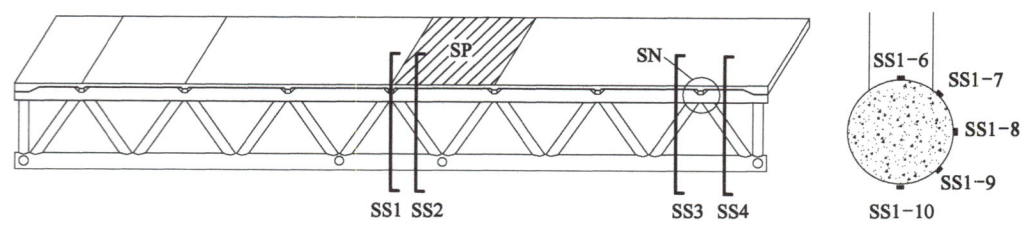

图 6-119　截面与测点示意

图 6-119 所示为截面与测点。表 6-23 和表 6-24 所示为静载和动载作用下,主梁跨中主管纵向应力对比,在正载作用时,动载与静载应力差别不大,动载略小。当车辆偏载行驶(动载)时,考虑行车安全,偏载距离较静载时的偏载距离小,导致动载作用的应力较静载作用时小。

6.2.5.2 主桁冲击系数计算方法研究

桥梁不同结构体系、不同宽度、不同桥面平整度等多种因素影响桥梁的冲击系数,导致冲击系数计算取值准确度低。根据工程测试数据总结分析,为了桥梁安全和计算简便,《钢管混凝土梁桥技术规程》对钢管混凝土梁桥的活载冲击系数 μ 计算进行

表 6-23 静载和动载作用下跨中主管应力对比(SS1 截面)

项目	测点	静载/MPa	动载1/MPa	动载2/MPa	动载3/MPa	动载平均值/MPa	动载/静载
正载	6	4.1	3.6	3.9	3.6	3.7	0.90
	7	3.4	3.2	4.0	3.4	3.5	1.03
	8	4.4	3.9	4.6	4.2	4.3	0.98
	9	5.3	4.7	5.6	5.2	5.1	0.96
	10	6.6	5.9	6.7	6.4	6.3	0.95
偏载	6	5.9	4.5	4.2	4.7	4.5	0.76
	7	5.6	4.1	3.8	4.1	4.0	0.71
	8	6.7	5.2	4.7	5.2	5.1	0.76
	9	8.3	6.6	6.1	6.5	6.4	0.77
	10	9.7	8.1	7.7	8.4	8.0	0.82

表 6-24 静载和动载作用下跨中主管应力对比(SS2 截面)

项目	测点	静载/MPa	动载1/MPa	动载2/MPa	动载3/MPa	动载平均值/MPa	动载/静载
正载	6	4.0	3.2	3.9	3.7	3.6	0.90
	7	3.4	2.8	3.2	3.3	3.1	0.91
	8	4.0	3.6	4.0	3.9	3.8	0.95
	9	4.8	4.5	5.0	5.1	4.9	1.02
	10	6.1	5.2	5.7	6.5	5.8	0.95
偏载	6	5.8	4.5	4.7	4.7	4.6	0.79
	7	4.9	4.1	3.7	3.9	3.9	0.80
	8	6.0	5.0	4.6	4.5	4.7	0.78
	9	7.5	6.4	6	6.3	6.2	0.83
	10	9.2	8.0	8.0	8.3	8.1	0.88

注:1. 动载时车辆时速 35 km/h。
2. 当车辆偏载行驶(动载)时,考虑行车安全,偏载距离较静载时的偏载距离小。

了规定,活载冲击系数 μ 应按下列公式计算。当计算结果 $\mu<0.05$ 时,取 $\mu=0.05$。

简支梁或连续梁 $\quad \mu=\dfrac{28}{40+L} \quad$ (6-28)

式中 L——桥梁的跨径(m)。

由此计算可得四川干海子大桥和四川汶川克枯大桥 B 匝道桥的冲击系数分别为 0.35 和 0.40,四川干海子大桥冲击系数实测值与公式计算值接近,四川汶川克枯大桥 B 匝道桥冲击系数实测值为 0.10,小于公式计算值。

6.2.6 主桥力学性能对比分析

四川干海子大桥和四川汶川克枯大桥 B 匝道桥,主梁跨中节间截面应变沿高度分布典型示意如

图 6-120 所示,四川干海子大桥截面应变分布有较大折线,而四川汶川克枯大桥 B 匝道桥则相对更符合平截面假定,四川干海子大桥主管的平面内弯矩比重较大,导致主管应力斜率较大,与主梁应变斜边不一致。同时,支管系的作用是传递荷载作用下的剪力流,若支管刚度较弱,则整个主梁截面不能协同变形。四川汶川克枯大桥 B 匝道桥在支管内灌注混凝土,相对四川干海子大桥支管刚度更大。

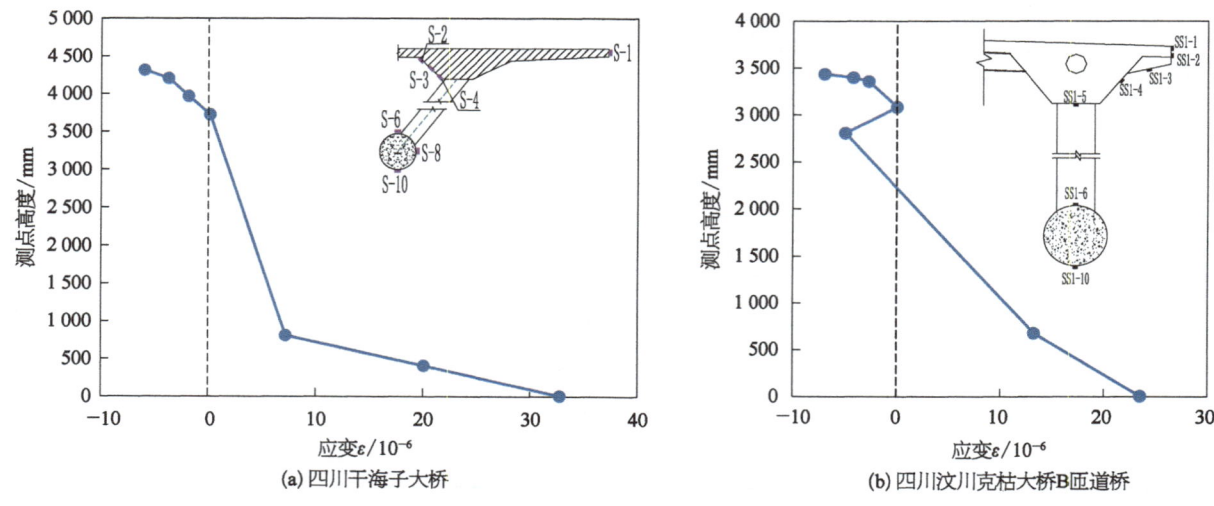

图 6-120 主梁跨中节间截面应变沿高度分布典型示意

6.2.7 技术总结

(1) 四川汶川克枯大桥 B 匝道桥,在各工况下桥面板的测点基本处于受压状态,但其应变值较小;下主管的测点处于受拉状态。中性轴高度(应变值为 0 所对应的高度)在 2 000~2 500 mm(梁高 3 500 mm),即处于下主管和桥面板之间,但更接近桥面板。荷载直接作用所在的截面应变不完全符合平截面假定,远离荷载作用所在的截面应变基本符合平截面假定。

(2) 四川干海子大桥主梁跨中截面应变沿高度并不完全符合平截面假定,由于主管弯矩较大,主管上缘和主管下缘应变差别较大。若只从主管下缘和桥面板的测点来看,应变沿截面高度基本是一条直线。

(3) 主桁对偏载效应比较敏感,正载时两片桁架受力相当,偏载时两片桁片所分担的内力差别较大,偏载系数接近 1.6,当改变横撑形式和增加横肋高度对主梁的偏载系数影响较小。

(4) 钢管混凝土桁架的刚度较大,四川干海子大桥在车辆荷载作用下最大挠度为 4.75 mm,相应挠跨比为 1/8 421,四川汶川克枯大桥 B 匝道桥在车辆荷载作用最大挠度为 2.23 mm,相应挠跨比为 1/12 987。

6.3 钢管混凝土受弯构件的计算方法

6.3.1 研究背景

钢管混凝土结构在拱桥中得到了广泛的应用,在桁梁桥中也被不断研究开发应用。钢管混凝土桁梁桥的下主管主要承受轴拉作用,且主桁节点为刚性连接,主管受轴力和弯矩双重作用形成拉弯受力构件。关于钢管混凝土和钢管混凝土桁梁极限承载能力计算方法研究较少,阻碍了钢管混凝土在桁梁桥中的发展与应用。

近年来,四川省公路规划勘察设计研究院有限公司持续开展了钢管混凝土桁梁模型试验和实桥测试,研究表明,拉弯钢管混凝土受载全过程,由于钢管的约束和支撑,在达到极限承载力前钢管与钢管内混凝土在弹性受载范围内的变形是总体一致、协调和同步的,钢管与混凝土是共同工作的组合材料。根据钢管混凝土桁梁桥实桥试验数据,结合拉弯钢管混凝土模型试验揭示的力学行为,提出了拉弯钢管混凝土的容限脱空统一理论,基于可靠度理论、数学物理模型推导了钢管混凝土拉弯构件的承载力计算方法。

6.3.2 钢管混凝土受弯构件"容限脱空统一理论"

6.3.2.1 钢管混凝土"容限脱空统一理论"

钢管混凝土统一理论的核心思想是把钢管混凝土视为统一整体,它是钢管和混凝土组合而成的一种新型组合材料,即将其看成一种单一材料来研究其组合性能。

钢管混凝土"容限脱空统一理论",是在分析试验结果的基础上提出的基础理论,首先,它是钢管和混凝土两种材料的统一,它们共同参与受力,且变形应协调;其次,钢管混凝土在荷载作用下的工作性能随着材料的物理参数、几何参数和应力状态的改变而改变,变化是连续的、相关的,且计算方法是统一的。

混凝土抗压强度高、脆性大,钢管强度高、局部易屈曲,当混凝土和钢管结合后形成钢管混凝土,提高了钢管和混凝土的抗压强度,实现了"1+1>2"的组合材料性能,因此,早期研究多集中于钢管混凝土的轴心受压或者偏心受压的工作性能,"容限脱空统一理论"就是在此基础上发展起来的。但是,钢管混凝土桁式结构的工程应用中,钢管混凝土处于受弯或拉弯状态,因此,研究钢管混凝土受弯状态下的工作性能、计算理论与计算方法等工作更为重要。

6.3.2.2 钢管混凝土受弯试验模型

1) 试验模型

钢管混凝土受弯模型试验的试件设计如图 6-121 所示,钢管采用 Q345 钢材,主管规格为 $\phi 220 \text{ mm} \times 10 \text{ mm}$,支管规格为 $\phi 109 \text{ mm} \times 5 \text{ mm}$,钢管内混凝土强度等级为 C10~C80。

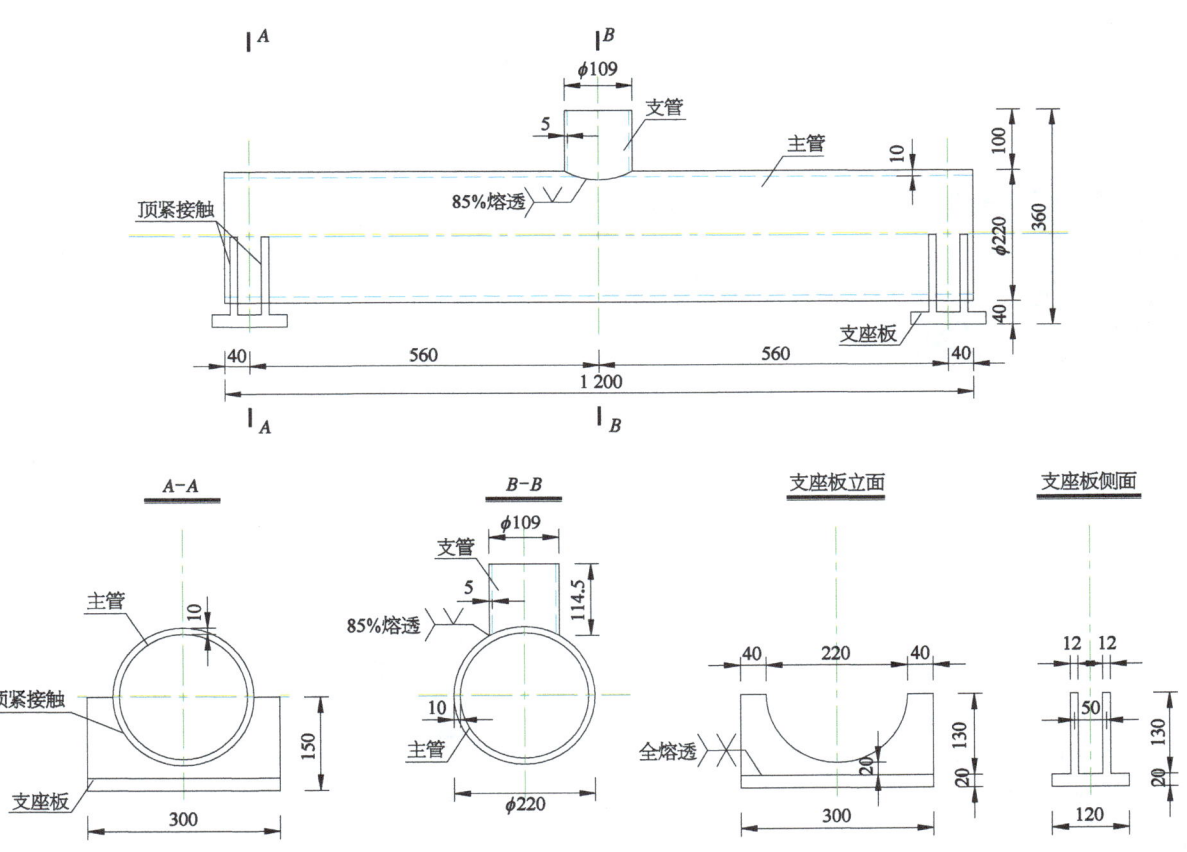

图 6-121　钢管混凝土试件构造(单位:mm)

试验采用的钢管由工厂按图纸尺寸制造,在支撑跨中焊接 T 形支管作为加载端,再按试件设计要求灌注管内混凝土,构件两端下缘采用半圆形支座板垫平,形成完整的试验构件。支座板根据试验现场具体情况可适当调整其尺寸。

2) 模型加载方案

试验加载设备采用 MTS 加载系统,钢管混凝土受弯试件均采用跨中单点集中加载模式,如图 6-122 所示。

试验模型加载程序为:① 预加载,以慢速从 0

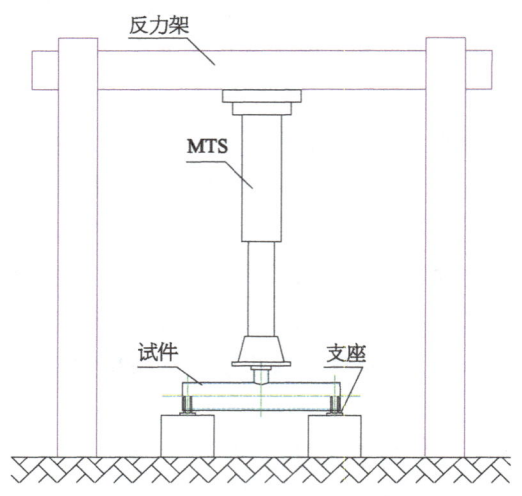
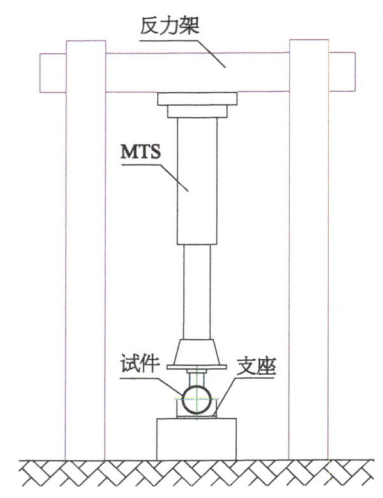

图 6-122 加载示意

加载到预加载值,对受弯试件进行预压,消除非弹性变形;② 预加载后,停歇 10 min 开始分级正式加载,对预估的最大荷载进行分级加载,每级持荷 10 min,记录各仪器读数。加载至结构破坏或挠度出现最大值为止,如图 6-123 所示。

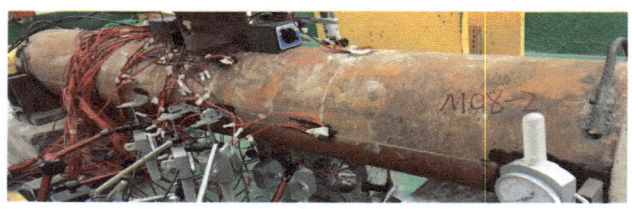

图 6-123 试验加载

3) 模型受弯分析

(1) 在荷载加载初期,试件处于弹性阶段,荷载-挠度曲线呈线性关系,斜率反映了结构的初始刚度,钢管与混凝土共同工作,截面中性轴基本与其形心轴重合,材料处于弹性状态。

(2) 弹塑性阶段,随着荷载的增加,试件跨中挠度开始加速增长,刚度减小,受拉区和受压区钢管相继屈服,由试件破坏形态可以看出,其下缘受拉区混凝土均受拉开裂,未出现混凝土受剪破坏的斜裂缝,截面内力随之发生了重分布,此阶段截面中性轴开始上移。

(3) 钢管屈服后,试件受拉侧外边缘的钢管进入塑性状态,而内侧钢管还处于弹性状态。由于钢管外边缘达到屈服,截面内力发生重分布。截面塑性区域不断向内发展,试件进入强化阶段,试件挠度

增长速率加快。

(4) 由于试验设备的原因,无法加载到极限承载力,经过有限元模型分析,在荷载达到峰值后,试件的承载能力并未迅速丧失,而随承载力的下降变形迅速增长,表现为荷载-挠度曲线平缓下降。

钢管混凝土试件均呈现出了典型的弯曲破坏形式,主管跨中下缘钢管屈服,受拉区混凝土(主管下缘)出现裂缝,且均受拉开裂,未出现混凝土受剪破坏的斜裂缝,随着荷载不断增大,支管发生轻微的膨胀变形,下缘混凝土裂缝增加。

试验后剥开跨中下缘钢管,发现几条宽度较小且很有规律性的裂纹(图 6-124),这明显区别于混凝土的受拉状态,说明下缘受拉区混凝土和钢管也存在相互作用,虽然受拉区混凝土抗拉强度低,对钢管混凝土受弯承载力的直接贡献较小,但其对拉区

图 6-124 跨中下缘混凝土裂纹分布

钢管的支撑约束作用,保证了整个截面的协同受力,提高了钢管混凝土的受弯承载力。

4) 荷载变形曲线(图 6-125 和图 6-126)

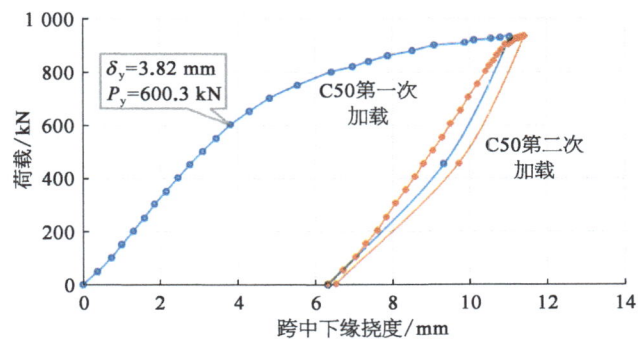

图 6-125 荷载-挠度曲线

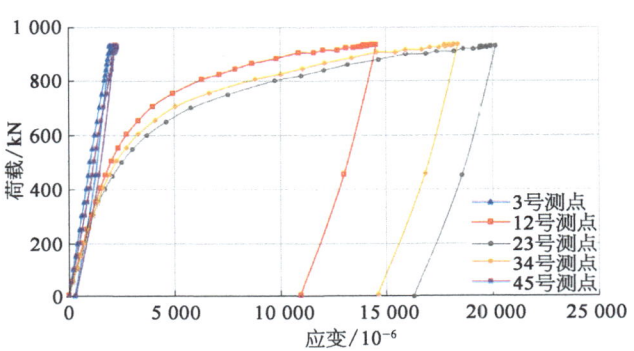

图 6-126 荷载-下缘最大拉应变曲线

模型测试结果表明,主桁跨中截面的主管混凝土屈服前,主桁位移按照线性增长,主管混凝土屈服后,主桁位移增加比荷载增加明显加快。

5) 平截面假定及中性轴的变化

图 6-127 所示为钢管混凝土的截面应变在竖向基本符合平截面假定,在受载荷的初始阶段,截面中性轴与形心轴重合(110 mm 高度处),随着荷载继

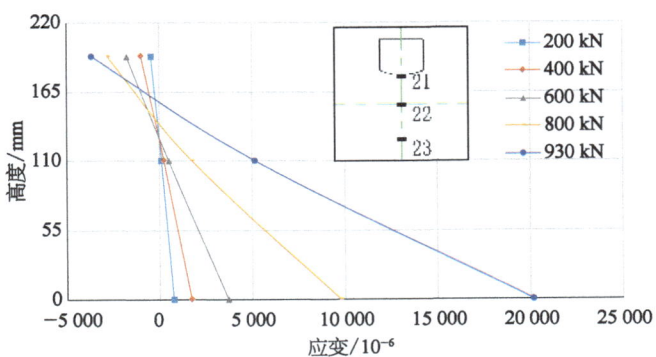

图 6-127 荷载-跨中截面应变沿竖向分布

续增大,中性轴逐渐往上移动 15 mm,然后在很长一段时间保持不变,但最后快速上移。在加载后期,尽管下缘混凝土早已开裂,但截面应变仍符合平截面假定,说明混凝土虽已拉裂,但仍能维持截面变形协调,为整体参与受力做出了贡献。

图 6-128 所示为荷载-中性轴上移曲线,由此可见,荷载从 0 加载到 100 t 时,试件跨中截面中性轴呈线性上移状态,100 t 时截面下缘钢管应力为 75 MPa,通过钢和混凝土的弹性模量比反算出混凝土的应力为 12.6 MPa,已超过混凝土的抗拉强度,因此,受拉区混凝土逐渐开裂,导致混凝土承担的部分内力转移到钢管上,从而导致中性轴上移。

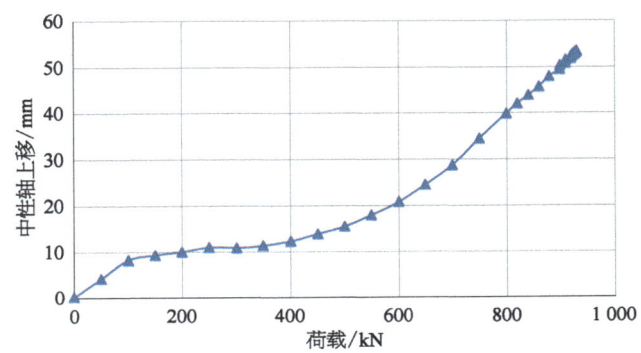

图 6-128 荷载-中性轴上移曲线

当荷载从 100 t 继续增大,试件跨中截面下缘的混凝土开裂退出受拉工作,同时中性轴附近的混凝土受力不大,因此,受拉主要是由钢管承担,混凝土主要起到支撑钢管的约束作用。直到荷载增大至 400 t 时,试件跨中截面钢管下缘达到屈服应力,由于钢管应力小于屈服应力而保持弹性状态,中性轴保持不变。

当荷载从 400 t 继续增大,试件跨中截面钢管最下缘开始进入屈服状态,应变继续增长而应力增长不大,为了平衡不断增加的外荷载,中性轴需逐渐往上移动。截面受压区高度不断减小,受压侧的钢管外边缘逐渐进入屈服状态。

6) 钢管混凝土受弯构件的 $\bar{\sigma}$-ε 关系

钢管混凝土轴心受压时,通过试验数据和计算方法得到钢管混凝土轴心受压时的荷载与纵向应变($\bar{\sigma}$-ε)的全过程曲线,首先把钢管混凝土视为统一体,在钢管混凝土的平均应力 $\bar{\sigma}=N/A_{sc}$(A_{sc} 为构件组合截面积)和纵向应变 ε 的全过程曲线,取曲线上

弹性阶段终了而塑性或强化阶段开始的特征 b 点为构件强度承载力极限，如图 6-129 所示。

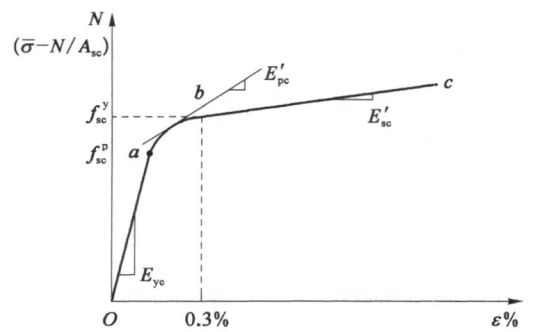

图 6-129 钢管混凝土轴心受压 $\bar{\sigma}-\varepsilon$ 全过程曲线

钢管混凝土模型受弯状态时，钢管混凝土为统一体，假定外边缘的平均应力 $\bar{\sigma}=M/W_{sc}$（$W_{sc}=\pi D^3/32$ 为构件组合截面抗弯模量）和外边缘最大纵向应变 ε 的全过程曲线，图 6-130 所示为典型的试验曲线，与钢管混凝土轴心受压的 $\bar{\sigma}-\varepsilon$ 全过程曲线类似，弯矩较小时应力应变保持线性增长，随着钢管逐渐进入屈服台阶，在应变 ε 很大时，弯矩仍有继续增大的趋势，钢管混凝土受弯构件塑性好，因此，采用代表钢管混凝土统一体的平均应力 $\bar{\sigma}$ 来分析钢管混凝土受弯的工作性能，确定 $\bar{\sigma}-\varepsilon$ 的某一点作为极限准则，从而提出承载能力计算指标。

研究表明，钢管混凝土受弯构件在钢管进入强化阶段前，截面应变均满足平截面假定，受拉区混凝土虽然抗拉强度较低，但仍可以为钢管提供有效的支撑约束，保证钢管和混凝土的变形协调和协同工作；同时，$\bar{\sigma}-\varepsilon$ 全过程曲线表明，可以利用代表钢管

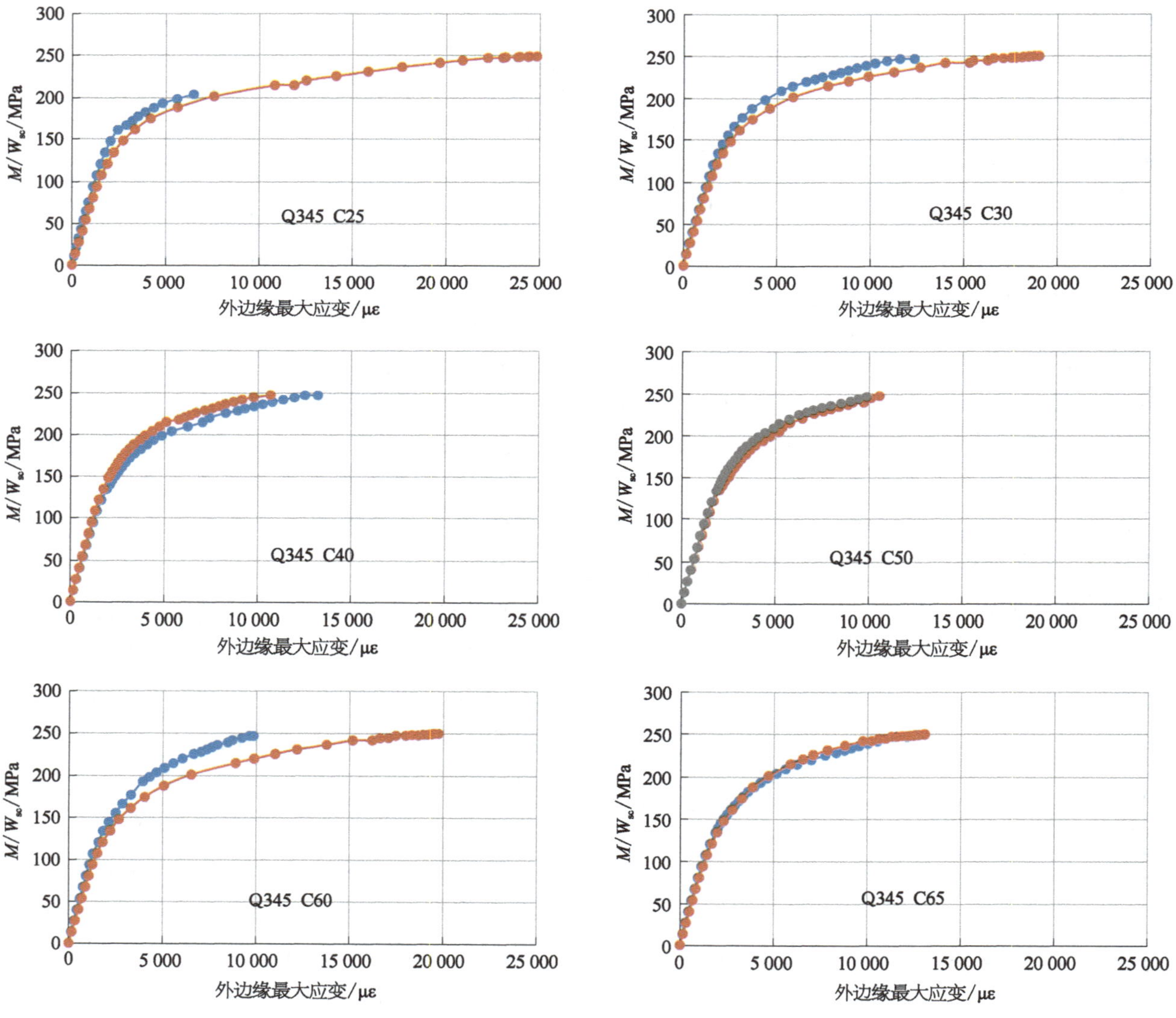

图 6-130 钢管混凝土受弯构件 $\bar{\sigma}-\varepsilon$ 全过程曲线

混凝土的平均应力 σ 来分析钢管混凝土构件受弯的全过程，且和构件轴心受压时的规律相同。因此，"容限脱空统一理论"适用于钢管混凝土受弯构件。

6.3.3 钢管混凝土受弯计算方法

6.3.3.1 钢管混凝土拉弯构件

对于钢管混凝土拉弯构件，钢管混凝土组合构件截面有

$$\sigma_{sc} = \frac{N_{sc}}{A_{sc}} + \frac{M_{sc}}{W_{sc}} \qquad \varepsilon_{sc} = \frac{N_{sc}}{A_{sc}E_{sc}} - \frac{M_{sc}}{W_{sc}E_{sc}} \tag{6-29}$$

则钢管混凝土构件钢管的应力为

$$\sigma_s = \varepsilon_{sc}E_s = \frac{N_{sc}E_s}{A_{sc}E_{sc}} + \frac{M_{sc}E_s}{W_{sc}E_{sc}} \tag{6-30}$$

式中 σ_{sc} ——钢管混凝土组合截面的应力；
σ_s ——钢管混凝土组合截面中钢管应力；
E_s ——钢材弹性模量；
E_{sc} ——钢管混凝土组合弹性轴压模量；
A_{sc} ——钢管混凝土组合截面的截面面积，按 $A_{sc} = \pi D^2/4$ 计算；
W_{sc} ——钢管混凝土组合截面的弯曲截面系数，按 $W_{sc} = \pi D^3/32$ 计算；
N_{sc} ——钢管混凝土拉弯构件轴向力；
M_{sc} ——钢管混凝土拉弯构件轴向力对应的弯矩值。

模型试验研究表明，钢管混凝土受弯构件，当主管混凝土钢管应力不大于 $0.45f_y$ 时，钢管混凝土处于弹性工作阶段、钢管受载截面符合平截面假定，因此，令 $M_{sc} = N_{sc}e$，$\sigma_s = 0.45f_y$，则有

$$0.45f_y = \frac{N_{sc}E_s}{A_{sc}E_{sc}} + \frac{N_{sc}eE_s}{W_{sc}E_{sc}} \tag{6-31}$$

简化得

$$0.45f_y = \frac{N_{sc}E_s}{E_{sc}}\left(\frac{4}{\pi D^2} + \frac{32e}{\pi D^3}\right) \tag{6-32}$$

则钢管混凝土拉弯承载力为

$$N = \frac{0.45f_y E_{sc}\pi D^3}{E_s(4D+32e)} = 0.1125\frac{\pi D^3}{D+8e}\frac{E_{sc}}{E_s}f_y \tag{6-33}$$

式中 D ——主管外径；

e ——拉弯钢管混凝土构件的偏心距；按 $e = M_{sc}/N_{sc}$ 计算；
f_y ——钢材的屈服强度。

对计算方法进行简化，$A_{sc} = \pi D^2/4$，$\frac{1}{n_s} = \frac{E_{sc}}{E_s}$，$f_s = 0.45f_y$，$\varphi_e = \frac{1}{1+4e/r}$，则式(6-33)可简化为

$$N = \frac{1}{n_s}\varphi_e f_s A_{sc} \tag{6-34}$$

6.3.3.2 钢管混凝土轴心受拉构件

对于钢管混凝土轴心受拉构件，取偏心距 $e=0$，代入式(6-33)可得

$$N = 0.1125\pi D^2 \frac{E_{sc}}{E_s}f_y \tag{6-35}$$

对计算方法进行简化，$A_{sc} = \pi D^2/4$，$\frac{1}{n_s} = \frac{E_{sc}}{E_s}$，$f_s = 0.45f_y$，则式(6-35)可简化为

$$N = \frac{1}{n_s}f_s A_{sc} \tag{6-36}$$

6.3.3.3 钢管混凝土纯弯构件

对于钢管混凝土纯弯构件，$N_{sc} = 0$，代入式(6-30)可得

$$M_{sc} = \frac{\sigma_s E_{sc} W_{sc}}{E_s} \tag{6-37}$$

取 $\sigma_s = 0.45f_y$，将 $W_{sc} = \pi D^3/32$ 代入式(6-37)可得

$$M_{sc} = 0.014\pi D^3 \frac{E_{sc}}{E_s}f_y \tag{6-38}$$

对计算方法进行简化，$W_{sc} = \pi D^3/32$，$\frac{1}{n_s} = \frac{E_{sc}}{E_s}$，$f_s = 0.45f_y$，则式(6-38)可简化为

$$M_{sc} = \frac{1}{n_s}f_s W_{sc} \tag{6-39}$$

6.3.4 模型与实桥验证计算方法

6.3.4.1 实桥验证

1) 四川汶川克枯大桥 B 匝道桥

（1）工程概况。四川汶马高速公路四川汶川克

枯大桥 B 匝道桥，为钢管混凝土桁梁桥，主跨为 30 m 跨径，主梁由钢管混凝土主桁与平面型钢-混凝土组合桥面板组成，主梁高 3.5 m，节间距为 4.11 m，桁片横桥向间距为 7 m。主桁为由下主管与斜腹杆组成平面桁式结构，左右主桁之间由空间管式横撑连接。主梁上、下主管内均灌注自密实补偿收缩 C30 混凝土，下主管内预先张拉纵向预应力钢束，30 m 跨径主管直径 670 mm，壁厚为 20 mm，下主管预应力采用 12 根 $\phi^s15.2$ 预应力钢绞线。腹杆管内灌注自密实补偿收缩 C40 混凝土，直径 402 mm，壁厚由支座处的 16 mm 依次变化到跨中的 10 mm。桥面板采用钢-混凝土组合结构桥面板，底钢板兼顾受力和浇注混凝土的底模作用。模型试验在架设完毕的四川汶川克枯大桥 B 匝道上进行，如图 6-131 所示，桥宽 8.5 m；桥梁一侧桥面与桥台连续，另一侧为伸缩缝。主梁主桁断面图、立面图如图 6-79 所示。

（2）加载方式。试验静力布载总的原则分横、纵向，横向两个车道，各车道纵向上分三个静力加载点，每个加载点分上下行两种情况，共 12 个加载工况，各工况加载情况见表 6-16，加载示意如图 6-91 和图 6-92 所示。测试所用荷载为 55 t 六轴重车，车辆参数如图 6-93a 所示。现场测试如图 6-132 所示。

（3）计算方法验证。在四川汶川克枯大桥 B 匝道桥已架设好的桥梁上进行，现通过 55 t 荷载作用下成桥实测数据与下述计算方法对主管跨中上下缘应力进行对比验证。基于统一理论建立全桥梁单元计算模型，提取与工况相对应的主管内力，见表 6-25。主梁跨中主管应力计算值和实测值对比见表 6-26，由此可见，实测值与计算值相比较小，因此，对钢管混凝土组合弹性轴压模量进行修正，以符合拉弯状态下的受力状况。

表 6-25 B 匝道桥跨中内力计算值

工 况	轴力 N/kN	弯矩 M/(kN·m)	偏心距 e/m
工况 1	302	5.5	0.018
工况 2	427	8.3	0.019
工况 3	420	8.1	0.019
工况 4	467	8.1	0.017
工况 5	676	13.1	0.019
工况 6	675	13.1	0.019

图 6-131 B 匝道桥主梁构造

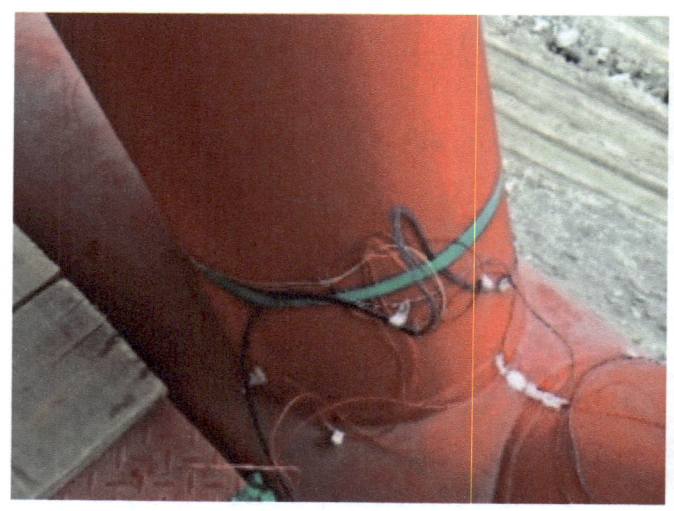

图 6-132 B 匝道桥测试照片

续　表

工况	轴力 N/kN	弯矩 M/(kN·m)	偏心距 e/m
工况7	320	5.7	0.018
工况8	412	8.0	0.019
工况9	421	8.2	0.019
工况10	487	8.3	0.017
工况11	671	13.0	0.019
工况12	666	13.0	0.020

表6-26　B匝道桥跨中主管应力计算值和实测值对比

工况	实测值/MPa		计算值/MPa		实测值/计算值	
	上缘	下缘	上缘	下缘	上缘	下缘
工况1	2.5	4.1	2.9	4.5	0.870	0.920
工况2	3.8	5.9	4.0	6.4	0.960	0.930
工况3	3.2	5.6	3.9	6.3	0.820	0.890
工况4	3.5	5.9	4.5	6.8	0.780	0.860
工况5	5.9	9.7	6.3	10.1	0.940	0.960
工况6	5.9	9.1	6.3	10.1	0.940	0.900
工况7	2.9	4.1	3.0	4.7	0.950	0.870
工况8	4.1	6.6	3.8	6.1	1.070	1.070
工况9	2.9	5.6	3.9	6.3	0.740	0.890
工况10	4.1	6.8	4.7	7.1	0.870	0.960
工况11	5.6	9.2	6.2	10.0	0.900	0.920
工况12	5.6	9.2	6.2	9.9	0.900	0.920
平均值					0.900	0.925
标准差					0.084	0.053

根据表6-26所示的对比结果,对钢管混凝土组合弹性模量进行修正,修正后组合弹性模量见表6-27,根据修正后弹性模量重新提取主管内力并根据计算方法计算得到计算应力值,再将计算应力值与实测应力值进行对比,对比结果见表6-28。

表6-29所示的对比表明,四川汶川克枯大桥B匝道桥,主梁跨中上缘应力的计算值和测试值的比值平均值为0.998,标准差为0.093,跨中下缘应力的计算值和测试值的比值平均值为1.000,标准差为0.058。由此可见,计算值与测试值吻合程度较好,且跨中下缘应力的离散性较上缘小。

表6-27　弹模修正后组合弹性模量

钢材等级	混凝土强度等级	含钢率	组合弹性模量	修正系数	修正后组合弹性模量
Q345	C30	0.131	4.74×10^4 MPa	1.11	5.26×10^4 MPa

表6-28　B匝道桥跨中内力计算值(弹模修正后)

工况	轴力 N/kN	弯矩 M/(kN·m)	偏心距 e/m
工况1	302	5.7	0.018
工况2	427	8.8	0.019
工况3	420	8.6	0.019
工况4	467	8.4	0.017
工况5	676	13.6	0.019
工况6	675	13.6	0.019
工况7	320	5.9	0.018
工况8	412	8.5	0.019
工况9	421	8.7	0.019
工况10	487	8.6	0.017
工况11	671	13.5	0.019
工况12	666	13.5	0.020

表6-29　B匝道桥主梁跨中主管应力计算和实测值对比(弹模修正值)

工况	实测值/MPa		计算值/MPa		实测值/计算值	
	上缘	下缘	上缘	下缘	上缘	下缘
工况1	2.5	4.1	2.6	4.1	0.96	1.00
工况2	3.8	5.9	3.6	5.9	1.06	1.00
工况3	3.2	5.6	3.5	5.8	0.91	0.96
工况4	3.5	5.9	4.1	6.3	0.86	0.93
工况5	5.9	9.7	5.7	9.3	1.03	1.04
工况6	5.9	9.1	5.7	9.3	1.03	0.98

续 表

工况	实测值/MPa		计算值/MPa		实测值/计算值	
	上缘	下缘	上缘	下缘	上缘	下缘
工况 7	2.9	4.1	2.8	4.3	1.04	0.94
工况 8	4.1	6.6	3.5	5.7	1.19	1.16
工况 9	2.9	5.6	3.5	5.8	0.82	0.96
工况 10	4.1	6.8	4.3	6.6	0.96	1.04
工况 11	5.6	9.2	5.7	9.3	0.99	0.99
工况 12	5.6	9.2	5.6	9.2	1.00	1.00
平均值					0.998	1.000
标准差					0.093	0.058

综上所述,钢管混凝土桁梁桥的主管跨中上下缘的钢管应力计算方法计算结果与试验结果吻合良好。

2) 四川石棉干海子大桥

(1) 工程概况。该桥位于雅西高速公路石棉县境内,如图 6-133 所示。跨越地震基本烈度Ⅷ度区,孔跨布置主要采用 44.5 m 和 62.5 m,上部结构采用连续钢管混凝土桁架轻型组合结构,全桥分三联共 36 跨。下部结构采用钢管混凝土桁式桥墩和混合桥墩及钢筋混凝土柱墩,最大墩高约 110 m。大桥设计荷载为公路-Ⅰ级,设计车速 80 km/h,桥梁全长 1 811 m,全宽 24.5 m,位于半径 356 m 圆曲线、缓和曲线和卵形曲线上,桥面纵坡分别为 4%、2.6% 和 3.66%。主梁采用空间三角形钢管桁架与预应力钢筋混凝土桥面板形成钢管混凝土桁架组合梁体系。主梁中心高 440 cm,节间长度 440 cm,主管下主管直径 813 mm,腹管直径 406 mm,壁厚根据受力性能不同而变化,采用 Q345C 直缝焊接管,主管内混凝土等级为 C60。本次测试桥跨为右幅第一跨,跨长 40 m,其立面图和横断面图如 6-78 所示。

(2) 加载方式。加载试验在已建成通车的桥梁开展,由于无法中断交通进行静力试验。便按车辆荷载作用在超车道、主车道和应急车道分别进行测试,如图 6-89 所示,共计 3 个工况。

实桥现场测试如图 6-90 所示。

(3) 计算方法验证。实桥试验在已通车的桥梁上进行,通过 55 t 荷载作用下成桥实测数据与计算方法对钢管跨中上下缘应力进行对比验证。基于统一理论建立全桥梁单元计算模型,采集与工况相对应的主管内力,见表 6-30,并将主管应力计算值与实测值进行对比,见表 6-31。

表 6-30 桥梁主梁跨中主管内力计算值

车 道	轴力 N /kN	弯矩 M_y /(kN·m)	偏心距 e/m
超车道(最大值)	753.89	42.24	0.056
主车道(最大值)	849.17	50.07	0.059
应急车道(最大值)	941.04	57.38	0.061

表 6-31 桥梁主梁跨中主管应力计算值和实测值对比

工况	实测值/MPa		计算值/MPa		实测值/计算值	
	上缘	下缘	上缘	下缘	上缘	下缘
主车道	1.4	8.4	2.0	7.9	0.700	1.060
超车道	1.6	7.4	1.9	6.9	0.840	1.070
应急车道	2.3	8.9	2.1	8.9	1.100	1.000
平均值					0.880	1.050
标准差					0.163	0.032

根据主管应力对比结果对钢管混凝土组合弹性模量进行修正,修正后的组合弹性模量见表 6-32,根据修正后弹性模量重新提取主管内力(表 6-33)并根据计算方法计算得到计算应力值,再将计算应力值与实测应力值进行对比见表 6-34。

图 6-133 桥梁建成总体照片

表 6-32 桥梁主梁跨中主管弹性模量计算

钢材等级	混凝土强度等级	含钢率	组合弹性模量	修正系数	修正后组合弹性模量
Q345	C60	0.153	6.71×10^4 MPa	0.95	6.38×10^4 MPa

表 6-33 桥梁主梁跨中主管内力计算值(弹模修正后)

车道	轴力 N /kN	弯矩 M_y /(kN·m)	偏心距 e/m
超车道(最大值)	753.89	42.24	0.056
主车道(最大值)	849.17	50.07	0.059
应急车道(最大值)	941.04	57.38	0.061

表 6-34 桥梁跨主梁中主管应力计算值和实测值对比(弹模修正后)

工况	实测值 上缘	实测值 下缘	计算值 上缘	计算值 下缘	实测值/计算值 上缘	实测值/计算值 下缘
主车道	1.4	8.4	2.1	8.3	0.670	1.010
超车道	1.6	7.4	2.0	7.2	0.800	1.030
应急车道	2.3	8.9	2.2	9.3	1.050	0.960
平均值					0.840	1.000
标准差					0.157	0.030

表 6-34 表明,主梁跨中上缘应力的计算方法计算值和成桥试验的测试值的比值平均值为 0.84,标准差为 0.157,跨中下缘应力的计算值和成桥试验的测试值的比值平均值为 1.00,标准差为 0.03。吻合程度较好,且主梁跨中下缘应力离散性较上缘小。

因此,桥梁主梁主管跨中上下缘的钢管应力计算方法 $\left(\sigma_s=\dfrac{N_{sc}E_s}{A_{sc}E_{sc}}+\dfrac{M_{sc}E_s}{W_{sc}E_{sc}}\right.$,式中轴力 N_{sc}、弯矩 M_{sc} 来计算内力$\left.\right)$ 与试验结果吻合良好。

6.3.4.2 模型验证

1) 普通钢管混凝土受弯模型试验

针对钢管混凝土构件杆系模型计算方法 $M_{sc}=FL/4$(即实测值)与推导计算方法 $M_{sc}=0.014\pi D^3\dfrac{E_{sc}}{E_s}f_y$ 的对比验证,即主梁跨中下缘钢管应力达到 $0.45f_y(f_y=406\text{ MPa})$ 时,验证两个计算方法与各个混凝土强度的钢管混凝土的抗弯承载力的吻合度和离散性,见表 6-35 和表 6-36。

表 6-35 不同混凝土强度等级钢管混凝土组合弹性模量

管内混凝土强度等级	C10	C20	C30	C40	C50	C60	C70	C80
$E_{sc}/10^4$ MPa	6.45	6.56	7.19	7.57	7.61	7.85	8.15	8.50

表 6-36 计算方法与推导计算方法结果对比

序号	试件编号	混凝土强度实测值/MPa	荷载/t	E_{sc} /10^4 MPa	L/m	实测值 M_s/(kN·m)	计算值 M_j/(kN·m)	实测值M_s/计算值M_j
1	C10-1	26.4	28.48	6.45	1.12	79.73	59.53	1.34
2	C10-2	26.4	24.06	6.45	1.12	67.38	59.53	1.13
3	C20-1	28.5	26.80	6.56	1.12	75.05	60.55	1.24
4	C20-2	28.5	24.79	6.56	1.12	69.42	60.55	1.15
5	C30-1	40.5	26.14	7.19	1.12	73.20	66.38	1.10
6	C30-2	40.5	27.65	7.19	1.12	77.42	66.38	1.17
7	C40-1	49.1	27.12	7.57	1.12	75.95	69.88	1.09
8	C50-1	50.1	25.18	7.61	1.12	70.49	70.29	1.00
9	C50-2	50.1	23.97	7.61	1.12	67.11	70.29	0.95
10	C60-1	54.8	24.69	7.85	1.12	69.14	72.41	0.95
11	C60-2	54.8	25.47	7.85	1.12	71.32	72.41	0.98

续表

序号	试件编号	混凝土强度实测值/MPa	荷载/t	E_{sc} /10^4 MPa	L/m	实测值 M_s/(kN·m)	计算值 M_j/(kN·m)	实测值 M_s/计算值 M_j
12	C70-1	61.1	29.10	8.15	1.12	81.47	75.24	1.08
13	C70-2	61.1	25.24	8.15	1.12	70.68	75.24	0.94
14	C80-1	68.6	28.31	8.50	1.12	79.28	78.49	1.01
15	C80-2	68.6	26.60	8.50	1.12	74.47	78.49	0.95
16	平均值							1.07
17	标准差							0.114

注：表中荷载为跨中下缘钢管应力为 $0.45f_y$ 时所对应的荷载。

根据表中结果，实测值与计算值的比值随混凝土强度变化而波动，因此，对钢管混凝土组合弹性模量进行修正，修正结果见表 6-37。

采用修正后钢管混凝土组合弹性模量，重新计算钢管混凝土抗弯承载力，实测值与计算值对比见表 6-38，表明对组合弹性模量进行修正后，当跨中下缘应力不大于 $0.45f_y$ 时，抗弯承载力的实测值和计算值的比值平均值为 1.05，标准差为 0.062，各试件抗弯承载力实测值与计算值对比如图 6-134～图 6-148 所示。

表 6-37　不同混凝土强度等级钢管混凝土修正后组合弹性模量

管内混凝土强度等级	C10	C20	C30	C40	C50	C60	C70	C80
修正前 E_{sc}/10^4 MPa	6.45	6.56	7.19	7.57	7.61	7.85	8.15	8.50
修正后 E_{sc}/10^4 MPa	7.40	7.41	7.48	7.53	7.54	7.61	7.74	7.79
修正系数	1.147	1.130	1.040	0.995	0.991	0.969	0.950	0.916

表 6-38　计算方法与推导计算方法结果对比（弹模修正后）

试件编号	混凝土强度实测值/MPa	荷载/t	原 E_{sc} /10^4 MPa	修正后 E_{sc} /10^4 MPa	实测值 M_s /(kN·m)	修正后计算值 M_j' /(kN·m)	实测值 M_s/计算值 M_j'	比值平均值
C10-1	26.4	28.48	6.45	7.40	79.73	68.28	1.17	1.08
C10-2	26.4	24.06	6.45	7.40	67.38	68.28	0.99	
C20-1	28.5	26.80	6.56	7.41	75.05	68.43	1.10	1.06
C20-2	28.5	24.79	6.56	7.41	69.42	68.43	1.01	
C30-1	40.5	26.14	7.19	7.48	73.20	69.04	1.06	1.09
C30-2	40.5	27.65	7.19	7.48	77.42	69.04	1.12	
C40-1	49.1	27.12	7.57	7.53	75.95	69.53	1.09	1.1
C50-1	50.1	25.18	7.61	7.54	70.49	69.58	1.01	0.99
C50-2	50.1	23.97	7.61	7.54	67.11	69.58	0.96	
C60-1	54.8	24.69	7.85	7.61	69.14	70.24	0.98	1.0
C60-2	54.8	25.47	7.85	7.61	71.32	70.24	1.02	

续 表

试件编号	混凝土强度实测值/MPa	荷载/t	原 E_{sc} /10^4 MPa	修正后 E_{sc} /10^4 MPa	实测值 M_s /(kN·m)	修正后计算值 M'_j/(kN·m)	实测值 M_s/计算值 M'_j/(kN·m)	比值平均值
C70-1	61.1	29.10	8.15	7.74	81.47	71.48	1.14	1.06
C70-2	61.1	25.24	8.15	7.74	70.68	71.48	0.99	
C80-1	68.6	28.31	8.50	7.79	79.28	71.90	1.10	1.07
C80-2	68.6	26.60	8.50	7.79	74.47	71.90	1.04	
平均值							1.05	
标准差							0.062	

注：表中荷载为跨中下缘钢管应力为 $0.45f_y$ 时所对应的荷载。

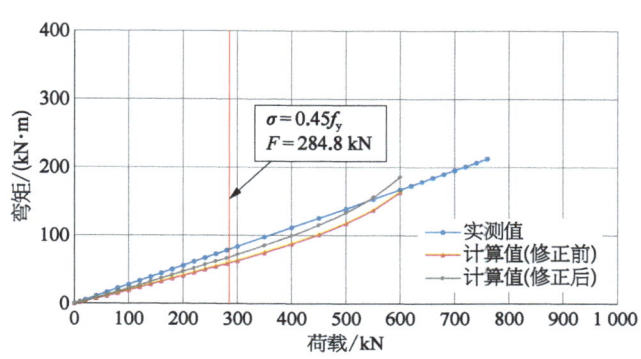

图 6-134　试件 C10-1 抗弯承载力实测值与计算值对比　　图 6-135　试件 C10-2 抗弯承载力实测值与计算值对比

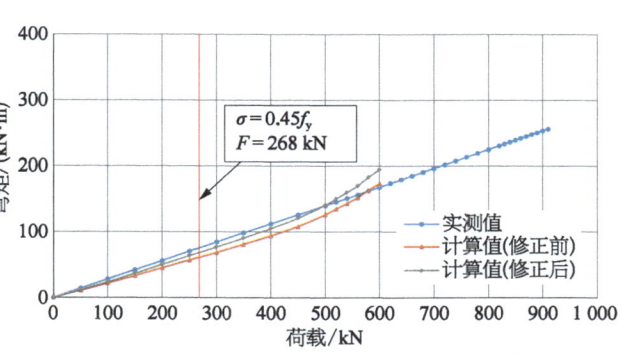 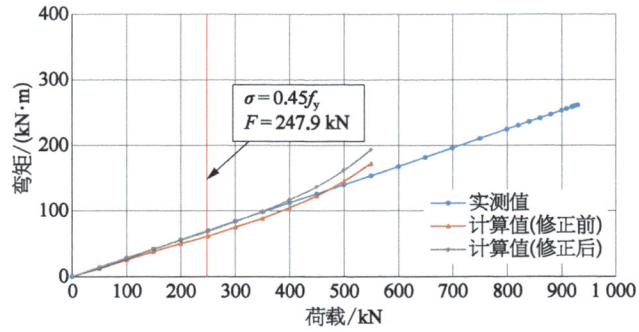

图 6-136　试件 C20-1 抗弯承载力实测值与计算值对比　　图 6-137　试件 C20-2 抗弯承载力实测值与计算值对比

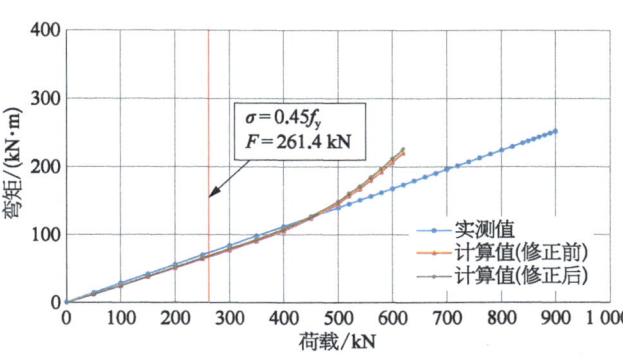 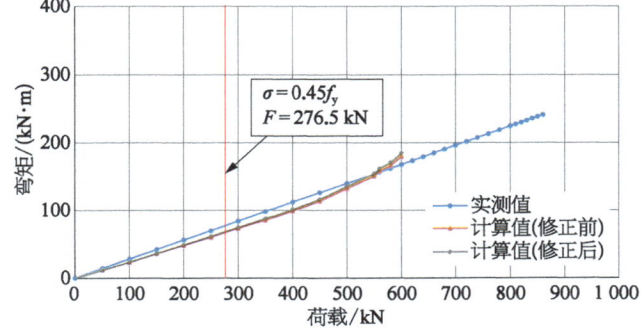

图 6-138　试件 C30-1 抗弯承载力实测值与计算值对比　　图 6-139　试件 C30-2 抗弯承载力实测值与计算值对比

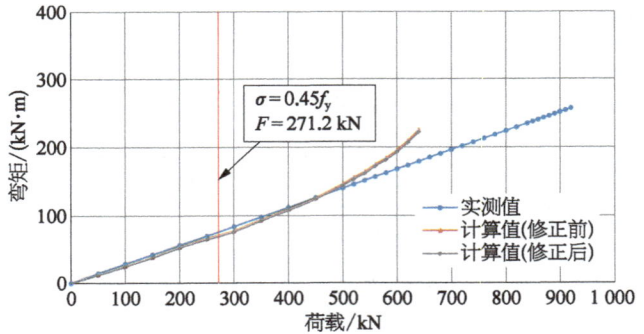
图 6-140 试件 C40-1 抗弯承载力实测值与计算值对比

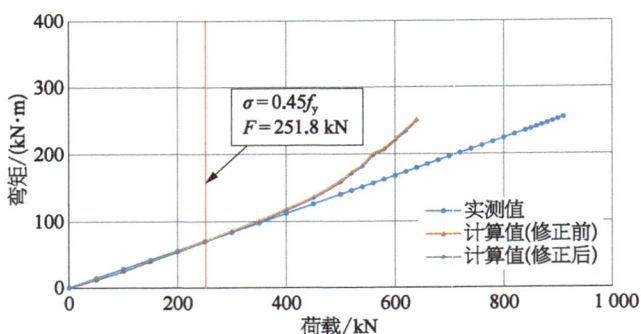
图 6-141 试件 C50-1 抗弯承载力实测值与计算值对比

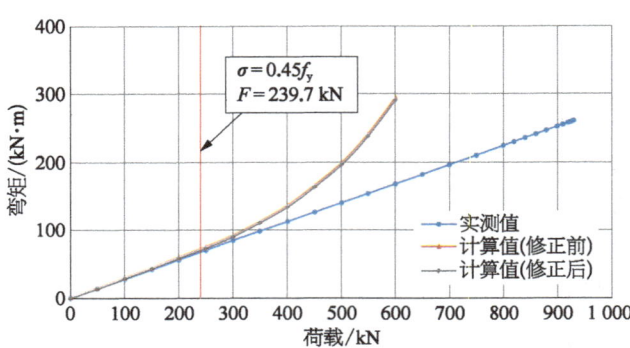
图 6-142 试件 C50-2 抗弯承载力实测值与计算值对比

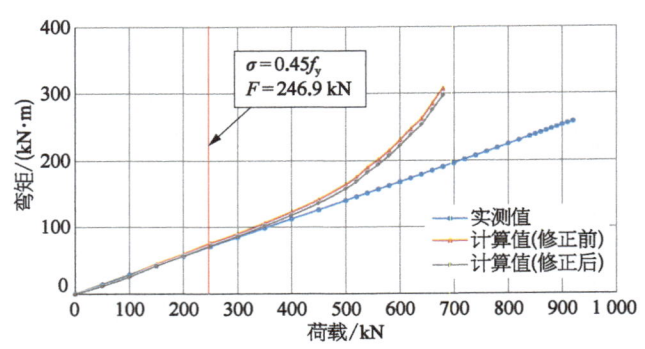
图 6-143 试件 C60-1 抗弯承载力实测值与计算值对比

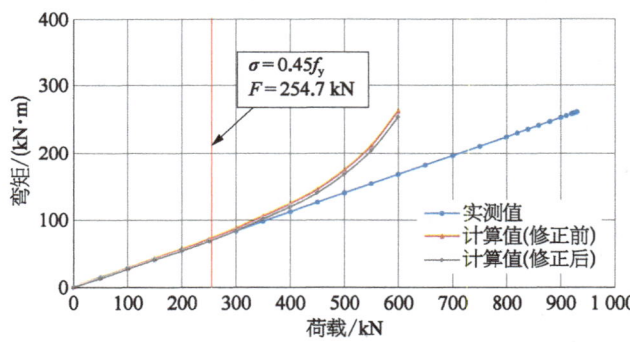
图 6-144 试件 C60-2 抗弯承载力实测值与计算值对比

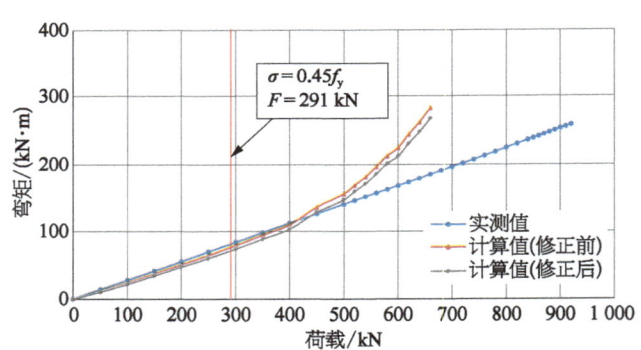
图 6-145 试件 C70-1 抗弯承载力实测值与计算值对比

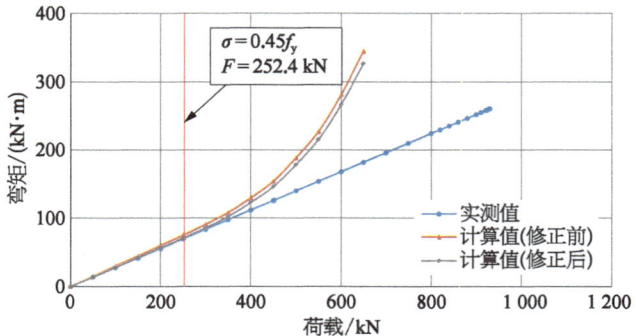
图 6-146 试件 C70-2 抗弯承载力实测值与计算值对比

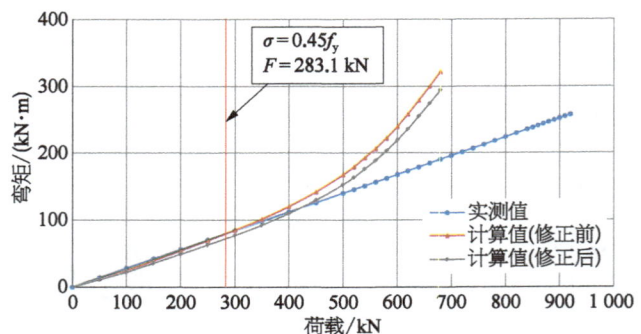
图 6-147 试件 C80-1 抗弯承载力实测值与计算值对比

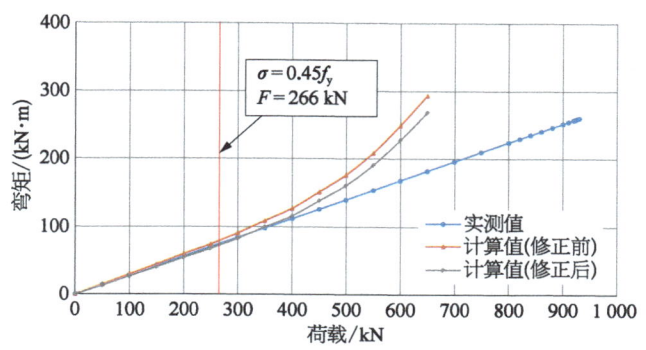

图 6-148 试件 C80-2 抗弯承载力实测值与计算值对比

钢管混凝土纯弯构件的抗弯承载力计算方法与试验结果在钢管应力不大于 $0.45f_y$ 的条件下吻合良好。

2）钢纤维钢管混凝土受弯模型试验

（1）试件设计概况。钢纤维微膨胀钢管混凝土受弯模型如图 6-149 所示，试件设计为在主管跨中焊接加载支管，用以施加轴压荷载使主管三点受弯，主管分为三种类型，总长均为 800 mm，外径与壁厚分别为 113 mm×1.64 mm、113 mm×2.27 mm 与 127 mm×5.95 mm，三类试件均采用相同类型加载支管，管径与壁厚为 63.5 mm×3.5 mm、长为 100 mm。各组试件详细参数见表 6-39。

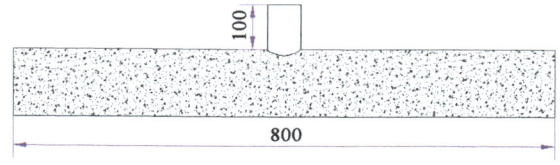
主管灌注混凝土、支管为空钢管

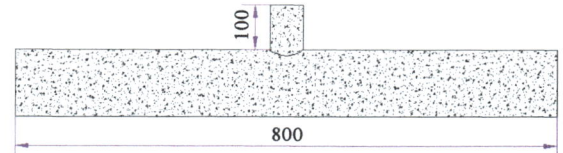
主支管均灌注混凝土

图 6-149 抗弯试件模型（单位：mm）

表 6-39 各组试件参数

主管类型 $D×T×L$/mm×mm×mm	主 管	支 管	钢管屈服强度 f_y/MPa	数量	试件编号
113×2.27×800	普通钢管混凝土	空钢管	336.1	1	W30-1
	钢纤维微膨胀钢管混凝土	空钢管		3	W34-1~3
127×5.59×800	钢纤维微膨胀钢管混凝土	空钢管	386.0	2	W64-S1~S2
	钢纤维微膨胀钢管混凝土	普通钢管混凝土		2	W64-1~2

主管与支管按相贯线焊接：先将主管加工成规定的长度，保证两端面平整。支管焊接前应进行严格对中，确保支管在主管的中心且轴线与主管轴线垂直。

混凝土灌浇前先除去钢管内壁浮尘和锈蚀，并用水湿润。混凝土灌浇时，将主管竖直放置，底端平整，分层灌浇，灌浇过程中保持主管平稳避免底端漏浆。灌注完毕，将钢管外壁清理干净，灌注口抹平，然后用塑料膜密封养护。一周后，将部分试件支管灌注与主管混凝土同配比的砂浆，端面抹平后密封养护。

本试验钢纤维微膨胀混凝土配合比与力学性能见表 6-40，钢纤维掺量为 40 kg/m³。

（2）加载方式与方案。抗弯试验采用 300 t 液压伺服压力试验机进行加载，如图 6-26 所示，设备可对加载力、位移以及加载速率进行准确控制。

表 6-40 混凝土配合比与力学性能

编号	配合比/(kg·m⁻³)									力学性能/MPa	
	水泥	粉煤灰	硅灰	膨胀剂	钢纤维	水	砂	石	外加剂	强度	弹性模量
A1	460	70	30	45	40	160	723	1 012	10.3	80.3	3.84×10^4

试验测试前根据三类试件外径大小，分别加工与其匹配的半圆形支座三对，用作试件底座以防试件加载时倾覆。图 6-27 所示为抗弯试验测试示意图，加载支管上垫一片直径 10 cm 的圆形钢块以均匀施加轴压荷载，使主管三点受弯。

主管为空钢管的试件，只进行单次加载直至试件破坏。为研究钢管混凝土试件受弯屈服后的工作性能，对钢管混凝土的试件进行循环加载，每个试件循环加卸载六次，前五次每次加载到试件荷载-跨中挠度曲线进入明显屈服阶段即卸载，第六次持续加载直至试件破坏而停机卸载。

(3) 计算方法验证。钢管混凝土的杆系模型计算方法 $M_{sc}=FL/4$（即实测值）与推导计算方法 $M_{sc}=0.014\pi D^3 \dfrac{E_{sc}}{E_s} f_y$ 的对比，即构件跨中下缘钢管应力达到 $0.45f_y$ 时，验证两个计算方法在各个混凝土强度的钢管混凝土的抗弯承载力的离散型。钢管的材料性能见表 6-41，计算方法的结果（即实测值）与推导计算方法的结果对比见表 6-42。

表 6-41 各组钢管的材料性能表

钢管类型 $D\times T$/mm×mm	屈服强度/MPa	抗拉强度/MPa	弹性模量 E_s/10⁵ MPa	泊松比
113×2.27(Q345)	336.05	428.07	2.01	0.267
127×5.95(Q345)	386.01	518.63	1.99	0.261

表 6-42 实测值与计算值结果对比

序号	试件编号	含钢率	混凝土抗压强度/MPa	组合弹性模量 E_{sc}/10⁴ MPa	荷载/kN	跨径 l/mm	实测值 M_s/(kN·m)	计算值 M_j/(kN·m)	M_s/M_j	平均值
1	W30-1	0.085	74.6	5.742	28.7	770	5.526	6.092	0.91	
2	W34-1	0.085	77.5	5.872	30.875	770	5.943	6.230	0.95	0.91
3	W34-2	0.085	77.5	5.872	28.92	770	5.567	6.230	0.89	
4	W34-3	0.085	77.5	5.872	29.236	770	5.628	6.230	0.90	
5	W64-S4	0.217	77.5	9.061	87.0	770	16.748	15.835	1.06	
6	W64-S5	0.217	77.5	9.061	68.027	770	13.095	15.835	0.83	0.97
7	W64-4	0.217	77.5	9.061	81.24	770	15.639	15.835	0.99	
8	W64-5	0.217	77.5	9.061	82.40	770	15.862	15.835	1.00	
9	平均值									0.94
10	标准差									0.120

注：表中荷载为跨中下缘钢管应力为 $0.45f_y$ 时所对应的荷载，根据试验测试结果，选取以上试件进行对比。

对比计算表明,试件抗弯承载力的实测值小于计算值,用已经提出的受拉钢管混凝土组合弹性模量修正系数 K_{sc} 对组合弹性模量进行修正,实测混凝土强度对修正系数进行线性插入,得出修正系数,从而得到修正后的钢管混凝土组合弹性模量,结果见表 6-43。

表 6-43 实测值与计算值结果对比(弹模修正后)

序号	试件编号	含钢率	混凝土抗压强度/MPa	修正后的组合弹性模量 E_{sc}/10^4 MPa	荷载/kN	跨径 l/mm	实测值 M_s/(kN·m)	修正后计算值 M_j/(kN·m)	M_s/M_j	平均值
1	W30-1	0.085	74.6	5.04	28.7	770	5.526	5.343	1.03	1.06
2	W34-1	0.085	77.5	5.06	30.875	770	5.943	5.373	1.11	
3	W34-2	0.085	77.5	5.06	28.92	770	5.567	5.373	1.04	
4	W34-3	0.085	77.5	5.06	29.236	770	5.628	5.373	1.05	
5	W64-S4	0.217	77.5	7.82	87.0	770	16.748	13.658	1.23	1.12
6	W64-S5	0.217	77.5	7.82	68.027	770	13.095	13.658	0.96	
7	W64-4	0.217	77.5	7.82	81.24	770	15.639	13.658	1.15	
8	W64-5	0.217	77.5	7.82	82.40	770	15.862	13.658	1.16	
9	平均值								1.09	
10	标准差								0.120	

注:表中荷载为跨中下缘钢管应力为 $0.45f_y$ 时所对应的荷载,根据试验测试结果,选取以上试件进行对比。

因此,钢管混凝土组合弹性模量进行修正后,当主管跨中下缘应力不大于 $0.45f_y$ 时,抗弯承载力的实测值和计算值的比值平均值为 1.09,标准差为 0.120。

3) 钢管混凝土桁梁模型试验

(1) 试件设计。钢管混凝土桁梁模型试验的试件设计如图 60-50 所示,其中图 60-50a 所示的模型主管 $D\times T$ 为 127 mm×5.95 mm,模型高 677 mm,图 60-50b 所示的模型主管 $D\times T$ 为 113 mm×2.27 mm,模型高 613 mm。两类模型主管均为 63.5 mm×3.5 mm,上、下主管长分别为 1 600 mm 与 2 300 mm。针对上、下主管均灌注混凝土的模型一与模型二试件进行拉弯计算方法验算。主管核心混凝土采用钢纤维微膨胀混凝土,强度等级为 C60,钢纤维掺量为 40 kg/m³。

(2) 加载方式与加载方案。采用 MTS 系统进行加载,在试件跨中上主管节点处进行单点加载,试件桁梁三点受弯,试件计算跨度为 2 000 mm。加载初期,采用作用力控制,分级加载,每级荷载取预计极限荷载的 10%,荷载-跨中挠度曲线开始出现非线性特征后荷载等级取为预计极限荷载的 1/15,每级荷载持荷 2 min,观察各级荷载作用下试件的变形形态、破坏特征及关键点应变发展趋势。荷载-跨中挠度曲线非线性特征明显后,加载控制方式转换为位移控制,连续持续加载,直至杆件屈曲或节点焊接开裂以致承载力急剧下降时停机卸载。

(3) 计算方法验证。针对钢管混凝土桁梁的拉弯承载力实测值与推导计算方法 $N=0.1125\dfrac{\pi D^3}{D+8e}\dfrac{E_{sc}}{E_s}f_y$ 的对比验证。即主管跨中下缘钢管应力不大于 $0.45f_y$ 时,验证实测值与计算值在不同主管含钢率条件下的拉弯承载力的吻合情况。

钢管的屈服强度和弹性模量根据《金属拉伸试验试样》(GB/T 6397—1986)取样,按《金属材料 室温拉伸试验方法》(GB/T 228—2002)规定的方法进行力学性能测试,测试结果见表 6-44。

混凝土强度等级按 C60 设计,配合比及其力学性能见表 6-45。

表 6-44　钢管的力学性能指标

钢管类型 $D \times T$ /mm×mm	含钢率	屈服强度 f_y/MPa	弹性模量 E_s/10^5 MPa
类型一 127×5.95	0.217	386	1.99
类型二 113×2.27	0.085	336	2.01

表 6-45　C60 混凝土配合比设计及力学性能

配合比/(kg·m⁻³)									力学性能/MPa	
水泥	粉煤灰	硅灰	膨胀剂	钢纤维	水	砂	石	外加剂	强度	弹性模量
460	70	30	45	40	170	723	1 012	10.3	70.4	3.84×10⁴

当下主管跨中下缘应力等于 $0.45f_y$ 时，根据试验记录与线性插入，可求得其对应荷载，查表得出钢管混凝土组合弹性轴压模量，结果见表 6-46。

表 6-46　钢管混凝土对应荷载及组合弹性轴压模量

钢管类型 $D \times T$ /mm×mm	下缘应力达到 $0.45f_y$ 时对应荷载/kN	组合弹性轴压模量 E_{sc}/10^4 MPa
类型一 127×5.95	263.0	8.744
类型二 113×2.27	110.2	5.555

基于统一理论建立梁单元计算模型，根据表 6-46 所示的荷载，提取荷载相对应的桁架下主管内力，见表 6-47。

表 6-47　桁梁跨中主管内力计算值

钢管类型 $D \times T$ /mm×mm	下缘应力达到 $0.45f_y$ 时		
	轴力/kN	弯矩/(kN·m)	偏心距 e/m
类型一 127×5.95	203	7.16	0.035
类型二 113×2.27	92	1.83	0.020

根据计算方法计算拉弯承载力，并与实测值进行对比。实测值与计算值的结果对比见表 6-48。钢管混凝土桁梁模型试验拉弯承载力的实测值与计算值相差较大，计算值较实测值大，对于主管为 113 mm×2.27 mm 的钢管混凝土桁梁，实测值仅为计算值的一半。

表 6-48　实测值与计算值结果对比

钢管类型 $D \times T$ /mm×mm	组合弹性模量 E_{sc}/10^4 MPa	实测值 N_s/kN	计算方法计算值 N_j/kN	N_s/N_j
类型一 127×5.95	8.275	203	285.5	0.711
类型二 113×2.27	5.07	92	158.4	0.581

基于试验跨中下缘应力达到 $0.45f_y$ 得到的实测值小于计算方法计算值，提取了试验试件跨中下缘应力达到 f_y 时的实测值，见表 6-49。表明按照计算方法计算的承载力与实际试验中下缘应力为 f_y 的实测值相当。

表 6-49　下缘应力达到 f_y 时实测的拉弯承载力

钢管类型 $D \times T$ /mm×mm	组合弹性模量 E_{sc}/10^4 MPa	实测值 N_s/kN
类型一 127×5.95	8.287	314.8
类型二 113×2.27	5.081	159.1

6.3.5　计算方法修正与试验算

6.3.5.1　计算方法修正

根据计算值和实测数据进行对比，确定了钢管混凝土用于受弯或拉弯作用时的组合弹性模量修正系数，同时考虑了脱空折减系数的影响。

（1）钢管混凝土轴心受拉构件，其轴心受拉承载力应按下式验算

$$\gamma N_d \leqslant \frac{1}{n_s} K_d f_s A_{sc} \qquad (6-40)$$

其中
$$n_s = \frac{E_s}{K_{sc}E_{sc}}$$

式中 γ ——桥梁结构的重要性系数或抗震调整系数;

N_d ——轴心受拉构件轴向力设计值;

n_s ——钢与钢管混凝土组合材料弹性模量比值;

K_{sc} ——受拉钢管混凝土组合弹性模量修正系数;

E_{sc} ——钢管混凝土组合弹性轴压模量;

K_d ——钢管混凝土脱空折减系数;

f_s ——钢管混凝土轴心受拉构件钢管的强度设计值,取 $f_s = 0.45 f_y$;

A_{sc} ——钢管混凝土组合截面面积。

(2) 钢管混凝土拉弯构件,其拉弯承载力应按下式验算

$$\gamma N_d \leqslant \frac{1}{n_s}\varphi_e K_d f_s A_{sc} \quad (6-41)$$

$$\varphi_e = \frac{1}{1+4e_0/r} \quad (6-42)$$

其中
$$n_s = \frac{E_s}{K_{sc}E_{sc}}$$

式中 γ ——桥梁结构的重要性系数或抗震调整系数;

N_d ——拉弯构件轴向力设计值;

n_s ——钢与钢管混凝土组合材料弹性模量比值;

K_{sc} ——受拉钢管混凝土组合弹性模量修正系数;

E_{sc} ——钢管混凝土组合弹性轴压模量;

φ_e ——拉弯钢管混凝土构件偏心距折减系数;

e_0 ——单管受拉钢管混凝土构件的偏心距,按 $e_0 = M_d/N_d$ 计算;

M_d ——拉弯构件轴向力设计值对应的弯矩值;

r ——钢管混凝土截面的半径;

K_d ——钢管混凝土脱空折减系数;

f_s ——钢管混凝土拉弯构件钢管的强度设计值,取 $f_s = 0.45 f_y$;

A_{sc} ——钢管混凝土组合截面面积。

(3) 受拉钢管混凝土组合弹性模量修正系数 K_{sc},应按表 6-50 取值。受拉钢管混凝土组合弹性模量的取值为组合弹性轴压模量 E_{sc} 与受拉钢管混凝土组合弹性模量修正系数 K_{sc} 的乘积。

表 6-50 受拉钢管混凝土组合弹性模量修正系数 K_{sc}

混凝土强度等级	C30	C40	C50	C60	C70	C80
K_{sc}	1.14	1.05	0.99	0.95	0.90	0.85

6.3.5.2 四川汶川克枯大桥 B 匝道桥验算

四川汶川克枯大桥 B 匝道桥钢管混凝土下主管尺寸为 670 mm×24 mm 和 670 mm×20 mm 两种规格,钢材强度等级为 Q345,管内灌注 C30 混凝土,在基本组合作用下的内力分别为:轴力 7 122 kN,弯矩 290 kN·m;轴力 4 715 kN,弯矩 211 kN·m。

1) 670 mm×24 mm 下主管

确定钢管混凝土受拉构件基本参数取值

$$f_s = 0.45 f_y = 0.45 \times 325 = 146 \text{(MPa)}$$

$$n_s = \frac{E_s}{E_{sc}} = \frac{20.6 \times 10^4}{6.28 \times 10^4} = 3.28$$

$$e_0 = \frac{M_d}{N_d} = \frac{290}{7\,122} = 0.041 \text{ (m)}$$

$$\varphi_e = \frac{1}{1+4e_0/r} = \frac{1}{1+4 \times 0.041/0.335} = 0.67$$

$$A_{sc} = \frac{\pi D^2}{4} = \frac{3.14 \times 670^2}{4} = 3.52 \times 10^5 \text{(mm}^2)$$

由式(6-41)可得拉弯构件的承载力

$$\gamma N_d = 1.1 \times 7\,122 = 7\,834 \text{(kN)}$$

$$\frac{1}{n_s}\varphi_e K_d f_s A_{sc} = \frac{1}{3.28} \times 0.67 \times 0.95 \times 146 \times 3.52 \times 10^5/10^3 = 9\,973 \text{(kN)}$$

$\gamma N_d < \frac{1}{n_s}\varphi_e K_d f_s A_{sc}$,故承载力满足要求。

2) 670 mm×20 mm 下主管

确定钢管混凝土受拉构件基本参数取值

$$f_s = 0.45 f_y = 0.45 \times 325 = 146 \text{(MPa)}$$

$$n_s = \frac{E_s}{E_{sc}} = \frac{20.6 \times 10^4}{5.73 \times 10^4} = 3.60$$

$$e_0 = \frac{M_d}{N_d} = \frac{211}{4\,715} = 0.045 \text{ (m)}$$

$$\varphi_e = \frac{1}{1+4e_0/r} = \frac{1}{1+4\times 0.045/0.335} = 0.65$$

$$A_{sc} = \frac{\pi D^2}{4} = \frac{3.14\times 670^2}{4} = 3.52\times 10^5 (\text{mm}^2)$$

由式(6-41)可得拉弯构件的承载力

$$\gamma N_d = 1.1\times 4\,715 = 5\,187(\text{kN})$$

$$\frac{1}{n_s}\varphi_e K_d f_s A_{sc} = \frac{1}{3.6}\times 0.65\times 0.95\times 146\times$$

$$3.52\times 10^5/10^3 = 8\,815(\text{kN})$$

$\gamma N_d < \dfrac{1}{n_s}\varphi_e K_d f_s A_{sc}$,故承载力满足要求。

6.3.5.3 四川石棉干海子大桥验算

该桥主梁下主管尺寸为 813 mm×28 mm 和 813 mm×24 mm 两种规格,钢材强度等级为 Q345,主管内灌注 C60 混凝土,在基本组合作用下的内力分别为:轴力 10 837 kN,弯矩 718 kN·m;轴力 7 075 kN,弯矩 671 kN·m。

1) 813 mm×28 mm 下主管

确定钢管混凝土受拉构件基本参数取值

$$f_s = 0.45 f_y = 0.45\times 325 = 146(\text{MPa})$$

$$n_s = \frac{E_s}{E_{sc}} = \frac{20.6\times 10^4}{6.46\times 10^4} = 3.19$$

$$e_0 = \frac{M_d}{N_d} = \frac{718}{10\,837} = 0.066(\text{m})$$

$$\varphi_e = \frac{1}{1+4e_0/r} = \frac{1}{1+4\times 0.066/0.406\,5} = 0.61$$

$$A_{sc} = \frac{\pi D^2}{4} = \frac{3.14\times 813^2}{4} = 5.19\times 10^5 (\text{mm}^2)$$

由式(6-41)可得拉弯构件的承载力

$$\gamma N_d = 1.1\times 10\,837 = 11\,921(\text{kN})$$

$$\frac{1}{n_s}\varphi_e K_d f_s A_{sc} = \frac{1}{3.19}\times 0.61\times 0.95\times 146\times$$

$$5.19\times 10^5/10^3 = 15\,247(\text{kN})$$

$\gamma N_d < \dfrac{1}{n_s}\varphi_e K_d f_s A_{sc}$,故承载力满足要求。

2) 813 mm×24 mm 下主管

确定钢管混凝土受拉构件基本参数取值

$$f_s = 0.45 f_y = 0.45\times 325 = 146(\text{MPa})$$

$$n_s = \frac{E_s}{E_{sc}} = \frac{20.6\times 10^4}{6.08\times 10^4} = 3.39$$

$$e_0 = \frac{M_d}{N_d} = \frac{671}{7\,075} = 0.095(\text{m})$$

$$\varphi_e = \frac{1}{1+4e_0/r} = \frac{1}{1+4\times 0.095/0.406\,5} = 0.52$$

$$A_{sc} = \frac{\pi D^2}{4} = \frac{3.14\times 813^2}{4} = 5.19\times 10^5 (\text{mm}^2)$$

由式(6-41)可得拉弯构件的承载力

$$\gamma N_d = 1.1\times 7\,075 = 7\,783(\text{kN})$$

$$\frac{1}{n_s}\varphi_e K_d f_s A_{sc} = \frac{1}{3.39}\times 0.52\times 0.95\times 146\times$$

$$5.19\times 10^5/10^3 = 11\,042(\text{kN})$$

$\gamma N_d < \dfrac{1}{n_s}\varphi_e K_d f_s A_{sc}$,故承载力满足要求。

6.3.6 可靠度分析

6.3.6.1 可靠度分析方法简介

各国规范的制定基本上都采用数值意义上的近似概率设计法来指导,利用可靠度指标 β 来度量与之对应的 P_f 大小,但在具体结构设计中规范的计算方法仍采用分项系数的表达形式。

近似概率法的特点是将结构抗力和荷载效应作为随机变量,并对随机表达式进行线性化处理,按给定的概率分布来计算失效概率或可靠指标,其只用到平均值和均方差这两个统计参数。

决定构件可靠度的因素是构件综合抗力和荷载综合效应,对结构抗力的不定性起主要影响的是材料性能不定性、构件几何尺寸不定性和计算模式不定性及荷载变异性等影响因素。因此,实际结构中影响构件可靠度的因素常为多个随机变量。设有 n 个影响因素均为独立的服从正态分布的基本变量 $X_i(i=1, 2, \cdots, n)$,极限状态方程为

$$Z = g(X_1, X_2, \cdots, X_n) = 0 \quad (6-43)$$

以上极限状态方程实际上代表以基本变量 $X_i(i=1, 2, \cdots, n)$ 为坐标的 n 维欧氏空间上的一个曲面,它将 n 维空间分为可靠区($Z\geqslant 0$)和失效区($Z<0$)两个部分。

当基本变量为正态分布时,先对各基本变量做标准正态化变换,令

$$\hat{X}_i = \frac{X_i - \mu_{X_i}}{\sigma_{X_i}} \quad (i=1, 2, \cdots, n) \quad (6-44)$$

式中　μ_{X_i}、σ_{X_i}——基本变量 X_i 的平均值和标

准差。

由此得

$$X_i = \hat{X}_i \sigma_{Xi} + \mu_{Xi} \quad (6-45)$$

按标准正态化后的新坐标系,极限状态方程为

$$Z = g(\hat{X}_i \sigma_{Xi} + \mu_{Xi})(i=1,2,\cdots,n) \quad (6-46)$$

当基本变量为非正态分布时,如抗力 R 为对数正态分布,活载 Sl 为极值Ⅰ型分布,在求 β 值前应对这类基本变量进行当量正态化处理,在进行当量正态处理时,应符合两个条件:① 在验算点处,使当量正态变量与非正态变量具有相同的概率密度函数值;② 在验算点处,使当量正态变量与非正态变量具有相同的概率分布函数值。

考察钢管混凝土基本构件,其极限状态方程为

$$g = R - S_G - S_Q = 0 \quad (6-47)$$

相应的设计表达式为

$$\gamma_G S_{GK} + \gamma_Q S_{QK} \leqslant R_K/\gamma_R \quad (6-48)$$

式中 S_{GK}、S_{QK}——按永久荷载和可变荷载的标准值计算的荷载效应值;

R_K——材料的强度标准值;

γ_G、γ_Q、γ_R——永久荷载、可变荷载和材料的分项系数。

在分析结构的可靠度时,取最常见的基本组合进行分析。决定构件可靠度的因素是构件综合抗力和荷载综合效应。

6.3.6.2 荷载效应不确定性

恒载和活载的统计参数均参照《公路工程结构可靠度设计统一标准》取值,汽车荷载按照一般运行状态正态分布弯矩效应取值,见表 6-51。

表 6-51 恒载与活载变异系数取值

荷载类别	恒 载	活 载
平均值	1.014	0.668 4
变异系数	0.043	0.199 4

6.3.6.3 抗力不确定性

对结构抗力的不定性起主要影响的是材料性能不定性、构件几何尺寸不定性和计算模式不定性等影响因素,这些不确定性采用随机变量进行表征。

1) **材料性能不定性**

结构构件材料性能的不确定性,主要指材料质量因素以及工艺、加荷、环境、尺寸等因素引起的结构构件中材料性能的变异性。不同等级的钢材和混凝土的统计参数见表 6-52。

表 6-52 材料指标的变异性能表

参 数	钢 材			混 凝 土			
	Q235	Q345	Q390	C30	C40	C50	C60
$f_y(f_{ck})$/MPa	235	345	390	20.1	26.8	32.4	38.5
$f_y(f_{cd})$/MPa	215	310	350	13.8	18.4	22.4	26.5
平均值	1.080	1.090	1.097	1.299	1.246	1.221	1.197
变异系数	0.080	0.070	0.071	0.140	0.120	0.110	0.100

2) **构件几何尺寸不定性**

几何参数不确定性主要反映结构构件的几何特性的偏差以及制作安装的误差。由于钢管混凝土截面几何尺寸的精度主要取决于钢管加工时的精度,和混凝土无关,因此,钢管和混凝土截面的几何统计参数可统一按钢结构取用,取其平均值为 0.98,变异系数为 0.05。

3) **计算模式不定性**

计算模式不定性反映了结构构件实际抗力与计算方法的计算值之间的差异,主要是由计算假定与实际情况的不同和计算的不精确性造成的。构件计算模式不定性需根据钢管混凝土构件承载力的实测值和计算值的比值来确定,按照概率论统计的方法,分别计算出计算模式不定性系数的平均值和变异系数。对于拉弯构件可近似按照抗弯构件取用,取其平均值为 1.170,变异系数为 0.116。

6.3.6.4 目标可靠度

《公路工程结构可靠度设计统一标准》对不同构件破坏类型、不同结构安全等级的目标可靠指标规定如下,考虑到受拉钢管混凝土构件为延性破坏,桥梁主梁结构安全等级应按照一级结构进行计算,且钢管混凝土主梁总体为延性结构破坏,因此,公路桥梁结构的目标可靠指标取 4.7。

6.3.6.5 荷载组合

对设计中可能涉及的所有荷载组合均进行计算

是不切实际的，也是不必要的。对于钢管混凝土桁梁桥，恒载和活载为主要的荷载作用，根据《公路桥涵设计通用规范》中关于荷载组合的规定，主要选取恒载和汽车荷载。

基本组合：永久作用设计值与可变作用设计值相组合。

作用基本组合的效应设计值可按下式计算

$$S_{ud}=\gamma_0 S(\sum_{i=1}^m \gamma_{G_i} G_{ik}, \gamma_{Q1}\gamma_L Q_{1k}, \psi_c \sum_{j=2}^n \gamma_{Lj}\gamma_{Qj} Q_{jk}) \quad (6-49)$$

或 $$S_{ud}=\gamma_0 S(\sum_{i=1}^m G_{id}, Q_{1d}, \sum_{j=2}^n Q_{jd}) \quad (6-50)$$

即 $$S_{ud}=1.1\times(1.2G_K+1.4Q_{LK}) \quad (6-51)$$

6.3.6.6 可靠度分析

1) 四川汶川克枯大桥 B 匝道桥主梁钢管混凝土构件可靠度分析

（1）荷载效应。主梁跨中下主管的轴力、弯矩计算结果及荷载效应见表 6-53。

表 6-53　主梁钢管的恒载与活载计算结果

跨度/m	恒载		汽车荷载	
	轴力/kN	弯矩/(kN·m)	轴力/kN	弯矩/(kN·m)
30	1 243	45.6	2 555	60.8
40	2 037	53.2	3 000	66.2

（2）材料（表 6-54）。

表 6-54　主梁钢材和混凝土强度等级

材料	钢材	混凝土
强度等级	Q345	C30

（3）几何尺寸（表 6-55）。

表 6-55　主梁跨度与主管规格

跨度/m	外径/mm	壁厚/mm
30	670	20
40	670	24

根据 MATLAB2015 编写的设计验算点法程序计算可靠度。

表 6-56　主梁不同跨度的可靠度指标

跨度/m	可靠度 β
30	5.19
40	4.74

2) 四川汶川克枯大桥轴心受拉构件不同参数的可靠度指标（表 6-57 和表 6-58）

表 6-57　Q345 钢材等级可靠度指标 β

含钢率	Q345/C30	Q345/C40	Q345/C50	Q345/C60
0.10	3.19	3.38	3.54	3.78
0.12	3.72	3.86	3.98	4.16
0.14	4.18	4.28	4.36	4.52
0.16	4.60	4.64	4.69	4.82
0.18	4.96	4.97	5.00	5.10
0.20	5.27	5.26	5.27	5.35

表 6-58　Q390 钢材等级可靠度指标 β

含钢率	Q390/C30	Q390/C40	Q390/C50	Q390/C60
0.10	3.75	3.90	4.03	4.23
0.12	4.29	4.38	4.47	4.63
0.14	4.75	4.79	4.84	4.98
0.16	5.14	5.15	5.18	5.28
0.18	5.47	5.47	5.48	5.55
0.20	5.72	5.73	5.73	5.79

3) 四川汶川克枯大桥 B 匝道桥拉弯构件不同参数的可靠度指标（表 6-59 和表 6-60）

当钢材强度等级越小、含钢率越小、偏心距越大时，其可靠度指标越小。

计算方法总体满足对延性材料可靠度指标的要求。需要指出的是，从可靠度分析角度来看，目前对钢管混凝土构件的试验数据尚不多，故对该类构件可靠度分析结果还有待进一步完善。

表 6-59　Q345 钢材等级、含钢率 0.18 时可靠度指标 β

偏心率 e/r	Q345/C30	Q345/C40	Q345/C50	Q345/C60
0.06	5.29	5.31	5.34	5.38
0.08	5.00	5.01	5.05	5.09
0.10	4.68	4.70	4.73	4.78
0.12	4.48	4.49	4.53	4.57
0.14	4.18	4.20	4.24	4.29
0.16	3.95	3.97	4.00	4.05
0.18	3.70	3.72	3.75	3.82

表 6-60　Q390 钢材等级、含钢率 0.18 时可靠度指标 β

偏心率 e/r	Q390/C30	Q390/C40	Q390/C50	Q390/C60
0.06	5.82	5.84	5.87	5.90
0.08	5.54	5.56	5.59	5.63
0.10	5.24	5.26	5.29	5.33
0.12	5.04	5.06	5.09	5.14
0.14	4.76	4.78	4.81	4.86
0.16	4.53	4.55	4.59	4.63
0.18	4.29	4.31	4.34	4.39

6.3.7　技术总结

对上述验证和分析计算总结如下：

（1）建立了"容限脱空统一理论"的内涵和使用条件，基于钢管混凝土受弯试验的数据和现象分析表明，钢管和混凝土协同工作良好，受拉区的混凝土抗拉强度较低，但给钢管提供了有效的支撑约束，保证了钢管混凝土截面在钢管进入强化阶段前仍满足平截面假定，同时分析了钢管混凝土受弯构件的 $\bar{\sigma}\text{-}\varepsilon$ 全过程曲线，表明钢管混凝土受弯计算仍然适用于统一理论。

（2）基于"容限脱空统一理论"，确定承载能力计算指标，推导了钢管混凝土受拉或拉弯构件的承载力计算方法。

（3）不同构件的验证。

对于拉弯构件：四川汶川克枯大桥 B 匝道桥和四川石棉干海子大桥在 55 t 荷载作用下，钢管应力小于 $0.45f_y$ 时，对荷载作用下的跨中主管下缘的应力与应力计算方法 $\sigma_s = \dfrac{N_{sc}E_s}{A_{sc}E_{sc}} + \dfrac{M_{sc}E_s}{W_{sc}E_{sc}}$ 进行对比验证，对组合弹性抗压模量进行修正后，各工况下实测值与计算值的比值的平均值和标准差见表 6-61，表中数据表明在 55 t 荷载作用下，跨中下主管的下边缘测点应力的计算值与实测值吻合较好。

表 6-61　实测值与计算值对比结果

参数值	四川汶川克枯大桥 B 匝道桥		四川干海子大桥	
	跨中上缘	跨中下缘	跨中上缘	跨中下缘
平均值	0.998	1.000	0.840	1.000
标准差	0.093	0.058	0.157	0.030

钢管混凝土桁梁模型试验，钢管应力达到 $0.45f_y$ 时，拉弯承载力的计算值与实测值结果见表 6-62。钢管混凝土桁梁模型试验拉弯承载力的实测值与计算值相差较大，计算值较实测值大，对于主管为 113 mm×2.27 mm 的钢管混凝土桁梁，实测值仅约为计算值的一半。

表 6-62　实测值与计算值对比结果

钢管类型 D×T /mm×mm	$0.45f_y$ 实测值 N_s /kN	计算值 N_j /kN	N_s/N_j
类型一 127×5.95	203	285.9	0.71
类型二 113×2.27	92	158.7	0.58

对于纯弯构件：纯弯构件的两组试验，即普通钢管混凝土受弯模型试验和钢纤维微膨胀钢管混凝土模型试验，通过钢管下缘应力达到 $0.45f_y$ 时，钢管混凝土构件杆系模型计算方法 $M_{sc} = FL/4$（即实测值）与推导计算方法 $M_{sc} = 0.014\pi D^3 \dfrac{E_{sc}}{E_s} f_y$ 的对比验证。对组合弹性抗压模量进行修正后，各试件实测值与计算值的比值平均值和标准差见表 6-63。由此可见，在钢管下缘应力达到 $0.45f_y$ 时，两组试验抗弯承载力的实测值与计算值吻合较好。

表 6-63 试件实测值与计算值比值平均值与标准差结果

参数值	钢管混凝土受弯模型试验	钢纤维微膨胀钢管混凝土受弯模型试验
平均值	1.05	1.006
标准差	0.062	0.120

（4）根据计算值和实测数据对比，确定了钢管混凝土用于受弯或拉弯作用时的组合弹性模量修正系数，同时考虑了钢管混凝土脱空折减系数的影响。

（5）基于修正后的计算方法对四川汶川克枯大桥和四川石棉干海子大桥钢管混凝土桁梁的主管进行了验算，其承载力均满足要求。

（6）基于可靠度分析了修正后的计算方法可靠度指标，计算方法总体满足对延性材料可靠度指标的要求，同时分析了不同参数对可靠度指标的影响。

6.4 钢管混凝土梁桥计算示例

6.4.1 钢管混凝土桁梁

6.4.1.1 工程概述

1）总体设计

四川汶川克枯大桥为主跨 30 m、40 m 跨度的钢管混凝土桁梁桥，在支座处采用下弦断开，桥面板连续的"弱"连续结构。梁体由主要承载的钢管混凝土主桁梁与其上的钢-混凝土组合桥面板组成。30 m 跨径梁高 3.5 m，节间距为 4.11 m，桁片间距 7 m。40 m 跨径梁高 4.2 m，节间距 4.85 m，桁片间距 7 m。梁宽均为 12.15 m。桥梁整体立面图和"弱"连续示意如图 6-150 和图 6-151 所示。

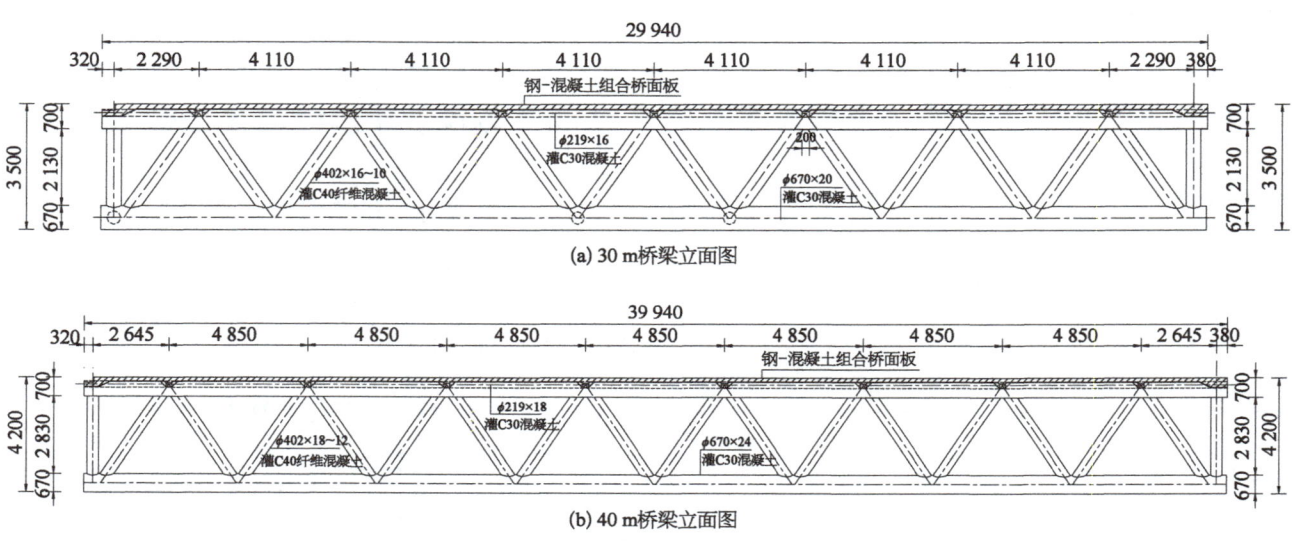

图 6-150 桥梁立面图（单位：mm）

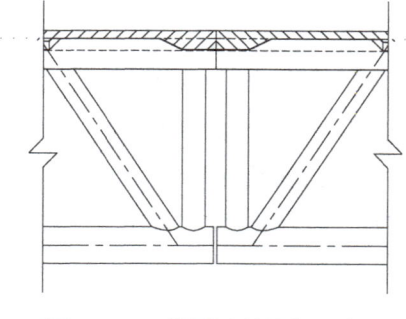

图 6-151 "弱"连续局部示意

2）主要构造

主桁是由下弦主管与 V 形支管组成的平面桁式结构，左右桁片间由空间管式横撑连接。上下弦主管内均灌注自密实补偿收缩 C30 混凝土，下弦主管内预先张拉纵向预应力钢束。30 m 跨径和 40 m 跨径的主管直径均为 670 mm，但钢管壁厚不同，30 m 跨径的壁厚为 20 mm，40 m 跨径的壁厚为 24 mm。30 m 跨径支管尺寸由支座处的 402 mm×16 mm 依次变化到跨中的 402 mm×10 mm，40 m 跨径支管尺寸由支座处的 402 mm×18 mm 依次变化到跨中的 402 mm×12 mm。横撑尺寸相同，30 m 跨径布置了三道横撑，40 m 跨径布置了四道横撑。30 m 跨径下弦主管预应力采用 12-ϕ^s15.2 预应力钢绞线，40 m 跨径下弦主管预应力采用 16-ϕ^s15.2 预应力钢绞线，钢绞线张拉控制应力均为 1 023 MPa。

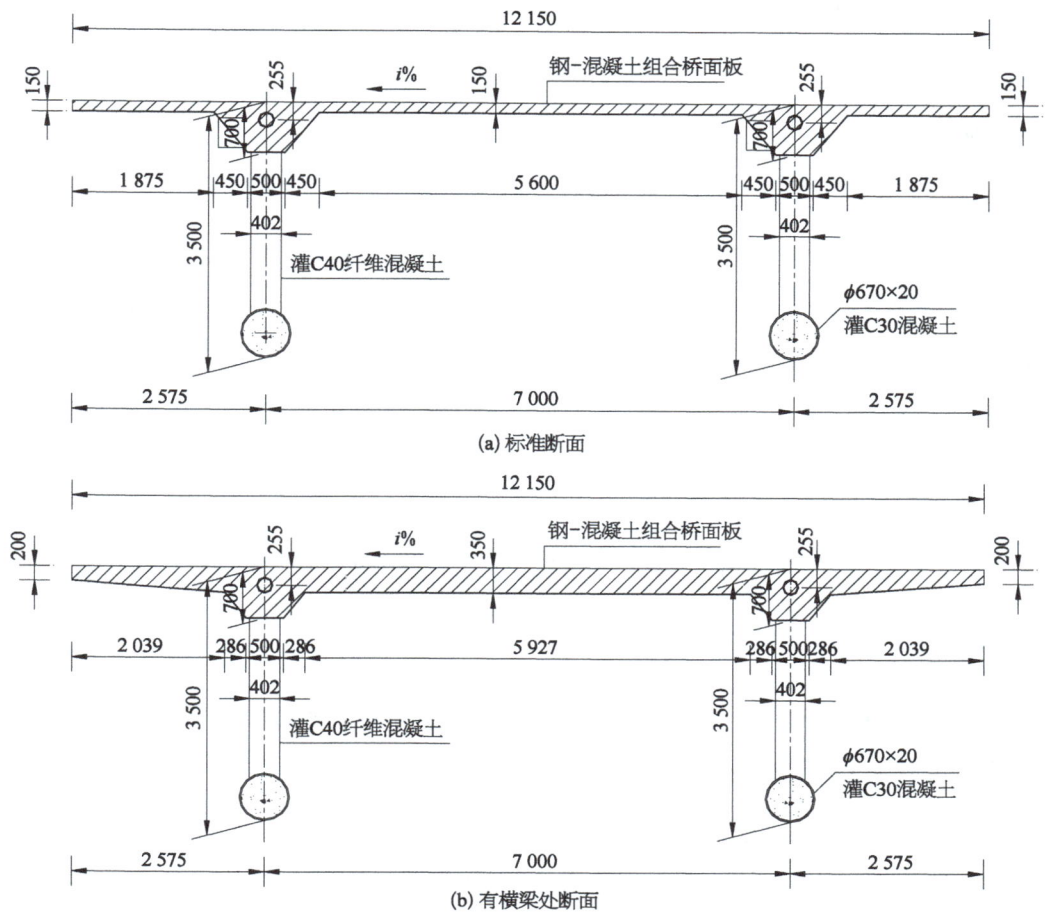

图 6-152 30 m 跨桥梁横断面(单位:mm)

桥梁标准断面和带横梁断面如图 6-152 所示(该计算示例以 30 m 跨径标准跨径作为示例)。

3) 技术标准

(1) 桥梁设计安全等级:一级。
(2) 设计速度:80 km/h。
(3) 荷载等级:公路-Ⅰ级。
(4) 桥梁跨度:简支 30 m/40 m。
(5) 桥面宽度:整幅 24.5 m,分幅 12.25 m。

6.4.1.2 材料

1) 桥梁采用材料

桥面板:钢纤维 C40 钢-混凝土组合桥面板。
主管:Q345C 钢管灌 C30 混凝土。
支管:Q345C 钢管灌 C40 混凝土。
横撑:Q345C 钢管。
底钢板及带孔钢板:Q235B 钢板。
预应力钢束:1 860 级 $\phi^s15.24$ 钢绞线。
钢筋:HRB400 级钢筋。

2) 钢材

钢材选用质量等级应符合规定,其钢材强度设计值按照规程取值。钢管的强度设计值见表 6-64。

表 6-64 钢管钢材的强度设计值

钢 材		抗拉、抗压和抗弯 f_{sd} /MPa	屈服强度 f_y /MPa	抗剪 f_{vd} /MPa
牌号	厚度/mm			
Q235	≤16	215	235	125
	16~40	205	225	120
Q345	≤16	310	345	180
	16~35	295	325	170

3) 混凝土

主桁下主管灌注 C30 混凝土,支管灌注 C40 混凝土,符合规程的规定。混凝土强度设计值和弹性模量按照规程取值,见表 6-65。

表 6-65 混凝土强度和弹性模量　单位：MPa

混凝土强度等级		C30	C40
标准值	轴心抗压 f_{ck}	20.1	26.8
	轴心抗拉 f_{tk}	2.01	2.40
设计值	轴心抗压 f_{cd}	13.8	18.4
	轴心抗拉 f_{td}	1.39	1.65
弹性模量 E_c		3.00×10^4	3.25×10^4

4）钢管混凝土

根据规程的规定，该桥采用的钢管外径和钢管壁厚，符合规程要求。根据规程的规定，该桥采用的钢管与混凝土的强度等级匹配关系，符合规程要求。

主桁支管 $\phi 402\text{ mm}\times 16\text{ mm}$、钢管 Q345C 钢材、管内灌注 C40 混凝土，以该钢管混凝土构件为例，进行钢管混凝土构件材料基本参数计算。

(1) 确定钢管混凝土受压构件基本参数取值。

钢管混凝土组合截面面积 $A_{sc}=\dfrac{\pi D^2}{4}=\dfrac{\pi\times 402^2}{4}=126\,923(\text{mm}^2)$

钢管内混凝土截面面积 $A_c=\dfrac{\pi(D-2T)^2}{4}=\dfrac{\pi\times(402-2\times 16)^2}{4}=107\,521(\text{mm}^2)$

钢管混凝土钢管截面面积 $A_s=A_{sc}-A_c=126\,923-107\,521=19\,402(\text{mm}^2)$

钢管混凝土截面的含钢率 α_s

$$\alpha_s=\frac{A_s}{A_c}=\frac{19\,402}{107\,521}=0.18$$

可得钢管混凝土的约束效应系数设计值 ξ_0

$$\xi_0=\frac{A_s f_{sd}}{A_c f_{cd}}=\frac{19\,402\times 310}{107\,521\times 18.4}=3.04$$

各钢管混凝土构件材料基本参数取值汇总见表 6-66。

表 6-66 钢管混凝土构件材料基本参数取值

构 件		D/mm	T/mm	混凝土等级	钢材等级	A_{sc}/mm²	含钢率 α_s	约束效应设计值 ξ_0	组合容重 γ_{sc}/(kN·m⁻³)
主管		670	20	C30	Q345	352 565	0.131	2.80	31.20
		219	16	C30	Q345	37 668	0.372	8.35	39.49
支管		402	16	C40	Q345	126 923	0.180	3.04	33.18
		402	14	C40	Q345	126 923	0.155	2.62	32.19
		402	12	C40	Q345	126 923	0.131	2.21	31.20
		402	10	C40	Q345	126 923	0.107	1.81	30.19

(2) 确定钢管混凝土构件组合材料参数。钢管壁厚 $T\leqslant 16\text{ mm}$，由规程公式，可得钢管混凝土组合轴心抗压强度设计值 f_{sc}

$$\begin{aligned}f_{sc}&=(1.14+1.02\xi_0)f_{cd}\\&=(1.14+1.02\times 3.04)\times 18.4\\&=78.03(\text{MPa})\end{aligned}$$

根据截面含钢率、钢材牌号和混凝土强度等级得到钢管混凝土组合弹性轴压模量 E_{sc}

$$E_{sc}=6.45\times 10^4\text{ MPa}$$

钢管壁厚 $T\leqslant 16\text{ mm}$，由规程公式，可得钢管混凝土组合抗剪强度设计值 τ_{sc}

$$\begin{aligned}\tau_{sc}&=0.96\times(0.422+0.313\alpha_s^{2.33})\xi_0^{0.134}f_{sc}\\&=(0.422+0.313\times 0.18^{2.33})\times 3.04^{0.134}\times 78.03\\&=38.74(\text{MPa})\end{aligned}$$

根据截面含钢率、钢材牌号和混凝土强度等级得到钢管混凝土组合弹性剪切模量 G_{sc}

$$G_{sc} = 2.28 \times 10^4 \text{MPa}$$

根据规程,钢管混凝土的线膨胀系数 α 应取为 1.2×10^{-5}。

各钢管混凝土材料参数取值见表6-67。

表6-67 钢管混凝土构件材料参数取值

杆件	D /mm	T /mm	混凝土等级	钢材等级	组合轴心抗压强度设计值 f_{sc}/MPa	组合抗剪强度设计值 τ_{sc}/MPa	组合弹性轴压弹模 E_{sc}/GPa	组合弹性剪切弹模 G_{sc}/GPa
主管	670	20	C30	Q345	52.95	25.82	45.5	16.3
	219	16	C30	Q345	133.21	80.22	105.3	42.1
支管	402	16	C40	Q345	78.03	38.74	64.5	22.8
	402	14	C40	Q345	70.09	33.98	58.4	20.3
	402	12	C40	Q345	62.40	29.47	52.4	18.0
	402	10	C40	Q345	54.95	25.21	47.6	15.6

6.4.1.3 计算基本规定

1)一般规定

根据规程的规定,采用 Midas/Civil 有限元软件进行结构计算三维建模分析,主管、支管、横撑、桥面板均采用梁单元模拟。

根据结构分阶段成型特点,模型包含不同施工阶段,主要施工阶段如图6-153~图6-155所示。

施工阶段1:下主管预应力张拉阶段,上、下主管、支管及横撑均采用空心钢管截面,桥面板采用纵横向底钢板截面,管内混凝土采用均布荷载形式加载在主管单元上。

施工阶段2:桥面板混凝土浇注阶段,上、下主管采用钢管混凝土组合截面,支管及横撑采用空心钢管截面,桥面板采用纵横向底钢板截面,桥面板混凝土采用均布荷载形式加载在底钢板单元上。

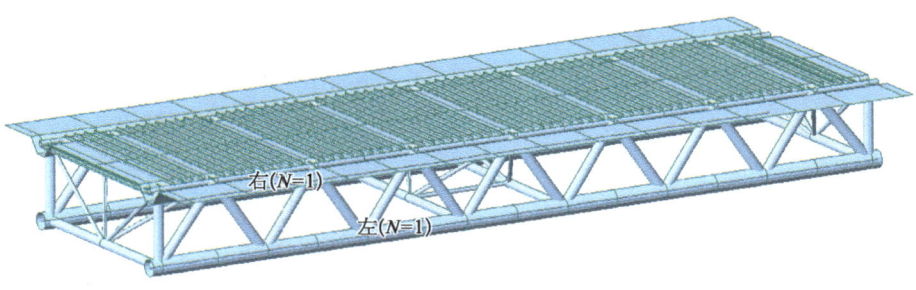

图6-153 张拉阶段

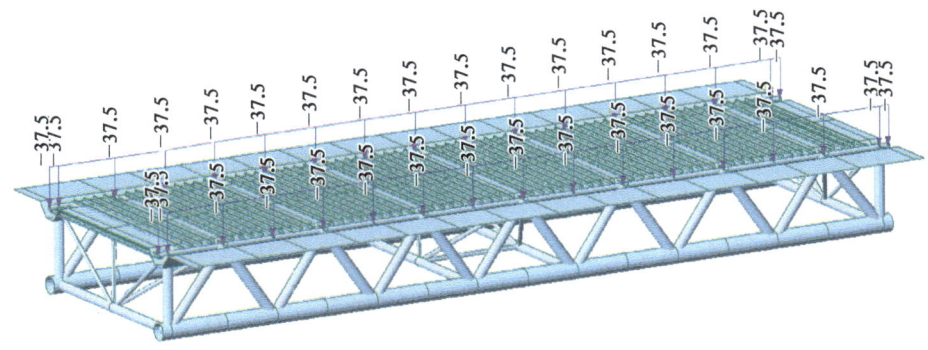

图6-154 浇注阶段

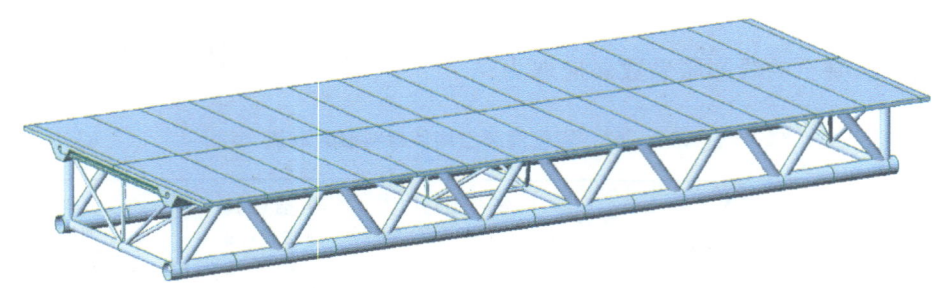

图 6-155 成桥阶段

施工阶段 3：成桥及运营阶段，下主管及支管采用钢管混凝土组合截面，横撑采用空心钢管截面，桥面板采用纵横向混凝土板截面，二期恒载采用均布荷载形式加载在桥面板单元上。

将相同阶段模型 1 和模型 2 的内力差值、模型 2 和模型 3 的内力差值作为施工各阶段的叠加内力，累计到运营阶段的各项计算结果中。

2）作用与作用效应组合

(1) 主要作用。

结构自重：按构件体积及容重计。

预应力：按设计图纸输入。

二期恒载：单侧护栏取 10 kN/m；沥青铺装取 5 cm 厚，重度为 24 kN/m³。

收缩徐变：按收缩应变和徐变系数计入，相对湿度取 70%，天数取 3 650 d。

汽车荷载：公路-Ⅰ级，同时计算两车道偏载和三车道偏载效应，取其不利者。

冲击系数：根据规程规定，按梁式桥计算汽车荷载冲击系数。

体系温差：升温 26℃，降温 36℃。

温度梯度：正温差 +20℃、+6.7℃；负温差 -10℃、-3.35℃。

疲劳荷载：为保证桥梁结构安全和满足对疲劳寿命的要求，按照《公路钢结构桥梁设计规范》，加载疲劳荷载Ⅰ型、Ⅱ型和实际发生的 55 t 车辆荷载，进行疲劳验算。即分别采用三种疲劳荷载模型进行计算：① 疲劳Ⅰ型等效车道荷载模型，集中荷载为 $0.7P_k$，均布荷载为 $0.3q_k$；② 疲劳Ⅱ型双车荷载模型（2×44.5 t）；③ 55 t 车辆荷载模型。

(2) 作用组合。根据规程的规定，按《公路桥涵设计通用规范》，主要采用以下几种荷载组合（不考虑偶然组合）进行验算：

承载能力效应基本组合：

恒载不利时，cz1：1.2 恒载 + 1.0 收缩徐变 + 1.4 汽车 + 0.8×1.4 升/降温 + 0.8×1.4 温度梯度 + 0.8×1.4 制动力。

恒载有利时，cz2：1.0 恒载 + 1.0 收缩徐变 + 1.4 汽车 + 0.8×1.4 升/降温 + 0.8×1.4 温度梯度 + 0.8×1.4 制动力。

正常使用效应组合：

短期组合，dq：1.0 恒载 + 1.0 收缩徐变 + 0.7 汽车（不计冲击）+ 1.0 升/降温 + 0.8 温度梯度 + 0.8 制动力。

长期组合，cq：1.0 恒载 + 1.0 收缩徐变 + 0.4 汽车（不计冲击）+ 1.0 升/降温 + 0.8 温度梯度 + 0.8 制动力。

弹性阶段效应组合：

组合Ⅰ：1.0 恒载 + 1.0 收缩徐变 + 1.0 汽车。

组合Ⅱ：1.0 恒载 + 1.0 收缩徐变 + 1.0 汽车 + 1.0 升/降温 + 1.0 温度梯度 + 1.0 制动力。

组合Ⅴ：1.0 自重（含混凝土湿重）+ 1.0 预应力 + 1.0 其他施工阶段荷载。

3）施工计算

按照规程规定，按设计的施工过程，对各阶段所形成的结构体系进行内力、稳定和抗风性能计算，并应验算体系中构件的强度、刚度、稳定性能和抗风性能。

(1) 主桁下主管在施工阶段受力时，管内混凝土参与受力之前，按钢材进行容许应力验算，其中受压构件还应进行轴压稳定验算，验算结果见表 6-68。

(2) 支管在施工阶段受力时，管内混凝土参与受力之前，按钢材进行容许应力验算，其中受压构件还应进行轴压稳定验算，验算结果见表 6-70。

表 6-68 主桁下弦主管施工阶段验算结果

构件规格/(mm×mm)	施 工 阶 段	荷 载 组 合	最大应力/MPa	容许值/MPa	是否满足
φ670×20	下弦张拉预应力	组合Ⅴ(轴向)	−40.4	250.6	满足
		组合Ⅴ	−41.1	260	满足
φ219×16	下弦张拉预应力	组合Ⅴ(轴向)	−6.7	252.2	满足
		组合Ⅴ	−10.0	260	满足

注：表中受压钢管稳定折减系数 φ，计算过程见表 6-69。

表 6-69 受压钢管稳定折减系数 φ

规格/(mm×mm)	I/mm⁴	A/mm²	i/mm	l/mm	λ	φ
φ670×20	2 158 941 741	40 840.7	229.9	4 110	21.7	0.964

表 6-70 主桁支管施工阶段验算结果

构件规格/(mm×mm)	施 工 阶 段	荷 载 组 合	最大应力/MPa	容许值/MPa	是否满足
竖杆 φ402×16	灌注支管内混凝土	组合Ⅴ(轴压)	−1.4	247.0	满足
		组合Ⅴ	−15.8	260.0	满足
支管 φ402×16	灌注支管内混凝土	组合Ⅴ(轴压)	−19.9	241.8	满足
		组合Ⅴ	−31.2	260.0	满足
支管 φ402×14	灌注支管内混凝土	组合Ⅴ(轴压)	−14.7	241.8	满足
		组合Ⅴ	−24.6	260.0	满足
支管 φ402×12	灌注支管内混凝土	组合Ⅴ(轴压)	−9.7	242.1	满足
		组合Ⅴ	−17.7	260.0	满足
支管 φ402×10	灌注支管内混凝土	组合Ⅴ(轴压)	−2.5	242.1	满足
		组合Ⅴ	−8.2	260.0	满足

注：表中受压钢管稳定折减系数 φ，计算过程见表 6-71。

表 6-71 受压钢管稳定折减系数 φ

规格/(mm×mm)	I/mm⁴	A/mm²	i/mm	l/mm	λ	φ
竖管 φ402×16	361 982 298	19 402.5	136.6	2 915	25.9	0.950
支管 φ402×16	361 982 298	19 402.5	136.6	3 567	31.6	0.930
支管 φ402×14	321 549 736	17 065.1	137.3	3 567	31.5	0.930
支管 φ402×12	279 798 850	14 702.7	138.0	3 567	31.3	0.931
支管 φ402×10	236 701 288	12 315.0	138.6	3 567	31.2	0.931

(3) 桥面板在施工阶段为钢管混凝土上主管与底钢板组成的共同受压构件，应对钢管混凝土上弦进行承载能力验算，计算结果见表 6-72 和表 6-73。

表 6-72 主桁上主管施工阶段验算结果

构件规格	荷载组合	N/kN	M/(kN·m)	N_u/kN	$N_u/\gamma N$	是否满足
$\phi 219 \times 16$	组合 V	509.4	6.1	2 911	5.20	满足

表 6-73 主桁上主管钢管混凝土承载力计算结果

规　格	ϕ_e	ϕ_l	K_p	K_t	f_{sc}/MPa	A_{sc}/mm²	N_u/kN
$\phi 219 \times 16$	0.83	0.816	0.90	0.95	133.2	37 668.5	2 911

(4) 桥面板在施工阶段为钢管混凝土上弦与底钢板组成的共同受压构件，应对底钢板(含带孔钢板加劲肋)进行容许应力验算，验算结果见表 6-74。

表 6-74 主桁桥面底钢板施工阶段验算结果

位置	荷载组合	桥面板浇注阶段 上缘(钢)/MPa	桥面板浇注阶段 下缘(钢)/MPa	容许应力/MPa	是否满足
纵肋支点附近	组合 V	5.0	-14.1	182	满足
纵肋跨中附近	组合 V	-45.2	-47.1	182	满足
端横肋根部	组合 V	-8.3	8.2	182	满足
中横肋根部	组合 V	-10.3	9.9	182	满足

6.4.1.4 承载能力极限状态计算

1) 一般规定

按照规程规定，钢管混凝土桁式主梁应进行单管构件承载力计算，承载能力极限状态计算时安全等级为一级。

2) 单管受压构件

以 $\phi 402$ mm×16 mm 下弦主管为计算示例，钢材强度等级为 Q345，管内灌注 C30 混凝土，杆件在基本组合作用下最大轴力-3 285.2 kN，对应弯矩 86.8 kN·m。

(1) 确定钢管混凝土受压构件几何和材料参数取值。由前述计算结果可知

钢管混凝土的组合截面面积 $A_{sc}=126\,923$ mm²

钢管混凝土的组合弹性轴压模量 $E_{sc}=6.45 \times 10^4$ MPa

钢管混凝土组合轴心抗压强度设计值 $f_{sc}=78.03$ MPa

(2) 确定钢管混凝土受压构件长细比折减系数。因 $l_e/D=3\,700/402=9.2>4$，由规程公式计算，可得受压构件长细比折减系数 φ_l

$$\varphi_l = 1-0.115\sqrt{l_e/D-4}$$
$$= 1-0.115\sqrt{9.2-4}=0.738$$

(3) 确定钢管混凝土受压构件偏心距折减系数。

偏心距 $e_0=M/N=86.8/3\,285.2=0.026$ (m)

因 $e_0/r_c=26/185=0.14<1.55$，由规程公式计算，可得受压构件偏心距折减系数 φ_e

$$\varphi_e = \frac{1}{1+1.85 e_0/r_c} = \frac{1}{1+1.85 \times 0.14} = 0.794$$

(4) 确定钢管混凝土受压构件初应力折减系数。根据施工阶段分析计算可知，钢管初应力 σ_0 在混凝土灌注后但还未凝固阶段最大，即 $\sigma_0=-31.2$ MPa。

由规程公式计算可得钢管初应力度 ω

$$\omega = \frac{\sigma_0}{f_{sd}} = \frac{31.2}{310} = 0.10$$

根据规程公式，计算可得钢管初应力折减系数 K_p

$$K_p = 1.0-0.15\omega = 1.0-0.15 \times 0.10 = 0.985$$

(5) 确定钢管混凝土受压构件脱空折减系数。由规程规定，当钢管混凝土脱空率在规定的限值时，脱空折减系数 K_d 取值 0.95，否则需按要求进行修补灌注。

(6) 确定钢管混凝土受压构件的承载力。由规程公式,可得钢管混凝土受压构件的偏心受压承载力

$$\varphi_l \varphi_e K_p K_d f_{sc} A_{sc} = 0.738 \times 0.794 \times 0.985 \times 0.95 \\ \times 126\,923 \times 78.03/1\,000$$

$$= 5\,430.5(\text{kN}) > 1.1 \times 3\,285.2 \\ = 3\,613.7(\text{kN})$$

钢管混凝土偏心受压构件承载力满足规程要求,具体见表 6-75。

表 6-75 主桁单管受压钢管混凝土构件承载力验算汇总

构件规格 /(mm×mm)	荷载组合	N/kN	M/(kN·m)	N_u/kN	$N_u/\gamma N$	是否满足
受压竖管 $\phi 402 \times 16$	cz1	−1 341.4	230.9	2 640.3	1.79	满足
	cz2	−1 314.8	−216.7	2 711.3	1.87	满足
受压支管 $\phi 402 \times 16$	cz1	−3 285.2	−86.8	5 483.2	1.52	满足
	cz2	−3 035.5	−79.0	5 501.5	1.65	满足
受压支管 $\phi 402 \times 14$	cz1	−2 462.3	95.6	4 508.8	1.66	满足
	cz2	−2 280.8	90.1	4 489.5	1.79	满足
受压支管 $\phi 402 \times 12$	cz1	−1 672.4	69.1	3 951.5	2.15	满足
	cz2	−1 565.5	65.3	3 942.0	2.29	满足
受压支管 $\phi 402 \times 10$	cz1	−933.9	54.6	3 125.2	3.04	满足
	cz2	−901.5	55.4	3 070.3	3.10	满足

3) 单管受拉构件

以 $\phi 670\,\text{mm} \times 20\,\text{mm}$ 下弦主管为计算示例,钢材强度等级为 Q345,管内灌注 C30 混凝土,杆件在基本组合作用下的内力为:轴力 5 192.2 kN,弯矩 88.9 kN·m。

(1) 确定钢管混凝土受拉构件基本参数取值。由前述计算结果可知

钢管混凝土的组合截面面积 $A_{sc} = 352\,565\,\text{mm}^2$

钢管混凝土的组合弹性轴压模量 $E_{sc} = 4.55 \times 10^4\,\text{MPa}$

钢管混凝土组合轴心抗压强度设计值 $f_{sc} = 45.5\,\text{MPa}$

由规程规定 $f_s = 0.45 f_y = 0.45 \times 325 = 146(\text{MPa})$

由规程可得 $K_{sc} = 1.14$

$$n_s = \frac{E_s}{K_{sc} E_{sc}} = \frac{20.6 \times 10^4}{1.14 \times 4.55 \times 10^4} = 3.97$$

(2) 确定钢管混凝土拉弯构件偏心距折减系数。

偏心距 $e_0 = \dfrac{M_d}{N_d} = \dfrac{88.9}{5\,192.2} = 0.017(\text{m})$

由规程公式计算可得

$$\varphi_e = \frac{1}{1 + 4e_0/r} = \frac{1}{1 + 4 \times 0.017/0.335} = 0.831$$

(3) 确定钢管混凝土拉弯构件的承载力。由规程公式计算,可得钢管混凝土拉弯构件的拉弯承载力

$$\frac{1}{n_s}\varphi_e K_d f_s A_{sc} = \frac{1}{3.97} \times 0.831 \times 0.95 \times 146 \\ \times 3.53 \times 10^5/10^3$$

$$= 10\,238.4(\text{kN}) > 1.1 \times 5\,192.2 \\ = 5\,711.4(\text{kN})$$

由此可知,钢管混凝土拉弯构件承载力满足规程要求,见表 6-76。

4) 单管受剪构件

以 $\phi 402\,\text{mm} \times 16\,\text{mm}$ 受压支管为计算示例,钢材强度等级为 Q345,管内灌注 C40 混凝土,因本桥杆件基本组合作用下剪力较小,不控制设计,仅以该杆件作为示例计算受剪承载力。

表 6-76　主桁单管受拉钢管混凝土构件承载力验算汇总

构件规格/(mm×mm)	荷载组合	N/kN	M/(kN·m)	N_u/kN	$N_u/\gamma N$	是否满足
下弦主管 φ670×20	cz1	5 192.2	88.9	10 238.4	1.79	满足
	cz2	4 962.1	72.4	10 503.2	1.92	满足
受拉支管 φ402×16	cz1	2 552.8	119.9	3 184.8	1.13	满足
	cz2	2 362.5	114.9	3 130.7	1.20	满足
受拉支管 φ402×14	cz1	1 722.5	84.7	2 821.9	1.49	满足
	cz2	1 605.7	82.6	2 759.0	1.56	满足
受拉支管 φ402×12	cz1	1 007.6	74.9	2 026.2	1.83	满足
	cz2	962.7	68.2	2 083.4	1.97	满足
受拉支管 φ402×10	cz1	303.2	54.6	977.6	2.93	满足
	cz2	333.4	55.5	1 039.2	2.83	满足

(1) 确定钢管混凝土受剪构件基本参数取值。由前述计算结果可知

钢管混凝土的组合截面面积 $A_{sc}=126\,923\,\text{mm}^2$

钢管混凝土的约束效应系数标准值 $\xi=2.32$

钢管混凝土组合抗剪强度设计值 $\tau_{sc}=38.74\,\text{MPa}$

(2) 确定钢管混凝土构件的抗剪承载力。因 $\xi=2.32>0.85$，$r_v=0.85$。由规程，可得构件的抗剪承载力

$$\gamma_v A_{sc} \tau_{sc} = 0.85 \times 126\,923 \times 38.74/1\,000 = 4\,179.4\,(\text{kN})$$

5) 节点承载力计算

本桥主管直径 670 mm，壁厚 20 mm，支管直径 402 mm，最大壁厚 16 mm，主支管斜交角为 55°。

由规程规定，当节点两侧或一侧主管受拉时，$\phi_n=1$，$\beta=\dfrac{d}{D}=\dfrac{402}{670}=0.6<0.7$。

由规程公式计算可得

$$\phi_d = 0.069 + 0.93\beta = 0.069 + 0.93 \times 0.6 = 0.627$$

由规程公式计算可得

$$\phi_a = 1 + \left(\frac{2.19}{1+7.5\dfrac{g}{D}}\right)\left(1-\frac{20.1}{6.6+\dfrac{D}{T}}\right) \cdot (1-0.77\beta) = 1.36$$

由规程可得

$$N_c = \frac{11.51}{\sin\theta_c}\left(\frac{D}{T}\right)^{0.2}\phi_n\phi_d\phi_a T^2 f_{sd} = 2\,853.7\,(\text{kN})$$

$$N_t = \frac{\sin\theta_c}{\sin\theta_t}N_c = \frac{\sin 55}{\sin 55} \times 2\,853.7 = 2\,853.7\,(\text{kN})$$

按照承载力组合计算得到，支管最大拉力为 256.3 kN，小于验算公式所得承载力值，满足规程要求。

6) 节点及连接疲劳验算

按照规程规定，需要对 K 形管-管相贯、T 形管-管相贯和管-管对接三类焊接接头的细节构造进行节点疲劳验算。

按照四川省地方标准《钢管混凝土桥梁焊接节点疲劳技术规程》相关规定进行取值和验算。

(1) 主桁下主管（钢管混凝土对接接头）。主桁下主管钢管混凝土对接接头疲劳验算结果见表 6-77 和表 6-78。

(2) 受拉支管（钢管混凝土 K 形节点）。受拉支管钢管混凝土 K 形节点疲劳验算结果见表 6-79 和表 6-80。

(3) 横撑主管（钢管混凝土 T 形节点）。主桁横撑主管钢管混凝土 T 形节点疲劳验算结果见表 6-81 和表 6-82。

(4) 横撑支管（钢管 K 形节点）。横撑支管钢管 K 形节点疲劳验算结果见表 6-83 和表 6-84。

表 6-77 主桁下主管钢管混凝土对接接头疲劳容许应力

构件规格/(mm×mm)	C_l	C_t	C_h	$\gamma_b\gamma_w\gamma_i$	基准 $\Delta\sigma$/MPa	容许 $[\Delta\sigma]$/MPa
$\phi670\times20$	1.0	1.0	1.0	1.331	65	48.8

表 6-78 主桁下主管钢管混凝土对接接头疲劳验算结果汇总

构件规格/(mm×mm)	荷载组合	最大应力/MPa	容许值/MPa	是否满足
$\phi670\times20$	疲劳Ⅰ型	26.1	48.8	满足
	疲劳Ⅱ型	21.1	48.8	满足
	疲劳55 t	27.0	48.8	满足

表 6-79 主桁受拉支管钢管混凝土 K 形节点疲劳容许应力

主管/(mm×mm)	支管/(mm×mm)	μ_β	C_l	C_t	C_h	$\gamma_b\gamma_w\gamma_i$	基准 $\Delta\sigma$/MPa	容许 $[\Delta\sigma]$/MPa
$\phi670\times20$	$\phi402\times16$	0.984	1.00	1.00	0.95	1.331	86	60.4
$\phi670\times20$	$\phi402\times14$	0.984	0.92	1.00	0.95	1.331	94	60.7
$\phi670\times20$	$\phi402\times12$	0.984	0.92	1.00	0.95	1.331	102	65.9

注：验算表中容许应力未计入焊缝修磨对疲劳容许应力值的提高，而将其作为疲劳应力的安全储备。

表 6-80 主桁受拉支管钢管混凝土 K 形节点疲劳验算结果汇总

构件规格/(mm×mm)	疲劳荷载	最大应力/MPa	容许值/MPa	是否满足
受拉支管 $\phi402\times16$	疲劳Ⅰ型	42.8	60.4	满足
	疲劳Ⅱ型	35.6	60.4	满足
	疲劳55 t	45.1	60.4	满足
受拉支管 $\phi402\times14$	疲劳Ⅰ型	37.2	60.7	满足
	疲劳Ⅱ型	33.1	60.7	满足
	疲劳55 t	43.1	60.7	满足
受拉支管 $\phi402\times12$	疲劳Ⅰ型	55.5	65.9	满足
	疲劳Ⅱ型	45.3	65.9	满足
	疲劳55 t	59.4	65.9	满足

表 6-81 主桁横撑主管钢管混凝土 T 形节点疲劳容许应力

主管/(mm×mm)	支管/(mm×mm)	μ_β	C_l	C_t	C_h	$\gamma_b\gamma_w\gamma_i$	基准 $\Delta\sigma$/MPa	容许 $[\Delta\sigma]$/MPa
$\phi670\times20$	$\phi377\times12$	0.997	1.00	1.00	0.95	1.331	72.4	51.5
$\phi670\times20$	$\phi351\times10$	1.005	1.00	1.00	0.95	1.331	78	55.9

注：验算表中容许应力未计入焊缝修磨对疲劳容许应力值的提高，而将其作为疲劳应力的安全储备。

表 6-82　主桁横撑主管钢管混凝土 T 形节点疲劳验算结果汇总

构件规格/(mm×mm)	疲劳荷载	最大应力/MPa	容许值/MPa	是否满足
端横撑主管 φ377×12	疲劳Ⅰ型	21.9	51.5	满足
	疲劳Ⅱ型	16.5	51.5	满足
	疲劳 55 t	21.5	51.5	满足
中横撑主管 φ351×10	疲劳Ⅰ型	16.8	55.9	满足
	疲劳Ⅱ型	13.8	55.9	满足
	疲劳 55 t	18.3	55.9	满足

表 6-83　主桁横撑支管钢管 K 形节点疲劳容许应力

主管/(mm×mm)	支管/(mm×mm)	μ_β	C_l	C_t	C_h	$\gamma_b \gamma_w \gamma_i$	基准 $\Delta\sigma$/MPa	容许 $[\Delta\sigma]$/MPa
φ377×12	φ159×8	0.992	0.92	1.00	0.95	1.331	75	48.9
φ351×10	φ159×8	1.005	0.92	1.00	0.95	1.331	63	41.6

注：验算表中容许应力未计入焊缝修磨对疲劳容许应力值的提高，而将其作为疲劳应力的安全储备。

表 6-84　横撑支管钢管 K 形节点疲劳验算结果汇总

构件规格/(mm×mm)	疲劳模型车	最大应力/MPa	容许值/MPa	是否满足
端横撑支管 φ159×8	疲劳Ⅰ型	34.5	48.9	满足
	疲劳Ⅱ型	26.2	48.9	满足
	疲劳 55 t	36.4	48.9	满足
中横撑支管 φ159×8	疲劳Ⅰ型	25.0	41.6	满足
	疲劳Ⅱ型	22.5	41.6	满足
	疲劳 55 t	29.6	41.6	满足

7) 局部受压构件

本桥主管直径 670 mm，壁厚 20 mm，支管直径 402 mm，最大壁厚 16 mm，主支管斜交角为 55°。

由规程公式计算可得

$$A_1 = \frac{\pi d^2}{4} = \frac{\pi \times 402^2}{4} = 126\,859\,(\text{mm}^2)$$

由规程公式计算可得

$$A_2 = \frac{A_1}{\sin\theta} + 2dD = \frac{126\,859}{\sin 55°} + 2 \times 402 \times 670 = 693\,546\,(\text{mm}^2)$$

由规程公式，可得构件的径向局部受压承载力

$$2f_{cd}\frac{A_1}{\sin\theta}\sqrt{\frac{A_2}{A_1}} = 2 \times 13.8 \times \frac{126\,859}{\sin 55°}$$

$$\times \sqrt{\frac{693\,546}{126\,859}} \times 10^{-3}$$

$$= 9\,994.1\,(\text{kN}) > 1.1 \times 3\,285.2$$

$$= 3\,613.7\,(\text{kN})$$

计算结果满足规程要求。

6.4.1.5　正常使用极限状态计算

1) 一般规定

由规程规定，应进行钢管和钢管混凝土的应力

计算,并应满足规程计算限值要求的相关规定。

受拉钢管和受拉钢管混凝土构件按照容许应力验算;受压钢管构件按照考虑受压稳定影响的容许应力验算;受压钢管混凝土构件按照应力叠加法计算各阶段累计的截面应力。

各杆件弹性应力验算结果见表6-85～表6-88。

表6-85　主桁下主管弹性应力验算结果汇总

构件规格/(mm×mm)	荷载组合	N/kN	M/(kN·m)	最大应力/MPa	容许值/MPa	是否满足
主桁下主管 ϕ670×20	组合Ⅰ	3 723.1	162.3	116	200	满足
	组合Ⅱ	3 909.2	230.3	131	250	满足

表6-86　主桁支管弹性应力验算结果汇总

构件规格/(mm×mm)	荷载组合	N/kN	M/(kN·m)	最大应力/MPa	容许值/MPa	是否满足
受拉支管 ϕ402×16	组合Ⅰ	1 878.3	66.3	134	200	满足
	组合Ⅱ	1 990.8	−103.3	160	250	满足
受拉支管 ϕ402×14	组合Ⅰ	1 305.8	51.7	109	200	满足
	组合Ⅱ	1 329.9	−75.4	125	250	满足
受拉支管 ϕ402×12	组合Ⅰ	726.6	38.4	77	200	满足
	组合Ⅱ	756.8	58.5	93	250	满足
受压支管 ϕ402×16	组合Ⅰ	−2 006.0	157.3	−152	207	满足
	组合Ⅱ	−2 133.7	140.2	−168	207	满足
受压支管 ϕ402×14	组合Ⅰ	−1 499.4	109.0	−124	207	满足
	组合Ⅱ	−1 547.2	67.8	−133	207	满足
受压支管 ϕ402×12	组合Ⅰ	−979.7	107.9	−115	207	满足
	组合Ⅱ	−1 005.4	120.5	−124	207	满足

表6-87　主桁横撑杆件弹性应力验算结果汇总

构件规格/(mm×mm)	荷载组合	N/kN	M/(kN·m)	最大应力/MPa	容许值/MPa	是否满足
横撑主管 ϕ377×12	组合Ⅰ(受拉)	37.6	−31.0	40.7	200	满足
	组合Ⅱ(受拉)	1 177.1	−51.0	118.6	250	满足
	组合Ⅰ(轴压)	−23.5	0	1.7	192.6	满足
	组合Ⅱ(轴压)	−848.8	0	61.7	192.6	满足
横撑主管 ϕ351×10	组合Ⅰ(受拉)	182.0	−15.7	31.4	200	满足
	组合Ⅱ(受拉)	210.7	−20.4	39.4	250	满足

构件规格 /(mm×mm)	荷载组合	N/kN	M/(kN·m)	最大应力 /MPa	容许值 /MPa	是否满足
横撑主管 φ351×10	组合Ⅰ(轴压)	—				
	组合Ⅱ(轴压)	−25.0	0	2.3	191.8	满足
横撑支管 φ159×8	组合Ⅰ(受拉)	—				
	组合Ⅱ(受拉)	78.0	4.7	42.9	250	满足
	组合Ⅰ(轴压)	−68.2	0	34.1	127.4	满足
	组合Ⅱ(轴压)	−76.2	0	20.1	127.4	满足

表6-88 主桁横撑受压钢管稳定折减系数 φ 一览表

规格 /(mm×mm)	I/mm^4	A/mm^2	i/mm	l/mm	λ	ϕ
φ377×12	229 397 611	13 760.2	129.1	3 850	29.8	0.963
φ351×10	155 846 200	10 712.8	120.6	3 850	31.9	0.959
φ159×8	10 846 710	3 795.0	53.5	5 342	99.9	0.637

由规程规定，非钢管及钢管混凝土构件的应力、变形、裂缝应按照相关规范的规定验算。

2) 变形及预拱度设置

(1) 变形。按照规程规定，采用线弹性理论方法计算钢管混凝土桁式主梁的变形，主梁施工及成桥各阶段挠度计算结果见表6-89。

表6-89 主梁施工及成桥各阶段挠度 单位：mm

位置	张拉灌注 主桁下主管		浇注 桥面	累计恒载 含收缩徐变	汽车 荷载
	竖向	横向			
主梁跨中挠度	1.53	0.1	−7.0	−10	−8.0

注：表中数值以向上为正，向下为负。

由规程规定，最大容许竖向挠度（正负挠度绝对值之和）应不大于 $L/800$，而计算最大竖向挠度为 $8 \text{ mm} < 30\ 000/800 = 37.5 (\text{mm})$，因此，变形满足规程要求。

(2) 预拱度设置。由规程规定，主梁设计预拱度为

$$\delta_s = K_y \delta_j = 1.2 \times 23.5 = 28.2 (\text{mm})$$

3) 动力特性

根据规程规定，本桥一阶横弯自振频率为9.41 Hz，一阶竖弯自振频率为10.56 Hz，一阶扭转自振频率为11.11 Hz。

6.4.1.6 构造

1) 一般规定

本桥采用矩形桁式截面，跨度30 m，梁高3.5 m，符合规程关于对钢管混凝土桁式主梁的构造要求。本桥采用钢-混凝土组合桥面板，符合规程相关规定。

2) 主梁

(1) 钢管混凝土桁式主梁构件。主管壁厚为20 mm，支管最大壁厚为16 mm，支管与主管夹角为55°，支管与主管采用相贯焊缝进行连接，满足规程相关规定。

(2) 钢管混凝土桁式主梁节点构造。支管与主管壁厚比 t/T 在 0.6~0.8，支管与主管直径比 d/D 为0.6，主管径厚比 D/T 为33.5，均满足规程相关规定。

(3) 钢管混凝土桁式主梁斜支管构造。本桥K形节点支管间的间隙为80 mm，斜支管交点与主管轴线的偏心距 e_0 为57.8 mm，均满足规程相关规定。

(4) 钢管混凝土桁式主梁节点抗疲劳构造。本桥对主管和支管的几何参数规定满足规程的规定，同时也按照规程相关规定对焊接节点的连接形式、焊缝修磨、焊缝检测等提出了详细要求。

3) 钢-混过渡接头

本桥采用桁式主墩，其桁式主梁与桁式主墩的连接如图6-156所示，满足规程要求。

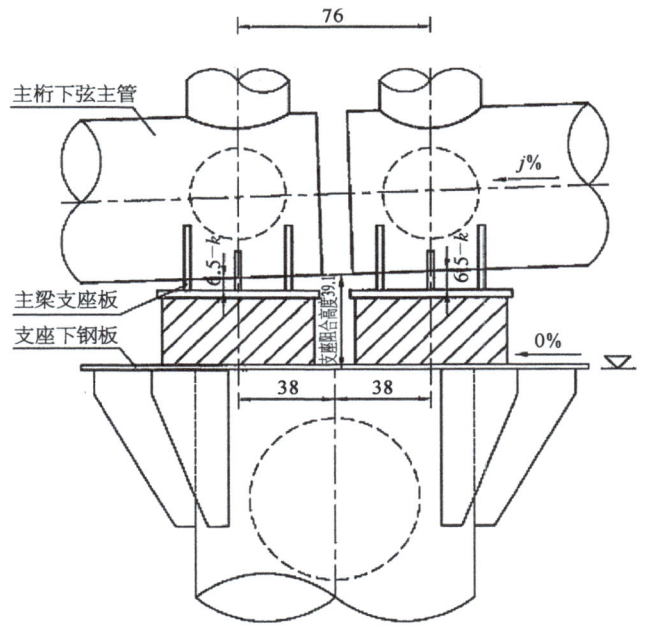

图6-156 桁式主梁与桁式主墩的连接示意(单位：cm)

6.4.2 钢管混凝土桁式墩(塔)

本部分主要介绍钢管混凝土桁式墩(塔)受压承载力计算和构造。

6.4.2.1 工程概述

四川汶川克枯大桥的钢管混凝土梁桥的桁式墩(塔)，其截面(图6-157)横桥向宽5.5 m，纵桥向宽2.5 m，主管为1 000 mm×16 mm的钢管混凝土，支管为500 mm×12 mm的空钢管，支管布置为直支管形式，支管每隔2.5 m布置一道。钢管为Q345C，管内混凝土为C50。计算长度为108.86 m，位于Ⅷ度地震烈度地区。

6.4.2.2 钢管混凝土桁式墩(塔)受压承载力计算

该计算示例仅对纵桥向进行试算，横桥向的计算类似。

1) 桁式墩(塔)整体长细比折减系数

(1) 确定桁式墩(塔)名义长细比。由规程公

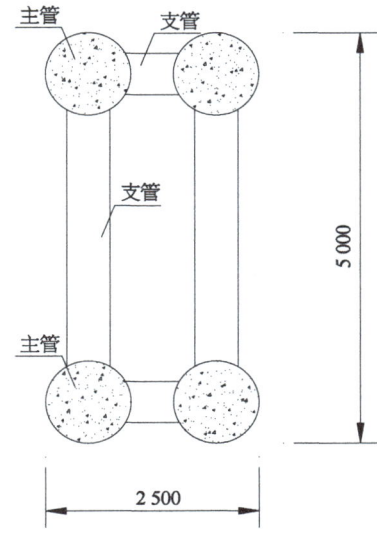

图6-157 截面形式(单位：mm)

式，可得桁式墩(塔)名义长细比 λ_x

$$\lambda_x = \frac{l_{0x}}{\sqrt{\sum(I_{sc}+b_i^2 A_{sc})/\sum A_{sc}}}$$

$$= \frac{108.86}{\sqrt{(0.049\,1+2.25^2\times0.785\,4)/0.785\,4}}$$

$$= 48.09$$

(2) 确定桁式墩(塔)换算长细比。该桁式墩(塔)的一个节间各斜杆的面积之和 $A_d = 0.036\,8\ \text{m}^2$，一个节间各平支管面积之和 $A_b = 0.036\,8\ \text{m}^2$。由规程公式，可得桁式墩(塔)柔度系数 δ

$$\delta = \frac{E_s I_s + E_c I_c}{l_1^2(E_s A_d)}\left(2.83+\frac{1}{A_b}\right)$$

$$=\frac{20.6\times1.025\,5+3.45\times15.075\,1}{5.43^2\times(20.6\times0.036\,8)}$$

$$\times\left(2.83+\frac{1}{0.036\,8}\right)=98.2>0.5$$

故取 $\delta=0.5$。

由规程公式，可得桁式墩(塔)换算长细比系数 K

$$K=\sqrt{1+\delta}=\sqrt{1+0.5}=1.22$$

$K\lambda = 1.22\times48.09 = 58.09 > 40$，由规程可得桁式墩(塔)换算长细比修正系数 K'

$$K'=K\sqrt{1+\frac{300}{(K\lambda)^2}}$$

$$=1.22\times\sqrt{1+\frac{300}{58.09^2}}=1.28$$

由规程公式，可得桁式墩（塔）换算长细比 λ^*

$$\lambda^* = K'\lambda_x = 1.28 \times 48.09 = 61.39$$

（3）确定桁式墩（塔）相对长细比。该桁式墩（塔）钢管为 Q345C，$f_y = 325$ MPa，弹性模量 $E_s = 2.06 \times 10^5$ MPa。管内混凝土为 C50，$f_{ck} = 32.4$ MPa，弹性模量 $E_s = 3.45 \times 10^4$ MPa。钢管混凝土截面含钢率 $\alpha_s = \dfrac{A_s}{A_c} = 0.0672$。

由规程公式，可得桁式墩（塔）换算长细比 λ_n

$$\begin{aligned}\lambda_n &= \frac{\lambda^*}{\pi}\sqrt{\frac{f_yA_s + f_{ck}A_c + A_c\sqrt{a_sf_yf_{ck}}}{E_sA_s + E_cA_c}}\\ &= \frac{61.39}{\pi}\times\sqrt{\frac{325\times0.1978 + 32.4\times2.9437}{\begin{array}{c}+ 2.9437\times\sqrt{0.0672\times325\times32.4}\\ \hline 2.06\times10^5\times0.2221\\ + 3.45\times10^4\times2.9437\end{array}}}\\ &= 0.786\end{aligned}$$

（4）确定桁式墩（塔）整体长细比折减系数。由于 $\lambda_n < 1.5$，由规程公式，可得桁式墩（塔）整体长细比折减系数 φ_l'

$$\varphi_l' = 0.658^{\lambda_n^2} = 0.658^{0.786^2} = 0.772$$

2）桁式墩（塔）整体偏心距折减系数

（1）确定桁式墩（塔）钢管混凝土的约束效应系数设计值。由规程公式，可得钢管混凝土的约束效应系数设计值 ξ_0。

$$\begin{aligned}\xi_0 &= \frac{A_sf_{sd}}{A_cf_{cd}} = \frac{[D^2 - (D-2T)^2]f_{sd}}{(D-2T)^2f_{cd}}\\ &= \frac{[1\,000^2 - (1\,000 - 2\times16)^2]\times295}{(1\,000 - 2\times16)^2\times22.4} = 0.885\end{aligned}$$

（2）确定桁式墩（塔）界限偏心率。由规程公式，可得桁式墩（塔）界限偏心率 ε_b

$$\begin{aligned}\varepsilon_b &= 0.5 + \frac{\xi_0}{1+\sqrt{\xi_0}}\\ &= 0.5 + \frac{0.885}{1+\sqrt{0.885}} = 0.956\end{aligned}$$

（3）确定桁式墩（塔）偏心率。

$$e_0/h = 0.315/4 = 0.079$$

（4）确定桁式墩（塔）整体偏心距折减系数。因 $e_0/h = 0.079 < 0.956$，由规程公式，可得桁式墩（塔）整体偏心距折减系数 φ_e'

$$\varphi_e' = \frac{1}{1+2e_0/h} = \frac{1}{1+2\times0.079} = 0.864$$

3）桁式墩（塔）钢管初应力折减系数

根据施工阶段分析计算，钢管初应力 σ_0 在混凝土灌注后未凝固阶段最大，限于篇幅，没有进行初应力的计算，钢管初应力折减系数近似看成 1。

4）桁式墩（塔）混凝土脱空折减系数

由规程规定，当钢管混凝土脱空率在规定的限值时，脱空折减系数 K_d 取值 0.95，否则需按要求进行修补灌注。

5）钢管混凝土受压构件组合轴心抗压强度

由规程公式，可得组合轴心抗压强度 f_{sc}

$$\begin{aligned}f_{sc} &= 0.96\times(1.14 + 1.02\xi_0)f_{cd}\\ &= 0.96\times(1.14 + 1.02\times0.885)\times22.4\\ &= 43.93(\text{MPa})\end{aligned}$$

6）桁式墩（塔）混凝土整体承载力

由规程公式，可得

$$\begin{aligned}\varphi_l'\varphi_e'\sum(K_p^jK_df_{sc}A_{sc}) &= 0.772\times0.864\\ &\quad\times(4\times1.00\times0.95\\ &\quad\times43.93\times785\,000)/1\,000\\ &= 87\,406(\text{kN})\end{aligned}$$

6.4.2.3 钢管混凝土桁式墩（塔）构造

1）一般规定

计算示例的桥梁工程采用四管式桁式桥墩，墩高 108.86 m，位于Ⅷ度地震烈度地区，符合规程关于对钢管混凝土桁式主墩的构造要求。

2）桁式主墩

（1）钢管混凝土桁式主墩构件。主管壁厚为 16 mm，支管最大壁厚为 12 mm，支管与主管采用相贯焊缝进行连接，满足规程的相关规定。

（2）钢管混凝土桁式主墩节点构造。支管与主管壁厚比 t/T 为 0.75，支管与主管直径比 d/D 为 0.5，主管径厚比 D/T 为 62.5，均满足规程的相关规定。

（3）钢管混凝土桁式主墩直支管构造。支管中心距离、截面面积和长细比均满足规程的相关规定。

（4）钢管混凝土桁式主墩节点抗疲劳构造。本桥对主管和支管的几何参数规定满足规程的规定，同时也按照规程相关规定对焊接节点的连接形式、焊缝修磨、焊缝检测等提出了详细要求。

3) 钢-混过渡接头

桥墩与基础连接采用埋入式，埋入深度为 1.5 m，在预埋段设置了分布环向钢筋、焊钉或开孔钢板等锚固构造，承压板直径 2.413 m，厚度 30 mm，承压板下设置五层钢筋网片，如图 6-158 所示，符合规程的要求。

6.4.3.1 工程概述

本次计算以金阳河特大桥主桥为示例，故在下文中如未具体说明，则结构计算结果以金阳河特大桥主桥为对象。主桥总体布置如图 6-159 所示。

1) 上部结构

金阳河特大桥主桥采用 106 m + 2×200 m + 115 m + 40 m 连续刚构，为三向预应力混凝土结构，主梁为单箱单室截面（图 6-160）。箱梁顶板宽 16 m，底板宽 8.5 m，两翼板悬臂长 3.75 m，箱梁顶板

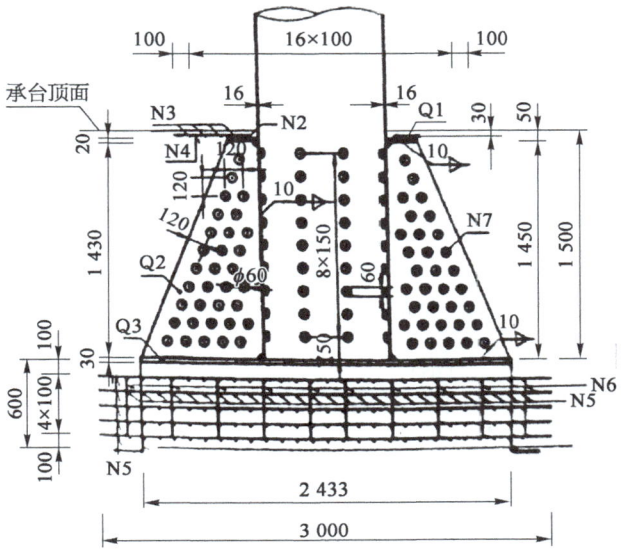

图 6-158 钢-混过渡接头构造（单位：mm）

6.4.3 钢管混凝土组合墩（塔）

本部分主要介绍钢管混凝土组合墩（塔）受压承载力计算和构造。

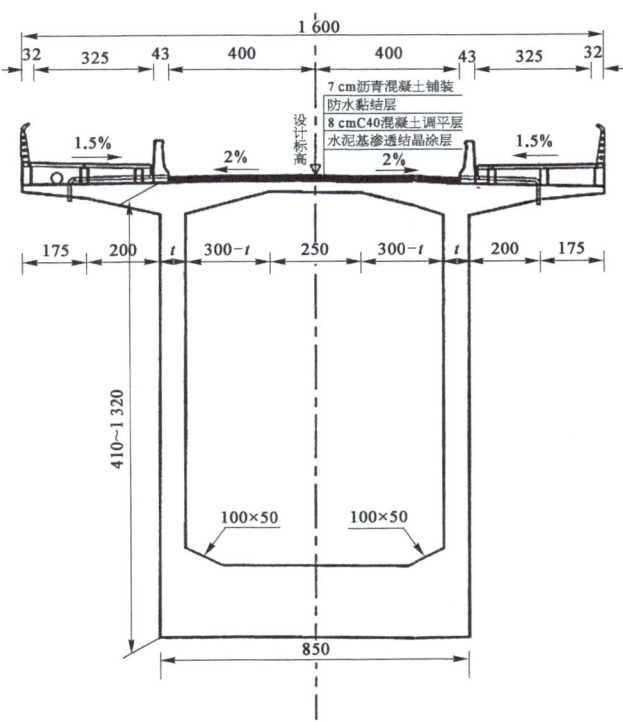

图 6-160 主梁布置断面（单位：cm）

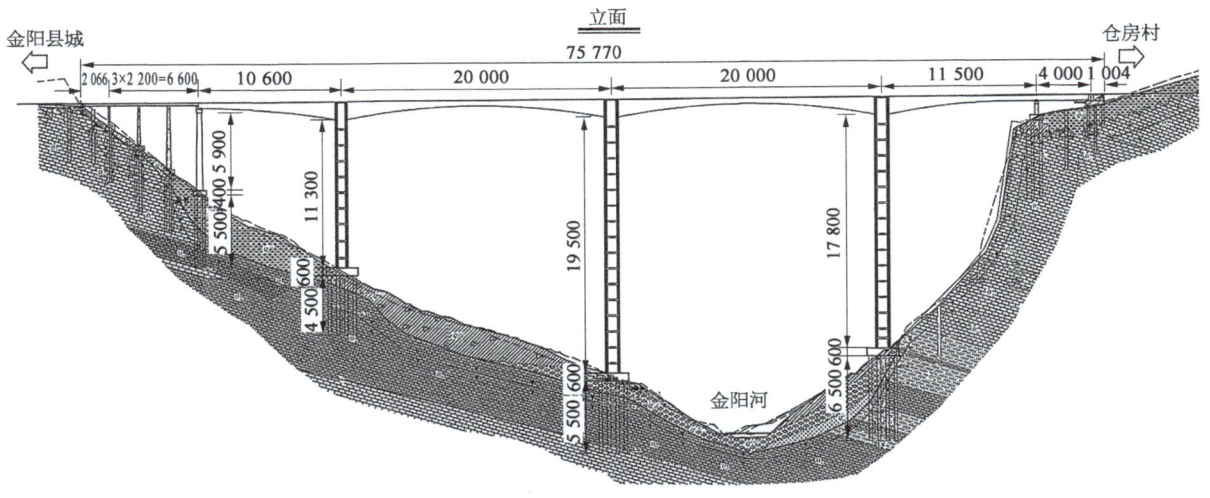

图 6-159 金阳河特大桥结构总体布置（单位：cm）

设置2‰双向横坡。箱梁跨中、边跨现浇段、过渡连续现浇段梁高4.1 m,桥墩与箱梁相接的根部断面及墩顶0号梁段高13.2 m。箱梁从跨中至根部,箱高按1.6次抛物线变化。箱梁腹板在墩顶范围内厚215 cm,从箱梁根部至跨中梁段腹板厚由70 cm、60 cm、50 cm组成。每节梁段的腹板上设有抗剪齿口。箱梁底板厚从箱梁根部截面的160 cm渐变至跨中及边跨支点截面的36 cm,按1.5次抛物线变化。主桥共13道横隔板,分别在主桥墩顶各设两道2.0 m厚的横隔板,边跨梁端各设一道1.5 m厚横隔板,8号过渡墩墩顶设一道2.0 m厚的横隔板。

2）下部结构

金阳河特大桥主桥5号、6号、7号主墩采用钢管混凝土组合墩,在主梁翼板根部墩横桥向宽11.9 m,5号墩横向不放坡,6号和7号墩横向按60∶1放坡;纵桥向5号墩顶宽9.4 m,6号和7号墩顶宽11.0 m,主墩纵向均不放坡。5号主墩钢管管径为1 500～1 700 mm,壁厚为18～26 mm;6号、7号主墩钢管管径为1 500～1 900 mm,壁厚为18～34 mm。格构柱间混凝土肋板壁厚50 cm。墩内竖向每隔12 m左右设一道1.0 m厚的横隔板。主墩承台厚6 m,平面尺寸30 m×23.75 m。主墩基础为20根直径2.5 m的挖孔灌注桩。主墩墩身为防止开裂,在主墩周边布置带肋钢筋焊网,钢筋网布置在主筋外侧。

有限元计算模型如图6-161～图6-163所示。

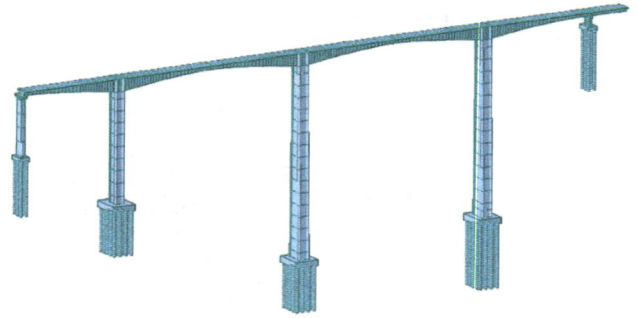

图6-161　金阳河特大桥空间杆系有限元计算模型

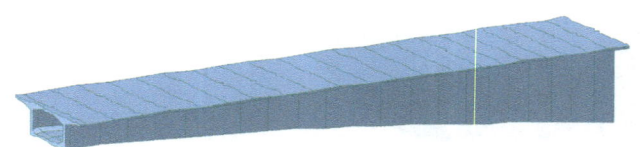

图6-162　主梁梁段局部模型

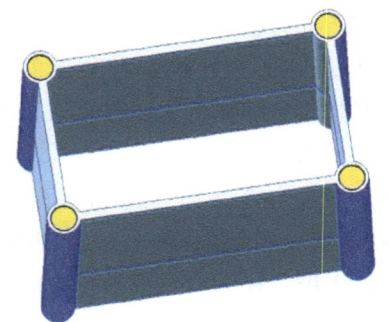

图6-163　主墩局部模型

6.4.3.2 钢管混凝土组合墩(塔)受压承载力计算

本次计算以5号墩计算为例,其截面横桥向宽11.9 m,纵桥向宽9.4 m,骨架主管为1 700 mm×26 mm的钢管混凝土,钢筋混凝土腹板厚500 mm(图6-164)。钢管等级为Q420 C,管内混凝土强度等级为C80,腹板混凝土强度等级为C50。计算长度为113.5 m。E1地震组合作用下最大弯矩工况：轴力297 500 kN,弯矩1 103 300 kN·m。

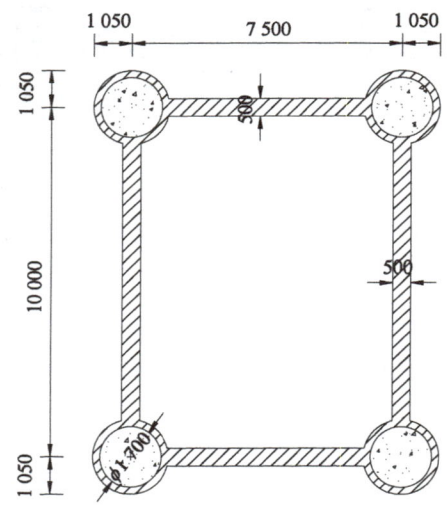

图6-164　截面形式(单位：mm)

以下仅对纵桥向进行试算,横桥向的计算类似。

1）计算偏心距增大系数

钢管混凝土梁桥的组合墩(塔),其组合截面承载能力验算应计入偏心距增大系数 η,按规程公式计算。

$$e_0 = \frac{M_d}{N_d} = \frac{1\,103\,300}{297\,500} = 3.71(\text{m})$$

$$\zeta_1 = 0.2 + 2.7\frac{e_0}{h_0} = 0.2 + 2.7 \times \frac{3.71}{7.934} = 1.46 > 1.0,\text{则}\ \zeta_1 = 1.0$$

$$\zeta_2 = 1.15 - 0.01\frac{l_0}{h} = 1.15 - 0.01 \times \frac{113.5}{8} =$$
$1.008 > 1.0$，则 $\zeta_2 = 1.0$

$$\eta = 1 + \frac{1}{1\,400 e_0/h_0}\left(\frac{l_0}{h}\right)^2 \zeta_1 \zeta_2$$
$$= 1 + \frac{1}{1\,400 \times 3.71/7.93} \times \left(\frac{113.5}{8}\right)^2$$
$$\times 1.0 \times 1.0 = 1.30$$
$$e = e_0 \eta = 3.71 \times 1.30 = 4.82 \text{(m)}$$

2) 钢筋混凝土箱形截面

假定该截面为大偏心受压，混凝土强度等级为 C50，因此 $\beta_1 = 0.8$，$\varepsilon_{cu} = 0.003\,3$，$A_s = 50\,240 \text{ mm}^2$，$A'_s = 50\,240 \text{ mm}^2$。令

$$N_{rc} = f_{cd} b_{eq} x + f_{sd} A'_s - f_{sd} A_s$$
$$M_{rc} = N_{rc} e = f_{cd} b_{eq} x \left(\frac{h}{2} - \frac{x}{2}\right)$$
$$+ f_{sd} A'_s \left(\frac{h}{2} - a'_s\right) + f_{sd} A_s \left(\frac{h}{2} - a_s\right)$$

联立求解得到：$x = 2.55$ m。

由《公路钢筋混凝土及预应力混凝土桥涵设计规范》得 $\xi_b = 0.53$，本桥墩 $\xi = x/h_0 = 2.55/7.93 = 0.32 < \xi_b$，可验证该截面为大偏心受压截面。

该截面的抗压承载力为

$$N_{rc} = f_{cd} b_{eq} x + f_{sd} A'_s - \sigma_s A_s = 141\,117 \text{(kN)}$$

3) 钢管混凝土骨架

因本桥墩截面有四根钢管混凝土作为劲性骨架，以每根钢管所在位置的普通截面混凝土应变作为钢管混凝土的应变，底部钢管混凝土的应力即式 $\sigma_{sc} = \varepsilon_{cu} E_{sc}\left(\frac{\beta_1 h_{sc}}{x} - 1\right)$，则根据平截面假定，顶部钢管混凝土承载力为

$$N_{sc}^{cu} = \frac{f_{cd}}{E_c} E_{sc} A_{sc}^{cu} = \frac{22.4}{3.45 \times 10^4} \times 4.95 \times 10^4$$
$$\times 2\,268\,650/1\,000 = 72\,912 \text{(kN)}$$

则底部钢管混凝土受拉，按照空钢管计算

$$\sigma_s = \varepsilon_{cu} E_s \left(\frac{\beta_1 h_{sc}}{x} - 1\right)$$
$$= 0.003\,3 \times 20.6 \times 10^4 \times \left(\frac{0.8 \times 7.75}{2.55} - 1\right)$$
$$= 973.0 \text{(MPa)} > 360 \text{ MPa}$$

则 $\sigma_s = 360$ MPa。

$$N_{sc}^t = \sigma_s A_s^t = 360 \times 136\,730/1\,000 = 49\,223 \text{(kN)}$$

钢管混凝土骨架截面的轴压承载力 N_{sc}、抗弯承载力 M_{sc}，应根据规程分别按相关公式计算

$$N_{sc} = \frac{2 \times (N_{sc}^{cu} \pm N_{sc}^t) h_i}{2 e_0}$$
$$= \frac{2 \times (72\,912 + 49\,223) \times 7.5}{2 \times 3.71}$$
$$= 246\,903 \text{(kN)}$$

4) 组合截面承载力

验算组合墩（塔）受压构件截面的承载力时，应按规程相关公式计算

$$N = N_{sc} + N_{rc}$$
$$= 388\,020 \text{ kN} > N_d = 297\,500 \text{ kN}$$

6.4.3.3 钢管混凝土组合墩（塔）构造

1) 一般规定

依托工程采用钢管混凝土组合墩，符合规程关于对钢管混凝土组合墩（塔）的构造要求。

2) 主墩

（1）截面。本桥钢管混凝土组合桥墩采用钢管混凝土主管作为主要受力体系，其截面承载力应由钢管混凝土主管和外包钢筋混凝土共同承担；钢管混凝土主管与组合截面面积之比为 28.2%；钢管混凝土主管与组合截面承载力之比为 63.6%；满足规程的规定。

（2）主管外包混凝土和腹板连接构造。本桥桥墩主管外包混凝土采用环形箍筋、抱箍钢筋和主墩纵向钢筋与主管连接，如图 6-165 所示，满足规程的规定。

（3）水平隔板构造。桥墩水平隔板构造如图 6-166 所示，满足规程要求。

6.5 四川汶川克枯大桥主桁节点疲劳寿命评估

6.5.1 评估原则

根据四川汶川至马尔康高速公路工程可行性结论，进行运营车辆统计，推算确定四川汶川克枯大桥的疲劳荷载谱，推导适用于该桥的疲劳荷载模型；依

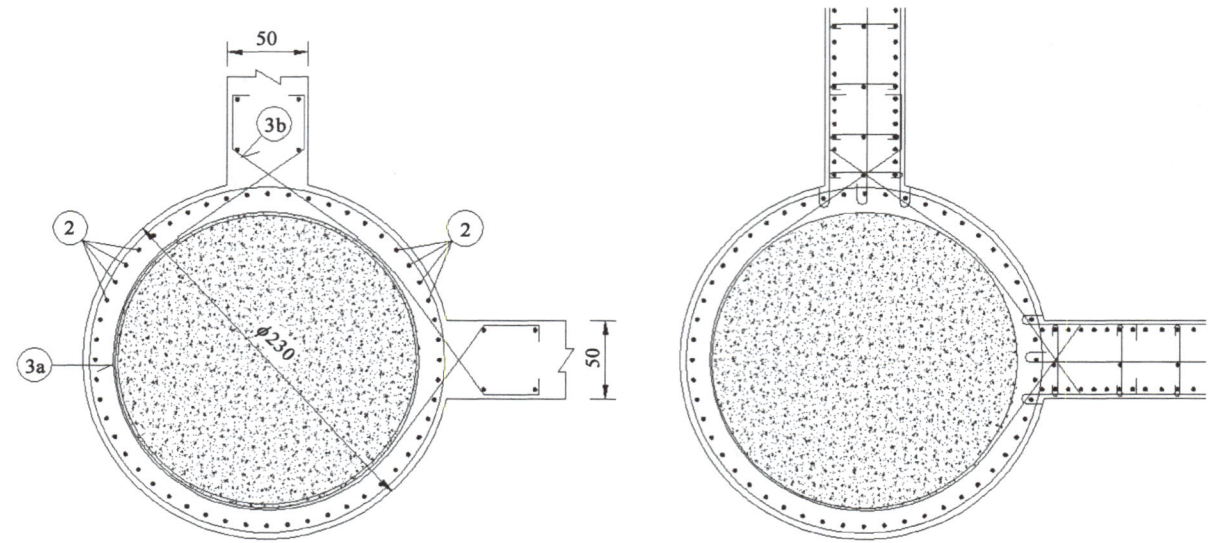

图 6-165 主管外包混凝土和腹板连接构造示意(单位：cm)

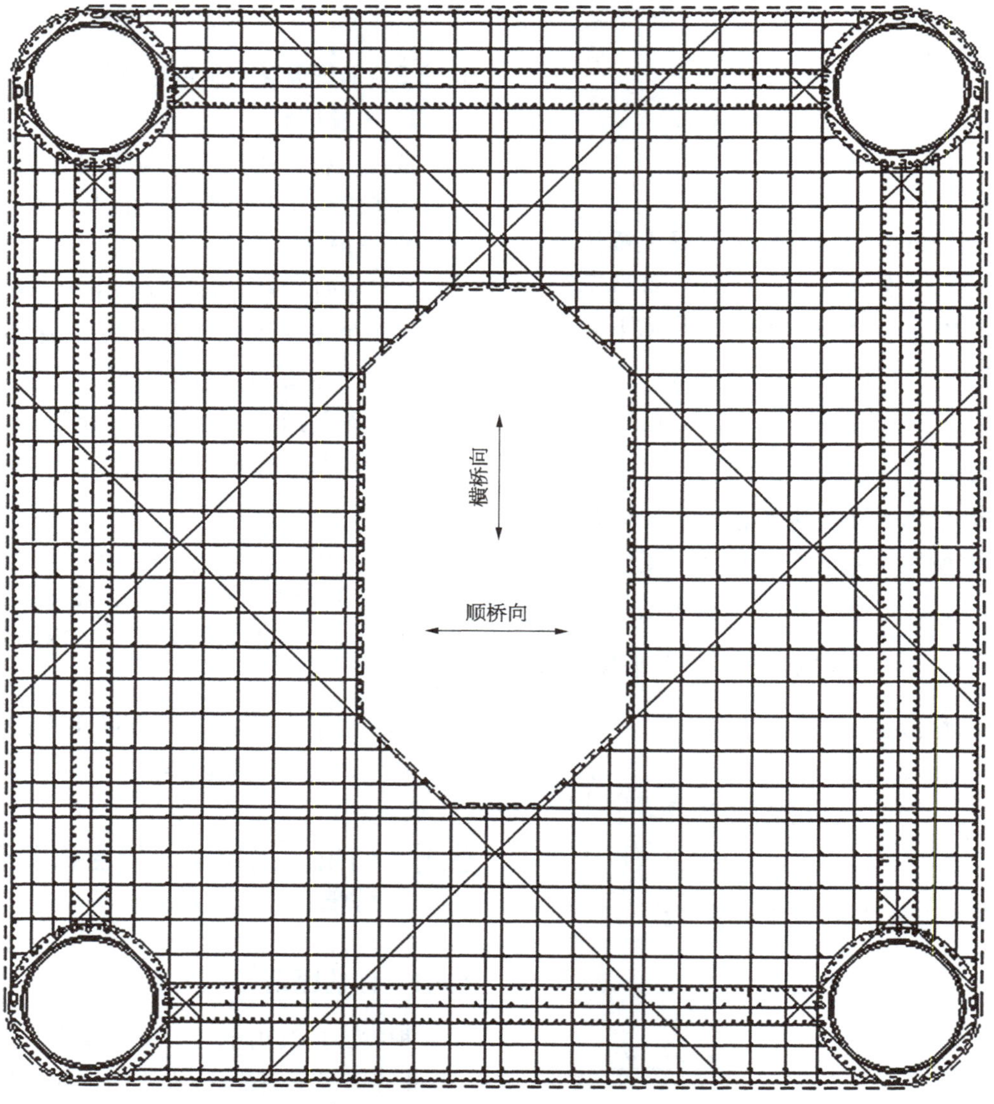

图 6-166 桥墩水平隔板构造示意

据名义应力 $S-N$ 曲线法对四川汶川克枯大桥主桁进行疲劳寿命评估。

该原则适用于满足设计状态下的结构疲劳寿命评估,不考虑施工质量不合格、车辆超载、地质灾害等因素导致的桥梁寿命折减。寿命评估依据《钢管混凝土桥梁焊接节点疲劳技术规程》的 $S-N$ 曲线和标准疲劳车的计算方法、疲劳车辆折算次数等要求执行。

6.5.2 评估方法

评估示例采用基于钢管相贯节点疲劳试验的名义应力 $S-N$ 曲线法。

根据不同应力幅 $\Delta\sigma$ 计算值,按照常幅应力开展疲劳试验,研究相关接头疲劳全过程的劣化过程和疲劳破坏时裂纹穿透及对应的疲劳寿命 N,推导的关系式

$$S = CN^{-1/m} \quad (6-52)$$

以 $\lg S$ 为纵坐标,$\lg N$ 为横坐标做出两者对应关系的曲线(或接近直线),称为 $S-N$ 曲线,其形式如图 6-167 所示,$S-N$ 曲线的数学表达式为

$$\lg S = -\frac{1}{m}\lg N + \lg C \quad (6-53)$$

式中 N——疲劳寿命,即构件出现疲劳破坏时的应力循环次数;

m、C——与材料有关的常数。

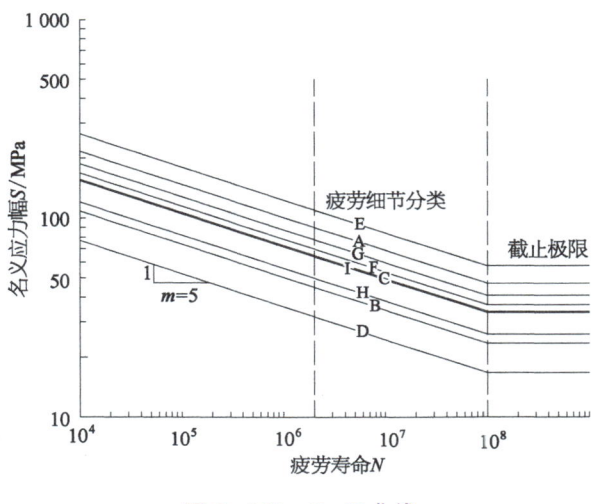

图 6-167 $S-N$ 曲线

1) 线性累积损伤准则

当应力谱已知时,可用线性累积损伤法则,将变幅疲劳折算成为常幅疲劳。每级应力幅水平都形成疲劳损伤,同一应力幅水平,每次循环的损伤相同(线性损伤),将所有损伤累积,当到达临界值时发生疲劳破坏。线性疲劳损伤累计度按下式计算

$$D = \sum \frac{n_i}{N_i} = \frac{n_1}{N_1} + \frac{n_2}{N_2} + \cdots + \frac{n_n}{N_n}$$
$$(6-54)$$

式中 n_i——应力幅频率分布中 $\Delta\sigma_i$ 的频率;

N_i——$\Delta\sigma_i$ 对应的疲劳寿命;

D——损伤度,当 $D<1$ 时,未产生疲劳破坏;当 $D\geqslant 1$ 时,产生疲劳破坏。

2) 等效应力幅

等效应力幅的内容是把几种变幅等效成为常幅,且具有相同的损伤度和相同的循环加载次数。

假定几种变幅应力作用下结构疲劳损伤度为

$$D_b = \sum \frac{n_i}{N_i} = \frac{1}{C}\sum n_i(\Delta\sigma_i)^m \quad (6-55)$$

在等效应力幅 $\Delta\sigma_e$ 作用下,疲劳破坏次数 N_0。

$$N_0 = \frac{C}{(\Delta\sigma_e)^m} \quad (6-56)$$

$$D_0 = \frac{\sum n_i}{N_0} = \frac{1}{C}(\Delta\sigma_e)^m \sum n_i \quad (6-57)$$

以等损伤度原则,令 $D_b = D_0$,得

$$\Delta\sigma_e = \left[\frac{\sum n_i(\Delta\sigma_i)^m}{\sum n_i}\right]^{1/m} \quad (6-58)$$

6.5.3 评估内容

6.5.3.1 疲劳荷载及车辆作用次数

1) 标准疲劳荷载

《公路钢结构桥梁设计规范》规定了疲劳荷载模型的三种模式。疲劳荷载模型Ⅰ采用等效的车道荷载,实际就是对《公路桥涵设计通用规范》规定的车道荷载进行折减,应考虑多车道的影响。若采用疲劳荷载模型Ⅰ进行疲劳验算不能通过,应采用疲劳荷载模型Ⅱ进行验算。疲劳荷载模型Ⅱ采用双车模型,两辆模型车轴距与轴重相同,单车的轴重与轴距布置如图 6-168 所示。加载时,两模型车的中心距不得小于 40 m。疲劳荷载模型Ⅲ采用单车模型,模型

车轴载及分布规定如图 6-169 所示。适用于局部受力构件(正交异性板、横隔板/梁、纵梁等)的疲劳验算。

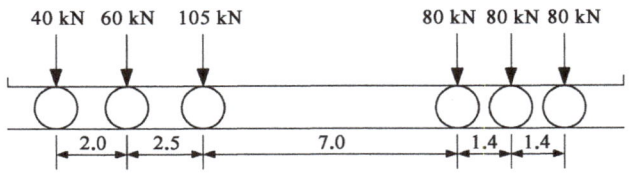

图 6-168 疲劳荷载模型 Ⅱ(单位：m)

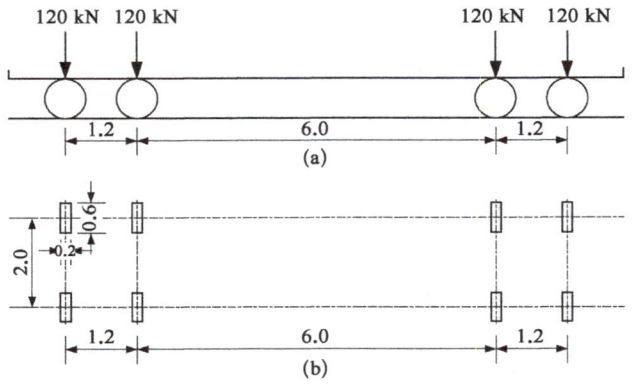

图 6-169 疲劳荷载模型 Ⅲ(单位：m)

2) 等效车重

标准疲劳车是对实际桥梁进行疲劳加载而虚拟的车辆模型,标准疲劳车是根据总重大于 30 kN 的所有车辆的等效损伤模型,所以必须给定总重大于 30 kN 的车辆日平均交通量。标准疲劳车的等效总重计算表达式,是基于 Miner 准则和等效应力脉的计算式推导建立,将等效应力幅计算公式中的等效应力脉替换为车重,推导出等效车重表达式为

$$\Delta W = \left[\frac{\sum n_i (\Delta W_i)^m}{\sum n_i} \right]^{1/m} \quad (6-59)$$

《公路工程技术标准》对车种的划分见表 6-90。根据工程可行性报告整理汶川县城区南 2009 年平均日交通量见表 6-91。

表 6-90 车种计算吨位

汽车代表车型	说　明
小型车	座位≤19 座的客车和载质量≤2 t 的货车
中型车	座位>19 座的客车和 2 t<载质量≤7 t 的货车
大型车	7 t<载质量≤20 t 的货车
汽车列车	载质量>20 t 的货车

表 6-91 年平均日交通量　　　　　　　　　　　　　　　　　　单位：辆/日

调 查 点	小货	中货	大货	特大货	小客	大客	拖拉机	合计
G213 线汶川县城区南	878	454	1 996	238	5 162	302	322	9 352

表 6-92 车种计算吨位

车　种	小型货车	中型货车	大型货车	特大型货车	小型客车	中型客车	拖拉机
计算吨位	20	30	40	55	10	20	6

车种计算吨位见表 6-92,经过计算等效车重为

$$\Delta W = \left[\frac{\sum n_i (\Delta W_i)^m}{\sum n_i} \right]^{1/m} = 32.5(\text{t})$$

3) 车辆作用次数

为了使不同的疲劳模型计算的疲劳寿命相当,提出等效车辆作用次数。即当吨位大于选用的疲劳荷载模型时,对车辆作用次数进行放大,反之则进行折减。

计算疲劳寿命时,当疲劳模型车采用等效车重时,应力循环次数与车辆数一致,按照式(6-60)计算,计算结果见表 6-93。

$$n_i = c_i \quad (6-60)$$

式中　n_i——应力循环次数,即等效车辆作用次数;
　　　c_i——各种吨位的车辆数。

当疲劳模型采用疲劳荷载模型Ⅰ时,每种车的应力循环次数按照式(6-61)计算,计算结果见表 6-94。

$$n_i = \left[\frac{c_i}{55} \right]^m \quad (6-61)$$

表 6-93 等效车重车辆作用次数换算　　单位：辆/日

种　类	小货	中货	大货	特大货	小客	大客	拖拉机	合计
c_i	878	454	1 996	238	5 162	302	322	9 352
n_i	878	454	1 996	238	5 162	302	322	9 352

表 6-94 疲劳荷载模型 I 车辆作用次数换算　　单位：辆/日

种　类	小货	中货	大货	特大货	小客	大客	拖拉机	合计
c_i	878	454	1 996	238	5 162	302	322	9 352
n_i	5.583	21.920	406.113	238.000	1.026	1.920	0.005	674.567

当疲劳模型采用疲劳荷载模型 II 时，每种车的应力循环次数按照式 (6-62) 计算，计算结果见表 6-95。

$$n_i = \left[\frac{c_i}{44.5}\right]^m \quad (6-62)$$

表 6-95 疲劳荷载模型 II 车辆作用次数换算　　单位：辆/日

种　类	小货	中货	大货	特大货	小客	大客	拖拉机	合计
c_i	878	454	1 996	238	5 162	302	322	9 352
n_i	16.101	63.221	1 171.279	686.421	2.958	5.538	0.014	1 945.532

6.5.3.2　节点参数及名义应力幅

将设计桥梁的焊接节点按照几何尺寸进行分类，再从每一类具有相同尺寸的节点中选取承受最大名义应力幅的节点作为疲劳强度控制节点，对其进行疲劳强度验算和疲劳寿命评估，见表 6-96 和表 6-97。

表 6-96 节点基本参数以及名义应力幅 (30 m 跨)

节点编号	节 点 类 型	D/mm	T/mm	d/mm	t/mm	名义应力幅/MPa		
						疲劳 I 型	疲劳 II 型	32.5 t
1	钢管混凝土 K 形节点	670	20	402	16	37.7	28.9	22.0
2	钢管混凝土 K 形节点	670	20	402	14	39.4	28.6	22.4
3	钢管混凝土 K 形节点	670	20	402	12	42.4	28.3	22.1
4	钢管混凝土 K 形节点	670	20	402	10	48.7	32.1	25.1
5	钢管混凝土 T 形节点	670	20	377	12	24.7	21.8	16.6
6	钢管混凝土 T 形节点	670	20	325	10	13.2	10.5	8.3
7	空心钢管 K 形节点	377	12	159	8	22.0	21.1	15.8
8	空心钢管 K 形节点	325	10	159	8	11.0	9.8	7.5
9	钢管混凝土对接节点	670	20			38.7	25.5	19.5

表 6-97 节点基本参数以及名义应力幅(40 m 跨)

节点编号	节点类型	D/mm	T/mm	d/mm	t/mm	名义应力幅/MPa		
						疲劳Ⅰ型	疲劳Ⅱ型	32.5 t
1	钢管混凝土K形节点	670	24	402	18	37.6	28.3	21.4
2	钢管混凝土K形节点	670	24	402	16	39.7	29.6	22.4
3	钢管混凝土K形节点	670	24	402	14	41.7	29.7	22.7
4	钢管混凝土K形节点	670	24	402	12	46.3	32.4	25.0
5	钢管混凝土T形节点	670	24	377	12	24.2	20.2	15.0
6	钢管混凝土T形节点	670	24	325	10	14.1	12.5	9.4
7	空心钢管K形节点	377	12	159	8	24.0	21.4	15.8
8	空心钢管K形节点	325	10	159	8	11.6	11.3	8.5
9	钢管混凝土对接节点	670	20			37.5	25.8	19.4

6.5.3.3 接头分类法

1) 截止极限

依据《钢管混凝土桥梁焊接节点疲劳技术规程》规定,钢管及钢管混凝土K、T形节点疲劳细节分类见表6-98,每种类别对应的疲劳强度见表6-99。当计算疲劳应力幅低于相应节点类型的截止极限时,认为结构不产生疲劳,可以只对疲劳应力幅高于截止极限的节点进行疲劳寿命评估。

表 6-98 分类法的节点和接头详细类别

详细类别	节点形式	t/T	d/D	加工质量要求
A	K形钢管节点	0.5	0.5	采用相贯线切割机开制相关线坡口,采用全熔透焊接,焊趾处需焊后修磨,超声波探伤B级检验Ⅰ级合格
B	K形钢管节点	1	0.5	
C	T形钢管节点	0.5	0.5	
D	T形钢管节点	1	0.5	
E	K形钢管混凝土节点	0.5	0.5	
F	K形钢管混凝土节点	1	0.5	
G	T形钢管混凝土节点	0.5	0.5	
H	T形钢管混凝土节点	1	0.5	
I	钢管混凝土对接接头	—	—	环焊缝单面全熔透对接接头,内设钢衬环

表 6-99 节点基准疲劳强度及截止极限

类别	基准疲劳强度 $\Delta\sigma_f$/MPa	截止极限 $\Delta\sigma_{ve}$/MPa
A	90	41(1×10^8)
B	45	20(1×10^8)
C	64	29(1×10^8)
D	32	15(1×10^8)
E	110	50(1×10^8)
F	70	32(1×10^8)
G	78	36(1×10^8)
H	50	23(1×10^8)
I	78	30(1×10^8)

2) 几何构造修正系数

(1) τ修正。当$0.5<\tau<1$时,节点疲劳强度依据$\tau=0.5$和$\tau=1$时的$S-N$曲线进行线性插值。

(2) β修正。当$\beta\neq0.5$且$0.3\leqslant\beta\leqslant0.8$时,支管与主管的直径比修正系数按下式计算

$$\mu_\beta = 0.48 + 2.10\beta - 2.10\beta^2 \quad (6-63)$$

3) 结果判定

判定当$0.5<\tau<1$时,节点疲劳强度依据$\tau=0.5$和$\tau=1$时的$S-N$曲线进行线性插值。对截止疲劳极限做几何构造参数修正后,将其与计算结果的疲劳应力幅做比较,见表6-100和表6-101。

第6章 钢管混凝土桁梁桥

表 6-100 30 m 跨结构安全评估

编号	类型	D/mm	T/mm	d/mm	t/mm	t/T	d/D	D/2T	截止极限 τ=1	截止极限 τ=0.5	t/T 插值	β 修正系数	γ 修正系数	修正截止极限	名义应力幅/MPa 疲劳Ⅰ型	名义应力幅/MPa 疲劳Ⅱ型	名义应力幅/MPa 32.5 t	判定 疲劳Ⅰ型	判定 疲劳Ⅱ型	判定 32.5 t
1	钢管混凝土K形节点	670	20	402	16	0.8	0.6	16	32	50	39.2	0.984	1	38.6	37.7	28.9	22.0	满足	满足	满足
2	钢管混凝土K形节点	670	20	402	14	0.7	0.6	16	32	50	42.8	0.984	1	42.1	39.4	28.6	22.4	满足	满足	满足
3	钢管混凝土K形节点	670	20	402	12	0.6	0.6	16	32	50	46.4	0.984	1	45.7	42.4	28.3	22.1	满足	满足	满足
4	钢管混凝土K形节点	670	20	402	10	0.5	0.6	16	32	50	50.0	0.984	1	49.2	48.7	32.1	25.1	满足	满足	满足
5	钢管混凝土T形节点	670	20	377	12	0.6	0.56	16	23	36	33.4	0.997	1	33.3	24.7	21.8	16.6	满足	满足	满足
6	钢管混凝土T形节点	670	20	325	10	0.5	0.49	16	23	36	33.4	1.005	1	33.6	13.2	10.5	8.3	满足	满足	满足
7	空心钢管K形节点	377	12	159	8	0.67	0.42	15	20	41	34.0	0.992	1	33.7	22.0	21.1	15.8	满足	满足	满足
8	空心钢管K形节点	325	10	159	8	0.8	0.49	16	20	41	28.4	1.005	1	28.5	11.0	9.8	7.5	满足	满足	满足
9	钢管混凝土对接节点	670	20								36.0	1	1	36.0	38.7	25.5	19.5	满足	满足	满足

表 6-101 40 m 跨结构安全评估

编号	类型	D/mm	T/mm	d/mm	t/mm	t/T	d/D	D/2T	截止极限 τ=1	截止极限 τ=0.5	t/T 插值	β 修正系数	γ 修正系数	修正截止极限	名义应力幅/MPa 疲劳Ⅰ型	名义应力幅/MPa 疲劳Ⅱ型	名义应力幅/MPa 32.5 t	判定 疲劳Ⅰ型	判定 疲劳Ⅱ型	判定 32.5 t
1	钢管混凝土K形节点	670	24	402	18	0.75	0.60	14.0	32	50	41.0	0.984	1	40.3	37.6	28.3	21.4	满足	满足	满足
2	钢管混凝土K形节点	670	24	402	16	0.67	0.60	14.0	32	50	44.0	0.984	1	43.3	39.7	29.6	22.4	满足	满足	满足
3	钢管混凝土K形节点	670	24	402	14	0.58	0.60	14.0	32	50	47.0	0.984	1	46.2	41.7	29.7	22.7	满足	满足	满足
4	钢管混凝土K形节点	670	24	402	12	0.50	0.60	14.0	32	50	50.0	0.984	1	49.2	46.3	32.4	25	满足	满足	满足
5	钢管混凝土T形节点	670	24	377	12	0.50	0.56	14.0	23	36	36.0	0.997	1	35.9	24.2	20.2	15	满足	满足	满足
6	钢管混凝土T形节点	670	24	325	10	0.42	0.49	14.0	23	36	36.0	1.005	1	36.2	14.1	12.5	9.4	满足	满足	满足
7	空心钢管K形节点	377	12	159	8	0.67	0.42	15.7	20	41	34.0	0.992	1	33.7	24.0	21.4	15.8	满足	满足	满足
8	空心钢管K形节点	325	10	159	8	0.80	0.49	16.3	20	41	28.4	1.005	1	28.5	11.6	11.3	8.5	满足	满足	满足
9	钢管混凝土对接节点	670	20								36.0	1.000	1	36.0	37.5	25.8	19.4	满足	满足	满足

判定结果为所有节点的疲劳应力幅均低于截止疲劳极限，认为不产生疲劳。

6.5.3.4 疲劳寿命评估

1) 疲劳强度修正系数

（1）几何构造参数修正。同前所述，此处略。

（2）主管受拉修正系数 C_l。钢管或钢管混凝土 K、T 形节点，当主管为受拉构件时，钢管混凝土 K、T 形节点基本容许疲劳应力幅的受拉修正系数 C_l 取 0.92。

（3）脱空修正系数 C_h。钢管混凝土 K、T 形节点，当主管内混凝土球冠形脱空率小于或等于 0.6%，且脱空高度小于或等于 5 mm 时，取钢管混凝土 K、T 形节点基本容许疲劳应力幅的脱空修正系数 $C_h=0.95$。

（4）钢管壁厚修正系数 C_t。

① 主管壁厚修正系数：当主管壁厚大于 25 mm 时，应按下式对接头基本容许应力幅进行修正

$$C_{tc} = \sqrt[4]{25/t_c} \qquad (6-64)$$

式中 t_c——钢管混凝土对接接头主管壁厚，钢管或钢管混凝土 K、T 形节点主管壁厚。

② 支管壁厚修正系数：钢管或钢管混凝土 K、T 形节点，当支管壁厚大于 16 mm 时，应按下式对节点基本容许应力幅进行修正

$$C_{tb} = \sqrt[4]{16/t_b} \qquad (6-65)$$

式中 t_b——钢管或钢管混凝土 K、T 形节点支管壁厚。

③ 钢管壁厚修正系数

$$C_t = \min[C_{tc}, C_{tb}] \qquad (6-66)$$

（5）疲劳强度容许值。设计疲劳应力幅按照下式计算

$$\Delta\sigma_R = \sqrt[m]{C_0/n_t} C_l C_h C_t \qquad (6-67)$$

疲劳强度容许值

$$\Delta\sigma_R = \sqrt[m]{C/n_t} C_l C_h C_t$$

式中 C——疲劳强度 $S\text{-}N$ 曲线常数；
n_t——设计循环次数，此处取 200 万次。

2) 结构安全系数

（1）冗余度系数 γ_b。当钢管或钢管混凝土连接部位发生疲劳损伤后，将造成桥梁结构整体破坏时，取 $\gamma_b=1.10$；将造成桥梁结构强度或功能影响时，取 $\gamma_b=1.00$；不会对桥梁结构物的强度或功能造成影响时，取 $\gamma_b=0.80$。此处取 $\gamma_b=1.10$。

（2）重要性系数 γ_w。高速公路或城市的桥梁取 $\gamma_w=1.10$，其他等级公路的桥梁取 $\gamma_w=1.00$。此处取 $\gamma_w=1.10$。

（3）检查系数 γ_i。当钢管及钢管混凝土连接部位能定期进行维护管理时，取 $\gamma_i=1.00$，无法实现定期检查时，取 $\gamma_i=1.10$。此处取 $\gamma_i=1.00$。

（4）设计疲劳应力幅。安全系数 $\gamma_b\gamma_w\gamma_i = 1.10 \times 1.10 \times 1.00 = 1.21$，在 $0.80\sim1.25$ 范围内。

设计疲劳应力幅按照下式计算

$$\Delta\sigma_d = \gamma_b\gamma_w\gamma_i\Delta\sigma_e \qquad (6-68)$$

式中 $\Delta\sigma_e$——等效应力幅，对于恒幅疲劳应力幅，$\Delta\sigma_e = \Delta\sigma_N$。

3) $S\text{-}N$ 曲线方程

疲劳强度验算时，会根据节点的几何参数和受力状态等因素对疲劳强度做修正。以此类推，进行节点疲劳寿命评估时，相应的 $S\text{-}N$ 曲线方程也应该进行修正。规定修正方法为，保持曲线斜率不变，向下平移，使曲线经过修正后的疲劳强度点。各个节点修正后的 $S\text{-}N$ 曲线方程参数见表 6-102 和表 6-103。

表 6-102 管节点名义应力幅 $S\text{-}N$ 曲线方程参数（30 m 跨）

节点	$S = CN^{-K}$		
	N	K	C
1	$1\times10^4 < N < 1\times10^8$	0.2	1.464×10^3
	$1\times10^8 < N < 1\times10^9$	0	3.676×10
2	$1\times10^4 < N < 1\times10^8$	0.2	1.472×10^3
	$1\times10^8 < N < 1\times10^9$	0	3.697×10
3	$1\times10^4 < N < 1\times10^8$	0.2	1.597×10^3
	$1\times10^8 < N < 1\times10^9$	0	4.012×10
4	$1\times10^4 < N < 1\times10^8$	0.2	1.722×10^3
	$1\times10^8 < N < 1\times10^9$	0	4.326×10
5	$1\times10^4 < N < 1\times10^8$	0.2	1.248×10^3
	$1\times10^8 < N < 1\times10^9$	0	3.135×10

续表

节点	$S = CN^{-K}$		
	N	K	C
6	$1\times10^4 < N < 1\times10^8$	0.2	1.247×10^3
	$1\times10^8 < N < 1\times10^9$	0	3.132×10
7	$1\times10^4 < N < 1\times10^8$	0.2	1.184×10^3
	$1\times10^8 < N < 1\times10^9$	0	2.974×10
8	$1\times10^4 < N < 1\times10^8$	0.2	1.007×10^3
	$1\times10^8 < N < 1\times10^9$	0	2.530×10
9	$1\times10^4 < N < 1\times10^8$	0.2	1.420×10^3
	$1\times10^8 < N < 1\times10^9$	0	3.567×10

表 6-103　管节点名义应力幅 S-N 曲线方程参数(40 m 跨)

节点	$S = CN^{-K}$		
	N	K	C
1	$1\times10^4 < N < 1\times10^8$	0.2	1.487×10^3
	$1\times10^8 < N < 1\times10^9$	0	3.736×10
2	$1\times10^4 < N < 1\times10^8$	0.2	1.514×10^3
	$1\times10^8 < N < 1\times10^9$	0	3.802×10
3	$1\times10^4 < N < 1\times10^8$	0.2	1.618×10^3
	$1\times10^8 < N < 1\times10^9$	0	4.064×10
4	$1\times10^4 < N < 1\times10^8$	0.2	1.722×10^3
	$1\times10^8 < N < 1\times10^9$	0	4.326×10
5	$1\times10^4 < N < 1\times10^8$	0.2	1.345×10^3
	$1\times10^8 < N < 1\times10^9$	0	3.378×10
6	$1\times10^4 < N < 1\times10^8$	0.2	1.321×10^3
	$1\times10^8 < N < 1\times10^9$	0	3.319×10
7	$1\times10^4 < N < 1\times10^8$	0.2	1.184×10^3
	$1\times10^8 < N < 1\times10^9$	0	2.974×10
8	$1\times10^4 < N < 1\times10^8$	0.2	1.007×10^3
	$1\times10^8 < N < 1\times10^9$	0	2.530×10
9	$1\times10^4 < N < 1\times10^8$	0.2	1.420×10^3
	$1\times10^8 < N < 1\times10^9$	0	3.567×10

4）设计疲劳寿命

主桁 30 m 跨的主梁，按照疲劳模型Ⅰ的疲劳应力幅和等效车辆作用次数计算疲劳寿命见表 6-104；按照疲劳模型Ⅱ的疲劳应力幅和等效车辆作用次数计算疲劳寿命见表 6-105；按照等效车重的疲劳应力幅和等效车辆作用次数计算疲劳寿命见表 6-106。

主桁 40 m 跨的主梁，按照疲劳模型Ⅰ的疲劳应力幅和等效车辆作用次数计算疲劳寿命见表 6-107；按照疲劳模型Ⅱ的疲劳应力幅和等效车辆作用次数计算疲劳寿命见表 6-108；按照等效车重的疲劳应力幅和等效车辆作用次数计算疲劳寿命见表 6-109。

6.6　四川汶川克枯大桥实桥试验研究

6.6.1　研究概述

6.6.1.1　实桥模型研究目的

钢管混凝土结构多用于主拱、桥墩、桥塔等受压结构。近年来，四川先后将钢管混凝土结构设计成空间桁梁结构，并与钢筋混凝土板形成组合结构，来代替各类梁式桥梁的上部结构。

钢管混凝土桁式主梁，是钢筋混凝土桥面板的加劲结构，也是主梁的主要承重结构，因此，钢管混凝土构件、管与管节点、管与板的接头和钢筋混凝土桥面板的受力行为，是钢管混凝土主桁结构研究的重要内容。为了弄清楚钢管混凝土桁式主梁传力行为和机理，以四川汶川克枯大桥 B 匝道桥梁为实桥足尺模型开展专题研究。

四川汶川克枯大桥的 B 匝道桥，位于汶川至马尔康高速公路段汶川境内，钢管混凝土主梁采用钢管混凝土主管作下弦、钢-混凝土组合桥面板作上弦，通过斜支管连接桥面板和下主管，组成平面钢管混凝土桁式结构。上下主管内灌注 C30 自密实补偿收缩混凝土，主桁下主管设计为先张法预应力钢管混凝土结构，先张拉预应力钢束，再灌注主桁上、下主管内混凝土。主桁支管内灌注与桥面板相同的 C40 钢纤维混凝土，并与桥面板一同浇注施工。下主管直径 670 mm，支管直径 402 mm，壁厚根据受力大小不同而变化。主梁一侧与桥台固结连接，主梁另一侧为伸缩缝连接。四川汶川克枯大桥 B 匝道桥的立面、断面如图 6-170 所示。

表 6-104　30 m 跨疲劳荷载模型 Ⅰ 寿命计算

荷　　载	节点	应力幅/MPa	截止极限/MPa	N/次	n/(次·年$^{-1}$)	D/年$^{-1}$	T/年
跨疲劳荷载Ⅰ	1	45.66	36.8	33 854 894	246 217	0.007 27	138
	2	47.73	37.0	27 869 744	246 217	0.008 83	113
	3	51.32	40.1	29 172 230	246 217	0.008 44	118
	4	58.98	43.3	21 233 480	246 217	0.011 60	86
	5	29.83	28.8	84 565 848	246 217	0.002 91	343
	6	15.98	31.3	2 886 945 086	246 217	0.000 09	11 725
	7	26.60	29.7	174 862 584	246 217	0.001 41	710
	8	13.27	25.3	2 515 555 654	246 217	0.000 10	10 217
	9	46.82	35.7	25 668 042	246 217	0.009 59	104

表 6-105　30 m 跨疲劳荷载模型 Ⅱ 寿命计算

荷　　载	节点	应力幅/MPa	截止极限/MPa	N/次	n/(次·年$^{-1}$)	D/年$^{-1}$	T/年
跨疲劳荷载Ⅱ	1	34.93	36.8	129 160 592	710 119	0.005 50	182
	2	34.63	37.0	138 663 374	710 119	0.005 12	195
	3	34.19	40.1	222 504 506	710 119	0.003 19	313
	4	38.88	43.3	170 548 100	710 119	0.004 16	240
	5	26.33	28.8	239 356 947	710 119	0.002 97	337
	6	12.72	31.3	9 056 054 573	710 119	0.000 08	12 753
	7	25.48	29.7	216 542 675	710 119	0.003 28	305
	8	11.80	25.3	4 535 696 529	710 119	0.000 16	6 387
	9	30.82	35.7	207 545 255	635 440	0.003 06	327

表 6-106　30 m 跨等效疲劳车重(32.5 t)寿命计算

荷　　载	节点	应力幅/MPa	截止极限/MPa	N/次	n/(次·年$^{-1}$)	D/年$^{-1}$	T/年
32.5 t	1	26.60	36.8	504 688 013	3 413 480	0.006 76	148
	2	27.14	37.0	468 684 246	3 413 480	0.007 28	137
	3	26.70	40.1	765 999 236	3 413 480	0.004 46	224
	4	30.40	43.3	583 268 381	3 413 480	0.005 85	171
	5	20.11	28.8	606 495 538	3 413 480	0.005 63	178
	6	10.02	31.3	29 864 728 936	3 413 480	0.000 11	8 749

续 表

荷 载	节点	应力幅/MPa	截止极限/MPa	N/次	n/(次·年$^{-1}$)	D/年$^{-1}$	T/年
32.5 t	7	19.08	29.7	919 367 411	3 413 480	0.003 71	269
	8	9.09	25.3	16 658 203 145	3 413 480	0.000 20	4 880
	9	23.63	35.7	783 732 374	3 413 480	0.004 36	230

表 6-107 40 m 跨疲劳荷载模型 Ⅰ 寿命计算

荷 载	节点	应力幅/MPa	截止极限/MPa	N/次	n/(次·年$^{-1}$)	D/年$^{-1}$	T/年
跨疲劳荷载Ⅰ	1	45.54	37.36	37 167 325	246 217	0.006 62	151
	2	48.00	38.02	31 173 783	246 217	0.007 90	127
	3	50.40	40.64	34 100 008	246 217	0.007 22	138
	4	55.96	43.26	27 607 809	246 217	0.008 92	112
	5	29.25	31.07	135 418 051	246 217	0.001 82	550
	6	17.01	33.19	2 826 214 530	246 217	0.000 09	11 479
	7	28.99	29.74	113 582 294	246 217	0.002 17	461
	8	14.08	25.30	1 870 260 779	246 217	0.000 13	7 596
	9	45.40	35.67	29 939 595	246 217	0.008 22	122

表 6-108 40 m 跨疲劳荷载模型 Ⅱ 寿命计算

荷 载	节点	应力幅/MPa	截止极限/MPa	N/次	n/(次·年$^{-1}$)	D/年$^{-1}$	T/年
跨疲劳荷载Ⅱ	1	34.26	37.36	154 165 504	710 119	0.004 61	217
	2	35.79	38.02	135 236 966	710 119	0.005 25	190
	3	35.90	40.64	185 963 282	710 119	0.003 82	262
	4	39.16	43.26	164 592 840	710 119	0.004 31	232
	5	24.39	31.07	508 941 699	710 119	0.001 40	717
	6	15.17	33.19	5 007 766 214	710 119	0.000 14	7 052
	7	25.89	29.74	199 878 676	710 119	0.003 55	281
	8	13.69	25.30	2 159 504 152	710 119	0.000 33	3 041
	9	31.20	35.67	195 405 092	710 119	0.003 63	275

表 6-109 40 m 跨等效疲劳车重(32.5 t)寿命计算

荷 载	节点	应力幅/MPa	截止极限/MPa	N/次	n/(次·年$^{-1}$)	D/年$^{-1}$	T/年
32.5 t	1	25.90	37.36	624 885 159	3 413 480	0.005 46	183
	2	27.06	40.38	739 784 579	3 413 480	0.004 61	217

续表

荷 载	节点	应力幅/MPa	截止极限/MPa	N/次	n/(次·年$^{-1}$)	D/年$^{-1}$	T/年
32.5 t	3	27.48	41.94	827 511 180	3 413 480	0.004 12	242
	4	30.29	43.99	645 761 972	3 413 480	0.005 29	189
	5	18.09	33.78	2 269 419 126	3 413 480	0.001 50	665
	6	11.37	34.25	24 812 074 222	3 413 480	0.000 14	7 269
	7	19.15	32.11	1 322 735 147	3 413 480	0.002 58	388
	8	10.27	27.31	13 279 499 235	3 413 480	0.000 26	3 890
	9	23.44	28.24	253 697 430	3 413 480	0.013 45	74

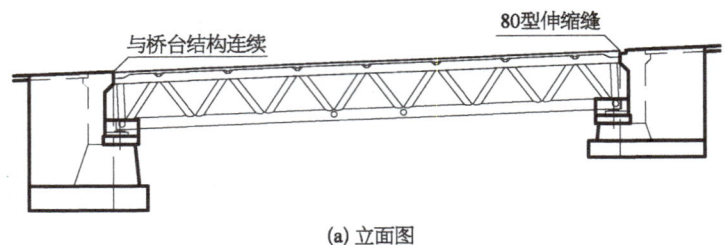
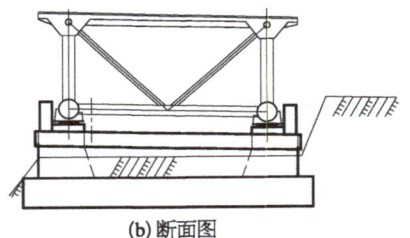

(a) 立面图　　　　　　　　　(b) 断面图

图 6-170　B 匝道桥总体布置示意

6.6.1.2　实桥试验概况

1) 车辆类型

四川汶川克枯大桥 B 匝道桥试验荷载，采用六轴重车进行测试，如图 6-171 所示。

图 6-171　B 匝道桥测试现场

2) 加载车道

加载车辆荷载横向分布是影响车辆荷载效应的重要因素。实际车辆在运行时，不同车型会有各自形式的车道。四川汶川克枯大桥 B 匝道桥分别按照不同车道开展实桥模型研究。

3) 几何参数差异

采用模型进行试验研究时，以实际结构中节点几何形状来进行足尺模型试验是很困难的，往往采用缩尺模型。一方面，实际工程节点尺寸大，试验成本偏高，试验操作不方便；另一方面，实际工程中节点尺寸不同。因此，实桥测试数据是很宝贵的研究资料，能更清晰地反映出结构应力分布。

4) 主要研究内容

基于四川汶川克枯大桥 B 匝道桥，实桥静载和动载测试研究分析：① 不同节点相贯线处应力分布；② 沿受拉支管轴向，距相贯线不同位置处应力分布；③ 加载车辆纵向与横向布置位置对节点应力分布的影响。

针对 K 形节点数量多的工程事实，依据四川汶川克枯大桥 B 匝道桥实桥 KZ2 节点开展分析对比：① 在轴力、面内弯矩和面外弯矩等荷载作用下的相贯线处应力分布；② 理论 K 形节点与实桥 KZ2 节点在复杂受力状态下的相贯线处应力分布；③ 支管是否填充混凝土对节点相贯线应力大小的影响。

6.6.2 B匝道桥试验方案

6.6.2.1 加载方案

加载测试分为静力加载和移动加载两类。

1) 静力加载

主梁静力加载采用荷载为55 t六轴重车,其载重和作用位置如图6-93所示。

主梁静力加载时,纵向布置一辆重车,因加载位置不同和上下行两个方向,共有6种加载工况,如图6-172所示。横向分为中心加载和偏心加载,如图6-173所示。共计12种加载工况,具体见表6-110。

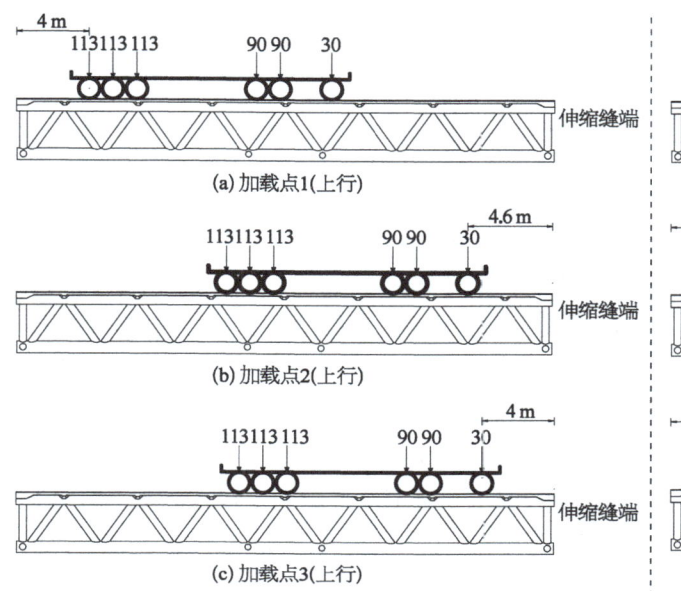
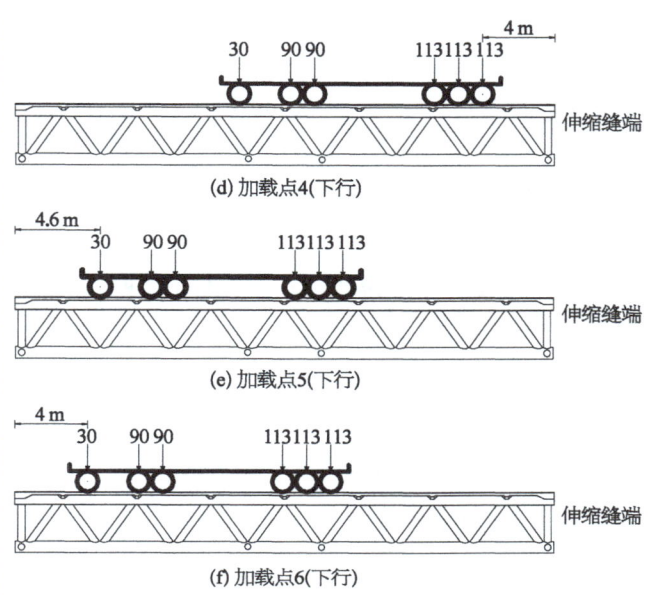

图6-172 纵向加载示意

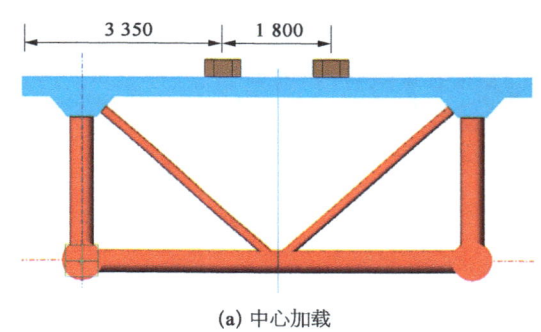
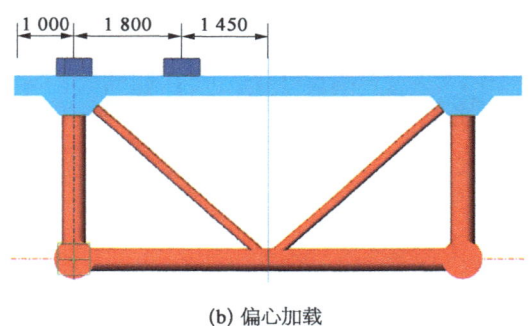

图6-173 横向加载示意(单位:mm)

表6-110 B匝道桥静力加载工况

行驶方向	横向布置	工况名称	加载位置	备 注
上行 (从下到上)	中心加载	工况1	加载点1	后轮距桥台4 m
		工况2	加载点2	跨中
		工况3	加载点3	前轮距伸缩缝4 m
	偏心加载	工况4	加载点1	后轮距桥台4 m
		工况5	加载点2	跨中
		工况6	加载点3	前轮距伸缩缝4 m

续表

行驶方向	横向布置	工况名称	加载位置	备注
下行（从上到下）	中心加载	工况7	加载点4	后轮距伸缩缝4 m
		工况8	加载点5	跨中
		工况9	加载点6	前轮距桥台4 m
	偏心加载	工况10	加载点4	后轮距伸缩缝4 m
		工况11	加载点5	跨中
		工况12	加载点6	前轮距桥台4 m

2) 移动加载

移动加载横向分为两个车道，共有2种加载工况，见表6-111。

表6-111 B匝道桥移动加载工况

行驶方向	横向布置	加载位置	备注
下行（从上到下）	中心加载	工况13	车速：35 km/h
	偏心加载	工况14	

6.6.2.2 测点布置

为了全面了解结构在荷载作用下应力分布状况，同时提高测试效率减少测点，根据结构对称性，选取一片桁梁的一半节点（KZ1～KZ4）布置测点，同时选取另一片桁梁上对应的两个节点（KZ1′和KZ4′）做对比分析。节点编号和测点分布如图6-174～图6-176所示。考虑到受拉支管受力较受压支管更为不利，为了研究分析受拉支管处应力分布，沿受拉支管轴向，在不同高度处布置测点。

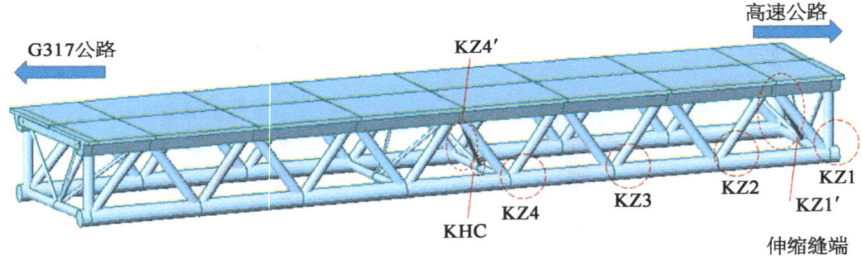

图6-174 节点编号

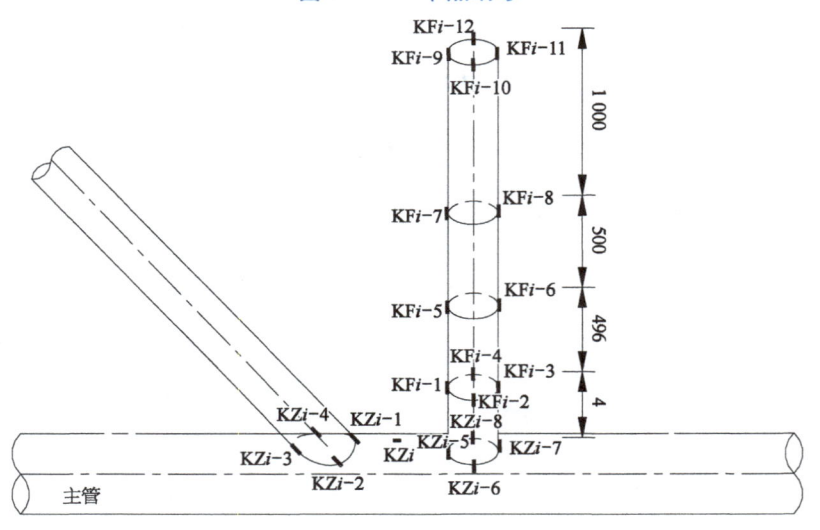

图6-175 KZ1应力测点位置示意

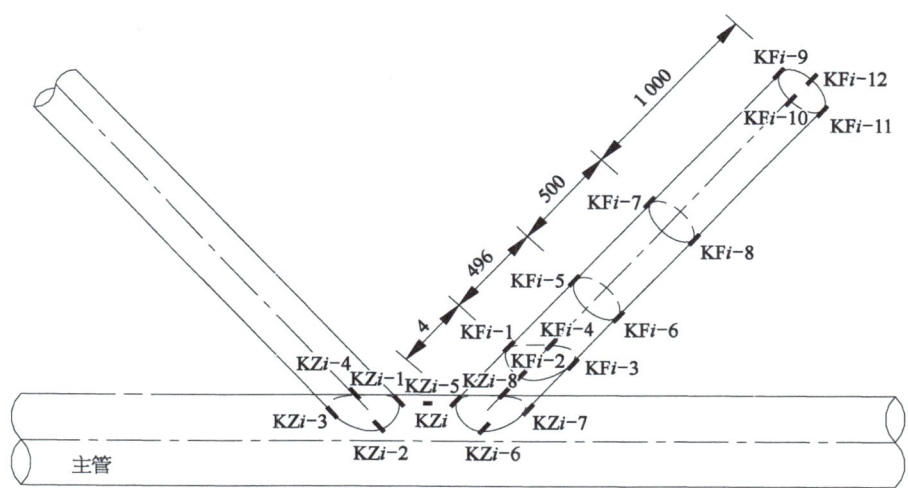

图 6-176　KZ2~KZ4 应力测点位置示意

6.6.3　B 匝道桥疲劳试验结果与分析

在静力试验中，研究了各节点在不同荷载工况下的应力分布规律，对钢管混凝土的受力行为有了一定的了解。但应力幅和循环次数作为影响结构疲劳强度的主要因素，有必要对钢管混凝土节点在车辆行驶状态下的受力变化规律进行研究。

6.6.3.1　中心加载下节点相贯线应力分布情况

55 t 六轴重车以 35 km/h 的速度从伸缩缝端驶向桥台连续端(图 6-177)。在此期间，连续记录各节点相关位置的应力变化。图 6-178~图 6-185 所示表明，当车辆完成一次行驶时，节点 KZ1~KZ3 趾部处应力曲线只存在一次波峰或波谷，这意味着在此过程中，只产生一次同号应力循环。KZ4 处应力正负随时间发生变化，产生一次异号应力循环。

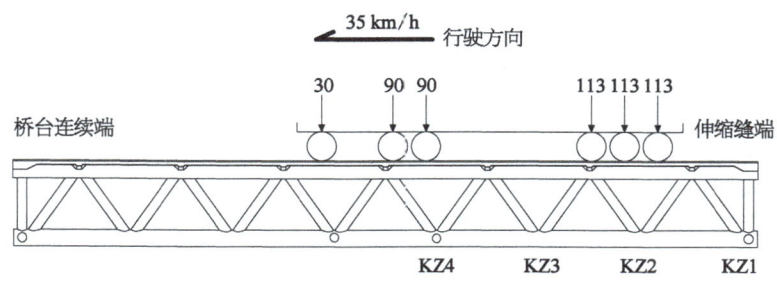

图 6-177　移动加载工况 1(中心加载)

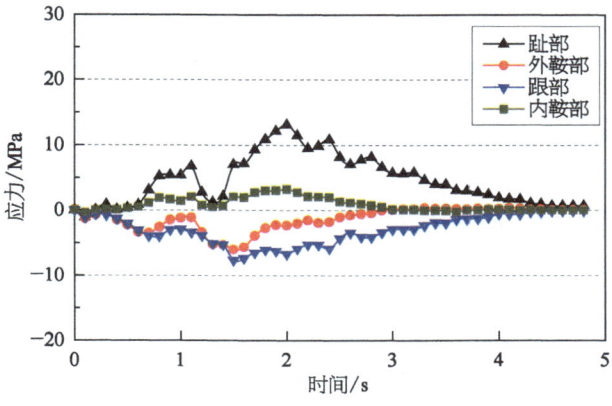

图 6-178　KZ1 拉杆焊缝应力时程图(中心加载)

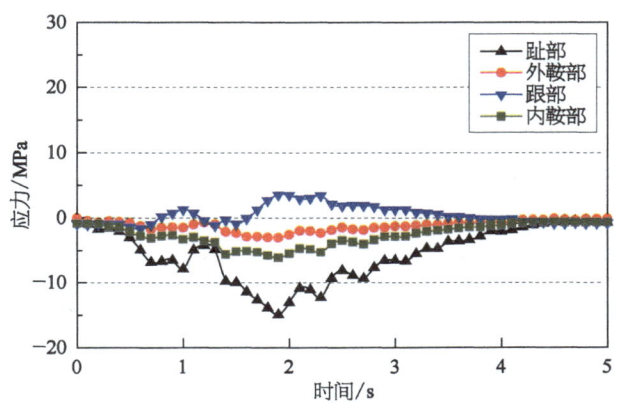

图 6-179　KZ1 压杆焊缝应力时程图(中心加载)

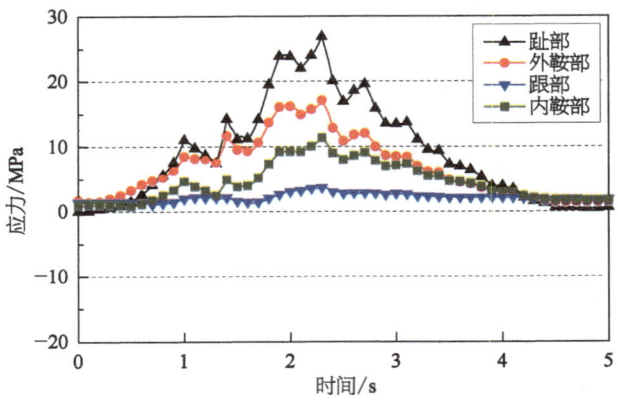
图 6-180 KZ2 拉杆焊缝应力时程图(中心加载)

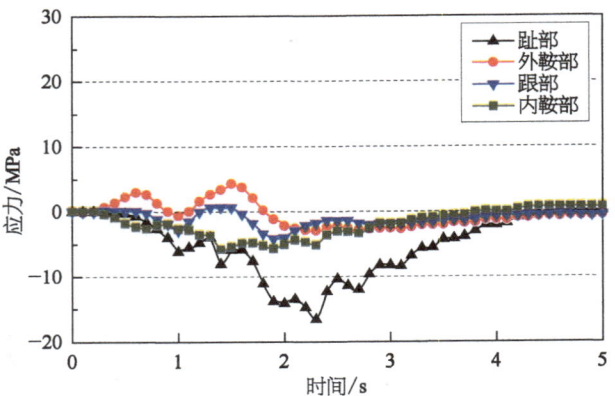
图 6-181 KZ2 压杆焊缝应力时程图(中心加载)

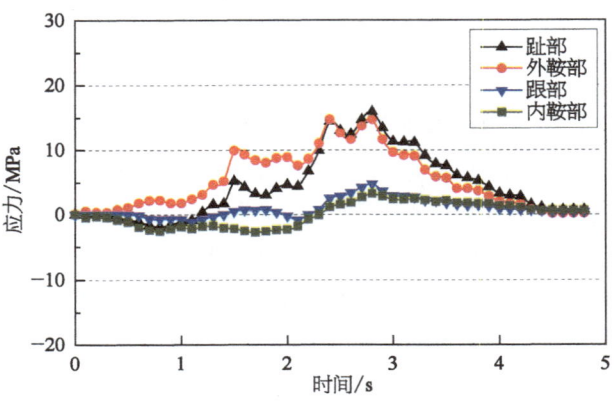
图 6-182 KZ3 拉杆焊缝应力时程图(中心加载)

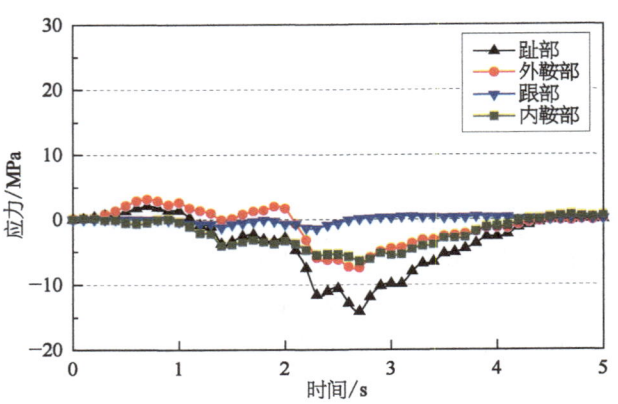
图 6-183 KZ3 压杆焊缝应力时程图(中心加载)

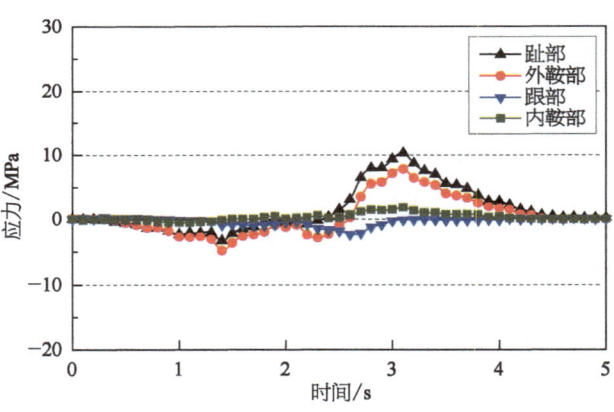
图 6-184 KZ4 拉杆焊缝应力时程图(中心加载)

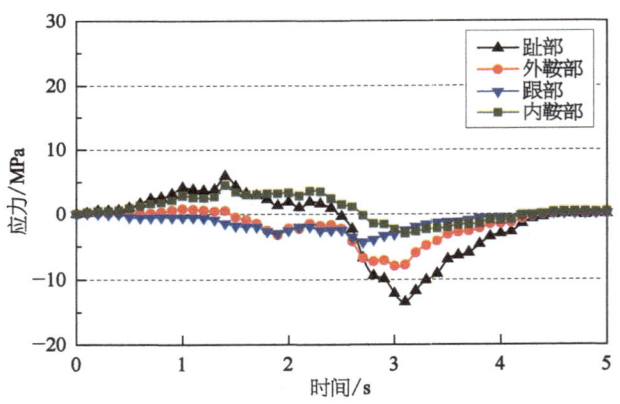
图 6-185 KZ4 压杆焊缝应力时程图(中心加载)

主桁节点 KZ1、KZ2 和 KZ3 的应力值在车辆行驶过程中基本保持正负号不变,节点 KZ4 处应力在大约 2.5 s 后发生变号,即拉压应力交替出现。从杆系模型中可以获知其原因:随着车辆纵向加载位置的变化,KZ4 处支管会由压杆变成拉杆,或者反之。

同时,趾部应力曲线基本上均处于其他位置应力曲线之上,应力值最大;跟部应力曲线最低,应力值最小;鞍部曲线位于上述两者之间,通常外鞍部应力要略大于内鞍部,主要是受面外弯矩影响所致。

6.6.3.2 偏心加载下节点相贯线应力分布情况

偏心加载如图 6-186 所示,节点应力变化规律与中心加载一致。不同的是,偏载下 KZ1~KZ4 受力更大,导致相贯线应力水平更高,相贯节点趾部区应力是中心加载时的 1.3~1.5 倍,具体如图 6-187~图 6-194 所示。

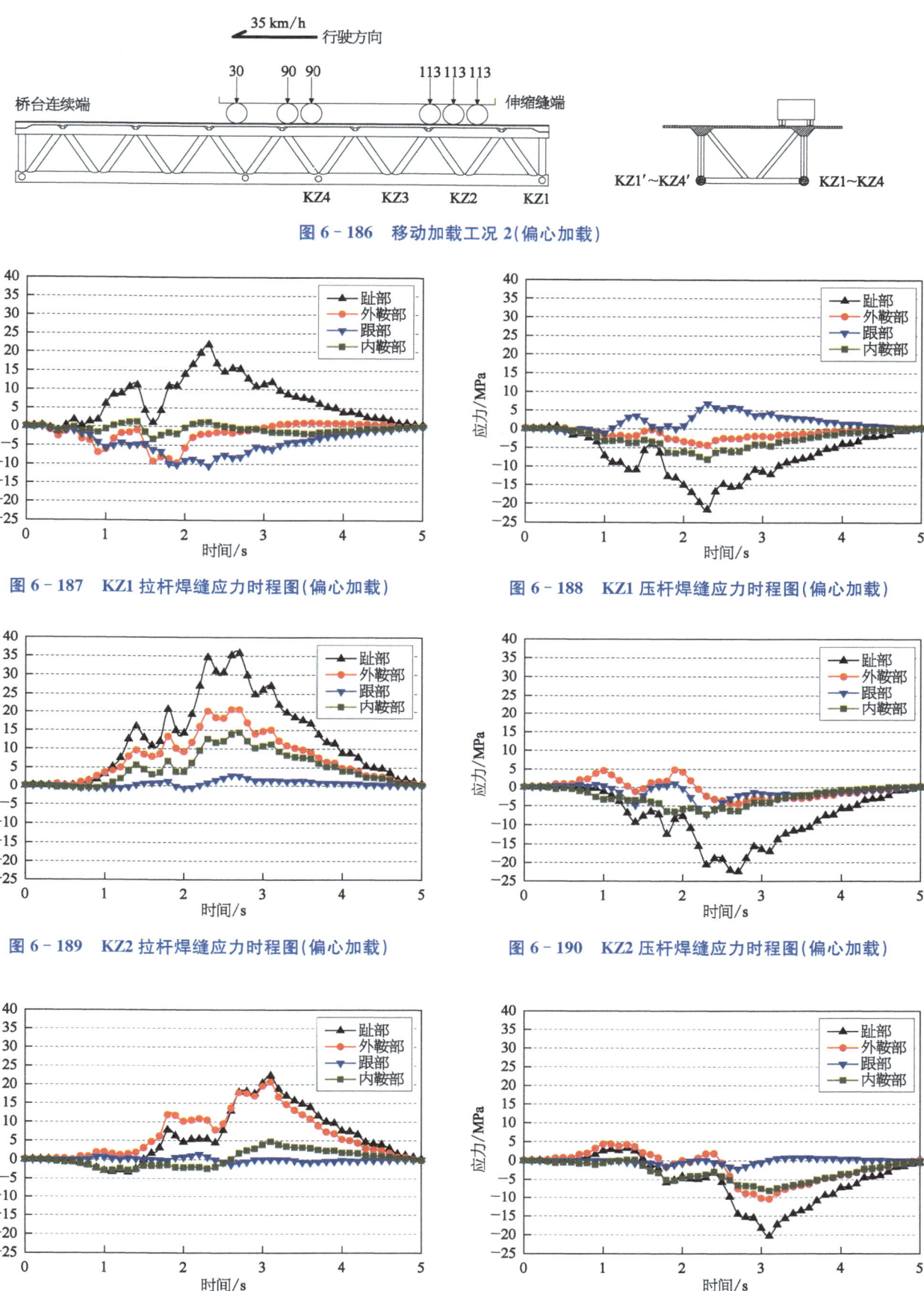

图 6-186　移动加载工况 2(偏心加载)

图 6-187　KZ1 拉杆焊缝应力时程图(偏心加载)

图 6-188　KZ1 压杆焊缝应力时程图(偏心加载)

图 6-189　KZ2 拉杆焊缝应力时程图(偏心加载)

图 6-190　KZ2 压杆焊缝应力时程图(偏心加载)

图 6-191　KZ3 拉杆焊缝应力时程图(偏心加载)

图 6-192　KZ3 压杆焊缝应力时程图(偏心加载)

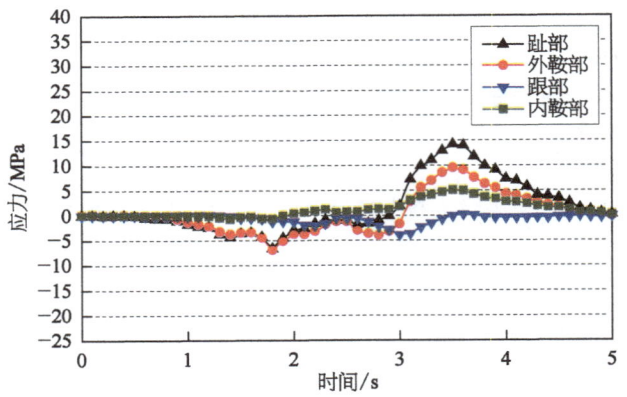

图 6-193 KZ4 拉杆焊缝应力时程图(偏心加载)

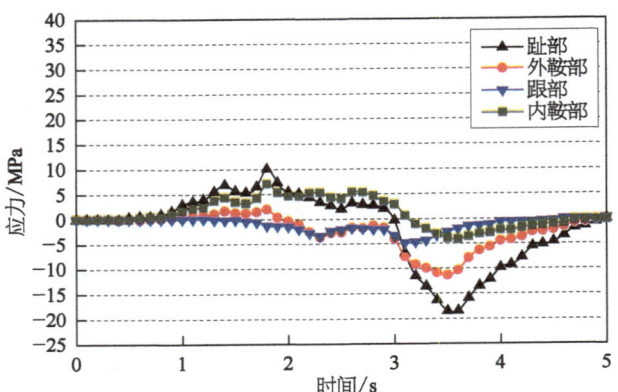

图 6-194 KZ4 压杆焊缝应力时程图(偏心加载)

6.6.3.3 支管相贯线应力幅对偏心加载敏感度分析

主梁在不同工况下,焊缝节点处应力幅分布如图 6-195～图 6-198 及表 6-112～表 6-115 所示表明,趾部应力幅最大,跟部应力幅最小,鞍部应力幅介于两者之间,外鞍部应力幅大于内鞍部。

四个节点的最大应力幅值出现在节点 KZ2 拉杆的趾部区,中心加载下应力幅为 26.88 MPa,偏心加载下应力幅为 35.87 MPa。对于压杆相贯线处的应力幅,在节点 KZ4 处要略大于 KZ2 处。虽然 KZ4 处支管轴力不大,但在车辆行驶过程中,拉压杆先后交替出现,正负应力同时存在,造成应力幅较大。

以偏心加载与中心加载引起的趾部应力幅之比 k_h 定义为活载偏载系数,即

$$k_h = \frac{\Delta\sigma_{2-趾部}}{\Delta\sigma_{1-趾部}}$$

图 6-199 所示表明,活载偏载系数 k_h 基本在 1.5 附近,与静载下偏载系数 k 值(约 1.6)较为接近。略小于静载偏心系数是因为考虑到行车安全,当车辆偏载行驶时,偏心距离较小。

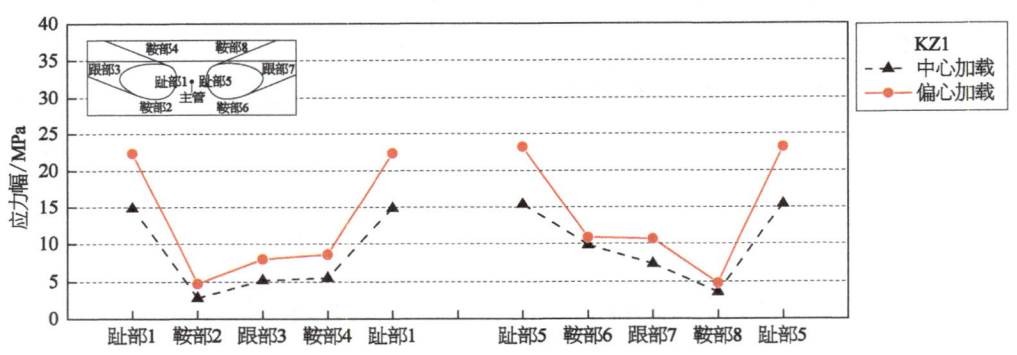

图 6-195 不同工况下 KZ1 相贯线应力幅

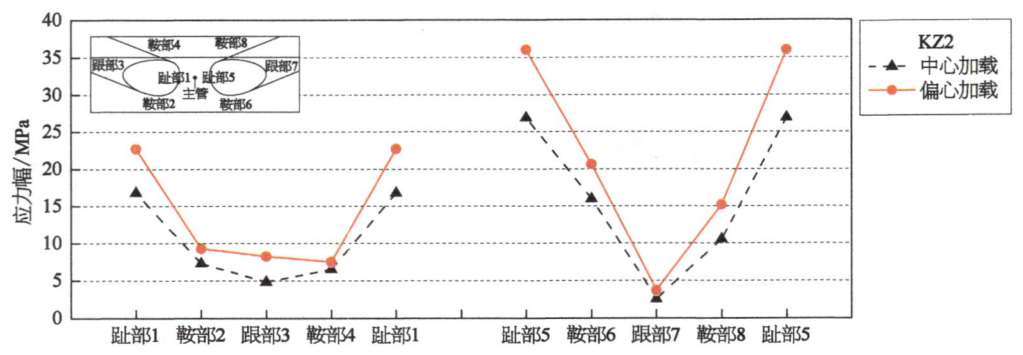

图 6-196 不同工况下 KZ2 相贯线应力幅

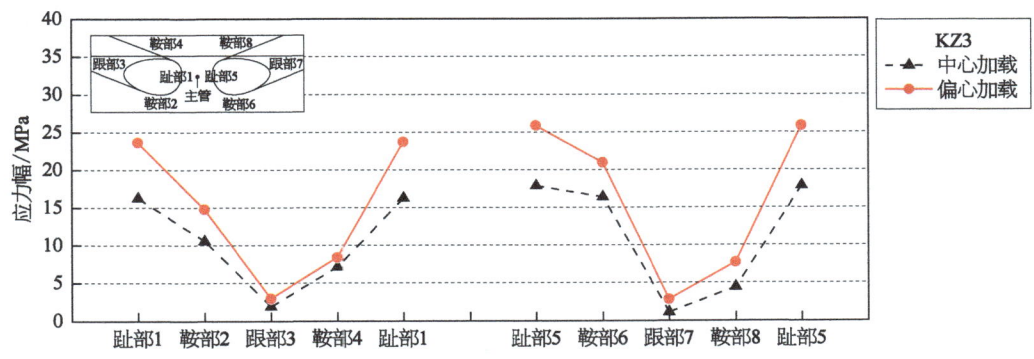

图 6-197 不同工况下 KZ3 相贯线应力幅

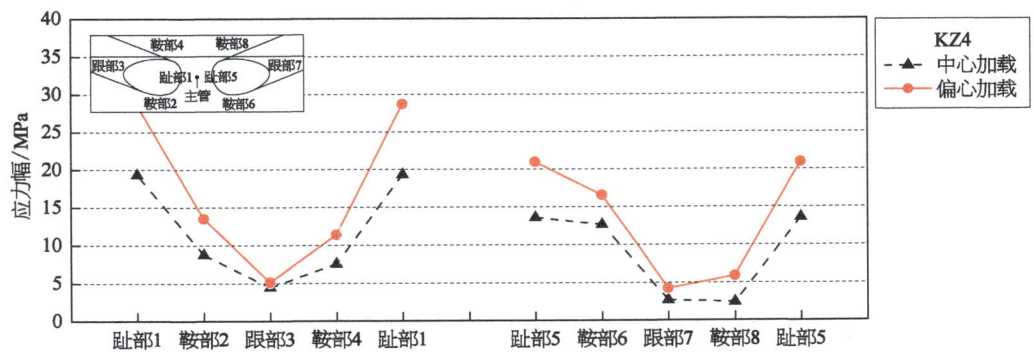

图 6-198 不同工况下 KZ4 相贯线应力幅

表 6-113 节点 KZ1 应力幅　　　　　　　　　　　　　　　　　　　　　　　　　　单位：MPa

工况	应力	拉杆焊缝				压杆焊缝			
		趾部	外鞍部	跟部	内鞍部	趾部	外鞍部	跟部	内鞍部
中心加载	σ_{max}	14.48	0.5	0.23	3.02	0.57	0.26	4.41	0.05
	σ_{min}	−0.92	−9.3	−7.11	−0.58	−14.3	−2.61	−0.79	−5.46
	$\Delta\sigma_1$	15.4	9.8	7.34	3.6	14.87	2.87	5.2	5.51
偏心加载	σ_{max}	21.66	0.75	0	1.13	0.69	0.19	6.75	0.33
	σ_{min}	−1.44	−9.97	−10.5	−3.54	−21.6	−4.51	−1.17	−8.2
	$\Delta\sigma_2$	23.1	10.72	10.5	4.67	22.29	4.7	7.92	8.53

表 6-113 节点 KZ2 应力幅　　　　　　　　　　　　　　　　　　　　　　　　　　单位：MPa

工况	应力	拉杆焊缝				压杆焊缝			
		趾部	外鞍部	跟部	内鞍部	趾部	外鞍部	跟部	内鞍部
中心加载	σ_{max}	26.55	15.97	2.2	9.77	0.16	5.35	1.29	0.04
	σ_{min}	−0.33	0	−0.35	−0.75	−16.63	−1.93	−3.53	−5.48
	$\Delta\sigma_1$	26.88	15.97	2.55	10.52	16.79	7.28	4.82	6.52

续表

工况	应力	拉杆焊缝				压杆焊缝			
		趾部	外鞍部	跟部	内鞍部	趾部	外鞍部	跟部	内鞍部
偏心加载	σ_{max}	35.74	20.51	2.8	14.27	0.24	4.72	0.95	0.15
	σ_{min}	−0.13	0	−0.74	−0.78	−22.37	−4.5	−7.23	−7.26
	$\Delta\sigma_2$	35.87	20.51	3.54	15.05	22.61	9.22	8.18	7.41

表 6-114 节点 KZ3 应力幅 单位：MPa

工况	应力	拉杆焊缝				压杆焊缝			
		趾部	外鞍部	跟部	内鞍部	趾部	外鞍部	跟部	内鞍部
中心加载	σ_{max}	15.99	16.26	0.83	2.22	2.11	3.17	0.49	0.19
	σ_{min}	−1.88	−0.13	−0.28	−2.19	−14.14	−7.41	−1.44	−6.91
	$\Delta\sigma_1$	17.87	16.39	1.11	4.41	16.25	10.58	1.93	7.1
偏心加载	σ_{max}	22.4	20.65	1.4	4.72	3.32	4.34	0.7	0.16
	σ_{min}	−3.35	−0.2	−1.34	−2.89	−20.26	−10.38	−2.15	−8.1
	$\Delta\sigma_2$	25.74	20.85	2.74	7.61	23.58	14.72	2.85	8.26

表 6-115 节点 KZ4 应力幅 单位：MPa

工况	应力	拉杆焊缝				压杆焊缝			
		趾部	外鞍部	跟部	内鞍部	趾部	外鞍部	跟部	内鞍部
中心加载	σ_{max}	10.29	7.77	0.08	1.97	5.93	0.69	0.05	4.53
	σ_{min}	−3.29	−4.86	−2.6	−0.46	−13.41	−8.04	−4.44	−3
	$\Delta\sigma_1$	13.58	12.63	2.68	2.43	19.34	8.73	4.49	7.53
偏心加载	σ_{max}	14.27	9.54	0.1	5.07	10.1	2.07	0.09	7.08
	σ_{min}	−6.58	−6.88	−3.98	−0.69	−18.45	−11.33	−4.88	−4.11
	$\Delta\sigma_2$	20.85	16.42	4.08	5.76	28.55	13.4	4.97	11.19

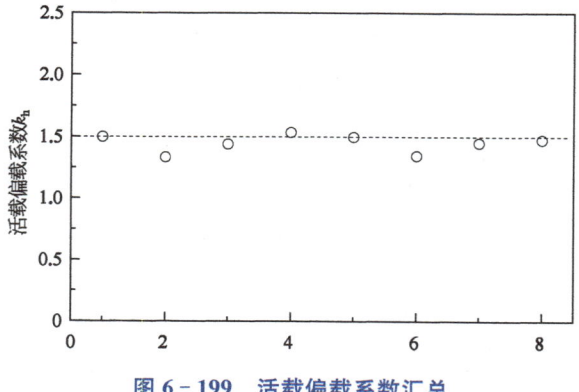

图 6-199 活载偏载系数汇总

6.6.3.4 受拉支管轴向应力幅分布情况

受拉支管沿轴向不同高度处趾部侧和跟部侧应力幅分布见表 6-116～表 6-119 及图 6-200～图 6-207 所示。距离相贯线 4 mm 处趾部侧应力幅最大,跟部侧应力幅较小,应力集中现象不如趾部明显。随着距相贯线距离的增加,趾部侧应力幅逐渐减小,而跟部侧应力幅有先减小后增大的趋势。在距相贯线 500 mm 处,趾部侧应力幅已有大幅降低,应力集中现象得到改善。在距相贯线 1 000 mm 处(支管长度的 1/3～1/2),趾部侧和跟部侧应力幅较为接近。在距相贯线 2 000 mm 的位置,跟部侧应力幅要大于趾部侧,但其数值远小于相贯线处趾部应力幅。

表 6-116 节点 KZ1 受拉支管不同高度处应力幅 单位:MPa

工况	应力	4 mm		500 mm		1 000 mm		2 000 mm	
		趾部侧	跟部侧	趾部侧	跟部侧	趾部侧	跟部侧	趾部侧	跟部侧
中心加载	σ_{max}	13.11	0	3.17	0.09	0.64	0.05	0	4.83
	σ_{min}	−1.08	−7.65	−0.29	−4.05	−1.26	−1.74	−3.8	−0.57
	$\Delta\sigma_1$	14.19	7.65	3.46	4.14	1.9	1.79	3.8	5.4
偏心加载	σ_{max}	19.52	0	4.59	0	0.75	0.03	0	6.96
	σ_{min}	−1.42	−10.89	−0.74	−6.11	−2.11	−2.88	−6.25	−0.67
	$\Delta\sigma_2$	20.94	10.89	5.33	6.11	2.86	2.9	6.25	7.63

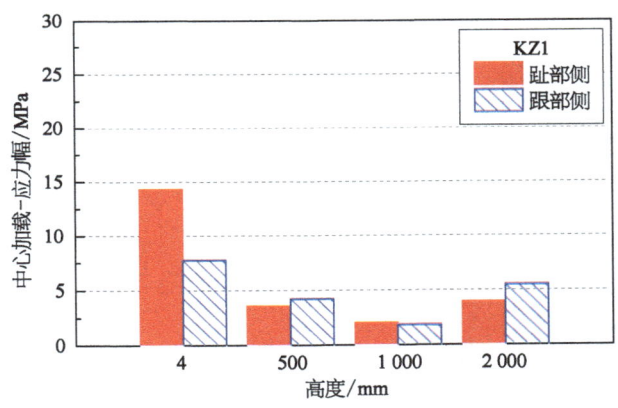

图 6-200 KZ1 应力幅(中心加载)

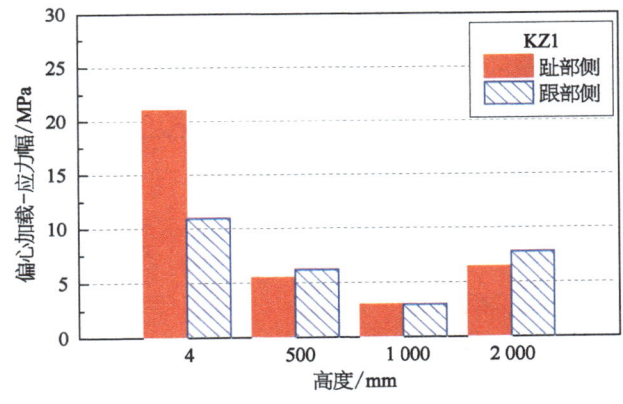

图 6-201 KZ1 应力幅(偏心加载)

表 6-117 节点 KZ2 受拉支管不同高度处应力幅 单位:MPa

工况	应力	4 mm		500 mm		1 000 mm		2 000 mm	
		趾部侧	跟部侧	趾部侧	跟部侧	趾部侧	跟部侧	趾部侧	跟部侧
中心加载	σ_{max}	14.91	5.55	8.18	4.31	5.21	4.64	3.86	6.39
	σ_{min}	−0.01	−0.11	−0.02	−0.14	−0.01	0	−0.21	−0.34
	$\Delta\sigma_1$	14.92	5.66	8.2	4.45	5.22	4.64	4.07	6.73
偏心加载	σ_{max}	20.28	8.24	11.31	5.83	7.12	6.57	5.67	10.15
	σ_{min}	−0.16	−0.11	−0.13	−0.27	−0.02	−0.02	−0.02	−0.46
	$\Delta\sigma_2$	20.44	8.35	11.44	6.10	7.14	6.59	5.69	10.61

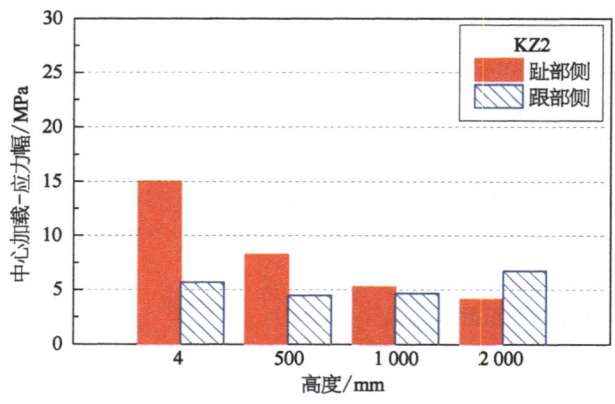

图 6-202　KZ2 应力幅（中心加载）

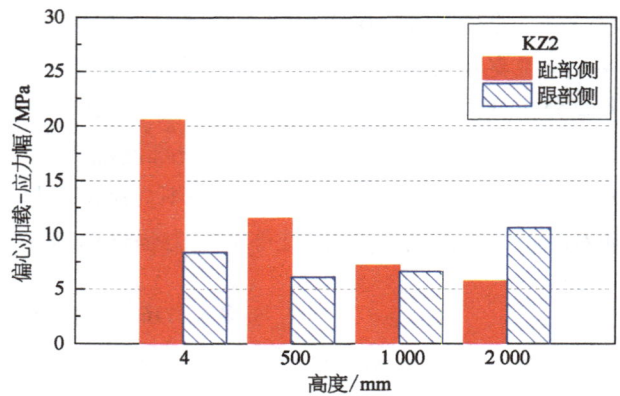

图 6-203　KZ2 应力幅（偏心加载）

表 6-118　节点 KZ3 受拉支管不同高度处应力幅　　　　　　　　　　　　　　　　　单位：MPa

工况	应力	4 mm		500 mm		1 000 mm		2 000 mm	
		趾部侧	跟部侧	趾部侧	跟部侧	趾部侧	跟部侧	趾部侧	跟部侧
中心加载	σ_{max}	15.93	4.71	4.73	2.81	4.23	2.83	2.85	5.36
	σ_{min}	−1.89	−1.15	−0.71	−0.03	0	−1.38	−1.42	−1.43
	$\Delta\sigma_1$	17.82	5.86	5.44	2.84	4.23	4.21	4.27	6.79
偏心加载	σ_{max}	22.25	6.25	6.86	2.84	5.86	5.02	3.43	7.2
	σ_{min}	−3.41	−2.1	−0.87	−1.41	−0.78	−0.1	−1.96	−1.26
	$\Delta\sigma_2$	25.66	8.34	7.73	4.25	6.64	5.12	5.39	8.46

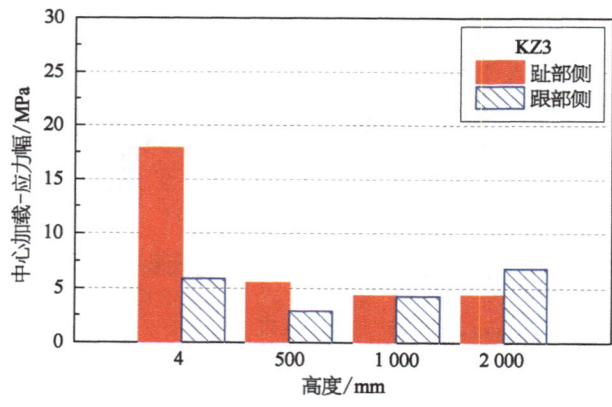

图 6-204　KZ3 应力幅（中心加载）

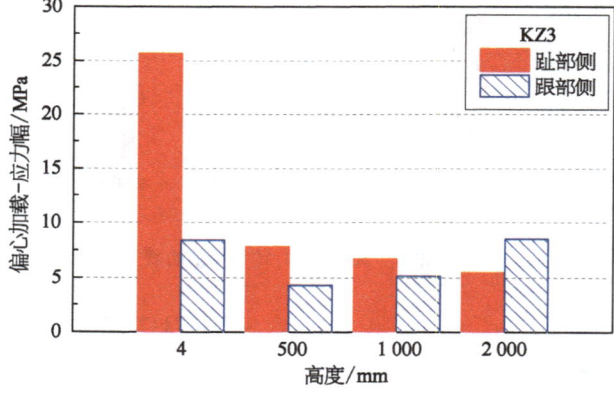

图 6-205　KZ3 应力幅（偏心加载）

表 6-119　节点 KZ4 受拉支管不同高度处应力幅　　　　　　　　　　　　　　　　　单位：MPa

工况	应力	4 mm		500 mm		1 000 mm		2 000 mm	
		趾部	跟部	趾部	跟部	趾部	跟部	趾部	跟部
中心加载	σ_{max}	5.93	0.05	10.29	7.77	0.08	1.97	0.7	5.32
	σ_{min}	−13.41	−4.44	−3.29	−4.86	−2.6	−0.46	−1.45	−0.46
	$\Delta\sigma_1$	19.34	4.49	13.58	12.63	2.68	2.43	2.15	5.78

续表

工况	应力	4 mm		500 mm		1 000 mm		2 000 mm	
		趾部	跟部	趾部	跟部	趾部	跟部	趾部	跟部
偏心加载	σ_{max}	18.37	5.44	5.23	2.12	3.66	2.97	1.43	7.25
	σ_{min}	−9.66	−3.47	−2.55	−1.94	−2.07	−1.48	−1.45	−0.99
	$\Delta\sigma_2$	28.03	8.91	7.78	4.06	5.73	4.45	2.88	8.24

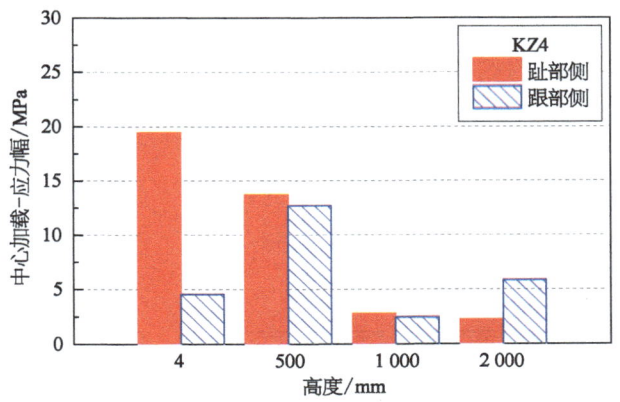

图 6-206　KZ4 应力幅(中心加载)

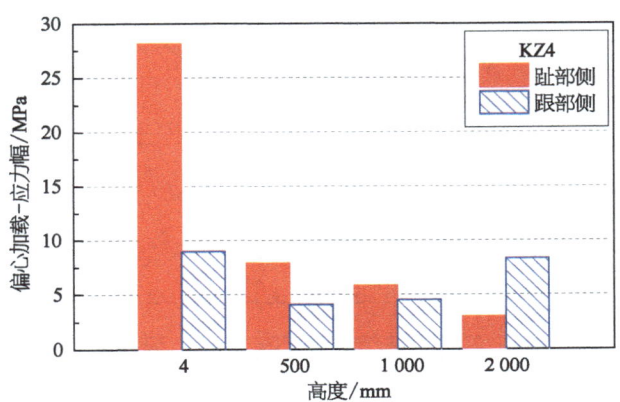

图 6-207　KZ4 应力幅(偏心加载)

6.6.3.5　技术总结

四川汶川克枯大桥 B 匝道桥,现场实桥模型试验研究表明:

(1) 在静载和动载的不同工况下,节点相贯线处应力(幅)均是趾部区最大,鞍部次之,跟部最小。相较于其他节点,靠近支座处节点因其内力大,相贯线处应力值(应力幅)也较大。

(2) 沿支管轴向,在靠近相贯线处应力(幅)分布不均,在远离相贯线过程中,趾部侧应力(幅)逐渐减小,跟部侧应力(幅)逐渐增大。在面内弯矩零点处,趾部和跟部应力(幅)大小相差不大。

(3) 相贯节点的应力变化,横向加载位置相应敏感度较大,偏载时偏心侧支管相贯线处趾部应力(幅)明显增加,达到中心加载的 1.5~2.0 倍,而四川汶川克枯大桥约为 1.5 倍;纵向加载时,随着支管受力增大,节点相贯线趾部区应力有较大的提高,鞍部次之,跟部应力变化最小。

(4) 车辆行驶中主梁跨中节点支管的拉、压应力交替的拉压应力循环;靠近支座节点支管应力始终同号。轴力、面内弯矩和面外弯矩三种荷载,在轴力作用下应力集中系数较大。B 匝道桥实桥节点 KZ2 在相贯线处实测应力分布规律与试验模型和理论计算结果一致,表现为趾部应力大,鞍部次之,跟部应力最小。

(5) 支管填充混凝土后,相贯焊缝应力水平下降,趾部区降低更多,与空钢管的支管主梁比较降低约 30%。

6.6.4　主桁构件力学性能

6.6.4.1　主管截面力学性能

在主桁跨中节间设置两个截面,根据轮载纵向位置的不同分为四个工况,同时根据横向位置的不同,再分为正载和偏载两种情况,如图 6-208~图 6-211 所示。

(1) 工况一:后轮重轴距离桥台连续端 4 m(图 6-212~图 6-216 和表 6-120)。

(2) 工况二:后轮重轴位于跨中(图 6-217~图 6-221 和表 6-121)。

(3) 工况三:后轮重轴距离伸缩缝端 4 m(图 6-222~图 6-226 和表 6-122)。

(4) 工况四:后轮重轴位于跨中(图 6-227~图 6-231 和表 6-123)。

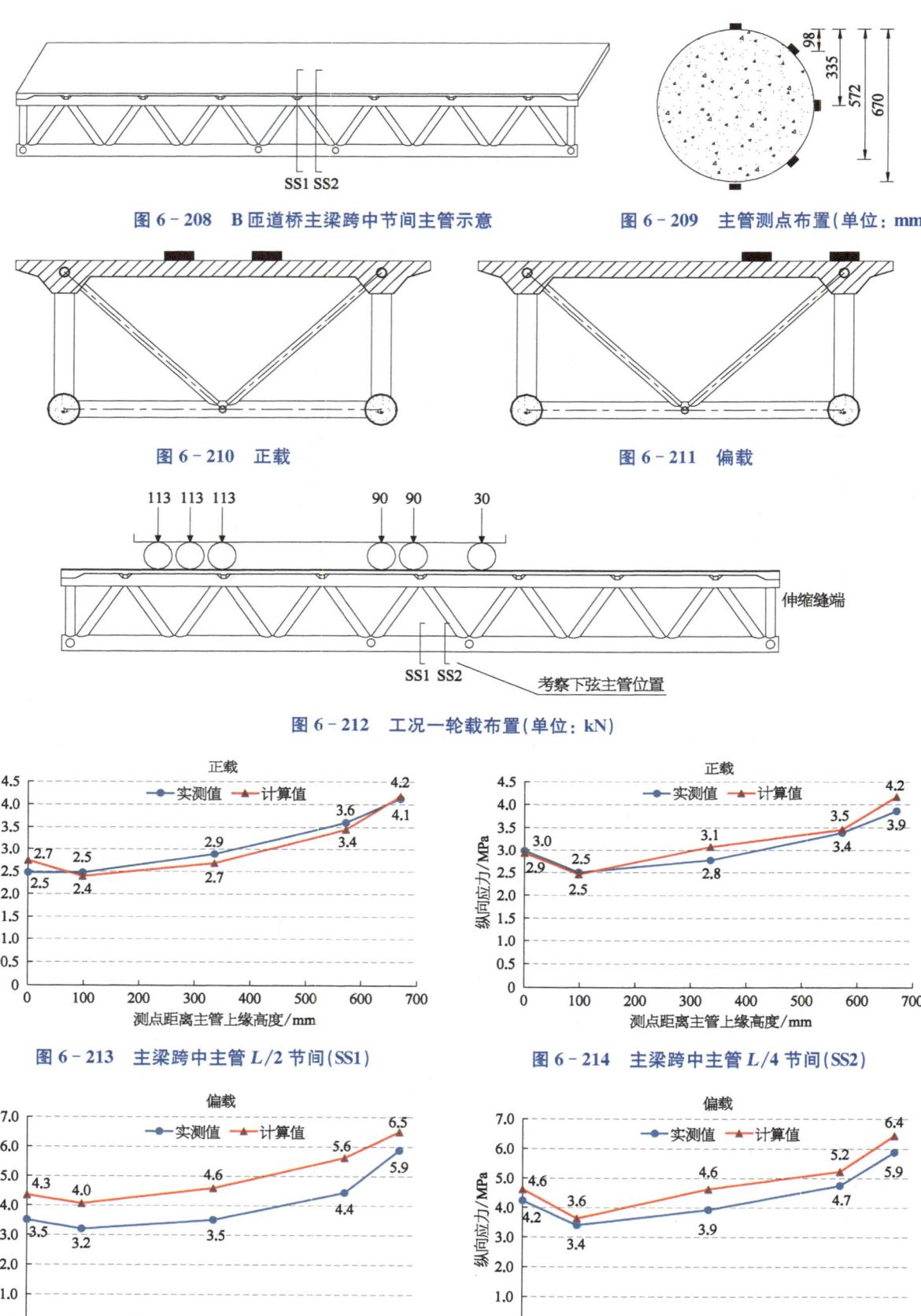

图 6-208　B 匝道桥主梁跨中节间主管示意

图 6-209　主管测点布置(单位：mm)

图 6-210　正载

图 6-211　偏载

图 6-212　工况一轮载布置(单位：kN)

图 6-213　主梁跨中主管 $L/2$ 节间(SS1)

图 6-214　主梁跨中主管 $L/4$ 节间(SS2)

图 6-215　主梁跨中主管 $L/2$ 节间(SS1)

图 6-216　主梁跨中主管 $L/4$ 节间(SS2)

表 6-120 主梁跨中主管应力汇总

应力	正载				偏载			
	1/2 节间跨中主管		1/4 节间跨中主管		1/2 节间跨中主管		1/4 节间跨中主管	
	实测值	计算值	实测值	计算值	实测值	计算值	实测值	计算值
σ_N/MPa	3.3	3.5	3.3	3.5	4.3	5.4	5.0	5.5
σ_{My}/MPa	0.8	0.7	0.8	0.7	1.6	1.1	0.8	0.9
σ_{Mz}/MPa	0.4	0.8	0.4	0.8	0.8	0.8	1.1	0.9
σ_{My}/σ_N	24%	20%	24%	20%	37%	20%	16%	16%
σ_{Mz}/σ_N	12%	23%	12%	23%	19%	15%	22%	16%

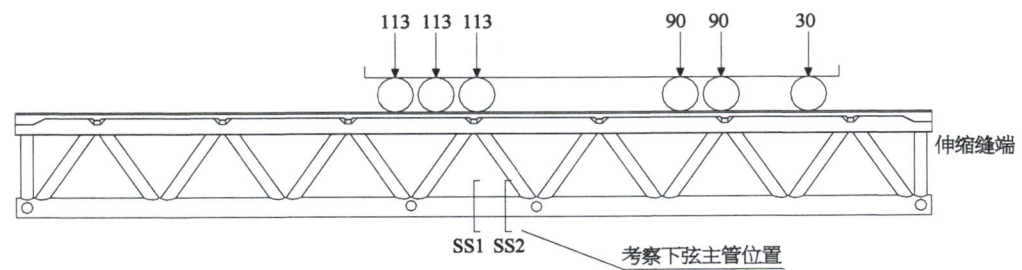

图 6-217 工况二轮载布置(单位: kN)

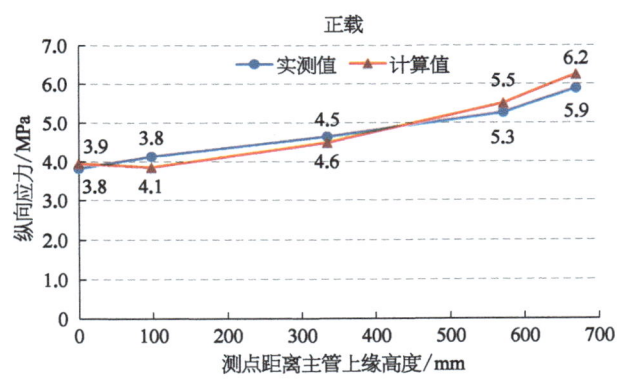

图 6-218 主梁跨中主管 $L/2$ 节间(SS1)

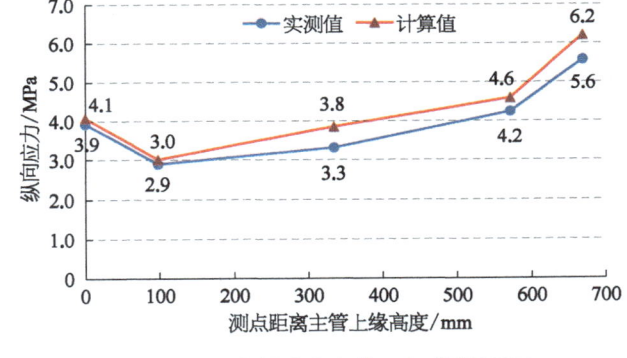

图 6-219 主梁跨中主管 $L/4$ 节间(SS2)

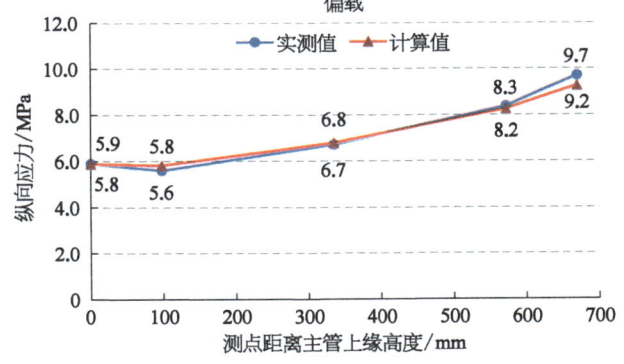

图 6-220 主梁跨中主管 $L/2$ 节间(SS1)

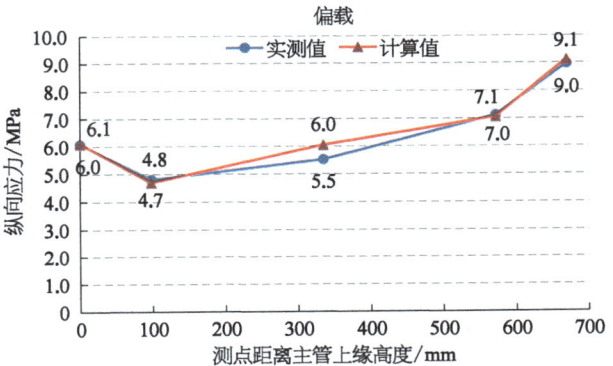

图 6-221 主梁跨中主管 $L/4$ 节间(SS2)

表 6-121 主梁跨中主管应力汇总

应力	正载				偏载			
	1/2 节间跨中主管		1/4 节间跨中主管		1/2 节间跨中主管		1/4 节间跨中主管	
	实测值	计算值	实测值	计算值	实测值	计算值	实测值	计算值
σ_N/MPa	4.8	5.1	4.7	5.1	7.8	7.5	7.5	7.6
σ_{My}/MPa	1.0	1.1	0.8	1.1	1.9	1.7	1.5	1.5
σ_{Mz}/MPa	0.2	0.6	1.4	1.3	1.1	0.8	2.0	1.6
σ_{My}/σ_N	21%	22%	17%	22%	24%	23%	20%	20%
σ_{Mz}/σ_N	4%	12%	30%	25%	14%	11%	27%	21%

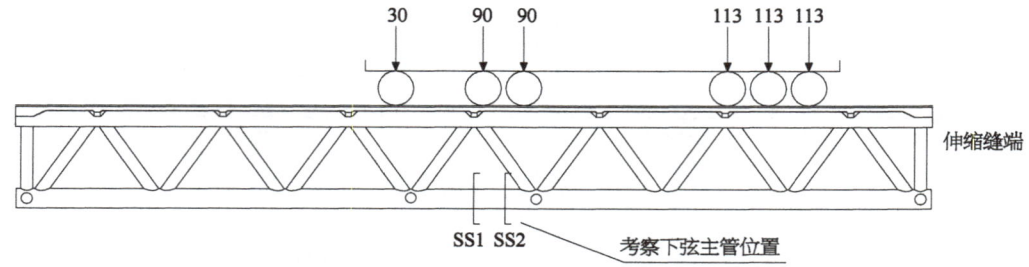

图 6-222 工况三轮载布置(单位：kN)

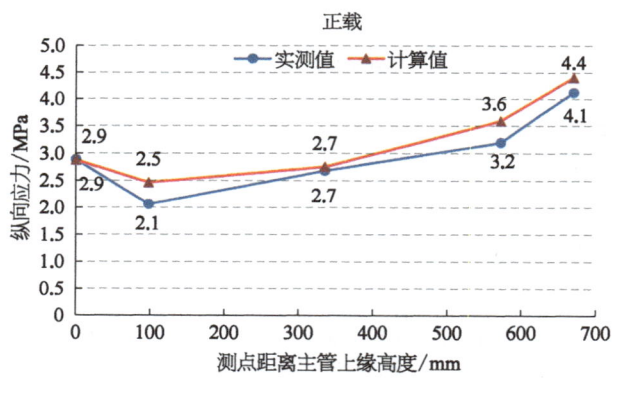

图 6-223 主梁跨中主管 $L/2$ 节间(SS1)

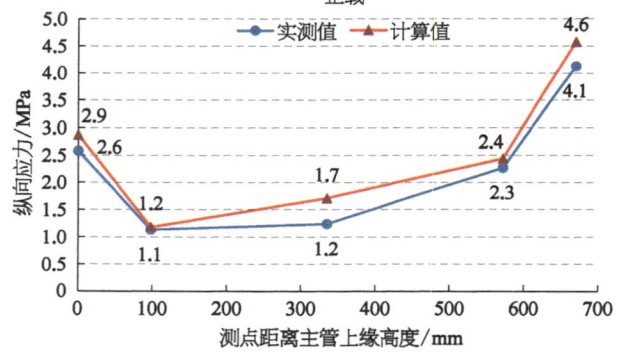

图 6-224 主梁跨中主管 $L/4$ 节间(SS2)

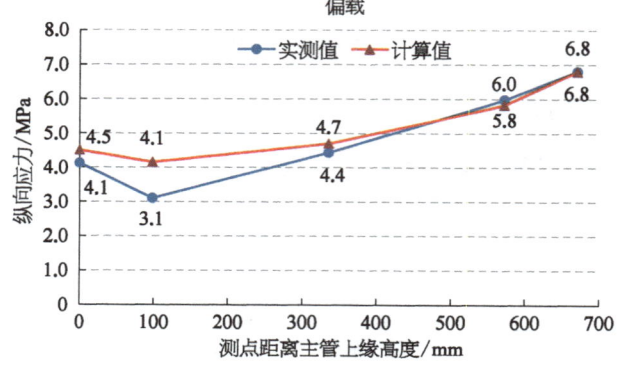

图 6-225 主梁跨中主管 $L/2$ 节间(SS1)

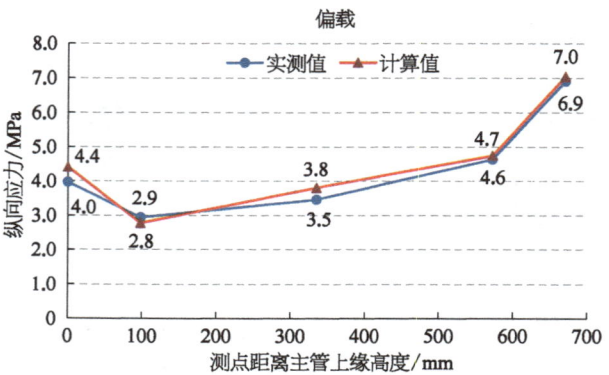

图 6-226 主梁跨中主管 $L/4$ 节间(SS2)

表 6-122 主梁跨中主管应力汇总

应　力	正　载				偏　载			
	1/2 节间跨中主管		1/4 节间跨中主管		1/2 节间跨中主管		1/4 节间跨中主管	
	实测值	计算值	实测值	计算值	实测值	计算值	实测值	计算值
σ_N/MPa	3.5	3.6	3.3	3.7	5.5	5.6	5.4	5.7
σ_{My}/MPa	0.6	0.8	0.8	0.9	1.3	1.1	1.5	1.3
σ_{Mz}/MPa	0.8	0.9	2.1	2.0	1.0	1.0	2.0	1.9
σ_{My}/σ_N	17%	22%	24%	24%	24%	20%	28%	23%
σ_{Mz}/σ_N	23%	25%	64%	54%	18%	18%	37%	33%

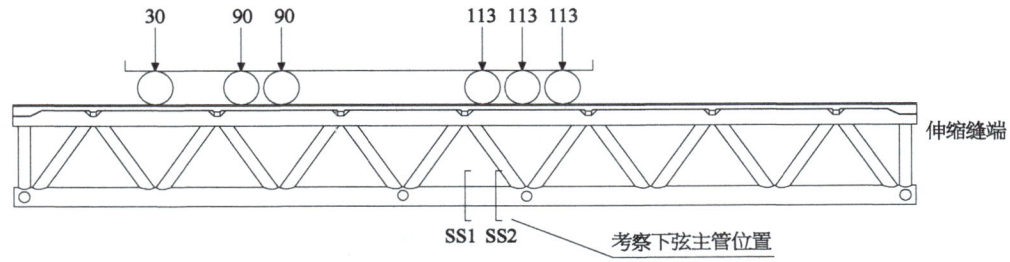

图 6-227　工况四轮载布置（单位：kN）

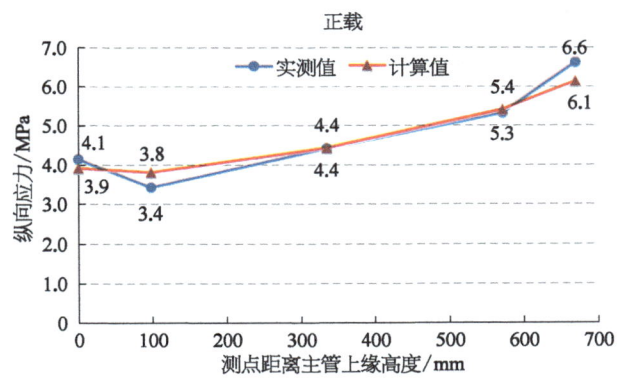

图 6-228　主梁跨中主管 $L/2$ 节间（SS1）

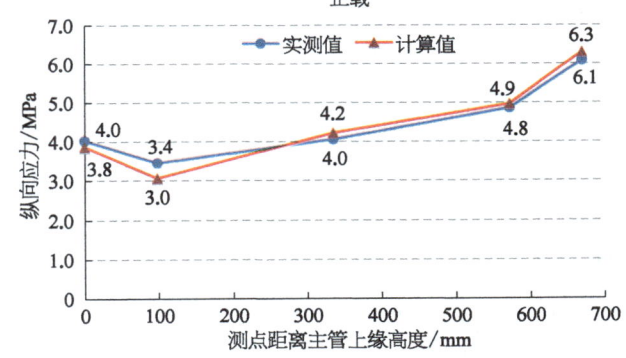

图 6-229　主梁跨中主管 $L/4$ 节间（SS2）

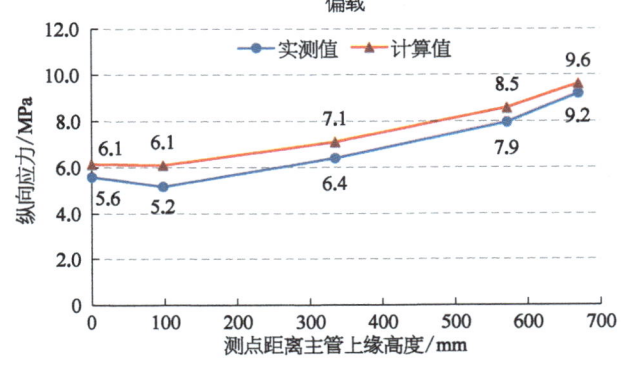

图 6-230　主梁跨中主管 $L/2$ 节间（SS1）

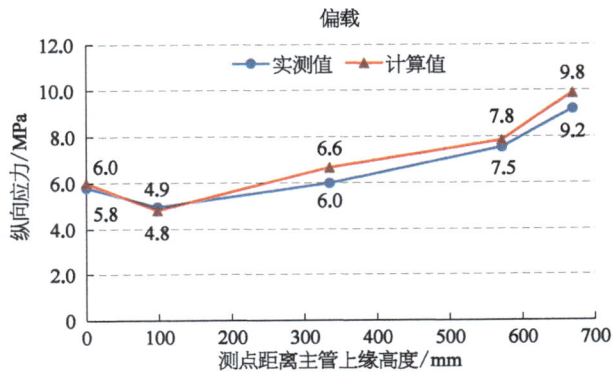

图 6-231　主梁跨中主管 $L/4$ 节间（SS2）

表 6-123 跨中主管应力汇总

应力	正载				偏载			
	1/2 节间跨中主管		1/4 节间跨中主管		1/2 节间跨中主管		1/4 节间跨中主管	
	实测值	计算值	实测值	计算值	实测值	计算值	实测值	计算值
σ_N/MPa	5.4	5.0	5.0	5.0	7.4	7.8	7.5	7.9
σ_{My}/MPa	1.2	1.1	1.0	1.2	1.8	1.7	1.7	1.9
σ_{Mz}/MPa	1.0	0.6	1.0	0.9	1.0	0.8	1.5	1.3
σ_{My}/σ_N	22%	22%	20%	24%	24%	22%	23%	24%
σ_{Mz}/σ_N	19%	12%	20%	18%	14%	10%	20%	16%

图 6-212～图 6-231 所示表明，应力计算值与实测值基本吻合，两者差值小于 10%。实测结果表明，正载作用下主管最大应力为 6.6 MPa，偏载作用下主管最大应力为 9.7 MPa。表明主管应力在车辆荷载作用下的应力水平较低。

主梁跨中主管纵向正应力由顶部到底部逐渐增大的规律，即主管下缘应力最大，上缘应力最小。因此，主管既受有轴力作用，还有弯矩作用。根据纵向应力沿主管高度的分布规律，5 个测点应力变化没有表现为线性规律，特别是 SS2 截面（$L/4$ 节间）较为明显，表明主管不仅承受平面内弯矩的作用，还承受平面外弯矩的作用。对比 SS1 截面（$L/2$ 节间）和 SS2 截面（$L/4$ 节间）的应力结果，最大值和最小值均较为接近，但 SS2 截面（$L/4$ 节间）沿高度方向非线性关系，表明节间内的平面外弯矩几乎保持不变，但平面外弯矩在节间内的变化较大。

假定在桁架平面内弯矩为 M_y，在桁架平面外的弯矩为 M_z。在荷载作用下，混凝土刚度保持不变，因此，平面内和平面外两个方向的中性轴不会发生变化，在钢管混凝土构件屈服荷载前，因此，平截面假设基本成立。

根据 5 个测点的应力分别得到轴向压应力 σ_N、平面内弯矩产生的正应力 σ_{My}、平面外弯矩产生的正应力 σ_{Mz}，图 6-232～图 6-235 所示表明，SS1 截面和 SS2 截面平面内弯矩产生的正应力 σ_{My} 均占轴向压应力 σ_N 的 20% 左右，各工况间差别不大；对于平面外弯矩产生的正应力 σ_{Mz} 占轴向压应力 σ_N 的比例，SS1 截面为 10% 左右，最高达到了 25%，SS2 截面为 20% 左右，最高达到了 41%，各工况间差别较为明显。若换算为偏心距，平面内弯矩对应的偏心距为 17 mm 左右，平面外弯矩对应的偏心距为 8～34 mm。

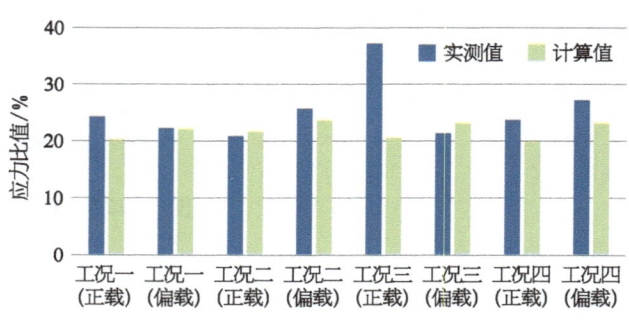

图 6-232 SS1 截面（σ_{My}/σ_N）应力比值

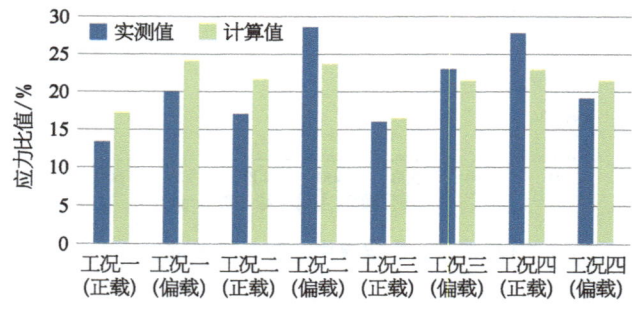

图 6-233 SS2 截面（σ_{My}/σ_N）应力比值

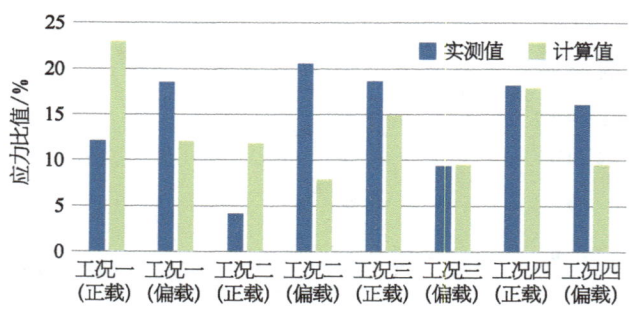

图 6-234 SS1 截面（σ_{Mz}/σ_N）应力比值

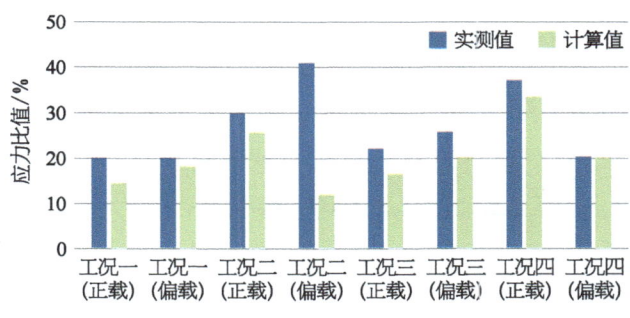

图 6-235　SS2 截面 (σ_{Mz}/σ_N) 应力比值

6.6.4.2　主管沿全桥变化规律研究

计算结果表明，主桁下主管在不同工况下的轴力分布和弯矩分布如图 6-236～图 6-239 所示，下主管不仅受平面内弯矩的作用，同时还承受平面外弯矩的作用；主管轴力沿顺桥向呈阶梯状，主梁跨中轴力最大，越往两边轴力越小，减小幅度越大，靠近支座的支管受力越大，节点两侧的主管轴力差越大。

6.6.4.3　主管刚度分析

1) 管内混凝土对主管刚度的影响

钢管内灌注混凝土后，混凝土支撑钢管，显著提高其刚度，同时，灌注混凝土可以提高节点的强度和刚度，防止节点局部屈曲，提高桁梁的整体刚度。现以 B 匝道桥为原型，假定三种情况：① 主管和支管均为空钢管；② 主管灌注混凝土、支管为空钢管；③ 主支管均灌注混凝土，分析在车辆荷载作用下桁梁的变形和内力分配。三种模型在荷载作用下的竖向位移如图 6-240 所示，当主支管均为空钢管时，竖向位移最大，主支管均灌注混凝土时，竖向位移最小，表明在钢管内灌注混凝土可提高钢管混凝土构

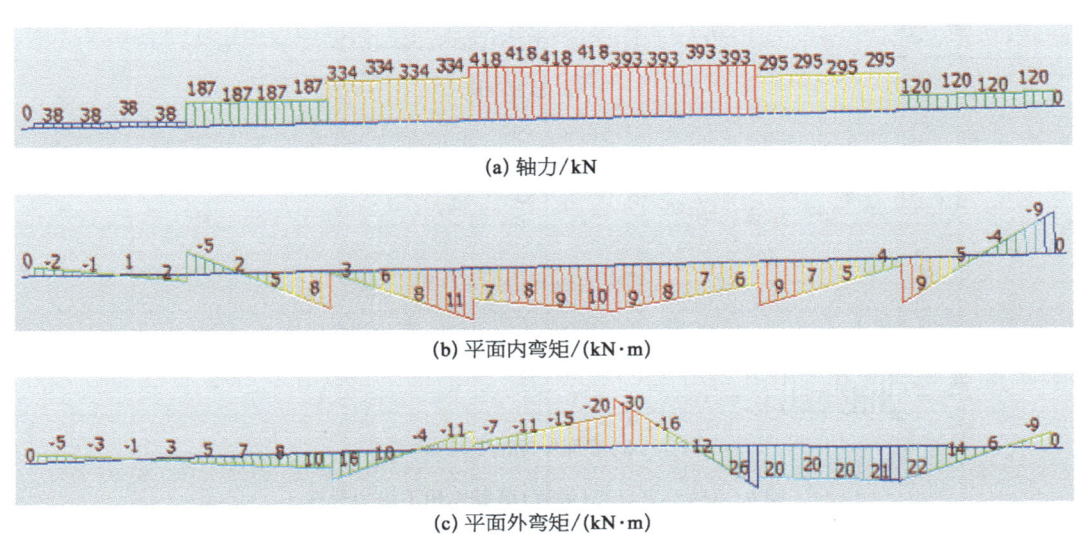

图 6-236　工况一(正载)荷载作用下内力分布

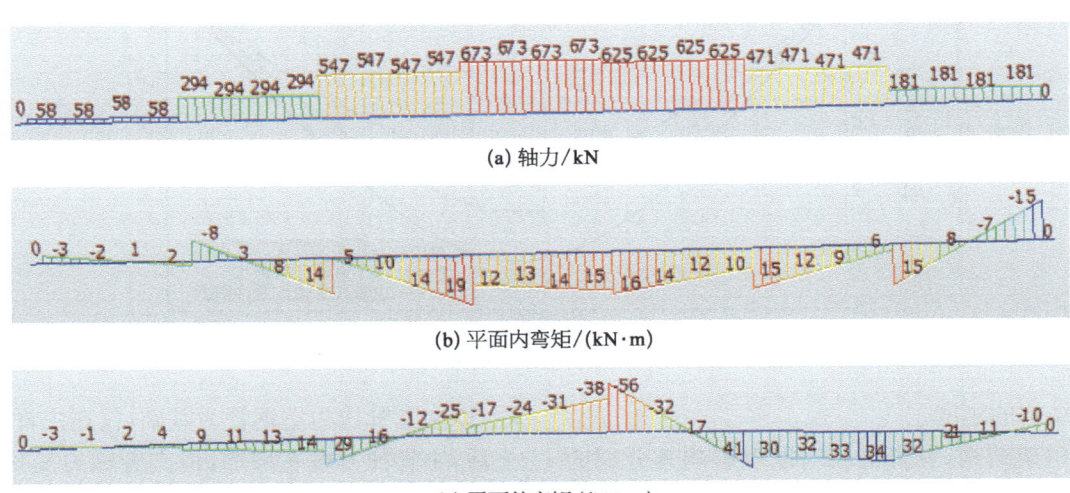

图 6-237　工况一(偏载)荷载作用下内力分布

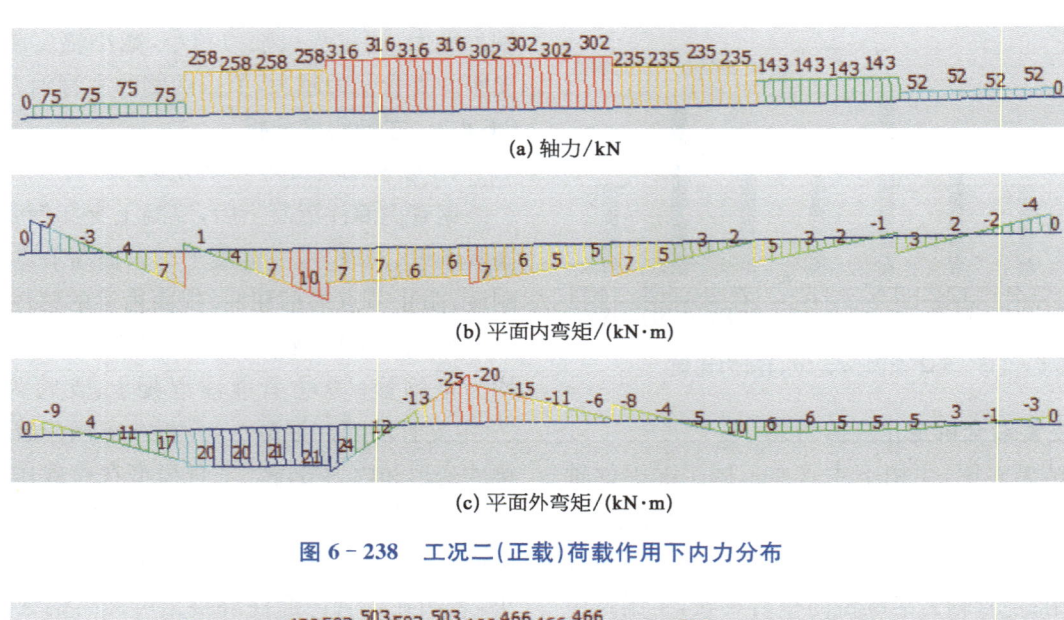

图 6-238 工况二(正载)荷载作用下内力分布

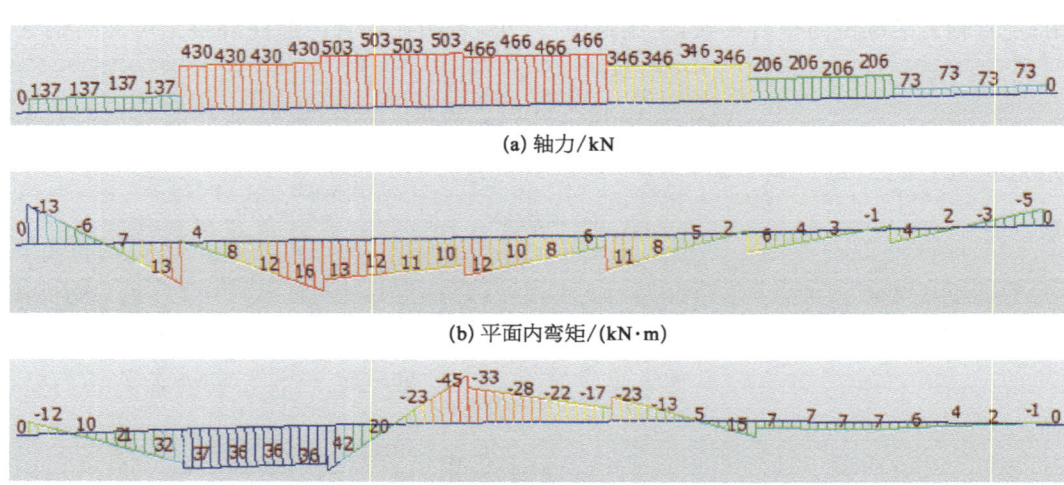

图 6-239 工况二(偏载)荷载作用下内力分布

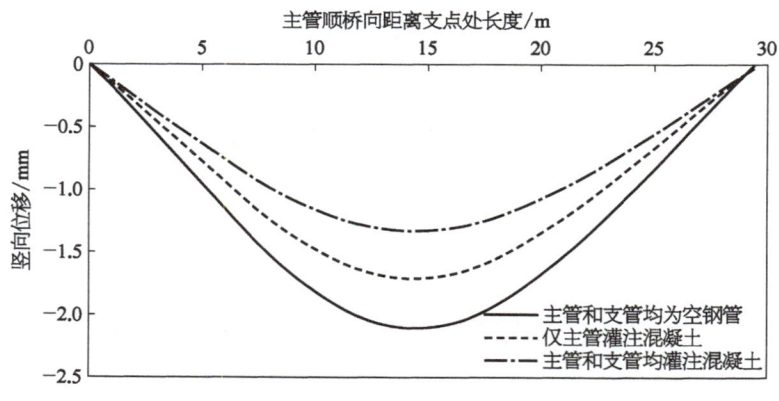

图 6-240 管内灌注混凝土对桁梁竖向刚度的影响

件和桁架结构的刚度。

对于桁架结构,杆件的相对刚度影响其分配的内力大小,仍以上述三种模型为基础,分析主支管在相同荷载作用下的内力分配。结果如图 6-241 所示,以主支管均为空钢管为基础,仅在主管灌注混凝土后,主管轴力略有增加,但支管轴力变化不大,当主支管均灌注混凝土后,主管和支管轴力略有增加。因此,在管内灌注混凝土对杆件的内力影响较小。

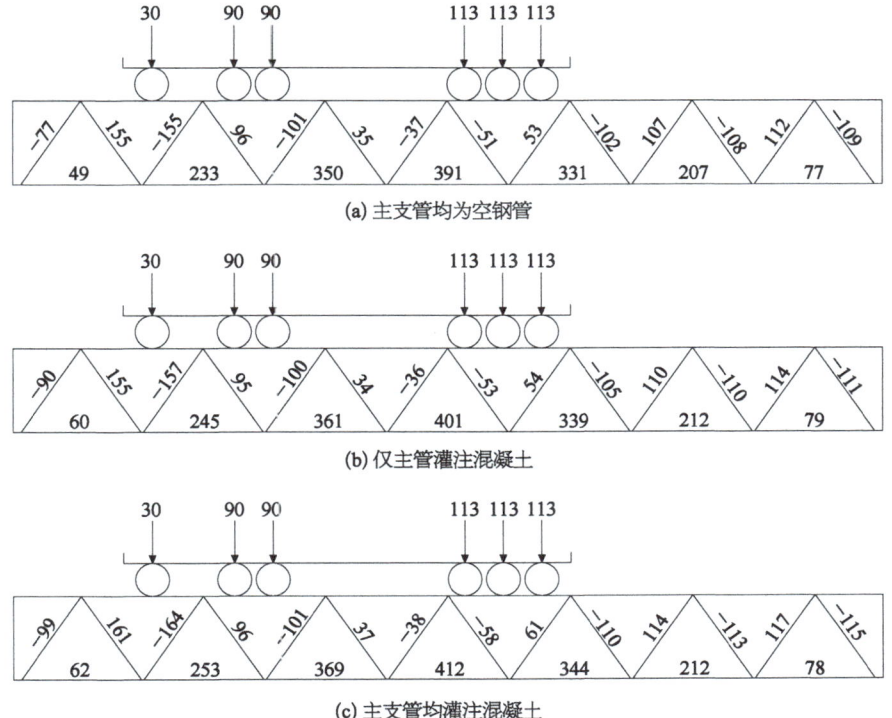

图 6-241 管内灌注混凝土对桁梁内力分配的影响(单位：kN)

2）预应力对主管刚度的影响

在主梁下主管张拉预应力后，其主梁的变形如图 6-242 所示，主梁跨中向上位移为 3.2 mm，可以抵消部分恒载作用下的向下挠度。

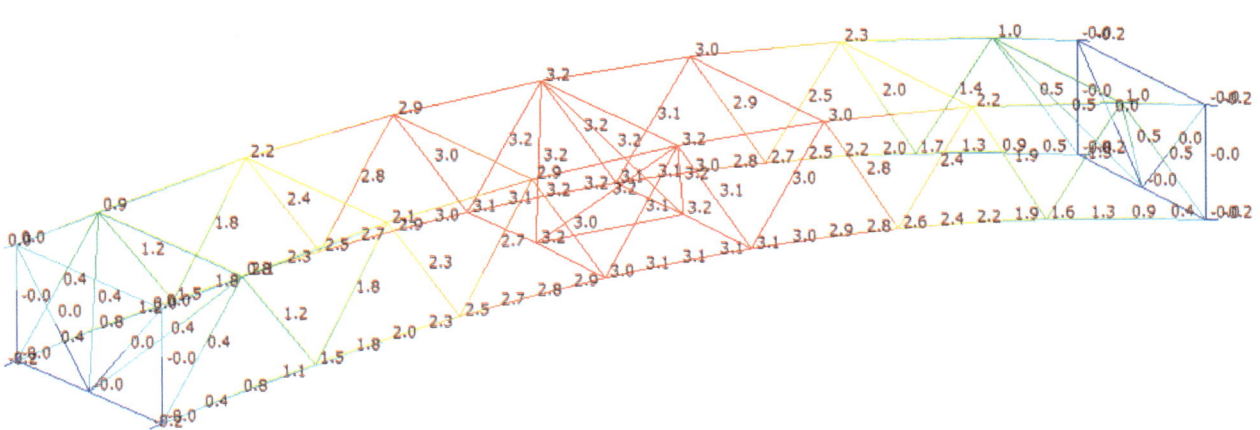

图 6-242 预应力作用下主梁位移(单位：mm)

主梁下主管在恒载和组合荷载作用下的轴力分布图如图 6-243～图 6-245 所示，在恒载作用下，主梁下主管全部受拉，越靠近主梁跨中，轴力越大，最大轴力为 1 520 kN；在恒载和预应力荷载作用下，主梁下主管全部受压，越靠近主梁跨中，轴力越小，最小压力为 −100 kN；在恒载＋预应力＋车道荷载作用下，靠近支座区域的主管受压，靠近主梁跨中的主管受拉，最大拉力为 1 214 kN。

弹性阶段，钢管和混凝土之间没有滑移，计算当混凝土应力达到开裂荷载时对应的轴力 N，取 $\sigma_{ck}=2.4$ MPa，根据钢和混凝土的弹性模量可换算得到钢的应力为

$$\sigma_s = \frac{E_c \sigma_{ck}}{E_c} = \frac{20.6 \times 2.4}{3.25} = 15.2 \text{(MPa)}$$

则此时的轴力 N 为

$$N = \sigma_s A_s + \sigma_{ck} A_c$$
$$= (15.2 \times 40\,820 + 2.4 \times 311\,566)/1\,000$$
$$= 1\,368 \text{(kN)}$$

在恒载＋预应力＋车道荷载作用下，最大拉力为 1 214 kN，小于混凝土开裂时的荷载 1 368 kN。

主梁下主管施加预应力后，不仅使主梁有一个预先向上的位移，还能保证主管在正常使用状态下处于弹性状态，钢管混凝土轴向受拉本构关系表明，在弹性阶段，钢管混凝土的刚度变化较小，因此，预应力可增大主梁下主管在正常使用状态下的刚度。

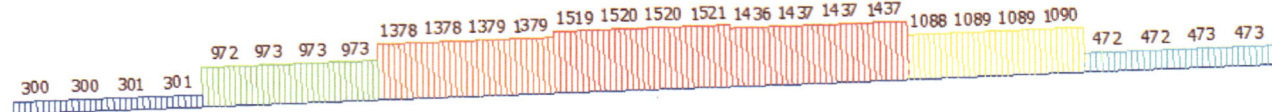

图 6-243　主梁下主管在恒载作用下的轴力分布（单位：kN）

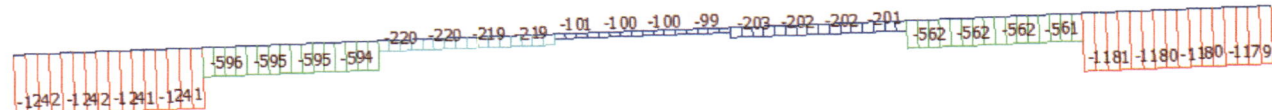

图 6-244　主梁下主管在恒载＋预应力作用下的轴力分布（单位：kN）

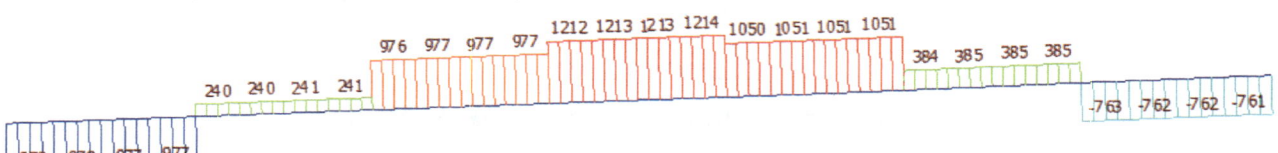

图 6-245　主梁下主管在恒载＋预应力＋车道荷载作用下的轴力分布（单位：kN）

3）支管对主管刚度的影响

为分析支管对主管刚度的影响，考虑以下三种模型，每种模型又将支管是否灌注混凝土两种情况。

模型一（平面桁架）：克枯大桥 B 匝道桥模型，如图 6-246 所示。

模型二（空间桁架 1）：将克枯大桥 B 匝道桥平面桁架改为空间桁架，主管直径 670 mm，如图 6-247 所示。

模型三（空间桁架 2）：仍将克枯大桥 B 匝道桥平面桁架改为空间桁架，但主管直径改为 813 mm，如图 6-248 所示。

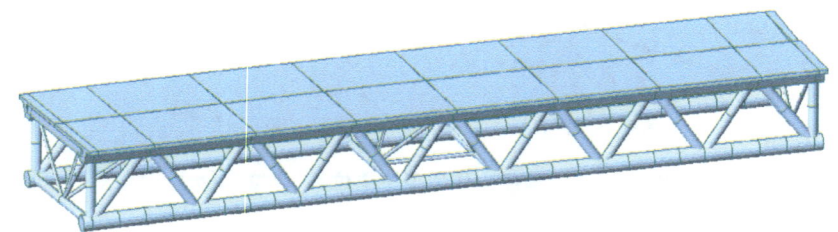

图 6-246　平面桁架

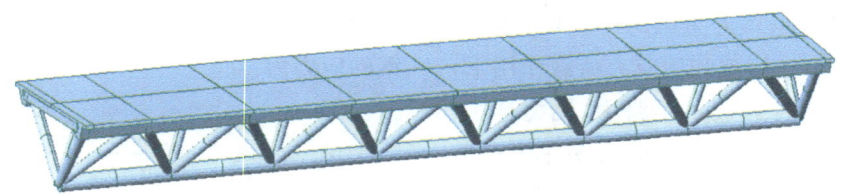

图 6-247　空间桁架 1（主管直径 670 mm）

图 6-248　空间桁架 2(主管直径 813 mm)

实体模型计算的内力与按统一理论计算的钢管应力精度较高，因此，按照实际模型计算主梁下主钢管的应力(图 6-249)。用弯矩产生应力与轴力产生应力的比值见表 6-124，对于三种模型，支管为空钢管时的比值均大于支管灌注混凝土的比值，表明支管灌注混凝土后，主管的弯矩有一定的降低，其轴向刚度和弯曲刚度都有增加。

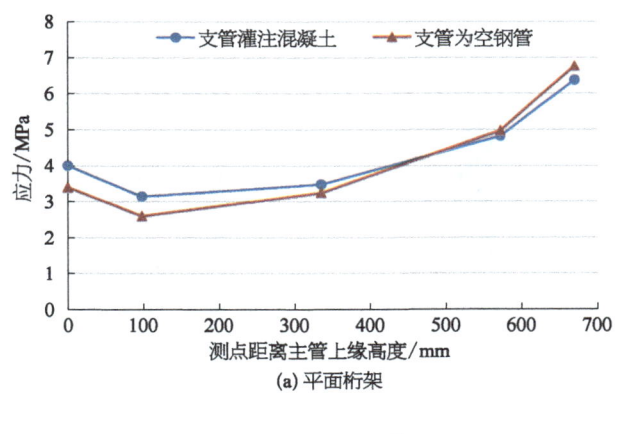

(a) 平面桁架

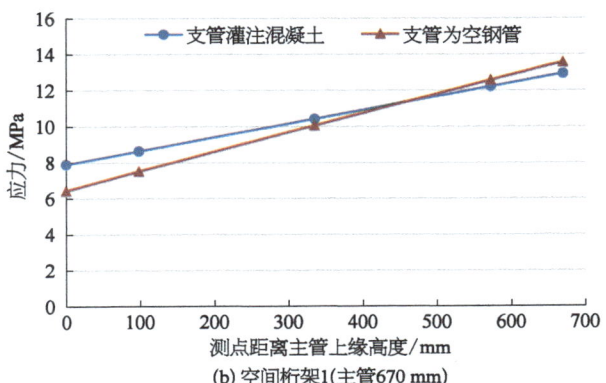

(b) 空间桁架1(主管670 mm)

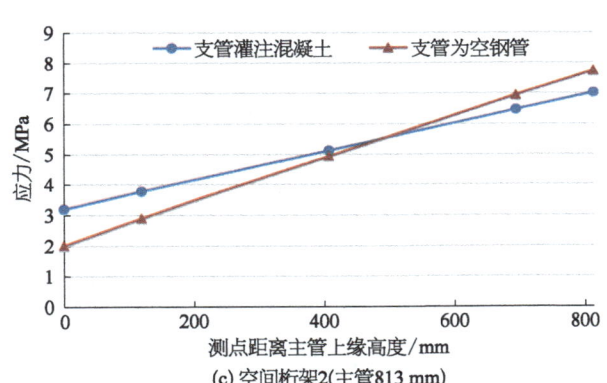

(c) 空间桁架2(主管813 mm)

图 6-249　正载作用下主管应力分布

表 6-124　主管主梁跨中应力各分量

应　力	平面桁架		空间桁架 1		空间桁架 2	
	支管为空	支管为实	支管为空	支管为实	支管为空	支管为实
σ_N/MPa	5.06	5.17	9.95	10.39	4.84	5.08
σ_{My}/MPa	1.68	1.19	3.57	2.52	2.87	1.91
σ_{Mz}/MPa	1.84	1.71	−0.06	−0.01	−0.06	−0.02
σ_{My}/σ_N	33%	23%	36%	24%	59%	38%
σ_{Mz}/σ_N	36%	33%	−1%	0%	−1%	0%

对比平面桁架和空间桁架1可知，弯矩产生的应力与轴向力产生的应力的比值几乎没变。两个模型的差别为：空间桁架的支管在平面内和平面外均有一定的倾斜，而平面桁架的支管只在平面内有一定的倾斜，如图6-250所示。

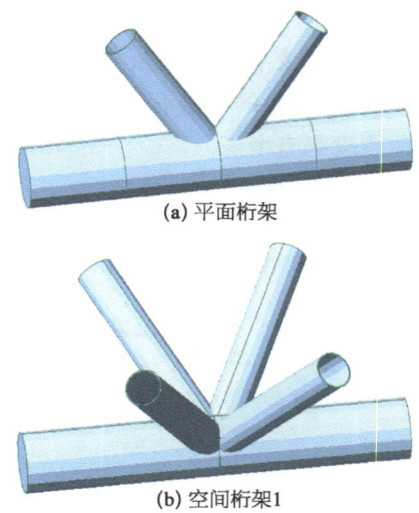

图6-250 主梁桁架节点示意

对比空间桁架1和空间桁架2可知，改变主管的直径后弯矩产生的应力与轴向力产生的应力的比值变化较大。因为主管直径增大至1.21倍，其轴向刚度增大至1.47倍，弯曲刚度增大至2.17倍，而支管刚度影响较小，因此，主管刚度相对支管刚度增大，则弯矩与轴力的比值越大。

根据《钢管混凝土梁桥技术规程》相关规定，支主管直径比d/D宜为0.40～0.70，因此，保持支管几何尺寸不变，改变主管直径，分析支主管直径比对主管偏心距的影响，根据支管是否灌注混凝土分两种情况。如图6-251所示，随着支主管直径比增大，即支主管相对刚度减小，平面内和平面外的偏心距均减小；当支主管直径比小于0.55时，平面内偏心距大，对主支管直径比更为敏感；同时，支管灌注混凝土对平面内弯矩影响较大，对平面外弯矩几乎没有影响。

6.6.4.4 主管力学性能对比分析

1) 应力水平

克枯大桥B匝道桥与干海子大桥主梁跨中下主管在荷载作用下的最大应力如图6-252所示，数据表明，干海子大桥和克枯大桥B匝道桥总体应力水平均较低，表明主梁下主管纵向受力性能优异。

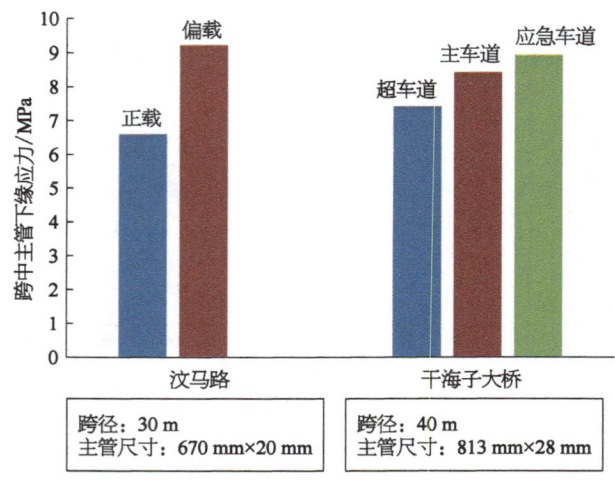

图6-252 克枯大桥B匝道桥与干海子大桥主管应力对比

2) 应力沿主管截面高度分布规律

主管在荷载作用下应力沿截面高度的分布规律如图6-253所示，克枯大桥B匝道桥和干海子大桥主管应力沿截面高度分布规律类似，即下缘应力最大，上缘应力最小。不同的是，克枯大桥B匝道桥主管应力沿截面高度的斜率较干海子大桥小，即受弯矩作用的影响较小，同时，克枯大桥B匝道桥主管应

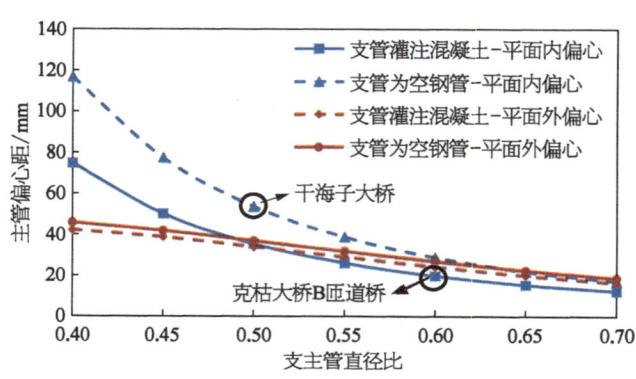

图6-251 支主管直径比对主管偏心距的影响

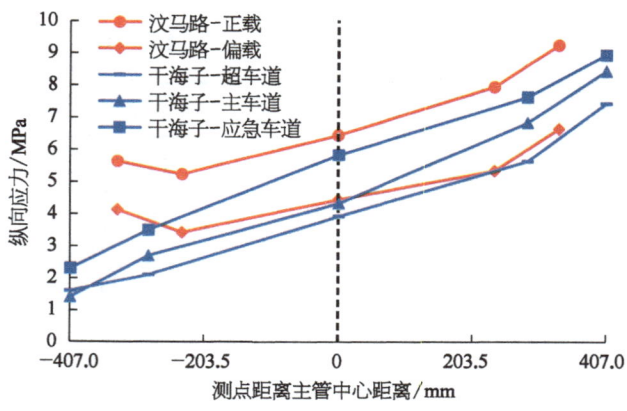

图6-253 主管应力分布规律对比

力沿截面高度不成线性关系,而是呈凹凸状,干海子大桥则没有这一特点。综合实测值分析表明,克枯大桥B匝道桥平面内弯矩产生的正应力σ_{My}占轴向压应力σ_N的20%左右,而干海子大桥平面内弯矩产生的正应力σ_{My}占轴向压应力σ_N的比值达到了59%~71%。

导致干海子大桥和克枯大桥B匝道桥偏心距有较大差别的原因有两个:一是干海子大桥主支管直径比为0.5,小于克枯大桥B匝道桥的0.6;二是干海子大桥支管为空钢管,而克枯大桥B匝道桥支管为钢管混凝土构件。图6-251所示表明,支主管直径比越小,偏心距越大,同时支管为空钢管的偏心距大于支管为钢管混凝土的偏心距。

6.6.4.5 支管力学性能研究

1) 支管截面力学性能

选取靠近支座的受拉支管为研究对象,研究支管沿杆长方向不同截面的应力变化规律,选取焊缝截面、距离焊缝4 mm截面、距离焊缝500 mm截面、距离焊缝1 000 mm(杆长中心截面)、距离焊缝2 000 mm截面共5个截面进行研究,截面布置如图6-254所示,荷载布置如图6-255所示,探讨正载和偏载时应力变化规律。

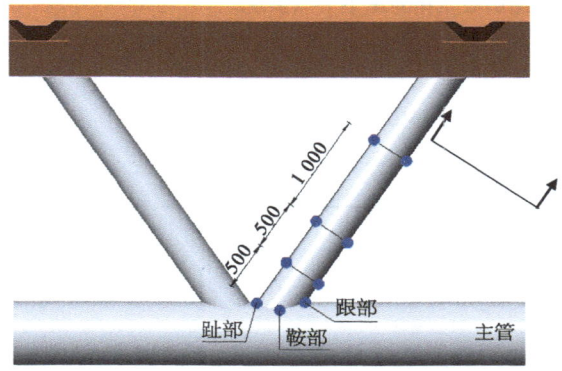
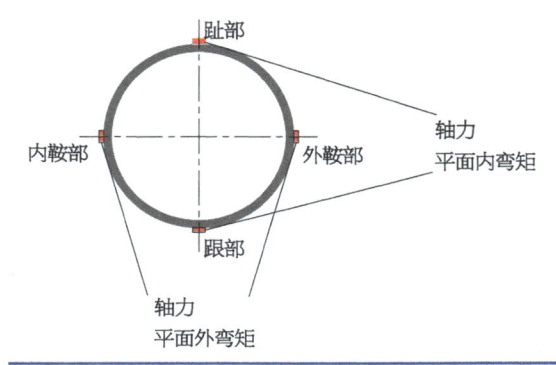

图6-254 克枯大桥B匝道桥支管测点布置

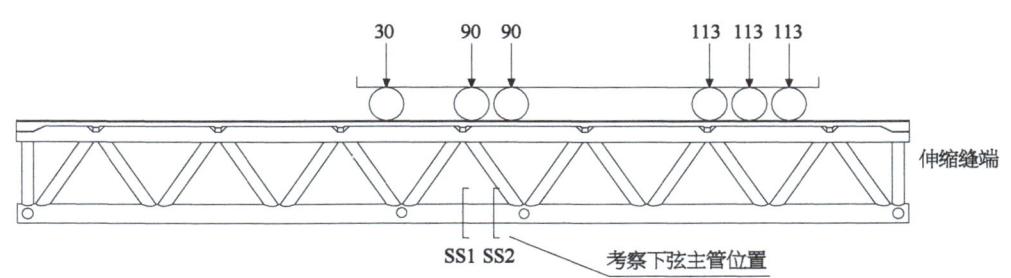

图6-255 克枯大桥B匝道桥支管荷载工况(单位:kN)

图6-256所示表明,随着支管高度增加,截面的应力分布规律发生变化。焊缝与4 mm截面处的应力分布较其他高度处的应力明显不均匀,跟部与趾部应力相差较大,主要是受节点连接处几何形状突然变化导致的应力集中所致;到了500 mm高度截面时,跟部应力较趾部应力略小,此时已远离节点相贯线连接处,基本上没有应力集中,但此处有弯矩作用,导致跟部和趾部应力有一定的差别;到了1 000 mm高度截面时,跟部应力几乎与趾部应力等值,表明此处弯矩值较小;而到了2 000 mm高度截面时,跟部应力较趾部应力大,表明此处也存在弯矩作用,但弯矩的方向与500 mm和1 000 mm高度截面的弯矩方向相反,即支管两端存在符号相反的弯矩作用。

应力数值表明,支管在焊缝处的应力比距焊缝4 mm处的应力大,且存在明显的应力集中现象,最大应力达到了26 MPa,杆长中心处,支管仅受轴力作用,最大应力为5.0 MPa。正载和偏载工况支管受力差别较大。

2) 支管沿全桥变化规律研究

基于全桥梁单元模型分析汶川克枯大桥B匝道桥在恒载作用和活载作用下的内力分布规律,支管编号如图6-257所示。

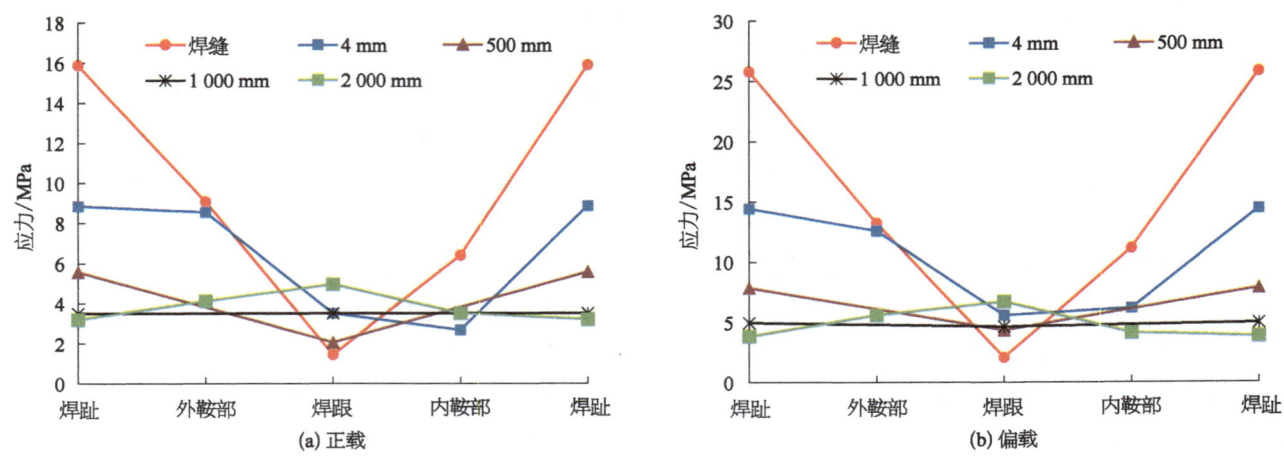

图 6-256　支管沿高度方向不同截面应力（图例数值指距离下节点长度）

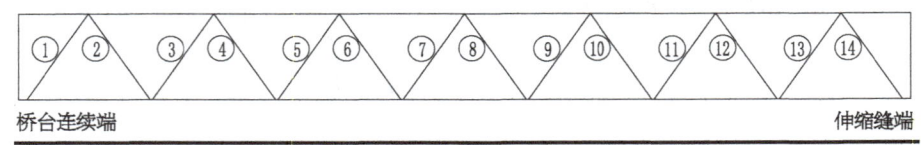

图 6-257　支管编号示意

支管在恒载作用下的内力分布如图 6-258 所示，在车道荷载作用下的内力分布如图 6-259 和图 6-260 所示，其分布规律和干海子大桥一致。

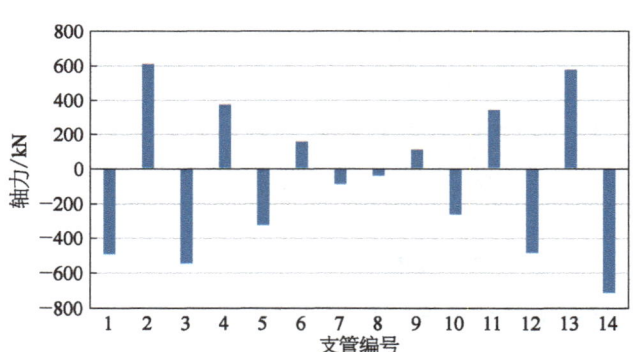

图 6-258　恒载作用下支管内力分布

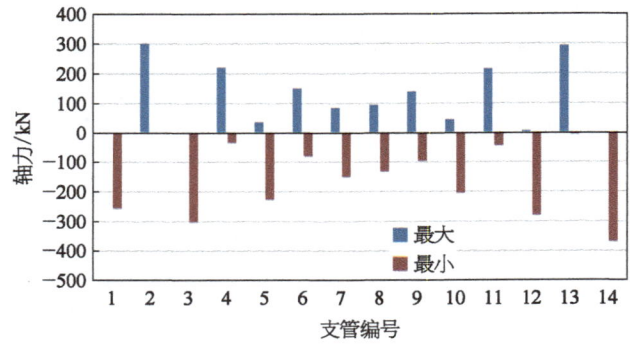

图 6-260　车道荷载（偏载）作用下支管内力分布

3）支管力学性能对比分析

（1）应力水平。干海子大桥支管在焊缝处存在明显的应力集中现象，最大应力为 68 MPa，到杆长中心处，支管仅受轴力作用，最大应力为 20 MPa；克枯大桥 B 匝道桥支管在焊缝处存在明显的应力集中现象，最大应力为 26 MPa，到杆长中心处，支管仅受轴力作用，最大应力为 5.0 MPa。且都出现在靠近支座的第一根拉杆处。支管内灌注混凝土后可明显降低节点处的应力峰值和名义应力。

（2）应力沿支管截面高度分布规律。干海子大桥和克枯大桥 B 匝道桥支管应力沿截面高度方向的分布规律相似，如图 6-261 所示，在支管下弦节点

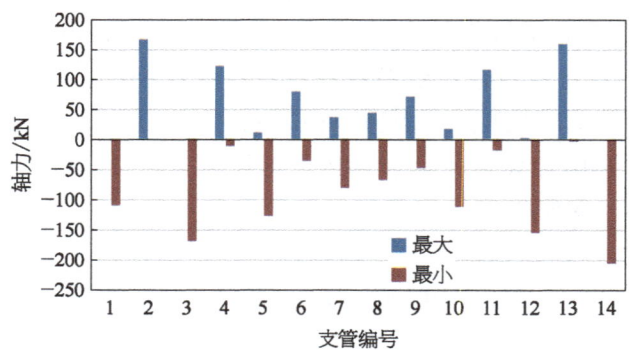

图 6-259　车道荷载（正载）作用下支管内力分布

处因为应力集中的影响,此处应力不均匀,且趾部应力较大,远离节点位置,应力分布趋于均匀,但因杆端弯矩的影响,趾部应力仍大于跟部应力,到杆长中心处,支管几乎仅受轴力作用;杆端顶部处,由于支管受到相反方向的弯矩作用,跟部应力大于趾部应力。

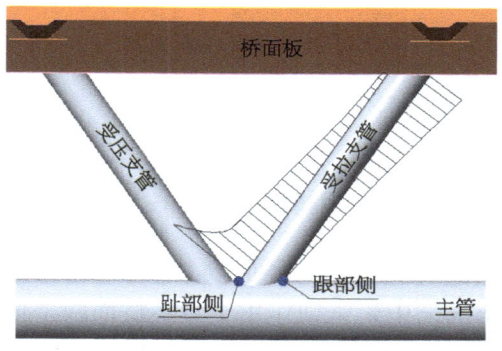

图6-261 荷载作用下受拉支管趾部侧和跟部侧应力规律

6.6.4.6 技术总结

(1)干海子大桥支管在焊缝处存在明显的应力集中现象,最大应力为68 MPa,到杆长中心处,支管仅受轴力作用,最大应力为20 MPa;克枯大桥B匝道桥支管在焊缝处存在明显的应力集中现象,最大应力为26 MPa,到杆长中心处,支管仅受轴力作用,最大应力为5 MPa。且都出现在靠近支座的第一根拉杆处。支管内灌注混凝土后可明显降低节点处的应力峰值和名义应力。

(2)支管受轴力的同时还承受两端符号相反的弯矩作用,且在节点处因几何形状的突然改变存在明显的应力集中现象。

(3)在恒载作用下,支管的轴力由支点向主梁跨中逐渐减小,且拉杆和压杆交替出现,受力明确。轴力绝对值沿顺桥向分布规律和简支梁在均布荷载作用下的剪力图相似,说明桁架梁桥的剪力转化为支管的轴向受拉和受压。车道荷载作用下,靠近支点的支管在车道荷载作用下不会改变拉压状态,越靠近主梁跨中,支管会因活载位置的不同交替出现拉压状态。

6.6.5 桥面板力学性能研究

6.6.5.1 桥面板纵向力学性能

1)桥面板加载工况论证

(1)工况一:前轮单轴作用于桥面板中心处。由于工况一的重轴靠近支座位置,考察桥面板位置仅有前轮直接作用,图6-262～图6-264所示表明,测点基本处于受压状态,由前轮产生的局部荷载效应使桥面板跨中压应力降低,但荷载较小基本无拉应力出现。对比正载和偏载两种情况,偏载的局部效应较弱,这是因为此时一侧轮载靠近纵肋,部分轮载作用直接由纵肋传递到支管。

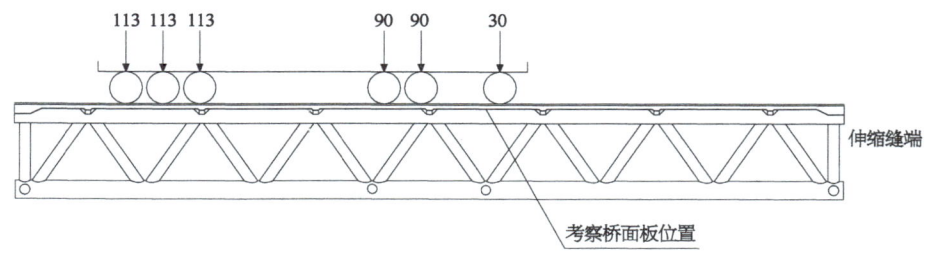

图6-262 工况一轮载布置(单位: kN)

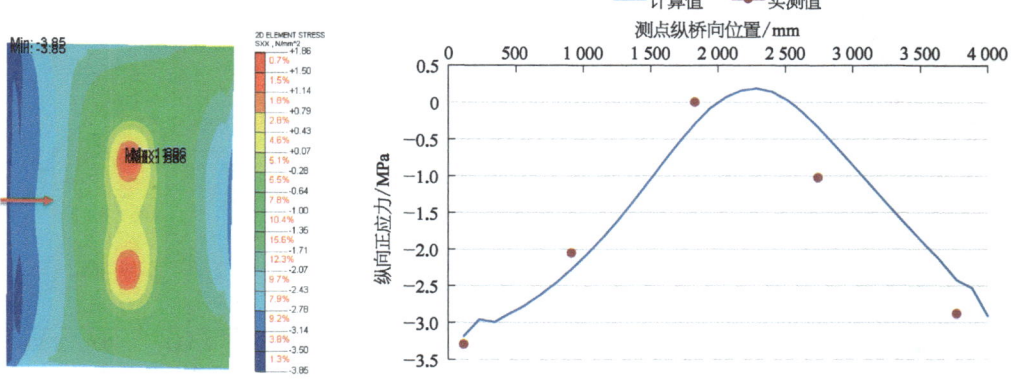

图6-263 工况一桥面板底钢板纵向正应力沿纵向分布(正载)

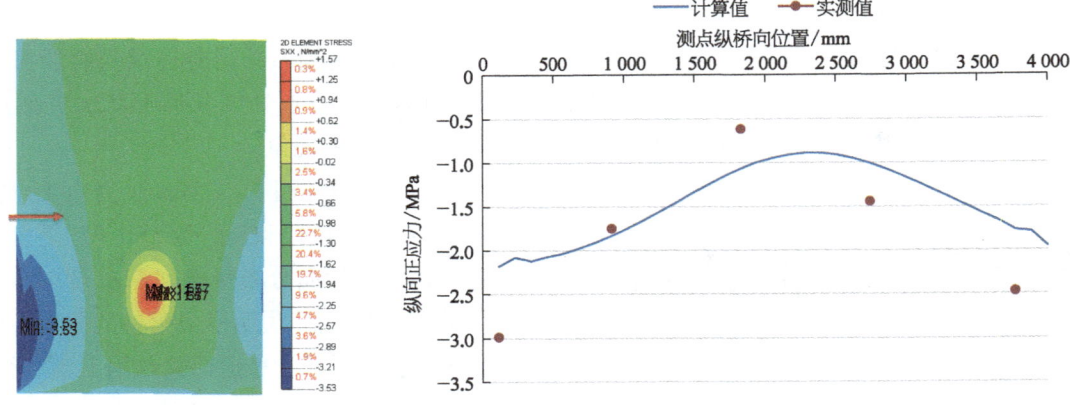

图 6-264　工况一桥面板底钢板纵向正应力沿纵向分布（偏载）

(2) 工况二：后轮重轴作用于桥面板中心处。工况二后轮重轴刚好作用于考察桥面板位置，图 6-265～图 6-267 所示表明，大部分测点处于受拉状态，仅靠近横肋位置的测点受压。由于重轴（340 kN）荷载较大，局部效应产生的拉应力远大于第一体系产生的压应力。偏载与正载规律类似，但数值相对较小。

对比工况一和工况二发现，桥面板作为桁架体系的上弦，在第一体系为受压状态，在车轮荷载局部作用下，局部作用在桥面板底部的拉应力甚至可以抵消第一体系的压应力。

(3) 工况三：中轮重轴作用于桥面板 $L/4$ 处。工况三中轮重轴作用于考察桥面板节间 $L/4$ 处，图 6-268～图 6-270 所示表明，测点应力在荷载作用位置最大，说明局部荷载效应对轮载位置较敏感。

(4) 工况四：考察桥面板无轮轴（轮轴位于横肋处）。工况四中考察桥面板无轮轴（轮轴位于横肋处），图 6-271～图 6-273 所示表明，除了靠近荷载位置的测点外其余测点均处于受压状态，说明当荷载作用在横肋时，横肋刚度大于桥面板刚度，荷载由横肋直接传递到了节点。

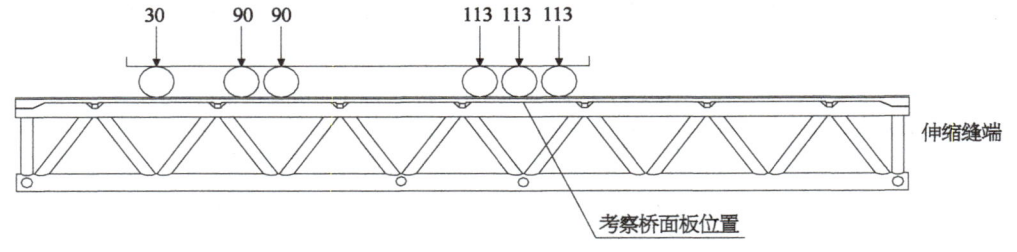

图 6-265　工况二轮载布置（单位：kN）

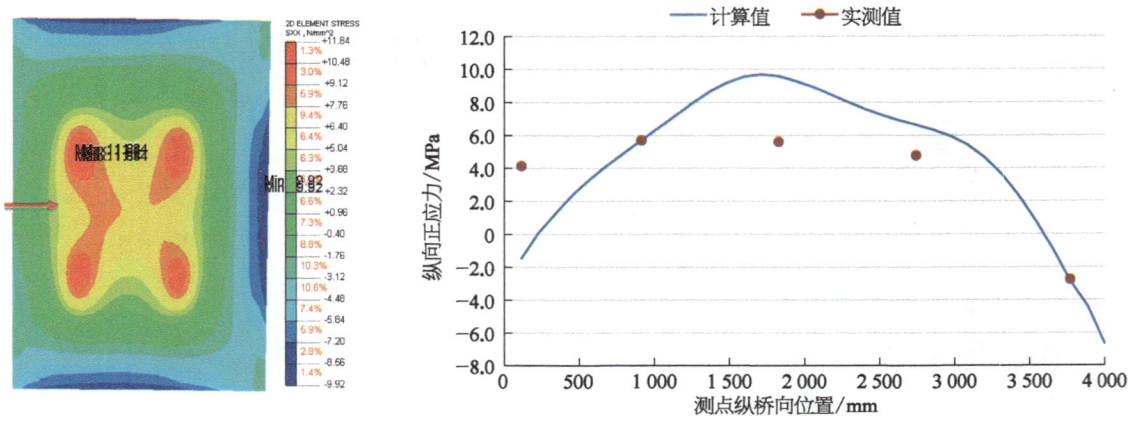

图 6-266　工况二桥面板底钢板纵向正应力沿纵向分布（正载）

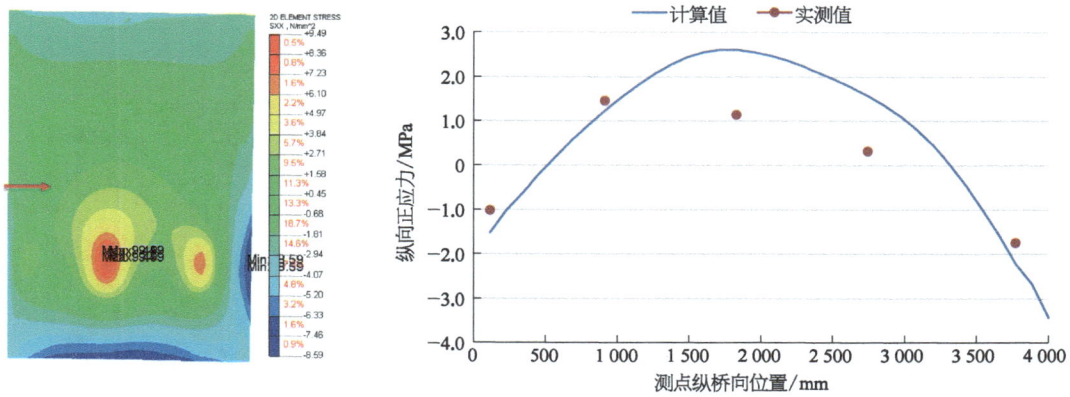

图 6-267　工况二桥面板底钢板纵向正应力沿纵向分布（偏载）

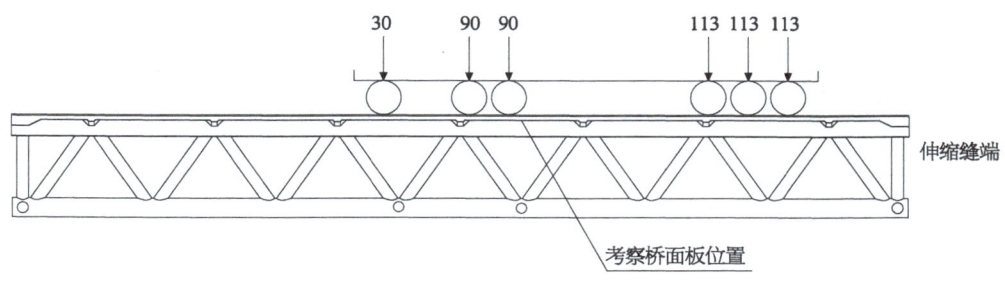

图 6-268　工况三轮载布置（单位：kN）

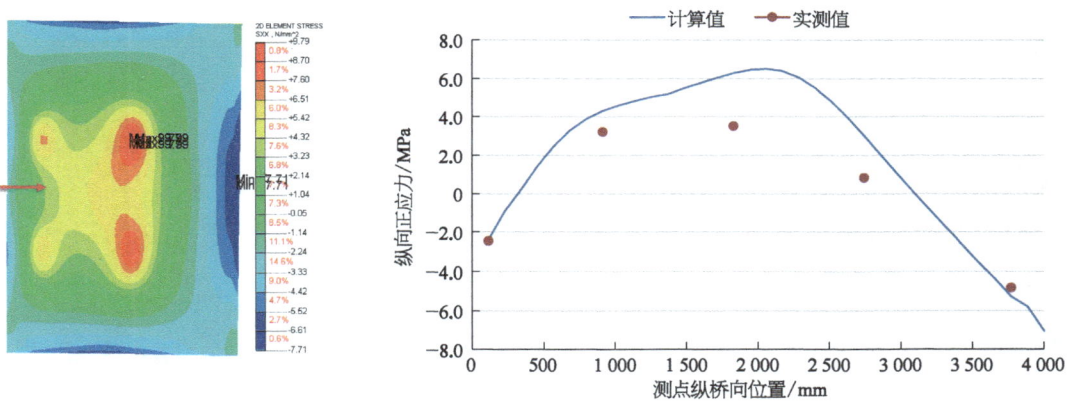

图 6-269　工况三桥面板底钢板纵向正应力沿纵向分布（正载）

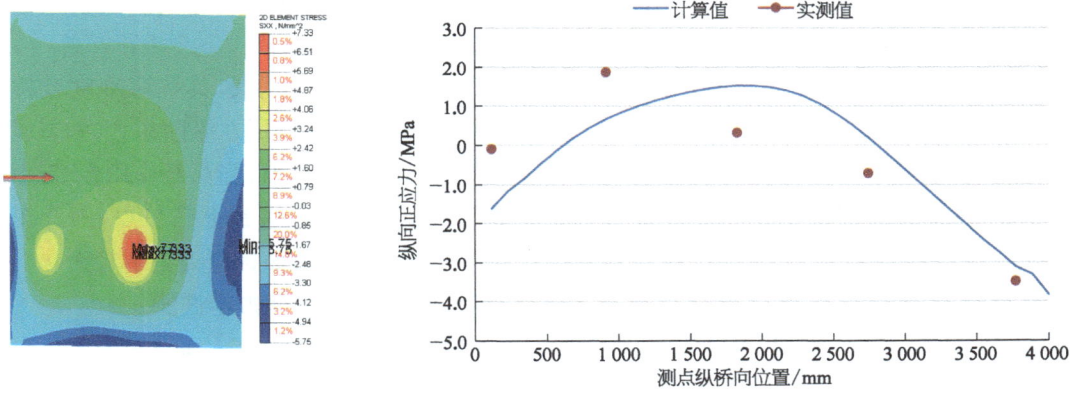

图 6-270　工况三桥面板底钢板纵向正应力沿纵向分布（偏载）

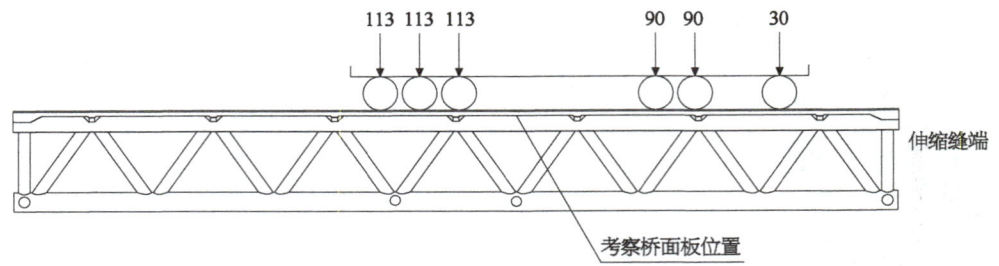

图 6-271 工况四轮载布置(单位：kN)

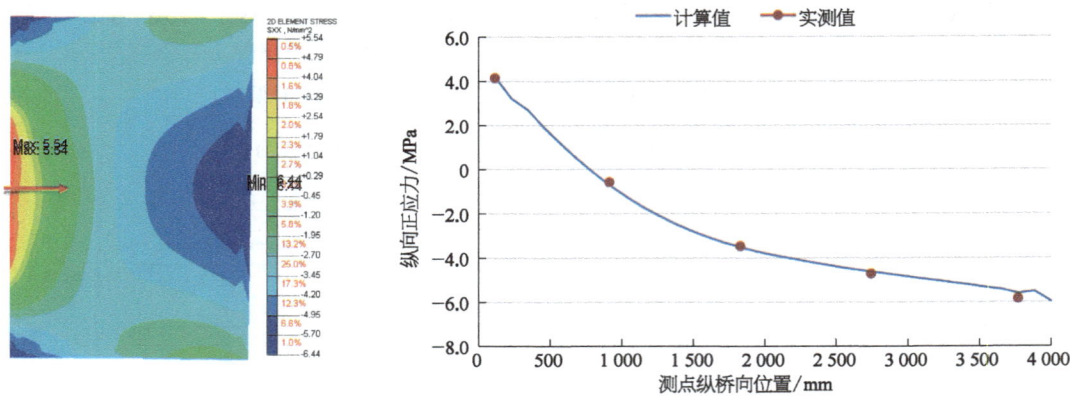

图 6-272 工况四桥面板底钢板纵向正应力沿纵向分布(正载)

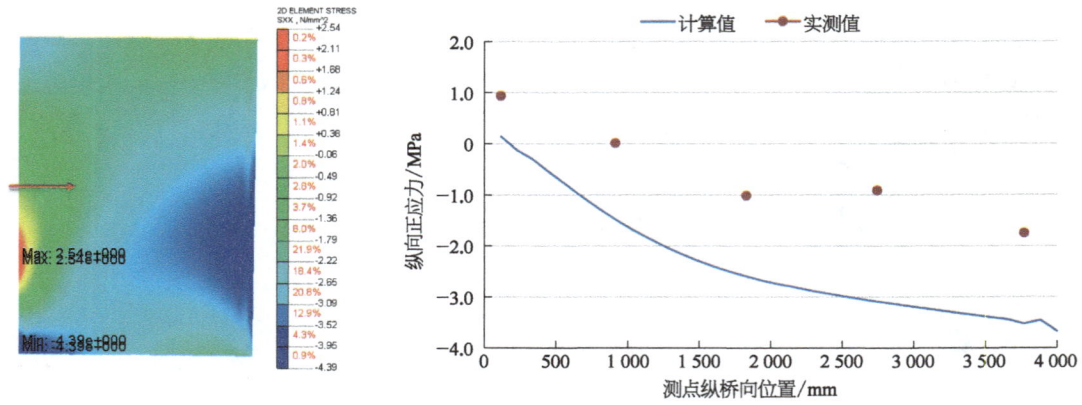

图 6-273 工况四桥面板底钢板纵向正应力沿纵向分布(偏载)

2) 桥面板纵向力学性能

四川汶川克枯大桥 B 匝道桥的应力实测数值表明，测点应力受轮轴位置影响较大。当轮轴没有直接作用在测点位置时，测点基本表现为受压状态，这主要是由于桥面板相当于上弦杆参与整体受力，因此表现为受压。当轮轴直接作用在测点位置时，此时测点不仅有桥面板参与整体受力(第一体系)的压应力，轮轴还会产生局部应力(第二体系和第三体系)，测点的总应力应为整体受力产生的压应力和局部作用产生的拉应力叠加而成，由实测值可以发现，轮轴作用位置的测点表现为受拉状态，说明轮轴产生的拉应力较大，也即第二体系和第三体系效应明显。

由于纵肋高度较大，其抗弯刚度较桥面板的抗弯刚度大，当荷载作用在纵肋位置时，其荷载直接由纵肋传递到上弦节点；当荷载作用在节间桥面板时，通过桥面板双向传递到上弦节点，因此车辆作用在横向不同位置时桥面板应力差别较大。

6.6.5.2 桥面板横向力学性能

1) 桥面板加载工况论证

（1）工况一：前轮单轴作用于桥面板中心处(图 6-274 和图 6-275)。

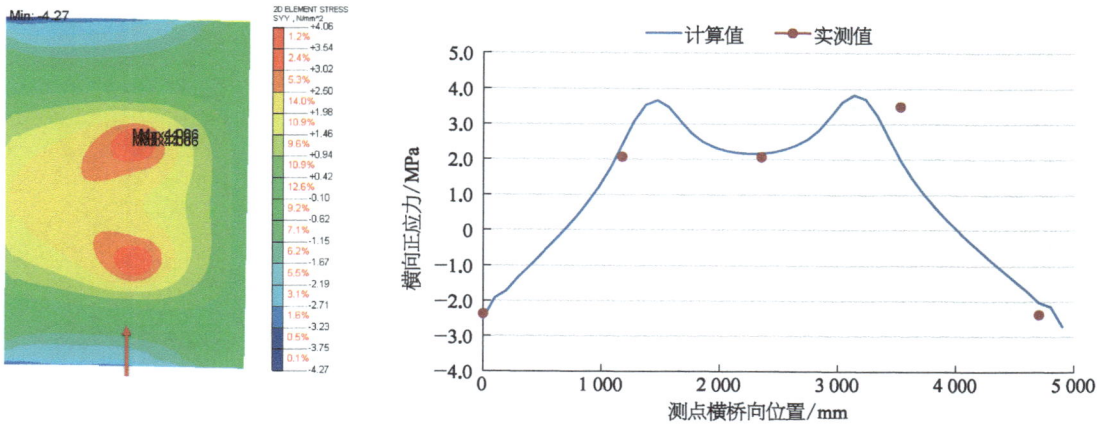

图 6‑274　工况一桥面板底钢板横向正应力沿横向分布（正载）

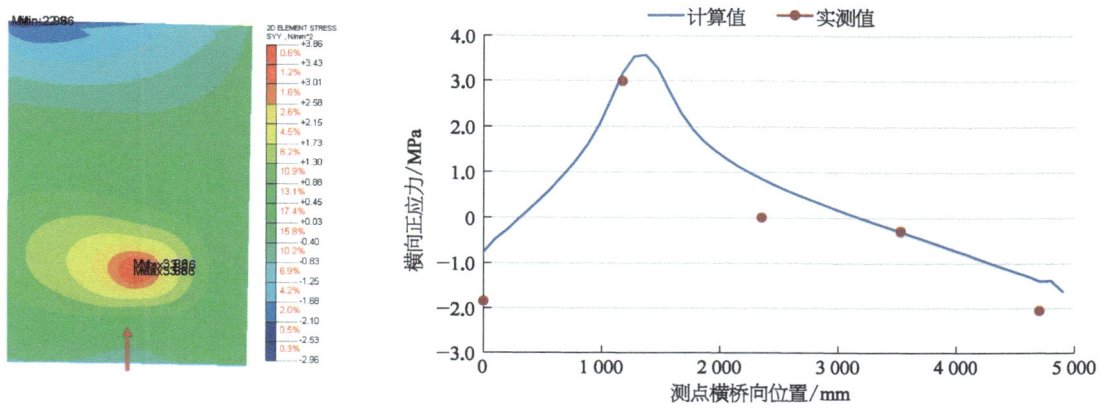

图 6‑275　工况一桥面板底钢板横向正应力沿横向分布（偏载）

（2）工况二：后轮重轴作用于桥面板中心处（图 6‑276 和图 6‑277）。

（3）工况三：中轮重轴作用于桥面板 $L/4$ 处（图 6‑278 和图 6‑279）。

（4）工况四：考察桥面板无轮轴（轮轴位于横肋处）（图 6‑280 和图 6‑281）。

图 6‑274～图 6‑281 所示的应力数值表明，当轮轴（特别是重轴）直接作用在测点位置时，底钢板应力较大，当轮轴作用位置远离测点时，应力较小，测点横向正应力沿横向的分布曲线与梁的受弯曲线相符。正载应力最大值出现在工况二，桥面板横向主梁跨中拉应力为 10 MPa，与纵梁交界处压应力为 −10 MPa。偏载应力最大值出现在工况二，对应轮轴位置拉应力最大为 9 MPa，纵梁交界处压应力为 −4 MPa。

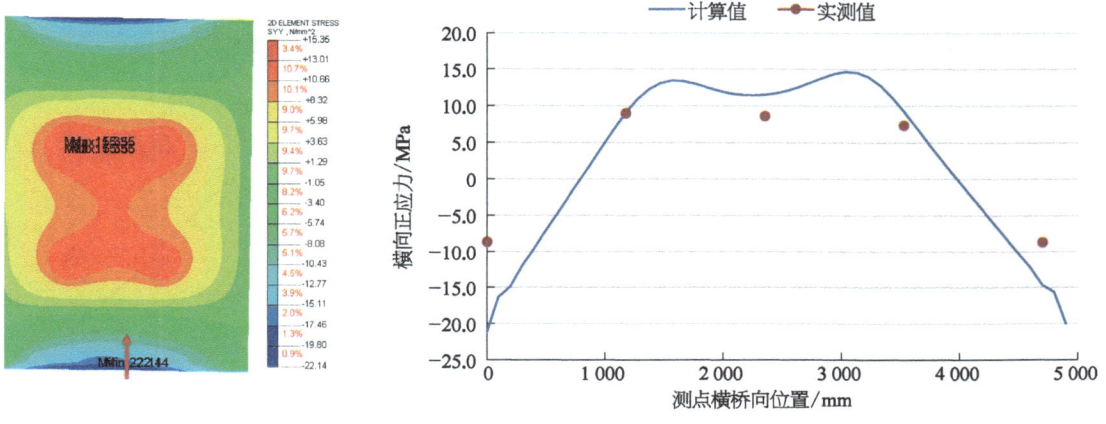

图 6‑276　工况二桥面板底钢板横向正应力沿横向分布（正载）

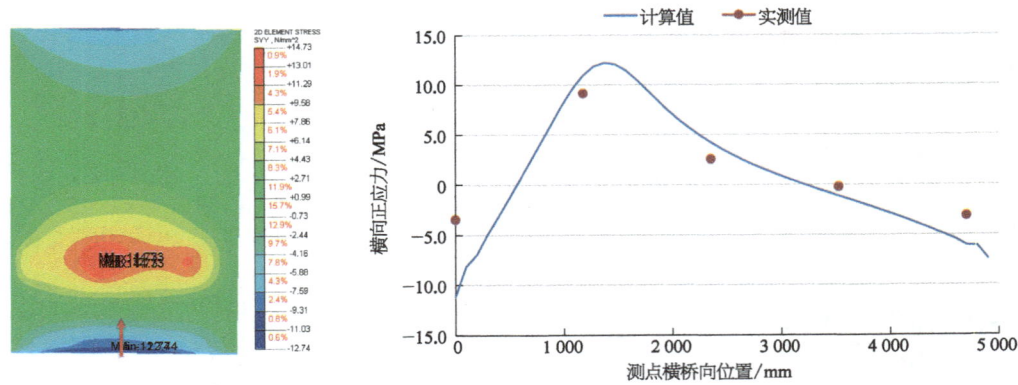

图 6-277　工况二桥面板底钢板横向正应力沿横向分布（偏载）

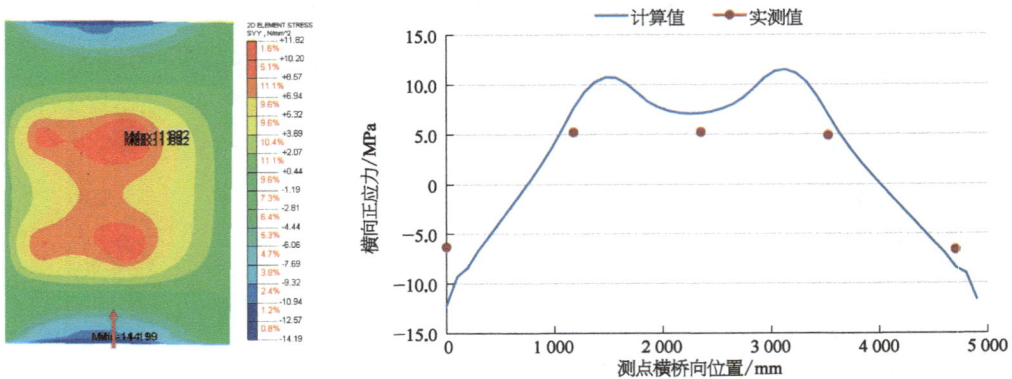

图 6-278　工况三桥面板底钢板横向正应力沿横向分布（正载）

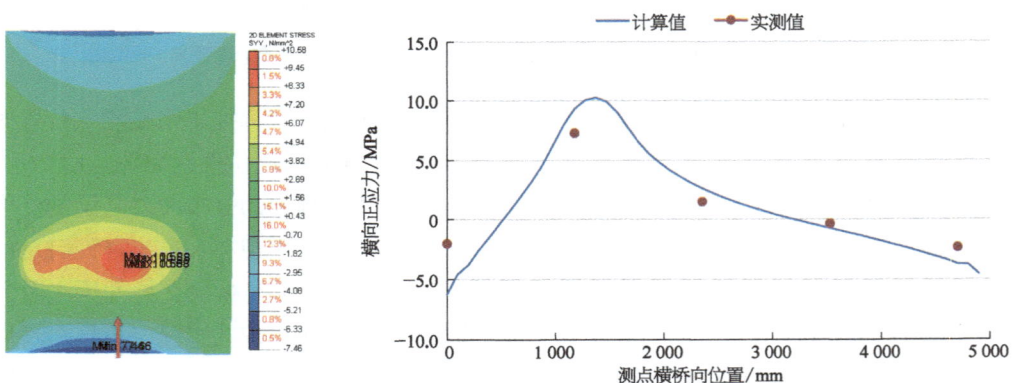

图 6-279　工况三桥面板底钢板横向正应力沿横向分布（偏载）

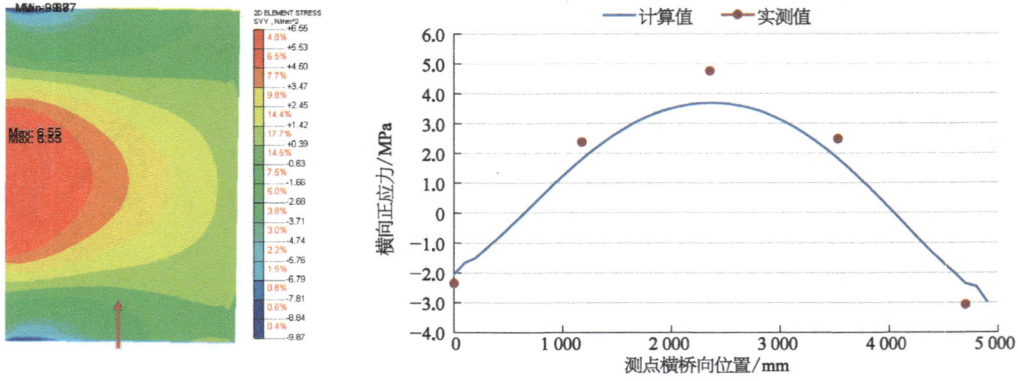

图 6-280　工况四桥面板底钢板横向正应力沿横向分布（正载）

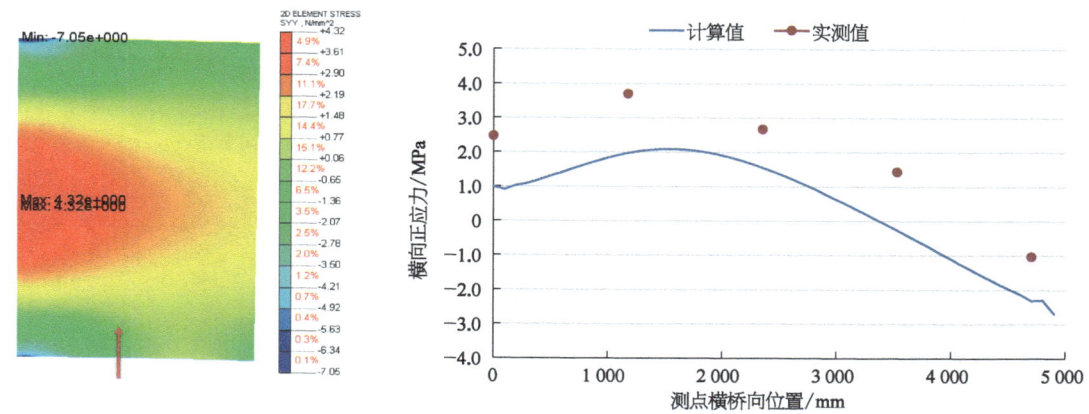

图 6-281 工况四桥面板底钢板横向正应力沿横向分布（偏载）

2）桥面板横向力学性能行为研究

汶川克枯大桥 B 匝道桥的实测数据表明，桥面板的横桥向受力属于第二体系和第三体系受力状态，即局部弯曲受力状态。

（1）正载。对于正载工况，桥面板的横向受力可以看成桥面板将直接承受的力传递到纵梁，再由支管传递到下弦主管。车辆轮载可近似看成两个集中力作用在跨中，现分别假设纵梁对桥面板在横向的支撑条件为理想铰接和理想固结（实际支撑条件取决于桥面板横向刚度与纵梁刚度的相对大小），求出桥面板横向弯矩分布图。如图 6-282 所示，对于固结支承，在单位力 1 作用下，主梁跨中为正弯矩 0.97 kN·m，与纵梁交界处为负弯矩 −1.63 kN·m，是主梁跨中弯矩的 1.7 倍；对于铰接支承，在单位力 1 作用下，主梁跨中正弯矩为 2.60 kN·m，与纵梁交界处弯矩值为 0。

通过干海子大桥和克枯大桥 B 匝道桥实测值和计算值发现，桥面板在主梁跨中受拉，与纵梁交界处受压，因此，桥面板在横向受力不是简支受力，与纵梁交界处的应力数值是跨中应力数值的 1.0～1.3 倍，表明桥面板在横向相当于弹性支撑在纵肋上。

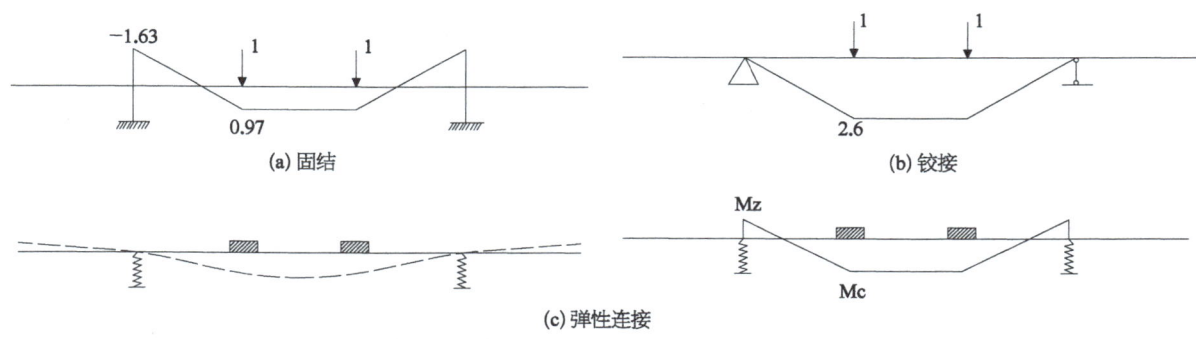

图 6-282 桥面板支承示意

（2）偏载。偏载工况时，桥面板受力及荷载传递规律和正载工况类似，只是荷载作用位置有差别，如图 6-283 所示，由于其中一个轮轴刚好位于纵梁处，横向来看不会产生弯矩，只有另外一个轮轴产生弯矩。实测应力数值表明，偏载工况下的应力值相比正载时要小。

6.6.5.3 桥面板内力与荷载分布研究

1）桥面板计算应力结果

板结构在竖向荷载作用下，不仅直接承受部分板在跨长方向弯矩，靠近承压的相邻板带也共同参与受弯；同时，与梁的弯曲不同，对于双向板，其在两个方向受弯。桥面板的计算思路通常是根据内力分布情况确定荷载分布宽度（有效分布宽度），将计算荷载均摊到有效分布宽度内并取单位宽度板进行内力计算，实现了将空间问题转化为平面问题。

对于钢管混凝土桁梁桥的桥面板与常规的（预应力）混凝土箱梁、T 梁的顶板有着不同之处，一方面，桁梁桥的桥面板是由有限个支管弹性支承，而实

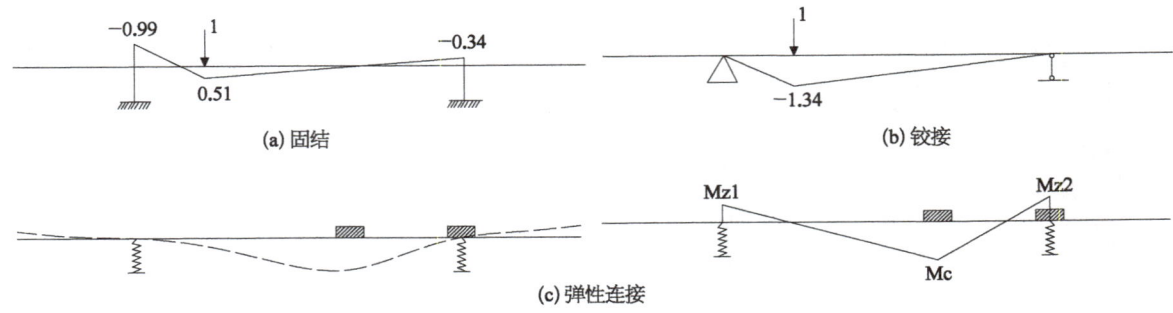

图 6-283 桥面板支承示意

腹式梁桥的顶板是由腹板连续支承；另一方面，大多数（预应力）混凝土箱梁、T梁仅在支座和主梁跨中位置设置横隔板，桥面板在轮载作用下主要是横向受力，而对于桁梁桥的桥面板，通常在两片桁架上方设置较强的纵肋，同时在横向每个上弦节点处设置横肋，由此形成梁格体系，节间板的长宽比通常小于2，即为双向板受力体系。

桥面板在各工况作用下横向正应力最大为3.9 MPa，最小为 −10.8 MPa；纵向正应力最大为1.4 MPa，最小为 −5.2 MPa；第一主应力最大为5.7 MPa（由于节点应力集中导致），其他部位最大为3.4 MPa，出现在负弯矩位置；第三主应力最小为−10.9 MPa（表 6-125）。

表 6-125 桥面板应力汇总　　单位：MPa

工况	应力分量	顶面最大值	顶面最小值	底面最大值	底面最小值
恒载	横向正应力	0.37	−10.00	3.78	−8.20
	纵向正应力	1.44	−2.31	1.57	−1.95
	第一主应力	1.47	−0.68	4.09	−0.56
	第三主应力	−0.01	−10.04	1.48	−5.73
恒载+活载1	横向正应力	0.37	−10.62	3.89	−6.08
	纵向正应力	2.19	−5.21	2.10	−3.26
	第一主应力	2.45	−1.36	5.62	−2.53
	第三主应力	−0.01	−10.64	1.36	−7.88
恒载+活载2	横向正应力	0.37	−10.82	3.89	−5.95
	纵向正应力	3.23	−5.24	1.98	−3.66
	第一主应力	3.44	−1.36	5.67	−2.55
	第三主应力	−0.01	−10.94	1.35	−7.64

注：表中数据均为边跨桥面板应力。

由上可知，桥面板除了在节点交汇处和预应力锚固位置有较大的应力集中外，其他部位应力水平相对较低。对于负弯矩区的顶面会出现一定的拉应力，因此施工过程中通常先浇注主梁跨中区域的混凝土，再浇注负弯矩处的混凝土。

2）上弦节点桥面板传力行为研究

SN-5、SN-6 位于受拉支管侧，SN-7 位于受拉支管和受压支管中间位置，SN-8、SN-9 位于受压支管侧。图 6-284 和图 6-285 所示表明，纵肋底部沿桥跨方向受力较为明显，SN-5、SN-6 表现为受压状态，即靠近受拉支管侧的纵肋底板受压，且越靠近支管，压力越大；SN-8、SN-9 表现为受拉状态，即靠近受压支管侧的纵肋底板受拉，且越靠近支管，拉力越大。而位于拉压杆之间的 SN-7 应力值相对较小且接近于 0。由此说明在荷载作用下，虽在第一体系中桥面板作为上弦杆产生的压应力很小，但是，此处的拉杆和压杆以较大轴力相交于此，导致节点附件桥面板受力较为明显。

因此，主桁节点在纵向受力主要集中在支管位置，其中 SN-6 位于受拉支管侧，压应力最大；SN-8 位于受压支管侧，拉应力最大。因此重点分析各工况对其受力的影响。由图 6-286 可知，SN-8 的计算值和实测值吻合得较好，SN-6 的计算值和实测值有一定的偏差，但总体规律保持一致。数值表明，SN-6 和 SN-8 应力基本处于对称状态，总体来说，在车辆荷载作用下，节点附近受力较小，表明节点安全储备较大。

图 6-287 和图 6-288 所示表明，主梁跨中节点的桥面板压力较大，且节点两侧的数值大小相差较小，支管轴力也较小；而端节点的桥面板两侧数值相差较大，支管轴力较大。仅从杆件内力来看，桥面板

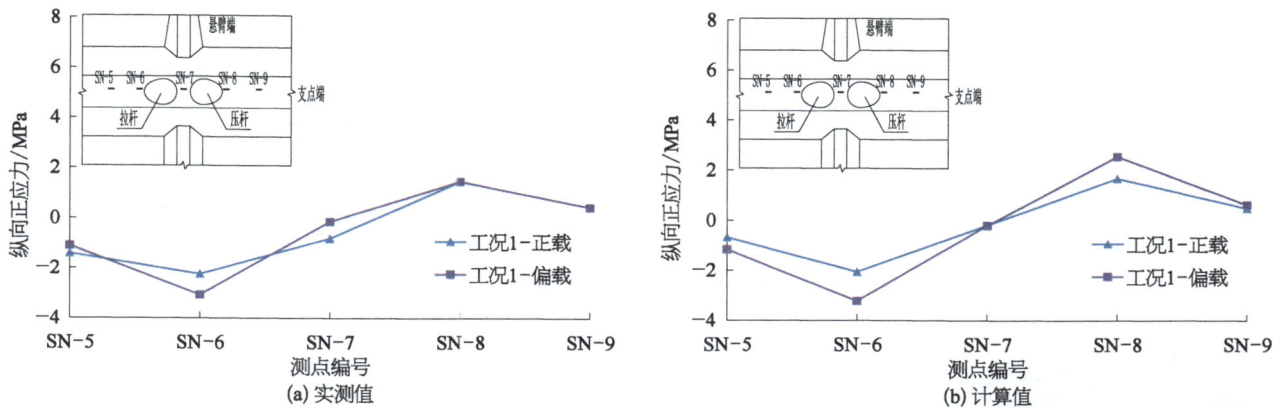

图 6-284 工况一作用下节点纵向正应力分布

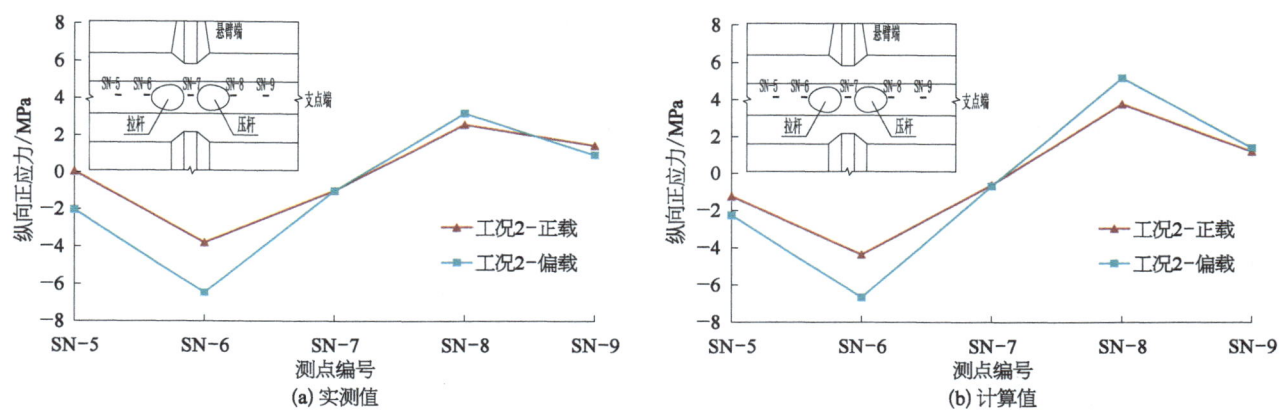

图 6-285 工况二作用下节点纵向正应力分布

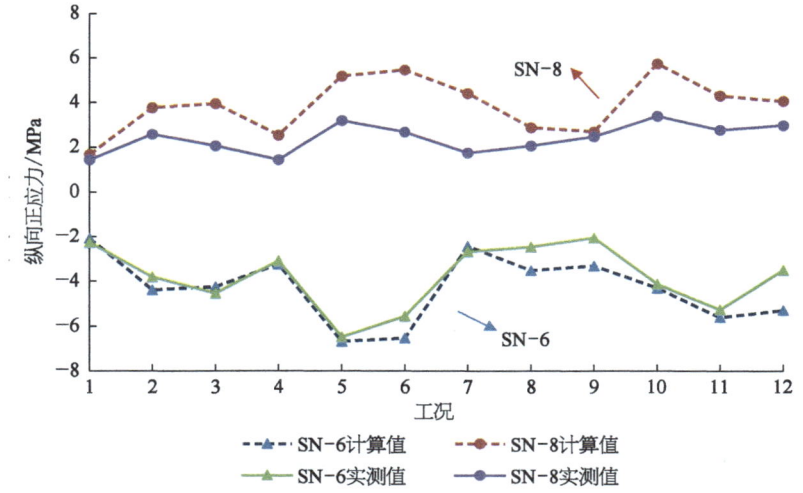

图 6-286 各工况下测点纵向正应力对比

靠近跨中轴力越大,支管轴力靠近支撑位置越大,因此在端节点位置拉杆和压杆相交于此,竖向分力相互抵消,水平分力和桥面板的轴力相互抵消,造成节点局部应力较为复杂。

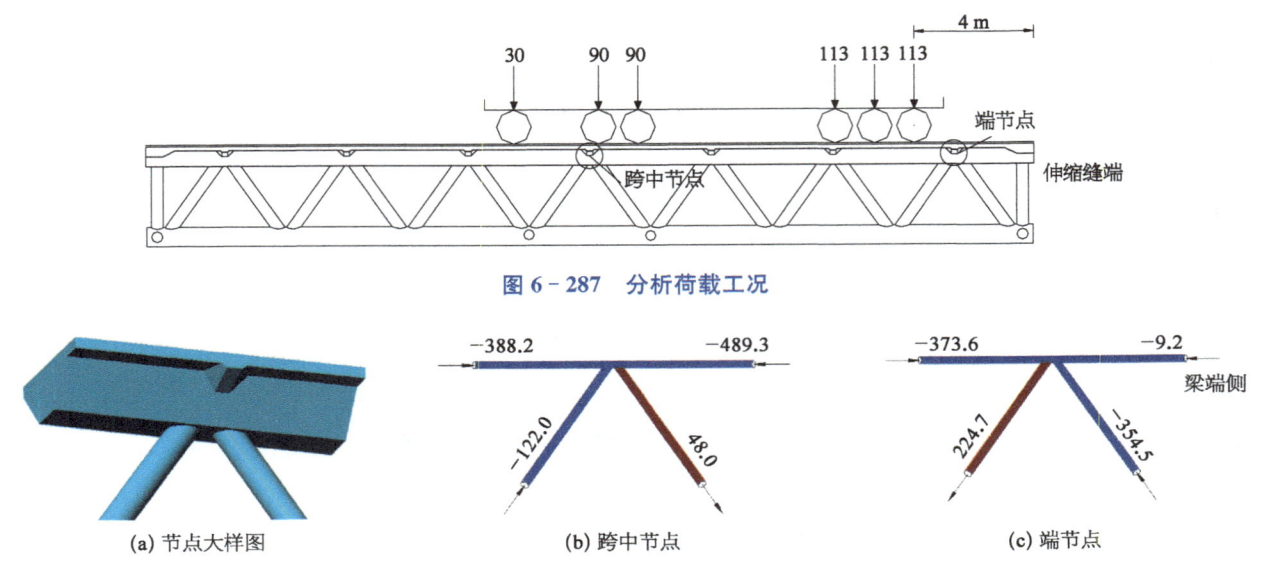

图 6-287 分析荷载工况

图 6-288 节点杆件内力(单位: kN)

同时由于节点为刚性连接,支管受轴向力作用的同时还承受节点两端弯矩的作用,导致受拉支管在上弦节点处表现为偏心受拉,受压支管在上弦节点处表现为偏心受压;支管与桥面板相交节点处受力较大,往后逐渐减小,节点底部与受拉支管成锐角侧出现压应力极值,与受压支管成锐角侧出现拉应力极值。

6.6.5.4 桥面板刚度分析

钢管混凝土桁架和桥面板通过有效连接共同受力,从而提高了钢管混凝土桁梁桥承载能力和刚度。桥面板的刚度对钢管混凝土桁梁桥的整体刚度和受力有何影响还不得而知。所以建立克枯大桥 B 匝道桥 40 m 简支钢管混凝土桁梁桥的杆系模型(图 6-289),通过调整桥面板混凝土的厚度从而改变桥面板的刚度,分析活载作用下主梁的竖向位移和主要杆件的内力变化情况。桥面板标准厚度为 150 mm,现保持纵横肋不变,分别设置等高段厚度为 0 m、50 mm、100 mm、150 mm、200 mm、250 mm、300 mm、400 mm、600 mm。

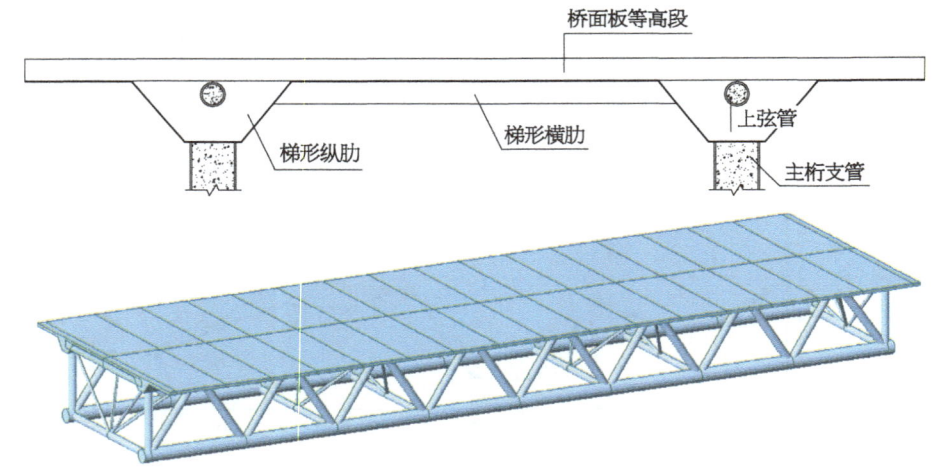

图 6-289 克枯大桥 B 匝道桥 40 m 简支钢管混凝土桁梁桥杆系模型

图 6-290 所示表明,当桥面板等高段厚度在 100~600 mm 时,主梁跨中竖向位移和等高段厚度呈线性关系,等高段越厚,表明桥面板刚度越大,桁架梁整体刚度大,因此在活载作用下位移较小。当

等高段厚度小于 100 mm 时，厚度减小，竖向位移急剧增大，表明此时桥面板和桁架刚度相差较大导致整体刚度小。

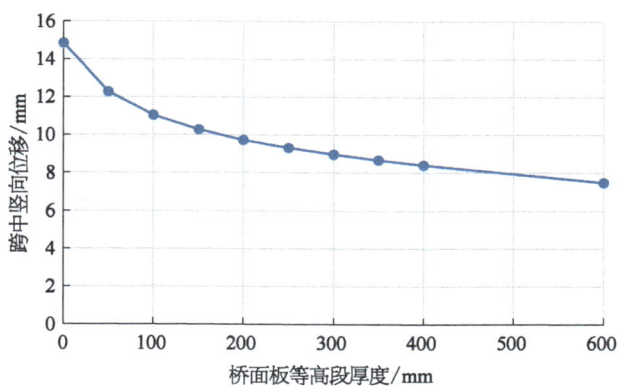

图 6-290　主梁跨中竖向位移

图 6-291 所示表明，主梁跨中下弦主管和主梁跨中桥面板的轴力随桥面板厚度增大而减小，这是因为桥面板厚度变大，桥面板分担更多的弯矩，同时主管和桥面板中心间距增大，从而主管和桥面板的轴力减小。

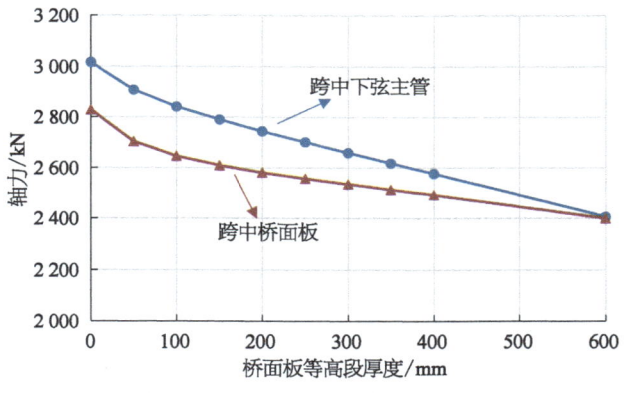

图 6-291　杆件轴力

注：主梁跨中桥面板轴力为压力，主梁跨中下弦主管轴力为拉力。

6.6.6　主桁力学性能研究

相关内容参见 6.2.2.1 节。

6.7　四川雅西高速公路干海子大桥

6.7.1　工程背景

四川雅西高速公路，为北京至昆明高速公路四川境内雅安至西昌的重要工程，全长约 240 km。四川雅西高速公路干海子大桥位于雅安石棉县境内、拖乌山北坡的螺旋展线段落上，平曲线半径为 356 m、最大纵坡为 3.66%。根据山区高速公路桥梁复杂的建设条件，经过简支 T 梁、钢板梁和钢管桁架梁等桥型方案技术和经济论证后，四川省交通运输厅批复同意采用钢管混凝土桁梁桥方案。

6.7.2　建设条件

6.7.2.1　气象资料

该桥位区属亚热带季风气候的山地气候，兼有高原气候的特点，具有雨量充沛、日照充足、雨热同季、干湿分明的特点。区域内年平均降水量 778.3 mm，降水量集中在 6—9 月，占全年降水量的 75%，且桥梁位于迎风坡面，雾天较多，雨量较大。

区域内主要受季风和地形的影响，夏季风控制时，主要为东北风，冬季风控制时，主要以北风为主，年平均风速 2.51 m/s。石棉至菩萨岗由于山高谷深，山顶与谷底昼夜温差变化大，造成山风和谷风环流显著。根据对已有气象资料的分析和调查，该桥存在季节性冰冻及积雪现象。

6.7.2.2　水文资料

区内水系属大渡河和雅砻江水系之南桠河和安宁河及其次级支流，菩萨岗为其分水岭，整个水系平面上呈树枝状。南桠河发源于冕宁县与九龙县交界的头灶发山口，全长 72 km，流域面积 1 180 km²，多年平均年径流量 14.1×10⁸ m³，平均比降 3.83%，年平均流量 39.95 m³/s，最大流量 179 m³/s，最小流量 12.1 m³/s，具有显著的山区河流特征，水流湍急，涨落迅速，洪水期水位抬高约 1.00 m，孟获河发源于菩萨岗，为南桠河的一级支流，在栗子坪汇入南桠河。

6.7.2.3　地形地貌

桥位位于孟获河右岸一级、二级阶地上，为高中山深切河谷区，区内一般高差 800~1 400 m，山坡自然坡度一般大于 50°，K154+860~K155+400 左侧斜坡近直立，坡脚分布有岩堆，滚石最大直径在 5 m 以上，桥位所在山顶高程为 2 254.3 m，山坡上植被发育一般。孟获河右岸发育有两级阶地，一级阶地阶面高程一般为 1 880.0~1 890.0 m，二级阶地阶面高程一般为 1 980.0~1 990.0 m。

6.7.2.4　地层岩性

根据钻孔揭示桥位处的地层岩性指标见表 6-126~表 6-129。

表6-126 主要土层室内试验成果的部分指标统计

岩土名称	样品总数	统计项目	含水量/%	孔隙比 e	液限 W_L/%	液性指数 I_L	压缩模量/MPa	凝聚力/kPa	内摩擦角/(°)	容许承载力 $[\sigma_0]$/kPa
亚黏土 (Q_4^{dl})	21	范围值	18.1～34.4	0.537～0.926	28.2～40.8	0.0～0.43	5.40～9.85	15～105	8～32	350
		平均值	24.9	0.700	32.5	0.20	7.70	63	19.9	

表6-127 岩石饱和单轴极限抗压强度试验成果统计

岩石名称	样本数	最大值/MPa	最小值/MPa	平均值 R_a/MPa
弱风化花岗岩	6	134.8	68.5	95.7

表6-128 代表性重型动力触探试验成果统计

地层	测试孔号	测试深度/m	10 cm平均实测击数	10 cm校正击数	平均校正击数
砾岩(N_{2X})	ZK154-3	8.4～8.5	55击后反弹		23
	ZK154-3-1	9.2～9.3	52击后反弹		
	ZK154-7	12.4～12.5	43击后反弹		
	ZK154-11	17.4～17.5	52击后反弹		
	ZK155-8	14.7～15.0	24	16.6	
	ZK155-10	14.0～14.2	40	22	
	ZK155-11	9.8～10.1	27	20	
	ZK155-13	8.0～8.2	43	34	

表6-129 代表性标准贯入试验成果统计

地层岩性	测试孔号	测试深度/m	实测击数	校正击数	平均校正击数
粉砂质泥岩 (N_{2X})	ZK154-1	10.00～10.30	65	55	57.5
	ZK154-1	16.15～16.45	78	59	
	ZK154-2	16.80～17.10	77	59	
	ZK154-2	20.30～20.60	91	63	
	ZK154-3	18.15～18.45	66	48	
	ZK154-4	23.65～23.95	78	50	
	ZK154-8	3.15～3.45	49	49	
	ZK154-10	3.95～4.25	56	53	
	ZK154-11	3.15～3.45	90	82	

续表

地层岩性	测试孔号	测试深度/m	实测击数	校正击数	平均校正击数
粉砂质泥岩（N_{2x}）	ZK23	22.50～22.80	108	75.6	57.5
	ZK25	35.5～35.8	78	54.6	
	ZK155-11	15.3～15.6	88	67	
	ZK155-13	24.7～25.1	46	32	

6.7.2.5 地质与地震

雅西高速公路石棉至菩萨岗段位于川滇南北向构造带北段的菩萨岗东西向隆起北侧，西部以小金河断裂带为界与甘孜断褶带相邻，东部以石棉断裂为界与凉山坳褶带毗连。安宁河深大断裂带在境内呈南北向延展，将本区分割为西部冶勒断块和东部小相岭断块。拟建高速公路处于小相岭断块上，岩性主要为晋宁期石英闪长岩和澄江期花岗岩，三叠系上统至侏罗系下统砂页岩和第四系下更新统昔格达组砂泥质层仅沿凹陷或断陷带零星分布。勘察区内构造以南北向为主，并兼有北西向、北北西向、北北东向和东西向构造。对本桥梁影响较大的断层主要为安宁河断裂带，其最大特点是岩浆活动频繁、强烈，后期沉积很少，且破坏殆尽。

桥位位于我国南北向地震带中南段，属强震到弱震活动的过渡带。外围强震发生带主要有：① 西昌至冕宁地震带，位于勘察区的南边；② 炉霍至康定地震带，位于勘察区的西北边。根据国家地震局2001年编制的1∶400万《中国地震动参数区划图》，勘察区一般场地基准期50年超越概率10%的地震动峰值加速度 $a=0.362g$，地震动反应谱特征周期为0.45 s，对应地震基本烈度为Ⅷ度。

6.7.2.6 技术标准

根据工程可行性论证，提出了该桥技术标准为：① 设计速度：80 km/h；② 设计荷载：公路-Ⅰ级；③ 设计宽度：0.5 m 防撞护栏+净-10.75 m 桥面+2.0 m 中央分隔带+净-10.75 m 桥面+0.5 m 防撞护栏，全宽24.5 m；④ 设计安全等级：一级；⑤ 地震动参数：50年10%超越概率峰值加速度0.362g；50年2%超越概率峰值加速度0.715g。

6.7.3 桥型方案

6.7.3.1 原设计桥型

该桥处于雅西高速双螺旋展线的干海子升坡路段，最大纵坡达到4.0%，最小平曲线半径为356 m，为雅西高速公路全线路线标准的最小值。通过线位的反复论证，根据最终确定的桥位，原设计采用11×40 m+20 m+4×25 m+25×40 m+9×25 m 的预应力混凝土简支T梁桥，全桥共计51孔、280根桩基，大部分为高墩，最大墩高117 m，全桥长为1805 m（图6-292）。

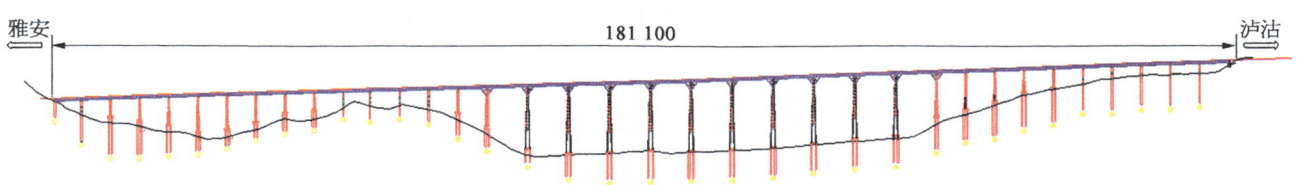

图 6-292 原设计桥跨布置

6.7.3.2 变更桥型

1）变更原因

雅西高速公路设计时面临众多技术难题，其中，桥梁工程面临高地震烈度、大纵坡、高桥墩、小半径平曲线等技术难题，同时，砂石材料资源极度匮乏，施工运输条件差，生态环境恶劣。采用钢-混凝土组合结构，提高桥梁抗震性能、降低资源消耗、减少施工难度等，是山区桥梁建设发展未来的主要选择。其具体原因为：

（1）面对高烈度地震区（地震基本烈度为Ⅷ度）、小半径平面线形（最小半径为356 m）和大纵坡

(4.0%,图6-293)桥梁,由于桥梁采用钢-混凝土组合结构,减轻了结构自重,减小了地震力,提高了结构延性,且主梁采用连续梁,不存在落梁等震害,因此,桥梁抗震能力更高,安全性更有保障。

(2) 采用单肢钢管工厂加工,运输到现场组焊成桁架,组焊场地面积和运输构件小,主要构件工厂化制作和防腐,可以保证质量。

(3) 结构重量轻,主梁轻约45%,全桥轻约55%,安装重量轻,施工设备省,结构构造简洁,杆件少,安装快速。

(4) 桥梁结构的整体性更高,连续梁与整幅桥墩结构体系动力性能更好(图6-294)。

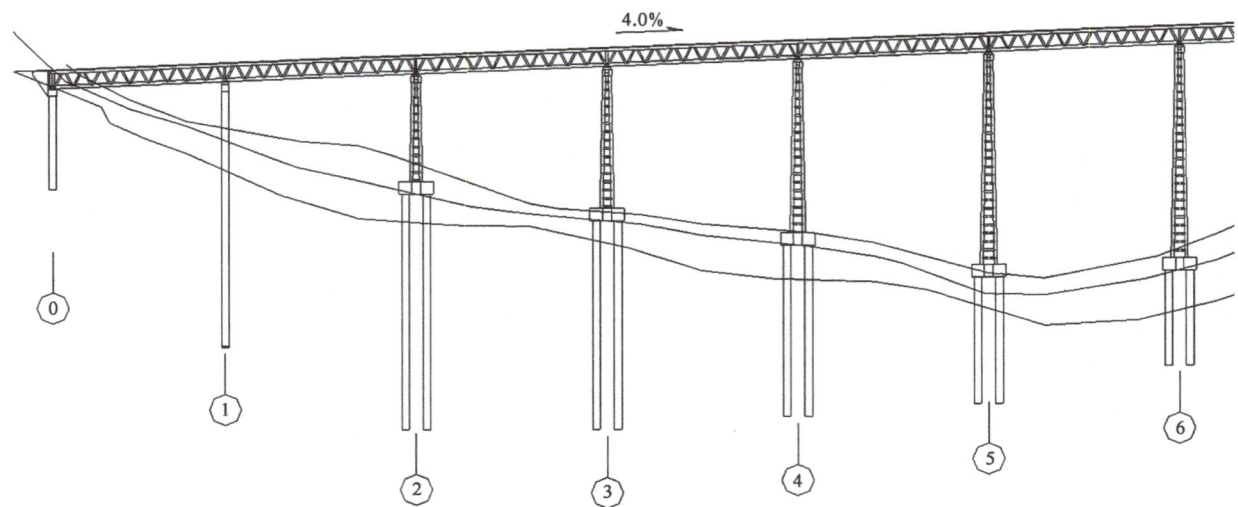

图6-293 桥梁主梁纵坡达到4.0%(雅西高速公路全线最大纵坡值)

图6-294 四川雅西高速公路干海子大桥建成后

2) 变更方案

四川石棉干海子大桥位于雅安至西昌高速公路石棉至冕宁段K155+019处,地震烈度接近Ⅸ度,处于小半径平面曲线和大纵坡路段。

本桥采用钢管混凝土桁梁桥型方案(图6-295),鉴于干海子大桥地形地质条件和西昌岸桥梁与隧道的相互干扰,以及桥梁墩高的不同,设计采用了44.5 m、62.5 m两种主要跨径,全桥共计36孔(120根桩基),全桥长为1 811 m(图6-296)。下部结构

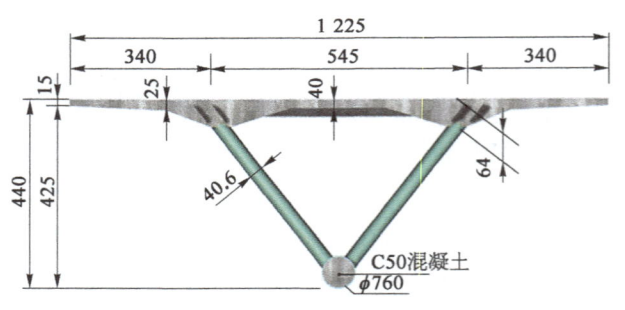

图6-295 主桁梁横断面

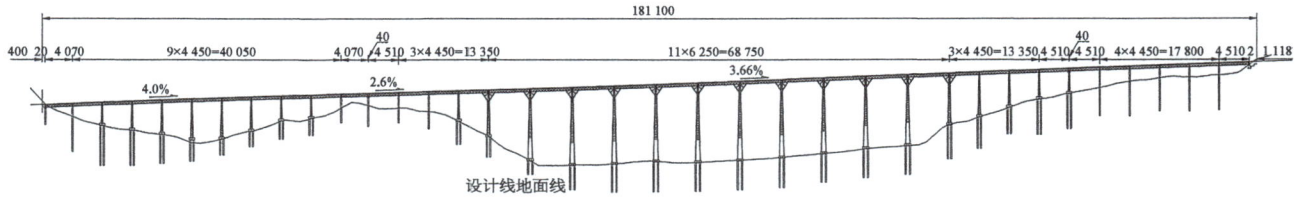

图 6-296 变更设计总体布置

高度小于 15 m 时,采用钢筋混凝土柱式桥墩,当桥墩高度为 15～70 m 时,采用钢管混凝土桁式桥墩(图 6-297),大于 70 m 时,采用钢管混凝土混合桥墩。

通过对原设计 T 梁桥和钢管混凝土桁架梁的主要工程数量统计分析比较,其主要材料数量比较见表 6-130。

表 6-130 所示的比较表明,原施工图设计简支 T 梁桥材料指标为:混凝土为 3.263 m^3/m^2;钢材为 444.7 kg/m^2;钢管混凝土桁架梁桥材料指标为:混凝土为 1.177 m^3/m^2;钢材为 339.7 kg/m^2。

图 6-297 钢管混凝土桁式桥墩

表 6-130 两种桥型主要工程数量比较

方 案	主要工程材料数量					
	普通混凝土	桩基混凝土	钢束	钢管	钢筋	型钢
	m^3			t		
原简支 T 梁桥	108 845	35 462	988	—	17 872	804
钢管桁架梁桥	38 175	14 032	472	8 057	5 665	878
工程数量增减	−70 670	−21 430	−516	+8 057	−12 207	+74
主材增减幅	−92 100(−64%)			−4 592(−23%)		

采用钢管混凝土桁架梁桥方案,是经过与简支 T 梁桥、钢板梁桥等方案反复论证确定的结果,本方案从拟订开始,先后于 2006 年 12 月和 2007 年 10 月邀请国内桥梁专家举行 2 次专家技术咨询讨论,专家们认同桥型方案的合理性和前景,同意依据设计方案开展施工图设计。同时,施工图设计过程中,召开了四川省内专家咨询讨论会 3 次,设计单位多次组织召开设计与施工方案专家论证会,对提高设计质量、保证桥梁安全提供技术支撑。

3) 国内外应用概况

国内外建成多座用钢管混凝土桁架作主梁的桥梁,使用最久的,国外有 27 年,国内有 16 年。与本次设计桥型方案受力一致的结构体系桥梁见表 6-131。

同时,国内外也进行了相应的试验研究,取得了大量的研究成果,为依托工程设计提供了技术支撑。

表 6-131 与本桥型受力体系一致的已建成桥梁

地域	序号	桥 名	公路等级	桥 型	跨度/m	建成年份	设计单位
国外	1	瑞士 Lully 桥	国道	连续梁	43	1997	不祥
	2	美国 Dattwil 桥	州际公路	连续梁	38	2001	不祥
	3	法国	国道	连续梁	48	1997	不祥
	4	日本猿田川桥	国道	连续梁	110	2004	不祥
国内	5	四川盐边鳡鱼大桥	县道	悬索桥	245	1991	四川公路院
	6	重庆忠县长江大桥	省道	悬索桥	560	2002	四川公路院
	7	重庆巫山大宁河泰昌大桥	县道	悬索桥	210	2005	四川公路院
	8	广东南海紫洞大桥	城市主干道	斜拉桥	140	1996	四川公路院
	9	重庆万安大桥	国道	斜拉桥	140	2002	四川公路院
	10	重庆万州大桥	省道	连续刚构	120	2002	四川公路院
	11	湖北秭归向家坝大桥	省道	连续刚构	72	1999	南昌有色院
使用性能	四川公路院近几年一直在跟踪本院设计的同类桥梁,监测同类钢管混凝土桁架结构的使用现状						

6.7.4 总体设计

6.7.4.1 孔跨布置

由于桥位处地形复杂,地质条件差,因此,桥墩高差大、桩基埋深长,设计采用了 44.5 m、62.5 m 两种主要跨径,其他主梁跨径总体布置根据边跨和设置伸缩缝需要有所调整,全桥共计 36 跨、共分三联设计。下部结构采用钢管混凝土桁式桥墩和钢筋混凝土柱墩,钢管混凝土桁式桥墩由墩身与承台、桩基础组成。

6.7.4.2 全桥结构体系

由于该桥地震烈度高,单向纵坡大,桥墩高低不一,最高达 110 余米,最低者仅 5 m,合理地进行桥跨分联,有利于形成稳定性高、动力特性好、抗地震能力强、使用期间变形协调的结构体系。主梁与桥墩连接构造分为两种:一种为在主梁下主管钢管设置竖向肋板,底部设置水平钢板与肋板焊接连接,形成支座上座。在钢管桁式墩的顶面设置垫石,垫石上设置锚板,形成支座下座,支座上、下钢板间设置橡胶支座,将主梁与桥墩连接传力。另一种为主梁下主管钢管与桥墩直接焊接连接成固定构造。

1) 总体布置

(1) 全桥根据地形共分三联,即 0 号台~11 号墩为第一联,11~30 号墩为第二联,30~36 号台为第三联。

(2) 第一联 4~7 号、第二联 15~26 号桥墩与主梁直接固接连接;2、3、8、9、11~14、27~30 号桥墩有条件地释放纵向自由度。2、3、8、9、11~14、27~30 号桥墩具体要求见表 6-132。

表 6-132 各桥墩对支座参数要求

编 号	支座约束	支座受力			支座位移	
	弹簧刚度 $K_x/(\text{kN}\cdot\text{m}^{-1})$	竖向力 F_z/kN	顺桥向力 F_x/kN	横桥向力 F_y/kN	最大纵向位移 $\Delta x/\text{cm}$	最大转角 $R_y/(°)$
2 号墩	2 400	7 594.7	355.9	199.7	14.8	0.023 1
3 号墩	2 400	7 514.9	294.5	199.7	12.2	0.022 9

续 表

编 号	支座约束	支座受力			支座位移	
	弹簧刚度 $K_x/(\text{kN}\cdot\text{m}^{-1})$	竖向力 F_z/kN	顺桥向力 F_x/kN	横桥向力 F_y/kN	最大纵向位移 $\Delta x/\text{cm}$	最大转角 $R_y/(°)$
8号墩	2400	7610.6	335.2	233.4	13.9	0.0235
9号墩	2400	7580.9	356.2	181.0	14.8	0.0231
11号交界墩	1000	3071.5	270.3	199.9	27.0	0.0076
12号墩	2400	8516.5	604.3	336.0	25.1	0.0010
13号墩	2400	7702.3	511.6	616.7	21.0	0.0065
14号墩	2400	6849.2	376.7	259.0	15.6	0.0158
27号墩	2400	6847.5	261.5	293.6	10.2	0.0252
28号墩	2400	7649.0	324.6	328.0	13.4	0.0135
29号墩	2400	8441.8	413.4	366.5	17.1	0.0117
30号交界墩	1000	2983.0	228.4	299.5	22.7	0.0107

(3) 2、3、8、9、11~14、27~30号桥墩支座纵向设置橡胶限位装置，在温度、收缩徐变等活载作用下，主梁可在纵向自由移动，其计算容许值为±50mm（无阻尼），超过该值后，橡胶支座锁定主梁，桥墩参与承受水平力。

2) 特殊支座一般构造

根据该桥具体受力要求，不同桥墩高度和结构形状，采用滑动支座、橡胶支座和固定支座三种型号，即水平方向刚度变化的支座结构。2、3、8、9、11~14、27~30号桥墩采用YLXZ高阻尼特殊结构橡胶支座，其余墩、梁未固接的桥墩采用盆式橡胶支座，如图6-298所示。

3) 特殊支座传力途径

(1) 竖向荷载：YLXZ高阻尼特殊结构橡胶支座竖向荷载依靠梁体—梁底钢板—支座顶板—支座本体—平面滑板—下支座板—支座垫石的传递完成。

(2) 横向水平荷载：YLXZ高阻尼特殊结构橡胶支座运营状态下横向水平荷载依靠梁体—梁底钢板—支座本体（上导向块）—下导向块—下支座板—支座垫石的传递完成；地震状态下，采用有限抗弯剪能力（按20%竖向荷载设计）螺栓连接的下导向块被破坏，水平荷载依靠梁体—梁底钢板—支座本体（上导向块）—下支座板—支座垫石的传递完成。

(3) 纵向水平荷载：① 自由滑移阶段，YLXZ高阻尼特殊结构橡胶支座纵向自由滑移状态下纵向水平荷载依靠梁体—梁底钢板—支座本体—平面滑板—下支座板—支座垫石的传递完成，该水平荷载即为摩擦力载荷。② 剪切变形阶段，YLXZ高阻尼特殊结构橡胶支座纵向剪切状态下纵向水平荷载依靠梁体—梁底钢板—支座本体—下支座板—支座垫石的传递完成，该水平荷载即为橡胶的阻尼载荷。③ 刚性约束阶段，当YLXZ高阻尼特殊结构橡胶支座纵向位移超出设计最大纵向位移时，支座顶板将与纵向挡块产生刚性接触并形成约束，在此阶段支座的纵向水平荷载由梁体—梁底钢板—支座顶板、含支座本体（共同分担）—纵向挡块、下支座板（共同分担）—支座垫石的传递完成。

(4) 橡胶支座本体：高阻尼特殊结构橡胶支座本体由多层橡胶片与多层相邻橡胶片间的薄钢板经黏结加压硫化而成。通过橡胶良好的弹性和剪切变形，适应上部构造转角和位移；通过薄钢板对橡胶受压后侧向膨胀的约束，使支座具有了足够的竖向刚度以承受桥梁上部的作用力，并可靠地传给墩台；橡胶的高阻尼特性可以减少动载及地震作用对上部构造与墩台的冲击。

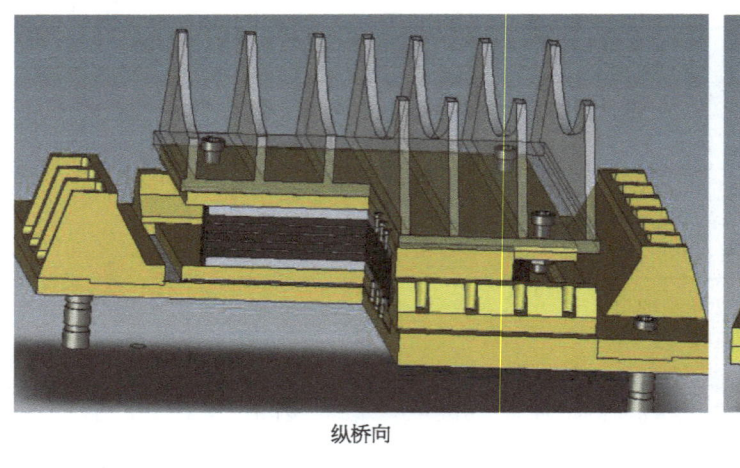
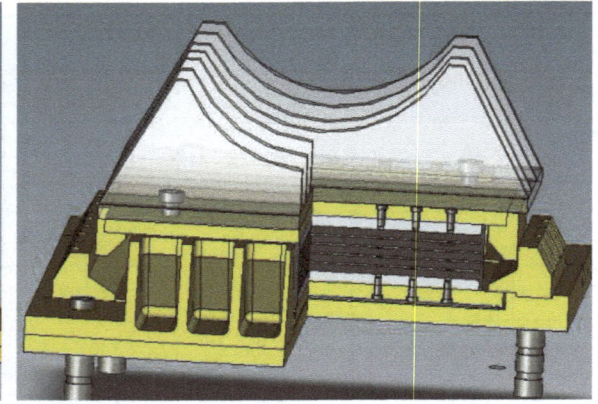

纵桥向　　　　　　　　　　　　　横桥向

图 6-298　高阻尼橡胶支座结构

1—梁底钢板；2—支座顶板；3—支座本体；4—支座底板；5—纵向挡块；6—下支座板；7—下栓筒；
8—螺栓；9—上导向块；10—下导向块；11—平面滑板；12—密封圈

4) 特殊支座设计构造

由于桥梁纵坡大，梁体在温度、收缩徐变、汽车制动力等荷载产生的纵向变形一方面受高墩组的弹性约束，另一方面有全联梁体向下坡方向漂移的可能。此时，高端的矮桥墩支座组在经过了 50 mm 的摩擦滑移后可依靠橡胶的剪切力来阻止梁体的下滑趋势（图 6-299）。

桥梁在地震情况下，全联桥梁可能会出现任意方向的摆动，高桥墩区域仍然依靠高墩的柔性变形来实现约束，但约束能力有限，需要矮桥墩共同分担，即要求矮桥墩区域的支座在超出自由滑移阶段后依靠高阻尼橡胶的剪切变形来产生一定的阻尼力，地震烈度越大，剪切变形位移越大，阻尼力则越大，在通常情况下最大剪切位移量可达到胶层厚度的 1 倍，地震时最大剪切位移量可达到胶层厚度的 2 倍，即可确定支座的 $\varepsilon_{q,d}=1$ 和 $\varepsilon_{q,d地}=2$。同时，为避免在矮桥墩区域个别支座出现极端变形的情况，

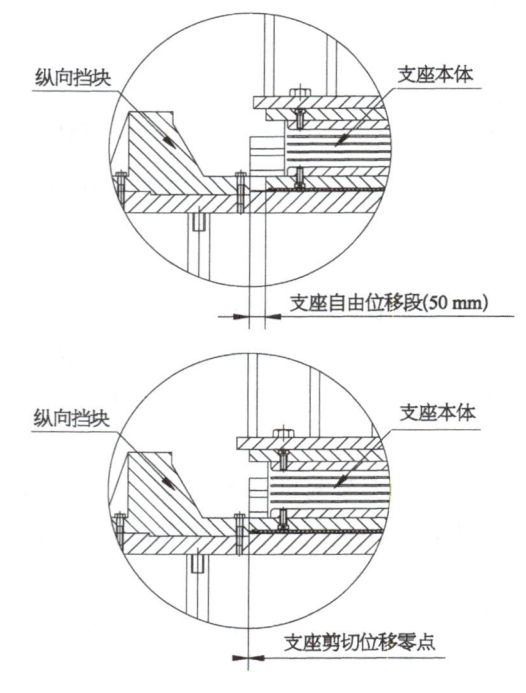

图 6-299　支座自由位移阶段

各支座在发生最大设计纵向位移时设置有纵向限位挡块(图6-300)。

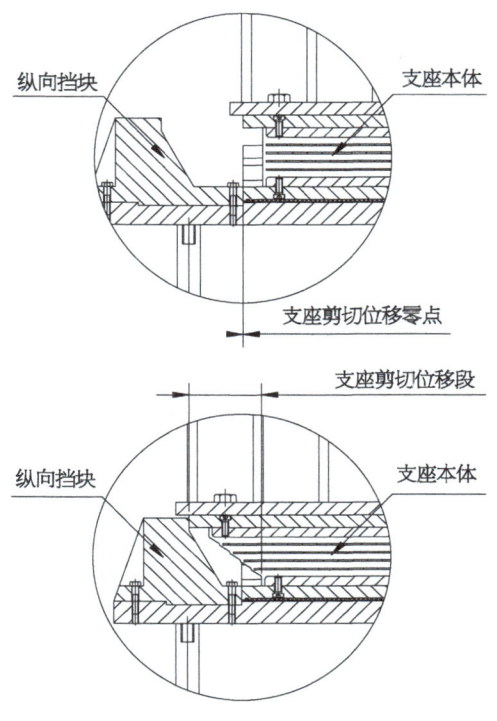

图6-300 支座最大纵向位移

该支座上、下导向块在横桥向有±5 mm的间隙,图6-301所示为支座侧向导向构造,一方面适应梁体横桥向的自由伸缩,另一方面可以避免梁体横桥向偏移过大。同时,在超过Ⅷ度地震烈度时,下横向导向块连接螺栓将被破坏,横向约束破坏吸收较大能量后,支座开始发生剪切变形并产生多向阻尼力,以实现对桥墩和上部结构的多重保护。

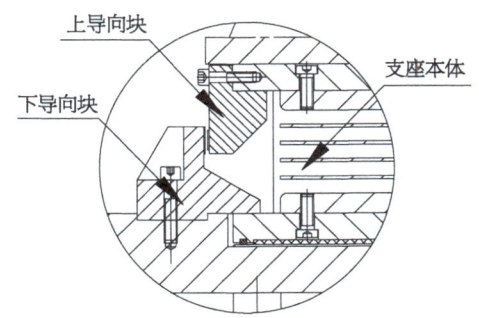

图6-301 桥墩支座侧向导向构造

6.7.4.3 曲线设计

该桥位于半径$R=356$ m的圆曲线、缓和曲线和卵形曲线上,且纵坡大,主梁桁架设计为桁架节点间为直线,节点处为曲线变化点,即"以直代曲"的方式处理。上缘桥面板为确保上主管节点的悬臂径向长相同,采取节点间悬臂径向长随曲线变化的构造处理措施。位于曲线内桥墩,盖梁、墩柱设计采取沿径向布置,主梁内、外跨长不等的处理措施。

6.7.4.4 主梁构造

主梁为多种跨径钢管桁架连续梁,跨径小于50 m时,中心梁高440 cm,主梁节间间距为440 cm,下主管管径ϕ813 mm、支管管径406 mm,壁厚根据不同位置变化,钢管内灌注C60混凝土。跨径大于50 m时,采用与跨径小于50 m桁梁相同梁高,在桥墩处,加设托架,这样可以使主桁加工制造简便,且外形协调美观。桥面板为厚20 cm的C50预应力钢筋混凝土结构,支管节点处横向设置有高40 cm的预应力钢筋混凝土肋。

主梁横向为左、右分幅设计,每幅桥由钢管混凝土下主管、钢管支管及顶板组成三角形,标准节段顶板悬臂宽为311 cm(内侧为306 cm),悬臂板两次倒角变高形成,顶板两支管间距为533 cm,两侧纵肋处高为70 cm,跨中高20 cm。主梁桥面板为多点支管支撑,受力情况复杂,设计为钢筋混凝土中掺钢纤维的结构。主梁横断面布置如图6-302所示。

该桥每幅各为一个三角形组成桁架梁,为了提高主梁整体抗扭能力,在每跨支点和跨中附近处,设置钢管桁架横梁。伸缩缝处桁架横梁对应竖直支管设置,呈Ⅰ形。其余横桁架桁梁呈Ⅴ形布置。同时,在每幅桥内的三角形顶端,沿桁架横梁对应位置设置横向连接杆。

主梁支管纵横向倾角,兼顾了桥面板受力、钢束布置及张拉工艺、支管本身应力水平等因素,经过比较计算论证后,确定了合理的支管倾角及规格。支管与桥面板的连接构造,采用钢管与开孔钢板或纵向无缝钢管焊接、钢筋横向贯通开孔钢板或从开孔钢板下缘穿过,形成与桥面钢筋混凝土锚固连接。支管与下主管钢管,直接采用相贯焊缝焊接连接。

主梁桥墩位置处,设置了主梁负弯矩钢束,由于设计桥面板为厚度20 cm钢筋混凝土结构,在桥面板内布置钢束困难,设置张拉齿板没有合适的位置,因此,桥面板钢束直接锚固于桥面板纵肋内,张拉截面处设置施工缝,待钢束张拉后,再浇注下节段桥面板混凝土。第一联桥右幅,因曲线半径小,加宽值设在桥面板悬臂端,而钢管混凝土三角形尺寸不变。

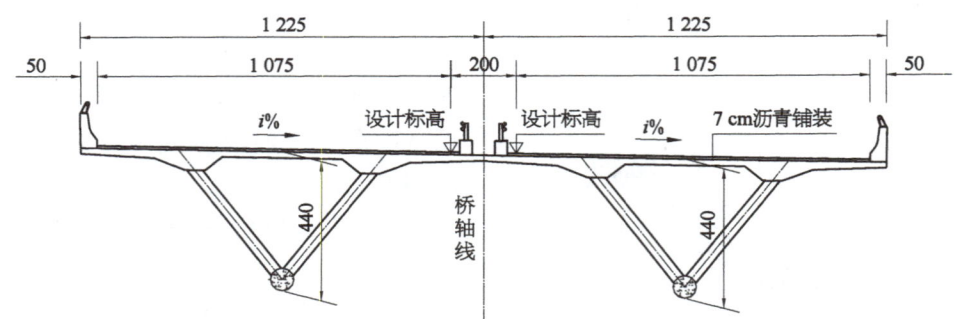

图 6-302 主梁横断面一般构造(单位:cm)

6.7.4.5 桥墩结构构造

该桥高墩采用钢管混凝土桁式墩身、钢筋混凝土承台和桩基础,矮墩采用双柱式钢筋混凝土桩柱结构。钢管混凝土桁式桥墩采用四根 $\phi813(720)\text{mm}\times(12\sim16)\text{mm}$ 钢管,内灌 C50 混凝土,纵向采用平行单肢钢管连接,横向采用平行钢管桁架和交叉钢管撑连接。钢管桁式桥墩顶(盖梁下缘)纵向顶宽 186 cm,按 1:50 放坡。桥墩横向为直立,柱肢中心距为 1 225 cm。

每个钢管混凝土柱下设置一根直径为 180 cm 的桩基础,钢管混凝土柱与桩基间设置高为 300 cm 的钢筋混凝土矩形框架承台,形成受力整体,承台上 300 cm 范围内,钢管混凝土外包 15 cm 厚 C30 钢筋混凝土防护层;16~25 号桥墩,其高度大于 60 m,在桥墩墩脚 30 m 高度范围内,设置厚度为 40 cm 的纵桥向钢筋混凝土腹板连接。

6.7.4.6 桥台设计构造

0 号桥台设计为桩柱式,桩径为 2.0 m,桩柱顶设置盖梁,盖梁高为 150 cm。桥台盖梁上设置背墙,背墙为 60 cm 厚的钢筋混凝土结构,高约 500 cm。为了加强背墙的挡土和抗冲撞能力,设置了高为 300 cm、宽为 40 cm 的加劲墙。背墙顶放置搭板和安装伸缩缝,0 号桥台背墙左右两侧设置 30 cm 的耳墙。36 号桥台为重力式结构体系,主梁梁体锚固于桥台。

6.7.4.7 桥面系

根据主梁设计联跨长度,0 号桥台处伸缩缝选用 RBDX-240 型,11、30 号桥墩顶伸缩缝选用 RBDX-400 型,36 号桥台处设置宽为 0.5 cm、深为 3 cm 的断缝,缝内填塞防水材料。

桥面铺装设计为在 20 cm 桥面板上,铺装 7 cm 改性沥青混凝土。桥面排水管的设计及布置严格按项目通用图执行。

6.7.4.8 耐久性设计

1) 混凝土结构耐久性

按《公路工程混凝土结构防腐蚀技术规范》执行。

2) 钢管表面防腐设计

该桥钢结构表面防腐包括主桁梁、钢管混凝土桁式桥墩及检修通道等钢结构的外表面,根据桥位处腐蚀环境,设计结构防腐体系免维修周期为 15 年,使用周期为 30 年,设计为复合电弧喷涂铝镁合金长效防腐涂层,金属表面处理等级 Sa3。

设计防腐体系为:电弧喷涂铝镁合金 200 μm(锌为 85%,铝为 15%);环氧封闭涂层一道(25 μm);环氧云铁中间涂层二道(50 μm);丙烯酸聚氨酯面漆二道(50 μm)。

丙烯酸聚氨酯面漆要求 5 000 h 加速老化试验,失光率达到 Ⅰ~Ⅱ 级。封闭涂层、中间涂层及面漆等品牌确定后,还应进行相容性试验,认可后方能正式选用。

3) 检修通道设计

钢管混凝土主桁梁的检修通道设置于下主管管上顶面,检修通道宽 50 cm,踏板间距 30 cm,两侧扶手为 ϕ25 mm 圆钢,每隔 30 cm 设置扶手立柱一道,便于检修人员通行。

钢管混凝土桁式桥墩的检修通道,因纵、横水平横联钢管间距为 200 cm,检修养护单位可设高度大于 200 cm 的活动爬梯勾住钢管攀爬。

6.7.5 技术特点

6.7.5.1 新理念

对于复杂地形环境条件和高烈度地震区,桥墩、主梁全部采用钢管混凝土桁架结构的梁式桥梁,既可以利用钢管混凝土延性提高钢管混凝土抗震能力,同时减轻自重50%~55%,减小地震内力,提高桥梁结构的地震抗力,实现高烈度地震区改善桥梁性能、节约工程造价的目标。

按同规模、同精度比较原则,完成了40 m、50 m简支T梁、钢板梁及钢管混凝土桁架梁桥设计。

1) 简支T梁桥

根据高速公路设计桥梁宽度,简支T梁桥横断面设计布置如图6-303和图6-304所示。

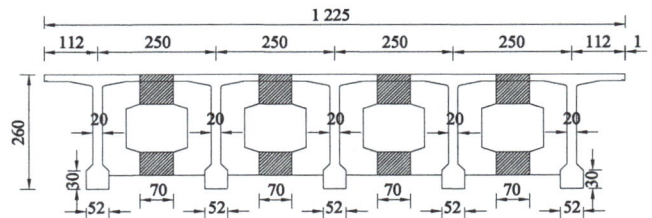

图6-304 50 mT梁半幅断面(单位:cm)

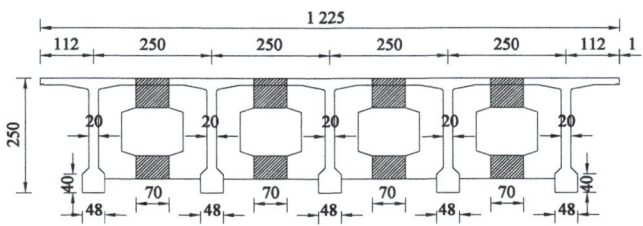

图6-303 40 mT梁半幅断面(单位:cm)

施工方案采用预制吊装安装,安装重量40 mT梁约为1 100 kN,50 mT梁约为1 450 kN。

2) 钢板梁桥

根据高速公路设计桥梁宽度,钢板梁桥横断面设计布置如图6-305和图6-306所示。

该方案每片梁安装重,40 m跨度为340 kN,50 m跨度为460 kN。

3) 钢管桁架梁桥

根据高速公路设计桥梁宽度,钢管混凝土梁桥横断面设计布置如图6-307和图6-308所示。

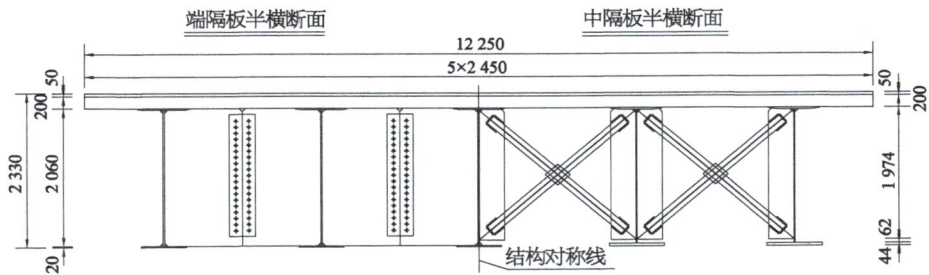

图6-305 40 m钢板梁半幅断面(单位:cm)

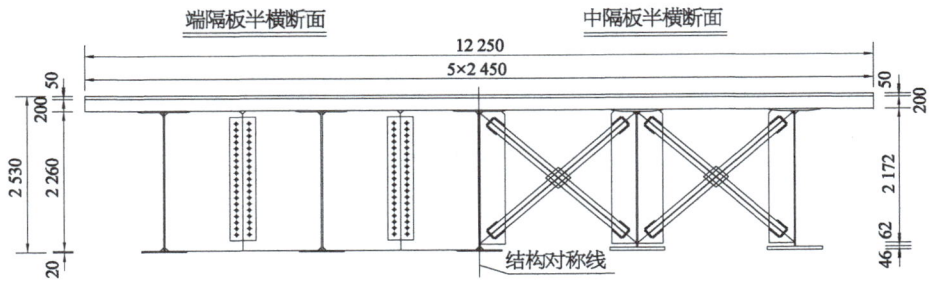

图6-306 50 m钢板梁半幅断面(单位:cm)

本方案半幅桥骨架安装重,40 m跨度为490 kN,50 m跨度为680 kN。

通过详细结构计算和工程经济分析,各方案主梁技术指标见表6-133。

由于钢管混凝土桁架梁与钢板梁的重量相当,而钢管混凝土桁架梁与简支T梁的工程造价相当,因此,推荐采用钢管混凝土桁架梁,既能减轻重量,提高桥梁结构抗震能力,又能减少材料用量,节约工程造价。

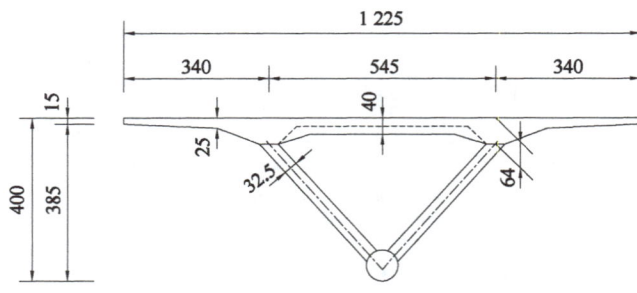

图 6-307　40 m 钢管桁架梁半幅断面（单位：cm）

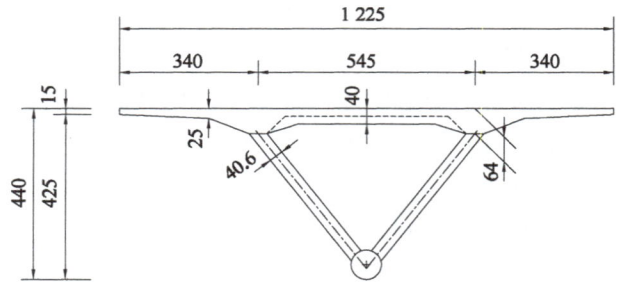

图 6-308　50 m 钢管桁架梁半幅断面（单位：cm）

6.7.5.2　新结构

1) 新桥型

根据 6.7.3 节分析可以看出，采用钢管混凝土连续桁架梁桥，比简支 T 梁桥的混凝土用量和钢材用量均减少了，具有明显的经济优势。

2) 总体布置技术

（1）总体布置。干海子大桥全长 1 811 m，整体布置在地形起伏地段，主梁分联刚度与桥墩高度密切相关。根据地形条件确定的不同桥墩高度，结合主梁、桥墩受力与刚度匹配设计要求，全桥主梁分为三联。

第一联长度为 486.3 m，其中中部 4 个桥墩与主梁采用固定支座连接；第二联长度为 1 045.1 m，靠近两端伸缩缝处为阻尼橡胶支座，高桥墩与主梁固结连接；第三联长度为 279.6 m，由于桥墩高度从桥台往跨中方向依次增高，因此，采用主梁与桥台固结连接，而不设置伸缩缝，仅在桥墩处设置伸缩缝的单端纵向变位体系的新型结构体系。

全桥分联情况如图 6-309～图 6-311 所示。

（2）曲线梁的设计。该桥位于圆曲线、缓和曲线和卵形曲线上，其中最小平曲线半径为 356 m，主桁梁的桁式节点位于曲线上，节点间"以直代曲"。曲线内桥墩的盖梁、墩柱、桩基沿曲线径向布置，保证结构构造的标准性和线性的顺畅（图 6-312 和图 6-313）。

由于曲线引起的超高，主要通过桥墩横向高度的不同，调整桥梁的横向坡度，而主梁的横向高度是一致的。

表 6-133　主梁方案工程数量、重量、估算比较

结构方案		安装重量	整孔恒重	结构用钢量	维修费用	工程造价
		t			万元	
简支 T 梁	40 m	110	1 443	0	9.7	127
	50 m	145	1 767	0	12.4	182
钢板梁	40 m	34	822	363	28.6	495
	50 m	46	1 117	480	36.5	655
钢管混凝土梁	40 m	49	793	68	16.5	132
	50 m	68	1 012	105	21.4	206

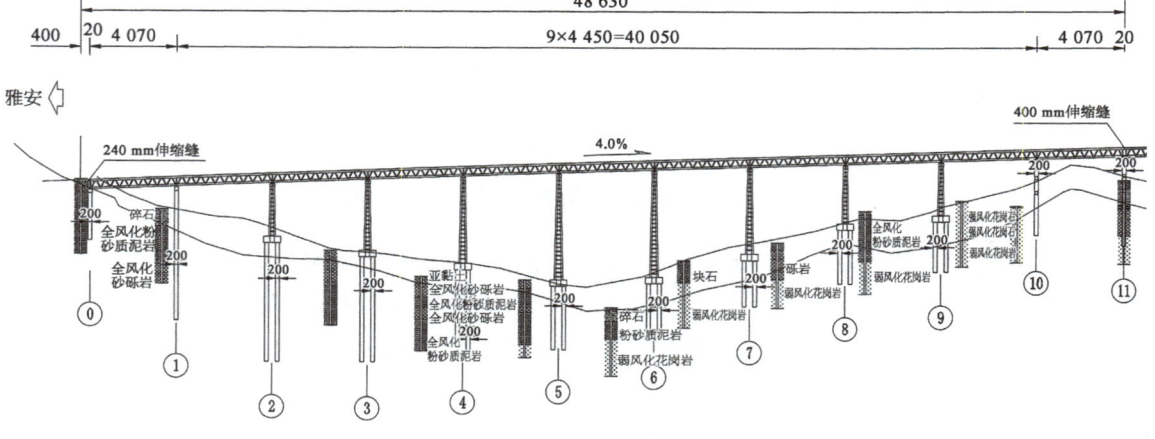

图 6-309　第一联桥梁布置示意

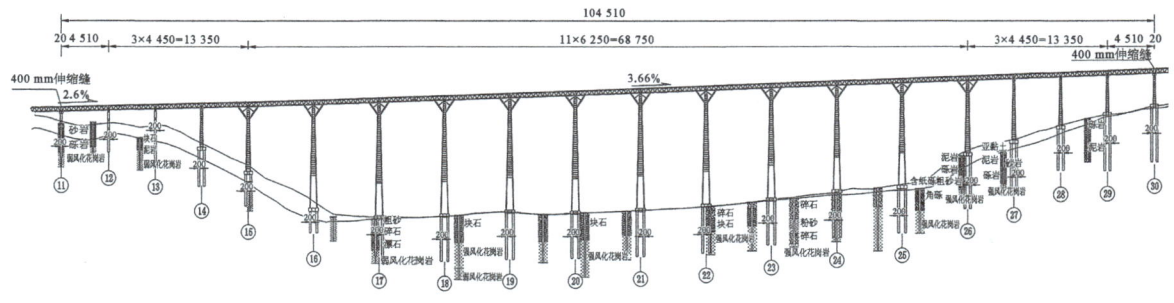

图 6-310　第二联桥梁布置示意

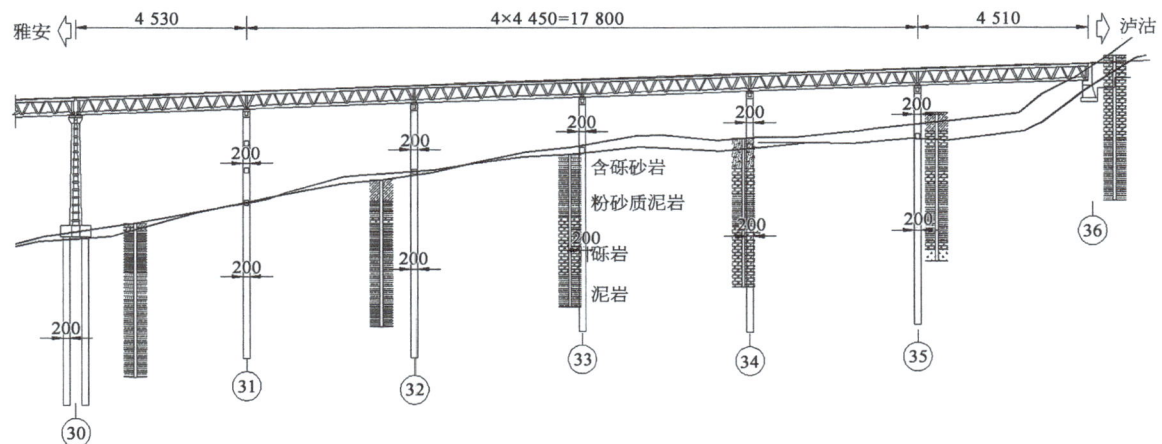

图 6-311　第三联桥梁布置示意（单位：cm）

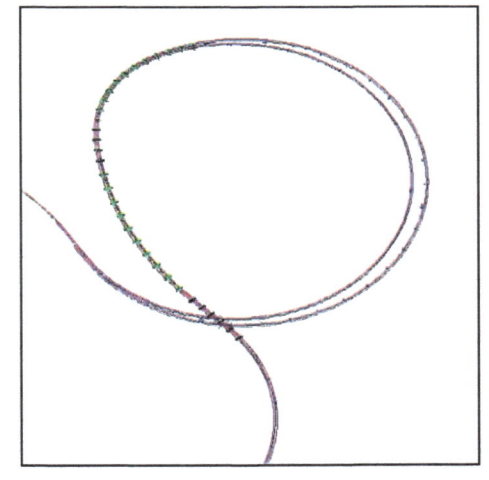

图 6-312　总体平面图

图 6-313　主梁曲线照片

3）构造设计

（1）主梁构造。主桁高 440 cm、桁间距 440 cm，主梁下主管采用、管径 $\phi 813$ mm 管内混凝土强度等级 C60 的钢管混凝土，支管直径 $\phi 406$ mm。62.5 m 跨度主梁高度相同，在桥墩处设斜撑，如图 6-302 和图 6-314 所示。主梁为左、右分幅设计，每幅桥由一个"三角形"组成，两幅桥间设置 V 形横撑。桥面板为厚 20 cm 的 C50 预应力混凝土结构。

（2）桥墩构造。桥墩分为钢管混凝土桁式桥墩和混合桥墩两种，如图 6-315 和图 6-316 所示。桥墩高度大于 60 m 采用混合桥墩，桥墩底部 30 m 高度范围内设置厚度为 40 cm 的钢筋混凝土纵向腹板连接，组合桥墩与桁式桥墩过渡处，设置腹板倒角，提高桥墩纵向刚度。

桥墩用四根 $\phi 813$ mm 钢管，内灌 C50 混凝土，纵横向用钢管连接组成，桥墩纵桥方向按 1∶50 放坡，墩底最大宽度达 7.8 m，如图 6-317 所示。

（3）钢管内混凝土灌注。通过现场对竖直钢管、水平钢管的足尺模型高抛和水平泵送灌注工艺试验，确定了桥墩采用高抛工艺灌注钢管内混凝土，主梁下主管钢管内灌注 C60 钢纤维混凝土采用泵送顶升灌注。桥墩钢管内混凝土采用高抛自密实混凝土灌注工艺，即混凝土罐车运至工地后，将混凝土倾斜至料斗内，提升至待浇注钢管口处自然灌入。而主梁水平钢管采用泵送技术泵压至水平钢管内，其工艺如图 6-318～图 6-323 所示。

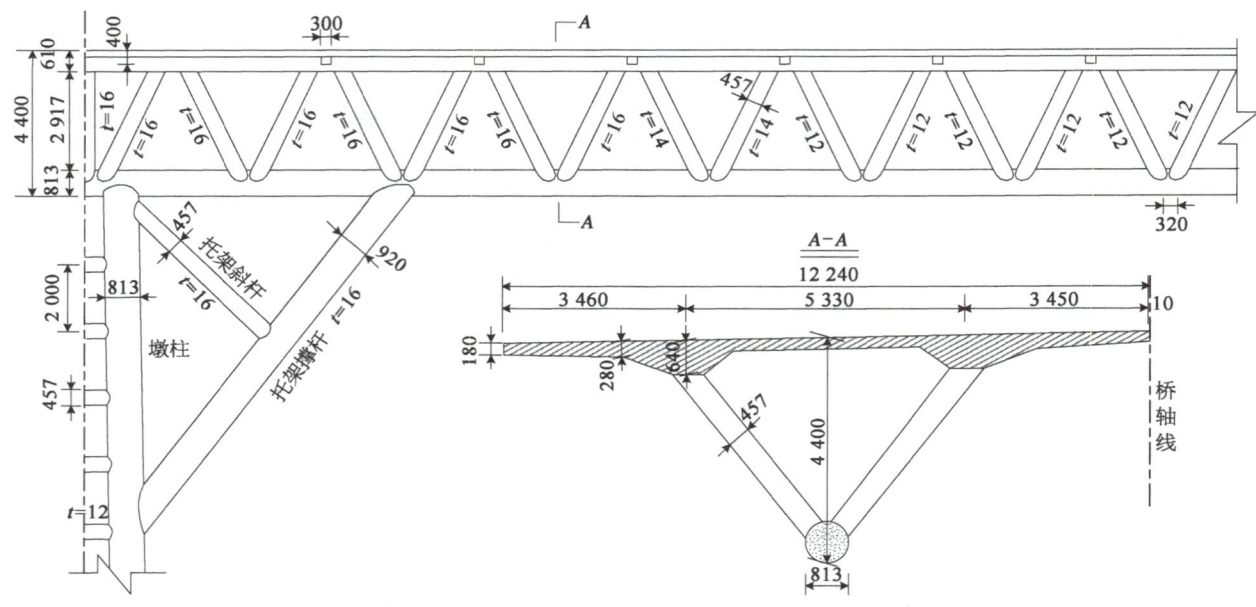

图 6-314 主梁纵面布置构造（单位：cm）

图 6-315 桁式桥墩

图 6-316 混合桥墩

图 6-317 墩梁构造

图 6-318 罐车卸料

图 6-319 高抛灌注

图 6-320 灌注后均匀的表面

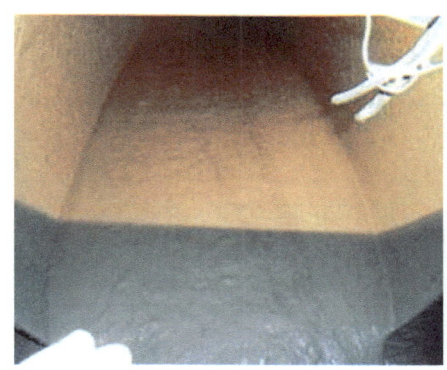
图 6-321 水平管混凝土灌注

图 6-322 水平钢管灌注示意

图 6-323 水平管冒浆口

6.7.5.3 新方法

1) 受拉钢管混凝土

根据试验需要,拟定了 18 根钢管混凝土的受拉荷载试验,以钢管混凝土约束效应系数、含钢率、管内混凝土强度等级和钢管与混凝土连接界面状态为试验参数,试验表明,受拉钢管混凝土对轴向、径向受力及破坏状态影响显著,如图 6-324 和图 6-325 所示。

图 6-324 受拉破坏试件

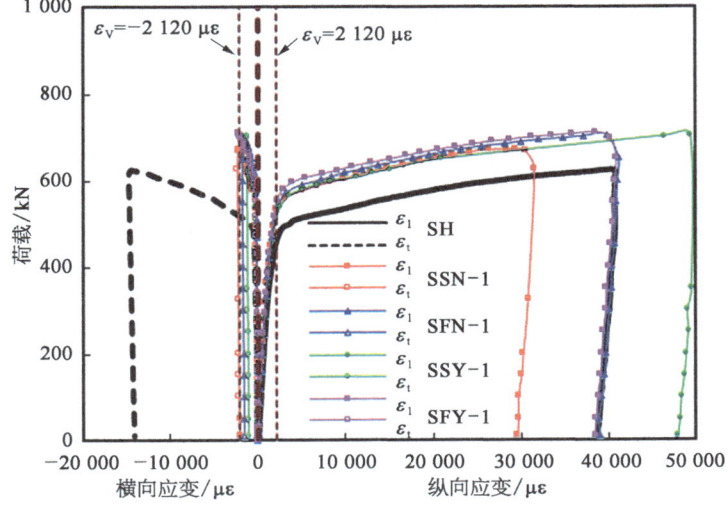
图 6-325 钢管横、纵向变形曲线

钢管混凝土试验与计算数据的对比分析如图 6-326 和图 6-327 所示。

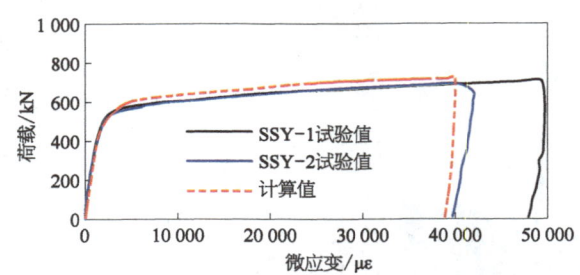

图 6-326 普通自密实混凝土

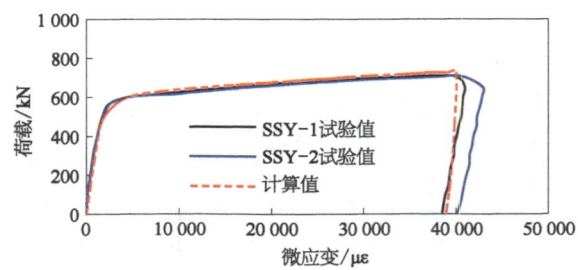

图 6-327 钢纤维自密实混凝土

试验数据表明：① 钢管混凝土相比同条件的空钢管，承载力提高 10%~15%（$SI=1.10$~1.15）；② 钢管混凝土构件的轴拉刚度初期有较大的提高，随后由于混凝土的开裂，构件的轴拉刚度趋于空钢管；③ 试验过程中，空钢管构件从始至终未出现任何声音，而钢管混凝土构件，轴向荷载达到约为 0.6 倍轴拉极限承载力之后，（包括自密实型和钢纤维型钢管混凝土）开始发出"沙沙"的响声，一直持续到加载停止，但声音并不明显；④ 内填钢纤维的钢管混凝土承载力比自密实钢管混凝土提高 5% 左右，这与钢纤维混凝土的韧性提高有关。

2) 节点受力性能

试验节点模拟干海子大桥节点构造参数，拟定的试验模型几何参数见表 6-134。

表 6-134 试验模型管节点几何参数比较

管节点参数	$\beta=d/D$	$\gamma=D/(2T)$	$\tau=t/T$	$\alpha=l/d$	θ
实 桥	0.50	22.50~12.7	0.44~0.75	11.3~12.5	30°~50°
试验模型	0.5	20.3	0.80	11.14	45°

试验的模型与原型节点如图 6-328 所示。

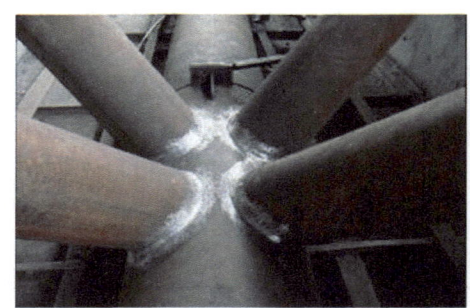
(a) 主梁下主管节点

(b) 主梁上主管节点

(c) 节点试验模型

图 6-328 主桁梁上下节点及模型节点

通过对钢管混凝土节点的疲劳试验研究，得出以下结论：

(1) 模拟干海子大桥钢管混凝土节点所做的疲劳试验模型，斜管在 85 MPa 名义应力幅的加载条件下，其疲劳寿命超过 200 万次，疲劳试验结果证明该节点满足设计耐疲劳寿命的要求，并有较大的安全储备。

(2) 试验采用以疲劳裂纹深度穿透主管管壁（表面裂纹长度按 3 倍壁厚）的失效判别标准来确定疲劳寿命，是安全的。

(3) 试验证明钢管混凝土节点在满足相贯线焊接接头质量要求，并对焊趾作焊后修磨的条件下，疲劳强度可达到较高的水平。

(4) 以钢管混凝土节点相贯线焊缝类型、焊接缺欠及焊后修磨质量差异分级，参考 AWS 和 IIW 相关规范，对其疲劳强度按 A、B 两级细节作高、低区分，与前期的实验相比较，试验结果可定作 A 级。

3) 主桁梁受力性能

(1) 模型设计与制造，模型设计为两跨连续梁，分别按相似比例制造和测试正负弯矩、支管、横撑等部位的受力行为和破坏状态，如图 6-329 和图 6-330 所示。

图 6-329 试验模型

图 6-330 模型加载测试

根据试验研究目标,拟定的测试断面布置如图 6-331 和图 6-332 所示,编号依次为 $A \sim L$,考虑结构对称性及研究对象,应变测试点主要布置在一幅桥内。混凝土顶板的应变片纵向应变片 60 片,横向应变片 108 片,共计 168 片。钢构件的应变片单向应变片 220 片,三向应变花 24 片。为了测试结构变形,在每跨 $L/4$、$L/2$、$3L/4$ 下主管下方布置百分表。

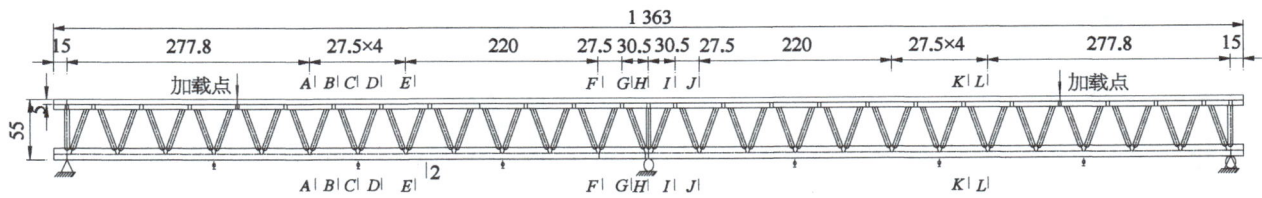

图 6-331 测试断面布置(单位:cm)

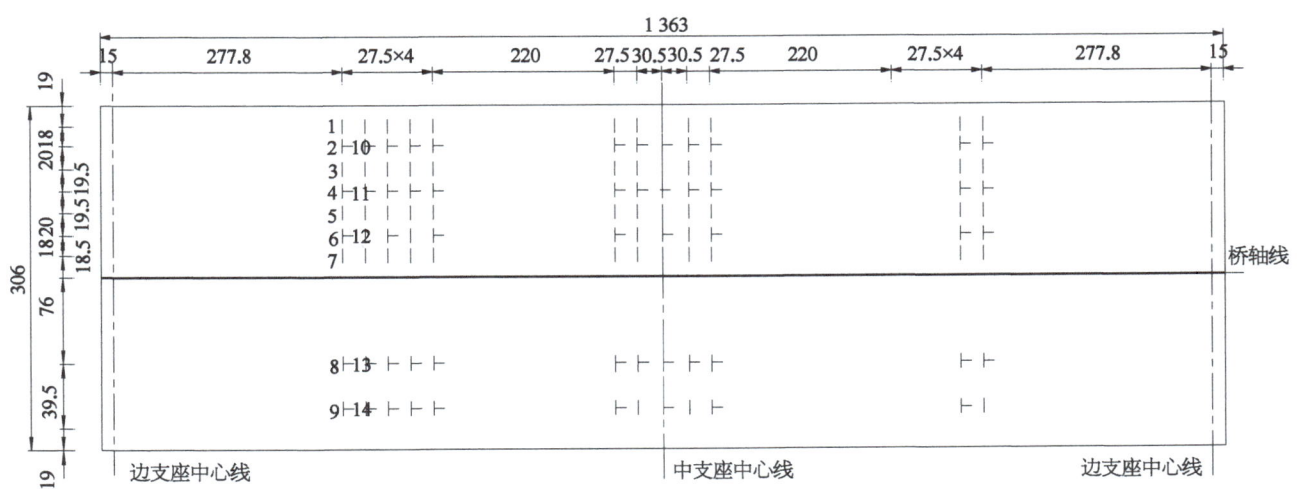

图 6-332 顶板混凝应变片布置(单位:cm)

(2) 节段模型破坏形态为顶板混凝土结构先期出现裂纹,后正弯矩跨中出现裂纹,继续加载,裂纹扩展速度慢,而钢管混凝土桁梁没有出现破坏的征兆,直至加载设备破坏,如图 6-333 和图 6-334 所示。

(3) 主桁梁混凝土顶板正负弯矩处荷载-应变曲线如图 6-335 和图 6-336 所示。

(4) 主桁梁下主管钢管正负弯矩处荷载-应变曲线如图 6-337 和图 6-338 所示。

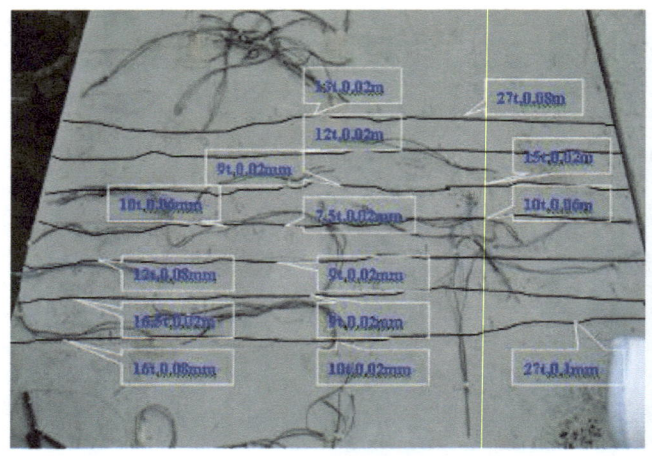

图 6-333 负弯矩区顶板裂缝分布

图 6-334 正弯矩顶板裂缝分布

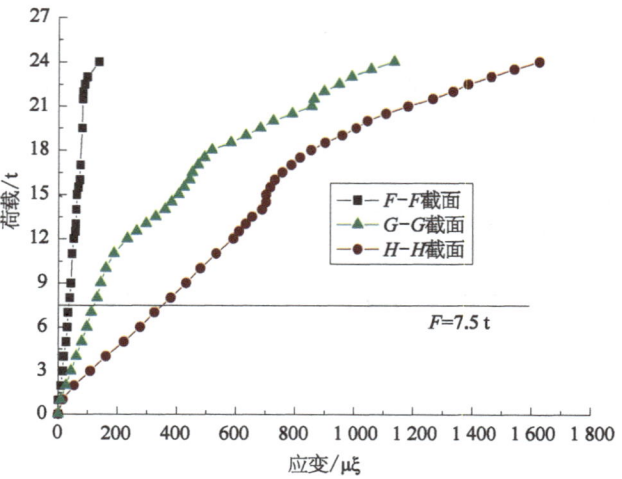

图 6-335 负弯矩荷载-应变曲线

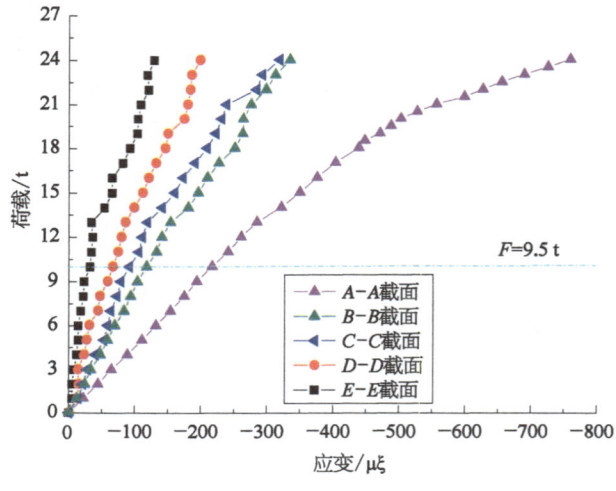

图 6-336 正弯矩荷载-应变曲线

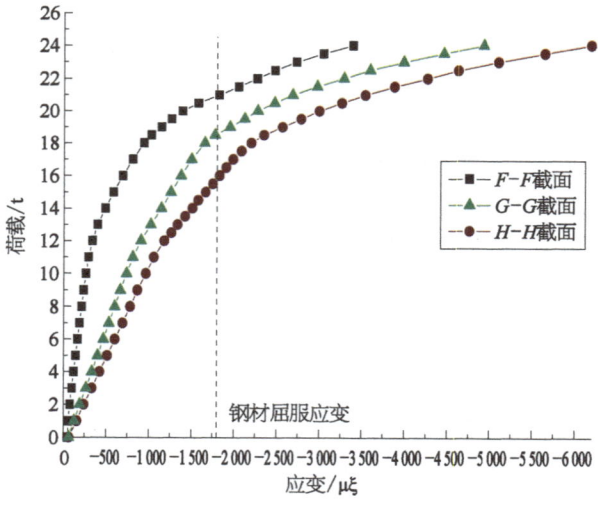

图 6-337 负弯矩荷载-应变曲线

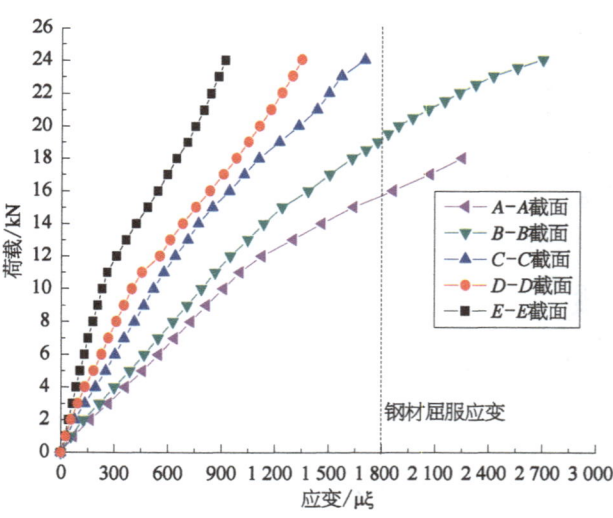

图 6-338 正弯矩荷载-应变曲线

(5) 主要认识：试验加载过程中，结构破坏始于负弯矩区混凝土顶板出现的横向裂缝，出现裂缝后继续承载，直至试验荷载为 27 t 时，停止加载，结构最大挠度 5.85 cm。正弯矩区混凝土顶板受压，但应力水平低；钢管混凝土下主管杆受拉，$F=16$ t 时钢管下缘屈服；$F=24$ t 时，钢管全截面进入屈服。钢管支管最大应变 $1\,170\,\mu\varepsilon$，小于屈服应变 $1\,570\,\mu\varepsilon$。钢管内填混凝土有效避免了节点的扯裂失效，钢管支管与下主管杆的相贯节点位置并未出现破坏，验证了结构节点构造和支管设计的合理性。上主管钢管与钢管横撑应力水平低，远小于屈服强度值。混凝土顶板横向应变分布均匀，纵向有效工作宽度 1.21 m，约 2 倍支管区间。

4) 钢管混凝土混合桥墩

由于主梁采用钢管混凝土桁梁与预应力钢筋混凝土顶板结构，减轻重量 55% 以上；因此，桥墩采用高强、轻型结构具备了条件，通过反复分析论证，提出了桥梁采用钢管混凝土桁式与组合式的混合桥墩，高度大于 20 m 时采用钢管混凝土结构，高度小于 20 m 时采用钢筋混凝土柱式桥墩；最大桥墩高度为 107 m，大于 60 m 的桥墩采用桁式与组合式的混合桥墩，如图 6-339 所示。

根据桥梁模型相似设计要求，结合桥梁结构受力特点，制作加工的模型如图 6-340 所示。

根据依托工程桥墩受力可能存在的状态，拟定了桥梁荷载加载方式，其加载分级和可能存在的偏心距等因素均包括在加载图示中，如图 6-341 所示。

通过对试验加载测试数据的分析研究，整理分析的桁式桥梁荷载-位移曲线如图 6-342 所示。

通过对试验加载测试数据的分析研究，整理分析的组合式桥墩荷载-位移曲线如图 6-343 所示。

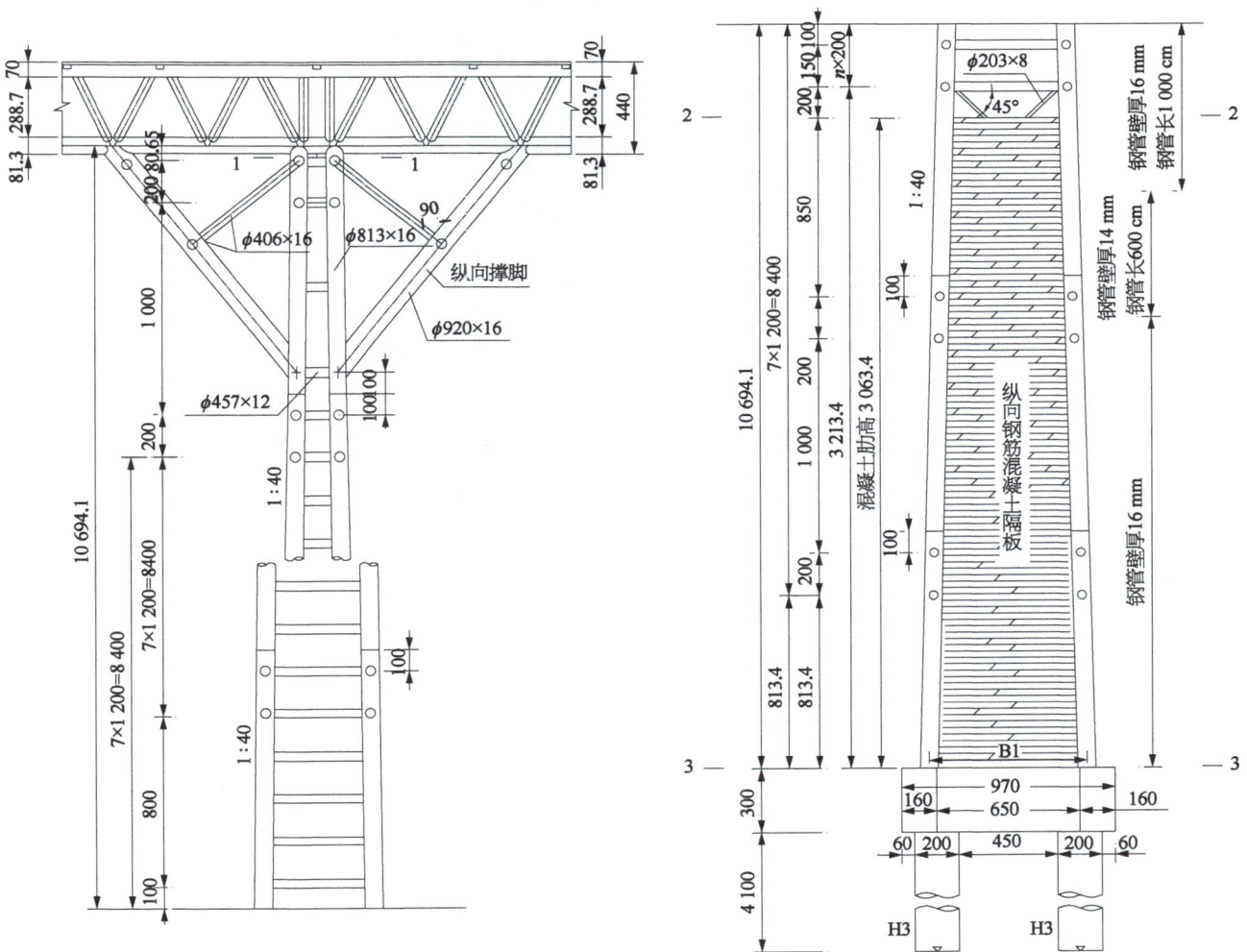

图 6-339 混合桥墩设计构造尺寸(单位：cm)

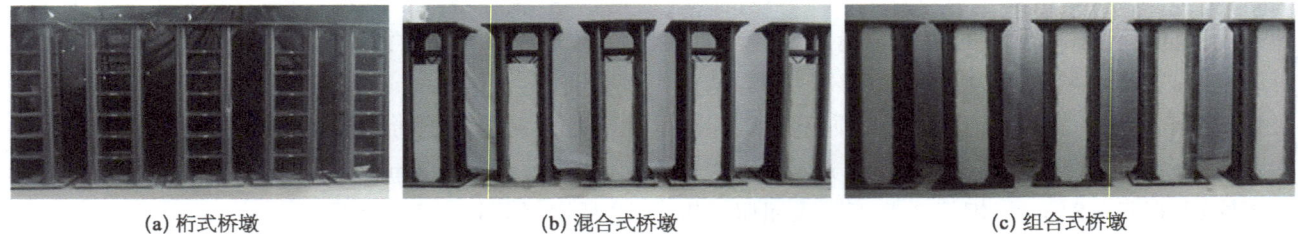

(a) 桁式桥墩　　　　　　　(b) 混合式桥墩　　　　　　　(c) 组合式桥墩

图 6-340　桥墩试验模型

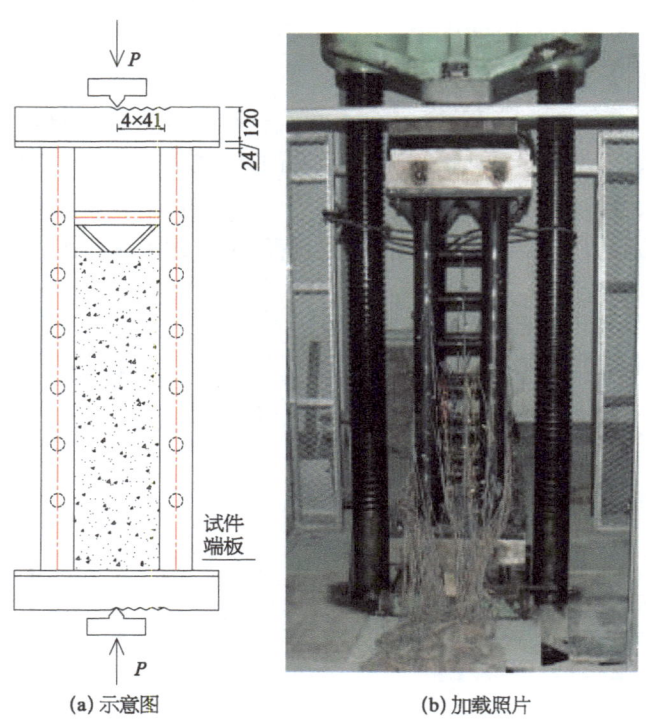

(a) 示意图　　　　　　(b) 加载照片

图 6-341　试验加载示意图及试验装置(单位：cm)

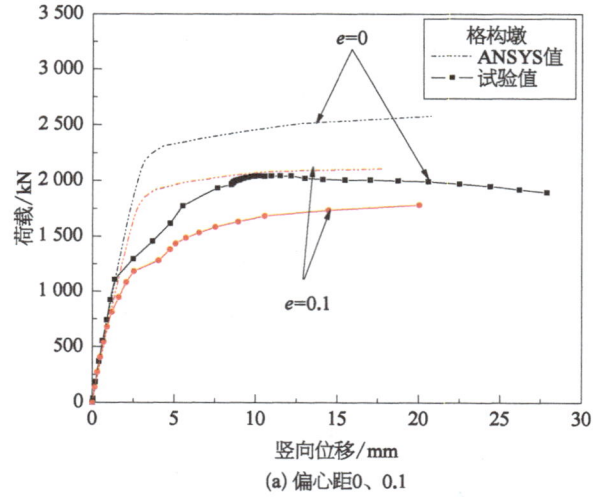

(a) 偏心距0、0.1

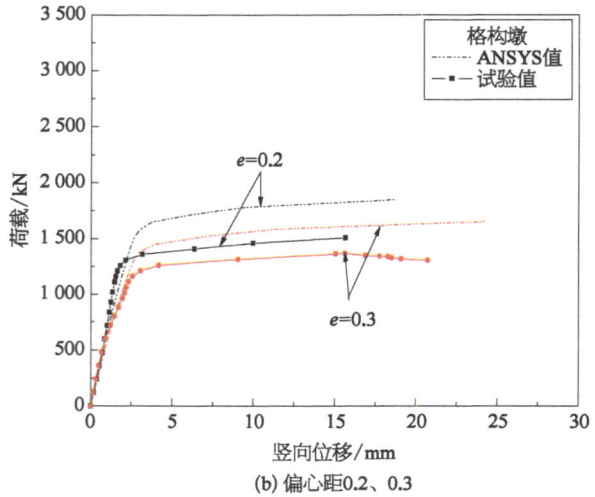

(b) 偏心距0.2、0.3

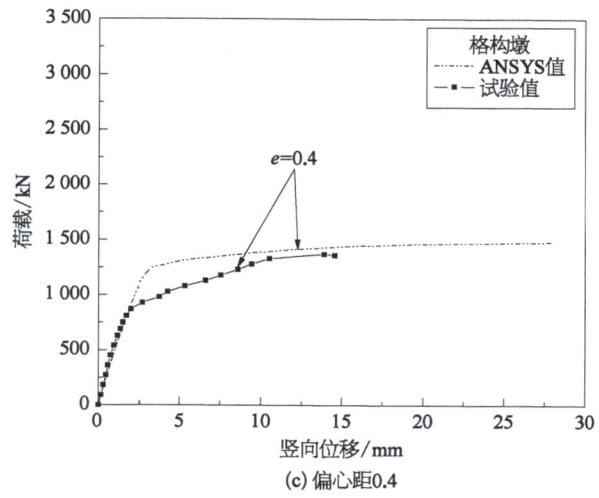

图 6-342 桁式墩荷载-位移曲线

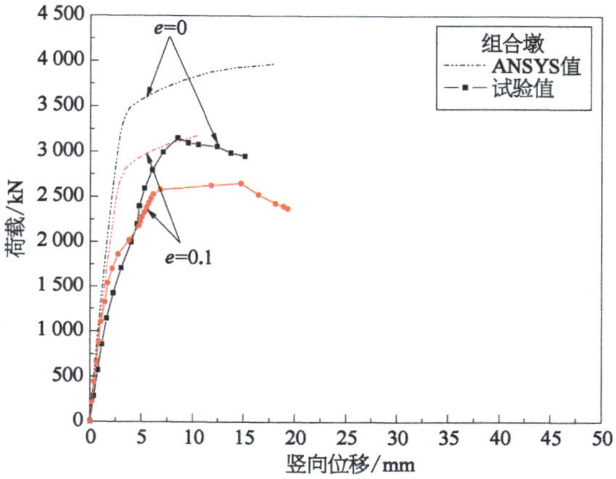

(c) 偏心距0.4

(a) 偏心距0、0.1

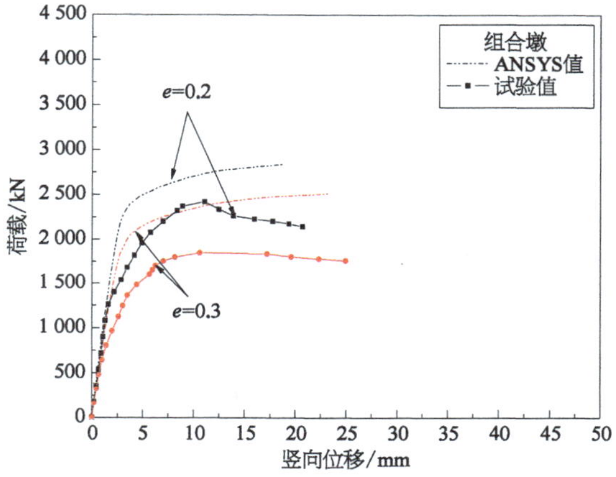

(b) 偏心距0.2、0.3

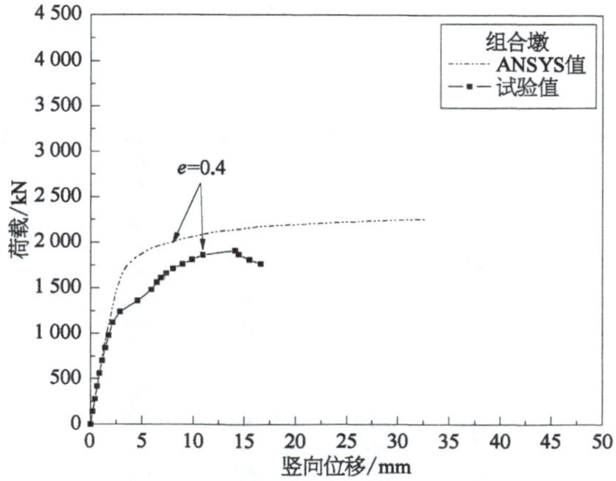

(c) 偏心距0.4

图 6-343 组合墩荷载-位移曲线

通过对试验加载测试数据的分析研究，整理分析的混合式桥墩荷载位移曲线如图 6-344 所示。

试验完成后，对模型破坏状态进行观测，桁式桥墩模型首先在柱与水平盖板连接处出现裂纹破坏；组合式桥墩模型首先在腹板与柱的连接部位出现裂纹；混合式桥墩在这两个部位均出现裂纹而破坏，破坏状态如图 6-345～图 6-347 所示。

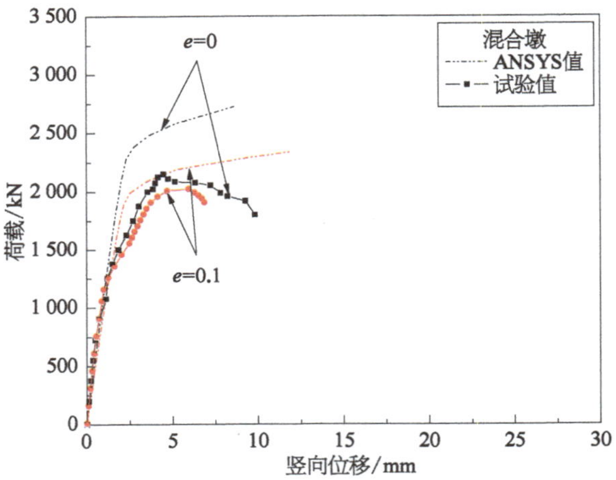

(a) 偏心距0、0.1

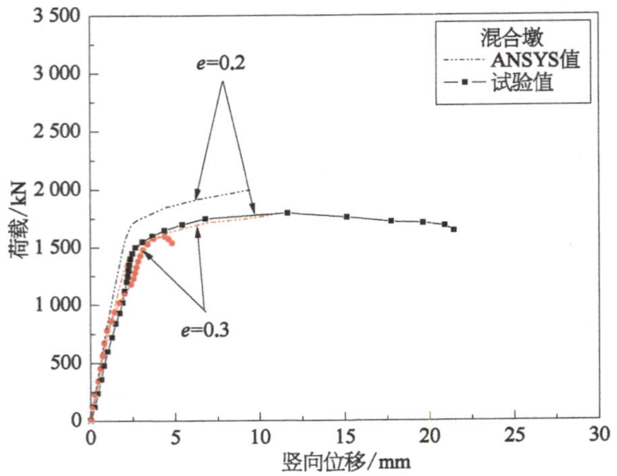

(b) 偏心距0.2、0.3

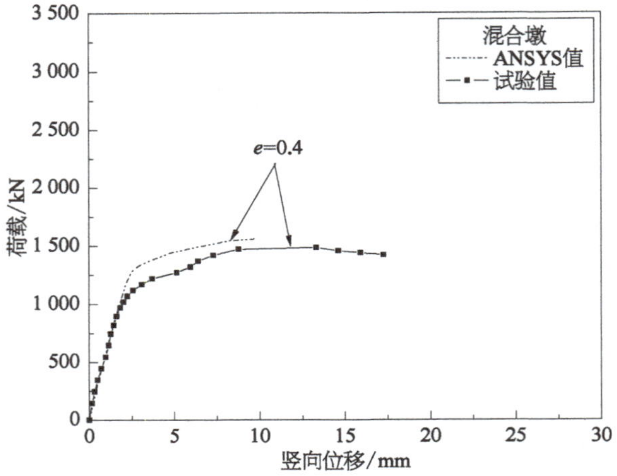

(c) 偏心距0.4

图 6 - 344　混合墩荷载-位移曲线

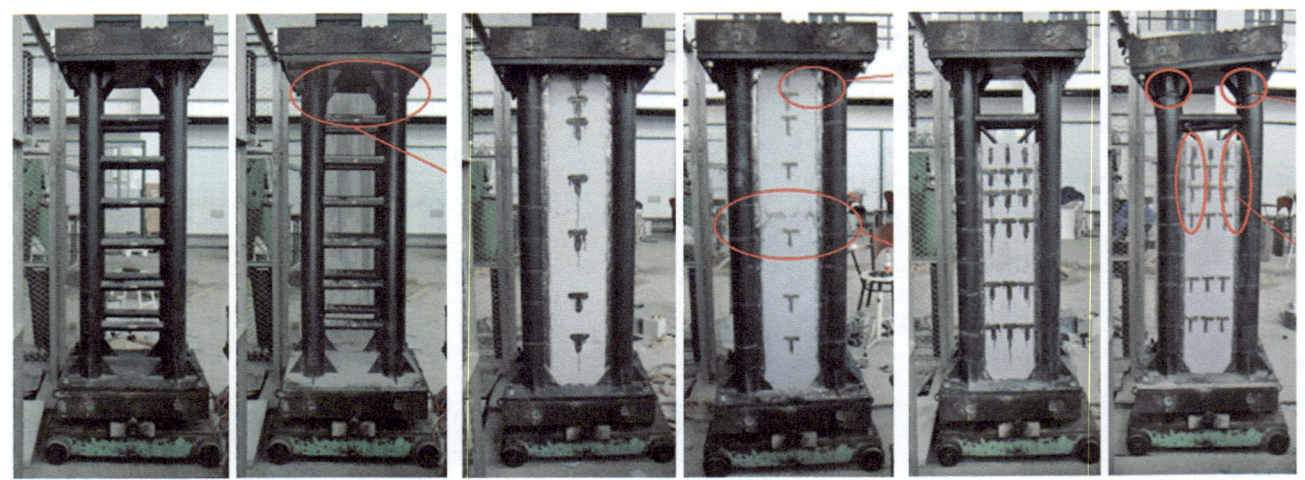

图 6 - 345　桁式桥墩破坏状态

图 6 - 346　组合桥墩破坏状态

图 6 - 347　混合桥墩破坏状态

桁式、组合及混合桥墩模型的极限荷载试验，其极限荷载大小差别较大，组合式、混合式桥墩的刚度和极限承载力大于桁式桥墩，如图 6 - 348 和图 6 - 349 所示。

混合桥墩模型试验研究表明,组合、混合式桥墩腹板应力沿横截面、竖直截面变化规律如图6-350和图6-351所示。

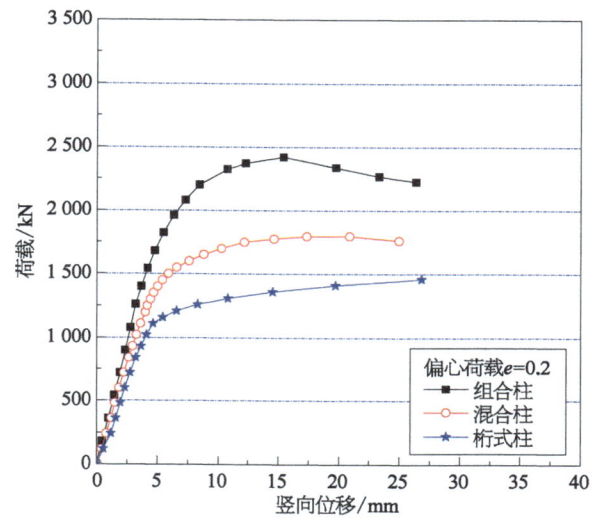

图6-348 不同形式桥墩荷载-位移曲线

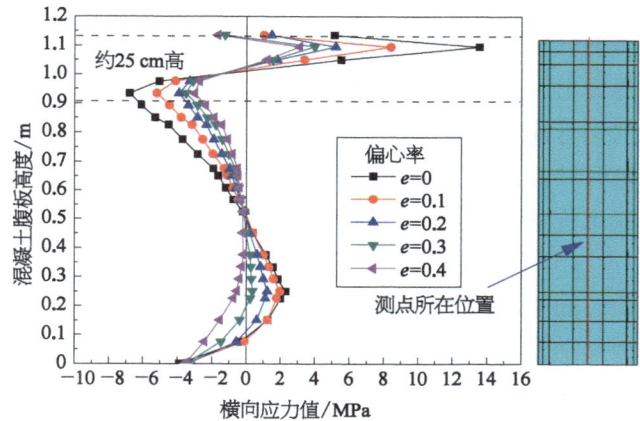

图6-350 腹板横向应力沿高度分布

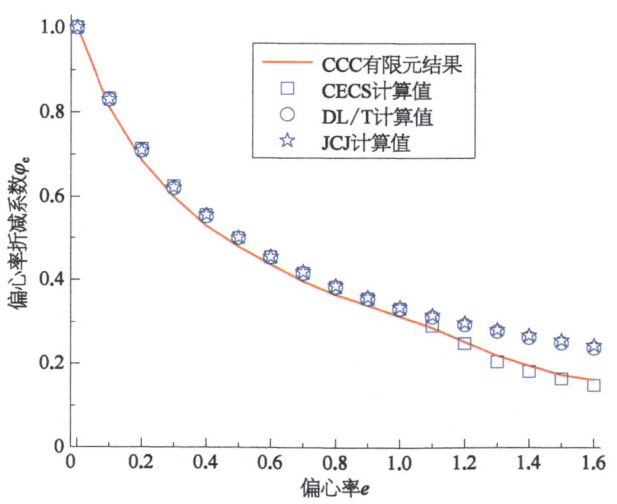

图6-349 偏心率-折减系数曲线

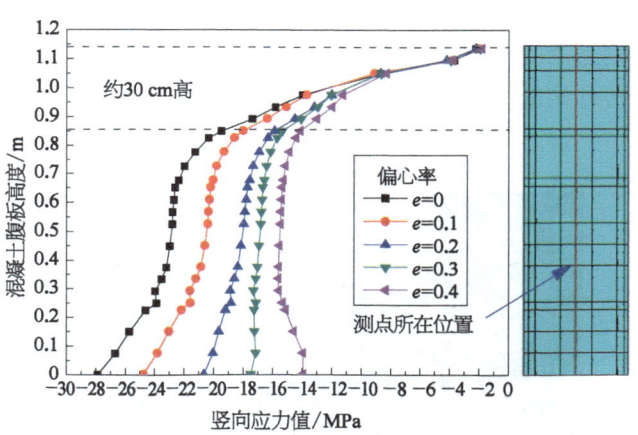

图6-351 腹板竖向应力沿高度分布

通过对荷载试验系列数据分析研究,建立数学、物理模型对比分析,可以得到混合桥墩偏心弯矩折减系数的计算方法,即

$$\varphi_e = \begin{cases} \dfrac{1}{1+2e_0/h} & (e_0/h \leqslant \varepsilon_b) \\ \dfrac{\xi_0}{(1+\sqrt{\xi_0}+\xi_0)(2e_0/h-1)} & (e_0/h > \varepsilon_b) \end{cases}$$

(6-69)

式中 φ_e——混合桥墩的偏心距折减系数;
　　h——混合桥墩高度;
　　e_0——桥墩竖向荷载的偏心距;
　　ξ_0——钢管混凝土的约束效应系数;
　　ε_b——临界荷载效应系数。

图6-350所示表明,在桥墩顶面约25 cm高虚线范围内,混凝土腹板横向应力变化较为剧烈,余下的高度内横向应力变化则较为缓慢。说明该高度范围内,由于过渡段斜杆传递上部结构传来的竖向力,使得该区域混凝土的横向应力分布较为复杂。图6-351所示表明,在桥墩顶面约30 cm高(大约为混凝土腹板高度的1/5)虚线范围内,混凝土腹板竖向应力变化较为剧烈,由于有了斜杆传递下来的竖向力,该区域混凝土竖向压应力急剧增大。

试验主要研究结论如下:

(1)从总体刚度来看,与桁式墩相比,组合墩和混合墩的面内弯曲变形明显较小,表明组合墩和混合墩的混凝土腹板对面内刚度的贡献较大,可以有效抵抗偏心荷载引起的面内弯曲变形。这反映了于海子大桥在钢管混凝土桁式高墩中设置混凝土腹板在提升刚度方面(特别是抗弯刚度)的合理性。

(2) 从破坏形式来看,在进入弹塑性阶段后,构件向面内弯曲变形,各个近载侧钢管柱肢出现局部皱曲,混合墩和组合墩还在腹板与柱肢连接处的交界面出现裂缝;临近破坏时,桁式墩与混合墩因端部的钢管柱肢外鼓而停止试验,而组合墩则因腹板裂缝开展,混凝土表层剥落而停止试验。因此,钢管混凝土桥墩的承载力由钢管柱肢控制。

(3) 从结构构造来看,混合墩在轴压和偏压试验过程中,V形斜撑未出现局部屈曲现象,混凝土腹板与钢管柱肢的连接件在受力全过程中保持完好,仅在大偏心状态下的弹塑性阶段,其交界面才出现部分微小的裂缝;除了个别的测点外,连接件的应力未超过其屈服强度,结合有限元分析可知,各个连接件均后于钢管柱肢达到屈服强度,表明干海子大桥钢管混凝土桁式高墩中混凝土腹板与钢管柱肢的连接件构造设计的合理性。

(4) 从连接构造的传力性能来看,试验构件的实测结果分析、试验模型和实桥组合高墩的有限元分析均表明,V形斜撑所传递的竖向力占总荷载的比值为3%左右,说明混凝土腹板要通过钢管混凝土柱肢来传递竖向力,而不是靠V形斜撑来传递。同时,钢管混凝土柱肢和V形斜撑按照各自截面的轴压刚度承担总荷载。

(5) 从混凝土腹板的应力分布来看,试验与有限元模型的分析结果均表明,混合墩的混凝土腹板总高的4/5区域内(混凝土腹板下部)应力分布均匀,1/5区域内(混凝土腹板上部)应力变化较大。

(6) 试验研究表明,有限元建模和计算方法可以有效模拟桁式墩、混合墩和组合墩在轴压和偏压情况下的受力状态和极限承载力,为钢管混凝土组合高墩的非线性计算和极限承载力实用算法提供了基础条件。

5) 桥梁动力性能试验

根据依托工程主梁、桥墩构造设计,进行了两跨、三桥墩的缩尺(1∶10)模型振动试验测试,其制作与测试过程如图6-352和图6-353所示。

图6-352 振动台模型制作

图6-353 振动台模型试验

在弹性范围内的人工地震波一致激励下,当台面输入纵桥向加速度峰值的人工波时,主梁跨中的横桥向动位移如图6-354所示。从图中可以看出,实测值与计算值的横桥向时程曲线变化趋势一致,表明桥梁结构抗震能力与计算值吻合,满足规范要求。继续提高台面输入纵桥向加速度峰值直至设备容许上限,未发现试验模型破坏迹象,动力位移满足安全容许要求。

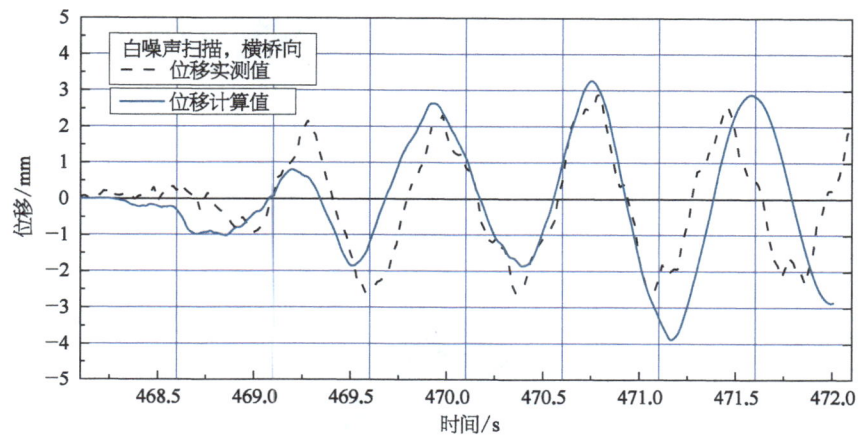

图6-354 地震作用在横桥向时墩顶位移对比

干海子大桥实桥试验以20 km/h跑车,实测纵桥向和横桥向的动位移,并与计算结果进行比较,对比结果如图6-355所示。由图可以看出,位移实测结果和计算值振动趋势一致,测量结果数量级相同。由于实际工程跑车试验中只有单车,实测横纵向位移值较小,同时没有进行竖向位移测试(由荷载试验方进行测试),因此,纵横桥向动位移误差相对大些。试验表明正常通行情况下,该桥动力性能满足安全要求。

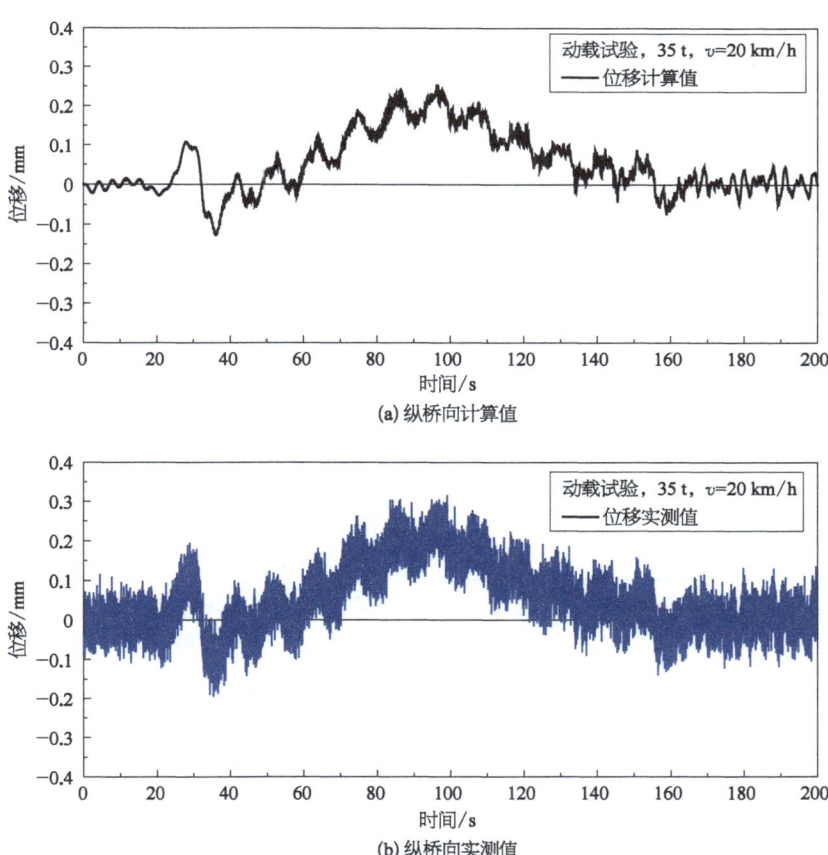

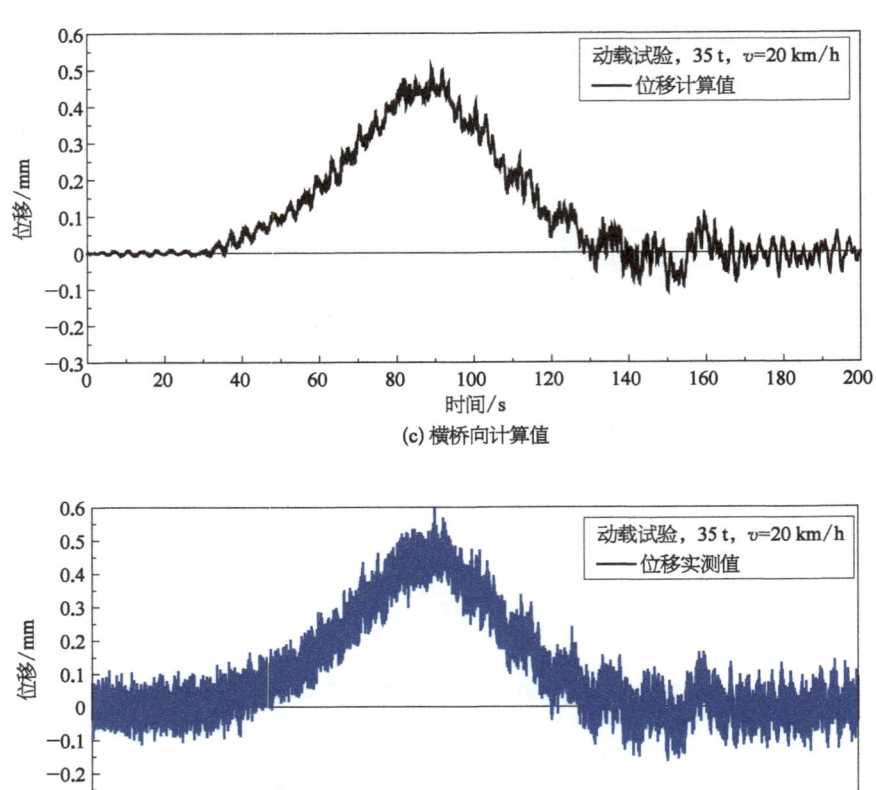

图 6‑355　实桥荷载试验位移计算值与实测值比较

6.7.5.4　新体系

1) 长联结构体系

(1) 分联形式论证。该桥全长为 1 811 m，根据桥墩高度不同和种类的组合共计分为三联，第一联长度为 486.3 m，第二联长度为 1 045.1 m，第三联长度为 279.6 m。通过对第二联长度的不同联长划分方法的分析表明，设计采用的结构体系最合理。原分联方案称为分联形式 1，而将原分联再次划分为三段（即三联，分联形式 2），两种不同分联形式的桥孔布置见表 6‑135。

表 6‑135　分联形式论证桥孔布置方案

项目	桥跨布置分联数据/m	联数
分联形式 1	(45.1＋3×44.5＋11×62.5＋3×44.5＋45.1)	1
分联形式 2	(45.1＋2×44.5)＋(44.5＋11×62.5＋44.5)＋(2×44.5＋45.1)	3

(2) 正常使用状态的内力与位移，正常使用阶段下的墩底内力和位移如图 6‑356～图 6‑359 所示。从图中可知，短联墩底截面的内力均大于长联（实桥），采取长联形式（实桥）对正常使用状态下的受力、位移是有利的。

(3) 动力性能的对比分析研究见表 6‑136，结果表明，长联基频大于短联的基频，因此，长联可以提高结构整体刚度。

(4) 稳定性能的对比分析结果见表 6‑137，表中结果表明，长联扭转稳定安全系数大于短联的一阶扭转稳定安全系数，因此，长联能提高桥梁整体扭转刚度，特别是对于曲线桥梁更有利。

(5) 抗震性能对比分析表明，采用长联的结构体系，可以大大降低地震内力的峰值，提高桥梁总体抗震能力；同时，可以降低地震荷载位移峰值，大大提高桥梁的抗震安全性能，其结果如图 6‑360 和图 6‑361 所示。

通过探讨不同分联形式对桥梁的正常使用受力性能、动力特性、稳定性能和抗震性能等方面的影响，表明干海子大桥现有分联形式的合理性和优越性。

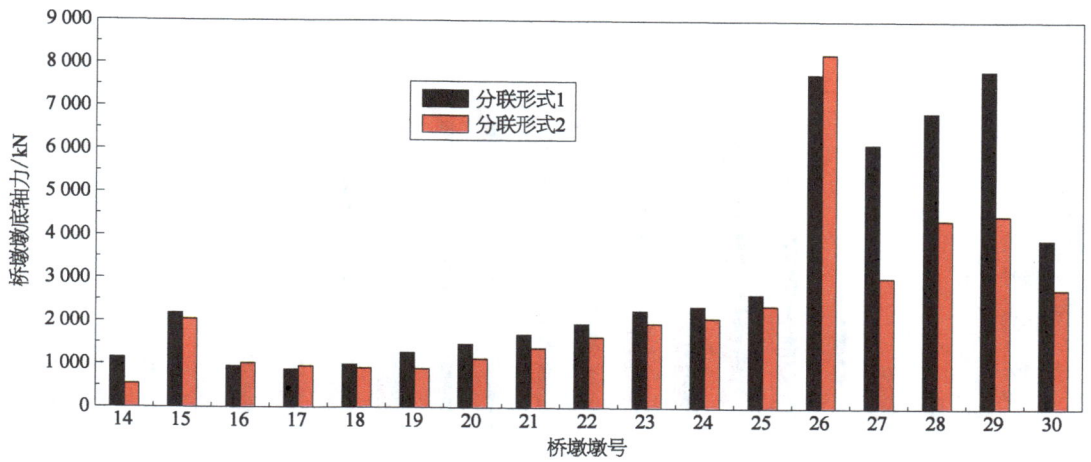

图 6-356 第二联桥墩墩底轴力

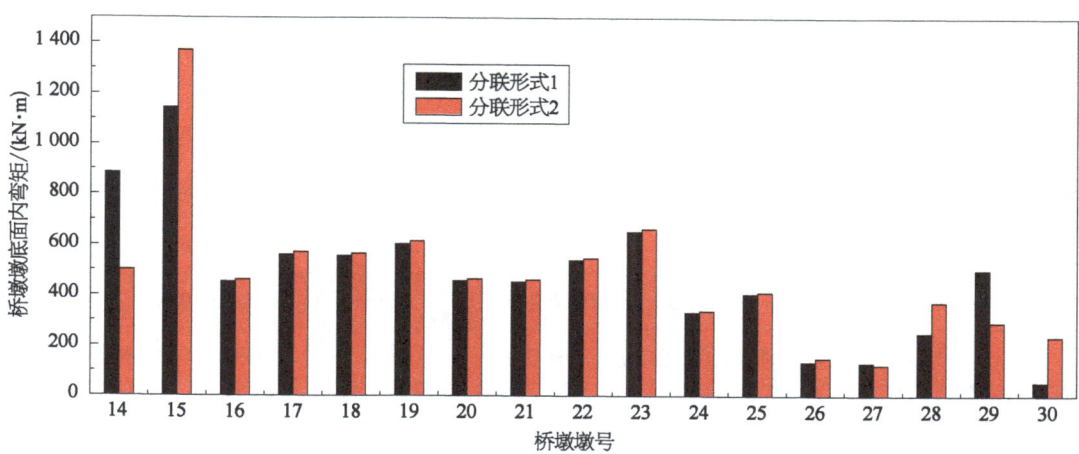

图 6-357 第二联桥墩墩底面内弯矩

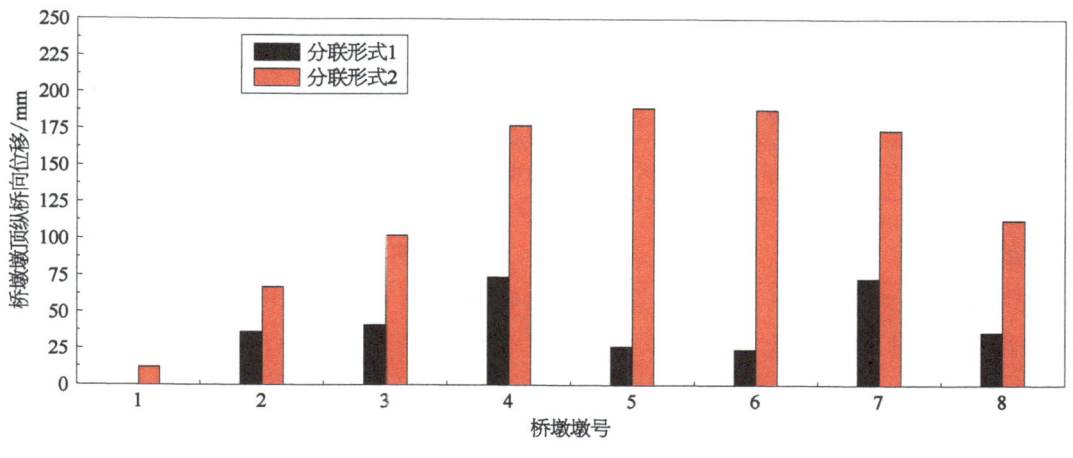

图 6-358 第一联桥墩墩顶纵桥向位移

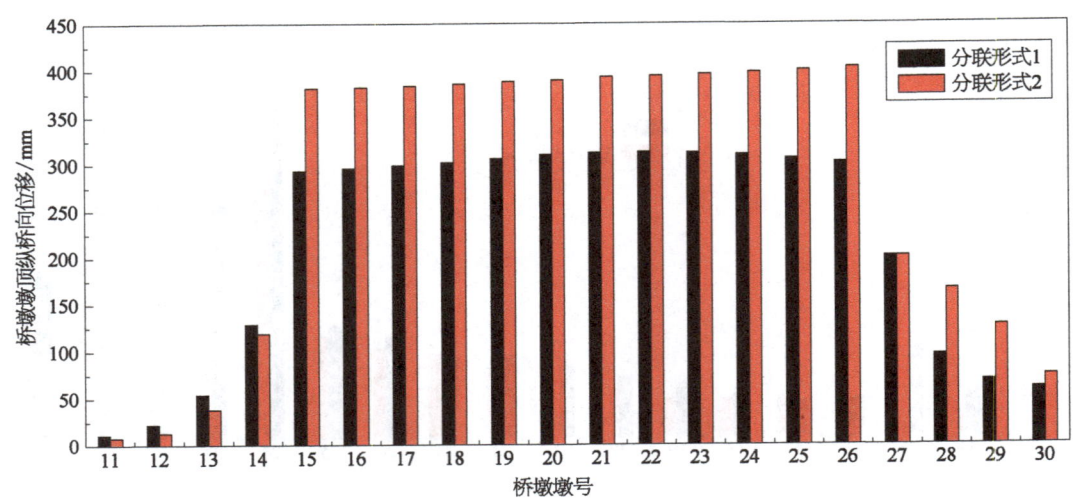

图6-359 第二联桥墩墩顶纵桥向位移

表6-136 第二联的自振频率和振型描述

阶 数	分联形式1(实桥)		分联形式2	
	频率	振型模态	频率	振型模态
1	0.204	桥墩纵向弯曲、主梁纵飘	0.181	桥墩纵向弯曲、主梁纵飘(2b联)
2	0.292	桥墩横向弯曲、主梁一阶对称弯曲	0.268	桥墩纵向弯曲、主梁纵飘(2a联)
3	0.327	桥墩横向弯曲、主梁一阶反对称弯曲	0.290	桥墩横向弯曲、主梁弯曲
4	0.420	桥墩横向弯曲、主梁二阶对称弯曲	0.294	桥墩纵向弯曲、主梁纵飘(2c联)
5	0.559	桥墩横向弯曲、主梁二阶反对称弯曲	0.301	桥墩横向弯曲、主梁一阶对称弯曲
6	0.701	桥墩横向弯曲、主梁三阶对称弯曲	0.373	桥墩横向弯曲、主梁一阶反对称弯曲

表6-137 第二联的稳定安全系数和失稳模态

分联形式1(实桥)			分联形式2		
阶数	稳定系数	失稳模态	阶数	稳定系数	失稳模态
1	7.51	桥墩纵向弯曲	1	7.51	桥墩纵向弯曲
11	9.17	桥墩纵向弯曲,主梁纵向飘移	12	9.11	桥墩横向弯曲
12	9.55	桥墩横向弯曲、主梁一阶对称弯曲	29	12.47	桥墩扭转

2) 阻尼橡胶支座

每联桥梁的变位零点位于联长的中心,距离联长中心越远,要求主梁与桥墩相对位移量就越大。但干海子大桥距离联长中心越远,桥墩高度反而越矮,桥墩刚度越大,容许的变形量越小。因此,设计支座的刚度与联长变位零点距离、桥墩刚度成反比,为了实现这种设计理念,开发了阻尼橡胶支座的新型结构,并应用于第二联桥跨结构的主梁支座。

第二联15～26号桥墩与主梁直接固接连接;11～14、27～30号桥墩有条件地释放纵向自由度。11～14、27～30号桥墩支座刚度要求见表6-132。

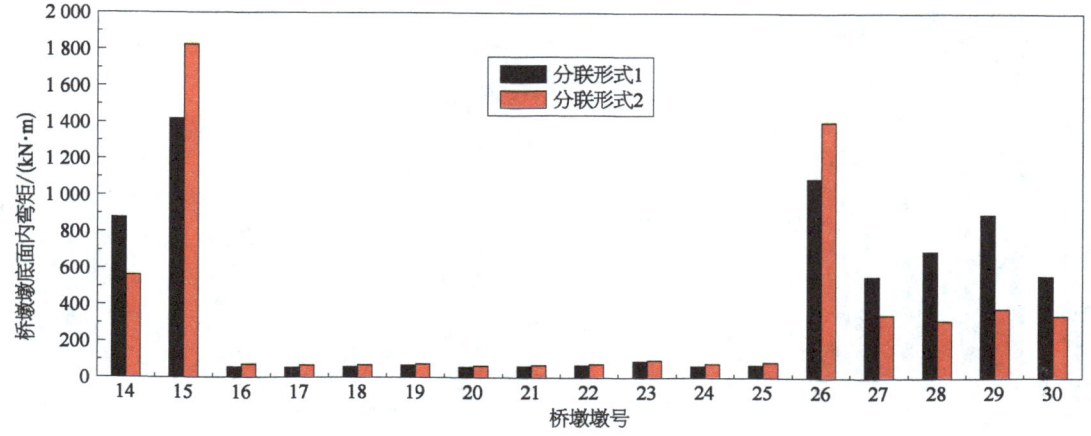

图6-360　地震荷载XY0作用下第二联桥墩墩底面内弯矩

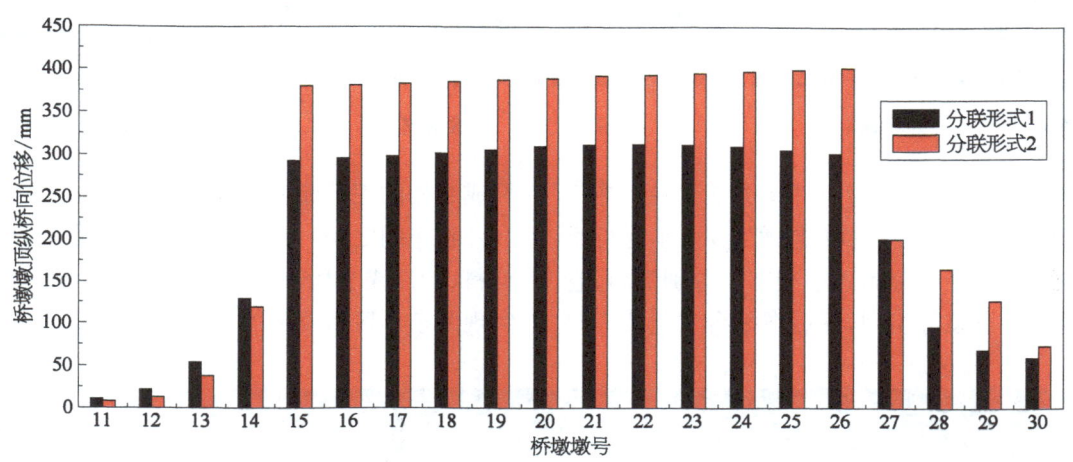

图6-361　地震荷载XY0作用下第二联桥墩墩顶纵桥向位移

表中数据表明，11～14、27～30号桥墩支座纵向设置橡胶限位装置，在温度、收缩徐变、活载作用下，主梁可沿纵向自由移动，其计算容许值为±50 mm（无阻尼），超过该值后，橡胶支座锁定主梁，桥墩参与承受水平力。

3) 桥墩刚度

根据桥墩高度不同，采用钢管混凝土桁式桥墩和混合桥墩，在工程领域是首次，以前仅用于拱上立柱和索塔。为了提高桥墩自身刚度，设计采用的技术为：① 合理选用桥墩钢管直径、钢管内混凝土强度等级，根据对比研究，选用的高墩钢管直径为813 mm，靠近伸缩缝附近的桥墩，当桥墩高度小于60 m时，钢管直径为720 mm；② 桥墩纵桥向按1∶50放坡，桥墩顶纵桥方向宽度为250 cm，最高桥墩底纵桥向宽度达7.8 m；横桥向为整体式，宽达13 m，设置水平横撑和交叉撑满足横向刚度受力要求；③ 凡是桥墩高度大于60 m，在桥墩底部30 m高度范围内纵桥向设置腹板，提高纵桥方向的刚度。其实体施工实物如图6-362～图6-364所示。

6.7.5.5　新工艺

1) 现场钢结构制造与组装

该桥桥墩高度大于20 m时，设计采用钢管混凝土桁式桥墩。桁式桥墩由4根ϕ813（ϕ720）mm钢管混凝土立柱、横向每12 m设一道钢管横联、纵向每2 m一根连接杆组成桁，大于60 m高度的高墩部分底部设置40 cm厚度的纵向钢筋混凝土腹板，钢管混凝土桁式桥墩底部的主钢管外包高3 m、厚度为15 cm的钢筋混凝土，主管内灌注C50混凝土。

由于该桥位位于拖乌山山顶，交通运输十分困难、转运费用高，因此，采用桥位处直接加工制造钢结构，该技术面临的技术难点是：① 钢管桁式结构卷制、拼装；② 墩柱高空施工的空中固定与位置控

图6-362 桁式桥墩

图6-363 桥墩横向

图6-364 混合桥墩

制;③ 温度、湿度、风环境等条件十分恶劣;④ 施工场地十分狭小;⑤ 施工便道坡陡、弯急,大车通行十分困难。对此,设计了分离式小型工厂分别下料、卷管、焊接、切割、拼装等车间,最后在平台上组装焊接形成结构的工艺流程,如图6-365所示。

各车间之间,设置施工便道,满足施工车辆运输材料、构件或节段,在规定预制场进行组拼和焊接,实现复杂山区桥梁的工厂化建造。

(a) 现场车间总体布置示意

(b) 钢板切割

(c) 卷制钢管

(d) 焊接钢管纵向焊缝

(e) 焊接钢管对接接头

(f) 相贯线切割机

(g) 调整切割钢管的水平度

(h) 相贯接头参数输入

(i) 相贯接头试拼装

(j) 桁式桥墩桁片组装

(k) 桁式桥墩节段组装

(l) 桁式高桥墩安装

(m) 主梁桁式结构组装

(n) 支架胎桁式主梁组装　　　　　　　(o) 土胎桁式主梁组装

图 6-365　桥梁工厂化建设

根据实际地形条件，开发的钢管混凝土桁式桥梁，其主梁、桥墩均适合于下料车间、桁片组装车间、节段组装车间、工地胎架拼装的安装工艺。该工艺制造场地车间面积要求小、装运方便、运输车辆要求小，适合特别复杂山区地形条件桥梁建设，因此，该制造工艺解决了复杂地形条件钢结构制造的难题。

2）主梁桁梁安装

根据桥位地形和主梁架设过程，通过对梁上架梁、导梁架梁、整孔梁段竖直提升和多跨高墩的曲梁拖拉架设等工艺论证研究，采用多跨高墩的曲梁拖拉架设更合理。

由于该桥位于半径为 356 m 的复杂曲线上，而沿线地形复杂陡峭，没有主梁拼装平台，只能在 0 号桥台和 30 号桥墩处设置主梁预拼装场地，因此，主梁拖拉要多次跨越桥墩，才能到达预设合龙处，同时，拖拉梁段通过桥墩最高桥墩（高度 107 m），且主梁的最大纵坡达 3.66%，造成主梁拖拉安装工艺技术难度极高。拖拉总体布置为从 0 号桥台和 29～30 号桥墩的拼装场地，以 15 号桥墩为合龙目标，相向向 15 号桥墩拖拉就位。

（1）拖拉体系组成，包括反力装置、拖拉单元、牵引系统、滑动系统、前后导梁五部分。

① 反力装置：由于桥墩高度较高，刚度小，现有桥墩刚度不能满足拖拉反力支墩要求，因此，设计要求将至少四个桥墩采用钢丝绳串联，形成整体受力结构体系，作为拖拉体系的反力装置，如图 6-366 所示。

图 6-366　桥墩串联作为反力装置

② 拖拉单元：根据主梁拖拉过程中行走的曲线半径、主梁单元长度的弦弧差值和主梁拖拉就位后的合龙要求，设计将 0～14 跨主梁分为（2＋2＋3＋3＋4）五个拖拉单元，30～15 跨主梁分为（5＋6＋2＋1）四个拖拉单元，拖拉就位，实现主梁节段合龙，拖拉单元如图 6-367 和图 6-368 所示。

图 6-367　5 孔的拖拉单元

图 6-368　2 孔的拖拉单元

③ 牵引系统：在拖拉主梁单元设置支架，通过支架将连续穿心千斤顶与主梁拖拉单元固定，将钢绞线穿过千斤顶与反力支墩连接，张拉千斤顶施加反力于主梁拖拉单元上使其移动，拖拉过程如图 6-369 和图 6-370 所示。

④ 滑动系统：采用拖轮或滑动垫块连接桥墩（包括支架）与拖拉主梁单元，减少拖拉单元的滑动摩阻力。其中，拖轮用于盖梁宽度较小的桥墩顶部，滑动垫块用于盖梁宽度较大的桥墩顶部，如图 6-371 和图 6-372 所示。

⑤ 导梁构造：由于主梁采用多单元拖拉就位合龙，因此，拖拉单元前后均应设置导梁，导梁构造采用空心钢管桁梁结构，与拖拉主梁单元采用三角形变截面连接，其构造如图 6-373 和图 6-374 所示。

（2）拖拉行走过程，拖拉总体设计为 15 号桥墩为合龙点，在 0 号桥台地基平台和 28～30 号桥墩支架平台上组拼（双幅）主梁并检验合格后，同时向 15 号桥墩拖拉合龙。拖拉单元最小长度为 2×44.5 m、最大长度为 6×62.5 m，拖拉单元行走过孔最多的单元通过了 14 跨 62.5 m 的桥梁，拖拉单元行走最小平曲线半径为 356 m，拖拉单元通过的最高桥墩高度为 107 m，30 孔（另外 6 孔采用吊车竖直吊装就位）主梁拖拉安装时间为 4 个月。其架设步骤如图 6-375～图 6-382 所示。

图 6-369　连续穿心千斤顶与拖拉单元固结

图 6-370　拖拉单元过桥墩

图 6-371 拖轮滑动连接构造

图 6-374 前导梁已过桥墩

图 6-372 滑块连接构造

图 6-375 3 孔拖拉单元行走

图 6-373 前导梁将过桥墩

图 6-376 3 孔拖拉单元就位

图6-377　5孔拖拉单元行走

图6-380　5孔拖拉单元行走

图6-378　5孔拖拉单元就位

图6-381　两岸拖拉单元在15号墩

图6-379　3孔拖拉单元行走

图6-382　主梁拖拉合龙

（3）主梁拖拉单元体系转换，采用工具桁梁或摇臂扒杆拆出导梁，实现主梁与桥墩按照设计要求连接的体系转化，如图6-383和图6-384所示。

该工艺采用较少设备、较短工期实现了主梁合龙，适合山区桥梁建设技术发展需要，对发展山区桥梁安装技术具有重要指导意义。

图 6-383 工具桁梁拆出导梁

图 6-384 摇臂扒杆拆出导梁

6.7.5.6 实用计算方法

参考国内外相关技术成果，结合依托工程研究资料，拟定了相关构件的实用计算方法，该计算方法仅为钢管混凝土桁梁桥研究过程中的暂用计算方法，随着科研的深入，需进行更加精确计算方法的探索，现就实用计算方法论述如下：

1) 受压柱的计算方法

钢管混凝土桁式柱承载力计算包括单肢承载力和整体承载力两部分。单肢承载力计算，是按桁式柱确定其单肢的轴向力，然后对各肢分别进行承载力计算。

钢管混凝土桁式柱整体承载力分强轴方向（面内）和弱轴方向（面外）。对于构件面内整体极限承载力，国内现有三本主要的钢管混凝土结构设计规程 CECS 28：90、JCJ 01—1989、DL/T 5085—1999 是将钢管混凝土桁式柱等效成单根圆钢管混凝土偏心受压构件计算其承载力。但由于三本规程对单根圆钢管混凝土偏心受压构件承载力计算方法不同，因而对钢管混凝土桁式柱面内极限承载力的计算也相应地存在差异，具体计算公式见表 6-138。

表 6-138 钢管混凝土桁式柱整体承载力的规程计算方法

设 计 规 程	整体承载力计算公式	偏心影响系数	稳 定 系 数
CECS 28：90	$N_u^* = \varphi_l^* \varphi_e^* \sum_{i=1}^{n} N_{oi}$	$\varphi_e^* = \dfrac{1}{1+2e_0/h}$	$\phi_l^* = 1 - 0.0575\sqrt{\lambda_y^* - 16}$
JCJ 01—1989	$\dfrac{N}{\phi_x} + \dfrac{\beta_{mx} M_x}{\left(1.0 - \phi_x \dfrac{N}{N_K}\right) \sum \dfrac{W_x}{A}} \leqslant \sum_{i=1}^{n} N_{oi}$	—	$\varphi\text{-}\lambda$ 曲线（表格）
DL/T 5085—1999	$\dfrac{N}{\varphi N_u} + \dfrac{\beta_m M}{W_{sc}(1-\varphi N/N_E)f_{sc}} \leqslant 1$	—	$\varphi\text{-}\lambda$ 曲线（表格）

以上三本规程都认为，桁式柱承载能力因长细比增大而降低的规律与单肢钢管混凝土柱的规律相同。由于各规程对轴心受压单根圆钢管混凝土长柱承载力计算方法不同，因而对轴心受压钢管混凝土桁式柱稳定系数的计算也相应地存在差异。

CECS 规程总结国内外大量钢管混凝土单圆管试验数据，得出考虑长细比影响的单肢承载力折减系数 φ_l 的经验公式，并从试验数据观察，认为钢管径厚比、钢材品种以及混凝土等级等的变化，对 φ_l 的影响无明显规律，且变化幅度都在试验结果的离散程度之内，故公式对这些因素都不予考虑。在单圆管公式基础上，推导出桁式柱考虑长细比影响的整体承载力折减系数 φ_l^*。

JCJ 规程基本套用《钢结构设计规范》(GB 50017—2003)中 b 类截面轴心受压构件稳定系数的计算方法，以表格形式表达。

DL/T 规程根据初始弯曲(柱长的 1/1 000),自编程序按偏心受压单圆柱计算,得到不同种类钢材情况下的单肢钢管混凝土柱的 $\varphi-\lambda$ 曲线,在大量试验结果验证基础上,通过回归分析,得到稳定系数 φ 的计算公式,以表格形式表达。钢管混凝土桁式柱轴心受压承载力计算时,轴压稳定系数采用与单圆管同样的表格。

换算长细比是钢管混凝土桁式柱轴压稳定系数的重要影响参数,而关于长细比对钢管混凝土桁式柱承载能力的影响,国内外都没有做过专门的试验研究,所以这三本规程中关键的换算长细比的计算方法均采用我国《钢结构设计规范》的计算方法,只是具体的参数取值有所不同。以四肢缀条柱为例,三本规范中换算长细比的计算公式见表 6-139。

表 6-139 钢管混凝土桁式柱换算长细比的规程计算方法

设 计 规 程	计 算 公 式	符 号 含 义
CECS 28:90 JCJ 01—1989	$\lambda^* = \sqrt{\lambda^2 + 40\left(\dfrac{A_0}{A_{1y}}\right)^2}$	λ^* 为换算长细比;λ 为构件长细比; A_0 为构件横截面所截各肢换算面积之和; A_{1y} 为桁式柱横截面所截垂直于 y-y 轴的平面内各斜缀条毛截面面积之和
DL/T 5085—1999	$\lambda^* = \sqrt{\lambda^2 + 135\dfrac{A_s}{A_w}}$	A_s 为一根柱肢的钢管面积; A_w 为一根支管的钢管面积

干海子大桥桥墩是高墩结构,许多桥墩高度达到 60 m 以上,换算长细比 λ 较大,通过计算得到的最大换算长细比 λ 可达 244。JCJ 01—1989、DL/T 5085—1999 压杆稳定系数表格中给出的最大长细比为 150,无法查得稳定系数;而 CECS 28:90 虽然有规定其最大长细比不宜超过 80,不过仍可通过相应计算公式进行计算获得稳定系数,因此在本计算论证中,桁式柱的极限承载力的长细比是参考该规范进行稳定系数的计算。然而,对于现有规范而言,干海子大桥桁式柱的长细比均超过其规定的限值,所以借鉴 CECS 28:90 中大长细比计算公式进行稳定系数的计算结果是否可行值得商榷,因此建议进行相应桁式柱结构的科研分析以验证计算结果。

对于长柱,干海子大桥柱脚为钢管混凝土柱肢+混凝土板连接缀件组成的混合柱,简称钢管混凝土-钢筋混凝土板混合柱,其中轴向柱肢是承受轴向荷载的重要构件,横向缀件则作为将各分肢连接成整体、抵抗侧力的辅助构件。和其他钢管混凝土桁式柱不同的是本桥的墩底位置的横向连接采用混凝土隔板。

2) 受拉构件计算方法

目前,一些国外的规范,如美国 AISC-2010、英国 BS 5400-2005、欧洲规范 EC 4-2004,以及国内的一些技术规程,如福建省工程建设标准 DBJ/T 13-51—2010 等都给出了钢管混凝土轴心受拉作用下的承载力计算简化公式。对这些计算公式简要归纳如下:

(1) 忽略混凝土的影响。美国钢结构协会颁布的 AISC-2010 中规定,钢管混凝土的轴拉承载力为

$$N_{tu} = \phi_t A_s f_y \quad (6-70)$$

式中 ϕ_t——材料相关的折减系数,按 0.9 取值;
　　A_s——钢管横截面面积;
　　f_y——钢材强度标准值;
　　N_{tu}——轴拉承载力设计值。

BS 5400 系列标准是英国标准委员会(BSI)的桥梁设计规程。BS 5400—2005 假设钢管混凝土轴拉承载力计算时忽略混凝土的影响,其计算公式为

$$N_{tu} = A_s(f_y/r_m) \quad (6-71)$$

式中 r_m——材料分项系数,按 1.20 取值。

欧洲规范 EC 4-2004 适用于组合结构设计。该规程假设在计算钢管混凝土轴拉承载力时忽略混凝土的影响,按如下公式计算

$$N_{tu} = A_s(f_y/r_{M0}) \quad (6-72)$$

式中 r_{M0}——材料分项系数,按 1.0 取值。

此外,日本规范 AIJ-2008 也建议计算钢管混凝土轴拉承载力时可忽略混凝土的作用。

（2）考虑混凝土的影响。潘友光等（1990）和钟善桐（1994）对圆钢管混凝土轴拉性能进行了试验与理论研究，韩林海（2007）对圆、方、矩形截面钢管混凝土的轴拉力学性能进行了机理分析和理论研究，国内大多相关规程，如福建省工程建设标准 DBJ/T 13-51—2010 等在此基础上规定了钢管混凝土轴拉承载力计算公式如下：

对于圆形钢管混凝土

$$N_{tu} = 1.1 A_s f \qquad (6-73)$$

对于方、矩形钢管混凝土

$$N_{tu} = 1.05 A_s f \qquad (6-74)$$

其他国内地标，如河北省工程建设标准 DB13(J)/T 84—2009 中也采用了该公式。江西省地方标准 DB 36/J 001—2007 给出的钢管混凝土轴拉承载力计算公式不区分圆形截面和矩形截面，承载力计算公式统一为式（6-73），此外，四川省交通厅公路规划勘察设计研究院编写的《公路钢管混凝土桥梁设计与施工指南》（2008）中也采用了式（6-73）。

在试验研究和有限元分析的基础上，深入研究钢管混凝土的轴拉力学性能及受力机理，剖析钢管与混凝土之间的相互作用及其对钢管混凝土轴拉承载力的影响，研究表明，截面含钢率（α）与钢管混凝土承载力之间存在一定影响规律，由此提出钢管混凝土轴拉承载力计算公式

$$N_{tu} = (1.1 - 0.4\alpha) f_y A_s \qquad (6-75)$$

综上所述，关于钢管混凝土轴拉承载力计算方法，国内外规范都是在相应空钢管的抗拉强度计算公式基础上得出的，但国外规范普遍忽略核心混凝土的影响，将钢管混凝土轴拉承载力等同于相应空钢管的抗拉强度，而国内设计计算公式考虑到核心混凝土的存在提出了 1.0~1.1 的承载力提高系数。

（3）轴拉承载力计算方法比较。表 6-140 汇总了目前已有的钢管混凝土轴拉试验数据。其中 N_{tue} 为试验结果，N_{tuc} 为计算结果，D 为钢管外直径，t 为钢管厚度，L 为构件长度。N_{tuc} 分别按照 AISC-2010、BS 5400-2005、EC 4-2004、DBJ/T 13-51—2010 等规程及韩林海等（2011）提出的方法进行计算。为了便于对比，式（6-70）~式（6-72）的计算公式中，材料相关的系数均取为1.0。

表 6-140　钢管混凝土轴拉承载力计算结果与试验值对比

数据来源	序号	编号	$D \times t \times L$ /mm×mm×mm	含钢率 α	N_{tue}/kN	式(6-70)~式(6-72)		式(6-73)		式(6-75)	
						N_{tuc}/kN	N_{tuc}/N_{tue}	N_{tuc}/kN	N_{tuc}/N_{tue}	N_{tuc}/kN	N_{tuc}/N_{tue}
韩林海等，2011	1	sb1-1	140×3.8×490	0.118	574	556.1	0.969	611.7	1.066	585.4	1.020
	2	sb1-2	140×3.8×490	0.118	588	556.1	0.946	611.7	1.040	585.4	0.996
	3	fb1-1	140×3.8×490	0.118	589	556.1	0.944	611.7	1.038	585.4	0.994
	4	fb1-2	140×3.8×490	0.118	587	556.1	0.947	611.7	1.042	585.4	0.997
	5	su1-1	140×3.8×490	0.118	579	556.1	0.960	611.7	1.056	585.4	1.011
	6	su1-2	140×3.8×490	0.118	564	556.1	0.986	611.7	1.085	585.4	1.038
	7	fu1-1	140×3.8×490	0.118	603	556.1	0.922	611.7	1.014	585.4	0.971
	8	fu1-2	140×3.8×490	0.118	602	556.1	0.924	611.7	1.016	585.4	0.972
	9	sb2-1	180×3.85×630	0.091	699	707.4	1.012	778.1	1.113	752.4	1.076
	10	sb2-2	180×3.85×630	0.091	781	707.4	0.906	778.1	0.996	752.4	0.963
	11	fb2-1	180×3.85×630	0.091	741	707.4	0.955	778.1	1.050	752.4	1.015
	12	fb2-2	180×3.85×630	0.091	830	707.4	0.852	778.1	0.937	752.4	0.907

续 表

数据来源	序号	编号	$D \times t \times L$ /mm×mm×mm	含钢率 α	N_{tue}/kN	式(6-70)~式(6-72)		式(6-73)		式(6-75)	
						N_{tuc}/kN	N_{tuc}/N_{tue}	N_{tuc}/kN	N_{tuc}/N_{tue}	N_{tuc}/kN	N_{tuc}/N_{tue}
韩林海等,2011	13	su2-1	180×3.85×630	0.091	762	707.4	0.928	778.1	1.021	752.4	0.987
	14	su2-2	180×3.85×630	0.091	724	707.4	0.977	778.1	1.075	752.4	1.039
	15	fu2-1	180×3.85×630	0.091	834	707.4	0.848	778.1	0.933	752.4	0.902
	16	fu2-2	180×3.85×630	0.091	849	707.4	0.833	778.1	0.916	752.4	0.886
	平均值						0.932		1.025		0.986
	均方差						0.051		0.056		0.052
潘友光等,1990	1	pyg-1	57.8×0.8×150	0.058	45.4	39.8	0.877	43.8	0.965	42.9	0.945
	2	pyg-2	57.8×0.8×150	0.058	43.4	39.8	0.917	43.8	1.009	42.9	0.988
	3	pyg-3	59×1.6×150	0.118	80.7	80.1	0.993	88.2	1.093	84.4	1.046
	4	pyg-4	59×1.6×150	0.118	84.1	80.1	0.952	88.2	1.049	84.4	1.004
	平均值						0.935		1.029		0.996
	均方差						0.049		0.055		0.042

图6-385给出钢管混凝土轴拉承载力计算结果,其中N_{tuc}分别按照DBJ/T 13-52—2010[式(6-73)]、AISC-2010[式(6-70)]、BS 5400-2005[式(6-71)]、EC 4-2004[式(6-72)]及式(6-75)计算,与潘友光等(1990)及韩林海等(2011)共计20个轴拉试验结果(N_{tue})的对比情况。结合图6-385与表6-140的结果显示,按式(6-73)计算的N_{tuc}/N_{tue}平均值和均方差分别为1.026和0.054;按式(6-70)~式(6-72)计算的N_{tuc}/N_{tue}平均值和均方差分别为0.932和0.049;按式(6-75)计算的N_{tuc}/N_{tue}平均值和均方差分别为0.988和0.049。可见,按照式(6-75)得到的计算结果与试验结果最吻合且结果偏于安全。

在目前已有的对钢管混凝土轴拉承载力计算方法,如AISC-2010、BS 5400-2005、EC 4-2004以及DBJ/T 13-51—2010、《公路钢管混凝土桥梁设计与施工指南》等国内外规范及韩林海等研究者提出的计算公式的基础上,将以上各种计算方法与已有的试验数据进行对比,结果表明,按照韩林海等提出的考虑含钢率影响的计算公式的轴拉承载力结果与试验值最为吻合。

3) 钢管疲劳机及疲劳寿命计算

目前,对钢管混凝土节点疲劳寿命的确定,尚无标准。采用以可见裂纹长度来判据的差别甚大,同时,由于管内混凝土的约束作用,钢管疲劳开裂后的寿命还相当可观,因此研究裂纹扩展与疲劳寿命是试验的重要内容。

(1) 疲劳寿命判据的确定。管节点的疲劳寿命,主要依照试验中疲劳循环加载次数N_1、N_2、N_3的含义来表示。

N_1——可见裂纹的荷载循环数。由于没有明确规定裂纹的长度,故各记录有较大出入。挪威取表面裂纹长度为30 mm时的周期数,有的取裂纹长度为10 mm时的荷载循环数。从试验条件方面考虑,本试验取表面可见裂纹长度为8~10 mm时的周期数为N_1值。

N_2——裂纹穿透壁厚时的荷载循环数。在空心管节点中,当裂纹穿透壁厚后其扩展速度加快,后期寿命很短;而在钢管混凝土节点中,因混凝土的约束作用阻止了裂纹扩展,后期寿命相对较长,故不会立即破坏。由于易于准确地测量记录,因此N_2可作为疲劳寿命基本判据,此时的疲劳寿命裂纹长度为3~4倍壁厚。

混凝土节点开裂的后期寿命做了有效观测。1号试件的荷载-裂纹记录见表6-141。

表6-141　1号试件的荷载-裂纹记录

试件	开裂时荷载/kN	开裂时应力幅/MPa	加载次数/10⁴	裂纹长度/mm
1号试件	400	104.12	405	10
			416	18
			425	30
			452	70
			460	120

绘制其裂纹长度与加载次数关系曲线如图6-386所示。

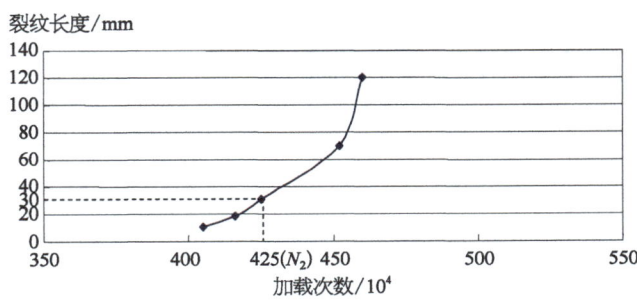

图6-386　1号试件裂纹扩展示意

从图6-386中可看出，裂纹长度达到30 mm时，穿透壁厚 $N_2=425$ 万次，图中明显看出后期裂纹扩展呈加速的形态。2号试件的荷载-裂纹记录见表6-142。

表6-142　2号试件的荷载-裂纹记录

试件	开裂时荷载/kN	开裂时应力幅/MPa	加载次数/10⁴	裂纹长度/mm
2号试件	400	106.12	270	8
			280	10
			295	17
			305	50
			310	55
			315	65
			335	85

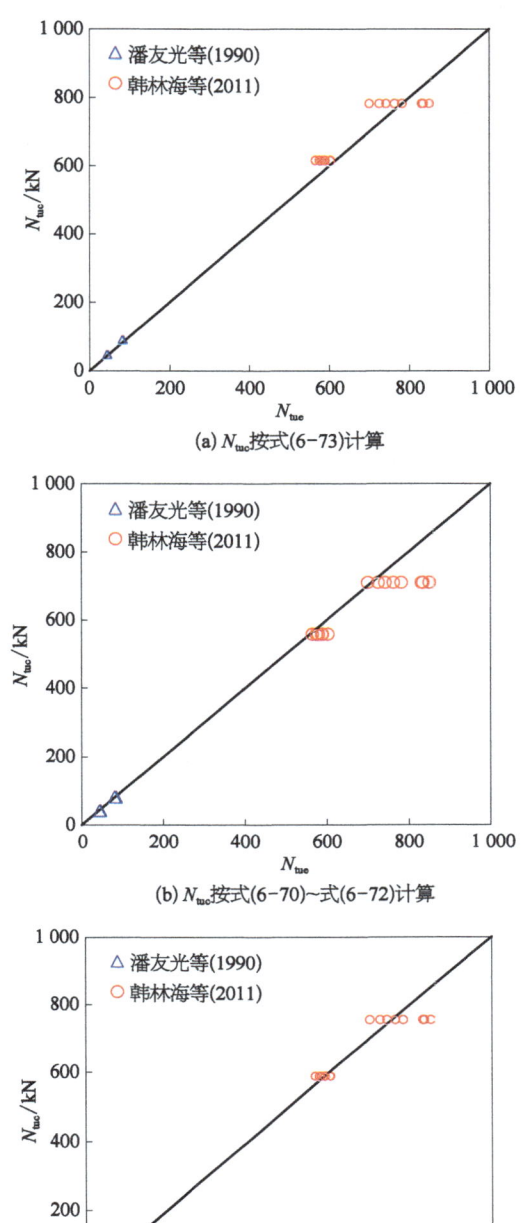

图6-385　轴拉承载力计算值(N_{tuc})与试验值(N_{tue})对比

N_3——终止试验的荷载循环数。由于记录标准不一，无法进行比较。参照国外标准可取裂纹长度150~200 mm时的荷载循环数。

实际上，当裂纹贯穿壁厚以后，疲劳寿命已很短了，通常可以认为 N_2 为构件的设计疲劳寿命。

（2）疲劳裂纹的扩展形态。本次试验对3个构件从加载一直到终止均进行了仔细观察并记录了裂纹扩展的情况，从可见裂纹到裂纹穿透壁厚，对钢管绘制其裂纹长度与加载次数关系曲线如图 6-387 所示。

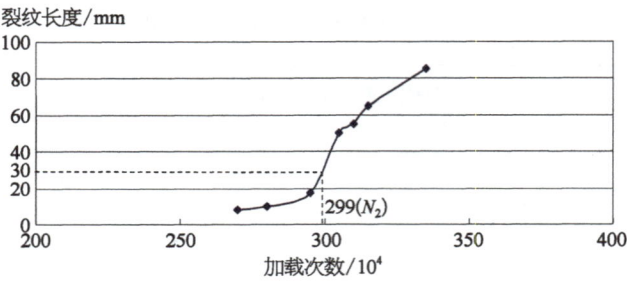

图 6-387　2 号试件裂纹扩展示意

从图 6-387 中可看出,裂纹长度达到 30 mm 时,$N_2=299$ 万次,其后期裂纹扩展呈加速的形态。3 号试件具有多个裂纹源,最后形成两个主裂纹持续开裂,具体情况见表 6-143。

表 6-143　3 号试件的荷载-裂纹记录

试件	开裂时荷载/kN	开裂时应力幅/MPa	开裂位置	加载次数/10^4	裂纹长度/mm
3 号试件	400	105.56	1	108	14
				118	54
				130	80
				144	120
				154	170
				164	215
				171	263
				183	355
			2	108	10
				118	40
				130	60
				144	70
				154	110
				164	160
				171	178
				183	268
			3	108	10
				118	65

续表

试件	开裂时荷载/kN	开裂时应力幅/MPa	开裂位置	加载次数/10^4	裂纹长度/mm
3 号试件	400	105.56	3	130	85
				144	105
				154	105
				164	105
				171	105
				183	105

绘制其裂纹长度与加载次数关系曲线如图 6-388～图 6-390 所示。

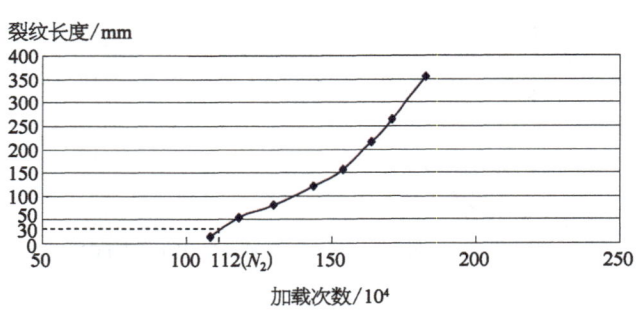

图 6-388　3 号试件裂纹扩展情况

从图 6-388 中可看出,裂纹长度达到 30 mm 时,$N_2=112$ 万次,裂纹长度为 355 mm 时 $N=183$ 万次。

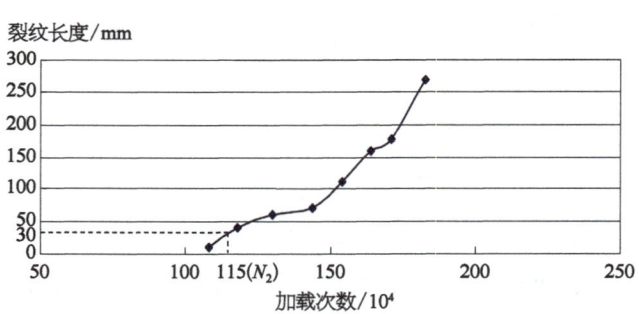

图 6-389　2 号试件裂纹扩展情况

从图 6-389 中可看出,裂纹长度达到 30 mm 时,$N_2=115$ 万次,裂纹长度为 268 mm 时 $N=183$ 万次。

从图 6-390 中可看出,裂纹长度达到 30 mm 时,$N_2=114$ 万次。但在 144 万次后,扩展速度较为缓慢。

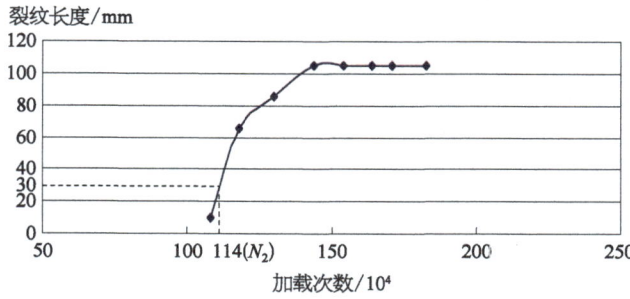

图 6-390　3 号试件裂纹扩展情况

(3) 裂纹扩展的规律性。通过对试验中裂纹扩展的观察，发现其具有一定的规律性，主要在于以下几个方面：

开裂的位置均在冠点焊趾附近，裂纹源分别有单源和多源两类，但最终均汇合形成主裂纹，一般在裂纹深度穿透主管壁后，裂纹便开始加速扩展。

裂纹有沿相贯线向上和向下两个方向扩展的趋势，在扩展的过程中，分两个阶段，第一个阶段，裂缝主要向冠点方向扩展，其扩展速度要远大于向鞍点扩展的速度；第二个阶段，当裂纹向上完全延伸至冠点后，整条裂纹便加速向下扩展。

疲劳裂纹穿透主管壁厚后还有较长的裂后寿命，因而以此作为疲劳寿命判据是安全的。

(4) 疲劳寿命推算。疲劳加载制度：本试验采用变幅加载制度，最多为 3 个荷载等级，可换算成三个应力等级，应力幅 s_i 和循环次数 n_i 的关系如图 6-391 所示，$s_1=50$ MPa 等级、$s_2=75$ MPa 等级、$s_3=105$ MPa 等级，相对应的荷载循环次数分别为 n_1、n_2、n_3。三个试件的应力加载情况各不相同，1 号试件经历了 s_1、s_2、s_3 三个不同的应力等级，2 号试件经历了 s_2、s_3 两个不同的应力等级，3 号试件只经历了 s_3 一个应力等级。

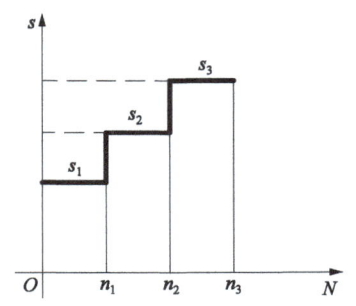

图 6-391　本次试验疲劳加载等级

取表面可见裂纹长度为 30 mm 时的周期数为试件疲劳寿命 N_2，即

$$N_2 = n_1 + n_2 + n_3 \quad (6-76)$$

式中　n_3——表面裂纹长 30 mm 时应力幅 s_3 的加载次数。

表 6-144 为 3 个构件达到 N_2 时的载荷历程。

表 6-144　各构件加载历程及裂纹穿透壁厚荷载循环数

试件	荷载幅 /kN	应力幅 s_i/MPa	加载历程 $n_i/10^4$	穿透裂纹加载次数 $N_2/10^4$	备注
1 号试件	200	50	200	425	穿透时表面裂纹长取 30 mm
	300	75	160		
	400	105	65		
2 号试件	300	75	230	299	
	400	105	69		
3 号试件	400	105	112	112	

等效寿命推算：由于采用了变幅加载的制度，疲劳寿命可按照等效损伤的原则进行任意等幅加载推算。

在变幅加载的情况下，等效寿命的计算公式如下

$$n_{eq} = \sum_{i=1}^{L} \left(\frac{s_i}{s_{eq}}\right)^m n_i \quad (6-77)$$

式中　n_i——i 级载荷的循环次数；

　　　s_i——i 级载荷的幅值；

　　　s_{eq}——折算幅值等级；

　　　m——系数，对钢管混凝土管节点来说，$m=3\sim4$，这里偏于保守取 $m=3$。

经试算后，若取折算幅值等级为 85 MPa，即 $s_{eq}=85$ MPa，由式(6-77)可得：1 号试件 $n_{eq}=273$ 万次；2 号试件 $n_{eq}=288$ 万次；3 号试件 $n_{eq}=211$ 万次。

由上述计算可知，3 个试件斜杆在 85 MPa 名义应力幅加载条件下，疲劳寿命均超过 200 万次。

6.8　四川汶川克枯大桥

6.8.1　概况

6.8.1.1　项目位置

四川汶马高速公路中的汶川克枯大桥，桥位位

于深沟峡谷间,地形地质条件复杂,与国道317线和杂谷脑河等流域多次交叉穿越,桥梁、隧道占路线总里程超过90%,天然砂石材料资源匮乏,水泥运距远,地震烈度高,生态脆弱。

6.8.1.2 项目标准

根据论证确定的主要技术标准为：① 公路等级：高速公路；② 设计速度：80 km/h；③ 桥面宽度：与路基同宽(整体式路基24.5 m,分离式路基12.25 m),主线整体式桥幅：0.5 m防撞护栏＋10.75 m桥面净宽＋2.0 m中央分隔带＋10.75 m桥面净宽＋0.5 m防撞护栏；主线分离式桥幅；④ 设计荷载：公路-Ⅰ级,主桁检修道设计荷载不大于2.5 kN/m²；⑤ 地震动参数：地震动峰值加速度为0.20g,地震动反应谱特征值为0.35 s,场地对应地震基本烈度为Ⅷ度；⑥ 设计洪水频率：300年一遇；⑦ 净高：主线上跨机耕道不小于2.7 m、上跨G317的桥梁不小于5.5 m。

6.8.1.3 建设条件

1) 气象条件

桥位区处于青藏高原东南边缘的高山区,属构造剥蚀高山峡谷地貌。区内冬春严寒,夏秋凉爽,多年平均气温15℃,最高气温34℃,最低气温－5℃；年平均降雨量502.6～875.8 mm,多集中在5—10月,占全年降水量的86.6%,年平均蒸发量900～1 000 mm。

桥区杂谷脑河(上游为来苏河)发育于鹧鸪山,于汶川县威州镇汇入岷江,为岷江的一级支流。杂谷脑河水系呈树枝状。现杂谷脑河上建有多级水电站。场地内杂谷脑河河床宽20～30 m,两岸谷坡微冲沟发育。

杂谷脑河主要由降雨补给,其次是地下水和高山融雪水补给,是桥位区地表水和地下水的排泄通道,也是地表水侵蚀基准面和地下水最低排泄基准面。

2) 水文地质

场地内地下水主要有松散堆积层孔隙水、基岩裂隙水两种类型。松散堆积层孔隙水主要赋存于第四系松散堆积层内,接收大气降水补给,顺地形向坡下沟谷中径流排泄,并部分补给下卧岩层中的地下水,透水性好,斜坡坡脚段Q_4^{c+dl}、Q_4^{del}层无统一地下水位,且受相对隔水的黏粒富集带影响；Q_4^{al}、Q_4^{al-2}层含水层厚度大,埋藏浅,透水性、富水性均较强。基岩孔隙裂隙水主要赋存在基岩的构造裂隙、风化裂隙中,其次为岩体孔隙中,主要接收大气降水补给,场地内岩层片理倾角较陡,地形坡度大,大气降水大部分沿坡面迅速排泄到河谷或沟谷中,下渗量小,补给条件差；小部分地下水沿基岩节理裂隙顺层向河(沟)谷中径流排泄,现场调查时沿线泉水出露点较少,仅在冲刷岸边见有少量线状渗水,地下水具有就近补给就近排泄的特点,富水量弱。

3) 地形地貌

桥位区处于青藏高原东南边缘的高山区,属构造剥蚀高山峡谷地貌,河流侵蚀堆积地形,仅沿杂谷脑河谷底呈带状展布。

桥区南西侧最高点小白岩海拔4 235 m,其余山岭高程一般在2 500～3 500 m,杂谷脑河河床标高约1 340 m,相对高差一般为1 160～2 160 m。河谷两侧斜坡近直线状,横坡变化在30°～60°间,局部有20～30 m高的陡坎。河谷两岸斜坡冲沟发育,导致河谷两岸斜坡在纵向上波状起伏,为雨季场地斜坡临时排水通道。桥区植被以荒草、低矮灌木为主。

场地内杂谷脑河河床宽20～30 m,坡降3°～5°,河道舒曲,在河流两岸零星发育有Ⅰ级阶地,其高出河床5～8 m,微向河向下游倾斜。拟建桥梁顺杂谷脑河展布,出露以河流冲积层的漂、卵石为主,杂谷脑河左岸顺崩坡积体斜坡坡脚通过,出露为块、碎石土。

4) 地层岩性

根据地质钻孔揭示,桥梁区域各土(岩)层设计参数建议值见表6-145。

5) 地质构造与地震

桥位区内经历了多次地质构造运动,河谷下切表现明显,分布多级阶地,场地区有强烈上升。桥位区属地震活动区,并紧邻地震活动频繁而强烈的松潘、龙门山地震带,马尔康地区多次发生震级不小于5级地震,其中,1713年9月4日茂汶叠溪发生6.5级地震,1748年2月23日汶川发生5.5级地震,1928年7月20日小金以北发生5.5级地震,1933年8月25日茂汶叠溪发生7.5级地震,1941年10月8日黑水石碉楼发生6级地震,1952年8月31日理县附近发生5级地震,1960年11月9日黑水一带发生5.1级地震,1969年11月6日阿坝发生5.3级地震。2008年5月12日汶川县发生了8级大地震,震中位于映秀镇,场地内震感强烈,山体多处发生崩塌,房屋开裂、倒塌。

表 6-145　地基各土(岩)层设计参数建议值

地层代号	岩土名称	状态或风化程度	天然状态		N_{120}动探击数平均值/击	地基承载力基本容许值$[f_{a0}]$/kPa	钻孔桩桩侧摩阻力标准值$[q_{ik}]$/kPa	基底摩擦系数μ
			密度/(g·cm^{-3})	抗压强度/MPa				
Q_4^{c+dl}	碎石	松散—稍密			5.12	300		0.40
		中密			15.42	550	160	0.45
Q_4^{sef}	碎石	松散—稍密				300		0.40
		中密				550	160	0.45
Q_{4-2}^{al}	卵石	稍密			4.13	500		0.40
		中密			17.40	600	180	0.45
	漂石	稍密				500		0.45
		中密				700	350	0.50
Q_{4-1}^{al}	卵石	稍密			5.64	500		0.45
		中密			11.41	650	200	0.50
	漂石	稍密				500		0.45
		中密				700	400	0.50
S_{mx}^2	绢云石英千枚岩	强风化				400	250	0.45
		中风化	2.69	14.37		800		0.50
	绢云千枚岩	强风化				350	180	0.40
		中风化	2.76	6.42		500		0.45
	变质砂岩	强风化				400	350	0.50
		中风化	2.73	40.83		1 500		0.60
S_{mx}^3	石英千枚岩	强风化				400	200	0.45
		中风化				800		0.55

根据《中国地震动参数区划图》国家第 1 号修改单,汶川大地震灾后重建评价,桥位区地震动峰值加速度为 0.20g,地震动反应谱特征值为 0.35 s,场地对应的地震基本烈度为Ⅷ度。场地内漂(卵)石层厚度大,局部夹少量砂层透镜体,场地为一级场地和二级地基,按规范规定进行抗震设防,对场地内不良地质适当处治基础上可修建桥梁。

6.8.2　桥位、桥型

四川汶川克枯大桥位于四川汶川境内,距离汶川县城约 3 km,是汶川至马尔康高速公路上的重要桥梁,也是汶川县域经济发展的重要基础设施。根据路线走向、两岸地形和地物构造、杂谷脑河的摆布等情况,桥梁建设位置选择空间很小,只能在狭窄沟谷和地物中穿梭,没有可比较的桥位。

桥梁建筑高度距离地面的最大距离为 35 m,且地质条件相近,因此,建设 30 m、40 m 标准跨径的桥梁是最合理的选择。根据 2008 年"5·12"汶川大地震调查研究,标准跨径的混凝土桥梁垮塌较多,抗震性能差,为了探索桥梁抗震延性高、结构自重轻、工程造价低和满足建设条件的桥型,提出了桥墩、盖梁和主梁等桥梁上部与下部结构采用钢管(箱)混凝土桁式结构桥梁,并作为高地震烈度区桥梁抗灾能力提升的科研依托工程。

6.8.3　设计技术

6.8.3.1　总体设计

四川汶川克枯大桥包括克枯桥梁工程(含立交匝道桥梁工程)、桑坪隧道工程和下庄桥梁工程及附属工程(图6-392)。该桥主线桥梁全长约5 916 m,克枯互通式立交A匝道桥梁全长约422 m,B匝道桥梁全长42 m,该桥总体长度约6 430 m。

图6-392　桥梁总体布置示意

四川汶川克枯大桥的克枯和下庄桥梁工程采用标准跨径30 m、40 m的钢管混凝土桁梁桥,桑坪隧道工程为双幅四车道分离式高速公路隧道,建筑限界采用宽10.25 m、高5 m,桑坪隧道与克枯桥梁工程连接处,采用路基与结构组合形成的复合挡防结构,既连接桥梁与隧道、支撑路基形成道路,同时兼顾挡防坡体坠落物和排洪功能(图6-393)。

图6-393　桥梁、隧道与边坡的安全设计布置

6.8.3.2　结构体系

1) 总体布置

桥梁设计为左、右线分幅跨度为30 m、40 m的预应力钢管混凝土简支桁梁桥(图6-394)。30 m跨度的钢管混凝土简支桁梁主梁总高度为3.5 m,桥

图6-394　桥梁总体布置

墩主要采用钢管混凝土双柱式结构,桩基直径为1.4 m,钢管混凝土墩柱直径为1.1 m;40 m跨度的钢管混凝土简支桁梁主梁总高度为4.2 m,桩基直径为1.6 m,钢管混凝土墩柱直径为1.3 m;桥墩布置均采用沿路线径向设计。桩柱式桥台采用钢筋混凝土柱式结构。由于桥墩高度相对较矮,桥梁分联原则为:30 m跨径的桥梁,联长宜为7×30 m~9×30 m;40 m跨径的桥梁,联长宜为6×40 m~8×40 m;桥墩处伸缩缝选用160型,桥台处伸缩缝选用80型。

桥墩支座平面尺寸、厚度和竖向刚度,应与相同承载力的板式橡胶支座相同,而纵向水平变刚度则根据不同墩位、不同墩高、主梁容许位移和桥墩受力要求计算确定,桥梁支座纵向水平刚度设计值见表6-146~表6-148。

表6-146 克柽桥梁工程支座纵向水平刚度　　　　单位:kN/m

左幅墩号	左支座	左中支座	右中支座	右支座	右幅墩号	左支座	左中支座	右中支座	右支座
左1-0	1 300	—	—	1 300	—	—	—	—	—
左1-1	1 800	—	—	1 300	0	1 300	—	—	1 300
左1-2	2 300	—	—	2 300	1	2 300	—	—	2 300
左1-3	2 300	—	—	2 300	2	2 300	—	—	1 800
左1-4	1 800	—	—	1 800	3	2 300	—	—	2 300
左1-5	1 800	—	—	2 300	4	1 800	—	—	1 800
左1-6	1 300	—	—	1 300	5	800	—	—	1 300
左1-7	2 300	—	—	2 300	6	1 800	—	—	800
左1-8	1 300	—	—	1 800	7	1 800	—	—	1 800
左1-9	1 300	—	—	1 800	8	1 800	—	—	1 800
左1-10	1 300	—	—	1 800	9	1 800	—	—	1 800
左1-11	1 300	—	—	1 300	10	3 300	—	—	1 300
左1-12	1 800	—	—	1 300	11	2 300	—	—	1 800
左1-13	800	—	—	800	12	1 300	—	—	800
13	1 300	—	—	1 800	13	800	—	—	800
14	1 800	—	—	1 800	14	1 300	—	—	1 300
15	1 300	—	—	1 800	15	1 300	—	—	1 300
16	1 800	—	—	1 800	16	1 300	—	—	1 300
17	1 300	—	—	1 800	17	1 300	—	—	1 300
18	1 800	—	—	2 300	18	1 800	—	—	1 800
19	800	—	—	1 300	19	1 300	—	—	1 300
20	1 300	—	—	1 800	20	1 800	—	—	1 800
21	1 300	—	—	1 300	21	1 800	—	—	1 800

续 表

左幅墩号	左支座	左中支座	右中支座	右支座	右幅墩号	左支座	左中支座	右中支座	右支座
22	1 300	—	—	1 800	22	2 300	—	—	2 300
23	1 300	—	—	1 800	23	2 300	—	—	2 300
24	1 300	—	—	1 800	24	2 800	—	—	2 800
25	1 300	—	—	2 300	25	2 800	—	—	2 800
26	1 800	—	—	2 300	26	2 800	—	—	2 800
27	2 300	—	—	2 800	27	2 800	—	—	2 800
28	2 300	—	—	2 800	28	2 800	—	—	2 800
29	2 800	—	—	2 800	29	3 300	—	—	3 300
30	2 800	—	—	2 800	30	3 300	—	—	3 300
31	2 300	—	—	2 800	31	2 800	—	—	2 800
32	1 300	—	—	2 800	32	2 300	—	—	2 800
33	800	—	—	2 800	33	2 300	—	—	2 800
34	2 300	—	—	2 800	34	2 800	—	—	2 800
35	1 800	—	—	2 300	35	1 800	—	—	1 800
36	2 300	—	—	2 300	36	1 800	—	—	1 800
37	1 800	—	—	1 800	37	1 300	—	—	800
38	1 800	—	—	800	38	1 300	—	—	1 300
39	2 300	—	—	1 800	39	1 300	—	—	1 300
40	2 300	—	—	2 300	40	1 300	—	—	1 300
41	2 800	—	—	2 800	41	1 800	—	—	1 300
42	2 300	—	—	2 800	42	1 800	—	—	1 800
43	2 300	—	—	2 300	43	1 300	—	—	2 800
44	2 300	—	—	2 300	44	800	—	—	2 300
45	1 300	—	—	1 300	45	1 300	—	—	1 300
46	1 300	—	—	1 300	46	1 300	—	—	1 300
47	2 300	—	—	1 800	47	800	—	—	1 300
左2-1	2 800	—	—	2 300	48	2 300	—	—	2 300
左2-2	1 800	—	—	3 300	49	2 800	—	—	2 800
左2-3	3 300	—	—	3 300	50	2 800	—	—	2 800

续　表

左幅墩号	左支座	左中支座	右中支座	右支座	右幅墩号	左支座	左中支座	右中支座	右支座
左2-4	2 800	—	—	2 800	51	2 300	—	—	1 300
左2-5	2 800	—	—	2 800	52	2 300	—	—	800
左2-6	1 800	—	—	800	53	2 300	—	—	2 300
54	1 300	—	—	1 300	54	1 300	—	—	1 300
55	3 300	—	—	3 300	55	1 300	—	—	1 300
56	3 300	—	—	3 300	56	1 300	—	—	1 300
57	2 300	—	—	1 300	57	1 300	—	—	1 300
58	2 300	—	—	2 300	58	1 800	—	—	1 300
59	1 800	—	—	1 800	59	1 300	1 300	1 300	1 300
60	1 300	—	—	1 800	60	1 300	1 300	1 300	1 300
61	1 300	—	—	1 300	61	1 300	1 300	1 300	1 300
62	800	1 300	1 300	1 300	62	1 300	1 300	1 300	
63	800	1 300	1 300	1 300	1 300	63	1 300	1 300	1 300
64	1 300	1 300		1 300	64	1 800	1 800		1 800
65	800	1 300		1 300	65	1 800	1 800		1 800
66	1 300	1 300		1 300	66	1 800	1 800		1 300
67	1 300	—	—	1 300	67	1 300	1 300		1 300
68	800	—	—	1 300	68	1 300	—	—	1 300
69	1 800	—	—	1 800	69	1 800	—	—	1 800
左3-1	1 300	—	—	2 800	70	2 300	—	—	2 300
左3-2	2 300	—	—	2 300	71	3 300	—	—	3 800
左3-3	1 800	—	—	1 800	72	1 800	—	—	2 800
左3-4	1 800	—	—	1 800	73	2 300	—	—	2 300
左3-5	1 300	—	—	1 300	74	1 300	—	—	1 300
左3-6	1 300	—	—	1 800	75	1 800	—	—	1 800
左3-7	1 800	—	—	1 800	76	1 300	—	—	2 300
左3-8	1 800	—	—	1 800	77	1 300	—	—	2 800
左3-9	1 300	—	—	1 300	78	1 300	—	—	2 800
—	—	—	—	—	79	1 300	—	—	1 300

表 6-147　克枯匝道桥支座纵向水平刚度　　　　单位：kN/m

墩号	左支座	左中支座	右中支座	右支座	墩号	左支座	左中支座	右中支座	右支座
A0	800	—	—	800	A8	1 300	—	—	1 300
A1	1 800	—	—	1 800	A9	1 800	—	—	1 800
A2	1 800	—	—	1 800	A10	1 800	—	—	1 800
A3	2 300	—	—	1 800	A11	1 800	—	—	1 800
A4	2 300	—	—	1 800	A12	1 300	—	—	1 300
A5	2 300	—	—	1 300	A13	1 300	—	—	1 300
A6	1 800	—	—	1 800	A14	1 300	—	—	1 300
A7	1 300	—	—	1 300	B2-0	1 300	—	—	1 300

表 6-148　下庄桥梁工程支座纵向水平刚度　　　　单位：kN/m

左幅墩号	左支座	左中支座	右中支座	右支座	右幅墩号	左支座	左中支座	右中支座	右支座
—	—	—	—	—	0	1 300	—	—	1 300
—	—	—	—	—	1	1 800	—	—	2 300
左1-0	1 300	—	—	1 300	2	2 300	—	—	2 300
左1-1	2 800	—	—	2 800	3	2 300	—	—	2 300
左1-2	2 300	—	—	2 300	4	1 300	—	—	1 300
左1-3	1 800	—	—	1 800	5	800	—	—	1 300
左1-4	1 800	—	—	1 800	6	1 300	—	—	1 300
左1-5	1 300	—	—	1 300	7	1 300	—	—	1 300
左1-6	1 800	—	—	2 300	8	2 300	—	—	2 300
左1-7	2 300	—	—	1 800	9	2 300	—	—	2 300
左1-8	2 800	—	—	2 800	10	3 300	—	—	3 300
左1-9	3 300	—	—	3 300	11	3 300	—	—	3 300
左1-10	3 300	—	—	3 300	12	3 300	—	—	3 300
左1-11	3 300	—	—	3 300	13	3 300	—	—	3 300
左1-12	3 300	—	—	3 300	14	3 300	—	—	3 300
左1-13	1 300	—	—	1 300	15	1 300	—	—	1 300
左1-14	3 300	—	—	3 300	16	2 300	—	—	2 300
左1-15	1 800	—	—	1 800	17	1 800	—	—	1 300
左1-16	2 300	—	—	2 300	18	2 300	—	—	1 300

续 表

左幅墩号	左支座	左中支座	右中支座	右支座	右幅墩号	左支座	左中支座	右中支座	右支座
左1-17	2 300	—	—	2 300	19	1 800	—	—	1 800
左1-18	2 300	—	—	2 300	20	1 800	—	—	1 800
21	1 300	—	—	3 300	21	1 800	—	—	1 800
22	2 800	—	—	2 800	22	1 800	—	—	3 300
23	1 300	—	—	1 300	23	1 300	—	—	1 300
24	3 300	—	—	3 300	24	2 300	—	—	3 800
25	3 300	—	—	3 300	25	2 800	—	—	3 800
26	2 800	—	—	1 800	26	1 300	—	—	2 300
27	1 300	—	—	3 300	27	1 300	—	—	2 800
28	1 300	—	—	2 300	28	1 800	—	—	1 800
29	1 300	—	—	2 300	29	1 800	—	—	1 800
30	1 300	—	—	2 300	30	1 800	—	—	1 800
31	1 300	—	—	1 300	31	1 300	—	—	1 300
32	1 800	—	—	1 800	32	1 800	—	—	1 800
33	1 800	—	—	1 800	33	1 800	—	—	1 800
34	1 800	—	—	1 800	34	1 800	—	—	1 800
35	1 800	—	—	1 800	35	1 800	—	—	1 800
36	1 800	—	—	1 800	36	1 800	—	—	1 800
37	1 800	—	—	1 800	37	1 800	—	—	1 800
38	800	—	—	800	38	800	—	—	800

2) 支座构造(图6-395)

主梁支座四大功能为：① 平面尺寸、厚度和竖向刚度不变，纵向水平为变刚度支座，支座水平刚度可通过材料阻尼比、钢板厚度和层数、设置铅芯数量等措施调整；② 达到最大容许位移时，纵桥向应设置锁定装置，锁定装置的强度应满足地震荷载E2的弹性抗力要求，其安全系数应大于1.2；③ 支座支撑范围内，支座与主梁间应设置防落梁装置；④ 支座周围应设置防尘罩，且应同支座一同安装。

主梁水平变刚度支座的功能参数为：① 纵桥向联长最大容许位移为80 mm；② 支座平面尺寸、厚度和竖向刚度与相同承载力的板式橡胶支座相同，不能变化；③ 横桥向不能发生横向位移，应设置横向限位锁定装置，且满足地震荷载E2的弹性抗力要求，其安全系数应大于1.2；④ 一套支座应包括支座上、下钢板及连接构造，工厂加工完成后进行预拼装，以便于现场安装；⑤ 支座设计必须充分考虑耐久性和可检查、可维修和可更换性要求；⑥ 满足国家和行业支座制造的相关规定。

由于该支座的设计思想、构造理念、构造设计和功能设计，已经经过广泛调查和试验研究，其设计思想是完全可以通过多种技术途径实现的，为了便于总体承包人公平招标，本设计仅提供技术要求，由具有支座加工资质的企业根据自身技术特点和实力完成设计,组织专家进行专题审查,报请监理、业主审批,并应得到设计单位书面确认后,才能实施。克枯桥、下庄桥的支座设计采用专用保护罩,主要防止施工和使用期间桥面排水、垃圾污物等充填支座及支座间隙,阻止支座应有的变形或者腐蚀支座,支座防护罩应与支座方案由支座厂家一同设计,并由施工单位提交监理、业主组织专家审查批复后才能实施。

整范围为12～22 cm。曲线内桥墩系梁、盖梁、墩柱设计为沿路线径向布置,上部主梁内、外跨长不等的方式。

图6-396 桥梁主梁曲线布置示意

6.8.3.4 主梁构造

钢管混凝土主桁梁采用由钢管混凝土主管作下弦,钢-混凝土组合桥面板作上弦,通过V形支管组成的平面钢管混凝土桁式结构(图6-397和图6-398)。主梁下弦主管直径为670 mm,上弦骨架主管直径为219 mm,上下弦钢管内灌注C30补偿收缩自密实混凝土,其中,下弦主管设计为先张法预应力钢管混凝土结构,应首先张拉预应力钢束,再灌注主桁上下弦管内混凝土。支管直径为402 mm,通过相贯接头与下弦主钢管焊接形成下弦节点,通过支管相互相贯焊接、内穿上弦钢管和设置纵、横向带孔加劲钢板形成上弦节点,上弦节点内置于桥面板纵肋内。主桁支管内灌注与桥面板相同的C40钢纤维混凝土,浇注桥面板时先浇注主桁支管内混凝土,再浇注桥面混凝土。标准宽度每半幅桥梁采用两片桁式结构,通过三角形横撑连接成半幅主梁结构,横撑采用下弦直径为351 mm或377 mm、支管直径为159 mm的钢管组合而成的空间结构。

图6-395 支座构造

6.8.3.3 曲线设计

该结构主桁梁将跨越平曲线最小半径$R \approx 530$ m的圆曲线、缓和曲线(图6-396),曲线主桁梁设计为"以直代曲"的处理方式,曲线变化点距离主桁梁节点的间距应大于50 cm。为确保主桁梁上弦节点的桥面板悬臂径向长相同,采取节点间桥面板悬臂径向长随曲线变化的处理措施。位于超高缓和段内的超高渐变段,通过内外弧桥墩墩顶的标高调整,当还无法满足内外高差要求时,将剩余的超高通过调整桥面板厚度实现,但桥面板总体厚度的调

图6-397 预应力混凝土盖梁安装照片

图 6-398　主梁一般构造示意

主桁上弦节点为主桁受压支管与受拉支管直接相贯焊接连接，并设置纵、横向连接钢板，位于桥面板纵肋内的主桁支管、连接钢板设孔径为 60 mm 的锚固孔，孔内穿带肋钢筋。受拉支管内混凝土从最上端直接灌注 C40 钢纤维混凝土，在位于桥面板内的受压支管靠近顶部，设置直径不小 100 mm 的灌注孔 2 个，从该孔内灌注 C40 钢纤维混凝土。

钢管混凝土桁梁顶面采用钢-混凝土组合结构桥面板，总厚度为 15 cm，底钢板厚度为 6 mm，横向设置间距为 40 cm、板厚为 6 mm、高度为 12 cm 的带孔钢板剪力键；桥面板纵向设置高度为 70 cm、底宽为 50 cm 的梯形纵肋，纵肋底钢板厚度为 8 mm；桥面板横向设置高度为 35 cm、底宽为 20 cm 的梯形横肋，横肋底钢板厚度为 6 mm。钢-混凝土组合等高板与纵、横肋共同组成钢-混凝土组合结构的桥面板（图 6-399）。桥面板混凝土采用掺入多锚点、带压痕钢纤维的 C40 混凝土，钢纤维掺量为 45 kg/m³。

主桁梁应按设计要求和首片梁张拉测试结果，设置主桁梁竖直方向和水平方向的预拱度或反拱度。

6.8.3.5　桥面系

桥面板连续方式：墩顶处的连续桥面板，纵向钢筋、底钢板和负弯矩区段的加强钢筋全部纵桥向贯通连接，浇注 C40 钢纤维混凝土时，直接设置缝宽 3～5 mm、缝深大于 30 mm 的隔缝，或待浇注 C40 桥面混凝土后 60～75 h 内，采用切割机切成缝宽 3～5 mm、缝深大于 30 mm 的变形缝。变形缝内填塞防水材料；桥面连续处的变形缝应对准桥墩中心线，并与防撞护栏的变形缝对齐，其误差应小于 ±20 mm。

图 6-399　桥面板、预应力钢箱混凝土盖梁与桥墩构造示意

伸缩缝构造方式：本桥伸缩缝设置联长为 200～300 m，伸缩缝处桥面板设置凹槽深度为 18 cm，桥台处选用 80 型伸缩缝、桥墩处选用 160 型伸缩缝。B 匝道桥桥面板一端直接与桥台连接形成无缝连接，再切成 30 mm 深、10 mm 宽的假缝，另一端设置 80 型伸缩缝。

桥面铺装面层设计为 5 cm 厚改性沥青混凝土，待桥面板混凝土浇注完成、检查平整度满足要求后再铺装改性沥青混凝土面层。桥面混凝土防撞护栏应采用 C30 清水混凝土。

本桥的钢纤维应满足的技术要求为：① 采用多锚固点的碳素冷拔钢丝切断型，表面应有明显的压痕；其长度宜为 30～35 mm，直径或等效直径为 0.6～0.9 mm，抗拉强度大于 600 MPa；② 表面不得有锈蚀、油污等杂质，加工不良的黏连片、铁屑等杂质含量不得超过总重量的 1.0%；③ 长度、直径偏差不应超过长度直径公称值的 ±10%，长径比偏差不应超过 ±15%，每根重量不应超过公称重量值的

±15%；④应具有良好的外形，形状合格率不应低于90%；⑤应具有良好的弯折性能，能承受一次弯折90°而不断裂；⑥在混凝土中应不变 V 形、不结团，具有良好分散性；⑦采用合理的钢纤维掺量和短粗纤维形状是避免钢纤维在混凝土拌和时成团的技术途径；试验研究表明，多锚固点且带压痕的钢纤维，其锚固强度高、黏结性能好。

6.8.3.6 墩台设计

1）桩基础

桥墩桩基础采用 C30 钻孔灌注桩基，桩基直径分别为 1.6 m 和 1.4 m 的钢筋混凝土结构。

2）桥墩

桥墩采用钢管混凝土柱式结构，主钢管规格为 φ1.3 m 和 φ1.1 m，钢管内高抛灌注 C30 自密实补偿收缩高性能混凝土。墩柱顶部设置钢管横系梁，墩柱与桩基采用钢-混凝土组合结构的过渡接头连接。墩-桩过渡连接构造通过墩柱钢管、焊接在墩柱钢管上的带孔钢板、桩基顶面的加强环箍、桩基顶面一半数量主钢筋与钢管焊接等构件组成锚固连接构造(图 6-400)。浇注过渡段混凝土前务必检查各连接构件的几何精度和焊接质量是否满足要求，处理桩顶混凝土和灌注过渡段混凝土时，务必检查混凝土质量的可靠性能，任何混凝土缺陷均是不容许的。

图 6-400 桩、墩连接接头构造

主梁上跨国道 317 线的桥梁，主梁跨度均采用 30 m、40 m 的钢管混凝土主桁梁。主桁梁下弦主管支座无法全部支承于墩柱，首先保证主桁梁一侧下弦主管支承于墩柱，另一侧下弦主管支承于预应力钢箱混凝土的异型盖梁上。预应力钢箱混凝土盖梁采用双腹板的工字形梁，双腹板内设置先张法预应力钢束，并灌注 C30 混凝土，待混凝土强度达到设计强度 80%以上时，再起吊安装，预应力钢-混凝土组合盖梁应与墩柱锚固连接形成固结。

钢箱混凝土盖梁应按设计要求和首片梁张拉测试结果设置竖向预拱度。

3）桥台

根据地形、地质条件，采用钢筋混凝土桩柱式结构或重力式结构形式，桥台需要设置沉降缝和排水孔构造。桥台锥坡、挡土墙和排水构造根据桥台高度和地形地质情况确定。

6.8.3.7 钢管连接设计

1）一般规定

钢结构加工制造单位应根据施工图设计文件进行下料施工图设计，并报请监理、业主审查或专家讨论后，再采购材料、下料加工，下料应按下料施工图设计进行计算机放样，确定下料、号料等准确尺寸，并以 1∶1 实样进行校核。

2）钢管制作

钢管制作的主要设计技术要求：①用于卷制焊接直缝管的钢板，其钢板厚度的负误差应满足 0.03t（t为板厚），无缝钢管的管壁厚度应满足±0.05t（t为管壁厚）。②焊接直缝管卷管方向应与板材轧制方向一致，卷管前应根据需要开好坡口，焊缝外观质量应满足《铁路钢桥制造规范》(Q/CR 9211—2015)的要求，内部质量应达到《铁路钢桥制造规范》的超声波探伤Ⅰ级的要求。③钢管直径不大于 350 mm 的可采用无缝钢管，除要求有出厂合格证外，还应进行复验；④直径大于 350 mm 的焊接钢管应满足：直管纵向弯曲不大于 $L/1\,000$，钢管管口椭圆度不大于 3/1 000；管材端面对管轴的垂直度偏差不大于 1/500；钢管校圆分整体及局部两道工序，整体校圆宜在卷板机上进行；局部校圆用弧形样板进行。⑤主桁下弦主管、上弦骨架主管采用分段直线代替主梁曲线的，钢管对接焊缝由于两根对接管有折线，工艺设计、下料等应严格控制对接接头间隙，确保对接接头焊接质量满足强度及疲劳性能要求，主桁上下弦主管应采用自动焊。

3）钢管节点相贯焊接

支管与主管的相贯连接节点的坡口焊缝应达到下列要求：①支管管端采用相贯线切割机成型，坡口尺寸由焊接工艺评定确认；②焊接接头不得采用间断、超间隙和塞焊的焊缝；③应控制焊接缺陷、焊接应力、焊接变形、焊接收缩量,并提出相应的制造和焊接质量要求;④ 主梁桁式结构的相贯连接接头,其相贯线坡口应采用相贯线切割机成型,主管与支管的全熔透焊缝坡口形式如图6-401所示。

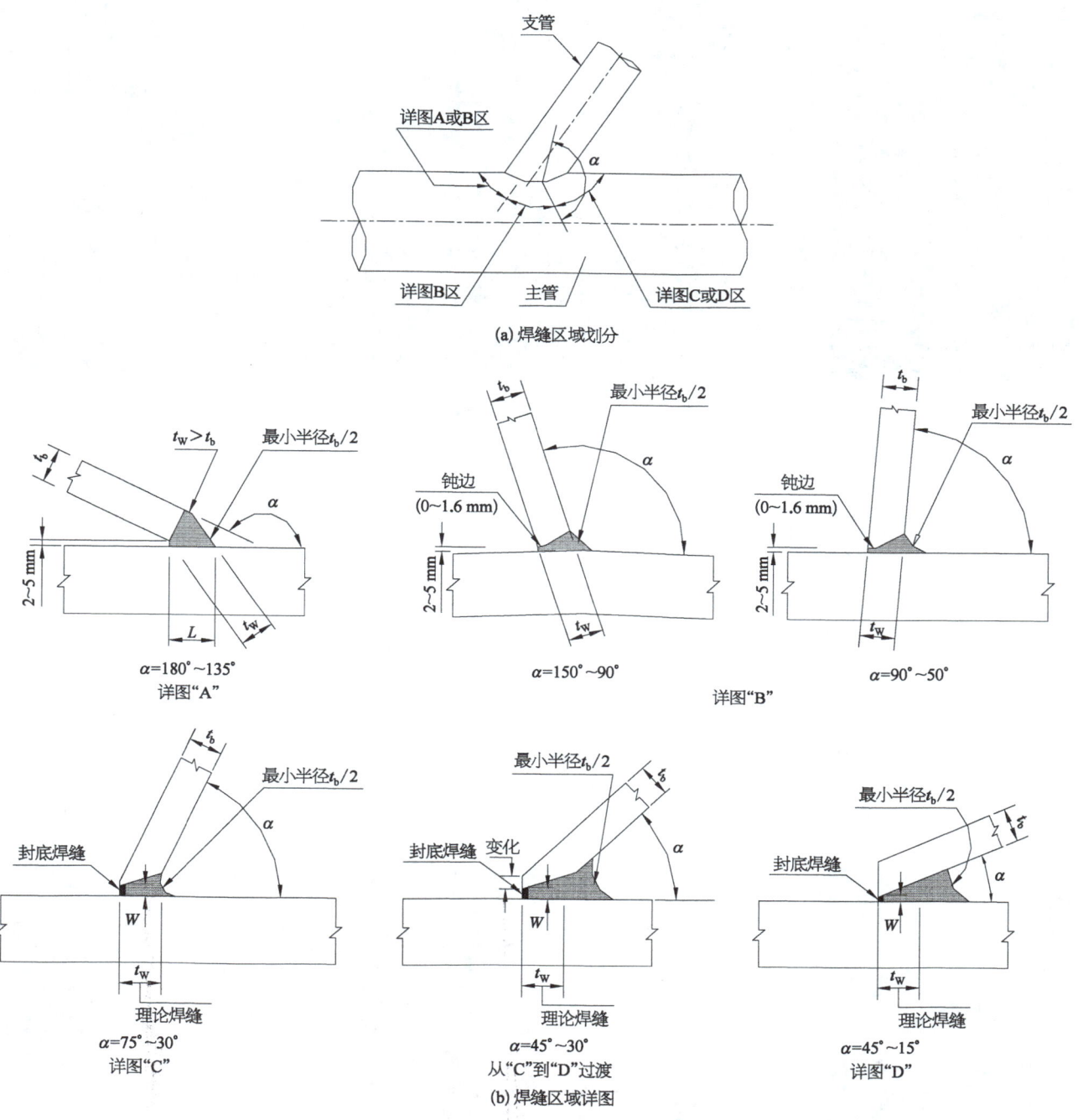

图6-401 全熔透焊缝坡口形式

所有主梁、桥墩钢管结构,凡是相贯接头,其相贯线的坡口必须采用相贯线切割机下料完成,不得采用手工切割,否则,视为不合格产品。相贯接头切割时,还应通过预拼装,检验间隙宽度是否满足规范及设计要求,否则,调整机械切割参数直至符合要求。

主桁支管与支管的相贯节点(图6-402),其下料、节点间隙、焊接工艺、焊接质量等相关技术要求,应满足支管与主管的相贯接头的全部技术要求。

4) 钢管对接焊接

钢管对接接头应采用全熔透焊缝,管端坡口可采用图6-403所示的形式。

图 6-402 主桁梁相贯连接节点示意

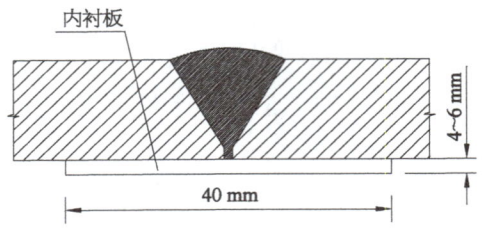
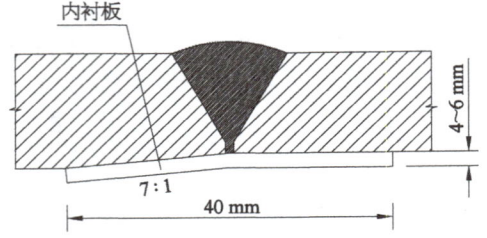

图 6-403 钢管对接坡口形式

钢管对接错边量最大超差不大于 $0.1t$,超差长度范围不大于 $8t$(t 为对接钢管壁厚),且需对超差部分进行修磨过渡(图 6-404)。

5) 桥面板内钢板与钢管、钢板与钢板的焊接

桥面底钢板与主桁梁支管、主桁梁上弦节点钢板、桥面板内加劲肋等的焊接,首先应保证钢

图 6-404 预应力钢管混凝土张拉与锚固

板的平整度、焊接间隙和定位位置的准确性,再通过焊接工艺试验确定的焊接要求进行焊接。特别是桥面底钢板厚度较薄,应通过反变形控制等方法,通过工艺试验验证满足桥面底钢板平整度要求后,再实施焊接,并加强首件验收和过程监控。

6) 墩柱钢管、主桁支座钢管与钢板的焊接

凡是连接钢板、连接过渡带孔钢板、柱顶支座下钢板及加劲肋、支座加劲钢板等钢板与钢管的焊接,应按照设计图纸要求,开展工艺试验,并通过工艺试验确定控制焊接变形量,在采取相应措施校平钢板后焊接。

7) 钢-混凝土组合盖梁的钢板焊接

钢-混凝土组合盖梁的顶板、底板和腹板为全熔透双面坡口对接焊接,不同板厚的钢板对接焊接时,其外侧应齐平,板厚错边量应朝向内侧,且厚板应满足8∶1放坡要求与较薄钢板对齐平整,加劲肋与顶板、底板和腹板采用坡口部分熔透焊接,熔透率应大于80%。钢-混凝土组合盖梁的全部焊缝质量应满足Ⅰ级焊缝要求。

8) 焊缝避让要求

主管采用直缝焊接管时,对环焊缝、纵焊缝和节点的相贯焊缝,应如图6-405所示的要求避让焊缝交叉。

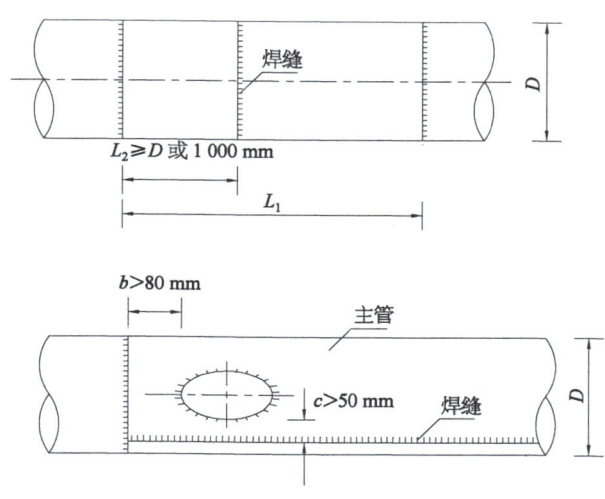
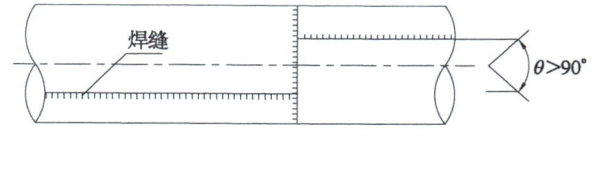
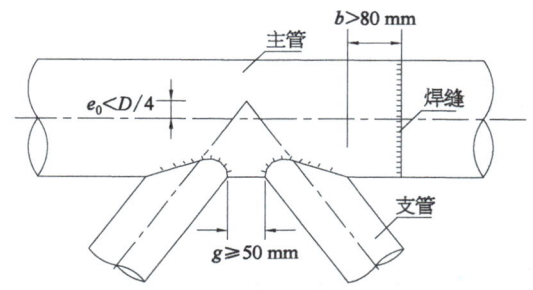

图6-405 钢管错缝布置要求

9) 焊缝修磨要求

主桁相贯线焊缝成形质量和焊接质量通过100%的检查,并经抽检全部合格后,才能对主桁梁下弦节点、主桁横撑下弦节点的相贯线焊缝进行修磨,其修磨位置如图6-406所示,并严格执行设计图纸的技术要求。

相贯焊缝修磨的技术要求为:① 主桁下弦主管与受拉支管全部相贯焊缝的趾部与鞍部(也称过渡区域)应进行修磨,修磨技术要求应满足本桥施工图设计文件和《公路钢管混凝土桥梁设计与施工指南》相关要求;② 修磨焊缝的修磨方法推荐采用砂轮打磨,砂轮粗糙度 $Ra0.2$,砂轮采用高驱动、转速为15 000～40 000 r/min、由碳-钨材料制作的砂轮,为了得到最佳打磨效果,打磨深度为0.3～0.5 mm;修磨边缘应整齐、规则,不能有凹凸齿轮等边缘线,修磨凹面应光滑顺适;③ 修磨部位为主桁下弦主管与受拉支管的相贯线焊缝,修磨区域为相贯焊缝的趾部和过渡区,大于270°,修磨凹槽的起止点及周边应均匀、顺适,不得有凹槽和凸轮廓,更不得损伤母材;④ 应根据相贯焊缝修磨的部位和修磨形状,制定修磨工艺、模拟焊缝形状和修磨区域形态加工制作1∶1模型,进行修磨工艺试验和修磨工人培训,制定避免伤及主体结构的技术措施等工作,编制修磨工艺专题报告,报请监理、业主单位和专家咨询审查后实施;⑤ 根据桥梁焊缝特点和修磨区域缺陷类型,进行修磨工艺实施的首件验收制度,即根据修磨工艺指导,在桥梁上开展具有代表性的修磨,修磨满足要求后,应邀请监理、业主和专家进行首件验收,开

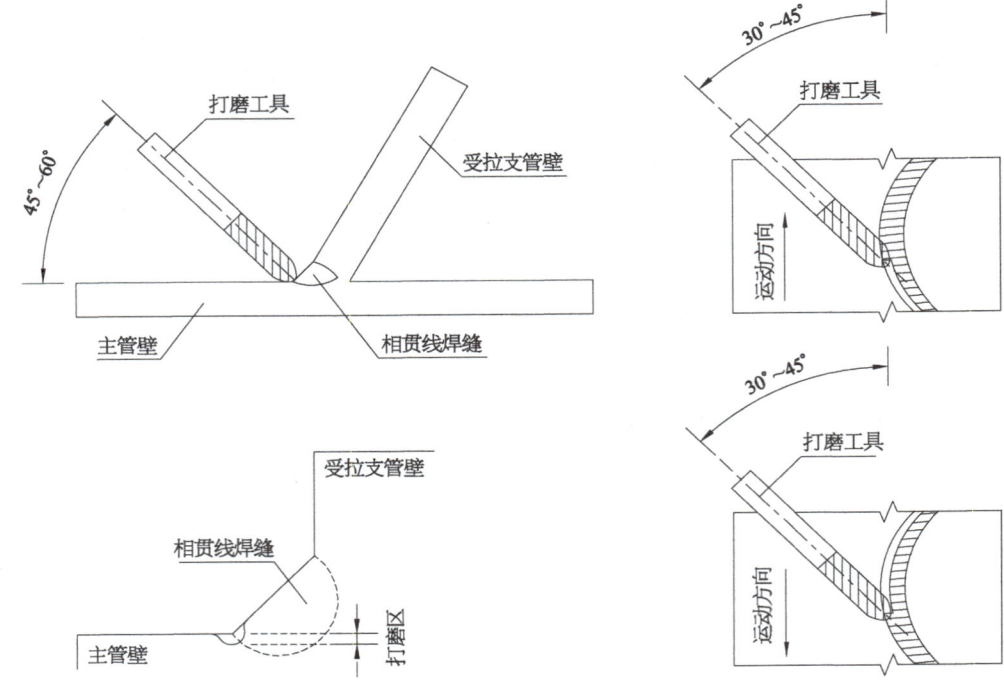

图 6-406 焊缝修磨方位

展技术交流和培训,待满足要求后再全面实施;⑥ 修磨工艺不得以任何理由伤及主体结构,需要制定严格的管理制度、监理制度和奖惩制度,如果出现修磨损伤主体结构,该结构应直接报废处理,不得返修和再次焊接;⑦ 主桁下弦节点相贯焊缝修磨(图 6-407)完成后,应首先通过宏观 100% 检查判定修磨质量合格后(焊缝修磨区域表面不得有任何缺陷),再采用无损检查方法对修磨焊缝进行探伤 20% 检查,检查无任何缺陷后,判定修磨质量合格。

图 6-407 主梁相贯焊接节点修磨示意

钢-混凝土组合盖梁的钢结构钢板对接焊缝成形质量务必满足规范要求,同时,对钢-混凝土组合盖梁底板钢板的对接接头焊缝应按设计要求进行修磨。

6.8.3.8 防腐设计

1) 环境条件

桥位气候属大陆性高原季风气候,气候属于温带,桥位附近河谷地区主要气象数据见表 6-149。

表6-149 桥位河谷地区主要气象参数

高程/m	年平均气温/℃	极端最高气温/℃	极端最低气温/℃	年平均降水量/mm	年蒸发量/mm	年均湿度/%	主风向	最大风速/(m·s^{-1})	≥8级大风日数/日
1 325.6	13.1	35.6	−8.6	524.0	1 619.9	69	SSW	9	无

桥位环境气候干燥、大气污染较少，因此，涂装防腐体系满足该项目环境特点要求。

2) 设计寿命

根据桥位处自然气候等条件形成的腐蚀环境，设计采用的防腐体系为使用年限大于30年，免维修周期为15年。

3) 涂层体系

钢结构防腐涂层体系设计为：① 选用电弧热喷涂防腐，用电弧喷涂铝长效防腐涂层；② 金属表面处理等级Sa3.0；③ 电弧喷涂铝：160 μm；④ 环氧封闭漆：一道（30 μm）；⑤ 环氧云铁中间漆：二道（100 μm）；⑥ 丙烯酸聚氨酯面漆：二道（100 μm）。

各涂层的厚度均为干膜厚度。设计采用的钢管和钢结构表面电弧喷涂铝镁合金化学成分应满足《变形铝及铝合金化学成分》（GB/T 3190—2008）、牌号1060的材质要求。

4) 防腐工艺流程

根据设计工艺流程，钢结构加工制造经验收合格后进行防腐涂装。首先进行喷砂（含钢丸≥60%）处理（粗糙度要求达到Rz40~80 μm），对于焊接预留部位则采用胶带保护，保护宽度为50~100 mm，然后对其他部位用电弧喷枪喷涂铝，厚度160 μm，质量要求达到《热喷涂 金属和其他无机覆盖层锌、铝及其合金》（GB/T 9793—2012）标准，构件还尚有余热时刷涂或喷涂环氧封闭漆。

节段组装后，对焊接部位再进行上述工艺处理（喷砂—喷涂—封闭三个工序），然后对整个制造节段涂装一道面漆，厚度为50 μm，检验合格后等待发运吊装。

钢结构节段吊装完成后，对于节段焊缝及吊装破损部位严格按照上述工艺要求进行防腐处理，桥面系完成后，对全桥钢结构所有构件再涂装一道面漆，厚度为50 μm（图6-408）。

图6-408 主梁涂装工艺

5) 工地焊缝防腐设计

工地焊缝及周边金属表面处理等级Sa2.5。设计工地焊接接头处的防腐涂层体系为：环氧富锌底漆（80 μm）+环氧云铁中间漆（3×60 μm）+丙烯酸聚氨酯面漆（2×40 μm，工厂与全桥安装完成后先后各涂一道），干膜总厚度为340 μm。施工中应采取措施防风、防湿、防污等。

6) 其他防腐设计

墩柱、墩柱系梁、钢-混凝土组合结构盖梁和桥面底钢板（含桥面纵、横肋）采用银灰色面漆，主桁主管、支管和横撑钢管、主桁检修通道采用红色面漆。

钢-混凝土组合结构盖梁（钢箱内壁除外）的钢

结构、人行检修通道钢结构涂装防腐体系应完全按照主体结构防腐体系进行防腐涂装,设计寿命与主体结构相同。

灌注混凝土的钢管或钢箱和焊接封闭的钢管或钢箱,其内壁只需要按照规范要求,对钢结构构件的内表面进行预处理即可,不需要进行专门的防腐处理。

丙烯酸聚氨酯面漆要求5 000 h加速老化试验,失光率达到Ⅰ~Ⅱ级。封闭涂层及面漆品牌确定后,还应进行相容性试验,报请监理、业主批复后方能正式选用。

6.8.4 安装与控制

6.8.4.1 墩、梁施工流程

(1)钢结构加工准备→混凝土灌注准备→涂装工艺准备→钢结构加工制造→钢结构验收→张拉下弦管预应力束。

(2)制造桥墩钢结构→安装桥墩钢结构→高抛法灌注桥墩钢管内混凝土→验收混凝土质量。

(3)主梁上下弦内灌注C30强度等级的混凝土→等待2天后→验收钢管内混凝土密实度→送涂装车间涂装→验收钢管涂装质量→绑扎桥面板钢筋→运输安装主梁。

(4)检查主梁安装质量→验收支座支撑位置及标高→连接桥面连续构件→浇注桥面板混凝土→验收桥面板质量。

6.8.4.2 主梁加工与安装

1)钢结构制造原则

根据国内管结构焊接能力及焊接技术要求,钢管结构加工制造要求在工厂完成加工、下料、试拼、组装,并经检查合格后,整体运输至工地现场吊装就位。

2)钢结构工厂加工

钢材、焊材采购的技术要求应满足《公路钢管混凝土桥梁设计与施工技术指南》和有关行业、国家规范的各项规定。按设计尺寸构造和要求,开展钢结构专项加工制造的设计,待审查合格后,通过计算机放样或通过放1∶1大样确定构件下料长度、数量和间隙等参数,按结构构造精度控制要求进行预拼装,检验结构外形几何尺寸及焊接间隙、坡口等是否满足规定要求。检验各项指标满足要求后,拆除各结构成能运输的构件,保护好各接头接口,设置运输固定支架,保证构件的稳定安全(图6-409和图6-410)。

钢-混凝土组合桥面板的底钢板、带孔钢板和加劲钢筋制造时,应制定控制变形的工艺,设计专用制造胎架,制定合理的加工和焊接工艺,严格控制变形量满足《钢-混凝土组合桥面板技术规程》的要求。焊接时应采用直径较小的焊条、电流较低的直流焊机焊接,以提高焊接的可靠性和避免焊接对钢结构的损伤。

图6-409 主桁钢管相贯节点

图6-410 主梁加工制造与节段运输

3) 主梁灌注与架设

主桁梁钢管内混凝土采用自密实高性能混凝土，以泵压法从主梁一端向另一端的顺序灌注钢管内C30混凝土，灌注混凝土时应在主钢管端部设置高度不小于100 cm、直径不小于 $\phi50\text{ mm}\times3\text{ mm}$ 的冒浆钢管。钢管内混凝土必须完全饱满，且应采用先敲击，再超声波检测和钻孔抽检等手段，检验钢管内混凝土是否完全饱满。

灌注上、下弦钢管内混凝土后，采用批准的架梁方案安装主桁梁，并进行精确调整，按焊接工艺试验确定的焊接工艺焊接主桁上弦钢管接头和桥面底钢板，绑扎桥面连续钢筋；一次浇注桥面板C40混凝土，混凝土初凝结时间应大于12 h，保证整跨桥面板混凝土浇注完成后才参与受力。当桥面板混凝土达到设计强度后，分批张拉横向预应力钢束，当在桥面板上需要通行重量超过5 t，或集中荷载超过5 t施工荷载时，必须首先张拉完成桥面板横向预应力钢束。

同时，在引道上、支架平台上或已架设完成并浇注混凝土的主桁梁上，组装下一跨钢管桁架梁、焊接接头、移梁、浇注混凝土，按此顺序，从组拼场地逐孔完成全桥主梁施工。设计40 m跨简支钢管混凝土桁式梁整孔最大吊装重量为215 t，设计30 m跨简支钢管混凝土桁式梁整孔最大吊装重量为155 t，设计吊点为主桁竖支管处上弦节点。吊装重量已包含主桁梁所有钢构件、上下弦管内混凝土、桥面板所有钢构件及钢筋重量，未包含施工临时装置及其他设备重量。

4) 主梁安装步骤

钢管混凝土主桁梁的安装步骤为：① 将主桁梁主管、支管、横撑、桥面底钢板和加劲肋等加工成安装结构构件；② 张拉下弦主管预应力束，控制所有钢构件（主要是下弦杆）在预应力和骨架自重作用下的压应力峰值小于60 MPa；③ 灌注上下弦管内C30混凝土，称为钢管混凝土构件或预应力钢管混凝土构件；④ 安装主梁架设设备，架设钢管混凝土主桁梁（图6-411）；⑤ 浇注C40桥面板混凝土后60～75 h内切割负弯矩的变形缝；⑥ 安装下跨主梁和浇注桥面板直至完成，可平行施工二期恒载。

6.8.4.3 墩柱安装

采用与主桁梁相同的管结构制造要求，在工厂加工钢管节段，检测合格后运至工地，等待安装。安装顺序为：① 采用批准的桥墩安装方案，架设桥墩立柱和横撑；② 墩柱与桩基过渡接头的钢结构安装、钢筋绑扎、外包钢筋及钢套筒；③ 采用自密实混凝土灌入钢管内；④ 调整支座钢板及安装支座，检查安装精度是否满足要求；⑤ 移动架设设备至下节段，按以上顺序安装下节段钢管、系梁和盖梁，灌注钢管内混凝土，直至全桥完成。

安装精度要求：墩顶标高偏差±5 mm，墩顶纵横向偏差不大于10 mm。

钢-混凝土盖梁应待钢箱梁加工制造完成，并检查钢箱梁与墩柱的锚固连接钢板焊接位置、焊接数量、焊接质量满足规范要求并经验收合格后，再按设计要求安装预应力钢束和张拉预应力钢束，灌注钢箱内C30混凝土，待钢箱内C30混凝土强度达到设

图 6-411 主梁整跨安装架设

计强度的 80% 后,再整体吊装安装。灌注墩柱钢管内混凝土时应预留 50 cm 高,待盖梁安装满足精度要求,墩柱与盖梁连接加劲肋板焊接完成,墩柱钢管与盖梁底板焊接完成,并检查焊接质量合格后,再补充灌注墩柱钢管内 50 cm 的混凝土,将盖梁与墩柱锚固连接。

支座处下钢板、上钢板均由支座单位统一加工制作,其材质应满足 Q345C 的要求。支座下钢板及加劲肋板,均在工厂与下弦钢管定位焊接完成,有利于确保焊接质量和底座钢板的平整度,运输、组焊和安装等过程均应采取措施保护。支座下钢板施工放样时应精确测量,使纵、横轴线最大误差小于±2 mm。

6.8.4.4 安装质量控制

1) 施工控制原则

(1) 施工控制应从主梁、桥墩钢结构工艺设计时开始,应计入加工温度、安装温度、焊接变形、制造误差等影响。

(2) 钢结构加工胎架设计与制造、构件下料精度的控制、构件的编号与一一对应的要求等环节严格控制。

2) 施工控制目标

(1) 将可以直接量测的桥轴线和应力定为控制目标,即主梁桁架控制轴线=制造轴线(设计轴线+预拱度值)-空钢管自重挠度曲线。

(2) 空钢管梁的应力(上、下弦)=空钢管梁自重作用下的应力。

(3) 主梁预拱度跨中值按跨径不同而不同,主梁各点预拱度按二次抛物线分配。

施工控制以线形控制为主,应力控制为辅(但要求控制在规范允许的范围内)。

3) 控制计算主要内容

(1) 空钢管节段组装、灌注钢管内混凝土、主桁安装架设、浇注桥面板及二期恒载等过程内力、应力、挠度(含安装标高计算)及稳定性计算(包括温度影响)。

(2) 全桥使用阶段各构件强度、刚度。

(3) 其他必要的计算。

4) 施工质量监测

(1) 线形监测:包括控制网和水准基点的复核;各阶段安装标高和轴线的测量;桥墩顶的偏移测量;大气、温度及对桥墩轴线和主梁轴线变形影响测量。

(2) 应力测试:主要对桥墩墩底,系梁、盖梁的正负弯矩,主梁下弦钢管的支点、$L/4$、跨中,主梁各种规格支管、上下弦节点,桥面板的正负弯矩等控制关键截面进行应力测试。测试方法采用长效电阻应变片。贴片位置在节间的中部,应力峰值处应增加节点处的贴片。鉴于应力测试的不稳定性,测试应注意:起始初读数必须可靠和准确;设法排除温度影响,采用测各阶段应变增量的方法。应对测试资料进行及时整理,并将整理成果报告监理、设计及业主单位,以便评判结构现阶段的工作状态及是否可以继续进行施工。

6.8.4.5 连接质量控制

1) 连接检验要求

主桁梁、墩柱等构件采用的钢管、钢板等钢结构制造的平整度、椭圆度、直线度、焊口间隙、焊口错边量等参数的最大误差不得超过规范容许值,钢结构原材料、构件、桁片、节段和结构等每阶段,均应首先检查几何精度及匹配几何误差是否满足设计及规范、指南要求,几何精度检查合格后才能按照批准的焊接作业技术指导书开展焊接作业。

主桁主管与支管连接区域,应在现场再次复查母材缺陷是否满足规范要求,当发现缺陷接近规范容许值时,应适当挪动主管与支管的连接部位,当发现缺陷超过规范容许值时,该构件应作报废处理。主桁梁的主管对接接头、主管与支管相贯接头、支管与支管的上弦焊接接头、横撑的焊接接头等全部采用全熔透焊缝,并需要进行100%的成形外观质量检查、超声波检查和5%的射线检查,全部合格方能报请抽检,抽检样品不得低于20%,当抽检发现1处缺陷时,应提高抽检频率为50%,当发现2处缺陷时,应要求施工单位重新进行100%的自检,合格后再报请抽检20%,如此反复控制。

桥墩、主桁梁钢管的加劲肋板,凡是设计文件中要求的熔透焊缝,其焊缝质量超声波检测应满足Ⅰ级要求。桥墩、主桁梁钢管的加劲肋板,凡是设计文件中要求的贴脚焊缝,可采用磁粉探伤方法进行100%的自检和大于20%的抽检,其焊缝质量等级应满足Ⅱ级要求。超声波法、磁粉法、射线法抽检中发现焊缝不合格时,应按规定进行扩大检验频率。

其余钢结构连接安装的几何精度及焊接质量均应满足国家和行业规范的要求。

2) 焊缝质量检查

(1) 焊接接头应合理配置焊缝韧性和强度,宜采用焊接材料与结构钢材强度等组配或低组配。焊缝质量检验分目测法和无损探伤法两种,钢管结构所有焊缝在目测的基础上结合几何检查方法判定外观质量,外观质量满足要求后,再根据设计及规范要求进行无损探伤检验。

(2) 所有焊缝在焊接完成24 h后,都需要进行目测检验,即检查焊缝实际尺寸和外观质量是否符合设计要求,焊缝表面无气孔、裂纹及未焊满(或弧坑)等缺陷。检查方法是将焊缝表面的熔渣或污物清理干净后,用肉眼或低倍放大镜观察,用焊缝卡板(量规)测量等。

(3) 主桁主管与支管连接部位,应在装配支管前再次复查主管的质量,当发现主管与支管连接区域缺陷接近容许值时,应调整连接区域;当连接区域出现超过规范容许值的缺陷时,应将该构件报废处理。

(4) 检修通道的焊接质量应满足磁粉或超声波探伤的Ⅰ级焊接质量要求。

6.8.5 技术特点

6.8.5.1 技术概况

中国海拔2 000 m以上的国土面积达33%。在高海拔山区,冬季时间较长、气温低,全年可施工的有效时间短;山区砂石资源匮乏,大规模材料运输距离远、道路狭窄,交通不便;在沟深谷窄的山区,施工场地设置困难,无法安装大型施工装备。而在高海拔山区规划了大量高速公路,占总长超过30%的中等跨径桥梁即将建设。

中等跨径钢筋混凝土梁桥,工序复杂、施工周期长,冬季无法施工,材料用量高;而中等跨径钢结构梁桥,安装设备大,便道要求高,进场困难,用钢量大;两者都不是这类地区桥梁建设的最好选择。如何充分利用有效时间快速施工、节约资源、保护生态环境,是这些区域桥梁建设需要攻克的技术难题。

四川汶川克枯大桥位于汶川县境内,沿峡谷谷底布设,谷底宽仅50 m,河流、民房、公路交错分布其中,桥位附近无砂石资源,冬季气温低,全年有效工期仅8个月,是山区复杂建设条件的典型代表。工程师们提出了一种中等跨径全钢管混凝土桁梁桥,并以实现工厂作业量高、现场安装方便、节约资源为设计目标。

四川汶川克枯大桥双向4车道通行,桥宽24.5 m,设计速度80 km/h,主梁跨度40 m,全桥长6 431 m。全桥利用轻质高强的钢管混凝土材料建造桁式主梁和桥墩。钢筋混凝土桩基础和钢管混凝土墩柱,采用钢-混凝土组合过渡强劲接头连接,标准桥墩的钢管混凝土墩柱间采用钢管顶系梁连接;墩顶设置变刚度支座;主梁采用预应力钢管混凝土双纵梁,双纵梁与钢-混凝土组合桥面板的双纵肋锚固连接。跨越障碍物的桥墩采用预应力钢箱混凝土盖梁连接。

该桥钢结构、支座、伸缩缝,集中在工厂内加工制造,不受气候条件影响;加工设备先进、场地宽阔、可全天候开展生产;产品质量高、加工速度快;工厂内加工作业量占总作业量的80%,工厂化程度高。

同时,现场开展钢筋混凝土钻孔桩基础施工→灌注桥墩钢管内混凝土→还原组拼主梁桁式结构→整跨架设桁梁→浇注桥面板等系列工作，现场作业量占总作业量的20%，可充分利用全年有效施工时间。

该桥桥墩与桩基础采用的钢-混凝土组合过渡强劲接头，安全度高，取消了地系梁，节约了施工时间。标准桥墩的墩柱，无盖梁，构造简洁，空管安装重量仅为7 t。墩跨越障碍物的非标准桥墩，采用的盖梁钢结构，整体制造，安装重量仅为11 t。桥墩安装采用的设备小，施工现场仅需在墩柱钢管或钢箱盖梁内灌注自密实混凝土，不需要运输、安装、拆卸模板，不需要绑扎和安装钢筋，可缩短现场施工工期80%。

利用轻型架桥机整跨架设桁梁，仅需起吊、纵移、落位至设计位置三个步骤，架设重量仅160 t，每跨桁梁架设仅需半天。桁梁架设就位后，施工现场只需浇注C40钢纤维桥面板混凝土，即完成了主梁施工，与混凝土简支T梁相比，每跨主梁现场施工缩短工期4天。

30年来，围绕钢管混凝土桁式结构开展了200余组缩尺、足尺模型静载试验和疲劳试验，结合工程实践，提出了计算方法、开发了新结构、发明了施工工艺等技术。

汶川克枯大桥与钢筋混凝土梁桥相比，减少混凝土用量55%，与钢结构梁桥相比，减少用钢量38%，解决了资源匮乏的问题，满足环境友好和谐性要求；现场作业量仅占20%，减少了对居民和既有交通的干扰，缩短现场施工时间，满足气候环境和谐性要求；该桥结构轻盈、视觉通透，与峡谷、河流、民居融为一体，满足环境景观和谐性要求。

汶川克枯大桥攻克了复杂山区中等跨径桥梁施工周期短、资源匮乏的技术难题，相关技术成果支撑了规范的制定。受该桥建设影响，已有桥梁总长约2 km的红原大桥正在建设。未来15年，中国将在复杂山区条件下建设约9 000 km中等跨径桥梁，汶川克枯大桥的成套技术，将为此提供技术支撑，也为世界中等跨径桥梁建造提供参考。

6.8.5.2 施工难题

汶川克枯大桥位于青藏高原与四川盆地过渡地带的汶川县境内，是汶马高速公路的一座重要桥梁（图6-412）。桥位处地形陡峻，沿峡谷谷底布设，谷底最窄处仅宽50 m，河流、民房、公路交错分布其中，现有运输通道标准低，没有大型施工场地。桥位附近无砂石资源，冬季气温极低，全年现场有效施工时间仅8个月，是山区复杂条件的典型代表。工程师们提出一种中等跨度全钢管混凝土桁梁桥，并以实现工厂作业量高、现场安装方便、节约资源为设计目标。

图6-412　汶川克枯大桥

6.8.5.3 钢管混凝土材料特点

钢管混凝土由于钢管对混凝土的套箍效应，管内混凝土抗压强度大幅提升；由于混凝土对钢管壁的侧向支撑作用，避免钢管局部屈曲，提高了钢管局部稳定应力（图6-413）。试验研究表明，钢管混凝土组合材料承载能力提高了1.8~2.5倍（图6-414）。

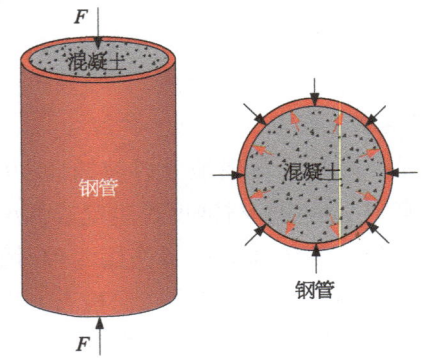

图6-413　钢管混凝土相互作用

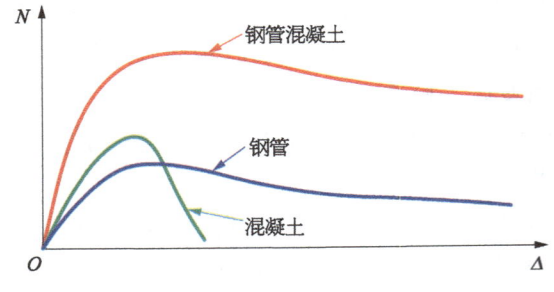

图6-414　三种材料荷载-位移曲线

采用钢管混凝土材料建造的桥梁,不仅安全储备大,由于材料利用率高、用量省,还实现了节约资源的目标。同时,钢管结构全部在工厂内加工制造,实现了全天候施工的目标;而现场安装构件小、重量轻,仅需要在钢管内浇注自密实混凝土,且不需要模板,实现了快速施工目标。

6.8.5.4 设计特点

1) 总体设计

汶川克枯大桥设计标准为双向4车道通行,桥梁宽度为 24.5 m,设计速度为 80 km/h;根据桥位建设条件、技术标准和技术论证,主梁、桥墩采用钢管混凝土桁式结构,主梁跨度为 40 m、全桥长 6 431 m(图 6-415)。

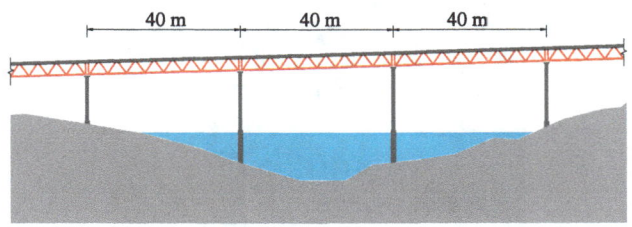

图 6-415 汶川克枯大桥总体布置

2) 主梁设计

主梁高 4.2 m,由双主桁和带双纵肋的组合桥面板组成(图 6-416),双主桁由钢管混凝土桁式双纵梁组成,双纵肋的组合桥面板由钢底板、带孔加劲钢板与 C40 钢纤维混凝土组成。

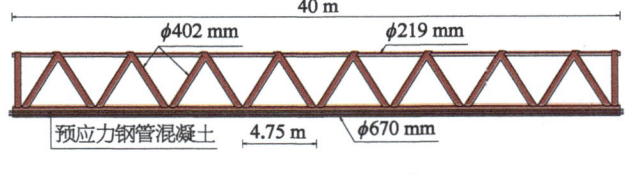

图 6-416 主梁结构

桁式双纵梁横向间距为 7 m,由 φ670 mm 预应力钢管混凝土主管与 φ402 mm 钢管混凝土支管采用相贯焊接连接构成,支管节点纵向间距为 4.75 m,主管、支管的钢管内灌注 C30 自密实混凝土(图 6-417)。

双纵肋的组合桥面板,纵肋高 70 cm。桥面板由厚 6~8 mm 的底板(腹板)与厚 6 mm 带孔加劲抗剪钢板形成底模,再浇注 C40 钢纤维混凝土,形成板厚 15 cm 的钢-混凝土组合桥面板(图 6-418)。

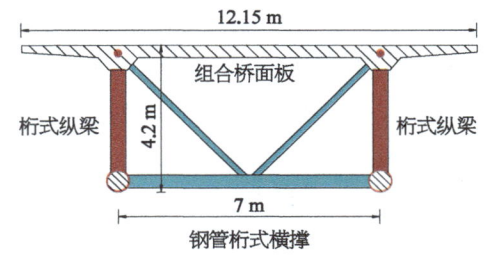

图 6-417 桁式纵梁立面

图 6-418 钢-混凝土组合桥面板

主梁纵向间距约 14 m 设置一道三角形的钢管桁式横撑,横撑支管一端与横撑主管相贯焊接连接,另一端与组合桥面板的纵肋锚固连接;横撑主管两端与主梁主管的节点相贯焊接连接。通过横向连接,提高双主桁与桥面板的整体性。

6.8.5.5 桥墩设计

全桥桥墩基础采用钻孔灌注桩的钢筋混凝土桩基础,墩柱采用直径 1.3 m 的钢管混凝土组合结构,墩柱与桩基础通过钢-混凝土组合过渡强劲接头连接,在墩柱顶与主梁对应部位安装变刚度支座。标准桥墩(图 6-419),墩柱间距为 7 m,与主梁桁式双

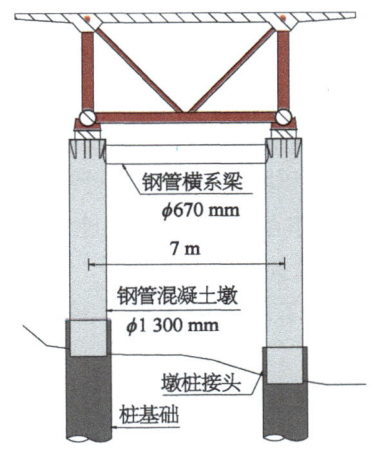

图 6-419 标准桥墩

纵梁位置正对,仅在墩柱顶设置φ670 mm的钢管横系梁。当桥墩需跨越既有道路等障碍物,采用非标准桥墩(图6-420),墩柱间距调整至7~19 m;在墩柱顶设置预应力钢箱混凝土盖梁,盖梁与墩柱通过带孔钢板锚固、环形焊缝、竖向加劲肋板焊接连接。

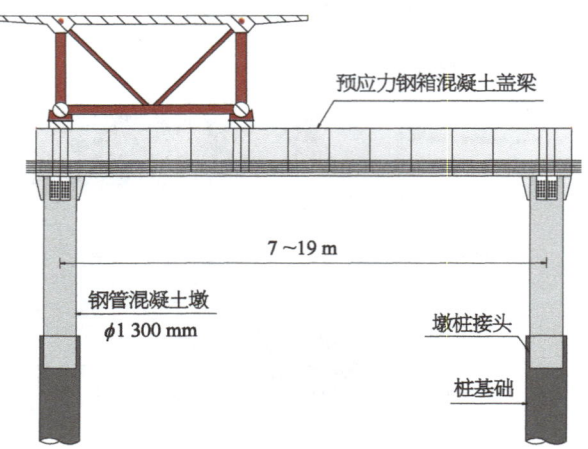

图6-420 非标准桥墩

图6-421 全天候工厂内制造

图6-422 厂内组拼桁片

6.8.6 技术创新

6.8.6.1 全天候工厂化制造技术,全部作业量达80%

汶川克枯大桥全部钢结构、支座、伸缩缝,集中在气候条件较好、加工制造场地宽阔、具有较好生活条件的城镇区域现成的工厂内加工制造。将钢板下料加工成桁梁或桥墩的单元件→组拼成桁片→组装成节段→匹配成安装的整跨桁梁或整体桥墩安装构件。待匹配精度检验合格后,拆卸成体积满足山区运输要求的运输单元件,通过运输车辆运至桥位匹配场地,再次匹配还原成整跨桁梁或整体桥墩安装构件。

该桥在工厂内加工制造作业量占全桥总体工作量的80%,不受气候影响,加工设备先进、场地宽阔,可全天候开展生产,加工产品质量高、效益好、速度快(图6-421和图6-422)。而钢筋混凝土简支梁桥,现场施工作业量达100%,施工周期长,且冬季无法施工、质量控制难。

6.8.6.2 现场施工快速化的技术,可利用有效施工时间

汶川克枯大桥现场同步开展钢筋混凝土钻孔桩基础施工→安装桥墩钢管→灌注桥墩钢管内自密实混凝土→安装系梁或预应力钢箱混凝土盖梁→安装变刚度支座→现场匹配场地内还原组拼结构→灌注桁梁主管与支管内混凝土→整跨架设桁梁→浇注桥面板混凝土→附属工程等系列施工。现场只需要进行钢结构的安装和混凝土浇注,作业量占全桥总体工作量的20%,可自由选择全年有效可施工的时间完成,不影响全桥总体建设工期。

开发的桥墩墩柱预埋段钢管内壁焊接带孔钢板、预埋段钢管设置抗剪孔、预埋段钢管外套环形钢筋、再设外套钢管,与桥墩墩柱共同浇注自密实混凝土的组合结构,形成了墩桩过渡强劲接头(图6-423)。这种接头保证了在设计最不利地震工况下桥墩的弹性状态,安全系数达到8.0。因过渡强劲接头安全度高,取消了地系梁,为山区陡坡简化施工提供了技术途径,缩短了现场施工时间。

标准桥墩无须盖梁,桥墩空钢管安装重量仅为7 t。非标准桥墩,采用的盖梁钢结构整体制造,安装

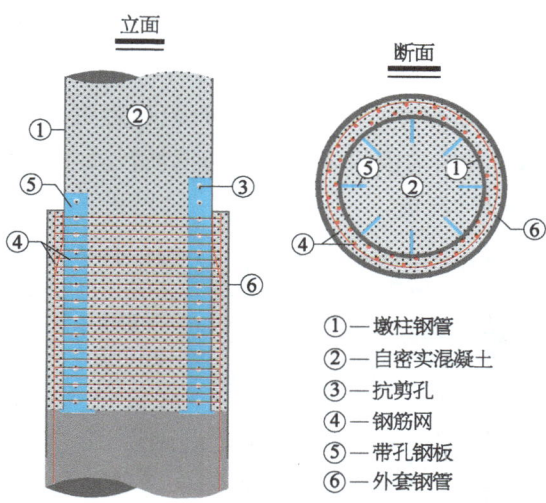

图6-423 墩桩过渡强劲接头

①—墩柱钢管
②—自密实混凝土
③—抗剪孔
④—钢筋网
⑤—带孔钢板
⑥—外套钢管

重量仅为11 t。桥墩安装重量轻、采用的设备小，仅需在墩柱钢管或钢箱盖梁内灌注自密实混凝土（图6-424），不需要运输、安装、拆卸模板，不需要绑扎和安装钢筋，可缩短现场施工工期80%。

图6-424 浇注桥墩混凝土

开发了胶轮运梁车和专用轻型架桥机（图6-425）。现场匹配场地还原的整跨桁梁，检验合格后，沿已安装的主梁，由运梁车运至待安装的位置，用架桥机整跨架设，仅需起吊、纵移、落位至设计位置三个步骤（图6-426）。每跨桁梁架设仅需半天，整跨架设重量仅160 t。

采用的双纵肋的钢-混凝土组合桥面板，其底钢板与加劲钢板形成的结构，既是组合结构受力构件，

图6-425 桁梁整跨运输

图6-426 桁梁整跨架设

又兼做混凝土浇注的模板；桁梁架设就位后，仅需在钢底板与带孔加劲板上，浇注总厚度为15 cm的C40钢纤维混凝土，即完成了主梁施工（图6-427）。与需要逐片吊装、现场再浇注湿接缝的钢筋混凝土简支T梁相比，每跨主梁缩短工期4天。

图6-427 浇注桥面板混凝土

6.8.6.3 支撑核心技术的试验研究,确保桥梁安全耐久

近30年来,围绕钢管混凝土桁式结构的核心技术难题,开展了200余组缩尺、足尺模型静载试验和疲劳试验(图6-428)。结合工程实践,提出了钢管混凝土静力计算方法、开发了钢管混凝土新型结构,发明了钢管混凝土施工工法等技术,建立了钢管混凝土相贯焊接节点疲劳寿命的评估方法和延长疲劳寿命的新技术。

图6-428 模型试验和实桥测试

试验研究表明,承受弯拉荷载时,预应力钢管混凝土变形是协调一致的,预应力钢管混凝土不计预应力效应时,与钢管相比,钢管混凝土弯拉极限承载能力提高了1.5倍,并建立了钢管混凝土弯拉容限脱空极限承载力计算方法。支撑在双纵肋与横肋组成格子梁的钢-混凝土组合桥面板,由于格子梁、钢底板与带孔钢板和钢纤维钢筋混凝土的共同作用,提高了桥面板的极限承载能力,试验表明,与15 cm厚的钢筋混凝土桥面板相比,钢-混凝土组合桥面板极限承载能力提高到1.6倍(图6-429)。由钢管混凝土延性材料组成的桥墩,自重轻、延性好、抗震性能高,组合结构极限承载能力与钢筋混凝土桥墩相比提高了1.2倍。

图6-429 组合桥面板试验

采用了合理的主梁高度、主桁主管与支管灌注混凝土和钢-混凝土组合桥面板设计技术,提高了主梁总体刚度和节点局部刚度,降低了主梁主管与支管间的相贯焊接节点应力幅;计算和实桥测试表明,在设计疲劳荷载作用下,主管与支管相贯焊缝的最大名义应力幅小于35 MPa(图6-430)。同

图6-430 管节点疲劳试验

时,合理匹配主桁主管与支管的直径比、径厚比、壁厚比三参数(图6-431),采用全熔透柜贯焊缝、焊后焊缝外观修磨的抗疲劳设计技术,提高了疲劳寿命;试验表明,相贯焊缝的截止疲劳应力幅超过50 MPa,大于最大名义应力幅,具有无限疲劳寿命。相贯节点的疲劳应力幅达到110 MPa时,疲劳寿命超过200万次,桥梁具有很高的超载疲劳寿命(图6-432)。

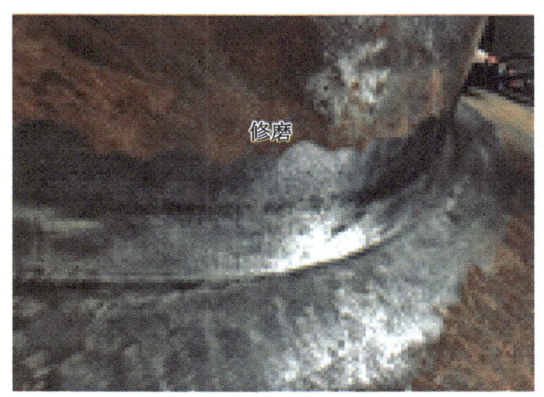

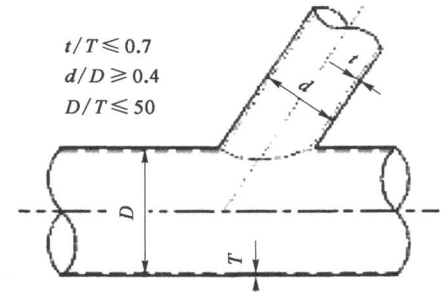

图6-431 焊缝修磨和合理匹配三参数

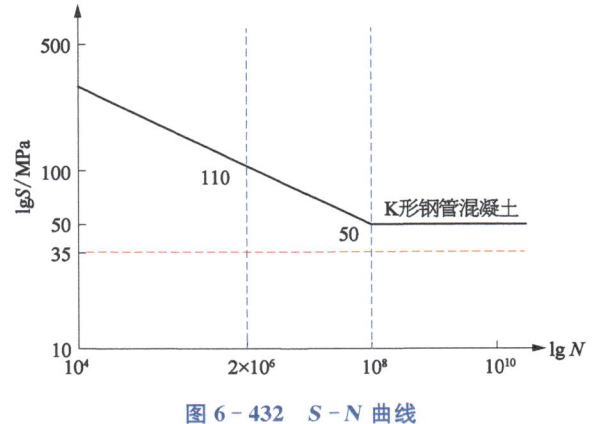

图6-432 S-N曲线

6.8.7 技术前景

钢管混凝土的集成创新技术,使汶川克枯大桥材料用量节约。与钢筋混凝土梁桥相比,减少混凝土用量55%;与钢结构梁桥相比,减少用钢量38%(表6-150)。节约了混凝土或钢材,减少了运输燃油消耗,实现了桥位砂石资源匮乏、道路运输困难的环境友好和谐性要求。

表6-150 各类型桥梁材料用量对比

材料	桥梁类型		
	混凝土梁桥	钢结构梁桥	钢管混凝土梁桥
混凝土/(m³·m⁻²)	1.71	1.23	0.76
钢材/(kg·m⁻²)	325.3	546.6	341.5

汶川克枯大桥工厂作业量占80%,现场作业量仅占20%,减少了对居民和既有交通的干扰,施工全过程既有道路未迁改、未中断。与混凝土梁桥相比,现场作业量减少80%;与钢结构梁桥相比,现场施工时间缩短30%。实现了桥位全年有效施工时间仅8个月的气候环境和谐性要求。

汶川克枯大桥能方便地跨越道路、河流、民用建筑等障碍物,桥梁宛如一抹彩带蜿蜒于高山峡谷之间,结构轻盈,视觉通透,与峡谷、河流、民居融为一体,满足了环境景观和谐性要求,成为一道亮丽的风景线(图6-433)。

图6-433 大桥与环境的和谐

四川汶川克枯大桥采用的全钢管混凝土桁梁桥,强度高、用料省、施工速度快。相关技术成果支撑了中国第一部《钢管混凝土梁桥技术规程》和《钢管混凝土桥梁焊接节点疲劳技术规程》的制定;受该桥建设成果的影响,久治到马尔康高速公路的四川红原大桥,桥位海拔高约 3 600 m、地震设防烈度Ⅷ度,采用了 40 m 跨径的钢管混凝土桁梁桥方案,桥梁总长约 2 000 m,预计 2024 年 10 月建成通车。根据发展规划,未来 15 年,在复杂山区条件下将有更大规模的中等跨径简支桥梁建设,四川汶川克枯大桥的建设技术,将为此提供有益的技术支撑。

参考文献

[1] 四川省交通运输科技项目.公路钢管混凝土桥梁设计与施工指南研究:2007A14-1[Z].
[2] 四川省交通运输科技项目.特大跨拱桥吊杆风振和车桥耦合性能研究:2008.2-4-3[Z].
[3] 交通运输部西部科技项目.中等跨度钢管混凝土桁架连续梁桥成套技术研究:2009318000105[Z].
[4] 四川省交通运输科技项目.钢管混凝土计算理论与质量控制成套技术研究:2009A6-4[Z].
[5] 四川省交通运输科技项目.温度对钢管混凝土拱桥应力重分布的影响研究:2010-510-38[Z].
[6] 四川省交通运输科技项目.钢管混凝土节点疲劳性能试验研究:2011A2-1-2[Z].
[7] 四川省交通运输科技项目.钢管混凝土桥梁的抗震性能研究:2013A1-1[Z].
[8] 四川省交通运输科技项目.C60～C100 超高强钢管混凝土制备技术研究:2014C-3[Z].
[9] 四川省交通运输科技项目.超高强钢管混凝土力学性能试验研究与桥梁工程应用研究:2014C-7[Z].
[10] 四川省交通运输科技项目.钢管混凝土桁式结构节点疲劳性能分析与观测研究:2015A1-4[Z].
[11] 四川省交通运输科技项目.桥梁焊接管节点疲劳失效机理与寿命评估研究:2016B2-1-1[Z].
[12] 四川省交通运输科技项目.钢管混凝土简支桁梁桥力学行为及工程应用研究:2016B2-1-2[Z].
[13] 四川省交通运输科技项目.预应力钢箱(管)混凝土梁的技术开发及工程应用研究:2016B2-1-3[Z].
[14] 四川省交通运输科技项目.500 m 级钢管混凝土拱桥建造支撑技术研究:2018-MS1-015[Z].
[15] 四川省交通运输科技项目.9 度地震区钢管混凝土混合结构桥梁设计原理研究:201910975[Z].
[16] 广西交通运输科技项目.超大跨径钢管混凝土拱桥的材料、装备、设计及施工技术创新与示范研究:桂科 AA181180289-3[Z].
[17] 四川省交通运输科技项目.超大跨强劲骨架钢筋混凝土拱桥设计关键技术研究:2022-MS1-037[Z].
[18] 牟廷敏,等.组合桥面结构的理论与实践[M].上海:上海科学技术出版社,2022.
[19] 郑皆连,等.500米级钢管混凝土拱桥建造创新技术[M].上海:上海科学技术出版社,2020.
[20] 牟廷敏,等.人工集料桥梁高性能混凝土可调控设计[M].上海:上海科学技术出版社,2022.
[21] 陈宝春.钢管混凝土拱桥[M].3 版.北京:人民交通出版社,2016.
[22] 顾维平,蔡绍怀,冯文林.钢管高强混凝土的性能与极限强度[J].建筑科学,1991,7(1):23-27.
[23] 王力尚,钱稼茹.钢管高强混凝土柱轴向受压承载力试验研究[J].建筑结构,2003,33(7):46-49.
[24] 王玉银.圆钢管高强混凝土轴压短柱基本性能研究[D].哈尔滨:哈尔滨工业大学,2003.
[25] 王玉银,张素梅.圆钢管高强混凝土轴压短柱性能的试验研究[J].哈尔滨工业大学学报,2004,36(12):1646-1648+1685.
[26] 尧国皇,韩林海.薄壁圆钢管高性能混凝土轴压力学性能研究[C].北京:中国力学学会工程力学编辑部,2004:461-464.
[27] 韩林海.钢管混凝土结构——理论与实践[M].北京:科学出版社,2007.
[28] 田宇.圆钢管混凝土短柱轴压性能与尺寸效应试验研究[D].哈尔滨:哈尔滨工业大学,2014.
[29] 周绪红,王宣鼎,甘丹,等.大径厚比圆钢管约束型钢混凝土短柱轴压性能研究[J].建筑结构学报,2015,36(S1):240-246.
[30] 李斌,王柯程,李广,等.圆钢管混凝土柱轴压性能试验研究[J].江西建材,2017,215(14):1-2.
[31] Gardner N J, Jacobson E R. Structural behaviour of concrete filled steel tubes[J]. ACI Structural Journal, 1967, 64(7): 404-413.
[32] 钟善桐,何若全.钢管混凝土轴心受压长柱承载力的研究[J].哈尔滨建筑工程学院学报,1983,16(1):1-13.
[33] 蔡绍怀,焦占拴.钢管混凝土短柱的基本性能和强度计算[J].建筑结构学报,1984,5(6):13-29.

[34] O'Shea M D, Bridge R Q. Tests on circular thin-walled steel tubes filled with very high strength concrete[D]. Sydney: University of Sydney, 1997.

[35] 谭克锋,蒲心诚,蔡绍怀.钢管超高强混凝土的性能与极限承载能力的研究[J].建筑结构学报,1999,20(1):10-15.

[36] 余志武,丁发兴,林松.钢管高性能混凝土短柱受力性能研究[J].建筑结构学报,2002,23(2):41-47.

[37] 钟善桐.钢管混凝土结构[M].北京:清华大学出版社,2003.

[38] Evirgen B, Tuncan A, Taskin K. Structural behavior of concrete filled steel tubular sections(CFT/CFSt) under axial compression[J]. Thin-Walled structures, 2014(80):46-56.

[39] 王战.薄壁圆钢管混凝土构件轴压力学性能试验研究[D].哈尔滨:哈尔滨工业大学,2016.

[40] 汤关祚,招炳泉,竺惠仙,等.钢管混凝土基本力学性能的研究[J].建筑结构学报,1982,3(1):13-31.

[41] O'Shea M D, Bridge R Q. Circular thin-walled tubes with high strength concrete infill[C]. Composite Construction in Steel and Concrete III. ASCE, 1996:780-793.

[42] O'Shea M D, Bridge R Q. The Design for local buckling of concrete filled steel tubes[C]. Composite construction-conventional and innovative. International conference. 1997:319-324.

[43] Johansson M. Structural behaviour of circular steel-concrete composite columns: Non-linear finite element analyses and experiments[D]. Sweden: Chalmers University of Technology, 2000.

[44] 贺锋,周绪红,唐昌辉.钢管高强混凝土轴压短柱承载力性能的试验研究[J].工程力学,2000,17(4):61-66.

[45] Gupta L M, Parlewar P M. An investigation of concrete-filled steel box columns[J]. Journal of Structural Engineering, 2001, 28(1):33-38.

[46] 赵均海,顾强,马淑芳.基于双剪统一强度理论的轴心受压钢管混凝土承载力的研究[J].工程力学,2002,19(2):34-37.

[47] 尧国皇,韩林海.钢管自密实高性能混凝土压弯构件力学性能研究[J].建筑结构学报,2004,25(4):34-42.

[48] Georgios G, Dennis L. Axial capacity of circular concrete-filled tube columns[J]. Journal of Constructional Steel Research, 2004, 60(7):1049-1068.

[49] 韩林海.钢管高强混凝土轴压力学性能的理论分析与试验研究[J].工业建筑,1997,27(11):40-43+45+14.

[50] 李斌,黄明奎.钢管混凝土约束效应系数研究[J].包头钢铁学院学报,2002,21(1):73-76.

[51] 王玉银,张素梅.圆钢管高强混凝土轴压短柱剥离分析[C].哈尔滨:中国钢结构协会钢-混凝土组合结构分会,2003:36-39.

[52] 王玉银,张素梅,郭兰慧.受荷方式对钢管混凝土轴压短柱力学性能影响[J].哈尔滨工业大学学报,2005,37(1):40-44.

[53] 王玉银,张素梅.钢管混凝土轴压短柱破坏模式影响因素分析[C].哈尔滨:中国钢结构协会钢-混凝土组合结构分会,2005:141-145.

[54] 丁发兴,余志武.圆钢管混凝土轴压短柱受力机理影响因素分析[J].铁道科学与工程学报,2006,3(1):6-11.

[55] Qing Q L, Fragomeni S. Nonlinear analysis of circular concrete-filled steel tubular short columns under axial loading[J]. Journal of Constructional Steel Research, 2009, 65(12):2186-2196.

[56] Luksha L K, Nesterovich A P. Strength testing of large-diameter concrete filled steel tubular members[C], Fukuoka: Proceedings of the Third International Conference on Steel-concrete Composite Structurest, 1991:67-72.

[57] 陈彦江,李勇,闫维明,等.大尺寸钢管混凝土柱承载力试验[J].中国公路学报,2011,24(4):33-38.

[58] 宋佳,李振宝,杜修力,等.圆形箍筋约束混凝土力学性能尺寸效应试验[J].解放军理工大学学报(自然科学版),2012,13(5):538-543.

[59] 谢菲.圆钢管混凝土轴压力学性能与尺寸效应研究[D].北京:北京工业大学,2015.

[60] 范重,王倩倩,李振宝,等.大直径钢管混凝土柱抗震性能试验研究及承载力计算[J].建筑结构学报,2017,38(11):34-41.

[61] 陈鹏,王玉银,刘昌永,等.圆钢管混凝土性能尺寸效应试验研究[J].建筑结构学报,2017,38(S1):249-257.

[62] 陈鹏.圆钢管混凝土轴压短柱尺寸效应研究[D].哈尔滨:哈尔滨工业大学,2018.

[63] 韩林海,杨有福.现代钢管混凝土结构技术[M].北京:中国建筑工业出版社,2007.

[64] Baltay P, Gjelsvik A. Coefficient of friction for steel on concrete at high normal stress[J]. Journal of Materials in Civil Engineering, 1990, 2(1):46-49.

[65] 刘威.钢管混凝土局部受压时的工作机理研究[D].福州:福州大学,2005.

[66] Roeder C W, Cameron B, Brown C B. Composite action in concrete filled tubes[J]. Journal of Structural Engineering, 1999, 125(5):477-484.

[67] 陈宗平,徐金俊,薛建阳.取代率对钢管再生混凝土短柱轴压性能退化的影响分析[J].实验力学,2014,29(2):207-214.

[68] 蔡四维,蔡敏.混凝土的损伤断裂[M].北京:人民交通出版社,1999.

[69] CEN. Eurocode 4: design of composite steel and concrete structures, part 1-1: general rules and rules for buildings[S].

CEN, 2005.

[70] Architectural Institute of Japan (AIJ). Recommendations for design and construction of concrete filled steel tubular structures[S]. Tokyo: AIJ, 2008.

[71] AISC Committee. Specification for structural steel buildings (ANSI/AISC 360-10)[S]. Chicago-Illinois: American Institute of Steel Construction, 2010.

[72] 中华人民共和国住房和城乡建设部.钢管混凝土结构技术规范:GB 50936—2014[S].北京:中国建筑工业出版社, 2014.

[73] 中华人民共和国交通运输部.公路钢管混凝土拱桥设计规程:JTG/T D65-06—2015[S].北京:人民交通出版社,2015.

[74] 中国工程建设标准化协会.钢管混凝土结构设计与施工规程:CECS 28:2012[S].北京:中国计划出版社,2012.

[75] 中华人民共和国国家质量监督检验检疫总局.金属材料拉伸试验:GB/T 288.1—2010[S].北京:中国标准出版社, 2010.

[76] 中华人民共和国住房和城乡建设部.普通混凝土配合比设计规程:JGJ 55—2011[S].北京:中国建筑工业出版社,2011.

[77] 中华人民共和国建设部.普通混凝土力学性能试验方法标准:GB/T 50081—2002[S].北京:中国建筑工业出版社, 2003.

[78] 刘业,张大长,李布辉.Q345 钢管自密实混凝土短柱轴压力学性能试验[J].建筑结构,2017,47(23):66-71.

[79] 陈宝春.钢管混凝土拱桥[M].北京:人民交通出版社,2007.

[80] 四川省质量技术监督局.钢筋混凝土箱形拱桥技术规程:DB 51/T 1992—2015[S].北京:人民交通出版社,2015.

[81] 牟廷敏.巫山县巫峡长江大桥技术进步研究[J].西南公路,2006(3):34-37.

[82] 中华人民共和国交通运输部.公路钢管混凝土拱桥设计规范:JTG/T D65-06—2015[S].北京:人民交通出版社,2015.

[83] 中国工程建设标准化协会.特殊钢管混凝土构件设计规程:CECS 408:2015[S].北京:中国计划出版社,2015.

[84] 中华人民共和国交通运输部.公路钢筋混凝土及预应力混凝土桥涵设计规范:JTG D62—2018[S].北京:人民交通出版社,2018.

[85] 中华人民共和国交通运输部.公路钢结构桥梁设计规范:JTG D64—2015[S].北京:人民交通出版社,2015.

[86] 廖彦波.钢管混凝土格构柱轴压性能的试验研究与分析[D].北京:清华大学,2009.

[87] 牟廷敏.《公路钢管混凝土桥梁设计与施工技术指南》的技术发展[J].中国科技成果,2009,10(22):33-36.

[88] 韩林海.钢管混凝土结构——理论与实践[M].3 版.北京:科学出版社,2016.

[89] 马美玲,朱晗迈,庄一舟,等.方钢管混凝土桁架 K 形节点失效模式分析研究[J].工业建筑,2005(6):80-83.

[90] 周孝军.钢纤维微膨胀钢管混凝土拉弯力学行为研究[D].武汉:武汉理工大学,2013.

[91] 杜坤.方钢管混凝土的力学性能研究[J].科技信息(科学教研),2007(19):381.

[92] 梁柯峰.脱空对钢管混凝土受力性能的影响[D].长沙:湖南大学,2008.

[93] 陈宝春.钢管混凝土拱桥设计与施工[M].北京:人民交通出版社,1999.

[94] 陶忠,韦灼彬.方钢管混凝土压弯构件力学性能及承载力的研究[J].工业建筑,1998(10):10-14.

[95] 王国刚,王天成,宫旭东,等.高性能混凝土技术在牡丹江大桥中的应用[J].黑龙江交通科技,2002(9):67-70.

[96] 钟善桐.钢管混凝土结构[M].3 版.哈尔滨:黑龙江科学技术出版社,2003.

[97] 蔡绍怀.我国钢管混凝土结构技术的最新进展[J].土木工程学报,1999(4):16-26.

[98] 韩林海.钢管混凝土结构——理论与实践[C].中国科协青年学术年会,1998:24-34.

[99] 中国工程建设标准化协会.钢管混凝土结构设计规程:CECS 28:2012[S].北京:中国计划出版社,2012.

[100] 陶忠,韦灼彬.方钢管混凝土压弯构件力学性能及承载力的研究[J].工业建筑,1998,28(10):10-14.

[101] 叶跃忠.混凝土脱粘对钢管混凝土中、低长柱性能的影响[J].铁道建筑,2001(10):2-5.

[102] Nie J G, Wang Y H, Fan J S. Experimental research on concrete filled steel tube columns under combined compression-bending-torsion cyclic load[J]. Thin-Walled Structures, 2013, 67(6): 1-14.

[103] 苏俊臣.钢管混凝土拱桥调查及其脱空问题研究[D].成都:西南交通大学,2012.

[104] 杨有福,韩林海.矩形钢管混凝土构件抗弯力学性能的试验研究[J].地震工程与工程振动,2001,21(3):41-48.

[105] 林春姣,郑皆连,秦荣.钢管混凝土拱肋混凝土脱空研究综述[J].中外公路,2004,24(6):54-58.

[106] 涂光亚.脱空对钢管混凝土拱桥受力性能影响研究[D].长沙:湖南大学,2008.

[107] 王伟.钢管混凝土脱空机理研究[D].重庆:重庆交通大学,2008.

[108] 童林,夏桂云,吴美君,等.钢管混凝土脱空的探讨[J].公路,2003(5):16-20.

[109] 饶德军,黎海宁,张玉红,等.解决钢管混凝土拱肋泵注混凝土脱空问题的设计方案[J].铁道建筑,2005(4):25-27.

[110] 饶德军,张玉红,王忠建.钢管混凝土拱肋泵送混凝土脱空成因分析与试验观察[J].铁道建筑,2005(3):14-16.

[111] 冯智,王建军,韩玉,等.施工阶段钢管混凝土拱肋脱黏、脱空防治[J].公路,2015,60(12):126-129.

[112] 张凯峰,刘永道,吴雄,等.钢管混凝土界面脱空机理及检测技术研究进展[J].混凝土,2013(6):154-156+160.

[113] 周松川.脱空对钢管混凝土单圆管拱肋受力影响分析[D].成都:西南交通大学,2010.

[114] Wen Y N, Su J C. Overview of concrete filled steel tube viod countermeasures[J]. Applied Mechanics & Materials, 2012(256-259):1121-1124.

[115] 韩西,向丽,钟厉,等.Hilbert-Huang变换在声振信号检测钢管混凝土脱空中的应用[J].重庆交通大学学报,2013,32(1):14-17+36.

[116] 叶跃忠,李固华,潘绍伟,等.二次灌浆后钢管混凝土性能研究[J].公路,2003(S1):81-84.

[117] 郑国枝,陈彦君,张志清,等.依兰牡丹江大桥钢管拱管芯砼浇筑[J].黑龙江交通科技,1998(2):18-19.

[118] 喻临新,薄凤丽.钢管混凝土脱空问题的技术对策[J].公路,2004(1):78.

[119] 孙庆新,杨冬波.基于ANSYS的脱空钢管混凝土拱桥极限承载力分析[J].华中科技大学学报,2009,26(2):47-51.

[120] Saisho M, Abe T, Nakaya K. Ultimate bending strength of high-strength concrete filled steel tube column[J]. Journal of Structural & Construction Engineering, 1999(523):133-140.

[121] Li B, Meng S, Wang W H. Finite element analysis of recycled concrete filled steel tube in bending state[J]. Applied Mechanics & Materials, 2014, 3306(578-579):269-273.

[122] Lu Y Y, Li N, Li S, et al. Experimental investigation of axially loaded steel fiber reinforced high strength concrete-filled steel tube columns[J]. Journal of Central South University, 2015, 22(6):2287-2296.

[123] Jiang A Y, Chen J, Jin W L. Experimental investigation and design of thin-walled concrete-filled steel tubes subject to bending[J]. Thin-Walled Structures, 2013, 63(63):44-50.

[124] 钱稼茹,王刚,赵作周,等.钢管高强混凝土构件截面弯矩-曲率全曲线研究[J].工业建筑,2004,34(8):70-72+89.

[125] 卢辉,韩林海.圆钢管混凝土抗弯刚度计算方法探讨[J].工业建筑,2004,34(1):1-5.

[126] 王庆利,董志峰,高建志.圆截面钢管混凝土受弯构件试验研究[J].四川建筑科学研究,2007,33(3):9-12.

[127] 黄莎莎,姜纪春,卢成旺.离心钢管混凝土受弯性能的试验研究[J].电力建设,1990(7):4-6.

[128] 吴颖星,于清.钢管约束高性能混凝土纯弯力学性能实验研究[C].哈尔滨:中国钢结构协会钢-混凝土组合结构分会,2005:285-288.

[129] 丁发兴,余志武.圆钢管自密实混凝土纯弯力学性能[J].交通运输工程学报,2006,6(1):63-68+79.

[130] 黄宏,张安哥.圆钢管混凝土抗弯承载力的计算[J].华东交通大学学报,2008,25(1):1-3.

[131] 云迪,郑皓文,周贺.脱空对钢管混凝土单圆管拱肋面内承载力的影响[J].建筑结构学报,2015,36(S1):120-125.

[132] 王尚.脱空问题对钢管混凝土拱桥静动力的影响分析[D].西安:长安大学,2012.

[133] 刘夏平,唐述,唐春会,等.脱空钢管混凝土偏心受压力学性能试验研究[J].铁道建筑,2011(2):117-121.

[134] 石亦平,周玉蓉.ABAQUS有限元分析实例详解[M].北京:机械工业出版社,2006.

[135] 谭新华.CRCP局部脱空和无脱空横向裂缝处纵向钢筋受力分析[D].长沙:湖南大学,2012.

[136] 马建锋.钢管混凝土压弯构件的稳定性及在桥墩中的应用[D].南京:南京理工大学,2009.

[137] 张劲,王庆扬,胡守营,等.ABAQUS混凝土损伤塑性模型参数验证[J].建筑结构,2008(8):127-130.

[138] 曹明.ABAQUS损伤塑性模型损伤因子计算方法研究[J].交通标准化,2012(2):51-54.

[139] 王金昌.ABAQUS在土木工程中的应用[M].杭州:浙江大学出版社,2006.

[140] 唐述,刘夏平,刘仰韶.脱空钢管混凝土偏心受压有限元分析[J].广东公路交通,2011(2):11-14+18.

[141] 杜国锋,徐礼华,徐浩然,等.钢管混凝土组合T形短柱轴压力学性能研究[J].西安建筑科技大学学报(自然科学版),2008,40(4):549-555.

[142] 刘劲松,刘红军.ABAQUS钢筋混凝土有限元分析[J].装备制造技术,2009(6):69-70+107.

[143] 王丽,邓思华.基于ABAQUS的混凝土梁受弯破坏实验非线性分析[J].土木建筑工程信息技术,2010,2(1):64-67.

[144] 方秦,还毅,张亚栋,等.ABAQUS混凝土损伤塑性模型的静力性能分析[J].解放军理工大学学报(自然科学版),2007,8(3):254-260.

[145] 侯峰.基于ABAQUS的钢管混凝土钢板剪力墙静力性能分析研究[D].汕头:汕头大学,2009.

[146] 张素梅,钟善桐.空心钢管混凝土受弯构件理论分析方法[J].哈尔滨建筑大学学报,1991(4):32-37.

[147] Cai J M, Pan J L, Shan Q F. Failure mechanism of full-size concrete filled steel circle and square tubes under uniaxial compression[J]. Science China Technological Sciences, 2015, 58(10):1638-1647.

[148] Moon J, Roeder C W, Lehman D E, et al. Analytical modeling of bending of circular concrete-filled steel tubes[J]. Engineering Structures, 2012, 42:349-361.

[149] Varma A H, Ricles J M, Sause R, et al. Seismic behavior and modeling of high-strength composite concrete-filled steel tube (CFT) beam-columns[J]. Journal of Constructional Steel Research, 2002, 58(5):725-758.

[150] 郭兰慧,张素梅,刘界鹏.不同加载模式下方钢管混凝土力学性能试验研究与理论分析[J].工程力学,2008,25(9):143-148.

[151] 宫龙颖.ABAQUS接触问题浅析[J].中国煤炭,2009,35(7):66-68.

[152] Liang Q Q, Fragomeni S. Nonlinear analysis of circular concrete-filled steel tubular short columns under eccentric loading[J]. Journal of Constructional Steel Research, 2009, 66(2): 159-169.

[153] 刘漳.钢管混凝土结构脱空后的受力性能研究[D].杭州:浙江大学,2015.

[154] 陈智峰,李昌荣,郭锦良.基于ABAQUS的钢板与混凝土接触问题研究[J].城市道桥与防洪,2013(5):201-203+6.

[155] 占玉林.预应力矩形钢箱混凝土梁的结构行为研究[D].成都:西南交通大学,2007.

[156] Fu Z Q, Ji B H, Zhu W, et al. Bending behaviour of lightweight aggregate concrete-filled steel tube spatial truss beam[J]. Journal of Central South University, 2016, 23(08): 2110-2117.

[157] AISC. Load and resistance factor design specification for structural steel buildings[S]. AISC, 1999.

[158] Anderson D. Eurocode 4 — Design of composite steel and concrete structures[S]. Springer Berlin Heidelberg, 2014.

[159] 日本建筑学会.コンクリート充填钢管构造设计施行指针[S].日本建筑学会,2008.

[160] Institute B S. Steel, concrete and composite bridges. part 4. code of practice for design of concrete bridges[S]. 1984.

[161] 福建省住房和城乡建设厅.钢管混凝土结构技术规程:DBJ/T 13-51—2010[S].福州:中国计划出版社,2010.

[162] 尧国皇,韩林海.钢管混凝土轴压与纯弯荷载-变形关系曲线实用计算方法研究[J].中国公路学报,2004,17(4):50-54.

[163] 尧国皇,韩林海.《钢管混凝土结构技术规程》(DBJ 13-51—2003)设计方法及可靠度分析[J].工业建筑,2006,36(1):66-70.

[164] 韩林海,陶忠,尧国皇,等.钢管混凝土基本构件承载力的设计计算——各国规程比较(Ⅱ)[J].建筑钢结构进展,2002,4(4):53-61.

[165] 陈宝春.钢管混凝土拱桥[M].北京:人民交通出版社,2007.

[166] 牟廷敏.巫山县巫峡长江大桥技术进步研究[J].西南公路,2006(3):34-37.

[167] 钟善桐.高层钢管混凝土结构[M].哈尔滨:黑龙江科学技术出版社,1994.

[168] 钟善桐.钢管混凝土结构[M].哈尔滨:黑龙江科学技术出版社,1999.

[169] 陈宝春.钢管混凝土拱桥实例集(一)[M].北京:人民交通出版社,2002.

[170] 四川省交通厅公路规划勘察设计研究院.巫山长江大桥施工图设计文件[Z].2001.

[171] 曹发辉,刘清华,左翔文.强震山区大跨悬索桥桥塔横梁方案比选[J].桥梁建设,2021,51(5):108-115.

[172] 刘明虎.桥梁钢-混凝土结合技术工程实践与展望[J].桥梁建设,2022,52(1):18-25.

[173] 中国工程建设标准化协会.钢管混凝土叠合柱结构技术规程:T/CECS 188—2019[S].北京:中国建筑工业出版社,2020.

[174] 李小雄.钢管混凝土叠合柱在建筑工程中的应用[J].建筑结构,2021,48(16):7-8.

[175] 秦顺全,张金涛,陆勤丰,等.常泰长江大桥主航道桥桥塔方案研究[J].桥梁建设,2021,51(4):1-9.

[176] 牟廷敏.因"拱"成名适众桥——钢管混凝土桥梁技术创新与发展前景[J].桥梁杂志,2020(10).

[177] 刘玉擎.组合结构桥梁[M].北京:人民交通出版社,2005.

[178] 孟凡超,王仁贵,徐国平.公路桥涵设计手册——悬索桥[M].北京:人民交通出版社,2010.

[179] 王仁贵.以问题为导向实施设计——张靖皋长江大桥南航道桥设计创新[M].北京:人民交通出版社,2022.

[180] 陈宝春,刘振宇.钢管混凝土拱桥温度问题研究综述[J].福州大学学报(自然科学版),2009,37(3):412-418.

[181] 陈宝春,刘振宇.钢管混凝土脱粘构件温度场研究[J].中国公路学报,2009,22(6):82-89.

[182] 陈宝春,刘振宇.日照作用下钢管混凝土构件温度场实测分析[J].公路交通科技,2008,25(12):117-122.

[183] 陈宝春,徐爱民,孙潮.钢管混凝土拱桥温度内力计算时温差取值分析[J].中国公路学报,2000,13(2):52-56.

[184] 陈宝春,杨亚林.钢管混凝土拱桥调查与分析[J].世界桥梁,2006(2):73-77.

[185] 柯婷娴,陈宝春,刘振宇.日照下钢管混凝土哑铃形拱肋截面的温度场有限元计算[J].长沙交通学院学报,2008,24(4):12-17.

[186] 刘振宇,陈宝春.钢管混凝土拱肋施工过程截面温度特性分析[J].公路交通科技,2006,23(5):48-51.

[187] 徐爱民,陈宝春.钢管混凝土拱桥温度应力数值分析[J].福州大学学报(自然科学版),1999,27(3):15-18.